中国年鉴资源全文数据库核心年鉴

2016 楚雄州年鉴

CHUXIONG ALMANAC

楚雄彝族自治州人民政府　主办　　楚雄州地方志办公室　编纂

《第二十七卷》

云南出版集团公司
云南科技出版社
·昆　明·

图书在版编目（CIP）数据

楚雄州年鉴. 2016 / 楚雄州地方志办公室编纂. —
昆明：云南科技出版社，2016
ISBN 978-7-5587-0132-0

Ⅰ. ①楚… Ⅱ. ①楚… Ⅲ. ①楚雄彝族自治州 -
2016 - 年鉴 Ⅳ. ①Z527.42

中国版本图书馆CIP数据核字（2016）第253679号

楚雄州年鉴 2016《第二十七卷》

主　办　楚雄彝族自治州人民政府
编　纂　楚雄彝族自治州地方志办公室
地　址　云南省楚雄市州公务中心一楼1022室
邮　编　675000
电　话　0878-3389345（传真）
邮　箱　yncxznj@126.com

出版发行　云南出版集团公司
　　　　　云南科技出版社
地　　址　昆明市环城西路609号云南新闻出版大楼
邮　　编　650034
电　　话　0871-64192752
网　　址　www.ynkjph.com
责任编辑　李永丽　苏丽月
责任印制　翟　苑
责任校对　叶水金
制　　版　昆明凡影图文艺术有限公司
印　　刷　昆明富新春彩色印务有限公司

开　本　889mm × 1194mm　1/16
印　张　34.5
字　数　1325千字
版　次　2016年9月第1版
印　次　2016年9月第1次
彩　插　32
印　数　1 ~ 1000册

ISBN 978-7-5587-0132-0
定　价　460.00元（随书光盘　免费赠阅）

若发现印装错误，请与承印厂联系

《楚雄州年鉴》编辑委员会

主　　任　杨　斌
常务副主任　关立彤
副 主 任　李德胜　苏贤发　郭孟贤
委　　员　张士金　金德能　徐　东　卢显亮　苏铸红
　　　　　戴凤玲　何锡英　周清福　高建祥　白云鹏

《楚雄州年鉴》编辑人员

顾　　问　任玉华　李成鼎　陈天武
主　　编　郭孟贤
执行主编　白云鹏
副 主 编　李　梅
编辑校对　李　梅　周能汉　安孟勤　白　睿　苏贤辉
编　　务　杜晋宏　任学全　严尚琼　朱卫明　罗相海
　　　　　向　明　唐建业　杞华仙　李俊兵　者宗菊
　　　　　彭利侯　李光昌　邓玲娜
数据审核　楚雄州统计局
保密审查　楚雄州国家保密局
英文目录翻译　杞华仙　李　梅
特约摄影（按姓名笔划排序）
　　　　　马　骏　马兴华　马志坚　马春云　王　川
　　　　　王　旭　王　明　冯炽隆　向　琳　杨洪波
　　　　　何　勇　陈维寿　陈雄辉　夏天彧　高建波

《楚雄州年鉴》审稿人员

（按姓名笔划排序）

丁义红　万倔　马开仁　王文书　王平　王权　王光荣　王志梅
王怀高　王若舟　王建新　王振华　王晓明　王爱萍　王耀秋　韦薇
尹丽芳　尹睿　石永祥　龙红　由涛　付雨　白云　白朝铁
朱崇芳　朱鸿伟　刘予敏　刘仕举　刘江云　刘建云　刘祥　刘晨雨
许华荣　孙家宇　苏光祖　苏铸红　李文　李正阳　李平　李光彪
李华国　李志岗　李茂尊　李建波　李秋洪　李能　李继云　李富才
李碧勇　李璇　李德胜　杨玉江　杨永云　杨发荣　杨秀成　杨柏繁
杨柳　杨俐昆　杨晓艳　杨健　杨梦婷　杨雪斌　杨朝洪　杨辉
杨锐　杨雷　杨福勇　肖应明　肖惠华　吴双华　吴亚峰　吴启荣
吴学彬　邱文华　何文高　何兆发　何勇　何晓帆　何晓荣　何锡英
佘昌值　佘琼芬　邹志琼　沈彩兰　宋志峰　张人栋　张文林　张永华
张发润　张宏　张林敏　张明　张明力　张建国　张春方　张勇
张继华　张竣珲　张鹤雁　陈大强　陈之昌　陈云孝　陈长来　陈永庆
陈金文　罗文慧　罗金林　罗涛　罗梅　周正芬　周兵　周国兴
周建琼　周清福　周睿　赵树礼　胡有刚　钟仕民　段咏晴　段学武
段彦溪　段福君　侯志荣　施克沛　施宗明　施剑波　姜良　姜鹏
贺伟　秦玉兰　秦国雄　起云志　聂天荣　夏绍先　徐沧　高明新
高培忠　高锡鹏　郭孟贤　商珊　董智昆　程宗文　普赵辉　靳昌
蒲涌　窦才科　谭秀元　滕洪　戴凤玲　戴斌

编辑说明

一、《楚雄州年鉴》是云南省楚雄彝族自治州人民政府主办、州地方志办公室编纂的地方综合年鉴。全面记录楚雄州经济社会发展基本情况，突出时代特色和地方民族特色，旨在为领导决策、部门开展工作和社会各界了解楚雄、研究楚雄、建设楚雄，提供基础性的州情资料。

二、《楚雄州年鉴》创刊于1989年，每年赓续出版。2016年卷为第27卷，反映楚雄州2015年各项事业发展状况、重大事件和新的成就及经验。为增强时效性，部分图片、文稿收录2016年重要内容。

三、《楚雄州年鉴》（2016）以条目体为主，按类目、分目、条目三级编排，设特载、大事·要闻、年鉴论坛、综述、政治、军事、法制、经济管理、农业、工业、商贸、交通运输、旅游、信息通信、城建·环保、财政·税务、金融·保险、科学技术、社会科学、教育、文化、卫生、体育、民族、社会、县（市）概况、人物、附录、统计资料29个类目。设分目250个，约有条目1253个。彩色图片80幅、随文插图365幅、表格98个。

四、《楚雄州年鉴》（2016）改版为四色印刷。封面主体部分以铜鼓鼓面纹饰图案为背景，彰显楚雄州是亚洲铜鼓发源地之一，具有悠久的地方历史、厚重的人文积淀和绚烂的民族文化。标识设计以彝族左脚舞为意象，熊熊燃烧的篝火为主要元素，辅以“楚雄州年鉴”的彝文和抽象的五星，象征围着篝火载歌载舞的人群，寓意彝族是尚火的民族，彝州是多民族团结和谐、发展进步之乡，融合了地域性、民族性和时代性。卷首设“数字楚雄2015”“领导视察”“重点工程”“大型彝剧《杨善洲》进京会演”等10余个专题，展示彝州2015年度经济社会发展的重大事件及重要成就；每个部类开篇选取彝州最具代表性的图片，记录千里彝山多姿多彩的自然风光和城镇化推进、美丽乡村建设的新面貌、新景象。

五、《楚雄州年鉴》（2016）所涉及的主要数据，均为州统计局提供的统计数据；各级各部门提供的数据由于统计口径、统计时间、统计方法存在差异，读者在引用时加以注意。

六、《楚雄州年鉴》（2016）卷首设有中、英文目录，卷末配有主题索引，具有完备的图书检索功能。随书附赠电子光盘，内容与书刊一致，方便读者查阅使用。

数字楚雄 2015

总面积：28438平方千米
耕地保有量：547.80万亩
基本农田保护面积：374.85万亩
最高海拔：3657米（大姚县帽台山主峰）
最低海拔：556米（双柏县三江口）
森林覆盖率：62.48%
年平均降雨量：864毫米
年平均气温：17.2℃
年日照时数：2414小时

常住人口：273.30万人
农业人口：188.55万人
少数民族人口：93.67万人
彝族人口：75.60万人
人口出生率：11.53‰
人口自然增长率：4.53‰

生产总值（GDP）：762.97亿元
第一产业增加值：152.82 亿元
第二产业增加值：291.85亿元
工业：205.13亿元
建筑业：78.06亿元
第三产业增加值：318.29亿元
第一、二、三产业构成：20.0：38.3：41.7
人均生产总值：27942元

从业人员：165.59万人
从事农业产业人员：97.93万人
年末城镇登记失业率：3.33 %
城镇化水平（人口城镇化率）：40.44%

农业总产值：273.17亿元
粮食作物种植面积：385.89 万亩
经济作物种植面积：252.27万亩
粮食总产量：124.91万吨
肉类总产量：41.20万吨
有效灌溉面积：141.44万亩
农业机械总动力：285.04万千瓦

规模以上工业完成产值：577.78亿元
规模以上工业实现增加值：205.13亿元
烟草制品业：86.14亿元
冶金化工业：48.10亿元
医药制造业：8.74亿元

全年规模以上固定资产投资：770.56亿元
第一产业投资：83.42亿元
第二产业投资：254.58亿元
第三产业投资：432.56亿元
全年新增固定资产投资：630.81亿元
房地产开发投资：87.89亿元
商品房销售面积：191.66万平方米
商品房销售额：65.43亿元

社会消费品零售总额：265.68亿元
外贸进出口总额：43222万美元
实际利用外资：3444万美元

公路通车里程：18916.3千米
年末机动车拥有量：633646辆
客运量：3520.63万人次
货运量：3024.2万吨
邮电业务总量：19.76亿元
电话普及率：69.6部/百人
旅游业总收入：105.68亿元

财政总收入：159.82亿元
地方公共财政预算收入：68.19亿元
地方公共财政预算支出：216.23亿元
金融机构年末人民币存款余额：914.32亿元
城乡居民储蓄存款余额：494.15亿元
金融机构年末人民币贷款余额：584.84亿元

普通高校：2所
普通中专学校：26所
科技对国民经济增长贡献率：53.2%
电视覆盖率：97.94%
广播覆盖率：97.51%
卫生机构：1720个
专业卫生技术人员：13703人
医疗卫生机构床位：14860张

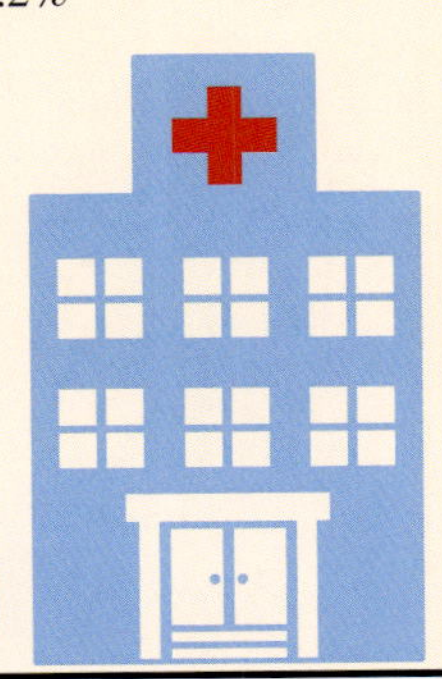

农村常住居民人均可支配收入：8327元
城镇常住居民人均可支配收入：26763元

［数据来源：楚雄州2015年统计公报］

领导视察

2016年5月28日，中共云南省委书记、省人大常委会主任李纪恒（前排左二）到楚雄市德动新能源汽车项目现场调研　　（雷桐苏/摄影）

2015年11月4日，中共云南省委副书记、省长陈豪（前排右二）到元谋县调研　　（高建波/摄影）

2015年8月12日，全国人大常委会委员、全国人大民族委员会副主任委员买买提明·牙生（前排右二），到云南省彝医医院检查指导彝族医药工作（州中医院/提供）

2015年4月9日，国家卫生和计划生育委员会副主任刘谦（前排右三）到禄丰县对县级医疗卫生改革情况进行调研（州卫计委/提供）

2015年5月22日，中共云南省委副书记钟勉（前排左二）到楚雄彝人古镇调研　　（高建波/摄影）

2015年2月2日，云南省政协主席罗正富（右四）到永仁县对山区扶贫工作及农业产业发展情况进行调研　　（杨珺媛/摄影）

2015年5月6日，中共云南省委常委、省委统战部部长黄毅（前排左二）到楚雄州湖北商会调研

（冯炽隆/摄影）

2015年10月21日，中共云南省委常委、省纪委书记张硕辅（前排中）到楚雄市子午镇云南金沃公司蓝莓生态种植基地调研

（金　伟/摄影）

2015年10月27日，云南省人大常委会副主任杨保建（右四）到楚雄市对全民健身情况进行调研

（王　明/摄影）

2016年3月14日，云南省人民政府副省长和段琪（前排左二）到楚雄工业园区——苍岭云甸片区调研

（夏天彧/摄影）

2015年4月16日，云南省人民政府副省长张祖林（前排右二）到元谋小丙岭农业科技示范园调研

（州农业局/提供）

重要会议

2015年12月15日，中共楚雄州委八届七次全体（扩大）会议召开　（高建波/摄影）

2016年1月12日，楚雄州第十一届人民代表大会第六次会议召开　（高建波/摄影）

2016年1月11日，政协楚雄州第九届委员会第六次会议召开　（夏天彧/摄影）

重要活动

2015年11月16日，楚雄州人民政府代理州长杨斌（前排右二）与以色列约阿夫地区市长玛蒂（前排左二）在昆明“中国云南—以色列创新合作论坛”上签署友好城市协议

（胡　娴/摄影）

2015年11月12日，楚雄州人民政府与昆明钢铁控股有限公司签订通用航空产业战略合作协议

（高建波/摄影）

2015年10月15日，楚雄经济开发区管委会与重庆禾普实业有限公司举行云南制药生产基地项目签约仪式

（高建波/摄影）

2016年2月2日，中共楚雄州委书记侯新华（中）在楚雄市西舍路镇安乐甸村调研　（栾　杰/摄影）

2016年6月12日，楚雄州人民政府州长杨斌（右三）到第4届中国—南亚博览会楚雄馆巡视
（夏天彧/摄影）

重点工程

2015年11月29日，楚雄州集中开工项目——楚雄市市政基础设施项目开工

（高建波/摄影）

2016年2月24日，全省"五网"建设重点项目——昆明—楚雄—大理高速公路扩容建设试验段（楚雄至大姚高速公路试验段）开工

（王　明/摄影）

2015年11月28日，楚雄州集中开工项目——大姚县永丰湖片区综合开发项目开工

（张从华/摄影）

2016年3月29日，楚雄州集中开工项目——中国彝族十月太阳历文化园提升完善项目开工

（夏天彧/摄影）

2015年11月28日，楚雄州集中开工项目——云南禄丰世界恐龙谷二期项目开工

（高建波/摄影）

2015年11月28日，楚雄州集中开工项目——双柏县滇中林产品加工园二期场地平整项目开工

（高建波/摄影）

《茶花彝女》获世界民族电影节奖

剧照——茶花老人与女儿在茶花园

在4月28日落幕的2015年美国洛杉矶世界民族电影节上，由楚雄市和北京丝宾丝文化传媒有限公司、云南皓月文化传播有限公司联合制作的电影《茶花彝女》荣获民族文化传承奖和原创音乐奖。该片制作历时3年，通过激烈冲撞的生活故事和精美的爱情故事，向世界展示了楚雄彝族的民族文化、菜肴、婚丧嫁娶习俗等，反映了楚雄彝族与自然之间和谐相处，崇花、爱花、护花的原始自然观，以及楚雄彝族对世界的认知和诠释。

（图/苏忠诚　文/李梅）

剧照——茶花老人达木怒斥盗花行径

影片中“彝族祭祀”拍摄现场

影片中“达木老人在火把节上”拍摄现场

剧照——旺甲在守花房中探视达娃

剧照——旺甲与达娃在收复的茶花房里

大型彝剧《杨善洲》进京会演

2015年10月18日晚，由楚雄州民族艺术剧院精心创作的大型彝剧《杨善洲》在北京梅兰芳大剧院参加第四届中国少数民族戏剧会演。大型彝剧《杨善洲》采用独有的艺术表演形式，以杨善洲退休后，到家乡植树造林20年间发生的一系列感人故事为题材，通过“地委书记捡果核”“卖房还钱”“麂子肉风波”等一系列故事演出，塑造了一个对人民群众有情有义、无私奉献的共产党员、老干部的光辉形象。

（图/州民族艺术剧院　文/李梅）

楚雄彝族火把节

2015年8月7～9日，以“弘扬彝族文化、展现彝州魅力，建设幸福美丽新楚雄”为主题的中国·楚雄2015彝族火把节在楚雄举办。7日晚，《盛世威楚》迎宾文艺晚会在楚雄彝州大剧院上演，拉开2015年中国·楚雄彝族火把节帷幕。火把节期间，举行了彝海公园开园庆典仪式、祭火大典、火把巡游、特色美食展示等17项主要活动，彝人古镇、紫溪彝村、彝海公园等地开展了祭火仪式、万人左脚舞、火把狂欢、高空礼花燃放和彝族歌舞展演、群众性文艺表演等活动。楚雄市共接待游客16.05万人次，实现旅游总收入5170.69万元；共签约招商引资项目11个，项目协议投资总额183.76亿元。

（图/高建波　文/李梅）

大姚彝族插花节

3月26～28日，以“传承非遗文化，展示魅力昙华”为主题的“2015·彝族插花节暨创建国家公共文化服务体系集中示范活动非物质文化遗产展演”在中国民间文化艺术之乡——大姚县昙华乡举办。主要活动内容有生态之旅自驾游、盛景彝园开街、插花节招商引资洽谈、“美丽彝乡”摄影展、“祭花神”和非物质文化遗产展演、作家摄影家创作采风、廉洁文化之旅猜灯谜等。

“插花节”是颇具特色的彝族传统节日，是世界100个少数民族传统节日之一，被国家节庆协会评定为“中国十大最具民俗特色节庆”，被云南省旅游发展委员会评定为“云南省最具民俗特色节庆”，是省级非物质文化遗产，以大姚县昙华乡的节庆活动尤为隆重盛大。插花节这一天，当地的彝族群众都会身着节日盛装在昙华山中欢聚，一起唱歌跳舞，举行祭花活动，并从山中采来马樱花互相插戴。他们用鲜花编扎成花团锦簇的牌坊、花棚，象征吉祥如意；把从山中采回的鲜花，插在房门、农具、田间地头，以及一些神位上，甚至牛羊上也插上鲜花，表示美好祝愿，祈祷人寿年丰。

（图/高建波　陈维寿　文/李梅）

永仁直苴彝族赛装节

2015年3月5日（农历正月十五），以“神秘姑娘房，千年赛装，等你一起来赛装”为主题的2015“中国直苴彝族赛装节”在永仁县中和镇直苴村举行。

彝族“赛装节”起源于古老的祭祀和“伙头”交接庆典活动，在上百年的发展和传承中，逐渐形成了涵盖祭祀、伙头制、婚姻（生殖）、古盐道、服饰、歌、舞、乐等文化，集对歌赛舞、服饰展示、民族体育竞技、商贸物资交流于一体的独特彝族文化景观。是一个充分显示彝族人民聪明才智和勤劳能干的节日，也是一个爱美比美的节日。每年农历正月十五，聚居在永仁县直苴及附近地区的彝族人民，从六七岁的小女孩到七、八十岁的老太太，都纷纷穿上自己最心爱、最漂亮的绣花衣裳，成群结队参加赛装节，比赛谁的服装最美，谁的绣工最精，一起唱歌跳舞，兴尽方散。

（图/王明　高建波　陈雄辉　李建华　文/李梅）

金沙江观音岩水电站移民搬迁安置

金沙江观音岩水电站建设项目，是国家“西部大开发”的重点项目，是“西电东送”的骨干工程。2012年3月，经国务院同意并获国家发展和改革委员会批复核准开工建设。电站建设涉及大姚县湾碧、铁锁、赵家店3个乡（镇）7个村民委员会40个村民小组共4613人的移民搬迁安置，占观音岩水电站建设移民的45%，涉及彝族、傈僳族、傣族、回族、苗族、汉族等6个民族，是整个水电站建设工程中移民搬迁人数最多、民族成分最复杂，且唯一一个涉及乡（镇）机关全体搬迁的县域。移民安置项目概算投资超过13亿元，是大姚县历史上迄今为止一次性单体投资最大的项目。移民工作困难重重。中共大姚县委、县人民政府紧紧围绕移民“全部搬得出、整体稳得住、发展能持续、逐步能致富、生态得保护”的总体目标，协调各方力量，科学决策，统筹规划，扎实工作，历时8年，圆满完成了观音岩水电站建设移民搬迁工作，实现了“发展搬迁、富民搬迁、和谐搬迁”的总体目标。迁入新居的金沙江移民，生活实现了天翻地覆的变化。

（图/陈维寿　文/李梅）

湾碧乡七棵树村搬迁前的村民生活场景

金沙江观音岩水电站建设现场

整体搬迁的湾碧乡集镇新貌远眺

搬迁后的新学校

移民就近在粉丝厂打工

移民新村一角

喜迁新居

云南省第十三届中学生运动会

2015年2月1～10日，云南省第十三届中学生运动会在楚雄州举行。共设有田径、篮球、足球、排球、健美操、航模等14个比赛项目。来自省内16个州（市）和4所省属学校的1745名运动员，374名领队、教练员参加比赛，是云南省迄今为止参赛单位及人数最多、项目最全的一次中学生运动会。

（图/夏天彧　文/李梅）

春 风

云南省第十三届中

会篮球比赛

“格兰芬多”国际自行车节楚雄站比赛

2015年11月11日，2015七彩云南“格兰芬多”国际自行车节楚雄站比赛在楚雄市彝人古镇毕摩广场开赛。共有来自24个国家和地区的600余名选手和100余名自行车爱好者参加比赛。

（图/王明　高建波　向琳　文/李梅）

目录

CONTENTS

特载
Special Published

大事·要闻
Major Events & Important news

年鉴论坛
Almanac Forum

综述
Summary

政治 Politics

军 事
Military Affairs

法 制
Legal System

经济管理
Economic Management

农 业
Agriculture

工 业
Industry

商 贸
Commercial Trade

交通运输
Communications and Transportation

旅 游
Tourist Industry

财政·税务
Finance & Taxation

金融·保险
Banking & Insurance

科学技术
Sciences and Technology

社会科学
Social Sciences

教 育
Education

文 化
Culture

卫 生
Hygiene

体 育
Sports

民 族
Minorities

社会 Society

县（市）概况
Counties Summaries

人物
Figures

附 录
Appendix

统计资料
Statistical Data

索 引
Index

2016 CHUXIONG ALMANAC

责任编辑：白云鹏

大美绿汁江（杨洪波/摄影）

勇于担当　奋力拼搏　推动全州经济社会跨越式发展

——在中共楚雄州委八届七次全体（扩大）会议上的报告

中共楚雄州委书记　侯新华

（2015年12月15日）

中共楚雄州委书记侯新华（高建波/摄影）

这次全委会的主要任务是：深入学习贯彻习近平总书记系列重要讲话和考察云南重要讲话精神，全面贯彻落实党的十八届五中全会、省委九届十二次全会精神，按照协调推进“四个全面”的战略布局，贯彻落实创新、协调、绿色、开放、共享的发展理念，认真总结2015年工作及“十二五”时期全州经济社会发展所取得的成绩和经验，研究部署“十三五”时期全州经济社会发展及2016年工作，审议《中共楚雄州委关于制定国民经济和社会发展第十三个五年规划的建议》，团结动员全州各级党组织和各族干部群众，勇于担当、奋力拼搏，推动全州经济社会跨越式发展，确保“十三五”开好局、起好步。

现在，我受州委常委会的委托，向全委会作工作报告。

一、2015年各项工作取得显著成绩，“十二五”规划主要目标任务顺利完成

2015年是“十二五”收官之年。2015年以来，面对极其艰巨繁重的改革发展稳定任务，我们认真贯彻落实党中央、国务院和省委、省政府一系列战略部署，突出发展第一要务和党建第一责任，坚持一手抓发展、一手抓党建，一手抓项目、一手抓干部，在抓发展、抓项目中考察、培养和使用干部，通过强化干部队伍建设推动经济社会发展。一年来，州委始终把工作重点放在发展思路的研究制定、发展任务的决策部署、发展力量的协调配备、发展环境的营造优化、发展实效的督查落实上，团结带领全州各级党组织和广大党员干部群众，抢抓发展机遇，有效应对挑战，扎实推进经济、政治、文化、社会、生态文明建设和党的建设，各项工作取得显著成绩。据统计预测，2015年全州可实现生产总值770亿元左右，比上年增长10%；一般公共预算收入完成68.2亿元，增长7%；城镇和农村常住居民人均可支配收入可分别达26739元和8365元，分别增长9%和10.5%。

（一）以清晰的思路目标引领发展。我们始终坚持把方向、谋全局、出思路、抓落实，把深入学习贯彻习近平总书记考察云南重要讲话精神作为首要政治任务来抓，结合学习贯彻中央和省一系列重要会议、文件精神，通过召开州委全会、州委常委会、州委中心组理论学习会议、全州干部大会和各类工作会议，认真落实中央和省稳增长、促改革、调结构、惠民生、防风险的各项政策措施，研究部署事关全州发展全局的重大问题和重点工作，提出并认真落实抓工业、抓招商、抓园区、抓基础、抓扶贫、抓生态、抓城镇化、抓高原特色农业、抓民生、抓和谐10大工作重点，全力推动全州各项工作的开展。针对下半年以来经济下行压力不断加大的严峻形势，我们紧紧抓住重点领域、关键环节，高位推动、强势出击，全力推进“五网”建设、“两烟”生产、企业解困、易地扶贫搬迁、农村危房改造、招商项目落地、非公经济发展、专项建设基金争取以及云南石化产业园建设前期等工作的落实；深入10县（市）、州级各部门和重点企业、项目工地一线，研究解决发展中的突出问题，力促经济持续较快增长，保持了全州经济社会发展的良好势头。结合贯彻落实党的十八届五中全会精神，认真总结“十二五”以来的工作，进一步深化对州情特点的认识和把握，召开州委八届六次全会，确定了符合上级精神、切合彝州实际、体现群众意愿的“十三五”发展基本思路、总体目标、发展定位、产业选择和工作重点，研究起草了《中共楚雄州委关于制定国民经济和社会发展第十三个五年规划的建议》，使研究制定《建议》的过程，成为贯彻落实习近平总书记对云南

工作的总体要求、绘制好全州未来五年发展宏伟蓝图的过程，成为统一全州各族干部群众思想意志、进一步明确推动发展责任和使命的过程，为推动“十三五”时期全州经济社会跨越式发展明确了奋斗方向、凝聚了强大动力。

（二）以重点工作的突破推动发展。围绕既定的思路目标，我们坚持集中力量抓重点、重点抓，通过切实突破发展重点带动和激活全局工作。一是聚焦重大项目，投资保持高速增长。把抓项目、增投资作为稳增长、促跨越的第一抓手，以列入省级“4个100”、州级“4个30”项目为重点，累计安排前期经费1亿元以上，召开重点片区项目推进、专题调研督查、重点项目集中开工等会议，州级领导深入挂钩联系的县（市）、项目、企业和工地，逐旬、逐月、逐季帮助分析和解决项目建设中的落地难、推进难等问题，楚南一级公路，广大、永广铁路扩能改造等一批重点工程顺利推进，武定至安丰营高速公路、永仁直苴中型水库、滇中引水勘察试验性工程风屯隧洞，以及新能源建设等一批重点项目开工建设，云南石化产业园、云铜搬迁等一批重大项目前期工作取得突破。州委、州人民政府领导多次带队到中央部委和省级部门汇报衔接工作，一批重点项目得到国家和省的大力扶持，全州共争取一般公共预算上级转移支付补助资金139亿元以上，全年预计新增各类融资105亿元，保障了重大项目和重点工作的推进，全年规模以上固定资产投资预计可完成780亿元以上，增长30%。二是突出产业建设，转型升级步伐加快。把加快园区建设作为推动工业经济发展的重点，安排州级财政专项资金1.1亿元，用于支持工业园区基础设施建设、标准厂房建造、企业技改、扩产促销、煤炭转型升级、微型企业培育，工业园区建设力度明显加大，工业企业升规达限工作得到强化，新增规模以上工业企业42户，全年实现规模以上工业增加值200亿元，增长10%。高原特色现代农业、绿色食品加工业发展势头强劲，粮食总产量达125万吨，全年新增农业龙头企业55户，省级“小巨人”领军企业项目3个，农产品电商企业已发展到46个，绿色食品加工业预计实现产值200亿元以上，增长14%。生物医药、新能源新材料、文化旅游产业加快发展。三是深化开放合作，招商引资成效显著。把招商引资作为推动全州经济社会跨越式发展的基础性工作来抓，召开高规格大规模的招商引资工作会、推进会，制定完善加强招商引资工作的政策措施，扎实开展了“一把手招商”“以商招商”“定点招商”等多种方式的招商活动，州、县（市）各级领导干部人人有任务、个个抓招商，全州上下形成了大招商、招大商的良好氛围。建立健全服务体系、简政放权，对重点项目开通“绿色通道”，主动与楚雄籍企业家坦诚交心，诚邀他们回楚雄参与家乡建设，在全州营造了“优商、惠商、亲商、安商、扶商”的良好环境，保持了招商引资快速增长的强劲势头，全年实际引进州外到位资金新增142亿元，增长30%。四是推进精准扶贫，民生实事得到落实。把精准扶贫作为民生工作的重中之重来抓，召开脱贫攻坚大会，研究制定配套文件，对全州脱贫攻坚工作进行全面部署；统筹省、州、县（市）、乡（镇）四级3.7万名干部职工深入开展了“挂包帮”“转走访”，做到了底数清、情况明、对策实；敏锐把握国家和省的政策动向，及早部署农村危房改造工作，加大资金整合投入力度，抓好整乡推进、易地扶贫搬迁、美丽宜居乡村建设等项目实施，全年实施D级危房改造3万户，年内有5万贫困人口实现脱贫。10件民生实事逐一得到落实，民生支出占一般公共预算支出的比重达74%，城乡居民可支配收入增幅高于经济增长速度。各类教育协调发展，医疗卫生和计划生育服务体系进一步完善，文化惠民工程深入实施。社会保障覆盖面进一步扩大，社会救助水平进一步提高。五是凝聚发展合力，发展环境更加良好。支持人大及其常委会围绕全州中心工作依法行使职权，支持政协不断丰富协商形式。抓好法治宣传教育，依法治州进程不断加快。爱国统一战线不断发展壮大，民族团结进步事业迈出新步伐。工会、共青团、妇联等人民团体的桥梁纽带作用充分发挥。军民融合式发展深入推进，军政军民关系更加密切。群众性精神文明创建活动广泛开展，舆论引导能力得到提高。加强生态文明建设，生态环境进一步改善。强化安全生产监督管理，安全生产形势持续稳定向好。领导干部大下访、大接访活动深入开展，一批信访突出问题得到有效化解。深入开展社会治安综合治理，“平安楚雄”建设扎实推进，民主团结、生动活泼、安定和谐的政治局面进一步巩固。

（三）以建设高素质干部队伍保障发展。我们强化党建第一责任，全面落实鼓励和保护干部干事创业的政策措施，进一步消除“4·12”案件的负面影响，在全州干部中树立起干事创业的鲜明导向。聚焦“三严三实”和“忠诚干净担当”专题教育，扎实开展“六个严禁”和“为官不为”等专项整治，抓实突出问题的整改，持续推进党的思想政治建设和作风建设。全面贯彻落实中央和省委从严从实管理干部的决策部署，认真执行《干部选拔任用工作条例》，研究制定《中共楚雄州委关于建设忠诚干净担当高素质干部队伍推动楚雄跨越式发展的决定》《加强县处级非领导职务干部管理的若干规定》《楚雄州州属事业单位领导人员管理暂行办法》等一批制度，切实加大干部选拔培养和监督管理力度，全州各级领导班子结构进一步优化、活力进一步增强。扎实开展“三超两乱”专项治理和干部人事档案专项审核，进一步匡正了选人用人风气。落实《楚雄州基层党建工作三年规划》及其配套文件，统筹推进农村、社区、机关、国有企业、非公经济和社会组织等领域基层服务型党组织建设，以“三深入、四联户”为主要内容的“插甸经验”，以扶贫开发与基层党建“双推进”为主要内容的“莲池模式”在全省学习推广。履行党风廉政建设的主体责任和监督责任，严格执行中央八项规定和省州党委的实施办法，积极配合省委巡视组开展好巡视工作，扎实抓好巡视反馈意见的整改落实，党风廉政建设和反腐败斗争深入推进。广大党员干部干事创业的热情进一步激发，作风明显转变，推改革、促发展、谋跨越的共识进一步强化，干部清正、政府清廉、政治清明的政治生态进一步形成，为稳增长、促跨越提供了坚强的组织保证。

2015年各项工作的顺利推进，确保了“十二五”圆满收官。初步预计，“十二五”规划《纲要》所确定的30个经济社会发展主要指标，除地区生产总值可以基本完成、社会消费品零售总额难以完成外，其余指标可全面完成或超额完成。其中，GDP年均增长11.4%，一般公共预算收入年均增长17.3%，城镇和农村常住居民人均可支配收入年均分别增长11.3%、16.5%，规模以上固定资产投资年均增长30.2%，贫困发生率从24.91%下降到12.7%。可以说，过去的5年，是应对重大挑战、经受重大考验、取得重大成就的5年，是楚雄州发展速度较快、综合实力明显提升、城乡面貌变化较大、发展基础不断夯实、社会事业全面进步、各族群众得到实惠较多的五年。这些成绩的取得，是省委、省人民政府正确领导的结果，是州委、州人民政府团结带领全州各族干部群众抢抓机遇、开拓进取、奋力拼搏、苦干实干的结果。在此，我谨代表州委，向所有关心、支持、参与楚雄建设的各级领导、各界人士、各族干部群众和驻楚部队官兵表示衷心的感谢，并致以崇高的敬意！

回顾5年来的工作，我们积累了宝贵经验：一是必须紧紧抓住经济建设这个中心，全力以赴推动经济持续健康发展；二是必须紧紧抓住基础设施建设这个关键，打牢经济社会发展的基础；三是必须紧紧抓住改革创新这个动力，用改革创新破解发展中的难题；四是必须紧紧抓住生态文明建设这个根基，切实提升可持续发展能力；五是必须紧紧抓住保障和改善民生这个根本，让全州各族人民共享改革发展成果；六是必须紧紧抓住党的建设这个保障，使各级党组织成为各项事业发展的坚强领导核心。这些经验弥足珍贵，必须深刻认识和充分运用，并在实践中不断丰富和发展。

二、认清面临的形势，把思想和行动统一到“十三五”发展的目标任务上来

观大势才能谋大事。“十三五”时期，是楚雄州可以大有作为、必须奋发有为的重要战略机遇期，是实现跨越发展、后发赶超的关键时期，是全面脱贫、同步小康的决胜阶段。我们必须深刻把握国际国内发展基本走势，把我们所处的发展环境和条件分析透，把我们前进的方向和目标理清楚，把我们面临的机遇和挑战搞明白，立足优势、趋利避害、积极作为，奋力开创经济社会跨越式发展新局面。

（一）认清发展形势。“十二五”以来，楚雄州各项工作取得了显著成绩，但我们面临的形势仍然复杂，全州经济社会发展还存在许多亟待解决的困难和问题：一是加快发展的任务艰巨。经济总量小，产业层次低，综合实力弱，发展的质量和效益不高，经济转型升级任重道远。二是基础设施“瓶颈”制约突出。交通、水利、能源、城镇建设等基础设施与跨越式发展的要求还不相适应。三是统筹城乡发展难度较大。城镇化水平低，区域发展不平衡，贫困面大，贫困人口多，贫困程度深，脱贫攻坚任务艰巨。四是发展环境还需进一步优化。体制机制不够活，开放合作水平不够高，维护社会稳定压力大，少数干部不敢担当、不愿负责的现象仍不同程度地存在。可以说，楚雄州贫困落后是主要矛盾、加快发展是根本任务的基本州情没有变，既要“赶”又要“转”的双重任务没有变。但是，我们必须看到“十三五”时期楚雄州面临难得的重大历史机遇和有利条件。一是我国仍然处于发展重要战略机遇期，为楚雄州推动跨越式发展提供了良好的大环境。我国经济发展进入新常态，在增长速度不可避免换挡的同时，经济发展方式加快转变，经济结构不断优化，发展动力持续转换，改革开放释放出新的发展活力，经济长期向好的基本面没有改变，良好发展态势可以保持，为楚雄州加快发展提供了良好的宏观环境。二是国家深入实施一系列重大战略部署，为楚雄州推动跨越式发展拓展了广阔空间。随着国家“一带一路”、长江经济带、孟中印缅经济走廊、新一轮西部大开发、新一轮脱贫攻坚等重大战略的深入实施，加快构建对外开放和区域发展新格局，为楚雄州在更大范围扩大开放、深化协作、配置资源，主动服务和融入国家发展战略拓展了新空间。中央持续稳定实施积极财政政策和稳健货币政策，以及重点支持中西部地区、民族地区基础设施建设，为楚雄州争取项目资金支持、筑牢经济增长基础、增强发展内生动力提供了难得机遇。三是省委、省人民政府高度重视楚雄发展，为楚雄州推动跨越式发展提供了强大支撑。习近平总书记考察云南并发表了重要讲话，为云南今后一段时期发展指明了方向。随着全省跨越式发展各项政策措施的逐一落实，“五网”建设攻坚战、产业转型升级攻坚战、脱贫攻坚战的深入推进，滇中城市经济圈一体化发展、金沙江对内开放合作经济带建设步伐的加快，特别是省委、省人民政府在云南石化产业园、云铜搬迁等重大产业项目布局中给予楚雄州重大倾斜，为楚雄州打牢发展基础、培育主导产业、强化扶贫开发、办好民生实事，推动经济持续快速健康发展提供了强大支撑。四是“十二五”取得的成就和经验，为楚雄州推动跨越式发展奠定了坚实基础。五年来，全州竞争力和影响力不断提升，发展后劲持续增强，改革开放卓有成效，社会事业全面进步，城乡面貌明显改观，人民生活持续改善，社会政治和谐稳定，呈现出厚积薄发、协调发展的良好势头，为“十三五”发展奠定了良好基础。随着一批重大基础设施和重点产业项目的启动实施和深入推进，将有力拉动全州经济增长。同时，广大党员干部作风明显转变，抓改革、促发展、保稳定的能力不断增强，全州上下比学赶超的干事创业氛围进一步形成，各族群众过上更美好生活的愿望更加强烈、信心更加坚定，为楚雄州推动跨越式发展积蓄了强大能量。总体上，“十三五”我们既面临跨越发展的重大机遇，也面临着各种严峻挑战，但机遇大于挑战，挑战中蕴含着机遇，只要我们横下一条心、铆足一股劲，抓住机遇、奋发作为，楚雄的发展就一定能够冲破各种困扰，开创新的局面。

（二）理清发展思路。谋划楚雄州“十三五”发展，必须贯彻落实好中央和省一系列决策部署，把握好方向性、原则性的重大问题，科学确立“十三五”时期楚雄州经济社会发展的基本思路。以发展自己、服务全局、立足当前、着眼长远的视野，综合考虑未来发展趋势和州情

实际，“十三五”期间楚雄州国民经济和社会发展的基本思路是：高举中国特色社会主义伟大旗帜，全面贯彻党的十八大和十八届三中、四中、五中全会及省委九届十二次全会精神，以马克思列宁主义、毛泽东思想、邓小平理论、“三个代表”重要思想、科学发展观为指导，深入贯彻习近平总书记系列重要讲话和考察云南重要讲话精神，坚持全面建成小康社会、全面深化改革、全面依法治国、全面从严治党的战略布局，牢固树立和落实创新、协调、绿色、开放、共享的发展理念，坚持发展是第一要务，以提高发展质量和效益为中心，主动服务和融入国家和省发展战略，把增进人民福祉、促进人的全面发展作为发展的出发点和落脚点，加快形成引领经济发展新常态的体制机制和发展方式，抢抓发展机遇，统筹推进经济建设、政治建设、文化建设、社会建设、生态文明建设和党的建设，把楚雄州打造成为滇中城市经济圈西部增长极，连接长江经济带与孟中印缅经济走廊开放合作的桥梁，国际化、高端化的文化旅游品牌，全国民族团结进步示范区和全省生态文明建设先行示范区，面向南亚东南亚辐射中心重要的石化产业基地、冶金产业基地和绿色产业基地，确保克期完成脱贫攻坚任务，与全国全省同步全面建成小康社会。这一基本思路，明确了楚雄州集中力量打造“一极一桥一品二区三基地”的发展定位。其中，“一极”即“滇中城市经济圈西部增长极”，这是由楚雄州在滇中地区的发展地位决定的。省委、省人民政府要求滇中城市经济圈率先发展，楚雄州作为其中GDP唯一不到1000亿元的“小兄弟”，必须按照省委、省人民政府主要领导对楚雄州主动融入滇中、带动滇西发展的要求，全力推动跨越式发展，确保发展速度高于全省和滇中平均水平，真正在滇中西部形成增长极。“一桥”即“连接长江经济带与孟中印缅经济走廊开放合作的桥梁”，这是由楚雄州的区位条件决定的。楚雄州是西南地区互联互通和中国面向南亚东南亚开放大通道的重要枢纽，是内地通往南亚、东南亚直达印度洋的重要通道。随着云南省全面落实国家长江经济带建设发展战略，加快金沙江对内开放合作经济带的规划建设，楚雄州必须依托交通和区位优势，充分发挥联通内外的桥梁作用，切实提高开放合作水平。“一品”即“国际化、高端化的文化旅游品牌”，这是由楚雄州独特的文化旅游资源决定的。楚雄州山川秀丽、历史悠久、文化厚重，自然景观和人文景观丰富多彩，是世界恐龙之乡、东方人类故乡、彝族文化大观园，完全有条件打造国际化、高端化的新兴旅游目的地。“二区”即“全国民族团结进步示范区和全省生态文明建设先行示范区”，这既是贯彻落实习近平总书记对云南建设“我国民族团结进步示范区、生态文明建设排头兵”要求的重要举措，也是楚雄州多年来坚持推进的重要战略，实践证明是完全正确的，必须一以贯之地坚持下去。“三基地”即“面向南亚东南亚辐射中心重要的石化产业、冶金产业和绿色产业基地”，充分体现了习近平总书记关于把云南省建成“我国面向南亚东南亚辐射中心”的要求，体现了楚雄州发展石化产业、冶金产业和绿色产业的资源优势、产业基础和巨大潜力，是楚雄州未来五年经济建设的主战场，随着云南石化产业园建设步伐的加快推进，石化产业将成为楚雄州继烟草产业之后的又一大支柱产业，三大基地的建设将有力支撑楚雄州经济社会跨越式发展。因此，这个发展定位，在继承中有创新，充分考虑了楚雄州区位、资源优势和发展基础，体现了主动服务和融入国家和省发展战略的决心，符合习近平总书记对云南闯出一条跨越式发展路子来的要求，与省委、省人民政府“一核一圈两廊三带六群”发展战略高度契合。

（三）确立奋斗目标。“十三五”楚雄州发展的总体目标就是克期完成脱贫攻坚任务，与全国全省同步全面建成小康社会。全面建成小康社会是党确定的“两个一百年”奋斗目标的第一个百年奋斗目标，是实现中华民族伟大复兴“中国梦”的重要里程碑。楚雄州要与全国全省同步全面建成小康社会，推动跨越式发展是唯一途径。在全国经济发展进入新常态的新阶段，总书记对云南提出“闯出一条跨越式发展的路子来”的要求，是因为云南离与全面建成小康社会目标差距大、任务非常艰巨。楚雄州作为滇中城市经济圈中的重要成员，经济总量小，贫困人口多，发展差距更大、发展的任务更加艰巨，必须保持一个合理的较快的发展速度。根据测算，“十三五”时期楚雄州GDP增长要保持在10%以上，力争增长12%以上，到2017年力争GDP总量突破1000亿元，到“十三五”末突破1500亿元大关，才能明显缩小楚雄州与全国、全省人均地区生产总值的差距。同时，要更加注重提高经济发展的质量和效益，深入研究保持经济增长的举措和办法，着力解决制约楚雄州经济持续健康发展的困难和问题，挖掘增长潜力，培育发展动力，拓展发展空间，促进经济增长由主要依靠增加物质资源消耗向主要依靠科技进步、劳动者素质提高、管理创新转变。脱贫攻坚是楚雄州全面建成小康社会最艰巨的任务，是我们“十三五”时期必须完成的历史使命。习近平总书记在中央扶贫开发工作会议上强调，消除贫困、改善民生、逐步实现共同富裕，是社会主义的本质要求，是我们党的重要使命。脱贫攻坚战的冲锋号已经吹响，我们要立下愚公移山志，咬定目标、苦干实干，坚

州委书记侯新华（前排中）到南华县调研电子商务发展情况（威洋/摄影）

决打赢脱贫攻坚战，确保到2020年全州7个贫困县、25个贫困乡（镇）、220个贫困行政村、3309个贫困自然村、25.8万贫困人口如期摘帽、出列、脱贫。所以，确立这一总体目标，完全符合中央要求，也是楚雄州发展的现实需要，经济增长、人民生活水平提高、人民素质和社会文明程度提高、生态环境改善、完善制度等各项指标必须紧紧围绕这一总体目标来确定。

（四）强化发展举措。党的十八届五中全会提出的创新、协调、绿色、开放、共享发展理念，创造性地回答了新形势下我们要实现什么样的发展、如何实现发展的重大问题，集中体现了今后五年乃至更长时期我国发展思路、发展方向、发展着力点，深刻揭示了实现更高质量、更有效率、更加公平、更可持续发展的必由之路，是我们闯出一条跨越式发展路子、同步全面建成小康社会的旗帜。我们必须深刻理解、准确把握、自觉践行五大发展理念，牢固树立和落实创新发展理念，着力打造滇中城市经济圈西部增长极；牢固树立和落实协调发展理念，加快推进全国民族团结进步示范区建设；牢固树立和落实绿色发展理念，加快推进全国生态文明先行示范区建设；牢固树立和落实开放发展理念，着力打造连接长江经济带与孟中印缅经济走廊开放合作的桥梁；牢固树立和落实共享发展理念，着力在跨越式发展中增进各族人民福祉。具体工作中，要突出“五网”并进，在加强基础设施建设上取得新突破，让全州基础设施在“十三五”有一个质的飞跃；突出转型升级，在培强做大重点产业上取得新突破，加快培植支撑全州跨越式发展的产业集群；突出发展动力，在深化改革扩大开放上取得新突破，着力增强发展的动力，改善发展的环境；突出城乡统筹，在新型城镇化建设上取得新突破，推动全州城乡发展再上一个新台阶；突出特色优势，在增强文化软实力上取得新突破，加快推进民族文化强州建设；突出以人为本，在抓好民生实事上取得新突破，让全州各族人民共享改革发展成果；突出精准扶贫，在脱贫攻坚上取得新突破，确保“十三五”末全州所有贫困人口都能如期脱贫，与全国全省同步进入全面小康社会；突出保护环境，在加强生态文明建设上取得新突破，走出一条生态建设产业化、产业发展生态化的绿色发展路子；突出民主法治，在全面推进依法治州上取得新突破，把全面依法治州要求落实到推动经济社会跨越式发展的全过程各方面。

三、做好2016年的工作，确保“十三五”开好局起好步

2016年是实施“十三五”规划的开局之年，做好2016年的工作，形势严峻、任务艰巨、责任重大、意义深远。越是形势严峻，越要坚定信心，化挑战为机遇；越是任务艰巨，越要下定决心，变压力为动力。面对错综复杂的形势和艰巨繁重的改革发展稳定任务，全州广大党员干部要始终保持强烈的责任感、使命感和危机感，始终保持强烈的干事创业激情和昂扬向上、奋发有为的斗志，以超常规的胆识、超常规的思维、超常规的举措推动全州跨越式发展。2016年全州经济社会发展的总体要求是：深入贯彻落实党的十八届五中全会、习近平总书记系列重要讲话和考察云南重要讲话以及省委九届十二次全会精神，以“四个全面”的战略布局和“五个发展理念”为引领，继续坚持稳中求进的工作总基调，主动服务和融入国家和省发展战略，全力打好“五网”建设、产业转型升级和精准脱贫三大攻坚战，抓实新型城镇化、高原特色现代农业、招商引资、深化改革四大重点，统筹推进民主法治、宣传思想、民生保障、环境保护等各项工作，营造发展环境、凝聚发展合力，推动全州经济持续健康发展和社会和谐稳定，确保“十三五”开好局、起好步。主要预期目标是：全州生产总值增长10%，力争达11%；规模以上固定资产投资增长25%，力争达30%；一般公共预算收入增长7%，力争达8%，城乡常住居民人均可支配收入分别增长10 %和11%。城镇登记失业率控制在4.5%以内，单位生产总值能耗下降完成省下达目标。

（一）全力打好“五网”建设、产业转型升级和精准脱贫三大攻坚战。一是要打好“五网”建设攻坚战。加快五大基础设施网络建设，是楚雄州突破发展瓶颈、打牢发展基础、优化发展环境、实现跨越发展的现实需要。要抓住国家增加中央预算内资金安排，连续下达专项基金支持西部地区重大基础设施建设和省委省人民政府全力推进“五网”建设的重大机遇，抓紧编制实施楚雄州五年大会战项目规划，积极向上汇报衔接和与周边州（市）沟通协作，争取有更多的项目得到国家和省的扶持。要抓紧推进楚南一级、彩云至碍嘉公路、武易高速、双新二级公路和永广、广大铁路扩能项目建设，开工建设楚永高速楚雄至大姚段工程。加快推进永仁直苴、武定仁和等5座中型水库、25件小型水库等项目建设，配合做好滇中引水干渠工程建设相关工作，持续抓好山区“五小水利”建设。积极配合做好观音岩、乌东德等水电项目及配套送电工程建设，有序推进一批风电和并网光伏发电项目，加快实施一批互联网建设项目，确保全年规模以上固定资产投资突破1000亿元。二是要打好产业转型升级攻坚战。推动跨越式发展，产业转型升级是关键，园区建设是核心。要把工业园区作为推动跨越发展先行区、招商引资主阵地、项目建设主战场、对外开放大窗口、经济增长动力源和吸纳就业强磁场，紧紧围绕打造2个千亿元园区、3个百亿元园区、培育20个左右主营业务收入达10亿元的特色产业基地的重点任务，全力以赴加快推进全州工业园区建设，推动产业转型升级，确保实现10个工业园区主营业务增长13%以上。要进一步突出重点园区建设，确保云南石化产业园、楚雄生物医药新规划片区年内开工，武定禄金片区、楚雄苍岭云甸片区等园区要在基础设施、招商入园等方面取得重大突破。要坚持优化存量与做大增量并重，改造提升传统产业，大力发展新兴产业，巩固提升“两烟”、冶金等传统支柱产业，大力发展石化、高原特色现代农业、绿色食品加工、生物医药、新能源新材料、文化旅游等优势产业，加快培育商贸物流、健康养老、“互联网+”等新业态。要推进工业化与信息化深度融合、制造业与现代服务

11月13日，州委书记侯新华（中）在楚雄市大过口扶贫结对户家了解生产生活情况（戚洋/摄影）

及垃圾处理、公共服务等基础设施建设，突出建管并重，完善功能配套和公共服务，打造文明、有序、干净的良好生活环境。推进户籍制度改革，完善劳动就业、住房保障、子女教育、社会保障等城乡统筹发展的政策体系，让有条件的农业人口逐步转为城镇居民。按照规划引领统规自建、整合项目责任共担、产业支撑促农致富、示范带动梯次推进、干部帮扶党建保障的要求，推进美丽宜居乡村建设。二是要大力发展高原特色现代农业。实现如期脱贫、全面建成小康社会，重点在“三农”，根本出路在大力发展高原特色现代农业。要围绕农业总产值、农民人均可支配收入与全州经济增长同步的目标，加快推进楚雄国家农业科技园区和中以高原特色农业示范园等项目建设，带动全州高原特色农业现代化发展。要在坚守耕地红线、稳定粮食生产的同时，立足特色资源优势，抓好蔬菜、优质水果、食用菌、核桃、山地牧业等特色优势产业，打造一批集农业开发、休闲观光、科技示范等为一体的农业庄园，建设一批科技化、规模化、标准化、品牌化的现代特色农业产业基地，培育一批行业“小巨人”。要加快培育新型农业经营主体，加快培养新型农民，积极稳妥地推进以土地承包经营权确权登记颁证为重点的农村改革，最大限度解放和发展农业农村生产力。特别是要顺应“互联网+”发展趋势，鼓励互联网企业建立农业服务平台加强产销衔接，不断拓展高原特色现代农业的发展空间。三是要持续加大招商引资力度。要始终把招商引资作为推动固定资产投资和产业建设的重要抓手，以产业为纽带、园区为平台、项目为支撑、服务为保障，坚持规模、结构和质量并举，引资、引才和引智并重，切实提高招商引资工作的针对性和实效性，保持招商引资的强劲势头，确保全年实际引进到位资金新增120亿元以上，力争新增150亿元。要不断优化投资环境，加强机关作风和效能建设，完善招商引资“一站式”服务体系，加大对行政不作为、乱作为、效率低等问题的责任追究，全力营造让广大投资者放心的政策环境、安心的法制环境、顺心的服务环境和舒心的生活环境，形成更具竞争力的成本“洼地”，以优质高效的服务吸引更多的国内外知名企业入驻楚雄州发展。四是要全面深化改革。在全面落实中央和省各项改革措施的同时，在深化行政审批制度改革、财税体制改革、医药卫生体制改革、农村土地承包经营权流转、林权制度改革、投融资体制改革、水利工程供水价格改革、殡葬改革等方面取得实质性突破，不断增强发展的动力、释放改革的红利。要继续取消下放一批行政审批事项，建立权力清单、责任清单、负面清单制度，破除制约发展的体制障碍，加快营造公平透明的市场环境，释放

业深度融合，推动经济发展由要素驱动向创新驱动转变，为转型发展、升级增效提供强力支撑。三是要打好精准脱贫攻坚战。要把脱贫攻坚作为最大的政治任务和最重要的民生工程，立下军令状，敢啃“硬骨头”，认真贯彻落实中央《关于打赢脱贫攻坚战的决定》，围绕确保年内减少贫困人口7万人，1个贫困县（牟定县）和5个贫困乡（镇）“减贫摘帽”，50个贫困行政村出列，贫困地区农村居民人均可支配收入达到7500元以上的目标，坚持对症下药、实施精准扶贫，以3.4万户农村危房改造为重点，扎实抓好易地扶贫搬迁等工程，加强贫困地区水电路等基础设施建设，打牢脱贫致富基础。要因地制宜发展特色产业，加大农村富余劳动力转移就业培训和劳务输出力度，确保贫困地区农民收入增幅高于全州平均水平，对无法依靠产业扶持和就业帮助脱贫的家庭实行政策性保障兜底。实施健康扶贫工程，保障贫困人口享有基本医疗卫生服务，努力防止因病致贫、因病返贫。做好贫困户家庭子女教育救助工作，不让贫困隔代传递。要抓实机关企事业单位“挂包帮”“转走访”工作，引导企业、社会组织、社会各界帮扶贫困村、贫困户。要充分发挥群众的主体作用，发动群众自力更生向贫困宣战，靠自身努力早日脱贫致富奔小康。

（二）抓实新型城镇化、高原特色现代农业、招商引资、深化改革四大重点。一是要加快推进新型城镇化。新型城镇化是最大的内需所在，要深刻认识新型城镇化的巨大综合效应，牢牢抓住这一增长热点，努力把这篇大文章做好，到2016年底力争城镇化率比上年提高1.5个百分点。要高起点、高标准、高质量编制好城镇发展规划，发挥好规划对统筹城乡发展的引领作用。要加大棚户区改造力度，促进房地产业健康发展。以城乡人居环境提升行动为抓手，着力加快城镇道路、地下管廊和供排水、污水

经济内在活力。要大力实施创新型楚雄行动计划，加快推进科技成果转换，提高科技对经济社会发展的贡献率。要以改革创新的思路和举措千方百计拓宽融资渠道，抓住国家加大金融支持民族地区发展、放宽民族地区企业上市特别是“新三板”上市条件的政策机遇，鼓励和扶持企业上市融资，鼓励社会资本积极参与公共基础设施建设，着力破解企业融资难题，确保全年新增各类融资100亿元以上。

州委书记侯新华（前排左二）在大姚县调研产业发展（戚洋/摄影）

（三）统筹推进民主法治、宣传思想、民生保障、环境保护等各项工作。推动跨越式发展，必须营造有利于创新创业的法治人文环境、政策制度环境、工作生活环境，引领和激发各族各界推动楚雄发展的热情，切实把各方面的智慧和力量凝聚到推动跨越式发展上来。要充分发挥各级党委总揽全局、协调各方的领导核心作用，支持人大及其常委会依法履行职权，支持政府依法行政，支持政协依照章程履行职能，全面推进科学立法、严格执法、公正司法、全民守法各项工作，进一步做好新形势下的统战工作，抓紧编制和实施加快少数民族和民族聚居区经济社会发展规划，加快推进全国民族团结进步示范区建设，依法管理宗教事务，支持军分区和驻楚雄部队加强国防和军队建设，发挥好工会、共青团、妇联等群团组织的作用，形成群策群力干事业、同心同德促发展的强大合力。要健全完善党委（党组）领导意识形态工作责任制，唱响主旋律、传播正能量，广泛开展群众性精神文明创建活动，提升基层公共文化设施建设、管理和服务水平，深入实施文化艺术精品工程，打造楚雄文化品牌，大力发展文化旅游业。要全力办好民生实事，抓实就业创业工作，健全覆盖城乡居民的基本医疗和公共卫生服务体系，认真贯彻落实各项社会保险政策，统筹推进科技、教育、卫生计生等各项事业发展。要加快推进生态文明建设，健全完善生态保护长效机制，加大环境治理力度，大力发展具有资源优势和产业特色的生态经济，加快形成节约资源和保护环境的空间格局、产业结构、生产方式。要全面加强社会治安综合治理和防控体系建设，深入推进新一轮禁毒防艾人民战争，解决好信访突出问题，增强应急救援和防灾减灾能力，加大食品药品监管力度，有效防范和坚决遏制重特大安全生产事故，为推动经济社会跨越式发展营造和谐稳定的社会环境。

四、落实全面从严治党要求，为跨越式发展提供坚强组织保证

推动经济社会跨越式发展，关键在党、关键在人。必须以改革创新精神全面加强党的思想、组织、作风、制度和反腐倡廉建设，充分发挥党的领导核心作用，不断提高各级党组织领导经济社会发展的能力和水平，为“十三五”发展提供坚强组织保证。

（一）强化思想政治建设，以先进的理念引领发展。要突出思想理论教育，以各级党委（党组）中心组学习为龙头，以大规模培训干部为抓手，持续深入学习中国特色社会主义理论体系和党的十八届五中全会精神，突出抓好习近平总书记系列重要讲话和考察云南重要讲话精神的学习教育，深入开展党史国史、国情省情州情学习教育，引导党员干部坚定理想信念，不断提高各级领导干部理论素养和思想政治水平，自觉运用马克思主义的最新理论成果武装头脑、指导实践、推动工作。大力加强党性党风党纪教育，引导党员干部自觉以正反面典型为镜鉴，端正权力观，增强事业心，严守政治纪律，严明政治规矩，真正把忠诚作为一种品格，把责任作为一种追求，把干净作为一种境界，稳固共产党人的“根”，守好共产党人的“魂”。要大力加强道德品行教育，教育引导党员干部模范践行社会主义核心价值观，弘扬中华民族优秀传统美德，积极培育政治品德、职业道德、家庭美德、社会公德和个人品德，在推进彝州跨越式发展中发挥表率作用。

（二）强化能力水平建设，以过硬的本领领导发展。顺利实现“十三五”规划确定的奋斗目标，关键要适应新的形势和任务，不断创新领导经济社会发展的观念、体制和方式方法，提高各级党组织把握方向、谋划全局、提出战略、制定政策、推进改革、抓好落实的能力，努力为发展定好向、掌好舵。要加大干部实践锻炼培养力度，引导干部在实干苦干中增强善于把中央精神、省委意图和州委要求与本地本部门实际结合起来，确保目标不游离、方向不偏移的本领；增强善于把分析把握本地形势与全国、全省和周边地区形势相结合，在更大范围考量和定位发展的本领；增强善于把当前工作和长远发展结合起来，既抓突出问题的化解，又做更多打基础利长远工作的本

领；增强善于把工作推进的力度和人民群众接受的程度、发展成果的感受度结合起来，更好地汇聚推动发展合力的本领。要加强党对经济工作的领导，完善党委研究经济社会发展战略、研究重大事项的工作机制，定期或不定期研究本地区经济社会发展前瞻性、战略性、全局性的重大问题，有针对性地解决瓶颈问题，推动各级党组织领导经济社会发展制度化、规范化、程序化。

（三）强化基层组织建设，以坚实的基础支撑发展。各级党组织要把基层党组织建设牢牢抓在手上，不断深化基层服务型党组织建设，持续用力整顿软弱涣散基层党组织，抓好后进基层党组织的晋位升级。扩大基层组织覆盖面，强化农村、城市社区党组织建设，加大非公有制经济组织、社会组织党建工作力度。选优配强基层组织带头人，把政治强、事业心强、能力强的好党员选拔到党组织书记岗位上，纳入全州干部教育培训计划。要严格执行《云南省从严从实管理党员若干规定》，尽快研究出台楚雄州从严从实管理党员工作细则，认真做好发展党员工作，强化党员日常管理，稳妥慎重处置不合格党员。要认真落实党建工作责任制，坚持和完善党组织书记抓基层党建工作联述联评联考制度，坚持党委（党组）书记向上级党组织报告党建工作、向本级党组织报告履行党建工作责任制度。要加大财政投入力度，为基层党建工作提供保障。要关心关爱困难党员。

（四）强化干部队伍建设，以优良的素质推动发展。坚持正确用人导向和党管干部原则，认真抓好2016年即将开展的州、县（市）、乡（镇）三级党委和村（社区）“两委”换届工作，选优配强各级领导班子。研究制定关于全面贯彻落实好干部标准和“三严三实”要求、进一步加强和改进干部选拔任用工作的意见，高标准严要求选拔干部。坚持在抓项目中考察干部，在抓发展中使用干部，注重在重大事件、关键时刻、急难险重任务中发现干部，努力做到让想做事、能做事、不出事的干部得到重用。着力深化干部人事制度改革，探索实行空缺职位署名推荐制，认真执行中央《推进领导干部能上能下若干规定（试行）》，制定具体实施细则，开展好不胜任现职干部召回试点工作，坚决调整不适宜担任现职的领导干部。完善年度考核评价体系，研究制定《楚雄州县（市）和州级部门领导班子成员综合考核评价办法》，对县（市）和州级部门、党政正职和副职分类进行差别化考核，努力考真考准干部。改进干部平时考核机制，突出对重要岗位和承担中心工作、重点项目干部的跟踪考核，把考核结果作为干部选拔任用的重要依据。严格执行《云南省从严从实管理干部若干规定》，细化从严从实管理干部的对策措施，落实与干部谈心谈话制度，加强对领导干部的监督管理。加强党管人才工作，做好老干部工作。

（五）强化干部作风建设，以奋发的状态促进发展。要深刻认识作风建设的长期性、复杂性、艰巨性，巩固“三严三实”和“忠诚干净担当”专题教育成果，深入贯彻落实中央八项规定精神和省州实施办法，锲而不舍、驰而不息地推进作风建设，决不能让“四风”反弹回潮。贯彻落实好州委鼓励和保护干部干事创业的政策措施，探索建立允许失误、宽容失败的制度机制。加大整治庸懒散浮拖力度，分层级分领域深入开展为官不为专项治理，探索建立奖勤罚懒制度，严肃查处不作为、乱作为、慢作为干部。认真贯彻执行新修订的《中国共产党廉洁自律准则》《中国共产党纪律处分条例》，以更强的党性、政治觉悟和组织观念要求党员干部，严格遵守党的政治纪律、组织纪律、廉洁纪律、群众纪律、工作纪律、生活纪律，推动党员干部严格遵守党内政治生活准则，严肃党内生活、营造良好政治生态，真正使纪律成为管党治党的尺子、不可逾越的底线。各级领导干部要不断增强改革创新的精神和主动担当、积极作为的勇气，“闯”字当头、“实”字在先、“干”字为要，以严而又严的标准、实而又实的作风扛起肩负的担子，带头贯彻落实州委的各项决策部署，认真做好改革发展稳定的各项工作。

（六）强化党风廉政建设，以良好的形象服务发展。要严格执行《中共楚雄州委落实党风廉政建设主体责任的规定》和《中共楚雄州委常委班子党风廉政建设主体责任清单（试行）》，制定落实纪委监督责任具体规定，全面落实责任清单、签字背书、年度双报告、述责述廉与评议等工作制度，实行上级党委书记、纪委书记就党风廉政建设主体责任、监督责任落实情况约谈下一级党政“一把手”、纪委书记（纪检组长）制度，促进“两个责任”落实。改进和完善党风廉政建设考核和责任追究办法，严格落实一案双查和责任倒查制度，健全责任追究案件报告和通报曝光制度。深入推进纪律检查体制机制改革，推进党的纪律检查工作双重领导体制具体化、程序化、规范化。健全完善对领导干部的经常性教育监督管理机制，定期对党员干部作风状况进行分析研判，综合运用民主生活会、警示教育、约谈函询、诫勉谈话、组织处理、纪律处分等手段，对发现的苗头性问题及时提醒，防微杜渐，抓早抓小。加强廉政文化建设，坚持领导干部讲廉政党课制度，加大以案说法警示教育力度，着力营造“以廉为荣、以贪为耻”的良好氛围。坚决查处腐败案件，对腐败零容忍。各级领导干部要把对党绝对忠诚作为最重要的政治纪律，把管党治党责任作为最根本的政治责任，把守住纪律底线作为最基本的政治要求，为全州干部群众做出表率、树立榜样。

“十三五”发展的蓝图已经绘就，美好的前景催人奋进。让我们紧密团结在以习近平同志为总书记的党中央周围，团结带领全州各族人民进一步解放思想、开拓创新，勇于担当、奋力拼搏，推动全州经济社会跨越式发展，开创“十三五”发展新局面，为克期完成脱贫攻坚任务，与全国全省同步全面建成小康社会而努力奋斗！

政府工作报告

——在楚雄彝族自治州第十一届人民代表大会第六次会议上

中共楚雄州委副书记、代理州长　杨　斌

（2016年1月12日）

中共楚雄州委副书记、代理州长杨斌（高建波/摄影）

各位代表：

现在，我代表州人民政府，向大会报告工作，请各位代表连同《楚雄彝族自治州国民经济和社会发展第十三个五年规划纲要（草案）》一并审议，并请州政协委员和列席人员提出意见。

一、克难奋进，“十二五”经济社会发展取得显著成绩

2015年是“十二五”的收官之年，也是楚雄州在新常态下应对经济下行压力困难较大并取得显著成效的一年。在省委、省人民政府和州委的坚强领导下，州人民政府团结带领全州各族人民，迎难而上、奋力拼搏，全州经济持续健康发展，社会保持和谐稳定。初步预计，全州实现生产总值770亿元，增长10%；完成规模以上固定资产投资780亿元，增长30%左右；完成一般公共预算收入68.2亿元，增长7%；城乡常住居民人均可支配收入分别达26739元和8365元，分别增长9%和10.5%。州十一届人大五次会议确定的主要指标预计可全面完成。一年来，我们重点抓了以下工作：

——锁定目标稳增长。及时出台28条稳增长政策措施，整合筹集5亿元资金支持实体经济发展；争取到上级转移支付补助资金132.3亿元、国家专项建设基金17.6亿元、易地扶贫搬迁贷款额度64.5亿元。企业新增贷款41.5亿元，减轻企业税费负担12.4亿元；引进州外到位资金615亿元，增长30%。促进消费转型升级，社会消费品零售总额增长11.5%，外贸进出口总额突破4亿美元。

——紧盯项目增投资。扎实推进省级“4个100”和州级“4个30”重点项目；全面启动“五网”建设攻坚战，集中开工了76个重点项目，总投资197亿元。加强要素保障，新增社会融资超过100亿元，其中新增银行信贷85亿元；报批建设用地1.1万亩，盘活存量建设用地8055亩；报批林地2.5万亩。

——抓好“三农”促增收。农林水事务支出达39.6亿元，增长16%。粮食总产量达124.9万吨。圆满完成181.9万担烟叶收购任务，均价提高2.1元，烟农户均增收4270元。高原特色现代农业加快发展，新增省级农业龙头企业8户、州级47户。打响精准脱贫攻坚战，投入资金21.6亿元，减少贫困人口5万人。落实强农惠农政策，农村常住居民人均可支配收入增加795元。

——聚焦工业强支撑。州财政安排1.3亿元、向上争取1.2亿元资金支持工业发展。筹集3亿元资金启动云南石化产业园项目建设；100个重点工业项目有序推进；规模以上工业固定资产投资增长19.6%，工业增加值增长10%。

——统筹城乡促协调。深入推进新型城镇化，启动了“四规合一”试点工作；州级30个重点示范乡（镇）建设有序推进。新建城市配套污水管网95千米，完成城镇基础设施投资17.5亿元。新开工保障房7117套，实施了农村危改和抗震安居工程3万户。

——改善民生促和谐。推进义务教育标准化学校和教育信息化建设，教育质量进一步提高。56个科技项目获得国家和省级立项支持，带动新增投资8.5亿元。国家公共文化服务体系示范区创建工作扎实推进。推进县级公立医院改革，医疗保障水平不断提高。城镇新增就业2.9万人，城镇登记失业率控制在3.3%。10件民生实事全面完成。

各位代表，随着2015年各项目标任务的圆满完成，“十二五”实现胜利收官，全州经济社会发展取得显著成绩，我们在全面建成小康社会的道路上又走过了光辉的历程，迈出了坚实的步伐。

——这是综合实力不断增强的五年。始终坚持以经济建设为中心，全州生产总值年均增长11.4%；一般公共预

算收支年均分别增长17.3%和14.8%；投资、消费、进出口总额均实现翻番，年均分别增长30.2%、15.1%、30.4%；城乡居民收入与经济增长保持同步，年均分别增长11.3%和16.5%；城镇化率达40%，提高7.8个百分点。各项主要经济指标在全省排名保持中等靠前的位次，实现了稳中有升。

——这是产业建设成效明显的五年。坚定不移培育烟草、冶金化工、生物医药、绿色食品、文化旅游、新能源新材料六大重点产业，增加值占生产总值的比重达47%。规模以上工业增加值突破200亿元大关，比“十一五”末增长87%。重点骨干企业培育加快推进，楚雄卷烟厂技改搬迁全面完成，产值突破100亿元；产值超亿元的骨干企业达99户，其中10亿元以上8户，5亿元以上14户。工业园区规划面积达386.1平方千米，建成标准化厂房120万平方米，入园企业534户。积极培育商贸物流、现代服务等产业，电子商务等新业态不断涌现。

——这是发展基础不断夯实的五年。充分发挥投资的关键作用，累计完成规模以上固定资产投资2537亿元。昆广铁路复线和楚广高速、元双二级公路建成通车，楚南一级、武易高速、双新公路开工建设，全州公路总里程达1.9万千米，其中高速公路339.4千米，通乡公路硬化率达100%，建制村公路通达率、硬化率分别为100%、72.3%。建成青山嘴等8件大中型水库，除险加固中小型水库933座，开工建设30件中小型水源工程，新增库容2亿立方米，解决了74万农村人口饮水安全问题。观音岩水电站移民搬迁安置全面完成。城镇建成区面积达167平方千米，增加20平方千米。水电、新能源装机达138万千瓦，建成了保障有力的供电网络；油气管网建设加快推进。信息化建设不断加强，光纤宽带网络覆盖所有乡（镇）及80%的行政村。社会事业发展基础日臻完善。

——这是改革开放不断深化的五年。取消和下放行政审批事项224项，向社会公布40家州级单位权力清单和责任清单，公共资源交易平台全面建立。市场主体活力不断增强，纳入工商登记的市场主体达11.2万户，新增3.9万户。农村综合改革不断深化，商事制度改革取得新进展，医改取得新成效，事业单位分类改革有序推进。开放合作不断加强，累计引进州外到位资金1808亿元，年均增长40.8%。

——这是生态文明建设迈出坚实步伐的五年。实施生态立州战略，自然保护区达17个，面积284万亩；完成人工造林266万亩、低效林改造202万亩、退耕还林65万亩，森林覆盖率达63.5%，提高1个百分点；完成水土流失综合治理面积2320平方千米。城市人均公园绿地面积达12.7平方米，绿地率达29.5%。单位生产总值能耗累计下降20.8%；城市生活污水集中处理率达83.2%，垃圾无害化处理率达100%。

——这是人民群众得到更多实惠的五年。民生支出占财政总支出的比重始终保持在70%以上；坚持每年办好10件民生实事。城乡医保、义务教育、养老保险、社会救助、残疾人保障实现制度全覆盖。城镇累计新增就业13.9万人。累计建设各类保障性住房7.5万套，实施农村危房改造和抗震安居工程13.8万户，低收入群体、困难群众住房条件得到改善。社会事业全面发展，义务教育巩固率达93%，高中阶段毛入学率达80%，基本消除学校D级危房；科技进步对国民经济的贡献率达53.2%；州县乡村四级公共文化服务设施网络基本建成；医疗保障和公共卫生服务水平不断提高；广播电视覆盖率达97.7%。贫困人口从49.7万人下降到25.8万人。

——这是社会更加和谐稳定的五年。法治楚雄、平安楚雄建设成效显著，先后荣获全国社会治安综合治理最高荣誉奖“长安杯”和“全国社会治安综合治理优秀州（市）”称号。“六五”普法全面完成。信访工作不断加强。全国民族团结进步示范区建设深入推进，全州民族团结、宗教和顺、社会和谐。安全生产形势持续保持稳定，食品药品安全工作进一步加强。防灾减灾及应急救援体系不断完善。

各位代表！五年来，我们自觉接受州人大及其常委会的法律监督、工作监督和州政协的民主监督，共办理人大代表议案10件、建议971件、政协提案1685件，办结率达100%。支持法院、检察院依法独立行使职权，主动加强与各民主党派、工商联的联系，支持工青妇等群团组织开展工作。国家安全、国防教育和动员、兵役、双拥共建、外事侨务、监察、审计、统计、调查、工商、税务、质监、公安消防、气象、新闻出版、广播电视、地方志、档案、地震监测、决策咨询、红十字会、残联、老龄、妇女儿童等各项工作正常有效开展。

各位代表！回顾过去的五年，我们不仅取得了可喜成绩，也积累了许多宝贵经验：一是必须以科学发展为统领，坚持发展第一要务，坚定不移培强壮大优势产业，为跨越发展提供支撑；二是必须以突破基础设施瓶颈制约为重点，集中力量加快交通、水利、城镇等基础设施建设，为跨越发展创造必要条件；三是必须以解放思想、改革创新为动力，用改革的办法破解发展中的难题，激发改革创新活力；四是必须以保障和改善民生、共享改革发展成果为根本出发点，让发展成果更多更公平地惠及人民；五是必须加快政府自身建设，不断提高依法行政的能力和水平。

各位代表！回顾过去的五年，成绩来之不易，这是省委、省人民政府和州委坚强领导、科学决策的结果，是州人大及其常委会、州政协强化监督、全力支持的结果，是全州各族干部群众和社会各界团结奋斗、开拓进取的结果。在此，我谨代表州人民政府，向全州各族人民致以崇高的敬意和衷心的感谢！向给予政府工作大力支持的人大代表和政协委员，向各民主党派、工商联、各人民团体和社会各界人士，向中央、省驻楚单位和驻楚部队官兵，向所有关心、支持楚雄发展的海内外朋友们，致以崇高的敬意和衷心的感谢！

在总结成绩的同时，我们也清醒看到，楚雄州发展不充分、不平衡、不协调、不可持续的问题仍然突出。主要是：经济总量小，产业层次低，发展方式粗放，创新能力不强，综合实力弱，发展的质量和效益不高，供给侧结构不合理，消费需求乏力，部分企业效益下滑，经济转型升级任重道远，加快发展的任务艰巨；基础设施与跨越发展的要求还不相适应，破解瓶颈制约刻不容缓；城镇化水平低，区域发展不平衡，贫困面大、贫困程度深，脱贫攻坚任务异常艰巨，城乡统筹发展难度较大；一些地区环境恶化、约束趋紧，建设生态文明任务艰巨；制约跨越发展的体制机制障碍依然较多，安保维稳压力大，发展环境还需进一步优化；少数干部乱作为、不作为，不敢担当、不愿负责的现象仍不同程度存在，政府行政能力和行政效率还需进一步提升。

这里，我还要向各位代表报告，在宏观经济下行的大背景下，楚雄州“十二五”生产总值、社会消费品零售总额增速和2015年社会消费品零售总额增速未达预期，具体情况在《〈纲要（草案）〉说明》中已作分析说明。问题就是导向，差距就是潜力，短板就是重点。我们将高度重视这些问题，不断化解困难和矛盾，努力改进政府工作，决不辜负党和人民的殷切希望。

二、奋发有为，全力推进彝州“十三五”跨越式发展

未来五年，楚雄州发展既面临重大机遇，也面临严峻挑战，但总体看，机遇大于挑战。国家实施“一带一路”和长江经济带战略，省委、省人民政府着力构建“一核一圈两廊三带六群”区域发展新空间，以及对楚雄州“主动融入滇中、带动滇西发展”的战略定位，为楚雄州跨越发展带来了重大机遇。“十三五”时期是楚雄州可以大有作为的重要战略机遇期，是实现跨越发展的最关键时期，是全面建成小康社会的决胜阶段。我们必须准确把握战略机遇期的深刻变化，增强机遇意识、责任意识、忧患意识，励精图治、奋发有为，不断开创跨越发展新局面。

根据州委《关于制定国民经济和社会发展第十三个五年规划的建议》，州人民政府编制了《楚雄彝族自治州国民经济和社会发展第十三个五年规划纲要（草案）》。楚雄州“十三五”时期经济社会发展的基本思路是：高举中国特色社会主义伟大旗帜，全面贯彻党的十八大和十八届三中、四中、五中全会及省委九届十二次全会、州委八届七次全会精神，以马克思列宁主义、毛泽东思想、邓小平理论、“三个代表”重要思想、科学发展观为指导，深入贯彻习近平总书记系列重要讲话和考察云南重要讲话精神，按照“五位一体”的总体布局和“四个全面”的战略布局，牢固树立和落实创新、协调、绿色、开放、共享发展理念，坚持发展第一要务，以提高发展质量和效益为中心，主动服务和融入国家和省发展战略，把增进人民福祉、促进人的全面发展作为发展的出发点和落脚点，加快形成引领经济发展新常态的体制机制和发展方式，全面落实“一极一桥一品两区三基地”战略部署，确保如期完成脱贫攻坚任务，确保与全国全省同步全面建成小康社会。

全州“十三五”时期经济社会发展主要预期目标建议为：经济发展实现新跨越，地区生产总值年均增长10%以上，力争达到12%以上，到2017年力争地区生产总值总量突破1000亿元大关，到2020年突破1500亿元，人均地区生产总值与全省人均水平差距明显缩小，经济总量和质量效益全面提升。脱贫攻坚实现新胜利，实现现行标准下25.8万贫困人口全部脱贫，7个贫困县全部摘帽，25个贫困乡（镇）、220个贫困行政村、3309个贫困自然村全部出列，区域性整体贫困得到解决。各族人民生活水平和质量实现新提高，基本公共服务均等化水平稳步提升，民族团结进步示范区建设取得明显成效，生态建设和环境保护实现新突破，全面深化改革各项任务扎实推进，法治政府基本建成。

实现“十三五”目标，政府工作必须牢牢把握以下5个重点：

（一）牢固树立和落实创新发展理念，着力打造滇中城市经济圈西部增长极。必须把创新作为跨越发展的第一动力，打好“五网”建设和产业转型升级攻坚战，提升工业园区发展质量，大力推进高原特色农业现代化，深入实施创新驱动发展战略，构建创新发展新体制，把创新贯穿于经济社会发展全过程，形成全社会创新发展的强大合力。按照“东融西接、南连北通”的要求，努力打通贯穿南北、第二条横跨东西的高速公路大通道，实现县县通高速、通乡等级化、通村全硬化，公路总里程达2万千米、高速公路里程达600千米以上；全力推进永广、广大铁路扩能改造工程，努力建设横贯东西和通过泛亚铁路连通南亚、东南亚的铁路大通道；加快推进城际铁路建设；积极推进楚雄机场项目前期工作，力争建设5座通用机场；加快建设金沙江黄金水道，到2020年基本形成内畅外通、网络完善、运行高效的综合交通运输体系。加快能源建设，到2020年新能源总装机达300万千瓦，油气管网、电网适应发展需要，城市（县城）燃气普及率达85%，构建跨区域、保障有力、绿色安全的能源保障体系。以滇中引水楚雄州受水区工程为骨干，以大中小型水源工程为支撑，以供水管道和农田灌溉渠系工程为基础，加快水网建设，新增蓄水总库容和供水能力各2亿立方米以上，城市生活污水处理率达87%，构建区域互济、均衡优质、安全可靠的水资源保障与利用体系。实施“宽带楚雄”、无线网络、云计算、大数据、三网融合、“互联网+”、网络和信息安全七大工程，到2020年完成城镇光纤网络改造，行政村以上光纤覆盖率达95%，构建共享普惠、高速高效的互联网基础设施体系。坚持质量、品牌兴州，巩固提升烟草和冶金产业，大力发展石化、高原特色农业、生物医药、文化旅游和新能源新材料产业，加快培育商贸物流、先进制造和新兴服务业，到2020年十大产业增加值占地区生产总值的比重达70%以上，实现产业结构由中低端向中高端迈进，努力构建彝州现代产业体系。通过创新发展，确保全州经济增速高于全省平均水平，经济总量在滇中城市经济圈的比重进一步提高，建设活力楚雄。

（二）牢固树立和落实协调发展理念，加快推进全国民族团结进步示范区建设。必须把协调作为跨越式发展的内在要求，优化生产力空间布局，形成“两极四组团四带两区”的空间结构；按照“五个统筹”的要求，加快推进以人为核心的新型城镇化，统筹城乡协调发展；

开展民族团结进步示范区创建活动，坚持两个文明协调发展，推进军民融合发展，着力构建协调发展新格局。到2020年力争全州常住人口城镇化率达50%、户籍人口城镇化率达40%，建设和谐宜居、富有活力、各具特色的现代化城市。以城乡规划、基础设施、产业发展、要素市场、公共服务为重点，加快城乡一体化发展步伐。实施美丽宜居乡村建设行动计划，实现新房新村、生态文化、宜居宜业目标，让农民群众住上好房子、实现安居梦、过上好日子、走上小康路。创建3个省级、7个州级民族团结进步示范县（市），10个省级、40个州级民族团结进步示范乡（镇），100个省级、200个州级民族团结进步示范村，把楚雄建成全国民族团结进步示范区，实现各族人民和睦相处、和衷共济、和谐发展，建设美丽楚雄。

（三）牢固树立和落实绿色发展理念，加快推进全省生态文明先行示范区建设。必须把绿色作为跨越式发展的重要保障，严格执行主体功能区划，加强生态环境保护与治理，强化节约集约利用资源，完善生态文明建设体制机制，大力发展绿色经济，筑牢生态安全屏障，提供更多优质生态产品，全面提升可持续发展能力。到2020年森林覆盖率达64.5%，耕地保有量达432万亩，确保完成省下达的节能减排任务，推动形成绿色发展方式和生活方式，努力将楚雄州建成全省生态文明建设先行示范区，让楚雄的天更蓝、山更绿、水更清、空气更清新、人民生活更舒心，实现永续发展，建设绿色楚雄。

（四）牢固树立和落实开放发展理念，着力打造连接长江经济带与孟中印缅经济走廊开放合作的桥梁。必须把开放作为跨越式发展的必由之路，坚持发展自己、服务全局，充分发挥资源、环境、区位、民族文化优势，推进互联互通，加强开放载体建设，坚定不移大招商招大商，加快开放型经济发展，主动服务和融入国家及省发展战略，坚持“走出去”和“引进来”并重，在更大区域、更宽视野中找准开放发展方位，在国际战略大通道上更好发挥“承东接西、北上南下”的桥梁纽带作用，基本形成内引外联、全面开放发展大格局。积极参与滇中城市经济圈、金沙江对内开放合作经济带建设，促进区域协同发展。到2020年，力争当年引进州外到位资金突破1200亿元，外贸进出口总额突破7亿美元，基本建成滇中对外开放新高地，建设开放楚雄。

（五）牢固树立和落实共享发展理念，着力在跨越发展中增进各族人民福祉。必须把共享作为跨越式发展的本质要求，按照人人参与、人人尽力、人人享有的要求，实施好“五个一批”脱贫工程，提升公共服务水平，以创业带动就业，提高城乡居民收入，健全社会保障体系，提高教育质量，推进健康楚雄建设，促进人口均衡发展，让全州各族人民共享改革发展成果。到2020年，新增劳动力受教育年限达13.5年，普及高中阶段教育，毛入学率达90%，学前教育三年毛入园率达75%，城镇登记失业率控制在4.5%以内，贫困地区农村常住居民人均可支配收入达1万元以上，基本公共服务差距逐步缩小，努力让人民群众有更好的教育、更稳定的工作、更满意的收入、更可靠的社会保障、更高水平的医疗卫生服务、更丰富的公共文化服务、更舒适的居住条件，打赢脱贫攻坚战，与全国全省同步全面建成小康社会，建设幸福楚雄。

各位代表！展望未来，我们充满信心！实现“十三五”宏伟目标，彝州综合实力将迈上更高台阶，城乡面貌将发生更大变化，人民生活将得到更大改善，全面小康目标一定能够实现！

三、真抓实干，努力实现“十三五”良好开局

2016年是实施“十三五”规划的起步之年，也是全面建成小康社会的关键一年。做好政府各项工作，确保实现良好开局，意义重大、任务艰巨。政府工作的总体要求是：全面贯彻落实党的十八大和十八届三中、四中、五中全会、中央经济工作会议、省委九届十二次全会、省委经济工作会议和州委八届七次全会精神，以邓小平理论、“三个代表”重要思想、科学发展观为指导，深入贯彻习近平总书记系列重要讲话和考察云南重要讲话精神，按照“五位一体”总体布局和“四个全面”战略布局，牢固树立和贯彻落实创新、协调、绿色、开放、共享发展理念，坚持稳中求进工作总基调，稳增长、调结构、惠民生、防风险，加强结构性改革，去产能、去库存、降成本、补短板，提高供给体系质量和效率，深挖内需潜力，提高投资有效性，着力打好“五网”建设、产业转

2015年10月23日，州委副书记、代理州长杨斌（右二）到南华县民族中学调研（仲海燕/摄影）

型升级和脱贫三大攻坚战，着力转变农业发展方式，着力加快新型城镇化步伐，着力深化改革扩大开放，着力实施惠民工程，着力加强生态文明建设，着力创新社会治理方式，切实加强政府自身建设，统筹推进政府各项工作，培育新动力、拓展新空间，确保开好局、起好步。

2016年经济社会发展主要预期目标建议为：生产总值增长10%左右，规模以上固定资产投资增长25%，一般公共预算收入增长7%，社会消费品零售总额增长11%，外贸进出口总额增长12%，城乡常住居民人均可支配收入分别增长10%和11%，城镇登记失业率控制在4.5%以内，居民消费价格涨幅控制在3.5%以内，单位生产总值能耗和主要污染物排放继续下降，完成减排任务。

围绕上述目标和任务，重点要抓好9个方面的工作：

（一）着力打好“五网”建设攻坚战，确保固定资产投资再上新台阶。以“五网”建设为支撑，以“4个100”为抓手，全力推进项目实施，努力提高投资的有效性和精准性，确保规模以上固定资产投资突破1000亿元。

加快推进“五网”基础设施建设。认真实施“五网”建设规划，扎实推进226个“五网”建设项目，力争完成投资240亿元以上。加快实施楚南一级、武易高速楚雄段等在建项目，力争6月底前开工建设楚永高速楚姚段，积极配合省加快楚双高速和昆楚大高速扩容楚雄境内段项目前期工作，加快推进130个行政村1500千米路面硬化工程，力争完成公路交通投资60亿元以上。加快广大、永广铁路扩能改造，推进昆楚城际铁路和滇中环线铁路前期工作，力争完成铁路投资50亿元以上。加快通用机场项目前期工作，争取开工建设永仁、元谋通用机场。做好移民安置，积极支持乌东德、戛洒江水电站等项目建设，加大农网升级改造力度，加快中缅天然气管道楚雄区域支线和楚雄至攀枝花天然气管道建设，力争完成能源网建设投资60亿元以上。加快武定仁和、永仁直苴等25件重点水源工程建设，抓好牟定小石门、大姚桂花等大中型水库项目前期工作，争取新开工南华小箐河中型水库和武定土瓜地等6件小（一）型重点水源工程，积极支持配合做好滇中引水工程，加快推进“五小水利”工程，力争完成水利建设投资40亿元以上。加大骨干网、城域网和接入网建设力度，加快“宽带乡村”和4G网络建设，力争完成互联网基础设施投资10亿元以上。扎实推进产业、城镇和社会事业等领域基础设施建设。

加快推进“四个一批”工作。围绕省、州重点项目，建立以资金到位率、开工率、投资完成率、安全生产、资金安全为重点的目标考核和责任追究制度，强化稽察督查工作，确保省级涉及楚雄州的重点项目顺利推进，确保州级“4个100”项目完成投资370亿元以上。加强与国家和省相关规划的沟通对接，争取有更多重大项目、重大工程、重大政策纳入国家和省规划盘子。把项目前期工作纳入综合绩效考核，增加考核权重；州级财政安排1亿元以上前期工作经费，实行滚动使用。及时足额兑现征地拆迁补偿费，切实维护征地拆迁群众的合法权益。加强项目管理和资金监管，最大限度提高资金使用效益，确保项目实施进度和质量。

（二）着力打好产业转型升级攻坚战，确保产业建设取得新突破。深入实施工业强州战略，突出主导产业，巩固提升传统产业，壮大特色优势产业，确保工业增加值增长11.4%，重点产业增加值占全州生产总值的比重达60%以上，新增规模以上工业企业40户以上。

推进园区产业转型升级。科学编制产业发展规划和园区产业布局规划，引导产业集约发展、错位发展、优势互补、全产业链打造、企业抱团取暖，走“两型三化”的发展路子，引导产业向园区集聚，着力打造高效园区、特色园区、活力园区和绿色园区。加快推进楚雄、禄丰2个千亿元园区和大姚、武定、南华3个百亿元园区建设，推进石化园区建设取得实质性进展。支持楚雄开发区申报国家级开发区。创新园区体制机制，做强投融资平台，多渠道筹资加快园区基础设施建设，提升园区配套服务能力，确保园区基础设施投资增长25%，新增入园企业40户，园区主营业务收入增长13%。

推进重点产业建设。巩固提升烟草产业，确保完成172.5万担烟叶收购任务，实施“2260”优质烟叶工程，全面提高烟草综合生产能力和利用率，确保烟草产业平稳增长，充分发挥其对稳增长的“压舱石”作用。深化与云铜、云冶、昆钢等大企业集团的合作，支持企业实施技术改造，争取云铜技改搬迁项目尽快落地楚雄州，力争冶金产业增加值增长8%。加快发展数控机床等先进制造业，提升装备制造业发展水平。按照发展大健康产业的理念，加快实施生物医药产业行动计划，打造彝医药品牌，发展中药材种植20万亩以上，确保生物医药产业增加值增长30%。以打造国际化、高端化文化旅游品牌为目标，加快推进元谋人、恐龙谷等重点文化旅游项目建设，确保文化旅游产业增加值增长11%。稳步推进风电场和光伏电站建设，加快新能源汽车等产业发展，确保新能源新材料产业增加值增长20%。

加快发展现代服务业。充分发挥新消费引领作用，推动生产性服务业向高端化和价值链高端延伸、生活性服务业向精细化和高品质转变，推进家庭服务业发展。坚持医养融合发展，促进康体休闲、养老养生等健康服务业发展。积极推进广通粮食产业园区建设，发展壮大现代物流、电子商务、高端旅游、中介咨询、房地产、家政和社区服务等现代服务业，构建全方位、立体化购销服务网络，促进消费增长，确保第三产业增加值增长10%以上。

完善产业扶持措施。抓产业必须抓企业。健全完善融资担保体系，整合建立扶持产业发展的“资金池”，集中财力培强壮大优势企业。积极开展企业降本增效和精准帮扶专项行动，切实降低企业制度性交易成本、人工成本、税费负担、社会保险费、财务成本、电力价格和物流成本，支持企业做好对标看齐、降本节支工作。加大困难企业帮扶力度，实施精准服务，切实帮助困难企业渡过难关。深入实施中小企业成长工程和“两个10万元”微型企业培育工程，激活市场主体创新活力。加大科技创新和质量品牌建设力度，依靠科技进步推动产业转型升级，新增国家高新技术企业10户。

（三）着力打好脱贫攻坚战，确保夺取脱贫摘帽新胜利。把脱贫攻坚作为发展头等大事和第一民生工程来抓，坚持以脱贫攻坚统领经济社会发展全局，精准扶贫、精准脱贫，确保7万人脱贫，1个贫困县和5个贫困乡（镇）“减贫摘帽”，50个贫困行政村出列，贫困地区农村常住居民人均可支配收入达7500元以上。

落实精准扶贫方略。瞄准扶贫对象，完善贫困户建档立卡工作，动态管理，精准分类施策，提高脱贫攻坚的针对性、精准性、实效性。把产业扶贫、条件扶贫、素质扶贫结合起来，拔个体穷根与拔片区穷根结合起来，坚持脱贫攻坚与经济社会发展相互促进、与片区开发紧密结合、与生态保护并重、与社会保障有效衔接。按照扶贫对象、项目安排、资金使用、措施到户、因村派人、脱贫成效6个精准的要求，实施“五个一批”工程，确保发展生产脱贫3.8万人，易地扶贫搬迁脱贫2万人，生态补偿脱贫3500人，发展教育脱贫3100人，社会保障兜底脱贫5400人。构建脱贫攻坚大格局。整合力量、统筹协调，坚持党政主抓、部门联动、社会参与、各方支持、全民上阵，形成纵向强势推动、横向协同推进，社会各界广泛参与、合力攻坚的大扶贫工作格局。加大投入，州级财政资金投入扶贫不少于1亿元，一般公用经费压缩5%以上，推进专项扶贫。实施设施改善、产业扶贫、生态保护、易地搬迁、培训就业、教育扶贫、卫生扶贫、社保兜底、金融扶贫、资产收益、信息扶贫、民营企业扶贫等12项扶贫行动，推进行业扶贫。积极争取中央和省定点帮扶单位支持，充分调动各级驻村帮扶单位的积极性和主动性，推进定点扶贫。广泛动员全社会力量参与脱贫攻坚，形成社会扶贫大合唱，推进社会扶贫。搭建好扶贫开发大数据、扶贫融资、县（市）资金整合、工作落实、社会扶贫对接5个平台，加大财政资金撬动金融资金、社会资金的力度，为脱贫攻坚提供必要的资金支持。

切实落实脱贫攻坚责任。按照“州负总责，县（市）为主体、乡（镇）村具体落实”的总体要求，落实党政“一把手”负责制，抓好任务分解和责任落实，扎实开展“挂包帮、转走访”，形成州县乡村四级抓扶贫工作的态势和各司其职、密切配合、合力攻坚的工作责任机制。强化脱贫摘帽考核奖惩，建立年度脱贫攻坚报告和督查制度，确保工作落实。加强资金监管，实行扶贫项目资金阳光管理，确保安全高效。确保牟定县率先脱贫摘帽，为全州积累经验、做出示范。

实现脱贫攻坚目标是最大的政治任务，必须做到资金投入、力量投入两翻番，坚决厉行军令状，坚决打赢“十三五”脱贫攻坚第一仗。

（四）着力转变农业发展方式，确保高原特色现代农业建设迈出新步伐。重农固本是安民之基。必须深化农业供给侧结构性调整，提高农业供给体系质量和效率，全产业链打造高原特色现代农业，确保增加值增长6%以上。

推进高原特色现代农业基地建设。落实粮食安全行政首长负责制，确保粮食产量稳定在120万吨以上。适应居民消费结构和市场需求变化，大力发展云岭黑山羊、滇中牛、撒坝猪、武定壮鸡等特色优势畜牧业，培育一批现代畜牧业重点县、重点乡（镇）和重点企业，建成一批畜牧业基地。实施名特优农产品基地培育工程，抓好楚雄国家农业科技园区和中国—以色列高原特色现代农业示范园建设，加快发展绿色蔬菜、优质水果、食用菌、核桃、花椒、辣木、魔芋等特色农业基地。加快发展以“楚粳”系列水稻良种、蔬菜冬繁制种等为重点的种子产业，建设特色育种基地。

推进农业产业化进程。把产业链、价值链等现代产业理念和组织方式引入农业，促进农业增效、农民增收。重点扶持一批科技化、规模化、标准化、品牌化农业龙头企业。推广“龙头企业+农户”“合作社+农户”、家庭农场等运行模式，培养新型农民，加快新型农业经营主体和经营体系建设，推进农村土地有序流转和适度规模经营，推动粮经饲统筹、农牧渔结合、种养加一体、一二三产业融合发展。推进“互联网+楚雄特色农业行动计划”，鼓励互联网企业参与农业信息服务平台建设，加强产销衔接，培育一批网络化、智能化、精细化的现代“种养加”生态农业新模式。

推进农业可持续发展。围绕建设资源集约、环境友好农业的目标，加大农业科技成果转化应用力度，大力发展绿色农业、循环农业、特色农业和品牌农业，继续推进“三品一标”认证，打造楚雄绿色生态特色品牌，提升农产品影响力和市场占有率。积极推进农业水价、农业高效节水减排改革试点，发展节水农业。注重农业自然资源保护和利用，加强农业环境问题治理。结合发展光伏设施农业、观光农业、生态农业和耕地质量建设，积极探索绿色产业、绿色能源、绿色服务业相结合的农业发展新路子。

（五）着力加快新型城镇化步伐，确保城乡统筹发展呈现新面貌。坚持城镇化同农业现代化同步发展，城市工作同“三农”工作同步推动，形成城乡一体化发展新格局，确保城镇化率提高1.5个百分点以上。

统筹城乡规划。树立绿色、现代理念，突出民族文化特色、彝州地域特征、自然地理风貌，坚持先规划后建设、先地下后地上，地下地面空间三位一体，城镇乡村统筹协调，高起点高标准编制规划，完善规划体系。把城镇和农村经济社会发展统筹起来规划，把新型城镇化项目建设、城市地下综合管廊、棚户区改造、易地搬迁、农村危房改造和抗震安居工程、美丽宜居乡村等统筹起来规划，把森林城市、园林城市、智慧城市、海绵城市、绿色城市统筹起来规划。积极推进“多规合一”试点，形成层次分明、规模适度、功能完善、环境优美的州域城镇体系，实现乡（镇）总体规划修编全覆盖。统筹城乡产业布局，推动产城融合发展，促进城乡产业良性互动。坚持节约集约用地，划定城镇开发边界、永久基本农田红线和生态保护红线，为未来发展留足空间。

统筹城乡建设。通过特许经营、投资补贴、贷款贴息、税费减免等方式，鼓励社会资本参与市政基础设施、棚户区改造等项目建设和运营，实施1.5万户棚户区改造。支持楚雄市打造区域中心城市，支持禄丰产业新城建设，支持其他县开展县域或区域性中心城市建设。继续抓好30个州级重点示范乡（镇）建设，推进美丽宜居乡村和省级重点村建设，实施农村危房改造和抗震安居工程3.4万户。健全城乡一体化体制机制，优化城乡公共服务网络布局，推进城镇基础设施向农村延伸、公共服务向农村拓展、资源要素向农村倾斜、现代文明向农村辐射，促进城乡公共资源均衡配置、公共服务均等化发展。加强历史文化名镇名村和传统村落保护发展，建设一批宜居、宜业、宜游、宜商的现代山水生态城镇，打造一批新型村庄和特色村寨。

统筹城乡管理。多措并举，缓解交通拥堵和停车难等问题。强化通信网络、有线电视、电力、供水、金融等公共服务行业管理，提高服务水平。制定城乡违法建设查处办法，加大查处力度。创新城乡治理方式，健全城镇防灾减灾应急体系，推进城镇管理执法体制改革，提高治理水平。继续实施城乡人居环境提升3年行动计划，深入开展农村环境卫生综合整治工作。

统筹化解房地产库存。完善提高户籍城镇化率、深化住房制度改革的政策措施，推进户籍制度改革取得成效，鼓励农转城人口在就业地落户，加快农民工市民化，有效释放住房刚性需求和改善性需求；鼓励房地产企业顺应市场规律，调整营销策略，适当降低商品房价格；促进房地产业兼并重组，提高产业集中度，稳定楚雄州房地产市场。

（六）着力深化改革扩大开放，确保最大限度释放跨越发展新动力。以改革创新的理念和方法破解发展难题，不断释放经济社会发展的体制活力和内生动力。

统筹推进各类改革。深入推进简政放权、放管结合，优化服务工作，切实解决束缚创业创新、企业投资经营和便民服务的突出问题。健全完善投资项目网上并联审批体系，加强权责清单运行督查，继续下放一批审批事项。推进供给侧结构性改革，矫正供需结构错配和要素配置扭曲，提高全要素生产率，积极稳妥处理“僵尸企业”，盘活存量资源，化解过剩产能，实现优胜劣汰。健全国有资产管理体制。推行权责发生制政府综合财务报告制度，实行中期财政规划管理制度，建立跨年度预算平衡机制，防范政府性债务风险，增强可持续融资能力；加强中小微企业金融服务。加快价格市场化改革，全面放开竞争性领域和环节价格，全面实行用电、用水、用气阶梯价格制度。优化企业发展环境，进一步破除影响非公有制经济发展的体制机制，加快发展民营经济，力争增加值占生产总值的比重提高1个百分点左右。完成公务用车制度改革。稳步推进中小学职称制度改革，深化社会事业领域改革。

改革创新破解难题。坚持财政政策与金融政策、直接融资与间接融资、股权与债权、表内与表外有机结合，探索政府力量与市场力量、自然力量与科技力量相结合的模式，最大限度发挥政府性资金资产资源、政策性金融资源，以及农村土地承包经营权、林权、宅基地使用权的作用，最大限度争取金融资本和社会资本支持，实行“投、融、建、管、营”全链条模式，推进PPP模式运用取得实质性进展，新增社会融资100亿元以上，向上争取财政转移支付资金增长10%，努力破解投融资难题。打好土地要素保障组合拳，推进城增村减，盘活存量建设用地，用好用活林地征转政策，努力破解要素保障难题。更加注重资产、负债、净资产的管理，科学配置政府资源，努力破解资源配置难题。充分发挥院士工作站的作用，加大高端人才培养引进力度，为跨越发展提供智力支持和人才保障。

提升开放合作水平。加强与周边区域合作发展，统筹推进基础设施、产业建设、公共服务等一体化发展。不断扩大对外经济合作、对外贸易和利用外资规模，力争外贸进出口总额达4.5亿美元。强势推进招商引资工作，以产业为纽带、园区为平台、项目为支撑、服务为保障，突出重点产业、重点园区招商和项目包装策划，狠抓招商引资项目的合同履约率、项目开工率、资金到位率、投产达产率，确保州外到位资金新增120亿元、力争150亿元，产业招商到位资金占比达60%以上，园区招商项目到位资金比重达1/3。

（七）着力实施惠民工程，确保民生实现新改善。始终坚持办实事、解民忧、谋民利，着力实施8项惠民工程，落实10件民生实事，让发展成果更多惠及广大群众。

实施公共服务提升工程。坚持普惠性、保基本、均等化、可持续方向，提高公共服务共建能力和共享水平；落实文化惠民措施，加快发展公共文化事业，完成国家公共文化服务体系示范区建设任务。实施教育提质惠民工程。认真落实中等职业教育和普通高中家庭困难学生免除学杂

2015年10月31日，州委副书记、代理州长杨斌（中）在牟定县调研（杨冰洁/摄影）

费政策，提高教育质量，加快发展现代职业教育，支持高等院校和民办学校发展，确保高中阶段教育毛入学率达83%，学前三年教育毛入园率达65%。实施创业促进就业工程。营造良好的创业环境，全面落实促进创业的各项扶持政策，建立面向人人的创业服务平台，推进“大众创业、万众创新”，确保城镇新增就业2.9万人。实施城乡居民增收工程。完善收入分配格局，落实就业创业和促农增收政策，持续增加城乡居民收入。实施社保扩面提标工程。加快完善覆盖城乡的社会保障体系，全面提高社会保障水平。实施健康楚雄工程。建立覆盖城乡的基本医药卫生制度和现代医院管理制度，加强传染病防治，提高医疗服务保障水平；加强动物疫病防控，保障公共卫生安全。实施人口均衡发展工程。坚持计划生育基本国策，全面实施一对夫妇可生育2个孩子政策，积极开展应对人口老龄化行动。实施民族团结进步示范工程。完成1个省级民族团结示范县、4个示范乡（镇）、12个示范村、10个少数民族特色村寨和1个社区建设。巩固和发展民族团结、宗教和顺的良好局面。

（八）着力加强生态文明建设，确保先行示范区创建取得新进展。坚持生态立州、环境优先，把生态建设和环境保护摆在更加突出的位置抓紧抓实，推动彝州绿色可持续发展。

突出生态建设和环境保护。加大森林资源管护力度，统筹发展防护林、经济林和用材林，实施新一轮退耕还林10万亩，完成营造林45万亩、陡坡地生态治理3万亩。开展重点流域水污染防治，抓好龙川江、星宿江、青山嘴水库等重点水环境整治和保护。建立健全污染监控监测和防治体系，强化环境监管。积极支持有条件的县（市）争创全国卫生城市和园林城市。

推进绿色低碳发展。严格落实节能减排目标责任制，抓好重点领域、重点行业、重点企业节能减排。大力发展循环经济，推进工业废弃物和生活垃圾资源化利用，确保工业固废综合利用率达60%以上。倡导低碳绿色环保生活方式，推进全民节能减排。加快发展节能环保产业，科学有序开发利用水能、风能、太阳能等清洁能源，引导企业加快低碳技术改造，促进产业结构低碳化。

（九）着力创新社会治理方式，确保平安楚雄建设取得新成效。推动跨越式发展，必须营造有利于创新创业的法治人文环境，促进社会公平正义与和谐进步。坚持齐抓共管，履职尽责，进一步增强人民群众的幸福感和满意度。

深化社会组织管理制度改革，发展专业社会工作、志愿服务和慈善事业。支持群团组织依法参与社会治理。深入推进依法治州，加强法制宣传教育，实施“七五”普法。落实重大决策社会稳定风险评估机制，有效预防和化解社会矛盾。把信访工作纳入法治轨道，落实责任，及时就地解决群众合理诉求。加强社会治安综合治理，完善信息网络管理和立体化治安防控体系，打好禁毒防艾人民战争，加强反恐工作，依法严厉打击严重违法犯罪活动，维护公共安全和国家安全。扎实推进军民融合发展，做好国防教育和动员、兵役、民兵预备役、双拥共建等工作。全方位加强安全生产，全面落实安全生产责任。强化食品药品属地管理和地方政府负总责制度，保障食品药品安全。认真做好地震、气象、地质等工作，强化防灾减灾能力建设。人的生命最为宝贵，要以居住安全、出行平安和人民满意为最高目标，采取更加坚决、更加有力的措施建设平安楚雄，让人民群众更有安全感！

四、加强政府自身建设，进一步提升政府统筹力和执行力

推进跨越发展、全面建成小康社会，必须切实加强政府自身建设，为确保完成2016年和“十三五”各项目标任务提供坚强保障。

加快建设法治政府。坚持法定职责必须为、法无授权不可为，把政府工作全面纳入法治化轨道，按照“职能科学、权责法定、执法严明、公开公正、廉洁高效、守法诚信”的要求，到2020年基本建成法治政府。自觉接受州人大及其常委会的法律监督、工作监督和州政协的民主监督，扎实开展民主协商。建立健全“公众参与、专家论证、风险评估、合法性审查、集体讨论决定”相结合的行政决策体系。加快政务信息平台建设，加大政务公开和政策宣传解读力度。全面落实行政机关负责人出庭应诉和刑事案件主办警察出庭作证制度，加强和改进行政应诉工作。

加快建设创新政府。坚持创新驱动、解放思想，在突破和创新中完善思路、找到出路、开拓新路，鼓励保护干部干事创业，鼓励各级干部争做改革创新的开路人和跨越精神的提振者。

加快建设廉洁政府。巩固“三严三实”和“忠诚干净担当”专题教育成果，严守政治纪律、政治规矩，做政治上的明白人。严格执行中央八项规定和省州实施办法，推进解决“四风”问题常态化和长效化。全面落实党风廉政建设主体责任和监督责任，切实履行“一岗双责”，严格执行廉政准则和纪律处分条例，做遵规守纪的模范，努力实现干部清正、政府清廉、政治清明。

加快建设服务型政府。加强教育培训，全面提高领导干部发展经济、治理社会的专业化水平。切实加强作风建设，以治庸提能力、以治懒增效率、以治散正风气。增强责任意识、担当意识、创新意识和风险意识，着力提高服务效率和质量，加大对懒作为、不作为、乱作为等问题的责任追究。完善综合绩效考核评价机制，做到奖惩分明，确保政府高效运转。

加快建设协同政府。建立健全部门之间充分沟通、有机衔接、通力合作的工作体制机制，完善跨部门协作的工作制度，统筹各方力量，整合各类资源，合力推进政府工作。

各位代表！幸福不会从天降，全面小康靠实干。人民重托扛在肩，只争朝夕勤耕耘。让我们更加紧密地团结在以习近平同志为总书记的党中央周围，在州委的坚强领导下，凝心聚力、苦干实干，为夺取全面建成小康社会新胜利而努力奋斗！

2016 CHUXIONG ALMANAC

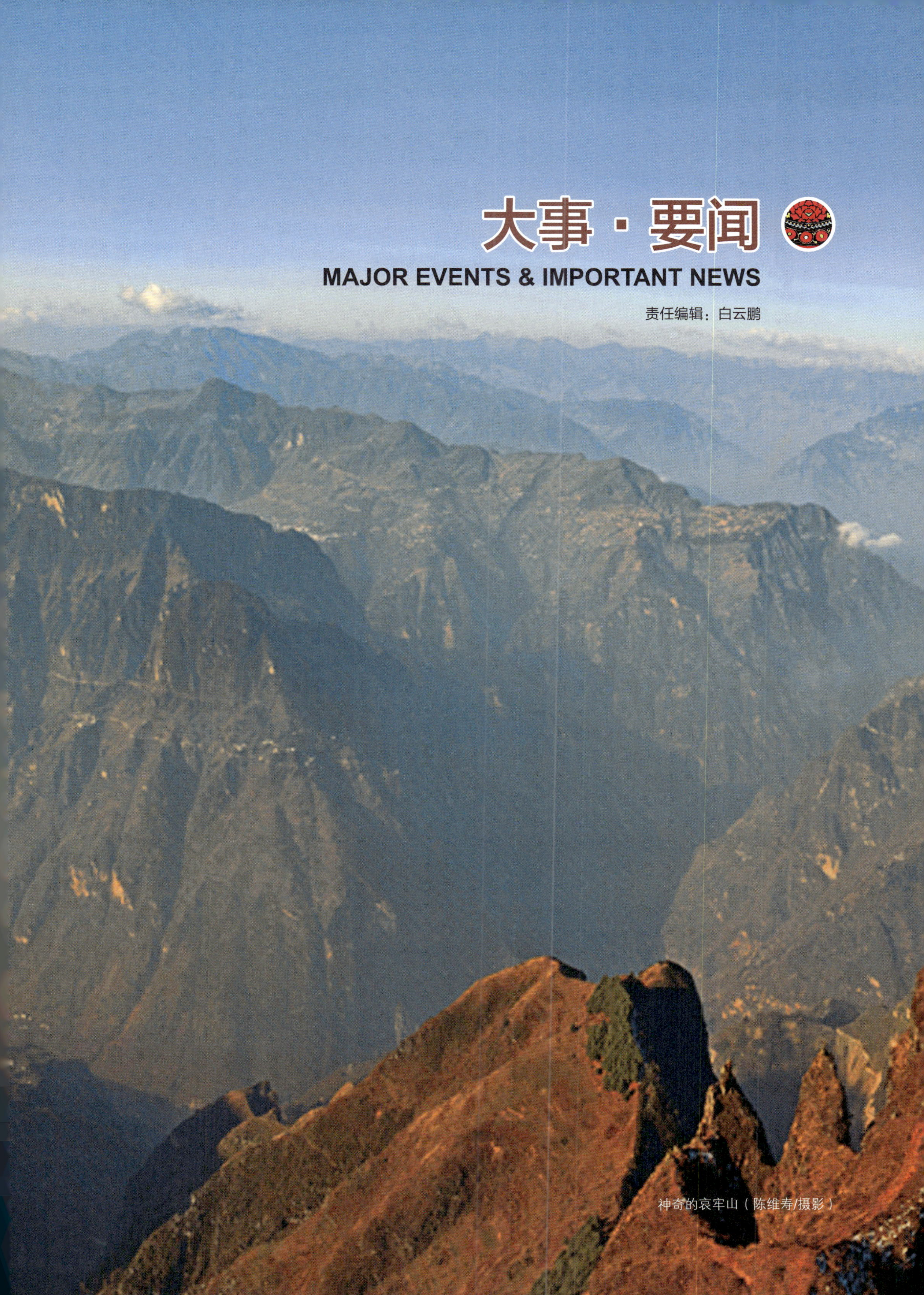

大事·要闻

MAJOR EVENTS & IMPORTANT NEWS

责任编辑：白云鹏

神奇的哀牢山（陈维寿/摄影）

2015年大事记

1月

1日　2015年楚雄城区迎新年元旦穿城赛跑活动在州体育场拉开序幕，来自城区50余个单位的2万余名体育爱好者参加穿城赛跑。

△　“中国梦·彝州情”2015楚雄城区新年广场音乐会在桃源湖广场举行。

4日　中共楚雄州委召开常委会议，专题组织开展党建工作述职评议。

5日　“乙未年”特种邮票首发式暨大姚石羊——中国“百羊”原地实寄封发行仪式在大姚县石羊古镇孔庙广场举行。

5～6日　中共楚雄州委八届五次全体（扩大）会议在州会务中心举行，州委书记张太原代表州委常委会作工作报告，州委副书记、州长李红民部署2015年经济社会发展任务。会议审议通过《中共楚雄州委关于贯彻落实〈中共中央关于全面推进依法治国若干重大问题的决定〉的实施意见》和《中共楚雄州委八届五次全体（扩大）会议决议》。

6日　在昆明举行的云南省旅游业协会乡村旅游分会成立大会暨第一届会员代表大会上，楚雄州12家企业被列入省乡村旅游分会成员单位。

8日　云南省高级人民法院立案二庭、楚雄州中级人民法院立案庭联合姚安县人民法院在姚安县光禄镇开展“走进基层法律服务”活动。

8～11日　楚雄州出现历史罕见冬季强降水，是全州有气象记录以来最强的冬季暴雨天气。

9日　楚雄部分地区降下大雪，成为2015年第一场雪，日最高气温下降12～15℃。

10日　“纳苏·悦绣”2015高端彝绣新品推介会在昆明国家广告产业园广告文化新媒体演示综合中心举行，高端彝绣新品受青睐。

10日至2月9日　“文玩薮聚——安徽中国徽州文化博物馆馆藏文房四宝展”在楚雄州博物馆举行，展出徽墨、歙砚等“文房四宝”以及文人案头把玩物件166件（套）。

12日　网友通过“人民网地方留言板”给省委书记李纪恒的留言获得回复，禄丰县妥安乡羊毛岭村委会大龙潭村小组上村人畜饮水困难得到妥善解决。

△　全州开展“三严三实”和“忠诚干净担当”专题教育动员大会在楚雄召开，州委书记张太原对专题教育作动员部署。

15日至3月15日　“中国梦·迎新春”楚雄威楚画院艺术作品展在楚雄师范学院新区图书馆展厅举行，展出国画、油画、书法、摄影、泥塑等多个类别作品260余件。

1月23日，中国民族医药学会彝医药分会成立大会暨全国彝族医药学术交流会在楚雄召开（州中医院/提供）

16日　在云南省委民族工作会议暨第七次民族团结进步表彰大会上，楚雄州委统战部等4个模范集体和陆积峰等7名模范个人受到省委、省人民政府表彰。

17日　省委副书记、代省长陈豪在副省长丁绍祥等陪同下，到楚雄州调研。

19日　国家质检总局2015年第9号公告，云南爱尔发生物技术有限公司的楚雄雨生红球藻粉、楚雄雨生红球藻虾青素油为生态原产地保护产品，成为云南省生态原产地首个保护产品。

19～21日　楚雄州中级人民法院在州委党校举办新任人民陪审员培训班，集训345名人民陪审员。

20日　“滇中城市新媒体联盟”打造的“滇中”发布平台在“掌上春城”“掌上曲靖”“掌上玉溪”“云南楚雄网”“阅·红河”五大新媒体产品中同步上线。

△　省归侨侨眷慰问组到楚雄州慰问部分困难归侨侨眷及老侨务工作者。

20日至2月3日　楚雄州辖区从事道路客运的9座以上（含9座）客运车辆（包括城市公共汽车、校车）实行免费上线检验。

21日　楚雄州信息安全高峰论坛在楚雄举行。

23日　中国民族医药学会彝医药分会在楚雄州成立。

26日　云南楚雄网微信公众号正式开通。

28日　楚雄州2015年文化科技卫生“三下乡”集中示范活动在永仁县启动。

29日　楚雄州举行“建立病死畜禽无害化处理机制宣传月”活动启动仪式，活动至2月8日结束。

31日　“学雷锋志愿服务日”活动在楚雄市桃源湖畔启动。

△　“楚雄民间春晚”海选活动在楚雄西山漂白凹梨园举行，80余人上台展示才艺，演出节目40余个。

2月

2日　中共楚雄州委召开州委常委（扩大）会议，深入学习贯彻习近平总书记考察云南重要讲话精神。

△ 中国文联副主席、中国电视艺术家协会主席赵化勇等在楚雄市为楚雄州李亚威影视演艺工作室揭牌。

2～7日 云南省第十三届中学生运动会在楚雄举行，楚雄州代表队以团体总分659分位列16州（市）第四名。

3～10日 楚雄州开展春节“送温暖”活动，州党政领导分6个慰问组深入企业慰问困难职工和困难劳模。

4日 楚（雄）南（华）一级公路钱粮桥隧道上行线顺利贯通。

4～7日 政协楚雄州九届五次会议在州会务中心民族会堂举行。

6～8日 楚雄州第十一届人民代表大会第五次会议在楚雄举行。

7日 中国科协副主席、书记处书记陈章良到楚雄州专题调研农村专业技术协会工作。

△ “楚雄民间春晚”在楚雄经济开发区市民广场举行，演出节目22个。

8日 楚雄州人民政府第四次全体（扩大）会议在楚雄举行。

9～10日 中共楚雄州纪委八届五次全会在楚雄举行。

10日 省委书记、省人大常委会主任李纪恒率队考核楚雄州党风廉政建设责任制落实情况。

△ 楚雄州“三区”科技人员座谈会在楚雄举行，每年推荐14名以上科技人员进行培养。

11日 首届楚雄州七彩云南“迎新春”3人篮球赛在州体育馆篮球场开幕，42支队伍230名运动员及教练参加比赛。

△ 楚雄城区各族各界人士代表新春茶话会在楚雄举行。

15日 楚雄州召开全州领导干部大会，省委常委、省委组织部部长刘维佳宣布省委决定，侯新华任中共楚雄州委委员、常委、书记，张太原不再担任中共楚雄州委委员、常委、书记。

△ 全州工业和信息化工作会议在楚雄召开。

△ 省旅游检查组到楚雄州开展旅游市场秩序整治、旅游安全生产及2015年春节假日旅游工作联合检查。

27日 楚雄州水务和移民工作会议在楚雄召开。

28日至3月5日 楚雄第八届茶花文化旅游节在楚雄市峨碌公园举行。

3月

1日 大姚县核桃博物馆建成开馆。

4～5日 楚雄州围绕“关爱他人、关爱社会、关爱自然”主题，开展第52个“学雷锋纪念日”志愿服务活动。

5日 楚雄州、市机关250名志愿者参加无偿献血活动。

△ 楚雄州寻找“最美家庭”活动颁奖典礼在州广电中心举行，10户“最美家庭”受表彰。

9日 副省长和段琪到楚雄州调研固定资产投资工作。

10日 省委宣讲团到楚雄宣讲习近平总书记考察云南重要讲话精神。

△ 楚雄州商务工作会议召开。

11日 楚雄州科技暨知识产权工作会议在楚雄召开，州人民政府表彰奖励2013年楚雄州科学技术40项。

13～27日 云南印社首届篆刻艺术作品楚雄巡展在楚雄州博物馆展出。

15日 楚雄州876名新农村建设指导员到岗开展工作。

△ 楚雄州综合评标专家库建成运行，正式启用。

17日 全州政府法制工作会召开。

17～19日 怒江州党政代表团到楚雄考察。

18日 姚安县农民戏剧协会创作排练的大型古装花灯剧《菩提女传奇》在楚雄市东兴影剧院演出。

18日至6月20日 楚雄州境内部分高速路段占道养护施工，通行实行管制分流解拥堵。

19日 楚雄州和云铜集团工作座谈会在楚雄矿冶总部召开。

19～20日 省政协主席罗正富到武定县调研扶贫工作。

20日 省食品药品监督管理局与楚雄州签署战略合作协议，共建食品药品安全实验区。

23日 楚雄军分区党委召开第一书记任职大会，侯新华任楚雄军分区党委第一书记。

23～25日 中共楚雄州委举行理论学习中心组学习会议。

24日 副省长丁绍祥到楚雄州调研综合交通和住房、城乡建设工作。

△ 中国书画院彝人古镇书画创作基地暨中国元宋书画院揭牌仪式、“中国书画之路——元韵宋风”当代书画名家精品展、中国书画院“用爱心点亮地球”公益项目发布会在楚雄市彝人古镇举行。

25日 农工党中央副主席龚建明率农工党中央调查组到楚雄州调研。

26日 楚雄州依托当地企业，开展以商招商推介活动。

27日 由北京、上海、河南等地30余个企业家代表组成的以商招商考

3月25日，全国人大常委会委员、农工党中央专职副主席龚建明（前排中）一行到楚雄检查调研（农工党楚雄州委/提供）

察团到楚雄州考察。

△ 楚雄一中第21届金色年华艺术节暨摩尔农庄“伴你高考伴你飞”大型文艺汇演在该校体育馆举行。

△ 大姚县昙华“插花节”举行。

28～30日 双柏县举办彝族虎文化节。

29日 李鸿雁“HELENLEE2015马樱花秋冬时装发布会”在上海举行，“美丽楚雄”上海行文化外宣活动启动。

31日 即日起，“云南楚雄网”陆续邀请全州各县（市）领导做客视频“新闻会客厅”，谈发展思路、谈改革措施，推动彝州经济社会发展。

31日至4月1日 广州市经贸代表团考察组到楚雄州考察绿色产业发展情况。

4月10日，云南省高校教师教育联盟第三次理事会暨联盟高校党委书记、校长高峰论坛在楚雄举行（楚雄师院/提供）

4月

1日 省人民政府检查组到楚雄州检查农转城专项工作。

6日18时许 昆明国旅旅游汽车有限公司云AL3356号旅游客车从大理驶往昆明途中，在楚大高速南华县境内段撞上护栏翻出路面，造成8人死亡、28人受伤的重大交通事故。

8～10日 云南省中等职业学校汽车维修技能大赛在楚雄市职业高级中学举行。

9日 国家卫计委副主任刘谦率调研组到楚雄州督导调研县级公立医院改革、基层综合改革等医改工作。

9～10日 驻楚部分全国、省、州人大代表视察楚（雄）广（通）高速和楚（雄）南（华）一级公路建设情况。

△ 楚雄州、市疾控中心联合开展自然灾害应急处置演练。

10日 云南省扶贫开发与基层党建整乡“双推进”现场推进会在永仁召开，省委常委、省委组织部部长刘维佳，副省长张祖林出席会议。

△ 云南省高校教师教育联盟理事会暨联盟高校党委书记、校长高峰论坛在楚雄举行。

△ 云南师范大学与楚雄师范学院签署合作办学协议。

12日上午11时许 楚雄市新市街州宾馆后门一家美食城起火，引燃二楼文具商铺，州、市消防部门及时出动17辆消防车85名消防员到场处置。14时，现场余火全部扑灭，未造成人员伤亡。

14日至5月5日 楚雄紫溪山樱桃节在紫溪山山茶物种园举行。

16～17日 副省长张祖林到楚雄州调研农业农村工作。

18～20日 州委理论学习中心组召开第四次学习会议。

19日 中国作家协会副主席、书记处书记吉狄马加，武警云南总队政委张桂柏等中国作家协会、鲁迅文学院以及云南省文联、省作协有关人员组成的调研组，到楚雄州调研。

20日 省委第二巡视组进驻楚雄州开展巡视工作。

21日 《滇中城市经济圈楚（雄）南（华）经济带发展总体规划》发布实施。

△ 楚雄州举行庆“五一”劳模座谈会暨《彝山劳模》发行会。

24日 楚雄州第九届劳动模范和先进工作者表彰大会在州政务中心民族会堂举行，州人民政府决定授予张云新等47人“楚雄州劳动模范”荣誉称号，授予吴学玲等53人“楚雄州先进工作者”荣誉称号。

△ 楚雄州知识产权、公安、工商、食药监、文化等部门联合开展知识产权行政执法保护专项行动。

25日 “五四”青年月楚雄青年志愿者骑行宣传活动在州文化活动中心启动。

28日 全省基层公务员培训楚雄班在州委党校开班。

30日 州红十字会第三次会员代表大会在楚雄召开。

5月

4日 楚雄经济开发区庆祝第96个“五四”青年节，“给力青春·扬帆起航”专场文艺晚会在开发区市民广场举行。

4～7日 省政协调研组到楚雄州调研民族团结示范区建设情况。

5日 州人民政府通过《楚雄日报》，发布《2015年全州重点督查推进的30个在建项目30个新开工项目30个前期工作项目一季度推进情况公告》。

5～6日 省委常委、省委统战部部长黄毅到楚雄州调研。

6日 楚雄州人民政府与昆明钢铁控股有限公司深化合作交流座谈会在昆钢举行。

△ 楚雄州人民政府与中融鑫集团有限公司签署战略合作协议。

7日 楚雄州民族团结示范区建设及贯彻落实中央、省委民族工作会议精神情况督查调研汇报座谈会在楚雄举行。

8日 楚雄经济开发区管委会与

北京同仁堂昆明药店有限责任公司签订《中国彝药文化园建设项目合作协议》，中国首个彝族医药文化产业园建设项目落户楚雄。

9日　云南核桃产业技术创新战略联盟在楚雄成立。

11日　副省长丁绍祥到楚雄州检查调研“稳增长保安全”及综合交通建设工作。

△　省委专教办调研督查组到楚雄州调研督查“六个严禁”专项整治工作。

△　全州政府职能转变和机构改革工作会议在楚雄召开。

△　永仁县油橄榄专家基层工作站在永仁成立。

14日　“云南通·楚雄”党政客户端正式上线运行。

15日　州人民政府发布《楚雄州人民政府关于促进经济平稳发展的实施意见》。

15～17日　牟定“三月会”左脚舞文化节在牟定县城举行。

18日　云南欣绿茶花股份有限公司“新三版现场推介会暨欣绿茶花股票挂牌仪式”在楚雄市举行，纯花卉企业“欣绿茶花”挂牌上市，属全国首家上市的花卉企业。

19日　州委召开专题会议，研究楚雄州南部山区交通建设问题，部署加快山区经济发展工作。

△　那少承云南民族管弦乐作品音乐会《山草随想》在彝州大剧院首演。

20～21日　国家淘汰落后产能联合检查组到楚雄检查。

21日　省政协主席罗正富到楚雄州调研经济社会发展工作。

△　国家艺术院团志愿服务到楚雄首场演出在楚雄市东兴影剧院举行。

21～22日　省委副书记钟勉到楚雄州调研农业农村、扶贫开发和党建工作。

23～26日　“美丽楚雄·深圳行”文化外宣活动在深圳举行。

26日　省政协调研组到楚雄州开展深化食品药品管理体制改革情况调研。

27～28日　省政府稳增长调研督查组到楚雄州调研督查稳增长情况。

28日　全州第二届美德少年颁奖晚会举行，评选产生的美德少年10名、提名奖10名受到表彰。

6月

2～5日　省人大常委会常务副主任杨应楠到楚雄州开展基层人大和扶贫工作调研。

3日　省人大常委会副主任王树芬率执法检查组到楚雄州检查《云南省农村公路条例》执法情况。

△　省政协副主席倪慧芳率调研组到楚雄州开展“加强政法队伍建设促进司法公正工作”专题调研。

3～7日　驻滇全国政协委员调研组到楚雄州开展少数民族传统医药传承发展专题调研。

5日　楚雄州环境保护局发布《楚雄州2014年度环境统计公报》。

6日　楚雄州州级机关和驻楚单位开展“学雷锋志愿服务日”活动。

9日　全州组织工作会议在楚雄召开。

11日　第六届川滇黔十二市州合作与发展峰会在昆明举行，楚雄州代表团参加5个专题座谈会。

△　楚雄州迎来久旱降雨，大部分地区出现中到大雨天气。

12日　《新中国云南人大建设史料·楚雄卷》征编工作启动。

△　楚雄州第三期道德讲堂中心讲堂暨“世界献血者日”活动举行。

12～16日　楚雄州组团参加第3届南博会暨第23届昆交会，有74个州级重点项目招商。

14～15日　第五届南亚东南亚云南行媒体采访团到楚雄州采访。

15～16日　广东省湖南商会考察团到楚雄州考察。

16～17日　省委常委、省纪委书记张硕辅到楚雄州调研党风廉政建设工作。

17～18日　国家涉农资金督导组到楚雄州督导检查涉农资金专项整治工作。

23日　全州征兵工作电视电话会议召开。

23～26日　州委理论学习中心组召开第六次学习会议。

25日　省政府稳增长调研督查组到楚雄州调研督查。

25日至7月下旬　驻楚部队官兵、院校师生开展重走红军长征路活动，纪念中国人民抗日战争胜利70周年暨红军长征过楚雄80周年。

26日　广东省企业家考察团到楚雄州考察。

27日　楚雄州举办培训班，开展《行政诉讼法》专题培训。

29日　楚雄州中国彝药文化园综合开发项目通过专家评审。

△　楚雄州人民政府与云南省公路开发投资公司签署协议，合作建设武（定）易（门）高速公路楚雄段。

△　楚雄州人民政府与西南交通建设集团签订战略合作框架协议。

7月

1日　国家民委副主任丹增昂奔率国家联合调研组，在副省长尹建业陪同下，到楚雄州调研少数民族传统文化保护与传承工作。

△　副省长尹建业到牟定县调研城镇上山工作。

△　副省长丁绍祥到楚雄州调研武（定）易（门）高速公路建设工作。

1～3日　省委、省政府联合督查组到楚雄州督查全面深化改革工作。

3日　全州招商引资工作推进会在楚雄召开。

6～7日　楚雄州招商考察团到河北省石家庄市开展招商项目洽谈对接。

7日　全州“三证合一”登记制度改革后的首张工商营业执照、组织机构代码证和税务登记证“三证合一”的营业执照颁发给楚雄绿锦环卫绿化有限公司。

7～8日　全国人大常委会副委员长、民进中央主席严隽琪率执法检查组，到楚雄州检查新《消费者权益保护法》贯彻落实情况。

8日　省人大常委会执法检查组到楚雄州督查《中华人民共和国农业法》实施情况。

9日　州委书记侯新华与州委常委、州人大常委会主任、州政协主席进行专题集体谈话。

△　楚雄州设分会场参加全省发展中医药大会。

11～12日　楚雄州党政考察团到怒江州学习考察扶贫攻坚工作。

13日　楚雄州党政考察团到德宏州考察沿边开放工作。

△　“向贫困宣战，建幸福家园”楚雄专场新闻发布会在昆明海埂会堂举行。

13～14日　楚雄州党政考察团到保山市，学习杨善洲精神和园区建设工作经验。

13～16日　中央组织部调研组在省委常委、省委组织部部长刘维佳陪同下，到武定回访党的群众路线教育实践活动整改落实情况，调研指导“三严三实”和“忠诚干净担当”专题教育。

15日　州人民政府举行州旅游发展委员会和州新闻出版广电局授印仪式。

16日至10月16日　云南·姚安2015荷花节在光禄古镇举行。

22日　楚雄州与中国新兴矿业化工总公司战略合作框架协议签字仪式在北京举行。

23日　台湾教育工作者云南参访团到楚雄州民族中学开展两岸教育参访交流活动。

23～25日　全省2015年度朝觐带队人员培训班在楚雄举行，省政协主席、省伊斯兰教协会会长马开贤出席会议并讲话，楚雄州有25人参加培训。

24日　楚雄州党政领导与云南冶金集团高层管理人员召开座谈会，沟通交流战略合作事项，推动在楚企业发展。

26日　楚雄州党政领导与昆明钢铁控股有限公司管理层在云南钛业股份有限公司召开交流座谈会，研究昆钢产业园区建设问题。

△　首届云南永仁蜜枣文化旅游节正式开幕。

27～29日　楚雄州国防教育专题讲座暨州委理论学习中心组第七次学习会议举行。

28日　北京中医药大学暑期社会实践代表团到楚雄州开展合作交流。

29日　楚雄州举行军事日活动，庆祝中国人民解放军建军88周年。

△　四川省凉山州考察团到楚雄州考察人口计生工作。

30日　滇中引水工程勘察试验性工程现场协调推进会在楚雄举行，滇中引水工程凤屯隧洞支洞勘察试验性工程开工建设。

△　楚雄州州级机关干部在楚雄市小花山开展义务植树活动。

31日　大姚县首个并网光伏电站项目在新街镇大古衙村开工建设。

8月

5日　楚雄州召开“挂包帮”“走转访”联席会议，安排部署州级机关、企事业单位定点挂钩扶贫工作。

△　中共楚雄州委召开党外人士情况通报会，传达学习省委统战工作会议精神。

6日　广州粤旺农业集团到楚雄州考察现代物业、商贸物流等情况。

△　楚雄医药高等专科学校附属医院暨楚雄协和医院项目在东瓜镇原州轴承厂内开工建设。

6～9日　楚雄州首届彝剧展演会在楚雄举行，分别在楚雄市东兴影剧院、桃源湖广场、开发区市民广场和彝海公园等地举行优秀彝剧展演。

7日　州人民政府通过《楚雄日报》，发布《2015年全州重点督查的“4个30”项目上半年进展情况公告》。

△　楚雄州与云南省投资控股集团有限公司在楚雄举行项目合作座谈会，洽谈合作事宜。

△　楚雄市最大的水体景观公园彝海公园正式开园。

△　《盛世威楚》迎宾文艺晚会在彝州大剧院演出，拉开2015年中国·楚雄彝族火把节帷幕。省政协主席罗正富，省委常委、省委宣传部部长赵金，省人大常委会常务副主任杨应楠，国家中医药管理局原副局长、现中国医药协会会长房书亭，楚雄州州级领导班子成员，以及来自以色列的贵宾、省级相关部门和友好州（市）的嘉宾、全国各地的企业家共同观看文艺演出。

7～11日　楚雄州25家企业参加在昆明国际会展中心举行的创意云南2015文化产业博览会。

8日　中国·楚雄2015彝族火把节招商引资推介活动在州会务中心举行，30个项目集体签约，协议总投资433.97亿元。

△　中国彝药文化产业园项目开工仪式在楚雄市东瓜镇举行。

△　碧桂园项目在楚雄市东南新区举行奠基仪式。

△　西南·楚雄义乌商品交易博览城项目开工建设，中国第六代商品集散中心落地楚雄。

△　中国少数民族戏剧学会专家到楚雄考察并举行“彝剧发展座谈会”，全国政协常委、文史馆员、少数民族戏剧学会法人、全国政协京昆室副主任、一级编剧吴江，全国政协委员、中国文联副主席、全国政协京昆室副主任杨承志等领导和专家学者参加座谈会。

△　中国·楚雄2015彝族火把节祭火大典在楚雄市彝海公园、太阳历文化园、桃源湖广场、州政务中心广场、开发区市民广场、紫溪彝村同步举行。

8～10日　首届中国核桃之乡·楚雄核桃节在楚雄举行。

8～12日　“西南·楚雄义乌商品博览城杯”中国CBO男子篮球俱乐部联赛第一阶段决赛在州体育馆举行。

10日　国家质量监督检验检疫总局发布2015年第96号公告，批准禄丰县申报的“禄丰香醋”、大姚县申报的“大姚核桃”，自2015年8月10日起实施地理标志产品保护。

11～12日　以全国人大常委会委员、全国人大民族委员会副主任买买提明·牙生为组长的执法检查组，在省人大常委会副主任刀林荫陪同下，到楚雄州检查《中华人民共和国民族区域自治法》贯彻实施情况。

12日　国家财政部调研组到楚雄州调研指导工作。

14～16日　楚雄州农科所自育品种价值论证评估会在楚雄举行，评估农作物品种18个。

17～26日　云南省加快发展非公有制经济工作督导组组长、省政协原常务副主席孟继尧率督导组到楚雄州督导调研民营经济发展工作。

20～22日　云南省防治艾滋病工作委员会督查组到楚雄州督导检查艾

滋病防治工作。

21～25日　楚雄州第十三届运动会在楚雄举行，19个代表团（队）参加篮球、足球、田径、游泳、体操、摔跤6个项目比赛。

24日　中共楚雄州委召开常委（扩大）会议，传达学习省委九届十一次全会精神，部署贯彻落实意见。

△　全州脱贫攻坚大会在楚雄召开。

25日　云南中以高原特色现代农业示范园项目开工暨云南中以现代农业科技发展有限公司揭牌仪式在姚安草海工业园区举行。

26日　副省长丁绍祥到楚雄州调研“稳增长保安全”及美丽乡村建设等工作。

26～27日　楚雄州招商考察团赴广州市，与广州无线电集团、太平洋建设集团、广州开发区开展招商项目考察对接。

26～28日　国务院安委会督导组到楚雄州督查安全生产工作。

29～30日　“2015年传统医学师承和确有专长人员考核考试”开考，楚雄州31人在楚雄考场参加考试，系全省首次让民间中医身份合法化的有特色中医技术能力资格考试。

30日　楚雄州中医彝药发展暨文化养生学术交流座谈会在彝人古镇大酒店举行。

31日　滇中经济圈高速公路网项目武（定）易（门）高速公路正式开工建设。

△　即日起，昆明铁路局每日开行昆明——楚雄直达特快城际列车3对，昆明楚雄一站直达。

31日至9月2日　中共楚雄州委举行理论学习中心组第八次学习，对全州国民经济和社会发展“十三五”规划进行研讨。

9月

1日起　滇中昆明、曲靖、玉溪、楚雄4州（市）取消长途通话费和漫游费。

6日　云南省“六五”普法检查验收组到楚雄州检查验收“六五”普法规划落实情况。

7～8日　省委常委、省纪委书记张硕辅率省纪委工作组到楚雄市子午镇挖铜村调研扶贫攻坚工作。

8～11日　云南省贯彻实施《博物馆条例》暨全省博物馆馆长培训班在楚雄举办。

11日　“2015中国·永仁投资峰会”昆明推介会举行。

16日　楚雄州职工技术技能竞赛活动在楚雄举行。

16日至10月16日　第四届小微企业金融服务宣传月活动举行，全州银行业开展“普助小微、惠及民生”主题活动。

18日　团中央“全国向上向善好青年”分享团走进楚雄，与彝州青年学生、干部、职工面对面交流。

△　以“科技成就梦想，拥抱智慧生活”为主题的州、市“全国科普日”科普一条街联合展教活动在楚雄市桃源湖畔举行。

21日　中共楚雄州委召开常委（扩大）会议，省委组织部副部长姜山代表省委宣布中共云南省委决定，任命杨斌为中共楚雄州委委员、常委、副书记，提名为楚雄州人民政府州长候选人；李红民免去中共楚雄州委副书记、常委、委员职务，同意免去其楚雄州人民政府州长职务，另有任用。

△　楚雄州人大常委会发布任免决定，杨斌任楚雄彝族自治州人民政府副州长、代理州长，接受李红民辞去楚雄彝族自治州人民政府州长职务、戴富才辞去楚雄彝族自治州人民检察院检察长职务。

21～24日　省委督导组到楚雄州督促检查省委重要决策部署贯彻落实情况。

21～25日　太平洋建设集团、华佗建设集团高层和广州台州商会负责人到楚雄州10县（市）开展交通、水利、城市基础设施等行业PPP建设项目考察。

22～23日　中国博物馆协会民族博物馆专业委员会第三届代表大会暨学术研讨会在楚雄举行。

23日　楚雄州文明委召开第四届楚雄州道德模范表彰座谈会，表彰奖励道德模范10名、道德模范提名奖20名。

△　云南省2015年第二批“云岭楷模”名单在云南广播电视台公布，楚雄州永仁县第一中学退休教师梁达松荣获“云岭楷模”称号。

24日　楚雄州第十届“红土地之歌”演讲大赛总决赛在州广电中心举行。

25日　楚雄城区各族各界代表人士中秋茶话会在楚雄举行。

27日　永（仁）广（通）铁路元谋段丙满隧道顺利贯通。

27日至10月7日　“2015大姚石羊孔子文化节·大姚核桃文化节暨首届大姚彝绣文化节”在大姚县石羊古镇举行。

28日　双（柏）新（平）公路建设工程启动。

△　楚雄州第二届农民工艺术节书画、摄影、彝绣展在州文化馆开展。

29日　滇中引水工程勘察试验性工程在丽江举行动工仪式，楚雄设分会场在牟定县凤屯镇凤屯隧洞2号支洞现场举行，副省长丁绍祥出席开工仪式。

△　副省长张祖林到楚雄州调研农业农村工作。

30日　全国烈士纪念日，楚雄州、市联动在楚雄市西山爱国主义教育基地举行烈士纪念日公祭活动。

10月

8日　云南建工集团有限公司、中国银行云南省分行、西南交通建设集团有限公司与楚雄州举行调研座谈会。

9～10日　中共楚雄州委八届六次全体（扩大）会议在楚雄举行，会议审议通过了《中共楚雄州委关于建设忠诚干净担当高素质干部队伍，推动楚雄跨越式发展的决定》和《中共楚雄州委八届六次全体（扩大）会议决议》。

9～11日　省人大常委会常务副主任杨应楠率执法检查组到楚雄州开展《中华人民共和国消防法》《云南省消防条例》和《中华人民共和国老年人权益保障法》执法检查。

12日　全州政法工作座谈会在楚雄召开。

13日　宋湛谦院士工作站在双柏

县云南森源化工有限公司揭牌。

△ 第五届全国道德模范座谈会在北京举行，永仁一中退休教师梁达松获提名奖。

15日　楚雄州扶贫开发领导小组办公室发布《楚雄州“10·17”扶贫日“邀您一起·扶贫帮困”倡议书》。

△ 全州高原特色农业发展银企座谈会在州政务中心举行。

△ 重庆禾普实业有限公司在楚雄经济开发区签约，云南制药生产基地项目落户楚雄。

△ 省政协常务副主席白成亮率省政协视察组到楚雄州视察“完善滇池补水，推进滇中引水工程”建设情况。

△ 云南农业大学校长、云南省特色农业产业研究院院长盛军到楚雄州考察农业技术合作项目。

16日　州委、州人民政府举行扶贫日活动，动员社会各界力量参与和支持全州扶贫开发工作。

△ 楚雄州第三次全国经济普查领导小组办公室、楚雄州统计局发布《楚雄州第三次全国经济普查主要数据公报》。

16～17日　国家土地督察成都局专员孙宝亮到楚雄州进行专项督察，楚雄州不动产登记局和登记中心挂牌成立。

18日　楚雄州民族艺术剧院创作的大型彝剧《杨善洲》在北京梅兰芳大剧院参加第四届中国少数民族戏剧汇演。

19日　中国科学院学部咨询组到楚雄州调研。

19～20日　省委常委、省纪委书记张硕辅率队到楚雄市调研扶贫开发工作。

20日　楚雄州戚恩兰和鲁泽美两位孝星荣获“云岭十大孝星”称号。

21日　国道320线安丰营至天申堂段公路改建工程举行开工仪式，改建工作启动。

23日　楚雄州律师工作会议在楚雄召开。

24～26日　州委理论学习中心组举行第九次学习会议。

26～27日　省人大常委会副主任杨保建率执法检查组到楚雄州检查《全民健身条例》贯彻落实情况。

26～28日　省政府食品安全专项督查组到楚雄州督查食品安全工作。

28～29日　云南省实施“两个规划”中期评估实地督导组到楚雄州开展督导工作。

29日　楚雄州与云铜集团在州政务中心举行工作交流座谈会。

11月

3日　中共楚雄州委召开常委扩大会议，学习贯彻党的十八届五中全会精神。

10月19日，中科院院士郭华东（前排右一）、袁道先（前排右二）率中科院学部咨询项目组到云南省彝族医药研究所调研（州中医院/提供）

△ 省纪委监察厅专项纪律检查组到楚雄州检查。

△ 全国女子排球联赛云南赛区在主场禄丰拉开战幕，云南女排首战深圳女排，1比3不敌对手。

4～5日　省长陈豪率副省长丁绍祥、董华等组成的省政府调研组到楚雄调研。

6日　中共楚雄州委召开干部大会，传达学习党的十八届五中全会精神。

8日　楚雄州青年电子商务创业园开园。

10日　全省美丽宜居乡村建设工作现场推进会在楚雄召开。

10～11日　中央统战部组织的、由“人民网”“澎湃网”“新浪网”等10余家媒体组成的“民族团结的实践·网络媒体云南行”采访团走进楚雄，采访楚雄州打造民族团结进步示范区情况。

11日　七彩云南格兰芬多国际自行车节楚雄站比赛开赛，24个国家和地区的600余名选手和100余名楚雄州自行车爱好者参加比赛。

12日　中共楚雄州委、州人民政府与昆明钢铁控股有限公司举行深化合作交流座谈，并签署通用航空产业发展战略合作协议。

△ 中共楚雄州委召开常委会议，专题学习《中国共产党廉洁自律准则》和《中国共产党纪律处分条例》等党内法规。

13～15日　中国国际旅游交易会在昆明滇池国际会展中心举行，“楚雄州精品旅游线路”参展推介。

16日　首届中国云南——以色列创新合作论坛在昆明举行，州委副书记、代理州长杨斌与以色列约阿夫地区市长MattiSarfattiHarcavi分别在《建立友好城市关系协议书》上签字。

17日　省委宣讲团到楚雄州宣讲党的十八届五中全会精神。

17～18日　省人大常委会副主任卯稳国率调研组到永仁县调研《云南省农村扶贫开发条例》贯彻落实及农村环境综合整治工作。

17～19日　以色列约阿夫地区市长MattiSarfattiHarcavi率约阿夫地区市政代表团到楚雄州考察。

① 11月30日，楚雄州召开五大基础设施网络建设推进会（高建波/摄影） ② 12月30日，中国移动云南公司与楚雄州人民政府签署“互联网+”战略合作协议（州移动公司/提供）

19日　最高人民法院组织部分全国人大代表、政协委员到楚雄州考察。

20日　全州农村危房改造和抗震安居工程建设现场推进会在双柏县举行。

23日　全州民营经济发展、工业园区建设暨招商引资工作会议在楚雄召开。

△　全州烟草产业调研座谈会在楚雄召开。

23～25日　滇中经济区四州（市）政协合作机制第七次会议在玉溪召开，楚雄州作《加快产业转型升级，共创滇中美好前景》发言。

24日　柬埔寨奉辛比克党干部考察团到楚雄州考察访问。

△　省政府“中国滇彝绣”课题组到楚雄调研。

26～27日　省委政法委调研组到楚雄州调研政法综治维稳、平安建设、依法治州、法学会建设等工作。

28日　楚雄州76个项目集中开工建设。

30日　州委、州人民政府召开五大基础设施网络建设推进会。

12月

1日　“邮储银行杯”第八届全国大学生网络商务创新应用大赛全国总决赛在北京落下帷幕，楚雄师范学院经管学院彝绣缘团队以《公益彝绣网络营销策划》获得大赛特等奖。

△　龙润集团龙发生物产业园项目座谈会暨签约仪式在州会务中心举行，龙发生物产业园落户庄甸医药园区。

2日　第十二届中国民间文艺“山花奖”在浙江海宁揭晓，由云南省民间文艺家协会推荐、楚雄州民间艺术家协会组织的双柏县彝族老虎笙表演队表演的《老虎笙》获得“山花奖·民间艺术表演奖”。

3日　国家人社部调研组到楚雄州调研全民参保登记试点工作。

4日　省委宣讲团学习贯彻《中国共产党廉洁自律准则》和《中国共产党纪律处分条例》宣讲报告会在州会务中心民族会堂举行。

△　云南思农蔬菜种业发展有限责任公司方智远院士工作站揭牌，元谋县首家院士工作站正式挂牌成立。

△　云南楚雄——广西贺州民族文化与旅游融合发展座谈会在楚雄举行。

7日　中共楚雄州委召开党外人事座谈会和离退休干部征求意见座谈会，征求“十三五”规划建议和意见。

7～10日　楚雄州艾滋病防治考察团到四川省凉山州学习考察艾滋病防治工作，协商两地合作事宜。

△　楚雄州招商引资小分队到浙江、安徽开展招商引资考察。

11～13日　“腾龙物流”杯全省乒乓球邀请赛在楚雄州体育馆举行，全省16个州（市）23支代表队200余名运动员参赛。

12日　中国农业发展银行行长祝树民率调研组到楚雄州调研。

12～14日　州委举行理论中心组学习暨三级干部会议。

13～14日　国务院安委会督查组到楚雄州，开展6户企业以化学品为重点的安全生产大检查“回头看”活动。

14日　楚雄州首个数字档案室在大姚县金碧镇金家地村委会建成并向村民开放。

15～16日　中共楚雄州委八届

七次全体（扩大）会议在州会务中心举行。

15～17日　云岭职工素质建设工程农民工培训楚雄示范班开班，200名楚雄市城区农民工参加安全生产常识、法律知识、劳务用工、工伤、保险和禁毒防艾等知识培训。

17日　省委统战部督导组到楚雄州督导统一战线工作。

△　楚雄州扶贫开发工作暨易地扶贫搬迁现场会议在楚雄召开。

19日　楚雄州民族工作会议暨第七次民族团结进步表彰大会在州会务中心举行。

22～24日　楚雄州人民欢度第一个法定“彝族年”传统节日。

23日　武定—倘甸—寻甸高速公路项目（禄劝连接线）正式开工。

26日　中共楚雄州委常委班子“三严三实”专题民主生活会在楚雄召开，省委常委、省纪委书记张硕辅到会指导。

△　“威楚风”楚雄第二届青年书画作品展在州博物馆开展。

28日　中共楚雄州委发布八届七次全委扩大会议通过的《中共楚雄州委关于制定国民经济和社会发展第十三个五年规划的建议》。

30日　楚雄州人民政府与中国移动通信集团云南有限公司在昆明举行战略合作签约仪式。

［周能汉］

领导视察

【国家领导人到楚雄考察调研】

严隽琪到楚雄检查调研　2015年7月7～8日，全国人大常委会副委员长、民进中央主席严隽琪率全国人大常委会执法检查组，就新《消费者权益保护法》贯彻落实情况到楚雄州进行执法检查和调研。全国人大财政经济委员会委员付双建、骞芳莉，云南省人大常委会副主任王树芬，省政协副主席、民进云南省委主委罗黎辉，省人大财经委主任委员刘绍忠，省工商行政管理局局长张荣明，楚雄州党政领导侯新华、李红民、卢显林、杨静、赵克义、商雁鸿等陪同检查或出席座谈会。执法检查组先后到安楚高速公路程家坝服务区、鹿城大厦检查消费维权工作，听取州长李红民代表州人民政府所作的工作情况汇报和13位不同行业参会代表的意见建议。7月8日，严隽琪为楚雄全体民进会员作“民进的光荣传统及其现代意义”主题讲座，参加楚雄师范学院总支支部生活会，为“民进楚雄州委庆祝中国民主促进会成立70周年会员书画展”作“楚雄民进人才多，齐心合力开新篇”的亲笔题字。

［张舫瑞　张志军］

【国家部委领导到楚雄考察调研】

龚建明到楚雄检查调研　2015年3月25日，全国人大常委会委员、全国人大环境与资源保护委员会副主任委员，农工党中央专职副主席、湖南省主委龚建明率农工党中央检查调研组，对农工党楚雄州委开展坚持和发展中国特色社会主义学习实践活动情况及宣传思想、组织建设、参政议政、社会服务等工作进行检查调研，视察楚雄医药高等专科学校和楚雄农工诊所。中共楚雄州委书记侯新华与调研组一行进行座谈交流。州级领导杨静、夭建国等陪同调研。

买买提明·牙生到楚雄检查调研　8月11～12日，全国人大常委会委员、全国人大民族委员会副主任委员买买提明·牙生一行在云南省人大常委会副主任刀林荫等陪同下，到楚雄州检查《民族区域自治法》贯彻情况。检查组深入到楚雄市紫溪彝村、云南摩尔农庄生物科技开发有限公司、中国彝族医药馆检查，并与农户和企业负责人交谈了解情况。楚雄州州级领导熊卫民、夭建国等陪同调研。

陈章良到楚雄调研　2月7日，中国科学技术协会副主席、书记处书记陈章良率中国科协调研组到楚雄州云南摩尔农庄生物科技开发有限公司调研。州党政领导张太原、李红民、任锦云、夭建国陪同调研。

刘谦到楚雄调研　4月9日，国家卫生和计划生育委员会副主任刘谦一行到楚雄州禄丰县调研县级公立医院改革、基层综合改革等工作，省卫生计生委主任张笑春，州长李红民、副州长邓斯云陪同调研。

丹珠昂奔到楚雄调研　7月1日，国家民族事务委员会副主任丹珠昂奔率全国人大民族委员会、全国人大常委会办公厅联络局，国家民委、文化部、教育部、银监会、部分全国人大代表等组成的国家联合调研组，在云南省人民政府副省长尹建业、省民族宗教委副主任马开能，楚雄州党政领导侯新华、卢显林、赵克义、熊卫民、邓斯云等陪同下，深入楚雄市彝人古镇、紫溪镇紫溪彝村，就少数民族传统文化保护与传承工作进行调研。

杨元元到楚雄调研　7月8～9日，国家安全生产监督管理总局副局长杨元元率调研组到楚雄州调研。云南省煤矿安全监察局局长黄锦生、省安全监管局副局长白良、楚雄州人民政府副州长赵祖莹陪同调研。

［张志军　曹钰珏］

【云南省省级领导到楚雄考察调研】

李纪恒到楚雄调研检查　2015年2月10日，中共云南省委书记、省人大常委会主任李纪恒率省委第一检查考核组，对楚雄州2014年度党风廉政建设责任制落实情况进行实地检查和调研考核。州人大常委会领导卢显林、李佳、卜德诚、商雁鸿、熊卫民、李志勇、杨虹等参加汇报会。

陈豪到楚雄调研　1月17日，中共云南省委副书记、代理省长陈豪，副省长丁绍祥一行到楚雄州就产业发展、交通基础设施、新农村建设等经济社会发展情况进行调研。调研组一行深入楚南一级公路建设现场、紫溪彝村、云南摩尔农庄生物科技开发有限公司、楚雄市阳光花园保障性住房建设现场、红塔集团楚雄卷烟厂、州职教园区、云南爱尔发生物技术有限公司进行调研，了解项目建设情况和公司生产经营情况，并于17日下午召开工作汇报会。省人民政府秘书长卯稳国、副秘书长李石松，省工业和信息化委员会主任岳跃生、省交通运输厅党组书记王云山、省政府研究室主任王兴明、省住房和城乡建设厅副厅长郭五代等陪同调研并出席汇报会。楚雄州党政领导张太原、李红民、邱江、卢显林、任锦云、左荣贵、杨照辉、赵克义、孙赟、邓斯云、周兴国等陪同调研或参加汇报会，10县（市）县（市）长，州直有关部门主要负责人参加汇报会。

11月4～5日，省长陈豪率省政府调研组到楚雄州调研，深入一线传达落实党的十八届五中全会精神，了解楚雄州经济社会发展和年度目标任务完成情况，与基层共同谋划“十三五”发展目标和思路。副省长丁绍祥、董华，省人民政府秘书长李邑飞、副秘书长罗昭斌和办公厅副主任吴剑，省交通运输厅党组书记王云山，省农业厅厅长张玉明，省政府研究室主任张懋功，省发展和改革委员会副主任董继理，省工业和信息化委员会副主任陈云生，省商务厅副厅长刘京等参加调研。州委书记侯新华，州委副书记、代理州长杨斌陪同调研；州级有关领导及相关部门、县（市）负责人陪同调研或参加座谈会。

钟勉到楚雄调研　5月21～22日，中共云南省委副书记钟勉到楚雄州调研农业农村、扶贫开发和党建工作情况。省委副秘书长钱恒义、省委农办主任杨礼华、省农业厅副厅长孙海清参加调研。州党政领导侯新华、邱江、杨照辉、赵克义陪同调研。

罗正富到楚雄调研　3月20日，云南省政协主席罗正富深入武定县对经济社会发展和山区农民脱贫致富情况进行调研。州政协主席李兴顺陪同调研。

5月21日，省政协主席罗正富、秘书长车志敏一行到楚雄州对经济社会发展情况进行调研。州政协召开调研汇报会，州政协领导李兴顺、李怡、蒲涌、杨玉泉等参加汇报会。

黄毅到楚雄调研　5月5～6日，中共云南省委常委、省委统战部部长黄毅，省工商联副主席和向红等到楚雄州就民主党派工作及非公有制经济发展情况进行调研。州党政领导侯新华、左荣贵、杨静、赵克义、夭建国、杨玉泉、蒲涌等陪同调研。

刘维佳到楚雄指导工作　4月10日，全省扶贫开发与基层党建整乡“双推进”现场推进会议在永仁县莲池乡召开。省委常委、省委组织部部长刘维佳，副省长张祖林出席会议并讲话。

张硕辅到楚雄调研　6月16～17日，中共云南省委常委、省纪委书记张硕辅率省纪委副书记赵志彬，省纪委常委、秘书长杨军一行到楚雄州调研。州党政领导侯新华、李红民、夏新建陪同调研或参加汇报会。

9月7～8日，张硕辅率省纪委工作组到楚雄市子午镇挖铜村住村调研并召开扶贫攻坚调研座谈会议，州委副书记、州长李红民主持会议，省级有关部门负责人参加座谈会议。

杨应楠到楚雄调研　6月2～5日，云南省人大常委会常务副主任杨应楠到楚雄州调研基层人大和扶贫开发工作。楚雄州党政领导侯新华、卢显林、赵克义、李志勇等陪同调研。杨应楠一行先后深入双柏、楚雄、大姚、牟定4县（市）的农产品加工、畜牧养殖企业，县（市）人大机关、乡（镇）“人大代表之家”和社区、村委会“人大代表工作站”及便民服务点，与企业经营者、基层人大代表、大学生村官、便民服务点工作人员等交谈，听取相关县（市）经济社会发展和扶贫开发等情况汇报。

10月8～11日，杨应楠率省人大常委会执法检查组，到楚雄州开展《消防法》《云南省消防条例》和《老年人权益保障法》执法检查。省人大常委会委员、省人大内务司法委员会主任委员江普生，省人大常委会委员、楚雄州人大常委会主任卢显林，全国人大代表、姚安县官屯乡马游村委会小村朱家小组村民自贵莱，省人大常委会委员、省人大内务司法委员会委员王宏等参加执法检查。执法检查组先后到大姚县金碧镇赵屯村幸福院、夕阳红老年公寓、老年服务中心，姚安县龙华寺、光禄古镇，云南石油分公司楚雄油库、州公安消防支队、明珠百货商城等进行察看，听取楚雄州情况汇报。州党政领导侯新华、杨斌、商雁鸿、马闻、夭建国等参加汇报会或陪同检查。

杨保建到楚雄调研　10月26～27日，由云南省人大常委会副主任杨保建带队的省人大常委会执法检查组到楚雄州就贯彻落实《全民健身条例》情况进行执法检查。执法检查组实地察看楚雄市全民健身中心、兴耀文化体育传播有限公司、彝海公园健身步道及部分体育场馆后，听取楚雄州工作情况汇报。州级领导卢显林、杨虹、夭建国及相关部门负责人参加汇报会。

王树芬到楚雄检查工作　6月3日，云南省人大常委会副主任王树芬率省人大常委会执法检查组到楚雄州对《云南省农村公路条例》实施情况进行执法检查。省人大常委会副秘书长穆永新，省人大常委会委员、省人大财经委员会主任委员刘绍忠，省人大常委会委员、省人大财经委员会副主任委员纳宗会、张德文、杨灿章、赵新黔，省交通运输厅党组书记王云山及省级有关部门负责人参加检查。执法检查组深入双柏县小密孔至羊桥公路通村路面硬化工程和妥甸镇梅子箐至马龙公路通村路面硬化工程项目现场实地察看，听取州、县人民政府情况汇报。州党政领导李红民、卢显林、卜德诚、夭建国等出席工作汇报会。

卯稳国到楚雄调研　11月17～18日，云南省人大常委会副主任卯稳国到永仁县调研，了解、察看永仁县贯彻落实《云南省农村扶贫开发条例》及农村环境综合整治工作情况。省人大常委会委员、环境与资源保护工委主任何天淳参加调研，州人大常委会副主任李志勇陪同调研。

和段琪到楚雄调研　3月9日，云南省人民政府副省长和段琪就2014年来经济发展和固定资产投资情况到楚雄州调研。省人民政府投资项目评审中心主任鞠云昆，省统计局副局长杨光军等参加调研，州党政领导侯新华、杨照辉、赵克义等参加汇报会。

7月27日，和段琪一行到楚雄州调研滇中引水工作，并深入牟定县实地查看凤屯隧洞2号支洞勘查试验性工程准备情况。州党政领导李红民、任锦云、熊卫民等陪同调研。

丁绍祥到楚雄调研　3月24日，云南省人民政府副省长丁绍祥率省人民政府副秘书长李石松，省住房和城乡建设厅厅长李文冰，省发展和改革委员会副主任何波，省住房和城乡建设厅副厅长周鸿、王云昌等到楚雄州就综合交通和住房、城乡建设工作进行调研。州党政领导侯新华、李红民、邱江、杨照辉、赵克义等陪同调研。

5月11日，丁绍祥率有关部门负责人到楚雄州检查调研“稳增长、保安全”及综合交通建设工作。州党政领导李红民、邱江、杨照辉、夭建国等陪同调研。

7月1日，副省长丁绍祥、省政府铁路和高速公路建设工作督导组副组长李春林率省政府办公厅、省发展和改革委员会、省交通运输厅、省住房和建设厅、省国土资源厅、省环境保护厅、省水利厅、省金融办公室等有关部门负责人到楚雄州调研武定至易门高速公路建设情况，并召开滇中高速公路网络前期工作推进会议。昆明市、玉溪市、曲靖市、红河州、滇中产业新区有关领导汇报有关高速公路项目的前期工作情况，州长李红民汇报武易高速公路项目概况和前期工作开展情况，副州长夭建国等参加调研或出席推进会议。

8月26日，丁绍祥到楚雄州调研“稳增长保安全”以及美丽乡村建设等有关工作。省住建厅副厅长周鸿等参加调研。州党政领导李红民、赵克义、夭建国等陪同调研。

9月29日，云南滇中饮水工程勘察试验性工程动工仪式在丽江主会场，楚雄、大理设分会场同时举行。副省长丁绍祥出席楚雄分会场动工仪式。

尹建业到楚雄调研　7月1日，云南省人民政府副省长尹建业率省国土资源厅等部门负责人到楚雄州牟定县调研左脚舞山城建设情况，州党政领导侯新华、赵克义、邓斯云陪同调研。

张祖林到楚雄调研　4月16～17日，云南省人民政府副省长张祖林率省政府调研组到楚雄州就农业农村工作进行调研。州党政领导侯新华、李红民、任锦云、赵克义等陪同调研。

9月29日，张祖林到楚雄州调研农业农村工作，州委副书记、代理州长杨斌，州委常委、副州长任锦云等陪同调研。

白成亮到楚雄调研　10月15～16日，云南省政协常务副主席白成亮到南华县视察调研“完善滇中补水，推进滇中引水工程”建设情况，州政协主席李兴顺、副主席张启俊陪同。

倪慧芳到楚雄调研　6月3日，云南省政协副主席倪慧芳率调研组到楚雄州就“加强政法队伍建设促进司法公正”相关工作到楚雄州调研。州政协主席李兴顺、副主席蒲涌等出席调研汇报会。

王承才到楚雄调研　5月4～7日，云南省政协副主席王承才率调研组到楚雄州武定、元谋、永仁等县，对民族团结进步示范区建设情况进行调研。州政协主席李兴顺等陪同调研。

喻顶成到楚雄调研　7月7～8日，云南省政协副主席、省工商联主席喻顶成一行到楚雄州姚安县对扶贫开发工作进行调研。州政协副主席李怡陪同调研。

［张舫瑞　张志军　曹钰珏　左麟祥　王丽萍］

2015年楚雄州10大新闻

【云南省药监局与楚雄州共建食品药品安全实验区】 3月20日上午，云南省食品药品监督管理局与楚雄州共建食品药品安全实验区、促进生物医药产业集群发展战略合作协议签字仪式在州公务中心举行。此次签署的战略合作协议，包括加强食品药品监管能力建设、促进生物医药产业集群健康快速发展、建立医药专业人才和民族（彝族）医药人才培养基地、开展食品安全示范创建和“三小食品”整治示范工作、提升楚雄州食品药品安全社会共治水平5个方面的主要内容，合作期至2017年底。在合作期内，省食品药品监督管理局支持楚雄州在全州103个乡（镇）开展乡（镇）食品药品监管所标准化建设，优先安排和重点支持食品药品监管技术支撑体系、信息化监管等项目建设，从政策、技术、人才培养等方面对楚雄州彝族医药产业发展给予支持，鼓励引进大中型药品生产流通企业落户楚雄，并从食品安全示范创建，食品小作坊、小餐饮、小摊点“三小食品”整治，中小学校食堂食品安全风险监测等方面给予支持。通过双方合作，促进彝州食品药品安全工作水平和社会共治能力整体提升，保障公众饮食用药安全，促进生物医药产业发展。

【《茶花彝女》获世界民族电影节奖】 在4月28日落幕的2015年美国洛杉矶世界民族电影节上，由楚雄市和北京丝宾丝文化传媒有限公司、云南皓月文化传播有限公司联合制作的电影《茶花彝女》，荣获民族文化传承奖和原创音乐奖。该片制作历时3年，2013年在中央电视台电影频道CCTV-6播出，通过激烈冲撞的生活故事和精美的爱情故事，向世界展示楚雄彝族底蕴深厚的民族文化，反映楚雄彝族与自然之间和谐相处，崇花、爱花、护花的原始自然观，向外界展示楚雄彝族对世界的认知和诠释，以及彝族的菜肴、婚丧嫁娶习俗等。

【中国首个彝族医药文化产业园建设项目落户楚雄】 5月8日，楚雄经济开发区管委会与北京同仁堂昆明药店有限责任公司签订《中国彝药文化园建设项目合作协议》，标志着中国首个彝族医药文化产业园建设项目正式落户楚雄经济开发区。中国彝药文化园项目选址于楚雄经济开发区东瓜镇兴隆村委会，规划面积约2000亩，计划总投资约30亿元，一次规划分3期在5年内完成项目建设。项目主要建设彝药文化展示区、药用种植养殖示范区、彝族医药健康养生体验区等。该项目将彝族医药文化与彝药产品的市场营销以及旅游业、医疗卫生业相结合，旨在打造一个集旅游观光、中药养生、药材种养殖与交易于一体的文化园，对继承、保护、挖掘、发展彝族医药文化，打造彝族医药品牌，推进楚雄州生物医药产业快速发展具有重要意义。

【云南欣绿茶花公司“新三板”上市】 5月18日，云南欣绿茶花股份有限公司“新三版现场推介会暨欣绿茶花股票挂牌仪式”在楚雄市尹家嘴灵秀湖畔举行。云南欣绿茶花股份有限公司（原楚雄欣绿世界名贵茶花品种园有限公司）股票挂牌交易申请在全国中小企业股份转让系统（即“新三板”）获准通过。该公司由此成为楚雄州境内首家成功在“新三板”上市的高新技术企业，也是年内国内唯一以单品种花卉登陆资本市场的上市公司。

【第五届南亚东南亚云南行媒体采访团深入楚雄采访】 6月14~15日，在2015年第3届中国—南亚博览会期间，第五届南亚、东南亚云南行媒体采访团，中国国际广播电台记者等一行到楚雄州进行采访。采访团一行深入云南摩尔农庄生物科技开发有限公司、云南一致魔芋生物科技有限公司、元谋金沙食品有限公司、元谋小丙岭科技园区、禄丰恐龙谷、彝人古镇、土林风景区、元谋人博物馆等地，重点聚焦楚雄州推进“一带一路”建设，对外开放建设等重点领域以及楚雄州与南亚、东南亚国家开展合作的情况进行一线采访。采访团主要由来自马来西亚、马尔代夫、尼泊尔、印度、斯里兰卡、孟加拉国、巴基斯坦8个国家多家主流媒体的41名记者组成。采访团对彝州蓬勃发展的绿色产业及具有彝族特色的文化旅游产业产生了浓厚兴趣，并希望今后保持更加紧密的联系和合作，让友谊之花在交流合作中继续绽放。

【武（定）易（门）高速公路开工建设】 8月31日上午，滇中经济圈高速公路网项目武（定）易（门）高速公路正式开工建设，标志着楚雄州公路“五网”建设五年大会战正式拉开序幕。云南省交通厅副厅长邱江，省公路开发投资有限公司党委书记、总经理张之政，楚雄州州委副书记孙赟、州政协主席李兴顺、副州长张晓鸣出席滇中经济圈高速公路网建设项目武易高速公路开工仪式武定分会场活动。武易高速公路建设项目起点位于武定县城东南杨柳新村附近，设枢纽立交与国家高速公路网G5京昆高速武定至昆明段相接，经九厂、百花山、仁兴镇、三家村、碧城镇、勤丰镇、新庄、禄脿、安丰营、六街、东海村、代所村等地，止于易门县城东南瓦窑坝附近，主线全长约104千米，项目估算总投资139.75亿元，建设工期3年。其中楚雄州境内（武定到安丰营）约54千米，项目估算总投资68.1亿元，按路基宽33.5米双向6车道设计，设计速度100千米/小时，桥隧比为45%。建成后可将武定到安丰营的距离缩短一半，用时从原来的约两小时缩短到40分钟左右，对楚雄州完善交通基础设施建设、加快区域发展，构建环昆经济走廊具有重要意义，也对云南省完善干线公路网，加快滇中产业新区发展，提升滇中经济圈竞争力，改善滇中地区交通条件，加强滇中地区与川南地区联系，推进联动、协调发展意义重大。

【梁达松荣获全国道德模范提名奖】 10月13日，第五届全国道德模范座谈会在北京举行，楚雄州永仁县第一中学退休教师梁达松荣获全国道德模范提名奖。五十余年来，梁达松献身边疆少数民族地区教育事业，爱生如子，鼓舞学生励志、助人为乐，创设凤凰奖学金，帮助贫困学生完成学业。先后被评为云南省首批中学特级政治课教师，荣获全省先进教育工作者和全州有突出贡献的优秀专业技术人才等60余项表彰奖励。2013年以来，他先后被授予永仁县道德模范、永仁好人、优秀共产党员、楚雄州道德模范、云南省道德模范等荣誉称号。2015年9月，被授予为云南省第二批“云岭楷模”。

【大型彝剧《杨善洲》参加第四届中国少数民族戏剧会演】 10月18日晚，由楚雄州民族艺术剧院精心创作的大型彝剧《杨善洲》在北京梅兰芳大剧院参加第四届中国少数民族戏剧会演。大型彝剧《杨善洲》采用独有的艺术表演形式，以杨善洲退休后，到家乡植树造林20年间发生的一系列感人故事为题材，通过“地委书记捡果核”“卖房还钱”“麂子肉风波”等一连串故事的演出，塑造了一个对人民群众有情有义、无私奉献的共产党员、老干部的光辉形象，也刻画出杨善洲家人、林场职工等一批鲜活的人物形象，深受观众喜爱。

【楚雄州与以色列约阿夫地区建立友好城市关系】 11月16日上午，首届中国云南——以色列创新合作论坛在昆明举行。中共楚雄州委副书记、代理州长杨斌与以色列约阿夫地区市长MattiSarfattiHarcavi分别在《建立友好城市关系协议书》上签字。双方协议按照平等互利原则，在农业、经贸、服务业、科技、文化、教育及人才等方面开展多种形式的交流合作，包括项目合作、技术推广应用、技术研讨、学习与考察、培训等，促进双方共同繁荣发展。

【禄丰县奇幻谷旅游文化创意产业园等项目开工建设】 11月28日上午，禄丰县在恐龙山镇世界恐龙谷景区旁，举行奇幻谷旅游文化创意产业园、世界恐龙谷二期、禄丰恐龙化石科普展示教育基地、禄丰城市综合体四项目集中开工仪式。中共禄丰县委、县人大常委会、县人民政府、县政协和县属单位负责人，项目实施方、施工方负责人共150余人参加开工仪式。四大项目中，奇幻谷旅游文化创意产业园项目计划总投资30亿元，规划用地2300亩（一期计划用地650亩），项目分3期建设，计划打造西南地区最大的迪士尼乐园及旅游服务设施和旅游地产，项目建成后，预计年收入可达10亿元，实现年缴税1亿元，提供就业岗位900个；禄丰世界恐龙谷二期项目计划总投资10亿元，项目用地400亩，拟实施景区游步道、停车场、游客服务中心提升扩建工程、旅游公厕、环境整治等景区提升改造工程，以及旅游商品购物和度假酒店等建设内容；禄丰恐龙化石科普展示教育基地项目占地25亩，计划总投资3900万元，建设内容包括化石库、科普展示厅、监控设施、管理用房及其他配套设施；城市综合体项目计划总投资10亿元，项目用地160亩，分两期建设水上乐园、动漫影城、购物广场、五星级酒店、美食城和民族风情小镇，项目建成后，预计年收入可达1.98亿元，实现年缴税2000万元，提供就业岗位600个。

［年鉴编辑部］

春漫彝山（杨洪波/摄影）

对楚雄州“十三五”期间如何闯出一条跨越发展路子的思考

楚雄州发展和改革委员会　王文书

习近平总书记在2015年年初考察云南时指出：“主动服务和融入国家发展战略，闯出一条跨越式发展的路子来。”这不仅是总书记对云南的发展要求，也是云南省如期全面建成小康社会之必须。作为滇中城市经济圈成员的楚雄州也如此，只有在“十三五”期间闯出一条跨越式发展的路子，才能与全国全省同步全面建成小康的目标。笔者对此作了以下思考，以期对关心研究此专题者有所裨益。

一、楚雄州全面建成小康必须闯出一条跨越发展路子

（一）楚雄州与全国全省发展差距

党的十八大报告就到2020年全面建成小康社会的论述中提出：“实现国内生产总值和城乡居民收入人均比2010年翻一番”的目标。围绕以上发展目标，从人均GDP来看，2014年全国、全省人均生产总值分别为7262美元、4438美元，楚雄州为4340美元，与全国、全省相比，分别少2922美元和98美元。据国家发改委专家马晓河研究和测算：以2015年为基期，“十三五”期间，如果人民币升值10%，每年物价指数为2.5%，按照7%、6%、5%高中低三个增长方案分别计算，到2020年，我国GDP总量都超过100万亿人民币，折合美元分别达到19.88万亿美元、18.99万亿美元、18.13万亿美元，人均GDP就可以分别达到14280美元、13640美元、13024美元。云南省在“十三五”期间，GDP初步确定在9%左右，到2020年，人均GDP预计达8000美元左右；而楚雄州在“十三五”期间，GDP按照年均10%以上增速，到2020年，人均GDP可达5.4万元人民币左右，按当前6.2左右的汇率计算，才达得到8000美元左右。从城乡居民人均可支配收入看，2010年，全国城乡居民可支配收入分别为19109元、5919元，到2020年翻一番分别为38218元、11838元；同期全省分别为16065元、3952元，到2020年翻一番为32130元、7904元，分别比全国低6088元、3934元；全州同期分别为15624元、3896元，分别比全国低6970元、4046元，比全省低882元、112元。这是从两头静态看，从中间动态看，2014年全国分别为28844元、10489元，全省分别24299元、7456元，分别比全国低4545元、3033元；全州分别为24531元、7570元，全州分别比全国低4313元、2919元，比全省分别高232元、114元。总体看来，全省与全国发展的差距在缩小，尤其是楚雄州2014年城乡居民可支配收入与全省相比实现“双超”，处平同GDP同步提高态势。尽管如此，楚雄州要与全国全省同步全面建成小康社会差距不小，任务艰巨，形势严峻，我们必须面对现实，正视这些困难和问题，迎难而上。

（二）只有推动跨越发展才能同步建成小康

省委九届四次全会，围绕与全国同步全面建成小康社会提出了到2020年GDP在2010年基础上“翻两番”，城乡居民可支配收入在2010年的基础上“增三倍”的目标。按此测算，2010年楚雄州GDP总量为404亿元，“翻两番”为1616亿元，按人口自然增长率6‰计算，到2020年人均GDP只达到56321元，比全省“翻两番”的59206元低2975元。也就是说，到2020年楚雄州人均GDP与全省全国同步达到全面小康目标，只在2010年基础上“翻两番”还不够，“十三五”期间年均GDP按现价计算，GDP需要平均增长15%左右；按不变价计算，则需保持12%以上的增长，发展任务十分艰巨。2010年，全州城乡居民可支配收入分别为15623元和3896元，“增三倍”后分别达46869元和11688元，分别比全省“增三倍”后的48195元和11856元低1326元和168元。从2014年对比看，楚雄州两项收入绝对数超过全省平均水平，但要与全国全省同步达到小康目标，楚雄州城乡居民收入的现价增速必须分别保持在11%的增速。实现以上目标，尤其是GDP翻番目标，如果没有跨越式发展，是很难实现的。

（三）跨越发展没有现成路子可走

所谓跨越式发展就是一个国家或一个地区在遵循发展规律的前提下，依靠科技进步的推动，努力实现产业、技术、质量、效益的新跨越，用尽可能短的时间达到目标。2008年，世界银行增长与发展委员会发布的，被称为具有里程碑意义的《增长报告：持续发展与包容性发展战略》中列出了二战后，超过7%的增长率连续保持25年以上的13个国家。他们是博茨瓦纳、巴西、中国内地、中国香港、印度尼西亚、日本、韩国、马来西亚、马耳他、阿曼、新加坡、中国台湾、泰国。这些国家和地区，在不到30年时间实现了经济上的跨越发展。总结这些国家和地区实现跨越发展的所采取的措施有五个方面是相同或相似的，就是全面对外开放、保持宏观经济稳定、高储蓄率和高投资率、市场配置资源、运转良好的投资环境。但其具体推动跨越发展的路径和产业是各不相同的。如众所周知，巴西是矿业开发和以飞机为主的制造业、日本是以汽车、电子产业、中国台湾和韩国是以追赶日本汽车、电子产业，中国内地是以选择韩国、台湾、香港先期的劳动密集型产业实现跨越发展的，新加坡是以石油化工和转口贸易产业实现跨越发展的。从国内近年情况看，同属于西部的广西、贵州、内蒙古，相继走上跨越发展的快车道，重庆在适应、引领经济发展新常态中，领跑全国，实现了“第二次跨越。”云南省20世纪80年代到21世纪初，以烟草为支撑实现了跨越，现在正处于“二次跨越”的爬坡期，亟待孕

育新的支撑产业。从省内赶超楚雄州的州（市）看，玉溪市是以烟草产业，大理州是以烟草、旅游、制造产业赶超楚雄州的，昭通市是以水电、煤炭等能源产业很快追赶楚雄的。总之，一个国家或地区，实现跨越发展，其起步跨越的基础、比较优势、发展环境都各不相同，因此，实现跨越发展的路子也不是现成的，照搬或者“移植”成功区域的跨越发展模式，是难以奏效的，需要在学习借鉴的基础上，因时因地进行大胆探索，才能取得成功。

二、楚雄州闯出一条跨越式发展路子面临的重大机遇和主要挑战

楚雄州和全省一样，未来五年乃至更长时期，将是改革开放以来，所面临的重大发展机遇最多的时期。这无疑将成为实现跨越发展的强大推力，同时也面临着与其他西部民族区域一样的不少困难和挑战，但总体来看，跨越发展的机遇大于挑战，有利因素多于不利条件。

（一）面临的重大机遇

“十三五”乃至更长的时期，楚雄州面临着重大发展机遇的叠加。一是来自国家层面的重大发展机遇。随着国家推进实施“一带一路”、长江经济带、中国—中南半岛和孟中印缅经济走廊建设等重大发展战略，将使云南从开放发展的“末梢”变为前沿。楚雄州处在国家战略规划区的重要节点上，资源、环境、区位优势将更加明显，为楚雄州主动服务和融入国家及省发展战略，全面提升对外开放水平，实现跨越发展目标，带来了战略性的发展机遇。二是来自省层面的重大发展机遇。省委、省人民政府围绕贯彻落实习近平总书记在云南考察时的重要讲话精神，进一步加快推进滇中城市经济一体化发展和“五网建设大会战。”如省委、省人民政府加快推进滇中城市经济圈一体化建设中，楚雄州列入滇中城市经济圈一体化建设2015～2016年实施的重点项目达71个，现正在抓紧上报2017～2018年实施的重点项目。在全省“五大基础网”建设中，楚雄州共纳入重点项目59项，总投资2148.36亿元。这些项目的实施，将使用楚雄州推动跨越发展的基础更加牢实。在重点产业方面，省委、省人民政府把云南石化产业园布局在楚雄州，云南铜业搬迁项目也取得可喜进展，这两个项目的建成，将成为“十三五”楚雄州经济实现跨越发展的新支撑和新引擎。三是争取国家特殊扶持的机遇。在国家推进新一轮集中连片特困地区扶贫攻坚战略中，楚雄州10县（市）中除禄丰、元谋两县外，其余8个县分别列入了乌蒙山、滇西边境片区扶贫攻坚规划。在“十三五”规划实施中，国家将进一步加大对民族地区、贫困地区、革命老区加快发展扶持力度，制定出台了促进民族和民族贫困地区经济社会发展的新的一系列特殊扶持政策，这些政策的全面落实，将产生极大的“溢出效应”，给我们带来新的发展机遇。四是释放两大红利机遇。党的十八届三中全会做出了全面深化改革总体部署，相继出台了一系列重点领域改革的指导意见和具体方案，以经济体制改革为重点的全面深化改革正向纵深推进，将进一步激发经济社会发展的动力和活力，释放出更多的改革红利。同时，楚雄州作为滇中城市群的重要组成部分，是全省城镇化发展的优先区和核心区，随着新型城镇化战略的推进，将有效突破城乡二元结构体制，缩小城乡区域差距，拉动投资、扩大消费、催生新兴产业，从而释放出新的发展机遇。

（二）面临的重大挑战

我们在看到楚雄州现在和未来面临的重大发展机遇的同时，也要清醒地认识到在新常态大背景下，楚雄州经济实现跨越发展面临的深层次的严峻挑战。我认为主要来自4个方面：一是调结构、转方式的挑战。从三次产业结构看，一产不优、二产不强、三产不快的现状还没得到根本的改变。尤其是二产中的工业经济占比过小，也就是说工业不强是导致全州经济总量不大、质量不高的根本原因。从产业内部结构看，楚雄州的经济支柱仍然是传统产业，主要是烟草、冶金化工，其他产业资源型、粗放型突出，战略性新兴产业的培育才刚刚起步。因此，调结构、转方式的任务非常艰巨。从三次产业占GDP的比重看，从2015年二季度首次从延续多年“二三一”结构，变为连续二三季度的“三二一”结构（上半年为44.8：40.8：14.4，三季度为41.2：37.4：21.4），全年结构也可能如此。这一情况和上年全省的结构变化一样。李纪恒书记对此指出：“云南GDP占比三产超二产，是在工业增速严重下滑、实体经济发展遭受严重冲击的情况下实现，不能就此断定云南省经济结构已经由工业为主的增长转向以服务业为主的增长的新阶段。”我们同样不能有这种虚幻的错误认识。事实是，楚雄州的工业化还处在从初期向中期迈进的阶段。二是被“边缘化”的挑战。楚雄州作为滇中城市经济圈的成员，但无论是经济总量还综合竞争实力都处于末位，是名副其实的“小兄弟”。与楚雄州资源、环境、区位优势极不相称。如果“十三五”期间，我们不能在新型工业化、城镇化、农业现代化方面强势崛起，我们就会面临被周边区域“边缘化”的危险。三是发展后劲不足的挑战。“基础设施也是经济要素禀赋”，这是普遍公认的观点。我们要发展什么样的产业，就必须有与之相适应的基础设施相配套。“十三五”期间我们目标是立足实现跨越发展，经济要实现跨越发展，首先必须实现产业跨越发展；产业要实现跨越发展，基础设施必须首先实现跨越。楚雄州水利、交通、城镇、园区基础设施仍然是全州推动跨越发展最大“瓶颈”，也是州内发展后劲不足的根本原因，如果我们不能在“五大基础网”建设抢抓机遇，大干快上，实现跨越发展的目标就会落空。四是扶贫攻坚的挑战。到2020年，我们必须实现全州25个贫困乡（镇）、2020个贫困村、25.8万人的扶贫脱困目标，时间紧、任务重、难度大，既是经济任务，更是政治任务。如果我们不能把扶贫开发与打造“新的经济增长点”结合起来，我们就面临着“被全面小康”的危险。所以，我们必须增强忧患意识、底线意识、大局意识、责任意识。

三、楚雄州闯出一条跨越式发展路子的主要策略和主攻方向

推动一个地区实现跨越发展，如同一架飞机起飞。跨越发展的基础设施好比飞机的跑道，推进型产业的建成

好比飞机的引擎，跨越发展的战略决策者好比飞机的驾驶员，三者缺一不可。飞机只有坚实的跑道，强大的引擎、科学的驾驶，才能顺利升空，换言之一个区域只有具备支撑跨越发展的基础、产业和正确的决策，才能有望实现跨越发展。“十三五”期间将是楚雄州发展史上的关键时期，发展基础和环境都完全具备了推动跨越发条件，在谋划和决策中，需要我们重点考虑以下方面的问题。

（一）把握好三个策略

1. 理清跨越发展的基本思路

楚雄州“十三五”规划办在通过对楚雄州未来五年乃至更长时间发展的基础和环境进行深入研究，综合各方意见提出并得到州委、州政府认可的“十三五”发展的基本思路，有3个方面的特点：一是继承。对“十二五”思路中仍有必须继续坚持的内容继续保留。主要是强化基础设施、重点产业两大支撑，实施工业强州、开放活州、科教兴州、生态立州四大战略。二是创新。根据国家和省发展的新战略、新部署和新要求，增加了新内容。主要增加了推进新型工业化、城镇化、信息化、农业现代化和绿色化同步协调发展，继续打好县域经济、园区经济、民营经济“三大战役”等。三是调整。州委八届六次全会在州“十三五”规划办提出的“2+4+3”的基础上，对“十三五”重点产业进行了与时俱进的调整完善，主要是巩固提升烟草产业，大力发展石化产业、冶金产业和以高原特色农业、生物医药、新能源新材料为龙头的绿色产业，以及文化旅游产业，加快培育商贸物流业、先进制造业、新兴服务业。这一确定，更有利于发挥楚雄州未来发展的新优势。

2. 明确跨越发展的定位

州委八届六次全会在州“十三五”规划前期研究成果的基础上，对楚雄州“十三五”在全州乃至更大区域内经济社会发展做出明确的定位。概括起来，就是集中力量打造“一极一桥梁两区三基地一品牌”。一极就是滇中城市经济圈西部增长极，一桥梁就是连接长江经济带与孟中印缅经济走廊开放合作的桥梁；两区就是全国民族团结进步示范区和全省生态文明建设先行示范区；三基地就是面向南亚东南亚辐射中心重要的石化产业基地、冶金产业基地、绿色产业基地，一品牌就是国际化、高端化的文化旅游品牌。全州上下要统一思想和行动，围绕这一发展定位来抓好各项工作。这一全新的定位，体现了楚雄州未来发展新机遇、新任务、新目标和新要求，是既鼓舞人心，又切合发展需要和可能的科学定位。

3. 确定跨越发展的目标

“十三五”经济增长预期性目标按年均增长10%以上争取达到12%来把握。主要考虑：与国家和省同步全面建成小康社会的总体目标相衔接。“十三五”楚雄州需要保持两位数以上的增速，才能基本达到实现小康社会经济发展的目标，实现率先跨越发展的需要。滇中城市经济圈一体化发展总体规划提出了滇中城市经济圈主要成员要在全省实现率先跨越发展、率先与全国同步全面建成小康社会的目标，因此，楚雄州“十三五”经济增速要略高于全省9%（省“十三五”规划基本思路确定）的增速。随着国家“一带一路”、长江经济带等重大发展战略的深入推进，楚雄作为长江经济带的规划覆盖区，交通等基础设施建设将得到全面改善，冶金化工、绿色食品加工、生物医药、先进制造、商贸物流、文化旅游等优势产业将迎来全新的发展阶段；后发优势明显，实现以上发展目标是完全有可能的。

（二）处理好六个关系

闯出一条“十三五”跨越式发展的新路子，既有发展路径的新取向，发展目标的新加大，又有利益关系的新调整，同时也有体制机制上的“废、改、立”等，涉及经济社会的各个领域，各种新老矛盾交织。因此，我们要在大胆探索实践、大胆突破常规的同时，要调试重视处理好“六个主要关系。”一是政府与市场的关系。党的十八届三中全会指出，经济体制改革是全面深化改革的重点，核心问题是处理好政府和市场的关系，使市场在资源配置中起决定性作用和更好发挥政府作用。在新的历史条件下，如何处理好政府这只“看得见的手”与市场这只“看不见的手”的关系，面临着比以往更多的新问题、新挑战。二是速度与质量的关系。“新常态就是全新的正常状态”，这是著名经济学家吴敬琏的最新观点，在“新常态”下，不单纯追求速度，更要注重经济质量。在现在经济增速减缓的趋势下，要提升经济增长的质量。过去经济依靠高投入带动高增速的“旧常态”不可能再延续，如果在减速时，能够提高增长质量，就会在比较低的增长速度下使得人民群众得到更多实际的好处。三是结构与可持续的关系。“既停不下来又不可持续”是摩根·斯丹利首席执行官对中国经济形态的精辟概括。从楚雄的情况看也是如此，当前，楚雄州经济发展存在的主要问题是产业结构不合理，可持续发展能力不足的问题十分突出，要实行产业结构、城乡结构、收入和支出结构、动力结构调整并举，促进产业的转型升级和提升可持续发展能力。四是供给与需求的关系。要从加快实体经济发展特别是新兴产业实体和拉动内需着手，加快实体经济发展必然就要增加投入，进一步扩大投资的有效需求，大力吸纳更多民营资本的投入，促进实体经济的发展。五是改革、发展与稳定的关系。在经济发展新常态下改革、发展、稳定是一个不可分割的系统整体，三者之间不仅存在着双向作用关系，而且存在着交叉作用关系。因此，必须高度重视、科学处理好三者的关系。六是民生与“四化”的关系。在应对经济发展新常态带来的新挑战中，要始终把保障和改善民生作为全部工作的出发点和落脚点，坚持党的十八大提出的以科学发展为主题，以加快转变发展方式为主线，将新型工业化、信息化、城镇化和农业现代化作为保持持续健康发展的“四轮”，推动信息化和工业化的深度融合，工业化和城镇化良性互动，城镇化和农业现代化互相协调，促进“四化”同步发展，释放更多的红利，将富民强州统一起来。

（三）采取六大举措

1. 把握新机遇，立足新跨越

重大发展机遇千载难逢、特色资源丰富多样、交通区域日趋优越、发展潜力更加巨大是楚雄州未来“十三五”

发展前景概括。但同时，我们也要看到，楚雄州又是滇中城市经济圈成员中经济总量最小州（市），与楚雄州的发展优势极不相称。“十三五”期间，我们必须把握一系列重大发展机遇，把立足实现科学发展新跨越作为坚定不移的立足点和目标，奋力缩小与滇中经济圈其他成员的发展差距，补齐发展的“短板”，与全国全省同步全面建成小康社会。要实现跨越发展，要突出3个重点：一是要主动服务和融入国家和省的重大战略。我们要找准楚雄州在建设“一带一路”、长江经济带战略和省委、省政府落实习近平总书记做出的建成全国民族团结进步示范区、生态文明建设排头兵、面向南亚东南亚辐射中心发展部署中定位，在主动服务国家和省发展战略中找到新发展机遇，在主动融入国家和省的发展战略中找到推动跨越发展结合点。二是进一步优化重大生产力布局。要围绕适应国家推进“四大板块”和三大支撑带的战略组合的新格局，紧密对接省“十三五”提出的“一圈三带六群七廊”的生产力空间布局，进一步优化楚雄州生产力空间布局，实施非均衡发展战略，推动重点区域率先发展，辐射带动其他区域发展。三是打造新的增长极。在全力打造楚中、楚东两个增长极、推进楚雄（加南华、牟定、双柏、广通）、禄武、永元、两姚四个组团发展，构建昆楚、永双、永武、禄武四条经济带建设，推进金沙江、红河两流域开发的同时，紧紧抓住楚广高速、楚南一级公路修建的有利时机，按照“以高等级公路、铁路为主轴，向两翼展开”为总体架构，以建设全州聚集发展程度最高、开发强度最大、发展基础最好发展最优的楚南经济带为目标，进一步加大对楚雄至南华沿一级公路的产业布局力度，把其建设成为全州的新增长极，辐射带动其他县域经济发展。

2. 打造新优势，拓展新空间

楚雄州地处滇中与滇西、川滇之间的重要位置，素有“省垣门户，滇中走廊，川滇通道、迤西咽喉”之称，是连接长江经济带与孟中印缅经济走廊的桥梁和纽带，我们将牢牢抓住昆瑞经济带等重大机遇，突出楚雄州承东启西、连北通南的区位优势，加大从“经济通道”向“通道经济”转变。要围绕建设滇中城市经济圈西部增长极的目标，实施“东融、西接、南跨、北借、中聚”的总体发展战略，加快构建内引外联的经济发展新格局。东向加快融入滇中城市经济圈、桥头堡滇中产业聚集区，实现错位发展、互补发展、共赢发展；西向依托面向东南亚、南亚的战略大通道，积极参与昆瑞经济带建设；南向加快打通滇中南下便捷通道，深化与玉溪、普洱的合作与发展，构建跨区出境的开放窗口；北向借势长江经济带黄金水道、攀西经济区的发展，打造成昆经济带云南“北大门”，建设滇川合作试验示范区；中部以构建楚南和禄丰两个产业聚集区（带）为平台，主动承接发达地区的产业转移和吸纳周边生产要素，建设聚集发展核心增长极，形成科学发展和谐发展、跨越发展的新优势。

3. 夯实新基础，增强新后劲

要抓住省委、省政府正抓紧推进的“五大基础网络建设”的重大机遇，不断夯实跨越发展的基础。一是路网方面，以深入贯彻落实云南省综合交通建设5年大会战（2016～2020年）为抓手，加快推进武易高速公路武定至安丰营段、楚南一级、108国道改造、320国道改造、彩碍公路、双新公路等在建公路建设，争取楚雄至大理扩容改造、昆明至楚雄广通两条高速公路尽快开工建设；加快推进广大铁路、成昆铁路扩能改造工程，争取2017年建成投入使用，并加快推进永仁至玉溪元江、楚雄至普洱两条铁路的前期工作。二是航空网方面，抓紧推进楚雄机场和禄丰、武定、永仁、大姚等通用机场的前期工作，力争“十三五”航空取得实质性突破。三是水网方面，抓紧推进滇中引水凤屯隧道2号洞试验性工程，加快实施禄丰西河水库等6件烟草水源工程和武定仁和水库等7件中小水源工程的同时，争取南华小箐河等一批水库开工建设。四是能源网方面，加快推进天然气支线管道建设，配合做好观音岩、乌东德等水电项目及配套送电工程建设，加快在建新能源项目建设。五是互联网方面，认真贯彻落实“互联网+”行动计划，加快互联网、大数据、云计算等新一代信息技术的运用，加大信息基础设施建设。同时，围绕实现基本公共服务均等化的目标，以保障和改善民生为重点，大力推进教育、科技、文体、医疗卫生、就业和社会保障等社会事业基础建设，夯实经济发展基础。

4. 培育新产业，实现新支撑

围绕跨越发展的目标，把培育推进型的新产业放在更加重要的位置，形成跨越发展的新支撑。一是要加快园区规划建设，搭建产业发展新平台。把园区作为产业发展的载体和平台，进一步优化园区规划布局，打破行政区划，加快推进产业园区建设。要突出重点规划建设好楚雄、禄丰2个省级千亿元和武定、大姚、南华3个百亿元产业园区规划建设，打造楚雄州五大工业重镇。二是加快推进重点产业建设。在巩固提提升烟草、冶金化工等传统支柱产业，加快发展高原特色农业、生物医药、新能源新材料、文化旅游业等优势产业，加快培育商贸物流、先进制造、新兴服务业的同时，全力推进云南石化产业园区建设，将其作为支撑跨越发展最大的增量，同时积极争取云铜总部的搬迁入驻楚雄，推动冶金化工业的转型升级。三是进一步优化产业结构。按照“调优一产、调强二产、调快三产”的总体思路，围绕调结构转方式的新要求，进一步调整和优化三次产业结构，在产业培育中做到有取有舍、高端植入、突出重点、协调推进，以优化产业结构来盘活存量促增量，特别是在新兴产业增量上下功夫。

5. 寻求新动力，释放新红利

楚雄州与全国一样，未来发展的最大红利就是全面深化改革和城镇化发展，同时所不同的是楚雄州的改革欠账较大，城镇化水平较低。正如李克强总理说的“差距也是潜力”，我们必须打好这两张牌，释放最大的红利。一是要统筹推进好重点领域关键环节的改革事项。要严格按照中央提出的“不抢跑也不拖宕”的要求，围绕中央和省顶层设计，结合自身实际推进各项改革事项，该从上到下推进的要求按相关程序推进，有自主改革创新余地的要积极争取试点。总体上要以转变政府职能，充分发挥市场的决定性作用和更好发挥政府作用为核心，特别是作为地方政府，要突出经济领域的改革，加快推进简政放权、财税金融、投融资体制、要素市场、社会民生等领域的改革，着力激发经济社会发展的动力和活力，释放更多改革新红利。二是加快推进新型城镇化进程。围绕到2020年全州常住人口城镇化率达50%的目标，以增强城镇资源聚集能力、人口吸纳能力、综合承载能力为着力点，以推进产城融合、城镇投融资、土地要素、民生保障为主攻方向，总体上构建形成以中心城市为核心，城镇组团为支点的“两核（主次）一群一区两组团”区域城镇化战略格局。同时全面提升农村民房抵御灾害能力，进一步改善农村居民的居住条件，建成人民群众满意的安居房，到2020年全州完成18.2万户农村D级危房改造工程。

6. 运用新思维，破解新难题

要围绕跨越发展的目标，按照适应新常态、新状态、新作为的要求，创新思维，破解难题。一是发展要有新思路。我们必须努力克服“新常态”带来的旧的战略和政策不管用，新战略和政策提不出的困境和尴尬。结合“十三五”规划，从传统的发展思路的“路径依赖”中摆脱出来，用新思维、新视野、新战略来确定新的发展思路。二是稳增长要有新举措。树立有死才有生的理念，对于那些曾经支撑过区域经济增长，现在生产成本高、产品无市场，面临淘汰落后产能的产业和企业，我们要有壮士断腕的气魄，该死则死，绝不抱残守缺，为新的产业发展和新的企事业入驻腾出空间。三是工作谋划要立足当前着眼长远。打造一个地区发展的新优势，即使找到了科学的发展思路和发展定位，也非一朝一夕能够奏效。因此，我们在盘存量、挖潜力、稳增长的同时，要避免患上“新常态”综合征或焦虑症，要保持调整结构、转方式的政策定力，既反对无所作为，同时更反对急功近利。在努力保持经济适度增长的前提下，把更多的精力和财力投入到打基础、培产业、增后劲上来。

楚雄州融入长江——金沙江经济带问题研究

中共楚雄州委政策研究室课题组

为加快推动东向开放战略，以金沙江下游六级电站开发建设为契机，云南省近期启动《金沙江下游沿江经济带发展规划》编制工作。这是云南省主动融入长江经济带建设的重大战略举措。该规划的编制实施，是当前沿江区域各州市县面临的又一重大发展机遇。楚雄州如何搭上金沙江下游区域发展的快车，以促进地方经济跨越发展已经现实地摆在全州和沿江各县（市）党委政府面前。此文欲作初步思考，供参考。

一、长江——金沙江经济带的提出及战略定位

作为一个区域概念，长江经济带起于20世纪80年代初的“一线一轴”构想，“一线”指沿海城市线，“一轴”便指长江航道；20世纪80年代中期，国家提出“以上海浦东开发开放为龙头，进一步开放长江沿岸城市，进而带动整个长江流域经济”；20世纪90年代出现“长江三角洲及长江沿江地区经济”概念，并确定了七省二市的地域范围；2005年，七省二市在交通部牵头下签订了《长江经济带合作协议》。2013年，长江经济带从概念进入正式实施阶段，2013年7月21日，习近平总书记在武汉考察时指出，“长江流域要加强合作，发挥内河航运作用，把全流域打造成黄金水道”；2014年3月5日，李克强总理首次在《政府工作报告》中明确提出“依托黄金水道，建设长江经济带”，标志其上升为国家战略；4月25日，习近平总书记在中央政治局会议上强调，“推动京津冀协同发展和长江经济带发展”；4月28日，李克强总理在重庆召开座谈会，研究依托黄金水道建设长江经济带；6月11日，国务院常务会议部署建设综合立体发展交通走廊打造长江经济带；9月25日，国务院正式印发《关于依托黄金水道推动长江经济带发展的指导意见》及《长江经济带综合立体交通走廊规划（2014～2020年）》；11月中央经济工作会议把长江经济带与一带一路、京津冀协同发展并列为当前重点推进的三大战略。2015年两会上，《政府工作报告》再次提出“推进长江经济带建设”。

长江经济带横跨我国东中西三大区域，具有独特优势和巨大发展潜力，已发展成为我国综合实力最强、战略支撑作用最大的区域之一。长江经济带覆盖上海、江苏、浙江、安徽、江西、湖北、湖南、四川、重庆、云南、贵州等11个省市，面积约205万平方千米，占全国1/5，人口5.8亿，约占全国42.9%，2014年实现GDP28.5万亿元，约占全国41.6%（与各省公布数据相加之比得出）。推动长江经济带建设，在当前背景下具有重大战略意义：一是寻找发展的新引擎，在经济增速换挡的背景下寻找新的发展支撑，避免经济过快下滑；二是探索改革的试验田，打破行政区域限制，使资源要素在更大的范围自由流动、市场机制在更深的层次发挥作用；三是产业整合的示范带，根据各省市特点优化产业布局、推动产业转移及转型升级，为全国区域产业调整提供示

范；四是区域联动的探路者，在东中西三个板块联动、缩小地区差距、促进协调发展方面探索路子。

作为长江的上源，随着长江经济带建设的加速发展，金沙江经济带建设也紧锣密鼓的开展着。金沙江下游为攀枝花到水富共788千米航道，区间包含四个电站（向家坝电站、溪洛渡电站、白鹤滩电站、乌东德电站）电站形成后将改善金沙江下游的航运条件，从攀枝花坐船一路顺水直接进入长江，直达上海。向家坝和溪洛渡目前已经蓄水，并形成了351千米的深水航道，占金沙江下游通航的45%。

二、融入长江——金沙江经济带建设对楚雄州实现跨越发展的意义

金沙江流经楚雄州北部，流经长度约为171千米，流域的国土面积约1.70万平方千米，包括牟定、姚安、大姚、永仁、元谋、武定6县和禄丰县黑井、妥安2个乡（镇），占全州面积的58.1%。金沙江经济带建设对楚雄州实现跨越发展，意义重大。

（一）有利于使楚雄州迅速融入全国内河航运网，进入长江黄金水道，提高开放水平。乌东德、白鹤滩将于2020年开始蓄水通航。其中乌东德蓄水通航后，在楚雄州境内将建设武定白马港口、大姚湾碧港口和元谋江边港口。楚雄州的烟草、蔬菜、水果等农产品和钢铁、钛材、石油化工等工业品也将从境内的三个港口直接进入长江。长江是货运量位居全球内河第一的黄金水道，在区域发展总体格局中具有重要战略地位。依托黄金水道推动长江经济带发展，提高楚雄州对内开放水平，加快融入长江经济建设的国家战略。

（二）有利于改善楚雄北部沿江地区公路交通条件，提升该区域的基础设施层次。根据云南省《金沙江下游沿江经济带发展规划》的发展定位，把金沙江建设成为云南连接成渝经济圈和长江经济带的重要通道，滇、川、黔跨省地区重要的区域性交通枢纽。境内通过昭通—攀枝花—丽江铁路建设，水富至攀枝花金沙江南岸高速公路建设和武定白马港口、大姚湾碧港口和元谋江边港口建设，将形成集铁路、公路、水运为一体的交通运输网络，形成高效、快捷、安全、方便的对外交通系统。

（三）有利于高效利用金沙江沿线丰富的矿产资源和旅游资源，迅速将资源优势转变为经济发展优势。随着沿江基础设施建设步伐加快，将有效地带动州内钢铁、水泥、建筑建材、房地产等产业的发展。在旅游景区中，将重点打造向家坝、溪洛渡、白鹤滩、乌东德等梯级电站库区成为休闲度假旅游区。发展新型文化业态，打造一批主题特色鲜明、基础设施配套、文化品位较高的文化产业园区。加快区域内铜、钯、铂、铁、砷、岩盐、芒硝、石膏等优势矿产资源的开发利用步伐，迅速将资源优势转变为经济发展优势。

（四）有利于楚雄州承接东部地区大项目、大产业转移，使楚雄沿岸地区成为全州实现跨越发展新的增长极。依托金沙江水道推动沿江经济带发展，有利于挖掘广阔腹地蕴含的巨大内需潜力，促进经济增长空间从沿江向内地拓展。通过便利的交通网络，东部沿海地区受制于土地、劳动力、自然资源等生产要素的项目和产业，将加快向西转移的步伐。楚雄则是金沙江下游沿岸各州（市）中，拥有低丘缓坡和坝子面积最多的区域，具有承接大项目、大产业转移的落地的基础条件。特别是通过探索建立水电资源开发长效补偿机制中，发挥州级能源企业的优势，参股金沙江下游水电开发，争取国家比照有关藏区留存电量和电价管理政策，财税分享政策，积极争取金沙江下游梯级电站投产后按10%以上安排留存电量，当中下游干流“一库八级”建成后，再加上支流水能开发，流淌千万年的金沙江就真变成流金的江了，到时，简直不是水电站而是印钞机了，通过各种利益分享，楚雄沿岸地区将成为全州实现跨越发展新的增长极。

三、楚雄州融入长江——金沙江经济带建设的优势

（一）区位优势得天独厚。楚雄州金沙江沿岸地区处于滇中与滇西、川滇之间的交汇点上，是楚雄州规划建设的“三纵四横”公路主骨架网覆盖区，成昆铁路和108国道穿境而过，是省会昆明和楚雄北上四川的重要桥梁，更是顺次连接四川凉山、楚雄、普洱、景洪，直至缅甸、老挝，纵贯中国西部腹地与东南亚地区，开展区域交流与合作南北大通道上的重要节点；同时，云南省已提出第三亚欧大陆桥的构想，并正在加快滇缅大通道建设。如果建设第三亚欧大陆桥的构想能够实现，区位优势将更加突出。目前，随着区域内交通等基础设施的加快建设和提升等级，与周边中心城市的时空距离逐渐缩短，区域内各县市之间的联系也更加紧密，楚北地区的区位优势在不断显现，从而为经济社会发展提供有利条件。

（二）资源禀赋富集配套。金沙江沿岸地区特殊的自然地理环境和历史民族文化孕育了丰富的气候资源、生物资源、能源资源、矿产资源和人文资源，是楚雄州重要的资源富集区。一是光热资源富甲天下。金沙江干热河谷气候使楚北地区的光热资源得天独厚，永仁日照时间2804小时，元谋是国内著名的热坝和天然温室，日照时间2643小时，均是全国日照时间最长的地区之一。水能、太阳能、风能、生物质能资源丰富，石油天然气资源开发潜力亦非常巨大；二是生物资源丰富多样。动植物资源极为丰富，野生脊椎动物多达600余种，林木、中草药等多种植物及野生食用菌达6000多种，是滇中地区绿色明珠和生物资源宝库。三是矿产资源得天独厚。矿产种类有41个，铜、钯、铂、铁、砷、岩盐、芒硝、石膏等为优势矿种，尤其是铜、铂、钯开采价值高；四是旅游资源独具特色。楚雄州气候宜人，年均气温17℃左右，冬无严寒、夏无酷暑，拥有丰富的古人类文化、彝族传统民族文化、古镇文化、红色文化等文化旅游资源。元谋县因发现“元谋人”化石被誉为“东方人类故乡”，有彝族创世史诗《梅葛》，黑井镇被命名为中国历史文化名镇，光禄镇被命名为云南省历史文化名镇、全国发展改革试点镇。五是农副土特产资源富有。依托传统产业基础和优势，不断调整优化农业产

金沙江（州旅发委/提供）

业布局，形成了烟草、林果、畜牧、蔬菜、制繁种五大主导产业，重点培植了绿色蔬菜、优质水果、特色畜禽、木本油料、茶桑、食用菌等特色优势产业。2014年累计通过国家质量认证农产品279个，农产品获得“云南名牌”称号6个、“云南名牌农产品”称号22个、“云南省著名商标”称号47个，“武定壮鸡”“白竹山茶”“牟定腐乳”被国家认定为地理标识农产品，“姚安山药”“元谋番茄”成功注册为国家地理标志证明商标。

（三）经济活力持续增强。“十二五”以来，楚雄州经济发展较快，经济实力不断增强，主要经济指标实现了GDP和财政收入比“十一五”“两提高”，城乡居民收入与经济增长“两同步”，财政一般公共预算收入、规模以上固定资产投资、规模以上工业增加值、社会消费品零售总额和外贸进出口总额“五个翻番”。2015年全州生产总值预计将达到770亿元，比2010年增加297亿元，年均增长将达11.2%；人均GDP达预计将达2.9万元，比2010年增长近一倍，年均增速将达14%；地方财政总收入预计将达165亿元左右，比2010年增加78.5亿元，年均增长14%；地方公共财政预算收入预计可达68亿元，年均增长可达16.5%，总量在2010年基础上实现了翻番；规模以上固定资产投资预计可达722亿元以上，年均增长可达28.2%以上，总量在2010年基础上实现了翻番，若按规模以上投资口径折算，增长了两倍多。经过多年的埋头苦干，产业体系初具规模，支撑能力明显增强，发展势头良好。

（四）发展利好多重叠加。楚雄正处于国家和省一系列重大战略机遇的交汇节点，中央重点实施的三大战略中，“一带一路”、长江经济带两大战略惠及楚雄州，国家西部大开发、乌蒙山片区区域发展与扶贫攻坚规划深入实施，这些重大机遇、重大政策、重大项目的效应叠加释放，将进一步带动楚雄发展。省委、省人民政府为深入贯彻实施《国务院关于加快沿边地区开放的若干意见》，作出规划建设昆瑞对外开放开发经济带的重大决策部署，将楚雄州整体纳入昆瑞经济带的规划范围，强化了楚雄在经济带建设中的战略定位，为楚雄州积极参与沿边地区开放、提升对外开放合作发展水平、加快开放型经济体建设带来了新机遇。云南省规划中的滇中引水工程楚雄州大部分县为受水区。该工程的实施，将从根本上解决楚雄州未来工农业和城市发展的用水需求，赢得更多的发展机遇。

四、楚雄州融入长江——金沙江经济带建设的劣势

楚雄州金沙江沿岸地区，属于州内发展较为薄弱地区，经济基础薄弱，经济总量偏低，产业发展不足，财政实力较弱，经济社会发展总体水平与州内其他地区乃至云南省同类区域有一定的差距，各县经济发展不充分，县域经济发展较为滞后。

（一）基础设施薄弱。农业、交通、能源、城镇和通信等基础设施依然薄弱，农田基本建设和水利基础设施不足，边远地区交通不便，电力等能源建设没有完全解除瓶颈制约，大部分农村公共设施依然落后，部分高寒山区信息较为闭塞。虽然地处昆明、大理、楚雄、攀枝花的交汇地带，但受交通等基础设施的制约，区位优势尚未得到充分发挥。加之，楚北金沙江流域位于横断山脉与云贵高原的过渡地带，元谋—绿汁江断裂带纵贯全境，全区地震基本烈度在Ⅶ度以上，区域内地质构造复杂，地壳活动强

烈，地质环境脆弱，泥石流、滑坡、崩塌、地震等地质灾害频发。2000年以来，区内和周边地区已先后发生5次6级以上地震，是全州地震活动最频繁的地区。频繁的地质灾害影响了沿岸地区的快速发展。金沙江流域干热河谷，元谋坝子等干热河谷地区年均降水量仅有600毫米左右，属云南省的滇中干旱区，是我国独特的南亚热带生态类型区。区域内水能资源丰富，但田高水低，工程性缺水、资源性缺水并存，尤其以工程性缺水最为突出，水利工程蓄水与用水量缺口较大，农业生产和生活用水困难，山区和半山区“靠天吃饭”的现象仍然存在。由于农业水利条件差，沿江地区土地资源和光热资源丰富的优势尚未得到充分发挥。

（二）产业支撑乏力。金沙江沿江地区农产品、旅游、矿产等资源丰富，大姚薄壳核桃、姚安藕粉、牟定油腐乳、元谋冬早蔬菜、武定壮鸡等都具有明显的地方特色；“一彝三古”的文化旅游资源独具特色，开发潜力巨大。但受基础设施建设滞后、产业资金投入不足、技术创新能力弱、市场开拓程度低等因素制约，资源开发的强度不大，密度偏低，农产品加工能力不高，矿产资源开发仍以采掘和初加工为主，旅游资源和民族文化资源尚未形成品牌优势。区域内产业发展仍不同程度存在“小而全，小而散”的现象，优势资源未能有效整合，难以形成规模优势，支柱产业尚未形成。

（三）农村贫困面大。楚北区域内城镇化水平不高，中心城镇规模较小，城镇基础设施较为薄弱，城市和城镇辐射能力较弱，对区域的集聚带动能力较差，城乡一体化进程较慢，农村贫困面较大。2009年区域内除元谋县城镇化水平达到30.99%、大姚县城镇化水平26.55%外，其他县城镇化水平均在20%～26%之间，还处于城镇化发展的起步阶段。同时，区域内山区面积超过90%，贫困人口的数量高达32.3%，扶贫工作难度较大，任务较重。

（四）发展活力不足。政府行政管理体制改革相对滞后，政府职能转变尚未到位，越位、缺位和错位现象不同程度存在，导致市场配置资源的决定性作用发挥不足；投融资体制改革尚未取得突破，政府投资审批范围过宽、程序繁琐、时限过长的问题没有完全解决，行政干预依然过多；融资渠道狭窄，直接融资比重太低，国际通行的BOT、TOT、BT等融资方式未能有效应用；城乡分割的体制性问题依然存在，支持农业发展的长效机制尚未形成，工业反哺农业、城市支持农村的机制还未建立，农村富余劳动力转移就业的体制障碍没有根本消除；市场化程度低，市场体系还处于初创阶段，资本、土地、劳动力等要素流通不畅，要素配置效率低。

五、楚雄州融入长江——金沙江下游沿江经济带的政策建议

（一）坚持交通先行，打破基础设施“瓶颈”制约。积极实施综合交通项目建设，大力推进公路建设，积极发展铁路、水运及航空交通设施，形成东连昆明、北上四川、西出大理、南接玉溪、普洱的综合交通运输体系，构建“海、陆、空”四通八达的立体交通网络。一是加快骨干公路网络建设。积极加快公路设施和服务网络建设，提高公路等级，增加通达深度和扩大覆盖面，构筑完善、便捷、合理的公路运输网络。积极推进和加快区域内等级公路体系建设，构建“三纵三横”的高等级公路为主干、多条二级公路等为支线的交通动脉，实现沿江各县两两相通的交通网络。三纵：①南华至永仁；②会理——元谋——牟定——双柏，③武定——禄丰——川街。三横：①武定县城——白路——元谋县城——黄瓜园——物茂——永仁延至永兴，②元谋——大姚延至大理州祥云县米甸至宾川。③禄丰县——广通——牟定——姚安延至大理州祥云。两条库区公路：沿金沙江观音岩、乌东德库区建设两条沿江公路，即：昆明市禄劝县汤郎——己衣——万德——元谋江边；铁锁——湾碧、拉姑、永兴至攀枝花市仁和区中坝乡。八条连接线：①大姚——新街——桂花——湾碧——永胜仁和与丽江市永胜县仁和镇相连；②牟定——妥安——黑井、高峰——五台山——秧草地——仁兴；③姚安前场至大姚鼠街；④黑井至元谋；⑤武定长冲至己衣；⑥武定县城至禄劝县城；⑦元谋新华至禄丰黑井镇；⑧永仁中和至大姚桂花。同时，推进通乡油路、通村公路及客运站点建设，通过县级公路升级改造，乡（镇）公路的相互串联提升，构建通达交通网络。二是推进铁路建设。积极配合推进成昆铁路扩能改造工程建设，努力争取新建元谋火车站，作为与外界物资运输交流的大动脉。积极参与金沙江沿江铁路建设规划。三是发展内河水运。随着金沙江下游乌东德、观音岩水电站的建成运行，武定、元谋、永仁、大姚县境内金沙江水位因水库蓄水而大幅抬升，具备内河通航条件。通过对金沙江航道的综合治理，建设大姚湾碧、永仁县沈家坪、元谋县江边、武定白马口等渡口，完善码头及相应的公路、仓储转运配套设施。把江边码头建设成为具备水运、公路客、货运输综合服务型功能的码头，以满足人流、物流和红色旅游业发展的需要。四是发展通用航空。争取国家和省的支持，发展通用航空业是楚北乃至全州积极参与中国面向西南开放的桥头堡和滇中城市经济圈建设的迫切需要。根据通用航空建设的条件要求，牟定的化佛飒马场、姚安的地角（长寿、岭丰）、永仁的猛虎都适宜建设地方支线机场，其中以楚雄州地理中心的牟定的化佛飒马场建楚雄机场为首选。争取要在“十三五”期间，规划建设一个支线机场，提高对周边地区重特大灾害的预警和抢险能力，建设楚雄州空中中心、空中生命走廊和半小时航空圈。

（二）坚持工业强州，加快推进新型工业化。在加快改造提升烟草及配套和冶金化工两大传统产业的同时，大力发展六个新的优势产业。一是绿色食品加工业。立足楚雄州资源、区位和发展基础优势，充分利用园区和基地自然条件，延伸产业链，加快构建现代农业支撑体系，建成高效生态、功能齐全、科研与生产并重的现代农业产业园区。按照新型工业化、城镇化、信息化、农业现代化、绿色化协调推进和同步发展要求，加大工业与信息化发展的深度融合，统筹园区一、二、三产融合发展，重点建设云南楚雄国家农业科技园区，姚安现代农业产业园区，彩

云、恐龙山现代农业产业园区，推动绿色食品加工业加快发展。二是新能源产业。抢抓新能源发展重大战略机遇期，根据全省新能源示范基地的布局，以建设国家级新能源利用示范基地为目标，加快发展以太阳能、风能为主的新能源产业，同时依托新能源发电企业，发展储能产业，积极推进新能源发电应用步伐。三是新材料产业。通过实施钛基、钪系、多金属合金等新材料开发，将楚雄州打造成为云南省知名的新材料生产基地和全国重要的钛产业生产基地。四是生物医药产业。紧紧围绕“把药业建设成为全州支柱产业，把彝药打造成全国知名品牌”总体要求，大力培育龙头企业，加大对彝医药保护、传承、开发，加快药业生产加工基地建设，加大自主创新支持力度，着重在民族药、原料药、天然保健品、化学原料药及制剂、医疗器械、生物医药关联的高端服务业等领域加快发展，将楚雄州建设成为云南重要的药品制造加工基地和全国彝药研发生产基地。五是先进制造业。重点发展汽车及零配件、机电设备及面向南亚东南亚的家用电器、数控机床、太阳能和风能装备、民用航空、高性能电力电缆等产品。六是电子产品制造。重点发展电子器件、集成电路、光机电一体化、汽车配套电子产品。

（三）坚持高位切入，打造金沙江沿江经济带区域中心城镇。围绕到2020年楚雄州常住人口城镇化率达50%左右、户籍人口城镇化率达40%左右的目标，以增强城镇资源聚集能力、人口吸纳能力、综合承载能力为着力点，以推进产城融合、城镇投融资、土地要素、民生保障为主攻方向，加快全州城镇化进程。一是要强化楚雄区域中心城市的核心引领作用。楚雄市作为“省垣门户，迤西咽喉”，在这样的重要节点上建设区域中心城市，必将产生极大的影响力和带动力。要高位规划，不能局限于县级市的定势和理念来考虑规划，要以一个大城市的理念来构架安排空间布局，打破常规的行政区划体系，将楚雄市周边的南华县、牟定县和禄丰县的广通镇纳入规划；要加快经济发展，大力发展现代制造业、现代服务业、文化娱乐业，提升城市功能，以先进要素带动高素质人口进入，加速聚集城市人口。要制定加快人口集聚政策，通过撤村建居或土地整理置换、异地腾迁等办法，推动人口向城区集中，建设集中型社区，调整人口分布。要引导农村人口向城镇集聚，实行以固定住所和稳定收入等主要生活基础为依据的落户标准，打破城乡分割壁垒，逐步弱化现行的户籍制度，消除劳动力流动和集聚的行政性障碍。同时，可以借鉴姚安“城增村减”“以宅基地换房”的做法，动员和鼓励城郊接合部、公路沿线和小城镇有条件的农村居民向城区聚集。二是要支持禄丰加速成为州域次级带动核心。禄丰作为全州、全省工业重镇，是全州石油化工、冶金矿产、先进制造产业密集区。要着力抓好园区建设，实现工业园区与城市共享公共服务和基础设施，将工业园区作为城镇的延续，通过园区发展，为企业集群降低生产成本，打造产业发展平台，增强创造财富的能力，提升对经济增长的贡献率，为城市发展提供有力的财力支持，推进城市扩张。三是要加快推进元（谋）永（仁）城镇组团发展。如前文分析，元谋、永仁是金沙江沿岸最具备承接东部沿海地区大产业、大项目转移的条件的地区。要认真研究水、电、路、工业园区等基础设施的配套问题，使之与发展要求相适应。四是要坚持共赢发展，积极推进区域经济协作。主动融入、有效对接成渝经济区、川（攀）南经济圈和滇中经济城市圈资源创新开发，加强与金沙江下游沿江经济带规划区各市县的沟通合作，大力开展招商引资，加大项目策划、储备和招商推介力度，积极引进一批大企业、大项目、大产业。

（四）坚持精品意识，加快推进以旅游业为主的第三产业发展。楚雄市集中打造中国彝族文化和彝族风情旅游目的地，积极创建国家级旅游度假区，成为辐射全州旅游业发展的核心区；禄丰要加快推进七彩云南·时空世界项目和禄丰世界恐龙谷二期开发建设，相互补充和互动，充分利用恐龙化石的观赏价值、科学价值，通过创意展示、体验互动、科技娱乐的手段，以多元化的方式诠释恐龙主题，打造极具魅力的中国国际特色旅游目的地；元谋县要深度挖掘、保护、展示和开发元谋人及其文化，多产业融合发展，将其打造成世界最具知名度的古人类文化旅游目的地。积极推进元谋土林景区内部提升改造，创建国家5A级景区、世界地质公园和冬春休闲养生旅游度假区；南华县打造野生菌王国文化旅游品牌；武定县和永仁县依托资源、交通和区位优势，发展全域式旅游、全景式旅游，分别打造成为昆明和攀枝花的“后花园”；大姚县和姚安县集中打造古镇文化旅游品牌；双柏县和牟定县积极发展民族文化生态旅游品牌。要通过抓项目建设，着力培育生态观光、民族文化体验、休闲度假、康体运动、科学探险、中医养生养老、自驾车旅游等产品种类丰富、文化特色鲜明、功能配套完善、服务规范健全的旅游产品体系，推动全州旅游业发展。

（五）坚持合力推进，切实抓好政策、服务等工作保障。一是要强化政策支持力度，把相关政策具体化。建议从州级层面（争取省级层面）制定出台土地政策、财政补助、税收优惠等方面的具体政策措施，使政策保障真正成为规划区独享的区域性政策。二是加快设立协调机构，建立区域合作机制。建议尽快建立沿江个县市协调机构，定期召开联席会议，积极组织开展经济合作、经验交流等相关活动，共同研究和解决合作与发展中的重大问题，消除各种壁垒和体制性障碍，打破行政区划限制，促进区域生产要素合理流动，加强统筹产业布局，形成优势互补、共赢发展的区域合作机制，统筹推进规划区开发建设。

总之，在经济全球化、区域经济一体化的大背景下，加快推进金沙江下游沿江经济带发展正当其时，正顺其势。要主动对接、加强沟通，使金沙江沿江经济带发展的各项工作尽早从战略构思进入实质性的整体对接阶段，浓墨重彩地共同绘就金沙江下游地区整体跨越发展的新画卷。

楚雄州产业扶贫对策研究

楚雄州政研和法制办公室、楚雄州扶贫办公室课题组

打好扶贫攻坚战，克期完成脱贫摘帽的任务，是楚雄州“十三五”全面建成小康社会的重大民生工程。在扶贫开发中，要从根本上解决贫困人口脱贫问题，必须保障贫困人口有持续稳定的增收来源，必须实施产业扶贫。实施产业扶贫，不仅需要政府的支持和引导，更需要贫困地区群众的内生动力才能收到良好的效果。因此，产业扶贫不仅具有长期性和挑战性，而且对贫困地区彻底消除贫困具有深远的意义。

一、楚雄州实施产业扶贫的实践与探索

（一）全州贫困地区和贫困人口概况

楚雄州是集“边远、民族、贫困、山区”为一体的少数民族自治州，全州有8个县纳入国家连片特困县，其中，武定县属乌蒙山区片区县，楚雄市（嵌入县）和双柏、南华、牟定、姚安、大姚、永仁7个县为滇西片区县。到2014年底，全州还有贫困乡（镇）25个，贫困行政村220个，贫困自然村3309个。“十二五”以来，楚雄州贫困人口从2010年的49.69万人减少到2014年底的25.8万人，贫困发生率从29.7%下降到12.7%。

（二）采取的主要措施和做法

1. 把产业扶贫作为扶贫开发的重要任务

衡量扶贫开发工作成效的标准，归根到底要看贫困人口是否有持续稳定的收入来源。楚雄州广大贫困地区贫困的主要原因是没有产业支撑。总结多年来扶贫开发的实践，是给点钱买救济粮还是扶持产业栽“摇钱树”？是长远扶还是扶长远？总结州内外扶贫开发的成攻经验，我们深刻认识到，必须把产业扶贫作为新时期扶贫开发工作的第一要务，按照“一村一品”，“一乡一业”的产业扶贫思路，着力提升贫困地区产业发展水平，增强贫困地区脱贫致富的“造血机能”，才能持续增加贫困人口的收入，从根本上消除贫困。在提高认识的基础上，各级党委、政府在扶贫开发进程中不断加大产业扶贫的力度。在全州制定实施的《楚雄州千村扶贫整村推进实施意见》中，明确提出“修路、治水、通电、护林、兴文、办学、办医、安居、调结构”九项重点工作，全面实现“988”目标，把扶持产业发展作为重要任务抓好落实。在各类扶贫项目的规划上报时，坚持把好“两道关”：一是把好资金投入关，按产业扶贫投入比例不得少于项目资金的40%进行规划编制；二是把好“评审关”，在项目评审时，坚持没有产业扶持的项目不予通过。

2. 因地制宜选准特色优势产业

根据楚雄州“楚中高寒冷凉地区、楚北金沙江低热河谷地区、楚南哀牢山边远少数民族地区”三大贫困区域自然、气候、区位及资源特点，选准特色优势产业进行规划引导。在楚中高寒冷凉地区和楚南哀牢山边远少数民族地区，主要扶持发展以种植核桃、冬桃、茶叶、中草药、葡萄、生态牛羊养殖为重点的特色产业；在楚北金沙江低热河谷地区，主要扶持发展以冬早蔬菜、热区经济林果、畜牧业养殖为重点的特色产业；在坝区，产业扶持主要扶持发展以烤烟、蔬菜、稻田养鱼、水产养殖、猪牛羊鸡养殖为重点的特色产业。

3. 多渠道筹集产业扶贫开发资金

一是积极争取上级支持。通过积极规划项目、储备项目，向中央和省级争取专项产业扶贫资金支持。二是州、县财政统筹安排。州、县财政围绕重点产业发展，力所能及安排一定的产业资金给予重点扶持发展。三是整合部门项目资金。由扶贫开发领导小组负责统筹协调，要求各涉农部门资金集中投入产业发展。四是社会帮扶。在定点挂钩帮扶中，把扶持发展产业作为考核的重要指标，发动挂钩单位及社会各界协调引进资金参与产业扶贫开发。五是加大招商引资力度。坚持以优势资源招商，以发展特色产业招商，引进龙头企业投资发展产业。六是群众自筹。逐年加大扶贫到户贷款和项目贷款贴息力度，鼓励群众贷款投入，实行以奖代补，带动群众投入。“十二五”期间，全州共投入专项产业扶贫资金达12000万元，占全州扶贫开发投入的11%。

4. 多措并举推动产业扶贫

一是建设产业示范村，走典型带动之路。抓一村、扶一品，把产业扶持与农民增收紧密结合起来，把实施产业示范村与各级干部的责任制挂起钩来，把产业示范村建设与带动产业发展结合起来，突出特色、突出重点，建设产业示范村，以点带面加快产业发展步伐。全州每年以300个示范村的任务下达10县（市），建设产业示范村，涌现出了一大批“核桃之乡、花椒之乡、蚕桑之乡、萝卜之乡、洋芋之乡、魔芋之乡、黑山羊之乡”，成为全州农业产业化发展的典范。二是强化科技培训，走依靠科技发展产业之路。深入开展科技扶贫，抓好贫困地区农业产业先进技术的引进、试验、示范和培训，加强科技扶贫示范村和示范户建设。“十二五”以来，开设各类产业发展培训班4700余期，培训农民70余万人次。通过培训，使贫困农户掌握了多种实用技术，有效提高了贫困地区群众种养技术和管理、营销水平，努力实现“培训一人，脱贫一户，带动一方”的目标。三是发展专业合作组织，走组织化发展产业之路。把产业相同、地区相连的产业发展示范户组织起来，建立协会，并把建立农民专业协会作为定点帮扶的一项重要内容，考核州、县挂钩扶贫的企事业单位

和结对帮扶党员干部。发展蚕桑协会、冬桃协会、魔芋协会、黑山羊养殖协会、蔬菜协会等各类农民专业合作经济组织3100余个，覆盖全州广大贫困山区，把千家万户的分散小生产逐渐发展成有组织、成规模的大产业，带动农户28万余户。如楚雄市紫溪镇云庆、冷水、紫金3个村委会，冬桃协会组织发展种植冬桃，使冬桃成了当地群众的“储蓄银行和铁杆经济”。四是扶持龙头企业，走“公司+基地+合作社+农户”发展产业之路。采取政府主导，市场化运作的形式，积极争取项目资金、创新扶持机制，扶强涉农扶贫龙头企业，加快产业基地建设，带动农户专业化种植，建立形成“公司、基地、合作社、农户”利益共同体，实现互利共赢。走“公司+基地+合作社+农户”路子。如云南摩尔农庄科技开发有限公司，在州级产业扶贫资金和小额到户贷款的扶持下，建设3.9万亩有机核桃种植基地，带动农户3200余户，2014年实现户均增收3200元，促进了核桃产业化发展。五是引导土地有序流转，走土地集约化经营发展产业之路。积极采取扶强载体推动流转、招商引资拉动流转、搭建平台支持流转、成立组织服务流转等多种措施，推进贫困地区土地合理流转、实现土地集约化经营，并以土地集约化经营进行招商引资，引进公司或企业发展产业。2010年，元谋县从浙江引进金龙果蔬有限公司到物茂乡芝麻村委会大村，租用流转土地1.2万亩，开发种植葡萄、小枣、蔬菜等。该公司采用“土地流转”返租倒聘的模式，把农户原来的土地在公平、公正、自愿的前提下以租金的形式租用，对农户的土地进行开发整理，把中低产田地变为高产田地，同时聘用租地农户劳动力到公司打工，使公司与农户的利益连为一体，即使公司找到了新的发展出路，又带动了当地产业发展，还有效地解决了群众增收难题。六是以合力攻坚为基础，走产业连片扶贫开发之路。结合全州区域性贫困、连线成片问题突出的实际，发挥优势，集中力量，整合资金，加大产业连片扶贫开发的力度。双柏县绿汁江流域通过整合项目资金，对区域内的土地进行综合开发整理后，按照“自愿、有偿、公平、公正”的原则，实行招商引资，引进农业龙头企业，把农民手中分散的土地集中起来进行经营权流转经营，共引进10余家企业，到绿汁江流域投资种植葡萄、热作蔬菜等产业，仅葡萄就发展上万亩，并吸纳当地农民为产业工人，使农民在自己的土地上打工不用出门奔波，既“当地主”又“当工人”，还留部分土地自己种“当农民”，使区域群众顺利实现脱贫致富。

（三）主要成效

1. 加快贫困地区产业发展步伐

通过积极有效的产业扶贫项目资金支持，全州10县（市）特色优势产业竞相发展。传统的农田园林化、农业一元化正转向农业生产规模化、专业化和农村产业多元化、多样化发展的趋势。“县有骨干产业、乡（镇）有主导产业、村有优势产业、户有增收产业”局面逐步形成，一村一品特色经济使广大贫困山村显现出了发展的活力，自身“造血”功能进一步增强。

2. 探索产业扶贫的机制和模式

一是形成了政府引导、群众主体、部门联动、社会参与、齐抓共管的工作联动机制。推进了农村基本经营制度改革创新。二是探索出了农村土地承包经营权流转，引导土地向农民专业合作社、种养大户和种田能手集中，支持农业产业化发展的新模式。三是形成了“龙头企业（公司）+基地+合作社+农户”等多种产业化经营模式，探索出了“产权明晰、平等民主、风险共担、利益均沾”的合作经营模式，有效推进了全州产业扶贫机制创新和模式创新，为扎实有效抓好新阶段产业扶贫开发工作探索出了新路子，积累了宝贵的经验。

3. 促进贫困地区经济社会快速发展

随着产业扶贫开发工作纵深推进，有效地把各地千千万万的小农户、小生产和复杂、纷繁的大市场、大需求联系起来，推进了农业生产向区域化布局、标准化生产、专业化加工、产业化经营转变，连接分散的小农户生产与大市场的农业产业化生产形式悄然兴起。目前，全州有省、州农业龙头企业219个，吸纳农村富余劳动力12余万人，带动农户31万户。有专业合作组织、专业协会3184个，有会员28.32万人，一批家庭农场、农业庄园、农业产业园区逐步形成。为区域经济社会协调健康发展注入了强大的动力。

4. 加快全州减贫进程

各地特色优势产业的发展，使农民的增收渠道不断拓宽。很多贫困群众，不仅租出了土地，还发展起了自家的增收产业，又能就近就地打工，财产性收入快速增加。全州减贫速度加快、贫困人口数量大幅减少。

二、实施产业扶贫存在的主要困难和问题

楚雄州产业扶贫工作虽然探索出一些新做法，积累了一些新经验，取得了一些新成效，但由于自然、历史、基础设施、群众文化素质落后、投入不足等诸多因素的影响，产业扶贫开发任务艰巨、困难重重，主要表现在以下几个方面。

（一）认识不到位，群众参与度不高

产业扶贫离不开领导高度重视和群众积极、广泛参与。山区发展产业种植缺乏比较优势，经济效益低下，必须发挥资源优势，发展特色农业产业，才能脱贫致富，这在大部分干部群众中已经形成共识。但发展产业周期长、见效慢、风险大，部分地区干部群众思想僵化、因循守旧，怕担风险、害怕失败，因而不愿在调整产业结构、发展特色产业上动脑筋、想办法、谋出路、图发展。有的领导干部为了让扶贫工作少走弯路、早见成效，更乐意把投入与精力放在环境整治、硬件设施建设等方面。由于认识不同、群众参与程度不同，结果导致产业扶贫开发在不同乡（镇）、村组、农户，推进的速度与成效也大不相同。有的地方花椒、核桃、食用菌等山区特色产业发展得如火如荼，其产品已成为当地农民收入的主要来源，为当地农民脱贫致富做出了重要贡献，但有的地方却至今仍然束缚在传统农业的圈子内，没有一个优势突出的、非常明确的

主导产业，农民脱贫一直没有好的路子。

（二）基础设施落后，制约产业发展

楚雄州贫困地区主要集中在山区，大都山高、坡陡、箐深，道路交通、农田水利等基础条件差，信息闭塞，产业发展基础十分薄弱。经济底子薄，基础条件差，严重制约特色优势产业发展。

（三）资金投入不足，扶贫力度不够

目前，投入楚雄州贫困地区的产业扶贫资金来源主要是中央和省级1000万元左右的财政补助资金和整村推进等扶贫开发项目的配套资金。各部门资金零散，难于形成合力，加之地方财力困难，地方无力配套。用于扶持发展特色产业的财政专项扶贫资金，如整村推进、产业基地建设资金、扶贫小额贷款贴息资金、生产互助金等，要求瞄准建档立卡贫困户，用于和主要用于扶持有劳动能力贫困户发展产业。同时，贫困村经济发展滞后，农户收入不高，要通过贫困群众加大投入发展特色优势产业难度较大。

（四）龙头企业小散弱，带动能力不强

目前，楚雄州涉农龙头企业虽然有上百家，但是小、散、弱，管理粗放，抵御市场风险的能力差，加之发展晚。产业化龙头企业数量少、块头小、水平低，有的加工企业，从业人员素质和管理水平低，市场开拓能力弱，产品市场占有率不高，盈利能力不强，发展后劲不足，辐射带动作用有限，没有形成规模效应，农户在生产过程中的抗风险能力较低，导致扶贫产业收入在群众全部收入比重中较低。一些享受了扶贫项目贷款贴息政策的扶贫龙头企业，没有认真履行扶贫社会责任，没有通过“公司+基地+农户”这种产业化组织形式，把愿意参与农产品基地建设的贫困农户网络到产业化链条中来。许多贫困户搞产业仍然是“单打独奏”，游离在产业化链条之外。真正上规模的龙头企业和营销中介机构还很少，大部分企业未能真正发挥龙头带动作用，未能有效地引导贫困村农户有序进入市场，“小龙头”难以带动“大产业、大基地、多农户”，难于促进贫困地区产业发展。

（五）劳动力素质低，科技支撑力弱

楚雄州广大贫困地区农民的科技文化素质普遍较低、依靠科技发展产业意识差、能力弱，仍然是传统农业经营方式占主导地位。基层农业科技队伍待遇低，工作条件艰苦，地位不高．年轻、有知识、有水平的专业技术人员缺乏。导致贫困地区挖掘资源潜力求发展的本领较弱，把握市场信息和驾驭经济的能力较差。

（六）产业规模小，市场竞争力不强

由于基层干部群众思想认识有差距，眼光短浅，产业扶贫还存在“普遍撒网、小打小闹”等问题。科学化、区域化、规模化、规范化发展产业还有较大差距，导致产

牟定腊湾玛古彝寨新村（马兴华/摄影）

品没有市场，竞争力弱，年年扶持仍然形不成拳头产业、优势产业，导致产业发展步伐缓慢，仍然解决不了群众增收难题。农民合作社形态初级、规模小、实力弱，组织农民的作用有限。大多数农民专业合作社虽然在工商部门进行了注册登记，但不少只是在原来农民专业协会基础上加挂一块牌子，仍是一个松散性的联合体，没有实体性的生产、销售经营功能，更谈不上建立紧密型收益分配机制和利益共同体，因而凝聚力、带动力不强。有的农民专业合作社入社门槛较高，社员偏少，农户覆盖面窄，贫困户、低收入户更是难以被网络其中。

三、实施产业扶贫的对策建议

（一）提高思想认识，形成整体合力

一要提高对产业扶贫重要性的认识。楚雄州边远贫困地区，除了交通、水利等基础条件制约，重要的原因还是产业发展滞后。加强片区扶贫攻坚，关键在产业，成败在产业。当前，产业扶贫正面临新的机遇和一系列政策支持，只要各级各部门高度重视，统筹规划，切实落实领导责任，切实做到精准扶贫，切实强化社会合力，就能通过产业扶贫使全州连片贫困人口到2020年如期全部脱贫。二要加大对当前农业形势和产业扶贫工作的宣传力度，使广大干部群众清晰地认识到，只有立足资源优势，发展特色产业，坚定不移地走特色化发展道路，才能真正在激烈的市场竞争中脱颖而出，脱贫致富奔小康。三要发挥好各级政府的引导和协调作用，更要使市场在产业扶贫中发挥决定性作用。四要加大政策、项目和资金扶持力度，更要激发贫困群众的主动性和干事创业的奋发精神。五要按照“十三五”楚雄州优化生产力布局和重点产业选择培育思路及要求，依托自身优势，优化产业布局，做到扶贫产业与重点产业有效对接，培育壮大一批对贫困地区和贫困户发展带动力强的特色优势产业，使重点产业在推动扶贫产业建设中发挥出更大作用。六要转变扶贫工作思路，从“输血式”扶贫向激活贫困地区“造血”功能转变。只有广大干部群众的思想通了，积极性和主动性调动起来了，才能克服畏难情绪，汇集各方力量积极投身到扶贫产业建设之中，产业建设才能形成“合力”，产业发展才会更加顺利，扶贫成效也才会更加显著。要在统一认识的基础上，整合政策、项目和资金，加大对农业产业化扶持力度，通过部门联动，全社会行动，合力推动全州产业化扶贫科学、有序和健康发展。

（二）选准主导产业，提升产业水平

根据各地多年经验，原则上以从各县重点发展的优势高效产业中，选择一个适合当地发展的产业为佳。按照这一要求选择主导产业应遵循四个原则：一是有利于贫困村扶贫产业较好地融入全县产业化进程中，提高产业化水平。推进农业产业化是发展现代农业的主要内容和基本要求，其优越性不言而喻。而要达到产业化水平，通常至少要达到两个基本条件：其一，产业生产、流通、加工三个环节比较齐全，相互之间比较协调匹配，产业体系比较完善；其二，产业规模达到比较大的程度。按照这两个条件，显然一个村很难把一个产业做到现代产业所要求的水平，而以一个县之力则完全有可能做成。强调贫困村应从该县重点发展的产业中选择主导产业，可以使贫困村产业发展较好地融入该县的产业化进程之中，成为该县产业化的一个组成部分，享受县域产业现代化所带来的成果和好处，进而更好地促进贫困农户增收，提高产业扶贫功能和作用。二是有利于突出产业发展重点，提高专业化水平。实践表明，只有走专业化发展道路，产业才能越做越精，越做越强，才能提高产业发展水平和效益。强调一个村选择一个主导产业就是要着力改变过去一个村搞多个产业的传统小而全生产模式，走“一村一品”的专业化发展道路，从而通过专、精、特发展，不断延伸产业链，持续提高产业发展水平。三是有利于扩大生产规模，提高产业效益。粮棉油等土地和劳力密集型产业，虽然在一些地方具有比较优势，但这些产业单位面积增收潜力比较小，其出路在于大量扩大生产规模，而这对贫困区域和农户而言，又往往难以做到。因此扶贫地区的产业要尽可能选择经济效益比较高的经济作物和特色养殖业，当然也不排除能够吸纳较多贫困户参与、较大幅度增加贫困农户收入的其他加工业和服务业。四是有利于满足当地气候和地理条件，提高产业发展的成功率。不同的产业对地理环境、气候条件等有不同的要求，只有这些条件能比较好地被满足，产业才能发展得更好，更具优势、更具竞争力、更有效益。所以在选择产业时，特别要强调因地制宜，选择适合当地发展的产业。楚雄州的贫困人口主要分布在山区边远地区，零星分散，缺乏带动力强的产业。但同时这些地方又都有一些各自的特色和优势。要立足小区域地理气候等方面的特色和优势，发展特色种植、养殖和加工业，打造精品农产品和乡村文化旅游业。

（三）依托合作组织，引领产业发展

产业扶贫，农民最担心不是产品的生产问题，而是市场问题。目前，我国农业产业发展与日本、韩国和我国台湾地区相比，最大的差距就在于农民组织化程度低、产业发展缺乏强有力的社会服务体系支撑。要推进产业扶贫，必须同步建立产业发展专业合作组织，大力提高农民组织化程度，在农民与市场之间架起一座“金桥”。专业合作组织一方面可以在生产技术上服务于农民，提高农民技术水平和农产品质量，帮助农民适应市场，主动按照市场需求生产适销对路产品，避免生产的盲目性。同时，可以帮助农民有效地组织农产品销售，完成从产品到商品、从价值形态到货币形态的惊险跳跃，从而达到弱化市场不确定性，降低农民参与市场的风险，提高抵御自然风险、市场风险和技术风险能力的目的。另一方面，通过把分散的农户组建成利益共同体，可以改变农户孤立无援、任人摆布的弱势地位，从而大大提高农民闯市场的规模化程度，壮大谈判力量，阻止和防御各种利益集团对农民的不法伤害和剥夺，改变农民在市场中的不平等竞争地位，切实保护农民利益。有合作组织作为市场与农民之间的中介，通过对内服务、对外经营，能较好地克服农业企业在组织千家万户农户进行规模化生产方面的困难，也有利于加快农业

产业化进程，提高农业比较效益，促进政府职能转变。

建立农民产业发展专业合作组织，要坚持因地制宜、以市场为导向、以服务为宗旨、以科技为支撑的原则，按照循序渐进、分步实施、形式多样、以点带面的策略来推进。在合作范围上，先从专业合作入手，再逐渐向综合性方向发展；在合作形式上，先从比较简单的契约型合作入手，再向比较复杂的内部出资型或会员制合作方向发展；在组织架构上，原则上以一个贫困行政村为单位建立一个合作社，也可数个行政村建立一个合作社。如在一个乡（镇）有多个村分别建立了同一产业合作社，也可建立乡（镇）级联合社，以便形成更大的合力。同样，在一个县有多个乡（镇）建有同一产业联合社，也可以在县级层面建立产业合作总社。

在组建农民专业合作组织的过程中，要充分发挥基层党组织和村民自治组织的作用，尽可能采取基层党组织、村民自治组织和农民专业合作组织“三位一体”的模式，把基层党组织的核心领导作用、村民自治组织的动员协调职能和农民专业合作组织的经济发展功能有机结合起来，推动贫困地区农民群众在党的领导和国家政策的扶持下自我治理、自我发展，实现文明、富裕的中国梦。

（四）加大资金投入，破解融资难题

在选择好产业并建立了产业发展专业合作组织后，紧接着就是如何解决产业发展所需资金的问题，这是关乎合作组织能否顺利运转、扶贫产业能否顺利发展的重要条件和保证。

要充分发挥政府财政专项资金的引导作用，尽最大可能撬动银行等社会资金共同扶持和参与产业扶贫。具体运作上，可以用政府财政产业扶贫专项资金作担保金，质押于银行，银行给予数倍放大贷款，从而破解贷款难这一制约产业发展的难题。现在，许多地方的扶贫和财政部门正在与银行联合商讨建立财政产业扶贫担保金，解决扶贫产业发展所需贷款问题，这种形式能极大降低银行风险，同时又能迅速扩展银行业务，增加银行收益。建议州、市（县）扶贫和财政部门与银行合作，围绕“贷得出、用得好、还得起”的基本要求，探索建立各种形式的财政产业扶贫担保金。根据外地开展产业扶贫担保贷款的做法和经验，可以探索开展以下几个方面的工作：一是在县级层面建立贷款担保公司，定性为以服务为主的非营利机构，在条件尚未成熟的地方，这项工作也可由县扶贫部门和财政部门操办，各地可根据实际情况而定。二是在财政产业扶贫资金中安排贷款担保资金，在开办之初一般以一个合作社安排20万元左右为宜。三是明确担保金与贷款存贷比例确定贷款计划，存贷之比通常为1：8，向合作社农户提供1～3年期、最长不超过5年的担保贷款，贷款利率按银行同期贷款基准利率执行。四是根据贷款计划完成比例区别担保金和合作银行代偿呆账时双方各自承担的比例，如完成比例低于50%，代偿款由担保金、合作银行按7：3的比例分摊；完成比例在50%～80%，代偿款由担保金、合作银行按8：2的比例分摊；完成比例高于80%，代偿款由担保金、合作银行按9：1的比例分摊。五是每年初合作银行与担保公司（或县扶贫部门和财政部门）商议，按每个合作社担保金数量及存贷比例下达最高贷款额度，县合作银行为每个合作社设立单独账簿进行单独核算。贷款由农户提出申请，合作社在贷款额度内，按贷款规定要求审定农户贷款申请，再报合作银行审定。如贷款不能如期偿还需担保金代偿，需报担保公司或县扶贫部门审查。确需从担保金中代偿的，第二年则按代偿后的总担保金数额确定贷款额度。

为增强合作社成员偿贷责任和意识，各地可根据实际情况，规定农户申请担保贷款时需向合作社提供山林承包经营权、土地承包经营权、宅基地及房屋等物权抵押。各地在实际工作中可因地制宜制定既方便合作社成员及合作社贷款，又有利于扶贫和财政及有关部门对担保贷款工作管理和监督的细则。同时，对贫困户要辅助以直补、贴息或保费补贴等特惠措施，充分体现差别化扶持要求。产业发展担保贷款优先保证贫困户的需求，对贫困户的产业贷款贴息率应高于其他农户，产业直补资金主要用于扶持合作社的贫困户，股份制农民专业合作社扶持贫困户的直补资金可转为贫困户的股金。

（五）加强项目管理，完善绩效机制

把产业扶贫项目的实施纳入各级领导绩效评估考核内容，加强工作督促和绩效评估。州、县（市）督查部门和扶贫办要协调做好产业扶贫项目的跟踪督查工作，及时发现和解决问题，督促项目实施有力、推进迅速。完善项目考评机制，建立自下而上和自上而下相配套的目标管理体系。一是每个产业扶贫项目实施完成后，成立由县、乡两级扶贫、财政、审计工作人员、项目实施业主、项目区贫困村、贫困户代表为主的项目实施绩效考评小组，对各扶贫村实施的产业项目绩效进行考评，为项目确定提供依据。二是由县扶贫办将项目实施村几项主要指标进行统计，作为县级规划实施效果指标，以此监测全县当年扶贫实施效果。三是项目考评小组对项目村、贫困户项目实施绩效做出评价后，评选出项目实施好、效益突出、有示范带动作用的村组和农户，用以补带奖的形式进行奖励，建立产业扶贫激励机制。

总之，产业扶贫对打好扶贫攻坚战责任重大，意义深远。我们要以“四个全面”战略布局引领产业扶贫，坚持把实现全面小康作为全局工作的重中之重，把加快扶贫攻坚作为全面小康的重中之重，把抓好产业扶贫作为扶贫开发的重中之重。正确把握产业扶贫的重点、难点和节奏，采取有效措施促进贫困地区产业发展，实现产业建设和扶贫开发双丰收，推进贫困地区早日实现文明富裕的伟大中国梦。

2016 CHUXIONG ALMANAC

综 述

SUMMARY

责任编辑：白云鹏

采春茶（杨洪波/摄影）

楚雄彝族自治州概貌

【地理位置】 楚雄彝族自治州位于云南省中北部滇中高原腹地，地跨北纬24°13′～26°30′、东经100°43′～102°32′之间，东西最大横距175千米，南北最大纵距247.5千米。全州行政区域总面积28438平方千米，东接省会昆明市，西邻大理白族自治州，南界玉溪市、普洱市，北与四川省攀枝花市和凉山彝族自治州接壤，西北隔金沙江与丽江市相望，是省会昆明市西出滇西7州（市）及缅甸的必经之地，故有"迤西咽喉"之称。州府驻楚雄市城区，海拔1774米，东距省会昆明市城区165千米。

【行政区划】 2015年末，楚雄州辖9县1市103个乡（镇），其中乡39个（含民族乡4个）、镇64个；村（居）委会1099个，其中社区居委会101个，村委会998个。

【人口民族】 2015年末，全州常住人口273.3万人。按公安户籍人口统计，年末全州总人口2625535人，比上年末减少10715人，其中乡村人口1885451人、城镇人口740084人。在总人口中，少数民族人口936669人，占35.7%。在少数民族人口中，彝族人口755954人，占总人口的28.8%，占少数民族人口的80.7%；万人以上少数民族有彝族（755954人）、傈僳族（57557人）、苗族（47057人）、傣族（23307人）、回族（21469人）和白族(17630人）。全年出生人口25364人、死亡人口19010人，人口出生率11.53‰、死亡率7‰、自然增长率4.53‰。男女性别比为104.3（以女性为100计算）。

【自然概貌】 *地形地貌* 楚雄州境地势大致由西北向东南倾斜，从南北展布看，具有中部高、南北低、北部比南部稍高的特点；从东西展布看，东西稍高、中部低缓。最高点为大姚县百草岭的主峰帽台山，海拔3657米；最低点是双柏县与玉溪市新平县交界的三江口，海拔556米。境内地层发育完全，山高谷深，地形复杂。山地面积占全州总面积的90%以上，盆地及江河沿岸的平坝所占面积不到10%，是一个以高中山和低山丘陵为主的地区，素有"九分山水一分坝"之称。主要山脉有东部的乌蒙山、西南的哀牢山、西北的百草岭，形成三山鼎立之势。在三山二水之间，全州共有109个面积在1平方千米以上的盆地（俗称坝子）星罗棋布，总面积1216.58平方千米，占全州总面积的4.3%，其中面积在50平方千米以上的有元谋、姚安、罗次、牟定、楚雄5个坝子。

水系 楚雄州地跨金沙江、元江两大水系，其分水岭自东向西从州境中部蜿蜒而过，构成南北分流之态。其中金沙江在州境段全长137千米，水系流域面积1.7万平方千米，涉及除双柏县以外的8县1市，占全州面积的60.1%，主要支流自西向东有一泡江、多底河、湾碧河、万马河、蜻蛉河、龙川江、勐果河、黑鲁拉河等河流，流向均由南向北；元江水系流域面积1.13万平方千米，涉及双柏全县及南华、楚雄、禄丰3县（市）的大部分地区，占全州面积的39.9%，主要支流有礼社江、马龙河、绿汁江及14条小支流，均系从北向南流。

【气候环境】 楚雄州境气候宜人，属亚热带亚湿润高原季风气候，由于山高谷深，气候垂直变化明显。全州总的气候特征是冬夏季短，春秋季长；日温差大，年温差小；冬无严寒，夏无酷暑；干湿分明，雨热同季；日照充足，霜期较短；蒸发旺盛，降水偏少；冬春少雨，夏旱偏重。全州因各地地形和海拔的差异，有明显的立体气候和小气候特征，呈"一山分四季，谷坡两重天"的特点。2015年，全州年平均降雨量864毫米，比上年偏多100毫米，比历年偏多2毫米；年平均气温17.2℃，比上年偏低0.3℃，比历年偏高0.8℃；年平均日照时数2414小时，比上年偏少84小时，比历年偏多100小时，偏多4%。监测的两个县（市）人民政府驻地空气质量，楚雄市空气质量达到一级标准，禄丰县达到二级标准。全年各类自然灾害造成直接经济损失8亿元。农作物受灾面积146.69万亩，其中绝收15.23万亩。全年发生森林火灾6起，受害森林面积76.5亩。

【资源特产】 *生物资源* 植物资源有6000余种，主要是森林、中草药、野生食用菌等。其中，珍稀植物27种，国家一级保护植物8种、二级保护植物19种，经济林木127种。野生哺乳动物种类110余种、鸟类390余种、爬行类66种、两栖类34种、鱼类85种，其中长臂猿、懒猴、云豹、绿孔雀等为国家重点保护的珍稀动物。发现有药用植物资源1770种，药用动物77种，药用矿物13种。有哀牢山、雕林山、紫溪山、化佛山、狮子山、方山、昙华山、白竹山、老黑山等19个自然保护区，保护区面积284万亩，其中国家级保护区面积47.9万亩。2015年，人工造林39.79万亩，退耕还林面积11.05万亩，天保工程管护面积3256万亩。全州有林地面积2667.45万亩，活立木蓄积量9236.73万立方米，森林覆盖率62.48%。

矿产资源 已发现的地质矿产共有11大类73种。优势矿种有铁、铜、钛、煤、砷、石盐、石膏、芒硝等，储量比较丰富的矿产还有铅、铂、银、铌、硒、碲、氟、钒、硅石、石墨等，金、大理石、石棉、磷等矿藏也有分布。

水资源 楚雄州地处金沙江、元江两大水系的分水岭地带，境内无天然湖泊，也无入境暗河，水资源均由大气降水形成。2015年，全州平均降水量926.1毫米，折合水量263.45亿立方米，比上年偏多10.9%，比常年偏多3.6%，为正常略偏多年份。全州地表水资源量51.16亿立方米、地下水资源量12.76亿立方米，扣除地表水与地下水重复计算量后全州水资源总量为50.93亿立方米，比常年偏少19.1%。有中小型水库1091座，总库容12.77亿立方米；蓄水工程年末蓄水量9.02亿立方米，占计划蓄水的106%，比上年增蓄10.3%。全州供、用水总量23.19亿立方米，其中河道外供用水9.28亿立方米、河道内供用水13.91亿立方米。河道外供水中，地表水源供水量8.84亿立方米，占总供水量的95.2%；

地下水源供水量0.33亿立方米，占总供水量的3.6%；其他水源供水量0.11亿立方米，占1.2%。河道外用水中，生产用水量8.38亿立方米，占总用水量的90.3%；生活用水量0.85亿立方米，占9.2%；生态环境用水量0.05亿立方米，占0.5%。城市生活污水集中处理率88.4%；城市垃圾无害化处理率100%。

旅游资源 楚雄州素以悠久的历史、灿烂的文化、浓郁的彝族风情和冬暖夏凉的宜人气候而著称。以彝族文化为代表的民族节日、民族服饰、民族歌舞绚丽多彩、风韵独特。各种民族服饰多达400余种，传统的民族节日和集会多达57个，影响深远广泛的有“火把节”、牟定“三月会”、大姚“插花节”、永仁“赛装节”、姚安“龙华会”、禄丰“花会”、武定“花山节”、双柏“虎笙节”等。主要景区（点）有武定狮子山、元谋土林、彝人古镇、禄丰世界恐龙谷、楚雄州博物馆、黑井古镇、南华咪依噜风情谷、楚雄紫溪山、大姚石羊古镇、永仁方山、中国彝族十月太阳历文化园、牟定化佛山、大姚三潭瀑布、姚安光禄古镇、武定罗婺彝寨等。

土特名产 主要有楚雄云泉豆瓣酱，禄丰香醋、黑井石榴，南华野生食用菌、大白芸豆、沙桥豆腐、月琴，大姚薄壳核桃、果脯、小把粉丝、野坝子蜂蜜，姚安三角糯米、茯苓、菖河蜂蜜、荞酒、山药，永仁直却砚、永兴花椒、永桥酒，牟定油腐乳、喜鹊窝酒、铜炊具、化佛茶，双柏妥甸酱油、白竹山茶，元谋热带水果、冬早蔬菜，武定壮鸡、木纹石等。楚雄市、大姚县、南华县有“全国核桃之乡”称号。姚安蛉河藕粉、大姚薄壳核桃、元谋蔬菜、武定壮鸡已成产业化发展趋势。此外，遍布全州的虎掌菌、松茸、牛肝菌、黑木耳、香蕈等野生食用菌畅销欧洲及日本；元谋冬早蔬菜远销全国各大中城市，是全国十大蔬菜基地之一；柠檬酸、高低压开关柜等工业产品畅销全国；“排毒养颜胶囊”等民族药享誉海内外。2015年农产品获得“云南名牌农产品”称号29个，“禄丰香醋”“大姚核桃”2个产品被国家认定为地理标志保护产品。

【经济状况】 2015年，全州实现生产总值（GDP）762.97亿元，按可比价计算，比上年增长10.1%。其中，第一产业增加值152.82亿元，增长6.1%，拉动经济增长1.1个百分点；第二产业增加值291.85亿元，增长11.1%，拉动经济增长4.8个百分点；第三产业增加值318.29亿元，增长10.9%，拉动经济增长4.2个百分点。第一、第二、第三产业对生产总值增长的贡献率分别为10.9%、47.3%和41.8%。第一、二、三产业增加值占生产总值的比重分别为22.0%、38.3%、41.7%。全州人均生产总值（GDP）27942元，比上年增长9.9%。非公有制经济增加值337.53亿元，占GDP的比重为45.6%。

完成地方财政总收入159.82亿元，比上年增长4.3%；完成一般公共预算收入68.19亿元，增长7%。其中，税收收入45.94亿元，增长1%；非税收入22.25亿元，增长21.9%。一般公共预算支出216.23亿元，增长5.4%。

全州居民消费价格总水平比上年上涨1.9%，其中城市上涨1.3%、农村上涨2.4%。居民消费价格中，食品价格上涨2.7%，其中粮食价格上涨0.3%、烟酒价格上涨2.2%，衣着价格上涨4.2%，家庭设备用品及维修服务价格上涨1.5%，医疗保健和个人用品价格上涨3.2%，交通和通信价格下降1.4%，娱乐教育文化用品及服务价格上涨2.7%，居住价格上涨0.2%。商品零售价格总水平上涨1.3%，农业生产资料价格总水平上涨0.9%。

年末全州共有从业人员165.59万人，比上年减少4.76万人。其中，从事农业产业人员97.93万人，占59.1%；从事非农产业人员67.66万人，占40.9%。年末城镇登记失业率为3.33%，城镇化水平（城镇化率）40.44%。全年城镇常住居民人均可支配收入26763元，增长9.1%；农村常住居民人均可支配收入8327元，增长10%。

生态楚雄（马兴华/摄影）

实现农林牧渔业总产值273.17亿元，按可比价计算，比上年增长6%。农作物种植面积638.16万亩，其中粮食作物385.89万亩、经济作物252.27万亩，粮食作物与经济作物种植面积比为60.5∶39.5。经济作物中，烤烟种植面积64.71万亩、油料作物种植面积38.46万亩、蔬菜种植面积122.36万亩。粮食总产量124.91万吨，比上年增长1.6%，其中秋粮95.93万吨、夏粮28.98万吨。农作物综合机械化水平45%。

全州茶园面积5.09万亩，干茶总产量1082.37吨，比上年增加74.67吨，增长7.41%；茶叶产值4128.96万元，增加304.15万元，增长7.95%。实有桑园面积16.88万亩，养蚕农户1.72万户，饲养蚕种8.2万张，全年鲜茧总产量3270吨，产值1.13亿元，蚕农户均养蚕收入6564元。有茧丝加工企业3户，生产生丝481吨，产值1.71亿元。

全州优质水果累计种植面积27.3万亩，产值21.8亿元。魔芋种植面积13.95万亩，产量28.27万吨，产值7.35亿元。辣木种植面积2.79万亩，初加工产值1.1亿元。

全年肉类总产量41.2万吨，下降2.6%；牛奶产量161吨，下降17.9%；禽蛋产量13639吨，增长7.5%；蜂蜜产量1291吨，增长8.2%；蚕茧产量3270吨，增长7.5%；水产品产量26056吨，增长6.8%。大牲畜存栏107.25万头，增长4.5%；生猪存栏295.97万头，增长5.3%；羊存栏168.84万只，增长7.7%；家禽存栏1390.13万只，增长5.4%。

全州有效灌溉面积141.44万亩，节水灌溉面积112.94万亩；农业机械总动力285.04万千瓦，增长2.8%，其中排灌机械总动力37.2万千瓦，增长1.1%；农村用电4.94亿度，增长4.2%；农用化肥施用量（折纯）15.62万吨，增长3.6%；农药使用量3398吨，增长2.1%。

规模以上工业企业实现产值577.78亿元，比上年增长6.3%（现价）；实现增加值205.13亿元，增长10%；实现主营业务收入499.5亿元，增长7.8%；实现利税总额107.42亿元，增长5.3%。其中，实现利润28.53亿元，增长12%；实现税金78.89亿元，增长3.1%。完成工业固定资产投资225亿元，其中非电工业投资138亿元，比上年增长21.9%。

烟草制品业、冶金化工业、医药制造业实现增加值142.98亿元，增长7.7%，占全部工业增加值的66.8%，占规模以上工业增加值的69.7%。其中，烟草制品业实现增加值86.14亿元，占规模以上工业增加值的42%；冶金化工业实现增加值48.1亿元，占23.5%；医药制造业实现增加值8.74亿元，占4.3%。

民营经济完成增加值347.5亿元，比上年增长10.7%，占全州GDP比重的45.6%。民营经济户数10.6万户，比上年增长13.6%。其中，个体工商户8.8万户，增长8%；私营企业1.8万户，增长51.72%。从业人员44.7万人，比上年增长14.72%；上缴税金17.1亿元，比上年下降8.9%。民营经济注册资本465.83亿元，比上年增长32.1%。其中，个体工商户注册资本50.18亿元，增长17.52%；私营企业注册资本415.65亿元，增长34.1%。乡镇企业实现总产值973亿元，比上年增长8%；农产品加工业实现产值200亿元，增长12%。

全州128个资质内本地建筑业企业完成总产值103.76亿元，比上年下降7.2%，实现建筑业增加值78.06亿元，现价比上年增长18.7%，可比价增长19.1%。

全州10个工业园区实现工业总产值626.22亿元，比上年增长16%；完成基础设施建设投资27.83亿元，增长24.7%；完成工业投资86.16亿元，增长12.8%；新引进入园企业40户，共有园区企业536户；新建标准厂房27.7万平方米；完成土地收储7945.4亩，共计融资9.95亿元。

全年规模以上固定资产投资770.56亿元，比上年增长28.1%。其中国有单位投资407.79亿元，增长41.1%。按构成分，建筑工程投资599.47亿元，增长34.3%；安装工程投资29.37亿元，下降14.4%；设备购置85.35亿元，增长75.1%；其他费用56.37亿元，下降21.8%。按产业分，第一产业投资83.42亿元，增长56%；第二产业投资254.58亿元，增长35.4%；第三产业投资432.56亿元，增长20.2%。全年新增固定资产630.81亿元，增长87.4%。当年新开工项目1412个，下降8.8%。

全年房地产开发投资87.89亿元，比上年下降5%。商品房销售面积191.66万平方米，下降15.8%。商品房销售额65.43亿元，下降16.4%。

社会消费品零售总额265.68亿元，比上年增长11.5%。按销售地区分，城镇实现235.84亿元，增长11.1%；乡村实现29.84亿元，增长14.3%。按消费形态分，餐饮收入31.38亿元，增长10.9%；商品零售234.3亿元，增长11.6%。

外贸进出口总额43222万美元，比上年增长29.4%。其中，出口额43212万美元，增长29.4%；进口额10万美元，下降41.2%。

引进州外到位资金总额615.47亿元，增长30.2%。其中，省外到位资金401.28亿元，增长28.7%；省内州外到位资金214.19亿元，增长33%。实际利用外资3444万美元，增长68.4%。

年末州内公路通车里程18916.3千米（含村道），其中高速公路339.4千米、一级公路46.13千米。机动车拥有量633646辆，比上年增长8%。其中，汽车192492辆（个人170711辆），增长14.6%；拖拉机52778台，增长0.5%；摩托车387487辆（个人387117辆），增长6.3%。有机动车驾驶员636923人。全年完成客运量3520.63万人次，下降0.4%。其中，公路运输客运量3484万人次，下降0.2%；旅客周转量17亿人千米，增长1.5%，其中公路旅客周转量16.92亿人千米，增长1.6%；货运量3024.2万吨，增长4.1%，其中公路运输货运量3003万吨，增长4.4%；货运周转量49.23亿吨千米，增长7.2%，其中公路货运周转量49.21亿吨千米，增长7.2%。

完成邮电业务总量19.76亿元，比上年增长3.1%。其中，邮政业务总量0.87亿元，增长14.5%；电信业务总量18.89亿元，增长2.6%。订售报纸2947.63万份，订售杂志110.77万份，收发国内信件417.93万件。有固定电话用户14.28万户、移动电话用户168.39万户，电话普及率69.6部/百人（按公安户籍人口计算），比上年增加1.8部/百人。有互联网用户347671户。

全年共接待国内游客2029.82万人次、国际游客38596人次，分别比上年增长9.6%和6.9%。实现旅游总收入105.68亿元，增长26.5%。其中，国内旅游收入105.15亿元，增长26.6%；旅游外汇收入5353.64万元，增长13.2%。

金融机构年末人民币存款余额914.32亿元，比上年末增长14.1%，其中住户存款余额494.15亿元，增长10%；金融机构年末贷款余额584.84亿元，增长17.1%。

州内保险公司保费收入22.36亿元，比上年增长13.4%。其中，寿险业务保费收入10.69亿元，增长13.3%，赔款及给付3.62亿元；财产保险业务保费收入9.13亿元，增长14.5%，赔款及给付4.2亿元；健康和意外伤害业务保费收入2.54亿元，增长10.3%，赔款及给付1.44亿元。

【教科文卫】 2015年末，楚雄州有普通高校2所，专任教师774人，招生4877人，在校生15714人，毕业生3953人；普通中专学校26所（含成人中专学校10所、中等职业技术学校5所、职业高级中学10所和技工学校1所），专任教师1191人（中等专业学校383人），招生9795人，在校生29378人（中等专业学校9136人），毕业生8703人；高中21所，专任教师3076人，招生15527人，在校生44123人，毕业生13773人；初中113所，专任教师6880人，招生32429人，在校生100824人，毕业生32337人；小学816所，专任教师11888人，招生25774人，在校生166346人，毕业生32631人。有特殊教育学校2所，专任教师66人，招生83人，在校生397人。有幼儿园311所，专任教师2012人，在园幼儿56823人。

全州学龄儿童净入学率99.96%。小学毕业生升学率99.38%，初中毕业生升学率89.31%，初中学龄人口净入学率99.91%，高中学龄人口毛入学率80.36%，残疾儿童入学率95.83%。小学、初中、高中专任教师学历达标率分别为99.75%、99.8%和98.57%。

全年列入州级以上科技计划项目127项，其中国家级9项、省级47项、州级71项。自然科学研究成果获省部级奖1项，获地厅级奖41项。科技对国民经济增长的贡献率为53.2%，比上年提高1.1个百分点。全年组织科技培训22.5万人次。受理专利申请586件，批准专利352件。

年末有专业艺术表演团体10个，公共图书馆11个、藏书131.11万册，文化馆11个，博物馆4个，文管所10个，乡（镇）文化站103个；有电视台1座、广播电台1座，电视覆盖率97.94%，广播覆盖率97.51%。全年出版报纸312期936万份。

年末有医疗卫生机构1720个。其中，医院76所；基层医疗卫生机构1605所，其中社区卫生服务中心（站）18个，卫生院114所，村卫生室1101所，门诊15所，诊所、卫生所、医务室357所；专业公共卫生机构37所，其中疾病预防控制中心（所）11所、妇幼保健院（所、站）11个、卫生监督所（中心）11个、急救中心（站）2个、采供血机构1个、健康教育（站、中心）1个；其他卫生机构2所。有专业卫生技术人员13703人，其中执业医师3749人、执业助理医师915人、注册护士5338人。有医疗卫生机构床位14860张，医院和卫生院床位14477张，其中医院床位11971张。

全年体育健儿参加省级及以上体育竞技比赛获得奖牌55枚，其中金牌18枚、银牌19枚、铜牌18枚。

【社会生活】 2015年，楚雄州城镇常住居民人均可支配收入26763元，增长9.1%；农村常住居民人均可支配收入8327元，增长10%。全州998个村委会，998个通电话、通公路、通电，993个通自来水。

全州参加城镇职工基本养老保险141511人，比上年增加3059人，其中在职职工93828人、离退休人员47683人。参加失业保险111711人，增加59人。参加基本医疗保险434147人，减少650人。参加工伤保险186464人，增加11882人。参加生育保险74102人，增加3453人。城乡居民参加社会养老保险1425034人，减少1168人。参加新型农村合作医疗2121322人，比上年减少46174人。

年末，全州领取失业保险金人数7914人。有98871名城镇居民得到政府最低生活保障，保障金额39789.41万元；有188208名农村居民得到政府最低生活保障，保障金额32943.11万元；民政优抚伤残军人1201人，在乡复员军人4136人。有敬老院102个，收养老人4719人；有福利院7个，收养283人。

全年发生生产安全事故294起，死亡107人、受伤339人，直接经济损失2380.85万元，事故起数比上年下降20.1%，死亡人数下降2.7%，亿元生产总值生产安全事故死亡人数为0.14人，下降12.5%。其中，工矿商贸企业从业人员生产安全事故13起，死亡16人，受伤1人，直接损失1283.86万元；交通事故164起，死亡91人，受伤338人，直接财产损失262.24万元；火灾117起，无人员伤亡，直接财产损失834.75万元。无煤矿生产安全事故。

［李　梅］

经济建设

【宏观经济】 2015年，楚雄州面对经济下行压力持续扩大的严峻形势，围绕年初人代会确定的经济社会发展目标，坚持稳中求进工作总基调，突出稳增长、抓改革、调结构、惠民生、促和谐等工作重点。全州生产总值实现763亿元，增长10.1%；规模以上固定资产投资完成770.56亿元，增长28.1%；地方公共财政预算收入完成68.2亿元，增长7%；实现社会消费品零售总额265.68亿元，增长11.5%；外贸进出口总额完成4.3亿美元，增长29.4%；城镇和农村常住居民人均可支配收入分别达到26763元和8327元，分别增长9.1%和10%；居民消费价格总水平上涨1.9%；城镇登记失业率为3.33%；人口自然增长率控制在5‰以内；城镇化率40.44%，提高1.7个百分点；单位生产总值能耗下降完成省下达目标。

【重点产业发展】 2015年，楚雄州继续加强对烟草、冶金化工、生物医药、绿色食品、文化旅游和新能源新材料产业的培植力度，制定发展规划、明确分管领导责任，采取有力措施推进重点产业发展。六大重点产业实现增加值356.8亿元，占全州GDP比重的46.8%。

烟草产业　全州销售卷烟10.06万箱，实现销售收入27.39亿元，实现单箱销售收入2.72万元，实现卷烟经营税利7.25亿元，烟草产业实现增加值110.4亿元。

生物医药产业　年末，全州共建成生物医药工业企业42户，有药品生产线80余条，有中药材种植企业64户、药品流通批发企业17户、药品零售企业874户，其中产值亿元以上的企业有19户、主营业务收入过亿元的企业15户。实现总产值63.02亿元，实现增加值20.85亿元，占GDP比重的2.73%，中成药产量12689吨，中药材种植面积170059亩。

文化旅游业　有国家A级旅游景区13个，其中4A级5个、3A级7个。主要旅游景点有禄丰世界恐龙谷、彝人古镇、楚雄紫溪山、永仁方山等，解决8万余人就业。接待海外游客3.86万人次，接待国内游客2030万人次，实现旅游总收入105.7亿元，文化旅游产业实现增加值36.61亿元，占全州GDP的4.8%。

绿色食品业　优质粮食、绿色蔬菜、优质水果、食用菌、繁殖种业、辣木种植等产业发展迅速，其中辣木种植通过自2014年以来的规划发展，种植面积占全省的60%，实现初加工产值1.1亿元。现代农业示范园区和绿色食品加工园区建设加快推进，全州农产品加工产值（含个体工商户）199.95亿元，绿色食品产业完成增加值134.1亿元。年末全州共有州级以上农业产业化重点龙头企业262户，其中省级重点龙头企业51户。

新能源产业　续建和新开工新能源项目25项，总装机171.45万千瓦，总投资164.1亿元；完成固定资产投资106.3亿元，占全州规模以上固定资产投资的13.8%；完成增加值6.7亿元。

【基础设施建设】 2015年，楚雄州着力推进省级“4个100”和州级“430”重点项目；“五网”建设集中开工重点项目76个，总投资197亿元。加强要素保障，新增社会融资100余亿元，其中新增银行信贷85亿元；报批建设用地1.1万亩，盘活存量建设用地8055亩；报批林地2.5万亩。以交通、水利、保障房等为主的基础设施建设加速推进。年末公路通车里程1.89万千米，以州府鹿城镇为中心，高速公路、国道、省道为骨架，干支相连、四通八达的公路网络初步形成，东连昆明、北出四川、西连大理、南接玉溪和普洱的公路主通道骨架初步构建。完成水利固定资产投资39.44亿元，新开工项目306件，其中中小型水源工程9件、小型病险水库除险加固285件、河道治理工程5件，总投资23.17亿元。完成马龙河流域综合规划等水利项目规划8个。克服严重夏旱影响，完成库塘蓄水9.02亿立方米。实施市政基础设施建设项目201项，完成投资17.45亿元。完成2015年城镇保障性住房建设投资3.16亿元，基本建成保障性住房15876套。

2015年改建后的国道108线元谋马头山路段（李云峰/摄影）

【产业结构调整】 2015年，楚雄州高原特色农业产业规模不断扩大，农业发展方式加快转变。实现农林牧渔业总产值273.2亿元、增加值162.5亿元。粮食总产量124.9万吨，蔬菜产量194.7万吨，水果产量33.2万吨，肉产量41.4万吨，核桃产量4.7万吨，野生菌采集量1.5万吨，水产品产量2.6万吨。山区、高海拔地区以核桃为主，低热河谷地区以高效果蔬为主，中海拔地区以巩固粮烟、蚕桑为主的产业格局基本形成。有6个农产品获得“云南名牌”称号、33个农产品获得“云南名牌农产品”称号。农业新型经营主体成为农业发展的新动力源，有州级以上农业产业化重点龙头企业262户，其中省级51户、销售收入超亿元的24户、2000万元以上的112户。农作物耕种收综合机械化水平45%，农业机械总动力285万千瓦。大牲畜出栏45.11万头，生猪出栏396.01万头，羊出栏113.84万头，家禽出栏2324.26万只。工业经济快速发展。规模以上工业实现产值577.8亿元，实现增加值205.1亿元。有产值超过1亿元的企业111户、产值超过10亿元的8户、产值超过100亿元的1户。有规模以上工业企业281户，轻重工业比为65.6：34.4。规模以上工业企业实现主营业务收入499.5亿元，实现利税总额107.4亿元，实现利润28.5亿元。281户规模以上工业企业有62户亏损，亏损面22.1%。实现社会消费品零售总额265.7亿元，其中城镇完成零售额235.8亿元、乡村完成29.8亿元。实现进出口总额43222万美元。全州第一产业增加值152.82亿元，增长6.1%；第二产业增加值291.85亿元，增长11.1%；第三产业增加值318.29亿元，增长10.9%。三次产业贡献率分别为10.9%、47.3%和41.8%，三次产业结构比为20：38.3：41.7。

【重点领域改革】 2015年，楚雄州全面推进公务用车制度改革工作。州委制定并下发《楚雄州推进公务用车制度改革工作方案》《楚雄州公务用车制度改革实施方案》通过州人民政府常务会议和州委常委会议审定。继续推进行政审批制度改革，制定出台进一步规范投资项目集中审批的相关规定，提高项目审批核准投资的质量和效率；以县级公立医院综合改革为重点的医改工作加快推进，配合州卫生计生委制定出台《楚雄州县级公立医院综合改革实施方案》，牵头办调州卫计、人社、财政等部门制定出台《楚雄州医疗服务价格调整指导意见》；按照全省部署加紧推进楚雄州公务用车制度改革方案的制定工作；贯彻落实国家及省下放和放开部分交通运输服务、放开建设项目专业服务、放开民爆器材出厂、废止药品等价格改革政策，探索和完善水、电、天然气等资源性产品价格形成机制。

【县域经济发展】 2015年，楚雄州10县（市）实现生产总值762.97亿元，人均GDP达到27944元，楚雄市、南华县、大姚县、元谋县、武定县、禄丰县的GDP总量达40亿元以上，双柏县和永仁县的GDP总量20～30亿元，牟定县和姚安县的GDP总量接近40亿元。县域规模以上固定资产投资额位居全省16州（市）第4位，增幅居全省16个州（市）第6位。县域社会消费品零售总额265.68亿元，增幅居全省第7位；外贸进出口总额4.32亿美元。县域地方公共财政预算收入68.2亿元，县域地方公共财政预算支出216.2亿元，县域财政民生支出168.1亿元。

【“十三五”规划编制】 2015年，楚雄州“十三五”规划编制工作领导小组办公室全面统筹和推进全州“十三五”规划的编制工作，及早筹备召开全州“十三五”规划编制工作启动会议，组织规划培训，开展8个重大前期课题和“三个重大”研究，完成州“十三五”规划基本思路起草送审工作，27个重点专项规划编制加快推进，州“十三五”规划《纲要》通过州人民政府常务会议审议。委托中国城市规划设计研究院编制的《滇中城市经济圈楚（雄）南（华）经济带发展总体规划（2014～2030）》通过审查，并于4月下旬正式发布实施。加强对绿汁江、马龙河流域综合开发规划编制的指导工作。着手筹备武定至安丰营经济带的区域发展规划编制工作。按要求积极配合省上相关部门开展滇中城市经济圈一体化发展6个专项、“五大基础网”和金沙江黄金水道综合交通等规划编制工作。

［张云徽］

政治建设

【基层党组织建设】 2015年，中共楚雄州委组织部以建设服务型党组织为主线，不断强化基层党组织的政治功能和服务功能建设，提高基层组织凝聚人心、服务群众的能力和水平。

落实管党治党责任 强化书记抓基层党建主体责任，组织开展2014年度县（市）委、州属党（工）委书记抓基层党建工作双向述评；结合州委综合绩效考核，集中对10个县（市）委、州属12个党（工）委、47个州级部门党组2014年度党建工作责任制落实情况进行考核。

推进基层服务型党组织建设 发挥村党组织在促农增收致富中的引领作用，积极引导各地因地制宜，立足资源优势和产业基础，抓好扶贫开发与基层党建“双推进”工作。4月10日，省委、省人民政府在永仁县莲池乡召开全省扶贫开发与基层党建整乡“双推进”现场推进会，楚雄州在扶贫开发与基层党建“双推进”工作中涌现出的“莲池模式”在全省得到推广和学习。推进强基惠农“股份合作经济”“基层党员带领群众创业致富贷款”工作，实施“股份合作经济”项目535个，入股资金1.33亿元，整合盘活各类资金18.14亿元，村集体经济年收入超过3万元的占70.24%、超过5万元的占33.14%；向2196名基层党员发放带领群众创业致富贷款1.79亿元。

严格党员发展和教育管理 落实党员发展细则，规范党员发展教育管理，对《入党志愿书》实行编号管理。探索农村党员分类管理，以村党支部为单位，根据党员个人特点和特长，分为带头带领致富组、参政议政组、宣传教育组、民事协调组和科技示范组5类党小组，发挥党员特长为民服务。试行党员“积分制”管理，明确加分项和扣分项，激励农村党员争当先进。制定出台《2015～2018年楚雄州党员教育培训工作规划》，对全州4万名党员全覆盖开展轮训规划。健全基层党建工作联系点制度，州委常委和各县（市）委常委分别联系1个乡（镇）或行政村，指导党建工作。

抓好各领域基层党建工作　持续开展基层党组织分类定级、晋位升级工作，整顿提升软弱涣散基层党组织。制定出台《关于进一步加强和改进非公有制经济组织党建工作的意见（试行）》和《关于进一步理顺非公有制经济组织和社会组织党组织隶属关系的通知》等意见措施，切实加强非公经济组织和社会组织党建工作。

做好新农村建设指导员、驻村扶贫工作队员的选派、管理和“挂包帮、走转访”工作　选派新农村建设指导员877名，其中省级112名、州级318名、县（市）级447名。按照“挂包帮、走转访”工作要求，先后3次召开“挂包帮”“走转访”工作联席会议，组建驻村扶贫工作队373支，选派驻村扶贫工作队员1537名，37419名干部职工挂10个县（市）、包25个建档立卡贫困乡（镇）和220个建档立卡贫困村，帮扶7.5万户贫困户25.8万贫困人口，做到建档立卡贫困县、贫困乡（镇）、贫困村和贫困人口全覆盖。选派常务书记526名，在220个建档立卡贫困村选派第一书记220名，在非建档立卡的196个贫困村选派第一书记196名，做到贫困村全覆盖。按照大学生村官选聘计划，做好全州294名大学生村官的选聘工作。12月，举办为期3天的新聘大学生村官示范培训班，对262名新聘大学生村官进行培训。下发《关于印发〈楚雄州任满两个聘期大学生村官考核考试聘用乡（镇）事业单位工作人员工作方案〉的通知》，组织全州71名任满两个聘期、符合考录条件的大学生村官参加考试考核，共录用43名大学生村官进入乡（镇）事业单位工作。选派16名优秀大学生村官参加中央组织部、农业部联合举办的2015年大学生村官示范培训班。

推进党内民主建设　稳妥推进党代表大会任期制、县（市）党代会常任制、党代会代表提案制，重点推进乡（镇）党代会年会制。有44个乡（镇）试行乡（镇）党代会年会制，占全州乡（镇）总数的42.72%。

【党的建设制度改革】　2015年，楚雄州把党的建设制度改革作为落实全面从严治党的重要任务抓好推进。成立州委党的建设制度改革专项小组，围绕中央和省委党的建设制度改革领导小组的工作思路，结合全州党的建设工作实际，重点围绕深化党的组织制度、干部人事制度、基层组织建设制度和人才发展体制机制改革4个方面，循序渐进深化改革。组织力量对1978年1月至2012年6月期间以中共楚雄州委、州委办公室和州委组织部文件形式发布的、涉及组织工作的所有制度性文件进行清理，共清理出文件75件，其中继续有效件32件、废止件33件、失效件10件。对全州党的建设制度改革工作任务进行分类，按照轻重缓急要求，细化工作任务、明确责任人和完成时限，推进党的建设制度改革工作顺利开展。制定出台《楚雄州州属事业单位领导人员管理暂行办法》，进一步规范事业单位领导人员管理；制定出台《州管干部任前考察档案审核规定（试行）》，进一步规范干部档案审核程序；制定出台《楚雄州非领导职务干部管理办法（试行）》，进一步规范非领导职务干部管理；制定出台《楚雄州开展公务员平时考核工作办法》，进一步加强公务员的日常管理；制定出台《楚雄州事业单位公开招聘工作人员实施意见》，进一步规范事业单位人员招录工作；制定出台《关于引导和鼓励各类人才到楚雄州园区创新创业的实施意见》，进一步明确培养企业创新创业人才的政策措施；修改完善《楚雄州州级领导联系专家学者制度》，进一步强化专家学者联系服务工作；研究草拟《楚雄州关于创新体制机制加强人才工作的意见》，进一步完善楚雄州人才工作体制机制；制定出台《楚雄州处置不合格党员工作实施方案》及《关于建立和完善州委非公组织工委运行机制的意见》，提高党的建设制度化水平。

［李育斌］

【纪律检查体制改革】　2015年11月25日，楚雄州纪委州监察局召开派出机构改革推进会，专题研究深化纪检监察派出机构改革工作，调整充实州级纪工委的监督联系单位，印发《关于调整州纪委监察局各纪工委监察分局负责监督检查和联系指导部门的通知》，实现州级纪工委对州级单位监督全覆盖。按照“三转”要求，聚焦监督执纪问责，退出主业范围外的工作，巩固议事协调机构清理和内设机构改革成果。改革州纪委班子领导方式，对班子成员分工、纪工委监督单位、纪检监察室联系县（市）、部门进行调整，强化统一领导、统一部署、统一尺度、统一管理。对州纪委机关各部室工作进行专题研究，明确各个部门、每个岗位的职责权限，以清晰的责任边界压实岗位责任。落实“两为主”要求，规范问题线索和纪律审查管理，实现县（市）纪委书记、副书记由州纪委会同组织部门提名考察。督促县（市）推进纪检监察体制改革，州纪委派出3个调研考察组对各县（市）纪委班子建设、内设机构、干部队伍状况进行考察调研，印发《楚雄州县（市）纪检监察机关内设机构调整试点工作方案》《关于认真贯彻落实省纪委领导对县（市）级纪检监察机关内设机构调整工作相关要求的通知》和《关于认真抓好县（市）纪检监察机关内设机构调整当前几项具体工作的通知》，10县（市）落实县（市）纪委监察局机关人员编制不少于30人的要求，最多的楚雄市39人。

［王丽萍］

【政府立法】　2015年，楚雄州人民政府政策研究和法制办公室代拟起草《楚雄州人民政府年度立法工作计划》并负责组织实施，重点围绕规范性文件合法性审查和规范性文件立法后评估开展工作。

规范性文件审查、登记、备案　按照《楚雄州人民政府2015年立法工作计划》，组织召开规范性文件论证会9次、修改讨论会18次，完成州人民政府规范性文件合法性、可行性审查9件，即《楚雄彝族自治州

2015年道路交通安全目标管理考核奖惩办法》《楚雄彝族自治州城乡特色规划管理办法》《楚雄彝族自治州实施〈云南省少数民族语言文字工作条例〉办法》《楚雄彝族自治州松花粉采集加工管理办法》《楚雄彝族自治州科学技术奖励办法》《楚雄彝族自治州安全生产举报奖励办法》《楚雄彝族自治州行政机关规范性文件后评估办法》《楚雄彝族自治州城镇民族工作规定》《楚雄彝族自治州新型农村合作医疗反欺诈管理办法》，报省法制办登记5件，报省法制办、州人大常委会备案3件。收到县（市）人民政府、州级部门报送登记的规范性文件11件、经审查准予登记11件；收到县（市）人民政府、州级部门报送备案的规范性文件共10件，所登记和报备的规范性文件均符合制定要求，没有与法律、法规、规章相抵触的内容。审查州人民政府、州人民政府办公室安排的其他非规范性文件48件。代拟起草《楚雄州人民政府办公室关于贯彻云南省人民政府办公厅加强行政机关规范性文件合法性审查工作的实施意见》和《楚雄州人民政府关于深入推进依法行政加快建设法治政府的实施意见》。

规范性文件立法后评估　选取实施1年以上的《楚雄彝族自治州实施云南省专职消防队伍管理办法若干规定》（以下简称《若干规定》）作为立法后评估项目，成立3个立法后评估检查小组，在全州抽取10个乡（镇）、10个事业单位、10个企业检查10县（市）人民政府实施《楚雄彝族自治州实施云南省专职消防队伍管理办法若干规定》，落实专兼职消防队伍的情况；向全州各行业部门、重点单位、社区、村委会发放立法后评估问卷调查表1000份，收回872份。通过汇总3个评估检查组检查的情况，对《若干规定》制度设计的科学性、规定的可操作性、贯彻执行的有效性等做出客观评价，形成立法后评估报告提交州规范性文件立法后评估领导小组。

【行政执法监督】　2015年，楚雄州人民政府政策研究和法制办公室围绕《楚雄彝族自治州依法行政第二个五年规划（2011～2015年）》做好依法行政工作计划并组织实施，推行行政执法责任制和评议考核制，开展行政执法案件评查和行政执法人员培训，进一步规范和改进行政执法监督。

制定依法行政工作计划　根据《中共中央关于全面推进依法治国若干重大问题的决定》和《楚雄彝族自治州依法行政第二个五年规划（2011～2015年）》的要求，制定下发《楚雄州2015年依法行政工作计划》。

行政执法责任制考评　草拟《楚雄州2015年度加强法治政府建设，推行行政执法责任制目标管理责任书》，由州人民政府与10县（市）人民政府、48个州级行政执法部门签订《楚雄州2015年度行政执法责任书》，并进行考评，严格奖惩，推进行政执法责任制落实。

规范行政执法　在广泛调查研究并参考相关行政执法部门现有行政执法文书的基础上，经征求各县（市）人民政府、州级行政执法部门意见，组织论证会反复修改，形成《楚雄州依法行政领导小组办公室关于印发〈行政处罚、行政许可、行政强制执法文书格式（样本）〉的通知》下发各县（市）参照执行。

行政执法案卷评查　对全州各行政执法部门2014年度办结的10.54万件行政执法案卷进行评查，其中行政处罚案卷1.54万件、行政许可案卷8.9万件、行政复议案卷16件、其他案卷1036件。在评查的基础上，由州依法行政领导小组办公室牵头抽查1370件，占案卷总数的1.3%。

行政执法人员培训　配合州级行政执法部门抓好行政执法人员培训，培训行政执法人员1569名，确保行政执法人员持有效证件上岗和亮证执法，促进依法行政。

［武少林］

【依法治州】　2015年4月13日，中共楚雄州委依法治州领导小组召开第一次全体会议。会议由州委书记、州委依法治州领导小组组长侯新华主持，州委依法治州领导小组副组长李红民、邱江、卢显林、李兴顺、岑化虎和成员徐昕、赵克义、商雁鸿、秦国雄出席会议，州级相关部门负责人列席会议。州委书记、州委依法治州领导小组组长侯新华对2015年依法治州工作作安排部署；州委副书记、州长李红民传达学习云南省主要领导干部学习贯彻十八届四中全会精神，全面推进依法治省专题研讨班的主要精神；听取并审议州委常委、州委政法委书记岑化虎关于《州委依法治州领导小组成员单位名单（审议稿）》等6个文件的起草修改情况和提请会议研究的6个问题的说明；审议通过《州委依法治州领导小组成员单位名单》《州委依法治州领导小组专项组成员名单》《州委依法治州领导小组工作规则》《州委依法治州领导小组办公室工作细则》《州委依法治州领导小组专项组工作规则》《楚雄州依法治州工作考核办法（试行）》，研究州委依法治州领导小组办公室提请会议决定的事项。

［永社明］

文化建设

【文化体制改革】　2015年，楚雄州开展“探索建立全州演艺联盟”改革工作，对全州演艺资源进行调查，重点调查人员情况、演出场地、演出剧目等内容，制定《楚雄州演艺联盟组建方案》，明确指导思想和基本原则、演艺联盟的性质和任务、组建方式、组织架构等。年末，《楚雄州演艺联盟组建方案》和《楚雄州演艺联盟公约》征求意见修改完成，进入报名阶段。继续推进公益性文化事业单位内部“三项制度”改革，借鉴省博物馆组建理事会试点经验，探索建立法人治理结构，拟定《楚雄州公益性文化事业单位法人治理结构建设试点工作方案》，明确指导思想、目标任务、主要内容和保障措施。制定出台楚雄州《公共文化服务体系建设协调机制》《公共文化服务体系建设群众评价办法》《公共文化服务体系建设专家咨询论证实施办法》《引导和鼓励社会力量参与公共文化服务的实施意见》和《民办文艺表演队伍认定、评级及扶持奖励办法》，完善公共文化服务运行机制。

[王加平　周　芸]

【文化遗产保护】 2015年，姚安龙华寺、元谋乌头禾村红军标语、楚雄吕合白土玉皇阁3项文物维修工程通过国家、省、州文物部门验收；州级重点文物保护单位姚安光禄文昌宫、楚雄西舍路达诺王彩旧居、禄丰黑井庆安堤等文物修缮工程有序推进。楚雄州人类起源元谋猿人研究重点项目工作、彝族火把节申报联合国非遗项目后续工作、第一次全国可移动文物普查工作、第三批州级重点文物保护单位“四有”工作、国家级非遗项目申报等工作有序推进。完成禄丰县仁兴镇黑城遗址考古勘察、三条公路（国道320线安丰营至天申堂段、双柏至新平段、彩云至碍嘉段）立项考古调查和全州境内古道调查。有2个项目入选第四批国家级非物质文化遗产代表性项目名录，16人被列入第五批省级非物质文化遗产项目代表性传承人。《楚雄州文化遗产十年回眸》《再说梅葛》等书籍和DVD编撰出版。年末，全州有各类不可移动文物819处，有各级重点文物保护单位384处，其中国家级10处、省级29处、州级65处、县级280处。有博物馆4个，其中州级1个（国家二级馆）、县级3个（国家三级馆），馆藏文物近万件。初步建立国家、省、州、县4级非物质文化遗产保护名录体系，公布各级非物质文化遗产项目376项，其中国家级非遗项目13项、“中国民间文化艺术之乡”1个，省级非遗项目32项、民族传统文化保护区10个，州级非遗项目76项、民族传统文化保护区17个、“中国民间文化艺术之乡”14个；公布命名各级非物质文化遗产项目代表性传承人1333人，其中国家级5人、省级82人、州级171人、县级1075人；公布命名“中国历史文化名镇”1个，“云南省历史文化名镇名村”4个。

【第二批国家公共文化服务体系示范区创建】 2015年，楚雄州加强第二批国家公共文化服务体系示范区创建工作。建成牟定县文体广电中心等一批标志性公共文化设施。对不达标的20个乡（镇）文化站进行新建或改扩建，多功能公共文化设施网络更加健全。在州、县（市）、乡（镇）、村4级公共文化服务设施网络基本建成的基础上，建成楚雄州文化活动中心、楚雄市综合文化站和标准灯光篮球场，实现村村有多功能综合文化活动室和文化活动广场、每个社区有1个文化中心的目标。建成网上博物馆、图书馆、文化馆和美术馆，开通数字图书馆移动阅读平台。全州公共图书馆完成虚拟网络集群和馆藏书目数据库建设，实现资源的有效整合和利用。开展“送戏下乡”和农家书屋建设工程，实现全州农村群众人均每年看1本新书，每季度看1场戏，每月看1场电影，每半月参加1次文体活动，每个行政村（社区）建成1个农家书屋和2支群众性业余演出队伍。抓好全州新剧（节）目调演、“大家乐”广场舞蹈比赛等文化活动。深入推进免费开放，每周各级公共电子阅览室免费开放不少于60小时、文化馆（站）和博物馆不少于56小时、图书馆不少于70小时，设置方便残障人士、老年人、少年儿童活动的区域和服务项目。成功创建农民文化素质教育网络培训学校、民族特色节庆文化、“大家乐”群众广场舞蹈活动、流动博物馆展览、中国彝族文献图书馆、乡（镇）文化站“八个一”管理模式、农村业余文艺队扶持“3+1”模式、“七小”文化工程建设、民族文化资源向公共文化资源转化、非物质文化遗产的传承与保护，“十大”公共文化品牌。

[周　芸]

【“三馆一站”免费开放】 2015年，楚雄州129处乡（镇）级以上文化场馆全部实行免费开放，服务人次比上年增长15%。财政筹资1318万元支持全州4个博物馆、11个图书馆、11个文化馆和103个文化站实施免费开放。4个博物馆接待群众约170万人次；11个公共图书馆共免费开放阅览室69个，开放面积1.06万平方米；开放电子阅览室终端317台，开放时间3.98万小时，接待阅览人数27.74万人；举办公益讲座375次，参加人数7.8万人；举办展览168次，接待群众7.2万人；举办培训211次，共培训3.84万人。楚雄州第四次全国文化馆评估定级工作进展顺利，全州共有一级馆8个、二级馆3个，达级率100%。11个文化馆共举办展览158次，接待群众27.48万人次；举办文艺活动712次，参加人数55.92万人次；举办培训196次，培训7.71万人次；举办公益讲座57次，参加人数5.66万人次。全州103个乡（镇）文化站共开放电子阅览室终端1363台，开放时间20.68万小时，接待阅览人数24.68万人次；举办展览878次，接待群众71.23万人次；举办文艺活动2934次，参加人数202.37万人次；举办培训1772次，培训26.45万人次。

[张化云　周　芸]

社会建设

【教育改革】 2015年，楚雄州贯彻《中共中央关于全面深化改革若干重大问题的决定》及省、州党委全面深化改革的意见，围绕教育治理体系和治理能力现代化，把事关全州教育发展的重要领域、薄弱环节、热点难点问题和体制机制等作为深化教育领域综合改革的切入点，突出总体设计，先易后难，以点带面，全面推进教育领域综合改革。全州省级8项改革项目和州级13项改革工作全面推进。制定实施《楚雄州人民政府关于推进义务教育均衡发展的实施意见》等10余项配套政策的改革措施，对楚雄州贯彻实施国家和云南省《教育改革和发展规划纲要》的落实情况进行中期评估。不断加强教育改革的实践探索，在思维模式变革、教育管理方式创新、教育经费投入及保障、校园长选拔任用、课堂教学改革、教师补充及培训等方面探索新思路、新经验。

[邵永春]

【就业创业服务】 2015年，楚雄州采

取多种措施，继续加强就业创业工作。以高校毕业生、失业人员、城镇困难人员等就业困难群体充分就业为重点，认真落实中央、省各项积极就业政策，加强扶持创业带动就业工作，推动大众创业、万众创新。全州城镇新增就业2.93万人，城镇失业人员再就业1.91万人，就业困难人员就业0.64万人，城镇登记失业率为3.3%，低于省下达的4.3%的目标，就业形势继续保持稳定。

高校毕业生就业　完善促进高校毕业生就业创业政策体系，组织好离校未就业高校毕业生就业专项服务活动，对困难家庭高校毕业生实行重点就业帮扶；实施高校毕业生就业见习政策，营造促进高校毕业生就业的社会氛围；做好高校毕业生就业见习工作，开展高校毕业生就业见习政策宣传；设立专门服务窗口，为登记失业的各类高校毕业生提供免费职业介绍、政策咨询、就业指导等就业服务。办理离校应届高校毕业生实名登记5667名，帮助2365名应届高校毕业生实现就业。

就业服务　每月定期举办各种大型供需见面会，开展“就业援助月”“春风行动”等就业援助活动。定期对有用工需求的企业开展人力资源服务工作，利用人才市场、人力资源市场等公共就业和人才服务平台，通过网站、专栏、微博、微信等媒体形式，及时发布用工信息，帮助解决企业用工和劳动者求职需求。组织各类供需见面会60余场次，收集和开发用工岗位3.2万个，提供就业政策咨询、职业介绍、就业指导等服务1.65万人次，帮助1.79名就业困难人员及各类城乡劳动者实现就业。

就业技能培训　实施农民工职业技能提升“春潮行动”计划，发挥职教园区和各类培训机构的资源优势，推动工学结合和订单式培训，有针对性的集中组织就业困难人员、离校未就业高校毕业生及企业在职职工开展就业技能、职业技能提升、岗前及转岗培训。各级就业服务机构共组织开展城镇失业人员职业技能培训0.7万人次，组织农业富余劳动力职业技能培训3.5万人次，组织城乡劳动力参加创业培训0.28万人次。

就业专项资金　全年全州支出就业专项资金3635.91万元，其中公益性岗位补贴支出1724.66万元、社会保险补贴支出1669.51万元、职业培训补贴支出96.77万元、农民工培训补贴支出70.69万元、高校毕业生就业见习生活补助27.4万元、小额担保贷款贴息46.88万元；发放失业保险金7586人3395.2万元，其中发放失业救济金36098人次3035.79万元，为失业人员代缴医疗保险11548人次359.5万元。

创业担保贷款　落实创业担保贷款政策，将“贷免扶补”创业贷款、小额担保贷款的最高贷款额度统一调整为10万元；推进“两个10万元”微型企业培育工程；落实云岭大学生创业引领计划，择优推荐创业较好的人员和企业给予政策扶持。新增发放创业担保贷款扶持创业4104人，发放贷款2.66亿元，带动就业10671人，“两个10万元”微型企业培育工程审核认定500户。

创业孵化园区　按照政府引导、市场运作的原则，打造出全州首个具有彝州特色的青年电子商务创业孵化园，并于11月8日正式开园。年末，全州建成创业孵化园2个。其中，大学生创业孵化园1个，总建筑面积约5666平方米，免费孵化服务面积约2360平方米，集“办公、仓储、物流、信息流”为一体，基础设施齐全，创业服务措施完善；青年电子商务创业孵化园1个，总建筑面积3700平方米，免费创业孵化使用面积3200平方米，被省人社厅授予“云南省青年创业基地”称号。

农业富余劳动力转移就业　全年全州组织农业富余劳动力转移就业18.3万人，其中新增转移就业7.38万人，组织境外就业1744人。

援企稳岗政策　对州内依法参加失业保险并足额缴纳失业保险费，上年度未裁员或裁员率低于全州城镇登记失业率，符合规定条件的困难企业，按不超过该企业及其职工上年度实际缴纳失业保险费总额的40%～50%对照申报标准给予稳岗补贴。对录用正在领取失业保险金的失业人员并提供劳动合同的企业，给予就业补助。全州各级人社部门共支出失业保险稳岗补贴3262.34万元，有448户企业的45415名职工从中受益。

服务百家企业专项行动　与全省同步开展人社工作服务百家企业专项行动和服务产业园区活动。送政策上门，做好就业、社保、人才、维权等人社政策宣传讲解和落地工作，帮助企业解决招工难、培训难、稳岗难、负担重等实际问题，以实际行动为困难企业排忧解难，并形成长效机制。年内，全州人社部门共走访调研产业园区12个、州内企业127户，收集意见建议和存在的困难与问题260余条。

［杨　杰］

【食品安全综合协调】 2015年，楚雄州制定并出台《楚雄州人民政府关于进一步加强食品安全工作的实施意见》，提出加强全州食品安全监管工作、推动食品安全监管事业和食品产业健康发展的23条实施意见，明确楚雄州当前和以后一段时期食品安全工作的基本思路和工作重点。精心组织，认真抓好新修订《食品安全法》学习、宣传、普及工作。选派人员参加国家食品药品监督管理总局及云南省食品药品监督管理局组织的新《食品安全法》培训；统一印制下发宣传标语，悬挂横幅宣传标语450条次，电视宣传52条次，《楚雄日报》刊载宣传标语1条次，普法平台宣传3条次；编辑发送手机宣传短信32期，发放宣传资料2.97万份。强化风险防控，开展食品安全专项整治。组织召开食品安全风险分析专题会议7次，开展省级食品监督抽检222批次、省级食品风险监测101批次、国家级食品监督抽检和风险监测212批次；完成中秋月饼抽检10批次、酒类食品抽检（国抽）18份，抽检样品563份；协调组织开展粮油质量抽检531份。制定下发《楚雄州禽畜屠宰质量安全专项整治行动方案等5个方案的通知》，开展5个专项整治。实施楚雄市食品安全市创建、县级食品检验检测机构标准化建设、乡（镇）食品药品监管所能力提升、食品药品信息化监管建设试点、州级食品安全监管创新试点等项目，进一步夯实监管基础。各级食品监管部门出动执法人员2.08万人次，检查食品生产、加工、经营企业，餐饮服务单位、市场摊点、农资经营户、学校及集体食堂3.79万户次、集贸市场296个次、生猪定点屠宰场403个次、规模养殖场（户）916户次、猪牛羊禽鲜肉经营户1023户次、畜禽贩运户298户次、兽药及饲料经营户783户次。查处各类食品违法案件539件，罚没款合计155.19万元。查处并销毁不合格食品3537千克，查获假劣农资1.8万千克，警告、责令改正586户。

［沙朝仁］

【县级公立医院综合改革】 2015年，楚雄州相继出台《推进县级公立医院综合改革实施方案》《县级公立医院综合改革财政补偿暂行办法》和《县级公立医院改革暨医药价格调整指导意见》。18家县级公立综合医院、中医医院于11月1日前启动实施以“取消药品加成”为核心的财政补偿机制、医疗服务价格调整机制和绩效考核评价等综合改革，提高政府对县级公立医院的补助、降低大型医疗设备检查费用、除中药饮片外的药品全部实行零差率销售，改变以往“以药养医、以药补医”旧体制，公立医院公益性质进一步体现。

［自卫平］

【治安防控网络体系建设】 2015年，楚雄州进一步加强治安防控网络体系建设。全州公共治安视频监控二期升级改造工程投资6000万元，安装视频监控探头2058个、交通卡口58个、探头226个、城市交通监控500个，基本覆盖城市公共区域。按照实现巡逻密度主干道、繁华街区每小时覆盖1次、街面巷道每两小时覆盖1次的模式，在全州81个社区、918个行政村推行农村网格化服务管理工作，形成点、线、面“三位一体”的网格化防控网。将人员密集场所、党政机关、水电油气、金融机构等作为重点，加强夜间巡逻守护，广泛组织和动员各方力量，推行多元化治安防控模式，形成全社会参与维护治安的“大防控”格局。充分发挥社区民警带头作用，深入各社区、单位开展治安防范宣传，联合社区居委会做好社区网格化巡逻防控工作，增强辖区群众的安全防范意识。

［永社明］

生态文明建设

【生态文明体制改革】 2015年，楚雄州围绕《云南省全面深化生态文明体制改革总体实施方案》，制定《楚雄州全面深化生态文明体制改革实施方案》，从“健全自然资源资产产权制度和用途管制制度、划定生态保护红线、实行资源有偿使用和生态补偿制度、改善生态环境保护管理制度”4大领域入手，明确主要改革任务，细化分工方案、进度安排和路线图。按照州委2015年度改革要点和工作台账，推进涉及州环保局的5项改革事项，制定各相关部门工作方案。成立由州委常委、副州长任锦云任组长，副州长周兴国任副组长的生态文明体制改革专项小组，在州环保局设立专项小组办公室，健全组织机构。制定出台生态文明体制改革专项小组工作规则、办公室工作细则，建立会议研究、责任倒查、痕迹管理、信息报送、沟通联络等制度，扎实推进生态文明体制改革。

【生态文明先行示范区建设】 2015年，楚雄州以美丽楚雄建设为抓手，加快推进生态文明先行示范区建设。大力开展农村环境综合整治，在不断修改完善农村环境综合整治项目储备库的基础上，组织上报省级环保专项资金农村环境综合整治项目46个，向上争取省级资金2800万元；争取到位中央、省级和州级农村环境综合整治资金2040万元，比上年增加820万元，实施农村环境综合整治项目25个。其中，中央资金970万元，实施项目7个；省级资金800万元，实施项目9个；州级资金270万元，实施项目9个。深入开展生态文明县（市）、生态文明乡（镇）、生态村示范创建工作。牟定、南华、姚安、大姚、永仁、武定6县生态县建设规划通过省级审查，楚雄、元谋、禄丰3县（市）积极开展生态县（市）建设规划编制，有15个乡（镇）荣获第九批省级生态文明乡（镇）称号，组织30个乡（镇）申报第十批省级生态文明乡（镇）。

【环境宣传教育】 2015年，楚雄州不断强化环境宣传教育力度，着力提高公众生态文明意识。强化新《环保法》学习宣传，制定新《环保法》学习宣传计划，及时订购新《环保法》学习读本，分送州级有关领导和州县（市）有关部门；州环保局分2期组织全州环保系统干部职工179人和全州300家重点企业环保管理人员337人，举办新《环保法》专题培训班2期；组织61名环保行政执法人员参加全州行政执法培训班并办理行政执法资格证；组织71名重点企业负责人举办全州清洁生产审核专题培训，落实领导干部、环保执法人员、企业环保管理人员学法用法制度，将新《环保法》学习宣传常态化。开展公众环境宣传教育，组织开展“六五”世界环境日集中宣传活动，组织编印和通过州级媒体发布《2014年楚雄州环境质量统计公报》；积极参与“三下乡”、防灾减灾日、安全生产宣传日、节能宣传周、低碳日等集中宣传活动，展出环保宣传展板186块、图片280幅，向过往群众免费发放环保购物袋1700个、环保宣传册1.07万本、环保宣传资料1.2万份，解答群众环境投诉和咨询280余人次；通过手机短信平台向全州手机用户发送环保宣传短信40万条。在《楚雄日报》、楚雄电视台和州广播电台开设“建设生态文明、构建和谐彝州”专栏，基本做到每日网络上有环保信息，每周《楚雄日报》有环保稿件、州广播电台有环保声音、楚雄电视台有环保新闻和公益广告。深入开展绿色系列创建活动，组织开展第九批省级绿色学校和第七批省级绿色社区、第五批省级环境教育基地创建工作，共创建州级绿色学校287所、省级绿色学校93所，受国家级表彰绿色学校2所；创建州级绿色社区5个、省级

水城之韵（州旅发委/提供）

绿色社区24个；创建州级环境教育基地4个、省级环境教育基地11个；240余名环境教育优秀教师、优秀工作者分别受到国家、省、州表彰奖励，10个单位被省绿色创建领导小组表彰为先进集体。

［张国跃］

【林业生态建设】 2015年，楚雄州完成营造林41.37万亩，义务植树1037万株，育苗2642.5亩。完成天然林保护工程公益林建设11.4万亩，其中人工造林1.7万亩、封山育林9.7万亩；实施天保工程森林管护3256.17万亩，其中国有林管护297.68万亩，集体、国家和地方公益林管护1300.65万亩，商品林监管1657.85万亩；分流安置森工企业职工1364人，聘用护林员4985人；完成新一轮退耕还林1万亩、陡坡地治理0.5万亩、巩固人工造林成果9.55万亩；完成农村能源项目太阳能建设1.35万户、病旧沼气池改造600户、农村改灶6500户；落实生态公益林管护责任1491.15万亩，兑现和使用国家级和省级公益林生态效益补偿资金18947.15万元；完成低效林改造22万亩。

【森林资源保护管理】 2015年，楚雄州林业系统落实森林资源林政管理目标责任制，进一步规范林地、林木保护管理，组织开展全州非法侵占林地清理排查专项行动，加强征占用林地、林木采伐利用的审核审批，实现林地、林木审批与全国全省联网。批准采伐林木蓄积123.38万立方米，占年度森林采伐限额的58.7%；审批木材运输证5147份，运输木材10.7万立方米。处理好森林资源保护与经济社会发展的关系，着力服务全州经济社会建设，不断创新举措，缓解林地供给定额不足的压力。上报省及以上林业部门审批永久性征占用林地项目144宗2.71万亩，获准使用林地136宗2.7万亩；省、州、县（市）审核审批临时占用林地项目221宗1.4万亩，为省“4个100”、州“4个30”项目以及全州民生项目提供使用林地保障。首次查清全州湿地资源，全面开展新一轮森林资源调查，进一步查清森林资源的数量、质量和结构。加大林政执法力度，加强林政执法监督，依法打击乱砍滥伐林木、超限额超计划采伐林木和违法占用林地等违法行为，查处林业行政案件1718件，查处率100%。森林公安机关受理各类案件1607起，查处1577起，查破率98.1%；处理各类违法犯罪人员1942人次，为国家挽回经济损失1065.85万元。

［杨发明］

2016 CHUXIONG ALMANAC

政治

POLITICS

责任编辑：李　梅

元谋浪巴铺土林（崔永江/摄影）

中共楚雄州委

重要会议

【中共楚雄州委八届五次全体（扩大）会议】 2015年1月5日，中共楚雄州委常委会主持召开州委八届五次全体（扩大）会议。州委委员44人、州委候补委员8人出席会议；州纪委委员，不是州委委员、候补委员、州纪委委员的州级党员领导，县（市）党政主要领导和纪委书记，有关部门和单位党员负责人、部分基层州党代表列席会议。会议传达学习党的十八届四中全会和中央经济工作会议、省委九届九次全会和省委经济工作会议精神，听取和讨论了州委书记张太原受州委常委会委托所作的工作报告，审议通过了《中共楚雄州委关于贯彻落实〈中共中央关于全面推进依法治国若干重大问题的决定〉的实施意见》，州长李红民对经济社会发展做出总结部署。

【中共楚雄州委八届六次全体（扩大）会议】 2015年10月8日，中共楚雄州委常委会主持召开州委八届六次全体（扩大）会议。州委委员38人、州委候补委员8人出席会议；州纪委委员，不是州委委员、候补委员、州纪委委员的州级党员领导，县（市）党政主要领导和纪委书记、组织部长，有关部门和单位党员负责人、部分基层州党代表列席会议。会议深入学习贯彻习近平总书记系列重要讲话和考察云南重要讲话精神，专题研究推动跨越发展和建设高素质干部队伍相关问题，审议通过《中共楚雄州委关于建设忠诚干净担当高素质干部队伍，推动楚雄跨越式发展的决定》，州委副书记孙赟受州委常委会委托就《决定（讨论稿）》向全委会做出说明。

【中共楚雄州委八届七次全体（扩大）会议】 2015年12月15日，中共楚雄州委常委会主持召开州委八届七次全体（扩大）会议。州委委员41人、州委候补委员8人出席会议；州纪委委员，不是州委委员、候补委员、州纪委委员的州级党员领导，县（市）党政主要领导和纪委书记、各乡（镇）党政主要领导，有关部门和单位党员负责人、部分基层州党代表列席会议。会议深入学习贯彻习近平总书记系列重要讲话和考察云南重要讲话精神，全面贯彻落实党的十八届五中全会、省委九届十二次全会精神，听取和讨论州委书记侯新华受州委常委会委托所作的报告，审议通过《中共楚雄州委关于制定国民经济和社会发展第十三个五年规划的建议》，州委书记侯新华就《建议（讨论稿）》向全委会作说明。州委副书记、代理州长杨斌对2016年的经济工作作安排部署。

【中共楚雄州委常委会议】 2015年，中共楚雄州委召开常委会议29次，对全州经济社会发展重大问题和重大事项进行研究。

1月6日召开会议，听取州委八届五次全会分组讨论情况汇报，研究相关问题；传达学习省委开展“三严三实”和“忠诚干净担当”专题教育动员大会精神，研究楚雄州开展专题教育有关事宜。

1月20日召开会议，学习贯彻十八届中央纪委五次全会精神，全国、全省组织部长、宣传部长会议精神，研究楚雄州贯彻意见；传达学习代省长陈豪在楚雄州调研时的讲话精神，研究楚雄州贯彻意见；传达学习省委民族工作会议暨第七次民族团结进步表彰大会精神，研究楚雄州贯彻意见；审定《关于对州委八届五次全会精神进行分解立项督查的通知》和州级部门贯彻落实《中共楚雄州委关于贯彻落实〈中共中央关于全

1月5日，中共楚雄州委八届五次全体（扩大）会议召开（高建波/摄影）

面推进依法治国若干重大问题的决定〉的实施意见》分工方案送审稿；审议《2015年政府工作报告》《楚雄州2014年国民经济和社会发展计划执行情况与2015年经济社会发展计划草案的报告》《楚雄州2014年地方财政预算执行情况和2015年地方财政预算草案的报告》送审稿；审议州、县（市）政府职能转变和机构改革方案送审稿。

2月2日召开会议，学习贯彻习近平总书记考察云南重要讲话精神，研究楚雄州贯彻意见；传达学习省纪委九届六次全会精神，审议州纪委八届五次全会会议文件。

2月28日召开会议，研究审定《中共楚雄州委、楚雄州人民政府关于进一步加强招商引资工作的意见（送审稿）》，研究兑现2014年招商引资考核奖励的有关问题；研究审定《中共楚雄州委、楚雄州人民政府关于加快工业转型升级的意见（送审稿）》；研究部署2015年全面深化改革相关工作；传达学习省委农村工作暨全省第九批新农村建设指导员下派动员会议精神，研究楚雄州贯彻意见；传达学习全省宣传思想工作会议、全国全省统战部长会议、省委对台工作领导小组（扩大）会议和中央、省委政法工作会议精神，研究楚雄州贯彻意见；研究审定《楚雄州深化文化体制改革实施方案（送审稿）》；研究纪检案件。

4月13日召开会议，传达学习中共云南省委九届十次全会、外事工作会和云南省开放工作会精神，研究楚雄州贯彻意见；学习贯彻全国全省防范处理邪教工作会议精神，研究楚雄州贯彻意见；传达学习全省扶贫开发与基层党建整乡“双推进”现场推进会议精神，研究楚雄州贯彻意见；研究非贫困县（市）农村公路建设州级融资配套有关问题；研究2015年度州本级土地储备机构融资规模和州土地储备开发整理中心向交通银行楚雄分行贷款3亿元的有关问题；审定楚雄州2014年度推进惩防腐败体系建设暨落实党风廉政建设责任制检查考核情况和等次评定；研究纪检案件；研究干部人事问题。

4月27日召开会议，研究审议楚雄经济开发区申报升级为国家级经济技术开发区的有关事项；研究成立楚雄技师学院党组织有关问题；研究审议《当前楚雄州意识形态领域情况通报（送审稿）》《进一步做好全州意识形态工作方案（送审稿）》；研究纪检案件。

4月29日召开会议，对交流任正厅级领导干部考察人选问题进行专题研究。

5月8日召开会议，对交流任其他州（市）委常委考察人选问题进行专题研究。

5月24日召开会议，对省委组织部到楚雄州推荐考察的3名厅级领导干部人选问题进行专题研究。

5月27日召开会议，省纪委纪检监察五室主任潘玉良受中共云南省委、省纪律检查委员会的委托，到会宣布省委关于对姜扬涉嫌违纪违法问题的立案和免去州委常委等有关事项的决定。州委就贯彻省委、省纪委的决定提出要求。

6月3日召开会议，传达学习中央统战工作会议和《中国共产党统一战线工作条例（试行）》精神，研究楚雄州贯彻实施意见；审定《中共楚雄州委、楚雄州人民政府关于预防和处理医患纠纷暨创建平安医院的意见（送审稿）》；研究向云南省铁路投资有限公司申请2014年借款2.5亿元展期和新增2.5亿元借款及向富滇银行贷款3亿元用于楚广高速公路建设的有关问题；审议《中共楚雄州委关于再废止和宣布失效一批党内规范性文件的决定（送审稿）》；研究审定楚雄州2014年度县（市）和州综治委成员单位履行综治维稳、平安建设目标管理责任考核验收情况暨奖惩兑现意见建议；研究审议《中共楚雄州委关于2014年度基层党建工作责任制考核结果的奖惩决定（送审稿）》；听取2014年度省管、州管干部考核情况汇报；研究审议《中共楚雄州委关于加强县处级非领导职务干部管理的若干规定》《关于加强和改进非公有制经济组织党的建设工作的意见（试行）》《2015～2018年楚雄州党员教育培训工作规划（送审稿）》；研究干部人事问题；审议《中共楚雄州委常委班子落实党风廉政建设主体责任清单（试行，送审稿）》；研究纪检案件。

6月25日召开会议，传达学习全省扶贫开发工作会议精神，研究楚雄州贯彻落实意见；听取全州上半年经济社会发展情况汇报，研究部署下半年工作；研究审定《中共楚雄州委、楚雄州人民政府关于表彰奖励2014年度优秀村（社区）党支部（总支、党委）书记（主任）和“农村党员致富先锋”的决定》；研究政府机构改革后部分州委直属党（工）委和州级部门单位党组设置调整问题；研究干部人事问题；研究纪检案件。

7月9日召开会议，对楚雄州人民政府副州长考察人选、交流任其他州（市）副州（市）长、公安局长考察人选及4名县委书记考察人选问题进行专题研究。

7月9日召开会议，听取“中国·楚雄2015年火把节”筹备情况汇报，研究相关问题；审定楚雄州与省公路开发投资公司合作建设武定至易门高速公路楚雄境内段的框架协议；研究将楚雄市苍岭镇、吕合镇连接线及紫溪山路口立交工程和南华县河牛公路连接线建设工程纳入楚南一级公路建设的有关问题；研究干部人事问题。州委书记侯新华与州委常委、州人大常委会主任、州政协主席集体谈话。

7月15日召开会议，对楚雄州副厅级领导干部及县委书记人选问题进行专题研究。

8月20日召开会议，审议《楚雄州五年脱贫攻坚行动计划（送审稿）》及其配套文件；研究审定《中共楚雄州委办公室、楚雄州人民政府办公室关于建立扶贫攻坚“领导挂点部门包村干部包户”长效机制，扎实开展“转作风走基层遍访贫困村贫困户”工作的通知（送审稿）》；研究干部人事问题；传达学习全省统战工作会议精神。

8月30日召开会议，对中共楚雄州委常委考察人选、交流任州（市）中级人民法院院长考察人选及县委书记考察人选问题进行专题研究。

9月7日召开会议，对楚雄州副厅

级领导干部人选问题进行专题研究。

9月21日召开会议，研究干部人事问题；研究实行楚雄彝族自治州津贴的有关问题；研究楚雄州彝族传统节日彝族年实行放假制度的有关问题；审议《中共楚雄州委及侯新华同志关于落实省委第二巡视组巡视反馈问题整改方案（送审稿）》；研究实施与浦发银行楚雄分行合作进行政府债务过渡性融资的有关问题；审议《楚雄彝族自治州国民经济和社会发展“十三五”规划基本思路（送审稿）》；书面传达学习省委书记李纪恒，省委副书记、省长陈豪在云南跨越发展专题培训班上的讲话精神和在昭通市召开的部分州（市）“十三五”时期经济社会发展座谈会议精神。

9月28日召开会议，审议中共楚雄州委八届六次全体（扩大）会议文件；传达学习省委人大、政协工作会议精神，研究楚雄州贯彻意见；审议考核奖励政策的有关问题；审议明确楚雄州城市发展有限责任公司有关人员职务问题。

10月26日召开会议，专题研究审议2015年省政府转贷政府债券资金有关问题。

11月3日召开会议，传达学习党的十八届五中全会精神，研究楚雄州贯彻意见；研究楚雄州与浦发银行楚雄分行合作进行政府债务过渡性融资资金安排使用的有关问题；审定《中共楚雄州委、楚雄州人民政府关于加快推进全州农村危房改造和抗震安居工程建设的实施意见（送审稿）》；审定楚雄州第四届“马樱花文艺创作奖”获奖人员名单；听取建立中国民主同盟楚雄彝族自治州委员会有关情况汇报，研究相关问题；审定《中共楚雄州委关于落实党风廉政建设纪委监督责任的规定（送审稿）》；研究纪检案件。

11月13日召开会议，对正厅级领导干部考察人选和县委书记考察人选问题进行专题研究。

11月13日召开会议，专题学习《中国共产党廉洁自律准则》《中国共产党纪律处分条例》，研究楚雄州贯彻意见；传达学习省委党的群团工作会议精神，研究楚雄州贯彻意见；研究召开楚雄州妇女第十次代表大会的有关事宜；研究召开楚雄州第十一届人民代表大会第六次会议和政协楚雄州第九届委员会第六次会议的有关问题；研究召开中国共产党楚雄医药高等专科学校第二次代表大会的有关问题；研究楚雄州城市发展有限公司注册资金筹措问题和向国家开发银行办理债券专项基金的有关问题；审定楚雄州失业保险预算调整方案；研究支持云铜集团楚雄滇中有色金属有限公司技改项目的有关问题；审议《楚雄州州属事业单位领导人员管理暂行办法（送审稿）》；研究干部人事问题，通报10县（市）职务与职级并行的有关情况。

11月19日召开会议，对楚雄州正厅级领导干部和县委书记人选问题进行专题研究。

11月24日召开会议，传达学习全省美丽宜居乡村建设工作现场推进会精神，研究楚雄州初步贯彻意见；研究省委第二巡视组巡视反馈意见整改落实的有关问题；研究审议州土地储备开发整理中心向交通银行楚雄分行、楚雄市农村信用合作联社贷款和州财政局提出的贷款使用情况的有关问题；审议国家开发银行发展基金第三批投资项目的有关问题；审定《中共楚雄州委办公室、楚雄州人民政府办公室关于加强和改进新形势下档案工作的实施意见（送审稿）》。

12月4日召开会议，听取经济社会发展主要指标建议情况的汇报，研究有关问题；审议《中共楚雄州委八届七次全体（扩大）会议方案》《州委工作报告》《州委“十三五”规划建议》送审稿；审议《2014年综合绩效考核结果应用方案》和《2015年综合绩效考核实施方案》；审定《中共楚雄州委、楚雄州人民政府关于加强和改进新形势下民族工作的实施意见》《楚雄州民族工作会议暨民族团结进步表彰会议方案》《楚雄州第七次民族团结进步表彰大会模范集体和模范个人表彰名单》送审稿。

12月8日召开会议，审定《中共楚雄州委、楚雄州人民政府、楚雄军分区关于表彰双拥先进单位和个人暨十佳好军嫂的决定（送审稿）》；研究干部人事问题。

12月28日召开会议，审议2016年《州人大常委会工作报告（送审稿）》《州政协常委会工作报告（送审稿）》；审议2016年《政府工作报告（送审稿）》；审议《楚雄州国民经济和社会发展第十三个五年规划纲要（送审稿）》《楚雄州2015年国民经济和社会发展计划执行情况与2016年计划草案的报告（送审稿）》和《楚雄州2016年“4个100”重点项目计划建议（送审稿）》；审议《楚雄州2015年地方财政预算执行情况和2016年地方财政预算草案的报告（送审稿）》《楚雄州2016年财政收支预算及州级财政预算草案的报告（送审稿）》《楚雄州2015年州本级财政预算调整方案的报告（送审稿）》；研究州本级年初预算结余和第二批盘活财政存量资金安排建议及2015年全州和州本级政府债务限额有关问题；听取棚户区改造工作情况汇报，研究将全州棚户区改造一期项目政府购买服务资金及楚雄市鹿城片区棚户区改造贷款还本付息资金纳入财政预算的有关问题；审定《楚雄州公务用车制度改革实施方案（送审稿）》；研究2016年元旦、春节走访慰问活动有关问题；审定《楚雄州2015年度党风廉政建设责任制检查考核实施方案（送审稿）》；通报纪检案件。

【中共楚雄州委专题会议】 2015年，中共楚雄州委召开7次专题会议，对全州经济社会发展有关问题和事项作专题研究。

1月5日召开会议，落实省委议军会议精神，总结2014年工作，部署2015年任务，研究解决全州国防后备力量建设及武警、消防部队建设发展问题。

3月3日召开会议，研究贯彻习近平总书记到云南视察时的重要讲话精神及进一步推动农村危房改造和地震安居工程建设，争取国家和省对楚雄州农村危房改造和地震安居工程项目资金的支持相关问题。

5月19日召开会议，专题研究弥河线（哀牢山公路）楚雄市西舍路至南华县马街段122千米油路建设相关工作。

6月17日召开会议，专题研究楚雄州“十三五”规划编制工作。

7月24日召开会议，专题研究州委党校报告厅建设相关工作。

8月17日和10月13日，两次召开会议，专题研究云南石化产业园建设项目相关工作。

【中共楚雄州委中心组理论学习会议】 2015年1月14～16日，中共楚雄州委召开理论中心组学习会议。会议学习党的十八届四中全会和习近平总书记重要讲话精神、省委九届九次全会精神。州委书记张太原作学习动员并作总结讲话；州级领导按照安排围绕主题发言。李红民、邱江等州委理论学习中心组成员参加会议。各县（市）委书记、县（市）长，楚雄经济开发区党委书记、主任，禄丰工业园区管委会党工委书记、主任，州级有关部门主要负责人参加会议。

2月25日，州委召开理论中心组学习会议暨第97次州委常委（扩大）会议。会议学习贯彻习近平总书记系列重要讲话、特别是考察云南时的重要讲话精神，以及省委书记李纪恒、省长陈豪对楚雄工作的重要指示精神。州委书记侯新华主持并作总结讲话；州委常委，州人大常委会主任、副主任，州人民政府副州长，州政协主席、副主席，楚雄军分区政委，州产业督导组组长、副组长，州检察院检察长，州法院院长，楚雄医专党委书记、校长，楚雄技师学院党委书记，在职保留和享受厅级待遇的领导干部，州人大常委会、州人民政府、州政协秘书长，州纪委副书记，围绕主题，结合各自工作实际作发言；州级有关单位主要负责人、州纪委各纪工委书记参加会议。

3月23～25日，州委召开理论中心组学习会议。会议深入学习领会习近平总书记系列重要讲话精神，学习高德荣同志先进事迹。州委书记侯新华主持、讲党课并作学习贯彻十八届四中全会精神暨深入开展“三严三实”和“忠诚干净担当”专题教育培训班开班动员；邀请省社会科学院马列所所长黄小军作辅导讲座；州委副书记、州长李红民传达全国“两会”精神；邱江、卢显林、李兴顺等州委理论学习中心组成员参加会议；会议期间，参会人员通过云南干部在线学习观看《认真做到“三严三实”，始终践行党的宗旨》和《正确认识当前形势，认真对待“三严三实”》专题讲座，观看《群众路线模范实践者：高德荣》电视专题片。楚雄师院党委书记、院长，楚雄医专党委书记、校长，楚雄技师学院党委书记，州级有关部门主要负责人在州主会场参加会议，10县（市）设分会场参加会议。

4月18～20日，州委召开理论中心组学习会议。会议深入学习贯彻习近平总书记考察云南重要讲话和省委九届十次全会精神，听取全州一季度经济社会发展情况汇报。州委书记侯新华传达省委九届十次全会精神，作中心组学习动员和总结讲话；州长李红民通报全州一季度经济运行情况，安排下步经济工作；州发改委、州工信委、州财政局（州人民政府金融办）、州招商局，以及10县（市）分别汇报一季度工作完成情况、存在问题及下步工作计划。邱江、卢显林、李兴顺等州委理论学习中心组成员参加会议。各县（市）委书记、县（市）长，楚雄经济开发区党委书记、主任，禄丰工业园区管委会党工委书记、主任，州级有关部门主要负责人参加会议。

5月26～29日，州委召开理论中心组学习会议。会议进行“三严三实”和“忠诚干净担当”专题教育第一专题学习，深入学习贯彻省委九届十次全会精神，围绕“六破六立”开展学习研讨；传达学习全省组织工作会议精神和南博会暨第23届昆交会动员会精神，安排部署相关工作。侯新华讲授“三严三实”和“忠诚干净

① 5月28日，楚雄州“三严三实”和“忠诚干净担当”专题教育专题党课暨推进会召开 ② 州委理论学习中心组2015年第五次学习会议（高建波/摄影）

担当”专题党课，并作总结讲话；参会人员重点围绕“六破六立”分组讨论、交流发言；卢显林、李兴顺、邱江作专题发言；李红民作讲话，岑化虎、任锦云等州委理论学习中心组成员参加会议。各县（市）委书记、县（市）长，楚雄经济开发区党委书记、主任，禄丰工业园区管委会党工委书记、主任，州级有关部门主要负责人参加会议。

6月23～26日，州委召开理论中心组学习会议。会议进行“三严三实”和“忠诚干净担当”专题教育第二专题学习研讨，进一步深入学习贯彻省委九届十次全会精神，总结分析上半年经济工作情况，查找存在的不足和问题。州委书记侯新华作学习动员和总结讲话；州长李红民通报上半年全州经济社会发展情况，安排部署下半年工作；10县（市）县（市）长，州发改委、州工信委、州财政局（州人民政府金融办）、州国土局、州住建局、州交通局、州招商局、州统计局、国家统计局楚雄调查队主要负责人汇报上半年主要经济指标完成情况、存在的问题及确保完成全年目标任务的对策举措；州产业督导组组长杨应旭通报督查情况；州人民政府副州长任锦云、赵祖莹、邓斯云、夭建国分别结合各自分管工作，围绕稳增长、促跨越，确保完成全年目标任务发言；州委常委、州委统战部部长杨静，州委常委、州委组织部部长徐昕，州委常委、州纪委书记夏新建结合“三严三实”和“忠诚干净担当”专题教育第二专题学习研讨内容作书面专题发言；孙赟、卢显林、李兴顺等州委理论学习中心组成员参加会议。各县（市）委书记、县（市）长，楚雄经济开发区党委书记、主任，禄丰工业园区管委会党工委书记、主任，州级有关部门主要负责人参加会议。

7月27～29日，州委召开理论中心组学习会议。会议进行“三严三实”和“忠诚干净担当”专题教育第二专题第二次学习研讨，学习和贯彻落实中央、省委、州委关于在“三严三实”和“忠诚干净担当”专题教育中深入治理“为官不为”问题的部署和要求。州委书记侯新华主持并作总结讲话；邀请国防大学教授姜鲁鸣作国防教育专题讲座；州委副书记孙赟，州委常委、州委统战部部长杨静，州委常委、楚雄军分区司令员关惜分围绕专题教育第二专题学习内容作主题交流发言（书面）；州委副书记、州长李红民传达省委保山会议和全省民营经济发展大会精神；省委第二巡视组组长陈为群进行专题辅导。卢显林、李兴顺、岑化虎等州委理论学习中心组成员参加会议。州委直属党（工）委书记，州级有关部门主要负责人参加州主会场会议，10县（市）设分会场参加会议。

8月31日至9月2日，州委召开理论中心组学习会议。会议深入学习贯彻习近平总书记系列重要讲话和视察云南时的重要讲话精神，认真贯彻落实省委九届十次、十一次全会精神，深入研讨楚雄州国民经济和社会发展“十三五”规划基本思路、重大问题、重要举措。州委书记侯新华主持并作总结讲话；邀请省发改委规划处副处长、博士赵波作专题讲座；李红民、孙赟、卢显林、李兴顺等州委理论学习中心组成员参加会议。楚雄医药高等专科学校党委书记、校长，楚雄技师学院党委书记，州级有关部门主要负责人，州“十三五”规划编制工作领导小组组长、副组长，成员单位主要负责人参加州主会场会议，10县（市）设分会场参加会议。

10月24～27日，州委召开理论中心组学习会议。会议进行“三严三实”和“忠诚干净担当”专题教育第三专题第一次学习研讨；深入学习贯彻省委九届十次和十一次全会、州委八届五次和六次全会精神，全面落实党中央国务院和省委省政府稳增长、调结构、促改革、惠民生的决策部署，总结分析前三季度经济社会发展情况，研究解决存在的困难和问题。州委书记侯新华主持并作研讨学习动员和总结讲话；州委副书记、州人民政府代理州长杨斌通报前三季度全州经济社会发展情况，安排部署2015年最后两个月的工作；10县（市）委书记及州发改委、州工信委、州财政局、州国土局、州住建局、州交通局、州招商局、州统计局、国家统计局楚雄调查队主要负责人汇报前三季度主要经济指标完成情况、存在的问题、确保完成全年目标任务的对策措施；杨应旭通报督查情况；孙赟、卢显林、张启俊通报工业经济稳增长督查情况；任锦云、赵克义、邓斯云、夭建国、张晓鸣分别结合各自分管工作，围绕稳增长、促跨越，确保完成年度和“十二五”目标任务发言；李明、杨静、徐昕、李庆元、关惜分、赵晓明就第三专题研讨内容作交流发言，其他常委作互动交流；省委组织部领导作点评和指导讲话；侯新华对州委常委班子专题教育第三专题第一次学习研讨作小结，并对下步专题教育相关工作做要求。李兴顺等州委理论学习中心组成员参加会议。楚雄医专党委书记、校长，楚雄技师学院党委书记，州级有关部门主要负责人，各县（市）委书记，县（市）长，楚雄经济开发区党委书记、主任，禄丰工业园区管委会党工委书记、主任参加会议。

11月6日，州委召开理论中心组学习会议暨全州干部大会，传达党的十八届五中全会精神。州委书记侯新华作党的十八届五中全会精神传达并讲话；州委常委，州人大常委会主任、副主任，州人民政府副州长，州政协主席、副主席，州产业督导协调组组长、副组长，州法院、州检察院主要领导，楚雄师院、楚雄医专、楚雄技师学院党政主要领导，享受或保留厅级待遇的在职干部，担任过副厅级实职以上的离退休老领导，州委各部委办局，州级国家机关各委办局，州级各人民团体，州属各企事业单位副处级以上领导，各县（市）委、人大、政府、政协班子主要领导，纪委书记、组织部长参加会议。

12月12～14日，州委召开理论中心组学习会议暨全州三级干部会议。会议深入学习贯彻党的十八届五中全会和省委九届十二次全会以及中央扶贫开发工作会议精神，要求坚持创新发展、协调发展、绿色发展、开放发展、共享发展，推动全州经济社会跨越式发展，克期完成脱贫攻坚任务，确保与全国全省同步全面建成小康社会的宏伟目标如期实现；深刻理解、准确把握中央和省委关于制定国民经济和社会发展第十三个五年规划《建议》的指导思想、基本原则、目标要求、基本理念、重大举措，结合楚雄州实际把两个《建议》确定的各项决策部署和工作要求落到实处；总结全州“十二五”经济社会发展情况，分析未来五年发展面临的形势，部署“十三五”经济社会发展任务，为即将召开的州委八届七次全会奠定基础。州委书记侯新华主持并作总结讲话；州委常委、州纪委书记李庆元以“深入开展党风廉政建设，为实现跨越式发展提供纪律保证”为主题作专题发言；州委常委、州委组织部部长徐昕以“建设忠诚干净担当高素质干部队伍，为实现跨越式发展提供组织保证”为主题作专题发言；州委副书记孙赟以“坚持精准扶贫基本方略，坚决完成脱贫攻坚任务”为主题作专题发言；州委副书记、州人民政府代理州长杨斌总结“十二五”经济发展情况，安排下步经济工作。卢显林、李兴顺等州委理论学习中心组成员参加会议。楚雄医专党委书记、校长，楚雄技师学院党委书记，州级有关部门主要负责人，各县（市）委书记，县（市）长，楚雄经济开发区党委书记、主任，禄丰工业园区管委会党工委书记、主任，各乡（镇）党政主要领导参加会议。

［张舫瑞］

重要活动

【党务活动】 2015年1月6日，中共楚雄州委召开“三严三实”和“忠诚干净担当”专题教育动员大会，州委书记张太原出席会议并讲话。

3月10日，省委宣讲团学习贯彻习近平总书记考察云南重要讲话精神宣讲报告会在楚雄召开，10县（市）设分会场参加报告会。

5月28日，州委召开全州“三严三实”和“忠诚干净担当”专题教育专题党课暨推进会，深入学习贯彻习近平总书记系列重要讲话和考察云南重要讲话精神，以及中央“三严三实”专题教育工作座谈会、全省“三严三实”和“忠诚干净担当”专题教育专题党课暨推进会精神，由州委书记侯新华讲授专题党课，对从严从实、扎实推进全州“三严三实”和“忠诚干净担当”专题教育进行安排部署。

11月12日，中央宣讲团党的十八届五中全会精神宣讲报告会在昆明举行，楚雄州设州、县（市）分会场组织相关人员聆听报告会。

11月17日，省委宣讲团党的十八届五中全会精神宣讲报告会在楚雄召开，各县（市）设分会场参加报告会。

12月4日，州委召开《中国共产党廉洁自律准则》和《中国共产党纪律处分条例》宣讲报告会，邀请省委宣讲团成员就《中国共产党廉洁自律准则》和《中国共产党纪律处分条例》作宣讲报告。各县（市）设分会场参加报告会。

【政务活动】 2015年3月9日，中共楚雄州委、州人民政府组织召开全州农村工作暨第九批新农村建设指导员下派动员会议，安排部署2015年的农村工作，并就第九批新农村建设指导员下派工作进行动员。10县（市）设分会场同时召开会议。

4月20日，州委召开省委第二巡视组巡视楚雄州工作动员会，就配合省委第二巡视组进驻楚雄开展工作作动员部署。10县（市）设分会场参加会议。

4月24日，州委、州人民政府召开楚雄州第九届劳动模范和先进工作者表彰大会，对2010～2015年期间在楚雄州经济建设、政治建设、文化建设、社会建设以及生态文明建设等方面做出突出贡献、取得优异成绩的先进模范人物进行表彰。

7月29日，州委、州人民政府组织开展“八一”军事日活动，州委常委，州人大常委会、州人民政府、州政协领导班子成员，州法院院长，州检察院检察长，州产业督导组组长、副组长，楚雄师院书记、院长，楚雄医专书记、校长，楚雄技师学院书记，州国防动员委员会成员，驻楚部队独立连以上单位主官参加活动。

8月24日，州委、州人民政府组织召开全州脱贫攻坚大会，安排部署全州扶贫工作。

8月30日，州委、州人民政府在姚安组织召开全州农村危房改造和抗震安居工程启动会暨“城增村减”试点、农村环境综合整治现场推进会，分析楚雄州农村危房改造、抗震安居工程、“城增村减”试点、农村环境综合整治等工作中存在的困难和问题，研究提高农村民居抗震性能、改善农村住房条件、推进“城增村减”试点和农村环境综合整治的政策措施，全面启动楚雄州农村危房改造和抗震安居工程建设，改善农村人居环境，促进城乡统筹发展。

8月31日，武（定）易（门）高速公路楚雄境内段开工仪式在武（定）易（门）高速公路联络线起点武定县举行。州党政领导孙赟、卢显林、李兴顺、张晓鸣等出席开工仪式。

9月29日，中共云南省委、省人民政府在丽江举行滇中引水工程勘察试验性工程动工仪式，在楚雄州牟定县凤屯镇设立分会场。楚雄州党政领导侯新华、杨斌、孙赟、卢显林、李兴顺、任锦云、赵克义、赵晓明、熊卫民等出席牟定分会场开工仪式。

9月30日，州委、州人民政府在楚雄市西山爱国主义教育基地举行2015年楚雄州烈士纪念日烈士公祭活动，缅怀革命先烈的丰功伟绩，弘扬先烈的崇高精神。

10月17日，州委、州人民政府召开2015年“10·17”扶贫日活动会。州委书记侯新华代表州委、州人民政府向全州人民及社会各界人士发出“邀您一起·扶贫帮困”的倡议，动员社会各界力量参与和支持扶贫开发工作。31户企业现场进行扶贫捐赠。

12月4日，州委召开楚雄州深入开展严禁领导干部收送“红包”专项整治工作推进会议，安排部署严禁领导干部收送“红包”专项整治“回头看”工作。

12月17日，州委、州人民政府召开州委扶贫开发工作暨易地扶贫搬迁现场会议，分析楚雄州与全国全省同步建成小康社会面临的形势和任务，研究部署脱贫攻坚任务。

12月19日，州委、州人民政府召

12月19日，州委书记侯新华为第七届民族团结进步先进个人颁奖（夏天彧/摄影）

开州委民族工作会议暨第七次民族团结进步表彰大会，对全州25个民族团结进步模范集体和50名模范个人进行表彰奖励。

【经济活动】 2015年6月29日，中共楚雄州委、州人民政府举行楚雄州与云南省公路开发投资有限责任公司《武易高速公路楚雄州境内段项目建设合作框架协议》签字仪式。

7月3日，州委、州人民政府召开全州招商引资工作推进会议，分析招商引资面临的形势与任务，动员全州上下统一思想、振奋精神，强化责任、狠抓落实，提高招商引资实效。

8月8日，州委、州人民政府召开中国·楚雄2015彝族火把节招商引资推介会，30个招商引资项目现场集体签约，协议投资总额433.97亿元。

11月12日，中共楚雄州委、州人民政府举行楚雄州与昆钢控股有限公司《通用航空产业发展战略合作协议》签约仪式。双方协议，依托楚雄州的区位、环境、人文旅游资源等发展基础，发挥昆钢控股有限公司在资金、技术、管理、人才及市场协同等方面的优势，进一步加强深化双方的战略合作，由昆钢控股有限公司在楚雄州兴建通用机场，开展航空飞行培训、通勤航空运营、飞行器维修制造、航空及房车等特色旅游观光等业务。

11月23日，州委、州人民政府召开楚雄州民营经济发展、工业园区建设暨招商引资工作会议，就进一步推动全州民营经济健康发展、工业园区建设和招商引资等工作做全面安排部署，并对17户优强民营企业、15名优秀民营企业家进行表彰。

11月28～29日，楚雄州项目集中开工仪式分别在10县（市）举行，禄丰县奇幻谷旅游文化创意产业园项目、元谋县凤凰大道暨龙川江滨江休闲长廊项目、大姚县永丰湖片区综合开发项目、双柏县工业园区滇中林产品加工园区场地平整项目、武定县禄金工业园区公路通道建设、永仁县会客厅建设、姚安县城镇上山低丘缓坡试点、南华县两旗海综合治理、牟定县工业园区新桥片区庄三核心区基础设施建设、楚雄市2015年东南片区路网建设、楚雄苍岭云甸工业园区昆楚高速公路云甸互通式立交桥工程建设等项目分别在10县（市）主开工仪式现场开工。

11月30日，州委、州人民政府召开全州五大基础设施网络建设推进会议，安排部署“五网”建设工作。州发展和改革委员会、州交通运输局、州水务局、州工业和信息化委员会分别就“五网”建设5年大会战规划情况和相关工作情况作汇报发言。

【表彰奖励】 2015年6月16日，中共楚雄州委、州人民政府决定对在2014年新农村建设工作中取得优异成绩的省纪委监察厅等23家单位、赵开锋等6位总队长、王达成等11位工作队队长、邓燕等29位指导员、王艳芹等44位常务书记给予表彰，并分别授予“楚雄州第八批新农村建设指导员工作先进派出单位”“楚雄州第八批新农村建设工作队优秀总队长、队长”“楚雄州第八批新农村建设工作队优秀队员”“楚雄州第八批新农村建设工作队优秀常务书记”荣誉称号。

7月3日，州委、州人民政府决定对杨利雄等100名优秀村（社区）党支部（总支、党委）书记（主任）和杨泽金等100名“农村党员致富先锋”予以表彰。

11月23日，州委、州人民政府决定授予楚雄市华丽包装实业有限责任公司等17户民营企业“楚雄州优强民营企业”称号，授予张勇等15名民营企业家“楚雄州优秀民营企业家”称号。

11月23日，州委、州人民政府决定对《我看见天堂》等100件楚雄州第四届“马樱花文艺创作奖”获奖作品进行表彰奖励。

12月19日，州委、州人民政府决定授予楚雄市民族宗教事务局等25个集体“全州民族团结进步模范集体”称号，授予朱学聪等50人“全州民族团结进步模范个人”称号。

12月29日，州委、州人民政府、楚雄军分区决定授予州教育局等25家单位“楚雄州双拥工作先进单位”称号，授予徐东等50人“楚雄州双拥工作先进个人”称号，授予张静等10人“楚雄州十佳好军嫂”称号。

［张舫瑞］

重要决策

【政治事务】 2015年1月6日，中共楚雄州委印发《中共楚雄州委关于印发州委八届五次全体（扩大）会议文件的通知》，文件包括：《张太原同志在州委八届五次全体（扩大）会议上的报告》《中共楚雄州委关于贯彻落实〈中共中央关于全面推进依法治国若干重大问题的决定〉的实施意见》和张太原、李红民同志在会议结束时的讲话。《张太原同志在州委八届四次全体（扩大）会议上的报告》内容包括：2014年的主要工作；2015年的重点工作；全面加强党的建设。《中共楚雄州委关于贯彻落实〈中共中央关于全面推进依法治国若干重大问题的决定〉的实施意见》内容包括：提高认识，加强领导，全面推进依法治州；加强宪法法律法规实施，提高地方民族立法科学化水平；坚持依法行政，建设法治政府；坚持公正司法，提高司法公信力；推进全民守法，弘扬法治精神；坚持依法治理，维护社会稳定；加强法治工作队伍建设，强化组织人才保障；加强和改进党对法治工作的领导，为全面推进依法治州提供坚强的政治组织保障。

1月13日，州委下发《中共楚雄州委关于深入开展“三严三实”和“忠诚干净担当”专题教育的实施意见》，内容包括：指导思想；目标要求；方法步骤；组织领导。

6月10日，州委下发《中共楚雄州委印发〈州委常委班子落实党风廉政建设主体责任清单（试行）〉的通知》，内容包括：州委常委班子责任；州委书记责任；州委常委班子其他成员责任；方法步骤。

10月23日，州委下发《中共楚雄州委关于建设忠诚干净担当高素质干部队伍，推动楚雄跨越式发展的决定》，内容包括：充分认识落实全面从严治党要求、建设忠诚干净担当高素质干部队伍的重大意义；准确把握落实全面从严治党要求、建设忠诚干净担当高素质干部队伍的指导思想和目标任务；严肃党内政治生活和党的政治纪律，严格规范党内行为；坚定理想信念，强化培养锻炼，全面提升各级干部队伍推动跨越式发展能力；从严选拔任用干部，建设忠诚干净担当的干部队伍；从严监督管理干部，规范干部从政行为；深入推进党风廉政建设和反腐败斗争，逐步形成不敢腐、不能腐、不想腐的体制机制；落实全面从严治党责任，形成凝心聚力抓党建工作格局。

11月13日，州委下发《中共楚雄州委印发〈关于落实党风廉政建设监督责任的规定〉的通知》，内容包括：总则；责任内容；责任追究；附则。

12月19日，州委印发《中共楚雄州委关于印发州委八届七次全体（扩大）会议文件的通知》，文件包括：《侯新华同志在州委八届七次全体（扩大）会议上的报告》《中共楚雄州委关于制定国民经济和社会发展第十三个五年规划的建议》。《侯新华同志在州委八届七次全体（扩大）会议上的报告》内容包括：2015年各项工作取得显著成绩，“十二五”规划主要目标任务顺利完成；认清面临的形势，把思想和行动统一到“十三五”发展的目标任务上来；做好2016年的工作，确保“十三五”开好局起好步；落实全面从严治党要求，为跨越式发展提供坚强组织保证。《中共楚雄州委关于制定国民经济和社会发展第十三个五年规划的建议》内容包括：深入贯彻落实习近平总书记考察云南重要讲话精神，努力闯出一条跨越式发展路子；牢固树立和落实创新发展理念，着力打造滇中城市经济圈西部增长极；牢固树立和落实协调发展理念，加快推进全国民族团结进步示范区建设；牢固树立和落实绿色发展理念，加快推进全省生态文明先行示范区建设；牢固树立和落实开放发展理念，着力打造连接长江经济带与孟中印缅经济走廊开放合作的桥梁；牢固树立和落实共享发展理念，着力在跨越式发展中增进各族人民福祉；加强和改善党的领导，为实现“十三五”目标任务提供坚强保证。

【经济事务】 2015年1月21日，中共楚雄州委、州人民政府制定下发《中共楚雄州委、楚雄州人民政府关于全面深化国有企业改革的实施意见》，内容包括：总体要求；有进有退，调整优化国有经济布局结构；改制重组，大力发展混合所有制经济；依法依规，推动国有企业完善现代企业制度；理顺关系，不断完善国有资产管理体制；加强领导，形成推动国企改革发展合力。

3月10日，州委、州人民政府制定下发《中共楚雄州委、楚雄州人民政府关于全面加强招商引资工作的意见》，内容包括：总体要求；重点任务；政策机制；保障措施。

3月23日，州委、州人民政府制定下发《中共楚雄州委、楚雄州人民政府关于加快工业转型升级的意见》，内容包括：总体要求；重点领域发展导向；实施四大工程；突出三个驱动；降低两个成本；强化五个保障。

5月14日，州委、州人民政府制定下发《中共楚雄州委、楚雄州人民政府关于进一步深化集体林权制度改革的实施意见》，内容包括：总体要求；进一步落实林业生产经营自主权；完善集体林地林木流转体系；推进集体林木采伐管理制度改革；转变集体林业经营方式；深化集体林业投融资改革；推进林业科技创新和服务体系建设；加强组织领导。

5月28日，州委、州人民政府制定下发《中共楚雄州委、楚雄州人民政府印发〈楚雄州全面深化农村改革总体方案〉及5个专项方案的通知》，内容包括：楚雄州全面深化农村改革总体方案；楚雄州深化农业改革专项方案；楚雄州深化林业改革专项方案；楚雄州深化水务改革专项方案；楚雄州深化现代粮食流通产业改革专项方案；楚雄州深化供销合作社综合改革专项方案。

【社会事务】 2015年1月6日，中共楚雄州委、州人民政府制定下发《中共楚雄州委、楚雄州人民政府关于推进美丽乡村建设的实施意见》，内容包括：总体要求；重点任务；保障措施。

7月1日，州委、州人民政府制定下发《中共楚雄州委、楚雄州人民政府关于预防和处理医患纠纷暨创建平安医院的意见（试行）》，内容包括：指导思想；基本原则；职责分工。

9月16日，州委、州人民政府制定下发《中共楚雄州委、楚雄州人民政府印发〈楚雄州五年脱贫攻坚行动计划〉的通知》，内容包括：总体要求；工作目标；攻坚任务；保障机制；相关要求；责任追究。

11月4日，州委、州人民政府制定下发《中共楚雄州委、楚雄州人民政府关于加快推进全州农村危房改造和抗震安居工程建设的实施意见》，内容包括：指导思想；目标任务；改造方式和标准；补助对象与标准；建房报批程序；资金筹集与管理；保障措施；职责分工和任务分解。

12月16日，州委、州人民政府制定下发《中共楚雄州委、楚雄州人民政府关于新形势下大力推进民族团结进步示范区建设的实施意见》，内容包括：总体要求；重点任务；保障措施。

［张舫瑞］

组织工作

【党组织基本情况】 2015年末，楚雄州有中国共产党基层组织11291个。党的基层组织中，党委196个，其中乡（镇）党委103个、乡（镇）社区党委14个、建制村党委8个、其他党委3个、企事业单位党委43个、机关单位党委25个；党总支1279个，其中乡（镇）社区党总支93个、建制村党总支934个、企事业单位党总支117个、机关单位党总支131个、其他党总支4个；党支部9816个，其中乡（镇）及社区（含其他）党支部6507个、企事业党支部1836个、机关党支部1473个。在991个建制村中，建立党委的有8个，建立党总支部的有934个，建立党支部有49个；在108个社区（居委会）中，建立党委的有14个，建立党总支部的有93个，建立党支部的有1个。

【党员队伍状况】 2015年末，楚雄州有中共党员159049名，比上年增加914名，增长0.58%。有女性党员38595名，占党员总数的24.27%；少数民族党员52477名，占党员总数的33%。年龄在30岁及以下的党员18163名，占党员总数的11.42%；31～35岁的13759名，占8.65%；36～40岁的19427名，占12.21%；41～45岁的22266名，占14%；46～50岁的20326名，占12.78%；51～55岁的17890名，占11.25%；56～60岁的10530名，占6.62%；61～65岁的11311名，占7.11%；66～70岁的8683名，占5.46%；71岁及以上的16694名，占党员总数的10.5%。从文化程度看，有研究生党员934名，占党员总数的0.59%，比上年增长14.88%；大学本科22981名，占14.45%，增长4.33%；大学专科22706名，占14.28%，增长1.41%；中专10882名，占6.84%，减少0.24%；高中、中技12771名，占8.03%，减少1.49%；初中及以下88775名，占55.82%，减少0.3%。从职业情况看，有农牧渔民党员88598名，占55.7%；公有制单位党员40585名，占25.52%；非公有制单位党员3745名，占2.35%；学生党员1057名，占0.66%；离退休党员16505名，占10.38%；其他党员8559名，占5.38%。公有制单位党员中，党政机关工作人员17021名，占党员总数的10.7%；企事业单位管理人员和专业技术人员20325名，占12.78%，工勤技能人员3239名，占2.04%。非公有制单位党员中，企业管理人员和专业技术人员2063名，占党员总数的1.3%；民办非企业单位管理人员和专业技术人员400名，占0.25%；工勤技能人员1282名，占0.81%。

【发展党员情况】 2015年，楚雄州发展中共党员2079名。公有制单位发展党员469名，占发展总数的22.56%。其中，党政机关工作人员87名，占4.18%；企事业单位管理人员和专业技术人员239名，占11.5%，工勤技能人员25名，占1.2%。非公有制单位发展党员118名，占发展总数的5.68%。其中，企业管理人员和专业技术人员68名，占3.27%；民办非企业单位管理人员和专业技术人员25名，占1.2%；工勤技能人员25名，占1.2%。发展农牧渔民党员1112名，占发展总数的53.4%。发展学生党员420名，占发展总数的20.2%。发展其他党员78名（含1名退休党员），占发展总数的3.75%。发展35岁及以下党员1508名，占发展总数的72.53%；发展高中及以上文化的党员1261名，占发展总数的60.65%，其中大学本科以上文化317名、大学专科文化230名，分别占发展总数的15.25%、11.06%；发展妇女党员863名、少数民族党员703名，分别占发展总数的41.51%、33.81%；发展生产、工作一线党员1651名，占发展总数的79.41%。

【干部队伍状况】 2015年末，楚雄州有公务员19436人。其中，公务员机关工作人员18282人，参照公务员法管理的群团机关工作人员462人，参照公务员法管理的事业单位人员692人；女性6046人，占31.11%；少数民族7168人，占36.88%；中共党员14624人，占75.24%；大学本科及以上学历12768人（含研究生学历444人，其中博士10人、硕士106人），占65.69%；大学专科学历5692人，占29.29%；中专及以下学历976人，占5.02%；35岁及以下4798人，占24.69%；36～40岁3666人，占18.86%；41～45岁3540人，占18.21%；46～50岁3484人，占17.93%；51～54岁2914人，占15%；55岁及以上1034人，占5.32%。

【“三严三实”和“忠诚干净担当”专题教育】 2015年1月12日，楚雄州按照中共云南省委的部署召开动员大会，启动“三严三实”和“忠诚干净担当”专题教育。中共楚雄州委常委班子以及州人大常委会党组、州人民政府党组、州政协党组、楚雄医药高等专科学校党委、楚雄技师学院党委等6个厅级部门领导班子和10县（市）、州直各部门149个处级单位、1188名处级以上干部参加专题教育。州委组织部负责牵头抓总，组织实施。

建立协调机制，统筹推进专题教育　成立专题教育协调小组，建立协调推进、随机调研、列表督查、分析研判、审核把关、宣传引导6项工作制度，开展随机调研3次、列表督查5次，发出“点对点”整改通知46份，下发通报2期，对37个单位进行点名通报。

以上率下，高质量讲好专题党课　研究制定州级党员领导干部带头讲专题党课方案，州委书记侯新华带头为州、县（市）、乡（镇）、村（社区）干部讲专题党课2次，全州厅级领导班子及各县（市）、各州直单位一把手讲专题党课349次，班子成员讲专题党课782次，其他处级以上领导讲党课667次，听专题党课总人数6万余人。

聚焦主题，高质量开展学习研讨　按照“两月一专题、一月一研讨”要求，研究制定专题学习研讨方案，高质量组织开展3个专题6次集中学习研讨。全州县处级领导班子共开展专题学习研讨782次。

从严要求，高质量开好专题民主生活会　借鉴群众路线教育实践活动的成功经验，把“严”和“实”的要求贯穿专题民主生活会始终。全州处级以上领导班子召开征求意见座谈会635场次、发放征求意见表18046份，谈心谈话9476次，在对照检查中查找出存在问题2701条，提出整改措施2680条，处级以上领导班子成员批评一把手1924条、班子成员相互批评10143条。

聚焦问题，坚持边学边查边改　持续抓好“四风”问题整改，着力查找、解决不严不实和不忠诚不干净不担当问题。州级四班子查找不严不实问题60条、制定整改措施60条，班子成员查找不严不实问题219条。全州处级领导班子查找不严不实问题2206条、制定整改措施3181条，班子成员查找不严不实问题7800条、制定整改措施9593条。县（市）和州直单位领导班子查找出的143个不严不实问题整改落实情况，于11月中旬分5期在《楚雄日报》、政府门户网站等州级媒体上进行了公开，接受广大群众的监督评判。

专项整治，着力解决突出问题　深入开展“六个严禁”专项整治，强化执纪问责，115名干部主动上交“红包”84.5万元，查处违规行为24件30人。深入治理“为官不为”问题，各县（市）、州直各单位开展治理“为官不为”问题集中调研督查4260次，发现存在“为官不为”问题22549条，对243名干部进行问责。建立相关制度规定531个，修订完善相关制度规定775个。深入治理基层干部不作为、乱作为等损害群众利益问题，全州自查排查问题清单6920条，建立整改清单6379条，提出整改措施9144条，完成整改2081条，批评教育413人，诫勉谈话66人，依纪依规处理21人。

【老党员和困难党员关爱】　2015年，楚雄州组织开展“农村困难党员关爱行动”，对年龄在70周岁以上的农村困难老党员每人每月给予20元生活补助。州委领导走访慰问老党员和生活困难党员127名，发放慰问金10.13万元。下拨补助各县（市）委组织部和州属有关党（工）委州管党费26万元用于走访慰问老党员和生活困难党员。对新中国成立前入党的农村老党员和未享受离退休待遇的城镇老党员登记情况进行核实、统计，为16名新中国成立前入党的生活困难老党员发生活补贴2.71万元。

【干部选拔任用和监督管理】　2015年，中共楚雄州委组织部按照《中共楚雄州委关于建设忠诚干净担当高素质干部队伍的决定》，抓好干部选拔任用和监督管理。做好省管领导干部协管和日常服务工作，开展2014年度州委干部选拔任用“一报告两评议”工作督察。完成7名厅级干部和3名县委书记人选的推荐考察，办理省管、州管干部正常晋升职务工资及职务晋升工资变动的报批和工资转移介绍审批358人次，办理退休59人。按照相关政策对10名涉嫌违规违纪的处级干部停发工资待遇。贯彻执行党管干部原则，坚持“二十字”好干部标准，突出“忠诚干净担当、不让老实人吃亏、从基层一线培养选拔干部”和“有为才有位、有位要有为、为官要为民”的用人导向，提请州委常委会议讨论干部7批306人次。严把选人用人关。按程序组织完成15名处级干部职级晋升工作，全州10县（市）共完成3404名干部职级晋升工作。组织完成41名厅级领导干部和1094名县处级领导干部报告个人有关事项申报，对拟提拔的州管干部考察对象和108名州管县处级干部个人有关事项报告进行抽查核实，组织对15名领导干部进行任期经济责任审计；完成1139卷州管干部、10354卷科及以下干部人事档案审核工作；开展干部选拔任用工作自检自查，对超职数配备干部进行专项整治，整改消化92.5%；强化国家工作人员因私出国（境）管理，审查审批特岗人员因私出国（出境）32人次；做好组织部门信访工作，定期分析组织系统信访工作形势，转办、直接办理和答复群众来信来访22件次。

【干部教育培训】　2015年，楚雄州突出思想教育和能力提升，从严、从实抓好干部教育培训。抓好理想信念教育培训。将习近平总书记系列重要讲话和党的十八大及十八届三中、四中、五中全会精神作为各级党委中心组学习和干部教育培训的重要内容，纳入党校、行政学校干部培训的必修课，加强对日常学习培训的督促和指导。先后举办学习党的十八届四中全会精神暨“三严三实”和“忠诚干净担当”专题教育专题学习培训2000余人次；围绕“三严三实”和“忠诚干净担当”专题教育，开展县处级领导干部专题学习培训；利用17个党史党性教育基地，有针对性地开展现场教学，培训各级各类干部600余人次。结合实际，开办妇联干部、旅游行政管理干部、党外知识分子、民族团结示范带头人、新任县处级领导干部、政法干部、招商系统干部、文产干部和扶贫开发工作、企业经营管理等主体培训班次42个，培训3420人。依托高校的优质教育资源，继续推进异地培训工作，举办组织人事干部业务能力提升、工业经济专题研修、依法治国和司法系统干部、机关党务干部等短期专项培训，培训1300余人。严格执行调训计划申报制度，完成上级干部调训93期706人次。抓好干部在线学习。继续扩大干部在线学习的辐射半径，鼓励非领导职务干部、企业经营管理人员等参加学习，全州有1.14万人参加干部在线学习，平均分76.49分，实现副科级以上领导干部全覆盖。

【人才工作】　2015年，楚雄州按照中共云南省委、省人民政府《关于创新体制机制加强人才工作的意见》精神，实施人才强州战略，推动人才队伍建设。

健全完善人才工作运行机制　加强人才领导小组成员单位间的沟通协调，建立重大事项报告、成员单位例会、人才工作督查、人才工作目标责任考核等制度，强化对重点人才工作的督促指导，形成统分结合、职责明晰、协调有力、运转高效的人才工作运行机制。

推进各类人才队伍建设　抓好国家、省、州重大专项人才计划，做好“云岭牌”人才推荐选拔，统筹推进“六类人才”队伍建设，一批优秀人才获中央、省表彰奖励，其中1人荣获“兴滇人才奖”提名奖、1人荣获“云岭首席技师”称号、1人入选“云岭产业技术领军人才”、1人荣获“国务院特殊津贴”、3人荣获“省政府特殊津贴”。选拔24名县（市）、乡（镇）基层优秀专业技术骨干分别到云南师范大学、省第一人民医院等单位进修。实施“三区”人才支持计划，选派70名文化工作者、98名科技人才到基层支持工作，发挥高层次人才的引领作用。

优化人才发展环境　抓好在楚雄的11名省委联系专家、50名州委联系专家的管理服务工作，新建云南森源化工有限公司“宋湛谦院士工作站”和云南思农蔬菜种业发展有限责任公司“方智远院士工作站”，挂牌成立永仁县林业局油橄榄科技开发中心等6个专家基层工作站，新建楚雄州种猪场等6家科协专家服务站，组织32名专家成立专家服务团开展科技服务。

建立健全人才社会化服务体系　在州、县（市）、乡（镇）政务服务中心设立“一站式”人才服务窗口，推进各类园区人才创业服务中心建设。设立高校毕业生就业服务窗口，提供报到登记、求职、政策咨询、档案查询、人事代理等“一站式”服务。把高校毕业生相关信息录入人才库进行统一管理。在州科学技术协会网站设立“楚雄州科协人才库”，对州属39个协会和10县（市）科协管理的中职以上科技人员进行入库管理，申报入库科技人员1046人。组织开展2014年度全口径人才资源统计，全面掌握、科学评估全州人才资源开发状况。统计结果显示：2014年末，全州人才资源总量17.76万人，其中党政人才1.95万人、企业经营管理人才2.48万人、专业技术人才6.45万人、高技能人才2.43万人、农村实用人才4.35万人、社会工作专业人才990人，人才资源占人力资源总量的8.04%，每1万名劳动力中有研发人员5.65人，高技能人才占技能劳动者的17.36%，主要劳动年龄人口受过高等教育的占7.79%，人力资本投资70.46亿元，人力资本投资占GDP比重的10%，人才贡献率16.11%。

［李育斌］

老干部工作

【离退休干部情况】　2015年末，楚雄州有离退休干部22147人，其中离休490人、退休21657人。健在离休干部490人中，机关单位239人，事业单位126人，企业单位125人；抗日战争时期参加革命工作16人，解放战争时期参加革命工作474人；享受副部级医疗待遇1人，正厅级待遇3人，副厅级待遇6人，副厅级政治生活待遇4人，副厅级单项待遇13人，县处级待遇245人；省外易地安置12人，省内易地安置24人。有离休干部遗属504人，其中无固定收入遗属275人。健在退休干部中，正厅级待遇13人，副厅级待遇19人，副厅级三项待遇18人，正处级待遇390人，副处级待遇604人，有符合中央和省规定、建国初期参加革命工作的退休干部291人。

【老干部党组织和思想政治建设】　2015年，楚雄州全面加强离退休干部党组织建设和思想政治建设。年末，全州离退休干部中有党员1.09万人，占老干部总数的49.22%，有离退休干部党总支2个、党支部346个。11月4日，州委组织部、州委老干部局印发《关于进一步加强离退休干部党组织建设和思想政治建设工作的意见》，进一步明确老干部“两项”建设工作的指导思想、基本原则、主要任务、基本要求和基本制度，并建立教育培训、经费保障、激励考评、责任联动、作用发挥、关怀帮助等机制。加强老干部政治理论培训。举办老干部政治理论读书班11期、老干部党组织负责人专题培训班3期，选派3批17名老干部赴昆明、保山参加全省培训，重点学习党的十八届五中全会精神。深入贯彻习近平总书记等中央领导在全国离退休干部“双先”表彰会议上的讲话精神，举办中组部《关于“双先”会精神、为党的事业增添正能量活动宣传提纲》巡回宣讲报告会，到各县（市）、州级单位宣讲11场次，印发《提纲》1000余册。依托老干部党组织、老年大学、老年社团等平台，以党员结对非党老干部、老年大学和社团开设党的政治理论课程必修课和挂钩奖励、优秀评选等方式，强化对非党离退休干部的学习教育和引导管理。

【老干部生活待遇保障】　2015年，楚雄州切实做好老干部关爱工作，先后出台规范公用经费、医疗保障服务、补发生活补贴3项政策，走访易地安

8月5日，省委组织部副部长、省委老干部局局长罗志明（前排中）到楚雄市老干部活动中心调研（州委老干部局/提供）

置离休干部，保障老干部生活待遇。

保障公用经费　9月18日，州委组织部、州委老干部局、州财政局、州人力资源和社会保障局联合发出通知，明确全州退休干部公用经费每年每人按地厅级500元、县处级400元、其他300元标准由同级财政预算到退休人员管理单位，主要用于退休人员健康体检、看望慰问等。

优化医疗保障服务　9月25日，州委老干部局、州人力资源和社会保障局、州卫生和计划生育委员会联合发出通知，自10月1日起实行全州离休干部在参加统筹地外就医费用统一纳入医保信息系统管理，持卡就医、实时结算等政策，基本解决离休干部需要先垫付医药费后报销等实际困难。

补发生活补贴　10月28日，州委组织部、州委老干部局、州财政局、州人力资源和社会保障局联合发出通知，明确要求全州离休干部自2014年10月1日起按政策标准增加基本离休费后，2015年度按规定发放的生活补贴差额部分必须于12月31日前补发到位，资金按原渠道解决，惠及全州540名离休干部。

走访慰问易地安置及抗战时期参加工作的离休干部　6～7月，州委老干部局抽调人员组成5个慰问组，分批前往黑龙江、北京、湖南等8省（市），逐一走访慰问全州易地安置在省外的13名离休干部，了解情况，加强沟通联系，保障政策落实。抗日战争胜利纪念日前夕，州委、州人民政府安排专项资金，对全州20名抗战时期参加革命工作的离休干部进行走访慰问，并为他们颁发抗日战争胜利70周年纪念章。年内，老干部提出的减少健在认证频次等合理化意见建议均得到协调解决和落实。

① 抗日战争时期参加革命工作的离休干部 ② 11月23日，举办全州老干部政治理论读书班暨老干部党支部负责人培训班（州委老干部局/提供）

【老干部文化建设】 2015年，楚雄州围绕“展示阳光心态、体验美好生活、畅谈发展变化”主题，开展老干部文化建设活动。

讲述“红色回忆”故事　州委宣传部、州委老干部局、州委党史研究室集中资源征集、宣传、展示革命史实，全州18名离退休干部讲述的“红色回忆”革命故事陆续在州级媒体刊播刊登，集中展示老干部们不同历史时期的革命、创业事迹，传播老一代共产党人的光荣传统，教育和激励后人。姚安、牟定、大姚、武定、元谋等县和楚雄市也相继开展宣传活动，用老同志的革命事迹教育和启迪后人，营造全社会发扬革命传统、崇尚英雄、鼓励奉献、珍惜幸福、支持改革发展的良好氛围。

老干部宣讲　10月，州委老干部局组织全州受省以上表彰的老干部先进个人和先进集体代表，到各县（市）、州级单位、州老年大学开展先进事迹宣讲报告会11场，以简报、网站、宣传栏等形式宣传展示先进事迹14次，引导和激励广大老干部继续发挥余热。姚安县、武定县组织成立老干部宣讲团走入机关、社区、农村，为当地群众和老年人讲述爱国爱党故事，弘扬良好社风民风，传授法律、科技、保健等方面的知识。各级老年大学、老干部主流社团走进农村、社区、广场，以文艺演出、书画展览、写送春联等形式宣传党的十八大，十八届三中、四中、五中全会精神，展示学习成果50余场次，到境外（台湾）宣传展示彝族文化1次，到州外参加大型活动7次。建立由52名老干部组成的网络宣传员骨干队伍，并就智能终端使用、网络宣传知识等开展专题培训，使老干部掌握网络及智能终端等知识。

阳光心态建设　7～9月，全州挑选少数民族离退休干部和熟悉民族工作的汉族离退休干部130余名，召开座谈会11场、个别访谈10余次，针对党的十八大以来楚雄州民族地区经济社会发展、民族工作、少数民族团结进步等征求看法和意见建议。公安系统为654名离退休民警颁发“忠诚从警”荣誉勋章，鼓励他们保持本色、发挥余热，激励在职民警传承优良传统。各级各部门开展离退休干部“为党的事业增添正能量”主题文体活动60余场次，参加人数1.5万余人次。

【老干部活动中心及老年大学建设】 2015年，楚雄州各级老干部活动中心争取各界支持，扩大活动场地、增加设施设备、不断完善功能，11所老干部活动中心全年累计接待老干部150余万人次，做到安全零事故，成为全州老干部和社会老年人老有所为、老有所乐、老有所学的主流阵地。7月，印发《楚雄州老年大学州级示范校创建办法》，5个县（市）老年大学申报州级示范校。积极创办老年大学乡（镇）分校、社区（或老同志集中区域）教学点。年末，全州有老年大学11所，老年大学分校32所、校外办学点47个；有在校学员1.93万人，比上年增长31.22%。

［何　荻］

【干休所工作】 2015年初，楚雄州干休所有住所老干部18人，年内去世2人（抗战老干部），年末健在16人，年龄最大的93岁、最小的83岁，平均年龄87岁。州干休所突出为住所老干部提供亲情式、精细化服务的工作重点，强化“六项服务”，加强工作人员（24小时）值班制度和联系服务老干部及遗属工作，加强与老干部原单位及家属、子女的沟通协调，共同为老干部提供全方位服务，做到日常联系沟通经常化。对孤寡、行动不便的老干部实行责任分解结对，强化精神慰藉关怀。巩固老干部政治待遇“八项制度”的落实，加强老干部党组织建设和思想政治引领，每周组织阅文1次，每月坚持组织住所老干部集中学习政治理论，按要求组织老干部参加情况通报会、报告会、专题讲座、党课教育、读书班等；对行动不便老干部，坚持送学上门。关心照顾老干部生活，坚持定期不定期到老干部家中走访看望行动困难、长期出不了门和生病住院的老干部、老党员。坚持重大节日走访慰问制度，按要求及时传达事关老干部切身利益的相关政策与规定，并督促原单位落实。开展以“铭记历史，缅怀先烈，珍视和平，开创未来”为主题的纪念中国人民抗日战争和世界反法西斯战争胜利70周年纪念活动，配合州委宣传部、州委党史研究室、州委老干部局做好纪念抗战胜利70周年楚雄州党史人物红色回忆史实资料征集工作，4名住所老干部接受采访。组织住所老干部及干部职工参加州委老干部局举办的“为党和人民事业增添正能量”主题征文活动，上报征文2篇。

［宋国友］

宣传工作

【理论武装】 2015年，楚雄州强化理论武装工作。结合“三严三实”和“忠诚干净担当”专题教育，认真策划、组织、指导全州各级党委（党组）理论学习中心组学习活动的开展，整理编印《州委理论中心组学习参阅资料》，提供给领导学习参阅，增强学习的针对性和实效性。开展州委理论学习中心组集中学习11次。组织习近平总书记考察云南重要讲话精神及党的十八届五中全会精神宣讲，邀请省委宣讲团成员、云南财经大学副校长伏润明为全州各级领导干部作专题辅导。结合彝州实际编写《学习习近平总书记考察云南重要讲话精神宣讲提纲》和《党的十八届五中全会精神宣讲提纲》，并组织由相关部门领导和州委党校部分专任教师组成的州委宣讲团，分赴各县（市）、各部门进行宣讲，推动干部群众对习近平总书记的重要讲话精神和党的十八届五中全会精神的学习领会。开展“共筑中国梦·同绘彩云南”2015年云南省高校百场形势政策报告会活动，州委书记侯新华，州委副书记、州长李红民分别到楚雄师范学院、楚雄医药高等专科学校为师生作专题报告。加大舆情信息收集和《要情专报》编辑上报工作，向省委宣传部上报舆情信息2000余篇，被采用200余篇。姚安县“梅葛宣讲团”负责人赵章才被中宣部授予“先进个人”称号。

【新闻宣传】 2015年，中共楚雄州委宣传部切实做好新闻宣传工作。做好党的十八届四中、五中全会精神宣传，通过开辟专栏、专题，系统地介绍、阐释全会精神，及时报道各地各部门的学习贯彻情况。做好习近平总书记考察云南重要讲话精神的宣传，印发《学习贯彻习近平总书记考察云南重要讲话精神宣传报道方案》，在各州级媒体开辟专栏、专题、网页，宣传习近平总书记考察云南重要讲话中对云南工作的新要求及讲话的思想内涵。做好州内重要会议及活动的宣传。做好州委八届六次全会及州“两会”会前、会中、会后的宣传报道工作。把转变经济发展方式的宣传作为主线，开设“稳增长、促发展”专题专栏，做好州人民政府2015年重点

全州宣传工作会议（高建波/摄影）

督查推进的“3个30”重点项目的专题宣传工作。做好“三严三实”和“忠诚干净担当”专题教育、“挂包帮”“走转访”活动宣传。做好党的组织建设、精神文明建设、生态文明建设、创建国家公共文化服务体系示范区、反腐倡廉、安全生产、食品安全、“三下乡”活动等各种专项活动的宣传工作。配合做好“第五届南亚东南亚媒体云南行”活动在楚雄州的采访报道工作，做好“广州（市）经贸代表团赴楚雄考察对接合作项目活动”“依托本地企业家代表开展以商招商活动”的宣传报道。配合州委办、省委外宣办做好全省特色产业新闻发布会楚雄专场活动宣传工作。深入开展马克思主义新闻观教育活动，推动“走基层、转作风、改文风”活动开展。从社会各界聘请20位热爱新闻宣传工作、有一定阅评能力的工作人员作为阅评员，分为报刊组、广播组、电视组、网络组，对《楚雄日报》、州广播电台、楚雄电视台、云南楚雄网刊播内容的导向、内容、编排、特色、文风进行阅评。

【主题宣传】 2015年，中共楚雄州委宣传部抓好主题宣传教育活动。

“中国梦”“中国特色社会主义”“俭约云南”等主题宣传 围绕“我们的中国梦”主题，在元旦、春节期间，利用全州各具特色的文化资源，动员和组织广大艺术家和文艺工作者，推出一批体现社会主义核心价值体系要求、人民群众喜闻乐见的优秀文艺作品，开展“我们的中国梦”文化进万家活动。结合全州实际，与州发展和改革委员会联合拟定《2015年楚雄州深化节俭养德全民节约行动工作方案》，继续做好“俭约云南”“俭约楚雄”主题宣传教育实践活动。

培育和践行社会主义核心价值观宣传 结合全州实际，通过“善行义举榜”“图说我们的价值观”“梦娃”等核心价值观公益广告，将社会主义核心价值观的宣传教育工作融入日常的工作、生活当中。在开发区市民广场制作楚雄州善行义举好人榜（第一期），在州公务中心前设计制作社会主义核心价值观主题灯箱，进一步增强社会主义核心价值观宣传教育的效果。继续做好“文明楚雄行动”系列宣传，推动社会主义核心价值观内化于心、外化于行，受教于众，使“三个倡导”家喻户晓；宣传、阐释中国梦的重大意义、精神实质和在彝州的实践要求。深入发掘，重点推出诚实守信好人——梁达松，并入选中国好人榜。

纪念抗日战争胜利70周年主题宣传 代州委起草《中共楚雄州委关于认真做好中国人民抗日战争胜利70周年暨红军长征过楚雄80周年系列纪念活动的通知》；按照上级安排部署，做好全州抗战老兵摸底及资料收集、报送与“纪念章”发放工作；结合《云南省开展纪念中国人民抗日战争暨世界反法西斯战争胜利70周年群众性主题教育活动方案》的要求，拟定楚雄州主题宣传教育方案；与州委党史研究室、州委老干局联合印发《在全州离退休干部中广泛开展“凝聚正能量·共筑中国梦”党史人物红色回忆史实征集宣传工作的方案》，通过史实征集和宣传，进一步弘扬老同志伟大的爱党爱国爱民的奉献精神，丰富全州党史资料征集内容，创新老干部“两项”教育建设的宣传教育形式，丰富全州纪念抗日战争胜利70周年主题宣传教育活动内容。

【社会宣传】 2015年，中共楚雄州委宣传部按照州委、州人民政府的部署和要求，配合各级各部门及各项工作领导小组，共同研究，制定宣传方案，创新宣传的方式方法，精心组织策划，就年度内的“三下乡”活动开展、禁毒防艾、消防安全、反恐、缉枪治爆、打击和处置非法集资、“六五”普法、人口普查等工作，组织开展宣传教育活动，强化社会宣传，提升民众意识。

【先进典型挖掘、培树和宣传】 2015年，楚雄州重视做好先进典型的挖掘、培树、宣传工作。积极向省委宣传部推荐2015年“云岭楷模”“最美村官”“最美基层干部”“深入生活、扎根人民优秀文艺工作者”“最美法官”“百姓最喜爱的人民警察”等典型，并做好相关宣传工作。

【文化事业发展】 2015年，楚雄州充分挖掘全州民族文化资源特色，推进文化事业发展。举办楚雄州影视产业发展座谈会，邀请中国文联副主席、中国电视艺术家协会主席赵化勇以及北京、上海、深圳的文化专家学者，对彝州影视产业发展进行指导研讨。4月19日，中国作协副主席、书记处书记、鲁迅文学院院长吉狄马加到楚雄州调研指导文学创作工作。由州委宣传部、州文化体育局、州文学艺术界联合会主办，楚雄州民族艺术剧院、云南省民族艺术研究院承办的“山草随想——那少承云南民族管弦乐作品音乐会”于5月19～22日在楚雄、昆明公演。由州民族艺术剧院排演的大型彝剧《杨善洲》进京参加全国少数民族文艺汇演，受到社会好评。楚雄州创建国家级公共文化服务体系示范区建设工作通过国家专家组中期验收。省级重点文化事业建设项目“小广场·大喇叭”推进工作进展顺利，武定、牟定、姚安、双柏、禄丰、楚雄等县（市）部分或全部完成项目建设任务。由云南省民间文艺家协会推荐、楚雄州民间文艺家协会组织的双柏县老虎笙表演队表演的《老虎笙》，获第十二届中国民间文艺“山花奖”民间艺术表演奖，是云南省在此届评奖活动中的唯一奖项。

［杨建林］

对外宣传

【外宣工作概况】 2015年，楚雄州整合外宣资源，加强统筹策划，创新宣传形式，拓宽宣传渠道，搞好新闻外宣工作。推进传统媒体与新兴媒体的融合发展。楚雄日报社在开通新闻外宣网站——云南楚雄网的基础上，开通“云南通·楚雄”党政客户端；楚雄电视台开通手机新闻客户端“爱楚雄”；州广播电台推出网络广播新平台“楚雄广播网”，3家州级媒体逐步实现传统媒体与新兴媒体资源共享，优势互补，提升传播能力，扩大对外宣传效应。加大新兴媒体的信息发布力度，通过楚雄州新闻外宣网站——云南楚雄网、楚雄发布微博集群（官方微博）、“云南通·楚雄”党政客户端、楚雄电视台移动客户端等平台发布党务、政务信息。其中，楚雄发布（官方微博）发表877篇，云南通·楚雄党政客户端楚雄州级端推送图片238组、文字1065条、今日楚雄500条、政务楚雄565条、玩转楚雄238组，向党政客户端手机用户推送各类政务信息数据2.03万条。按照“及时准确、公开透明”的原则，做好突发交通事件、食物中毒等敏感问题的新闻发布，授权新华社云南分社及时发布权威信息，回应关切，疏导情绪，引导社会舆论。加强与中央、省级、港澳媒体的沟通联系，超前策划，主动邀请媒体到楚雄州采访，推出深度报道，扩大彝州的对外影响力和知名度。火把节期间，邀请中央、港澳、省级媒体到楚雄开展“走进楚雄·精彩故事”系列采访活动。云南电视台都市频道《大口马牙》剧组分别到楚雄市、南华县、禄丰县免费制作火把节、野生菌美食等专题片3期各30分钟。做好2015年七彩云南格兰芬多国际自行车节楚雄站比赛活动的专题宣传。8月13～16日，配合四川省阿坝州人民政府新闻办在楚雄州境内相关县（市）拍摄《藏羌彝走廊》纪录片。组织州内传统媒体和新媒体着力开展好《楚雄州“挂包帮”“走转访”宣传工作》和《楚雄州项目集中开工仪式暨五大基础设施网络建设》专题宣传。落实好《楚雄州新闻外宣奖励办法》，加大奖励力度。在《云南日报》推出楚雄宣传系列专版13块；云南日报社楚雄分社在《云南日报》刊出楚雄州稿件头版头条4篇，头版刊出22篇，其他版面稿件269篇；楚雄电视台报送的新闻稿件在中央电视台播出15条，在云南广播电视台播出360条；州广播电台在中央人民广播电台和中国国际广播电台（网站）播出20条，在云南广播电视台播出1205条。

【全面深化改革主题宣传】 2015年，楚雄州新闻、外宣工作全面深化改革主题宣传。大力宣传楚雄州推进改革的实施办法、工作成效和经验，展示全面深化改革给彝州经济社会发展带来的新气象、新活力，引导广大干部群众进一步坚定深化改革的信心、凝聚改革共识。

经济发展主题宣传　重点就楚雄州加快经济发展的政策、措施、成就和重点产业、重点工程、重大项目，产业转型升级，滇中城市经济圈一体化发展战略等重大经济发展主题进行宣传。对州人民政府重点督查推进的“3个30”重点项目进行专题宣传；印发《楚雄州稳增长促发展解读和宣传工作方案》，组织媒体专访组对10县（市）和州级11个相关经济部门进行为期一个月的专题采访报道，《招商引资助推经济平稳增长》《强化保障加快推进重点工业项目建设》等文章在《云南日报》头版头条刊出。

全面建设小康社会主题宣传　重点组织好楚雄州改善民生、社会治理、扶贫攻坚和公共文化服务体系示范区创建、民族团结示范区建设、精神文明、生态文明建设等民生保障和社会建设专题宣传，《废墟上崛起诸葛营新村》在《云南日报》头版头条刊出，《集中破解一批民生难题》《楚雄州聚力攻坚脱贫》《全力以赴精准扶贫》《积极推动法治实施，全力构建和谐社会》等文章在《云南日报》头版刊出。

从严治党专题宣传　结合“三严三实”和“忠诚干净担当”专题教育、党风廉政建设和反腐倡廉工作，策划做好楚雄州从严治党的措施、经验和成果宣传。文章《从严治党建设高素质干部队伍》在《云南日报》头版刊出。

【典型宣传】 2015年，楚雄州新闻、外宣工作在继续做好“楚雄州道德模范”“楚雄好人”等专题宣传的同时，组织中央和省、州媒体重点推出梁达松等典型人物宣传，制作《云岭楷模梁达松》等微电影，发挥先进典型的社会引领作用。组织开展中国人民抗日战争胜利70周年、红军长征过楚雄80周年系列纪念活动宣传。

【文化外宣】 2015年3月29日，中国知名设计师、时尚领域领军人物李鸿雁的“HELENLEE2015马樱花秋冬时装发布会”在上海举行。楚雄州外宣办借机与上海其雅文化传播有限公司、云南欣绿茶花股份有限公司共同举办“美丽楚雄·上海行”文化外宣活动。30日，在“美丽楚雄”新闻发布会上，楚雄州围绕“楚雄在哪里”“楚雄有什么”“楚雄盼什么”3条主线，通过“世界恐龙之乡”“东方人类故乡”“中国彝族文化大观园”3张名片，介绍彝州的州情和历史文化，推介彝族刺绣和楚雄茶花文化。驻上海15家主流媒体，29家都市类、时尚类媒体、网站派出记者参加宣传报道。5月23～26日，中共楚雄州委外宣办、州人民政府新闻办与深圳“合一创意”原创设计师集成平台合作，在深圳市南山区南海大道金晖大厦举行“美丽楚雄·深圳行”文化外宣活动。活动由州委外宣办主办，州博物馆、州民族艺术剧院、州彝族刺绣协会等单位参与承办，活动包括霓彩彝衫——彝族服饰和彝族原生态歌舞器乐展演，彝族精品服饰展览和世界恐龙之乡、东方人类故乡、中国彝族文化大观园图片展，展现楚雄精美的彝族服饰、古老的彝族文化和刺绣艺术。8月27～28日，州委外宣办、州人民政府新闻办与深圳市委宣传部、深圳大明集团联合举办“爱我中华公益助学”彝族大型风情歌舞《太阳女》主题晚会，弘扬爱国主义精神和中国传统文化，歌颂扶贫济困、公益助学的美德，宣传推介彝族优秀文化。

【互联网阵地建设与网络舆论引导】 2015年，楚雄州着力推动传统媒体与新兴媒体的融合发展，强化舆论阵地建设与网络舆论引导。5月14日，由中共楚雄州委、州人民政府与新华社云南分社联合建设的党政移动终端门户——“云南通·楚雄”党政客户端举行上线启动仪式，州委书记侯新华出席仪式并讲话，新华社云南分社党组书记、社长徐玉长等出席启动仪式和座谈会。完善网络舆情监测、研判、处置联动机制，加强网络舆情研判、处置力量和队伍建设，及时发现，妥善处置网络舆情。参与开展云南省第二届“国家网络安全宣传周”活动，做好年度内重特大交通事故、饮水安全等事件的网络舆论引导和舆情监测处置工作。加强网络管理，规范网络秩序，净化网络空间。加强队伍建设，强化人员培训。9月6～9日，举办楚雄州网络宣传员骨干培训班，全州10县（市）委宣传部、州级相关部门有关人员共65人参加培训。

【新闻发布】 2015年，楚雄州继续加强新闻发言人队伍建设，完善新闻发言人制度，强化新闻发布工作。4月17日，州委常委、副州长任锦云代表楚雄州参加省政府新闻办召开“魅力红土地，高原云系列”之“发展人工食用菌产业，促农持续增收”新闻发布会。9月28日，州委副书记孙赟，州委常委、州委组织部部长徐昕等代表楚雄州参加省政府新闻办召开“贯彻落实省委九届十一次全会精神，构建楚雄风清气正生态环境”新闻发布会。12月18日下午，州人民政府新闻办和中共元谋县委、县人民政府在昆明楚雄大厦共同召开“云南元谋果蔬产品展洽新闻发布会”，中央驻滇、港澳媒体、省级、州级媒体参加新闻发布会。

［赵现培］

精神文明建设工作

【公民道德建设】 2015年，楚雄州着力加强公民道德建设。

道德模范评选表彰 9月20日，云南省精神文明建设指导委员会印发《关于表彰第五届云南省道德模范的决定》，楚雄州推荐上报的永仁县第一中学退休教师梁达松、武定县发窝乡分多村委会村民李正明、元谋县财政局驾驶员段连斌当选第五届云南省道德模范，楚雄州水稻站站长李开斌、大姚县金碧镇村民赵丽华、牟定散花建安有限责任公司第十工程处负责人储宗良获提名奖。9月23日，州精神文明建设指导委员会召开第四届楚雄州道德模范表彰座谈会，对姚安县适中乡适中村委会大村五组村民周丽珍等10名道德模范和元谋县老城中学退休教师张汝发等20名道德模范

9月23日，第四届楚雄州道德模范表彰座谈会召开（夏天彧/摄影）

提名奖获得者进行表彰奖励。10月13日，中央文明委召开第五届道德模范表彰座谈会，楚雄州永仁县第一中学退休教师梁达松荣获第五届全国道德模范提名奖。年内，州文明委组织记者对受表彰的第四届楚雄州道德模范进行专题采访，编辑成《德耀彝州（二）——楚雄州培育和践行社会主义核心价值观》读本，宣传道德模范先进事迹，弘扬真善美，传播正能量。

善行义举好人榜建设 坚持因地制宜，分类推进。农村以孝老爱亲为重点，社区以助人为乐为重点，党政机关和事业单位以敬业奉献为重点，企业以诚实守信为重点，学校以感恩孝顺为重点，在社区、农村、企业、学校和窗口单位全面开展善行义举好人榜创建活动。永仁县第一中学退休教师梁达松、武定县发窝乡分多村委会村民李正明、元谋县财政局驾驶员段连斌入选2015年度“中国好人”。

道德模范关爱帮扶 对全州历届各级道德模范中的40名进行春节慰问，对9名生活困难和患病的第四届楚雄州道德模范分别给予5000元至1.5万元的帮扶慰问金，为生活困难的第五届云南省道德模范李正明争取帮扶慰问金1万元。

道德讲堂活动 楚雄州道德讲堂中心讲堂举办活动5期。第一期以“友善”为主题，由楚雄师范学院承办；第二期以“爱国”为主题，由共青团楚雄州委承办；第三期以“友善”为主题，由州卫生局、州义务献血办公室、州中心血站承办；第四期以“敬业”为主题，由云南电网楚雄供电局承办；第五期以“诚信”为主题，由州工商行政管理局承办。通过“身边人讲身边事，身边事教育身边人”，提高广大参与人员的道德素质。

社会主义核心价值观主题公园、主题街区建设 以楚雄市龙江公园门区、灯杆、亭、廊、导游牌、绿地等自然区域和基础设施为载体，以社会主义核心价值观、文明楚雄行动等宣传为主要内容，运用优秀传统文化元素和民族文化元素，以图说、文字形式，宣传阐释社会主义核心价值观，建成楚雄州第一个社会主义核心价值观主题公园、主题街区。

“红土地之歌”演讲比赛 以“我们的价值观，我们的中国梦”为主题，举办第十届“红土地之歌”演讲比赛，选送2名选手参加全省决赛并取得好成绩。

云南省中华传统美德教育实践示范基地建设启动仪式 12月27～30日，云南省中华传统美德教育实践示范基地建设启动仪式暨道德讲堂骨干和公民道德教育宣讲员培训班在楚雄州永仁县举办。首批6个中华传统美德教育实践示范基地州（市）文明办主任，各州（市）道德讲堂建设负责人、公民道德宣讲员，楚雄州10县（市）文明办主任共150人参加培训。永仁县荣获首批“中华传统美德

教育实践示范基地”称号。

【文明楚雄行动】 2015年，楚雄州继续开展“文明楚雄”行动。

文明餐桌行动 突出重点，深化宣传教育，倡导“文明用餐、反对浪费”的良好风尚。联合州食品药品监督管理局、州商务局投入资金10万元印制宣传画7.5万张，覆盖全州12928家宾馆、酒店和餐馆。

文明交通行动 突出重点人群、交通运输企业和驾驶培训学校，抓好交通安全警示教育。举办全州文明交通安全知识竞赛，组织开展“12·2全国交通安全日”主题宣传活动，促进交通秩序好转。

文明服务行动、文明礼仪行动 由州精神文明指导委员会办公室、州直机关工委主办，楚雄日报社承办，开展“迎国庆·学礼仪——楚雄州文明礼仪知识竞赛”活动，普及文明礼仪知识，提高广大干部群众文明素养，倡导知荣辱、重礼仪、讲文明的良好风尚。有4.46万人参加竞赛，470人分别获得一、二、三等奖和鼓励奖。

文明家庭行动 组织开展“美丽人生大讲堂”等家庭道德教育活动、“五好文明家庭”“学习型家庭”等各类文明家庭创评活动、“法进家庭”教育活动、寻找“最美家庭”活动和“文明公益在家庭”等5项活动，构建和谐的家庭关系，通过家庭文明促进社会文明。表彰“最美家庭”10户、“最美家庭提名奖”10户。

【志愿服务活动】 2015年，楚雄州精神文明建设指导委员会抓好志愿服务活动。3月5日，以“关爱他人、关爱社会、关爱自然”为主题，组织开展“学雷锋纪念日”志愿服务活动，楚雄城区2000余名志愿者走上街头开展卫生死角清理、文明交通劝导、无偿献血、关爱孤残老人儿童等志愿服务活动，州广播电台以“彝山盛开文明花”为主题对活动进行现场直播。全年共组织“学雷锋志愿服务日”活动12期。联合州卫生局、州献血办把无偿献血公益活动纳入学雷锋志愿服务活动和文明创建工作测评体系，明确具体考核指标，要求各级文明单位带头参与无偿献血公益活动，示范带动各级文明城市（县城）、文明村镇、文明社区的广大干部群众参与无偿献血。按照相关要求和标准，推荐云南省第二批学雷锋活动示范点候选单位5个、云南省第二批岗位学雷锋标兵候选人18名。

【群众性精神文明创建活动】 2015年，楚雄州着力抓好群众性精神文明创建活动。组织开展第四届全国文明单位、文明村镇评选表彰。2月28日，在全国精神文明建设工作表彰暨学雷锋志愿服务大会上，云南电网楚雄供电局、楚雄州地税局、楚雄师范学院附属小学荣获第四届全国文明单位称号；禄丰县广通镇、双柏县妥甸镇上村居民小组、牟定县共和镇余新村委会施大路村民小组荣获第四届全国文明村称号；楚雄师范学院、楚雄州审计局、楚雄公路管理总段、楚雄州烟草公司复查合格，继续保留全国文明单位荣誉称号；楚雄市鹿城镇，禄丰县金山镇、黑井镇，武定县狮山镇狮山村委会复查合格继续保留全国文明村镇荣誉称号。组织开展第三批省级文明县城、第十四批省级文明单位、第七批省级文明村、第四批省级文明小城镇和文明社区评选表彰。受省委、省人民政府表彰奖励的第三批文明县城3个、第十四批省级文明单位140个、第七批省级文明村65个、第四批省级文明小城镇8个、第四批省级文明社区8个，兑现文明村镇、文明社区奖金278万元。实施文明村创建提升示范工程。安排专项资金对双柏县妥甸镇西城社区上村、永仁县永定镇太平地村委会诸葛营村、禄丰县恐龙山镇阿纳村委会阿纳大村3个文明村按照“十有”标准开展文明村创建提升示范工程建设。

2015年楚雄州获中央命名的文明单位

命名时间	单位名称	获得奖项
2015年2月28日	禄丰县广通镇	全国文明村镇
	双柏县妥甸上村	全国文明村镇
	牟定县共和镇余新村委会施大路村	全国文明村镇
	楚雄供电局	全国文明单位
	楚雄州地方税务局	全国文明单位
	楚雄师范学院附属小学	全国文明单位

（州文明办/提供）

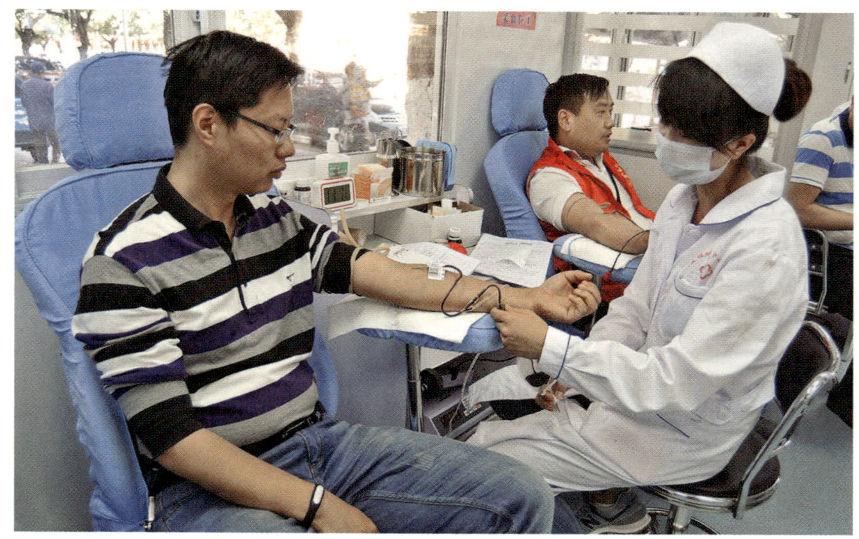

学雷锋志愿者服务日活动中青年志愿者义务献血（夏天彧/摄影）

2015年楚雄州受表彰的第十四批省级文明单位

中共楚雄州委办公室	云南公路投资有限公司昆明西管理处楚雄分处	南华供电有限公司
中共楚雄州纪委、监察局	楚雄公路管理总段机械化养护和应急中心	中共姚安县纪委、监察局
楚雄州人大常委会机关	楚雄市人民检察院	中共姚安县委组织部
楚雄州人民政府办公室（含州接待处、州政府法制办）	楚雄市审计局	姚安县人民检察院
楚雄州政协委员会机关	楚雄市工商行政管理局	姚安县财政局
中共楚雄州委组织部	楚雄市国家税务局	姚安县审计局
中共楚雄州委政策研究室	楚雄市地方税务局	姚安县国家税务局
中共楚雄州委员会机构编制办公室	楚雄市气象局	姚安县地方税务局
楚雄州人民检察院	楚雄公路路政管理大队	姚安县中医医院
楚雄州发展和改革委员会	中国移动通信集团云南有限公司楚雄市分公司	政协大姚县委员会机关
楚雄州工业和信息化委员会	楚雄东兴中学	中共大姚县委组织部
楚雄州教育局	楚雄金鹿中学	中共大姚县委宣传部
楚雄州公安局	楚雄市鹿城小学	大姚县人民检察院
楚雄州公安局交警支队	楚雄市西城幼儿园	大姚县财政局
楚雄州司法局	云南电网有限责任公司楚雄武定供电局	大姚县审计局
楚雄州人力资源和社会保障局	中共禄丰县纪委、监察局	大姚县地方税务局
楚雄州国土资源局	禄丰县人民法院	中国电信股份有限公司大姚分公司
楚雄州文化体育局	禄丰县人民检察院	中国移动通信集团云南有限公司大姚分公司
楚雄州广播电视局	禄丰县公安局	中共永仁县委宣传部
楚雄州卫生局	禄丰县审计局	永仁县人民检察院
楚雄州食品药品监督管理局	禄丰县国家税务局	永仁县地方税务局
楚雄州统计局	禄丰县地方税务局	永仁县财政局
楚雄州机关事务管理局	禄丰公路管理段	永仁县审计局
楚雄州工商行政管理局	双柏县人民检察院	永仁县国土资源局
楚雄州气象局	双柏县公安局	永仁县气象局
国家统计局楚雄调查队	双柏县财政局	中国电信股份有限公司永仁分公司
中国邮政集团公司楚雄州分公司	双柏县审计局	永仁供电有限公司
楚雄公路路政管理支队	双柏县工商行政管理局	中共元谋县纪委、监察局
云南省交警总队高巡警支队昆楚大队	双柏县国家税务局	中共元谋县委组织部
楚雄州住房公积金管理中心	双柏县地方税务局	元谋县人民法院
楚雄州人民医院	双柏供电有限公司	元谋县人民检察院
楚雄州中医医院	中共牟定县纪委、监察局	元谋县审计局
楚雄州中心血站	中共牟定县委组织部	元谋县工商行政管理局
楚雄医药高等专科学校	中共牟定县委宣传部	中国移动通信集团云南有限公司元谋分公司
云南省楚雄第一中学	牟定县人民检察院	元谋县元马中学
楚雄州特殊教育学校	牟定县审计局	武定县人民检察院
楚雄开发区实验小学	牟定县国家税务局	武定县审计局
楚雄州幼儿园	牟定县地方税务局	武定县国家税务局
中国工商银行楚雄分行	牟定县气象局	武定县地方税务局
中国农业银行楚雄分行	中国移动通信集团云南有限公司牟定分公司	中国电信股份有限公司武定分公司
中国电信股份有限公司楚雄分公司	南华县人民检察院	中国移动通信集团云南有限公司武定分公司
中国移动通信集团云南有限公司楚雄分公司	南华县人民法院	武定公路管理段
红塔集团楚雄卷烟厂	南华县审计局	武定县近城小学
云南广电网络集团有限公司楚雄分公司	南华县国家税务局	楚雄州烟草公司禄丰县分公司
云南地质工程第二勘察院	南华县地方税务局	中国电信股份有限公司禄丰分公司
云南电网有限责任公司楚雄鹿城供电局	中国电信股份有限公司南华分公司	禄丰供电有限公司
楚雄滇中实业有限公司	中国移动通信集团云南有限公司南华分公司	

（州文明办/提供）

2015年楚雄州受表彰的第七批省级文明村

楚雄市苍岭镇李家村委会马石铺村民小组	大姚县桂花镇乌龙口村委会暑立里第三村民小组
楚雄市苍岭镇李家村委会李家坝村民小组	大姚县赵家店镇黄羊岭村委会大兴田村民小组
楚雄市子午镇云龙村委会云龙街八组	大姚县石羊镇白石谷村委会白石谷第二村民小组
楚雄市八角镇八角村委会山萝卜地村民小组	大姚县六苴镇簸箕村委会小河村民小组
楚雄市八角镇必达村委会杨门前村民小组	大姚县三岔河镇格谷村委会下村村民小组
楚雄市大地基乡大地基村委会箐头村民小组	永仁县永定镇太平地村委会方山诸葛营村民小组
楚雄市大过口乡力白所村委会李子树村民小组	永仁县莲池乡羊旧乍村委会小村村民小组
楚雄市三街镇三街村委会周家下组	永仁县宜就镇宜就村委会彝人新村村民小组
楚雄市中山镇哨房村委会坝边村民小组	永仁县中和镇中和村委会中和村民小组
双柏县妥甸镇西城社区上村	永仁县维的乡维的村委会大村村民小组
双柏县法脿镇石头村委会新村村民小组	元谋县元马镇清和社区大水井村民小组
双柏县大庄镇干海资村委会下村村民小组	元谋县元马镇星火社区环州驿村民小组
双柏县碍嘉镇龙树村委会新田山村村民小组	元谋县元马镇星火社区下雷窝村民小组
双柏县碍嘉镇新树村委会小对旧村村民小组	元谋县元马镇清和社区月龙村民小组
牟定县新桥镇大蒙恩村委会代咀子第十村民小组	元谋县黄瓜园镇牛街村委会牛街村民小组
牟定县江坡镇民乐村委会山甸尾村民小组	元谋县黄瓜园镇龙山村委会雷丁村民小组
牟定县凤屯镇飒马场村委会大平地村民小组	武定县狮山镇狮山村
牟定县戌街乡戌街村委会橄榄坪村民小组	武定县狮山镇吆鹰村委会大石房村民小组
牟定县蟠猫乡朵苴村委会梨园村民小组	武定县发窝乡乍基村委会乍基村民小组
牟定县安乐乡安乐村委会上安乐村第二村民小组	武定县插甸镇古普村委会大古普村民小组
南华县兔街镇长梁子村委会中山村民小组	武定县猫街镇百子村委会阳家村村民小组
南华县红土坡镇罗纳里村委会大村村民小组	武定县白路镇白路村委会三岔河村民小组
南华县罗武庄乡祭龙山村委会莫碑村民小组	武定县高桥镇弯腰树村委会弯腰树村民小组
南华县一街乡一街村委会阿脚朗村民小组	禄丰县金山镇南雄村委会岔河村
南华县五街镇石板河村委会笔掌箐村民小组	禄丰县仁兴镇清水河村委会马房村
南华县雨露乡铅厂村委会赵家村民小组	禄丰县勤丰镇洋溪冲村委会大村
姚安县栋川镇仁和村委会老葛冲村民小组	禄丰县土官镇寨脚村委会乌龙潭村
姚安县栋川镇清河村委会横大路村民小组	禄丰县恐龙山镇阿纳村委会大村子村
姚安县光禄镇光禄村委会朝阳一组	禄丰县彩云镇彩云村委会瓦窑村
姚安县适中乡三木村第三村民小组	禄丰县一平浪镇元永井村委会英歌哨村
姚安县官屯乡巴拉鲊村委会杨水沟村民小组	禄丰县一平浪镇干海资村委会普家村
姚安县左门乡茎拉村委会花椒园村民小组	禄丰县妥安乡柳青村委会何家村
大姚县三岔河镇三岔河村委会荃玛箐村民小组	

2015年楚雄州受表彰的第四批省级文明小城镇、文明社区

文明小城镇		文明社区	
楚雄市鹿城镇	武定县插甸镇	楚雄市鹿城镇北浦社区	姚安县栋川镇北街社区
双柏县大麦地镇	禄丰县金山镇	楚雄市鹿城镇中大街社区	大姚县金碧镇北城社区
大姚县石羊镇	禄丰县广通镇	牟定县共和镇兴和社区	武定县狮山镇北街社区
永仁县莲池乡	禄丰县黑井镇	南华县龙川镇龙泉社区	禄丰县金山镇董户村社区

（州文明办/提供）

【未成年人思想道德建设】 2015年，楚雄州着力加强未成年人思想道德教育。

乡村学校少年宫建设　新增建设项目17个，其中国家级8个、省级6个、州级3个，落实专项资金340万元。累计建设州级以上乡村学校少年宫71个，其中国家级39个、省级22个、州级10个。兑现2011～2014年47个国家级、省级乡村学校少年宫项目2015年运行经费235万元。

第二届楚雄州美德少年评选表彰　经过层层推荐，评选出10名美德少年和10名美德少年提名奖进行表彰奖励。楚雄州推荐的禄丰县高峰中学学生李贵花荣获第三届云南省美德少年称号。

校园五项德育实践活动　开展中华经典诵读、雷锋精神进校园、青少年志愿服务、社会主义核心价值观主题团队日、民族文化进校园等德育实践活动。中华经典诵读活动主要开展中华经典诗文进校园、进课堂和“读国学经典，育道德人才”实践活动，以节日为契机，加强学生对民俗传统的认识；雷锋精神进校园活动主要以“学雷锋，树新风”为主题，通过学校第二课堂、主题班、团队会，开展

受表彰的第二届楚雄州美德少年及美德少年提名奖获得者（夏天彧/摄影）

“六个一”（即通过读一本书、讲一个故事了解雷锋事迹，通过开一次班会、写一篇心得感受雷锋精神，通过做一件好事、参加一次志愿服务开展学雷锋实践活动）活动，使雷锋精神扎根校园，引导广大师生成为雷锋精神的传播者、弘扬者和践行者；青少年志愿服务活动主要以“关爱他人、关爱社会、关爱自然”为主题，组织学生开展普及文明风尚志愿服务、送温暖献爱心活动、维护公共秩序志愿服务活动、应急救援志愿服务活动，以及面向特殊群体的志愿帮扶活动，倡导互助友爱的社会风气、推动社会全面进步、促进青少年健康成长；社会主义核心价值观主题团队日活动主要通过团队会开展唱歌曲、诵经典，学模范、行善举等活动，引导青少年在日常生活中，从自身做起，从点滴小事做起，把社会主义核心价值观变成自己的日常行为准则，让社会主义核心价值观进校园、进课堂、进头脑；民族文化进校园活动主要是把优秀的民族民间文化作为素质教育内容，将当地群众喜闻乐见的民族音乐、舞蹈、刺绣、民间文学、传统手工艺等列入教学活动内容，通过传承发扬当地少数民族优秀传统文化，培养和提高青少年民族民间文化保护意识。

第二届楚雄州校园文化艺术节　以“多彩校园·飞扬梦想”为主题，共15万名学生参加文艺展演、读书征文比赛、学生书画作品展和经典诵读比赛。11月21日，由云南广播电视台少儿频道承办，举行颁奖仪式暨乡村学校少年宫成果展示活动。

西部开发助学工程　向楚雄州6名在省外就读的2012级贫困大学生兑现由中央文明办、教育部、财政部发放的西部开发助学工程大学生助学款每人5000元。

【精神文明建设宣传】 2015年，楚雄州精神文明建设指导委员会办公室着力做好精神文明建设宣传工作。重视公益广告宣传，加强与州委宣传部、州委外宣办、州工商行政管理局、州工业和信息化委员会、州新闻出版广电局等部门的沟通联系，就加强和改进楚雄州公益广告宣传工作提出明确要求。11月11日，在大姚县召开现场推进会，牟定县文明委、楚雄电视台作经验交流。11月27日，由州文明委主办、州文明办承办、楚雄日报社提供技术支持的全州精神文明建设工作门户网站——楚雄文明网正式开通上线运行。网站设置公告公示、高层动态、道德建设、文明楚雄、志愿服务、未成年人、文明创建、专题资料8个栏目，包括道德模范、楚雄好人、道德讲堂、美德少年等，内容涵盖精神文明建设工作的各个方面。年内，省文明办表彰奖励2014年度全省精神文明建设信息工作先进单位、先进个人、“好信息”和“优秀评论”，楚雄州文明办被表彰为先进单位，1人被表彰为先进个人，1篇信息被评为好信息，被中国文明网采用的30篇评论受到奖励。

［熊建忠］

文化体制改革和文化产业发展

【文化体制改革概况】 2015年，楚雄州体制改革和发展工作领导小组办公室强力推进《楚雄州建设民族文化强州规划（2013～2020年）》的实施，围绕“一龙一人四山四古镇”布局，促进文化产业和旅游产业融合发展，力争实现文化旅游产业转型升级。开展文化体制改革调研，先后到全州10县（市）、州广播电视局、楚雄电视台、州广播电台和楚雄日报社调研，完成《楚雄州文化体制改革实施方案》的起草、修改、完善，上报州委、州人民政府发文组织实施，并按照《实施方案》的要求，按期完成州文化体育局和州广播电视局的职能整合、机构重组任务。

【特色文化产业扶持】 2015年，楚雄州抓住全省集中力量扶持以“金、木、土、石、布”民族民间工艺品加工为主的特色民族文化产业的机遇，加大资金、政策扶持力度，推动彝族刺绣、直却砚产业向规模化、集约化、品牌化方向发展。1月10日，州文产办、外宣办和大姚县人民政府联合在昆明金鼎科技园国家级广告产业园区成功举办楚雄州纳苏·悦绣2015高端彝绣新品推介会；举办楚雄州影视产业发展座谈会，并与深圳影视家协会签署战略合作协议；完成省文产办委托课题——“特色文化产业发展三年行动计划”，即《楚雄州发展直却砚产业三年行动计划（2015～2017年）》《楚雄州发展彝族刺绣产业三年行动计划（2015～2017年）》；组织各县（市）参加第六届“云南省青年创业省长奖”评选活动，大姚纳苏的樊志勇、楚雄立天科技的张莅民获得提名奖；做好“云南特色文化产业知名品牌”推荐上报工作。加强重点产业调研，按照州委办要求，组织相关部门开展文化旅游重点产业调研，并形成调研成果；按照州政府办要求，积极参加政府工作报告调研。做好“首届云南文化企业30强”推荐评选工作；联合楚雄师范学院艺术学院完成“楚雄州彝族刺绣绣样开发设计课题研究”，完成《彝族刺绣技法集萃》初稿编撰、审定工作。全面实施文化“走出去”战略，继续组织州内知名文化旅游企业参加“深圳文博会”“云南文博会”“国际旅交会”“上海民族民俗民间文化产业博览会”等展会，争取和组织《太阳女》《彝·歌》《杨善洲》等精品剧目对外交流和商业演出，进一步扩大对外交流，提升楚雄文化产业的知名度和影响力。

【文化产业发展专项资金扶持与监管】 2015年，楚雄州按照“扶大、扶强、扶优、扶特”原则，科学、合理使用和安排文化产业发展专项资金。选取各县（市）储备的一批突出楚雄特色、市场前景好、发展后劲足的文化旅游产业项目向上争取资金，争取项目落地。进一步完善云南省文化产业专项资金申报项目储备、筛选；对2013～2014年州级文化产业专项资金使用情况进行督查和落实；认真审核，分两批下达2015年楚雄州文化产业发展专项资金，获得省级文化产业发展专项资金补助120万元。做好2016年度省级文化产业发展专项资金申报工作。

【文化产业园区建设】 2015年，楚雄州加大文化产业园区建设推进力度，实现文化创意产业园区建设新突破。开展云南省特色文化产业示范县（市、区）、示范村、示范街区（市场）申报，配合省文产办组织开展“云南省文化产业园区评审”工作，推进省级文化产业园区建设。永仁天彝苴却砚文化产业博览园被认定为全省首批省级重点文化产业园区，中国十月太阳历文化园提升完善工程正式开工，楚雄市彝天地旅游文化城市综合体项目建成投入使用，大姚咪依噜彝绣文化产业园建设项目全面开工。

［善　飞］

统战工作

【统战工作概况】 2015年，楚雄州按照中央、省、州党委统战工作会议精神和《中国共产党统一战线工作条例（试行）》精神，结合彝州实际，创造性地开展工作，在学习宣传、“同心工程·示范点”建设、党外知识分子基层组织建设、宗教工作重点难点破解、“六支队伍”培训等方面取得新业绩，被省人民政府表彰为“民族团结进步模范集体”，被省委统战部表彰为目标责任制考核一等奖，获全省统战理论研究及调研工作优秀组织奖、全省统战信息宣传工作一等奖。人民网、中央统战部官网等网络媒体先后8次报道楚雄州统战工作情况；《中国统一战线》《云南统战信息》《云南统一战线》等杂志刊发反映楚雄州统战工作动态信息的新闻稿30条（篇）次。

【“同心”品牌建设】 2015年，楚雄州学习借鉴省委统战部在玉溪市华宁县打造的“同心·示范点”建设经验，整合统一战线资源，将姚安县作为全州“同心工程·示范点”，并于4月3日举行“同心工程·示范点”建设启动仪式，召开楚雄州统一战线实施“同心工程·示范点”座谈会。支持和协助各民主党派结合自身实际，以捐资助学、扶贫帮困、送医送药、科技下乡、法律咨询、教育帮扶、定点扶贫、旅游文化提升、医疗设备捐赠等形式，开展社会服务活动，打造“同心”品牌。年内，各民主党派共开展专题讲座、报告、展览、培训、义诊等社会服务活动23场次，捐赠资金95万余元、救护车2辆；帮助争取项目17个，涉及资金1.73亿元。1月10～11日，中央统战部“同心·山东律师服务团”王晓炜一行11人在省委统战部有关人员陪同下，赴双柏县开展集中帮扶活动。期间，双方达成在双柏县举办1期60人左右法律工作者培训班、双柏县选派3～6名法律工作者到山东学习培训、设立“同心·律师服务团”微信平台并长期开展法律咨询服务等4项合作协议，并就“同心·山东律师服务团”为双柏县人民政府常态化选派义务法律顾问事宜签署协议书。

【非公有制经济领域统战工作】 2015年，中共楚雄州委统战部切实做好非公有制经济领域统战工作。加强非公有制经济人士理想信念教育。调整充实领导小组，制定实施方案和宣传方案，对实施方案中提出的10大活动进行细化分解，先后召开全州非公有制经济人士理想信念教育实践活动动员会和推进会。通过组织诚信守法宣讲、到保山开展革命传统教育、加强督促检查、典型带动、示范引领等方式，推动全州非公有制经济人士理想信念教育实践活动深入开展。先后组织60户民营企业参与“10·17”扶贫日活动，为扶贫济困捐资捐款。引导云南爱尔发有限公司出资20万元奖励资助优秀贫困大学生20名；禄丰高峰自忠发展公司出资13.7万元奖励资助优秀贫困大学生，奖励中学优秀教师和初中在校优秀贫困学生；做好香港岭东英才（集团）有限公司每年出资20万元奖励资助优秀贫困大学生20名、出资20万元补助禄丰县仁兴镇马鞍海联小学教学楼建设等通联协调工作。年内，先后有11名民营企业家、23户民营企业受到省、州表彰。

【党外代表人士统战工作】 2015年，中共楚雄州委统战部加强党外代表人士教育培训及实践锻炼。落实《中共楚雄州委领导与党外代表人士联谊交友制度》，13位州委常委分别联系13名民主党派、工商联、州党外知识分子联谊会、州级宗教团体主要负责人，通过交心谈心、委托调研、定期慰问、解决难题、出席活动等方式，加深州委领导与党外代表人士的联系沟通，为党外代表人士解决遇到的困难和问题。贯彻落实《中共楚雄州委关于加强新形势下党外代表人士队伍建设的实施意见》，制定《楚雄州统一战线2015年“六支队伍”培训计划》，先后在省、州社会主义学院举办4个主体班次，培训人数250余人次。牵头联合州民族宗教局、各民主党派、州工商联、州党外知识分子联谊会等，在州社会主义学院举办各类培训班17期（次）、培训人数1805人次，共计培训学员2055人，投入培训经费70余万元。健全完善“六支队伍”数据库，实行动态管理。开展律师行业情况调研，建立党外律师代表人士及后备队伍信息库。加强党外知识分子培训。举办全州党外知识分子培训班，邀请云南省有关领导及专家作“国家实施‘一带一路’战略带来的机遇与楚雄跨越发展”等专题辅导，全州部分在职副高及以上职称的党外知识分子及州委统战部干部职工共160余人参加培训；先后组织4批次23位党外知识分子联谊会会员分别参加省、州组织的各级各类培训班，提高党外知识分子的综合素质和水平；组织开展楚雄州知识分子联谊会走进姚安系列活动。年内，牟定县、南华县、姚安县和楚雄医药高等专科学校分别成立州知识分子联谊会分会，年末全州有会员360人。配合做好党外干部配备使用工作。年末，全州有副厅级非党领导干部7名，其中新提拔1名；有县处级非党领导干部126名，其中正县处级31名，新提拔1名，副县处级94名。州人民政府32个工作部门，有10个部门配备非党干部13名，占州人民政府工作部门总数的31.3%。

【民主党派和无党派人士工作】 2015年，中共楚雄州委统战部抓好政治协商、对口联系、联谊交友等各项制度落实，先后9次组织各民主党派、工商联和无党派代表人士参加由州委主要领导主持召开的新春茶话会、中秋座谈会、征求意见会、民主协商会和情况通报会，通报《中国共产党统一战线工作条例（试行）》内容和中共云南省委统战工作会议、中共楚雄州委八届六次全会精神，就《政府工作报告》和《楚雄州国民经济和社会发展第十三个五年规划》听取民主党派、工商联、无党派人士意见建议，巩固和扩大多党合作的思想政治基础。积极为各民主党派解决实际困难，加强各民主党派自身建设。支持和协助各民主党派根据各总支、支部成员工作性质及特点，采取理论学习、专题培训等方式加强思想建设，补助民主党派培训经费7万元，举办以中央、省委统战工作会议精神和《中国共产党统一战线工作条例（试行）》、民主党派的历史演变及在社会主义民主政治中的作用、接力“一带一路”战略推动云南经济社会发展等为主要内容的干部培训班7期，培训400余人次；先后指导帮助民革楚雄州委、民建楚雄州委、民进楚雄州委、农工党楚雄州委、九三学社楚雄州委建立《开展参政议政工作规定》《全委会、常委会、主任委员会议议事规则》《主任委员会议制度》等5项制度，提升工作规范化、制度化水平；支持和协助民建楚雄州委、民进楚雄州委完成支部换届和届中调整，实现组织上的新老交替；补助州级民主党派调研经费5万元、市级4万元，协调帮助民主党派向省委统战部争取办公楼修缮补助资金20万元。9月29日至10月1日，组织州委统战部机关全体党员干部和各民主党派专职副主委、秘书长25人到保山滇西抗战纪念馆、施甸县杨善洲精神教育基地实地参观学习，接受革命传统教育。

【少数民族干部培养和民族团结进步示范区建设】 2015年，中共楚雄州委统战部切实抓好少数民族干部培养和民族团结进步示范区建设相关工作。采取理论培训、实践锻炼等方式，加强少数民族人才队伍培训，举办少数民族中青年干部培训班暨民族团结进步示范带头人培训班，帮助少数民族干部提高理论水平，培训200余人次。选派1名少数民族干部到省级部门挂职锻炼，选派26名少数民族干部到基层乡（镇）担任党委副书记、副乡（镇）长。制定方案，明确年度目标任务、实施步骤和保障措施，通过专题督查、视察调研、挂点联系、项目整合等，加快推进民族团结进步示范区建设步伐。年末，全州建成示范村115个、示范学校134所、示范企业4个、示范社区1个，4个示范县、28个示范乡（镇）建设工作正在推进当中。采取专题学习、专题研讨、表彰先进、典型宣传、举办培训、开设专栏等方式，加大民族政策、法律宣传。以中央统战部和省委统战部组织的“民族团结的实践·网络媒体行（云南）”采访活动为平台，通过组织现场参观、实地体验、入户调研、采访座谈等方式，宣传楚雄州民族团结进步示范区建设情况。年内，全国各大网络媒体和报刊刊载反映楚雄州民族团结进步示范创建工作的各类稿件22篇、图片50余幅。

【宗教事务管理】 2015年，中共楚雄州委统战部贯彻落实《宗教事务条例》，依法加强宗教事务管理。联合州民族宗教局举办全州统战、民族宗教干部和佛教界代表人士宗教学识提高培训班，学习普及新时期党的宗教工作方针政策、佛学知识、佛教传统礼仪与基本规范、寺院管理等知识。贯彻执行领导挂钩联系宗教代表人士制度，先后帮助兴隆寺协调解决大雄宝殿建设资金100万元，帮助州伊斯兰教协会协调解决办公场所建设资金100万元，帮助州基督教“两会”协调解决办公楼欠款38万元。制定年度宗教场所修缮计划，争取到省委统战部宗教场所修缮经费75万元投入10处宗教场所修缮，争取到其他经费40万元。建立全州宗教数据库，加强宗教团体建设。牵头举办楚雄州佛教学识提高培训班，指导和帮助州级宗教团体分别举办楚雄州基督教教职人员培训班，楚雄州清真寺寺管会主任、教长培训班，选派宗教代表人士参加上级组织的各级各类培训，加大宗教团体建设和代表人士培养教育。按时完成省佛教协会、省伊斯兰教协会换届代表的推选和理事、常务理事、副会长人选的推荐、协助考察和上报工作。组织开展并按时完成宗教数据库建设及统计工作。开展宗教领域抵御渗透工作调研，完成专题调研报告4篇。把阿拉伯语学校和伊斯兰教经文学校（班）规范管理工作列入全州统一战线工作考核内容，加强对规范管理工作的督促检查，巩固阿拉伯语学校和伊斯兰教经文学校（班）规范管理成果。

【统战理论研究及宣传调研】 2015年，楚雄州切实加强统战理论研究及宣传调研工作。全州统战系统完成“民族团结进步示范区建设中亟待破解的难题研究”“进一步发挥县乡工商联作用刍议”等25个研究课题，向省委统战部报送《城镇化进程中民族宗教工作“楚雄做法”的调研与思考》和《楚雄州民族团结进步示范区建设的实践与思考》2篇调研报告，分别荣获一、三等奖，州委统战部获调研工作优秀组织奖；上报中央统战部、省委统战部信息稿件456条，在中央统战部网站刊登信息8条；在《云南统战工作信息》刊发楚雄州统战工作信息22条，在云南统一战线网站刊登信息稿件105条；在省、州社会主义学院分别举办2期州县（市）统战干部信息调研工作培训班；编发《楚雄统战信息》18期，刊发信息264条；开展统战信息工作评选表彰活动，表彰先进集体10个、先进个人20名。信息宣传工作获全省一等奖，1人被表彰为全省统战系统信息工作先进个人。

组织开展以“举办一期专题培训、组织一次专访、开展一次专题研讨、举行一场专题报告会、联办一个栏目、转载一批社论、制作一块图说中央统战工作会议及条例精神展板、编印一部理论研讨学习体会文集、进行一次《条例》集中宣传、开辟一个论坛”为主要内容的学习宣传中央和省委统战工作会议精神及《条例》“十个一”系列活动，共举办培训班15场次参训人数600余人次，举行专题报告会8场次参会人数2100余人次，刊登信息、新闻、重点文章500余篇，编印学习宣传书册5套。

加强对县（市）统战部及州级有关部门的统筹，指导做好全州统战工作实践创新成果总结报送，上报统战工作实践创新成果15篇；按要求向省委统战部报送《加强乡（镇）工商联基层组织建设，牢牢兜好基层统一战线工作之底》《打造警示教育平台，创新基层统战工作》等成果4篇，其中《加强乡（镇）工商联基层组织建设，牢牢兜好基层统一战线工作之底》被中央统战部采用。开展全州优秀统战工作实践创新成果评选，评出优秀实践创新成果一、二等奖5篇。

加强对统一战线理论、政策和法律法规的调查研究，就“城镇化进程中民族宗教工作‘楚雄做法’的调研与思考”“县级统战成员参政议政职能作用发挥问题探究”等10个重点课题开展深入研究，收到调研报告64篇。选取全州统一战线多党合作、民族工作、宗教工作、新社会阶层统战工作、港澳台海外统战工作等8个领域39篇理论研究及调研报告，编印成《2014楚雄州统一战线理论研究年选》一书。

［杨春华］

政策研究

【重要文稿起草】 2015年，中共楚雄州委政策研究室履行综合文稿起草职责，先后参与并承担州委八届六次全会报告、州委八届七次全会报告、州委关于“十三五”规划的建议以及州委关于“十三五”规划建议的说明起草，以及州委书记侯新华在州委全面深化改革领导小组会议上的讲话、在“十三五”规划起草工作调研时的讲话及在全省美丽宜居乡村建设工作现场推进会上的经验交流材料、“十三五”规划建议征求意见座谈会上的讲话等多篇讲话稿和署名文章的起草工作；牵头起草州委农村工作领导小组会议、全州农村工作暨第九批新农村建设指导员下派动员会议等8个重要会议相关领导的讲话稿30余篇；起草上级机关和领导到楚雄检查指导工作时的各类汇报材料25篇；向省委办公厅、省委改革办报送《楚雄州“十二五”工作总结及“十三五”工作总体考虑报告》《楚雄州推进全面深化改革工作情况报告》，以及楚雄州中低产田地改造、农村危房改造等综合性文稿一批，及时反映楚雄州的各项工作成效。

【重大课题调研】 2015年，中共楚雄州委政策研究室围绕州委、州人民政府重大工作部署，针对全州经济社会发展重大问题、群众普遍关心的热点难点问题开展调查研究，形成《打造“一区二地三园”全面建成彝州小康社会》《楚雄州农村危房改造的“山区模式”》等调研报告，编发《决策参考》18期，供州委、州人民政府决策参考。其中，《楚雄“十三五”经济社会发展总体思路建议》通过对楚雄州“十二五”期间经济社会发展情况及“十三五”所面临的机遇与挑战的综合研究分析，提出“十三五”彝州经济社会发展总体思路；《楚雄州农村危房改造的“山区模式”》以双柏县碍嘉镇阳太村委会为例，深入分析全州山区农村危房改造的基本情况及存在的问题，得出加强领导是统筹农村危房改造工作有序推进的关键、抢抓机遇是助力农村危房改造快速推进的基础、整合资源是助力农村危房改造工作形成合力的举措、强化服务是助推农村危房改造工作奋力前行的保障的启示。结合领导关心和群众关注的问题进行调研，陆续刊出《把农村土地承包经营权“确权”作为全面深化农业农村改革的重要抓手和突破口》《深化金融改革突破融资瓶颈》《深谋远虑顺势而为在市场经济大潮中成就行业领跑者》等研究报告，总结基层党建工作经验，提出新的工作思路。

【重点课题调研】 2015年初，中共楚雄州委政策研究室向州级领导、州级各部门征求调研课题，以涉及全州经济社会发展的全局性和战略性问题为主要内容，确定重点课题16个，分别为：“主动融入‘一带一路’建设、加快区域经济合作步伐”“楚雄州融入长江—金沙江经济带问题研究”“农村民居安全问题研究”“美丽乡村软环境建设工作探索”“农村土地承包经营权确权登记颁证与集体产权制度改革问题研究”“新常态下促进农民持续增收对策研究”“楚雄州构建现代农业经营体系的创新与探索”“建立和完善农村产权流转交易平台，持续增加农民财产性收入”“楚雄州农村基础设施建设问题研究”“深化农村环境管理体制改革及治理农村环境的对策”“楚雄州医疗健康发展对策研究”“健全机关党建考核制度研究”“楚雄州精准扶贫促进精准脱贫对策研究”“楚雄州基层党建与产业发展尝试融合问题研究”“楚雄州养老服务业发展探析”“楚雄州农村公共文化服务体系建设研究”。通过深入调研，形成研究成果。其中，《楚雄州融入长江—金沙江经济带问题研究》从长江—金沙江经济带的提出及战略定位入手，分析楚雄州融入长江—金沙江经济建设的意义、优势、劣势，提出楚雄州融入长江—金沙江经济建设，必须坚持交通先行、打破基础设施“瓶颈”，坚持工业强州、加快推进新型工业化，坚持高位切入、打造金沙江经济区域中心城镇，坚持精品意识，加快推进以旅游业为主的第三产业发展，坚持合力推进、落实政策、服务等工作保障的政策建议；《楚雄州加快养老服务业发展探析》从准确研判全州人口老龄化现状及发展趋势入手，分析发展养老服务业存在的困难问题和面临的机遇，提出加快全州养老服务发展，顺应发展要求、重视发展养老服务事业，构建政府、市场、社会组织、家庭紧密协作的多元化养老服务体系，探索多层次的养老服务模式、满足多样化养老服务需要建议；《农村土地承包经营权确权登记颁证与集体产权制度改革问题研究》从农村土地承包经营权确权登记的必要性和工作重点入手，深入分析楚雄州农村土地承包经营权确权登记工作现状，提出全面推进楚雄州农村土地承包经营权确权登记工作，必须强化组织领导、细化工作措施，坚持试点先行、做实基础工作，发挥主体作用、抓实关键环节，围绕集体产权、推进农村改革的建议；《新常态下促进农民持续增收对策研究》深入分析新常态下促进农民增收的重要意义，对农村居民收入现状、特点开展专题研究，找出新常态下影响农民收入的主要因素，提出要抓住机遇实现农民收入增长新突破，深入挖掘农业内部增收潜力、切实提高农民家庭经营性收入，加快就业非农化进程、大幅提高农民工资收入，全面落实强农惠农政策、提升农民转移性收入水平的建议；《农村基础设施建设问题研究》在深入分析全州农村基础设施建设成效、存在问题的基础上，提出切实加强农村建设项目工作、加大农村基础设施建设项目资金投入力度、逐步建立和完善稳定的农村基础设施投入机制，整合资源、集中投入农村基础设施的对策建议。

【深化改革工作】 2016年，中共楚雄州委全面深化改革领导小组办公室围绕中央关于全面深化改革的总体部署及省委要求，按照州委的统一安排，以问题为导向，统筹兼顾，有序实施，抓好各项改革工作落实。调整充实专项小组办公室设置。州委改革办根据专项小组办公室意见建议，参照省委机构设置，将开放型经济体制改革专项小组办公室从州工信委调整到州商务局，将文化教育卫生领域改革专项小组办公室从州人社局调整到州委宣传部。各县（市）也参照州委的机构设置，调整充实县（市）专项小组办公室设置，强化专项小组组长、副组长和办公室在推动该领域改革中的职能和责任，各负其责推进改革工作。优化完善专项小组工作机制，进一步强化专项小组办公室的职能，由州级专项小组办公室在每次州委常委会召开前，向州委改革办统计上报该专项小组成员单位的改革事项，实现所有改革事项成熟1件就上报州委常委会研究1件、通过1件、下发执行1件。研究制定《楚雄州委全面深化改革领导小组2015年工作要点》下发州级各专项小组办公室、县（市）委改革办，列出2015年改革要点70项，主要涉及经济体制、农村综合改革、民主法制领域、社会体制、生态文明、党的建设等改革任务。州委改革办负责牵头抓总、统筹协调，对工作要点落实情况及时跟踪督促，季度通报、年中检查、年末对账，并把情况汇总报告州委全面深化改革领导小组。通过《楚雄改革快报》，适时向州级部门和县（市）通报中央、省委重大改革文件、介绍改革工作信息。编发《楚雄改革快报》10期。

【工作平台建设】 2015年，中共楚雄州委政策研究室继续办好《决策参考》，着力提升《楚雄新农村工作通讯》《楚雄改革快报》和《楚雄政研》办刊质量。坚持“传递决策信息、提供参谋咨询、搭建交流平台、服务彝州发展”办刊宗旨，关注全州重大决策部署，强化选题针对性，增强刊物实用性、可读性、针对性，编印《楚雄政研》6期，刊发稿件108篇约165万字。

［高琳燕］

农村工作

【农村工作概况】 2015年，楚雄州制定下发《楚雄州新农村建设目标任务及评分办法》，对“三农”综合考核、新农村省级重点建设村、农村劳动力转移就业、新农村建设工作队及指导员、中低产田地改造、农业转移人口市民化和农村“五金”监管7项新农村建设目标任务进行量化分解及评分，完成对10县（市）2014年和2015年“三农”综合考核等7项新农村建设工作指标的综合绩效考评，并通过省绩效考评办、省人民政府“三农”综合发展工作实地考评。2014年度新农村省级重点建设村、新农村建设工作队及指导员、中低产田地改造、城乡统筹转户4项工作分别被省人民政府、省委农村工作领导小组办公室考评为一等奖。结合新农村省级重点建设村建设、农村劳动力转移就业、新农村建设工作队及指导员工作、中低产田地改造、农业转移人口市民化、扩大统筹城乡发展试点等工作开展随机调研督查，对农村“五金”监管工作进行调研、督查和指导，进一步强化监督协调，健全内控机制，完善监管措施，接受群众监督，确保农村“五金”安全、高效运行。

【农业农村改革】 2015年，楚雄州继续深化农业农村改革。深入开展农村调查。对农民增收、高原特色农业转型升级、核桃产业发展等进行专题调研，形成《抓好“三农”促增收农业农村经济持续平稳发展》《楚雄州高原特色农业发展专题调研报告》《楚雄州核桃产业发展专题调研报告》《绿色理念引领楚雄州高原特色农业发展》等专题调研报告18个，起草工作报告、工作汇报、交流发言、领导讲话等稿件91个，起草州委、州人民政府《印发〈楚雄州全面深化农村改革总体方案〉及5个专项方案的通知》等政策性文件（草案）14个。制定下发《中共楚雄州委、楚雄州人民政府印发〈楚雄州全面深化农村改革总体方案〉及5个专项方案的通知》，明确2015年全面启动和推进农村改革12个方面64项改革重点。推进农村土地承包经营权确权登记颁证、农村土地使用权流转、新型农业经营主体培育和林业、水务、现代粮食流通产业、供销合作社、农村金融等农村重点领域改革工作。全面推进列入首批55家云南省供销合作社综合改革试点的楚雄市和牟定县供销合作社综合改革，列入国家发改委、财政部、水利部、农业部2014年综合改革试点的元谋县农业水价综合改革试点基本完成。发展50亩以上粮食种植大户65户，种粮面积1.05万亩，户均161亩。

【新农村省级重点建设村项目建设】 2015年，楚雄州加快推进新农村省级重点建设村项目建设。省委农村工作领导小组办公室下达楚雄州新农村省级重点建设村备选指标71个，楚雄州根据上一年度10县（市）新农村省级重点建设村综合考核结果，分配楚雄市12个、双柏县5个、牟定县7个、南华县5个、姚安县11个、大姚县6个、永仁县5个、元谋县6个、武定县8个、禄丰县6个。坚持相对集中、竞争选点的原则，择优布点，保证工程建设顺利推进。州委农村工作领导小组办公室下发《新农村建设项目实施方案和总体规划编制要解决的问题》《楚雄州新农村建设项目实施方案编制提纲》，重新调整有关建设项目的建设规模和补助标准；组织召开项目规划培训会，对新农村省级重点建设村项目规划、项目审查、工程实施、质量监督、资金管理、检查验收等作具体安排；组织相关工程技术人员，对各县（市）编制上报的项目建设规划进行技术审查，各县（市）根据审查意见进行修改完善；会同州财政局联合发文对10县（市）项目建设规划进行批复。整合资源，集中投入。按照“渠道不变、统筹使用、各司其职、各计其功”的原则，整合住建、水利、交通、农业、文化、卫生、财政、林业、科协等部门项目资金2440万元，群众集资投劳3242万元；整合农村民居地震安全工程、农村危旧房改造、特色村庄、“一事一议”财政奖补项目、村容村貌整治、民族团结示范村、农村能源建设、农村人畜饮水、农业科技培训等项目，扩大新农村省级重点建设村的建设规模和成效。在项目管理上，按照《楚雄州新农村建设项目管理办法》，各县（市）严格按州委农村工作领导小组办公室和州财政局批复的规划建设内容及设计图纸、施工规程规范及标准组织施工，严禁改变新农村省级重点建设村项目实施地点和项目建设内容，控制质量、进度和工期；对村文化活动室等有一定技术质量要求的工程，允许没有能力建盖完成的村民小组对外承包，但必须严格实行项目法人制、议标制和合同管理制，做到专人负责，严格监管，确保质量；对群众自己组织建设的村间道路硬化等工程，严把混凝土标号关，确保道路施工质量。在资金管理上，参照《楚雄州农村公益事业建设“一事一议”财政奖补试点资金管理办法》，实行县级或乡级报账制，做到“专户管理、封闭运行”，按工程进度分期支付。宣传发动，营造环境。各县（市）通过召开村民代表、党员、户长和村民小组会议，宣传新农村省级重点建设村工作的意义，调动广大群众的积极性和主动性，引导农民群众按照公益事业建设实行“一事一议”制度的要求，自愿、自觉筹资投劳。至年末，全州共完成新农村省级重点建设村项目71个，受益群众5192户2.13万人，完成项目总投资1.05亿元。其中，省级补助资金3195万元，整合涉农项目资金2834万元，群众筹资及投劳折资4198万元，其他资金276万元。

【农村劳动力转移就业】 2015年，楚雄州加大农村劳动力转移就业工作。州农村劳动力转移就业工作领导小组制定下发《关于深入实施“农村劳动力转移就业特别行动计划”方案的意见》，各县（市）也出台相应的配套政策措施。突出技能培训，兼顾引导性培训和创业培训，大力开展“订单式”培训。按照引导性培训200元每人，技能性培训800元每人（农业技能培训600元每人）的标准，州人社局、州农业局、州扶贫办落实贫困地区、“阳光工程”“春风行动”等引导性及技能性培训经费3700万元，各县（市）也安排一定的专项工作经费，用于确保培训工作顺利开展。州级3家部门及时制定工作方案，将转移培训目标任务分解下达到各县（市）对口部门。州、县（市）建立健全农村劳动力数据库和转移就业培训动态管理档案，各乡（镇）建立统一的培训和转移台账，实行实名制管理，避免重复培训和统计；建立培训资金使用台账，确保资金使用安全。年内，全州完成农村劳动力技能培训4.32万人，新增转移农村劳动力4.5万人，其中转移到省外的7460人。组织现场招聘会。与用工单位建立信息互通机制，开展多种形式的劳务对接活动，邀请省内外用工企业和中介组织参加专场招聘会，整合各级各类劳动力市场，培育各类劳务中介组织、劳务协会和劳务经纪人，发挥他们的作用，促进州内劳动力转移就业工作。州人社局、州农业局、州扶贫办和各县（市）组织举办现场招聘会（供需见面会）42场次。通过加强与输入地对口部门的联系，建立、健全、完善农民工维权机构，提供劳动保障维权和法律咨询援助。

【新农村建设工作队及指导员工作】 2015年，楚雄州加强10支县（市）新农村建设工作总队、102支乡（镇）工作队、876名新农村建设指导员的管理、指导和服务工作。强化组织领导。州委及时召开全州农村工作暨第九批新农村建设指导员下派动员会议进行动员部署，任命10名总队长兼任县（市）委副书记、102名工作队长兼任乡（镇）党政副职、党员指导员兼任村党组织第一书记。强化项目资金监管。加强新农村建设工作队专项补助资金监管，要求县（市）和乡（镇）严把项目招投标关、材料采购验收关和工程质量监督关，确保省、州财政下达的1635万元为民办实事资金安全、工程质量提高。健全完善制度。修订完善《楚雄州新农村建设指导员管理办法（试行）》等5个管理制度，严格执行指导员驻村因公请假"双向签名"制度，严格考勤管理，严肃组织纪律。强化督查调研。州委新农村建设工作队办公室开展随机调研督查1次，州纪委暗访组随机调研督查1次，县（市）坚持每月督查，乡（镇）坚持每周抽查。

【中低产田地改造】 2015年，楚雄州持续做好中低产田地改造工作，2014～2015年度中低产田地改造计划项目超额完成。2014年，省中低产田地改造综合协调领导小组下达楚雄州中低产田地改造任务19.99万亩，计划投资2.68亿元；楚雄州实际落实项目99个，项目受益面积22.6万亩，投资3.09亿元。至2015年10月底，全州实际完成中低产田地改造面积26.89万亩，完成投资3.29亿元，建成小型水利工程1.6万件，建成沟渠363.49千米、管网226.3千米、田间机耕路103.82千米，坡改梯0.6万亩，土地平整0.99万亩，新增耕地面积288.16亩。2015年，省中低产田地改造综合协调领导小组下达楚雄州中低产田地改造面积28.62万亩，计划投资4.04亿元；楚雄州落实项目140个，项目受益面积34.23万亩，投资4.23亿元。2014～2015年度中低产田地改造以奖代补资金项目超额完成。2014年，省中低产田地改造综合协调领导小组办公室下达楚雄州中低产田地以奖代补项目2个，资金200万元，改造面积2200亩，即双柏县爱尼山乡南平虎、烂泥田建三面光沟渠1300米、修复机耕路200米、架设输水管3250米、建300立方米蓄水池3个；元谋县黄瓜园镇点连村委会修建机耕路2100米、挡墙120米。2015年，省中低产田地改造综合协调领导小组办公室安排楚雄州以奖代补项目3个，即楚雄市苍岭镇李家村委会、姚安县光禄镇草海村委会、永仁县莲池乡查里么村委会，项目资金500万元，改造面积0.42万亩。高标准农田建设实施方案编制工作圆满完成。根据《全国高标准农田建设总体规划（2011～2020年）》《云南省高标准农田建设规划（2011～2020年）》，规划楚雄州2011～2020年完成高标准农田建设175.13万亩，其中2011～2013年完成55.13万亩，2014～2015年完成50万亩，2016～2020年完成70万亩。州人民政府办公室下发《关于编制各县（市）高标准农田建设实施方案的通知》，明确高标准农田建设的主要内容、投资标准、时限要求等。各县（市）于5月底完成实施方案的编制上报，州中低产田地改造综合协调领导小组办公室于6月30日组织对10县（市）编制的实施方案进行初审。9月初，县（市）修改完善的文本已报州中低产田地改造综合协调领导小组办公室评审。通过高标准农田建设，使规划实施区亩均新增粮食生产能力100千克以上；灌溉水利用系数提高到0.55以上，肥料利用率提高6个百分点以上，化学农药用量降低5个百分点以上，农村生态环境明显改善，农村常住居民人均可支配收入增长500元以上。项目区种植大户利用土地整治后的高标准农田规模连片种植特色蔬菜、水果、烤烟等作物，为农业产业化、规模化起到示范带动作用。

【农业转移人口市民化】 2015年，楚雄州稳步推进农业转移人口市民化工作。制定《楚雄州户籍制度改革工作方案》和《关于做好新形势下农业转移人口市民化工作的通知》，明确工作重点、政策措施、组织保障，提供政策支撑。围绕农村权益保留和城镇保障享有，强化农业转移人口市民化宣传工作。采取"以会代训"形式，利用电视、报纸、网络等多种媒体，发动新农村建设指导员、驻村扶贫工作队员、公安基层派出所等力量深入农村、走进农户、面对面向群众开展政策宣传，引导农民群众积极、自愿转户进城。在主要媒体宣传报道700余次、发放宣传资料120余万份、举办宣传活动1500余场（次）。州委、州人民政府把农业转移人口市民化工作列入全州综合绩效考核的重要内容，年终按照绩效综合考核量化结果进行奖惩。2011～2015年，全州办理城乡统筹转户44. 62万人。2015年末，全州有城镇户籍人口83.04万人，户籍人口城镇化率从2011年末的14.9%上升到30.4%，提高16.5个百分点；常住人口城镇化率从2011年的36.23%上升到2015年的38.74 %，提高近2.5个百分点。2015年，全州办理城乡统筹转户7658人，办理城镇人口返农村原籍地落户5721人。至12月20日，全州为转户居民保留农村土地承包经营权7658人，保留林地承包权和林木所有权5758户，保留宅基地使用权及农房所有权7658人，享有农村集体经济组织收益分配权0.65万人，办理二孩"生育服务证"110本，所有转户人员原有的农村权益100%得到落实。落实城镇保障，共为转户居民办理参加城镇职工养老、工伤、生育、失业保险0.75万人，城镇（职工、居民）医疗保险、新农合医疗参与7658人，纳入城市低保836人，救助医疗困难群众178人，救助临时困难群众159人，教育保障2340人，享受住房保障2617人、落实保障性住房850人。

［徐泽华］

机构编制管理

【机构编制工作概况】 2015年，中共楚雄州委机构编制办公室围绕州委、州人民政府工作思路，根据年初确定的目标任务和重点工作，深化行政审批制度改革，推进政府机构改革和事业单位分类改革，强化监督检查，规范机构编制管理，圆满完成各项工作任务。按照"适度超前、州级组网、县（市）终端"的要求，抓好机构编制实名制管理系统网络平台建设，督促县（市）委编办同步推动。强化机构编制实名制管理，对机构类别、编制类型、实有人数、人员结构进行综合分析，实行动态管理，准确把握机构编制变化情况，及时向省委编办、州委、州人民政府和州编委提供准确的机构编制数据信息，发挥好财政预算、编制审计、人员结构等信息参谋作用。按照中央"本届政府任期内财政供养人员只减不增"要求，落实各项政策措施，严控机构编制增长。制定《楚雄州2015～2017年控编减编工作方案》，进一步细化措施，确保控编减编工作落到实处。配合相关部门组织开展机关事业单位人员"吃空饷”问题专项清理和超职数配备领导干部专项清理，严格落实核减“吃空饷”单位人员编制政策。配合各部门推行行业体制机制改革，促进各项社会事业协调发展。协助州纪委监察局完成纪检监察体制改革，研究提出农业科学研究所机构改革、广播电视事业单位改革、县（市）保障性住房建设管理机构调整意见，待州机构编制管理委员会研究后按程序审批。

【政府职能转变和机构改革】 2015年，楚雄州按照上级安排部署，稳步推进州、县（市）政府机构改革。组建州卫生和计划生育委员会、民族宗教事务局、旅游发展委员会、新闻出版广电局、食品药品监督管理局、州人民政府政策研究和法制办公室；将粮食局的职责整合到发展和改革委员会、人民防空办公室职责整合到住房和城乡建设局、国有资产监督管理委员会职责整合到财政局；将原省垂直管理的工商行政管理局、质量和技术监督局调整为州人民政府工作部门，并做好涉及改革部门的职责、机构、编制和人员的调整划转工作。加强对县（市）政府机构改革工作的指导，组织召开专题业务培训会对县（市）机构改革工作进行安排部署；督促各县（市）落实省委、省人民政府《关于省以下政府职能转变和机构改革的指导意见》，制定改革方案，优化组织结构，做到统一机构设置、统一规范名称、统一挂牌事项，形成上下联动的有效机制。将县级工商、质监、食品药品监管机构的职责整合，统一设立市场监督管理局，为县（市）级政府工作部门，加挂县（市）人民政府食品安全委员会牌子。根据乡（镇）行政区划，在全州103个乡（镇）设置市场监督管理所，明确职责分工，建立全覆盖监管网络。按照省委编办要求，与州级涉及改革部门沟通，研究确定“三定”方案，并指导和督促做好10县（市）“三定”工作。

【事业单位改革】 2015年，中共楚雄州委机构编制办公室按照中央“四个全面”部署和省委、省人民政府经济、产业布局要求，推进事业单位改革。界定事业单位职能职责。根据省委关于分类推进事业单位改革的总体部署和省委编办2015年工作重点，对部分州属事业单位的主要职责进行审核，征求主管部门意见，形成州属各事业单位机构编制方案，报州编委会议研究后印发，促进事业单位依法履职、规范运转。抓好自然保护区管理体制改革。根据省委、省人民政府自然保护区管理体制改革精神，深入各相关单位和自然保护区调研，形成《楚雄州自然保护区管理体制改革方案》，报经省编委批准，在楚雄州林业局加挂楚雄州自然保护区管理局牌子，设立哀牢山国家级自然保护区楚雄管理局、紫溪山省级自然保护区管护局和雕翎山省级自然保护区管护局。

【不动产登记改革】 2015年，楚雄州根据中央、省对整合不动产登记职责的要求，配合省委机构编制办公室、省国土资源厅就楚雄州土地登记、房屋登记、林权登记、草原登记、土地承包经营权登记等工作开展调研，制定下发《关于整合州级不动产登记职责的通知》和《关于设立不动产登记机构的通知》，明确改革后州县（市）国土、住建、林业、农业等部门职能职责，设立州、县（市）、乡（镇）不动产登记管理机构和经办机构，全面完成楚雄州不动产登记制度改革工作。

【事业单位登记管理改革】 2015年，楚雄州按照事业单位登记管理改革要求，及时研究下发《中共楚雄州委机构编制办公室关于改革完善事业单位登记管理制度的通知》，召开全州事业单位登记管理制度改革工作会和业务培训会，传达改革精神，对全州事业单位年检、验资登记、证书使用、档案管理工作进行部署。严格事业单位年度报告提交建档、法人证书换发、向社会公示等流程，及时审核事业单位年度报告，做到核准、建档、发证一次办结，完成事业单位年度报告审核、公示、证书换发1743户，完成开办资金确认359户。其中，州级完成事业单位年度报告审核、公示、证书换发164户，完成开办资金确认55户。

【行政审批制度改革】 2015年，楚雄州全面推进行政审批制度改革。州委机构编制办公室根据国务院和省、州人民政府关于简政放权有关要求，对省人民政府5批取消、调整的257项审批事项和省级下放的202项审批事项进行清理。清理出州级共有行政审批事项主项254项、子项81项，报请州人民政府研究，取消主项15项，下放主项71项、子项15项，保留主项168项、子项66项。编印《楚雄州州级行政审批项目目录》，对州级行政审批项目实行动态管理。完成全州州、县（市）、乡（镇）3级政府权力清单和责任清单编制工作。州本级纳入权责清单梳理的34个部门共梳理出行政职权5957项，其中行政许可137项、行政处罚4712项、行政强制216项、行政征收16项、行政给付11项、行政检查357项、行政确认68项、行政奖励30项、行政裁决3项、其他行政职权407项，清理出责任事项48594项。对涉及的15个部门31项非行政许可审批事项进行取消调整。进一步规范行政审批行为，推进网上并联审批。10县（市）网上审批服务大厅于7月1日正式运行。

［胡文军］

保密工作

【保密工作概况】 2015年，楚雄州国家保密局按照中央、省、州保密工作会议精神，坚持党管保密与依法保密有机统一，强化领导责任，加强保密教育、技术防范和保密管理，做好经常性、基础性工作，确保党和国家秘密安全。根据楚雄州综合绩效考评领导小组关于印发《楚雄州2015年度综合绩效考核评价实施方案》通知要求，保密工作纳入10县（市）和77个州级部门的综合绩效考评。州保密局依照方案制定考评办法，按时向州考核办上报考评结果。为《楚雄州年鉴》《中共楚雄州委执政纪要》等书稿进行保密审查23件211万字。

【保密知识竞赛】 2015年，根据云南

省总工会、省保密局《关于开展保密知识竞赛的通知》精神，楚雄州国家保密局联合州总工会组织开展全州干部职工保密知识竞赛活动。竞赛分3个阶段进行。7月14日初赛，全州982个基层单位2.97万人参加，其中厅级领导干部42人、处级领导787人、科级及以下2.88万人。7月27日，由各基层单位按照20人以下单位推荐1人、21人以上单位推荐2人的要求向州县（市）竞赛委员会推荐1640人参加复赛，决出一等奖11名、二等奖22名、三等奖33名共66名优胜个人和40个优秀组织单位，由州总工会和州保密局进行表彰奖励。9月11日，组织7名选手参加全省总决赛。

【国有企业保密管理专项检查】 2015年，楚雄州进一步加强国有企业保密监管力度。6～8月，州委保密委员会、州国家保密局针对保密工作领导责任制、保密制度、保密培训及宣传、涉密人员管理、定密工作、国家秘密管理、计算机网络管理和办公自动化设备管理、保密要害部门岗位、涉外工作保密管理等方面问题，对州属及中央、省驻楚企业36个单位进行专项检查，针对检查中发现的问题提出整改要求。

【保密技术管理】 2015年，楚雄州国家保密局加强保密技术管理和上网信息保密检查工作，统一组织销毁涉密磁介质及硬盘，堵塞泄密隐患，保障国家秘密安全。组织州县（市）保密局干部职工分片包干检查党政机关门户网站，利用监控系统检查和人工检查两种方式，每月检查1～2次，责任到人，定期报告，共检查政府公开信息门户网站324个、信息3.48万条，未发现涉密信息。指导和帮助相关部门开展网络建设测评工作，安装保密技术设备。组织州和县（市）级各单位安装物理隔离卡78块、“三合一”设备180套、安全保密数据交换设备35套、新版保密检查工具67套。统一组织销毁涉密磁介质及硬盘，共销毁报废计算机12台、涉密硬盘72个、U盘129只、光盘321张。发放信息安全保密管理宣传资料134份。到基层开展保密技术检查和服务工作71人次。

【国家统一考试保密管理】 2015年，楚雄州国家保密局按要求参与各类国家统一考试保密管理工作，确保试卷安全，没有发生泄密事件。对州县（市）119名招生办工作人员和有关部门领导进行保密培训；对全州11个高考试卷保密室进行现场检查验收，对存在问题督促有关单位进行整改，重点对防范试卷外泄问题提出具体要求；州县（市）保密局安排工作人员全程参加高考、中考等国家及省统一考试的试卷保密监管工作；参加公务员管理部门组织的国家公务员录用考试试卷管理。

【涉密文件清退和废旧文件资料收集销毁】 2015年，楚雄州国家保密局按照中央、省、州涉密文件清退和废旧文件资料收集销毁要求，做好废旧文件资料清退和收集工作，对年度内中央、省委和州委印发的涉密文件进行清退，防止泄密事件发生。全州累计收集销毁废旧文件资料49.6吨。

［白宝珍］

机关党建

【党组织概况】 2015年末，中共楚雄州委州级直属机关工作委员会直辖基层党组织69个，其中基层党委22个、基层党总支14个、基层党支部33个。年内，因机构改革调整，原州粮食局机关党委、州畜牧兽医局机关党总支、州计划生育委员会机关党支部、州人民防空办公室机关党支部4个基层党组织撤并，党员组织关系分别划归州发展和改革委员会、州农业局、州卫生和计划生育委员会和州住房和城乡建设局机关党组织；州宗教局机关党支部与州民族事务委员会机关党支部合并成立州民族宗教事务委员会机关党总支；增设州住房公积金管理中心机关党总支、州国家安全局机关党支部。年末有党员4432人，其中离退休党员1320人，新发展党员32人。

【运行机制保障】 2015年，中共楚雄州委州级直属机关工作委员会细化分解机关党建工作责任，建立健全机关党建责任落实体系，落实各部门党组书记、机关党组织书记、机关党组织专职副书记分别履行好机关党建工作的第一责任人、主要责任人、直接责任人职责，明确各部门党员主要领导干部每年讲党课不少于1次，班子中的其他党员领导干部严格履行“一岗双责”，确保机关党建工作各项任务落实到人；组织签订《州直部门（单位）机关基层党建工作责任书》，及时修订《考评细则》，将考评体系由4级指标缩减为3级指标，加扣分指标项由82项缩减至42项，使考评指标切实、精炼、可操作。先后4次召开工委会专题研究机关基层党建工作。11月，组成6个督察组对所属机关党组织进行全覆盖督促检查，跟踪目标责任进展落实情况。

机关党建工作考核评价 探索建立年初统一签责引领考核，年中调研督查动态跟进，年末双向述职，最后量化考评综合问效的考核评价机制。利用全州综合绩效考评时机，对各机关党组织党建责任制情况进行检查考评。坚持以考促严、以考促管、以考促责，介绍经验和做法的文章《严格标准，落实责任，全面推进机关党建工作》在《中直党建》杂志2015年第10期刊载。对所属71家机关党组织落实2014年度机关党建责任情况进行集中考核，评定优秀机关党组织18个、合格48个、基本合格5个，兑现奖励经费13万余元。

基层党组织分类联系指导 贯彻《关于进一步加强州直机关党建工作分类联系指导的意见》，将所属机关党组织按类别划分为7个组，为每个组指定工委联系领导和联系人，挂钩对口联系指导，定期开展学习交流；机关工委领导班子成员深入基层党组织调研、指导、督查工作人均在5次以上，帮助联系点解决实际问题；落实州委办公室《关于州直机关工委指导县（市）机关工委业务工作的意见》，加强对县（市）机关党建工作指导联系，实行党务干部统一培训，重点工作统一安排、统一落实制度，推进全州机关党建工作统筹发展。建立领导挂点直接联系工作机制，加强对非公有制企业和社会组织党组织的联系指导。

党组织书记专项述职测评　完善“书记抓，抓书记”责任机制，召开2015年度州直机关党组织书记抓机关党建工作专项述职会议，安排部分机关党组织书记向州直机关工委会进行会议述职，机关党组织负责人不仅向机关工委述职，还要召开机关党员大会向全体党员述职，报告个人履职情况，述职后接受民主测评；未安排会议述职的机关党组织书记，以书面形式向机关工委报送《述职报告》。落实楚雄州“三级书记”专项述评制度，工委书记履行抓州直机关基层党建工作职责，按要求向州委常委会进行述职。

人员和经费保障　督促指导所属党组织按规定设立党务工作专门机构、配备党务干部，各机关党委、党总支均设立机关党办，党办主任按正科级职数配备，有机关党务专兼职人员800余人；机关党组织日常活动经费按各部门干部职工工资总额2%的比例从部门经费中提取列支，机关工委将经费落实情况列入责任制考核；严格党费管理使用，投入12万余元为所属党组织和党员订阅《党课》《中直党建》《紫光阁》等学习资料，方便基层党组织和党员阅览使用；按要求做好机关党委和离退休干部党支部提留党费返还工作，“两新”党组织上缴党费后实行全额返还，向所属党组织拨付党建工作经费32万余元。

【基层党组织建设】　2015年，楚雄州推进机关党组织规范化建设。落实《中国共产党党和国家机关基层组织工作条例》、省委《实施意见》和州委《实施办法》，加强《条例》贯彻落实情况的督促检查；推进《州直机关党支部规范化建设的意见》实施，对机关党支部的组织设置、班子建设、制度建设、党员发展、工作台账、活动场所等工作进行具体指导和规范，健全机关党支部工作规范体系；指导所属党组织规范党组织设置，选强配齐基层党组织班子，指导55个机关党组织完成换届工作；持续抓好机关基层党组织晋位升级，推进机关党务公开，通过公开栏或会议形式，对党费收缴、财务开支、发展党员、党内表彰、基层党组织负责人审批等工作进行公示。

创新党组织活动方式　推行机关党组织主题实践活动，规定机关党组织开展主题实践活动每年不少于3次，加大对活动情况的检查、考评和宣传，通过《楚雄机关党建报》《党建简讯》等途径及时反映活动情况。开展“缅怀先烈，重温历史”“心理健康与人生智慧”等活动。继续实施党组织和党员公开承诺践诺制度，州直机关3000余名在职党员对照党员标准和岗位职责做出承诺事项1万余件，所在支部负责审核把关、督促落实，95%以上承诺年内兑现。继续在窗口单位和服务行业开展“四亮、四创、四评”活动，在窗口服务行业设立党员服务窗口和党员示范岗、党员责任区、党员服务区等活动载体。

提升机关党组织服务职能　以党组织“五联五共”和党员“三服务”为主要内容，持续推进机关党组织和党员联系服务社区活动，深入开展调查研究、走访慰问、助学济困和知识技能培训，开展志愿服务活动，发挥社区兼职常务书记、委员作用，使联系服务经常化。主动融入州委扶贫攻坚工作，组织开展“挂包帮”“走转访”活动，相关文章《建设服务型机关党组织，树立为民务实清廉形象》在《中直党建》杂志2015年第2期刊载。

【党员队伍建设】　2015年，中共楚雄州委州级直属机关工作委员会着力加强党员队伍建设。

党员管理　拟定下发《关于统筹安排专题组织生活会和民主评议党员工作的通知》，要求各机关党组织结合“三严三实”和“忠诚干净担当”专题教育，以支部（党小组）为单位，组织党员学习《中国共产党章程》《云南省从严从实管理党员若干规定》及有关要求，召开机关党组织专题组织生活会，开展批评与自我批评。12月底，派出工作组分别对所属10余家机关党组织召开专题组织生活会情况进行抽查和指导；抓好党员民主评议工作，评出并表彰优秀共产党员600余名，党员参评率99%。办好“彝州机关先锋讲堂”。10月，邀请省委统战部常务副部长苏红军就学习贯彻《中国共产党统一战线工作条例（试行）》，为州属及州级各机关企事业单位近500人作专题报告；12月，邀请州委宣讲团成员、州委党校副校长李志昌为州直机关党组织部分党员和党务干部300余人作学习贯彻党的十八届五中全会精神宣讲报告。做好党员信息库的建设、维护和使用，举办2015年度党内统计信息化培训班，完成年度党内统计任务；建立完善党费收缴登记制度，严格执行党费收缴、管理和使用规定，按要求公示党费管理和使用情况；加强党组织关系接转工作，接转组织关系300余件次。

党员经常性教育　落实“三会一课”制度和党员领导干部双重组织生活制度，采取多种形式组织党员、干部学习党的十八届四中、五中全会和习近平总书记系列重要讲话精神，在机关党员中培育和践行社会主义核心价值观；注重机关党建与机关文明创建融合发展，发动党员参与精神文明创建活动；发挥机关党组织在培养塑造人才、营造和谐氛围、端正价值取向等方面作用，促进机关党建与中心工作的深度融合、良性互动。

党务干部培训　强化基层党务干部学习培训，定期举办各类培训班，借助高校师资优势，组织开放式素质培训，组织机关党组织书记和党务干部两批100余人次赴北京大学参加党务干部学习提升研修班学习。

困难党员帮扶　指导基层党组织建立党员关爱帮扶制度，坚持党员谈心谈话制度和走访慰问党员制度，对生活困难党员进行经常性走访慰问和联系服务活动，切实帮助解决实际困难。共走访慰问困难党员、老党员50余名，发放慰问金2万余元。

【机关党建课题研讨】　2015年，中共楚雄州委州级直属机关工作委员会根据云南省直机关工委课题任务安排，牵头组织15家成员单位，围绕“机关有效落实从严治党责任研究”和“严肃机关党内政治生活研究”两个重点课题开展调研，研究成果被评定为特等奖2篇、一等奖4篇、二等奖6篇、三等奖10篇。整理编印《2015年度机关党建研究成果汇编》，探索总结机关落实从严治党责任的措施和办法。

［陈洪刚］

企业党建

【企业党建工作概况】 2015年，中共楚雄州工业和信息化委员会党委直属31个基层党组织，其中党委8个、党总支5个、党支部18个，包括党委、总支所属党支部在内共有90个基层党支部，党员总数2463人。在31个直属基层党组织中，国有及国有控股企业党支部1个，非公有制企业党组织20个，退离休人员管理工作站党组织5个，破产、停产、歇业企业党组织4个，机关党总支1个。年内，州工业和信息化委员会党委抓好党员的政治理论学习，严格开展“三严三实”和“忠诚干净担当”专题教育，落实党建工作目标责任制，做好基层党组织建设和班子建设，抓好党务干部和党员队伍培训，做好发展党员工作，抓好制度建设和党风廉政建设，抓好党建工作经费保障，激发党组织活力，发挥党组织在企业改革发展中的政治核心作用和共产党员的先锋模范作用，为彝州工业和信息化发展提供组织保证。

【党员思想政治建设】 2015年，中共楚雄州工业和信息化委员会党委注重加强全体党员的思想政治建设。在全体党员中学习传达党的十八大和十八届三中、四中、五中全会精神，学习习近平总书记系列重要讲话和考察云南重要讲话精神，学习《中国共产党章程》《中国共产党廉洁自律准则》和《中国共产党纪律处分条例》，教育全体党员带头维护纪律的严肃性和权威性，用党章、党规、党纪规范自己言行。组织观看高德荣先进事迹电视片，学习高德荣先进事迹。州工信委机关党总支组织科以上党员干部到牟定县党史馆学习缅怀革命先烈事迹，组织党员观看州委学习型领导小组举办的“三严三实”“忠诚干净担当”演讲比赛和州委组织部举办的学习党章党规知识竞赛，提高党员干部思想政治理论水平；楚雄汇东实业公司党委组织公司党员到元谋县金沙江红军长征纪念馆龙街渡口缅怀红军苣命业绩。

【企业基层党组织建设】 2015年，中共楚雄州工业和信息化委员会党委着力加强企业基层党组织建设。新组建成立楚雄华润燃气公司党支部、云南週济堂商贸有限责任公司党支部和楚雄州医药有限责任公司党支部，产生党支部班子成员7名，其中支部书记3名。指导张武庄煤矿公司党总支、云南龙发制药公司党支部、州工信委机关党总支等6户基层党组织按期完成换届，产生班子成员26名，其中新选举产生党组织书记6名。指导云南德胜钢铁有限公司党委和楚雄州建筑公司党委做好委员增补工作，增补党委委员4名、纪委委员1名。抓好楚雄州丝绸厂退休人员管理工作站党总支、楚雄东瓜退休人员管理工作站党支部班子成员的选拔任用工作，对楚雄活塞销有限责任公司党总支延期换届工作进行研究。撤销楚雄州医药有限责任公司党委和云南宏源龙江磷化工公司党委。举办入党积极分子培训班1期，培训入党积极分子87名，发展新党员33名；州工信委所属楚雄州变压器公司王超等6人被评为楚雄州第九届劳动模范和先进工作者，受到州委、州人民政府表彰。

【企业党组织制度建设】 2015年，中共楚雄州工业和信息化委员会党委高度重视企业党组织制度建设。实施党建工作目标责任制，与直属各党组织签订年度党建工作目标责任书，年中做好督查，年末进行考核，根据考核结果兑现奖惩，督促党组织书记真正履行党建工作第一责任人职责。执行“三会一课”制度。坚持定期召开支部党员大会、支部委员会和党小组会议，学习贯彻党的路线、方针、政策，学习上级党组织的决议、决定、会议精神，开展经常性党员政治理论学习教育。执行民主生活会制度。结合“三严三实”和“忠诚干净担当”专题教育，坚持开好年度民主生活会和专题组织生活会，开展批评和自我批评。执行党组织换届选举制度，张武庄煤矿公司党总支等6个基层党组织按期完成换届。加强流动党员管理。各党组织根据流动党员管理实际情况建立流动党员台账，及时修改完善流动党员信息，及时掌握流动党员基本情况；为到外地打工的党员办理流动党员活动证，参加所在单位党组织活动；把外来党员及时编入党支部参加组织生活，把流动党员纳入党支部进行管理。坚持党务公开制度，坚持发展党员、党费收缴及管理使用、民主评议党员结果及重要决定事项及时对外公开。加强党内民主政治建设，在党组织换届选举的人选推荐、酝酿、考察、选举过程中，保障党员的知情权、参与权、选举权和监督权。将慰问基层困难党员和老党员形成制度，关爱困难党员和老党员的优良传统得到发扬。

【党员干部培训】 2015年，中共楚雄州工业和信息化委员会党委强化党员干部培训。举办州工信委第四期基层党务干部培训班，就习近平总书记提出的“四个全面”以及党风廉政建设知识进行专题培训，培训直属基层党组织书记、党务工作者101人。举办党风廉政建设专题讲座，直属基层党组织书记、党务干部100余人参加。开展党的十八届五中全会精神学习辅导，直属基层党组织书记、党务干部86人参加。州工信委党委班子成员深入基层党组织为党员干部上党课11次，听课党员干部800余人次。

【党建保障措施】 2015年，中共楚雄州工业和信息化委员会党委落实党建工作经费，为基层党建工作开展提供经费保证。按规定提取党员教育活动经费，生产经营正常的基层党组织按职工工资总额的0.5%～2%提取。对困难基层党组织给予经费补助。从上年起，对直属9个没有企业实体依托的困难基层党组织627名党员每人每年给予50元的工作经费补助，对党组织书记、副书记、委员每月给予100元不等的交通通讯费补助，每年补助

5.44万元。按照基层党组织上缴党费返还规定，返还直属25个非公有制企业党组织和5个退休人员管理工作站党组织党费8.2万元。

［吴显坤］

党校教育

【干部教育培训】 2015年，中共楚雄州委党校采用学员对号入座、考勤通报等管理办法，严格培训纪律，加强学员管理。举办各级各类培训班35期，培训学员7100余人次。其中，开展楚雄州第三期新任县处级领导干部反腐倡廉暨履职能力提升培训班、楚雄州民族团结示范带头人培训班、全州扶贫开发工作专题培训班、楚雄州党外知识分子培训班等州委干教委主体班次25期；开展楚雄州人民政府和社会资本合作专题培训班、烟草系统党建廉政专题培训班、楚雄州2014年度初任人民陪审员培训班、全州财政干部综合业务培训班等计划外班次10期。楚雄州廉政教育基地培训党员干部65期3369人。

【政治理论研究】 2015年，中共楚雄州委党校发挥科研资政作用，完成各级研究课题37项，其中省委党校课题3项、省社会主义学院课题3项、州纪检监察学会课题24项；发表科研论文202篇，其中在《中国社会科学报》《学习时报》《云南日报》《中共云南省委党校学报》《社会主义论坛》《楚雄日报》《楚雄社科论坛》等省、州公开报刊上发表论文65篇；荣获全省党校系统第八届优秀科研成果奖，省、州纪检监察学会优秀成果奖，楚雄州第九届社会科学优秀成果奖等奖项19项；编发校刊《彝州论坛》4期2800册，刊发理论文章110篇。

【理论宣讲】 2015年，中共楚雄州委党校把党的理论宣讲作为延伸党校课堂的主要平台，组织教师深入各级机关、农村、企业等开展习近平总书记系列重要讲话精神和党的十八届四中、五中全会精神等宣讲107场次，听众1.3万人次。以乡村讲坛为依托，突出基础理论、能力建设、素质培训和党性修养4个重点，设计教学专题11个，培训鹿城镇及其22个村民委员会（社区）党员、干部、群众8700余人次。

［蔡永寿］

2015年中共楚雄州委党校举办的主体班次情况统计表

班次名称	时 间	天数(天)	人数(人)
楚雄州妇联干部培训班（美丽人生大讲堂第七讲）	4月7～12日	6	436
九三学社楚雄州委社员培训班	6月13～14日	2	82
楚雄州党外知识分子联谊会	6月17～19日	3	103
农工党楚雄州委2015年骨干党员培训班	7月3～5日	3	100
楚雄州民族团结示范带头人培训班（第十一期少数民族中青班）	7月6～21日	16	50
楚雄州第三期新任县处级领导干部反腐倡廉暨履职能力提升培训班	7月14～17日	4	63
楚雄州招商引资业务专题培训班	7月22～24日	3	240
民革楚雄州委骨干党员培训班	7月23～24日	2	50
民建楚雄州委2015年骨干社员培训班	8月29～30日	2	50
全州扶贫开发工作专题培训班	9月15～17日	3	244
全州扶贫开发工作专题培训班	9月15～17日	3	244
致公党楚雄市基层委员会党员、民盟楚雄市总支盟员培训班	9月19～20日	2	100
楚雄州综治维稳干部培训班	9月21～23日	3	180
全州统一战线信息调研工作培训班	10月8～9日	2	80
楚雄州党外知识分子培训班	10月11～14日	4	120
全州文产干部培训班	10月19～21日	3	100
全州林业系统党务干部培训班	10月26～28日	3	110
2015年全州工商联干部培训班	11月4～6日	3	156
楚雄州非公有制经济组织和社会组织党务干部示范培训班	11月10～13日	4	200
全州2015年律师业务培训班	11月15日	1	300
全州老干部党组织负责人培训班	11月23～25日	3	100
全州老干部政治理论培训班	11月23～25日	3	350
楚雄州2015年大学生村官培训班	12月1～3日	3	290
全州团干部培训班	12月7～11日	5	300
全州党校系统规范化管理培训班	12月14～18日	5	180

注：主体班共25期、91天、4228人次

（州委党校/提供）

信访工作

【信访工作概况】 2015年，楚雄州围绕州委、州人民政府中心工作，以改革为主线，以法治为引领，以解决问题为导向，以维护社会和谐稳定和群众合法权益为目标，以督促解决合理诉求、畅通拓展信访渠道、了解汇集社情民意、规范信访基础业务、强化内部管理、提升干部素质为抓手，做好新形势下的信访工作。州、县（市）党政主要领导阅批群众来信272件、接待群众来访743批2368人次、过问和督办信访事项469件。州、县（市）、乡（镇）3级领导开展接访活动1814人次3170场次，接待群众4238批10963人次，其中定点接访2946次、约访135次、下访223次。

【来信来访】 2015年，楚雄州到京非正常上访、到省上访、来信、来访量持续下降，网上信访量持续攀升。办理群众来信来访1.19万件批次3.8万件人次，件批次和人次分别比上年下降0.8%和12%。办理来信1699件（含初信1259件），下降42.7%；接待来访群众7468批3.26万人次（含初访4803批1.07万人次），分别下降16.6%和

14.7%，其中集体访1238批2.22万人次，批次下降1.4%、人次上升1.9%；办理网上信访有效件2498件，占信访总量的19.7%，比上年上升12.8%；通过远程视频接访系统接待群众316批1329人次。到省上访196批401人次，分别比上年下降22.5%和24.2%，其中集体访21批167人次，和上年相比，批次下降36.4%，人次上升44%；到京非正常上访15人49批次，分别下降55.3%和60.9%。

【信访工作制度改革】 2015年，楚雄州推进信访工作制度改革，推进诉访分离。按照中央关于对涉法涉诉类问题处理中信访部门不受理、不交办、不协调、不统计、不通报等要求，把涉及民商事、行政、刑事等诉讼权利救济的事项进行分离，引导群众到政法机关按程序反映问题，规范涉法涉诉上访秩序，全州信访部门引导分离608批1777人次。推进通过法定途径分类处理信访投诉请求工作。按照中央关于厘清信访与其他法定途径间受理范围改革要求，厘清信访途径与行政复议、仲裁、技术鉴定、行政裁决、劳动监察等其他法定途径的界限，把相关投诉请求导入相应途径解决，推进合理合法诉求依照法律规定和程序得到合理合法处理。对州级24家单位及县（市）对应职能部门的责任清单进行梳理甄别，确定解决诉求的责任归属和时限，细化工作流程。引导群众依法逐级走访。按照《关于进一步规范信访事项受理办理，引导来访人依法逐级上访的办法》要求，一方面，教育引导群众依法、逐级、有序表达诉求，对越级上访的5种情形不予受理或不再受理；另一方面，进一步规范基层信访事项的受理流程和办理方式，强化来访必接、接后必办、办后必复，将来信来访接待办理过程规范化、责任化，确保以程序的规范到位推动实体问题解决到位。完善信访绩效考核工作。从畅通诉求表达渠道、强化源头预防、解决信访热点难点和信访积案问题等方面入手，把工作着力点放在解决问题、化解矛盾上，形成正确导向。配合相关部门依法处置信访活动中的违法犯罪行为，维护信访秩序，遏制到省、到京非正常上访势头。年内，立案侦查涉嫌犯罪21件23人，批准逮捕16人，侦查终结后依法提起公诉10人，相对不起诉13人，判处有期徒刑6件7人。

【信访信息化建设】 2015年，楚雄州按照"横向到边、纵向到底"的大信访工作要求，丰富和拓展信访信息化工作平台，畅通联系、服务群众的渠道和方式。夯实信访信息化基础，为10县（市）和楚雄经济开发区管委会信访部门，以及103个乡（镇）配备计算机127台、打印机103台，解决基层办公设备不适应信访信息系统运行要求的问题，为"一网通"信访信息化建设打下基础。加大网上信访宣传力度，提倡和引导群众多上网、少走访，降低信访成本。有955家部门开通网上信访功能，全年网上信访访问量11.8万人次，日访问量约330人次，部分热点信访问题点击量突破5000人次。视频接访常态化。全年使用远程视频接访系统接待群众316批1329人次，召开会议98场次、业务培训会91场次、信息研判会83场次。推广使用信访信息系统。培训州、县、乡3级信访工作人员1533人次，信访事项录入率和交办率99%，录入量在全省排名第三、办结率在全省排名第一。

【信访信息研判】 2015年，楚雄州利用州委信访联席会议办公平台，对信访信息开展定期和不定期研判，对可能引发不稳定因素进行摸排，提前做好统筹应急准备，为妥善处置赢得主动权。州委信访联席会议办公室组织召开协调会议213次、信息分析研判会81次，发出信访预报信息994条，防止群体性越级访62批次；指导和督促县（市）及职能部门化解信访矛盾74件次；协调复核信访事项4件，处理到州集体上访243批9841人次。

【信访法治宣传】 2015年，楚雄州开展纪念新修订《信访条例》实施10周年活动，制作发放宣传画册5万余册，在《楚雄日报》设立《信访条例》宣传专栏，刊出《信访条例100问》36期；在电视上滚动播出《信访条例》宣传标语1100条次。协调配合楚雄电视台、楚雄日报社、州广播电台，开展为期两个月的信访法治宣传活动，通过正反典型案例、现身说法、信访故事等方式宣传信访政策法规，增强党员干部和人民群众学法、遵法、守法、用法意识，营造依法信访氛围。

【信访问题化解】 2015年，楚雄州信访部门发挥信访联席会议在化解信访事项中的综合协调、力量整合、组织推动、督导落实等作用，加强对重点地区、重点领域、重点问题的跟踪问效，推动信访问题解决。抓好信访督查，开展专项督查4次，实地督办个案42件，召开专项督办交办会议39次。督办上级交办信访事项80件、省委巡视组交办信访事项62件、州级领导接访日交办信访事项67件，以及州委、州人民政府领导批示事项6件，群众来信来访反映强烈信访事项29件，到期未办结群众来信来访事项167件。抓排查交办。按季度对全州重大信访问题进行定期排查，重要时期和敏感时段及时排查，排查交办重大信访问题106件、信访积案206件，防止因排查化解不及时而引发影响全局的恶性事件。突出信访事项的复查复核和终结备案工作。督促指导职能部门按期办结信访人提出的复查复核信访事项13件；督促指导对自2012年以来到京非正常上访的8名重点人员和2015年以来到京非正常上访的14人进行信访程序终结。抓好信访专项资金的申报和管理。完善第四批中央和省下达的792.2万元专项资金的审批和监管，完成州级配套用于解决特殊疑难信访件的150万元专项资金的审批和监管工作；完成向中央和省申报第五批专项资金，化解特殊疑难信访问题的相关工作。做好全国和省、州重大活动、重要节庆和重点时段的信访维稳工作。先后6次派出工作组到北京、7次派出工作组到昆明，劝返进京违法上访人员17名、到省越级上访人员11批36人，没有发生因信访问题处置不当而引发的群体性事件和恶性事件。

［江平泉］

楚雄州人大常委会

重要会议

【楚雄州十一届人民代表大会第五次会议】 2015年2月4～8日，楚雄州第十一届人民代表大会第五次会议在州会务中心民族会堂召开。会议共有7项议程。应到会代表339名，实到会代表329名。法定列席人员、决定列席人员、特邀人员218人列席会议，批准的15名公民旁听会议。会议举行全体会议4次、大会主席团会议4次，听取和审议州人民政府、州人大常委会、州中级人民法院、州人民检察院工作报告并做出相关决议；审查并表决通过《楚雄州第十一届人民代表大会第五次会议关于政府工作报告的决议》《关于楚雄州2014年国民经济和社会发展计划执行情况与2015年计划报告的决议》《关于楚雄州2014年地方财政预算执行情况和2015年财政预算报告的决议》《关于楚雄州人大常委会工作报告的决议》《关于楚雄州中级人民法院工作报告的决议》《关于楚雄州人民检察院工作报告的决议》；选举杨虹为州十一届人大常委会副主任、刘宗根为州中级人民法院院长。会议期间，代表提出议案53件，建议、批评和意见141件。

【楚雄州十一届人大常委会常委会议】 2015年，楚雄州十一届人大常委会召开9次常委会议，对全州经济社会发展等重大事项进行专题研究。

第十九次会议　2月27日召开，听取和审议州人民政府《关于楚雄州地震工作情况的报告》《关于楚雄州构建现代公共文化服务体系情况的报告》；听取和审议州人大常委会法制工委、教科文卫工委初审意见2个；表决通过审议意见2个；做出《关于确认许可对州十一届人大代表郎泳舟采取强制措施并暂时停止其执行代表职务的决定》。

第二十次会议　4月28～29日召开，听取和审议州人民政府《关于楚雄州人民政府职能转变和机构改革方案的议案》《关于提请审议2015年度楚雄州本级土地储备融资规模的议案》《关于提请审议楚雄州土地储备开发整理中心向交通银行楚雄分行贷款3亿元的议案》《关于提请审议楚雄、禄丰、元谋3个非集中连片扶贫县（市）农村公路建设州级融资配套的议案》及其说明，《关于楚雄州乡村流通工程建设情况的报告》《关于楚雄州旅游业发展情况的报告》《关于楚雄州林业改革和发展情况的报告》《关于楚雄州工商行政管理工作情况的报告》；听取和审议州人大常委会财经工委、教科文卫工委、农环资工委、法制工委初审意见4个；审议州人大常委会视察组《关于组织驻楚部分全国、省人大代表和部分州人大代表对楚雄至广通高速、楚雄至南华一级公路建设情况进行专题视察工作情况的报告》《关于对2015年州级部门预算和预算执行情况进行跟踪调研的报告》；表决通过决定4个、审议意见4个。

第二十一次会议　6月29～30日召开，听取和审议州中级人民法院《关于全州法院执行人民陪审员制度情况的报告》，州人民政府《关于楚雄州粮食安全工作情况的报告》《关于楚雄州生物医药产业发展情况的报告》《关于提请审议州开发投资有限公司申请铁路建设项目征地拆迁借款的议案》《关于提请审议州开发投资有限公司开展富滇银行非标准化债权融资的议案》及其说明，州十一届人大常委会代表资格审查委员会《关于楚雄州第十一届人民代表大会代表资格审查和代表变动情况的报告》和州人大常委会法工委、农环资工委、财经工委初审意见5个；审议《对〈楚雄州公路条例〉进行立法后评估的报告》《贯彻实施〈产品质量法〉〈云南省发展中医药条例〉情况进行执法检查的报告》《对楚雄州基层人大代表工作和人民代表履职平台建设开展专题调研的报告》；表决通过审议意见3个、决定2个、报告1个；表决通过相关人事任免事项；会议任命的国家机关工作人员首次向宪法宣誓。

第二十二次会议　7月20日召开，补选云南省第十二届人民代表大会代表。

第二十三次会议　8月25～26日召开，听取和审议州人民政府《关于楚雄州2014年财政决算的报告》《关于楚雄州2015年上半年财政预算执行情况的报告》《关于楚雄州2015年上半年国民经济和社会发展计划执行情况的报告》《关于楚雄州2014年度州级预算执行和其他财政收支审计工作报告》和州人大常委会财经工委初审意见4个；审议《州人大常委会关于对楚雄州贯彻实施〈云南省城市民族工作条例〉〈代表法〉情况进行执法检查的报告》；表决通过决议1个、审议意见3个和相关人事任免事项；会议任命的国家机关工作人员向宪法宣誓。

第二十四次会议　9月21日召开，听取和审议州人民政府《关于提请审议楚雄州彝族传统节日彝族年实行放假制度的议案》《关于提请审议实行自治州津贴议案》及其说明和州人大常委会民族工委、财经工委初审意见2个；表决通过决定2个；表决通过相关人事任免事项；会议任命的国家机关工作人员向宪法宣誓。

第二十五次会议　10月29～30日召开，听取和审议州人民政府《关于提请审议省政府转贷楚雄州人民政府债券资金有关问题的议案》《关于向浦发银行开展地方政府债务过渡性融资的议案》及其说明，《关于楚雄州反贪污贿赂工作情况的报告》《关于楚雄州促进义务教育均衡发展情况的报告》《关于楚雄州城乡人居环境提升三年行动计划实施情况的报告》；审议《州人大常委会任命国家工作人员任前法律知识考试办法（试行）》草案、《关于组织驻楚部分全国、省人大代表和部分州人大代表对楚雄州城乡群众生活用水安全情况进行专题视察的报告（书面）》和州人大常委会法制工委、教科文卫工委、农环资工委初审意见3个；表决通过决定2个、审议意见3个和《州人大常委会任命国家工作人员任前法律知识考试办法（试行）》；表决通过人事任免事项；会议任命的国家机关工作人员向宪法宣誓。

第二十六次会议　11月27日召开，听取和审议州人民政府《关于提请审议楚雄州土地储备开发整理中心向楚雄市农村信用合作联社抵押贷款的议案》《关于提请审议楚雄州土地储备开发整理中心向交通银行楚雄分行抵押贷款的议案》《关于提请审议楚雄州土地储备开发整理中心融资贷款分配安排有关问题的议案》《关于提请审议第二批专项建设基金投资项目的议案》《关于提请审议第三批专项建设基金投资项目的议案》及其说明；表决通过决定5个；表决通过人事任免事项；会议任命的国家机关工作人员向宪法宣誓。

第二十七次会议　12月29～30日召开，听取和审议州人民政府《关于楚雄州国民经济和社会发展第十三个五年规划纲要（草案）》《关于提请审议批准2015年全州和州本级政府债务限额的议案》《关于提请审议州财政局申请将楚雄市鹿城片区棚户区改造项目贷款还本付息资金纳入州级财政预算的议案》《关于提请审议州财政局申请将全州棚户区改造政府购买服务资金纳入财政预算的议案》及其说明，《关于对州十一届人大五次会议34号议案办理情况的报告》《关于对州十一届人大五次会议51号议案办理情况的报告》《关于楚雄州2015年州本级财政预算调整方案的报告》《关于楚雄州2014年度州级预算执行和其他财政收支审计查出问题整改情况的报告》《关于对州十一届人大五次会议代表提出的建议、批评和意见办理情况的报告》及其初审意见，州人大常委会《关于对州十一届人大五次会议代表提出的建议、批评和意见办理情况的报告》，州人大常委会代表资格审查委员会《关于州第十一届人民代表大会代表资格审查和代表变动情况的报告》；审议《州人大常委会2016年地方民族立法工作计划（草案）》，和贯彻实施《云南省预防未成年人犯罪条例》《楚雄州龙川江保护管理条例（修订）》情况进行执法检查的报告，州人大常委会工作报告（讨论稿）和州第十一届人大常委会2016年度工作要点、审议议题、代表视察、执法检查安排（草案）；表决通过决议1个、决定4个、审议意见2个；表决通过《关于州第十一届人民代表大会代表资格审查和代表变动情况的报告》《关于州人大常委会2016年度工作要点、审议议题和代表视察、执法检查安排》《州人大常委会2016年地方民族立法工作计划》《州第十一届人民代表大会第六次会议列席人员名单》，确认《许可对州十一届人大代表李永明采取强制措施并暂时停止其执行代表职务的决定》；同意将《楚雄州国民经济和社会发展第十三个五年规划纲要（草案）》《州人大常委会工作报告（讨论稿）》提交州十一届人大六次会议审查；选举云南省第十二届人民代表大会代表；表决人事任免；会议任命的国家机关工作人员向宪法宣誓。

［张志军］

重要活动

【省人大常委会调研】 2015年4月27日下午，云南省人大常委会选举联络工作委员会主任刘子杨，副主任杨云昆、解毅一行到楚雄州调研“人大代表之家”和“人大代表工作站”创建工作，深入东瓜镇人大代表之家、永安代表工作站了解情况，对楚雄州乡（镇）人大工作和代表工作取得的成绩给予肯定，就进一步开展好代表之家、代表工作站工作提出要求。州人大常委会副主任李志勇陪同调研。

7月7～8日，省人大常委会委员、农业工作委员会主任段兴祥带领省人大常委会委员、楚雄州人大常委会主任卢显林，省人大代表、楚雄州农科所水稻栽培站站长、研究员李开斌，省人大常委会农业工作委员会副主任周运龙、徐显云，省农业厅副厅长杜建辉及省人大常委会、省农业厅有关处室负责人组成的执法检查组到楚雄州，就《中华人民共和国农业法》贯彻实施情况进行督查并召开汇报会。

【州人大代表视察】 2015年4月9～10日，楚雄州人大常委会组织驻楚部分全国人大代表和省、州人大代表40余人组成视察组，对楚雄至广通高速公路和楚雄至南华一级公路建设情况进行专题视察。

9月15～16日，州人大常委会组织驻楚部分全国人大代表和省、州人大代表60余人，对楚雄州城乡群众生活用水安全情况进行专题视察，听取基层干部和群众的意见建议。

【执法检查】 2015年5月18～27日，由楚雄州人大常委会副主任杨虹任组长，部分州人大代表为成员的执法检查组对楚雄州贯彻实施《云南省发展中医药条例》情况进行检查。执法检查组深入到州卫生局、州中医院，双柏县、南华县、元谋县察看、了解州、县、乡、村部分医疗机构开展中医药服务情况及中药材种植基地建设情况，召开执法检查座谈会听取各方意见建议，并将检查情况向州人民政府进行反馈。

5月21～27日，州人大常委会副主任卜德诚率州人大常委会执法检查组深入到南华、姚安、大姚3县以及云南江能工程技术有限公司、南华县咪依噜天然食品开发有限公司等13家企业对楚雄州贯彻实施《产品质量法》情况进行检查，并就存在的问题和下步工作提出意见建议。

7月15～17日，州人大常委会副主任李志勇带领执法检查组，在10县（市）自检自查的基础上，深入禄丰、牟定、南华3县6个乡（镇）6个村（居）民委员会（社区）就贯彻实施《代表法》情况进行执法检查。

8月13～14日，由州人大常委会副主任熊卫民任组长，有关部门负责人为成员的执法检查组，对楚雄州贯彻实施《云南省城市民族工作条例》情况进行执法检查。检查组在听取情况汇报的基础上，深入到大姚县民族服饰制品有限责任公司、北城社区，姚安县海润茧丝绸有限公司、光禄古镇民族特色村庄建设及北街社区和楚雄市鹿城镇栗子园小区管委会、东瓜镇彝人古镇社区与少数民族群众和社区干部进行座谈，就如何加强城市民族工作听取意见建议。

10月20～22日，由州人大常委

会副主任李佳为组长、部分州人大代表和相关部门负责人组成的执法检查组，深入楚雄市和元谋、禄丰两县，对贯彻实施《楚雄州龙川江保护管理条例（修订）》情况进行执法检查。执法检查组深入实地查看、了解元谋县龙川江支流勐岗河河道治理、老城乡小河口电站水资源开发利用、元谋县城区段河道治理工程，禄丰县龙川江妥安段保护管理和黑井段抽水站、拦河闸及河道治理规划，楚雄市龙川江吕合段河道治理、青山嘴水库库区人工湿地项目建设、青龙河富民段治理一期工程建设等情况，听取州人民政府工作情况汇报，并向州人民政府反馈执法检查情况。

12月1～2日，州人大常委会副主任商雁鸿带领由州人大常委会法制工委和共青团楚雄州委组成的执法检查组一行，深入到楚雄市和南华、姚安两县，对楚雄州贯彻实施《云南省预防未成年人犯罪条例》情况进行执法检查。听取州人民政府情况汇报，对县（市）预防青少年违法犯罪教育基地、学校关爱儿童之家、社区进行检查，并反馈检查意见，提出工作要求。

【专项活动】 *政情通报会* 2015年7月22日上午，楚雄州人大常委会召开2015年上半年政情通报会，向驻楚雄城区部分全国、省、州人大代表通报2015年上半年全州经济社会发展情况和下半年工作计划。

楚雄环保世纪行活动 7月22日下午，以“推进生态文明，建设美丽家园”为主题的2015年楚雄环保世纪行活动正式启动。12月3日下午，2015年楚雄环保世纪行活动总结表彰会召开，表彰楚雄市人大常委会等先进集体8名、优秀新闻作品14件。活动期间，州、县（市）新闻媒体及各类报刊刊载、播出宣传新闻稿件665条，发放宣传材料26万余份，开展环保世纪行宣传文艺演出35场次。

新任命人员和审判员向宪法宣誓仪式 6月30日下午，州十一届人大常委会第二十一次会议表决通过有关人事任免事项，首次举行新任命的州人民政府组成部门人员和州中级人民法院审判员向宪法宣誓仪式。

楚雄州“十三五”规划基本思路座谈会 6月10日下午，州人大常委会召开楚雄州国民经济和社会发展“十三五”规划基本思路征求意见座谈会，听取省、州人大代表及各方面的意见、建议。

法治专题讲座 8月26日下午，州人大常委会举行法治专题讲座，副主任李佳主持，州中级人民法院院长刘宗根应邀作“‘四个全面’战略背景下的司法体制改革情况介绍”专题讲座。州十一届人大常委会组成人员，列席州十一届人大常委会第二十三次会议的大姚县和武定县人大常委会负责人、财经工委委员，应邀列席州十一届人大常委会第二十三次会议的州十一届人大代表和批准旁听的公民，以及州人大常委会机关科以上干部聆听讲座。

全州县（市）人大常委会主任座谈会 10月30日下午，全州县（市）人大常委会主任座谈会在楚雄召开，州人大常委会党组书记、主任卢显林出席会议并讲话；副主任卜德诚、商雁鸿、熊卫民、李志勇、杨虹，秘书长张林敏出席会议，机关科以上干部参加会议。10县（市）人大常委会主任作交流发言。

“我心中的人大”主题联合新闻宣传采访 9月1～15日，州人大常委会组织开展以“我心中的人大”为主题的联合新闻宣传采访活动，深入牟定、姚安、大姚、永仁、元谋、禄丰6县，对基层人大工作者和人大代表依法行使职权、发挥先锋模范作用的先进事迹进行采访。

［张志军］

【调研督查】 2015年1月13日，楚雄州人大常委会副主任卜德成率调研组到禄丰县妥安乡琅井村和牟定县新桥镇调研历史文化资源保护开发和工业园区建设情况。

3月12～13日，州人大常委会主任卢显林、副州长周兴国率州工业和信息化委员会、州发展和改革委员会等州级相关部门负责人到禄丰县金山镇、土官镇、勤丰镇对重点企业、重点项目进行实地调研，了解工业经济发展情况，分析存在的困难和问题，为工业经济发展会诊把脉。

3月14～18日，州人大常委会副主任李志勇深入牟定、大姚等县部分乡（镇）调研、指导乡（镇）人大主席团工作。

4月15日，州人大常委会副主任杨虹带领州人大常委会教科文卫工作委员会到州食品药品监督管理局调研。听取州食品药品监督管理局“十二五”时期工作情况汇报，并结合实际就如何进一步落实好2015年工作目标，顺利完成“十二五”规划，编制好“十三五”规划进行座谈；指导办理州十一届人大五次会议代表建议，并就如何进一步做好食品药品监督管理工作提出要求。

4月22日上午，州人大常委会副主任李志勇一行到禄丰县恐龙山镇调研高原特色葡萄种植项目进展情况。在听取项目进展情况汇报后，深入阿纳片区、川街片区葡萄种植基地实地察看，了解项目推进中存在的困难和问题，对实施好该项目提出具体工作要求。

4月23日，州人大常委会副主任卜德诚带领财经工作委员会相关人员，到姚安县适中乡适中村委会、三木村委会，以及前场镇新街村委会、王朝村委会、新村村委会检查指导烤烟生产工作。听取工作情况汇报，对两个乡（镇）的烤烟生产工作给予肯定并就下步工作提出意见建议。

5月4～6日，州人大常委会副主任李志勇深入楚雄市吕合、东华、三街、八角等乡（镇）检查指导烤烟生产工作，调研基层人大代表工作和人大代表履职平台建设情况。听取乡（镇）党委、政府工作情况汇报，深入烤烟移栽点实地察看烤烟移栽情况，检查规模化大棚育苗、抗旱烟水工程建设、预整地、烤烟面积落实、基层烟站建设等情况，与种植农户进行交谈，听取有关方面的情况介绍，并就下步工作提出要求。

5月4～29日，州人大常委会副主任李志勇率领选联工委相关人员对楚雄州基层人大代表工作和人大代表履职平台建设情况进行专题调研。

5月5日，州人大常委会副主任杨虹带领教科文卫工作委员会相关领导到禄丰县仁兴、碧城和勤丰3镇，察看大田移栽、育苗供苗和各项科技措施落实情况，听取烤烟移栽工作情况汇报。

5月6～7日，州人大常委会副主任、州总工会主席商雁鸿到大姚县金碧镇凉桥、陆林、四溪，龙街镇五福、仓屯、塔底等村委会烤烟移栽现场，察看烤烟大田移栽、摸下烟苗长势及栽培管理等情况，了解烟农在烤烟移栽、管理及技术措施落实方面存在的困难和问题，听取春耕生产工作情况汇报。

5月11～12日，州人大常委会副主任李志勇深入禄丰县和姚安县的部分乡（镇）和村委会，检查指导“人大代表之家”和“人大代表工作站”创建工作，并对进一步做好新形势下的基层人大工作提出要求。

5月12日，州人大常委会主任卢显林深入双柏县法脿镇和大庄镇，就春耕生产和民生工作进行调研。调研组分别到法脿镇折苴村委会、雨龙村委会、烂泥村委会对烤烟移栽情况进行实地检查；深入大庄镇木章郎村委会、尹代箐村委会，了解村卫生室的人员配置、药品配备和新农合报销比例等相关事宜；查看普岩村委会大罗块村民小组美丽乡村建设情况，听取大庄镇民生工作情况汇报，并就基层人大代表工作站建设、代表活动等工作提出要求。

5月13日，州人大常委会副主任商雁鸿率领调研组到云南美森源林产科技有限公司、楚雄昆钢奕标新型建材有限公司和南华再生科技有限公司调研。

5月13～14日，州人大常委会副主任李佳带领农业环境资源工作委员会人员深入双柏县大麦地镇和安龙堡乡的普龙、峨足、六纳、说全、法念等7个村委会调研指导烤烟及其他春耕生产工作。深入田间地头察看、了解烤烟和大春作物栽种情况、农业产业发展情况以及存在的困难和问题，现场察看了解正在施工的法念村委会为民服务站（综合楼）、安龙堡至青香树村乡村公路硬化等工程建设情况，分别听取大麦地镇和安龙堡乡工作情况汇报，就下步工作提出要求。

5月18～24日，州人大常委会主任卢显林率领楚雄州高新技术产业发展考察组赴陕西和甘肃两省学习考察、招商引资。

6月5日，州人大常委会主任卢显林到牟定县戌街乡水桥村委会姚兴村、戌街村委会戌街村、牟定红鑫种养殖有限公司、戌街乡卫生院、戌街中心小学、戌街中学，蟠猫乡蟠猫村委会朵苴村调研春耕生产和民生保障工作。

7月9～10日，州人大常委会副主任杨虹带领州人大常委会教科文卫工作委员会、州工业和信息化委员会有关人员，到云南盘龙云海药业有限公司、元谋利明脱水蔬菜有限责任公司调研，听取公司生产经营情况介绍，了解企业存在的困难和问题。

7月29日，州人大常委会副主任卜德诚带领州人大常委会财经工作委员会、州财政局、州审计局等部门领导组成的调研组，深入禄丰县楚雄燃料化工二厂土官玻璃厂、禄丰县城火车南站站前广场、云南德胜物流公司调研，了解2015年上半年国民经济和社会发展计划执行情况、2014年财政结算情况、2015年上半年财政预算执行情况、2014年度预算执行和其他财政收支审计工作情况，听取禄丰县经济社会发展情况专题汇报，就国民经济社会发展计划执行以及财政预算执行工作提出意见建议。

7月30～31日，州人大常委会副主任熊卫民率领州人大常委会民族工作委员会和州人民政府外事侨务办公室相关人员到武定、禄丰两县专题调研境外非政府组织管理工作。听取工作情况汇报，深入武定县高桥镇综合扶贫项目和捐助援建学校工程建设项目，以及禄丰县土官镇玉碗水饮水工程项目等境外非政府组织合作项目点实地察看，了解情况，听取意见、建议，提出工作要求。

8月13～14日，由州人大常委会副主任熊卫民任组长，州人大常委会民族工作委员会、州民族宗教委等有关部门负责人为成员的调研组，深入楚雄、姚安、大姚等县（市），对楚雄州贯彻实施《云南省城市民族工作条例》情况进行实地调研，到民族服饰制品生产、茧丝绸加工等民族企业实地查看，并深入社区和居民家中与少数民族群众及社区工作人员座谈。

10月12～13日，州人大常委会主任卢显林率州委、州人民政府工业经济稳增长督查第二督查组深入禄丰、武定、永仁3县的多家企业和重大项目建设现场，调研督查稳增长政策贯彻落实、经济运行及年度目标完成等方面的情况并提出工作要求。

10月13～14日，州人大常委会副主任熊卫民率领州人大常委会民族工作委员会、州住建局、州人民政府政策研究和法制办公室相关负责人到楚雄市和牟定、南华、姚安等县就城乡人居环境提升行动推进情况和《楚雄州保障性住房建设管理条例》立法前期进行专题调研。

10月29日，州人大常委会副主任李佳带领州人大常委会农环资工委、州工信委以及楚雄经济开发区经贸局有关人员先后到楚雄仁恒化肥有限公司和楚雄云星铜材有限公司，了解企业生产、销售、运转情况以及面临的困难和未来发展设想，帮助企业办实事、解难题。

11月5～6日，州人大常委会副主任李志勇率领州委农村危房改造和抗震安居工程第四督查组到姚安、禄丰两县督查农村危房改造和抗震安居工程建设情况。

11月24日，州人大常委会副主任杨虹率队到双柏县调研督查《关于加强监督，健全完善新型农村合作医疗工作的议案》办理情况，并提出办理要求。

［张志军］

决议决定

【专项工作决议决定】 2015年2月4～8日，召开楚雄州第十一届人民代表大会第五次会议。会议听取和审查《州人民政府工作报告》；审查《楚雄州2014年国民经济和社会发展计划执行情况与2015年国民经济和社会发展计划草案的报告》；审查和批准《楚雄州2014年度国民经济和社会发展计划执行情况的报告与2015年国民经济和社会发展计划》；审查《楚雄州2014年地方财政预算执行情况和2015年地方财政预算草案的报告》；审查和批准《楚雄州2014年度地方财政预算执行情况的报告》和2015年州级财政预算草案；听取和审查《州人大常委会工作报告》《州中级人民法院工作报告》《州人民检察院工作报告》。通过《州人民政府工作报告的决议》《楚雄州2014年国民经济和社会发展计划执行情况与2015年国民经济和社会发展计划的决议》《楚雄州2014年地方财政预算执行情况和2015年地方财政预算的决议》《楚雄州人民代表大会常务委员会工作报告的决议》《楚雄州中级人民法院工作报告的决议》《楚雄州人民检察院工作报告的决议》。

4月29日，召开州第十一届人大常委会第二十次会议，审议并表决通过《楚雄州人民政府职能转变和机构改革方案》《关于提请审议2015年度楚雄州本级土地储备融资规模的议案》《关于提请审议楚雄州土地储备开发整理中心向交通银行楚雄分行贷款3亿元的议案》《关于提请审议楚雄、禄丰、元谋3个非集中连片扶贫县（市）农村公路建设州级融资配套的议案》的决定（草案）。

6月30日，召开州第十一届人大常委会第二十一次会议，审议并表决通过《关于提请审议州开发投资有限公司申请铁路建设项目征地拆迁借款的议案》《关于提请审议州开发投资有限公司申请铁路建设项目征地拆迁借款展期的议案》《关于提请审议州开发投资有限公司开展富滇银行非标准化债权融资的议案》的决定（草案）。

8月26日，召开州第十一届人大常委会第二十三次会议，听取和审议州财政局局长赵晓明受州人民政府委托所作的《关于楚雄州2014年财政决算的报告》，并结合州审计局局长刘平所作的《关于楚雄州2014年度州级预算执行和其他财政收支的审计工作报告》，对2014年财政决算进行审查；根据州人大常委会财政经济工作委员会的审查报告，表决通过州人大常委会《关于批准楚雄州2014年财政决算的决议（草案）》。

9月21日，召开州第十一届人大常委会第二十四次会议，审议并表决通过州人民政府《关于提请审议楚雄州彝族传统节日彝族年实行放假制度的议案》和《关于提请审议实行楚雄彝族自治州津贴的议案》决定（草案）。

10月30日，召开州第十一届人大常委会第二十五次会议，审议并表决通过州人大常委会《关于提请审议省政府转贷楚雄州人民政府债券资金有关问题的议案》和《楚雄州人民政府关于向浦发银行开展地方政府债务过渡性融资的议案》的决定（草案）。

11月27日，召开州第十一届人大常委会第二十六次会议，审议并表决通过州人民政府《关于提请审议楚雄州土地储备开发整理中心向楚雄市农村信用合作联社抵押贷款的议案》《关于提请审议楚雄州土地储备开发整理中心向交通银行楚雄分行抵押贷款的议案》《关于提请审议楚雄州土地储备开发整理中心融资贷款分配安排有关问题的议案》《关于提请审议第二批专项建设基金投资项目的议案》《关于提请审议第三批专项建设基金投资项目的议案》的决定（草案）。

12月30日，召开州第十一届人大常委会第二十七次会议，审议并表决通过州人民政府《关于提请审议州财政局申请将楚雄市鹿城片区棚户区改造项目贷款还本付息资金纳入州级财政预算的议案》《关于提请审议批准2015年全州和州本级政府债务限额的议案》《关于提请审议州财政局申请将全州棚户区改造政府购买服务资金纳入财政预算的议案》的决定（草案）和《关于批准楚雄州2015年州本级财政预算调整方案的决议（草案）》。

12月30日，根据《地方各级人民代表大会和地方各级人民政府组织法》规定，州第十一届人大常委会第二十七次会议决定，州第十一届人民代表大会第六次会议于2016年1月12～16日在楚雄召开，会期5天。

【人事任免决定】 2015年2月27日，楚雄州十一届人大常委会第十九次会议决定：李云任州人民检察院检察员、检察委员会委员，批准免去禄丰县人民检察院检察长职务；刘萍任州人民检察院检察员、检察委员会委员，批准免去双柏县人民检察院检察长职务；赵春菊批准任命为双柏县人民检察院检察长，免去州人民检察院检察员职务；庞世红批准任命为永仁县人民检察院检察长；李全华批准任命为禄丰县人民检察院检察长，免去永仁县人民检察院检察长职务；常平免去州人民检察院检察员职务。

4月29日，州十一届人大常委会第二十次会议决定：杨虹免去州中级人民法院审判员、审判委员会委员、副院长职务；杨昌宁免去州中级人民法院审判员职务。

6月30日，州十一届人大常委会第二十一次会议决定：周国兴任州民族宗教事务委员会主任，免去州民族事务委员会主任职务；钟继红任州卫生和计划生育委员会主任，免去州卫生局局长职务；王若舟任州旅游发展委员会主任，免去州旅游局局长职务；唐思虎任州工商行政管理局局长；张勇任州质量技术监督局局长；董智昆任州新闻出版广电局局长；黄正山任州人民政府政策研究和法制办公室主任；李昆免去州人力资源和社会保障局局长职务；夏良免去州广播电视局局长职务；高翔免去州人民政府国有资产监督管理委员会主任职务；李红梅免去州粮食局局长职务；陆绍林任州人大常委会法制工作委员会主任；邱德英、汤汝华、王丽娟任州中级人民法院审判员；白忠华免去州人大常委会副秘书长、办公室主任职务；杨文昌免去州人大常委会法制工作委员会主任职务；黄玉清免去州中级人民法院审判员职务。

7月20日，州十一届人大常委会第二十二次会议决定：张志军任州人大常委会副秘书长、办公室主任，免去州人大常委会民族工作委员会副主任职务；龙光明任州人大常委会民族工作委员会副主任；李万翔任州人大常委会教科文卫工作委员会副主任；张开阳免去州人大常委会教科文卫工作委员会副主任职务。

8月26日，州十一届人大常委会第二十三次会议决定：赵克义任州人民政府副州长；马闻任州人民政府副州长、州公安局局长；张晓鸣任州人民政府副州长；黄云雁任州人力资源和社会保障局局长；马国雄任州水务局局长；汤健免去州水务局局长职务。

9月21日，州十一届人大常委会第二十四次会议决定：杨斌任州人民政府副州长；赵晓明免去州财政局局长职务；戴富才免去州人民检察院检察员、检察委员会委员职务。

9月21日，州第十一届人大常委会第二十四次会议根据州人大常委会主任会议的提请，决定：杨斌为州人民政府代理州长。

10月30日，州十一届人大常委会第二十五次会议决定：吴启贤任州中级人民法院行政审判庭副庭长；魏跃萍、杨霞免去州中级人民法院审判员职务。

11月27日，州十一届人大常委会第二十六次会议根据州人大常委会主任会议的提请，决定：汪家有任州人大常委会选举联络工作委员会副主任，免去州人大常委会办公室副主任职务；吴燕来任州人大常委会办公室副主任，免去州人大常委会选举联络工作委员会副主任职务。

11月27日，州第十一届人大常委会第二十六次会议根据州人民政府代理州长杨斌的提请，决定：周志远任州民政局局长；卢显亮任州财政局局长，免去州林业局局长职务；王光荣任州农业局局长，免去州民政局局长职务；杨树荣任州林业局局长，免去州农业局局长职务；邹志琼任州人民政府外事侨务办公室主任；夏军免去州人民政府外事侨务办公室主任职务。

11月27日，州第十一届人大常委会第二十六次会议根据州中级人民法院院长刘宗根的提请，决定：朱崇芳任州中级人民法院副院长；李红云任州中级人民法院审判员、审判委员会委员、副院长；常云任州中级人民法院审判员、审判委员会委员；孙明任州中级人民法院民事审判第一庭庭长；起绍洪免去州中级人民法院审判员、审判委员会委员、副院长职务；杨鸿旭免去州中级人民法院民事审判第一庭庭长职务；刘玉南免去州中级人民法院审判员职务。

12月30日，州第十一届人大常委会第二十七次会议根据州人大常委会主任会议的提请，任命普赵辉为州人民检察院检察员、检察委员会委员、副检察长、代理检察长，并报州第十一届人民代表大会第六次会议备案。

【人事辞职罢免停职决议决定】 2015年2月27日，楚雄州十一届人大常委会第十九次会议根据州人民检察院的报告，审议并确认1月20日州十一届人大常委会第四十七次主任会议做出的《关于许可对州十一届人大代表郎泳舟采取强制措施并暂时停止其执行代表职务的决定》。

6月30日，州十一届人大常委会第二十一次会议决定，接受委员关惜分因工作职务变动提出的辞职请求，同意关惜分辞去州第十一届人大常委会委员职务，并报州第十一届人民代表大会第六次会议备案。

6月30日，州十一届人大常委会第二十一次会议根据州人民政府州长李红民的提请和杨照辉、孙赟、洪维智等人关于辞去州人民政府副州长职务的请求，决定接受杨照辉、孙赟、洪维智辞去州人民政府副州长职务，并报州第十一届人民代表大会第六次会议备案。

6月30日，州十一届人大常委会第二十一次会议根据省人民检察院的报告审议、确认5月20日州十一届人大常委会第五十三次主任会议做出的《关于许可对州十一届人大代表姜扬采取强制措施并暂时停止其执行代表职务的决定》。

楚雄州十一届人大五次会议议案和重点建议

议案（建议）号		议案（建议）标题	承办单位	督办工委
议案	34	关于加大农村垃圾治理的议案	州环保局	农环资工委
	51	关于加强监管、健全完善新型农村合作医疗工作的议案	州卫生局	教科文卫工委
重点建议	3#	关于注重我州农业优势特色产业后继发展壮大的议案	州农业局	农环资工委
	21#	关于要求提高产业扶贫项目标准促进精准扶贫的议案	州扶贫办	民工委
	10	关于加大对违法用地、违法建设行为查处力度的建议	州国土资源局	农环资工委
	11	关于当前物业管理存在的主要问题及下步推进物业管理持续发展的建议	州住建局	民工委
	12	关于加强山区水利基础建设力度的建议	州水务局	农环资工委
	45	关于加强环境保护监管力度的建议	州环保局	农环资工委
	48	关于进一步加强扶持中小微企业发展的建议	州工信委	财经工委
	57	关于在全州范围内加大食品安全监管力度的建议	州食品药品监督管理局	教科文卫工委
	72	关于全面加强对乡（镇）小集镇建设的扶持的建议	州住建局	民工委
	99	关于加强对电动自行车、三轮车、老年代步车管理的建议	州交警支队	法工委

备注：带“#”号为议案转建议

（州人大办/提供）

8月26日，州十一届人大常委会第二十三次会议根据州人民政府州长李红民的提请和赵祖莹关于辞去州人民政府副州长职务的请求，决定接受赵祖莹辞去州人民政府副州长职务，并报州第十一届人民代表大会第六次会议备案。

9月21日，州第十一届人大常委会第二十四次会议根据州长李红民的辞职请求，决定接受其辞去州人民政府州长职务，并报州第十一届人民代表大会第六次会议备案。

9月21日，州第十一届人大常委会第二十四次会议根据戴富才的辞职请求，决定接受其辞去州人民检察院检察长职务，报州第十一届人民代表大会第六次会议备案，并报省人民检察院提请省人大常委会批准。

12月30日，州十一届人大常委会第二十七次会议根据州人民检察院的报告，审议、确认12月27日州十一届人大常委会第六十八次主任会议作出的《关于许可对州十一届人大代表李永明采取强制措施并暂时停止其执行代表职务的决定》。

［张志军］

议案和建议办理

【州十一届人大五次会议提出的议案】 2015年，在楚雄州第十一届人民代表大会第五次会议期间，州人大常委会收到10名以上代表联名提出的议案53件，其中涉及工交经济23件、农林水气21件、教科文卫6件、其他3件。州十一届人大常委会第五次会议主席团第三次会议听取并审议大会议案审查委员会《关于本次人代会代表提出议案处理意见的报告》，决定将双柏县代表团杨光盛等10位代表提出的《关于加强监管、健全完善新型农村合作医疗工作的议案》和楚雄市代表团普有华等11位代表提出的《关于加大农村垃圾治理的议案》列为大会议案，其余51件议案转为建议、批评和意见，会后由州人大常委会交州人民政府及相关部门（单位）研究办理。两件议案的办理情况分别在12月29日召开的州十一届人大常委会第二十七次会议上做出报告。

【州十一届人大五次会议代表建议、批评和意见办理】 2015年，在楚雄州第十一届人民代表大会第五次会议期间，州人大代表提出建议191件（含代表议案转为建议办理51件），其中交由政府系统办理180件，占建议总数的93.8%。至11月末，代表所提议案、建议均在规定时限内全部办理完毕并答复代表，解决率60.1%。

［张志军］

地方性法规审查和立法

【规范性文件备案审查】 2015年，楚雄州人大常委会按照《云南省各级人大常委会规范性文件备案审查规定》和《楚雄州人大常委会规范性文件备案审查规定》，对州人民政府制定并报送的州集体林权流转管理办法、州城乡特色规划管理办法、州实施云南省少数民族语言文字工作条例办法、禄丰县人大常委会财政预算审查咨询专家库管理办法（试行）和废止州人民防空工程建设管理办法进行备案审查，提出审查意见。

【立法调研、评估和条例修订、制定】 2015年，楚雄州人大常委会组织对制定《楚雄州保障性住房建设与管理条例》和《楚雄州实施劳动合同法办法》开展立法前期调研。6月21～25日，组织专家组对《楚雄州公路条例》开展立法后评估。在开展立法前期调研的基础上，成立起草工作领导小组，启动《楚雄州城市管理条例》制定工作。关注国家立法动态，继续修订完善《楚雄州林业管理条例》。

［张志军］

楚雄州人民政府

重要会议

【楚雄州十一届人民政府第四次全体（扩大）会议】 2015年2月8日，楚雄州十一届人民政府召开第四次全体（扩大）会议。州长李红民出席会议并讲话，州委常委、常务副州长杨照辉主持会议，州人民政府党组成员，州人民政府工作部门主要负责人出席会议；10县（市）人民政府县（市）长，楚雄经济开发区管委会和禄丰工业园区管委会主任；州人民政府直属机构，州属事业单位，中央、省属驻楚单位主要负责人列席会议。会议对一季度政府各项工作、项目实施，以及春节期间的安全生产、作风建设等工作作安排部署。

【楚雄州十一届人民政府第四次廉政工作会议】 2015年2月11日，楚雄州人民政府召开州十一届人民政府第四次廉政工作电视电话会议，贯彻落实中央、省、州有关廉政工作会议精神，安排部署2015年政府系统廉政建设和反腐败工作。提出以建设法治政府、廉洁政府为目标，进一步严明党的政治纪律、组织纪律、工作纪律，以零容忍态度惩治腐败，以政府廉政建设工作新成效取信于民。10县（市）设分会场参加会议。

【楚雄州人民政府常务会议】 2015年，楚雄州十一届人民政府召开16次常务会议，对全州经济建设、文化建设、社会建设、生态建设等事项进行专题研究。

第三十六次常务会议 1月19日下午召开，州长李红民主持。会议书面传达学习省委副书记、代省长陈豪在楚雄调研时的讲话精神，研究楚雄州贯彻落实意见；研究讨论《2015年政府工作报告（送审稿）》；研究讨论《楚雄州2014年国民经济和社会发展计划执行情况与2015年计划草案报告（送审稿）》和“3个30”重点项目有关问题；研究讨论《楚雄州2015年财政收支预算及州级财政预算（草案）》和《楚雄州2014年地方财政预算执行情况和2015年地方财政预算草案报告（送审稿）》；研究州级应急救援指挥平台建设及资源整合项目有关问题。

第三十七次常务会议　2月26日上午召开，州长李红民主持。会议研究2013年度楚雄州科学技术奖励成果有关问题；审定《楚雄州推进节约集约利用土地的实施意见（送审稿）》，研究进一步加强城乡建设用地增减挂钩试点工作有关问题；研究讨论《中共楚雄州委、楚雄州人民政府关于加快工业转型升级的意见（送审稿）》《中共楚雄州委、楚雄州人民政府关于进一步加强招商引资工作的意见（送审稿）》和兑现2014年招商引资考核奖励有关问题；研究讨论《中共楚雄州委、楚雄州人民政府关于创新体制机制加强人才工作的意见（送审稿）》。

第三十八次常务会议　3月23日晚召开，州长李红民主持。会议书面传达学习全国人大十二届三次会议、国务院常务会议、全省加大固定资产投资工作推进会议和省金融服务实体经济投资项目工作推进会议精神，研究楚雄州贯彻落实意见；审定《楚雄州州级机关会议费管理办法（送审稿）》《楚雄州州级机关培训费管理办法（送审稿）》；研究确定棚户区改造州级补助标准；研究城镇医疗保险政策调整相关问题和楚雄经济开发区申报升级为国家级经济技术开发区的有关问题；审定《滇中城市经济圈楚（雄）南（华）经济带发展总体规划（2014～2030年）》；研究楚雄、元谋、禄丰3个非集中连片扶贫县（市）农村公路建设州级融资配套的问题；审定《楚雄州地理标志产品保护工作以奖代补资金管理办法（送审稿）》《楚雄彝族自治州实施〈云南省少数民族语言文字工作条例〉办法（草案）》；研究姚安县官屯乡等3个乡撤乡设镇问题；研究2015年度全州土地储备融资计划及州住房公积金贷款提标扩面问题；研究干部处分问题。

第三十九次常务会议　5月4日召开，州长李红民主持。会议听取州长任期经济责任审计和自然资源资产审计发现问题整改情况汇报，研究有关问题；研究云铜集团王家桥铜锌产业园搬迁有关问题；审定《楚雄州人民政府关于加强应急避难场所建设和管理工作的实施意见（送审稿）》，研究追加安排城镇部分重点优抚对象生活困难补助发放和提高出国参战民兵民工生活补助所需州级配套资金的问题；研究楚雄州高速公路“五年会战”规划项目有关问题；研究聘请何江波、张佩英为州人民政府经济顾问的问题；研究拟召开全州民族工作会议暨第七次民族团结进步表彰大会有关问题；审定《中共楚雄州委、楚雄州人民政府关于预防和处理医患纠纷暨创建平安医院的意见（送审稿）》《中共楚雄州委办公室、楚雄州人民政府办公室关于楚雄州预防和处理医患纠纷相关工作规范（试行、送审稿）》《楚雄州商贸流通领域项目管理办法（试行，送审稿）》《楚雄州人民政府关于推进政府向社会力量购买服务促进政府简政放权的实施意见（送审稿）》《楚雄州人民政府向社会力量购买服务暂行办法（送审稿）》；研究州监察局提请的有关案件问题。

第四十次常务会议　5月14日召开，州长李红民主持。会议学习李克强总理《关于应对经济下行压力做好当前经济工作》的讲话和国务院常务会议精神；研究审定《楚雄州人民政府关于促进全州经济平稳健康发展的实施意见（送审稿）》；研究审定2015年全州重点督查的30个竣工项目；研究向云南省铁路投资有限公司申请借款展期和新增借款及向富滇银行贷款有关问题；研究调整州应急救援中心暨综合保障基地一期项目建设资金筹措方案。

第四十一次常务会议　7月6日召开，州长李红民主持。会议书面传达学习新修订的《中华人民共和国行政诉讼法（解读）》、首届边疆民族地区军民融合深度发展论坛暨云南省军民融合深度发展任务部署会议精神和《昆明曲靖玉溪楚雄滇中四州（市）通信资费调整方案》；研究部分州属改制企业非经营性资产处置与加强职工社会化管理有关问题；研究将楚雄市苍岭镇、吕合镇连接线及紫溪山路口立交工程和南华县河牛公路连接线建设工程纳入楚南一级公路建设的问题；研究楚南一级公路征地拆迁资金有关问题；听取2015年火把节筹备情况汇报，研究有关问题；研究州开发投资公司为农发行楚雄分行申请楚雄市东南新城整体城镇化建设项目贷款提供担保的问题；研究审定国道227线双柏至新平（水塘）段公路改扩建工程项目建设有关问题；研究楚雄州与省公路开发投资公司合作建设武易高速公路楚雄段框架协议有关问题；听取全州抗旱保饮水、保苗工作情况汇报，研究有关问题；研究审定《楚雄州人民政府关于培育文艺表演队伍参与公共文化服务体系建设实施意见（送审稿）》；研究州监察局提请的有关案件问题。

第四十二次常务会议　7月21日召开，州长李红民主持。会议书面传达学习2015年全省上半年工作汇报暨园区建设会议精神；研究《楚雄州国民经济和社会发展“十三五”规划基本思路（送审稿）》；研究审定《楚雄州人民政府关于贯彻落实国家、省有关文件精神，促进房地产业平稳健康发展的通知（送审稿）》；研究州本级盘活财政存量资金安排建议有关问题；研究楚雄市管道燃气工程建设收费标准有关问题；研究《楚雄州组织纪念抗日战争胜利70周年和建军88周年暨烈士公祭日双拥活动方案（送审稿）》；研究审定《楚雄州人民政府关于进一步加快发展养老服务业的实施意见（送审稿）》《楚雄州人民政府办公室关于鼓励社会力量兴办养老服务机构的实施意见（送审稿）》；传达学习全省扶贫开发工作会议精神、研究召开全州脱贫攻坚动员大会有关问题；研究审定《楚雄州人民政府关于深入推进义务教育均衡发展的实施意见（送审稿）》；研究公办幼儿园收费标准调整的有关问题；研究审定《云南省质量技术监督局与楚雄州人民政府战略合作框架协议（送审稿）》。

第四十三次常务会议　9月9日召开，州长李红民主持。会议审定《武定至易门高速公路楚雄境内段征地拆迁工作实施方案（送审稿）》和《武定至易门高速公路实施主体变更、前期工作成果移交及合同转让协议书（送审稿）》；研究将部分州级国有资产无偿划拨给州开发投资公司有关问题；研究解决非煤矿山转型升级工作经费的问题；研究讨论《实行楚雄彝族自治州津贴建议方案（送审稿）》；研究实施与浦发银行楚雄分行合作进行政府债务过渡性融资有关问题；审定《楚雄州城市基础设施和社会公用事业项目投资合作框架协议书（送审稿）》；研究州农科所改制组建独立法人公司的问题；研究彝族传统节日彝族年实行休假制度的问题；听取省委巡视组反馈意见中涉及政府工作整改有关情况的报告，研究相关问题；研究州城市规划展示馆建设有关问题。

第四十四次常务会议　9月28日召开，州委副书记、代理州长杨斌主持。会议书面传达全省发展中医药大会精神；研究审定《楚雄州人民政府关于贯彻落实进一步做好为农民工服务工作的意见（送审稿）》；研究考核奖励政策有关问题。

第四十五次常务会议　10月24日召开，州委副书记、代理州长杨斌主持。会议通报楚雄州第三批专项建设基金申报情况，研究下步工作；听取各政府领导1～9月各自分管的工作情况总结和贯彻落实全州前三季度经济运行分析会议精神的主要措施，提出2016年工作计划和“十三五”的初步打算；审定《楚雄州人民政府关于科学开展“四规合一”试点工作的实施意见（送审稿）》《楚雄州农村环境卫生综合整治实施方案（送审稿）》和《中共楚雄州委、楚雄州人民政府关于加快推进全州农村危房改造和抗震安居工程建设的实施意见（送审稿）》；研究2015年省转贷政府债券资金的问题及永广铁路、广大铁路征地拆迁资金调整转拨问题；审定《楚雄州分级诊疗工作实施方案（送审稿）》。

第四十六次常务会议　11月2日召开，州委副书记、代理州长杨斌主持。会议研究楚雄州与浦发银行楚雄分行合作进行政府债务过渡性融资资金安排使用有关问题和聘请洪正华为州人民政府经济顾问的问题；研究聘请2015年度州人民政府法律顾问的问题；审定首届州人民政府质量奖获奖企业名单；研究楚雄州第四届“马樱花文艺创作奖”获奖人员名单；传达全省城市环卫保洁暨城乡公厕规划建设推进会议、全省城市地下综合管廊和海绵城市建设投融资接洽会议精神，研究楚雄州贯彻落实意见；传达全国冬春农田水利基本建设电视电话会议精神，研究楚雄州贯彻落实意见；传达全省农村公路建设现场推进会议精神，研究楚雄州贯彻落实意见。

第四十七次常务会议　11月9日召开，州委副书记、代理州长杨斌主持。会议传达学习党的十八届五中全会精神，研究政府系统贯彻落实意见；研究楚雄州城市发展有限责任公司注册资金筹措和向国家开发银行办理债券专项基金有关事宜、楚雄州棚户区改造项目融资问题和楚雄州开发投资公司与省城乡建设投资公司共同出资组建楚雄州棚户区改造项目公司有关问题；审定《楚雄州人民政府与云南建工集团战略合作框架协议（送审稿）》；研究失业保险预算调整方案和调整工伤保险、生育保险单位缴费费率及上解工伤保险调剂金有关问题；审定《楚雄州人民政府、中国移动通信集团公司云南有限公司“互联网+”战略合作协议（送审稿）》《楚雄州人民政府、中国电信股份有限公司云南分公司“互联网+”合作框架协议（送审稿）》《楚雄州人民政府、昆明钢铁控股有限公司通用航空产业发展战略合作协议（送审稿）》；研究楚雄经济开发区管委会项目建设占用原州氮肥厂、州轴承厂部分非经营性国有土地及地面附属物拆除有关问题和云南省第四公路桥梁工程公司紫云小区3号楼商铺处置有关问题；研究支持云铜集团滇中有色金属有限责任公司技改项目有关问题；书面传达学习全省铁路建设推进会议精神，研究楚雄州贯彻落实意见。

第四十八次常务会议　11月18日召开，州委副书记、代理州长杨斌主持。会议研究州土地储备开发整理中心向交行楚雄分行、楚雄市农村信用合作联社融资贷款和州财政局关于融资贷款分配安排建议有关问题；研究调整地质灾害搬迁避让补助金标准有关问题；审定《楚雄州人民政府、国家开发银行云南省分行开发性金融合作备忘录（送审稿）》，研究国开发展基金第三批投资项目有关问题；研究州级非财政全供给单位工资改革经费有关问题；审定《楚雄州安全生产举报奖励办法（草案）》《楚雄州松花粉采集管理办法（草案）》；研究讨论《楚雄州生物医药产业发展行动计划（2015～2020年）（送审稿）》《中共楚雄州委办公室、楚雄州人民政府办公室关于加强和改进新形势下档案工作的实施意见（送审稿）》《楚雄州科学技术奖励办法（送审稿）》；传达学习云南省义务教育均衡发展国家督导检查反馈会议精神，研究楚雄州贯彻意见；传达学习中央领导对民族地区的批示精神，研究楚雄州贯彻意见。

第四十九次常务会议　12月1日上午召开，州委副书记、代理州长杨斌主持。会议研究2014年综合绩效考评结果及运用方案、2015年综合绩效考评实施方案；审议《楚雄州人民政府与中国电建集团昆明勘测设计研究院有限公司战略合作框架协议（送审稿）》；研究加强和改进新形势下民族工作的问题；审议《楚雄州人民政府关于推动产业园区转型升级的意见（送审稿）》《楚雄州人民政府办公室关于促进外贸发展的实施意见（送审稿）》；听取楚雄州2014年度妇女儿童发展规划实施情况汇报，研究有关问题；传达学习第二次全国教育信息化工作电视电话会议和全省职业教育工作会议精神，研究楚雄州贯彻意见；研究州监察局提请的案件问题。

第五十次常务会议　12月3日下午召开，州委副书记、代理州长杨斌主持。会议听取楚雄州经济社会发展主要指标建议情况的汇报；研究中央、省、州属企事业单位建设的经济适用房上市交易有关问题；审定《楚雄州人民政府与滇西铁路有限责任公司广大铁路楚雄北站和南华南站两个站房合作建设协议（送审稿）》《楚雄州人民政府贯彻云南省人民政府关于进一步加强政府执行力建设的实施意见（送审稿）》；研究讨论《中共楚雄州委、楚雄州人民政府、楚雄军分区关于表彰双拥先进单位、先进个人暨十佳好军嫂的决定（送审稿）》。

第五十一次常务会议 12月27日晚召开，州委副书记、代理州长杨斌主持。会议审议《2016年政府工作报告（送审稿）》《楚雄州国民经济和社会发展第十三个五年规划纲要（送审稿）》《楚雄州2015年国民经济和社会发展计划执行情况与2016年计划草案的报告（送审稿）》和“4个100”重点项目；审议《楚雄州2015年地方财政预算执行情况和2016年地方财政预算草案的报告（送审稿）》《楚雄州2015年州本级财政预算调整方案的报告（送审稿）》；研究州本级年初预算结余和第二批盘活财政存量资金安排，以及2015年政府债务限额有关事项；听取楚雄州棚户区改造工作情况汇报，书面传达全省农村危房和棚户区改造、高速公路建设融资会议精神，研究楚雄州贯彻落实意见；研究将全州棚户区改造政府购买服务资金纳入财政预算的问题；审议《楚雄州深化公务用车制度改革方案（送审稿）》；听取州级政府部门权力清单和责任清单制度工作情况汇报，审议《楚雄州州级政府部门权力清单和责任清单目录》；研究机构编制有关问题；研究楚雄州2016年元旦、春节走访慰问活动；研究州监察局提请审议的有关案件问题。

【楚雄州人民政府办公会议】 2015年3月20日，州长李红民主持召开，研究州人民政府领导分工调整问题及推进政府工作的问题。

4月30日下午，州长李红民主持召开，听取关于州长李红民经济责任审计情况的汇报。

6月1日下午，州长李红民主持召开，研究楚南一级公路互联互通建设及永广、广大铁路建设有关问题；研究政府债务有关问题、重点工程扫尾问题、维稳热点问题、稳增长问题、武易高速公路建设问题；研究农业生产、国创基金协议及教育、医疗疾控和质监协议的问题；研究组织参加南博会的有关问题及《毕摩经》申报非物质文化遗产有关问题；研究工业发展问题及“十三五”规划编制问题。

10月8日上午，代理州长杨斌主持召开，对全州经济运行情况进行分析。

11月13日下午，代理州长杨斌主持召开，听取全州1～10月经济运行情况汇报，研究下步工作意见；传达学习全省农村危房改造和抗震安居工程建设暨棚户区改造现场推进会及2015年全省保障性安居工程跟踪审计视频进点会议精神；传达学习全省美丽宜居乡村建设工作现场推进会会议精神；传达学习楚大高速公路扩能改造专题研究会会议精神；研究楚雄州贯彻意见的问题。

12月14日晚，代理州长杨斌主持召开，研究讨论楚雄州2016年“4个100”重点项目计划建议及楚雄州2016年10件民生实事；研究讨论《2016年政府工作报告（送审稿）》《楚雄州2015年国民经济和社会发展计划执行情况与2016年计划草案报告（送审稿）》《楚雄州2015年地方财政预算执行情况和2016年地方财政预算草案的报告（送审稿）》。

［曹钰珏］

重要活动

【经济活动】 2015年1月28～29日，国土资源部楚雄州楚南经济带用地保障调研指导组到楚雄州调研，并召开座谈会。

2月27日，省统计局局长、党组书记张云松一行到武定县调研统计工作情况。

3月19日，2015年全州扶贫开发暨连片特困地区扶贫攻坚现场推进会议在牟定县召开。

3月23日下午，以省住房和城乡建设厅副厅长王云昌为组长的省第三考评组到楚雄州检查考评2014年度工作情况。州委书记侯新华主持汇报会，州长李红民汇报工作情况。

3月26日，楚雄州依托当地企业开展以商招商推介活动，邀请北京、天津、河北等省（市），以及长三角地区的70余名客商到楚雄州考察招商引资项目。

3月30日，广州（市）经贸代表团到楚雄州开展为期4天的合作项目对接活动，并举行合作交流座谈会。

4月14日，楚雄州在州公务中心召开以商招商动员会，传达《中共楚雄州委、楚雄州人民政府关于全面加强招商引资工作的意见》精神，对以商招商工作进行动员。

5月7日，州人民政府在州会务中心与中融鑫集团有限公司签订战略合作协议，并就具体合作事宜交流座谈。

5月12～13日，省住建厅副厅长赵志勇到楚雄州调研农村危房改造及传统村落建设情况。

5月18日，云南欣绿茶花股份有限公司“新三板现场推介会暨欣绿茶花股票挂牌仪式”在楚雄市灵秀湖畔举行。

5月19日下午，州人民政府在州会务中心组织召开第三产业领导小组工作会议，听取州文产办、州发改委、州工信委、州商务局等部门的工作情况汇报，各县（市）、各相关部门负责人就上半年第三产业发展情况、存在的问题和下步工作对策、建议等进行交流。

5月27～28日，以省交通运输厅党组副书记、副厅长张长生为组长的省政府稳增长第四调研督查组到楚雄州调研督查稳增长工作情况。

6月10日下午，州人民政府与国投创益产业基金管理有限公司举行战略合作协议签约仪式，并召开产业投融资对接工作会议，州人民政府州长李红民、国投创益产业基金管理有限公司总经理张元领分别代表双方签字，州委常委、副州长任锦云主持签约仪式，并介绍楚雄州优势产业发展情况。

6月17～18日，由国家林业局基金管理总站副站长李冰任组长的国家涉农资金督导组到楚雄州，对涉农资金专项整治工作进行督导检查。

6月25日，楚雄州与四川德胜集团有限公司在楚雄举行座谈会，州党政领导侯新华、李红民、卢显林、赵克义等出席座谈会。

6月25日，由省国土资源厅厅长黄文武、总规划师赵乔贵等组成的调研组到楚雄州就国土资源管理工作进行调研，并召开座谈会。

6月26日，广东省企业联合会、广东省企业家协会的企业家考察团到楚雄州考察交流，楚雄州举行招商推介会，州委常委、副州长任锦云向考察团推介楚雄州招商引资项目。

6月30日，州人民政府与西南交通建设集团股份有限公司签订战略合作框架协议，双方合作帷幕正式拉开。

7月6日，楚雄州召开全州“十三五”扶贫规划编制工作推进会议。

7月7日，楚雄州举行全州“三证合一”登记制度改革首张营业执照颁发仪式。州长李红民出席仪式并为楚雄绿锦环卫绿化有限公司颁发楚雄州首张工商营业执照、组织机构代码证和税务登记证“三证合一”的营业执照，州人民政府秘书长李德胜主持颁发仪式，并就全面推进全州“三证合一”登记制度改革工作作具体要求。

7月22日，楚雄州与中国新兴矿业化工总公司战略合作框架协议签字仪式在北京举行。

7月24日下午，楚雄州与云南冶金集团股份有限公司召开交流座谈会议。州党政领导侯新华、李红民、任锦云、赵克义以及云南冶金集团董事长、党委书记田永，集团党委常委、副总经理周昌武出席会议。

7月26日，楚雄州与昆钢控股有限公司在禄丰县土官镇云南钛业股份有限公司召开交流座谈会议，研究解决昆钢产业园区建设中存在的困难和问题，深化双方战略合作关系，促进沟通交流。

8月6日，广东省物流行业协会执行会长马仁洪带领广州粤旺农业集团考察组一行到楚雄州考察现代农业、商贸物流等情况并与州人民政府交流座谈。

8月7日，楚雄州与云南省投资控股集团有限公司举行项目合作座谈会。楚雄市、姚安县有关企业就双方合作项目作表态发言；楚雄市与以色列约阿夫市达成缔结友好城市意向并互换文本。

8月8日，西南·楚雄义乌商品交易博览城项目举行开工奠基仪式；中国彝药文化产业园项目举行开工仪式；碧桂园项目举行奠基仪式。

8月10日，州人民政府与河北亿鑫通讯设备有限公司签订战略合作框架协议。

8月12日，国家财政部调研组到楚雄州调研指导财政工作并召开座谈会。

8月25日，云南中以高原特色现代农业示范园项目开工暨云南中以现代农业科技发展有限公司揭牌仪式在姚安草海工业园区举行。

8月26～28日，国务院安全生产综合督查组到楚雄检查安全生产工作。

8月26～29日，以州委书记侯新华为团长的楚雄代表团一行参加在广州举办的第23届广州博览会，开展招商引资。

9月8日，楚雄州举行“金税三期”系统上线启动仪式。

9月15日，楚雄州召开首届政府质量管理奖评审会议，审议通过《2015年楚雄州政府质量管理奖获奖企业名单评审确定办法》以及首届“州政府质量奖”及“州政府质量奖提名奖”获奖企业名单。

9月25日，楚雄州召开易地扶贫搬迁融资工作和太平洋建设集团赴楚雄考察座谈会。

10月8日，云南建工集团有限公司、中国银行云南省分行、西南交通建设集团股份有限公司到楚雄州调研并召开座谈会，听取州住建局、州交通运输局、州水务局关于楚雄州住建项目、“十三五”高速公路规划情况、水利水电规划项目情况汇报。

10月12日，州委常委、常务副州长赵克义带领州财政局、州金融办、州开发投资有限公司负责人到昆明市考察投融资工作。

10月14日，省工信委主任岳跃生、副主任陈云生及德国巴斯夫公司有关人员一行到禄丰工业园区考察调研。

10月15～17日，国家土地督察成都局专员孙宝亮一行到楚雄州开展专项督查并听取情况汇报。

10月21日，国道320线安丰营至天申堂段公路改建工程开工仪式在楚雄市苍岭镇李家坝举行。

10月29日，楚雄州和云铜集团工作交流座谈会举行，州党政领导侯新华、卢显林、赵晓明、张晓鸣、张启俊出席座谈会并作交流发言。

10月29日，州委副书记、代理州长杨斌与国家开发银行云南省分行负责人在昆明就深化项目投资合作等事宜座谈。

11月10日，全省美丽宜居乡村建设工作现场推进会在楚雄召开。省委副书记钟勉、副省长张祖林出席会议并讲话，省委办公厅钱恒义、省委农办主任杨礼华出席会议。省级有关部门领导和各州（市）委、全省129个县（市）区党委有关负责人参加会议。州委书记侯新华代表州委、州人民政府作交流发言；州党政领导杨斌、孙赟、任锦云、左荣贵参加会议。

11月20日，全州农村危房改造和抗震安居工程建设现场推进会在双柏县召开。

11月30日，州人民政府与电信楚雄分公司签订“互联网+”合作框架协议。

12月7日，河北德动新能源汽车股份有限公司董事长翟春新到楚雄工业园区考察，州党政领导侯新华、杨斌、左荣贵、赵晓明、张晓鸣陪同考察并参加双方交流座谈会和框架协议签约仪式。

12月13～14日，国务院安全委员会安全生产大检查“回头看”督查组到楚雄市、禄丰县有关企业进行安全生产督查抽查。

【政务活动】 2015年1月27日下午，楚雄州中央定点挂钩扶贫干部座谈会议召开，州委常委、副州长任锦云出席会议并讲话。

1月12日，州长李红民、州人大常委会副主任卜德诚带领州委、州人民政府第二检查考评工作组到禄丰县开展2014年集中检查考核。

1月24日，州长李红民带领州、县（市）相关部门主要负责人一行30余人到省产品质量监督检验研究院，就品牌创建和培育示范、产品质量安全等相关业务进行学习交流。

1月29～30日，省审计厅副厅长苏黎率全省机关事业单位“吃空饷”集中整治工作督查组到楚雄督查，并召开情况汇报会听取楚雄州工作情况汇报。

2月15日，楚雄州开展突发公共事件应急指挥平台点验测试。

3月17～19日，怒江州党政代表团深入楚雄州楚雄市、元谋县、武定县就交通设施建设、农业产业发展、矿产资源开发、基层党建等工作进行考察学习。州党政领导侯新华、李红民、邱江、卢显林、李兴顺、任锦云、左荣贵、赵克义、邓斯云等分别陪同考察。

3月31日，全州基层党建与扶贫工作整乡“双推进”现场会议在永仁县召开，州委常委、副州长任锦云，州委常委、州委组织部部长徐昕出席会议并讲话。

4月22～24日，州人民政府分片区召开重点项目督查推进会议，现场协调推进全州“3个30”重点项目建设工作。

7月7日，州长李红民率队到省住房和城乡建设厅，就政策项目支持和“十三五”专项规划等工作情况进行沟通衔接。

7月9日，楚雄州召开楚雄经济开发区申报国家级经济技术开发区领导小组会议。

7月11～14日，州委书记侯新华率领州党政考察团先后赴怒江、德宏、保山等州（市）考察学习扶贫开发、实验区建设和沿边开放、园区建设等工作。

7月17日，省政府新闻办在昆明海埂会堂举办“向贫困宣战，建幸福家园”系列新闻发布会，州委常委、副州长任锦云率领州新农村工作领导小组办公室、州扶贫办等有关部门负责人参加会议。

9月6日，省财政厅副厅长杨昆率省“六五”普法第六检查验收组到楚雄州检查验收“六五”普法规划落实情况。

9月22～23日，州委副书记、代理州长杨斌带领州发展和改革委员会、州工业和信息化委员会、州交通运输局、州国土资源局等部门负责人，到禄丰、武定两县调研经济社会发展情况。

10月20～23日，州委副书记、代理州长杨斌率州直有关部门负责人分别深入姚安、大姚、永仁、南华等县，对经济社会发展情况进行专题调研。

10月29日，楚雄州召开依法治州工作座谈会。

10月30～31日，州委副书记、代理州长杨斌带领州水务局、州交通运输局、州国土资源局等部门负责人一行，深入元谋、牟定两县调研重点项目建设和重点产业发展情况。

11月2～4日，省公安消防总队总队长田国勇率队到楚雄州调研消防工作。

11月3日，楚雄州召开全州推行各级政府部门权力清单和责任清单制度工作会议，促进全州各级政府部门深入推进简政放权，加快政府职能转变，强化行政职权运行监督制约。

11月4日，州委常委、常务副州长赵克义带领州人民政府督查室、州发改委、州住建局到南华县督查农村危房改造和城市棚户区改造项目建设情况。

11月11日，州委副书记、代理州长杨斌深入双柏县调研农村危房改造、棚户区改造、生态特色农业、工业经济发展等工作。

11月11～12日，省司法厅厅长商小云率队到楚雄市调研司法工作。

11月16日，首届“中国云南—以色列创新合作论坛”在昆明举行。

11月24日，楚雄州召开专题介绍会议，欢迎以中央委员、王家军前副总司令肯萨文为团长的柬埔寨奉辛比克党干部考察团一行到楚雄州考察访问。

12月10日，2014年度楚雄州科学技术奖评审会议在州会务中心召开，副州长禾建国出席会议并讲话。

【文化活动】 2015年1月13日，州长李红民、州人大常委会副主任卜德诚带领有关部门负责人，深入禄丰县妥安乡琅井村、牟定县新桥镇调研村镇建设、历史文化资源保护开发和工业园区建设情况。

1月28日，楚雄州2015年文化科技卫生“三下乡”集中示范活动在永仁县举行，正式拉开2015年“三下乡”活动的序幕。

3月11日，2015年全州科技暨知识产权工作会议召开，州委书记侯新华出席颁奖仪式，并代省人民政府为云南省高新技术产业开发区授牌、代省科技厅为云南省楚雄州钛产业高新技术特色产业基地授牌。

3月18～19日，省科技厅纪检组组长张本林到楚雄州调研省级科技项目申报和实施情况。

4月27日，州生物医药产业协调指导组召开《楚雄州生物医药产业发展行动计划（2015～2020年，送审稿）》研讨会议。

5月4日晚，楚雄州纪念“五四运动”96周年活动暨“奋斗的青春最美丽”——践行“三严三实”要求，做到“忠诚干净担当”主题演讲大赛总决赛在州广电中心举行。

5月19～22日，州委宣传部、州文体局、州文联主办，州民族艺术剧院、省民族艺术研究院承办的《山草随想——那少承作品音乐会》在楚雄、昆明公演。

6月28日，楚雄州中国彝药文化园综合开发项目举行可行性研究报告评审会议。

8月7日，楚雄市最大的水体景观公园——彝海公园正式开园。

8月7日晚，楚雄州举办《盛世威楚》——2015中国·楚雄彝族火把节迎宾文艺晚会。

8月8日晚，“中国·楚雄2015彝族火把节祭火大典”在彝海公园火把广场举行。

8月21日，楚雄州第十三届运动会在州体育馆开幕。州级领导孙赟、卢显林、杨虹、何根源以及州第十三届运动会组委会成员、各县（市）代表团和驻楚参赛单位负责人出席开幕式，副州长、州第十三届运动会组委会主任禾建国主持开幕式。

9月8日，云南省贯彻实施《博物馆条例》暨全省博物馆馆长培训班在楚雄举行，省文化厅副厅长杨德聪在会上讲话，副州长邓斯云出席会议并致辞。

10月19日，中科院院士、中国科学院遥感与数字地球研究所所长郭华东，中科院院士、西南大学岩溶环境与石漠化治理研究所所长袁道先率中科院学部咨询项目组到楚雄州进行相关工作调研。

11月11日，“2015七彩云南格兰

芬多国际自行车节”楚雄站比赛在楚雄市拉开帷幕。

11月24日，云南滇彝刺绣文化产品策划会在州公务活动中心举行，省政府参事、省文化厅原厅长黄峻率领省级有关部门人员、高校专家组成“中国滇彝绣”课题组到楚雄州，为彝绣产业发展和彝族文化传承工作出谋献策。

12月11日，云南科学大讲坛第59讲在楚雄师范学院举行，著名生物学家、森林培育学家、北京林业大学原校长、中国工程院院士尹伟伦作“生态文明建设与可持续发展”专题讲座。

【社会活动】 2015年1月8日，云南省教育厅副厅长宋光兴到楚雄州检查考核2014年度教育目标责任书落实情况，副州长邓斯云陪同检查。

1月9日，以省卫计委副巡视员念娥美为组长的考核组对楚雄州2014年度卫生和艾滋病防治工作进行检查考核，副州长邓斯云陪同检查。

1月18～19日，省卫生厅副厅长张宽寿到楚雄州调研农村医疗保健服务体系建设试点工作，副州长邓斯云陪同调研。

1月19～21日，省食品药品监督管理局副局长陈洪率省政府食品安全督查考核组一行到楚雄州督查考核2014年食品安全工作，副州长邓斯云陪同督查考核。

1月20日，南华雨润教育事业涉外劳务输出培训基地开工奠基仪式在县职业高级中学举行。

1月21日，楚雄州与中电科软件信息服务有限公司举行教育信息化建设项目融资合作协议签字仪式并召开座谈会。

1月22日，省人防办原副主任王建勋率省政府人防工作调研组到楚雄州调研人防工作，并召开楚雄州人防工作情况汇报会。

1月23日，中国民族医药学会彝医药分会成立大会暨全国彝族医药学术交流会在楚雄州召开。中国民族医药学会秘书长梁峻，省卫计委副主任、省中医药管理局局长、中国民族医学会副会长郑进，副州长邓斯云出席会议并讲话。

1月30日，国家林业局森林公安局政委焦德发一行到楚雄州双柏县慰问因公殉职民警家属并检查工作。

2月2～7日，云南省第十三届中学生运动会在楚雄州举行。省教育厅副厅长罗嘉福、省体育局副局长唐源、团省委副书记罗永斌、副州长邓斯云出席开幕式。

3月4日，省高校工作委员会副书记、省教育厅副厅长邹平到楚雄州双柏县调研教育工作。

3月6日，州人民政府召开2015年州食品安全委员会第一次全体会议，总结分析全州2014年食品安全工作，听取州农业局、州公安局、州畜牧局、州商务局2014年工作情况汇报及对2015年全州食品安全工作的意见建议，研究部署2015年全州食品安全重点工作任务，讨论通过《楚雄州食品安全“黑名单”管理办法（试行）》和《楚雄州食品行业诚信体系建设工作指导意见》。

3月14日，省地震局副局长陈勤带队到楚雄州，对地震应急预案体系建设；抗震救灾指挥机制、指挥平台建设；应急救援力量、救援物资储备；应急避难场所建设、防震减灾知识宣传教育等地震应急准备工作进行检查，并听取工作情况汇报。

3月15日，国家民委原专职委员、财务司司长葛忠兴就“民族地区经济发展中融资方式创新”课题到楚雄调研。

4月1日，省政府督查室副厅级督察专员、省统筹办主任孙灿率检查组到楚雄州就农转城工作进行专项检查，副州长禾建国代表楚雄州作城乡统筹转户工作自检自查情况汇报。

4月7～10日， 2015年云南省中等职业学校技能大赛在楚雄州举办，省教育厅厅长何金平、副厅长罗嘉福，州长李红民、副州长邓斯云出席大赛闭幕式并为获奖选手颁奖。

4月22日，省环保厅厅长姚国华一行，在州人民政府副州长禾建国陪同下，到武定、牟定两县调研。

4月23日，省人社厅党组成员、省社保局局长施边明率调研组到禄丰县，对社会保险全民参保登记计划试点工作开展情况进行调研。

5月7日，楚雄州召开民族团结进步示范区建设及贯彻落实中央、省委民族工作会议精神情况督查调研汇报座谈会。

5月20～21日，贵州省黔西南布依族苗族自治州考察团到楚雄州考察教育信息化建设工作。

5月27日，省教育厅副厅长王建颖到楚雄州检查指导2015年高考安全工作。

7月11日，华中师范大学基础教育合作平台联盟校授牌仪式在牟定县公务中心举行，华中师范大学副校长黄永林，楚雄州人民政府副州长邓斯云出席授牌仪式并讲话。

7月22日，以“推进生态文明，建设美丽家园”为主题的2015年楚雄环保世纪行活动正式启动。

7月28日，北京中医药大学副校长翟双庆率北京中医药大学第三附属医院党委书记杨晋翔、北京中医药大学管理学院副院长孔军辉及学校有关专家、师生组成暑期社会实践代表团，到楚雄州开展合作交流并召开座谈会。

7月29日，四川省凉山州州委常委、州委宣传部部长王阿呷率考察团到楚雄州考察人口计划生育工作。

7月29～31日，省粮食局副局长龚国富率省政府食品安全委员会督查组到楚雄州督查上半年食品安全工作并召开汇报会。

8月31日，2015年全州扶贫开发与基层党建整乡“双推进”工作启动会议在双柏县大庄镇举行，安排部署“双推进”工作，启动2015年6个整乡推进项目。

9月22～23日，公安部办公厅副主任、指挥中心主任张亚宏，省公安厅警令部指挥中心主任李锐一行深入楚雄、元谋等县（市）调研公安工作。

10月8日，云南开放大学校长徐彬到楚雄州调研楚雄开放学院成立有关工作，副州长邓斯云陪同调研。

10月15日，云南农业大学校长、省高原特色农业产业研究院院长盛军一行，到楚雄州考察农业技术合作和对口帮扶情况，州委常委、常务副州长赵克义陪同考察。

10月21日，莫桑比克政府高级代

表团到武定县考察扶贫和妇女儿童工作，副州长夭建国陪同考察。

11月5～6日，楚雄州召开全州义务教育均衡发展现场会，提出要把义务教育均衡发展工作作为“十三五”政府发展教育工作重中之重的任务抓紧抓好，确保到2020年前基本实现全州义务教育均衡发展的目标。

11月23日，国家中医药管理局第二批重点民族医医院项目建设评估组到楚雄州对云南省彝医医院（楚雄州中医医院）创建全国第二批重点民族医医院工作进行评估验收。

12月11日，云南祥鸿农牧业有限公司省级残疾人扶贫示范基地揭牌仪式在双柏县举行，省残联理事长王兴宁、州人民政府副州长夭建国出席揭牌仪式并讲话。

［曹钰珏］

【表彰奖励】 2015年2月12日，楚雄州人民政府发布《关于命名表彰2014年度见义勇为先进个人的决定》，决定对何兰强等11人予以表彰奖励，并授予“见义勇为先进个人”称号。

3月2日，州人民政府发布《关于2013年度科学技术奖励的决定》，决定授予“钛合金材料的动态力学行为及其微结构演化机理研究”等2项成果为2013年度楚雄州科学技术自然科学奖，授予“一种花椰菜杂交制种的花期综合调控方法发明专利转化应用”等3项成果为2013年度州科学技术发明奖，授予“规模化自动化优质核桃饮料生产工艺技术研发及应用”等35项成果为2013年度州科学技术进步奖。

4月24日，州人民政府发布《关于表彰楚雄州第九届劳动模范和先进工作者的决定》，决定授予张云新等47人“楚雄州劳动模范”称号，授予吴学玲等53人“楚雄州先进工作者”称号。

11月4日，州人民政府发布《关于授予云南德胜钢铁有限公司等企业首届州人民政府质量奖的决定》，决定授予云南德胜钢铁有限公司、楚雄滇中有色金属有限责任公司、云南爱尔发生物技术股份有限公司、云南摩尔农庄生物科技开发有限公司、楚雄市鹿城彩印有限责任公司5户企业“楚雄州人民政府质量管理奖”；授予云南燃二化工有限公司、云南省楚雄恒基管道工业有限责任公司、云南盘龙云海药业有限公司、南华县咪依噜天然食品开发有限责任公司、云南楚雄仁恒化肥有限公司5户企业“楚雄州人民政府质量管理奖提名奖”。

［曹钰珏］

重要决策和部署

【经济事务】 2015年1月13日，楚雄州人民政府发布《关于做好2015年大春农业生产的意见》。主要内容：目标任务；工作重点；保障措施。

1月13日，州人民政府办公室印发《关于优质米品牌创建工作实施方案的通知》。主要内容：优质米开发的意义；指导思想及原则；目标任务及布局；保障措施。

2月3日，州人民政府发布《关于加强城市地下管线建设管理工作的通知》。主要内容：目标要求；主要工作任务；组织领导；保障机制。

2月9日，州人民政府发布《关于2015年烟叶工作的意见》。主要内容：指导思想和目标任务；主要政策；主要措施。

2月10日，州人民政府办公室印发《关于2015年烟叶生产收购管理考核办法的通知》。主要内容：考核内容及标准；奖惩；其他。

2月12日，州人民政府发布《关于做好2015年度畜牧业发展工作的通知》。主要内容：总体要求；目标任务；工作重点；保障措施。

2月26日，州人民政府发布《关于下达2015年招商引资目标任务的通知》。

2月27日，州人民政府发布《关于安排2015年财政项目支出预算的通知》。主要内容：基本情况；管理要求。

2月28日，州人民政府发布《关于进一步加强城乡建设用地增减挂钩试点工作的通知》。主要内容：充分认识开展城乡建设用地增减挂钩试点工作的重要意义；坚持原则，规范程序；明确任务，强化措施；加强领导，明确职责。

3月9日，州人民政府发布《关于下达2015年度流通服务业发展及外贸进出口责任目标的通知》。主要内容：责任目标；检查考核。

3月13日，州人民政府发布《关于下达2015年非税收入征收计划的通知》。

3月16日，州人民政府办公室印发《关于进一步加快推进30个州级重点示范乡（镇）建设的通知》。主要内容：突出区域特色，科学编制规划；明确目标任务，加快市政基础设施建设；多渠道筹措资金，加大投入力度；加强组织领导，形成工作合力。

3月27日，州人民政府发布《关于做好以煤代柴进行烟叶烘烤示范工作的通知》。主要内容：目标任务；补贴政策。

3月27日，州人民政府发布《关于推进节约集约利用土地的实施意见（试行）》。主要内容：总体要求；严格建设用地规划管控；加强建设用地供应管理；实施综合整治利用，规范用地管理；加强建设用地供后监管；建立节约集约用地激励约束机制。

4月10日，州人民政府发布《关于下达2015年工业经济等目标任务的通知》。主要内容：强化目标责任；年度指标考核；按规定及时报送责任目标完成情况及分析报告；加强领导，采取措施，狠抓落实，确保目标任务的完成。

4月22日，州人民政府发布《关于滇中城市经济圈楚（雄）南（华）经济带发展总体规划（2014～2030）的通知》。主要内容：引言；规划背景；总体要求与思路；空间发展布局；产业发展布局；基础设施保障；城镇发展；协调带动区发展布局；规划实施。

5月12日，州人民政府发布《关于开展经济林木确权颁证工作的意见》。主要内容：重要意义；指导思想、基本原则和目标任务；有关政策；组织领导。

5月18日，州人民政府发布《关于促进全州经济平稳健康发展的实施意见》。主要内容：全力保持固定资产投资快速增长；推动工业经济加快回升增长；促进中小企业发展壮大；降低工商企业生产成本；着力加快第三产业发展；推动高原特色农业加快发展；激发创业创新活力；强化要素保障；优化发展环境。

5月27日，州人民政府办公室印发《关于商贸流通领域项目管理暂行办法的通知》。主要内容：总则；项目管理职责及责任划分；州级专项资金支持方向与支持方式；项目的申报与审查；项目的实施与管理；项目验收与绩效评价；附则。

5月29日，州人民政府办公室印发《关于工业固定资产投资考核奖励办法的通知》。

6月24日，州人民政府发布《关于城乡居民家庭经济状况核对办法的通知》。主要内容：总则；核对对象、核对内容和方式、途径；核对工作的管理、监督；附则。

6月26日，州人民政府发布《关于银行业金融机构金融债权涉诉案件执行专项清理行动实施方案的通知》。主要内容：工作目标；组织机构；工作重点；工作安排；工作职责及要求。

7月1日，州人民政府发布《关于促进非煤矿山转型升级的实施意见》。主要内容：总体要求；严格市场准入；实施“四个一批”；工作时间安排和方法步骤；保障措施。

7月13日，州人民政府发布《关于抓好2015年晚秋作物生产工作的通知》。主要内容：指导思想；目标任务；主要措施。

8月3日，州人民政府办公室印发《关于进一步加强林业有害生物防治工作的实施意见》。主要内容：指导思想；工作目标；主要任务和措施；保障措施；组织领导。

9月22日，州人民政府发布《关于做好2016年小春生产和冬季农业开发的通知》。主要内容：总体要求；目标任务；主要措施。

9月22日，州人民政府发布《转发省人民政府关于进一步加强财政资金管理规定文件的通知》。主要内容：高度重视；认真落实；严肃纪律。

11月9日，州人民政府发布《关于科学开展“四规合一”试点工作的实施意见》。主要内容：总体目标和基本原则；试点范围；责任主体；主要任务；实施步骤；成果要求；进度安排；保障机制。

11月9日，州人民政府发布《关于在全州开展第三次全国农业普查的通知》。主要内容：普查目的和意义；普查对象和范围；普查内容和时间；普查组织和实施；普查经费保障；普查工作要求。

11月23日，州人民政府办公室印发《关于加强环境监管执法的实施意见》。主要内容：全面推进环境监管全覆盖；严厉打击环境违法行为；严格规范环境执法行为；形成环境监管执法合力；加强环境监管能力建设。

12月11日，州人民政府办公室印发《关于加强安全生产监管执法的实施意见》。主要内容：完善安全生产监管执法体系；依法落实安全生产责任；规范安全生产监管执法行为；创新安全生产监管执法机制；加强安全生产监管执法能力建设。

【政治事务】 2015年1月16日，楚雄州人民政府发布《关于进一步精简行政审批项目的决定》。决定取消行政审批项目主项15项，其中行政许可审批9项、非行政许可审批6项；下放行政审批项目主项71项，其中行政许可审批63项、非行政许可审批8项；下放行政审批项目的子项15项。

1月20日，州人民政府办公室印发《关于楚雄州机关事业单位“吃空饷”问题集中治理工作方案的通知》。主要内容：充分认识“吃空饷”治理工作的重要意义；准确界定“吃空饷”问题集中治理的范围；认真组织清理核查工作；严肃纪律，严格清理查处；完善制度建立长效机制；扎实做好组织保障。

2月8日，州人民政府发布《关于分解落实2015年经济社会发展主要工作目标任务责任的通知》。主要内容：加强领导，落实责任；加大督查，严格考核；统筹协调，形成合力。

2月8日，州人民政府发布《关于分解落实政府工作报告20项重点工作和10件民生实事任务的通知》。主要内容：高度重视，确保工作落到实处；细化任务，抓好各项工作落实；明确职责，强化督查，确保各项工作顺利推进；综合分析，定期上报各项工作进展情况；严格奖惩，建立健全考评激励机制。

2月8日，州人民政府发布《关于分解落实全州重点督查的“3个30项目”的通知》。主要内容：提高认识，加强领导；强化责任，统筹推进；强化任务落实，加强服务协调；加强项目管理，强化督查考核。

2月26日，州人民政府办公室印发《关于打击零星贩毒收戒吸毒人员奖励办法（试行）的通知》。

3月16日，州人民政府发布《2015年固定资产投资考核奖励办法的通知》。

3月26日，州人民政府发布《关于做好2015年司法行政工作的通知》。主要内容：总体要求；工作重点；工作要求。

4月22日，州人民政府办公室印发《关于分解落实2015年楚雄州涉及全省重点督查有关工作任务的通知》。主要内容：高度重视，加强领导；明确职责，细化任务；强化督查，抓好落实；严格奖惩，完善机制。

4月27日，州人民政府发布《关于重点项目和重要工作推进情况公示制度（试行）的通知》。主要内容：总则；公示内容；公示方式、范围和时间；公示情况处理及成果运用；附则。

4月30日，州人民政府办公室印发《关于地理标志产品保护申报工作以奖代补资金管理办法的通知》。主要内容：指导思想；奖补范围；奖补标准；资金保障和使用管理。

6月3日，州人民政府办公室印发《关于加强政府网站信息内容建设的实施意见》。主要内容：高度重视，加强领导；完善体系，统筹推进；健全机制，加强信息发布；提高能力，提升水平。

6月4日，州人民政府办公室印发《关于推进政府向社会力量购买服务促进政府职能转变的意见》。主要内容：总体要求；有序推进政府购买服务工作；加大简政放权力度，扎实推进政府职能转变；保障措施。

6月17日，州人民政府办公室印发《关于进一步做好2015年政府信息公开重点工作的通知》。主要内容：着力强化政府信息主动公开工作；深入推进重点领域信息公开；依法办理依申请公开工作；健全完善信息公开机制；切实加强组织领导。

6月19日，州人民政府发布《关于深入推进依法行政加快建设法治政府的实施意见》。主要内容：依法界定和规范政府职能；加强依法行政制度建设；坚持依法科学民主决策；深化行政执法体制改革；严格规范公正文明执法；强化对行政权力的监督和制约；全面推进政务公开；依法化解社会矛盾纠纷；全面提高行政机关工作人员依法履职能力；强化对深入推进依法行政加快建设法治政府的领导和保障。

8月14日，州人民政府办公室印发《关于楚雄州贯彻高速公路车辆通行费收费标准调整应急工作方案的通知》。主要内容：工作原则和工作目标；组织体系和职责；应急工作机制和工作措施。

11月6日，州人民政府办公室印发《关于贯彻落实质量发展纲要2015年行动计划实施方案的通知》。主要内容：总体要求；目标任务；重点工作。

11月12日，州人民政府办公室印发《关于加强行政机关规范性文件合法性审查工作的意见》。主要内容：进一步提高对规范性文件合法性审查工作重要性的认识；认真把握审查范围，准确认定规范性文件；建立和完善规范性文件制定主体资格制度；准确把握审查内容和要求、保障审查质量；强化规范性文件合法性审查的减负考核；进一步完善规范性文件合法性审查机制；推进规范性文件有效期制度；加强规范性文件审查机构和队伍建设。

12月2日，州人民政府发布《楚雄彝族自治州人民政府法律顾问室工作规则的通知》。

12月2日，州人民政府发布《关于2015年财政收入计划考核奖励办法的通知》。主要内容：对征收部门的考核；对州金库的考核；对烟草企业的考核；责任风险抵押金；需要说明的问题。

【社会事务】 2015年1月13日，楚雄州人民政府办公室印发《关于加快中医药发展行动计划（2014～2020年）的通知》。主要内容：总体目标；重点任务；保障措施。

1月15，州人民政府办公室印发《关于进一步加强防雷减灾安全管理工作的通知》。主要内容：高度重视，加强组织领导；强化管理，明确职责；加强执法监督，依法严肃查处防雷违法行为；广泛宣传防雷减灾知识，提高全民防雷减灾意识；加大资金投入，确保“民生工程”等重点项目防雷设施的建设；建立雷电灾害调查与报告制度，切实做好雷电灾害应急处置。

1月26日，州人民政府发布《关于体操足球项目发展规划（2015～2025年）的通知》。主要内容：指导思想；总体目标；主要任务；保障措施。

1月29日，州人民政府发布《关于楚雄州中长期动物疫病防治规划（2014～2020年）的通知》。主要内容：楚雄州动物疫病防治的成效和面临的形势；指导思想、基本原则和防治目标；总体策略；优先防治病种和区域化管理；重点任务；能力建设；保障措施。

2月11日，州人民政府办公室印发《楚雄州公共文化服务体系建设群众评价办法（试行）》和《楚雄州公共文化服务体系建设专家咨询论证实施办法（试行）》。主要内容：总则；群众评价的内容、方式和要求；群众评价结果的运用和监督；附则。

2月26日，州人民政府发布《关于进一步加强毒品预防教育工作的意见》。主要内容：加强组织领导，提高认识；各负其责，各司其职，认真做好毒品预防教育工作；创新形式，突出重点，提高工作效果；强化保障，夯实基础，确保毒品预防教育工作深入开展。

2月28日，州人民政府办公室印发《关于2015年农村饮水安全工程建设推进方案的通知》。主要内容：目标任务；推进步骤；保障措施。

3月25日，州人民政府办公室印发《关于分解落实2015年全州教育卫生等社会事业重点工作任务的通知》。主要内容：高度重视，加强领导；细化任务，明确责任；加强协调，密切配合；严格考核，扎实推进。

4月21日，州人民政府办公室印发《关于2015年食品安全工作要点》。主要内容：深化体制改革，完善工作机制；健全保障体系，提升监管能力；深化治理整顿，严惩违法犯罪；严格行政监管，强化风险防范；落实企业首负责任，促进产业健康发展；加强宣传培训，推进社会共治；加强组织保障，落实工作责任。

5月8日，州人民政府发布《关于建立城镇基本医疗保险基金管理责任分担机制的通知》。

5月13日，州人民政府发布《关于做好全州学生食堂粮油供应工作的指导意见》。主要内容：基本原则；具体要求；组织领导。

5月15日，州人民政府发布《关于进一步规范机关事业单位津贴补贴工作的通知》。

6月5日，州人民政府发布《关于下达2015年节能目标任务的通知》。

6月23日，州人民政府办公室转发《州人力资源和社会保障局、州财政局关于调整机关事业单位工作人员基本工资标准和增加机关事业单位离退休人员退休费3个实施办法的通知》。

6月23日，州人民政府办公室印发《关于引导和鼓励社会力量参与公共文化服务的实施意见》。主要内容：总体要求；主要任务；主要措施。

7月24日，州人民政府办公室印发《关于开展幸福和谐晚年老年人意外伤害保险工作实施方案的通知》。主要内容：目的意义；具体办法；工作目标和任务；组织实施；具体要求。

7月27日，州人民政府发布《关于社会救助实施细则的通知》。主要内容：总则；最低生活保障；特困人员供养；受灾人员救助；医疗救助；教育救助；住房救助；就业救助；临时救助；社会力量参与；监督管理；附则。

7月31日，州人民政府发布《关于深入推进义务教育均衡发展的实施意见》。主要内容：主要目标；实施义务教育学校标准化建设工程；实施义务教育教师队伍建设工程；实施义务教育学生关爱工程；实施义务教育教学质量提高工程；实施义务教育学校现代化管理工程；完善机制。

8月3日，州人民政府发布《关于

培育文艺表演队伍参与公共文化服务体系建设的实施意见》。主要内容：重要意义；总体要求；主要任务；保障机制。

8月21日，州人民政府办公室印发《关于深化医药卫生体制改革2015年重点工作任务的通知》。主要内容：总体要求；重点任务；保障措施。

9月10日，州人民政府办公室印发《关于环境监管网格化管理实施方案的通知》。主要内容：指导思想；组织保障；管理网格及责任主体；实施步骤；工作要求。

10月10日，州人民政府办公室转发《省人民政府办公厅关于完善公立医院药品集中采购工作文件的实施意见》。主要内容：总体思路；主要内容；工作要求；组织保障。

10月15日，州人民政府发布《关于进一步做好为农民工服务工作的实施意见》。主要内容：总体要求；工作重点；加强领导。

10月30日，州人民政府办公室印发《关于分级诊疗工作实施方案（试行）的通知》。主要内容：总体思路；基本原则；工作目标；工作措施；实施步骤；保障措施。

11月10日，州人民政府发布《关于农村环境卫生综合整治实施方案的通知》。主要内容：总体目标；主要任务；运作机制；设备、人员配置要求；工作实施步骤；保障措施。

11月10日，州人民政府办公室印发《关于鼓励社会力量兴办养老服务机构的实施意见》。主要内容：加大用地用房支持力度；加大产权管理和投资者收益分配支持力度；加大税费优惠支持力度；加大经费补助支持力度；加大养老队伍建设扶持力度；加大养医结合扶持力度；创建公平竞争环境；加大金融扶持力度；规范审批和收费管理；保障措施。

11月11日，州人民政府发布《关于进一步加快发展养老服务业的实施意见》。主要内容：目标要求；主要任务；政策措施；组织领导。

11月12日，州人民政府办公室印发《关于楚雄州户籍制度改革工作方案的通知》。主要内容：总体要求；进一步调整户口迁移政策；创新人口管理；切实保障农业转移人口及其他常住人口合法权益；工作要求。

11月30日，州人民政府办公室印发《关于加强应急避难场所建设和管理工作的实施意见》。主要内容：重要意义；总体要求；加强应急避难场所建设；加强应急避难场所管理；保障措施。

［曹钰珏］

政务督查及建议提案办理

【政务督查】 2015年，楚雄州人民政府督查室做好年度督查和综合绩效考核工作。抓好决策部署的督查落实。以省20项重大建设项目、省人民政府工作报告重要工作任务和10件民生实事，州人民政府20项重要工作和10件民生实事、“4个30”项目为主抓手，按季度通报，并将推进情况在《楚雄日报》上进行公示。做好阶段性工作的督查落实。以向上争取补助资金、财政支出、楚南一级公路建设、农村公路建设、农村危房改造等17项阶段性工作为重点，进行督查。在督查过程中，注重工作连续性和时效性，向上争取资金实行10天1督查1通报（共10期）、财政支出实行按月通报（共7期）；对需要实地督查的阶段性工作，组织力量进行实地复核。编发《政务督查》68期，办理省级领导批示件1件、州级领导批示件12件，发出督办通知13件。按照州委、州人民政府要求完善、推行综合绩效考核评价体系。组织完成2014年度综合绩效集中检查考核工作，完成考评结果汇总、审定和运用；修改完善2015年度考评实施方案，完成2015年度考评办法制定。楚雄州稳增长工作督查措施受到国务院办公厅督查室肯定和表扬。

【建议提案办理】 2015年，楚雄州人民政府办理州人大代表建议180件、州政协提案341件，占建议、提案总数的92.9%。根据建议、提案内容和政府部门（单位）工作职责，分别交由8县（市）人民政府、楚雄经济开发区管委会和州属57家单位承办。所有建议和提案均在规定时限内办理完毕，面商率100%。

【应急处置】 2015年，楚雄州人民政府深入贯彻落实《突发事件应对法》，按照省、州应急管理总体安排和部署，履行“值守应急，信息汇总，综合协调，指导督查”职能职责，健全组织机构、完善工作机制，夯实基层基础、提供物质保障，预防和处置突发公共事件，减少重大突发事件发生，促进区域经济持续健康发展。完善各级应急管理机构，进一步明确各级政府应急管理职责，确保应急管理工作更加高效、顺畅。完善应急预案体系，重新修订完善安全生产、食品药品安全、地质灾害、通信保障、森林火灾、气象预警和大面积停电等州级专项预案7个。各县（市）及有关部门按照应急预案组织应急演练，检验预案的科学性和可操作性，以及相关部门的协同配合能力，进一步提高楚雄州应急救援和应急处置的整体水平。开展各类突发公共事件风险隐患排查和监管，草拟有关交通安全、生产安全、重大节日值守应急、泥石流、洪涝灾害、地震等通知文件7个。开展宣传培训，提高民众应急意识和能力。组织县（市）及有关部门结合各种主题活动日，进街道、进社区、进学校、进农村开展应急科普宣教，发放宣传资料，普及专项应急知识。组织双柏、牟定、元谋3县以及州食品药品监督管理局、州安全生产监督管理局举办应急专题培训班5期，参加培训190人次；组织10县（市）短波电台培训、演练20期次，参加培训40人。进一步增强广大公众的危机意识、社会责任意识，提高自救、互救能力，形成群防群治良好局面。做好应急值守和信息报告工作。坚持24小时值班制度，做好日常值守应急和信息汇总工作，编撰《值班信息》50期，发送手机信息3000余条。加快应急平台建设步伐，结合楚雄州实际，采取“政府主导、企业投资、购买服务、以租代建”方式，投资294.8万元，于2月中旬完成州应急平台一期建设任务，并顺利完成点验。实现州应急指挥中心与州公安、交警、消防、人防、地震、信访、林业、气象8个部门音视频互联互通，省、州、县（市）、乡（镇）视频会议系统互联互通；实现手机视频回传及短信群发等功能。完善各项制度和目标绩效考核，制定下发《楚雄州10县（市）值守应急管理工作绩效考核办法》，并纳入全州重要工作绩效考核内容。协助领导有效处置较大以上突发事件，有效应对较大以上突发事件14起。其中，自然灾害2起，敏感突发事件3起，道路交通事故6起，生产安全事故1起，其他突发事件1起，规模以上非法上访1起。协助信访、维稳部门处理50人以上上访20批次3299人。

【信息公开】 2015年，楚雄州人民政府加大对各县（市）、州级各部门政府信息公开工作的指导和督促力度，政府信息公开数量和质量得到提高。全州通过各类网站发布信息11万余条，其中，州人民政府信息公开网站公开信息6.1万条，增长30.6%；州人民政府门户网站发布信息6018条，增长18.7%。全州发布政府文件800余个，其中州人民政府门户网站发布政府文件51个、重要事项公示2403条、重点工作通报5256条、听证事项45条、政务微博微信2618条，其他方式（手机报、专栏）公开政府信息12817条。出刊《政府公报》6期，发行1.8万份。完成依申请公开事项144件，其中当面申请98件、书面申请46件，所有申请件年内全部办理完毕。开通“政策解读”专栏，对稳增长和关系百姓切身利益的重要政策文件进行专题解读，发布政策解读材料113条。政府网站回应群众在线提问626件。进一步完善“书记州长信箱”互动栏目功能，办理各种信访件2102件，比上年增长13.9%。深化完善新闻发布制度，举办新闻发布会15场次，回应热点问题，进行舆论引导。

【政务信息】 2015年，楚雄州人民政府按照“及时、准确、全面、规范”要求，不断提高政务信息工作质量和服务水平。收到县（市）和州级各部门上报信息1.44万条，编发《彝州政务信息》43期、《一周政情》42期，编辑《信息资料》37期，采用各县（市）和州级各单位信息1340条；撰写上报省政府办公厅信息1571条，采用124条，考核得分872.17分，荣获省政府办公厅政务信息考核一等奖。

［曹钰珏］

联络交往

【楚雄州人民政府驻北京联络处】 2015年，楚雄州人民政府驻北京联络处进一步规范服务制度，改进服务方式，提高服务质量，做好州级领导到京参加重要会议和赴国家部委开展重要公务活动的服务保障工作，为州内到京公务团队、学习培训人员、挂职领导、干部考察和看病就医人员等提供服务。完成服务保障任务2060人次，其中省级30人次、厅级50人次、其他1809人次，住宿安排171人次。落实公务用车制度改革有关精神，加强车辆管理，严禁公车私用。重视安全教育，坚持科学、合理安排车辆，建立车辆管理台账，严格控制车辆维修及运行费用，有效降低车辆运行成本，全年出车696车次，安全行车3.78万千米。

政务联络　加强与国家有关部委沟通联系，密切跟踪落实国家部委支持楚雄州发展的重大项目，争取国家和省级资金15.81亿元。

信访维稳　做好特殊时期信访维稳工作，确保全国“两会”、党的十八届五中全会、“9·3”抗战胜利纪念日等特殊时段不发生影响首都和谐稳定的上访事件。建立完善以公安为主的常态化劝返工作机制，做好日常进京非访人员的劝访工作，维护首都和彝州和谐稳定，接待、协助劝返和劝返楚雄到京上访人员15人49批次。

招商引资　加强与总部在北京的国有大企业联系，做好楚雄州赴北京招商服务保障工作，先后陪同领导参加新兴集团、三峡集团、宏大建设集团、国投公司、国投创益公司招商座谈会并做好相关工作；参与北京新兴集团战略合作协议及河北德动20万辆新能源汽车项目合作协议签订，并做好资料收集、沟通对接、信息反馈等工作，做好项目争取前期准备和项目跟踪对接；配合相关县（市）共同招商引资，与大理海川房地产开发有限公司签订牟定县龙川农贸市场综合改造提升项目协议。

信息服务　紧扣彝州发展重点，搭建信息搜集平台，挖掘精品信息，收集报送有参考价值的内部专题文章，为彝州加快改革发展步伐提供信息服务。全年搜集各类信息16份416条、内部专题研究文章11篇，向州级部分领导上报《北京信息》4期、《要情专报》3期。

［张运恩］

【楚雄州人民政府驻昆明办事处】 2015年，楚雄州人民政府驻昆明办事处把搞好州内领导机关服务工作、塑造办事处窗口形象，联络协调各部门、各县（市）和州内大型企业关系，配合搞好招商引资，做好内引外联和接待服务作为工作主要内容。向州内提供公务用房12663间，接待2.5万余人次；免费提供州内招商引资客商接待用房500余间，接待客商1000余人次。协助州属相关单位完成“南博会”“旅交会”“农博会”等节会和楚雄州重点招商引资活动的人员接送、食宿、接待服务等工作。进一步加强与州内各部委办局、学校、部队，以及9县1市和州内知名企业的交流，发挥驻外机构职能，为彝州经济发展、社会进步做贡献。做好楚雄州到昆明上访信访人员第一时间接访、劝返、管理和维稳工作。配合省州政法、信访单位圆满完成省委全会、省人代会、省政协会、“南博会”“旅交会”“农博会”等特殊时段的信访维稳工作及信访处置工作。做好楚雄州在昆明安置的老干部服务工作。安排专门人员、车辆和经费，定期上门走访慰问；提供会议室，安排车辆负责接送，方便老干部们参加政治学习和组织生活；为老干部们征订各种需要的报纸、杂志并送到老干部手中。做好楚雄大厦经营管理。对楚雄大厦客房和部分设施进行改造更新，增强企业综合竞争能力，保证营业收入持续增长。对州内公务人员执行优惠房价，满足公务用房需求，形成社会效益和经济效益二者并重，相辅相成的企业经营模式。

［王海宏］

2015年楚雄州接待处接待情况统计表

时　间	接待事由	总人数（人）	国家级（人）	省部级（人）	厅级（人）
1月17日	省委副书记、代理省长陈豪赴楚雄调研	24		2	
1月30日至2月3日	李亚威影视演艺二作室挂牌仪式暨楚雄影视产业发展座谈会	33		2	
2月7日	中国科协副主席、书记处书记陈章良赴楚雄调研	10		1	4
2月9～10日	省政协主席罗正富赴楚雄调研	10		1	
2月10日	2014年全省党风廉政建设责任制检查考核组第一组	36		1	2
2月12～13日	省人大调研组	12		1	
2月13日	省见义勇为基金会领导到楚雄慰问	7		1	3
3月9日	省政府固定资产投资工作调研组	13		1	2
3月17～18日	2015年省非公督导组	12		1	4
3月17～20日	怒江州党政代表团赴楚雄考察	25			6
3月24～25日	省政府调研组			1	
3月25日	农工党中央副主席龚建明一行赴楚雄调研	9		1	2
4月10日	云南省高等学校教师教育联盟第三次理事会暨联盟高校党委书记、校长高峰论坛	32			19
4月16～17日	省政府领导赴楚雄调研	14		1	9
4月19～20日	中国作协副主席吉狄马加一行赴楚雄调研	15		2	3
5月2～22日	省政协调研组	8		1	1
5月5～6日	省委统战部调研组	9		1	1
5月6～7日	省政协调研组	18		1	5
5月11日	省政府“稳增长、保安全”调研组座谈会	45		1	13
5月19日	云南省军区工作组	11		1	1
5月21～22日	省委调研组	14		1	3
6月2～3日	省人大调研组	8		1	
6月3日	省人大执法检查组	23		1	10
6月3～6日	省政协调研组	17		1	5
6月16～17日	省委常委、省纪委书记张硕辅到楚雄调研	10		1	2
7月1日	国家民委副主任丹珠昂奔一行到楚雄调研	27		1	3
7月1日	省政府领导赴楚雄调研	6		1	1
7月7～8日	全国人大常委会消费者权益保护法执法检查组	55	1	6	7
7月8～9日	国家安监总局专题调研组	10		1	3
8月7～9日	火把节来宾	284		5	15
8月7～9日	怒江州党政代表团	23			4
8月11～12日	全国人大民族区域自治法执法检查组	20		2	5
8月24～26日	2015年省非公督导组赴楚雄督导调研	11		1	4
8月26日	省政府调研组	7		1	1
8月26日	省工商联（总商会）十一届八次常委会	74		1	14
9月2日	省军区司令员一行	5		1	
9月3日	省政协调研组	25		1	
9月28～29日	省滇中调水动工仪式	35		1	3
10月8日	省建工集团、中国银行云南省分行、省西交集团赴楚雄调研	45			8
10月8～11日	省人大常委会执法检查组	17		1	3
10月15日	省政协视察组	35		1	17
10月19日	中科院学部咨询项目组赴楚雄调研	20		2	4
10月19～20日	省纪委调研组	6		1	
11月4～5日	省政府调研组	31		3	9
11月9～11日	全省美丽宜居乡村建设工作现场推进会	450		2	33
11月15日	宁夏回族自治区代表团	7		1	1
11月17～18日	以色列约阿夫地区市政代表团	7			
11月25日	柬埔寨奉新比克党考察团	25		1	
12月11～12日	国家农发行调研组	12		1	4
12月17日	省检察院检察长王田海一行到楚雄调研	12		1	1
12月25～26日	省委领导到楚雄指导州委常委班子“三严三实”专题民主生活会	7		1	2

（州接待处/提供）

接待工作

【接待工作概况】 2015年，楚雄州接待处坚持“有利公务，务实节俭”原则，坚持以规范化、精细化、个性化服务为标准，圆满完成接待任务269批次，接待来宾4854人次，其中国家级领导1人次、省部级领导63人次、厅局级领导442人次，总服务人数2.32万人次；接待各级各类检查组、督查组、调研组171个次；完成招商引资接待任务45批次，涉外接待任务5批次。

【内部管理】 2015年，楚雄州接待处进一步健全和完善各项规章制度，不断强化内部管理和监督，确保公务接待工作规范有序开展。贯彻执行《楚雄州党政机关国内公务接待管理实施细则》和《楚雄州贯彻〈党政机关厉行节约反对浪费条例〉实施办法》各项规定要求，结合部门工作实际，不断完善《楚雄州接待处工作规则》和《楚雄州接待处廉政风险防控手册》，落实公务接待报批和领导牵头负责制度，制定公务接待清单制度和一事一结算制度，明确公务接待内控标准和要求，规范公务接待管理和操作流程。坚持公务接待领导批示、费用开支“双签名”制度，坚持填报接待任务清单，切实增强公务接待工作的规范化和透明度，有效避免超范围、超标准接待。采取公开邀标和竞争性谈判方式确定公务接待服务单位，按年度与宾馆酒店签订合作协议，在接待过程中坚持使用当地特色产品，严格执行相关规定，有效降低接待成本。加强公务接待用车管理，健全完善车辆管理制度，合理安排出行线路和人员搭配，提高车辆使用效率。不断健全完善财务管理制度和审核报销流程，从严管控费用开支，公务接待经费支出大幅下降。

［鲁琦云］

人事管理

【人事管理工作概况】 2015年，楚雄州人力资源和社会保障局加强公务员、事业单位人员、专业技术人员队伍管理；严格人事考试工作程序，健全人事考试预防作弊机制，完善公务员和事业单位工作人员阳光招考制度；抓好公务员平时考核试点工作，规范干部人事档案管理；全面完成全州县以下公务员职务与职级并行制度实施工作，并转入常态化。审核全州公务用车制度改革司勤人员统计表，做好司勤人员安置准备。完成州属95个单位433人的信息填报指导、录入审核工作。全州有1962名专职司勤人员需安置分流，其中需要安置固定用人1962人。

【公务员管理】 2015年，楚雄州人力资源和社会保障局切实加强公务员管理工作。

公务员考录　坚持凡进必考，实行“九公开、五监督、三当场、双抽签、一统一”的公务员阳光招考制度。全州州、县（市）、乡（镇）党政群机关（含省地税系统）设置岗位278个，计划公开招考公务员300名。经过笔试、面试、体检、考察等环节，录用276人（含法检系统录用35人、省属直管单位录用26人），其中州级机关2人、县（市）级机关74人、乡（镇）级127人。

公务员职位管理　全面完成全州县以下公务员职务与职级并行制度实施工作，并转入常态化。10县（市）有3322人符合职务晋升条件，占公务员总数的20.5%。为2013年、2014年新录用公务员办理登记手续374名，为州公安局等7家单位办理公务员调动手续9人；对州发展和改革委员会等18家单位49名公务员职位调整工作进行审核。

公务员考核　全州各级行政机关科级及以下公务员应参加考核13981人，实际考核13959人，考核率99.84%。其中，优秀2477人，占考核人数的17.74%；称职11137人，占79.78%；基本称职3人，占0.02%；不称职15人，占0.1%；不定等次327人，其中新录用公务员不定等次285人，占考核人数的2.34%。参照公务员法管理单位科级及以下公务员应参加考核512人，实际考核512人，考核率100%。其中，优秀100人，占考核人数的19.53%；称职406人，占79.3%；不称职2人，占0.39%；不定等次3人，其中新录用公务员不定等次3人，占考核人数的0.59%。审核上报省级先进个人13人、先进集体7个，国家级先进个人4人、先进集体5个。全州有2492人荣获各级表彰奖励，其中486人被记三等功、2006人获得嘉奖。

【事业单位管理】 2015年，楚雄州人力资源和社会保障局加强事业单位管理，做好相关工作。

事业单位公开招聘　落实《楚雄州事业单位公开招聘工作人员实施意见》，对县乡基层紧缺急需岗位的公开招聘政策适当倾斜，扩大选人范围、提高选人质量。批复州属和10县（市）事业单位紧缺急需人才岗位381个。全州计划招聘1819人，其中全州统一组织公开招聘1140人、紧缺人才招聘381人、代课教师择优招聘228人、定向招聘70人，有16365名毕业生参加网络报名。经公开招聘，择优选拔，聘用事业单位工作人员1482名，其中全州统一公开招聘聘用958人、紧缺人才招聘264人、代课教师择优聘用219人、定向聘用62人。

事业单位岗位设置聘用管理　坚持“按需设岗，竞聘上岗，合同管理”原则，对不同行业事业单位的专业技术岗位及各岗位内部不同等级实行结构比例控制。州属事业单位批复完成岗位设置4家单位，重新变更核准岗位设置12家单位，岗位聘用批复58家单位聘用岗位427个，批复5家单位机关工勤岗位7个，完成率100%。

事业单位人员计划管理　按照人事工作“两个调整”总体要求，审批州级事业单位增加职工计划69名；办理事业单位调出州外人员7名；办理事业单位科级领导职务任职审核37人，其中正科级11人、副科级20人；办理非领导科级职务任职审核6人，其中主任科员1人、副主任科员5人。

事业单位工作人员年度考核　全州事业单位工作人员应参加考核44165人，实际考核43931人，其中专业技术人员36856人、管理人员1330人、工勤人员4327人、见习期人员（未定职）1418人，因长期生病及其他原因未参加考核194人。在实际参加考核的43931人中，优秀等次8380人，占实际考核人数的19.08%；合格等次33990人，占77.38%；基本合格18人，占0.04%；不合格49人，占0.11%；不确定等次1494人，占3.4%。

专业技术人员职称评审　贯彻落实《云南省人力资源和社会保障厅关于放宽基层专业技术人员职称评聘条件的通知》精神，放宽基层专业技术人员职称评聘条件。开展教育、社科、工程艺术等18个系列申报高、中级专业技术职务的资格审查2699人，推荐2540人；认定具备高级任职资格正高15人、副高898人，中级任职资格1173人。完成卫生技术系列以考代评资格审查工作3863人。

中小学教师职称评价　省人力资源和社会保障厅、省教育厅对楚雄等5个州（市）下放中学高级教师评审权，5州（市）中学高级教师不再参加全省统一评审，由各州（市）组建高级职称评审委员会评审。年内，楚雄州有713人申报中学高级教师职称，通过资格审查、中评委推荐，有668人参加评审，622人通过。

【干部人事档案审核管理】　2015年，楚雄州人力资源和社会保障局加强干部人事档案审核和管理。以档案目录齐全、卷内编目清楚、装订平整整洁、封面编目规范、档案排放有序为目标，加大管理力度，加强干部人事档案入档必备材料的收集，做到收集归档程序化，填报材料科学化，分类编号规范化，鉴别整理标准化，档案管理规范化。审核53家行政机关科级及以下干部人事档案1701卷，梳理出干部信息认定有疑问档案921卷。

【机关事业单位工资制度改革】　2015年，楚雄州按照国家、省有关部署，调整机关事业单位工资标准，将机关事业单位部分津补贴、绩效工资纳入基本工资，优化工资结构，基本工资在机关事业单位工资中的比重提高到40%。把离退休人员与在职人员的工资调整同步考虑，实现收入水平同步提高，同时兑现。机关事业单位在职人员每月人均增资455元，离休人员每月人均增资549元，退休人员每月人均增资318元。

【机关奖励性津补贴清理】　2015年，楚雄州开展机关奖励性津补贴清理，确定全州机关（含参公事业单位）为清理主体范围及主体责任，人力资源和社会保障部门负责清理结果的收集汇总，纪检、组织、人社、财政、审计等部门共同参与审核，清理2014年度机关奖励性补贴项目141项，涉及资金1.62亿元，其中省级部门分配110.34万元、州级部门分配4802.01万元、10县（市）分配11298.86万元。

【军队转业干部管理与服务】　2015年，云南省人力资源和社会保障厅下达楚雄州军队转业干部安置任务20名，其中计划安置5名、自主择业15名、随调家属2名。根据转业干部意愿，计划安置的5名转业干部除1名因特殊情况滞留部队，改为下年安置外，其余4名和15名自主择业转业干部均在年内安置完毕。年末，全州有企业军转干部600余人，其中省属企业365人、州县（市）属企业279人。州属及10县（市）在春节、建军节、中秋节期间走访慰问企业军转干部800余人次，发放慰问品及慰问金价值13.88万元。兑现企业军转干部生活补贴和特殊困难补助495万元、门诊医疗补助10.75万元。做好自主择业军转干部管理服务。接收自主择业军转干部166名，其中团职110名、营职56名；自主择业党支部坚持每月召开1次支委会，每季度召开1次支部大会；做好自主择业军转干部年度增资审批、退役金核发、档案接收、年度健康体检、医疗保险、职工互助医疗办理以及新增人员各项保险的办理工作。通过部队转业前培训和转业后就业培训，有83名军转干部实现自主创业或就业，就业率50%。

【人才工作】　2015年，楚雄州人力资源和社会保障局按照省委、省人民政府《关于创新体制机制加强人才工作的意见》精神，推进人才工作体制机制改革和政策创新，用好用活各类人才，统筹推进各类人才队伍建设，为全州经济社会发展提供人才保证和智力支持。

人才选拔　组织第六批及部分优秀中青年学术技术带头人及培养人选到浙江大学进行为期10天的继续教育培训。选拔州级第七批中青年学术技术带头人培养人选34人，享受“国务院特殊津贴”1人、“省政府特殊津贴”3人，确定“云岭首席技师”1人。推荐参加全省第六届拔尖农村乡土人才选拔10人，参加全省第二批专家基层工作站选拔11家，获得正式批准6家。

智力引进　围绕楚雄州6大重点产业发展需要引进项目和人才，引进国际人才技术交流与合作项目20个617人次、国外人才37人、国内人才44人，组织实施出国（境）培训学习项目4个5人次，建立专家基层工作站6个。

技能人才培养　组织实施社会化技师、高级技师培养工作，全州新增高技能人才2837人，其中高级工2704人、技师以上133人。加大职业技能鉴定工作力度，全州累计鉴定高级技师70人、技师1300人、高级工9700人。与州总工会联合举办2015年全州职工技术技能竞赛，18支代表队120名选手参加中式烹调师、餐厅服务员两个工种竞赛。

人才招聘　州人才中心（市场）举办各类招聘会12场，接待用人单位937家，为求职者提供岗位10170个，为来自州内外9610余名高校毕业生和社会流动人才登记求职，达成意向5770人，实际聘用3850人。

“三支一扶”　通过发布公告、宣传动员、个人报名、统一考试、组织考察、体检公示、择优聘用、签订合同、培训上岗等方式，发布“三支一扶”岗位89个，396人报名参与竞争，24人正式进入工作岗位。

人力资源服务　开展人事代理业务，为已签订代理协议的24家企事业单位提供代发工资、缴纳五大保险、户口档案托管等服务，为社会流动人员办理调档、存档等手续647人。“楚雄州人才网”开通毕业生专栏、大学生流动党员专栏及微信公众平台，为社会提供人才公共服务，访问量158万人次，用人单位上网注册招聘897家，在网站注册求职8074人。

【人事考试】 2015年，楚雄州人力资源和社会保障局严格人事考试工作程序，落实安全考试、预防作蔽措施，完善由州人社部门牵头，公安、税务、工商、保密、无线电管理等部门配合的考试环境综合治理工作机制。完成全州专业技术人员计算机应用能力考试，823人报考，考试模块1828个，考试合格724人；完成全州专业技术人员职称外语等级考试工作任务，615人报考，合格374人；完成二级建造师1516人、全国经济师295人、药学（非临床医疗）专业资格925人考试考务工作。完成职业（执业）资格考试组织报名16项3069人。办理、发放各类资格证书986本。

［杨　杰］

政府法制

【行政复议】 2015年，楚雄州人民政府政策研究和法制办公室落实省、州人民政府行政复议规范化建设工作的具体要求，推进行政复议规范化建设，指导县（市）人民政府、州级各部门推进行政复议工作规范化建设，自觉规范行政复议行为。依法办理行政复议案件。收到行政复议申请16件，受理14件、不予受理2件。审理结案12件，其中维持5件、撤销1件、终止审理5件、驳回复议申请1件。收到责令受理行政复议申请1件，经审查转送有关部门。加强和改进行政应诉工作，保障行政管理相对人申请行政复议的权利。承办并组织出庭应诉州人民政府行政诉讼案件10件，将行政机关负责人出庭应诉率不低于95%列入2016年《政府工作报告》，作为2016年政府重点工作之一。办理信访案件，妥善处理来信来访，做到事事有落实，件件有回应。

【法制工作研究及法律顾问工作】 2015年，楚雄州人民政府政策研究和法制办公室切实做好法制工作研究及法律顾问工作。开展课题研究。深入县（市）调研，全面掌握县（市）政府法制机构建设情况，找准存在的突出问题并提出对策建议，形成《楚雄州加强县（市）政府法制机构建设面临的问题及对策研究》供州委、州人民政府决策参考；配合省政府法制办做好县（市）政府法制机制专题调研。开展法律审查，对涉及州人民政府的36件重要协议研究提出法律审查意见。为全面推行法律顾问制度做好基础调研，代州委、州人民政府起草《中共楚雄州委办公室、州人民政府办公室全面推进法律顾问制度的意见（送审稿）》，修订《法律顾问室工作规则》，及时调整续聘州人民政府法律顾问。

［花荣艳　张斯曼］

经济决策与咨询

【机构改革】 2015年7月，按照《楚雄州人民政府职能转变和机构改革方案》要求，州人民政府研究室和州法制办公室不再保留，两单位职责整合新组建楚雄州人民政府政策研究和法制办公室，为州人民政府工作部门，正处级，设立党组。根据《楚雄州人民政府办公室关于楚雄州人民政府政策研究和法制办公室主要职责内设机构和人员编制规定的通知》，州人民政府政策研究和法制办公室设9个内设机构（正科级）和机关党总支办公室，行政编制10名。其中，主任1名（正处级），副主任3名（副处级），正科级领导职数10名（含党总支办公室主任1名），副科级领导职数4名。

【重要文稿起草】 2015年，楚雄州人民政府政策研究和法制办公室围绕州委、州人民政府中心工作和重大部署，履行部门职能职责，深入开展调查研究，协调、组织有关部门起草、修改州人民政府重要文件，承担涉及全州经济社会发展的重要文稿起草任务。完成重要文件草拟4份，完成州委、州人民政府领导批示专题件6件，完成调研报告2篇，形成各类文稿12篇。牵头起草《中共楚雄州委办公室、楚雄州人民政府办公室关于促进改革创新的决定的实施意见》《关于推进政府向社会力量购买服务促进政府职能转变的意见（试行）》《楚雄州人民政府关于进一步加强政府执行力建设的实施意见》和《楚雄州生物医药产业发展行动计划（2015～2020年）（送审稿）》。其中，《楚雄州生物医药产业发展行动计划（2015～2020年）》是楚雄州重点产业中首次对生物医药全产业链进行发展设计，内容囊括楚雄州生物医药产业种植、生产、销售和医疗服务各环节，第一次将生物医药产业统计范围从中药材种植和药品制造业扩展到药品流通和医疗卫生保健服务业，对其他重点产业发展具有较好的借鉴作用。承担全州性重要文稿起草任务，组织人员全程参与《政府工作报告》起草工作，完成2016年《政府工作报告》撰稿任务；参与州委八届六次全会报告起草工作，牵头完成《楚雄州健康服务业发展情况汇报》《楚雄州人民政府关于政府与社会资本合作（PPP模式）情况报告》《楚雄州发展钛产业建议》等文稿材料以及完成全州“五网”建设工作会相关材料准备。

【专题调研】 2015年，楚雄州人民政府政策研究和法制办公室紧扣州委、州人民政府工作重点，抓住群众关注的热点和实际工作中的难点问题，组织人员深入县（市）、企业、村组以及农户调研40余次，准确掌握第一手资料，形成调研报告10余篇，内容包括土地流转、产业扶贫、农业现代化和服务业发展等方面，其中《楚雄州产业扶贫对策研究调研报告》《楚雄州服务业发展情况调研报告》《关于加快楚雄州钛产业发展的建议》形成内参发给州级相关部门决策参考。

【课题研究】 2015年，楚雄州人民政府政策研究和法制办公室按照单位制定的《课题管理暂行办法》，根据年初征集的课题研究建议，将关系楚雄州经济社会发展全局性、方向性和战略性的问题确定为年度课题研究重点，采取重点课题与科室课题相结合、单位选题与个人选题相结合、部门合作与社会合作相结合的方式开展课题研究。共开展课题研究10个，课题内容涉及全州经济、政治、文化、社会、生态建设等各个方面。围绕2015年列入单位重点研究的2个课题开展专题调研，形成《楚雄州扶贫开发进程中产业扶贫思路研究》和《楚雄州加快服务业发展与转型升级对策研究》两个成果。发挥科室和个人的积极性，开展“楚雄州选好培强重点产业思路研究”“楚雄州治理农村违法违规占地建房对策研究”“楚雄州推进政府简政放权和职能转变对策研究”等课题研究。受南华县人民政府委托，会同该县有关部门就南华县“十三五”发展开展专题研究，形成《南华县“十三五”生产力空间布局及重点产业研究》和《南华县推进新型城镇化融入楚南经济带一体化发展思路研究》两个成果；联合州社科联、州扶贫办、州民政局和州商务局等部门开展琅井传统村落保护开发、产业扶贫、城市救助管理、服务业发展、两江流域开发等方面课题研究。年内，“禄丰琅井村传统村落保护发展思路研究”课题结题，并形成研究报告发给州级各相关部门开展项目建设实施工作。在继续做好“十三五”规划前期重点课题“楚雄州优化生产力空间布局暨重点产业发展研究”和“楚雄州‘十三五’经济社会发展环境研究”两个研究课题基础上，召开“楚雄州‘十三五’经济社会发展环境研究”课题评审会，配合州发改委参与楚雄州“十三五”规划纲要撰写工作。

【专家咨询和政府顾问工作】 2015年，楚雄州人民政府政策研究和法制办公室围绕加强楚雄州智库建设，做好州专家咨询委员会办公室日常管理和州人民政府顾问管理及咨询服务工作。做好政府顾问日常服务协调，组织新聘顾问审核评价和推荐上报。年末，州人民政府聘有顾问40人，其中年内新聘3人。做好州专家咨询委员会办公室日常管理。开展新一届专家咨询委员会委员选聘工作；加强与各专业组联系，按要求组织相关活动，做好服务保障；完成州专家咨询委员会2014年研究成果和州人民政府研究室2013～2014年研究课题汇编刊发工作。

【期刊信息工作】 2015年，楚雄州人民政府政策研究和法制办公室强化期刊信息工作。注重《彝州经济研究》《楚雄彝族自治州人民政府公报》的选稿、用稿，严把政治关、政策关和文稿质量关，既注重文章的理论性，更注重实践性，印发《彝州经济研究》和《楚雄彝族自治州人民政府公报》6期，其中《彝州经济研究》收到稿件281篇，刊用116篇，共72万字。加强决策信息咨询服务。围绕中心工作和社会热点、难点问题，编印《经研信息内参》6期、《经济研究内参》10期。更新提升网络平台建设。完成“楚雄发展研究网”数据资料信息更新上传工作，及时更新完善政务公开信息。

［花荣艳　张斯旻］

外事侨务

【因公出国（境）管理】 2015年，楚雄州人民政府外事侨务办公室按照中央、省、州有关因公出国（境）管理规定，加强因公出访计划性管理。全州受理有关部门（单位）因公出国（境）任务申报审批31件，批准29件，同意出访人数78人，因公出国（境）经费87.03万元。其中楚雄州派出5个商务招商团组29人，分别赴美国、加拿大、澳大利亚、新西兰、法国、意大利、缅甸、柬埔寨、印度、斯里拉卡开展招商引资和贸易洽谈。

【涉外接待和翻译服务】 2015年，楚雄州人民政府外事侨务办公室做好涉外接待和翻译服务工作。6月13～16日，在第三届“南博会”期间，配合州委宣传部做好东南亚南亚媒体记者云南行楚雄采访团一行51人赴楚雄采访活动的外事接待和翻译服务；8月6～8日，完成与以色列约阿夫地区签订友好城市意向书的筹备、联络及考察接待工作；8月22日，完成美国《侨报》小记者团一行24人到楚雄紫溪彝村考察的接待工作；10月16日、11月2日，分别完成韩国忠清南道省青少年代表团一行22人和日本岩手县青少年代表团一行13人赴禄丰考察恐龙谷及生物进化有关科普知识的接待工作；11月5日，完成州长在首届中国云南—以色列创新合作论坛上的发言稿草拟和翻译工作；11月17～19日，完成约阿夫地区市政代表团一行4人在禄丰、楚雄、姚安、大姚、永仁、元谋和武定等县（市）考察期间的翻译服务等相关工作；11月24～27日，完成以柬埔寨中央委员、王家军前副总司令肯萨文为团长的奉辛比克干部考察团一行20人，在楚雄州考察访问的接待翻译服务工作。

【外籍人员管理】 2015年，楚雄州人民政府外事侨务办公室加强驻楚外籍人员日常管理，配合有关部门做好在楚雄州境内从事经商、教学、留学等驻楚外国人的管理工作；与彝人古镇、楚雄师范学院和天人中学等单位沟通协调，督促其加强社区、学校内外籍人员管理；做好外籍人员信息收集、整理、报送及相关管理工作，提供涉外管理业务指导和咨询服务。

【侨益维护】 2015年，楚雄州人民政府外事侨务办公室把维护归侨侨眷合法权益作为侨务工作重点来抓，切实维护归侨侨眷合法权益。抓好侨法贯彻，与相关职能部门协同配合，先后组织开展“侨法知识竞赛”“侨法宣传月”、贯彻“一法两办法”座谈会等活动，在全社会营造依法护侨的良好氛围。实施侨法进机关、进乡村、进侨企、进社区、进侨户“五进”活动，利用宣传橱窗、宣传栏等宣传阵地，大力宣传侨法，使广大归侨侨眷学法、懂法、守法，增强广大群众对侨法的理解和认识。维护侨权侨益，围绕贯彻落实侨务“一法两办法”和侨务政策，坚持把依法护侨、依法行政贯穿侨务工作始终，常抓不懈，突出重点解难题，切实依法维护归侨侨眷合法权益。落实行政机关和企事业单位在职或退休归侨侨眷人员出国（境）探亲假、海外亲属回乡陪同假、归侨退休金差额补助等涉侨法规政策，严格执行国家对归侨学生、归侨子女及华侨在国内参加高考时享受加分和同等条件优先录取的政策，归侨侨眷群体的社会保障制度得到有效落实。按照“适当照顾”

侨务政策，全州符合农村或城镇最低生活保障条件的归侨侨眷，全部享受低保政策；城镇归侨侨眷职工医疗保险和养老保险参保率100%；农村散居归侨侨眷新农合医疗和养老保险参保率100%；城镇归侨侨眷廉租房、农村归侨侨眷宅基地等按侨务政策也相应得到优先落实。依法保护华侨华人捐资兴办社会公益事业的权益，根据《侨法》和《公益事业捐赠法》有关规定，按捐赠人意愿要求，对海外侨胞在楚雄州捐资发展教育、卫生等社会公益建设项目，侨务部门依法进行管理，做好捐赠项目建档登记工作，依法保护捐赠人的财物不被非法侵占、吞并或挪用，定期督促受捐单位管好、用好捐赠财物。年内，组织捐赠项目管理使用情况检查1次。维护侨界稳定，始终把侨务信访作为维护侨权侨益的一项重要工作，妥善处理侨界群众诉求，维护归侨侨眷合法权益。年内，办理归侨侨眷信访16件19人，办结率100%。

【侨务扶贫帮困】 2015年，楚雄州人民政府外事侨务办公室针对州内归侨侨眷数量少、居住分散、生活贫困的特点，加大协调，整合部门资源，扶持解决归侨侨眷生产生活困难，开展侨务扶贫帮困工作。与州扶贫办联合下发《关于将楚雄州散居农村贫困归侨侨眷纳入全州扶贫规划的意见》，要求各县（市）将散居农村的贫困归侨侨眷纳入当地扶贫开发规划，在整村推进、产业化扶贫、劳动力转移培训等方面，实行同等优先、重点扶持，从政策层面对散居贫困归侨侨眷帮扶提供保障。制定《2015年关于实施“归侨侨眷关爱工程”工作计划》，推进“归侨侨眷关爱工程”实施，争取到美国传仁基金会捐赠云南省学校工程项目，向大姚县石羊镇中心小学捐赠电脑30台价值8万元人民币，全校485名学生受益。坚持每年走访慰问1次贫困归侨侨眷制度，走访慰问困难归侨侨眷57户，发放慰问金和慰问品3万余元。在2014年创建楚雄市学桥街社区“红侨家政服务站”的基础上，向州人社部门协调经费支持“红侨家政服务站”发展。

【社区侨务工作】 2015年，楚雄州人民政府外事侨务办公室坚持为侨服务、凝聚侨心、发挥侨力的工作宗旨，加强社区侨务工作。向上争取资金，支持楚雄市鹿城镇学桥街社区创建“全国社区侨务工作示范单位”。成立以归侨侨眷为主的归侨居民组，建立一家一户的归侨居民档案，组建社区侨务帮扶工作志愿者队伍，志愿者与归侨侨眷结成一对一帮扶，结合社区网格化服务管理工作，为归侨侨眷提供帮助。倡导“侨为家乡做贡献，家乡为侨服好务”的双向服务理念，在社区设立服务站，健全走访慰问制度，并结合机关服务社区工作的开展，整合资源，发挥服务学桥街社区的各部门优势，切实为归侨侨眷服务，鼓励归侨侨眷参与社区建设，进一步发挥归侨侨眷在社区中的积极作用。在社区设立“侨法宣传角”，定期更换宣传内容，利用普法宣传日、召开座谈会、培训、法律咨询等活动，营造依法护侨、维护侨益的法治氛围。年内，召开侨法宣传座谈会2次，发放侨法宣传手册500册，制作侨法宣传展板3块。从归侨侨眷关注的热点难点问题入手，通过开展技能培训，组建物业公司等方式帮助困难归侨侨眷及子女就业。坚持入户访问制度，主动帮助协调解决归侨侨眷生活中遇到的困难和问题。

【华文教育】 2015年，楚雄州人民政府外事侨务办公室把华文教育作为一项重要工作来抓，加强外派教师的派出和管理服务，筛选11名优秀教师报省侨办储备，选派6名教师赴泰国、缅甸华文学校任教；配合省侨办加强楚雄州外派教师的管理服务和相关经费拨付，2名派往缅甸华文学校任教教师于8月完成任务回国。重视“夏令营”和“华文教师培训班”。6月28日，为期15天的“中国寻根之旅七彩云南楚雄夏令营”和“老挝华文教师培训班”在楚雄一中开班，来自老挝中老友谊学校的50名学生和50名华文教师参加培训。

【招商引资】 2015年，楚雄州人民政府外事侨务办公室发挥部门优势，抓好侨务招商工作。依托州人民政府与省外事侨务办公室签订的“投资促进战略合作伙伴关系”协议，利用“东盟华商投资西南项目洽谈会暨亚太华商论坛”平台推介楚雄。1月，收集整理楚雄州相关情况和重点招商引资项目15个，编印成册送省侨办；4月，整理20个项目通过省侨办向海外侨商进行推荐；6月10～12日，与州招商局配合，组织10县（市）招商局和部分企业参加“第十三届东盟在华投资西南项目洽谈会暨亚太华商论坛”，与参会华商进行交流，并做好意向项目的跟踪协调和服务。多次对接昆明瑞景文化传播有限公司对楚雄投资相关事宜，协调投资方与楚雄经济开发区管委会进行洽谈。完成日本客商与云南楚雄圣谷食品有限公司投资合作意向的前期牵线搭桥工作。制定《楚雄州人民政府外事侨务办公室落实2015年招商引资目标任务工作方案》《云南积大生物科技有限公司还原型谷胱甘肽（GSH）建设项目工作方案》，进一步明确工作任务，确保工作有序推进。定期了解香港积大制药云南积大生物科技有限公司投资的还原型谷胱甘肽建设项目推进情况，及时帮助企业协调解决项目推进中遇到的各种困难和问题，引导其在生物制药产业园区内投资建设二期项目，推动现有投资者增资、投资，形成二次招商效应。4月22日，香港积大制药云南积大生物科技有限公司与楚雄市公共资源交易中心签订《国有建设用地使用权挂牌出让成交确认书》，并与楚雄市国土资源局签订《国有建设用地使用权出让合同》及《国有土地使用权出让协议》，二期项目进展顺利。全年实现招商引资实际到位资金1000万元。

［何晓琼］

对台工作

【规范因公应邀赴台审批程序】 2015年，楚雄州按照云南省对台事务办公室《关于加强应邀赴台管理工作的通知》精神，进一步加强和规范因公应邀赴台的审批管理。10月15日，召开楚雄州因公应邀赴台管理工作培训会议，各县（市）委统战部分管副部长、台办主任，州委对台工作领导小组成员单位50余人参加培训。邀请州纪委、州委组织部、州检察院、州外侨办、州公安局相关负责人参加会议，对各自范围内的办理程序进行培训和说明。制定下发《中共楚雄州委台湾工作办公室、楚雄州人民政府台湾事务办公室关于印发加强和规范楚雄州因公应邀赴台审批管理有关文件的通知》，进一步规范因公应邀参团赴台报批程序及报件、公职人员因公应邀组团赴台报批程序及报件、非公职人员应邀组团赴台程序及报件，并把州公安局出入境管理处提供的《申请因公往来台湾通行证签发相关问题解答》作为附件印发提供参考。

【对台招商引资】 2015年，楚雄州对台工作部门深入楚雄经济开发区、禄丰工业园区、元谋县滇台高原特色农业合作示范园区、武定县、双柏县、大姚县以及昆明台商协会调研，与有关部门及台资企业座谈交流，就推进滇台高原特色农业合作示范园区建设、以滇中产业新区建设为契机加快引进台资台商、以云台会为平台深化与台湾各界人士联络交往等工作开展专题调研。先后联系邀请台湾正点生机科技有限公司、台湾汉馨科技集团咏健生医有限公司、台湾新中国际集团、瑞丽台丽农牧发展有限公司以及海峡两岸文化经济交流协会、昆明台商协会等，到楚雄州参观考察，开展一对一、点对点招商活动，促成5个项目在云台会上签约，项目协议总投资15.8亿元。

【楚台交流交往】 2015年，楚雄州对台工作部门为扩大楚台交流提供服务，为相关单位涉台交流活动和个人因公应邀参团赴台提供政策咨询和业务指导。全年有28人（批）次办理因公赴台审批手续。做好楚雄州组团赴台有关工作，全州有5个参访团赴台交流。7月9～15日，应台湾中兴工程顾问股份有限公司邀请，由南华县副县长为团长的南华县工业园区考察团一行11人赴台湾交流考察；7月22～31日，应台湾桃园乐友丝竹室内乐团邀请，由州文体局党组书记为团长的2015年海峡两岸文化交流楚雄演出团一行39人赴台湾交流演出；8月22～28日，应台湾神农科技发展协会邀请，由姚安县县长为团长的姚安县莲荷产业和休闲观光农业考察团一行9人赴台湾交流考察；8月22～28日，姚安县荷塘月色庄园有限公司一行3人，赴台湾与台湾神农科技发展协会开展商务交流活动；11月28日至12月5日，禄丰县云南德润医疗服务投资有限公司一行6人赴台湾考察学习台湾医疗、养老、康复有关产业发展情况。做好到楚雄州交流考察台湾同胞的接待服务工作，接待台湾交流考察团4个180余人。6月13日，接待参加第四届云台会“云台旅游（观光）产业对接会”的60余位台湾嘉宾到楚雄州参观考察；7月23～24日，接待台湾教育工作者采访团的60余位嘉宾到楚雄州参观考察，参访团参观彝人古镇和楚雄州民族中学，并与楚雄州民族中学就少数民族学生就学保障制度和少数民族文化传承进行座谈交流；9月28～29日，接待台湾高雄市新移民发展协会云南交流参访团的30余位嘉宾到楚雄州参观考察；12月4～5日，接待国台办重点交流项目“台湾地方基层人士云南参访团”的30余位嘉宾到楚雄州参观考察。

【服务台商台胞台属】 2015年，楚雄州对台工作部门进一步健全完善台胞、台属、台企的档案资料，为台属探亲、企业注册等出具各种证明材料。做好春节、中秋节前夕走访慰问工作，召开座谈会向台属通报全州经济社会发展形势。做好涉台矛盾纠纷排查调处，与有关县（市）联系，帮助台胞台属和台资企业协调解决生产生活中遇到的困难。对生活困难的台胞台属、黄埔同学和遗孀进行走访慰问，想方设法改善他们的生活条件，慰问困难台胞3人，每人补助1000元，发放补助3000元；为6名黄埔老人每人发放补助5700元，发放补助3.42万元，其中省补资金2.32万元；对无工资收入的10名黄埔遗孀每人补助1000元，发放补助1万元。

［董　华］

妇女儿童工作

【全州妇女儿童工作概况】 2015年，楚雄州有州及县（市）妇女儿童工作委员会11个，设立州及县（市）妇女儿童工作委员会办公室11个。州妇女儿童工作委员会有成员单位32个。4月28日，州人民政府召开州妇女儿童工作委员会第15次全体会议，听取州妇儿工委工作报告，州委组织部、州人社局、州文体局、州残联4家成员单位进行述职，州妇儿工委办公室对2014年度楚雄州妇女儿童发展规划实施情况作书面通报。

【加大“两个规划”实施力度】 2015年，楚雄州着力加大“两个规划”实施力度。以问题为导向，加强调查研究。针对非公企业中女性参与决策管理比例逐年下降的问题，对全州新经济组织中女性参与决策和管理情况进行专题调研，全面了解掌握全州新经济组织中女性参与决策和管理现状。对全州孤儿的生存现状进行调研，形成《关于楚雄州孤儿现状的调研与建议》。开展家风家教调研，形成《楚雄州家教家风现状调研报告》。配合省农村留守妇女儿童老人关爱服务研究课题组到武定县开展调研，并于7月7日在楚雄州召开“云南农村留守妇女儿童关爱与服务研究”课题调查部门会议，听取楚雄州妇联系统服务和关爱农村留守老人妇女儿童工作情况汇报。以绩效考评为契机，强化政府主导。3月23～26日，省委省政府综合绩效考评组对楚雄州2014年妇女儿童工作目标责任完成情况进行实地检查考评。考评组对牟定县、武定县和州卫生局、州计生委、州民政局3家州妇儿工委成员单位的妇女儿童工作进行延伸考评检查，实地走访查看牟定县江坡镇、江坡村委会、高平中心小学、共和镇、新甸卫生院、县计生服务站、县计生局，武定县插甸乡、古普村委会、哪土村委会、插甸乡敬老院、狮山镇香水小学，州妇幼保健院、州儿童福利院等基层工作点妇女儿童工作情况，听取妇女儿童工作汇报3场次，访谈受益户20户。以省州督导为推手，推动规划实施。10

月12～14日，州妇儿工委组织5个督导组对全州10县（市）和涉及指标多的州属5个成员单位实施两个规划中期评估情况实地督导检查。以当地经济社会发展情况、完善妇女儿童相关法规政策情况、妇女儿童发展纳入规划情况、组织实施规划情况、监测评估工作情况、“两个规划”中期评估工作情况等内容为督导重点，采取听汇报、查资料、座谈交流、现场考察、反馈评估督导意见等形式，深入了解各县（市）及5个成员单位“两个规划”实施中指标达标情况、主要做法和经验以及工作中存在的困难和问题，并针对存在的问题提出下一步工作意见和建议。10月28～29日，省财政厅总会计师强清泉率省实施“两个规划”中期评估实地督导组到楚雄州检查两个规划实施及中期评估工作情况，随机抽取南华县、楚雄市和州财政局进行实地督导，并听取楚雄州工作情况汇报。

【加强“两个规划”实施评估】 2015年，楚雄州切实加强“两个规划”实施评估，做到早研究、早部署。3月，10县（市）和州妇儿工委成员单位全面完成2013～2014年“两个规划”实施情况综合评估工作，州级完成“两个规划”年度监测评估工作。8～10月，州、县（市）妇儿工委根据省、州人民政府的安排部署，组织开展“两个规划”实施中期自我评估工作，分别完成《妇女发展规划》和《儿童发展规划》中期预评估报告，反映全州妇女儿童发展状况，分析存在的困难问题，有针对性地提出下步工作意见。9月11日，州妇儿工委办公室与州统计局联合召开楚雄州“两个规划”实施中期评估工作会议，就“两个规划”监测统计评估知识业务进行培训。4月14日和10月27日，州妇儿工委办公室分别组织召开2014年度楚雄州妇女儿童发展规划监测报告专家评审会议和2011～2020年楚雄州妇女儿童发展规划中期评估报告专家评审会议，组织专家对《2014年度楚雄州妇女儿童发展规划监测报告（送审稿）》《〈楚雄州妇女发展规划（2011～2020年）〉中期评估报告（送审稿）》和《〈楚雄州儿童发展规划（2011～2020年）〉中期评估报告（送审稿）》进行评审，提出修改意见和建议。

［沈 琼］

归国华侨联合会

【归国华侨联合会概况】 2015年，楚雄州归国华侨联合会围绕州委、州人民政府中心工作，不断提高履行侨联各项职能的能力和水平。按时召开州侨联五届三次全委会；召开侨联常委扩大会议4次，组织学习、研究决定重大事项，安排总结工作；走访、慰问归侨侨眷、扶贫挂钩联系点贫困户30户，刊出《侨联工作简报》27期，开展工作调研1次，形成调研报告1个；接待华侨华人100余人次，协助接受海外侨胞、港澳同胞各类捐赠折合人民币16万元，资助贫困学生68名；接待、办理群众来信来访2件。

【为侨服务】 2015年，楚雄州归国华侨联合会做好为侨服务各项工作。牵线搭桥，利用侨资服务彝州公益事业。引进香港“两地一心”基金会、“美国妈妈联谊会”、浙江新华爱心教育基金会“珍珠班”助学项目，资助贫困山区学生68名，发放助学金16万元。利用中国侨联华商投资贸易促进会、云南省侨联基金会、省华商投资贸易促进会和各种侨力资源平台，开展招商引资、招贤引智工作，服务彝州经济建设。弘扬中华文化，促进文化交流。组织参加第二届世界华侨华人摄影展，组织州内中小学生参加第17届世界华人学生作文大赛。服务民主政治建设，积极建言献策。进一步加强与侨界人大代表、政协委员联系，动员州县（市）侨界人大代表、政协委员发挥优势和作用，关心、关注彝州经济社会发展的热点和难点问题，反映侨情民意，积极向各级人大、政协会议提交提案、议案及建议，为促进楚雄州经济社会发展、改善民生、构建和谐社会建言献策。年内，侨联界别的州政协委员提交提案4件。坚持为侨服务宗旨，切实做好侨益维护及群众工作，为归侨侨眷办好事、实事2件。针对缅甸侨眷杨丽英创办的大姚利英特色食品有限公司在海外拓展市场难的问题，协调、联系香港广昌隆公司黄喜瑞先生与大姚利英特色食品有限公司签订经贸合作协议；为楚雄市学桥街侨联小组协调资金2万元用于拓展服务社发展，为越南归国难侨拓展就业渠道争取各方资金支持。关心、关注困难归侨侨眷的生产生活，适时深入家中了解情况，及时帮助解决实际困难和问题。春节期间，组织看望慰问困难归侨侨眷10人，发放慰问金和慰问品价值6000余元。

【调查研究】 2015年，楚雄州归国华侨联合会根据州委、州人民政府《关于进一步加强和改进新形势下侨联工作的实施意见》精神，组织开展情况调研，形成《关于对新形势下楚雄州侨联工作面临的主要问题及对策的调研报告》上报州委统战部；根据《中共楚雄州委统战部关于统一战线开展“同心工程·示范点”的实施意见》要求，深入姚安县进行调研，结合实际制定《楚雄州侨联关于参与统一战线开展“同心工程·示范点”的实施方案》，发挥侨联工作优势，配合州委统战部做好“同心工程·示范点”建设工作。

［李晓琼］

机关事务管理

【机关事务管理概况】 2015年，楚雄州机关事务管理局坚持把《机关事务管理条例》《党政机关厉行节约反对浪费条例》《公共机构节能条例》和《云南省机关事务管理办法》的学习、贯彻落实作为开展工作、落实任务的抓手，结合“六五”普法和“四五”依法治理工作，推进《条例》《办法》的贯彻落实。加强干部队伍作风建设，提升干部职工能力素质，不断提升楚雄州机关事务管理科学化、法制化、规范化水平，推进楚雄州机关事务工作向纵深发展。在开展调研和征求意见的基础上，拟定《楚雄州贯彻〈云南省机关事务管理办法〉实施细则》上报州人民政府。进一步推进精神文明建设和文明创建工作。10月，州机关事务管理局被省委、省人民政府授予“文明单位”称号。

【州级党政机关办公用房清理】 2015年，楚雄州机关事务管理局按照《关于党政机关停止新建楼堂馆所和清理办公用房的通知》精神和省、州相关要求，继续对州级党政机关办公用房进行清理，涉及州级单位65家。对州委老干部局、滇中调水办等30余家单位提出的办公用房申请进行了解、核查，按照办公用房标准调配办公用房400余平方米；对州茶桑站、州卫生监督所单位办公用房申请及时上报调整方案和规划，不断优化办公用房及资产配置，提高使用效率；及时草拟并向州人民政府呈报《关于第二批州级办公用房调整方案》；制定州民宗委、州国资委、州卫计委和部分纪工委办公用房调整方案。实现国有资产有效利用和保值增值。

【公共机构节能】 2015年，楚雄州各级公共机构以节能宣传、技术节能为切入点，以大力推广应用高效节能产品为突破口，以提高能源利用效能、降低机关运行成本为核心，不断加强和完善制度建设，提升规范化管理水平，全面推进公共机构节能工作。印发《楚雄州2015年公共机构节能工作要点》《楚雄州公共机构能源资源定额管理试点方案》《楚雄州关于开展公共机构节水型机关建设的通知》和《关于做好节约型公共机构示范单位创建工作的通知》《公共机构能源资源消费统计制度实施方案》《全州公共机构燃烧锅炉使用情况调查的通知》，为推进全州公共机构节能工作奠定基础。在全州10个州级机关、3个县（市）开展公共机构能源资源定额管理试点工作。成功创建楚雄州第一批国家级节约型公共机构示范单位。6月11日下午，组织召开全州节约型公共机构示范单位创建工作推进会，对第一批通过国家验收的楚雄师范学院和楚雄州人民医院进行授牌，对全州第二批国家级节约型公共机构示范单位创建工作进行安排部署。年末，第二批国家级节约型公共机构示范单位顺利通过省级、国家级验收。

【设施设备维修维护】 2015年，楚雄州机关事务管理局切实做好设施设备维修维护工作。对公务中心地下停车场消防系统进行维修改造；对公务中心监控系统进行优化改造；对职工食堂进行提升改造，优化职工就餐环境；对公务中心和“一公司两市场”办公区高压配电室进行维修改造，确保用电安全；对会务中心民族会堂主席台进行维修改造，为会务中心大会议室补充更换桌椅，安装空调，提升会议服务水平；增加公务中心安防设施，提升公务中心安全保障水平；对公务中心广场人行木桥进行维修维护；完成州级领导办公用房和周转房的维修改造；及时处置两个办公区设施设备故障，确保正常办公秩序。

【行政后勤保障】 2015年，楚雄州机关事务管理局履行后勤保障职责，确保公务活动中心、“一公司两市场”办公区的后勤服务、会议服务和安全保卫工作高效有序运转。完成近千场次会议服务和两次对外音响服务保障工作。规范信息部门在公务中心内的管理和施工，协调指导好办公单位内网、专网建设，排除网络、电话故障230余次，确保公务中心700余个语音点、1000余个网络信息点的畅通。加强对水、电、消防、通信系统等设施设备的维修维护，做到及时、准确、迅速、到位，保障设施设备的正常运转，完成水、电等设施设备维修4600人次。抓好安全保卫工作，询问登记外来人员33949人次。配合州信访局等部门做好上访人员解释疏导工作，有效处理到公务中心上访事件856批6889人次。做好州级领导接访日秩序维护。做好州公务中心、“一公司两市场”办公区的保洁、绿化等后勤保障服务管理工作。完成公务中心绿化养护管护面积4.36万平方米，绿化养护大楼室内花卉2140盆、院内茶花263棵，完成公务中心卫生打扫保洁面积3.27万平方米、景观水池清洗8756平方米。

［何正海］

政务服务

【政务服务工作概况】 2015年，楚雄州政务服务管理局强化对州政务服务中心窗口的规范管理，将管理科室设在政务服务大厅现场办公，局领导及相关科室负责人轮流到大厅坐班管理，对窗口人员执行工作纪律、服务纪律情况进行监督检查，从源头上杜绝窗口违规违纪行为的发生；突出抓事项进驻和领导授权，进驻34家220项审批及服务事项授权中心办理，多数单位服务群众的事项实现在中心一站式办结，解决群众办事多头跑、来回跑及办事难、办事慢的问题；突出服务水平提升，在加大事项进驻的基础上，着力抓好各进驻窗口工作效率的提升和办事程序的简化；创新服务方式，服务质量和效率得到明显提高。州政务服务中心全年受理行政审批及服务事项24.74万件，办结24.73万件，按时办结率99.96%。

【政务服务规范化建设】 2015年，楚雄州着力强化政务服务平台规范化建设，探索基层为民服务新方式，提高基层政务服务水平。抓好基层政务服务场地建设，各县（市）加大对政务服务场地建设的投入，县（市）、乡（镇）、村（社区）政务服务平台规范化水平进一步提高；创新基层政务服务方式，各县（市）政务服务机构采取代办服务、预约服务、干部包村联户等方式，为基层群众服务；开展政务服务进园区活动，为投资企业提供审批服务，加快推进项目落地步伐，促进经济发展；拓展政务服务领域，各县（市）政务服务管理局加大与县级部门的沟通，将更多与群众生产生活息息相关的服务事项进驻中心集中受理、办理，努力让群众进一道门办成所有事。年内，全州10县（市）政务服务中心受理政务服务事项210万件，办结210万件；103个乡（镇）为民服务中心受理政务服务事项34.99万件，办结34.76万件；1099个村（居）委会（社区）受理为民服务事项38.65万件，办结38.3万件；村（居）民小组开展免费代办服务13.79万件。

【公共资源交易服务管理】 2015年，楚雄州着力提升公共资源交易服务水平。州、县（市）、乡（镇）交易中心管理制度进一步健全，运行机制不断完善，各环节监督管理得到加强，管理服务逐步到位。州级综合评标专家库建成运行并实现电子化随机抽取，征集入库各类评标专家670人；持续加强交易场内监督管理，交易运作进一步规范；州公共资源交易中心实行服务群众事项集中大厅窗口办理制、节假日双休日服务承诺制、工程建设项目开评标时间一次性告知制，保证重大投资项目及时招投标；交易项目做到应进必进。州公共资源交易中心组织交易项目682个，实现交易额77.31亿元，工程建设、政府采购项目通过招标采购节约资金2.78亿元，土地矿业权及产权出让增加收益金262.45万元；10县（市）公共资源交易中心组织交易项目1935个，实现交易额48.69亿元，工程建设、政府采购项目通过招标采购节约资金1.68亿元，土地矿业权及产权出让增加收益金0.48亿元；103个乡（镇）公共资源交易中心组织交易项目1201个，交易额2.87亿元，通过招标采购节约资金613.03万元，通过产权出让增加收益金174.88万元。

【投资项目集中审批】 2015年，楚雄州把投资项目集中审批服务工作作为改善投资服务软环境的重要工作来抓。按照一窗受理、同步审批、限时办结的总体要求，突出制度建设、优化工作流程，整体联动、规范运作、优质服务，降低门槛；进一步强化服务理念、创新服务方式，优化审批流程，缩短审批时限，提高审批效率，项目审批时限比原来普遍压缩30%～40%，投资项目审批实现提速增效。共受理投资项目1313个，涉及审批事项2801件，按时办结率100%。

【行政审批网上服务大厅建设】 2015年，楚雄州全力推进行政审批网上服务大厅建设运行工作。全州网上大厅建设通过开展业务培训、系统建设、事项审核入库、综合演练等，于9月1日全面建成运行，形成州、县（市）实体大厅和虚拟大厅、线上和线下同步运行的政务服务新模式。11月，全面实行投资项目全国统一的“一项一表一码”在线审批监管。

【中介服务市场建设管理】 2015年，楚雄州依托省级中介超市网络平台，做好中介服务事项清理及网上入驻审核等中介超市网络平台建设工作，加强中介服务市场管理，规范中介服务行为。中介超市网络平台于1月1日正式运行。年末全州中介超市网络平台入驻中介服务资质41类机构1108家，登记中介服务类型1512个。

［张映莲］

政协楚雄州委

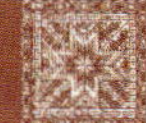

重要会议

【政协楚雄州第九届委员会第五次会议】 2015年2月4～7日，政协楚雄州第九届委员会第五次会议在楚雄召开。应到会委员346名，实到会331名。会议听取、审议并通过主席李兴顺、副主席李怡代表政协楚雄州第九届委员会常委会所作的《政协楚雄州第九届委员会常务委员会工作报告》和《政协楚雄州第九届委员会常务委员会关于九届四次会议以来提案工作情况的报告》。会议期间，分别召开《政府工作报告》和“两院”工作报告协商会，州党政军有关领导到会听取意见建议；对政协楚雄州九届四次会议优秀提案、2014年度政协好新闻、2014年度优秀社情民意和信息工作先进单位和先进工作者进行表彰。

【政协楚雄州第九届委员会常委会议】 2015年，政协楚雄州第九届委员会举行4次常委会议，对全州经济社会相关问题进行协商讨论。

十三次会议 3月24日召开。会议传达学习全国政协十二届三次会议精神；听取并协商讨论州政协调研组关于全州职业教育发展情况的调研报告；听取州金融办、州地税局有关工作情况报告；协商通过有关人事事项。

十四次会议 6月17日召开。会议传达学习中央统战工作会议精神；听取州政协调研组关于州高原特色农业发展情况的调研报告和关于州民族团结进步示范区建设情况的调研报告，并分组协商讨论州高原特色农业发展和民族团结进步示范区建设相关工作；听取州住建局、州教育局有关工作情况报告。

十五次会议 9月16日召开。会议传达学习纪念中国人民抗日战争暨世界反法西斯战争胜利70周年大会精神。听取州委常委、州人民政府常务副州长赵克义对全州农村耕地保护情况和农村环境卫生综合治理推进生态文明建设工作情况的通报，以及州政协调研组对全州耕地保护情况的调研报告和加强农村环境综合治理推进生态文明建设的调研报告，并分组协商讨论全州农村耕地保护情况和农村环境卫生综合治理推进生态文明建设相关工作；协商通过有关人事事项；听取州司法局、州招商合作局有关工作报告。

十六次会议 12月29日召开。会议传达学习党的十八届五中全会精神；州委常委、州人民政府副州长任锦云到会作《政府工作报告（征求意见稿）》《“十三五”规划纲要（征求意见稿）》的说明，并通报政协楚雄州九届五次会议提案办理情况。会议听取州政协调研组对全州贯彻落实《中共楚雄州委关于加强人民政协协商民主的意见》情况的调研报告，与会人员分组对全州关于加强人民政协协商民主的意见贯彻落实情况、《政府工作报告（征求意见稿）》《“十三五”规划纲要（征求意见稿）》《政协楚雄州常委会工作报告（草案）》《政协楚雄州常委会提案工作报告（草案）》进行协商讨论；协商通过政协楚雄州九届六次会议召开的时间、日程、议程（草案）、特邀列席人员名单及相关事项；协商通过人事事项；听取州公安局、州商务局、州扶贫办通报政协提案办理情况；听取州文体局通报政协楚雄州民主监督意见建议整改情况。

【“十三五”规划基本思路协商会】 2015年6月10日，政协楚雄州委员会召开全州国民经济和社会发展“十三五”规划基本思路协商会。8位州政协委员就全州国民经济和社会发展“十三五”规划基本思路提出意见和建议25条。州委副书记、州长李红民到会听取意见。

【经济运行恳谈会】 2015年7月28日，政协楚雄州委员会召开经济运行恳谈会。州委副书记、州长李红民向委员们通报上半年全州经济运行情况。会议分析研究全州上半年经济运行情况，6位州政协委员作发言，对做好下半年经济工作提出6个方面的意见建议29条。

［左麟祥］

重要活动

【新春茶话会】 2015年2月12日，政协楚雄州委员会举办2015年楚雄城区各族各界人士代表新春茶话会。州委书记张太原代表州委、州人民政府，向各民主党派、工商联、各人民团体和各族各界人士代表为楚雄经济社会发展做出的贡献表示感谢，并致以新春的问候。州委副书记、州长李红民通报2014年全州经济社会发展情况。

【楚雄城区州政协委员活动日活动】 2015年6月25日，政协楚雄州委员会举行楚雄城区委员活动日活动，邀请省政协委员、省社科院副院长边明社作“一带一路”战略专题讲座。讲座结合“一带一路”国家战略的内涵、背景，云南在“一带一路”建设中的责任和机遇，以及在“一带一路”建设中如何发挥政协委员的智库作用，围绕国际国内形势、国家战略，云南在国际国内的地位以及跨越式发展面临的目标，从战略的高度、现实的角度，作深入浅出的讲解。220余名住楚雄城区省、州政协委员参加活动。

【“彝州政协委员讲坛”活动】 2015年6月25日，政协楚雄州委员会举行“彝州政协委员讲坛”活动，8名州政协委员围绕全州发展大局，立足所在界别和本职领域，结合政协委员怎样履好职、尽好责，就“我的履职感悟”主题作交流发言。

【政协民生论坛】 2015年9月17日，政协楚雄州委员会举办民生论坛，政协委员围绕“全面推进依法治州，建设法治楚雄”主题开展讨论，探讨助推法治楚雄建设的举措和办法。收到稿件69篇，内容涉及普法、依法治理、法律服务、法治建设、司法调解、依法行政等方面。有10位政协委员紧扣依法治州中的重点、难点、热点问题作交流发言。

【中秋茶话会】 2015年9月25日，政协楚雄州委员会、州委统战部召开楚雄城区各族各界代表人士中秋茶话会。州委副书记孙赟，州政协主席李兴顺，州委常委、州委统战部部长杨静，州委常委、州委政法委书记李明，州委常委、常务副州长赵克义，州委常委、楚雄军分区司令员关惜分，州委常委、州委秘书长赵晓明，州产业督导组组长杨应旭，州人大常委会副主任、州工商联主席杨虹，副州长、农工党楚雄州委主委禾建国，州政协副主席张启俊、李怡、蒲涌、杨玉泉，享受和保留副厅待遇领导马旷源、张万礼，秘书长李光彪出席会议。州政协机关副处以上干部，州委组织部、州委统战部、州级有关部门负责人出席座谈会。州委副书记孙赟代表州委、州人民政府致辞，州委常委、常务副州长赵克义通报2015年上半年全州经济社会发展情况。9位各族各界代表人士作发言。州委常委、州委统战部部长杨静主持会议。

【政协民主监督】 2015年，政协楚雄州委员会对州文体局开展民主监督工作。6月18日，在州文体局召开动员暨情况通报会，州人民政府副州长赵祖莹，州政协副主席李怡出席会议。10月8日，在州文体局召开意见建议反馈会。反馈会上，州政协副主席李怡从4个方面肯定州文体局工作，并针对文化体育工作中存在的问题，提出改进意见。

［左麟祥］

视察调研

【全国政协调研组到楚雄视察调研】 2015年6月4日，驻滇全国政协委员到楚雄州就“少数民族传统医药的传承发展”问题进行专题调研。调研结束后，政协楚雄州委员会办公室把调研组反馈的意见建议进行整理上报。

【省政协调研组到楚雄视察调研】 2015年5月25～28日，政协云南省委教科文卫体委员会副主任李庆生率调研组一行就“深化食品药品监督管理体制改革”情况到楚雄进行专题调研。

6月17～19日，省政协调研组到武定、双柏等县就“争当生态文明建设排头兵”情况进行调研。

8月18日，省政协经济委副主任苏全忠、李鸿文一行5人到南华县就“滇中引水”工程建设情况进行调研。

12月16日，省政协文史委调研组到楚雄调研《新中国云南人才建设史料》征编工作进展情况。

【州政协调研组视察调研】 2015年3月6～12日，政协楚雄州委员会副主席何根源率调研组一行深入永仁、武定、禄丰等县和州教育局、州职教园区管委会，对全州职业教育发展情况开展专题调研，形成《楚雄州职业教育发展情况调研报告》。

3月18日，州政协主席李兴顺率调研组到楚雄市就发展文化和旅游产业进行调研。

4月7～8日，州政协主席李兴顺到永仁县永兴乡就扶贫工作开展调研。

4月7～10日，州政协保留副厅待遇领导张万礼率调研组一行深入楚雄、大姚、永仁、武定4县（市）对全州民族团结进步示范区建设情况开展专题调研，形成《楚雄州民族团结进步示范区建设情况调研报告》。

5月15～24日，州政协副主席张启俊率调研组一行深入禄丰、武定、元谋、永仁、大姚5县对全州高原特色农业发展情况开展专题调研，形成《楚雄州高原特色农业发展情况调研报告》。

6月10～16日，州政协副主席李怡率调研组一行先后深入姚安、永仁、禄丰、元谋等县就全州农村耕地保护情况开展专题调研，形成《楚雄州耕地保护调研报告》。

7月9日，州政协副主席张启俊带领经济委委员和届别八组委员对楚（雄）南（华）一级公路建设情况进行视察，进一步了解楚（雄）南（华）一级公路建设项目建设情况。

7月20～24日，州政协副主席蒲涌率调研组一行深入牟定、姚安、大姚、永仁4县，对加强农村环境综合治理，推进生态文明建设工作情况开展专题调研，形成《加强农村环境综合治理推进生态文明建设调研报告》。

9月8～15日，州政协副主席杨玉泉率调研组一行对全州10县（市）贯彻落实《中共楚雄州委关于加强人民政协协商民主的意见》情况开展专题调研，形成《政协楚雄州委员会对中共楚雄州委〔2014〕8号文件贯彻落实情况的调研报告》。

11月10日，政协楚雄州委员会组织常委会组成人员和第一小组委员视察云南一致魔芋生物科技有限公司、云南金七制药有限公司、云南爱尔康生物科技有限公司，并召开视察座谈会。座谈会上，副州长马闻通报全州外来投资企业情况，6位州政协委员作发言。

［左麟祥］

提案工作

【优秀提案表彰】 2015年2月6日，在政协楚雄州委员会九届五次会议上，州政协九届四次会议上收到的《关于抓住滇中产业新区建设机遇，加快全州现代物流产业发展的提案》等37件优秀提案受到表彰。

【政协九届五次会议提案审查情况】 2015年，政协楚雄州第九届委员会第五次会议期间，收到提案404件，经审查立案383件，并案后交办369件。在立案并案的提案中，委员个人提出和联名提出的226件，占61.25%；集体提案143件，占38.75%。按类别分：经济建设方面196件，占立案并案总数的53.12%；教科文卫体方面116件，占31.44%；政法社会保障方面57件，占15.44%。不立案21件，已按有关规定另作处理。

【政协提案交办会】 2015年3月20日，中共楚雄州委办公室、州人大常委会办公室、州人民政府办公室、州政协办公室联合召开2015年州人大代表建议和州政协提案交办会。政协楚雄州委员会九届五次会议审查立案的369件提案交75家提案承办部门办理，其中交党群系统9家、政府系统57家、县（市）部门9家。

【提案督办】 2015年，政协楚雄州委员会在提案的办理、协商、面商、检查、督查、创新上做好工作。3月20日提案交办会后，结合政协云南省委员会办公厅关于开展对《中共中央办公厅、国务院办公厅印发〈关于进一步加强人民政协提案办理工作的意见〉》贯彻落实情况进行督促检查和提案办理协商工作调研的通知精神，政协楚雄州委员会开展贯彻落实《中共中央办公厅、国务院办公厅〈关于进一步加强人民政协提案办理工作的意见〉》《中共云南省委办公厅、云南省人民政府办公厅〈关于进一步加强人民政协提案办理工作的实施意见〉》精神，做好提案督促检查和提案办理协商工作调研。4～7月，联合州委办公室、州人民政府办公室深入州文体局、州公安局、州商务局、州扶贫办等州级部门和武定、姚安、永仁、禄丰、元谋等县，实地督促检查提案办理协商工作。10月下旬至11月上旬，由主席、副主席和各专委会组成9个督查组，深入州级提案办理部门，对《关于发展农业观光旅游业的提案》等10件重点提案进行专项重点督办，保障重点提案办理落实质量。

【提案办理情况】 至2015年11月17日，政协楚雄州第九届委员会第五次会议期间交办的369件提案全部办复完毕。其中，办理结果A类为解决或采纳的264件、占办复总数的71.55%，比上年提高2.35个百分点；B类为列入计划解决的64件，占办复总数的17.34%；C类为留作参考的41件，占办复总数的11.11%。提案面商率、办复率均为100%，满意率98.37%，基本满意率1.63%。

［左麟祥］

中共楚雄州纪委

重要会议

【中共楚雄州纪委八届五次全会】 2015年2月9日，中共楚雄州纪律检查委员会八届五次全体会议在楚雄召开，州纪委委员出席会议32人、列席126人。州纪委常委会主持会议。会议传达贯彻习近平总书记重要讲话和党的十八届中央纪委五次全会、省纪委九届六次全会及州委八届五次全会精神，总结2014年全州党风廉政建设和反腐败工作，部署2015年任务；审议通过书记夏新建代表州纪委常委会所作的《适应反腐倡廉新常态，开创依纪依规管党治党新局面》的工作报告。州委书记张太原出席全会并讲话。州委常委、州人大常委会、州人民政府、州政协领导出席会议，有关方面负责人参加会议。各县（市）党委、人大、政府、政协领导班子成员，纪委监察局班子成员和法院院长、检察院检察长在分会场参加会议。15名县（市）和州直部门党政主要负责人在全会上述廉。

【中共楚雄州纪委监察局派出机构改革推进会】 2015年11月25日，中共楚雄州纪委州监察局召开派出机构改革推

中共楚雄州纪委八届六次全体会议（高建波/摄影）

进会，专题研究深化纪检监察派出机构改革相关工作。州纪委办公室、组织部、宣传部、党风政风监督室、信访室、第一二三纪检监察室、案审室主要负责人和各纪工委监察分局全体干部职工参加会议。州纪委州监察局6个纪工委监察分局在会上作工作情况汇报。

［王丽萍］

预防腐败

【领导干部廉洁自律工作】 2015年，中共楚雄州纪律检查委员会综合运用民主生活会、函询约谈、信访监督等手段，对1356人进行廉政审查，15名县（市）和州直部门党政主要领导在州纪委全会上述廉，对55名州管干部开展任前廉政谈话，责成14名州管干部就个人问题作出说明。对涉及拟评先表彰、选拔任用、出国（境）、年终考核定格等次的1356人进行廉政审查。对2014年党风廉政建设责任制考核为基本合格、不合格的23名领导干部进行诫勉谈话，督促限期整改并进行验收；对落实“两个责任”不力的2个单位和3名责任人实行“一案双查”。州纪委6个纪工委监察分局对所分管联系的州级部门单位259名处级党政领导干部进行廉政提醒谈话。州纪委常委以及各纪检监察室、6个纪工委监察分局分别参加县（市）、各部门专题民主生活会或组织生活会。

【民生资金监管】 2015年，中共楚雄州纪律检查委员会制定下发《楚雄州民生资金监管平台管理使用实施细则（试行）》，进一步厘清纪检监察机关、财政部门及资金使用管理部门和乡（镇）的职能职责。将民生资金监管平台管理使用工作纳入2015年度州委对县（市）及州属有关部门的党风廉政建设责任书考核内容。1月1日，州级部门民生资金监管平台上线运行，与全省同步实现省、州、县（市）、乡（镇）4级联网。至10月30日，全州民生资金监管平台接受中央、省级民生资金19.16亿元，州县配套资金2554万元，发放资金16.44亿元。收集填报楚雄州《外逃党员和国家工作人员信息统计表》，按要求抓好追逃工作，1名外逃人员在亲属的规劝下于9月底归案。

【“六个严禁”专项整治】 2015年，中共楚雄州纪律检查委员会州监察局围绕重大决策落实开展监督检查，强化解决突出问题。开展以严禁领导干部插手工程建设、严禁插手土地征用、严禁插手矿产资源开发利用、严禁违规使用扶贫救灾和社保资金、严禁领导干部收受“红包”、严禁违反党的组织人事纪律等6个方面的专项整治工作。严格执行《关于禁止发送和接收“红包”的规定》，严肃整治领导干部收送“红包”行为，全州有1035个单位1.27万名科以上领导干部在“六个严禁”专项整治中做出不收送红包承诺，115名领导干部主动上交红包84.5万元；查处违规收送红包24件30人、违规插手工程建设3件3人、违规赠送或接受礼品礼金行为12件12人。

［王丽萍］

党风党纪

【廉政宣传教育】 2015年，中共楚雄州纪律检查委员会巩固“学党章、学准则、学条例”专题集中教育活动成果，督促并抓好廉洁自律准则、纪律处分条例宣讲，6.9万名党员参加宣讲报告会。对州纪委监察局网站进行改版，建立“威楚律辩”微信群，通过企信通平台每周五向全州处级以上干部发送廉政短信，通过楚雄纪检监察网、楚雄电视台、《楚雄日报》等载体开展党风党纪、“三严三实、忠诚干净担当”、廉洁自律准则、党纪处分条例等宣传教育，发表宣传报道文章、图片、视频等213篇（条）。加强典型案例剖析，汇编《警钟长鸣（续三）》1.5万册，用州商务系统

"万村千乡市场工程"腐败窝案和牟定县领导班子塌方式腐败等身边人、身边事教育警醒党员干部，组织州级领导干部及家属到云南省警示教育基地开展警示教育活动2次。

【干部队伍作风建设】 2015年，中共楚雄州纪律检查委员会抓好干部队伍作风建设。制定《州委常委班子落实党风廉政建设主体责任清单》和《楚雄州落实党风廉政建设纪委监督责任的规定》，明确常委班子和班子个人的具体责任，完善"两个责任"报告制度。州委主要领导约谈35名州级领导、10县（市）班子主要领导和22个州属部门负责人。持续推进中央"八项规定"精神和省、州党委实施办法深入落实。抓住元旦、春节、端午、中秋、国庆等重要时间节点，提前发送短信提醒领导干部廉洁过节，并组成5个暗访组，深入开展纪律作风明察暗访。年内，州纪委开展访察33批次，发现违反中央"八项规定"精神和省州党委实施办法问题112个163人，查处19件30人，点名道姓公开通报典型案例24个。坚持以执纪方式整顿会风会纪，对18名领导干部和17家单位进行通报。对137件发生在群众身边的"四风"和腐败问题进行督办，立案查处23件23人。督促相关县（市）、部门对省委第二巡视组反馈的11个问题进行整改。严格执行《关于规范领导干部办理婚丧喜庆事宜的暂行规定》，66名州管干部向州纪委报告婚丧喜庆事宜，3名副处级干部因报告个人有关事项不实被州委取消提拔任职资格。从严整治为官不为，对全州243名不作为、乱作为、有令不行、有禁不止，不履行或不正确履行职责的干部进行问责。

【畅通群众诉求渠道】 2015年，中共楚雄州纪律检查委员会巩固拓展畅通群众诉求渠道"五级联动"工作，执行领导下访约访制度，州纪委监察局班子成员每季度至少1天到所联系的县（市）进行下访约访，解决群众诉求。年内，全州受理群众诉求57491件，办结57461件，办结率99.9%；解决实际问题3.35万个，息诉息访2.24万批（次），挽回经济损失221.1万元，督促兑现各类款项289.11万元，群众满意率99.9%。

【纪检监察学会】 2015年，楚雄州纪检监察学会及时做好学会换届后的机构代码更换工作，起草印发第二届理事会领导班子成员工作分工的通知，印发《楚雄州纪检监察学会章程》，制定学会工作计划。进一步健全完善全州纪检监察学会会员申报登记制度。指导姚安县纪检监察分会承办县（市）第一学联组、元谋县纪检监察分会承办县（市）第二学联组等学术交流活动，参与指导第一、第二、第三纪工委学联组学术交流活动，参与州林业局纪委承办的州属单位纪委（纪检组）学联组学术交流活动。其中州纪检监察学会选送的《楚雄州纪检监察干部提升"三转"能力的思考》等4篇调研论文在省纪检监察学会主办的《调研参考》刊出。

［王丽萍］

案件查办

【来信来访办理】 2015年，楚雄州调整充实州委反腐败协调小组，州纪律检查委员会进一步健全完善问题线索移送、联合办案等制度，实行重大案件常委包案督办、纪检监察室监督执纪问责分片包干制度。突出紧盯"三类重点人"和"三个时间节点"，办理各类来信来访件，全州各级纪检监察机关受理信访举报1304件次，办结率100%。

【违纪违法案件查处】 2015年末，楚雄州纪检监察机关处置问题线索1044件，立案307件，其中县处级干部12人，给予党政纪处分309人，移送司法机关72人，挽回直接经济损失7296.25万元。

［王丽萍］

2015年楚雄州纪检监察机关处分人员情况统计表

单位：人

		处分人数	违纪行为分类									处分情况			
			违反组织人事纪律	违反廉洁自律规定	贪污贿赂	破坏社会主义经济秩序	违反财经纪律	失职渎职	侵犯党员权利公民权利	严重违反社会主义道德	妨害社会管理秩序	党纪处分	政纪处分	双重处分	刑事处理
职级	县处级	14	1		13							13	6	5	9
	乡科级	77		9	34		11	18		1	4	64	32	19	21
	一般干部	15			5		2	6			2	13	3	1	3
	其他人员	203		8	70	13	31	13	9	1	58	173	33	3	66
年龄	30岁以下	7				1			2		4	7			4
	31～45岁	169		11	63	6	29	17	4	1	38	140	41	12	53
	46～54岁	113	1	6	51	6	13	18	2	1	15	98	29	14	35
	55～59岁	14			6		2	2			4	12	4	2	4
	60岁以上	6			2				1		3	6			3
合计		309	1	17	122	13	44	37	9	2	64	263	74	28	99

注：立案307件；结案304件；处分309人，涉及党员268人，涉及监察对象119人；移送司法机关72人；挽回经济损失7286.13万元。

（州纪委/提供）

群众团体

工　会

【工会组织建设】 2015年，楚雄州全面推进基层工会组织建设，深入开展“争创模范职工之家、争做职工信赖娘家人”和“会员评家”活动，完成“六有”基层工会建设2306家，建成“全国模范职工之家”4户、“全国模范职工小家”4户。开展“农民工入会集中行动”。至11月底，全州有农民工会员10.35万人，比上年增加1.38万人，增长15.4%；有基层工会组织4054个，涵盖单位6428个，职工23.28万人，会员23.01万人，职工入会率98.8%。加强工会财务工作，全面开展工会财务大检查，做好工会资产专项检查和“工会产权证”换证工作，强化对工会经费预决算和专项资金使用情况的审查审计。州总工会连续第10年被省总工会表彰为全省工会重点工作目标考核一等奖。

【维权机制建设】 2015年，楚雄州各级工会组织切实加强维权机制建设。推进企业工资集体协商工作。至9月30日，全州有3859户企业签订工资专项集体合同，覆盖职工8.97万人；签订女职工权益保护专项集体合同3016份，覆盖女职工4.53万人。编印和发放《职工维权手册》5000册，各基层工会全年培训农民工3万余人次，配合人社、公安、住建、交通运输等8部门开展保障农民工工资支付专项检查，累计为7961名农民工追回工资9942.79万元。深化职工代表大会和厂务公开制度，实现厂务公开和职代会建制率全覆盖，已建工会的非公有制企业厂务公开、职代会建制率达90%以上。

【一活动一工程】 2015年，楚雄州各级工会深入组织实施“云岭职工跨越发展先锋活动”和“云岭职工素质建设工程”，召开州第九届劳动模范和先进工作者评选表彰会，对100名劳动模范和先进工作者进行表彰。推荐上报的2名全国劳模人选荣获国务院表彰，上报省总工会的1个单位荣获“五一劳动奖状”、3人荣获“五一劳动奖章”、1个单位荣获“云南省工人先锋号”称号。授予州人民政府办公室等10个单位州职工职业道德建设“十佳单位”称号，授予州信访局王国贤等10人州职工职业道德建设“十佳标兵”称号。弘扬劳模精神，深入开展2015年劳动者风采宣传活动，集中时间在州级主流媒体宣传报道80名劳动模范和先进人物的先进事迹，并对劳动者风采宣传活动中成绩突出的18名先进个人给予表彰奖励。组织341个企业2456个班组2.85万名职工参加安全生产知识竞赛和“安康杯”竞赛活动。抓好“职工书屋”建设，完成楚雄市东瓜镇全国职工书屋示范点和楚雄天人中学、双柏县审计局、元谋县凉山乡、牟定县戌街乡4个省级职工书屋示范点建设，全州累计建成全国总工会示范点7个、省级示范点14个、州级示范点55个。举办2015年全州职工技术技能竞赛、保密知识大赛、高中教师技能大赛，组队参加全省第二届滇中城市经济圈职工技能大赛（数控车和涂装工）和餐饮与美食行业技能竞赛。广泛开展职工职业技能培训活动，4500名职工取得人社部门颁发的职业资格证（或专项能力证书），其中高级工、技师、高级技师以上人数807人。做好职工群众来信来访工作，各级工会接待职工来信来访226件，涉及职工689人次。

州工会第九次代表大会（高建波/摄影）

【为职工群众办实事】 2015年，楚雄州各级工会组织继续开展节日“送温暖”和日常帮扶活动，对“工会帮扶工作管理系统”在档困难职工进行全覆盖慰问。开展日常帮扶活动4次，共计筹集资金834.29万元，帮扶慰问困难职工16984人，向22名全国劳模和47名省部级困难劳模发放补助金29.55万元，向138名州级困难劳模发放帮扶金15万元。开展“金秋助学”和“贷免扶补”活动，筹集资金97.56万元，资助困难学生595名，为60名创业者申请创业贷款417万元。开展职工医疗互助活动，补助职工21654人次，发放补助金1408.12万元；组织近16万人参加第12期职工医疗互助活动。开展关爱职工行动，全年有5000余名女职工（女农民工）享受到免费妇科体检。组织一线职工疗养活动，全年组织3期135人到省工人疗养院疗养。服务职工普惠制工作实现新突破，将楚雄市作为省总工会和州总工会服务职工工作试点，于10月28日举行州工会会员“工惠卡”首发仪式。

【职工文体活动】 2015年，楚雄州各级工会组织积极组织职工开展各类文体活动。开展“读一本好书”征文活动，3件作品获得二、三等奖；开展婚姻家庭咨询师培训、书香“三八”读书征文、家教家训格言征集，编印

《一瓣心香——楚雄州总工会“健康女性·幸福中国”读书优秀征文集》；组织职工参加“娘家人·暖心事——工会在身边”全省职工微博大赛，州总工会获优秀组织奖，3名职工获二等奖、5名职工获三等奖；组织参加“中国梦·劳动美·幸福路”首届云南职工微影视大赛活动，州总工会获得最佳组织奖；举办“彝州劳动者风采”摄影展，征集到全州10县（市），州属机关、企事业单位职工群众各类摄影作品1000余幅，精选出74幅作品展出；承办“中国梦·劳动美——云南省职工获奖摄影作品巡回展览”；配合州委宣传部开展第四届楚雄州道德模范的评选推荐及全国道德模范评选表彰活动公众代表推荐工作。成立中国志愿服务联合会职工委员会云南省分会楚雄州分会，开展文明环境维护、慰问走访、义务劳动、为民服务等志愿服务活动。组织举办第二届州、县（市）总工会职工运动会，11支代表队193名运动员参加男子篮球、女子篮球、拔河、同心协力、乒乓球、羽毛球、扑克7个项目比赛；组织举办楚雄城区第四届职工庆“五一”广场健身舞蹈大赛。

［秦光宏］

共青团

【团组织及团员】 2015年末，共青团楚雄州委下辖223个团委，1422个团总支，12954个团支部，30个团工委；全州有专职团干部355人，团员17.75万人；年内发展新团员8623人，“推优”998人，团员入党723人；有少先队员19.36万人，专、兼职辅导员7825人，少先队辅导员配备率100%。

【青少年思想政治工作】 2015年，共青团楚雄州委加强青少年思想政治工作。举办“三严三实”“红土地之歌”演讲大赛，5600名青年参与。举办“信念与责任”五四青年主题巡回报告会。举办全州共青团系统深入学习宣传贯彻党的十八届五中全会和中央、省委党的群团工作会议精神培训班，集中培训团（队）干部375名。5名团中央“全国向上向善好青年”走进楚雄师院、楚雄卷烟厂和州消防支队开展分享活动，940名青年参与。组织开展“重走红军长征路”活动和“青春你我同行，建设美丽楚雄”志愿骑行宣传活动。举办楚雄青年论坛8期。开展新形势下青年群众工作专题调研。举办“红领巾心向党”“我的中国梦”少先队鼓号队展演等主题队日活动。4名个人、2家集体荣获国家级表彰，20名个人、12家集体荣获省级表彰。集中表彰州级先进集体63家、先进个人97名，命名州级青年文明号集体55家、确定创建单位35家。

【共青团中心工作】 2015年，共青团楚雄州委做好各项中心工作。开展“青联委员楚雄行”活动，完成招商引资任务500万元。筹款437.87万元援建希望小学5所，资助各级各类困难学生1384名。建设“县县青年林”项目2个400亩，组织动员2.3万名青少年植树5万余株，双柏县被列为省级“青少年生态文明志愿行动示范县”。北京大学等8所高校研究生支教团到楚雄开展服务，北京中医药大学暑期社会实践代表团到楚雄开展合作交流。实施共青团希望水窖“1+X”公益行动，筹资22万元援建“共青团希望水窖”70口。实时掌握全州8.34万名重点青少年群体的底数和发展动态并进行分类引导服务，推广重点青少年群体服务管理和预防犯罪试点工作经验。配合州人大常委会对全州贯彻实施《云南省预防未成年人犯罪条例》情况开展执法检查。分级开展“共青团与人大代表、政协委员面对面”“共青团倾听日”活动。实地举办特色农作物种植、畜牧业养殖、农产品加工、金融、电子商务等实用知识技能培训班68场次，培训3680人。实施小额担保贷款和“两个10万元”微型企业培育工程扶持青年创业就业，完成450户贷免扶补和300户失业人员小额担保贷款任务，发放贷款4783万元，带动就业1584人；完成300户“两个10万元”微型企业培育工程，发放扶持资金900万元，发放贷款176万元；为53名创业青年提供创业支持资金240万元。创建“百企万岗”青年就业创业见习基地10个，提供见习岗位204个。招募470名大学生志愿服务西部计划志愿者。开展“阳光行动”“关爱行动”“真情助困进万家”等志愿服务活动项目。招募志愿者与2365名残疾青少年结对开展服务，结对率67.5%。3164名志愿者经常性深入社区、家庭、敬老院等开展志愿服务。组建“12355”青少年服务台专家团队，开展“轻松备考·12355与你同行”活动，服务考生2000余人。

【共青团基层基础工作】 2015年，共青团楚雄州委做好团费收缴管理使用、团员“推优入党”、团籍管理、共青团基本信息统计、“三会两制一课”等基层基础工作，巩固乡（镇）实体化“大团委”、农村基层团组织规范化建设、涉农行业协会建团等工作成果。在103个乡（镇）开展分类示范创建活动，推进农村区域化团建和基层服务型团组织建设。推进农村专业合作组织团建工作。工作资源和项目向基层倾斜，落实乡（镇）团委工作经费2万元，募集资金免费为村级团组织订阅《中国青年报》。推进城市区域化团建工作，开展“团组织到乡（镇）、团干部到社区双报到”工作。深入贯彻落实《关于加强中学共青团工作的意见》《关于加强中等职业学校共青团工作的意见》和《中共楚雄州委关于贯彻〈中共云南省委关于进一步加强少年儿童和少先队工作的意见〉的实施意见》，推进中学、中等职业学校团组织建设和少先队专业化建设。在中学和中等职业学校师生中开展“我的中国梦”主题团日、“奋斗的青春最美丽”系列分享会、“我与祖国共奋进”座谈会、十八岁成人仪式和开学第一课等活动。按“四有一好”标准建设国家级基层团建示范乡（镇）3个、省级基层团建示范村1个、州级基层团建示范村10个、省州级农村专业合作组织团建示范县各1个。

【团组织自身建设】 2015年，楚雄州各级团组织大力加强自身建设。掌握基本信息，做好团队干部配备，加强县（市）团干部协管。开展团干部常态化下基层、结对联系基层工作和“大调研大走访”活动，机关团干部分类联系基层团组织。分级分类培训团队干部，选派参加上级培训9批次27人次、州级培训4次850人次，县（市）、乡（镇）、行业分别组织培训44次3820人次。建设“网上共青团”，加强网站、微博、微信、手机报、内刊和QQ群等平台建设。举办网宣培训班，招募网络宣传员2614人、网络文明志愿者1.5万人。开展争当“中国好网民”活动。建设楚雄“青年之声”互动社交平台。借助气象信息平台、城市LED电子显示屏、楼宇电视、公交车（出租车）广告等开展宣传。开展网络建团工作，运用新媒体收集分析青年思想动态、网络舆情，增强共青团在虚拟世界的覆盖面和影响力。坚持团干部联系“两新”团组织制度，团州委机关干部职工和县（市）团委直接联系非公企业团组织110家。新建“两新”团组织40家。加强与“两新”企业、外来投资商、驻楚商会、青年社会组织的沟通联系，将他们当中的优秀分子及时吸纳进青联。加强驻外团工委工作，新建楚雄金融团工委。做好青年社会组织工作，成立楚雄州希望公益服务中心，建设青少年事务社会工作服务中心7家。加强青少年事务社工队伍建设，组织40名团干部参加全国社工考试。开展青年社会组织负责人培训工作，引导支持青年社会组织参与团的工作和活动。

［李振海］

妇女联合会

【全州妇女组织概况】 2015年末，楚雄州有县（市）妇女联合会10个，乡（镇）妇女联合会103个，村级妇女代表会994个，社区妇女联合会37个、社区妇女委员会69个，州、县（市）机关事业单位妇女委员会888个，厂矿企业女职工委员会347个，新经济组织中妇女组织411个，新社会组织中妇女组织158个。团体会员1236个，其中女工委员会1221个、各类妇女组织15个。各级妇联组织广大农村妇女参加各类农业实用技术培训班，自办、联办培训班1419期，培训12.38万人次。年内，州妇联被全国妇联宣传部、中国妇女报社表彰为“2015年度全国妇女宣传舆论阵地建设先进单位”，被省关心下一代工作委员会表彰为“云南省关心下一代工作先进集体”，被州委、州人民政府表彰为“楚雄州双拥工作先进集体”，在云南省2015年“我爱我家”家庭情景剧编创推荐评选中荣获优秀组织奖。

【州妇联九届六次执委会议】 2015年1月9日，楚雄州妇女联合会召开九届六次执委会议，总结2014年全州妇女工作，安排部署2015年全州妇女工作主要任务，审议并通过州妇联主席孟树仙代表州妇联九届常委会所作的《用法治理念推动妇女事业健康发展》的工作报告，强调2015年工作重点是组织实施“岗位建功行动”“巾帼创业行动”“巾帼维权行动”“文明家庭行动”“留守妇女关爱行动”“留守儿童关爱行动”6项行动。

【巾帼创业工程】 2015年，楚雄州各级妇女组织开展巾帼创业工程。做好鼓励妇女创业“贷免扶补”工作和“两个10万元”微型企业培育工程。各县（市）妇联扶持500名妇女创业，发放贷款3761万元，带动1605名人员就业；帮助300户微型企业申请扶持资金900万元。继续实施妇女发展循环金项目。实施州级妇女创业循环金158.18万元；争取实施省妇联“妇女发展循环金”100万元，项目覆盖10县（市）；争取“玫琳凯母亲小额循环金项目暨促进女性参与文化产业发展项目”循环金50万元，用于扶持妇女发展彝族刺绣。继续实施促进女性参与文化产业发展项目。选送3个项目点的20名彝绣骨干参加“2015年促进女性参与文化产业发展项目楚雄培训班；与州残联联合举办为期15天的州残疾人彝族刺绣技能培训班，培训50人；举办州妇联电子商务培训班，40名绣女参加培训；组织23家彝绣企业和绣女参加省文化博览会；做好大姚县“纳苏”“咪依噜”和永仁县“直苴绣”3个彝绣品牌推介，中央电视台《致富经》栏目和《中国妇女》杂志对樊志勇和大姚彝族刺绣产业发展状况作专题报道；武定县白路乡古黑村荣获第二届“云南十大刺绣名村”，姚安县前场镇新街村荣获第二届“云南十大刺绣名村”提名奖。

【家庭文明工程】 2015年，楚雄州加强家庭文明工程建设。开展“文明家庭行动”，举办优秀家庭角色讲座71场次，8204人参加。3月5日晚，州妇女联合会联合州委组织部、州委宣传部、州文明办、州广播电视局和楚雄日报社，共同举办《我爱我家》——楚雄州寻找“最美家庭”活动颁奖典礼，对白树梅等10户“最美家庭”进行表彰，元谋县段连斌家庭获全国“最美家庭”提名奖。年内，全州评比表彰“好媳妇”“好婆婆”等优秀家庭角色762人。“平安家庭”建设持续深化。做好农村土地承包经营权确权登记颁证工作中的妇女权益保护，制定下发《关于做好农村土地承包经营权确权登记颁证中妇女权益维护工作相关事宜的通知》。9月24日，与州综治办、州农业局联合在姚安县召开维护农村妇女土地承包经营权益现场推进会，80人参加会议，观摩、学习姚安县适中乡三木村委会的做法和经验，姚安县妇联、县农业局、“好母亲”代表肖培珍及“好妻子”代表刘彩芳先后作交流发言。命名表彰“平安家庭”2635户、“五好文明家庭”1095户。家庭教育宣传不断创新。6月，州妇联与州教育局联合举办家庭教育骨干培训班；7～8月，开展家庭教育宣传实践月活动，征集到和谐家庭情景剧4部、家长用心教子的感人瞬间、亲子互动的有趣片段5部，体现教子心得和感悟的画面情节20余张；8～9月，对州内家教家风状况进行调研，形成《楚雄州家教家风现状调研报告》。廉政文化进家庭活动深入开展。继续开展廉政文化短信服务活动，发送廉政短信6.04万人次。开展家庭助廉活动，家庭助廉工作经验被全国妇联《妇工要情》采纳。

【妇女儿童关心关爱工程】 2015年，楚雄州重视做好妇女儿童关心关爱工作。开展“送法到家”宣传。州、市妇联在楚雄市紫溪镇紫溪彝村“妇女之家”联合举行楚雄州“三八”维权周暨“万家联动·送法到家”活动启动仪式。全州各级妇联组织举办法律讲座72场，8433名妇女聆听讲座；开展宣传活动70场，发放宣传材料15.22万份；组织巾帼志愿者506人次、法律工作者79人次参与维权周宣传活动。开展特殊妇女救助帮教。为13名合法权益受到侵害的来访贫困妇女儿童提供资金救助1.5万元；依托州反家庭暴力妇女儿童庇护所为29名妇女提供庇护；到州看守所开展帮教活动，并对5名女在押人员家属进行走访看望和救助。联合州司法局制定下发《关于进一步加强妇女儿童权益纠纷人民调解工作的意见》，成立楚雄州妇女儿童权益纠纷人民调解委员会，10县（市）妇联联合司法局相继成立妇女儿童权益纠纷人民调解委员会10个，有人民调解员50名。坚持和完善领导接待群众来信来访制度，发挥“12338维权服务热线电话”和彝州妇女网“维权之窗”信访窗口作用，做好来信来访处理，及时化解矛盾纠纷，接待群众来信来访18件，办结率100%。

【岗位建功行动】 2015年，楚雄州不断加大妇女工作和妇女典型的宣传力度。与楚雄广播电台联合开办《彝州妇女之声》栏目，宣传报道州内妇女儿童工作71次；在楚雄电视台对各类妇女典型、“最美家庭”等先进事迹宣传报道35条；在《楚雄日报》上对55户“最美家庭”候选家庭先进事迹进行宣传报道。“巾帼建功”活动形式不断创新。被全国妇联表彰为全国“巾帼文明岗”2个、全国“巾帼建功”先进集体1个、全国“三八红旗手”1人、全国“巾帼建功标兵”1人；被省妇联表彰为省级“巾帼文明岗”4个、省级“巾帼建功标兵”2名、省级“巾帼创新业示范基地”8个。年内，州妇联与州妇女彝绣协会、州文产办联合举办“指尖上的记忆”——非物质文化遗产彝族刺绣动态展和彝族刺绣作品大赛，征集到作品300件，展出174件，评出一等奖10件、二等奖20件、三等奖30件、鼓励奖67件，组织奖20个。

【留守妇女儿童关爱行动】 2015年，楚雄州各级妇女组织切实关心关爱留守妇女儿童。全州组织4594名巾帼志愿者开展志愿服务活动11959人次，对部分留守和贫困母亲进行走访慰问。与州卫计委在6个县（市）组织实施农村妇女“两癌”免费筛查项目，为2.04万名农村妇女免费进行宫颈癌、乳腺癌筛查。实施困难母亲住房援建项目，在8个县（市）帮助8户困难母亲申请住房援建资金10万元。

争取中国少年儿童基金会、云南省少年儿童基金会支持在双柏县妥甸镇九石完小实施“音乐之声·我要上学助学行动”项目，救助困难留守儿童50名；在楚雄开发区永安小学、南华县思源实验学校、永仁县宜就镇中心完小实施“春蕾女童班”项目，资助困难留守儿童150名；在姚安县、永仁县各救助春蕾高中女童50名；在武定一中实施“春蕾蓝天高中班”捐资助学项目，救助女童30名；在4户省春蕾高中班贫困女童家庭中实施“叶显伦循环金”项目，每个项目家庭可无息使用1万元循环金；州妇联补助资金12万元，在姚安、永仁、武定3县各建成1个州级“儿童之家”。“六一”节前夕，州妇儿工委、州关工委联合走访慰问楚雄市北城小学、楚雄市民族小学、牟定县桃苴贝佳贝民办幼儿园、南华县岔河春蕾小学，向4所学校捐赠慰问金1.9万元，赠送价值3.13万元的文体用品和书籍。

［沈 琼］

民主党派·工商联

【中国农工民主党楚雄州委员会】 2015年，中国农工民主党楚雄州委员会深入实施“人才强党”战略，进一步加强干部队伍和骨干党员队伍建设。1月17～18日，在农工党楚雄州委二届五次全委（扩大）会议上，补选州人民政府副州长夭建国为农工党楚雄州委主委。年内，新发展党员8名，其中博士研究生学历1人、本科学历5人、专科学历2人。年末，有在册党员262名，比上年末的257人净增5人，增长1.58%。党员中，主界别（医药卫生、环境保护和人口资源界）党员191人，占党员总数72.9%；本科学历以上党员131人，占党员总数的49.62%；中高级职称党员222人，占党员总数的84.73%。担任厅级领导职务1人、处级领导职务6人、科级领导职务15人，医疗卫生系统和大专院校科（室）负责人29人，州专家咨询委员会委员2人，州级中青年学术带头人2人（培养期），州卫生系统第一批学术技术带头人8人，州纪委和州检察院特约人员2人，各级人大代表和政协委员24人，其中全国人大代表1人、省政协委员1人，州政协常委2人、委员11人，县（市）政协常委1人、委员8人。年内，制定出台《农工党楚雄州委关于进一步加强基层组织建设的实施意见》。先后成立楚雄师范学院支部委员会和楚雄技师学院支部委员会2个基层组织，并将楚雄市卫生监督所支部委员会撤并市疾控中心支部委员会。年末有基层组织17个，其中总支1个、支部委员会14个、支部1个、小组1个。11月，楚雄医专支部被授予“中国农工民主党先进基层组织”称号。

思想建设 在各级组织和广大党员中开展以“学精神、学党章、学党史”为主要内容的坚持和发展中国特色社会主义学习实践活动，进一步加强思想建设。举办“三学”现场知识竞赛，有14个支部代表队参加。选派2支代表队参加农工党云南省委举办的“三学”现场知识竞赛，并荣获二等奖。组织214名党员参加“三学”答题活动，其中有1名党员受到农工党中央表彰。组织基层组织主要负责人以上党员赴重庆“特园”、农工党中央机关旧址参观考察。组织农工党楚雄州委领导干部和其他处及以上党员领导干部参加时代前沿知识讲座、干部在线学习、“三严三实”和“忠诚干净担当”专题教育学习。进一步加强宣传工作，注册农工党楚雄州委网站和微信公众号，利用各种媒体加大对各种重要会议、重大活动等的宣传报道。做好农工党中央和农工党云南省委机关刊物《前进论坛》和

1月18日，农工党楚雄州委二届五次全体（扩大）会议召开（农工党楚雄州委/提供）

《农工滇讯》征订发行工作。11月，农工党楚雄州委被农工党中央授予“中国农工民主党优秀地市级组织”和“2015年度《前进论坛》发行工作先进单位”。新闻稿《农工党“和平周”情暖永仁》荣获楚雄州“2015年度政协好新闻”优秀奖。

参政议政　切实履行参政党职能，参加各种协商活动，就《政府工作报告》《中共楚雄州委关于加强社会主义协商民主建设的实施意见》《楚雄州“十三五”规划纲要》以及其他重大问题提出意见建议。调动广大党员参政议政工作积极性，发挥参政议政工作委员会职能作用，围绕中共楚雄州委、州人民政府中心工作和重点工作，深入调查研究，积极建言献策。先后提交州政协九届五次全会交流发言材料3篇，均被采用；提交州政协九届五次全会集体提案19件，立案17件；提交市政协八届三次全会集体提案14件，均获立案。

社会服务　积极应对和妥善处理常设医疗服务机构农工诊所和农工门诊部遇到的各种矛盾和问题，进一步加强管理、规范服务，确保农工诊所和农工门诊部健康发展。做好“同心·扶贫”工作。按照中共楚雄州委、州人民政府安排部署和工作要求，派驻大姚县龙街镇石关村委会扶贫工作队员2名，开展定点挂钩扶贫和“挂包帮、走转访”工作。先后为龙街镇和石关村委会协调争取项目4个、资金227万元，向石关村委会贫困群众捐赠节能灶26台。协调和督促柳丰完小如期完成由拜耳滇红公司捐赠30万元、农工党云南省委补助4万元实施的柳丰完小师生宿舍危房拆除重建及第一期配套设施建设工程，并继续为柳丰完小争取由拜耳中国公司捐赠30万元的第二期配套项目。4月3日，州人民政府副州长、农工党楚雄州委主委夭建国等带领7名州级医疗专家，参加在姚安县举行的楚雄州统一战线实施“同心工程·示范点”启动仪式，并开展义诊活动。6月3日，与州县有关部门联合，在姚安县城举行以“农村环境与健康”为主题的“楚雄州2015（第8届）中国环境与健康宣传周”系列活动。

［田海江］

【中国民主促进会楚雄州委员会】 2015年，中国民主促进会楚雄州委员会发展新会员31人；对12个基层支部进行换届选举，新成立书画支部和龙江中学支部，选拔、使用热心会务、综合素质较强的年轻会员充实基层支部，增强基层组织的活力和凝聚力。建立健全后备干部队伍动态信息库，加强后备干部队伍的推荐、培养、使用。适时安排部分代表性强、综合素质好的后备干部参与各项工作，选派参加学习培训，培养和提升他们的综合素质，促进组织建设出实效。

思想建设　以学习贯彻中共十八届五中全会和中央统战工作会议精神为重点，全面推进思想建设工作。推进学习实践活动，把思想建设与开展民进中央联系点系列工作紧密结合，制定2015年度开展学习实践活动及会员学习教育活动工作方案，结合学习贯彻习近平总书记在云南重要讲话精神和开展“三严三实”“忠诚、干净、担当”专题教育，编发《学习实践活动资料汇编》。以支部换届为契机，使学习实践活动贴近会员。于3月8日和6月13日开展两轮“我身边的先进”“火热民进情怀”“中国梦·民进情”主题宣讲活动。把中共十八届五中全会及各级统战工作会议精神材料、民进中央主席严隽琪主题讲座精神内容整理印发至基层支部，组织传达学习。以学习型组织建设为主线，选派会员参加民进中央、民进云南省委和楚雄州、市党委组织的各种理论学习和培训。参加民进中央组织的学习培训2人次，参加民进云南省委组织的思想宣传工作学习培训8人次，参加中共楚雄州委统战部组织的学习培训20余人次，以会代训培训会员90余人次，并于10月11日举办119名会员参加的骨干会员培训班。编发简报12期，在各级各类刊物发表调研及理论文章10余篇，编辑出版《庆祝中国民主促进会成立70周年会员书画展作品集》，向相关媒体、网站上报并刊出信息74条，其中在民进中央网站刊发活动信息4条。

参政议政　按照民进云南省委《关于进一步加强新形势下参政议政能力建设和提高参政议政工作水平的意见》相关要求和整体部署，于2月和4月分别召开主委会议专题研究参政议政工作，把制定参政议政工作规划、开展课题调研、撰写调研报告、促进调研成果转化与运用、推动支部参政议政工作的开展、发动和领导广大会员开展参政议政工作纳入民进州委重要工作日程，明确和落实工作责任。把做好年度提案工作作为参政议政的重要内容，分别召开两会提案筹备工作动员会议和两会提案审查会议，强化参政议政领导小组工作职责，确保提案工作出实效。在楚雄州、市政协会议上，提交提案53件，其中集体提案32件、个人提案21件，大会交流发言2件。《推进农产品质量安全体系建设的建议》被选作州政协大会交流发言，《关于进一步加强教师队伍建设的建议》入选民进中央举办的“教育论坛”并作交流发言，《发挥民主党派独特作用全面推进依法治州》入选州政协民生论坛并作交流发言，《关于整合教育资源，做强做大楚雄州职业教育的提案》和《关于恢复开通昆明至楚雄城市列车的提案》被州政协表彰为优秀提案。

社会服务　7月8日至8月28日，在楚雄师范学院图书馆举办“民进楚雄州委庆祝中国民主促进会成立70周年会员书画展”；举办楚雄市第一届“华彩杯”青少年钢琴大赛，160余名青少年选手参加比赛。为挂钩扶贫联系点姚安县官屯乡马游村委会协调资金10万元用于修筑水渠，帮助解决实际困难。以“公司+基地”方式引进彝家公社与马游村合作，建立民进楚雄州委彝家公社马游村彝族刺绣产业基地，于9月1日正式挂牌。挂钩扶贫联系点调整到楚雄市树苴乡洒巴苴村委会以后，为该村协调扶贫资金20万元。依托自身人才资源优势，组织楚雄一中、东兴中学、紫溪中学、州民族中学4个支部开展高考考前咨询辅导及高考志愿填报咨询辅导活动，组织部分会员到州委统战部同心工程示范点姚安一中开展高考志愿填报咨询辅导活动。响应民进中央、民进云南省委“书香彩虹”公益活动号召，组织会员为贵州省毕节地区金沙县中小学捐赠书籍288册。开展送文化、教育下乡活动，到楚雄市大地基乡中心小学开展乡（镇）共建图书室活动，捐赠图书200余册；与楚雄开发区实验小学共同开展优秀示范课进山区校园活动，为小学师生展示语文、美术示范课；支持楚雄师院附中支部举办第三届“促学杯”师生书画比赛，于11月25日至12月15日在学校展出，并评选出一、二、三等奖及优秀奖。

［李云华］

【中国民主建国会楚雄州委员会】 2015年，中国民主建国会楚雄州委员会新发展会员5名，平均年龄39岁，5人均为大专以上学历，其中有艺术特长2人、中高级职称1人。从3月初至27日，各支部按照相关程序和要求，完成换届选举。换届后的6个支部有30名支部班子成员，其中具有大专以上学历的24人，占班子成员总数的80%；担任省、州、市级人大代表和政协委员的8人，占26.7%；妇女7人，占23.3%。年内，制定出台《民建楚雄州委员会常委会工作规则》《民建楚雄州第二届委员会专门委员会工作规则》和《民建楚雄州第二届委员会专门委员会设置方案》，使民建楚雄州委的工作更加规范、高效运行。在对原来参政议政委员会、组织宣传委员会、社会服务委员会进行完善的基础上，新成立会员企业服务委员会和老龄会员工作委员会，并任命各专委会主任、副主任、秘书长和委员56人。对民建楚雄州委工会联合会进行换届，新产生由1名工会主席、3名委员组成的民建楚雄州委第二届工会联合会和1名主任、3名委员组成的民建楚雄州第二届工会联合会经费审查委员会。

思想建设　制定下发《民建楚雄州委2015年开展坚持和发展中国特色社会主义学习实践活动工作计划的通知》，落实学习实践活动主题任务。各支部通过组织生活会等形式，学习贯彻习近平总书记系列重要讲话和视察云南重要讲话精神。利用主委会、常委会、培训会、专题学习会等形式和选送培养方式，开展各级班子和骨干会员集中学习。8月29～30日，在州社会主义学院举办民建楚雄州委2015年骨干会员培训班，邀请州内有关领导和专家就参政党成员的党性修养、中央统战工作会议精神、“一带一路”战略规划与楚雄州跨越发展关系以及党派机关公文写作技巧等专题进行辅导，民建云南省委副主委杨先明出席开班仪式并讲话；9月15～22日，州委主委和专职副主委参加民建云南省委在浙江大学举办的提升素质骨干培训班。年内，先后有20余名会员参加民建中央、民建省委和会员所在单位的各种学习培训。9月，主委杨玉泉被民建中央表彰为民建全国参政议政先进个人；12月，副主委李援被民建中央授予全国优秀会员称号；民建楚雄州委被民建云南省委评为2014年度参政议政工作、理论研究先进集体和新闻宣传工作先进集体二等奖。

参政议政　在省政协十一届三次会议上提交个人和联名提案6件；在州、市政协会议上提出提案52件，其中集体提案36件、个人提案16件。在州政协九届五次会议上的集体提案《关于进一步加强楚雄州食品药品安全监管工作的提案》在被州政协表彰为优秀集体提案；集体提案《关于楚雄州在实施精准扶贫中进一步提升扶贫政策效应的提案》被列为2015年度州级领导督办重点提案，并在州政协九届六次会议上被表彰为优秀集体提案之一，在省政协十一届四次会议上又被评选为全省“2015年有影响力的地方提案”4件集体提案之一。根据民建云南省委和州委统战部重点调研课题安排，4月，成立由主委任组长，5人组成的调研课题组，对“关于发展大健康产业的建议”进行专题调研，完成《立足三个层面、发挥三个作用，助推地方法治建设》《关于创建民建“五型”支部的设想与思考》和《对民族团结示范区建设力量聚合效应最大化的思考》等理论文章。

社会服务　向民建云南省委争取到中华思源工程扶贫基金会思源救护向姚安县人民医院和双柏县人民医院各捐赠1辆救护车。6月8～19日，组织社会服务委及相关人员组成调研组，专门对之前捐赠楚雄市鹿城镇卫生院、大姚县医院、武定县医院的救护车使用情况进行督查和跟踪问效。协助民建云南省委组织51名会员企业经贸投资考察团到禄丰县碧城、金山、彩云、广通等乡（镇），对高原特色农业、旅游项目、商贸物流等进行项目投资实地调研，并参加禄丰县人民政府4月11日举行的民建云南省委会员企业禄丰招商引资座谈会暨签约仪式，签订项目合作意向性协议12个，协议投资1.7亿元。对民建楚雄州委所属的38户会员企业进行摸底调查，了解企业的经营规模、经营状况并登记在册，为进一步做好企业服务打下基础。针对会员企业楚雄宏桂绿色食品有限公司在生产经营等方面遇到的困难进行专题调研，形成《关于云南野生菌加工出口型外贸企业走出当前

"困"局对策与建议》专题报告上报民建云南省委及省人民政府参事室。

［刘应雄］

【中国国民党革命委员会楚雄州委员会】 2015年2月，中国国民党革命委员会楚雄州委员会依据《民革章程》规定，对支部党员编组做出调整，并顺利完成3个直属支部的换届工作，每个支部委员由3人增加到5人，充实支部领导力量。严把入口关，审慎做好党员发展工作，新发展党员4名。年末，有党员94名，平均年龄55岁。

思想建设 在州社会主义学院举办2015年党员培训班，聘请省、州有关领导和专家对中共十八届四中全会、中央统战工作会议和《中国共产党统一战线工作条例（试行）》精神、民革党章党史、参政议政4个专题作培训辅导。各支部开展理论学习活动，学习贯彻中央、省、州统战工作会议和中共楚雄州委八届六次全会精神。紧扣"缅怀先烈、铭记历史、珍爱和平、开创未来"主题，精心组织纪念抗战胜利70周年歌曲演唱会、作品征集、走访慰问国军抗战老兵等系列活动，彰显党派特色，增强民革党员的自信心和自豪感。

参政议政 通过参加楚雄州国民经济和社会发展"十三五"规划基本思路协商会等会议，为楚雄州改革创新和开放合作"两轮驱动"、滇中城市经济圈一体化、园区和重点产业建设等工作建言献策。在省、州、市政协会议期间，提交提案16件，其中集体提案8件、个人提案8件，均被立案或采纳。其中，李瑛撰写的《关于加强楚雄州人民政府法制机构建设的提案》被州政协评为优秀提案。民革界别的州政协委员罗琼、普金荣在州政协九届五次会议上分别作"关于在楚雄建立滇西抗战纪念馆的建议"和"依法治教，努力实现教育的'去行政化'"的大会发言。民革楚雄州委上报信息被民革云南省委和民革中央采用11篇。

社会服务 把开展脱贫攻坚、践行"同心"主题与坚持和发展中国特色社会主义学习实践活动相结合，深入开展社会服务活动。组织教育界党员赴姚安前场中学开展教育教学互动交流活动，支持帮助姚安前场中学提高教育教学质量。协调民革上海市委、嘉定区委组织向大姚县铁锁乡中心学校和贫困学生开展捐资助学活动，捐赠6万元。

［由　涛］

【中国致公党楚雄市委员会】 2015年，中国致公党楚雄市基层委员会发展新党员4名，年末实有党员85人，其中女党员44人，50岁以上32人，70岁以上党员9人。党员中，归侨、侨眷、港澳属、台属人员32人，占党员总数37.6%；有州人大代表2名，州政协委员5名（常委1名）；有市人大常委1名，市政协委员7名（常委2名），市政府特邀监督员1名，人民陪审员1名。党员来自省、州、市等20余家单位，其中来自教育、医疗卫生、党政机关的党员分别占党员总数的27.1%、28.2%和20%；新社会阶层人士6名，占7.4%，其中4人为律师；有公务员实职副科级干部2人；有中高级职称党员70人，占党员总数的82.4%。

思想建设 9月19～20日，在州社会主义学院开展坚持和发展中国特色社会主义学习实践活动培训，邀请省、州专家学者对参政议政工作，"一带一路"战略规划，中央统战工作会议、省委统战工作会议精神以及《中国共产党统一战线工作条例（试行）》作专题讲座。致公党楚雄市委全体党员参加培训。

参政议政 发动全体党员撰写"两会"提案，并抓好提案工作落实。集中州、市政协委员，人大代表、各行业优秀党员，共同讨论，集思广益，以"老"带"新"、以"强"带"弱"的方式，培养参政议政骨干力量，带动全体党员参与提案工作的积极性。年内，撰写提案草案61篇，经多次集体会议讨论，向政协楚雄州九届五次会议提出集体提案19件，向政协楚雄市八届三次会议提出集体提案21件、个人提案8件。

社会服务 向致公中央争取，由心医国际数字医疗系统有限公司向楚雄市人民医院、市中医医院、市妇幼保健院各捐赠一套价值20万元的远程医疗设备。参与州统一战线"同心工程·示范点"项目。7月19日，组织25位致公党党员到姚安县光禄镇开展社会服务活动。组织7名医护人员为当地群众进行义诊，现场免费发放非处方常用药品价值5000余元，发放各类健康知识宣传资料800份；组织2名执业律师提供义务法律咨询。

［徐　彦］

【九三学社楚雄州委员会】 2015年，九三学社楚雄州委员会新发展社员5名，平均年龄39.4岁。年末，有社员138名，平均年龄49岁。其中，高级职称63名，占社员总数的45.7%；中级职称62名，占44.9%；分布在高等教育、科学技术、医药卫生界别的108名，占78.3%。有省政协委员1人、州人大代表1人、州政协委员5人（常委1人）、市政协委员4人（常委1人）、州人民检察院监督员1人。年内，专职副主委苏梅被聘任为州专家咨询委员会工商财税金融专业组委员；秘书长李辉在建社70周年活动中，被九三学社中央评为全国优秀社员，被九三学社中央宣传部、《民主与科学》杂志社评为2015年优秀通讯员二等奖。

思想建设 以深入开展坚持和发展中国特色社会主义学习实践活动为主线，把学习贯彻习近平总书记重要讲话、中共十八大及十八届三中、四中、五中全会精神作为首要政治任务，召开学习实践活动主题主委（扩大）会议2次、专题报告会1次，九三学社州委委员、各支社主委理论中心组学习3次，组织现场教学学习实践活动2次。举办社员培训班1期，80余名社员参加培训；先后有9人参加九三学社中央、省委统战部、州委统战部举办的各类培训班；5人参加九三学社省委举办的骨干暨新社员培训班；副主委聂宗林、苏梅参加州委统战部召开"三严三实"和"忠诚干净担当"专题教育系列学习研讨会和相关视频专题教育党课。以九三学社创建70周年为契机，开展系列纪念活动。向九三学社中央、省委报送"九三学社创建70周年"纪念文章7篇、基层组织活动典型案例3篇，均被编发在《云南九三社讯》和《基层组织活动典型案例选编》中。

参政议政　把经济发展和社会民生问题作为参政议政重点，在州、市政协会议上，提交文化体育建设、法制建设、道路交通、农业产业发展、环境治理、城市建设方面的集体提案31件、个人提案18件。集体提案《关于加快楚雄州工业园区管理体制改革，增强工业发展活力的提案》被评为州政协九届四次会议优秀提案；个人提案《加快楚雄州工业主导发展的研究》在州政协会议上作大会发言，《关于全面推进楚雄依法治市工作的建议》在市政协会议上作大会发言，《关于整治以"健康讲座"为幌子坑骗群众钱财的非法营销活动的建议》被列为市政协重点督办提案；个人提案《楚雄州开展创建国家公共文化服务体系乡（镇）文化工作的思考》《大力实施品牌战略，推进产业转型升级》《完善林业改革，建设生态楚雄》被《州政协九届五次会议大会发言材料》收录。开展各种专题调研，完成九三学社云南省委2015年参政议政中标课题"对云南省农村生态环境司法的现状调查及对策"调研报告；与州政协提案委组成联合调研组深入武定、姚安、永仁、禄丰、元谋5县走访，实地查看20余个乡（镇）耕地保护情况，共同完成《楚雄州耕地保护调研报告》。完成《楚雄州民族小学教育发展调研》《楚雄州第三产业发展问题研究》《楚雄州实体经济发展面临的困境及对策研究》《楚雄市现代农业发展现状及对策》《楚雄州农村小型水利工程管理现状及发展对策》《楚雄州乡村医生培训工作调研》《姚安县晚秋蔬菜种植与气候研究》《楚雄州土壤污染现状及其防治措施》等调研报告8篇。7月12日，举办"首届参政议政论坛"，收到社员论文11篇，其中有9篇在论坛上作交流发言。主委韦薇、副主委聂宗林撰写的《推进农村生态环境司法建设的几点建议》和《关于全面推进楚雄市依法治市工作的建议》入选《楚雄州政协2015年民生论坛论文集》。

社会服务　发挥科技优势，以姚安县"同心工程·示范点"建设工作和"挂包帮、走转访"精准扶贫工作为重点，开展社会服务。参与"同心工程·示范点"建设工作，组织社内农业科技、医疗卫生、教育、气象等方面专家两次召开专题会议研讨，两次到姚安县考察调研，在姚安县弥兴镇举办农科培训班1次。11月15日，组织社内医疗、科技专家到永仁县维的乡大保关村开展"百名专家科技下乡"暨"同心·扶贫帮困"医疗义诊活动，接诊病人200余人次；邀请石榴专家、州园艺站站长谷家明，到大保关石榴主产区麦冲河村民小组举办石榴种植培训，并向大保关村小学捐赠价值2000余元的学习用品。协调争取"沪滇对口帮扶"合作项目资金5万元，用以改善姚安县弥兴镇大苴村、上屯村，永仁县维的乡大保关村3个村卫生室设备和开展乡村医生培训。

［李　辉］

【中国民主同盟楚雄市总支委员会】 2015年末，中国民主同盟楚雄市总支委员会有盟员103人，分布在中央、省属，州、市属 41 家单位，平均年龄 58.7岁。其中，40岁以下成员16人（35岁以下7 人），41～50岁24人，51～60岁21人，61～70岁6人，71岁以上36人。离退休成员50人。中央、省属单位成员 47人，占成员总数的45.63%；州属单位成员30人，占29.12%；市属单位成员26人，占25.24%。具有大学本科以上文化程度的成员58人、专科文化程度17人、中专及以下文化程度28人，分别占成员总数的56.31%、16.50%和27.18%；具有高级职称的成员38人、中级职称47人，分别占成员总数的36.89%和45.63%。有省政协委员1名、州政协委员5名（常委3名）、市政协委员4名（常委1名），担任处级领导干部2人、正科级领导干部4人、副科级领导干部2人，担任楚雄市人民陪审员1人。下设4个支部，分别为楚雄师范学院支部、中学支部、勘查院支部、综合支部。

思想建设　突出同心思想教育，通过主题培训、以会代训等形式，结合开展总支专题学习、支部学习，组织全体盟员学习中共十八届四中、五中全会和习近平总书记系列重要讲话以及中央、省、州统战工作会议和《中国共产党统一战线工作条例（试行）》精神，开展坚持和发展中国特色社会主义学习实践活动，强化政治学习，提升民盟盟员思想理论水平。9月19～20日，举办坚持和发展中国特色社会主义学习实践活动培训班，就如何提升参政议政能力和"一带一路"战略规划与楚雄州经济社会发展关系解读、中央统战工作会议精神及《统战工作条例》解读3个方面内容邀请省社科院副院长边明社、州政策和法制办公室主任黄正山、州委统战部常务副部长刘予敏作专题讲座。

参政议政　年初，召开总支扩大会议，专题研究参政议政工作，确定民盟楚雄市总支在州、市政协会议上的集体提案议题。在州政协全会上，提交集体提案12件。在市政协全会上，提交集体提案19件、个人提案2件。其中，《关于加大对饮用水源的保护力度的提案》被列为2015年市政协重点督办提案，《引导扶持农民专业合作组织健康发展的思考》在州政协全会上作交流发言，《优化中心城市的教育资源，打造楚雄名教育》在市政协全会上作交流发言。对楚雄市大过口乡民族教学工作情况进行实地调研，形成《关于楚雄市大过口乡双语教学情况分析》的调研报告。

社会服务　按照《中共楚雄州委统战部关于统一战线开展"同心工程·示范点"的实施意见的通知》部署安排，成立"同心工程·示范点"建设工作领导小组，制定《民盟楚雄市总支开展"同心工程·示范点"活动实施方案》，在姚安县落实"同心工程·示范点"建设。11月26～27日，民盟楚雄市总支联合楚雄州博物馆，在姚安县光禄中学、大成中学及"梅葛"广场举办"神奇彝州，魅力楚雄——流动博物馆展览"（包括"东方人类故乡""中国彝族文化大观园"两个专题），让姚安县广大中学生及城镇居民了解楚雄州悠久历史和灿烂文化。活动得到中共姚安县委统战部、县文体广电旅游局及县博物馆等的大力支持。

［卢　繁］

【楚雄州工商业联合会】 2015年，楚雄州工商业联合会推进“五好”（领导班子好、会员发展好、商会建设好、作用发挥好、工作保障好）县级工商联建设。制定《楚雄州2015年开展“五好”县级工商联建设方案》，确定申报双柏、永仁、南华、牟定、武定、元谋6县作为2015年省级“五好”县级工商联，进一步推动县级工商联建设工作。做好州畜牧业商会组建前期筹备，以及州种子商会、州餐饮行业协会、州彝绣协会接收工作。指导和协助安岳商会、湖南商会、湖北商会、四川商会、彝族企业家协会召开年会；指导州装饰建材商会召开第三次会员大会，选举产生新一届商会领导班子。州工商联机关党委接收云南爱尔发生物科技公司党支部，并于4月7日举行支部换届选举，选举产生支部委员会；6月26日，成立州摩托车行业商会党支部，州工商联党委直属党支部增加到13个。举办入党积极分子培训班1期，28名非公经济人士参加培训；吸收25名发展对象加入党组织，机关党委有党员163名。成立州延安精神研究会分会，下设机关、四川商会、湖北商会3个小组，发展会员56人。年末全州有工商联会员11070名，其中企业会员3671名、团体会员191名、个人会员7208名。

12月27日，楚雄州民营企业法律维权委员会成立（州工商联/提供）

非公有制经济人士理想信念教育　加强组织领导，调整充实领导小组成员，完善领导小组成员联系企业制度，及时研究制定理想信念教育实施方案和宣传方案。4月28日，召开全州非公有制经济人士理想信念教育实践活动动员会；11月16日，在禄丰县召开楚雄州非公有制经济人士理想信念教育实践活动推进会。通过会议，推动各阶段工作的开展。6月9日，州委书记侯新华对全州非公有制经济人士中开展理想信念教育实践活动做出批示，肯定楚雄州开展教育活动以来所取得的成绩、经验，并对进一步做好非公经济人士理想信念教育活动提出要求，指明方向。依托州、县工商联执委会、培训班、党支部活动等形式学习宣传守法诚信，发挥商（协）会党支部书记、秘书长的作用，当好守法诚信理想信念教育的宣传员、讲解员。9月24日，组织工商联执委到保山施甸杨善洲林场、腾冲滇西抗战纪念馆、国殇墓园进行革命传统教育。领导小组成员主动深入县（市）和商（协）会、非公有制企业、联系点调查研究、宣传引导、督促指导、帮助企业协调解决发展中、活动中存在的困难和问题。把以守法诚信为重点的理想信念教育活动融入非公有制企业党建和企业文化建设中，引导非公有制经济人士牢固树立社会主义核心价值观，打造体现时代进步的价值取向和企业精神。在工作推进中，注重挖掘、培育树立典型，发挥典型带动作用。州教育实践活动领导小组在《楚雄日报》、州广播电台、电视台开设“民营企业家与中国梦”专栏，加大对典型人物的宣传。年内，国家级媒体刊载有关楚雄州工商联及非公经济人士信息8篇，省级媒体刊载111篇，州级媒体刊载50篇。着重发挥在省、州、县担任人大代表、政协委员、工商联（总商会）副主席、副会长、常委、执委职务的非公有制经济代表人士的引领作用，让他们带头守法、带头诚信。通过召开“三会一课”、党组织活动日、表彰先进、签订公开承诺书等方式，组织非公有制经济组织和社会组织的党员参与活动，发挥党员的先锋模范作用，带动身边的群众守法诚信经营。注重对新生代企业家的培养教育，通过各种学习培训，教育引导新生代企业家守法诚信，发挥新生代企业家的示范作用。经州工商联推荐上报，州工商联会员云南禄丰勤攀磷化工有限公司董事长、总经理陈斌，云南楚雄锦华建工集团有限公司党支部书记、董事长、总经理陈继刚，云南禄丰高峰自忠发展有限责任公司董事长起自忠等3人被表彰为“第四届云南省优秀中国特色社会主义事业建设者”。在全省民营经济发展大会上，有6家州工商联会员企业被表彰为“优强民营企业”、7名企业家被表彰为“优秀民营企业家”；在全州民营经济发展大会上，17户工商联会员企业被表彰为“楚雄州优强民营企业”、15名民营企业家被表彰为“楚雄州优秀民营企业家”。

服务非公有制经济　州非公有制企业贷款担保资金理事会为中小企业办理贷款担保业务79笔，担保贷款金额1.52亿元。向州委、州人民政府汇报，争取州人民政府向州非公有制企业贷款担保资金理事会注入资本金2000万元，使理事会资本金达3885万元并可在全州范围内开展担保业务，有效缓解中小企业融资难题。完成“贷免扶补”工作任务，发放创业无息贷款6288万元，扶持创业人员1000人。创业人员群体主要是大学生130名、农民工484名、复转军人13名、失业人员304名、其余人员69名，还款率99.6%。开展“两个10万元”微型企业培育工程，受理创业补助申请1009户，完成会审700户，获得创业补助扶持2100万元；推荐441户获得“第二个10万元”贷款扶持。在原州工商联非公有制企业维权委员会的基础上，重新组建由公、检、法及政府相关部门组成的州民营企业法律维权委员会，建立法律维权联动机制，进一步增强维护非公有制企业合法权益的力量。与州中级人民法院组织召开州非公有制经济法律保护暨代表委员征求意见座谈会，20余名企业家与州中级人民法院领导、法官面对面交流座谈。参与由人力资源和社会保障部门牵头的人事争议预防和仲裁工作，增加沟通协作，发挥预防、调解、仲裁的基础性作用，有效化解会员企业各类矛盾纠纷。与州招商局制定《楚雄州工商联、楚雄州招商合作局2015年度以商招商活动方案》，邀请泰国商务考察团7人到楚雄州考察；邀请四川广安、安岳、攀枝花市工商联企业家，贵州安顺、六盘水、贵阳市工商联商协会、企业家，普洱四川商会、玉溪商会等企业家到州内考察洽谈投资意向项目7批次47人。在攀枝花市举行“2015年永仁县招商项目攀枝花市推介暨楚攀企业合作发展座谈会”，加强与相邻省份的合作与交流。组织4批次招商小分队赴贵州安顺、贵阳、遵义，四川广安、武胜、安岳，山东日照、肥城等地开展友好商会互访、招商项目推介活动，发放《楚雄彝族自治州州情》和《楚雄州投资指南与重点招商引资项目》300余份，重点推介楚雄州的高原特色农业、文化旅游、生物制药、健康养老、商贸物流等重点领域招商项目。年内实际引进项目落地资金5500万元。逐步建立完善商协会会长、秘书长联席会议制度，直属商协会党支部书记联席会议制度，以及州级相关部门参与的民营经济发展联席会议制度，收集非公企业在发展中存在的困难和问题，及时向党委政府汇报，向相关部门反馈，搭建非公企业和党委、政府沟通交流的平台。

参政议政　州非公经济人士中的人大代表、政协委员在州第十一届五次人代会和州政协九届五次会议上，提出提案和议案20余件，其中团体提案6件。州工商联向州政协九届五次会议提交《关于拓宽协商民主渠道的提案》《关于推进楚雄州商会大厦建设工作的提案》《关于加强非公有制法制宣传教育工作的提案》《关于进一步加强非公有制企业维权工作的提案》《关于加强全州非公有制企业贷款担保体系建设的提案》和《关于规范中介服务减轻企业负担的提案》，其中《关于规范中介服务减轻企业负担的提案》被州政协表彰为优秀提案。

光彩事业　年内，州光彩事业促进会接收捐赠资金95.77万元，组织实施武定县已衣镇道路硬化项目及云南爱尔发生物科技有限公司、永兴集团、岭东印刷包装有限公司、禄丰高峰自忠集团、安岳商会奖（助）学金、敬老金发放等一批光彩事业项目。组织动员广安商会、安岳商会、四川商会、湖北商会向贫困学生、农村困难群众、农村老党员献爱心。根据国家民政、税务、财政等部门的要求，开展州光彩事业促进会公益性社会团体捐赠资格和免税资格认证，并按有关要求做好材料申报工作。

州工商联四届五次执委会议　7月21日，州工商业联合会（总商会）召开四届五次执委会议，州委常委、州委统战部部长杨静出席会议并讲话。会议听取和审议州委统战部副部长、州工商联党组书记、常务副主席杨发荣代表州工商业联合会（总商会）四届常务委员会所作的《工作报告》，审议通过《楚雄州光彩事业促进会二届五次理事会工作报告》；选举州人大常委会副主任杨虹为州工商联（总商会）主席（会长），选举肖燕为州工商联（总商会）副主席（副会长）；表决通过州工商联（总商会）副主席（副会长）陈涛为州工商联秘书长，增补执委36名、常委10名。通过增补调整，州工商联（总商会）第四届执行委员会有执行委员156名、常务委员80名、主席（会长）1名、专职副主席（副会长）3名、兼职副主席（副会长）21名、总商会兼职副会长14名。会议表决通过杨虹为州光彩事业促进会常务副会长，对目标管理考核、信息工作、调研工作及商会工作先进集体和先进个人进行表彰。

［徐海燕］

2015年楚雄州工商联商（协）会情况统计表

商（协）会名称	成立时间	会员人数（人）	业务范围
楚雄州浙江商会	2007.08	164	综合
楚雄州四川商会	2009.10	70	综合
楚雄州广安商会	2010.05	235	综合
楚雄州湖南商会	2011.11	212	综合
楚雄州安岳商会	2012.01	177	综合
楚雄州温州商会	2012.08	146	综合
楚雄州湖北商会	2013.06	116	综合
楚雄州彝族企业家协会	2010.06	56	综合
楚雄州装饰建材商会	2008.10	45	室内装饰、家居建材批发零售
楚雄州公共关系协会	2002.09	50	综合
楚雄州家具商会	2008.10	50	家具批发零售
楚雄州金融商会	2011.08	46	金融服务
楚雄州摩托车行业商会	2014.02	68	摩托车批发零售
楚雄州种子商会	2015.09	205	种子批发零售
楚雄州餐饮行业协会	2015.10	110	餐饮
楚雄州非公有制企业贷款担保资金理事会	1999.09	116	贷款担保
楚雄州光彩事业促进会	2004.10	286	公益慈善

（州工商联/提供）

2016 CHUXIONG ALMANAC

七彩彝山（王明/摄影）

楚雄军分区

【军分区工作概况】 2015年，楚雄军分区按照“铸军魂、谋备战、严治军、强基础、保稳定”基本思路，树立“新常态下部队有新气象、建设有新发展、工作有新作为”理念，加强思想政治建设、战备训练和后备力量建设，依法从严治军，保障备战常态化，开展军分区全面建设，完成各项任务，全面建设取得新发展。

【部队安全管理】 2015年，楚雄军分区牢固树立依法治军、从严治军理念，结合实际抓安全管理工作落实。着力打牢思想基础，开展安全教育，学习贯彻《安全工作条例》《预防犯罪工作条例》等法规政策性文件，开展经常性、针对性安全教育，打牢官兵职工的思想基础。排查整治安全隐患，开展“学法规、用法规、守法规”“安全大检查”和“百日安全竞赛”活动，狠抓重大安全问题防范和制度规定落实，加大安全隐患排查力度，制定措施、定责限期整改存在问题。强化检查督导，坚持把安全检查贯穿于日常工作始终，将安全稳定工作纳入年度工作考核。

【国防动员和后备力量建设】 2015年，楚雄军分区贯彻落实中央军委主席习近平关于国防和军队建设的一系列重要讲话精神，始终瞄准打胜仗目标，加强国防动员和后备力量建设。协调推动党管武装制度落实，在州委议军会议上推进解决困扰国防后备力量建设的难题，协调州人民政府采取以奖代补政策，推动全州人民武装部营区整体新建工程。坚持组织县（市）武装部党委第一书记任职仪式，协调组织州“八一”军事日活动，邀请国防大学教授讲授国防知识，强化领导干部管武装、建武装、用武装的政治责任。着力推进基层武装部规范化建设，组织完成第三批40个基层武装部考评验收，如期完成达标任务。深入开展民兵组织转型，突出整组重点，完成基干民兵整组任务。开展应急资源力量整合，在禄丰县人民武装部先行试点，总结经验做法。协调驻楚部队完成全州高级中学、大中专院校学生军训。组织民兵训练，分期分批完成年度训练任务；提高民兵“应急应战”能力，按“一小时反应流程”考核各县（市）民兵应急分队战备拉练。发挥民兵队伍抢险救灾、应急救援和维护社会秩序的骨干作用，出动民兵分队3200人参加扑火救灾、应急救援和社会秩序维护等。

【后勤装备保障】 2015年，楚雄军分区抓好后勤战备工作，提高后勤工作人员业务能力，开展各项清理整治、服务保障应急备战和国防后备力量建设。坚持抓后勤战备不懈怠，配套修订完善后勤保障方案预案，新增战备物资（器材）18件（具），投入44.55万元新购大功率可牵引式发电机，开展野外战勤编组训练和驾驶员复训。坚持抓后勤人员业务素质培养，开展每次10天的各人民武装部后勤科长、出纳人员集体办公3次，解决后勤干部能力素质偏弱问题。抓好财经清理整治，整改不合规票据。提升整治营区环境，自筹经费改善老旧生活设施，增强基础设施建设。开展全区民兵武器装备仓库保管员业务培训，完成10县（市）武器装备仓库布局调整和武器装备上交。

【参建参治】 2015年，楚雄军分区着力支持地方经济社会建设，协调组织驻地部队和民兵参与巡山护林、植树造林、森林火灾扑救、“火把节”维稳执勤等工作。坚持开展学雷锋活动和义诊活动，为孤寡老人、困难群众送医送药，帮助楚雄西山公园清扫道路、清理排水沟渠。扎实开展精准扶贫，积极参与“挂包帮、走转访”工作。突出中心工作、重要活动和典型宣传展开新闻宣传，在《解放军报》《中国国防报》《战旗报》《西南民兵》《云南国防》《云南日报》等报刊媒体上发表稿件320篇，上报成都军区要讯6条、云南省军区要讯66条。

【州委议军会议】 2015年1月5日，中共楚雄州委召开议军会议，传达学习省委议军会议精神，总结2014年工作，部署2015年工作任务，研究解决国防后备力量建设重点问题。会议决定，由各县（市）人民政府和人民武装部牵头，科学整合国土、林业、水利等各方力量，加强民兵应急分队建设。推进10县（市）人民武装部营区新建，完成永仁县人民武装部营区建设，抓好其余县（市）人民武装部营区立项选址工作。改造扩建军分区训练基地，建设国防动员综合训练基地，满足国防教育、民兵训练和应急救援培训等需要。完成基层武装部规范化达标工作，加强武装工作经费落实，建立预算递增机制，切实保障国防后备力量建设资金投入。

【纪念抗战胜利70周年和红军长征过楚雄80周年系列活动】 2015年3月11日，楚雄军分区联合中共楚雄州委办公室研究制定纪念抗日战争胜利70周年、红军长征过楚雄80周年系列活动方案。集中开展“七个一”活动，即重走一次红军长征路、发掘保护一批红军遗址、汇编一本《红军长征过楚雄》教育读本、拍摄一部《红军长征过楚雄》专题纪录片、开展一次主题征文和书画摄影展、组织一台主题文艺晚会、表彰一批“双拥”工作先进单位和个人。6月25日，楚雄军分区牵头组织驻楚部队官兵、院校师生600余人开展“继承长征精神，争做红军传人，建设美丽彝州”重走长征路活动启动仪式；6月25日至7月1日，组织军分区机关和所属10县（市）人民武装部官兵、职工、民兵860人，结合第二季度战备拉练，沿当年红军长征过楚雄行军路线，采取接力、传统教育与训练演练结合的方式，徒步行军267千米；7月1日，驻地部队官兵、民兵和大专院校师生1000余人，在红军长征过金沙江遗址元谋县龙街渡口开展纪念活动。

【党政军领导军事日活动】 2015年7月29日，楚雄州组织州委、州人大常委会、州人民政府、州政协领导，楚雄州国防动员委员会成员，驻楚部队、驻楚高校领导共73人开展“军事日”活动，体验军营生活、进行武器操作训练和考核，巩固和发展“心连心、

① 3月23日，楚雄军分区党委第一书记任职大会 ② 2015年度州委议军议警会议 ③ 3月31日，楚雄军分区党委班子赴杨善洲干部学院学习参观（楚雄军分区/提供）

同呼吸、共命运”的新型军政、军民关系，增强党政军领导和国防动员委员会成员的国防意识。活动中，楚雄军分区第一书记、州委书记侯新华作讲话。

【征兵工作】 2015年，楚雄州按照“及早筹划部署、上下一体联动、聚力破解难题、整体推进落实、全程监督指导”工作思路，坚持高起点筹划、高标准推进、高质量落实，广泛深入发动、严密措施方法、严格标准程序、强化检查督导，提高大学生兵员比例，降低初中生兵员比例，圆满完成征兵工作，大学生比例39.67%，高于全省8个百分点，居全省首位；初中生比例9.4%，低于全省5个百分点。

【驻楚部队支援地方经济建设】 2015年6月16日，楚雄军分区牵头协调驻楚独立连以上部队召开座谈会，探讨驻楚部队重大情况信息互通、应急反应联动处置、挂钩扶贫等工作，形成“联合应急救援、联动抢险救灾、抱团包点扶贫”共识，由军分区牵头建立联合救援协调指挥机构、完善情报信息通报机制，制定抱团扶贫初步方案。年内，军分区主要领导和机关干部深入挂钩联系扶贫村，广泛开展入户调查和民情恳谈，走访8个村民小组83户贫困户445名贫困人口，搞准对象、盘清家底、摸实情况。研究制定《军分区新康村委会“挂包帮”“走转访”扶贫攻坚实施计划》，明确师职干部5户、团职干部3户、营以下干部2户的结对帮扶任务，提出具体要求，落实帮扶责任，确保扶贫攻坚取得实效。各县（市）人民武装部在地方党委统一部署下，积极开展“挂包帮、走转访”工作。

［何　涛］

预备役高炮团

【预备役高炮团工作概况】 2015年，云南预备役步兵师高炮团围绕“培铸军魂、精武强能、整风整改、依法抓建”工作思路，脚踏实地践行强军目标，忠诚担当激情干事、聚焦打仗夯

中國工農紅軍
继承长征精神 争做红军传人 建设美丽彝州
——楚雄州驻军官兵和院校师生重走红军长征路活动启动仪式

①

楚雄军分区方队

②

① 6月25日，楚雄军分区牵头组织红军长征过楚雄80周年系列活动——重走红军长征路活动启动仪式 ② 楚雄军分区在元谋江边红军长征纪念馆举行红军长征过楚雄80周年纪念活动 ③ 州党政军领导暨国动委成员军事日活动 ④ 大学生征兵宣传暨政策宣讲 ⑤ 9月11日，军地领导欢送第一批新兵交接起运 ⑥ 楚雄军分区到扶贫联系点开展义诊活动（楚雄军分区/提供） ⑦ 扶贫济困（马兴华/摄影）

① 刺杀操训练 ② 防空专业集训（预高团/提供）

基固本、立足自身固强补弱，团队全面建设成效明显。

【思想政治建设】 2015年，云南预备役步兵师高炮团围绕深化军队改革课题，开展学习讨论和心得体会交流10余次。搞好主题教育，着力培育“四有”革命军人，广泛开展“新一代革命军人样子”大讨论，利用年度分队成建制训练、赴西昌实战化考核等时机，把讨论向预备役官兵延伸。推进理论研讨、新闻报道和要讯工作，上报要讯8篇，省级以上新闻媒体发表稿件35篇。

【备战训练】 2015年，云南预备役步兵师高炮团抓好机关基础训练，在全师率先完成两种类型手榴弹实投训练，完成师“三分之一”轮训保障、教学与参训，提升官兵军事训练素质。强化高炮专业训练，提高专业训练水平。8月6～19日，团首长机关全系统赴西昌野外驻地训练，并接受军区实战化考核，取得“两优一良”好成绩，其中战术作业91.2分、分队战术92分、实弹射击85分。推进应急处突“一小时反应”能力建设，完成楚雄紫溪山“3·12”森林扑火任务。

【后勤装备综合保障】 2015年，云南预备役步兵师高炮团着眼实战，不断提升后勤装备综合保障能力。开展军事斗争后勤实战化保障能力调研，抓好后勤装备专业训练。推进财务大清查，开展集中清理整治，党委理财进一步规范。主动协调维修枪械，圆满完成西昌实战化考核装备保障任务；自筹资金完成团后勤战备库室建设；协调地方修建营门大道，自筹资金改造节水喷灌和补植苗木，清理违规住房2户。

【部队安全管理】 2015年，云南预备役步兵师高炮团坚持“依法治军、从严治军”，强化法治观念规范秩序，狠抓部队安全管理。开展法治军营创建活动，实行全方位、全时空动态安全管理，扎实推进“百日安全竞赛活动”。开展谈心交心，引导官兵树立“团兴我荣、团衰我耻”意识，“四个秩序”不断规范。

［肖依昂］

武警楚雄支队

【武警楚雄支队工作概况】 2015年，武警楚雄支队学习贯彻中央军委主席习近平系列重要讲话精神，加强思想建设和部队建设，高标准实现“两个确保”。抓好作风整改，严格落实中央八项规定和中央军委十项规定，在党委机关扎实开展“三严三实”专题教育整顿，配合干部大检查、财务大清查活动，严肃抓好“四项整顿”和“7个专项清理整治”，真正做到教育引导上求严求实，深挖积弊上从严从实，清理整改上真严真实，确保教育整顿落到实处、取得实效。整改核准有错漏涂改问题的干部档案29份，收回不合理报销经费14.32万元，支队办公开支比上年减少63%、接待费减少93%，会风、训风、作风更加务实高效。

【部队建设】 2015年，武警楚雄支队按照“三严三实”要求，抓好党委班子能力建设和先进性建设，不断夯实部队组织基础。注重强化党内生活的原则性和战斗性，做到讲党性守规矩，营造“掏心见胆、并肩奋斗”的团结氛围。加强作风建设，树立党委机关务实清廉形象，党委班子满意度测评满意率100%。按照“选准、配强、训好、管严、关心”的要求，加强干部队伍建设。坚决贯彻落实中央军委主席习近平关于干部队伍建设的一系列重要指示以及干部选拔任用法规制度，坚持端正用人导向、优化队伍结构、纯正用人风气、加强教育管理，确保干部选拔任用的准确性、公信度和透明度，选拔任用干部44名。始终把工作重心放在基层，建立党委成员包片、股队挂钩帮建责任制，扎实开展“月蹲一周、下队当兵”活动，重点抓好“三帮一带”工作，基层建设质量稳步提升。一中队被总队表彰为“基层建设标兵中队”，四中队、永仁县中队、双柏县中队、元谋县中队被总队表彰为先进中队。

【政治教育】 2015年，武警楚雄支队持续抓好官兵的人生观教育，整合教育资源，规范教育模式，探索教育路子，积极开展政治教员比武活动，努力推动先进军事文化建设，进一步拓宽课堂灌输、文化哺育、环境熏陶的育人路子。广泛开展“大谈心、深交心、真关心”活动，扎实做好思想工作、心理疏导和预防犯罪工作，确保内部纯洁稳定。深入研究政治工作，抓好战斗精神培育，不断提升政治工作质量。

【军事训练】 2015年，武警楚雄支队开展各种军事集训、勤训、演习和野营拉练等军事活动，实战化训练氛围初步形成。严格贯彻军事训练要求，扎实开展专勤专训、勤训轮换和公安武警联动联训，部队整体军事训练水平不断提高，在武警云南总队组织的新训骨干集训中获第三名；机关在总队年终考核中总评优秀、各中队训练质量大幅提升。

【执勤处突】 2015年，武警楚雄支队加强经常性执勤工作，推进隐患排查治理和“五防一体化”建设，积极协调州人民政府召开“两看”目标安全建设会议，完成南华、大姚、双柏3县的看守所新建搬迁，“两看”目标监门哨全部上勤，支队连续22年执勤安全无事故。贯彻“多能一体，有效维稳”战略要求，精心组织“三场维稳战役”，确保任务圆满完成。出动兵力621人次，圆满完成中央首长到楚雄的住地警卫、城市武装巡逻、武装押解、武装押运、节庆安保等临时勤务7次。

【安全管理】 2015年，武警楚雄支队始终坚持依法治军、从严治军，严格落实安全工作规范，开展“百日安全竞赛”“反恐大排查”活动，督导落实武警总部要求，开展全营区、全哨位覆盖式安全大检查2次。制定《士官量化评比细则》和《手机管理使用规定》，对照机关、基层正规化管理实施细则，对办公秩序、营区环境、内务设置进行规范统一。以“四查”为手段，严格落实日检查、周讲评、月通报制度，实现连续19年安全无事故，被武警总部表彰为“安全工作先进单位”。

【拥政爱民】 2015年，武警楚雄支队搞好拥政爱民工作，扎实开展纪念烈士、义务植树、扶贫帮困和学习雷锋等活动，密切警政警民关系。义务军训学生6万余人次，为地震灾区和贫困山区学校捐款捐物价值6.5万余元，义务植树7000余株，无偿献血8万余毫升，被州委、州人民政府表彰为“双拥工作先进单位”和“无偿献血先进单位”。

【后勤保障】 2015年，武警楚雄支队大力加强后勤保障，着眼遂行紧急、突发、复杂情况下的应急保障任务，修订完善保障方案5次，开展驾驶员、卫生员、炊事员、军械员等专业技术人员培训复训9次，开展应急保障演练6次。开展“伙食管理规范年”“勤俭节约年”活动，伙食保障水平不断提高。关注后勤安全，开展涉枪弹人员专项教育3次、军械普查4次。严密组织“三库整治”，有效消除安全隐患。大力加强与地方党委、政府和用兵单位的沟通协调，积极推进基础设施建设，双柏、南华、大姚中队完成整体搬迁，五中队附属楼投入使用，姚安中队营房拆除重建主体工程完工，武定中队训练场开工建设。

［刘亚辉］

公安消防

【消防工作概况】 2015年，楚雄州公安消防部门履职尽责，确保部队安全稳定，在消防及救援等工作中发挥专业队伍的重要作用。接警出动2745起，其中火灾83起、抢险救援1435起、社会救助1227起，出动消防车4456辆次、消防官兵2.23万人次，抢救被困人员712人，疏散人员1484人，抢救财产价值2.4亿元。圆满完成南华“4·06”楚大高速交通事故、永仁“6·11”永武高速交通事故、武定“6·20”天然气泄漏、元谋“7·10”永武高速石油精泄漏、楚雄市“10·07”世贸公司木材市场火灾等较大灾害事故抢险救援任务。

【火灾隐患管控】 2015年，楚雄州公

楚雄州2015年“119消防日”系列宣传活动启动仪式（马兴华/摄影）

① 消防演练（李伟/摄影） ② 消防官兵在抢救被困人员 ③ 抢险救援（州消防支队/提供）

① 消防官兵到古城古镇开展消防工作 ② 超市消防安全检查 ③ 姚安消防大队开展消防安全知识宣传（州消防支队/提供）

安消防部门通过专项治理等措施，努力排查和降低火灾隐患，改善消防安全环境。部署开展文物古建专项治理，医院、幼儿园、养老院火灾隐患排查，夏季消防安全大检查，易燃易爆危险化学品消防安全专项治理，冬春火灾隐患排查整治等专项行动10个。完成"抗战胜利70周年"纪念活动、"十八届五中全会"等重大庆典和会议期间的消防安全保卫工作。检查单位场所1.83万个，发现并督促整改火灾隐患3.01万处。

【消防队伍及基础建设】 2015年，楚雄州公安消防部门着力锻造廉洁高效的火灾隐患监督队伍，促进消防监督工作更加正规、执法服务更加规范。开展集中整治消防执法腐败专项行动。成立执法纠察队，规范消防执法；走访政协委员、人大代表和人民群众，广泛听取社会各界意见建议，不断改进消防执法工作。完成元谋消防大队营房建设并搬迁进驻，楚雄市二中队搬迁进驻。购置执勤车12辆，其中重型水罐消防车3辆，分别载水25吨、17吨和15吨，结束单车载水量低于8吨的历史。招收专职消防队员437名、派出所消防人员159名，建设乡（镇）人民政府专职消防队，组建派出所消防警组110个，增强乡（镇）农村自防自救能力。建成轻型救援队11支、重型地震救援队1支。研发运用"天眼"全程监控管理平台、消防安全重点单位自我管理平台，实现对消防安全重点单位全方位、高频次有效监管。119指挥中心接入州人民政府应急指挥平台，实现资源共享、信息互通，高效快捷指挥调度。州消防支队与《楚雄日报》、楚雄电视台等6家媒体签订合作协议，及时刊载消防动态，传播安全常识。全州消防队、站对外开放330次，培训教育群众上万人，发放消防提示短信10万余条。

［黄志鹏］

人民防空

【人防工作概况】 2015年，楚雄州在人民防空工作中，贯彻落实人防建设"长期准备、重点建设、平战结合"方针，以新时期军事战略方针为牵引，围绕建设"听党指挥、能打胜仗、作风优良"的人民防空队伍，不断提高履行"战时防空、平时服务、应急支援"使命任务的能力和水平，各项工作稳步发展。

【人防工程建设管理】 2015年，楚雄州完成"701"州级人防指挥所提升改造建设项目，项目总投资3653万元。武定、永仁2个县的人防指挥所建设稳步推进。依法开展人防工程行政审批，审批人防工程项目12件，竣工验收人防工程建设项目3件，审批易地建设项目775件，收缴入库易地建设费1920.34万元，其中州本级866.55万元、9县（市）1053.79万元。

【人防指挥通信和警报网建设】 2015年，楚雄州强化人防指挥通信，完成"701"人防指挥所配套信息系统工程第一阶段综合布线建设。根据城市建设发展规划和人防建设规划要求，有计划的增加防空警报器设置，加强对防空警报器的维护管理，确保防空警报器随时处于良好使用状态。9月18日，开展全州防空警报试鸣，鸣响率100%，音响覆盖率95%以上。严格落实通信值班制度，按时完成省、州、县三级电台联勤工作，确保信息实时、高效、安全、可靠地传递、交换和处理。

【人民防空知识宣传】 2015年，楚雄州加大人防知识宣传力度。在全州141所初级中学开展人防知识进校园活动；利用媒体及时宣传人防政策法规和人防建设新成就、新动态；利用民族节日、赶集日等，向广大群众适时开展人民防空知识宣传。结合人防行政审批窗口，发放人防政策法规宣传手册3000余份，为州、县（市）党政领导及相关部门征订《中国人民防空》杂志150份。

［张承明］

2016 CHUXIONG ALMANAC

法制

LEGAL SYSTEM

责任编辑：白云鹏

彝山晨冬（杨洪波/摄影）

政法委员会

【政法工作概况】 2015年，楚雄州各级政法部门全面落实中央和省、州政法工作会议的各项部署及要求，坚持以问题为导向，以维护全州社会大局稳定为基本任务，全面推进平安建设、法治建设、政法队伍暨“三项建设”，提高人民群众的安全感和满意度，为全州全面深化改革、促进经济社会协调发展营造安全稳定的社会环境。10月12日，中共楚雄州委政法委与州中级人民法院、州人民检察院、州公安局、州司法局联合印发《楚雄州律师参与化解和代理涉法涉诉信访案件实施办法（试行）》，建立律师参与化解和代理涉法涉诉信访案件工作机制。《办法》规定，对不服政法机关依法处理结果，以信访形式表达诉求的，可由司法行政机关通过律师协会委派律师，听取信访人诉求，评析信访事项，有针对性地做好释法析理、提出处理建议、引导申诉等工作，促进案件的依法公正处理，实现息诉息访。

【州委政法工作会议】 2015年2月13日上午，楚雄州召开州委政法工作会议，总结上年政法工作，安排部署2015年全州政法工作任务。会议采用视频会议形式召开，在州会务中心设主会场，各县（市）设分会场，720人参加会议。会议对何兰强等11名2014年度涌现出的全州“见义勇为先进个人”进行表彰。

10月12日，州委书记侯新华主持召开州委政法工作座谈会。会议听取州委政法委、州中级人民法院、州人民检察院、州公安局、州司法局等州级政法部门的工作情况汇报，与会州级领导李明、马闻、刘宗根在会上发言。

【铁路护路联防工作会议】 2015年3月18日，楚雄州铁路护路联防工作会议在禄丰县召开。州委常委、州委政法委书记、州铁路护路联防领导小组组长岑化虎出席会议，会议由州委政法委常务副书记秦国雄主持，中共禄丰县委书记柴万宏出席会议并致辞。州委政法委与涉路7县（市）签订《2015年度楚雄州铁路护路联防承包责任书》。

【群众安全感满意度调查分析会】 2015年9月11日，楚雄州召开群众安全感满意度调查分析会，会议以视频会议的形式进行。会议对全州群众安全感满意度调查总体情况进行通报，分析查找存在的不足和原因，并就下步做好群众安全感工作进行安排部署。会议通报，楚雄州2015年上半年群众安全感综合满意率略有上升，但在全省的排名位次整体下滑，由上年第4位下降到第9位；排名在全省前10位的县（市）由2个下降到1个；排名在全省前40位的县由7个下降到2个；排名在全省40位以后的县（市）增加到8个，占80%。10县（市）分别就各县（市）群众安全感满意度不高、排名下降的问题作分析汇报。

【平安楚雄建设】 2015年7月22日，楚雄州召开平安建设推进会，总结上半年平安建设工作情况，交流平安建设工作经验。会议以视频会议的形式召开，在州会务中心设主会场，10县（市）设分会场，由州委政法委常务副书记秦国雄主持，州委常委、州委政法委书记、州社会治安综合治理工作委员会常务副主任岑化虎出席会议并讲话。楚雄市、大姚县、元谋县在会上分别就构建社会治安防控体系、平安小区创建、组建义务联防网群等工作作交流发言。会议就“开展‘以补代管’落实严重精神障碍患者监护人责任”以及“平安建设进非公有制经济组织和社会组织”的试点工作进行安排部署。年内，全州共创建州级“平安市场”4个、“平安医院”127家、“平安校园”123所、“平安通道”16条、“平安库区”26个；创建省级“平安林区”2个、“平安车站”1个、“平安校园”35所，省级“先进平安县（市、区）”2个；在74个小区开展网格化服务管理工作，覆盖率100%；10县（市）在15666个自然村开展“村民联防”网群创建活动，组建网群51925个617562户，村民联防实现自然村全覆盖。

【见义勇为人员及家属慰问】 2015年2月15～16日，中共楚雄州委政法委、州社会治安综合治理工作委员会、州见义勇为基金会联合组成4个工作组，由州见义勇为基金会理事长、副理事长带队，对全州2002年以来受中央、省、州表彰的129名见义勇为人员及家属进行慰问，发放慰问金6.45万元。

【法治政府建设】 2015年，楚雄州加快法治政府建设步伐。州人民政府进一步清理、下放行政审批事项，加强规范性文件合法性审查，强化行政执法规范化和重大行政决策机制建设，

11月4日，州委常委、州委政法委书记李明（右）到元谋县星火社区大塘子村调研（州委政法委/提供）

加大政务公开，确保政府决策制度科学、程序正当、过程公开、责任明确。州、县组织重大决策听证7项次，规范性合法性审查登记13件，州人民政府重大合同、重要事项合法性审查28件次；州、县（市）人民政府和州级各部门均建立行政复议机构，配备专兼职人员3～4名；清理州级原保留实施的行政审批事项254项，取消15项、下放71项、保留168项；组织开展行政执法案卷评查活动，对2014年度已办结的行政执法案卷进行评查。

【执法监督和司法救助】 2015年，楚雄州政法机关加强执法规范化建设，贯彻落实罪刑法定、疑罪从无、非法证据排除等法律原则，提升司法公信力。全州政法部门严格执行《领导干部干预司法活动、插手具体案件处理的记录、通报和责任追究规定》和《司法机关内部人员过问案件的记录和责任追究规定》，结合实际制定实施办法或工作方案，把执行规定和执法办案有机结合。年内，全州未发现非法干预司法、插手具体案件的情况。全州10县（市）全面建立国家司法救助工作机制，预算安排国家司法救助资金196万元，州财政预算安排救助资金90万元。州委政法委审查备案州级政法机关报送的救助案件21件35人，发放救助资金31.15万元。

【法治创建】 2015年，楚雄州开展国家级、省级法治县（市）申报、法治乡（镇）、民主法治示范村（小区）和诚信示范企业法治创建工作。健全完善矛盾纠纷化解机制，深化信访工作制度改革，健全完善整治进京非正常上访长效机制，推动社会稳定风险评估制度落实，加强社会治安防控体系建设，深化法治县（市）、乡（镇）和民主法治示范村（小区）创建活动。武定县、元谋县被命名表彰为全国、全省“法治县（市）创建先进单位”，永仁县永定镇太平地村委会被命名表彰为全国“民主法治示范村”。

【政法综治宣传】 2015年，中共楚雄州委政法委强化政法综治宣传，做好“楚雄长安网”网群的日常维护、信息更新及“云南长安网”的信息报送工作。“楚雄长安网”编辑部共收到10县（市）、州级各政法部门和州综治委成员单位报送的稿件11184条（幅），其中文字稿件7288条、图片3896幅。“楚雄长安网——云南长安网楚雄频道”刊载稿件585条（幅），其中文字稿件531条、图片54幅；被“云南长安网”采用88条（幅），其中文字稿件82条、图片6幅；被“中国长安网”采用文稿17条。各县（市）利用赶集日、节假日，开展多种形式的主题宣传周活动，编印综治维稳平安建设宣传册、挂历；拍摄专题电视宣传片，利用广播电视、广场电子显示屏、宣传栏、黑板报宣传，设立永久性标牌，自编自演花灯、歌舞、小彝剧、文艺节目巡回演出等多种形式进行宣传，共投入宣传经费200余万元，在交通要道、县（市）、乡（镇）入城口制作永久性广告宣传牌93块、粘贴悬挂布标2.81万条、发放各类宣传材料90余万份，群发手机短信13万余条，开展平安法治专题讲座、演出等活动3097场次。

【楚雄州法学会】 2015年，楚雄州法学会依照章程，发展中国法学会会员1558名，并为全体会员制发《中国法学会会员证》；按照云南省法学会要求，组织州、县（市）法学会部分理事、常务理事及兼职工作人员200余人，以视频会议形式参加省法学会举办的培训班；组织州、县（市）政法委机关干部117人，分两批到中国政法大学培训；筛选出30篇调研文章，编印《楚雄法学》专刊两期；在州级7个法学小组和10县（市）法学会中广泛征集研究课题，推荐13篇报省法学会参加2015年度云南省法学优秀论文征文评比活动。

［永社明］

公 安

【公安工作概况】 2015年，楚雄州公安机关以平安楚雄建设为主线，通过创新社会治理、严打违法犯罪、夯实基层基础、推进“四项建设”重点工作，全力确保全州社会政治大局的持续稳定。圆满完成抗战胜利70周年纪念活动、“南博会”“旅交会”、全省美丽乡村建设现场会议等重要活动和“两节”“两会”、火把节、楚雄彝族年、国庆节等重大节庆期间的安保任务，参与完成全国人大常委会副委员长严隽琪到楚雄调研考察等30余起重大警卫工作，实现“万无一失”的工作目标。有102个集体、599名个人立功受奖，1个集体获“云南省第二届公安机关爱民模范集体”提名奖，1名民警被表彰为“云南省第四届百姓最喜爱的人民警察”，4个集体被授予省级文明单位称号，其中州

州委书记侯新华（左）为立功受奖民警颁奖（李俊伟/摄影）

公安局连续第五次被命名为省级文明单位。

【社会维稳】 2015年，楚雄州公安机关把维护政治安定和社会稳定放在工作首位，强化情报信息的收集工作，围绕全州重点工程建设、各个领域中引发的各类群体性矛盾纠纷等重点、热点、难点问题及时上报预警信息，向州委、州人民政府和省公安厅上报各类情报信息2912篇（条）；综合运用法律、政策、经济、行政等手段和教育、疏导、协调、调解等办法，做好重点信访群体的劝解疏导和稳控工作。排查重大矛盾纠纷309起涉及39516人，化解125起涉及6961人；妥善处理因医患纠纷、交通事故等引发的群体性事件14起。

【案件侦办】 2015年，楚雄州公安机关继续加大各类案件侦破办理力度。立案各类刑事案件1.22万起，比上年上升9.5%；破案4970起，上升1.3%；抓获犯罪嫌疑人2253人。其中，立案8类现行命案49起，破案49起，命案破案率100%。抓获各类网上在逃人员691名。受理各类经济犯罪案件372起，下降1.84%；立案346起，上升2.36%；破获312起，上升5.05%；抓获各类犯罪嫌疑人184名，上升18.7%；挽回经济损失3432.47万元，上升65.5%。开展打击假冒伪劣犯罪、打击传销犯罪、打击假币犯罪、“2015猎狐专项行动”、打击银行卡犯罪和打击涉税犯罪等7个专项行动，成功侦办一批影响较大的重大经济案件。破获毒品刑事案件218起，抓获毒品犯罪嫌疑人261名，缴获毒品221千克，分别比上年上升4%、15%和8%。创建“无毒县”5个、“无毒乡（镇）”73个。侦办网络犯罪案件3起、网络违法案件17起，抓获犯罪嫌疑人3名，查处违法人员20名、违法网站5个。配合各警种侦办犯罪案件246起，抓获犯罪嫌疑人486名，抓获网上在逃人员86名。

【社会治安管理】 2015年，楚雄州公安机关全面开展“缉枪治爆”“严打整治”“禁毒会战”“平安一号”等53个专项行动，受理各类治安案件1.47万起，比上年上升11.2%；查处1.4万起，上升11%；查处率95.9%，上升0.9%；查处违法人员7698名，比上年下降6.4%。在扫黄禁赌专项行动中，查处涉黄治安案件122件，查处涉赌治安案件610起，破获涉赌刑事案件5件，刑事拘留犯罪嫌疑人11人，停业整顿行业场所5家，查获收缴一批涉案赃款、赃物。在“缉枪治爆”专项行动中，破获涉枪刑事案件39起，查处治安案件24起，采取刑事强制措施30人，治安处罚26人；破获涉爆刑事案件7起，查处治安案件3起，采取刑事强制措施8人；在维护医疗秩序打击涉医犯罪专项行动中，排查督促整改医疗机构内部安全隐患242处，发生医患纠纷68件，比上年下降18%，协助化解医患矛盾60起。

【社会治安防控体系建设】 2015年，楚雄州公安机关按照“政府牵头，公安指导，社会参与，市场运作”原则，进一步推进“六张网”建设。

街面巡逻防控网建设　整合以巡（特）警、派出所民警为骨干、专职辅助力量为重要组成部分、群防群

① 安保巡逻（焦学平/摄影） ② 7月31日，州公安局举行反恐演练（周敬昌/摄影） ③ 城市巡逻（陈维寿/摄影）

治力量为补充的巡防力量，全州有巡（特）警大队10支，民警49人、辅警298人；有公路查缉检查站14个，配备民警252人、协勤475人、巡逻车145辆，开展巡逻防范3.72万人次，清理整治复杂区域场所260次，抓获违法犯罪人员1035人，救助群众1.11万人次，街面刑事发案比上年下降7.1%。

小区防控网建设　推广义务巡逻、联户联防、邻里守望、治安承包等防范模式，健全群防群治组织，配齐配强治保力量。调整充实治保会1874个，其中农村1096个、机关内部单位703个、城镇75个，成员15065人；建立治保小组12009个，成员34990人。协查刑事、治安案件2276起，抓获各类违法犯罪人员882名，调处各类纠纷6124起，缴获赃款赃物折价18万元。

内部单位及行业场所防控网建设　全州有重点单位616家，保卫人员4491人。重点单位结合实际在主要出入口、重点区域、重点部位安装视频监控探头5000余个，实时录像上传信息，切实加强重点单位的治安防控能力。推进“警银亭”建设，完成73个“警银亭”建设任务。

区域警务协作网建设　4月1日，在永仁县境内的国道108线和京昆高速公路设立3个出入省卡口，启动“环滇”安保圈查控工作，从州公安局机关和10县（市）公安局抽调民警组成11个查缉单元，轮流开展24小时双向查缉工作，严密防范和严厉打击各类违法犯罪活动。出动警力1.25万人次、警车1800余辆次，查验过往车辆20万辆次，核查人员5.9万人次；查获毒品案件40件，查获毒品50余千克；抓获各类犯罪嫌疑人60名；查处交通违法案件3200余起。

技术视频防控网建设　全州建成2834个社会治安视频监控摄像头，整合社会视频监控资源340个，设立灯杆、商铺等报警点4217个。

网络防控网建设　严格落实网吧安全技术措施及实名上网制度，落实24小时网上有害信息巡查处置工作机制，查处违规经营网吧218个。

【人口及出入境管理】　2015年，楚雄州加强人口及出入境管理。审批变更、更正年龄、民族和补录16周岁以上遗漏人口户籍数据2723份；受理二代居民身份证指纹信息采集135092份；受理“户政E网”便民服务预约10999条，其中户口办理542件、居民身份证办理10408件、居住证办理49件；核查省外迁入人员2623人；管理流动暂住人口78960人，办理《居住证》78136个，办证率98.9%，新增登记流动人口20803人、注销3955人。通过人像比对技术开展户口清理整顿工作，发现并删除重复户口1834个，发现并报请省公安厅删除处理16周岁以上无照片疑似重复户口人员信息16231条。受理审批公民出国（境）申请37554人次，去港澳台19821人次；办理一次有效台胞证279人次；签发外国人签证139人次，实现“零”投诉目标。

【户籍制度改革】　2015年，楚雄州按照国务院《关于进一步推进户籍制度改革的意见》和《云南省人民政府关于进一步推进户籍制度改革的实施意见》精神，制定下发《楚雄州人民政府办公室关于印发楚雄州户籍制度改革工作方案的通知》和《楚雄州公安局进一步推进户籍制度改革实施细则（试行）》，推进城乡统筹户籍制度改革工作。办理城转农5727人、出租房落户2人、三代直系亲属相互投靠105人、成年子女投靠亲属462人。

【公安信息化建设】　2015年，楚雄州公安机关按照“数据大采集、资源大共享、全警大应用”的工作思路，投入资金5900余万元，完成网络综合应用平台等20余项重点信息化建设项目。通过联网平台向省公安厅推送视频监控资料3883个。新建视频抓拍机动车辆卡口24个，并完成与省公安厅平台资源对接，日采集信息48万条，累计获取信息1.64亿条。全州利用公安信息化手段破获的刑事案件占侦办案件总数的70%以上。完成114个派出所的视频会议室规范改造。

【警务实战化建设】　2015年，楚雄州公安机关强化警务实战化建设，实施环滇、环州、环县（市）安保圈防控工作，创新公安机关和武警部队、铁路公安、反恐处突机动警务单元专业处警3项工作机制。州公安局机关形成每周由1名当值局领导担任指挥长，2名业务部门主要领导担任指挥助理，警令部相关负责人轮流担任值班长，抽调州公安局机关民警作为应急处置力量轮流备勤值守的警务实战指挥保障体系，初步实现指挥调度、应急处置、日常勤务模式、警务保障实战化。

【执法规范化建设】　2015年，楚雄州公安法制部门审核各类案件8717件，办理行政复议案件5件，办理刑事复议复核8件，结果均为维持不予立案决定；办理应诉行政诉讼2件，办理国家赔偿案件2件；运用网上执法办案信息系统办理案件2.7万件，其中刑事案件1.18万件、行政案件1.52万件；开展执法品质考评122次。建设改造办案中心12个、执法办案区111个；完善信息化执法装备配备，讯（询）问室全部配备同步录音、录像、刻录设备。全州有3039名民警通过基本级执法资格等级考试，1828名民警取得中级执法资格，17名民警通过高级执法资格等级考试。

［和丽香］

检　察

【检察工作概况】　2015年，楚雄州检察机关切实强化法律监督职能，为实现富民强州目标提供法治保障。州人民检察院组织各项检察业务培训和岗位培训15班次，培训相关人员1574人次，干警专业素质、综合职业素养得到提升。州人民检察院连续第五次获得全省“文明单位”称号；州检察院干警段德荣先后获得首届“楚雄州十大孝星”和全国“践行核心价值观向上向善好青年”称号；州检察院机关检务保障部门首次跻身全国检察机关百名先进行列，获最高人民检察院通报表扬。

【反贪污贿赂】　2015年，楚雄州检察机关立办贪污贿赂犯罪案件96件109

12月17日，云南省检察院党组书记、检察长王田海到楚雄州检察院调研（州检察院/提供）

人。其中，贿赂78件88人（个人受贿44件46人、个人行贿27件27人、单位行贿6件11人、单位受贿1件4人），占立案件数的81.25%、立案人数的80.7%；贪污13件16人，占立案件数的13.54%、立案人数的14.68%；挪用公款案5件5人，占立案件数的5.2%、立案人数的4.6%。涉案金额3376.7万元。立办大案96件109人。其中，涉案金额为5～10万元的36件36人，10～50万元的41件48人，50～100万元的12件16人，100～500万元的7件9人，大案比例100%。立办处级以上要案13人，居全省第2位，与上年相比，上升62.5%，其中首次立办厅级要案1件1人。侦查终结移送审查起诉反贪案件93件102人，侦结率93.6%，移送审查起诉率100%。通过办案，为国家挽回直接经济损失2500余万元，无撤案和无罪判决案件。

【反渎职侵权】 2015年，楚雄州检察机关立办渎职侵权案件32件36人，其中滥用职权案11件15人、玩忽职守案21件21人（7人涉及贪污、受贿等多种罪名）。从案发领域看，涉及环境保护领域渎职犯罪25件28人，涉及招商引资领域1件1人、教育培训领域2件3人、“三农”领域4件4人。立办要案2件2人、特大案件12件12人、重大案件3件3人，立办重特大案件占立案件数的46.9%。年内，立办的渎职侵权案件均侦查终结并移送审查起诉，其中有24件27人起诉至法院，判决生效8件8人。通过办案，为国家挽回经济损失520余万元。

【侦查监督】 2015年，楚雄州检察机关受理各类批捕案件804件1232人，审结804件1241人。经审查批准和决定逮捕543件783人，批捕率63.17%；对261件458人依法做出不捕决定，其中绝对不捕13件32人、存疑不捕138件231人、无社会危险性不捕101件180人、符合监视居住条件不捕1件3人，其他情形不捕8件12人，不捕率36.9%。办理复议复核案件11件22人，复议改变原决定2件2人。批准和决定逮捕的783人中，存疑不诉13人、相对不诉11人。办理立案监督案件247件，其中监督公安机关应当立案而不立案案件103件，发出《要求公安机关说明不立案理由通知书》105件，公安机关主动立案104件，通知公安机关立案1件；对公安机关不应当立案而立案的监督撤案144件，向公安机关发出《要求公安机关说明立案理由通知书》142份，侦查机关主动撤销案件142件，通知公安机关撤销案件2件。监督立案案件法院做出有罪判决39人（含上年未判决案件），被判处徒刑以上刑罚27人，被判处拘役、免于刑事处罚12人。在办理立案监督案件中移交职务犯罪案件线索1件。促进行政执法与刑事司法衔接工作，侦查监督部门办理建议行政机关移送涉嫌刑事犯罪案件15件，法院依法作出有罪判决20人（含上年积存）。侦查监督部门向侦查机关发出《纠正违法通知书》109件，公安机关整改回复101件。纠正漏捕21人，起诉25人，判决25人（含上年积存案件），其中判处3年（含3年）以上有期徒刑7人。发出检察建议2件，办理批准延长侦查羁押期限12人，办理羁押必要性审查案件1件。

【公诉工作】 2015年，楚雄州检察机关受理侦查机关移送审查的各类起诉案件1578件2408人，审结案件1334件1980人，其中提起公诉1177件1702人、决定不起诉146件254人。州人民检察院公诉处检察员出庭参与被告人上诉二审的上诉开庭案件20件34人，二审、再审抗诉案件12件29人，办理职务犯罪一审判决监督案件55件。检察机关公诉部门纠正漏犯105人，提出书面纠正侦查活动违法意见并纠正96件。提出刑事抗诉13件，无撤回抗诉案件。提出量刑建议1413人，量刑建议采纳率86%。全州检察机关公诉部门提出书面纠正审判活动违法意见41件，发出检察建议137份，收到有关单位整改回复119份。对未成年犯罪嫌疑人开展社会调查161人次，形成规范的社会调查报告，为办案和教育、挽救未成年犯罪嫌疑人提供支持。对符合条件的24名未成年犯罪嫌疑人做出附条件不起诉决定，加强对未成年犯罪嫌疑人的监督考察、社会帮教、回访等工作。

【刑事执行检察】 2015年，楚雄州检察机关检察入监614人、出监535人；参加监狱犯情分析会9次，受理罪犯申诉、控告和检举17件，对罪犯开展集体教育18次947人。通过审查，发出《检察建议书》5份，发出《纠正违法通知书》9件，开展安全防范检察199次，检察罪犯劳动工地169次，检察禁闭29次。对加带械具的20人进行审查，经审查，手续完备合法，无关禁闭情况。开展羁押必要性审查

32件，提出变更强制措施检察建议27件，均被办案部门采纳。检察监外执行罪犯1770人，其中缓刑1565人、假释64人、管制2人，保外就医、暂予监外执行50人，剥夺政治权利91人。纠正新发现脱管47人、漏管3人，发出《检察建议书》32份、《纠正违法通知书》8份、《收监执行检察建议》14份。

州检察院驻楚雄监狱检察室检察楚雄监狱收押罪犯773人、检察刑满释放、假释释放、特赦释放、保外就医出监、调动出监等672人。审查、办理楚雄监狱刑罚执行部门报请裁定予以罪犯减刑案件1372件1372人，其中有期徒刑罪犯减刑案件1339件1339人，无期徒刑罪犯减刑案件25件25人；报请裁定罪犯予以假释案件41件41人；列席监狱减刑、假释评审委员会监督评审讨论报请裁定予以罪犯减刑案件1370件1370人，报请裁定予以罪犯假释案件42件42人；审查人民法院裁定准予减刑《刑事裁定书》1028份1028人，不准罪犯减刑《刑事裁定书》1份1人，准予罪犯假释《刑事裁定书》20份20人；审查和列席楚雄监狱保外就医评审委员会评审讨论罪犯保外就医案件22件22人；审查省监狱管理局批准同意罪犯保外就医（暂予监外执行）14件14人；向监外执行罪犯所在地检察院邮寄《监外执行罪犯出监告知表》及相关法律文书24份24人，其中保外就医罪犯3份3人、假释罪犯20份20人、主刑执行完毕还需执行剥夺政治权利1份1人；出席罪犯减刑、假释案件公开开庭审理20次1090件1090人；参加监狱狱情犯情分析会6次，开展监管安全防范检察345次，对罪犯劳动工地实施安全检察314次；专项检察监狱禁闭52次，找被禁闭罪犯谈话教育7人次，实施罪犯个别谈话教育466人次，集体法制教育25次1300人；接待罪犯家属（监护人）来访75次39人；受理罪犯控告、申诉、举报案件17件；检察罪犯因病正常死亡11人。

【控告申诉检察】 2015年，楚雄州检察机关受理各类来信来访494件，其中，举报65件，各类控告申诉429件；民事监督案件139件，刑事申诉56件。办理刑事申诉案件56件、申请刑事赔偿复议案件6件。56件刑事申诉案件中，不服法院生效判决21件、不服检察机关处理决定35件。经过复查，维持原决定35件，不予抗诉21件。坚持开展检察长接待日活动，由检察长亲自接访，批办案件，解决群众困难。检察长和副检察长接待来访群众87人次，批办信访案件58件。全州控申部门下访巡访80人次，有效化解矛盾纠纷，维护社会稳定。办理国家司法救助案件40件，发放救助金42.56万元。

【民事行政检察】 2015年，楚雄州检察机关办理各类民事行政监督案件677件，其中对诉讼结果监督案件66件，经审查，提请省检察院抗诉6件，获省检察院支持4件；向法院发出再审检察建议7件；办理执行监督案件246件，办理行政执法监督案件14件，发出检察建议13份，被相关部门采纳；受理行政公益诉讼案件5件，按照前置程序发出检察建议2份。

【职务犯罪预防】 2015年，楚雄州检察机关进行预防立项，开展预防调查并形成调查报告48次，进行职务犯罪案例剖析54件，提出书面预防职务犯罪检察建议52件，预防建议被有关单位采纳52件；开展职务犯罪警示宣传教育710场次；受理行贿犯罪档案查询4388次，被查询单位40167个，被查询个人79162人；对有行贿犯罪记录的单位或个人做出处置77次。

【人民监督员工作】 2015年，楚雄州检察机关规范有序做好案件监督评议工作，确保“七类案件或事项”全部进入监督程序。组织人民监督员监督评议职务犯罪案件3件3人，均为拟不起诉，人民监督员均同意拟处理意见。全州检察机关组织人民监督员参与办案活动，参与控告申诉部门人员定期联合接待来访，参加案件质量评查、回访案件当事人，视察办案工作区、监管场所，专题调研，法律知识培训等活动16件次。邀请特约检察员、人民监督员参与宣传周活动7次，组织人民监督员观摩评议案件庭审活动18件次，邀请人民监督员参加座谈会、通报工作情况、听取意见建议等活动10次。

① 3月20日，州检察院开展联系服务社区活动 ② 5月29日，州检察院开展“打击非法集资”专项活动宣传（州检察院/提供）

【案件管理】 2015年，楚雄州检察机关案件管理办公室受理各类案件3137件，其中公安机关移送2226件、审判机关移送39件，所有受理的案件在登记后都及时送达相关业务部门，确保案件办理及时。案件管理办公室接收卷宗6277册，统一受案补送更正125件，不予接收4件。主要通过口头提示和发送流程监控通知书两种方式，对案件办理流程进行监督。全年进行违法办案情形口头提示37件，纠正24件；发送流程监控通知书5份，已纠正并书面回复6件。规范案件办理，通过统一业务应用系统并结合执法办案统计系统，做到每件已受理案件的办理情况、办案时限、风险评估等基本情况都能随时监控、及时预警，防止案件超期羁押、超期办案等情况出现，全州检察机关实现“零超期”办案。开展辩护人、诉讼代理人接待及案件查询工作。受理律师和当事人案件信息查询104次，侦查期间申请会见16次，要求或申请阅卷255次，安排阅卷249次，申请变更或解除强制措施5人，要求听取意见7次。受理网上辩护与代理预约3件，消除州内网上申请案件查询及辩护与代理预约申请的空白。办理涉案款入库757.45万元、涉案物入库1616件，涉案款出库624.1万元、涉案物出库1390件。严格对各类案件的涉案款物进行检查，切实做到“单证一致”，实现全年已办理涉案款物工作“零投诉”“零违纪”目标。

【司法警察工作】 2015年，楚雄州州、县（市）两级司法警察部门执行传唤103人次，执行拘传7人次，参与搜查15人次，协助执行监视居住、拘留、逮捕等强制措施753人次，提押犯罪嫌疑人、被告人和罪犯269人次，送达法律文书1657人次；派出警力2867人次，看管犯罪嫌疑人、被告人258人；协助维护接待群众来访场所秩序和安全416人次；参与处置突发事件23次，保护出席法庭检察人员安全148人次，法律法规规定的其他职责2593人次。

［董　文］

审　判

【审判工作概况】 2015年，楚雄州法院系统受理各类案件22494件，审理结案19227件，分别比上年上升27.64%和20.06%，其中州中级人民法院受理3634件，审结3237件，分别比上年上升14.19%和15.24%。坚持阳光司法，依托信息技术，提升“三大平台”应用水平，公开案件流程信息15299件、执行信息5757件。继续实施“阳光司法工程”，开展送法下乡、以案释法等活动，公开审判案件148件，包括人大代表、政协委员、社会公众、涉案人员家属等共1万余人参与旁听。法院生效裁判文书同步上网公布7652份，裁判文书上网工作名列全省法院前茅。实施立案登记制，认真做好立案登记、一次性告知、释明引导等工作。拓展诉讼服务中心职能，深化诉讼服务。全面加强巡回办案，完善速裁、调解、巡回审理相结合的办案机制，让法官多走路、群众少跑腿。南华县法院推出“假日法庭”，楚雄市洒鸡口法庭实施“到庭一次结案法”，全州法院巡回办案7325件，基层法院巡回办案率均在60%以上，最大限度方便群众诉讼。全面推行院（庭）长办案制度，全州法院院（庭）长、审判委员会委员办理各类案件6157件。做实司法救助工作，全州减缓或免除诉讼费341万元，执行救助184件272人，救助金额274.44万元，解决部分群众诉讼难、执行难问题。增选人民陪审员285名，全州人民陪审员达到713人，在全省法院率先完成人民陪审员“倍增计划”。人民陪审员参与审理基层法院一审普通程序案件1831件，陪审率82.81%；参与调解、执行、送达等司法活动3541件次。州中级人民法院引入人民陪审员参与开庭审理减刑假释案件816件，占全部减刑假释案件的59.43%。依法接受检察机关法律监督，公正审理检察机关提出的各类抗诉案件12件。健全司法调解、行政调解、人民调解、行业调解联动机制，深化矛盾纠纷化解工作。州中级人民法院邱德英先进事迹被编入《云南省法院系统正反两方面典型事例选》，成为全省法院深入开展“三严三实”和“忠诚干净担当”专题教育学习材料。最高人民法院授予楚雄市法院“全国模范法院”、楚雄市法院洒鸡口法庭“全国法院先进集体”，授予州中级人民法院民一庭副庭长倪志敏“全国法院先进个人”荣誉称号。

【刑事审判】 2015年，楚雄州法院系统受理刑事案件1660件，审理结案1456件，其中州中级人民法院受理332件，审结282件。严惩故意杀人、故意伤害、抢劫、强奸、涉枪、涉毒等严重刑事案件428件640人；惩治破坏市场经济秩序犯罪，审结传销、诈骗、非法经营等案件35件54人；严厉打击多发性侵财犯罪，审结盗窃、敲诈勒索案件257件404人；判处职务犯罪案件82件94人；加大调解力度，审结刑事附带民事案件270件。严格执行《楚雄州中级人民法院审理职务犯罪量刑指导意见》，确保同案同判、罚当其罪；加大环境司法保护力度，州法院与州检察院、州林业局共同制定《关于处理破坏森林资源刑事案件相关问题的意见》，审结盗伐、滥伐林木案件65件116人；严格落实疑罪从无、证据裁判原则，依法排除非法证据，全州法院系统没有发生1件冤假错案，对4名自诉案件被告人宣告无罪；依法从严打击3起“医闹”案件首要分子4人，维护医院正常的诊疗秩序；依法从严打击“闹访”被告人4人，以刑罚手段倒逼涉诉信访案件纳入法治化轨道解决。全年审结减刑、假释案件1373件、特赦案件127件，对12名职务犯罪和涉及金融犯罪的罪犯因不主动退赃、不积极协助追缴赃款赃物等原因不予办理减刑假释。

【民商事审判】 2015年，楚雄州法院系统受理民商事案件12517件，审理结案11082件，调撤率51.7%，分别比上年上升34.35%、25.47%和1.2%，其中州中级人民法院受理1247件，审结1097件。依法保障民生权益，全州法院审结民间借贷、婚姻家庭、损害赔偿、劳动争议等纠纷案件8276件；坚持平等保护原则，依法支持市场主体公平竞争，妥善审理买卖、保险、担

① 7月14日，楚雄州法院首次与西南政法大学签约成立教学科研实践基地 ② 5月15日，楚雄州法院系统举办首届青年法官论坛 ③ 8月21日，楚雄州法院系统举行首届法官辩论赛 ④ 8月18日，州法院刑事二庭审理华兴卫诈骗案（州法院/提供）

保、金融借贷、融资租赁等纠纷案件985件，规范市场交易秩序，维护金融安全；依法审理房地产纠纷、商品房买卖、建设工程施工、房屋租赁、物业管理等合同纠纷案件694件。调解审结楚雄“润泰·中央公园”房地产项目购房业主集体诉讼案件，促进房地产业规范发展。妥善审理中国音像著作权集体管理协会与楚雄城区10个KTV经营者侵害作品放映权纠纷案件，在保护知识产权所有人合法权利的同时，依法支持KTV经营者的合理诉求。

【行政审判和国家赔偿】 2015年，楚雄州法院系统受理行政案件222件，审理执行结案199件，分别比上年上升69.47%和53.08%，其中州中级人民法院受理74件，审结69件，开庭率100%。全州法院积极推进行政机关负责人出庭应诉工作，向州人民政府通报行政机关负责人出庭、行政机关败诉情况。强化对被诉行政行为的司法审查，依法审理国有土地房屋征收补偿、土地行政登记、林权确认、公安行政处罚等行政争议案件72件。审结国家赔偿案件3件，依法判决撤销及确认行政违法案件20件。认真总结行政诉讼案件集中管辖试点经验，及时回馈审判工作中发现的行政执法突出问题，发布《2012～2014年行政审判司法审查报告》，促进行政与司法良性互动。

【案件执行】 2015年，楚雄州法院系统受理执行案件6470件，执行结案4874件，执结率75.39%，执结金额19.16亿元，其中州中级人民法院受理378件，结案197件，执结率52.12%，执结金额3.95亿元。开展“集中打击拒不执行判决裁定等违法犯罪行为”专项行动，通过公安机关协助，控制被执行人58人，执结案件47件。对违反法律规定的被执行人、案外人决定司法拘留84人、罚款3人，以拒不执行判决裁定罪判处2人。对1326名被执行人、单位为被执行人的法定代表人和相关责任人发出限制高消费令，将1608名被执行人纳入失信名单库并向社会公布。开展涉及金融债权执行案件专项清理行动，执行涉及金融债权案件302件7.23亿元，依法打击金融领域恶意欠债不还、逃避债务、规避执行等行为，执行完毕和终结执行案件122件，执行到位金额7430.46万元。

【立案申诉与涉诉信访案件办理】 2015年，楚雄州法院系统推进立案登记制改革，做好立案登记、一次性告知、释明引导等工作，符合诉讼法规定的案件做到依法受理、有诉必理。5月1日起实施立案登记，全州法院登记起诉材料6281份，当场立案6073件，当场立案率96.7%，立案数量比上年上升65.8%。健全司法调解、行政调解、人民调解、行业调解联动机制，深化矛盾纠纷化解工作。推行视频接访和网上申诉，办理初信初访和化解信访积案，依法做好楚雄“润泰·中央公园”房地产项目购房业主群体上访接待劝访工作，运用法律手段解决信访问题。接待来访4900余次，干警下访680余次，申请救助金33.3万元对56件88人进行信访救助。全州法院各类一审案件服判息诉率85%。

【司法警察支队工作】 2015年，楚雄州司法警察支队完成各类案件开庭值庭183件次，出动警力1076人次。其中，州中级人民法院刑事案件开庭值庭135件次；最高法院、省法院调警值庭38件次；民商事、行政案件开庭值庭14件次；基层法院调警9件次；押解、看管刑事被告人315人，出动警力1221人次；其他执行方式6场次6人，出动警力62人；参与开展执行工作5件次；派出干警协助其他庭审完成驾驶保障任务102次；参与处置突发事件和劝返无理取闹诉讼当事人及其参与人40场次426余人，出动警力216人次；节假日执勤值班109天，动用警力314人；派员完成其他勤务19场次，派出队员46人。

［李静平］

司法行政

【司法行政工作概况】 2015年，楚雄州司法行政工作坚持以全面推进法治楚雄建设为引领，以深化司法行政体制改革为动力，以构建公共法律体系为抓手，以基层基础建设为重点，以干部队伍建设为关键，推动司法行政各项业务创新发展。全州司法行政系统有12个集体、11名个人受到全国表彰奖励，14个集体、12名个人受到全省表彰奖励，27个集体、29名个人受到全州表彰奖励；州司法局被命名为第14批省级文明单位。

【普法工作】 2015年，楚雄州司法行政系统落实年度普法工作计划，推动“谁主管谁普法、谁执法谁普法”双普法工作责任落实，“六五”普法工作圆满收官。成立州、县（市）、乡（镇）普法领导小组114个，健全和落实170余个州级和驻楚中央、省属单位普法机构和人员，推动全州普法工作转型升级；履行依法治州法治宣传教育专项组工作职责，7月中旬牵头召开州委普法工作领导小组暨依法治州法治宣传教育专项组会议；牵头完成全州10县（市）和州属单位的“六五”普法检查验收工作，并于9月6～7日迎接省检查验收组对楚雄州“六五”普法工作的验收；以开展法律“六进”活动为载体，加强各级领导干部、公务员、青少年等重点对象的法制宣传教育，带动人民群众遵法守法。围绕“六五”普法各项要求，开展普法宣传活动。通过全州城乡2850块电子显示屏滚动播出法律法规标语4000余条；投入经费制作宣传展板、印制《宪法》和法治图书等普法宣传资料3.51万册；广泛开展“国家宪法日和云南省法治宣传周”等系列普法宣传活动，发放各类法制宣传资料9.25万份；开展“中国梦·安全法制道德教育进校园”法治图书捐赠活动，向州内32所中小学捐赠法治图书4086套20430册。

· 法制宣传进校园（陈维寿/摄影）

【人民调解】 2015年，楚雄州司法行政系统强化人民调解工作。组织开展“化疑难案件、促平安和谐”专项攻坚活动，重点突破医疗卫生、道路交通、劳动争议等调解难点；结合实际，聚焦热点、难点问题，推进行业性、专业性调解委员会建设；建立“人民调解、行政调解、司法调解”三调联动工作体系，发挥人民调解在社会矛盾纠纷调解工作体系中的基础作用；全州1311个人民调解组织调解矛盾纠纷17707件，调解成功17137件，成功率97%。以省级规范化司法所创建活动为契机，在前两批省级规范化司法所建设的基础上，明确在3年内分3批完成99个司法所规范化建设，对年内通过检查验收的第一批38个司法所进行命名和奖励。大姚县司法局、元谋县司法局业务用房建设被纳入全州“十三五”项目建设规划。楚雄市子午镇司法所被评为“全国模范司法所”，楚雄市大过口乡司法所所长范文才被评为“全国模范司法所长”。

【律师公证和司法鉴定】 2015年，楚雄州司法局加强对全州执业律师、公证员、司法鉴定人员的业务培训和执业道德教育；按照《党章》要求，对州律师协会党总支进行换届选举。年内，全州33个律师事务所、262名律师，担任法律顾问266个，办理刑事诉讼及代理927件、民事诉讼代理1614件、行政诉讼代理51件，为房地产公司办理非诉讼业务216件。办理咨询和代书776件，开展非诉讼调解、庭前和庭中调解396件，提供法律援助45件。全州10个公证处24名公证员办理各类公证2305件，其中国内公证业务1967件、涉外公证318件，涉台、涉港公证10件；办理公益性服务318件，接待来访4296人，提出司法建议219件。全州8个司法鉴定机构111名司法鉴定人员办理司法鉴定业务2489件，其中法医类鉴定1885件、法医精神病鉴定10件、法医物证鉴定44件、司法会计鉴定7件、建筑类司法鉴定8件、文书和痕迹鉴定9件、车辆技术鉴定456件、价格类司法鉴定8件，其他类18件。

【法律援助】 2015年，楚雄州司法行政系统贯彻落实《云南省法律援助条例》，扩大法律援助范围，降低援助门槛，在原有11个法律援助机构的基础上，依托乡（镇）司法所，工会、共青团、妇联、残联、监狱、部队、律师事务所设立法律援助工作站136个，设立便民服务窗口8个，在全州行政村（社区）建立法律援助工作站1088个，形成州、县（市）、乡（镇）、村（社区）全覆盖的法律援助服务网络。全州法律援助机构办理各类援助案件3998件，其中民事法律援助案件3379件、刑事法律援助617件、行政法律援助2件，受援人数4080人，其中妇女1369人、残疾人143人、农民3513人、农民工874人、老年人613人、未成年人666人、军人和军人家属4人，提供义务法律咨询8083人次。

【社区矫正】 2015年，楚雄州司法行政系统加强社区矫正工作。明确责任，加强监管。年初，州司法局与10县（市）司法局签订《楚雄州社区矫正工作目标管理责任书》，各县（市）司法局与司法所签订《社区矫正人员管理工作责任书》。年末，由州司法局组成工作组对10县（市）《责任书》落实情况进行集中考核。探索社区矫正和刑满释放人员过渡性安置帮教基地建设。全州依托企业建立过渡性安置帮教基地10个，其中大姚县和牟定县建成省级示范基地各1个，成为集就业、食宿、教育、培训为一体的社区矫正安置帮教基地。做好社区服刑人员报请特赦工作。全州社区矫正服刑人员再犯罪率0.04%、信息核查率98%、脱管率为零，刑满释放人员重新犯罪率0.14%。

［吴光能］

公安交通管理

【公安交通管理工作概况】 2015年，楚雄州公安交通管理工作以基础信息化、警务实战化、执法规范化和队伍正规化建设为统领，以“事故少、秩序好、人民群众满意”为目标，以预防和减少道路交通事故为中心，贯彻落实《国务院关于加强道路交通安全工作的意见》和省、州人民政府实施意见；与有关部门沟通协作，以推进公安改革为契机，创新警务机制，转变传统管理模式，主动顺应群众新期盼，探索应对和解决交通需求与安全的新方法、新手段，增强履职能力，提升工作效率，保障全州辖区道路交通安全与畅通。州交警支队代表队荣获全省“文明交通、平安云南”交通安全知识竞赛二等奖，州交警支队被省委、省人民政府授予文明单位称号。

6月30日，州司法局开展社区矫正人员集中教育活动（州司法局/提供）

【道路交通事故预防】 2015年1月22日，中共楚雄州委、州人民政府召开全州道路交通安全工作电视电话会议，就2015年全州道路交通安全工作及贯彻落实全省道路交通安全工作会议精神进行安排部署，副州长邓斯云与10县（市）人民政府签订《2015年道路交通安全目标管理责任状》。年内，州预防道路交通事故工作领导小组先后6次组织召开专题会议和联席会议，研究部署道路交通安全工作，适时组织工作组到各县（市）督导检查；州公安局及州交警支队先后多次召开专题会议部署安排道路交通安全工作，适时组织对县（市）公安局及交管部门进行工作督查、指导及帮助。1月1日至12月20日，全州接报适用一般程序处理的统计内道路交通事故159起，造成88人死亡、326人受伤，直接财产损失257.63万元。与上年相比，事故起数减少24起，下降13.11%；死亡人数减少2人，下降2.22%；受伤人数增加79人，上升31.98%；直接财产损失增加59.04万元，上升29.73%。接报适用简易程序处理的道路交通事故13220起，发生一次死亡3人及以上的道路交通事故5起，死亡21人，未发生一次死亡10人以上（含10人）的道路交通事故。全州道路交通安全形势总体平稳。

【交通违法整治】 2015年，楚雄州公安交警部门加大交通违法整治力度，按照“压事故、保安全、保畅通”的总体要求，围绕春运、“两会”、南博会、州庆、“五一”节、火把节、国庆节、彝族年等节假日，先后组织开展酒驾、高速公路交通秩序整治、严查7类交通违法行为、“打非治违”、道路交通安全突出问题整治，

“平安一号”道路交通整治等22次专项整治行动，及时消除各类交通安全隐患，确保重要节庆和节点的交通安全畅通。全州公安交警部门出动警力35.22万人次，出动警车17.6万辆次，查验机动车90余万辆次，纠正各类交通违法27.42万人次，其中查获醉驾76起、酒后驾驶64起，扣留驾驶证553本，吊销驾驶证148本，拘留19人。

【机动车及驾驶人管理】 2015年，楚雄州公安交警部门强化措施，落实责任，加强机动车及驾驶人源头管理，筑牢预防道路交通事故工作第一道防线。推进“互联网+公安交管”政务服务，提升互联网交通安全综合服务能力；完成公安交警与机动车安全技术检验机构脱钩工作；完成机动车检测监管系统安装应用；推行驾驶人自主预约考试等制度，下放车驾管业务办理权限，延伸车管服务触角，为群众办理车辆驾管业务提供方便、快捷服务。年末，全州共有6家汽车销售品牌店开展机动车带牌销售业务，10县（市）全部实现摩托车带牌销售。全年办理新车注册登记60084辆、转移登记15943辆、变更登记6330辆、注销登记6105辆，核发检验合格标志269283份；办理初领驾驶证60068本，增驾22184人，提交体检证明4061人，满分学习595人，注销驾驶证495本。年末机动车保有量580868辆，持证机动车驾驶人598578人。

【交通安全宣传教育】 2015年，楚雄州公安交警部门全面加强交通安全宣传工作。主动与宣传、教育、司法、安监等部门协作配合，利用各种宣传日搞好交通安全宣传，积极组织参加“文明交通、平安楚雄”交通安全知识竞赛活动；与省、州主流媒体建立道路交通安全宣传协作联办制度，利用广播、电视、报刊等传统媒体以及微博、微信、QQ、手机报等新兴媒体，通过创办交通安全宣传专栏、曝光交通违法行为、刊播交通安全信息等形式，广泛开展交通安全宣传；组织开展“大喇叭”工程建设，挂牌设立4462个农村地区道路交通安全广播站（室），推进农村地区交通安全宣

2015年楚雄州道路交通事故统计表

适应一般程序处理的事故（次）	死亡人数（人）	受伤人数（人）	经济损失（万元）
159	88	326	257.63

注：数据统计时间为2015年1月1日至12月20日。

2015年楚雄州机动车保有量统计表

单位：辆

全州2015年机动车保有量（580868辆、不含拖拉机类）											
汽车类									摩托车类		挂车类
载客汽车				载货汽车				三轮汽车、低速货车	普通	轻便	
大型	中型	小型	微型	重型	中型	轻型	微型				
771	1414	149235	4621	5985	3658	24867	97	1844	377147	10340	889

注：数据统计时间为2015年1月1日至12月20日。

2015年楚雄州机动车驾驶人统计表

单位：人

全州2015年机动车驾驶人（598578人、不含拖拉机驾驶人）			
按年龄段划分（男/女）		按驾龄段划分（所占百分比%）	
18～20岁	4887（3852/1035）	不满1年	56797（9.49）
21～25岁	46799（33771/13028）	1～3年	135403（22.62）
26～35岁	167803（122931/44872）	4～5年	101531（16.96）
36～50岁	298570（242828/55742）	6～10年	187940（31.40）
51～60岁	69334（63993/5341）	11～15年	69978（11.69）
超过60岁	11185（10996/189）	16～20年	31019（5.18）
合　计	598578（478371/120207）	超过20年	15910（2.66）

注：数据统计时间为2015年1月1日至12月20日。

（州交警支队/提供）

7月29日，举办“文明交通　平安楚雄”交通安全知识竞赛（郑建民/摄影）

传教育常态化、制度化、规范化。利用州交通安全警示教育中心对客货运驾驶人、初学驾人员等重点群体开展警示教育学习，倡导文明交通，营造交通安全人人参与浓厚氛围。全州出动宣传警力1.2万人次，出动宣传车7000辆次，交通安全宣传进学校814次、进村（社区）290个，进单位、企业436个，播放宣传教育片2200次，发放宣传材料72万份，在州级以上新闻媒体刊播宣传稿件4451篇条，开展广播宣传4.8万次，受教育群众80余万人。

【公安交管“四项建设”】 2015年，楚雄州公安交警部门加强“四项建设”，进一步提升交通综合管理水平。

科技信息化建设 完成楚（雄）大（理）高速、永（仁）武（定）高速、南（华）永（仁）公路7套区间测速设备、6套LED信息安全提示栏、25套高清视频监控设备建设安装；先后完成车管所车管、驾管监控中心建设和机动车检验、驾驶人考试监管系统建设，实现从科目一、科目二到科目三考试智能评判，实行互联网自编预选机动车号牌、提交身份条件证明、预约驾驶人考试、违法信息告知等服务功能，稳步推进机动车缉查布控系统和互联网交通安全综合服务管理平台应用工作。

执法规范化建设 坚持“一案一审、一案一评、一月一考”制度，先后组织完成州交警支队和省交警总队执法质量网上考核评议工作，全州12个大队执法办案质量全部达到优秀等次；交通民警参加全国公安民警执法等级资格考试通过基本级403人、中级291人、高级1人。全年受理交通事故行政处罚审批案件131件，审批办结131件，办结率100%；对在事故中负主要以上事故责任，并构成交通肇事罪的114名交通事故当事人吊销机动车驾驶证，其中终身禁驾21人、5年内不得重新取得机动车驾驶证48人、10年内不得重新取得机动车驾驶证3人；对在事故中死亡的17名机动车驾驶人予以注销驾驶证。有2个交警大队被省交警总队命名为省级示范大队，有7名个人被评为省级执法标兵。

警务实战化建设 深入推进科技信息系统应用，提升打击交通违法和交通肇事逃逸案件侦破的能力。围绕反恐维稳处突工作，完善预案，加强演练，落实保障措施，强化培训教育和业务实战运用，确保一旦发生警情能快速反应、有效应对。在全省道路交通事故警务实战大比武竞赛活动中，州交警支队荣获二等奖。

队伍正规化建设 坚持政治建警、素质强警、从严治警、从优待警，建强公安交警队伍。

【“两个防控体系”建设】 2015年，楚雄州公安交警部门加强高速高等级公路交通安全防控体系和农村道路交通安全防控体系“两个防控体系”建设。在楚（雄）大（理）高速、永（仁）武（定）高速，南（华）永（仁）公路、元（谋）双（柏）公路，国道320线、108线等重点公路设置视频监控86套（高清44套、其他42处）、固定测速56处（点测速43处、区间测速13处）。年末，楚大高速公路平均5千米1个监控点，永武高速公路平均10千米个监控点，元双公路、南永公路平均20千米1个监控点；有楚大、永武高速公路交巡警大队，楚雄市、大姚县公安局交警大队完成建设任务，禄丰县公安局交警大队在筹

① 交警执法（王明/摄影） ② 道路抢险救援（丁云鹏/摄影）

建中；实现高速公路5个复合卡口、公安出入城卡口及各大队自建卡口接入系统；在州内主干道路布设交通安全执法检查站16个，完成永仁方山省际交通执法服务站建设并投入运行，其他服务站建设在推进中。全州所有农村派出所和部分城区派出所挂牌成立99个派出所交警中队并正常组织开展交通安全日常管理工作，全面完成乡（镇）交通安全管理办公室挂牌工作，持续推进农村道路交通安全“五个一”防控体系建设，努力构建乡（镇）人民政府主抓、村民委员会落实、职能部门联动、社会参与的农村道路交通安全管理格局；拟定楚雄州农村地区道路交通安全“打招呼”、村组交通安全广播宣传、机动车驾驶人集中学习教育、村组交通安全约谈催办、村组交通安全曝光、乡（镇）公职人员挂钩联系村民小组等6项制度上报州人民政府审定下发贯彻执行；为派出所道路交通管理工作购置执法装备和补助经费167万元，进一步加强农村道路交通安全管理。

［蔡永祯］

楚雄监狱

【监管安全建设】 2015年，楚雄监狱把安全稳定作为工作的首要任务，力抓“五项机制”和“四防一体化”建设，依法依规执行刑罚，不断夯实狱政管理基础，重点抓好狱侦工作，深入排查整治监管安全隐患，强化危机干预处置。坚持对罪犯实行依法文明管理。收押新犯，刑满释放，办理减刑、假释、保外就医、特赦等所有执法活动依法依规、公平公正，执法痕迹管理规范。严格落实各项监管制度，加强对一线警察的基本功考核，提升警察的责任意识和执法水平。切实加强狱犯情况分析管控。主要领导坚持参加每月狱犯情况分析会，针对狱犯情况反映出的突出问题，及时提出解决方案；加强耳目建设和情报收集，全方位排查、整治监管安全隐患，全年无狱内案件发生。罪犯生活卫生保障有力。严把食品进口关，严格防控疫情，改进监狱医疗条件和设施，确保罪犯有病得到及时医治；从人性关怀角度出发，自筹资金234.8万元为罪犯增发T恤、保暖内衣、棉服等2.3万套；罪犯“五费”超支313.7万元，罪犯合法权益得到充分保障。开展安全生产大检查活动和安全生产标准化建设。严格落实“五落实五到位”规定，深化“打非治违”专项整治活动，组织安全检查12次，排查隐患12条，整改11条，查处“三违”现象9起，有效遏制安全生产事故发生。自筹资金改进物防技防设施设备，对监管区的窨井盖进行重新加固并安装号牌、落水管加装防攀爬装置，对走道式围墙的围栏、探照灯、电网进行维修维护，增配单警装备、警用对讲机、执法记录仪、手机信号探测器，安检门等设施设备，进一步筑牢监狱管理安全防线。

【服刑人员教育改造】 2015年，楚雄监狱突出教育改造中心任务，落实“5+1+1”教育改造模式，不断探索教育改造新载体，在罪犯中广泛开展法制道德、文化知识、职业技能和心理健康教育，全过程提高教育改造质量，丰富罪犯的改造生活，增强罪犯们回归社会就业谋生的本领。

法制道德教育　组织开展全狱性法律知识讲座5次，接受罪犯个别法律咨询23人次；组织开展“反脱逃”专题教育活动1场；邀请州疾控中心专家到监狱开展“禁毒防艾”专题知识讲座2场。

文化知识教育　以《中华传统文化教育》《服刑人员思想道德讲义》等读本为教材，集中开展扫盲教育，119名罪犯获得脱盲证、284名罪犯获得小学毕业文凭。

个别教育　突出个别教育的针对性和时效性，组织开展全狱性个别教育检查12次、考核评定2次，对13名未参加考核或考核未达标的警察在全狱范围进行通报，对排查出的顽危犯（在服刑期间，不认罪服法，顽固坚持抗改立场、观点及存在危害监管秩序潜在危险的罪犯）实施转化攻坚，消除危险，转化率100%。

职业技术教育　建成罪犯职业技能实作培训中心，先后开设计算机操作员、缝纫工、管道维修工、护理工、电工5个职业工种实训室，累计罪犯培训920名，其中887人获得初级职业资格证书，获证率96.5%；成立“罪犯刑满就业推介领导小组”，与楚雄市人力资源和社会保障局联合举办就业推介会1场，现场签订就业意向书241份。

心理健康指导　年内有3名警察获得国家级心理咨询师证书，有具备心理咨询职业资格的警察52人，占押犯总数的1.8%；新建罪犯心理健康档案701份，开展个体心理咨询1152人次，组织团体心理辅导72场1440人次，覆盖率76.1%。

社会帮教　邀请州、市有关单位的专家学者、社会团体，以及犯人亲属等到监狱现身说教、感化罪犯，开展社会帮教活动2场，参与帮教罪犯233人次，与罪犯家属签订帮教协议1835份；争取到帮扶资金8.8万元，救助家庭贫困的犯人子女16名；利用亲情短信平台为600余名罪犯发布信息2578条；利用远程视频会见系统开展亲情会见105人次。

教育教学环境设施建设　先后投资39.8万元建成罪犯职业技能实训室、入监指导室和回归社会模拟实训中心，投资8.8万元建成罪犯教育改造成果展示厅，投资16万元重新装修心理健康指导中心，投资144万元建成罪犯信息发布平台和多媒体电化教室，投资7.1万元建成罪犯文化艺术编演指导中心室5个；建成教育中心总图书室1个、监区图书室6个，总藏书2.6万余册。

【监狱信息化建设】 2015年，楚雄监狱不断加大信息化技术在监狱管理、监管改造、队伍建设等工作中的推广和运用，提升监狱安全防范能力和整体管理水平。先后建成警察OA办公自动化系统、罪犯远程视频会见系统、远程诊疗系统、演播中心直录播系统、图书管理系统5个系统，建成监狱技防综合管理平台，刑罚执行工作平台、罪犯短信发布平台3个平台，以及入监教育指导室和多媒体电化教室。实现与州检察院网络互联互通，罪犯减刑、假释、保外就医等刑罚执行工作可直接在网上操作；实现与州疾病预防控制中心网络互联互通，共享特殊疾病犯人管理治疗经验，确保罪犯有病及时得到医治；实现与州、县（市）司法局网络互联互通，罪犯家属可在当地与罪犯实现视频会见，减轻家属会见的负担；实现与驻监武警部队网络互联互通，构筑军警联合共保安全的坚强防线。加大队伍网络信息技术运用教育培训力度，先后在全狱范围开展技防系统操作培训3次、OA办公自动化系统操作培训2次、远程视频会见系统操作培训1次。

【狱区文化建设】 2015年，楚雄监狱先后投入资金80余万元，设计制作文化板牌、宣传栏、制度标识等2419块；投资13.8万元建成警察职工文艺作品展示厅，展示警员职工的优秀书法、绘画、摄影、刺绣等作品183幅；投资4.8万元在监管区建立文化艺术编演指导中心，改善服刑人员“明天艺术团”的环境条件。积极组织警察职工参加全省司法行政系统文艺演出、书法绘画摄影比赛、职工厨艺技能大赛，取得较好成绩；先后成立乒乓球、羽毛球协会，吸收会员100余人次，组织全狱性体育竞赛活动5场，参加活动96人次；组织征文活动2场，参加活动76人次；加强警察管乐队建设；改进、完善、编辑发行《楚雄监狱》季刊和《教育改造》小报2000余册（份）；与州、县（市）有关部门联合开展丰富多彩的体育竞赛活动，促进监狱与地方政府、单位的紧密联系。年内，楚雄监狱获得“楚雄州公共文化服务体系建设示范单位”称号。

【狱区对外开放】 2015年，楚雄监狱加大狱区对外开放工作力度，先后制定出台《对外开放工作实施方案》《对外开放工作运行流程》等一系列制度措施，完成警察职工文艺作品展示厅、教育成果展示厅、入监教育指导室、出监模拟实训室等一批监狱对外开放成果展示室建设，进一步改进、完善狱史馆内容，重新编辑创作监狱对外宣传脚本，在全监狱范围设计制作大量文化宣传板牌，确保监狱对外开放工作秩序。年内，接待省、州、县（市）各级党委政府、企事业单位和省内外单位到监狱学习参观和接受警示教育53家3300余人次；接待服刑人员家属到监狱进行亲情帮教活动2批次255人，接待警察家属到监狱参加“喜迎中秋，情满楚狱”活动1批次33人。

【监狱综合保障】 2015年，楚雄监狱切实加强狱区综合保障，全面统筹各项工作发展。进一步完善监狱基础设施建设。先后完成武警营房配套设施建设、办公楼背后边坡治理，以及监区劳动车间消防喷淋系统项目的规划设计工作，监区劳动车间消防喷淋系统项目在取得省监狱管理局批复同意后于11月底正式开工建设；完成监狱外围墙、走道式围墙、武警岗哨等修补，以及指挥中心升旗台、监舍增加水箱等工程建设；完成监狱改扩建整体工程项目初审和信息化建设项目审计验收；继续对监狱园林绿化进行改造提升。加强后勤保障。改善警官餐厅的服务水平；规范车辆调配、使用和管理；落实专人管理、维护水电及特种设备，确保监狱供水供电和特种设备运转正常；加大网络信息员教育培训力度，及时有效应对网络信访事件。

［王 滇］

楚雄监狱“花园式”的监区环境（楚雄监狱/提供）

经济管理

ECONOMIC MANAGEMENT

责任编辑：李　梅

丰收（王旭/摄影）

发展与计划

【发展与计划工作概况】 2015年，楚雄州发展和改革委员会发挥发展改革各项职能，加强宏观经济分析研究，推进各类规划编制，推动固定资产投资快速增长，加强项目管理工作，稳妥推进各类改革，继续完善价格调控，全面完成州委、州人民政府及上级部门的各项安排部署。物价总水平保持基本稳定，居民消费价格指数（CIP）为101.9%。加快推进“十三五”规划的编制工作，向上争取项目资金取得新突破，固定资产投资呈现新增长，新能源开发有新进展，医疗卫生体制改革、水价改革、金融体制改革等深入推进。

【项目管理】 2015年，楚雄州规模以上固定资产投资完成770.56亿元，增长28.1%。由州发展和改革委员会牵头筛选提出2015年支撑项目1497项，年度计划投资752亿元；根据国家和省的投资导向，争取将40个项目纳入省“4个100”重点项目计划。深入调研，进一步筛选确定州级重点督查推进的“4个30”重点项目。州级预算安排前期工作经费4000万元，向省争取到前期工作经费3000万元，至年末，累计安排前期工作经费1亿余元。通过召开重点项目融资对接会、重点项目推进现场办公会、专题调研督查会以及落实省人民政府稳增长增投资相关措施，解决项目落地难、实施难等问题，确保重点前期、在建、新开工、竣工验收项目顺利推进。年末，列入省级“4个100”的40个重点项目加快推进。9个竣工投产项目实际完成投资18.33亿元；6个在建项目实际完成投资0.63亿元；14个新开工项目开工11个，开工率78.6%，完成投资28.99亿元；11个重大前期项目抓紧推进。州级“4个30”重点项目中，30个竣工投产项目完成投资20.4亿元；30个在建项目完成投资35.4亿元；30个新开工项目开工或部分开工27个，完成投资50.9亿元；30个重大前期项目有序推进，开工2个。共争取到上级补助资金项目354个，补助资金13.54亿元，比上年增长23.8%。按照省人民政府集中开工和现场推进的部署，5月有18个项目（全省第一名）、6月有21个项目（全省第三名）、9月有85个项目分别与全省同步举行开工仪式，3个省级重点项目列入省推进会现场推进，4个项目现场审批，4个项目限时办结。建立楚雄州鼓励社会资本参与重点领域建设营运示范项目库6大类145项，总投资389.91亿元。纳入国家发改委PPP项目库并对外公布项目15个，总投资37.21亿元。牵头研究提出“十三五”项目集群规划项目4968项，总投资12474.68亿元，“十三五”期间计划完成7502.49亿元。铁路民航项目建设进展顺利，广（通）大（理）铁路、永（仁）广（通）铁路完成年度投资计划，楚雄机场建设项目前期工作有序推进，永仁县通用机场项目通过省发改委批准，开展前期工作。

【规划编制】 2015年，楚雄州加快推进各项规划编制工作。加快推进“十三五”规划编制。筹备召开全州“十三五”规划编制工作启动会议，组织规划培训，开展8个重大前期课题和“三个重大”研究，完成基本思路起草送审工作。年末，27个重点专项规划编制加快推进，州“十三五”规划《纲要》通过政府常务会议讨论审议。加快推进重点区域规划编制工作，委托中国城市规划设计研究院编制的《滇中城市经济圈楚（雄）南（华）经济带发展总体规划（2014～2030）》顺利完成并通过审查，于4月下旬正式发布实施。加强绿汁江、马龙河流域综合开发规划编制指导。着手筹备武定至安丰营经济带的区域发展规划编制。配合做好省级相关规划编制。按要求配合开展滇中城市经济圈一体化发展6个专项、“五大基础网”和金沙江黄金水道综合交通等规划编制工作。

【新能源建设】 2015年，楚雄州在建及计划新开工新能源项目25项，总装机171.45万千瓦，总投资164.1亿元，完成固定资产投资101.6亿元。共建成新能源装机100万千瓦以上，实现年发电量20.4亿千瓦时，新能源实现产值13.5亿元、增加值5亿元。风电项目列入国家核准计划9项，总装机102.75万千瓦（国家下达云南省298.7万千瓦，楚雄州占全省总量的34.4%），大姚茅稗田、姚安保顶山、姚安三道箐等5个风电项目建成投入运营，南华打挂山、禄丰大荒山等3个风电项目部分机组并网，大姚大中山和老尖山等7个风电项目开工建设，大姚三台风电场项目取得省发展和改革委员会核准批复。光伏项目列入国家计划5项，总装机15.2万千瓦（国家下达云南省2015年新增光伏电站建设规模60万千瓦，云南省实际下达各州市2015年控制性建设规模140万千瓦，楚雄州占全省总量的10.9%）。双柏大庄并网光伏电站1万千瓦装机、元谋河外一期并网光伏电站1.2万千瓦建成并网

6月10日，召开“十三五”规划基本思路协商会（州发改委/提供）

发电，双柏大庄并网光伏电站剩余1.7万千瓦装机、元谋河外一期并网光伏电站剩余3.8万千瓦装机等5个项目开工建设。年内，国家和省下达楚雄州两批农网改造升级项目，总投资1.29亿元，其中中央预算内资金2578万元。楚雄州内电网建设投资完成2.77亿元。楚雄中高光热太阳能产业基地有限公司光热太阳能发电设备制造基地项目在楚雄市苍岭工业园区200亩的制造基地用地办理供地手续，并完成地勘及土地平整工作；投资1.34亿元的云南云开电气股份有限公司实施的40.5千伏环保开关产品研发及产业化项目建成投产并通过省能源局验收，该企业生产的高海拔开关设备广泛应用于全省风电项目。

［张云徽］

物价监督管理

【价格管理】 2015年，楚雄州发展和改革委员会继续做好全州价格总水平调控和平价商店建设工作。进一步加强对重要商品和服务价格变动情况趋势分析预测，保持全州居民消费价格总水平平稳运行，居民消费价格指数（CPI）累计上涨1.9%，涨幅比全省高0.1个百分点，比全国高0.5个百分点。坚持每周一、周四定期向10家平价商店发布《云南省平价商店平价农副产品指导价格表》，按照平价商店建设要求，督促平价商店的平价品种按照低于市场平均价格的要求销售，对多次检查达不到要求的5家平价商店进行置换。10家平价商店运营情况良好。转发省物价局实施第四阶段车用柴油质量升级价格政策和部分基本药物医疗机构执行零售价格文件。按照国家和省物价局的统一部署，至12月10日，19次调整成品油价格，其中12次降价、7次提价；按照上级有关文件规定，及时下发调整全省风电标杆上网电价政策；转发国家和省直购电输配电价格政策；及时转发《云南省物价局关于印发2015年云南省价格工作要点的通知》；转发云南省2015年春季中小学教材零售价格文件；转发国家和省关于理顺非居民用天然气价格文件；转发上级降低燃煤发电上网电价和工商业用电价格政策，明确自4月20日起，云南电网一般工商业用电及其他用电价格从每千瓦时0.732元下调为0.666元，每千瓦时降低电价6.63分。与州工业和信息化委员会、州公安局联合下发放开民爆器材出厂价格通知，明确放开民爆器材出厂价格管理政策；在开展调查研究的基础上，向州人民政府上报《楚雄州发改委关于楚雄市管道燃气工程建设收费标准（实行）的请示》，经州人民政府第42次常委会研究同意，出台老小区改造多层（8层以下含8层）每户3400元、高层及小高层（8层以上）每户3600元、别墅每户4800元的楚雄市管道燃气工程建设收费标准。

【价格认证】 2015年，楚雄州发展和改革委员会按《云南省价格认证工作统计报告制度》要求，按时完成全州价格认证统计业务报表报送工作。参加2015年州、市联合组织的元旦、春节和国庆节市场价格大检查。指导各县（市）价格认证工作。组织全州相关人员参加省发展和改革委员会举办的价格鉴证员上岗证培训及再培训教育。完成价格鉴证案件23件，标的金额331.61万元，收取价格鉴证费6.01万元。完成禄丰恐龙谷景区门票价格调整的成本审核认证工作。对楚雄地区大中型及小型汽车驾校培训成本进行初步审核。

【收费管理】 2015年，楚雄州发展和改革委员会加强各项收费管理。清理规范企业行政审批前置服务收费、进出口环节收费、养老和医疗机构行政事业性收费减免、降低住房转让手续费等部分行政事业性收费标准，放开土地价格及房地产价格评估等7项专业服务价格。按照职责权限调整公立幼儿园保育教育费收费标准。开展州、市12家公立幼儿园成本调查，听取学校、学生家长以及社会各方面意见，衔接教育、财政等相关部门反复研究，审核州教育行政部门提出的公立幼儿园收费标准调整方案，向州人民政府上报审核意见，按州人民政府要求的时间出台，并于9月1日起正式实施。根据省发改委关于道路旅客运输价格与燃油价格实行联动有关政策，及时调整州内非农村客运道路运输价格，根据定价权限调整部分班线主要途经地变更后的客运票价。认真办理涉及收费问题的信访件。落实出租车运营价格与成品油价格联动机制政策措施。根据国家2015年停止收费许可证年度审验精神和《云南省物价局收费处关于2015年收费许可证年审及收费统计工作的安排》《云南省物价局关于行政事业性收费统计报告制度有关问题的通知》要求，通过“全国收费动态监管系统”，于上半年完成州本级收费情况录入和收费统计报表上报67家单位。督促指导各县（市）按要求完成录入和统计，完成率100%。

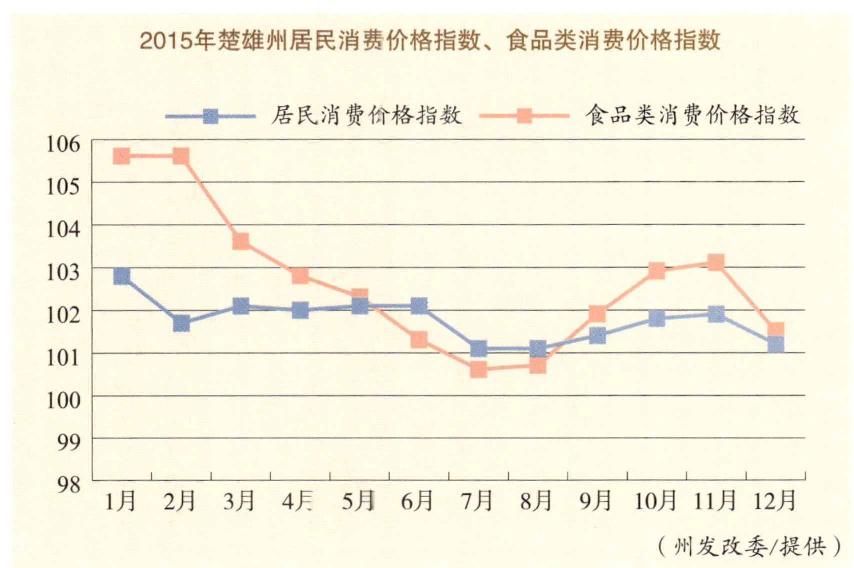

（州发改委/提供）

【价格检查】 2015年，楚雄州加强市场价格行为监管，组织开展元旦、春节、中秋和国庆期间的市场价格大检查。州、市两级价格监管人员检查楚雄城区主要农贸市场、大型超市、平价商店粮油肉禽蛋菜等市场价格及供应情况，客运站和火车站公路、铁路客运票价以及出租车收费、旅游门票价格等，检查商品价格和服务收费1.68万项。按照国家和省开展全国商业银行收费专项检查工作部署，依法处理全州农村信用联社违规收费案件，没收违法所得金额118万元。开展涉企收费专项检查，根据涉企收费目录清单，各县（市）结合自身实际，选择2个部门重点检查。结合全州农业产业化龙头企业省、州名单，有重点地对云南摩尔农庄生物科技开发有限公司、云南楚雄汇东实业有限公司等12家企业进行调查，检查供电部门对龙头企业在用电服务、计量装置、价格优惠等供电环节的执行情况。开展旅游市场价格专项检查，组建检查组对元谋土林、武定狮子山、禄丰恐龙谷3个4A级景区的门票价格及优惠政策执行情况以及餐饮业明码标价、购物超市（场所）明码标价等价格行为开展市场巡查，共检查8个景区景点的收费公示牌12块、商品价格和服务收费2200余项，制止某景区擅自制定外地游客、本地游客两种门票价格的违法行为。不断推进全州价格举报工作，及时化解群众价格矛盾纠纷，构建和谐的价格秩序。年内，州12358价格举报平台接听全州咨询举报投诉电话1800余个，受理群众反映的客运票价、出租车、物业管理、高速公路施救、停车、旅游价格等咨询举报投诉610件，其中咨询520件、直接办理和转交办理的举报投诉90件，办结率100%。

［张云徽］

国有资产监督管理

【国资监管工作概况】 2015年，楚雄州国有资产监督管理委员会按照《中共云南省委、云南省人民政府关于全面深化国有企业改革的意见》和《中共楚雄州委、楚雄州人民政府关于全面深化国有企业改革的实施意见》要求，围绕深化国资国企改革，促进国有资产保值增值和企业和谐稳定目标，突出发展混合所有制经济和国有资本收益上缴两个重点，抓好基础管理、目标责任考核和信访问题调处3项工作，以管资本为主，强化国资监管，推动国企改革。至年末，全州纳入统计的国有、国有控股及参股企业65户，国有企业资产总额270.61亿元，其中州属行政事业单位划拨的非经营性资产41.4亿元，所有者权益总额154.89亿元，负债总额115.73亿元，资产负债率43%。全州累计完成营业收入11.93亿元，比上年下降7.7%；营业成本9亿元，下降9.4%；净利润0.72亿元，下降18.2%；上交税费总额0.7亿元，比上年增长40%；国有资产保值增值率100.44%，比上年下降0.88个百分点。其中，州本级资产总额245.5亿元（州属行政事业单位划拨的非经营性资产41.4亿元）所有者权益总额143.32亿元，负债总额102.19亿元，资产负债率42%；州本级累计完成营业收入7.14亿元，比上年下降9.3%；营业成本5.21亿元，下降9.9%；净利润0.53亿元，下降23.2%；上交税费总额0.54亿元，比上年增长38.5%；国有资产保值增值率100.36%，比上年下降0.8个百分点。

【国资国企改革】 2015年，楚雄州国有资产监督管理委员会认真贯彻落实《中共云南省委、云南省人民政府关于全面深化国有企业改革的意见》精神，进一步提升国资监管水平，完善以管资本为主的国有资产监督管理体制，推动以发展混合所有制经济为主的新一轮国资国企改革，促进国有企业健康发展和国有资产保值增值。在完成州保安公司由国有独资公司改制为国有资本控股公司的基础上，组成4个调研组深入省内6州（市）和州内10县（市）、13户国有企业调研，多方征求各县（市）人民政府、州级有关部门和州属国有企业意见，经州人民政府常务会议和州委常委会议讨论，于1月21日下发《中共楚雄州委、楚雄州人民政府关于全面深化国有企业改革的实施意见》，为全州国有企业改革奠定基础。

【国有资本收益上缴】 2015年，楚雄州国有资产监督管理委员会按照《楚雄州人民政府办公室关于批转州属企业国有资本收益管理规定的通知》精神，根据上年度建立的州属国有企业国有资本收益上缴制度，加强州属企业国有资本收益管理，做好州属国有企业国有资本收益上缴相关工作。至5月22日，州属国有企业上缴国有资本经营收益1096.99万元。

【国资监管考核】 2015年，楚雄州国有资产监督管理委员会做好国资监管考核工作。圆满完成州人民政府对县（市）人民政府加强国资监管工作目标责任制考核和州国有资产监督管理委员会对州属13户企业的经营目标责任考核工作，楚雄市、双柏县、禄丰县获楚雄州国资监管工作一等奖，楚雄交通运输集团有限公司、锦星酒店有限公司获企业经营业绩考核一等奖。完善和制定2015年度考核目标，做好2015年度县（市）加强国资监管工作和州属企业经营目标制定，州人民政府与10县（市）人民政府、州国有资产监督管理委员会与州属企业分别签订责任书，制定下发《2015年度加强国有资产监督管理工作年度考核奖惩实施细则》。

【国有资产基础管理】 2015年，楚雄州国有资产监督管理委员会加强国有资产基础管理。完成国有企业产权登记78户，帮助州开发投资公司完成棚户区改造项目发行企业债券15亿元的申报工作和涉及开发投资公司的电能集团、交通银行股权划转、质押、备案工作，以及云南省楚雄交通运输集团有限公司、云南省第四公路桥梁工程公司、楚雄州锦星酒店有限公司等融资贷款的审批工作。做好年度统计决算审核和经济运行分析。按照国务院国有资产监督管理委员会和云南省国有资产监督管理委员会要求，按时完成企业国有资产统计报表决算、财务快报统计及经济运行分析工作。加强企业公务用车管理，规范审批工作。审批3户国有企业上报购买经营

2015年楚雄州州属国有企业资产状况和主要财务指标完成情况表

单位：万元

企业名称	营业总收入	同比增减（%）	营业总成本	同比增减（%）	净利润	同比增减（%）	上交税费	同比增减（%）
楚雄日报传媒有限公司	1078.38	−20.52	1044.17	−20.93	28.76	2.92	128.87	−5.77
云南楚雄国家粮食储备库	3747.78	−10.45	4503.14	−17.74	25.21	−142.82	5.03	−53.78
楚雄州水务发展有限责任公司	228.13	0.00	478.35	563.69	−238.41	388.66	13.16	96.37
楚雄楚视传媒有限公司	563.98	12.66	668.76	−6.82	−101.27	−48.81	58.41	−5.54
楚雄广博传媒有限责任公司	139.63	−29.95	159.39	−20.78	−19.76	−1773.54	6.81	−30.94
昆明西山楚雄大厦	908.55	10.19	849.32	9.55	48.97	56.54	80.97	−4.41
楚雄州中胜武装守护押运保安服务有限公司(合并)	2752.40	17.08	2093.58	6.79	458.54	57.98	382.84	148.15
楚雄州交通投资开发有限责任公司（合并）	2103.87	−66.06	1410.02	−66.39	513.06	−65.86	704.93	−49.30
楚雄州开发投资有限公司（本部）	4162.51	10.46	2896.13	−3.23	948.63	13.80	398.13	54.07
云南省楚雄交通运输集团有限公司	32588.47	−7.99	33586.68	−6.02	125.75	−33.27	1110.64	−9.85
云南省第四公路桥梁工程公司	882.77	−69.33	2599.37	−30.38	71.24	−91.10	91.20	90.64
楚雄州宾馆	2490.06	18.79	2543.34	19.39	53.87	−33.87	193.40	4.28
楚雄州锦星酒店有限公司（合并）	14258.66	8.96	10234.27	17.69	2918.86	0.53	1890.54	10.15
楚雄州州本级监管企业国有资产统计报表汇总	71449.71	−9.22	68213.88	−6.85	5328.83	−23.06	5404.44	−3.28
楚雄州国有资产统计报表汇总	119275.47	−7.78	117378.08	−6.57	7224.00	−18.15	7003.33	−4.72

（州国资委/提供）

性用车14辆。做好改制企业履约情况监管。按照《楚雄州人民政府关于加强改制后新企业履约情况监督管理的通知》要求，加强改制企业履约监管，做好楚雄州医药有限责任公司股东股权转让及法定代表人变更相关工作。加强对国有企业领导人的经济责任审计，配合州审计局对国有企业领导进行任期经济责任审计。配合做好新一轮政府机构改革中、州国有资产监督管理委员会机构撤销及职能划转相关工作。

【改制国有企业社会化管理移交】 2015年，楚雄州国有资产监督管理委员会做好改制国有企业社会化管理移交相关工作。楚雄州2007年国有企业改制基本完成后，在楚雄市辖区的53户改制企业7878户住户18430人的社会管理工作一直没有移交社区实行社会化管理，而是由州国有资产监督管理委员会对非经营性国有资产采取租赁和委托两种方式进行监管，承担改制企业职工802户经济适用房和288户廉租房8.18万平方米住房建设、资产管理、住户物业管理等工作任务，加强对改制企业非经营性资产的社会化管理工作，配合社区服务体系建设，维护改制企业职工稳定。按照《中共楚雄州委、楚雄州人民政府关于认真做好新形势下楚雄州原国有改制企业有关工作的意见》和《中共楚雄州委办公室、楚雄州人民政府办公室关于印发〈楚雄州进一步推进企业退休人员社会化管理服务工作的实施意见〉的通知》精神，州国有资产监督管理委员会经过近1年的调研和国有资产清理评估，提出用州属18家改制后企业非经营性国有资产和廉租房资产2.14亿元整体打包，一次性将改制国有企业社会化管理移交社区的意见。

［杨洪平］

开发投资

【开发投资工作概况】 2015年，楚雄州开发投资有限公司进一步强化国有资产管理，科学合理调度资金，创新融资渠道和融资方式，有效化解偿债风险，实现公司债权债务平稳过渡，公司实力进一步壮大。至年末，公司

2015年楚雄州开发投资有限公司融资情况统计表

项目名称	融资金额（万元）	融资方式	融资期限	融资来源
广大铁路扩能改造项目	25000	富滇银行（昆明总行）委托贷款	2年	云南省铁路投资有限公司
楚雄州2015年抗旱救灾应急贷款	10000	政府购买服务	1年	国家开发银行
永仁县直苴水库建设项目	11000	国开发展基金股权投资（第二批）	15年	国开发展基金
武定县仁和水库建设项目	7000	国开发展基金股权投资（第二批）	15年	国开发展基金
楚雄市第三自来水厂及配套管网工程项目	1500	国开发展基金股权投资（第二批）	12年	国开发展基金
禄丰县城区第二自来水厂及输水管线工程	1500	国开发展基金股权投资（第二批）	12年	国开发展基金
广大铁路扩能改造项目	10000	富滇银行（昆明总行）委托贷款	1年	云南省铁路投资有限公司
广大铁路扩能改造项目	5000	富滇银行（昆明总行）委托贷款	1年	云南省铁路投资有限公司
广大铁路、永广铁路扩能改造项目	10000	富滇银行（昆明总行）委托贷款	1年	云南省铁路投资有限公司
楚雄州政府一类债务置换	110000	上海浦银安盛资产管理有限公司股权投资	5年	上海浦银安盛资产管理有限公司
楚雄大紫溪山旅游区建设项目	11000	国开发展基金股权投资（第三批）	15年	国开发展基金
元谋县养老服务中心建设项目	5200	国开发展基金股权投资（第三批）	15年	国开发展基金
元谋县体育健身运动中心建设项目	800	国开发展基金股权投资（第三批）	15年	国开发展基金
元谋县依洒水库建设项目	2000	国开发展基金股权投资（第三批）	15年	国开发展基金
元谋县城供水改扩建工程	800	国开发展基金股权投资（第三批）	11年	国开发展基金
双柏县城区自来水厂及配套管网工程	1400	国开发展基金股权投资（第三批）	12年	国开发展基金
南华县2015年棚户区改造项目	6000	国开发展基金股权投资（第四批）	20年	国开发展基金
双柏县民族文化体育中心建设项目	1000	国开发展基金股权投资（第四批）	15年	国开发展基金
大姚县红豆树水库建设项目	2900	国开发展基金股权投资（第四批）	15年	国开发展基金
牟定县城第二水厂及配套管网工程	1700	国开发展基金股权投资（第四批）	12年	国开发展基金
楚雄市城市公共停车场建设项目	10000	国开发展基金股权投资（第四批）	10年	国开发展基金
姚安县光禄古镇旅游景区连接线建设项目	4100	国开发展基金股权投资（第四批）	15年	国开发展基金
合　计	237900	–	–	–

（州开发投资公司/提供）

本部资产总额188.54亿元、负债总额67.73亿元，资产负债率36%。8月，州开发投资有限公司针对全州连续6年干旱，旱情严重的情况，通过单一来源采购方式，向国家开发银行云南省分行申请办理抗旱救灾应急贷款1亿元，并及时投入8县（市）的抗旱保民生项目中，推动灾区基础设施建设。拓宽业务渠道，分别为楚雄城建投资开发有限公司2亿元集合资金信托、楚雄市开发投资有限公司3亿元集合资金信托、武定县工业开发投资有限公司1亿元信托融资提供信用担保，支持县域经济发展。

【融资工作】 2015年，楚雄州开发投资有限公司不断探索融资渠道，拓展融资空间，实现融资总额23.79亿元。其中，根据楚雄州2014年地方政府债务清理甄别情况和浦东发展银行地方政府债务过渡性融资方案，通过浦东发展银行的全资子公司——上海浦银安盛资产管理有限公司与楚雄州开发投资有限公司共同出资设立楚雄州城市发展有限责任公司，并以购买政府债务的方式成功融资11亿元；根据国开发展基金投资运作模式，通过国开发展基金以股权投资的方式融入资金6.79亿元；融资5亿元用于加快广（通）大（理）和永（仁）广（通）铁路扩能改造工程建设，其中，向云南省铁路投资有限公司申请办理借款展期2.5亿元，通过富滇银行专项委托贷款方式向云南省铁路投资有限公司办理新增借款2.5亿元。

【资金调度】 2015年，楚雄州开发投资有限公司科学合理调度资金，确保资金安全运行。当年偿还债务本金12.18亿元，支付利息3.27亿元；应收债权本金13.45亿元，实际收回19.18亿元，回收率143%；应收利息4.8亿元，收回到期利息2.23亿元，回收率46%；拨付项目资金16.23亿元。

【资产清理划拨】 2015年7月，楚雄州人民政府第41次常务会议同意将州商务局、州粮食局、州水务局、州交通运输局、州教育局、州检察院（环城西路）等部门的闲置房屋及土地划拨州开发投资有限公司。年内，州开发投资有限公司做好对接，开展资产清理和移交工作。至年末，资产划拨工作全部完成。

［胡　骏］

国土资源管理

【国土资源管理工作概况】 2015年，楚雄州国土资源管理部门按照“尽职尽责保护国土资源、节约集约利用国土资源、尽心尽力维护群众权益”的总要求，围绕年初确定的目标任务，着力破解突出矛盾和问题，为全州经济社会发展提供资源保障。继续开展农村集体土地“两权”登记发证工作，累计确权登记发证宅基地使用权7.7万宗21.9万亩，发证率87.6%；确权登记发证集体建设用地使用权5301宗8251亩，发证率76.9%。完成州本级不动产统一登记职责和机构整合；测绘行政管理不断加强；楚雄州卫星定位连续运行基准站系统建成投入使用；完成第一次全国地理国情普查工作，开展地理信息保密检查及国家版图意识宣传教育和地图市场清理。开展年度土地矿产卫片执法检查，立案查处土地矿产违法案件114件，收取罚没款296.6万元；继续在禄丰县妥安乡开展城乡村（居）民房屋建设违法违规清理整治试点；进一步精简行政审批事项，规范行政审批行为，精简后保留行政许可事项4项、非行政许可事项1项。清理规范性文件，公告废止与现行规定有抵触的规范性文件15个；受理信访、上访、网信及转办信件35件，均在时限内办结；办理完成人大代表建议7件、政协委员提案8件。建成楚雄州矿政管理信息整合集成与应用系统，实现州、县（市）两级电子政务系统交换平台与省国土资源厅电子政务系统的连接应用；州国土资源局门户网站全年发布工作信息631条，通过网站公开信息101条。全年网站累计总访问量1.01亿次，其中当年访问量1.34万次，日均访问量37次；编发《彝州国土资源》信息14期。在全省2015年度国土资源管理目标责任制考核中，楚雄州荣获一等奖，受到省人民政府表彰；州国土资源局、永仁县国土资源局被省委、省人民政府命名为文明单位；州国土资源局、楚雄市国土资源局被省国土资源厅表彰为推进依法行政先进单位，大姚县国土资源局、武定县国土资源局被省国土资源厅表彰为“六五”普法先进单位。

【土地收储】 2015年，楚雄州土地储备中心收储土地2433亩，出让土地2宗50.68亩，完成土地出让收入8265.45万元（含补交）。完成10亿元的年度土地储备融资任务。做好楚（雄）南（华）一级公路建设偿债土地收储出让工作，州土地收储中心与楚雄市人民政府、楚雄经济开发区管委会、南华县人民政府签订收储协议7份，收储土地11宗1110亩，其中出让成交2宗34亩，入库土地出让金2710万元。

【用地保障】 2015年，楚雄州国土资源局针对上级出台的有关促进经济平稳健康发展的政策，从全力保障重点项目用地需求、加快建设用地审批速度、降低用地成本、提高土地利用效率、优化管理服务水平5个方面制定具体措施进行落实。围绕州人民政府“3个30”和“100项重点工业项目”等重大项目，做好农用地征转报批和具体项目用地供应。上报农用地征转用地报件49个1.12万亩，供应各类建设用地345宗7799亩，实现土地有偿使用收入12.4亿元。保障国家重点建设项目用地。年末，楚（雄）南（华）一级公路建设项目用地通过国土资源部和省国土资源厅审批；武（定）易（门）高速公路基本农田多划后占方案和用地预审已上报省国土资源厅，临时用地手续正在办理，已提供禄丰县境内10千米实验路段用地。全力推进重大项目征地拆迁。楚南一级公路，广大铁路、永广铁路扩能改造项目累计征收土地9869亩，占应征收土地总量1.11万亩的89%；拆迁房屋42.04万平方米，迁坟3603冢，兑付征地拆迁补偿费10.4亿元。

【矿政管理】 2015年，楚雄州国土资源局完成全州144个探矿权、622个采

2015年楚雄州地质灾害隐患及群测群防情况汇总表

县（市、区）	隐患点类型（个）							监测人员（人）	重点隐患点（个）	威胁户数（户）	威胁人数（人）	威胁财产（万元）
	滑坡	崩塌	泥石流	地面塌陷	地面沉降	地裂缝	合计					
楚雄市	93			2			95	190	10	1564	6927	13416
楚雄开发区	3						3	6	3	22	94	165
双柏县	56	1	1	1		3	62	124	8	1459	7150	23738
牟定县	54	0	2	0	0	3	59	118	8	874	4006	10758
南华县	69		2				71	142	13	995	4024	12777
姚安县	40	2			1	1	44	88	3	279	2437	2883
大姚县	169	1				6	176	350	14	1830	9796	16162
永仁县	77	1	2	0	0	1	81	152	2	1026	7153	14252
元谋县	38	13	17	2	0	2	72	151	8	2436	14862	188793
武定县	152	11	16				179	358	22	5716	22880	30377.7
禄丰县	76	6	4			3	89	178	13	1942	9676	12369.9
全　州	827	35	44	5	1	19	931	1857	104	18143	89005	325691.6

（州国土局/提供）

矿权网上年检和报备；审核办理省、州、县（市）三级联网审批报件109件；对省、州级发证的121个矿山企业进行2014年度矿山储量动态测量，并由省、州两级专家对动态测量成果进行审查，外业抽检矿山企业68个，按时汇交成果数据库；投入1032万元，组织实施姚安县老街子外围金、银、铅多金属矿找矿项目。

【基本耕地保护与土地整治】 2015年，楚雄州国土资源局继续落实最严格的耕地保护制度，健全耕地保护责任体系和考核评价体系，在“占一补一”前提下，满足“占优补优”要求。年末耕地保有量和划定基本农田保护面积分别为549.83万亩和386.29万亩，高于省人民政府下达的438万亩和362万亩任务数；坝区耕地划为基本农田的比例为83.7%。年内新开工土地整治项目8个，投资9749万元，建设总规模3.98万亩，预计可新增耕地5799亩；准备开工项目17个，拟投资2.08亿元，建设总规模9.66万亩，预计可新增耕地3591亩；竣工验收补充耕地项目6个，入库耕地占补平衡指标1936亩，实现耕地总量动态平衡。

【地质灾害防治与避险搬迁】 2015年，楚雄州有931个地质灾害隐患点纳入年度群测群防体系，共发生地质灾害险情9起，成功避让2起，未造成人员伤亡。州国土资源局落实地质灾害防治经费4910万元，下发群测群防资料4.5万份、监测仪器6030套，制作警示标识牌931个；组织避险应急演练658次，参与人数3.5万人；向上争取大型以上地质灾害工程治理项目9个，估算投资6300万元，项目通过省国土资源厅核查，纳入2015年度省级项目储备库；对州级投资的8个中型地质灾害治理项目，预下达项目资金839.46万元，开展项目勘查、可研报告编制等前期工作。年内，省国土资源厅下达楚雄州避险搬迁指标1339户。其中，下达第一批搬迁避让指标286户，补助资金858万元；下达2015年冬2016年春搬迁避让指标1053户，预下达补助资金2106万元。

【低丘缓坡试点】 2015年，楚雄州推进低丘缓坡试点项目，低丘缓坡开发利用空间不断拓展。全州纳入“两上山”试点的15个片区，征收转用农村集体土地6061.9亩，供应具体建设项目用地3725.32亩，实现“项目等地”到“地等项目”的转变。年末，项目区入驻企业96户，已建成投产并产生效益。

【国土资源财务管理】 2015年，楚雄州国土资源局严格执行各项财务管理制度，收缴各项政府非税收入并及时入库。执行“收支两条线”规定，确保土地出让金、耕地开垦费、坝区耕地质量补偿费和矿产资源专项收入等

用地上山与低丘缓坡开发（州国土局/提供）

政府各项非税收入应收尽收并及时缴入国库。专项资金实行专账核算、专款专用。按时报送国有土地出让收支统计报表和各类财务报表，按要求加强财政投资项目绩效评价和审计工作。全年完成非税收入收缴1.12亿元，其中土地出让金8265.45万元（含补交），耕地开垦费1717.32万元，探矿权采矿权使用费及价款161.31万元，矿产资源有偿使用费62.01万元，坝区耕地质量补偿费965.21万元，其他收入12.6万元。年内实际争取到位上级补助资金3.72亿元，其中土地整治项目（中低产田地改造）14个1.54亿元，地质灾害防治专项资金7942万元，土地利用总体规划调整完善经费300万元，耕地后备资源调查评价经费128.9万元，2015年度土地变更调查与遥感监测补助资金61.84万元，矿产资源专项收入3310.41万元，低丘缓坡项目建设资金1亿元，其他工作经费5万元。

［杨　阳］

招商引资

【招商引资工作概况】 2015年，楚雄州实施州外国内招商引资项目1037项，项目协议引资1781.86亿元。实际引进州外到位资金615.5亿元，比上年增长30.2%，其中省外资金到位401.28亿元，增长28.7%。产业项目资金到位462.5亿元。实际利用外资3444万美元。整个“十二五”期间，全州累计引进州外到位资金1808.68亿元，是“十一五”期间295.9亿元的6.11倍。其中，引进省外到位资金1177.7亿元，是“十一五”期间192.3亿元的6.12倍；引进外资14176万美元，是“十一五”期间4445万美元的3.19倍。

【招商工作】 2015年，楚雄州多方采取措施，切实加强招商引资工作。

“请进来”招商　开展大型“请进来”招商活动7场，依托本土企业家、广州协作办、云南省驻广州办事处、云南省驻重庆办事处、广东省云南商会、广东省湖南商会等，邀请到北京、河北、广东、重庆、四川、江苏、浙江等地，包括太平洋建设集团、广州无线电集团、四川禾邦实业集团有限公司等大型企业集团的客商400余人次到楚雄考察洽谈。

“走出去”招商　州级领导外出开展招商活动54场次，其中党政主要领导率队外出招商14场次，签订合作项目32个，协议投资154.5亿元；各县（市）处级领导带队赴州外开展招商活动498场次，其中党政主要领导带队招商99场次、分管领导带队外出招商95场次，签订意向合作协议154个。

节会招商　组织参加“南博会”、火把节、广州博览会、长三角地区经济合作交流会等重大节会签订合作项目86项，协议引资总额898.73亿元。新签约引进太平洋建设集团投资建设10县（市）基础设施项目共计350亿元、中国电力国际发展有限公司（香港）农业大棚光伏发电项目10亿元、华能新能源股份有限公司风力发电项目11亿元、重庆禾普实业有限公司云南制药生产基地项目6亿元、云南瑞药制药股份有限公司中药破壁饮片产业化项目和楚雄碧桂园城市综合体建设项目20亿元，推进广州无线电集团建设金融外包服务基地项目。

【项目策划包装】 2015年，楚雄州围绕工业经济、农业产业化、商贸物流、文化旅游、生物医药、园区建设等招商引资重点领域，在各县（市）、州直相关部门广泛征集招商项目，推出招商引资项目740项，比上年增长31%，规划引资总额1000余亿元。梳理上报省级重点项目35个；征集、筛选和评审招商引资项目459个，其中包装成册州级重点招商项目74个、州级储备招商项目385个。编印2015年《楚雄州投资指南》《高原特色农业暨生物医药产业》《园区暨新型工业》《商贸物流暨现代服务业》《文化旅游产业》等招商引资项目手册，为招商引资提供项目支持。

【新开工项目】 2015年，楚雄州新签约开工项目510项，占实施项目数1037项的49.2%；项目协议总投资458.52亿元，实际到位资金258.3亿元，资金到位率48.9%，占全州实际到位资金的42%。其中，投资总额在5亿元以上的69项，新签约开工的13项，总投资额180.4亿元，到位资金52.9亿元，占新开工项目同期到位资金的20.5%。主要集中在农业、风力发电、太阳能发电、食品制造业，酒、饮料和精制茶制造业，有色金属矿采选业，电力、热力生产和供应业等行业。

［李志伟］

2015年楚雄州招商引资到位资金情况统计表

单位：亿元

县（市）		州外到位资金		省外到位资金	
		绝对数	增幅（%）	绝对数	增幅（%）
楚雄市		137.90	28.5	78.50	18.7
其中	市本级	75.26	32.8	43.48	20.4
	开发区	62.64	23.7	35.02	16.7
双柏县		47.53	38.0	30.69	38.0
牟定县		43.10	32.7	27.95	24.7
南华县		54.32	44.7	44.55	45.0
姚安县		45.42	31.8	34.88	32.1
大姚县		54.12	34.6	34.87	27.6
永仁县		41.08	29.8	14.00	−30.4
元谋县		53.50	33.9	45.21	29.5
武定县		50.01	26.7	30.50	18.1
禄丰县		88.48	17.6	60.12	68.8
合　计		615.47	30.2	401.28	28.7

（州招商局/提供）

①

②

⑤

⑥

① 11月28日，州党政领导为大姚县招商引资新开工项目奠基（马俊松/摄影） ② 7月24日，召开楚雄州民营经济发展、工业园区建设暨招商引资工作会议（高建波/摄影） ③ 11月23日，举办全州招商引资工作培训班（李志伟/摄影） ④ 招商引资项目洽谈（高建波/摄影） ⑤ 楚雄州新能源招商引资项目——姚安县大龙口风电场（姚安县招商局/提供） ⑥ 楚雄州新能源招商引资项目——双柏县大庄并网光伏项目（双柏县招商局/提供）

全州招商引资工作培训班
楚雄市招商局
永仁县招商局
大姚县招商局
1.楚雄市大紫溪山开发项目
2.永仁县油橄榄种植加工项目
③
④

工商行政管理

【工商行政管理概况】 2015年，楚雄州各级工商行政管理和市场监管部门深入推进商事制度改革，加强市场监管，着力强化消费维权，推动大众创业、万众创新。制定下发《关于充分发挥职能作用，促进经济平稳健康发展的实施意见》，营造良好环境。推进“两个10万元”微型企业培育工程。各级工商行政管理和市场监管部门共受理微型企业培育申请732户，会审通过700户，推动个体工商户转型升级为企业1096户，带动5194人就业，投入资金1.68亿元。优化准入服务。结合商事制度改革，落实注册登记便利化措施，开展专业型、规范型、效能型、辅导型、服务型“五型窗口”建设活动，落实首问负责制、服务承诺制、限时办结制、延时服务制等工作机制，企业注册登记98%做到当日办结，其余均不超过2个工作日发照。做好创业带动就业“贷免扶补”，帮助75户企业获得创业贷款，贷款金额578万元，带动就业225人。年末，全州有市场主体11.24万户，其中年内新设立登记内资企业6991户（含私营企业6823户）、外资企业13户、个体工商户16509户、农民专业合作社429户。全州共有内资企业21324户。其中，私营企业18210户，注册资本570.27亿元，与上年末相比，分别增长40.83%和35.52%；外资企业153户，注册资本4.19亿美元；个体工商户8.83万户，注册资金50.19亿元，从业人员17.55万人，与上年相比，分别增长8.01%、17.53%和8.68%；农民专业合作社2673户，出资总额38.93亿元，成员总数2.16万人，与上年末相比，分别增长16.52%、32.15%和16.41%。

【商事制度改革】 2015年，楚雄州工商行政管理和市场监管部门严格落实注册资本认缴登记制度，进一步简化个体工商户退出程序。按照“先行试点、点上突破、逐步推进”原则，推进市场准入工商营业执照、组织机构代码证和税务登记证“三证合一”改革。9月29日，发出楚雄州首张“一照一码”营业执照。至年末，共办理“三证合一”“一照一码”营业执照2383份。

2014～2015年楚雄州注册商标基本情况表

单位：件

年　度	商标总数	中国驰名商标	地理标志证明商标	云南省著名商标	楚雄州知名商标
2014年	2673	2	5	99	53
2015年	2837	3	6	105	75

2014～2015年楚雄州外商投资企业登记情况表

年度＼项目	户数（户）		投资总额（亿美元）	注册资本（亿美元）
	总数	其中：分支机构		
2014年	204	118	5.20	2.87
2015年	153	62	8.45	4.19
增幅（%）	-25	-47.45	62.5	46

（州工商局/提供）

【商标战略】 2015年，楚雄州工商行政管理局大力推进商标战略实施，着力培育发展品牌经济，切实维护商标专用权。组织商标知识培训。对13家新认定的云南省著名商标企业、18家新认定的楚雄州知名商标企业进行授牌，并开展专题知识讲座，进一步提高企业争创驰名商标、著名商标、知名商标的积极性。开展国际商标调研。对全州87户外商投资企业、52户外贸企业等各类市场主体进行走访调研，摸清企业商标国际注册的实际情况，为推动全州企业加快商标国际化申报进程奠定基础。组织“大姚核桃”和“牟定腐乳”参加“魅力彩云南特色云系列”新闻发布会，带动楚雄地理标志证明商标发展。强化商标专用权保护，开展保护商标专用权专项整治行动，查处侵犯注册商标专用权案件31件。引导并指导市场主体申请注册商标，争创驰名商标、著名商标、知名商标和地理标志证明商标，“大姚核桃”获得中国驰名商标认定。指导申请注册商标182件；新申报云南省著名商标14件，被认定12件；认定楚雄州知名商标22件。年末，全州有效注册商标2837件，其中中国驰名商标3件、云南著名商标105件、楚雄知名商标75件，地理标志证明商标6件。

【广告监管】 2015年，楚雄州规范广告经营主体，打击虚假违法广告，强化广告监督管理。针对楚雄辖区内广告市场特点，把药品、食品、保健品、医疗器械、房地产和户外广告等作为重点，开展虚假违法广告专项整治，查处虚假违法广告案件66件。加强对媒体广告发布情况的集中监测和检查，及时掌握广告发布动态，主动发现违法问题，监测广告4.98万条次，责令整改350条、停止发布7条。学习贯彻新颁布的《中华人民共和国广告法》，做好新《广告法》的业务培训及指导，共培训全州从事广告经营企业代表、州级虚假违法广告整治联席会议成员单位及工商行政管理系统的业务骨干153人。集中开展有关药品、医疗器械、食品、保健品广告知识和新《广告法》宣传45场次，受众7800余人次。建立重点联系广告企业制度，选择部分广告企业加强重点联系、指导，支持符合条件的广告经营单位做大做强。

【市场监管】 2015年，楚雄州各级工商行政管理和市场监管部门围绕社会关注度高、群众反映强烈的重点领域，实施专项整治行动，加强市场监管。开展保护商标专用权专项整治行动，查处侵犯注册商标专用权案件28件；开展“红盾护农”专项行动，创建州级农资经营示范店28个，查处农资案件52件；开展旅游市场专项整治，严厉查处销售假冒伪劣玉器银器等旅游商品、不合理低价、虚假宣传等不正当竞争行为，查处旅游市场案件13件；开展“红盾网剑”专项行动，检查相关网站562个次，删除违法商品信息5条，责令整改网站20个次，受理网购投诉2件，为消费者挽回经济损失5000元，查处网络交易违法案件1件；推动网上“亮照亮标”工作，发放电子标识70个；开展手机市场专项整治，依法查扣涉嫌违法手机268部，查处手机违法经营案件33件；开展规范和整治汽车品牌专项行动，查处违法违章案件14件；开展农村和城乡接合部市场假冒伪劣专项整治、车用燃油专项整治、空气和饮用水净化类生活用品专项整治。抓获涉嫌参与“团结帮”网络传销4443人，其中涉及刑事处罚122人；各县（市）工商行政管理（市场监督管理）局立案133件，收缴罚款6.88万元，发出告诫书401份；开展无传销城市创建，南华县、牟定县、永仁县被公示为云南省无传销城市；突出冻品、粮食、印刷品、毒品、卷烟走私及销售无合法进口手续商品行为6个打击重点，严厉打击走私行为；开展无照经营查处取缔工作，查处无照经营案件568件，引导办照2057户。开展人力资源市场秩序和农民工工资支付专项检查，配合做好消防安全、安全生产、粮食行政首长负责制、道德领域突出问题专项治理、校园周边环境整治、“扫黄打非”、禁毒防艾等社会管理综合治理工作。全年立案查处各类经济违法违章案件1052件，工商系统法制机构核审行政处罚案件601件；执行注册登记法制审核制度，审查注册登记档案192份；做好行政复议、诉讼工作，建立完善行政机关负责人出庭应诉、重大疑难案件评审、法制提前介入、行政指导等工作机制，开展行政执法岗位培训。

【市场信用监管】 2015年，楚雄州工商行政管理和市场监管部门强化企业信用监管，抓好企业信用公示工作。组织开展企业年报公示。全州2013年度和2014年度的企业年报公示率分别为93.51%和92.26%，其中个体工商户年报公示率分别为88.31%和88.45%、农民专业合作社2014年度年报公示率87.73%。开展企业信用信息公示情况抽查和企业年报公示信息抽查，发现问题及时处理。继续推进市场规范化管理和市场诚信体系建设。创建县级平安市场9个、州级平安市场3个，推荐省级平安市场1个；创建县级农村文明集市7个、州级农村文明集市2个；创建州级诚信市场1个，推荐省级诚信市场1个、国家级诚信市场1个。年末，有县级平安市场31个、州级平安市场6个、省级平安市场1个，有县级农村文明集市22个、州级农村文明集市3个，有县级诚信市场47个、州级诚信市场27个、省级诚信市场5个、国家级诚信市场1个。开展农资经营示范店创建。新创建县级示范店20个、州级示范店18个，年末有县级示范店70个、州级示范店38个。

【消费维权】 2015年，楚雄州各级工商行政管理和市场监管部门、消费者协会组织进一步加大“12315”行政执法建设，提升消费维权效能，维护消费者合法权益。贯彻落实新《消费者权益保护法》，与楚雄日报社合作，在《楚雄日报·晚刊》开设宣传专栏；通过移动、电信、联通3家通信公司向全州190万户手机用户发送“3·15”公益提示短信，动员全社会关注新《消费者权益保障法》和重视消费维权工作；向广大消费者发放《消费维权知识》宣传资料7.89万份；举办培训班44期，培训人员4600余人次。完成迎接全国人大常委会新《消费者权益保障法》执法检查各项工作。继续实施“消费满意在云南·楚雄行动”，推进“12315”“五进”工作。与移动、电信、联通3家电信运营公司建立投诉沟通协作机制，开通消费维权绿色通道并确定联络员，建立“12315”维权服务站164个。加强流通领域商品质量监管，突出家用电子电器、服装鞋帽、装饰装修材料等3大类重点商品，开展商品质量抽查检验工作，检测商品119组，查处经销商31户。建立健全维权网络和维权机制，进一步提升服务效能和消费维权水平，做到网络信息上下畅通，受理消费者申（投）诉和举报迅速、处理及时；各级工商和市场监管部门受理消费者投诉834件、举报82件，办结833件，办结率99.88%，为消费者挽回经济损失217.43万元。

［朱亚文］

① 7月8日，全国人大消费者权益保护法执法检查组在楚雄市鹿城大厦检查（朱亚文/摄影） ② 9月29日，楚雄州首张“三证合一、一照一码”营业执照颁发仪式（夏天彧/摄影）

非公经济管理

【非公经济管理概况】 2015年，楚雄州各级工商行政管理（市场监督管理）机关和个体私营经济组织以落实商事制度改革为重心，以服务发展为主线，切实优化发展环境，进一步提升服务效能，加大对非公经济的培育扶持力度，促进全州非公经济持续增长和健康发展。强化政策法规宣传，开展活动62场次，参与部门21个，参与6116人次，提供咨询服务2112人次，发送宣传短信2000条，开展讲座7次，制作展板11块，开展网络宣传7次，印发政策指南和宣传资料1.37万册。查处无照经营案件634件，引导办照2057户，发出责令整改通知519份，抄告相关部门41份。开展人力资源市场秩序和农民工工资支付专项检查，规范市场主体用工行为。

【私营企业发展】 2015年，楚雄州新发展私营企业6823户，注册资金88.35亿元，从业人员5.32万人。年末，有私营企业18210户，注册资金415.65亿元，从业人员27.22万人。与上年末相比，户数、注册资金和从业人员分别增长51.72%、34.08%和18.99%。其中，注册资金100~500万元（以下）的2834户，增长33.11%；500~1000万元（以下）的1102户，增长28.29%；1000万至1亿元（以下）的1330户，增长24.42%；1亿元及以上的24户，增长41.18%。

【个体工商户发展】 2015年，楚雄州新发展个体工商户16509户，从业人员3.59万人，资金数额13.8亿元。年末，有个体工商户88285户，比上年增长8.01%；从业人员17.55万人，增长8.68%；资金数额50.19亿元，增长17.53%。从行业情况看，从事第一产业的3037户，增长3.33%；从事第二产业的4691户，增长7.17%；从事第三产业的80557户，增长8.24%。从事第三产业的个体工商户占个体工商户总数的91.25%，其中批发和零售业55394户，占个体工商户总数的62.74%，居各行业首位；住宿和餐饮业13383户，占15.16%；居民服务、修理和其他服务业8627户，占9.77%。

【外资企业发展】 2015年，楚雄州新落户外商投资企业13户，投资总额1.81亿美元，注册资本6600.79万美元。年末，有外商投资企业153户，投资总额8.45亿美元，注册资本4.19亿美元。从行业布局看，外商在楚雄州投资主要以制造业、食品加工业、化工生产、石材加工、制药、信息技术、非煤矿山、种养殖业等为主，第一产业占17.65%，第二产业占26.8%，第三产业占55.55%。

【农民专业合作社】 2015年，楚雄州工商行政管理部门新登记农民专业合作社429户，成员3394人，成员出资额5.4亿元。年末，有农民专业合作社2673户，比上年增长16.52%。成员出资总额38.92亿元，增长32.18%，其中货币出资额34.87亿元，占出资总额的89.6%。出资额100万元以上的760户，比上年增长48.72%；出资额超过1亿元的1户。有成员2.16万人，比上年增长16.41%。其中，农民成员20984人，增长16.73%，占成员总数的97.14%；非农民成员452人，占成员总数的2.09%。从行业看，农民专业合作社主要集中在种植业和养殖业，占总户数的90.08%。成员人数在50人以上39个，比上年增长34.48%。

【就业创业引导】 2015年，楚雄州各级工商行政管理（市场监督管理）机关做好就业创业引导，缓解就业压力。服务高校毕业生就业，有1023名高校毕业生办理个体执照、创办私营企业或到个体户、私营企业中就业；鼓励返乡农民工设立合作社、农业产业化龙头企业、家庭农场等新型主体；有3235名农民工申办营业执照进行创业，个体私营企业吸纳农民工就业4753人。年末，有个体从业人员17.55万人。

【非公党建】 2015年，楚雄州各级工商行政管理（市场监督管理）部门切实抓好小微企业、个体工商户和商品交易市场党建工作。建立非公党建工作领导小组12个、工作站20个；建立个私协会党支部9个，其中，有6个支部隶属于当地工商（市场监管）局党委或党总支，有党员147名；有3个协（分）会支部隶属于当地乡（镇）人民政府或开发区党委；有9个私营企业支部隶属于当地工商局党委或总

2014~2015年楚雄州私营企业发展情况表

年度＼项目	户数（户）	投资人数（人）	雇工人数（人）	注册资金（亿元）
2014年	12002	18930	209789	310
2015年	18210	25933	246221	415.65
增（减）量	6208	7003	36432	105.65
增幅（%）	51.72	36.99	17.37	34.08

2014~2015年楚雄州城镇、农村个体工商户发展情况表

项目	城镇个体工商户			农村个体工商户		
	2014年	2015年	同比（%）	2014年	2015年	同比（%）
户数（户）	35015	23755	−32.16	46726	64530	38.1
从业人员（人）	71134	61063	−14.16	90356	114446	26.67
资金数额（亿元）	19.37	15.39	−20.55	23.33	34.8	49.16

2014~2015年楚雄州农民专业合作社发展情况表

	2014年	2015年	增（减）量	增幅（%）
户数（户）	2294	2673	379	16.52
成员总数（人）	18559	21604	3045	16.41
出资总额（亿元）	29.49	38.92	9.49	32.18

（州工商局/提供）

支。建立完善非公经济组织党建数据采集制度，利用登记注册、年报信息公示时机收集非公经济组织的党建信息。全州通过新登记系统采集到有1740户个体户有党员，建立党支部248个；有1031户私营企业有党员，建立党支部378个。组织指导小微企业、个体工商户、专业市场党组织开展“亮身份、亮职责、亮承诺”活动，有11个非公企业党组织156户商户358名党员参加活动。

［朱亚文］

统 计

【统计基础工作】 2015年，楚雄州统计局抓好县（市）统计机构和乡（镇）统计工作规范化建设，以及部门、企业的统计基础工作，改善基层统计工作环境，落实村级统计员100～200元的工作补贴。完善与部门的资料交换、联审机制、联席会议等制度，加大对部门统计工作的指导力度，指导企业做好升规达限工作。全州新增规模以上工业企业42户、规模以上服务业企业8户、限额以上商贸企业40户，增加新建投产企业47户。

【统计改革发展】 2015年，楚雄州推进国民经济核算改革。执行新的核算分类，改进金融业、信息传输、软件和信息技术服务业，非营利性服务业增加值的核算方法；强化核算数据与专业数据、部门数据的衔接，提升GDP核算质量；依据“第三次经济普查”资料，修订2013年全州及县（市）的GDP数据和非公经济、文化产业以及能耗的核算数据，开展2013年经济普查年度资产负债表的试编制工作。推进投资统计改革，开展固定资产投资统计“双轨制”运行和试填试报工作。推进贸易和服务业统计改革，完善批发零售业和住宿餐饮业财务状况统计转型升级，开展统计监测。完成规模以上服务业企业季报改为月报调查制度，开展新兴产业、新型业态、新商业模式调研并向省统计局上报专题调研报告。推进农业统计改革，完成10县（市）103个（乡）镇的社会经济基本情况联网直报和农业产值分季核算改革工作，确保新旧核算方法平稳过渡。推进能源统计改革，实现州与县（市）能源消费总量的基本衔接。继续抓好基本单位名录库的完善、更新和维护工作。完成省统计局在永仁县的文化产业统计试点、在武定县的基本单位名录库规范化建设试点工作；完成全州统计调查应急指挥系统建设和省统计局在南华县的试点工作，武定县率先实施“数据武定”统计数据查询系统建设。

① 9月23日，举行2015年楚雄州、市1%人口抽样调查工作启动仪式 ② 3月17日，召开全州统计工作暨第三次全国经济普查总结会（州统计局/提供）

【统计法制建设】 2015年，楚雄州统计部门坚持宣传和培训并重，优化统计法制环境。开展统计法制进企业、进社区、进机关活动，宣传统计法律知识，明确统计相关权利和义务；在“9·20”统计开放日和“12·8”统计法颁布纪念日等重要节点，宣传统计法；利用部门统计年报会、统计业务培训会和人口抽样调查培训等时机，对部门、企业和乡（镇）的524名统计人员进行统计法律法规知识培训。组织对86个行政、事业单位和企业进行统计执法检查，立案查处统计违法案件1起，书面责令改正2起。推进权力清单、责任清单制度建设，对州统计局5类27项行政职权以及与行政职权对应的188项责任事项、159项追责情形进行清理。规范部门统计调查项目审批流程。年内，州统计局和楚雄市统计局、武定县统计局被评为“2011～2015年云南省统计法制宣传教育先进单位”。

【重大国情国力调查】 2015年，楚雄州统计部门做好重大国情国力调查。推进第三次全国经济普查后续工作，发布《楚雄州第三次全国经济普查公报》并进行解读；召开总结表彰会，对普查先进集体和先进个人进行评比表彰；做好普查资料开发课题招标和资料归档相关工作。圆满完成1%人口抽样调查各项任务，首次采取住户通过互联网自主填报与调查员手持PDA入户登记相结合的调查方式，完成79个乡（镇）148个调查小区，涉及4万余人的调查任务。启动第三次全国农业普查前期筹备工作，州人民政府印发《关于在全州开展第三次全国农业普查的通知》，组建普查领导小组和办公室，编报经费预算。

［潘元兴］

统计调查

【统计调查工作概况】 2015年，国家统计局楚雄调查队按照全省和全州统计调查工作会议的安排部署，加强调查队伍、调查业务和调查基础建设，坚持依法独立调查、独立上报原则，实施完成城乡住户一体化调查、农民工监测、贫困人口监测、居民消费价格指数（CPI）监测、工业生产者价格指数（PPI）监测、规模以下工业企业、规模以下服务业企业、采购经理调查等20余项常规调查任务。按照州考核办的安排，组织完成全省综合考核评价州（市）社会评议抽样调查和楚雄州2015年度综合绩效考评公众评议工作。组织开展劳动力调查、农民工市民化调查、小微企业和个体经营户跟踪调查、小微企业固定资产投资和建筑业小微企业调查，价格基期轮换等5项新增调查。国家统计局楚雄调查队被省委、省人民政府命名为“文明单位”，受到通报表彰。

【调查基础建设】 2015年，国家统计局楚雄调查队进一步加大业务培训力度，提升调查队伍的调查业务能力。采取州级培训到县级和直报企业，县级培训到乡（镇）和调查点、调查户的形式，组织开展城乡住户一体化、CPI、PPI、规模以下工业及小微企业、采购经理、畜禽监测调查等7个专业培训，要求广大调查人员严格执行国家统计调查报表制度质量要求，定期深入各调查企业、调查点和调查户家中检查、指导，与调查对象沟通

①②
③④

① 入户调查（朱瑞/摄影） ② 记账户住户调查 ③ 农产品产量实割实测 ④ 农产品产量现场称重（国家统计局楚雄调查队/提供）

交流，了解情况，及时解决工作中出现的新情况和新问题，尽力把差错消灭在上报之前；定期指导样本台账填写，对部分样本单位进行数据质量检查和实地复查，做到数出有源；宣传统计法律法规，消除企业和个体工商业户在上报统计数据时的种种顾虑，使其如实上报。完善企业联网直报制度，减少调查数据的中间流转环节，确保源头数据的准确性和真实性。贯彻落实调查数据质量审核评估制度，加大对上报数据的分析、审核和评估。开展调查数据质量自检自查和异地交叉检查，确保调查数据质量。

【调查分析服务】 2015年，国家统计局楚雄调查队在完成各项国家统计调查任务，确保调查数据质量的前提下，围绕社会经济发展情况，开展调查分析研究，为各级党政领导和经济管理部门科学决策提供咨询服务。编印报送《调查分析》（调研报告）21期21篇，编发和报送各类调查信息29期61条，发布《楚雄调查快讯》（1～4季度）小册子800余册。每月与州发展和改革委员会联合签发《关于楚雄州各月居民消费价格总水平及食品、粮食和蔬菜价格变动情况的通报》，与州工业和信息化委员会联合发布《工业品生产价格公报》，为州委、州人民政府及其管理部门及时掌握经济运行发展和消费物价、工业品价格变化情况，加强市场监管提供服务。参与全州"十三五"规划编制工作的讨论、分析、研究，为编制《楚雄州国民经济和社会发展第十三个五年规划纲要》提供翔实的城乡居民收入数据和咨询建议；参加全州季度和年度经济运行分析会并建言献策。组织开展"中国统计开放日"宣传活动，为社会各界、调查对象提供统计调查宣传资料和解读手册。

［肖世良］

审 计

【审计工作概况】 2015年，楚雄州审计局贯彻落实《国务院关于加强审计工作的意见》和中央、省、州党委、政府和省审计厅的工作部署，强化审计质量和成本控制，促进工作落实和执行，着力反映公共资金使用、公共权力运行和公共部门履职尽责情况，促进理好财、用好权、尽好责。推进对公共资金、国有资产、国有资源的审计监督全覆盖，做好重点领域、重点部门和重点资金及事关人民群众利益的财政专项资金的审计监督。以推动提高部门预算管理水平、促进提高财政资金使用绩效为目标，持续关注预算执行、决算编制、专项资金分配使用，以及中央"八项规定"和国务院"约法三章"要求的落实情况，重点对"三公"经费、会议费使用、楼堂馆所建设、财政沉淀资金，以及"小金库""吃空饷"治理、机构设置、编制使用等情况进行审计。全州审计机关开展审计项目727项，审计查出违规金额9.73亿元、管理不规范金额43.77亿元，应上缴财政6.97亿元，减少财政拨款1.49亿元，应归还原资金渠道4446万元，应调账处理6.19亿元。审计增收节支6.13亿元。移送纪检监察机关和有关部门处理29件28人。完成固定资产投资审计项目465项，审计固定资产建设资金52.78亿元，审计核减固定资产投资额1.75亿元。提出被采纳审计建议1437条，向社会公布审计结果425个。

【财政管理和预算执行审计】 2015年，楚雄州继续深化财政管理和预算执行审计，提高公共资金使用效益。

预算执行审计　根据云南省审计厅2015年财政预算执行审计工作方案要求，结合财政预算执行审计，统一组织全州审计机关同步开展财政专户管理情况、财政存量资金专题审计，揭示预算执行和财政资金管理方面存在的问题，提出继续加大盘活财政存量资金工作力度，加强财政专户资金管理，堵塞漏洞，确保财政专户资金安全、规范，强化部门预算管理，硬化预算约束的建议。对林业系统2013～2014年度预算执行及其他财政财务收支情况进行审计，揭示部门预算执行中存在的问题，提出完善制度、规范管理的意见建议。

税收征收管理情况联网审计　应用地税联网审计系统，以促进严格依法治税、提高税收征管质量、服务经济发展为目标，重点关注税收收入完成情况分析、房地产开发项目土地增值税征收管理情况、税务机关代开发票管理情况、税务机关税款征收方式管理情况、税务部门提前征税和异地争抢税源等情况，揭示和反映地税部门在贯彻执行国家税收政策、履行税收征管职能中存在的突出问题，分析原因，提出建议，促进制度完善，堵塞管理漏洞，防止税款流失，维护税法的严肃性，建立公平的税收环境，促进税收政策制度更好地为经济发展方式转变和经济社会可持续发展服务。

财政决算审计　对大姚县和永仁县2014年度财政决算、税收执行情况进行审计，揭露财政预算管理中存在的预算收入未及时足额缴库，项目资金管理、法规制度执行等财政资金管理方面存在的不规范问题，督促有关部门制定和完善单位内部财务管理制度，规范会计基础工作。提出切实加强和规范财政预算管理，不断提高预算管理的科学性、准确性，增强预算执行的透明度和约束力，强化和规范土地出让金等非税收入的征收和使用管理等方面的意见建议。

【民生专项资金审计】 2015年，楚雄州审计机关把监督检查党和国家惠民政策措施的贯彻落实情况作为重要内容，关注涉及人民群众切身利益的问题，加大对社保、"三农"、教育、医疗、扶贫、救灾、就业等民生资金和项目的审计力度。统一安排，整合州、县（市）审计资源，从各县（市）审计机关抽调审计人员组成审计组，集中力量完成审计署统一安排部署的城镇保障性安居工程专项审计。按照省审计厅的统一安排部署，组织开展2013～2014年全州农村义务教育专项资金使用管理情况审计，完成对州本级农、林、水、扶贫及其他专项资金的审计工作。根据州人民政府交办，组织对州职业教育园区管委会及楚雄技师学院、楚雄州工业学校、楚雄农业学校和楚雄州体育运动学校2012～2014年度财务收支进行审计。依照规定对校办企业管理不到位、财务核算混乱、私设"小金库”、学生免学费政策执行不到位和国有资产管理亟待加强等问题进行查处，并按有关部门职责办理移送，按时将审计情况上报州人民政府。对全州2013～2014年度畜牧专项资金分配及管理使用情况进行审计，其中双柏、禄丰两县实行交叉审计，其余县（市）按审计工作方案组织实施。在省审计厅的统一组织下，按照《世行贷款项目审计操作指南》的要求，组织对国际农业发展基金贷款云南农村综合发展项目2014年度财务收支及项目执行情况进行审计，对怒江州贡山县、德宏州芒市、玉溪市新平县、曲靖市富源县4个项目实施情况进行抽审，按要求完成审计任务。

① 2月27日，召开楚雄州经济责任审计领导小组会议 ② 3月23日，举办全州审计系统2015年投资审计培训班（朱瑞/摄影） ③ 1月13日，州职教园区合并审计进点会（州审计局/提供）

【经济责任审计】 2015年，楚雄州各级审计部门完成经济责任审计项目97项，通过审计查出主要问题金额3.12亿元，其中违规金额 1.21亿元、管理不规范金额1.91亿元，审计后促进增收节支813万元；移送案件5件7人，涉案金额101万元。组织开展大姚县和永仁县县长经济责任审计，并同步开展多名领导干部经济责任审计和州、县（市）两级财政预决算审计。组织开展2名县长自然资源资产责任审计，主要围绕摸清县长任职期间自然资源资产规模及开发、保护和利用情况，重点关注自然资源资产制度政策建立健全及执行情况、自然资源资金的管理和使用情况、自然资源保护和开发利用情况、效益情况。通过审计，反映相关政策措施落实情况、目标任务完成情况以及取得的成效，揭示在自然资源资产监管职责履行、制度建设、资金管理使用等方面存在的问题。开展3名州管领导干部离任经济责任事项交接，配合州纪律检查委员会开展有关专案调查，查清查实相关情况；协助省审计厅完成对原州长任期经济责任审计及审计整改等后续工作。

【政府投资建设项目审计】 2015年，楚雄州审计机关贯彻执行《楚雄州人民政府投资建设项目审计办法》，引进社会中介机构参与审计，提高政府投资建设项目审计的覆盖面。做好固定资产投资项目竣工决算审计，并探索对政府投资项目由真实合法性审计向效益性审计转变的路子，加强重大建设项目的跟踪审计调查。州审计局对楚（雄）南（华）一级公路建设项目及项目征地拆迁资金开展跟踪审计，完成州人民医院南路医疗用房改造工程、楚雄医药高等专科学校学生公寓和学生食堂改造工程、楚雄师范学院教学实验楼工程、州委党校报告厅建设项目、州司法局业务用房建设项目、州森林公安局业务用房建设项目、州公安局业务用房建设项目等重点工程的竣工决算审计；各县（市）审计局做好政府投资建设项目的前置审计、跟踪审计和竣工决算审计。全州完成固定资产投资审计项目465

个，审计项目投资额52.78亿元，审计核减投资额1.75亿元。

【审计查出问题督查整改】 2015年，楚雄州各级审计部门把审计决定执行和审计查出问题整改作为加强审计监督的重要工作来抓，确保审计查出问题按期整改落实。对审计查出问题高度重视，督促整改。州、县（市）人民政府下发《关于进一步做好审计查出问题整改工作的通知》，要求各涉及单位落实审计发现问题的清理排查和整改工作。加大审计整改效率，变事后督查为事中督促。完善审计整改的长效机制，注重从源头上剖析问题的原因，强化建章立制，用制度确保财政资金使用效益。开展问题整改“回头看”活动，在开展各类审计时，将之前审计问题的整改情况作为重点，对问题整改情况逐笔逐个进行追踪核实，确保问题整改彻底。12月，州审计局组织对全州469个单位、69个乡（镇）2014年7月至2015年6月审计发现的1183个问题的整改落实情况进行督查。结果显示，全州有关部门和单位已按审计意见整改问题1152个，占应整改问题的97.4%；正在整改26个，占应整改问题的2.2%；提出审计建议1519条，被有关单位采纳1371条；促进被审计单位制定整改措施及建立健全规章制度82个。

【审计法制建设】 2015年，楚雄州继续加强审计法制建设，进一步提升审计执法水平。持续抓好《审计法》《审计法实施条例》《审计准则》等法律法规的学习教育和宣传；落实“一把手”负责制，签订行政执法责任书，根据省、州有关文件精神，制定《楚雄州审计局2015年度法制宣传教育和依法行政工作计划》，分解落实执法责任；开展2014年度全州优秀审计项目评选，评选表彰优秀审计项目20个，选送3个项目上报参加省审计厅优秀审计项目评选，其中2个项目受到省审计厅表彰奖励；组织全州审计机关对2015年依法行政工作情况、法律法规学习情况、2014年审计项目质量情况、“六五”普法开展情况进行实地检查；开展案卷评查和行政执法证换证及培训工作；按照《审计准则》规定，推行审计项目审理制度，不断提高审计质量和审计工作规范化水平。

［杨崇显］

质量技术监督

【质量技术监督概况】 2015年，楚雄州质量技术监督局贯彻执行《楚雄州质监系统服务工业发展十八项措施》，加大对全州重点企业、非公有制企业、民营企业服务力度，服务地方经济发展；深入重点企业开展品牌战略工作调研、培育和宣传；将减轻企业负担落到实处，能按标准下限收取的涉企（个人）收费一律按下限收取，对经营确实存在困难的企业和个人采取免收或暂缓交付的方式，切实减轻企业和个人负担；对符合免征条件的小微企业（含个体工商户），免收组织机构代码证工本费；对公益性事业单位（如学校、医院）和社会弱势群体（如残疾人）开办的小作坊、小工厂按收费标准的下限或半价收取检验检测费用；对集贸市场使用的计量器具免收检定费用。全年免收组织机构代码证工本费3.4万元，免收计量检定费4.5万元。

【质量管理】 2015年，楚雄州质量技术监督局按照《楚雄州人民政府质量管理奖管理办法》的规定，完成首届政府质量奖组织申报评审及表彰工作，授予云南德胜钢铁有限公司、楚雄滇中有色金属有限责任公司、云南爱尔发生物技术股份有限公司、云南摩尔农庄生物科技开发有限公司、楚雄市鹿城彩印有限责任公司5家企业“州人民政府质量奖”，授予云南燃二化工有限公司、云南省楚雄恒基管道工业有限责任公司、云南盘龙云海药业有限公司、南华县咪依噜天然食品开发有限责任公司、云南楚雄仁恒化肥有限公司5家企业“州人民政府质量奖提名奖”；代拟《楚雄州质量工作考核办法》报请州人民政府予以审定，待政府审定后印发；组织完成全州16家企业18个云南名牌产品评议、推荐、上报和申报企业的网络申报材料审查工作；落实全州2014年新创的6个云南名牌产品共60万元的政府奖励金；组织楚雄市、牟定县、元谋县申报“全国知名品牌创建示范区”；组织州内26家云南名牌生产企业参加“云品出滇”工程，到北京、上海、香港、台湾等地展销产品，宣传企业；出台《楚雄州地理标志产品保护工作以奖代补资金管理办法》，“禄丰香醋”和“大姚核桃”2个产品成功申报为国家地理标志保护产品，“南华松茸”和“楚雄牛肝菌”2个产品的申报材料已上报国家质检总局，“武定壮鸡”产品获得省质量技术监督局立项批复；组织开展产品质量监督抽查，抽查企业390家产品448个批次，实物质量合格率88.7%。无产品质量事故发生。

【计量监督】 2015年，楚雄州质量技术监督局组织开展定量包装商品净含量计量监督专项抽查工作，主要对企业生产的大米、面条（挂面）、食用油、面粉、肉及肉制品、酒、桶（瓶）装水、茶叶、水泥、化肥等10种商品开展计量监督专项检查。抽查企业73家，抽查定量包装商品101批次，抽样合格率93.07%。

【标准化工作】 2015年，楚雄州的标准化工作稳步推进。州质量技术监督局协调项目承担单位和参与单位深入项目现场推进标准化试点项目建设工作，确保《元谋县农业社会化服务标准化试点项目》顺利推进；抓好滇撒猪养殖标准化示范区、葛根种植示范区、油橄榄种植示范区3个在建项目的推进工作；组织上报地方特色农产品种植农业标准化示范区1个，即牟定莱菔子种植农业标准化示范区；加强对禄丰世界恐龙谷旅游服务标准化试点项目、永仁县方山旅游服务标准化试点项目、武定狮子山旅游服务标准化试点项目试点的督促、指导和服务，开展巡查服务3次；组织上报服务业标准化试点项目2个，即楚雄市紫溪彝村乡村旅游服务标准化试点和姚安光禄古镇旅游服务标准化试点；完成地理标志产品“牟定腐乳”地方标准的制定。

2015年楚雄州“云南名牌”产品一览表

产品名称	企业名称	首获时间	有效期
“仁恒”牌复混肥料	云南楚雄仁恒化肥有限公司	2003.10	2018.12
“云开”牌气体绝缘金属封闭开关设备； “云开”牌户内金属铠装移开式封闭开关设备	云开电气集团股份有限公司（原云南开关厂）	2013.01 2004.10	2016.12
“云绿”牌无公害蔬菜（洋葱、番茄、菜豆）	元谋县蔬菜有限责任公司	2005.10	2017.12
“德威”牌钢筋混凝土用热轧带肋钢筋 “德威”牌钢筋混凝土用热轧光圆钢筋	云南德胜钢铁有限公司	2006.10 2015.12	2015.10 2018.12
“勤丰”牌过磷酸钙	云南禄丰勤攀磷化工有限公司	2007.10	2016.12
“东宝一捏脆”牌核桃干果	云南楚雄东宝生物资源开发有限公司	2009.10	2018.12
“大雄”牌核桃干果	大姚亿利丰农产品有限公司	2009.10	2018.12
“奉氏”牌脱水香葱	元谋利明脱水蔬菜有限责任公司	2011.11	2017.12
“雁塔”牌蒲地蓝消炎片	云南龙发制药有限公司	2012.12	2018.12
“YUNTI”牌工业纯钛板卷	云南钛业股份有限公司	2012.12	2018.12
“光波”牌普通导爆索 “天力”牌啤酒瓶	云南燃二化工有限公司	2012.12	2018.12
“锦亿”牌核桃干果	大姚锦亿土特产有限公司	2012.12	2018.12
“天腾”牌复混肥料	云南天腾化工有限公司	2013.12	2016.12
“林春”牌脂松香	南华松香厂	2013.12	2016.12
“马樱花”牌生丝	云南海润茧丝绸有限公司	2013.12	2016.12
“闽中”牌脱水香葱	云南元谋闽中食品有限公司	2013.12	2016.12
“葆宏”牌食用牛肝菌	楚雄宏桂绿色食品有限公司	2013.12	2016.12
“彝人古镇”牌旅游景点管理服务	云南汇通古镇文化旅游开发集团有限公司	2013.12	2016.12
“盘龙云海”牌龙灯胶囊	云南盘龙云海药业有限公司	2014.12	2017.12
“白竹山”牌绿茶	云南省双柏县白竹山茶业有限责任公司	2014.12	2017.12
“格瑞甫”牌鲜食葡萄	云南和立庄园有限公司	2014.12	2017.12
“恐龙谷”牌旅游景点管理服务	云南世界恐龙谷旅游股份有限公司	2014.12	2017.12
“星贸”牌速冻松茸	云南星贸食品有限公司	2014.12	2017.12
“摩尔农庄”牌核桃乳植物蛋白饮料	云南摩尔农庄生物科技开发有限公司	2014.12	2017.12
“柯玉”牌优质大米	楚雄州志祥粮油有限公司	2015.12	2018.12
“广天成”牌核桃炒果	大姚广益发展有限公司	2015.12	2018.12

（州质监局/提供）

① 春季农资打假执法检查（刘雁琳/摄影） ② 7月15日，举办烤烟签封会（李天良/摄影） ③ 特种设备安全检查（张春生/摄影）

【特种设备安全监管】 2015年，楚雄州开展特种设备“打非治违”和专项整治，消除安全隐患，保障特种设备安全。对21家气瓶充装（检验）站进行年度审查；开展特种设备数据库清理，清理不属于特种设备范围的使用单位317家，清理特种设备703台；在全州范围内开展电梯安全监管大会战，排查出15年以上的老旧电梯62台、“申龙”牌电梯33台；全州注册登记电梯189台，组织定期检验430台，监督检验220台，排查出安全隐患3条，整改3条，发出《特种设备安全监察指令书》4份；召开油气长输管道隐患整治约谈会，协调相关部门对公用燃气管道存在问题和隐患进行整改；开展特种设备隐患排查整治，排查出隐患56家88条，下达指令书40份，责令停止使用特种设备45台，查处使用单位3家。

【“12365”举报处置指挥中心工作】 2015年，楚雄州质量技术监督局进一步规范“12365”举报处置指挥中心工作，加强信息收集和预警分析。严格执行《楚雄州质监局“12365”工作制度》，确保申诉工作规范化、制度化、标准化；严格实行责任追究制，对接到的投诉举报要求及时回复并妥善处置，严禁置若罔闻，敷衍塞责，玩忽职守，造成不良影响。年内，接到举报、投诉、咨询电话59个，其中举报电话5个、投诉电话26个、咨询电话6个、测试电话17个、无效电话6个；接到省质监局移送案件6件、转办案件16件，办结率100%，满意率100%。

【质监行政执法】 2015年，楚雄州质量技术监督局强化执法监管，实行行政执法责任制，不断强化案件核审、集体讨论等内部行政执法监督机制，开展行政执法集中检查和案件评查，集中评查行政处罚案卷卷宗25卷。落实质监行政执法与刑事司法衔接制度，严格按照公安部门制定的《关于进一步加强执法协作的工作规范》，主动与公安局、检察院等部门加强沟通协调。全年出动执法人员1956人次，检查生产销售单位543家，查处案件35起，涉及货值金额128.8万元。

［樊建梅］

安全生产监督管理

【安全生产指标控制】 2015年，楚雄州发生各类安全事故294起，死亡107人、受伤321人，直接经济损失2380.85万元。其中，煤矿外工矿商贸事故13起，死亡16人、受伤1人，直接经济损失1283.86万元；道路交通事故164起，死亡91人、受伤320人，直接经济损失262.24万元；火灾事故（森林火灾除外）117起，无人员伤亡，直接经济损失834.75万元；煤矿、危险化学品、农业机械、学校、医院、水上交通、通讯、特种设备、气象等行业未接到伤亡事故报告。与上年相比，全州各类伤亡事故减少74起，死亡人数减少3人，受伤人数增加68人，直接经济损失增加806.16万元。其中，工矿商贸事故减少1起，死亡人数增加1人，受伤人数减少2人，直接经济损失增加190.26万元；道路交通事故减少22起，死亡人数减少2人，受伤人数增加70人，直接经济损失增加63.45万元。全州考核内生产安全事故共死亡46人，其中煤矿外工矿商贸事故死亡16人、生产经营性道路交通事故死亡30人，煤矿未发生死亡事故。共发生较大事故6起，其中道路交通事故5起、工矿商贸事故1起，死亡24人。

【安全生产责任制】 2015年，楚雄州按照“党政同责”要求，继续推行安全生产“一票否决”考核机制，州、县（市）、乡（镇）三级实现“党政同责”责任体系全覆盖，推进安全生产责任体系向工业园区、村（居）委会延伸，云南楚雄经济开发区和全州10个工业园区、1099个村（居）委会全面落实“党政同责、一岗双责”安全生产领导责任。按照“一岗双责”要求，州人民政府州长与各位副州长及秘书长，常务副州长与10县（市）人民政府及20家州级部门、18户重点企业分别签订安全生产责任状。按照“横向到边、纵向到底”要求，县（市）、乡（镇）、村（社区）及各生产经营单位层层签订安全生产责任状。年内，州人民政府兑现安全生产责任状考核奖励资金135万元。

【安全生产宣传教育培训】 2015年，楚雄州坚持“安全第一、预防为主、综合治理”的方针，开展“三项岗位”人员（生产经营单位主要负责人、安全管理人员、特种作业人员）培训，举办“三项岗位”人员培训班33期4586人；督促企业搞好厂矿、车间、班组3级教育培训，确保100%持证上岗和先培训后上岗；开展第14个全国“安全生产月”及“安全生产万里行”系列活动，近10万人次受教育。

【安全生产行政审批】 2015年，楚雄州加强安全生产行政审批事项监管，强化预防事故措施。按照“应进必进、进必授权”的要求，州安全生产监督管理局的全部行政审批事项集中授权政务服务窗口办理，杜绝“体外循环”。严格兑现承诺时限，所有行政审批事项均在20个工作日内办结，限时办结率100%。依法办理行政审批事项4867项（含新办、延期、变更）。其中，颁发企业“非煤矿山安全生产许可证”130户，颁发企业“危险化学品经营许可证”144户，颁发企业“烟花爆竹批发经营许可证”6户，颁发“三项岗位”人员安全资格证4586本。

【安全生产大检查】 2015年，楚雄州探索和推进建立以企业自查自报为基础，部门专项检查、专家明察暗访、政府综合督查3种方式相结合，以监管对象目录化管理、“一企业一标准”对标检查、隐患和问题清单化管理、隐患整改责任化落实、企业自查情况月度申报5项机制为保障的“1+3+5”安全生产大检查机制，对安全生产实现常态化、规范化、动态化监管。对检查中发现的问题和隐患，及时下达整改指令。继续实行重大隐患分级挂牌督办机制，严格督促整改。年末，2014年省、州挂牌督办的20项重大隐患完成整改销号；2015年省挂牌督办的5项、州挂牌督办的16项重大隐患分解落实到责任单位和部门，由责任单位和部门实施整改。

【安全生产专项整治】 2015年，楚雄州继续抓好各重点行业领域的安全生产专项整治。金属非金属矿山方面，围绕2013～2015年3年内整顿关闭145座矿山的工作部署，关闭矿山31座，3年累计关闭154座，超过目标任务9座。启动非煤矿山转型升级工作，对全州非煤矿山100%进行专家“排查会诊”，并按照“四个一批”要求对全州516座非煤矿山提出转型升级意见。危险化学品、民爆物品方面，以“两重点一重大”和实施自动化改造为重点，对7户危险化学品生产经营企业开展在役化工装置“设计诊断”工作；对全州涉及油气等危险化学品罐区226户企业进行全面普查，查出300个罐区827个储罐；烟花爆竹方面，督促仓库设施安全不达标的3户批发企业重新选址建设，对全州1686个零售点进行排查，排查出属于“两关闭”范畴零售点473个，年内整治关闭零售点371个，关闭率78%。工贸行业及职业卫生方面，聘请专家对金属冶炼、有限空间、涉氨制冷、粉尘防爆等4个专项整治内容开展检查督查，整治隐患387条，43户涉爆粉尘企业均对严防粉尘爆炸各项措施进行排查整治；抓好企业职业危害申报、检测，完成备案企业846家，申报率98.5%；加强职业卫生建设项目源头管理、职业卫生基础建设、职业健康监护等工作，开展职业健康体检14296人次。督促负责安全生产监管职责的有关部门抓好煤矿、道路交通、消防、建筑施工、特种设备、油气管线等行业领域的安全专项整治。

【安全生产依法治理】 2015年，楚雄州按照“四个一律”要求，突出重点行业领域，以“六打六治”为主要内容，持续开展“打非治违”专项行动，保持对非法违法生产、经营、建设行为的高压态势，打击非法违法、治理纠正违规违章行为11987起。继续强化安全监管执法，严肃查处生产安全事故和违规违章行为。全州安监部门监督监察生产经营单位3756户8377次，实施行政处罚74次。其中对生产经营单位处罚29次、对单位主要负责人处罚45次；实施罚款54次，其中事故罚款24次、监督监察罚款30次；处罚罚款414.09万元，其中事故罚款383.58万元、监督监察罚款30.51万元；实际收缴罚款296.02万元，其中事故罚款271.52万元、监督监察罚款24.5万元；罚款收缴率71.49%，其中事故罚款收缴率70.79%、监督监察罚款收缴率80.3%。

【事故应急救援】 2015年，楚雄州安全生产监督管理局、州公安局交警支队、州交通运输局、州卫生和计划生育委员会、州消防支队等部门密切配合，实施较大事故应急救援6起，挽救重伤员27名。6月25日，成功组织楚雄华润燃气有限公司三家塘液化天然气储配站燃气泄漏事故应急演练。依托南华腾龙物流公司，建立楚雄州危险物品事故应急专业救援队，并加强救援能力建设。加强汛期安全生产及事故防范，及时向有关单位和企业发布暴雨、洪水、山体滑坡、泥石流等自然灾害预警预报信息。

【事故查处】 2015年，楚雄州按照“科学严谨、依法依规、实事求是、注重实效”的原则，查处州内发生的较大事故6起，较大事故查处结案时间比上年平均提前18个工作日。6起较大事故分别是：

3月20日，钱（粮桥）牟（定）公路k23牟定境内，一辆散装水泥罐车翻下34.5米山坡，导致车上3人当场死亡。

4月6日，昆明中国国际旅行社有限公司一旅游客车从大理驶往昆明，行至楚大高速k40+800M路段（南华县沙桥境内）时，车辆撞上前进方向右侧护栏后，翻出有效路面，造成8人死亡、28人受伤。

6月11日，广东省深圳市宝华汽车租赁公司一辆大型普通客车从广东深圳驶往四川省凉山州西昌市，行至京昆高速公路k2522+887M路段（永仁县境内）时，车辆与中央隔离护栏碰撞后侧翻于路面，造成3人当场死亡、62人受伤。

8月19日，云南省玉溪市通海县河西镇曲陀关村民委员会关上村驾驶人丁某驾驶曲靖市麒麟区寥廓街道石油小区张六三的云D77216号大货车，载37.7吨钢筋（该车核定载质量11.93吨，超过核定载质量216%），从玉溪运往临沧市孟定镇。当车行至国道320线K3042+600米处（南华县沙桥镇天申堂村委会街道）时，车辆制动系统失控，撞到5辆停放在路边的车辆（3辆微型车、1辆轿车、1辆农用车），造成云EP6328微型车上2人当场死亡，1人送医院抢救途中死亡。

11月5日上午9时45分左右，四川广安智丰建设工程有限公司在武定县发窝乡分多村委会下永厂村境内进行正负500千伏过境输电线路（楚雄永仁——文山富宁）建设施工，在放线过程中拉杆线发生断裂、二标段第147号钢塔倒塌，导致3名施工人员死亡。

11月21日21时许，大姚县三岔河镇达么村小组张某驾驶云EZL700号微型面包车，载3人（含驾驶员载4人），由格谷村委会驶往三岔河街区，车辆行至谷格村委会老熊洞路段时，在下坡右转弯过程中，驶离右侧路面，翻下185米山箐，造成张某及3名乘车人员共4人死亡。

［陈思云］

食品药品监督管理

【食品药品监督管理概况】 2015年，楚雄州食品药品监督管理局转变工作作风，服务产业发展。协助生产企业申报药品和保健食品批准文号。先后出动执法人员35人次，对昆明宇斯药业有限责任公司楚雄分公司、楚雄七源药业有限公司、楚雄和创药业有限公司的药品批准文号申报进行现场指导14户次，通过品种转移、设置厂外车间、新申报注册等方式，取得药品批准文号19个、保健食品批准文号1个；对两家拟申报医疗机构制剂的民营医疗机构进行制剂注册咨询、指导；帮助企业开展新入职人员的GMP概论、法律法规知识培训，提高企业依法生产经营意识、管理水平和产品质量风险控制能力，培训4户企业509人次82学时；为新开办的药品生产企业提供技术服务，对企业概念性设计、厂房设计、设备选型、工程进展、文件编制等提前介入，提供咨询、监督和指导，出动人员58人次进行现场指导25户次，5家药品生产企业、3家保健食品生产企业通过相应的GMP认证；出动人员192人次，对药品生产企业开展现场指导52户次；开展新《食品安全法》普及推广，培训企业从业人员4500余人次。着力改善食品药品监管的基础设施条件，争取到位省级食品药品监管基础设施建设专项经费1518.5万元，争取到乡（镇）监管所能力提升工程项目9个，争取将元谋县作为信息化监管建设试点项目县，南华县、武定县作为县级食品检验检测机构标准化建设项目县，下达州级食品安全检（监）测能力建设项目投资计划，推进项目前期工作。完成食品抽验353批，出具报告书244份，不合格13批，不合格率5.32%。完成药品检验并出具检验报告书475件。其中，基本药品236件，合格232件，不合格4件，合格率98.3%；非基本药品239件，合格230件，不合格9件，合格率96.2%。抽检药品总不合格率2.7%。出动人员200余人次，完成108家药品经营企业、医疗机构的药品快速鉴别1554件，完成率103.6%。完成化妆品委托检验8批，均为合格。报告药品不良反应报告1931例、医疗器械不良事件报告372例、药物滥用监测报告74例、化妆品不良反应报告6例。

【食品药品监管体制改革】 2015年，楚雄州人民政府印发《职能转变和机构改革方案》，再次明确："重新组建州食品药品监督管理局。将州人民政府食品安全委员会办公室的职责、州食品药品监管局的职责、州质量技术监督局的生产环节食品安全监督管理职责、州工商行政管理局的流通环节食品安全监督管理职责整合，重新组建州食品药品监督管理局，为州人民政府工作部门，加挂州人民政府食品安全委员会办公室牌子"。5月15日，中共楚雄州委办公室、州人民政府办公室印发10县（市）《政府职能转变和机构改革方案》，明确将县（市）工商行政管理局、质量技术监督局、食品药品监督管理局的职责合并，组建县（市）市场监督管理局，为县（市）人民政府工作部门，加挂县（市）人民政府食品安全委员会办公室牌子；不再保留县（市）工商行政管理局、质量技术监督局和食品药品监督管理局；在整合工商行政管理分局、食品药品监督管理所的职责、机构、编制的基础上，按乡（镇）组建市场监督管理所，为市场监督管理局派出机构。年末，全州县（市）综合执法改革基本完成，10县（市）均组建市场监督管理局，并完成领导班子任命和机构、人员、监管职责合并。楚雄市和牟定县按乡（镇）设立市场监督管理所，所长按副科级配备，监管所人员全部到位。全州有乡（镇）市场监督管理所51个；明确村级协管员1232名，落实待遇每人每月100～150元。

【食品药品安全责任体系建设】 2015年，楚雄州把食品药品监管工作纳入州委、州人民政府对县（市）人民政府和州级部门综合绩效集中考核，与10县（市）人民政府和州级相关成员单位签订"食品安全工作目标责任书"和"药品安全工作目标责任书"，强化州、县（市）人民政府对食品药品安全工作的领导责任。各级监管部门按照"下沉监管重心、延伸监管触角"的工作要求，在乡（镇）成立食品药品监督管理所51个，全州食品药品安全责任体系进一步健全和完善。把全州"四品一械"所有监管对象全部纳入网格中进行网

2015年楚雄州药品生产企业信用等级评定情况统计表

企业名称	诚信等级	备　注
楚雄和创药业有限公司	守信	含特殊药品
昆明市宇斯药业有限责任公司楚雄分公司	守信	
云南盘龙云海药业有限公司	守信	
云南龙发制药有限公司	守信	含特殊药品
云南万裕药业有限公司	守信	含特殊药品
楚雄老拔云堂药业有限公司	守信	
云南楚雄天利药业有限公司	守信	
云南楚雄云中制药有限责任公司	守信	
云南郡筹制药有限公司	守信	
云南铭鼎药业有限公司	守信	
云南金碧制药有限公司	守信	
云南金七制药有限公司	守信	
云南植物药业有限公司楚雄基地	守信	
云南新世纪中药饮片有限公司	守信	
大姚恒元饮片有限公司	守信	
楚雄金塔气体有限公司	守信	
楚雄永强冶金化工有限公司	存在风险	未认证
云南积大生物科技有限公司	守信	无批文
云南明镜亨利制药有限公司楚雄生产基地	守信	
楚雄市连墀生物研究所	守信	停产、转移
云南三圣药业有限公司	守信	证书到期停产
云南楚雄太阳药业公司	守信	证书到期停产
楚雄七源药业有限公司	守信	未认证
楚雄州人民医院制剂室	守信	含特殊药品
楚雄州中医院制剂室	守信	含特殊药品
云南和创药业有限公司		筹建
云南益田中药饮片公司		筹建
云南极粹生物科技有限公司		筹建
云南世纪华宝生物科技有限公司		筹建
云南延寿堂制药有限公司		筹建

（州食药监局/提供）

格化管理，实现全州1张总网，以县（市）为单位划分为10个网格，州食品药品监督管理局领导分工联系10县（市），10县（市）食品药品监督管理局局长作为网格责任人承担监管责任。

【食品药品行业行政许可】 2015年，楚雄州食品药品监督管理系统办理行政审批事项8931件。其中，“药品经营许可证”审批事项728件，“医疗器械经营企业许可证”审批事项39件，“餐饮服务许可证”审批事项3847件，“食品流通许可证”审批事项3886件，“食品生产许可证”审批事项143件。受理GSP认证申请879件，核发认证证书220件，办理第二类医疗器械经营备案68件。发布药品、医疗器械、食品生产许可和餐饮许可等行政许可审批事项公告32期，回复行政审批网上服务大厅网上咨询2个。

【食品生产监管】 2015年，楚雄州食品药品监督管理局切实加强食品生产监管。加强日常监管，规范食品生产行为。把全州1065家食品生产加工单位全部纳入网格化监管，明确责任领导41名、监管责任人员113名。深入开展专项整治。组织开展白酒、食用油、配制酒违法添加、调味面制休闲食品、豆制品、食糖、蜂蜜、糖果巧克力、含铝添加剂使用及重要节假日食品安全等专项整治9项。开展食品生产企业随机监督检查。采用实地检查和资料查验的方式，随机抽查牟定、南华、姚安、大姚、永仁、元谋、武定、禄丰等县食品生产企业17家，查出存在问题或隐患74条。

【食品流通监管】 2015年，楚雄州食品药品监督管理局切实加强食品流通监管。落实食品安全日常监管制度，下发《楚雄州食品药品监督管理系统食品市场巡查监管工作制度》，进一步规范基层监管所食品安全日常巡查工作。开展食品安全专项整治、节假日食品市场专项整治、农村食品市场专项整治、校园及校园周边食品安全专项整治、超过保质期食品专项整治、乳制品和含乳食品专项整治、走私冷冻肉制品专项整治、酒类市场专项整治、食用油质量专项整治等一系列专项整治行动，出动执法人员1.53万人次，检查各类市场 362个次，检查食品经营户4.52万户次，查处案件210件、案值7.87万元，罚款57.43万元，查处不符合食品安全标准的食品1012.61千克。

【药品生产监管】 2015年，楚雄州加强药品生产环节安全监管和非正常生产企业监管。出动执法检查人员18人次，办理非正常生产企业备案5家，检查非正常生产企业恢复生产现场3家。开展药品生产质量风险排查，召开药品生产企业负责人、质量负责人、生产负责人共45人参加的质量风险管控座谈会，对各药品生产企业普遍存在的质量风险问题、风险管控要求、风险防范方法进行全面分析研究。强化药品生产日常监管，出动执法人员467人次，检查药品生产企业131户次，提出整改意见建议354条次。推进新版GMP实施，云南盘龙云海药业有限公司（中药饮片）、云南铭鼎药业有限公司、云南楚雄云中制药有限责任公司（中药饮片）、云南新世纪中药饮片有限公司、楚雄金塔气体有限公司、昆明宇斯药业有限责任公司楚雄生产基地通过GMP认证现场检查。完成“药品生产许可证”换发申报17份、“医疗机构制剂配制许可证”换发申报2份。

【药品市场监管】 2015年，楚雄州切实加强药品市场监管，持续整顿和规范药品市场秩序。出动执法人员5923人次、执法车辆1291辆次，检查药品经营、使用单位4913户次，查处假劣药品案件39件，罚没款合计8.63万元。开展节日药品市场专项整治，出动执法人员1218人次，检查药品市场1406户次，查处假劣药品案件2件，罚没款合计3346元，发出责令改正通知书11份。开展空心胶囊和胶囊剂药品专项检查，含可待因复方制剂销售流向核查，中药材、中药饮片专项检查，风湿关节炎片和跌打丸专项检查等一系列专项检查，出动执法人员1603人次，检查药品市场1819户次，查处假劣药品案件10件，罚没款合计1.67万元，发出责令改正通知书2份。做好银杏叶药品专项治理，召回6个品种、22个厂家、123个批次、5592盒另29片银杏叶药品，涉及供货企业28家。做好零售药店新版GSP认证和“药品经营许可证”变更、换

① 2月6日，春节前食品安全专项检查 ② 食品快速检验（州食药监局/提供）

发、新申办，以及药品批发企业GSP认证指导、帮扶工作。全面启动零售药店新版GSP认证，并于12月25日圆满完成认证任务，应认证药品零售企业1028家，依法申请并安排现场检查874家，其中通过现场检查827家、限期整改23家、中止认证17家、检查中自动放弃认证5家、未通过现场检查2家，注销96家，自动放弃认证58家，淘汰率15.7%。完成46家药品零售（连锁）企业新申办、换证、变更药品经营许可证现场核查工作。做好药品批发企业GSP认证现场指导帮扶，17家药品批发企业有16家顺利通过GSP认证。发挥技术支撑作用，加强药品监督抽验，加强基本药物配送和使用环节监管。对基本药物进行全品种覆盖抽验，全州15家药品批发企业全部实现基本药物全覆盖电子监管。加强基本药物配送企业及使用单位的监督检查。按规定完成6家新农合基药配送中标企业每季度1次和基药使用单位每年两次的监督检查，督促零售药店按规定配备基药。推进医疗机构规范化药房建设，新增规范化达标药房53个，年末全州有规范化达标药房767个，规范化药房达标率48.4%。继续推进农村药品“两网”建设，全州103个乡（镇）1099个行政村供应网、监督网覆盖率100%。有设在村级的药品专柜502个，有各类聘用人员1782人。深入推进药品安全示范县创建工作，双柏县、大姚县和永仁县被确定为第二批省级药品安全示范县创建试点县，于年内通过考核验收并获得命名。全面推进药品电子监管工作，全州874家零售药店入网730家，入网率83.5%。严格治理违法广告，联合工商、卫生、广电等部门，加强对药品等违法广告的监测，对监测到的违法广告，及时移送工商部门处理。

【医疗器械监管】 2015年，楚雄州进一步加强医疗器械监管。加强对医疗器械生产经营企业的监督管理。出动执法人员189人次，对州医用器具有限责任公司的一次性空气净化输液器等高风险产品的生产实行全面监管，对17家医疗机构进行日常检查，对医疗器械经营企业和连锁药店进行日常检查，对9家连锁店和新开办经营企业申办《医疗器械经营企业许可证》或变更事项进行现场检查验收。加强宣传培训。对医疗器械生产经营使用单位及各县（市）食品药品监督管理局监管人员进行《医疗器械监督管理条例》（以下简称《条例》）及《医疗器械经营质量管理规范》《医疗器械生产质量管理规范》《医疗器械经营监督管理办法》《医疗器械生产监督管理办法》《体外诊断试剂注册管理办法》等相关法律法规培训109人次。开展“安全用药月”及新《条例》宣传活动，印发相关的法律法规200份，发放宣传资料1000余份；组织开展医疗器械安全知识竞赛，1802人参加。开展医疗器械“五整治”专项行动“回头看”、体外诊断试剂质量评估和综合治理，以及避孕套、装饰性彩色平光隐形眼镜专项整治，出动执法人员445人次，检查医疗器械生产经营企业和医疗机构375家，发出整改通知7份。查处医疗器械违法案件9件，罚没款10.68万元。加强监督抽样和药包材监管。完成医疗器械抽验25批次，出动执法人员20人次，对宝丰药包材有限公司和云南誉鑫医用包装有限公司进行现场检查5次，完成药包材抽验5批。

【保健食品化妆品监管】 2015年，楚雄州切实做好保健食品、化妆品监管工作。做好日常监督管理。对辖区内保健食品、化妆品生产经营企业进行日常检查2次以上。对全州保健食品经营单位进行建档，做到一企一档，一店一档，实行档案动态化管理。开展保健食品、化妆品专项整治。先后组织开展重大节假日专项监督检查、2015年化妆品专项整治、不合格化妆品核查处置等活动，规范企业生产经营行为。做好广告监测。以城区药店、保健食品专营企业、租赁婚宴场所开展保健食品宣传的经营者为重点，重点整治以各种报刊、传单、各类场所张贴、广播电台和电视台发布、开展知识讲座等形式发布的虚假违法保健食品广告，维护消费者正当权益。做好保健食品化妆品监督抽验和风险监测。开展保健食品风险监测和监督抽样24批次，不合格1批次；开展化妆品风险监测和监督抽样34批次。开展保健食品化妆品安全宣传，接受咨询服务1万余人次，发放宣传资料6000余份，制作宣传展板18幅次。

【食品药品稽查】 2015年，楚雄州加大食品药品稽查力度，查办各类案件401件，涉案物品总值20余万元，罚没款金额102.04万元，取缔无证生产经营户3户；配合州、县（市）公安部门查办销售假药案1起；受理和回复稽查函、稽查核查通知20份；受理食品药品投诉举报132件，办结132件，其中食品102件、保健食品10件、药品13件、医疗器械5件、化妆品2件，州中心受理转办65件；接受群众咨询137次，及时办结率、回复率100%。

［沙朝仁］

乡镇企业

【乡镇企业发展概况】 2015年，楚雄州乡镇企业（含个体工商户）实现产值975.6亿元，增长8.3%。农产品加工业（含个体工商户）实现产值199.9亿元，增长12.5%。年末，有乡镇企业（含个体工商户）10.6万户，从业人员37.98万人，其中省级龙头企业51户、州级龙头企业262户。农产品加工业由连续3年高增长转向中高速增长。其中，果蔬加工业增速12.9%，比上年高出0.3个百分点；粮油加工业增速12.3%，高出0.3个百分点；酒、饮料制造业增速12.6%，高出0.4个百分点；野生食用菌加工业增速12.6%，高出0.5个百分点。年内，州乡镇企业管理职能由州工业和信息化委员会划转州农业局，由州农业局副局长兼任州乡镇企业局局长。年末，《楚雄州高原特色食品工业“十三五”发展规划》初稿基本完成。

【农产品加工业固定资产投资】 2015年，楚雄州农产品加工业完成固定资产投资35.3亿元，比上年增长21.4%，全行业负债率47.7%。其中，粮油加工业资产负债率50.1%，高于农产品加工业行业平均水平；酒、饮料制造业和野生菌加工业的资产负债率分别为40.1%和41.6%，分别低于农产品加工业平均水平7.6个百分点和6.1个百分点。

【乡镇企业产能过剩】 2015年，楚雄州钢铁、有色金属、煤炭、建材、化工等行业的乡镇企业产能过剩，去库存问题严重。年末，产能过剩行业乡镇企业产成品库存量比上年增长15%，主要库存产品有粗钢、钢材、复合肥、农用化肥、铝等。

［王文斌］

云南楚雄经济开发区

【云南楚雄经济开发区概况】 2015年末，云南楚雄经济开发区内（含东瓜镇）有居民2.63万户，总人口7.12万人，其中农业人口1.21万人、非农业人口5.91万人。区内单位从业人员年人均劳动报酬4.2万元，比上年增长15.49%，其中在岗职工年人均劳动报酬4.58万元，增长21.85%；农民人均纯收入1.02万元，增长14%。完成地方财政总收入8.79亿元，增长13.41%；一般财政预算收入6.01亿元，增长10.03%；规模以上固定资产投资80.1亿元，增长24.64%；招商引资到位资金62.64亿元，增长23.69%；社会消费品零售总额41.92亿元，增长9.96%。完成重点产业产值（产出）127.33亿元，比上年增长13.45%。其中，生物医药及食品加工业产值41.52亿元，增长38.95%；冶金建材化工业产值75.48亿元，增长2.72%；机电制造加工业产值3.69亿元，增长18.02%；商贸旅游服务业产值6.64亿元，增长15.64%。实现增加值31.03亿元，比上年增长16.66%，占当期生产总值的55.63%。其中，生物制药及绿色食品加工业增加值12.5亿元，增长39.9%；冶金建材化工业增加值13.63亿元，增长2.49%；机电制造加工业增加值1.09亿元，增长17.06%；商贸旅游服务业增加值3.8亿元，增长10.92%。

【工商经济】 2015年，云南楚雄经济开发区面对经济下行压力持续加大、实体经济低迷等严峻形势，落实工业稳增长政策措施，强化协调服务和经济运行分析，继续实行区领导和部门一对一联系服务企业制度，强化对企业的指导、协调和帮扶，通过实施“助保贷”“信保贷”“两个10万元”小微企业培育工程等方式，帮助企业解决土地、资金、用工等困难问题。完成工业总产值120.69亿元，比上年增长13.33%。其中，规模以上工业产值118.85亿元，增长13.54%；规模以下工业产值1.84亿元，增长1.45%。实现工业增加值27.23亿元，比上年增长22.76%。其中，规模以上工业增加值26.65亿元，增长23.18%；规模以下工业增加值0.57亿元，增长5.97%。全区累计实施工业建设项目60个，完成工业投资17.78亿元，比上年增长5.7%；3个项目投产生产或试生产。新增规模以上工业企业6户，共有规模以上工业企业45户。规模以上工业企业实现主营业务收入88.7亿元，增长8.54%；实现利税总额4.27亿元，增长59.97%；实现利润3.54亿元，增长127.67%。推进工商登记制度改革，执行注册资本认缴登记制、年检改年报和信息公示制，简化住所（经营场所）登记手续、推行电子营业执照和全程电子化登记管理。落实先证后照改革，加快推进“三证合一”，全面实施“一照一码”登记制度。强化首问负责制、一口清、一站式服务制，降低准入门槛，激发市场主体发展活力。在开发区工商部门登记注册的私营企业和个体经营户分别达2441户和5965户，分别增长56.57%和17.61%。其中，新增限额以上商贸企业10户，总数69户；新登记私营企业872户，增长67.69%；新登记个体工商户1756户，增长126%；登记企业集团7户。非公经济实现增加值39.3亿元，增长14.58%。乡镇企业完成总产值92.63亿元，比上年增长12.1%；实现营业收入73.55亿元，增长4.48%；实现利润2.23亿元，下降19.7%；上缴税金1.22亿元，下降65.44%；实现农产品加工产值20.36亿元，增长12.4%。有进出口实绩企业6户，完成进出口总额630万美元，下降7.94%。其中，进口额3万美元，下降57%；出口额627万美元，下降9.42%。

【项目建设】 2015年，云南楚雄经济开发区进一步落实区领导和部门挂点联系项目机制，开展“项目建设大会战”，全力破解制约项目建设的各种要素问题，确保重点项目顺利推进。实现融资到位资金6.89亿元，获得省人民政府定向债券置换和浦发银行平滑债务置换6亿元；企业垫资3亿元参与园区建设；获得上级项目补助资金1.19亿元。获批土地2420亩、林地1510亩，供应土地2082亩，依法拆除违法违章建筑1万余平方米，解决重点项目推进过程中的林地、土地、资金等问题。完成固定资产投资80.1亿元，比上年增长24.64%。其中，城镇固定资产投资76.89亿元，增长36.1%；房地产投资3.22亿元，比上年下降58.61%。年末，有规模以上城镇投资在建项目254个，比上年增加64个，其中年内新开工项目199个，增加46个，新增固定资产71.98亿元，增长85.1%。

【招商引资】 2015年，云南楚雄经济开发区围绕生物医药、装备制造、商贸物流等重点产业，加大招商引资工作力度。拓宽招商引资渠道，组织参加“南博会”“东盟客商洽谈会”“云台会”“广博会”“火把节”等展会，以及省、州组织的重大招商引资活动，全年开展招商引资活动36场次。完善招商工作机制，出台《楚雄经济开发区关于加强招商引资工作的实施意见》，实行招商项目策划包装、外出招商、督促推进“三项机制”，优化各领导和单位年度招商引资和项目策划包装任务，严格考核奖惩，全员招商氛围进一步浓厚。进一步强化项目包装，立足楚雄经济开发区的产业基础和资源优势，编印《开发区投资指南》《开发区重点项目册》《专项推介折页》《图说开发区》等小册子，制作招商形象宣传片，整合并成功上线开发区门户网站，打牢招商宣传工作基础。加强项目储备，围绕园区及产业规划布局，谋划、论证、储备、上报符合开发区发展实际的项目35个。年内，实施招商引资合作项目151项，完成招商引资州外到位资金62.64亿元，比上年增长23.69%；新签约项目21项，协议总投资122.58亿元。

【园区建设】 2015年，云南楚雄经济开发区强化规划引领，继续做好规划编制工作，完成云甸工业园区控制性规划、桃园工业园区控制性规划等18个规划方案评审，启动开发区分区规划修编工作。突出抓好苍岭工业片区规划调整完善工作，明确智明生物产业园、智明国际物流基地等选址和功能定位。投入1.32亿元实施园区基础设施项目18项，苍岭工业片区、西北城市新区基础设施加快建设，桃园、庄甸、赵家湾工业片区生产生活服务配套进一步完善，园区承载力和招商吸引力不断提升。

庄甸医药产业片区 位于东瓜镇庄甸社区，规划面积1.47平方千米，已引进企业25户，其中建成企业14户、在建企业5户。年内完成主营业务收入9.39亿元，实现工业总产值21.63亿元，增长48.86%，其中规模以上工业增加值6.36亿元，增长47.97%。

桃园冶金化工片区 位于东瓜镇桃园村委会，规划面积2.44平方千米，主要发展冶金、化工、建材业，已引进企业22户，其中建成企业17户、在建企业3户。年内完成主营业务收入63.41亿元，实现工业总产值79.17亿元，增长16.97%，其中规模以上工业增加值12.99亿元，增长4.47%。

赵家湾生物产业片区 位于东瓜镇詹家社区。已引进企业23户，其中建成企业12户、在建企业6户。年内实现工业总产值19.85亿元，增长77.6%，其中规模以上工业增加值5.24亿元，增长70.57%。

苍岭工业片区 位于苍岭镇，总体规划面积为53.9平方千米，分为北部苍岭片及南部云甸片两个部分。年末，苍岭工业片区已完成场地平整600亩；云甸东区中路、东片区路网、标准厂房建设等项目加快推进；国道56线高速公路开口立交启动建设；市第三自来水厂、污水处理厂、智明片区主干道正开展前期工作；楚雄龙润丰化肥生产有限公司技改搬迁建设项目，年产1万吨钢构件加工生产项目、1万吨聚羧酸盐系高效减水剂项目签约入驻苍岭工业片区。

城市新区 依据《楚雄市城市总体规划（2004～2020年）》和《楚雄市城市“十二五”近期建设规划》设计，楚雄城市新区北起广（通）大（理）铁路复线，南以昆（明）楚（雄）高速公路为界，西北接元（谋）双（柏）公路，东至羊角山山脊，规划区面积约10.65平方千米，其中城市建设用地9.22平方千米。年末，永兴大道基本建成通车，东瓜新大街、东波路等路网建设加快推进，站前广场、站前大道、中干道、市第三污水处理厂等项目前期工作抓紧实施，爱晚功城国际茶花养老社区等项目启动建设。

【高层次人才基地建设】 2015年，云南楚雄经济开发区围绕建设具有楚雄特色的人才基地、打造创新活力凸现的“人才特区”的目标，深入推进高层次人才创新创业示范基地建设。开发区创业服务中心被省工业和信息化委员会确定为省小企业创业示范基地和省中小企业公共服务示范平台；科技企业孵化器获得省科技厅批准；云南金七制药有限公司、云南盘龙云海药业有限公司被认定为高新技术企业，云南天利药业有限公司被认定为省级企业技术中心，新增楚雄云泉酱园有限责任公司、楚雄云星铜材有限公司、云南积大生物科技有限公司为州级企业技术中心。拥有院士工作站3个，培育高新技术企业7家，引进高层次人才45人（含国家“千人计划”2人、院士6人），有省级创新型试点企业、省级成长型中小企业、省级企业技术中心、省级工程研究中心、省级小企业创业示范基地及省级中小企业公共服务示范平台各1个；拥有生物医药产业从业人员2853名，其中研究生以上学历的占0.59%、高级工以上职称的占1.36%。生物医药产业新增药品批文18个，区内企业研发新产品和新技术42项，获得专利17个，其中发明专利8个，获得省重点新产品认定1个。

【社会事业】 2015年，云南楚雄经济开发区坚持把民生改善和社会和谐稳定作为工作的出发点和落脚点。强化教育均衡发展，实验小学古镇校区一期项目建设完工并顺利开学，天人中学、龙江中学教学配套设施加快建设，博源国际幼儿园建设项目启动。妥善化解义务教育阶段入学矛盾，适龄儿童全部实现分流入学，投入义务教育经费5972万元。加强卫生事业建设，东瓜镇卫生院建设项目一期基本完成，楚雄医专附属医院暨协和医院完成土地收储等前期工作。落实脱贫攻坚行动，开发区管委会230名干部职工挂包帮东瓜镇、苍岭镇7个村民委员会254户贫困户，切实做好“挂包帮”“走转访”精准扶贫工作。加快社会事业基础设施建设。2013年1000套公租房基本完工，2014年300套公租房加快主体工程施工；农民安置小区建设有序推进，上苏和下苏安置小区完成配套工程建设，山嘴子安置小区完成基础工程，庄甸、陆家丫口安置小区完成场地平整。强化城市管理，人居环境明显改善。投资440万元，完成永安路、威楚大道、龙川江沿岸等绿化、美化、亮化、净化提升改造工程；开展以占道经营、乱泼乱倒、渣土运输等为重点的城市环境综合整治；推行环境卫生清扫保洁、绿化养护和垃圾机动收运市场化运作管理，城乡人居环境不断优化。强化安全生产。落实“党政同责、一岗双责、齐抓共管”的安全生产责任制和企业主体责任，突出预防为主，加大安全生产宣传检查、隐患排查治理、打非治违和应急救援演练等力度，无重特大安全事故发生。强化平安和谐建设，进一步畅通信访渠道。受理群众来信来访410件（含上级部门转办件），接待来访群众600人次，办结390件，办结率95.1%；加大治安防范和犯罪打击力度，破获各类刑事案件375件，查处治安案件777件，查处率100%；强化劳动纠纷化解工作，受理劳动争议投诉案件117件，调解113件，为1848名从业人员协调解决工资2715.7万元。

［刘昱彤］

2016 CHUXIONG ALMANAC

农 业

AGRICULTURE

责任编辑：安孟勤

青山湖一角（州青山嘴水库管理局/提供）

农村经济综述

【农村经济概况】 2015年，楚雄州把握高原特色农业发战略机遇，贯彻落实中央、省委农村工作会议、全省农业工作会议和《中共中央、国务院关于加大改革创新力度，加快农业现代化建设的若干意见》精神，坚持把解决好“三农”问题作为工作的重中之重，按照稳粮增收、提质增效、创新驱动的总要求，确保粮食等主要农产品有效供给和农民持续增收，切实落实强农惠农富农政策，不断改善农民生产生活条件，农业经济持续向好。农林牧渔业实现总产值273.17亿元，比上年增长6%；第一产业增加值152.82亿元，增长6.1%；农村居民人均可支配收入8327元，增长10%。

【高原特色农业发展】 2015年，楚雄州围绕中共云南省委、省人民政府发展高原特色农业的决策部署，结合州情实际，发挥区域优势，继续培植壮大蔬菜、茶桑、农作物种业、优质水果、魔芋、人工食用菌、辣木等为重点的特色优势产业。围绕把楚雄州打造成为全国“南菜北运”和“滇菜外运”的主要商品蔬菜生产基地和把楚雄州建设成为“滇中绿色大菜园”目标，发展蔬菜种植118.16万亩，产量186.92万吨，产值46.73亿元；发展粮菜兼用品种马铃薯种植17.14万亩、鲜食青早豆类种植30.65万亩；完成各类粮经作物繁制种面积12.13万亩、繁育农作物种子8.92万吨，产值14.08亿元；以元谋县、永仁县、双柏县等低热地区为重点，发展早熟鲜食葡萄7.1万亩，产量12.78万吨、产值8.95亿元，优质水果累计种植27.3万亩、产值21.8亿元；种植魔芋13.95万亩，产量28.27万吨、产值7.35亿元；种植辣木2.79万亩，初加工产值1.1亿元。

【外向型特色生物产业】 2015年，楚雄州鼓励发展人工食用菌、花卉等外向型特色生物产业。有790户菇农种植以香菇、茶树菇、球盖菇、木耳、金针菇为主的人工食用菌16个品种402万平方米，产量3.83万吨，产值4.8亿元，实现收入2.4亿元；以元谋、永仁2县为重点，完成菜心、香葱、青笋、花椰菜等20余个品种的蔬菜制（繁）种1.9万亩，产值7062.7万元，实现农民收入5425.7万元；以楚雄、禄丰、武定、元谋、牟定、姚安6县（市）为重点，种植各类花卉1.7万亩，产值4.98亿元。

【农业新型经营主体培育】 2015年，楚雄州以发展现代农业和促进农民增收为目标，培育壮大农业新型经营主体，着力打造农产品品牌，推进农业产业化发展进程。持续发挥农业园区的产业集聚功能和辐射带动作用，云南楚雄国家农业科技园区建设稳步推进，元谋核心区建设项目——现代种业科技园和青稞育种基地建设加紧推进，云南中以高原特色现代农业示范园项目开工建设，禄丰县彩云镇恐龙山特色农业示范园区、双柏绿汁江特色农业园区招商开发取得新突破，一批入驻企业的种养植（殖）标准园被命名为省级农业科技示范园和现代农业庄园。开展农业龙头企业管理服务，认定农业产业化省级重点龙头企业8户、州级47户，年末有州级以上农业产业化重点龙头企业262户，其中省级51户。从规模看，销售收入超亿元的有24户，2000万元以上（规模以上）的有112户。落实农业龙头企业电价优惠政策，筛选上报省级农业“小巨人”项目3个。核心基地面积1000亩以上，具备有基地、有加工、有会所、有品牌、有市场、有文化“六有”标准雏形的现代农业庄园34个。发展品牌农业，农产品获得“云南名牌”称号6个，获“云南名牌农产品”称号33个，农产品注册商标被评为“云南省著名商标”47个，滇撒猪、云岭黑山羊、武定鸡被评为云南6大名猪名羊名鸡之一，大姚核桃、牟定腐乳、武定壮鸡、元谋番茄、姚安山药被国家工商总局核准地理标志证明商标，大姚核桃、牟定腐乳获国家质检总局地理标志产品认证，白竹山茶、武定鸡被农业部认定为地理标志农产品。组织70余户企业参加第13届中国国际农产品交易会、第11届中国昆明泛亚国际农产品博览会、第23届广州博览会、云南高原特色农产品（香港、上海、北京）推介会等展会活动，参展产品500余种，展会直销金额1000余万元，意向签约金额7300万元；发展农产品电子商务，培育和孵化农产品电子商务企业77户，农产品网上销售额累计实现4600万元。

【农产品质量安全】 2015年，楚雄州强化农畜产品质量监测和农业行政执法，未发生重大农畜产品质量安全事故。州农产品质量安全检测中心建设项目启动实施。开展农业投入品监管和农产品质量检测预警，检测蔬菜农药残留速测样品3.28万个，抽检合格率99.69%；检测省、州级例行监测抽检样品560个；开展屠宰环节“瘦肉精”快速抽检2458批次，结果均为阴性。开展农产品标准化生产，有156户企业的300个农产品通过国家“三品一标”质量认证，其中获有机食品认证16个、绿色食品认证130个、无公害农产品认证152个，获地理标志农产品质量认证2个。农业执法检查农资生产经营企业（门店）4819个，检查各类畜产品生产经营户1.12万户次，立案查处违法农资生产经营案件206件，查处畜产品安全案件75件，病死畜禽无害化处理147.3吨。

【强农惠农政策落实】 2015年，楚雄州加强农业项目资金争取工作，不断强化强农惠农富农政策落实，增加支农投入，粮食直补、农资补贴、良种补贴、农机购置补贴等补贴力度进一步加大。争取到各级资金5.55亿元（农业资金4.46亿元、畜牧业资金1.09亿元），其中中央资金4.49亿元、省级资金0.77亿元、州级资金0.29亿元。项目资金中，直接发放到农户手中的农业（种植业、养殖业）保险保费补贴、农机具购置补贴、农资综合补贴、种粮农民补贴、草原生态保护补助奖励资金等各类补贴资金3.69亿元，均及时足额兑现。

【农村基础设施建设】 2015年，楚雄州进一步做好农业基础装备和农村基础设施建设，夯实农业、农村经济发展基础。完成农业部门负责实施的中低产田地改造3.04万亩，其中巩固退

秀美山村（杨洪波/摄影）

耕还林基本口粮田建设2.09万亩、省级财政资金支持的中低产田地改造0.95万亩，项目总投资2512.25万元；下达农机具购置补贴资金4069.4万元，带动2.4万户受益农户投入3000余万元资金购买农机具2.53万台（套），农业机械总动力287.2万千瓦，比上年增长3.6%；依托县、乡、村沼气网点，开展农村沼气服务和大检查活动，确保农村沼气正常使用率不低于70%、使用户数不少于6.58万户。

【科技增粮措施落实】 2015年，楚雄州切实落实各项科技增粮措施，实施粮油作物高产创建78片，示范面积84.63万亩。在禄丰县金山镇、楚雄市吕合镇完成整建制推进试点乡（镇）示范项目，示范推广6.7万亩；完成粮油作物间套种330.34万亩；完成农作物地膜覆盖77.77万亩；完成水稻集中育秧5万亩，玉米集中育苗3万亩；完成晚秋作物种植101.31万亩，其中粮食作物51.3万亩、经济作物50万亩；完成冬季农业开发175.51万亩，产量151.6万吨，产值33.18亿元；完成农机作业801.7万亩，农作物耕种收综合机械化水平45%，比上年提高1.5个百分点；依托育种优势，开展水稻、玉米、麦类、豆类等的新品种选育、品系鉴定、品种展示和示范推广；完成猪杂交改良43.92万胎、牛杂交改良7.4万胎，提供努比亚、努本等种羊3587只；完成粮经作物病虫害防治1850.38万亩次，开展专业化统防统治434.3万亩次，实施绿色防控示范推广43.7万亩次；开展春秋季集中免疫、日常免疫和规模养殖户程序免疫，畜禽强制免疫群体密度95%以上，应免疫密度100%；采取有效防控措施，及时消除零星疫情。依托基层农技推广体系改革补助项目，培育农业科技示范户1509户，辐射带动示范户3.02万户。

【农民教育培训】 2015年，楚雄州通过实施农村劳动力转移就业特别行动、绿色证书培训、新型农民科技培训、职业技能鉴定、专家乡村讲堂、举办专题培训班等形式，有针对性地开展种养技术、农机使用维修、农村经营管理等农村实用技术培训，提高劳动者素质，培育新型职业农民。农业部门开展农村劳动力培训1.08万人次，实现转移就业1.01万人；组织现场招聘会14场，开展绿色证书培训1.05万人次，培育新型职业农民1701人；开展农机技术培训1320场次，培训农机技术人员14.7万人次。

【农业执法】 2015年，楚雄州农业执法机构开展农药、种子等农资打假及市场检查，调查处理农资违法举报案件，出动执法人员3564人次，印发执法宣传资料8.31万份，检查农资生产经营企业（门店）4819个，整顿市场691个次，立案查处违法农资生产经营案件206件，查获违法农资产品2.37万千克货值43.87万元，挽回经济损失430.14万元。

【农业信息化】 2015年，楚雄州开展信息服务“数字乡村”建设。基本完成1068个行政村、11828个自然村的基础信息报表添加1.24万份。农业信息网站发布信息4.5万条，向云南省农业信息网推荐信息7588条，采用7583条；州农业信息网站发布信息3769条，上报上级信息2973条，采用2972条；州农业信息网点击26万人次，比上年增长15%。与移动通讯商合作，利用手机短信平台，建立信息服务“三农”新渠道，开展“三农通”信息服务，发布“三农通”短信6526条，50余万农民接收到农业实用信息。

【农村经营管理】 2015年，楚雄州坚持和完善农村基本经营制度，深化农村经济改革。巩固和完善农村土地承包经营权制度，加快推进确权登记颁证。制定出台《楚雄州全面深化农村改革总体方案》《专项方案》和《楚雄州农村土地承包经营权确权登记颁证工作方案》。省、州、县（市）累计下达工作经费1671万元，第一批整体推进县姚安县完成适中乡的基础性工作，第二批整体推进县大姚县、武定县、禄丰县及其他县（市）的相关工作有序推进。以农村土地流转为突破口，加快农业适度规模经营。按照依法、自愿、有偿原则流转农村土地24.22万亩，占家庭承包经营总面积的11.86%。制定下发《楚雄州关于加快培育发展家庭农场的工作意见》，创建家庭农场356个。立足全州50个乡（镇）、100个村民委员会、200户农户的农民负担监测点，规范实施村级筹资筹劳“一事一议”制度，防止农村乱收费和乱摊派。加强农村集体资产财务管理，103个乡（镇）均成立村级财务委托代理机构，村级财务全部实行民主管理、财务公开。

［姚国强］

种植业

【种植业概况】 2015年，楚雄州农作物总播种面积638.16万亩，其中粮食作物385.89万亩、经济作物252.27万亩。粮食总产量124.91万吨，比上年增长1.6%。其中，谷物290.71万亩，产量105.75万吨，包含稻谷76.24万亩，产量41.23万吨；小麦54.78万

①

③

② ④⑤ ⑥⑦

①中药材种植（王明/摄影） ②鲜食葡萄分拣包装（夏天彧/摄影） ③大棚花卉种植（王明/摄影） ④高原特色蔬菜采收 ⑤辣椒分拣包装（夏天彧/摄影） ⑥番茄外销 ⑦草莓采摘（王明/摄影）

亩，产量10.26万吨；玉米115.17万亩，产量45.67万吨；其他谷物43.44万亩，产量8.41万吨；豆类76.28万亩，产量12.72万吨；薯类（折粮计算）18.9万亩，产量6.44万吨。有茶园5.09万亩，干茶总产量1082.37吨，比上年增加74.67吨，增长7.41%，其中名优茶产量275.75吨、绿色食品茶产量90.5吨、无公害茶产量441.1吨，茶叶产值4128.96万元，比上年增加304.15万元，增长7.95%。新栽桑1.01万亩，有桑园16.88万亩，养蚕农户1.72万户，饲养蚕种8.2万张，鲜茧总产量3270吨，鲜茧产值1.13亿元，鲜茧平均价格34.6元/千克，蚕农户均养蚕收入6564元。有茧丝加工企业3户，生产生丝481吨，产值1.71亿元。

【晚秋农作物生产】 2015年，楚雄州完成晚秋农作物种植101.31万亩，其中粮食作物51.34万亩、经济作物49.96万亩。粮食作物中，完成秋玉米22.87万亩，豆类11.83万亩，马铃薯4.22万亩，秋红薯4.36万亩，秋荞子5.42万亩，其他粮食作物2.64万亩；经济作物中，完成萝卜13.3万亩，瓜菜类14.22万亩，菜用豆15.35万亩，其他经济作物7.09万亩。

【冬季农业开发】 2015年，楚雄州完成冬季农业开发175.51万亩，比上年增加6.92万亩，增长4.1%。其中蔬菜73.64万亩、油菜36.61万亩、啤饲大麦37.04万亩、冬马铃薯6.25万亩、大田种草0.65万亩、冬玉米3.93万亩、冬大豆1.91万亩，其他特色作物18.04万亩。实现冬季农业开发产量151.6万吨，比上年增加35.59万吨，增长30.78%；实现产值33.18亿元，比上年增加4.53亿元，增长15.81%。

【农作物病虫害预警监测】 2015年，楚雄州加强田间主要农作物病虫草鼠害预警监测，提高病虫害防控指导能力。通过对46个病虫草鼠害监测点的综合监测分析，及时做出主要农作物病虫害发生趋势预报。开展定点、定期田间病虫害情况监测调查，对突发性病虫害、重大病虫害实行日报告制度，一般病虫害实行周报告制度。发布病虫害简报、植保简报108期1.27万份，发布“三农通”植保短信24条。在媒体上发布植保病虫害防治信息23条次，开展农药安全使用技术、植保绿色防控技术、农作物病虫害防治技术培训29场次，培训农民群众3239人次。

【病虫草鼠害综合防治】 2015年，楚雄州抓好预警监测，以典型样板示范引路，带动农作物病虫草鼠害防治。开展植保专业化统防统治434.3万亩次，实施植保绿色防控技术示范推广43.7万亩次，发生水稻、玉米、小麦、蚕豆、蔬菜、果树等各种粮经作物病虫害1229.23万亩次，防治1850.38万亩次，挽回粮食损失13.51万吨，病虫危害损失率2.1%。

【植物检疫】 2015年，楚雄州做好有害生物疫情普查、监测，搞好产地检疫、调运检疫和市场检疫。实施种子、苗木产地检疫2.43万亩次7079.6吨，签发“产地检疫合格证”167份；实施蔬菜、水果等农产品调运检疫8152批次1.49万吨；实施市场检疫8601批次2.85万吨；复检桑苗、青枣种苗11批次661.37万株。

【政策性种植业保险】 2015年，楚雄州做好国家政策性种植业保险参保工作，种植业保险实际参保158.73万亩，其中水稻53.45万亩、玉米99.2万亩、油菜6.08万亩。各级财政补贴保费资金3231.6万元，其中中央财政补贴1292.64万元、省财政补贴484.74万元、州财政补贴339.32万元、县（市）财政补贴791.74万元，种植农户承担保费323.16万元。受灾理赔12.43万亩，其中水稻5.16万亩、玉米4.44万亩、油菜2.83万亩，理赔金额839.2万元，其中水稻296.95万元、玉米315.98万元、油菜226.28万元。

［姚国强］

畜牧业

【畜牧业概况】 2015年，楚雄州围绕加快高原特色农业、山地牧业发展目标，增强畜禽综合生产能力，保障饲料和畜产品质量安全，开展草原生态保护建设，推进现代畜牧业发展。实现畜牧业总产值100.12亿元，比上年增长6.7%；肉类总产量46.13万吨，增长9.05%；猪出栏396万头，增长8.67%；牛出栏38.98万头，增长7.38%；家禽出栏2324万只，增长9.7%。

【畜禽规模化养殖】 2015年，楚雄州按照畜禽良种化、养殖设施化、生产规范化、防疫制度化和粪污无害化要求，推进标准化规模养殖，提升畜禽养殖标准化建设水平。有各类规模养殖场（小区）1.17万个，生猪规模化养殖比例42.3%、肉牛规模化养殖比例23.9% 、肉羊规模化养殖比例28.5%、家禽规模化养殖比例61.3%。新建省级标准化畜禽示范养殖场5个，有部级、省级标准化畜禽示范养殖场21个，其中国家级3个。

【动物免疫】 2015年，楚雄州在养殖户中开展动物防疫“整村推进”和生猪“三苗两点”同步注射工作。猪瘟、猪口蹄疫、高致病性猪蓝耳病群体免疫密度97.85%，牛口蹄疫群体免疫密度95.45%，羊口蹄疫免疫密度101.05%，高致病性禽流感群体免疫密度92.69%；牲畜口蹄疫免疫抗体平均合格率80.2%，高致病性禽流感免疫抗体合格率83.76%，猪瘟免疫抗体合格率94.47%，高致病性猪蓝耳病免疫抗体合格率92.48%，鸡新城疫免疫抗体合格率85.05%，羊小反刍兽疫免疫抗体合格率89.87%。实现畜禽强制免疫群体密度95%以上、免疫抗体合格率70%以上的目标。

【免疫抗体监测】 2015年，楚雄州开展免疫抗体监测，确保免疫质量和免疫效果。检测口蹄疫春防、秋防牲畜血清3859份，合格3208份，平均合格率83.13%。其中，监测猪血清1485份，合格1121份，合格率75.48%；监测牛血清1261份，合格1036份，合格率82.16%；监测羊血清1113份，合格938份，合格率84.28%。检测高致病性禽流感春防、秋防鸡血清样品5691份，合格4767份，合格率85.52%；检测猪瘟春防、秋防猪血清1393份，合

① 规模化养鸭（王明/摄影）
② 武定壮鸡（武定县志办/提供）
③ 肉牛规模化养殖（夏天彧/摄影）
④ 规模化养猪（王明/摄影）
⑤ 黑山羊养殖（元谋县志办/提供）

格1316份，合格率94.47%；检测高致病性猪蓝耳病血清1117份，合格1035份，合格率92.66%。

【畜产品质量监管】 2015年，楚雄州实施活畜禽产地检疫274.82万头只，其中生猪88.88万头、牛8.09万头、羊10万只、禽类66.89万只，其他0.96万头只，实施动物运载工具消毒7.97万辆次。依法加强畜禽屠宰管理，实施动物屠宰检疫56.5万头只，监督检查动物及产品经营场所3204个次、仓储场所287个次、加工场所345个次，检查规模养猪场1.11万个次、肉牛（奶牛）养殖场4051个次、肉羊养殖场6678个次、禽类养殖场6031个次，下发整改通知书148份。办理动物卫生监督执法案件50件，收缴罚没款1.96万元。配合有关检测机构抽检肉类、禽蛋样品251个，合格率100%。实施屠宰环节“瘦肉精”快速抽检2458批次，均为阴性。通过焚烧、化制、掩埋等方法，无害化处理屠宰检疫环节检出的病猪419头、病羊5只、病害禽类1054只，处理有害动物产品肉类147.3吨。

【草原生态保护】 2015年，楚雄州提高农牧民承包、使用、保护、建设草原的积极性和创造性，促进草原资源的可持续利用和牧区经济的可持续发展。完成10县（市）50.26万户牧户信息录入，录入人工种草12.65万亩、草原承包1858.5万亩，其中禁牧224.81万亩、草原平衡1510.36万亩。完成草原补奖资金兑现，享受草原奖补政策61.23万户，其中禁牧户5.49万户、草畜平衡户22.74万户，受益人口136.93万人，兑现禁牧补奖资金1444.74万元、草畜平衡补奖资金2426.55万元，单户最高补助2.03万元。种植一年生牧草4.8万亩，多年生草场更新4.63万亩，建设草原围栏6.93万亩。

【兽药质量监管】 2015年，楚雄州举办兽药经营质量管理、法律法规等知识培训班47期，培训兽药经营从业人员3096人次，发放宣传资料3723份，发放告知书3723份；举办养殖场（户）兽药使用安全用药宣传培训49期3893人次，发放宣传资料6190份，发放告知书6190份。检查兽药经营企业、医疗机构及养殖场6992个，查处假劣兽药案件28件，收缴罚没款2.21万元，没收销毁假劣兽药1.28万盒（包、瓶、支），取缔无证经营企业3户。373户兽药经营户全部安装“兽药通软件”，基本建立购销台账登记。向省级检测机构送检兽药样品62批次，检验合格率85.37%，对不合格兽药产品及时下发整改通知书。

【饲料质量监管】 2015年，楚雄州农业局落实省、州饲料专项整治实施方案，加强饲料和饲料添加剂监管。监督检查饲料生产、经营企业1714户次，检查养殖场（户）5621户次，发放宣传手册1838册。抽检饲料样品88批次，总合格率88.57%。及时对检测不合格的产品进行查处，立案查处饲料案件13件，收缴罚没款6.81万元，查处违法饲料产品8.01吨，责令整改企业11户，取缔企业5户。

【畜牧品种改良】 2015年，楚雄州有猪人工授精改良站点161个、本交改良站点1195个，完成猪杂交改良43.92万胎；有牛改良站点103个，完成牛杂交改良7.4万胎，其中肉牛改良4.86万胎、云岭牛改良5491胎、水牛改良1.88万胎、奶牛改良18胎；有肉驴改良站点30个，完成肉驴杂交改良4293胎；有努本种羊扩繁场63个，存栏羊6281只；有努比亚纯繁场28个，存栏羊7938只。累计提供种羊3587只，其中努比亚种公羊1177只、种母羊1820只，努本种公羊590只。

［姚国强］

农业机械化

【农机概况】 2015年，楚雄州有农业机械总动力288.74万千瓦，有拖拉机5.27万台、水稻插秧机144台、联合收获机296台、机动脱粒机8.25万台、农副产品初加工机械7.05万台、畜牧机械12.52万台、农用排灌机械8.95万台，农业机械总值17.95亿元。完成农机作业801.7万亩，比上年增长2.4%，其中机耕434万亩、机播20.1万亩、机收94万亩、机电灌溉151万亩、机械植保102.6万亩。粮食烘干机械实现零突破，有低温循环式谷物烘干机8台，烘干稻谷1310吨。农作物耕种收综合机械化水平45%，比上年提高1.5个百分点。

【农机安全监管及培训】 2015年，楚雄州强化农机安全监管，未发生统计范围内的农机事故，田间场院、农机供油点和农副产品加工点也未发生农机安全事故。州、县（市）、乡（镇）3级农业（农机）部门农机安全生产责任书签订率100%，乡（镇）农推中心与农机驾驶操作人员签订农机安全生产责任书14.9万份，签订面98%。农机安全宣传教育进集市662次、进村寨2620次、进学校97次、进农机作业现场3970次，粘贴宣传标语6897条，发放各类宣传材料19.67万份，发送手机短信241条次，播放警示教育影片83场次，举办安全知识讲座112期参训人数5040人次。开展农机安全生产专项检查，检查农业机械1.79万台次，排查驾驶操作人员1.8万人次，排查出一般农机安全隐患3670个，整改落实3542起，整改率96.5%。开展拖拉机驾驶、农机具操作、农机新型实用技术培训，培训各类农机人员1.08万人次，其中农机管理人员442人、农机技术人员447人。培训拖拉机驾驶员36期1964人、农机操作人员7945人。

【农机登记管理与检验】 2015年，楚雄州有注册登记拖拉机3.49万台，其中持“云23”牌证拖拉机3.15万台、持“云NJ”牌证拖拉机3376台。办理拖拉机注册登记2755台，办理拖拉机转入61台、转出98台、报废247台。年末，有拖拉机驾驶员4.23万人。受理拖拉机驾驶员考试29期，考试合格核发拖拉机驾驶证1521本；办理增驾考试合格核发驾驶证59本；办理拖拉机驾驶证审验换证2523本。持“云23”牌证拖拉机应检数2.47万台，完成检验签证2.26万台，检验率91.8%；持“云NJ”牌证拖拉机应检数1164台，完成检验签证731台，检验率62.8%。

【农机购置补贴】 2015年，楚雄州农机购置补贴采取“全价购机、定额补

①大型农机作业（夏天彧/摄影） ②水稻机插秧 ③植保无人机作业 ④小麦机收（州农业局/提供）

贴、县级结算、直补到卡”的方式进行。争取到中央财政农机购置补贴资金3800万元，比上年增加1380万元，增长57%。农机购置补贴受益农户2.4万户，补贴购置各类农业机械2.54万台（套），拉动投入农业机械购置资金8000余万元。

【农机化新技术示范推广】 2015年，楚雄州开展农机化新技术示范推广，实施机械深耕170.27万亩，水稻机械化插秧5.42万亩，玉米机械化收获0.12万亩，马铃薯机械化播种及收获0.57万亩，油菜机械化收获1.77万亩，机械深施化肥14.89万亩，节水灌溉45.33万亩，机械化秸秆还田16.56万亩，机械植保86.59万亩。开展各类农机技术培训会、现场示范会99场次，参训人员6700人次。

【水稻全程机械化技术示范】 2015年，楚雄州推广水稻全程机械化技术示范。水稻机播新增插秧机30台，总量143台，在除武定县外的9县（市）33个乡（镇）建设机插秧集中育秧点52个，建成工厂化大棚育秧8万盘，完成水稻机插5.42万亩，比上年增加1.22万亩。举办水稻机收收割机作业现场示范会35场次，新增联合收割机35台，总量321台。外地100余台收割机到楚雄州进行跨区收获作业，投入联合收割机500余台。完成水稻机收15万亩，水稻机收率15%，比上年提高2个百分点。

［姚国强］

农业科技推广

【新品种选育】 2015年，楚雄州农业科学研究推广所种植国内外水稻优异亲本61份，配制杂交组合172个，出圃优良株系38个。对131个性状基本稳定的水稻优良品系进行鉴定，选收18个突出品系，其中“15鉴13”“15鉴68”“15鉴70”“15鉴32”平均亩产都在718千克以上。“楚粳”系列水稻新品种编号到45号，“楚粳40号”通过云南省品种审定。种植玉米自交系选育材料650余份，开展新组合引种试验33个，州农科所研发的“楚12-617”“楚12-217”表现较好；种植小麦亲本材料216份，新品种鉴定10个，出圃品种2个，发现苗头品种2个。生产鉴定品种2个，其中“楚088-2（楚麦15号）”4月通过云南省品种审定委员会审定。大麦出圃品系3个，发现苗头品种“楚B14-1（饲）”“楚B14-4（啤）”2个，在云南省啤饲大麦新品种异地鉴定中，楚雄州农科所提供的“楚B14-4”（啤）品种产量排名第三位，亩产489.4千克。选育出优良蚕豆新品种2个，在全省小春蚕豆鉴定试验30个品种中，楚雄州农科所提供的“楚14鉴01”“楚14鉴04”“楚14鉴20”和“楚14鉴21”亩产均在300千克以上。7市

2015年楚雄州农业新品种选育推广一览表

推广时间	新品种名称	推广范围	推广县（市）	育推单位
2003年	楚粳24号	云南省适宜稻区	10县（市）	楚雄州农科所
2005年	楚粳26号	云南省适宜稻区	10县（市）	楚雄州农科所
2005年	楚粳27号	云南省、四川省适宜稻区	10县（市）	楚雄州农科所
2008年	楚粳28号	云南省、四川省适宜稻区	10县（市）	楚雄州农科所
2014年	楚粳37号	云南省适宜稻区	10县（市）	楚雄州农科所
2014年	楚粳39号	楚雄州适宜稻区	10县（市）	楚雄州农科所
2015年	楚粳40号	云南省适宜稻区	10县（市）	楚雄州农科所
2000年	楚单7号（玉米）	楚雄州及州外部分地区	10县（市）	楚雄州农科所
2014年	彝豆1号（蚕豆）	云南省适宜豆作区	10县（市）	楚雄州农科所
2013年	楚魔花1号（魔芋）	楚雄州及州外部分地区；陕西局部地区	10县（市）	楚雄州农科所

（州农科所/提供）

（州）联合区域试验中，楚雄州农科所提供的“楚10鉴6”位居第二，折合亩产241千克。在云南省优质蚕豆区域试验中，楚雄州农科所提供的“彝豆2号”产量居供试种第二位，亩产217.9千克。

【产业体系综合试验站建设】 2015年，云南省现代农业产业体系楚雄州水稻综合试验站水稻新品种展示安排在南华县龙川镇平山村委会。展示品种有“楚粳”37号、38号、39号、40号、41号、42号、43号、44号、45号、“2014鉴9”和“保粳杂”3号共11个，展示面积100.5亩，按照统一集中塑盘育秧、统一栽插规格、统一施用缓控肥、统一病虫害防治、统一机收“五个统一”技术措施进行，实现平均亩产430.64千克，其中新品种“楚粳”45号、41号、42号分别实现平均亩产629千克、516千克、508千克。云南省现代农业技术体系楚雄州玉米综合试验站玉米综合试验核心样板区在禄丰县碧城镇实施。经测产验收，百亩核心区产量811.5千克/亩，千亩示范区产量754.2千克/亩。国家级现代农业产业体系楚雄州小麦综合试验站主要开展小麦隐性灾害防控技术示范、小麦简易机械播种技术研究及示范推广、主要隐性灾害防控及节本增效高产综合示范研究、主要病虫害监控防治及农药筛选研究、主要病虫害防控配套技术研究、技术培训等，培训科技工作者及技术骨干52人次、种植大户65户次、农民1484人次，发放各类技术资料1.1万份。

【农作物新品种展示】 2015年，楚雄州农业科学研究推广所在楚雄、禄丰、武定、永仁、禄劝、巍山、弥渡、陆良、临沧等州内外11个县（市）多点示范“15鉴3”“15鉴6”“15鉴9”等多个水稻新品种，产量比对照品种增产2%以上。在大理州弥渡县、楚雄州大姚县实施超级稻后备品种“楚粳37号”百亩示范方2个，百亩方平均亩产再次超过900千克；在全省适宜稻区推广种植超级稻“楚粳28号”220万亩、“楚粳27号”54万亩，2个品种新增稻谷1.72亿千克，按2015年国家粳稻最低收购价3.1元/千克计算，实现农民增收5.33亿元；州农科所研发推广的玉米新品种“楚单7号”单个品种推广达20万亩；在大姚、牟定、武定3县开展烟后大麦高产栽培示范2000亩，平均亩产392千克，比非示范区增产32千克；在姚安、永仁2县开展桑园套种大麦30亩，平均亩产268千克；在大姚县三台乡实施核桃林下种植大麦试验示范200亩，平均亩产180千克；在全州展示蚕豆新品种6个，实测产量“彝豆1号”最高，折合亩产290.5千克，经过连续3年示范应用，该品种在全州种植近4.5万亩；在全州9个县（市）开展“云油杂9号”“云油杂14号”“云油杂15号”“花油9号”4个油菜新品种展示，“云油杂15号”亩产272.1千克，比常规品种“花油9号”增产20.34%，种植面积13.95万亩，比上年增长45.62%；在楚雄市、双柏县、大姚县、南华县、武定县开展魔芋新品种“楚魔花1号”一龄种繁种示范1000亩，开展药剂防除杂草示范魔芋种植1000亩，开展魔芋苗后

农科技术人员指导山区群众种植山药（夏天彧/摄影）

药剂防治病害中心示范150亩。

【农作物高产创建】 2015年，楚雄州在武定县和元谋县实施省级水稻高产创建2片，百亩核心样板605.8亩，示范带动面积2.5万亩。在武定县实施省级田间套种项目1个，实施玉米套豆类、马铃薯套玉米、烤烟套豌豆和马铃薯等6种模式，示范面积1.29万亩，带动面积30.45万亩；在禄丰县和平镇实施省级玉米高产创建2片，核心样板158亩，示范面积1.05万亩；在禄丰县实施玉米高产创建1片，辐射带动1.05万亩，采用“良种+湿直播+地膜覆盖+规范化栽培+测土配方施肥”等技术措施，测产显示，百亩示范片产量808.69千克/亩、千亩示范片产量750.58千克/亩、万亩示范片产量652.61千克/亩，万亩示范区比非示范区产量平均亩增62.1千克，增长9.5%，增产玉米65.2万千克。

【绿色增产模式攻关】 2015年，楚雄州在大姚县和武定县实施水稻绿色增产模式攻关2片，面积1.16万亩。其中，在武定县狮山镇恕德村委会实施以优质稻“楚粳39号”为主的核心样板110亩，带动全镇示范种植1万亩；在大姚县实施以优质稻“楚粳28号”为主的水稻绿色增产模式1片1.15万亩，突出绿色增产模式攻关和绿色防控技术，按照统一品种、统一育秧、统一连片、统一节令、统一病虫防治、统一中耕管理、统一收购“七个统一”原则，充分发挥优质稻“楚粳28号”的绿色增产优势。经测产实收，百亩核心区平均亩产777.26千克，千亩展示片平均亩产702.05千克，万亩示范区平均亩产659.17千克，比非示范区每亩增产稻谷58.54千克，示范区1.01万亩水稻可增产粮食58.54万千克。

【农科项目策划及领域拓展】 2015年，楚雄州农业科学研究推广所策划、编制上报“高原粳稻楚粳水稻新品种选育”“楚粳水稻优质种业基地建设项目”“楚单玉米新品种选育及产业化开发”“辣木良种繁育与栽培技术应用研究”“马铃薯种薯扩繁基地建设及产业化开发示范”“优质加工型魔芋种芋扩繁及高产栽培示范推广”“大麦新品种选育”“多种方式栽培技术研究及示范推广”“高原特色农业早青鲜食蚕豆新品种选育示范繁殖及应用”“农业科技条件服务平台建设项目”“土壤污染防治关键技术研究与集成示范”等10余个科技专项、科技创新和科技惠民项目，申请项目资金1800万元。争取国家现代农业产业（小麦）技术体系建设、三区科技服务人才支持计划科技人员专项计划、云南省技术创新人才培养科技计划、高原粳稻“楚粳”系列水稻新品种选育科研基础条件平台建设、优质加工型魔芋“楚魔花1号”种芋扩繁基地建设、省级现代农业种业发展、省级农业科研推广等13个项目资金1174.62万元。拓展科研领域，成立辣木研究室和食用菌研究室，抽调相关人员免费到企业开展技术指导与交流，并给予企业资金支持，与企业签订种植科技企业合作战略联盟协议10个，其中辣木6个、食用菌4个。

【农业科技改革】 2015年，楚雄州农业科学研究推广所按照《楚雄州事业单位分类方案》，启动深化改革工作。7月20日，州人民政府召开楚雄州农科所深化改革工作推进会，审定通过《楚雄州农科所深化改革工作方案》。8月15～17日，邀请省级专家组成专家组对州农科所进行科技成果评估，“楚粳”系列水稻等18个拥有自主知识产权的新品种通过价值评估，评估价值5721万元。9月9日，州人民政府第43次政府常务会同意州农科所恢复财政全额拨款，剥离种子经营职能并依法组建新的独立法人公司。

［王学辉 周 莉］

烟叶生产

【烟草产业概况】 2015年，楚雄州烟草专卖局（公司）严格执行烟叶严控规模和卷烟提税顺价政策，实现“两烟”销售收入98.85亿元，比上年增加1.4亿元，增长1.44%；实现税利38.22亿元，比上年增加2.73亿元，增长7.69%；实现税金（含企业所得税）20.72亿元，比上年增加2.62亿元，增长14.48%。

【烟叶生产管理】 2015年，楚雄州种植烤烟64.45万亩，收购烟叶9.1万吨，比上年减少2230吨；收购均价29.62元/千克，比上年增加2.11元/千克；上等烟比例67.55%，比上年增

2015年楚雄州烟叶生产基本情况统计表

县（市）	种植面积（万亩）	收购量（万担）	种烟农户数（户）	收购均价（元/千克）	收购总值（万元）	烟叶税（万元）
楚雄市	11.33	30.87	22438	29.13	44960.99	9891.42
双柏县	5.2	15.41	8241	29.43	22678.46	4989.26
牟定县	4.74	13.65	3988	29.41	20072.45	4415.94
南华县	7.38	21.85	17909	29.70	32452.44	7139.54
姚安县	6.68	19.23	7823	29.26	28135.79	6189.87
大姚县	5.66	16.38	7216	29.39	24069.29	5295.24
永仁县	3.95	10.07	4746	29.65	14928.32	3284.23
元谋县	1.79	5.29	2273	29.50	7803.21	1716.71
武定县	8.6	22.18	11495	30.70	34045.91	7490.10
禄丰县	9.12	27.01	16274	29.85	40309.54	8868.10
全　州	64.45	181.94	102403	29.62	269456.39	59280.41

2015年楚雄州烟叶销售基本情况统计表

销售数量（万担）	销售收入（亿元）	实现税利（亿元）	销售毛利率（%）	箱(担)烟收入（元）	箱(担)烟税利（元）	成本费用率（%）
192.38	61.71	30.98	40.34	3207.57	1610.12	67.83

（州烟草公司/提供）

①集约化大棚育苗机械化剪叶（金应富/摄影）②烟株封顶作业 ③药物抑芽（州烟草公司/提供）④烤烟规模化连片种植（胡平国/摄影）⑤烟叶生产中耕管理 ⑥分类捆扎（州烟草公司/提供）⑦烤烟收购（王明/摄影）

长0.42%；收购总值26.95亿元，比上年增加1.31亿元，加上各项补贴1.72亿元，实现烟农总收入28.67亿元，增加600万元；实现烟农户均收入2.8万元，比上年增加4300元。强化合同管理，严守烟叶计划红线，将计划分解到10县（市）94个乡（镇）790个村民委员会6283个村民小组10.24万户种植农户，户均种植6.3亩。通过严把合同签订程序、内容、公示、面签、责任追究“五关”，提高合同签订准确率，维护合同严肃性。推行精益生产，落实先进适用技术。落实合理轮作、壮苗培育、品种布局、整地理墒、规范移栽、中耕管理、绿色植保、封顶留叶、成熟采收、科学烘烤10项关键技术，提高烟叶生产整体水平。统筹谋划部署，应对极端气候。面对前期严重干旱，州烟草专卖局（公司）分4期下拨烤烟抗旱救灾专项资金1033万元，支持各县（市）做好抗旱救灾；针对后期连续3个月的阴雨寡照极端天气，下拨200万元专项资金购买促长促熟剂免费发放给烟农，并指导烟农开展“两黑病”“赤星病”等病虫害防治。选派烘烤巡回指导督查组6个，分县驻点指导全程烘烤，制定特殊烘烤工艺，协调烤房资源，做到适时采烤，杜绝抢采抢烤和迟迟不烤。投入资金2530万元，开展以煤代柴烘烤示范，采取烤煤公开招标、统一议价等方式降低煤价，统一组织车辆调运，让山区、半山区烟农逐渐接受用煤烘烤，实现社会效益、生态效益、经济效益三效并举。坚持“总量服从规范、进度服从纯度、结构服从质量”的工作思路，10县（市）79个烟叶站194个收购点全面落实专分散收、约时定量、质量监管要求，围绕“二十条严禁”的纪律要求，抓好信息监管、资金监管、大户监管、专卖监管、安全监管“五项工作”，烟叶收购工作顺利规范。

【现代烟草农业建设】 2015年，楚雄州根据“整体规划、系统设计、综合配套”总要求，完善烟水配套、密集烤房、农用机械、育苗小棚、土地整理等设施综合配套，进一步改善烟区生产条件，提高烟叶种植现代化生产能力。年初计划建设年度基础设施项目2.36万件，烟草补贴资金1.6亿元，受益基本烟田10.62万亩，年内建成2.25万件，完成率95.5%。烟草援建的水源工程均按质按量顺利推进。与全国12家工业企业深入共建国家烟草专卖局基地单元23个。

［杨 箓］

林 业

【林业工作概况】 2015年，楚雄州林业系统围绕建设生态文明先行示范区要求，以林业提质增效为中心，坚持走生态建设产业化、产业发展生态化的路子，不断深化改革，狠抓各项措施落实，确保全州林业生态建设稳步推进，林业产业较快发展。完成营造林41.37万亩，其中人工造林31.67万亩、封山育林9.7万亩；完成义务植树1037万株；争取上级对林业投入5.44亿元。森林火灾受灾率0.002‰，林业有害生物成灾率1.07‰。森林防火工作被省人民政府考核为一等奖。年末，有森林蓄积量1.13亿立方米，森林覆盖率63.5%。实现林业总产值118.92亿元，比上年增长11.69%。农民人均从林业中获得收入2500余元，增加300余元。

【林业改革】 2015年，楚雄州出台《深化林业改革专项方案》《中共楚雄州委、楚雄州人民政府进一步深化集体林权制度改革实施意见》《集体林权流转管理办法》和《楚雄州人民政府关于开展经济林木确权颁证工作的意见》等文件，进一步规范集体林地和林木流转，拓宽林农融资渠道。发放经济林木权证3.01万本，发证面积79.48万亩；办理林权抵押3354宗，林权抵押贷款面积56.14万亩，贷款金额12.5亿元，林权抵押贷款余额7.68亿元；办理林权流转9071宗，流转面积115.35万亩，流转金额4.72亿元。林业分类经营改革取得明显成效，1289.9万亩国家级、省级公益林得到补偿，享受到森林生态效益补偿农户30万户、林农125.7万人。以森林公安为主，相对集中林业行政处罚权，依法查处破坏森林资源的各类案件，促进林区社会治安和谐稳定。林业管理体制、林木采伐、林业防灾减灾等各项改革有序推进。全面开展林木采伐指标到户、森林火灾和野生动物公众责任保险试点。出台促进全州经济平稳健康发展的林业措施9条，创新用地模式，采取征租结合、与森林防火通道建设相结合、“五采区”临时用地审批、生态旅游用地流转方式供应林地等措施，破解用地瓶颈，为国家重点建设和基础建设提供林地保障，推动地方经济社会发展。

① 林下资源——干巴菌（杨发民/摄影） ② 林下资源——松茸 ③ 林下资源——鸡枞（杨洪波/摄影） ④ 野生菌（州林业局/提供）

2015年楚雄州林业产业产值

县（市）	楚雄市	双柏县	牟定县	南华县	姚安县	大姚县	永仁县	元谋县	武定县	禄丰县	其他	合计
产值（亿元）	24.13	14.95	3.91	21.78	4.73	22.77	5.97	3.86	6.83	9.7	0.29	118.92
比例（%）	20	13	3	18	4	19	5	3	6	8		100

2015年楚雄州主要林产品产量产值

产品		单位	产量	产值（亿元）	占林业总产值比重（%）	产品	单位	产量	产值（亿元）	占林业总产值比重（%）
核桃		万吨	5.94	17.42	14.5	商品材	万立方米	10	0.73	0.6
板栗		万吨	1.74	1.25	1	人造板	万立方米	27.7	5	4.2
水果		万吨	16	10	8.4	桉叶油	吨	4712	2.9	2.4
野生菌		万吨	2.31	10.44	9	松香	万吨	6.54	8.62	7.3
其中	松茸	吨	688	1.72	1.5	松节油	万吨	1	1.16	1
	块菌	吨	104	0.47	0.4					

2015年楚雄州特色经济林情况

品种	核桃	板栗	膏桐	油茶	油橄榄	花椒	水果	茶叶
面积（万亩）	551.8	51.6	27.0	3.0	3.0	67.0	41.6	5.1

注：以上表格数据均为州林业局统计数据

（州林业局/提供）

【林业产业】 2015年，楚雄州新种植核桃20万亩、油橄榄1万亩、花椒6万亩，实施核桃提质增效13万亩。申报年度林业产业项目13项，上报项目总投资5.8亿元，申请省级扶持资金6010万元；争取到大额林业贴息贷款项目4个金额6200万元，争取到小额贴息贷款金额2800万元。全州林业社会总产值118.92亿元，比上年增长11.69%，其中第一产业59.34亿元、第二产业52.43亿元、第三产业7.15亿元。有核桃面积550万亩，产量5.94万吨，产值17.42亿元，实现加工产值17.81亿元，核桃产业总产值35.23亿元；采集野生食用菌2.31万吨，其中松茸688吨、块菌104吨、牛肝菌10004吨，产值10.44亿元，实现加工产值11.22亿元，野生食用菌总产值21.66亿元。

【林业科技】 2015年，楚雄州林业部门抓好林业实用技术推广、培训、科技下乡、专家乡村讲堂等工作，投入林业教育、科技培训和新技术推广经费219.2万元，培训林业干部1966名；举办林业实用技术培训753场次，培训林农5.78万人次；开展林业科技下乡活动161场次，现场指导农民2.58万人次，提供科技咨询服务2.97万人次，发放科普资料14.81万份、科普图书5.24万册。中央财政林业科技推广项目“楚雄州史密斯桉丰产栽培推广示范”通过验收，“块菌保育及菌根苗培育技术推广示范”通过省林业厅中期评估。推进省级项目“云南核桃遗传资源调查编目及云南省核桃栽培区划研究”“油茶遗传资源调查编目”和州级项目“南华松茸、楚雄牛肝菌地理标志产品保护”“乡土树种选育及其栽培示范”“不同经营措施下核桃幼树生长与立地土壤状况研究”等项目相关工作。分别与中国林科院林业研究所、云南林业职业技术学院和省林业技术推广总站合作开展“国家种质资源平台建设”项目、“牛肝菌等四种珍贵野生食用菌资源可持续利用技术的研究及推广”项目和“核桃早实矮化及抗性品种选育”项目研究。

【森林防火】 2015年，楚雄州各级人民政府层层签订森林防火目标管理责任状，切实把森林防火行政首长负责制落到实处。各级森林防火指挥部成员单位切实履行部门森林防火职责，做到服务保障到位。各级林业主管部门切实做好森林防火的组织、协调、指导、监督工作，把森林防火作为中心工作来抓，使各项防扑火责任和措施落实到位。签订各类森林防火责任书67.5万份，印制《楚雄彝族自治州人民政府严防森林火灾的通告》2万份，增设防火检查哨卡443个，修建防火通道及隔离带40条，在重点林区修建森林防火水窖200余个，储备灭火机2101台、水枪7654支，投入防火经费2887.45万元。年内发生森林火灾6起，其中一般森林火灾4起、较大森林火灾2起，过火面积1005.45亩，森林受害面积76.5亩，受害率0.002‰。

【林业有害生物防治】 2015年，楚雄州各级林业主管部门采取药物防治、仿生物防治等措施，确保林业生态安全。发生各种林业有害生物面积44.6万亩，发生率1.4%；成灾面积3.4万亩，成灾率1.07‰；开展林业有害生物防治44万亩，防治率98.6%，其中无公害防治率98.5%；实施林业植物产地检疫0.62万亩，调运检疫种子3.14吨、苗木566.7万株、林木7.6万立方米。

【生物多样性保护】 2015年，楚雄州采取图片展览、现场咨询、散发科普宣传资料等方式，开展爱鸟周、世界湿地日、世界生物多样性保护日等专题宣传活动。依法打击破坏野生动植物资源、自然保护区、湿地违法行为，申报并组织实施野生动植物保护和自然保护区建设工程，推进境内10个省、州级自然保护区总体规划和生物多样性监测，促进自然保护区、森林公园规范化管理。加强自然保护区自然资源、森林生态系统、湿地生态系统保护，推进楚雄哀牢山国家公园申报。开展森林生态系统及黑长臂猿、绿孔雀等珍稀濒危物种的调查和监测，严格候鸟保护及野生动物疫源疫病防控，完成野生动物肇事公众责任保险工作。

［杨发民］

水 利

【水利建设概况】 2015年，楚雄州水务局围绕州委、州人民政府确定的水务发展与改革各项目标任务，加快水利建设，深化水利改革，强化依法管水、治水。全面推进水源工程、病险水库除险加固、灌区节水改造、水土保持生态环境治理、中小河流整治、小型农田水利建设、农村人畜饮水安全、抗旱保民生、水务改革等各项工作。争取到中央和省补助资金12.22亿元，完成水利固定资产投资39.44亿元。9座中小型水源工程、285件小型病险水库除险加固工程、5件河道治理工程开工建设，新开工项目306件，总投资23.17亿元。年内，楚雄州新列入全国规划的23座小（一）型病险水库除险加固工程全面启动，其中开工建设22座，进行初步设计1座。州水务局被省水利厅表彰为全省水资源管理先进单位，被国家水利部表彰为全国水利安全监督工作先进集体。

【水资源管理考核】 2015年，楚雄州按照流域与行政区相结合的原则，完成“三条红线”测算，将指标分解到位，由州人民政府下达10县（市）。制定全州实行最严格水资源管理制度考核实施方案及考核细则，由州水务局牵头，首次开展县（市）实行最严格水资源管理制度考核，组织11家考核成员单位对10县（市）2014年度落实最严格水资源管理制度进行考核，考核结果经州人民政府审定后向社会公布。

【地下水功能区划和保护利用规划实施】 2015年，楚雄州按照《中华人民共和国水法》等法律法规要求，组织编制《楚雄州地下水功能区划》及《楚雄州地下水利用与保护规划》，主要内容包括全州地下水资源的保护、全面评价、合理开发、科学管理和保障元谋县水权水市场改革试点等，经州人民政府批准实施；编制《元谋县水权、水市场改革试点实施方案》，通过省水利厅技术审查，经省水利厅和州人民政府批准实施。

【水利规划及项目前期工作】 2015年，楚雄州加快推进水利规划和项目前期工作。州财政存量资金安排水利规划费300万元，基本完成《龙川江流域水资源综合利用规划》《马龙河流域水资源综合利用规划》《云南禄丰石化园供水规划》等重点河流流域综合规划及重点水利规划编制，开展云南禄丰石化园水资源规划、防洪排涝规划及全州水网建设规划编制；按照省水利厅要求，及时开展《江河湖库综合整治实施方案（2016～2020年）》编制工作；按时完成水利发展“十三五”重点项目筛选和投资测算等相关工作，资料上报省规划编制组；基本完成支撑全州水利发展“十三五”规划的16个专项规划及“十三五”水利发展改革规划编制。争取省预算内项目前期经费1800万元，加快推进西南5省区重点水源工程建设规划内项目前期工作，永仁直苴中型水库、6件抗旱小型水源工程按计划顺利开工建设。南华小箐河中型水库项目建议书于12月初由省水利厅上报珠江水利委员会申请审核；大姚桂花中型水库项目建议书经省水利水电工程技术评审中心审查，开展可行性研究阶段勘测；牟定定远河中型水库项目建议书上报省水利厅审核，受水区土地整治规划基本完成；完成大姚河底、武定土瓜地、双柏平掌河、牟定高泉闸、禄丰稗子田、楚雄响水箐、牟定小土锅箐7件小（一）型水库可行性研究报告编制，除响水箐、小土锅箐2件外，其余5件完成初步设计上报省水利厅审核，其中河底、土瓜地、平掌河、稗子田（省烟草公司审核）4件通过审核，高泉闸待审，规划内剩余的5件中小河流治理工程初步设计通过省水利厅批复。农田水利工程、小（二）型水库除险加固、山洪治理及其他防洪工程也按年度计

① 南华县雨露乡二功坝病险水库除险加固（夏天彧/摄影） ② 山区“爱心水窖”（马兴华/摄影）

划按时完成前期工作，顺利开工。

【水利投融资改革】 2015年，楚雄州以州水务发展公司为平台，与元谋县共同组建供水公司，承接高效节水灌溉工程建设、营运工作。推进PPP（公私合作）、BT（建设移交）、BOT（建设——经营——转让）、TOT（移交——经营——移交）等模式吸引社会资本投入，以州水务发展公司为投融资平台加大与金融机构的合作力度，进一步拓宽金融支持渠道，在投融资上取得新成效。按照省水利厅对采用PPP模式建设的重点小（一）型水源工程优先列入年度建设计划、优先安排省级补助资金的要求，指导大姚河底、武定土瓜地、双柏平掌河3件小（一）型水库项目业主拟定PPP建设方案和初步设计上报省水利厅审查。

【水利基本建设】 2015年，楚雄州加快推进水利基本设施建设。4月底，元谋挨小河、大姚木卡拉2座小（一）型水库全面完成抬头度汛坝建设。9月，由国家烟草公司援建的双柏施家河、南华草甸发2座烟草水源工程相继开工建设，重点水源工程老鸦关、罗其美、螃蟹冲、丰乐、双龙闸、小沙河、阿朵所、梅域村8座小（一）型水库完工，大姚红豆树、禄丰西河、元谋坛罐窑3座中型和大姚大坡、武定羊旧2座小（一）型重点水源工程完成主体工程建设。10月29日，楚雄州“十二五”重点中型骨干水源工程永仁直苴水库建设工程开工，直苴水库坝高95米，总投资7.28亿元，是楚雄州2015年以前水利建设史上投资最大的中型水库，最高的大坝。年末，中央水利投资计划内的牟定双龙闸、大姚木卡拉、南华代家箐、武定保处鲁、元谋依洒、姚安干香凹6座小（一）型和姚安饮光石箐、楚雄红丹箐2座小（二）型抗旱水源工程全面实施；武定仁和、姚安干香凹、南华代家箐、元谋依洒4座水库完成大坝截流及基础开挖阶段验收，大坝填筑开始，工程建设转入全面施工阶段。

【骨干水源工程招投标监管】 2015年，楚雄州水务局按照招投标法律法规规定，进一步加强和规范水利工程建设项目前期管理工作。1月8日，州水务局下发《关于进一步做好水利工程建设项目勘察设计招标工作的通知》，采用招标方式确定勘察设计业务单位，并明确分级管理规定，实现骨干水源工程勘察、设计、施工、监理、第三方质量检测等参建单位选择全部按招投标程序办理。

【旱涝灾情】 2015年，楚雄州气温偏高，降雨偏少，夏旱灾情严重，农作物受旱面积51.9万亩，受灾16.9万亩，其中成灾16.3万亩、绝收0.6万亩，最严重时有20.78万人和11.2万头大牲畜饮水困难。进入汛期以后，部分地区降单点性暴雨，降雨历时短、雨量大。强降雨造成楚雄、双柏、南华、大姚、永仁、武定、元谋、禄丰8个县（市）47个乡（镇）受灾，受灾人口3.13万人，死亡1人、失踪2人，房屋倒塌40间；农作物受灾1.85万亩，成灾7500亩，绝收1725亩，粮食减产0.31万吨，经济作物损失588.58万元；大牲畜死亡310头；公路中断4条次；护岸损坏5处，灌溉设施毁坏129处。洪涝灾害造成直接经济损失9267万元，其中农业损失1525万元，工业和交通运输业损失137万元，水利工程水毁损失1684万元。

【抗旱应急工程及库塘蓄水】 2015年，楚雄州有20件抗旱引提调水工程列入《全国抗旱规划实施方案（2014~2016年）》，实施完成2014~2015年度引提调水工程19件和备用井工程85眼，工程总投资2.06亿元，有效解决29.98万人因旱饮水困难

2015年度楚雄州库塘蓄水情况统计表

单位：万立方米

县（市）	计划蓄水	实际蓄水	占计划%	大型		中型		小（一型）		小（二）型		小坝塘		上年
				计划	实蓄	计划	实蓄	计划	实蓄	计划	实蓄	计划	实蓄	
青山嘴	6578	6624	101	6578	6624									6583
大海波	625	625	100			625	625							658
塘房庙	0	2443	0			0	2443							1469
楚雄市	10670	10678	100			4576	3218	2464	2395	1570	2580	2060	2485	7572
双柏县	4000	4489	112			0	0	3068	2785	500	856	432	848	4195
牟定县	6000	6454	108			2245	2047	1189	1080	1369	1167	1197	2160	6035
南华县	5000	5390	108			1883	2086	747	897	1068	1074	1302	1333	5030
姚安县	7990	6944	87			5522	3731	978	888	764	993	726	1332	5748
大姚县	7470	7533	101			781	781	4649	4229	1080	1420	960	1103	6660
永仁县	8286	8958	108			4204	4443	1582	1683	1700	1752	800	1080	8587
元谋县	8858	9542	108			5923	5840	1251	1533	784	974	900	1195	8691
武定县	6823	7050	103			2523	2529	2700	2684	900	978	700	859	6930
禄丰县	12700	13511	106			3200	3851	5000	5364	2400	2175	2100	2121	11952
合　计	85000	90241	106	6578	6624	31482	31594	23628	23538	12135	13969	11177	14516	80110

（州水务局/提供）

和14.18万亩农田灌溉问题。落实防汛抗旱各项责任制度，早安排早落实，采取有效措施做好防汛抗旱抢险救灾，降低灾害给人民群众生命、财产造成的损失。至12月28日，实现库塘蓄水9.02亿立方米，比上年多1.01亿立方米，比历年多1.18亿立方米。全州37.87万个水池（窖）全部蓄满，做到满蓄满灌。

【农田水利项目】 2015年，楚雄州中央财政小型农田水利重点县第二批楚雄市、第三批元谋县项目完成总体验收，第二轮重点县项目启动。禄丰、元谋两县列入中央财政小型农田水利第二轮第八批重点县项目通过省级列项，计划2016年度开始实施。项目启动后连续实施3年，每年每县上级财政补助资金2000万元，其中中央财政资金1200万元、省级财政资金800万元。

【农村饮水安全】 2015年，楚雄州农村饮水安全2015年度项目暨“十二五”规划项目全面完工，完成投资6573.37万元，其中中央补助4961.55万元、省级补助620.4万元、州级配套170.67万元、县（市）配套492.2万元、群众自筹328.55万元，解决州内除永仁县外其余9县（市）农村11.52万人、姚安县6所农村学校2958名师生的饮水安全问题。“十二五”期间规划内农村饮水安全项目全部完成，累计投资3.8亿元，其中中央投资2.97亿元，地方和群众投资8302万元（省级3713万元、州级1244万元、县级1416万元、群众自筹1930万元），建成农村饮水工程4092处，累计解决规划区内67.13万名农村人口及6.76万名农村学校师生饮水安全问题，占全州农村总人口的30.22%。

【水土保持监督执法】 2015年，楚雄州加强水土保持监督管理，做好水土流失治理工程建设。完成水土流失防治面积445.28平方千米。按照规范化制度化要求，加强水土保持监督执法，宣传贯彻《中华人民共和国水土保持法》和《云南省水土保持条例》，规范水土保持监督管理。州级审批水土保持方案17件，收取水土保持设施补偿费62.52万元，验收水土保持设施6件。按照省水利厅的统一部署，对省水利厅1998年以来审批的91件生产建设项目水土保持补偿费进行征收（批复金额4054.73万元），州内开发建设项目统计上缴1614.88万元。组织对全州范围内省级审批的15件和州级审批的40件生产建设项目进行水土保持监督执法检查，加强水土保持监督执法检查力度。

【城乡供排水】 2015年，楚雄州在建城镇供排水项目29个，其中城市供排水项目15个、建制镇供排水建设项目14个。建成污水管网95.11千米，11座污水处理厂削减化学需氧量1.02万吨。至年末，有楚雄、双柏、大姚、永仁4个县（市）开展城镇污水处理设施再生水利用项目。其中，楚雄市和双柏县的城镇污水处理设施再生水利用项目初设获省水利厅批复；大姚县和永仁县的城镇污水处理设施再生水利用项目获省水利厅批复，进入招投标程序。

［马琼梅］

青山嘴水库建设管理

【青山嘴水库建设管理概况】 2015年，楚雄州青山嘴水库工程建设管理局加强水库管理，做好水库蓄水、库区防汛和库区水资源保护工作，加快推进水库竣工验收，着力抓好专项工程验收工作，完成栗子园移民小区环境保护工程验收、坝后电站环境保护工程验收和水库工程竣工环境保护验收，推进征地补偿和移民安置专项验收工作。年末，青山嘴水库蓄水高程1814.48米、库容6856万立方米，超额完成省、州下达的蓄水6578万立方米的目标任务。年内，青山嘴水库向下游供水3574万立方米，其中农业灌溉供水3316万立方米、城市供水258万立方米；电站利用灌溉供水和汛期弃水时机发电220万千瓦时，发电收入43.4万元。

【库区防汛】 2015年，楚雄州青山嘴水库工程建设管理局树立防大汛抗大旱的思想，编制《青山嘴水库2015年汛期调度运用计划》，修订《青山嘴水库防汛应急预案》，汛前进行安全检查，做到抢险队伍、防汛物资、防汛机构、应急预案到位，开展安全生产检查6次、沉陷位移监测4次、浸润线人工校核2次、防汛应急演练1次，切实消除安全隐患，确保防汛安全，未发生安全事故。

【库区管理】 2015年，楚雄州青山嘴水库工程建设管理局推进库区管理工作。通过强化责任，与周边3个乡（镇）6个村民委员会35个村民小组建立群防群治森林防火联防应急机制，建立健全24小时防火值班制度，未发生火情火险，库区4.3万亩林地、3600亩耕地得到有效管护，植被得到有效恢复。与东瓜、吕合两镇协调，落实环库区公路建设占用耕地的调整工作。对养鱼项目实施科学监管，落实鱼苗投放种类、数量、批次要求，做到自然放养，确保改善水质。投入专项资金30余万元，为周边群众解决生产生活中的困难和问题，化解社会矛盾，未发生大规模抢耕抢种现象，因蓄水和调度引发的问题得到妥善解决，维护库区周边的和谐稳定。库尾淹没补偿得到及时兑付。水库蓄水超过正常水位，回水淹没区域增多，淹没面积扩大，多次协调吕合镇和钱粮桥村委会，兑付淹没补偿18.84亩2.26万元、库区挡墙补偿7390元。

【库区水源保护】 2015年，楚雄州青山嘴水库工程建设管理局围绕水库Ⅲ类水质保护目标，向国家申报水库库区及上游面源污染治理项目。年初，项目中的人工湿地部分列入国家环保部计划，并下达资金2060万元。4月，省环保厅批复《云南省楚雄州青山嘴水库库区人工湿地工程实施方案》，批复投资2995.9万元，项目于11月11日正式开工建设，至年末完成投资760万元。年内，投资107万元，在库区修建停车场1个、公厕2个；在库区道路沿线、停车场及建筑物周边布置垃圾桶，在库区沿库公路建设垃圾池12个；投资53万元采购垃圾清污船1艘。

［武春平］

CHUXIONG ALMANAC

工业

INDUSTRY

责任编辑：安孟勤

元谋雷音山风电场（李建华/摄影）

工业经济综述

【工业经济发展概况】 2015年，楚雄州工业和信息化系统克服市场销售不畅、产品价格低迷、融资困难等不利因素造成的影响，围绕年初确定的工作目标，研究制定对策措施，强化难题破解、协调服务、督促检查，工业经济平稳增长。州工业和信息化委员会重点监测的281户规模以上工业企业实现产值577.78亿元，比上年增长6.3%；实现增加值205.1亿元，增长10%；实现主营业务收入499.5亿元，增长7.8%；实现利税107.4亿元，增长5.3%；实现利润总额28.5亿元，增长12%。除禄丰县外，其他9县（市）及楚雄经济开发区规模以上工业增加值均实现增长，其中楚雄经济开发区、双柏县、牟定县、南华县、姚安县、大姚县、元谋县的增长幅度超过全州平均水平。州工业经济“十二五”各项目标任务圆满完成。实现规模以上工业产值577.8亿元，是2010年的1.93倍，年均增长速度14.2%；实现增加值205.1亿元，是2010年的1.93倍，年均增长速度13.1%；工业产值超亿元的企业111户，比2010年增加74户，其中产值10亿元以上企业8户，比“十一五”末增加2户。楚雄卷烟厂产值超过100亿元，实现年产值百亿元以上企业零的突破。工业投资由2010年的84.5亿元增加到2015年的225亿元，增长1.7倍。

【工业投资及转型升级】 2015年，楚雄州完成工业固定资产投资225亿元，其中非电工业投资138亿元，比上年增长21.9%。推进100个重点工业项目，前期项目开工3个、计划开工项目开工15个，实现竣工试生产2个；续建项目实现竣工试生产6个，计划竣工项目实现试生产10个。40个工业转型升级项目稳步推进，非电技术改造投资64亿元，新增州级企业技术中心12个、省级企业技术中心3个。巩固提高烟草制品业，遏制黑色金属压延加工业、炼焦业和煤炭采选业，生物医药、食品加工业增长速度分别达到35%和19.7%；推进煤炭资源整合，关闭煤矿矿井8对，淘汰产能31万吨。新型墙体材料推广使用205万平方米，散装水泥供应量65.1万吨，商品混凝土推广使用量215万立方米，征收新型墙体材料和散装水泥专项基金900余万元，其中州级征收246万元、县级征收600余万元。规模以上工业单位增加值能耗下降12.6%。

【稳增长措施落实】 2015年，楚雄州工业和信息化系统全力促进工业经济稳定增长。按月召开经济运行分析会议，研判工业经济发展形势，强化经济运行调节指导，针对5月以后全州工业经济增长速度出现回落的情况，及时按照州委、州人民政府统一部署，制定下发落实省、州稳增长政策及责任分解通知，与州财政局共同研究出台《楚雄州2015年支持工业企业扩销促产政策实施细则》，完善建材促销政策，保留原有钢材、水泥、钢结构产品，将开关电器、变压器、管道、市政建设材料等产品纳入促销范围。组织符合条件的工业企业参与电力市场化交易，市场化交易电量7.42亿千瓦时，减少企业用电成本8904万元。推进铁路运输部门与重点企业合作，签订量价互保协议，20户企业享受到运价优惠，降低铁路运输成本

2015年楚雄州重点监测工业行业主要经济指标完成情况统计表

单位：万元

行业名称	企业数（户）	工业产值			主营业务收入			利税总额			利润总额		
		实际完成	上年同期	同比增减（%）	实际完成	上年同期	同比增减（%）	实际完成	上年同期	同比增减（%）	实际完成	上年同期	同比增减（%）
烟草加工业	1	1041703	998824	4.3	1049216	910980	15.2	837613	794559	5.4	150289	130221	15.4
冶金工业	51	1475320	1540959	-4.3	1336197	1353148	-1.3	-10771	14447	-174.6	-28331	-14425	增亏96.4
化学工业	21	676742	674339	0.4	431319	438544	-1.6	15506	16830	-7.9	5920	8751	-32.3
医药工业	20	309514	240925	28.5	170707	152130	12.2	17520	17246	1.6	12828	12024	6.7
包装印刷及卷烟辅料业	11	144355	135199	6.8	104172	98707	5.5	17035	15781	7.9	12305	11608	6
食品加工业	77	1072088	829665	29.2	967799	766040	26.3	89649	78830	13.7	68462	62590	9.4
建材工业	35	303252	266689	13.7	253049	229468	10.3	20043	18924	5.9	11021	10331	6.7
电力生产及供应业	24	325010	296936	9.5	306866	294477	4.2	59328	42072	41	43267	27003	60.2
煤炭采选业	8	78522	85833	-8.5	42614	63991	-33.4	5172	6900	-25	-3548	-2724	增亏30.3
塑料制品及纺织业	13	121441	84977	42.9	113091	76082	48.6	10572	7402	42.8	5930	4240	39.9
机械及装备制造业	18	209278	263359	-20.5	202760	240601	-15.7	9648	5787	66.7	5383	3661	47
其　他	2	20625	19353	6.6	12230	11341	7.8	2022	908	122.6	1754	523	235.5
合　计	281	5777850	5437059	6.3	4990021	4635509	7.6	1073338	1019685	5.3	285280	253801	12.4
其中：非烟工业	280	4736148	4438235	6.7	3940805	3724529	5.8	235725	225126	4.7	134991	123581	9.2

（州工信委/提供）

2015年楚雄州产值10亿元以上重点企业主要经济指标完成情况统计表

单位：万元

企业名称	工业产值			主营业务收入			利税总额			其中：利润		
	实际完成	上年同期	同比增减（%）	实际完成	上年同期	同比增减（%）	实际完成	上年同期	同比增减（%）	实际完成	上年同期	同比增减（%）
云南中烟工业有限责任公司楚雄卷烟厂	1041703	998824	4.3	1049216	910980	15.2	837613	794559	5.4	150289	130221	15.4
楚雄滇中有色金属有限责任公司	501523	461778	8.6	474246	431063	10	19492	6796	186.8	18898	4115	359.2
云南德胜钢铁有限公司	320003	439541	-27.2	256674	373926	-31.4	-42063	-14766	增亏185	-43218	-20502	增亏111
云南楚雄矿冶有限公司	146763	140035	4.8	145219	121769	19.3	1149	3023	-62	-3525	-2547	增亏38
云南电网公司楚雄供电局	130604	122568	6.6	125008	129407	-3.4	10657	10006	6.5	2559	2823	-9.4
云南禄丰勤攀磷化工有限公司	115017	100024	15	47852	44350	7.9	2557	1528	67.4	2557	547	367.1
楚雄德胜煤化工有限公司	111583	150563	-25.9	86774	120235	-27.8	705	5182	-86.4	-1523	1708	-189.2
云南摩尔农庄生物科技开发有限公司	103863	72010	44.2	103706	71683	44.7	8944	8320	7.5	8860	7637	16
合 计	2471058	2485343	-0.6	2288695	2203414	3.9	839054	814647	3	134897	124002	8.8

2015年楚雄州10县（市）规模以上工业主要指标完成情况统计表

单位：万元

县（市）	产 值			增加值		主营业务收入			利税总额			利润总额		
	实际完成	上年同期	同比增减（%）	实际完成	同比增减（%）	实际完成	上年同期	同比增减（%）	实际完成	上年同期	同比增减（%）	实际完成	上年同期	同比增减（%）
楚雄市	2692531	2455718	9.6	1256953	8.5	2301310	2073829	11.0	914433	855463	6.9	204505	166817	22.6
其中：市本级非烟工业	462318	410109	12.7	128986	11.9	365128	345678	5.6	34151	34238	-0.3	18851	21063	-10.5
楚雄经济开发区	1188510	1046785	13.5	266542	23.2	886966	817171	8.5	42664	26670	60.0	35365	15534	127.7
楚雄卷烟厂	1041703	998824	4.3	861424	4.0	1049216	910980	15.2	837613	794559	5.4	150289	130221	15.4
双柏县	213379	184682	15.5	60475	20.7	169491	156557	8.3	9296	10578	-12.1	4138	3896	6.2
牟定县	210390	182494	15.6	68616	18.0	180485	154584	16.8	24963	20044	24.5	19504	15841	23.1
南华县	427810	357854	19.5	117044	15.5	382172	329499	16.0	43405	38780	11.9	27944	28523	-2.0
姚安县	129084	102046	26.5	40110	28.0	122880	96724	27.0	17031	8850	92.4	15123	7335	106.2
大姚县	492252	424384	16.0	131429	17.3	464698	380299	22.2	35729	28387	25.9	18307	12428	47.3
永仁县	114077	105301	8.3	33416	20.0	101651	96678	5.1	8455	6716	25.9	6554	4803	36.5
元谋县	272169	222497	22.3	71606	18.1	274830	224596	22.4	37777	30263	24.8	28139	23072	22.0
武定县	270463	261706	3.3	86647	19.0	229700	199335	15.2	9948	14068	-29.3	5914	7341	-19.4
禄丰县	955191	1140378	-16.2	185003	-1.0	768125	923707	-16.8	-26882	6569	-509.2	-44822	-15345	192.1
全 州	5777845	5437060	6.3	2051298	10.0	4995341	4635805	7.8	1074155	1019718	5.3	285306	254712	12.0
其中：烟草加工业	1041703	998824	4.3	861424	4.0	1049216	910980	15.2	837613	794559	5.4	150289	130221	15.4
非烟工业	4736142	4438236	6.7	1189874	14.7	3946125	3724825	5.9	236542	225159	5.1	135017	124491	8.5

（州工信委/提供）

500余万元。化解稳增长难题，报请州人民政府下达州级财政专项资金1.1亿元，争取上级支持工业园区建设、企业技改、扩产促销、煤炭转型升级、微型企业培育等各项扶持资金1.29亿元。推动银企合作，收集企业贷款融资项目265个，筛选出重点工业项目60个、重点工业企业60户、成长型中小企业60户，向各金融机构推介工业园区融资项目20个，新增企业贷款35亿元。支持金融机构推广“助保贷”“信保代”等业务。至年末，有6个县（市）开展“助保贷”业务、3个县开展“信保贷”业务，各金融机构共投放“助保贷”“信保贷”流动资金贷款3.84亿元和1.52亿元。有14户企业实现在“新三板”和其他股权交易机构挂牌，云南欣绿茶花股份有限公司、云南世界恐龙谷旅游股份有限公司等5户企业在全国中小企业股份转让系统挂牌上市。

【工业招商引资】 2015年，楚雄州工业和信息化委员会强化项目策划、包装和推介，策划工业招商项目85个，向两场“请进来”招商活动推介工业项目31个。成立工业园区、原材料工业等专业招商小组6个，到陕西、河北、福建、四川、上海等地开展钛产业、新能源动力电池、新能源汽车、铁塔生产、医药、石化等专项招商引资活动11次。加强对接交流，促成中国新兴矿业化工总公司、河北亿鑫通讯设备有限公司、河北德动新能源汽车有限公司等企业与楚雄州签订战略合作协议，其中部分项目签订具体合作协议。做好与云铜集团、昆明钢铁集团、德胜集团、云天化集团、云南冶金集团、云南省工业投资控股集团有限责任公司、云南白药集团股份有限公司、云南省能源投资集团有限公司等企业的交流洽谈，拓展双方合作领域。

【重点企业帮扶】 2015年，楚雄州工业和信息化委员会完善“企业服务团”“金融服务团”“专家服务团”制度，整合服务团队力量，突出重点县（市）、重点企业、关键时段、关键环节帮扶。企业服务团队开展服务活动3次，现场为企业协调解决问题126个，对27个协调难度大的问题及时提请州人民政府交由有关部门办理。与9家金融机构组成金融服务团

2015年楚雄州重点工业企业主要产品产量

企业名称	主要产品名称	单位	实际完成	上年同期	同比增减（%）
冶金工业					
云南德胜钢铁有限公司	生铁	吨	1198319	1320458	−9.2
	粗钢	吨	1201839	1377953	−12.8
	成品钢材	吨	1226782	1408602	−12.9
楚雄滇中有色金属有限责任公司	粗铜	吨	9418	12016	−21.6
	阳极铜	吨	119073	84605	40.7
	硫酸	吨	196316	210190	−6.6
云南楚雄矿冶有限公司	铜金属含量	吨	16318	11579	40.9
	精炼铜（电解铜）	吨	25804	17004	51.8
化学工业					
楚雄德胜煤化工有限公司	焦炭	吨	570223	659132	−13.5
	球团	吨	533256	529991	0.6
云南禄丰勤攀磷化工有限公司	硫酸（折100）	吨	245165	225500	8.7
	磷酸（折100）	吨	85691	86388	−0.8
	磷肥（实物量）	吨	455377	485118	−6.1
	普钙（实物量）	吨	259296	287838	−9.9
	重钙（实物量）	吨	196081	197280	−0.6
	铁精矿	吨	212435	195058	8.9
南华松香厂	松香	吨	22105	25327	−12.7
	松节油	吨	7106	6885	3.2
医药工业					
云南盘龙云海药业有限公司	化学药	吨	4.39	5	−2.4
	中成药	吨	401.11	437.75	−8.4
云南新世纪中药饮片有限公司	中药饮片	吨	11745.9	8942	31.4
食品加工业					
云南澜沧江啤酒企业（集团）楚雄有限公司	啤酒	千升	153935	138662	11
电力生产及供应业					
云南电网公司楚雄供电局	电力供应（全部）	万千瓦/小时	345904	348760	−0.8
煤炭采选业					
一平浪煤矿	原煤	吨	250208	477128	−47.6
	洗精煤	吨	149491	264464	−43.5
楚雄州吕合煤业有限责任公司	褐煤	吨	456631	577475	−20.9
机械工业					
云南锦润数控机械制造有限责任公司	4HG立式铣床	台	31771	26493	19.9
	铸铁件（各型）	吨	8952	7916	13.1
包装印刷及卷烟辅料业					
云南岭东印刷包装有限公司	烟标（商标、条盒）	对开色令	37876	29414	28.8
	纸箱	吨	180136	199647	−9.8

（州工信委/提供）

队，深入企业开展面对面金融服务156户次，92户企业与银行达成意向性贷款37.5亿元。组织两批专家为冶金化工、食品加工、消费品工业、装备制造、新能源等产业的企业提供专项服务88户次，为企业解决发展、管理、创新等方面的问题150余个。坚持做好“培大育小”工作，加强达规企业培育力度，落实企业达规奖励政策措施，年末有规模以上工业企业281户，比上年末增加42户，其中产值亿元以上企业111户，增加12户。中小企业完成进出口总额4.32亿美元，比上年增长29.4%。中小微企业贷款余额221.89亿元，比年初增加31.35亿元，增长16.45%，其中小微企业贷款余额150.97亿元，比年初增加24.7亿元，增长19.57%。实施“两个10万元”微型企业培育工程，州级安排资金2250万元、省级下达资金3750万元，扶持新创办微型企业2500户，带动1.5万余人实现就业。

【企业安全生产管理】 2015年，楚雄州工业和信息化委员会以强化煤矿安全生产监督管理为重点，把瓦斯灾害威胁矿井、事故矿井、水患威胁矿井、自然灾害严重矿井和顶板灾害、基础管理薄弱、关闭整合矿井列为重点监管对象，抓好日常检查和雨季“三防”等专项检查，实施煤矿安全重点县（市）、重点区域遏制重特大事故攻坚战，开展“千名干部与万名矿长谈心对话活动”，深入开展“打非治违”和专项整治，煤矿生产安全连续两年实现零死亡，企业安全生产形势持续好转。抓好非煤企业安全生产责任落实，多次组织人员深入县（市）、企业检查安全生产责任措施落实情况，强化对安全生产挂点县（市）、企业、水库安全生产的督查指导，开展无线电、网络安全专项检查，防止各种安全生产责任事故发生。强化食盐安全宣传和监督管理，确保人民群众食用盐安全。

【民营经济】 2015年末，楚雄州有民营经济户10.6万户，比上年增长13.6%。其中，个体工商户8.8万户，增长8%；私营企业1.8万户，增长51.72%。有从业人员44.7万人，增长14.72%。民营经济注册资本465.83亿元，比上年增长32.1%。其中，个体工商户注册资本50.18亿元，增长17.52%；私营企业注册资本415.65亿元，增长34.1%。民营经济完成增加值347.5亿元，比上年增长10.7%，占全州GDP比重的45.6%，成为推动全州GDP增长的重要力量；上缴税金17.1亿元，比上年下降8.9%。乡镇企业总产值973亿元，比上年增长8%。农产品加工业实现产值200亿元，比上年增长12%。

［雷文生］

2015年楚雄州民营经济责任目标完成情况统计表

县（市）	民营经济增加值（增速%）	从业人员（增速%）	微型企业培育（户）
楚雄市	10.6	18.36	420
楚雄开发区	10.33	10.81	260
双柏县	10.80	5.29	130
牟定县	12.80	13.27	160
南华县	10.30	9.99	200
姚安县	11.20	11.09	180
大姚县	12.80	13.94	230
永仁县	11.10	28.58	160
元谋县	11.70	21.20	230
武定县	12.50	17.10	230
禄丰县	6.50	18.60	300
全　州	10.7	14.72	2500

（州工信委/提供）

2015年楚雄州农产品加工业（不含个体工商户）主要经济指标完成情况统计表

单位：万元

县(市)	企业户数（户）	期末从业人员（人）	总产值	工业销售产值	出口交货值	营业收入	利润总额	上缴税金	劳动者报酬	原材料采购支出	其中：农产品原料采购支出
楚雄市	93	6469	370180	326269	16975	326543	26151	7802	10506	77164	62548
双柏县	7	566	36966	30799		31378	1208	328	1412	25876	25876
牟定县	26	1979	119496	104258	1065	92405	9074	1979	4237	48020	40279
南华县	28	4243	234513	205187		192485	13768	2932	9810	173579	173579
姚安县	41	1666	77370	75093		75063	3533	365	2766	33599	27730
大姚县	25	1771	124574	103061	16922	107415	18917	2074	12545	57414	47176
永仁县	9	317	19799	20725		19390	1288	251	641	15473	13431
元谋县	27	3569	264712	261109	24368	265565	25196	248	8707	160927	150692
武定县	13	212	22625	20482		21982	2537	609	388	290	240
禄丰县	31	1044	58962	57644		55899	3727	923	2475	15272	12397
全　州	300	21836	1329197	1204627	59330	1188125	105399	17511	53487	607614	553948

（州工信委/提供）

节能减排

【节能降耗概况】 2015年，云南省人民政府下达楚雄州节能降耗目标是单位GDP能耗下降0.2%。一季度，全州单位GDP能耗下降4.45%；上半年，全州单位GDP能耗下降5.67%；三季度，全州单位GDP能耗下降5.98%。年末，全州单位GDP能耗下降6%，规模以上工业企业单位增加值能耗下降12.6%，超额完成省人民政府下达的年度目标。2011～2014年，全州累计单位GDP能耗下降15.79%，完成“十二五”节能目标进度的113.93%，超进度目标要求33.93个百分点。“十二五”末，累计单位GDP能耗下降率20.84%，提前超额完成省人民政府下达的“十二五”节能目标任务；工业、建筑、交通、农业、商业、公共机构等重点领域节能降耗成效明显。州工业和信息化委员会向上级争取财政节能专项资金支持，申报省级重点节能项目9个，列入省级重点节能项目8个；申报省级节能专项资金备选项目10个，其中节能奖励资金项目5个、节能补助资金项目5个。省级财政共下达节能降耗专项资金1046万元。12月11日，州工业和信息化委员会举办节能管理与能源统计培训班，10县（市）经济与信息化局、统计局以及列入全国万家、云南省千家节能行动企业和重点能耗企业主要负责人、能源管理岗位人员，共145人参加培训。

【工业节能专项调研督查】 2015年，楚雄州工业和信息化委员会针对全州单位GDP能耗和规模以上工业单位增加值能耗持续下降，能源消费量增速与经济增速不匹配的情况，开展工业节能专项调研督查。对禄丰、武定、元谋、楚雄等重点县（市）的禄丰勤攀磷化工有限公司、武定新立钛业有限公司、元谋利明脱水蔬菜有限公司、楚雄供电局等重点耗能企业进行实地调研督查，具体分析能耗和产值产量指标匹配性，以及产品能耗限额执行情况，帮助指导统计人员切实提高能耗数据报送的合理性和科学性。

【节能执法监察】 2015年，楚雄州工业和信息化委员会加大节能执法工作力度，维护节能监察的严肃性。根据《中华人民共和国节约能源法》有关规定，组织州节能监察支队会同云南省节能监察中心、禄丰县节能监察大队对禄丰县中胜磷化有限公司等3户重点用能企业进行现场节能监察和复查。对禄丰县中胜磷化有限公司、楚雄德胜煤化工有限公司在用的59台国家明令淘汰的高耗能落后电动机，禄丰县中胜磷化有限公司未按照规定上报2014年度能源利用状况报告情况，未完成节能目标进度的云南德胜钢铁有限公司、楚雄德胜煤化工有限公司，下达节能监察“责令改正通知书”，限期整改。

【节能宣传周活动】 2015年6月13～19日，楚雄州开展以“节能有道，节俭有德”为主题的节能宣传周和低碳日活动。6月15日，在楚雄市桃源湖广场开展集中宣传咨询活动，动员社会各界广泛宣传、普及节能减排知识，宣传绿色发展理念，提高公众应对气候变化和低碳意识，州、市40余家部门及有关企业参加宣传咨询活动。

［樊峪甫］

工业园区建设

【工业园区发展概况】 2015年，楚雄州加快推进园区建设，加大工业园区帮扶力度，争取省、州扶持资金7242万元，社会融资9.95亿元，启动云南石化产业园区建设前期工作。10个工业园区实现工业总产值626.22亿元，比上年增长16%；完成基础设施建设投资27.83亿元，增长24.7%；完成工业投资86.16亿元，增长12.8%；新引进入园企业40户，有园区企业536户；各园区共计融资9.95亿元。州工业和信息化委员会组织各工业园区开展供地价格、产业空间布局、园区规划等情况调查研讨，并与州委机构编制办公室等相关部门到保山市、怒江州进行园区规划专题考察调研，为州人民政府安排部署园区工作提供决策依据。

园区土地收储　楚雄经济开发区收储土地1467亩；大姚县完成南山坝片区林地、土地收储500亩；双柏工业园区完成大庄片区林地征收流转，累计完成建设用地收储及林地流转4064.4亩。全州工业园区共收储土地7945.4亩。

园区标准厂房建设　抓好省、州新型工业化发展专项资金补助政策落实。年初，对上年新建标准厂房进行验收，验收标准厂房项目60个，总面积42.89万平方米。6月，下达工业园区标准厂房建设补助资金1282万元。各工业园区贯彻执行《关于进一步明确工业园区标准厂房建设有关问题的通知》精神，加强标准厂房建设管理，提高建设质量，改善园区投资环境，建成标准厂房30万平方米。

园区扶持资金监管　及时拨付州级园区建设扶持资金。5月，下达10个工业园区基础设施建设补助资金3900万元。6月，下达全州工业园区标准厂房建设补助资金1282万元，争取省级工业园区建设发展专项资金2060万元。州工业和信息化委员会与州财政局加强督查、监督工作，做好项目资金绩效考核，确保专项资金发挥作用。

【园区基础设施建设】 2015年，楚雄州各工业园区着力基础设施项目的策划包装，完成基础设施投资27.83亿元，比上年增长24.7%。推进楚雄苍岭云甸片区、武定禄金工业片区、姚安草海工业片区、禄丰土官片区和勤丰片区、永仁新型工业循环片区、元谋小雷宰工业片区等新开发片区基础设施项目建设，改善工业园区基础设施配套水平。楚雄市财政加大投入，形成富民、赵家湾、桃园、庄甸片区主干道及次干道路网，基本建成供排水系统、供配电系统，建成云甸工业片区输水管道；禄丰工业园区勤丰、土官工业片区投入资金4亿余元，建成腰站220千伏变电站、云钛路及老鸦关水库、土官片区国道320线至云南彝州酒业公司道路、罗次片区110千伏输变电工程、勤丰片区威龙化工公司道路及电力线路工程、天宝磷化工公司和云铜铁峰公司配套道路及供水供电配套工程、土官片区指挥营110千伏变电站及政企共建廉租房基础设施配套道路建设、勤丰片区规划建设云南石化产业园区；大姚县完成金碧工业片区

① 双柏工业园区东源门业有限公司防盗门构件生产（夏天彧/摄影） ②③ 禄丰县土官工业园区钛产业生产线（王明/摄影） ④ 南华县老高坝工业园区（南华县志办/提供）

2015年楚雄州工业园区主要经济指标完成情况统计表

园区	入园企业（户）		工业总产值（亿元）			工业投资（亿元）			基础设施投资（亿元）			完成融资（万元）	标准厂房建设（万平方米）	收储土地（亩）
	新入园	年末总数	实际完成	上年同期	同比增减（%）	实际完成	上年同期	同比增减（%）	实际完成	上年同期	同比增减（%）			
楚雄市	9	126	249	219.65	13.79	17.38	15.8	10	9.55	7.88	21.19	62920	8.4	1467
#开发区	6	67	119.73	104.3	14.8	12.93	12.84	10	5.14	6.14	-17	37420	6.5	1467
#富民	3	59	129.27	115.35	12.07	4.45	2.96	50.34	4.41	1.74	153.45	25500	1.9	
双柏县	2	19	12.56	10.72	17.16	2.72	2.34	16.24	0.96	0.54	77.78	800	1.1	1229
牟定县	3	36	18.01	13.37	34.7	7.18	6.65	8	1	0.79	26.6	3480	2	300
南华县	4	43	48.5	41.4	17.1	9.28	8.2	13.13	1.15	0.62	86	7000	3.64	1000
姚安县	3	24	13.28	11.03	20.4	5.3	4.25	24.71	1.02	0.77	32.47	3000	2.1	528.4
大姚县	3	54	56.1	50.5	11.09	7.61	6.92	10	1.78	1.59	12.1	1600	3.52	500
永仁县	3	43	17.78	15.4	15.45	11.3	9.62	17.46	1.1	0.55	101.09	2500	0.74	513
元谋县	4	55	27.5	22	25	5.72	5.2	10	1.22	1.02	19.61	495.99	2.2	530
武定县	4	64	52.87	41	30	9.81	8.72	35	5.57	4.86	15	7730	0	700
禄丰县	7	72	130.62	116	12.6	9.86	8.7	13	4.48	3.7	21	10000	4	1178
合计	42	536	626.22	540	16	86.16	76.4	12.8	27.83	22.31	24.7	99525.99	27.7	7945.4

（州工信委/提供）

水、电、路、通讯等基础设施配套建设及金碧片区3.89平方千米土地的开发使用；武定县禄金工业园区完成投资1.82亿元，核心区基础设施建设项目区开挖主、次干道路基20千米，完成10千伏施工用电架设。

【投融资渠道探索】 2015年，楚雄州工业和信息化委员会帮助园区企业破解资金难题，拓宽园区投融资渠道。鼓励园区组建开发投资公司或工业投资公司作为融资平台，按照“政府主导、市场化运作”模式，开展多种方式融资，实现滚动发展。楚雄经济开发区、富民片区、武定园区、大姚园区组建的工业投资公司运行较好，开展土地林地收储、基础设施建设等工作。做好州级财政6000万元园区建设专用资金拨付使用，重点扶持园区基础设施建设和标准厂房建设，起到示范带动作用。引进有实力的企业参与园区开发建设，创新投融资模式，主动到各地开展园区招商工作。

【园区招商引资】 2015年，楚雄州各级党委、政府和工业园区管理部门重视并采取有效措施加强园区招商引资工作。学习先进地区招商做法，拓宽视野，创新招商思路；结合当地实际出台相关政策措施支持招商；努力改善投资环境，改进招商工作方法；成立以党政主要领导为团长的招商团，明确责任目标，主动招商。州工业和信息化委员会出台《2015年工业招商活动方案》，指导各园区加强项目包装策划，开展招商引资，取得较好效果。工业园区招商引资规模和质量明显提升。至年末，园区新增入园企业40户，昆明钢铁集团、云南冶金集团、云南白药集团等企业（集团）落户楚雄工业园区，石化产业园区项目落户楚雄工作取得重大进展。

【园区规划编制】 2015年，楚雄州工业和信息化委员会继续抓好重点开发建设片区的控制性详细规划编制工作，完成多个主要开发建设工业片区的控制性详细规划编制和评审。强化州、县（市）两级政府对园区产业空间布局总体统筹及监督实施职能，优化园区产业空间布局。按照“高起点规划，分阶段实施”原则，科学编制《楚雄州工业园区产业空间布局规划》，明确1000亿元以上园区确定主导产业2个、辅助产业1个，其余园区确定主导产业1个、辅助产业1个。创新资源开发理念和思路，以新技术应用为基础，发展精深加工产品和终端产品，延长产业链，提高附加值，坚持高端引领，着力打造具有楚雄特色的优势产业基地。

［朱云峰］

原材料工业

【冶金化工业】 2015年，楚雄州规模以上冶金化工业实现增加值（按可比价）48亿元，比上年增长10.3%；实现工业产值222.75亿元，比上年下降3.5%。因产能过剩，市场需求不足，钢铁、铜、高钛渣、煤炭、化肥等产品价格急剧下跌，冶金化工业发展面临极大困难。4月，钢材价格从上年末的2900～3000元每吨，降到2100～2200元每吨，之后价格一直在低位徘徊，比上年下降800元每吨。云南德胜钢铁有限公司和楚雄德胜煤化工有限公司生产经营连续两年下滑，产值大幅下降。铜价格大幅下滑，云铜集团大幅增加生产任务，楚雄滇中有色金属有限责任公司和云南楚雄矿冶有限公司产值与上年相比有较大增长。主要工业产品和矿石价格急剧下跌，冶金化工业多数企业出现亏损，部分企业减产甚至停产，冶金化工业产值出现负增长。

冶金矿产业 全州规模以上冶金矿产业实现工业产值152.87亿元，比上年下降5.1%。其中，云南德胜钢铁有限公司实现产值32亿元，比上年减少11.95亿元，下降27.2%；楚雄滇中有色金属有限责任公司实现产值50.15亿元，比上年增加3.97亿元，增长8.4%；云南楚雄矿冶有限公司实现产值14.68亿元，

① 武定新立钛业有限公司生产区全貌 ② 武定新立钛业公司排渣车间（新立公司/提供） ③ 南华茂森综合利用有限责任公司锌金属铸造生产线（夏天彧/摄影）

比上年增加0.68亿元，增长4.8%。

化学工业　全州化学工业实现工业产值69.87亿元，比上年增长0.3%，重点骨干企业除楚雄德胜煤化工有限公司产值减少外，云南禄丰勤攀磷化工有限公司完成工业产值11.5亿元，比上年增加1.5亿元，增长15%。

【滇中有色金属有限责任公司申报规范企业】 2015年，楚雄滇中有色金属有限责任公司继续加快淘汰落后装备产能，强化技改优化提升，健全完善管理措施，按照国家工业和信息化部要求，申报“符合《铜冶炼行业规范条件》企业”，经省、州工信部门审核资料，并通过省工信委组织的专家现场审核后报国家工信部。11月12日，楚雄滇中有色金属有限责任公司被列入国家工业和信息化部拟公告的符合《铜冶炼行业规范条件》企业名单（第三批）予以公示。

【永仁凯杰工贸公司生铁高炉搬迁技改】 2015年，报经云南省工业和信息化委员会同意后，永仁凯杰工贸有限公司将收购的玉溪市峨山万得利公司220立方米铸造用生铁高炉一座，搬迁到楚雄州永仁县用于铸造用生铁生产，并根据《工业和信息化部办公厅关于开展已认定铸造用生铁企业复核工作的通知》，及时申报对公司及220立方米铸造用生铁高炉搬迁技改项目进行认定。经过省工信委初审专家评审及现场核查，工信部把永仁凯杰工贸有限公司列入铸造用生铁企业动态复核拟认定企业名单予以公示，公示期满后进行公告。永仁凯杰工贸有限公司成为楚雄州唯一一户铸造用生铁生产企业，其220立方米铸造用生铁高炉也成为全州唯一一座经过工信部认定的铸造用生铁高炉。

［韩新平］

装备工业

【装备制造业概况】 2015年，楚雄州装备制造业通过传统改造、自主研发、集成创新和引进消化吸收再创新，产品结构改善，企业生产能力、创新能力、技术水平、市场竞争力和产品配套能力增强，所生产的电力装备、开关设备、输变电产品、机床、钢结构和汽车零配件产品在国内外影响力进一步增强。拥有省级技术中心1个、州级技术中心1个，省级工业产品质量控制技术评价实验室1个。实施装备制造业重点项目建设，云南富诚人防设备有限公司人防设备生产线项目建设进展顺利，云南楚雄变压器公司技改搬迁项目竣工，云南双清螺旋钢管有限公司年产3万吨螺旋钢管项目建成投产。年末，有纳入统计的规模以上装备工业17户，其中楚雄市5户、楚雄经济开发区2户、禄丰县5户、大姚县2户、南华县1户、双柏县1户、牟定县1户，分别是楚雄变压器有限责任公司、楚雄琦宇节能科技开发有限责任公司、云南双清螺旋钢管有限公司、楚雄优豪太阳能有限责任公司、云南锦润数控机械制造有限责任公司、大姚机械配件厂、云南领峰机械制造有限公司、双柏县东源木制品商贸有限公司、云南星禹水利设备有限责任公司、禄丰锦泰工贸有限公司、云南金恒宇电源有限公司、云南昆钢钢结构制造有限公司、云南云开电气低压成套有限公司和楚雄活塞销有限公司、云南江能工程技术有限公司、云南云马缸套制造有限公司和牟定东运钒钛制动鼓有限责任公司。17户规模以上装备制造业实现工业总产值19.92亿元，比上年下降24.45%；实现主营业务收入19.38亿元，下降21%；实现利税4383万元，增长193%；实现利润5195万元，增长54%。

【铸造行业准入公告管理】 2015年，楚雄州工业和信息化委员会按照国家工信部《铸造行业准入公告管理办法》和云南省工业和信息化委员会通知要求，开展铸造行业准入公告管理申报，进一步规范铸造行业管理工作，加快铸造行业转型升级。累计申报国家铸造行业准入企业4户。

【装备制造业发展后劲不足】 2015年，楚雄州装备制造业涵盖金属制品、通用设备制造、专用设备制造、交通运输设备制造、电气机械及器材制造等行业，其中电力装备、金属机械加工行业发展优势突出，低压开关、钢结构产品、电力变压器、活塞销、气缸套、车桥、差减速器壳、机床、刹车毂、铁铸件、水利闸门等设备和配套产品远销全国20余个省（市）市场，活塞销、变压器等产品远销国外市场。部分产品技术达到国内外先进水平，行业成为工业经济发展重要支撑。但受宏观经济形势的影响，年内装备工业只有10户企业生产经营正常，有5户企业呈亏损状态、2户企业停产，面临着市场开拓、产品价格竞争、生产成本大幅增加等困难，总体上缺少大园区、大企业、大品牌支撑，产品规模总量小，产品层次低，绝大多数为传统机械加工配套企业，企业小、散、弱，经营管理粗放，技术水平低，产品附加值低，市场竞争能力弱，产量和价格受配套企业牵制，资金缺乏、人才不足、生产成本高，产业发展后劲不足等状况突出。

［段　萍］

① 云南锦润数控机械制造有限责任公司生产车间（李梅/摄影） ② 云南天源水利机械有限公司切割车间（高建波/摄影）

消费品工业

【消费品工业发展概况】 2015年，楚雄州消费品工业实现工业总产值237.96亿元，比上年增长16.15%；实现利税95.49亿元，增长65.02%；实现利润23.7亿元，增长13.58%。其中，烟草加工业完成现价工业总产值104.1亿元，增长4.3%；实现税金83.76亿元，增长5.4%；实现利润15.02亿元，增长15.4%。包装印刷及卷烟辅料业实现产值14.44亿元，增长6.8%；实现税金1.7亿元，增长7.9%；实现利润1.23亿元，增长6%。食品加工业实现产值107.2亿元，增长29.2%；实现税金8.96亿元，增长13.7%；利润总额6.85亿元，增长9.4%。塑料制品及纺织业产值12.14亿元，增长42.9%；实现税金1.06亿元，增长42.8%；实现利润5930万元，增长39.9%。生产啤酒15.21万吨，增长7.46%。消费品工业规模以上企业（不含医药制造业）达到100户，其中产值10亿元以上的2户。消费品工业规模以上产值占全州工业产值的41.18%，比上年度提升3.6个百分点。消费品行业保持平稳增长态势，产品结构进一步优化，产业核心竞争力和抗风险能力有所提升。10县（市）中，消费品工业接近或已超过县域经济总量50%以上的有楚雄、元谋、南华、大姚、姚安5个县（市），其他县（市）在30%左右，

①大姚纺织企业生产车间（高建波/摄影） ②云南烟叶复烤有限责任公司楚雄复烤厂打叶复烤生产线（夏天彧/摄影） ③澜沧江啤酒生产线（南华县志办/提供） ④云南摩尔农庄生物科技开发有限公司生产线（李志伟/摄影） ⑤野生食用菌分拣加工车间（高建波/摄影）

消费品工业成为支撑县域经济增长的骨干力量。

【烟草加工及配套企业】 2015年，楚雄州收购烟叶9.1万吨，成为全国第二大烟草种植区。完成烟草加工业总产值104亿元，比上年增长4.3%。一、二类卷烟年销量和经济效益指标大幅增长，9户配套企业实现产值13亿元。烟草加工及配套企业产值占全州规模以上工业产值的44%、占全州GDP的12%，税收占全州的65%。

［钱美萍］

【核桃加工】 2015年，楚雄州生产核桃产品10.36万吨，产值17.84亿元。其中，加工核桃仁2101吨，产值1.38亿元；加工核桃干果1.89万吨，产值6.74亿元；生产核桃炒果2130吨，产值8234万元；生产核桃饮料8.04万吨，产值8.86亿元。生产企业主要有云南摩尔农庄生物科技开发有限公司、楚雄市树苴乡农业技术综合开发公司、楚雄东宝生物资源开发有限公司、楚雄泰恒工贸有限责任公司、楚雄泓利达食品有限公司、大姚亿利丰农产品有限公司、大姚广益发展有限公司、大姚兆鹏食品有限责任公司、大姚锦亿土特产有限公司、大姚家和天然食品开发有限责任公司、大姚欣杰食品有限公司、大姚华盛饮料食品有限责任公司、大姚顺达农林科技有限公司、云南森阳林木种植有限责任公司、大姚东兴食品有限责任公司、大姚县三台绿特食品开发有限责任公司、大姚云海果品有限责任公司、南华鸿发核桃产业开发有限公司、南华腾龙物流有限公司和云南万年青经贸有限责任公司等。

【野生食用菌加工】 2015年，楚雄州加工野生食用菌1.56万吨，产值11.22亿元。其中，加工野生食用菌干片2286吨，产值4.3亿元；速冻野生食用菌8826吨，产值3.67亿元；生产盐渍野生食用菌840吨，产值3804万元；生产油渍野生食用菌131吨，产值2259万元；生产野生食用菌泡酒150吨，产值750万元，生产其他野生食用菌产品3324吨，产值2.57亿元。生产企业主要有楚雄宏桂绿色食品有限公司、楚雄市宏森科工贸有限公司、南华县云华绿色食品开发有限公司、南华新世纪生物工程有限公司、南华宏怡野生菌开发有限公司、南华嘉懋食品有限公司、南华县咪依噜天然食品开发有限公司、大姚锦亿土特产有限公司和云南星贸食品有限公司等。

［杨发民］

卷烟工业

【卷烟生产概况】 2015年，红塔集团楚雄卷烟厂生产卷烟64.7万箱，比上年增加0.7万箱，增长1.09%。其中，玉溪系列卷烟13.5万箱，增加3.35万箱，增长33.09%；红塔山系列卷烟28.6万箱，减少4.72万箱，下降14.18%；红梅系列卷烟22.6万箱，增加2.07万箱，增长10.08%。卷烟总产量中，玉溪系列产品产量占20.87%，红塔山系列占44.20%，红梅系列占34.93%。年内，红塔集团楚雄卷烟厂经济效益指标比上年有所增长，卷烟单箱能耗、原料辅料消耗下降。其中，工业总产值104.17亿元，增加4.29亿元，增长4.29%；主营业务收入93.48亿元，增加0.82亿元，增长0.89%；缴纳税费总额71.78亿元，增加1.87亿元，增长2.68%；利润总额11.33亿元，增加0.07亿元，增长0.61%；税利合计83.11亿元，增加1.94亿元，增长2.39%。年末，全厂核心人才比例10.58%，有各类高技术技能人才15人，云南中烟及以上技术能手7人，通过全国烟草行业烟机设备修理高级技师资格职业技能鉴定1人，荣获“全国技术能手”称号1人、“全国烟草技术能手”称号3人、“云岭首席技师”称号1人，被全国总工会授予“全国五一巾帼标兵”称号1人；被省安全生产监督管理局授予“安全文化建设示范企业”称号，并连续19年获得“云南省文明单位”称号。

【卷烟生产管理】 2015年，红塔集团楚雄卷烟厂以精益生产为主线，以持续改善对标创优指标为动力，基础管理、精益管理同步融合推进，以实现末位指标改善、中游指标争先进位、重点可控费用的目标，建立精益组织领导、精益激励、精益问题风险管理和目标考核4项长效精益管理机制，开展以问题管理为手段的精益专项管理方案改善、合理化建议征集、科技项目、QC攻关、六西格玛项目攻关等活动，狠抓7项重点指标提升，解决生产管理中存在的实际问题，工厂各项指标持续改善，整体竞争能力得到提升。13项卷烟工厂创优指标全部达标，16项卷烟工厂对标指标有15项达到行业上年平均值，其中单箱化学需氧排放量及单箱商标耗纸量2项指标达到行业先进值，主要能耗、物耗指标明显下降。

【卷烟市场保障】 2015年，红塔集团楚雄卷烟厂应对“订单生产”带来的新挑战，提升市场响应能力，精心组

2015年红塔集团楚雄卷烟厂卷烟产量表

指　标	单位	实际完成	上年同期	同比增减	增减率（%）
总产量	万箱	64.70	64	0.7	1.09
玉　溪	万箱	13.50	10.15	3.35	33.09
红塔山	万箱	28.60	33.32	-4.72	-14.18
红　梅	万箱	22.60	20.53	2.07	10.08

2015年红塔集团楚雄卷烟厂卷烟销量表

指　标	单位	实际完成	上年同期	同比增减	增减率（%）
总销量	万箱	60.63	63.05	-2.42	-3.84
一类烟	万箱	12.79	11.18	1.61	14.40
三类烟	万箱	26.32	31.56	-5.24	-16.60
四类烟	万箱	21.52	20.31	1.21	5.96

（楚雄卷烟厂/提供）

① 楚雄卷烟厂办公大楼 ② 楚雄卷烟厂制丝车间（张守明/摄影）

织生产，严格把控质量，抓好设备保障，形成快速响应市场的仓储、生产、物资、物流高效“服务链”。克服生产计划变更频繁，结构不均衡造成的困难，扎实推进精益生产组织和精益现场管理，在提高柔性生产能力上下功夫，不断提高订单响应速度，圆满完成红塔集团下达的生产任务，生产计划满足率100%。开展设备价值管理体系建设，推进设备管理系统化、精益化、科学化转化，推进高速卷接机组安装调试，卷接设备、包装设备运行效率达到挑战值，制丝、复烤线故障停机率进一步下降，工厂设备保障能力进一步增强。推进“精益质量管控”，以“零缺陷、零故障、零差错、零投诉”为目标，加强工艺技术自主研发，持续开展卷烟制造过程能力指数评价，深化质量管理体系建设，强化过程质量控制，全面开展质量隐患排查，全厂质量保证能力进一步提升。

【卷烟生产科技创新】 2015年，红塔集团楚雄卷烟厂加大科技创新力度，并获省、州多项奖励。开展14项拟申报专利项目审查，完成15个结题项目评审评奖和10个项目立项评审，申报红塔集团科技奖5项、楚雄州科技奖1项，注册QC课题59项。获楚雄州2013年度科学技术奖励二等奖1项，获云南中烟2014年度科技进步奖三等奖2项，红塔集团2014年度科技进步奖三等奖2项、鼓励奖2项；新增专利授权28件，1项发明专利获云南中烟2014年度知识产权三等奖；2014年度QC成果获红塔集团一等奖2项、二等奖2项、三等奖4项，获云南中烟二等奖2项、三等奖2项；2个QC小组获“云南省优秀质量管理小组”称号。成立劳模创新工作室，工作室有各级劳动模范23人，其中在岗劳模18人，设劳模创新团队5个。至年末，完成创新项目9项，上年结转1项，共计创新项目10项。取得专利4项，其中卷包车间“一种YF17烟支储存出烟装置”、制丝车间“烟包垂直分切机卸料缓冲装置”“烟草切丝机送料排链气息装置”获得专利。

【卷烟原料保障】 2015年，红塔集团楚雄卷烟厂深化推进基地单元建设，强化工商联动机制，导入烟叶精益生产理念，以点带面，强品牌抓原料，在6个基地单元开展育苗、预整地、施肥、移栽、植保、烘烤、分级等全流程烟叶生产工序化作业探索，依托“烟叶特色品种培训基地”，组织基地协调人员深入6个县（市）21个乡（镇）57个收购站点，从育苗开始就全面参与到烟叶生产工作中，对烟农进行全方位的培训指导，推广应用技术，开展科技项目研究，促进基地烟叶品牌符合性和基地单元建设水平不断提升。至年末，原收原调入库烟叶2.88万吨，上等烟比例69.94%；采购货场检验烟叶质量7594个批次，综合合格率76.33%；投入分选烟叶2.42万吨，分切烟叶4065千克。

［徐　娅］

生物医药及药品工业

【生物医药发展概况】 2015年，楚雄州生物医药产业持续快速增长，实现总产值63.02亿元，比上年增长32.52%；实现增加值20.85亿元，比上年增长35%，增长幅度位居六大重点产业之首，占全州GDP的2.73%，比上年提升1.28个百分点；实现主营业务收入45.7亿元，比上年增长23.33%；中成药产量1.27万吨，增长43.5%；种植中药材17.01万亩，增长42.8%；生物医药招商引资实际到

2015年楚雄州10县（市）生物医药业主要指标完成情况统计表

县（市）＼指标	产值（万元）		营业收入（万元）		中药材种植（亩）		招商引资到位资金（万元）	
	目标任务	实际完成	目标任务	实际完成	目标任务	实际完成	目标任务	实际完成
楚雄市		21170	21500	13622	8700	8980	10000	37046
楚雄开发区		391457	233000	240268	不考核	–	63000	64923
双柏县		19023	13000	13081	33000	35848	24000	38520
牟定县		13613	12000	12012	2000	2040	6100	6500
南华县		64603	55000	58833	15000	21818	15600	19366
姚安县		2111	3500	2063	6000	7441	3000	4300
大姚县		17738	15000	16503	23000	30777	22500	29220
永仁县		–	不考核	–	4300	4353	3000	3500
元谋县		–	不考核	–	1000	1034	6000	6000
武定县		96454	96000	96454	50000	50418	25500	45923
禄丰县		4012	不考核	4212	7000	7350	8000	8407
全　州	627869	630180	449000	457049	150000	170059	186700	263705

（州工信委/提供）

位资金26.37亿元，增长72.35%。年末，建成生物医药工业企业42户、药品生产线80余条，获准生产16种药品剂型及原料药、中药饮片，年药品生产能力1万余吨，中药材前处理和提取能力1.5万吨；可生产医疗器械8个品种、药用包装材料和药用包装容器各1个品种。有中药材种植企业64户、中药材种植专业合作社37个；有药品流通批发企业17户、药品零售企业874户；药业企业拥有国药准字药品批文390个，其中全国独家品种31个、省内独家产品86个、国家中药保护品种8个；有国食健字保健食品批文10个；制药企业生产的药品有62个品种进入《国家基本药物目录》（2012年版），有12个品种增补为云南省2010年基本药物用药品种，有196个品种进入《云南省基本医疗保险、工伤保险和生育保险药品目录》（2010年版），有97种药品进入云南省社会医疗保险信息系统。年内，全州实施生物医药招商项目77项，其中新签约实施项目50项，新签约在2000万元以上的项目32项。77个项目协议投资总额52.25亿元，实际到位资金26.37亿元，比上年增长72.35%。

【中药材种植基地建设】 2015年，楚雄州种植中药材17.01万亩，比上年增长42.76%；实现产值8.5亿元，种药企业、合作社和药农增加收入5亿元。规模化药材种植品种39个，种植规模5000亩以上的品种7个，其中续断6.05万亩、茯苓1.91万亩、白扁豆1.2万亩、红花1.07万亩、三七9197亩、玫瑰茄8560亩、龙胆草6806亩，7个品种合计种植12.69万亩，占总种植面积的74.6%。武定县、双柏县、大姚县3个“云药之乡”种植面积11.7万亩，占种植总面积的68.82%。

【生物医药重点企业培育】 2015年，楚雄州纳入统计的34户生物医药企业中，有规模以上工业企业27户。其中，产值1亿元以上的15户，即云南盘龙云海药业有限公司、云南楚雄天利药业有限公司、云南万裕药业有限公司、云南新世纪中药饮片有限公司、云南龙发制药有限公司、云南金七制药有限公司、云南植物药业有限公司、楚雄和创药业有限公司、云南金碧制药有限公司、云南华香源香料有限公司、楚雄振彝生物科技有限公司、云南森美达生物科技有限公司、云南摩尔农庄生物科技开发有限公司、云南一致魔芋生物科技有限公司、南华新世纪生物工程有限公司；新增产值1亿元以上企业4户，即云南金七制药有限公司、云南植物药业有限公司、楚雄和创药业有限公司、楚雄振彝生物科技有限公司；新增产值

魔芋干片加工（高建波/摄影）

爱尔发生物技术股份有限公司生产线（高建波/摄影）

10亿元以上企业1户，即云南摩尔农庄生物科技开发有限公司。27户规模以上工业企业实现产值52.57亿元，比上年增长36.3%；实现主营业务收入35.77亿元，增长29.3%。规模以上工业企业创造的产值和主营业务收入分别占生物医药产业总产值和主营业务收入的83.4%和78.3%，均比上年提高3.7个百分点。

【重点项目技术改造】 2015年，楚雄州实施重点生物医药工业技术改造，推进建设项目有摩尔农庄三期年产20万吨有机及国食健字核桃乳深加工生产线建设项目、金碧制药民族（彝）药技改扩建项目、楚源药业药用辅料建设项目、积大生物还原型谷胱甘肽生产线建设项目、极粹生物建设制剂生产线提取人参皂甙Rg1项目、宇斯药业大输液GMP生产线异地建设项目、爱尔康生物雨生红球藻提取天然虾青素项目、世纪华宝年产500吨松花粉精深加工系列产品生产线建设项目、云南药材公司楚雄基地项目。

【生物医药企业技术创新】 2015年，楚雄州实施新版GMP认证工作，盘龙云海药业有限公司等16户药品生产企业整体通过新版药品GMP认证，取得新版药品GMP证书；金七制药有限公司、摩尔农庄生物科技开发有限公司进行保健食品GMP认证，取得保健食品GMP证书。爱尔发生物技术股份有限公司、盘龙云海药业有限公司、金碧制药有限公司、老拨云堂药业有限公司、百草岭药业发展有限公司、天利药业有限公司、龙发制药有限责任公司、金七制药有限公司、德尔思紫胶公司9家生物医药企业获得国家高新技术企业称号，建成刘颂豪、王永炎、侯保荣3个院士工作站和黄贤明专家工作站，建成摩尔农庄“国家新药研发工程中心楚雄民族药及生物资源产业化研发基地”、云南彝族医药研究所、老拨云堂彝药研发中心3个医药研发中心。

【盘龙云海药业有限公司】 2015年，云南盘龙云海药业有限公司根据产品市场需求，抓好生产质量管理，创新思路加快产品开发力度，促进公司产品多元化、多规格发展，生产三七等饮片100余吨、生产排毒养颜胶囊4万余箱。完成灵丹草颗粒安慰剂试制、磷酸奥司他韦胶囊安慰剂试制研究，并按灵丹草颗粒预防流感临床试验要求进行试制、泡罩、贴签、包装；灯盏花素药典提取工艺验证；分装虾青素、虾青素微囊粉及虾青素油出口样品；完成CBD提取、分离、初步纯化实验研究，并对实验结果进行分析总结；校对核实获备案的22个面膜产品包装、标签、成分名称，整理资料上报，开展面膜产品调试；对滇西片区温泉水进行取样及送检；开展冻干三七片吸湿性考察；初步进行O/W型微囊制剂的辅料筛选及包埋实验；获得逍遥颗粒（无蔗糖）药品补充申请批件，熟三七片、咳特灵胶囊、散痛舒片3个品种的标准转正颁布证件，以及发龙牌诺特参胶囊云南省食品安全企业标准备案证书，盘龙云海祛痘面膜、亮肤面膜等17个产品备案证书，诗莉薇紫檀舒颜盈润调理乳、紫檀舒颜盈润洁面乳等31个产品备案证书；对大美云南诗莉薇牌48个化妆品进行网络备案填报并获得备案文号。公司实现工业产值6.03亿元，比上年增长9.4%；实现主营业务收入3.22亿元，增长29.4%；实现利润3426万元；上缴税金1837万元。

【摩尔农庄生物科技开发有限公司】 2015年，云南摩尔农庄生物科技开发有限公司按照GMP、ISO22000国际食品安全管理标准，加强食品质量生产管理，进一步加大新产品研发、品牌打造、市场开拓、项目建设工作力度，推动公司高速发展，成为楚雄州首家产值和主营业务收入均突破10亿元大关的生物医药企业。公司获得中国森林食品示范品牌、国家农业科技园区重点企业称号。按GMP、ISO22000国际食品安全管理标准建成年产6万吨功能性饮料、2千吨特种食用油、3.2亿粒软胶囊、5亿粒软胶囊滴丸生产线，有核桃原料基地3.9万亩。实现产值10.39亿元，实现销售收入10.37亿元，上缴税金1421.33万元。新研发上市摩尔农庄祥核无糖型核桃乳。获得有机食品批号6个、保健功能产品生产许可3个，报批保健功能饮品生产许可4项，获得发明专利15项、实用新型专利15项、外观专利20项。挖掘云贵两省市场，扩大川渝市场份额，兼顾华北市场机会、华南市场统筹规划开发，在贵州、四川、重庆、山东、北京等地开设销售分公司。实现电子商务平台销售收入3153.04万元。拍摄品牌形象宣传专题广告《摩尔之恋》，在中央电视台CCTV3、CCTV6“著名企业音乐电视展播”栏目播放，提升公司形象和知名度，促进产品销售。

【龙发制药有限责任公司】 2015年，云南龙发制药有限责任公司通过目标化、精细化管理，实现工业总产值1.32亿元，比上年增长2.65%；实现主营业务收入1.04亿元，比上年增长0.94%；实缴税金562.57万元。

【金七制药有限公司】 2015年，云南金七制药有限公司不断加大产品申报及GMP认证工作力度。1月，取得“三七口服液”生产批件；7月，“三七口服液”通过保健食品GMP认证，取得“保健食品生产许可证”；8月，“三七口服液”开始投产上市。年内，药品“七叶神安滴丸”和保健食品“三七口服液”成为全国独家品种，获得发明专利保护。公司实现工业总产值1.35亿元，比上年增长120.65%；实现主营业务收入4097万元，增长16.14%；上缴税金40万元。

【森美达生物科技有限公司】 2015年，云南森美达生物科技有限公司启动二期项目建设，投资800万元新建桉叶素生产线1条、紫胶深加工生产线1条，用于生产新产品“1.8－桉叶素”和“紫胶酮酸”。年内，公司实现工业总产值1.9亿元，比上年增长74.8%；完成销售收入1.23亿元，增长54.8%；上缴各种税费173.77万元；实现净利润241万元。

［左　宏］

煤炭工业

【煤炭工业发展概况】 2015年，楚雄州煤炭工业以“科学发展、安全发展”为主题，以产业结构调整转型升级为主线，加大煤矿企业整合重组，加大技改工作力度，加快小煤矿关闭退出，提高煤炭生产集约化程度和生产力水平，强化煤炭经济运行调节，保障煤炭供需平衡，夯实煤矿基础管理，提高生产安全保障能力，促进煤炭工业持续稳定健康发展。生产销售原煤56.99万吨，实现现价工业总产值2.12亿元。禄丰县被列为全省煤矿安全生产遏制重特大事故攻坚战重点县。州煤炭工业管理局加强组织领导，通过煤矿隐患排查治理，县乡两级落实包片责任制，确保全州煤矿安全生产重点县攻坚战不发生较大级以上煤矿安全事故。

【煤炭产业转型升级】 2015年，楚雄州人民政府按照“整合重组一批、改造升级一批、整顿关闭一批”要求，加快推进煤炭产业结构调整转型升级，促进煤炭产业科学发展、安全发展。关闭小煤矿8个，煤矿数量从上年的31个减少到23个。保留的8户煤矿企业进一步建立完善现代企业法人治理结构，生产煤矿、建设煤矿的“五职”矿长和“五职”人员全部配备到位。保留的23个煤矿中，有7个煤矿的升级改造工作取得实质性进展，其中开工建设3个、取得初步设计审批4个。

【煤业重点项目建设】 2015年，楚雄州吕合煤业有限公司长坡露天矿90万吨每年扩建项目矿权调整合并、排土场扩容征地、白衣河改道、高压线路改移等工作快速推进，项目初步设计报省煤炭工业管理局待批；禄丰工投能源有限责任公司白沙煤矿200万吨每年扩建项目初步设计和安全专篇通过省级评审批复。

【煤矿从业人员培训】 2015年，楚雄州完善三级培训机构各项规章制度，配足配齐教职工队伍，建立培训考核奖惩机制，与产煤县（市）煤炭行业管理部门签订培训工作目标责任书，严格兑现考核奖惩，有效推进培训工作，实现全员持证上岗。举办煤矿从业人员培（复）训班16期，培训人员1044人；举办特种作业人员培（复）训班4期23个工种，培训人员290人，计算机考试合格率89.7%；举办煤矿安全生产管理人员培（复）训班1期，培训人员12人；配合省煤矿安全培训中心完成全州教师资格培训及再教育培训，培训教师57名；配合省煤矿安全培训中心完成煤矿监测监控系统专题培训，培训人员58人。

【煤矿安全执法监管】 2015年，楚雄州煤矿工业管理局加大煤矿安全执法监管。开展安全隐患排查整治，制定煤矿监管计划，每月对辖区内的5对矿井进行一次日常安全检查，在重大节日、重点时段、雨季“三防”等节点进行专项督查。全年检查57次，下达煤矿安全监管执法文书17份，发现安全隐患201条。对检查中发现的安全隐患，要求企业限期整改，并督促县（市）经济和信息化局抓好隐患整改复查工作，全州煤矿没有发生安全死亡事故。重视煤矿安全监管设备和队伍建设，安排30万元经费配足、配齐煤矿安全监管设备；安排10万元经费购买煤矿执法信息系统，改善煤矿监管条件，为煤矿安全监管执法提供保障；州煤炭工业管理局举办4个产煤县（市）、产煤乡（镇）管理人员和相关煤矿企业参加的业务知识提升培训班2期；组织参加由云南煤矿安全监察局举办的水害防治和瓦斯隐患治理培训班；参加省煤炭工业管理局举办的煤矿安全监管人员执法资格培训班2期，培训人员100余人次。12名领导干部与39名煤矿矿长及投资人开展交心谈心活动，煤矿矿长保护矿工生命安全的意识得到加强，煤矿安全生产形势持续好转。

［欧　林］

电力工业

【电力工业概况】 2015年末，云南电网有限责任公司楚雄供电局资产总额59.34亿元，固定资产原值92.97亿元，管辖500千伏线路25段2295.26千米、220千伏线路17段608.49千米、110千伏线路71段1620.01千米、35千伏线路148段2215.88千米；管辖变电站136座，其中500千伏2座、220千伏7座、110千伏26座、35千伏101座，变电站容量6087.95兆伏安，用电客户84.5万户；有员工887人，其中大专及以上人员706人，中级及以上职称160人，高级技师29人、技师113人。全年完成售电量35.27亿千瓦时，比上年增长0.31%；完成输电量1073亿千瓦时，比上年下降9.39%；完成固定资产投资4.82亿元；实现营业收入12.5亿元，比上年下降7.05%；中压用户平均停电时间36.86小时每户；综合线损率11.08%，比上年下降3.68个百分点；供电可靠率99.579%；全员劳动生产率29.7万元每人每年。

【电网安全生产】 2015年，云南电网有限责任公司楚雄供电局完成674条10千伏线路和1.27万个配电变压器台区设备基础信息台账的建立和完善，建立1.02万处设备隐患和1.48万项设备缺陷台账。成功应对500千伏大宝Ⅰ回线和500千伏和平变1、2号主变3次轮停期间的Ⅲ级电网风险。9月22日，按南方电网公司的安排，以禄丰县发生6.9级地震为背景，依托楚雄供电局应急队伍建设成果，配合开展网、省、地、县4级联动应急演练。楚雄供电局首次获得南方电网公司“安全生产先进单位”称号。

【电网服务】 2015年，云南电网有限责任公司楚雄供电局加大带电作业向县（市）级供电企业延伸，实现配网带电作业全覆盖，开展带电作业305次，节约城市用户平均停电时间12.72小时每户。开展配变低电压台区治理，排查出低电压台区933个，完成改造102台。开展“四提升、四整治、四规范”工作，针对12个核心营销业务编制具体工作方案8个、整治方案4个，服务行为不规范投诉比上年下降36.36%，远程报装率96.44%，供电及时率99.59%。促成用户市场化交易731户次，成交电量6.44亿千瓦时。关注75户停减产客户，为用电大户提供上门服务，促成武定新立钛业有限公司恢复生产。

【电网建设】 2015年，云南电网有限责任公司楚雄供电局编制完成楚雄州“十三五”配电网规划，建立配电网前期项目储备库。配合云南电网有限责任公司开展±500千伏观音岩直流送出工程、±800千伏滇西北直流工程核准前期协调工作。完成主网投产3项、开工3项，城市配网投产10项、开工2项，35千伏及以上变电站实现光纤全覆盖；推进35千伏及以下“稳增长”项目建设，完成220千伏永定（方山）变电站建设，获得云南电网有限责任公司通报表彰。开展仓储管理规范化整改提升，在南方电网公司第一批实现仓储管理标准化达标。运用“大物流、大配送”试点成果，完成1100万元配网工程储备物资的采购部署。推进打包招标、框架招标和公开竞争性谈判，非招标采购项目数比上年下降45.49%，公开采购率88.3%。

【电网经营管理】 2015年，云南电网有限责任公司楚雄供电局持续加强资金管控，年度收支预算完成率100%。规范现金缴费、银行代扣、优付通、自助柜员机等电费结算。完成224万元呆账清理处置，电费往来款项彻底厘清。完成楚雄辉耀电力实业公司、禄丰供电有限责任公司汽车修理厂、姚安阳光实业有限责任公司清算注销，楚雄电网所有低效、无效投资处置完毕。完成姚安县栋川供电所综合楼决算历史遗留问题处置。

［浦 祥］

林产工业

【林产工业概况】 2015年，楚雄州实现林产工业产值52.43亿元，占林业总产值的44.09%，比上年增长17.03%，其中木材加工业产值8.55亿元、林产化工工业产值12.77亿元、核桃加工产值17.84亿元、野生食用菌加工产值11.22亿元。有林业企业444户，其中国家级林业龙头企业2户、省级林业龙头企业36户、州级林业龙头企业29户，有一定规模的核桃加工企业24户、野生食用菌加工出口企业34户。

【木材加工】 2015年，楚雄州完成木材加工业产值8.55亿元。其中，锯材加工30.3万立方米，产值2.81亿元；木片加工1.81万立方米，产值639万元；胶合板制造11.84万立方米，产值2.94亿元；中密度纤维板制造15.9万立方米，产值2.04亿元。生产企业主要有双柏华兴人造板有限公司、双柏县宏光木业有限公司、楚雄中信塑木新型材料有限公司、大姚森盛木业有限责任公司和大姚保利木材加工厂等。

【林产化工】 2015年，楚雄州生产林产化工产品8.25万吨，产值12.77亿元。其中，生产松香3.22万吨，产值4.07亿元；生产歧化松香2.25万吨，产值3.03亿元；生产松香树脂1.07万吨，产值1.52亿元；生产松节油9970吨，产值1.1亿元；精加工桉叶油3498吨，产值2.26亿元；生产紫胶292吨，产值2686万元；生产其他林产化工产品2921吨，产值4619万元。生产企业主要有南华松香厂、云南美森源林产科技有限公司、云南森美达生物科技有限公司、云南华香源香料有限公司、云南森源化工有限公司、云南牟定恒瑞生物科技有限公司、楚雄德尔思紫胶有限公司和禄丰三友林化工有限公司等。

［杨发民］

双柏林材企业生产线（夏天彧/摄影）

2○16 CHUXIONG ALMANAC

商贸

COMMERCIAL TRADE

责任编辑：白　睿

双柏碍嘉秋景（杨洪波/摄影）

商贸管理

【商贸工作概况】 2015年，楚雄州商务局坚持改革创新，转变发展方式，统筹内外贸协调发展，着力扩大内需，促进消费；着力扩大对外开放，促进对外经济交流合作，不断壮大进出口规模，进一步增强消费、出口对经济增长的拉动作用。全州累计完成社会消费品零售总额265.68亿元，比上年增长11.5%；实现进出口贸易总额4.32亿美元，增长29.4%。

【商品流通市场监测管理】 2015年，楚雄州商务局加强市场监测，建立和完善社会消费品零售总额统计工作部门协调联动机制，督促和指导各县（市）抓好申规达限工作，提高统计数据质量。全州有限额以上统计对象477户，其中限额以上法人企业300户、限额以上个体及产业活动单位177户。监测重点流通企业58户、居民生活必需品企业13户、重要生产资料企业15户，楚雄市和大姚县被纳入商务部百县监测系统，监测商品包括13大类60余种消费品600种生产资料，重点流通样本企业涉及批发、零售、餐饮、住宿等12个流通行业，超市、百货店、专业店、专卖店等多种零售业态，市场监测得到加强。坚持办好《商务预报》，通过商务预报网站发布商务预报信息1467条篇，其中原创信息262条。元旦、春节及“五一”期间，及时报送每日市场供应情况，正确引导居民消费，维护市场稳定；定期召开重要消费品储备企业联席会议，完善市场应急供应和各种突发事件、自然灾害应急预案；协调成品油资源，保障重点需求，确保成品油等重要商品供应。全州商品市场供应基本稳定，没有出现较大范围排队加油现象，其他商品没有出现断档脱销等情况。

① 大型购物中心——新龙江广场（夏天彧/摄影） ② 大型购物中心——兆顺第一城（李建华/摄影）

【打击侵犯知识产权和制售假冒伪劣商品】 2015年，楚雄州加大侵犯知识产权和制售假冒伪劣商品的打击力度。利用“3·15消费者权益保护日”“4·26全国知识产权宣传周”“打击非法集资宣传”“诚信兴商宣传月”等活动开展宣传，发放宣传资料36.12万份，制作宣传专栏展板236个，设置宣传点56处，悬挂布标、张贴宣传画400余幅，电视、报纸等主流媒体宣传报道108条次。对诚信守法企业及名优产品进行宣传报道，曝光侵权制假大案要案和典型案例，扩大打击侵权假冒工作的社会影响力；协调打击侵权假冒工作领导小组成员单位依法行政，加大市场监管力度，保持打击侵权假冒违法违规行为的高压态势。全州行政执法部门出动执法人员7.82万人次，出动执法车辆1.01万辆次，检查各类企业、经营主体12.37万户次，检查各类市场465个次。其中，公安机关立案查处制售假冒伪劣商品和侵犯知识产权案件41起，破获41起，涉案金额874万余元，抓获犯罪嫌疑人58人，移送起诉10人，破获涉案价值百万元以上案件2起，打掉制假贩假团伙3个，捣毁制假窝点4个；工商系统立案查处假冒案件45起，罚没金额7.88万元；知识产权部门完成专利行政执法案件13起，查处专利保护期过期及标识标注不规范等问题11起；食品药品监督管理部门检查药品经营、使用单位4913户次，查处假劣药品案件39起，罚没款合计8.63万元。

【商务领域食品安全】 2015年，楚雄州商务局制定下发《商务领域食品安全工作意见》，建立和完善食品安全事故应急预案，健全事故应急机制，加强商务领域食品安全工作；抓好酒类流通管理，加强酒类流通备案登记制度的实施和随附单管理，完善酒类流通备案登记信息统计制度，年末全州录入“酒类流通管理信息系统”的企业2564户；加强重点时节管理，下发《关于做好节庆期间商贸流通领域安全工作的通知》，确保元旦、春节、州庆、“五一”、火把节、中秋、国庆等节庆期间流通领域食品安全；做好食品安全法规宣传工作，严格落实《国务院食品安全办等四部门关于加强食品安全法宣传普及工作的通知》要求，加强新修订的《食品安全法》宣传普及工作，参与“尚德守法，提升食品安全法治化水平”集中宣传咨询活动。

【商务领域业务培训】 2015年，楚雄州加强商务领域业务培训。7月29日，举办全州内贸流通统计业务培训班，由州统计局、州商务局相关科室人员就内贸流通统计业务进行培训；11月9～11日，举办电子商务培训班，邀请全国知名电商企业专家王盛、刘智勇分别就农村电子商务和跨境电子商务等知识进行培训，10县（市）经济贸易和信息化局局长，楚雄经济开发区经贸局局长、分管副局长、从事商务工作的相关人员及州商务局全体干部职工参加培训；11月15～17日，举办外贸业务培训班，就出口退税、出口信用担保、跨境电子商务、海关、商品检验等外贸业务知识进行培训，各县（市）经济贸易和信息化局分管领导和业务人员，以及部分外贸企业业务人员参加培训。

［李成峰］

商贸流通

【内贸流通】 2015年，楚雄州商务系统组织企业参加国内展会，利用节假日和展会，拓展市场，扩大商品销售，拉动城乡消费。全年全州社会消费品零售总额完成265.68亿元，比上年增长11.5%，增速高于全省平均1.3个百分点，名列全省第6名。与2010年的130.2亿元相比，全州社会消费品零售总额实现翻番，“十二五”期间年平均增长15.32%。全州餐饮业实现营业额51.03亿元，比上年增长20.1%；零售业实现商品销售额277.43亿元，增长17.8%；住宿业实现营业额10.45亿元，增长17.4%；批发业实现商品销售额303.37亿元，增长10.7%。全州流通服务业完成税收42.61亿元，比上年下降1.5%；吸纳就业人员22.02万人，增长6.27%。

【组团参加昆交会】 2015年6月12～16日，第三届中国南亚博览会暨第二十三届中国昆明进出口商品交易会在昆明滇池国际会展中心举行，楚雄州组织35户企业参展，比上年增加16户。参展产品涉及野生菌、核桃、脱水蔬菜、调味品、果脯、中药饮品、工艺品、化工产品、电子商务等33大类100余个子类824个品种，分别比上年增加10余个大类30余个小类近500个品种。展会期间，楚雄州代表团参加商品展示展销、贸易洽谈、商品采购大会等活动，发放宣传资料5.7万份，接待现场咨询人员10.44万人次，实现现场零售额71.7万元；重点进出口企业与国外客商签约合同成交额2.8亿美元，比上年增加3900万美元，增长16.18%；成交商品主要为农副产品、化工产品、纺织服装3大类，涉及欧美、日本、韩国、港澳等国家和地区市场。参展企业与国内外15家客商达成2210万元的区域销售代理或内外销供货意向。先后有20余户参展企业参加“精品云南·一县一品”品牌推介会及“一县一品”永第民生直销中心现场考察。楚雄州自主创建的第一个同城电子商务销售平台——“立天E世界”，集吃、住、游、购为一体的“金鹿旅游网”，中国野生菌第一信息平台——中国·南华野生菌信息港，淘宝·特色中国“楚雄馆”等4户电商平台首次参展。中共中央政治局委员、国家副主席李源潮，中共云南省委书记李纪恒在南博会期间到楚雄馆视察。

2015年楚雄州流通服务业发展情况统计表

县（市）	全社会消费品零售总额									上缴国家税收（万元）	上缴地方税收（万元）	吸纳就业人员（人）
	实际完成（万元）	增长（%）	完成年度计划（%）	限额以上比重计划（%）	实际比重（%）	其中						
						批发业实际增长（%）	零售业实际增长（%）	住宿业实际增长（%）	餐饮业实际增长（%）			
楚雄市	1112731.0	10.2	97.1	50	46.3	9.0	15.0	13.1	19.0	28562	78185	57260
开发区	419198.5	10.0	97.4	50	46.0	3.7	14.4	8.7	18.7	132938	23841	17000
双柏县	84599.0	12.7	99.3	50	14.5	16.0	23.0	20.5	21.0	2420	12959	8940
牟定县	120933.0	12.2	98.5	50	23.9	16.0	20.0	20.8	18.3	3354	11318	13000
南华县	161201.0	12.0	98.7	50	48.1	11.0	20.5	16.0	22.0	4584	15464	15500
姚安县	117256.0	12.2	98.8	50	33.5	10.5	21.0	17.0	18.2	2748	10987	16410
大姚县	212785.0	12.5	99.1	50	49.7	12.2	17.0	20.2	20.0	4441	12839	17120
永仁县	52073.0	12.6	99.2	50	32.1	15.2	19.0	21.2	20.2	3102	11993	7760
元谋县	150225.0	13.5	100	50	40.3	13.2	22.0	20.6	24.0	3933	7936	15300
武定县	199607.0	12.5	99.1	50	39.1	15.7	20.0	20.3	20.5	4747	15983	18000
禄丰县	445403.0	12.3	98.9	50	27.3	14.8	19.5	21.0	20.6	10472	23256	33950
全　州	2656813.0	11.5	98.2	50	39.8	10.7	17.8	17.4	20.1	201301	224761	220240

（州商务局/提供）

①

②

③

④

⑤

6月12～16日，第3届中国南亚博览会暨第23届中国昆明进出口商品交易会在昆明滇池国际会展中心举行，楚雄州组织35户企业参展。

① 6月12日，州委书记侯新华、州长李红民在楚雄馆巡视 ② 项目签约 ③ 经贸合作项目签约仪式现场 ④ 国外客商向楚雄州参展的饮品企业了解产品供销情况 ⑤ 参会客商向楚雄州参展的电子商务企业了解情况 ⑥ 客商在楚雄州绿色食品展区使用手机关注企业微信公众号（夏天或/摄影）

【成品油市场管理】 2015年，楚雄州商务局落实成品油保供各项措施，确保全州成品油市场供应安全平稳。做好全州成品油市场供应保障工作。年初，下发《楚雄州商务局关于下达2015年成品油市场供应计划的通知》，明确中国石油化工集团公司和中国石油天然气股份有限公司两大集团在楚企业保供任务。加强对全州成品油购进、销售及库存的监测，及时准确把握市场供求变化情况，在元旦、春节等重大节日和重要时段，及时督促两大集团在楚企业增加汽（柴）油库存，及早做好准备，防止断档脱销的情况发生。年内，中石化、中石油在楚企业销售成品油50.87万吨，比上年下降0.2%。其中，汽油14.96万吨，下降1.1%；柴油35.91万吨，增长0.08%。加强成品油市场监督管理。完成全州199座加油站年度检审工作，其中年检合格172座、歇业12座、就地改造5座、搬迁建设5座、申请注销3座、未参加年检2座，年检合格率86%。严格准入，规范主体，按照公开、公平、公正原则受理加油站新建、迁建、验收、变更申请，审查批准加油站新（迁）建项目申请14个。年末全州有加油站203座，比上年增加4座。强化安全生产。坚持“安全第一，预防为主”的方针，与中石化楚雄石油分公司、中石油楚雄销售分公司签订《2015年消防安全工作目标责任书》，定期不定期对辖区内加油站（点）进行安全检查，发现问题及时整改，杜绝火灾事故的发生；邀请中石化、中石油两家单位专业技术人员对社会加油站进行现场检查，指导安全隐患问题整改，提高社会加油站的安全管理水平。

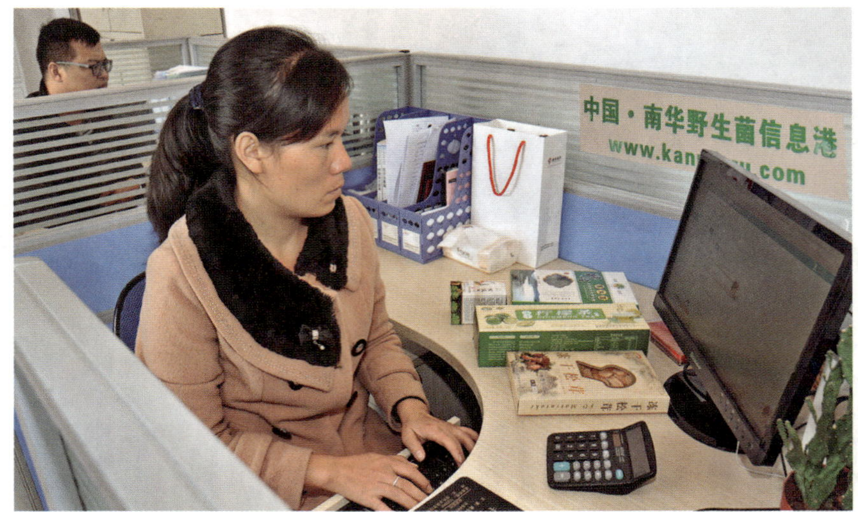

南华县野生菌电商销售（夏天彧/摄影）

2015年楚雄州电子商务发展情况统计表

县（市）	电子商务户数（户）	电子商务累计成交额（元）
楚雄市	82	51496351
开发区	8	23303546
双柏县	3	1794029
牟定县	15	11491496
南华县	7	36152464
姚安县	3	3328633.4
大姚县	21	13063049
永仁县	4	4286067.8
元谋县	10	25960440
武定县	3	1026389
禄丰县	5	2891233.2
合　计	161	174793698.4

（州商务局/提供）

【电子商务】 2015年，楚雄州商务局按照州人民政府《关于鼓励企业发展电子商务的意见》，坚持规划引领，着手编制《楚雄州“十三五”电子商务发展规划》，超前谋划电子商务发展。争取省商务厅和州人民政府支持，投入资金299万元，对州职教园区电子商务孵化培训中心进行改造提升，开展52户企业和300名社会电子商务人才孵化培训，扶持40户电商入园创业；联合州人力资源和社会保障局创建“楚雄州青年（大学生）电子商务创业园”，为大学生创业就业搭建服务平台。探索推广农村电子商务发展路子，争取将南华县列为全国电子商务进农村示范县并获得中央财政1850万元资金支持；指导、扶持元谋县建立电子商务运营中心，开展鲜活农产品网上销售。发挥淘宝·特色中国“楚雄馆”平台作用，大力支持“南华野生菌信息港”“金鹿旅行网”“立天E世界”等一批本土电商平台上线运营，增加本土名特优产品网上销量。支持楚雄州电子商务协会开展工作。年末，全州有电商161户，其中企业88户、个体户73户；有186个电子商务销售平台，其中自建平台5个、网店181个。全年实现网上商品销售额1.74亿元，比上年增长2.1倍。

【青年电子商务创业园】 2015年11月8日，楚雄州青年电子商务创业园开园。楚雄州青年电子商务创业园由州商务局和州人力资源和社会保障局联合创建，州就业管理服务中心管理，授权楚雄立天科技集团有限公司运营，是州内继州电子商务示范基地之后的又一个电子商务公共服务平台，也是彝州重要的众创平台和创业孵化基地。创业园有商品展示区、商务洽谈区、教学培训区、创业孵化区和政策及综合服务区等5个功能区，致力于为全州广大企业和有志青年提供更加优质、完备的创业服务。

［李成峰］

①赶乡街（王明/摄影）②旅游商品交易（永仁县志办/提供）③旅游区地方名特产品销售（夏天彧/摄影）④沸腾的山街（马兴华/摄影）

①

②

③

④

对外贸易与经济合作

【外贸进出口】 2015年，楚雄州商务部门采取应对措施，抓好外贸进出口工作。深入推动外贸政策落实，协调解决贸易便利化、融资难、融资贵等问题，加大政策落实力度，切实帮助企业减轻负担；稳定重点企业、重点产品出口，夯实外贸发展重点支撑；组织企业参加展会，开拓国外市场，增加市场份额，增加订单，扩大外贸进出口；落实省、州各项稳增长政策措施，充分挖掘潜力，培育新的增长点，增加出口，稳定外贸出口规模。全年完成外贸进出口总值4.32亿美元，比上年增长29.4%，总量排名全省第9位，增速排名全省第5位，连续7年保持了两位数增长。其中，出口43212万美元，比上年增长29.4%；进口10万美元，比上年下降41.2%。与“十一五”末相比，2015年楚雄州进出口总额是2010年1.08亿美元的4倍，“十二五”期间全州外贸进出口年平均增长31.86%。

【国际劳务输出】 2015年，楚雄州商务局抓好境外劳务输出，在巩固传统市场的同时，加强与周边国家和地区的交流合作，加快“走出去”步伐，帮助国际劳务输出机构开拓新市场，确保国际劳务输出稳步推进。全年输出国际劳务2408人，比上年增长3.84%；实现国际劳务收入1613.81万美元，比上年增长34.7%。“十二五”期间，全州累计完成国际劳务输出9073人，获得国际劳务收入4480.37万美元。

【利用外资】 2015年，楚雄州审批外资项目8户，其中合资企业4户、独资企业4户；合同利用外资8135万美元，实际利用外资3444万美元，比上年增长68.4%。“十二五”期间，全州新审批外资企业20户，累计利用外资1.42亿美元，比“十一五”期间增加9723万美元，增长145.7%。

［李成峰］

供销合作

【供销社工作概况】 2015年，楚雄州供销社系统按照“改造自我、服务农民”的总要求，推进供销合作社综合改革，各项工作取得新成效。完成销售总额84.9亿元，比上年增长12.8%；完成农副产品购进28.7亿元，增长35.6%；完成化肥销售40.26万吨，下降7%；实现汇总利润1.53亿元，增长27.3%；资产总额24.92亿元，增长24.6%；实现持股10%以上社有企业资产总额6.18亿元，增长48.15%。在全省供销合作社综合业绩考核中，楚雄州连续9年获得特等奖；全州10县（市）供销合作社在全省供销合作社系统近两年综合指标排行中均进入前60名，受到省供销合作社表彰奖励。年内，州供销社系统加大人才培训，举办各类人员培训184期1万人次。其中，开展供销系统干部职工培训28期，培训人数726人；开展专业合作社理事长培训30期，培训人数747人；开展农产品经纪人培训58期，培训人数5085人。

【农村现代流通服务体系建设】 2015年，楚雄州供销社系统强化农村流通服务体系建设。年末，累计建成各类农村物流配送中心36个、连锁网点4966个、乡（镇）中心超市50个、农村综合服务社2583个、农村集贸市场 39个，实现县（市）有配送中心，乡（镇）有中心超市，行政村及200人以上自然村有综合服务社的农村流通网络体系。年内，州供销社向省、州争取项目资金189万元，对部分配送中心、乡（镇）中心超市、农村综合服务社、集贸市场进行提升改造。配送中心完善仓储设施、运输设备、连锁网点建设；乡（镇）中心超市和农村综合服务社提升店面档次和综合服务功能；乡（镇）集贸市场进一步完善内部设施，美化内部环境。确保全州农村生产生活资料供应，各级供

2015年楚雄州对外贸易统计表

单位：万美元

县（市）	进出口总额					出口			进口			权重（%）
	目标任务	实际完成	上年同期	同比增减（%）	完成任务（%）	实际完成	上年同期	同比增减（%）	实际完成	上年同期	同比增减（%）	
楚雄市	29818	33317	27196	22.51	111.73	33317	27196	22.51	0			77.08
开发区	2452	630	580	−7.94	25.69	627	573	−9.42	3	8	−57	1.46
双柏县	1550	808	1336	−39.52	52.13	808	1336	−39.52	0	0		1.87
牟定县	704	147	607	−75.78	20.89	147	607	−75.78	0			0.34
南华县	1128	1532	973	57.45	135.82	1532	973	56.73	7	0		3.54
姚安县	50	55	10	450.00	110.00	55	10	450.00	0	0		0.13
大姚县	1400	651	1207	−46.06	46.50	651	1207	−46.06	0	0		1.5
永仁县	20	28	0		140.00	28	0		0	0		
元谋县	273	164	182	−10.98	60.07	164	182	−10.98	0	0		0.38
武定县	52	51	45	13	98.08	51	45	13	0			0.12
禄丰县	1464	5831	1262	362.04	398.30	5831	1262	362.04	0	0		13.5
合　计	38753	43222	33408	29.40	111.5	43212	33391	29.40	10	17	−41.2	

注：根据海关统计数据汇总

（州商务局/提供）

① 禄丰县碧城镇萝卜丝产品整理包装 ② 农民专业合作社“订单白菜”生产（州供销社/提供）

销社系统供应化肥40万吨、农膜2930吨、农药1592吨；促进农产品销售，购进农产品28.7亿元。开展全州供销社系统电子商务发展情况调研，掌握全州供销系统电子商务发展状况，确定牟定县为省供销社试点县，探索推进电子商务发展，全年实现电商交易额1345万元。

【农村合作经济组织服务体系建设】 2015年，楚雄州供销社系统贯彻实施《农民专业合作社法》和《农民专业合作社登记管理条例》，发挥供销社的组织、指导、服务、带动等职能作用，利用供销社的组织、人才、网络和服务优势，完善与农民的利益联结机制，推进农民专业合作社规范化运行。发展农民专业合作社54个，发展城市消费合作社10个，发展农村公共管理合作社20个，农村公共管理合作社提质20个，发展乡（镇）基层社6个。各县（市）供销社在发展农民专业合作社过程中，以乡村特色产业和优势资源为依托，因地制宜，引导农产品经纪人、农村能人、种养大户、运输专业户和龙头企业以领办、合办等方式，发展元谋东方红葡萄果业产销专业合作社、牟定县海源种植专业合作社、大姚殷连核桃营销合作社、南华金秀良种猪养殖合作社、禄丰鹏煜重楼种植合作社等一大批各具特色的农民专业合作社。州供销社争取项目资金66万元，对农民专业合作社大户进行示范社建设，强化农民专业合作社理事长业务培训，助推农民专业合作社做大做强，培育年产值超亿元的农民专业合作社（含食用菌企业）2户、5000万～1亿元的9户、2000～5000万元的15户、1000～2000万元的16户、500～1000万元的44户。全州食用菌总产量6.44万吨、总产值26.05亿元，分别比上年增长11.9%和15.5%。全州农民专业合作社带动农户发展生产25.87万户，比上年增长4.5%；实现助农增收16.72亿元，增长11%。创新发展城市消费合作社，专业合作社的农产品直接供应超市，减少流通环节，为消费者搭建物美价廉的消费平台。各县（市）供销社以村委会为依托，创新发展农村公共管理专业合作社，为广大农村改善村容村貌，方便农民生产生活提供便利。

【社有企业】 2015年，楚雄州供销社系统把发展社有企业作为工作重点。州供销社社有资产经营管理公司加强“楚雄州州级农村物流配送中心建设”项目建设；禄丰县供销社2012年组建的“禄丰龙都资产经营管理有限公司”实现利润70余万元；双柏县供销社社有企业“白竹山茶业有限责任公司”不断提升自身管理水平和经营能力，生产绿茶53吨，实现产值850万元，完成销售收入550万元，上缴税金102万元，实现利润26万元；收购茶农社员鲜茶叶支付67万元，支付生产劳务费250万元，实现助农增收384万元；“白竹山”牌系列产品取得“云南名牌”产品证书和“绿色食品证书”，获政府奖励25万元。各县（市）供销社结合自身实际，组织人员对所属社有资产进行清理，了解和掌握企业改革改制后留下的房屋、土地等资产具体情况，采取招商引资、联合合作、租赁、挂牌出让、置换等方式盘活社有资产，确保社有资产保值增值。

【项目建设和招商引资】 2015年，楚雄州供销社系统向上级部门争取项目资金436万元，完成招商引资1000万元。州供销社在推进项目建设的同时，组织项目检查组，对10县（市）2008～2014年的“新网工程”“乡村流通工程”“农业综合开发”“食用菌产业发展”等82个建设项目、2431万元扶持资金进行实地检查。

［杨成文］

粮食流通

【粮食行政首长负责制】 2015年，楚雄州粮食流通工作以贯彻落实粮食行政首长负责制为抓手，确保耕地保有量、粮食播种面积、粮食总产量稳定，确保粮油市场供应充足、质量安全、价格平稳；打造粮安工程，推进国有粮食企业改革和粮食产业化发展；加大财政和金融扶持力度，切实落实省对州粮食行政首长负责制考核的各项责任目标任务。同时，州粮食

2015年楚雄州社会粮油经营情况统计表

单位：吨

	粮油产量				粮油购进（原粮）				粮油销售（贸易粮）				商品粮油库存（原粮）			
	2014年	2015年	同比增减	增减（%）	2014年	2015年	同比增减	增减（%）	2014年	2015年	同比增减	增减（%）	2014年	2015年	同比增减	增减（%）
粮　食	1229064	1249142	20078	1.63	107652	108370	718	0.67	168421	177116	8695	5.16	28237	23836	4401	15.59
食用油					3587	6727	3140	87.54	3536	6817	3281	92.79	685	633	−52	−7.59
油　料	58442	60929	2487	4.26												

注：粮油产量为州统计局提供

（州粮食局/提供）

行政首长负责制考核领导小组办公室不断完善考核机制，研究抓好落实的各项工作措施，牵头对10县（市）人民政府、州级相关责任部门进行考核，确保全州粮食安全，较好地完成省对州、州对县（市）的粮食行政首长负责制考核目标任务。

【“粮安工程”项目建设】 2015年，楚雄州抓住国家和云南省实施“粮安工程”“危仓老库”建设机遇，争取实施项目8个，争取上级补助资金2000余万元。其中，争取中央预算内投资云南楚雄国家粮食储备库和楚雄市粮食储备有限公司整体搬迁项目，建仓规模7500万千克，总投资 5250万元，其中中央投资1216万元、省级补助608万元；争取云南省“危仓老库”项目资金，重建武定、双柏、元谋、姚安4县国有粮食储备有限公司和楚雄军粮供应站粮食仓库，重建面积1.03万平方米，仓库容量4067万千克，总投资3073万元，其中中央补助资金1031万元；争取南华县国有粮食储备有限公司省级仓储建设二次补助资金45万元。争取在双柏、禄丰、南华、元谋、永仁、大姚6县实施15032套农户科学储粮小粮仓项目，实际实施15552套，获省粮食局补助资金265.8万元，并在12月21日前全部发放到农户手中，农户储粮设施进一步得到改善。

【粮食产业园区建设】 2015年，楚雄州粮食局着力开展楚雄粮食产业园区建设前期工作，几易选址，最终结合楚雄州国际物流园区发展规划，融入广通物流片区。项目规划用地500亩，总投资约5.13亿元，主要以州、市（楚雄）、县（禄丰）粮食储备库统一规划、集中储备为牵引，带动相关企业入驻园区，建设以储备、加工、粮油批发、物流配送、质量检测和电子商务为一体的现代化产业园区，发挥广通“旱码头”的交通枢纽作用。年内，完成园区规划编制、可研评审、专项建设基金申报等前期工作。

【学生粮油质量安全】 2015年，楚雄州粮食局进一步规范学生粮油供应工作，确保全州学生食堂粮油质量安全。提请州人民政府下发《楚雄州人民政府关于做好全州学生食堂粮油供应工作的指导意见》，规定凡达到公开招标或邀请招标确定的资格审查标准的粮油供应商，均可参与学生食堂粮油供应的竞争招投标，突出集中采购模式，建立供应资格退出机制，规范质量管理，把全州各类学校均纳入集中采购供应范围，加强粮油质量监管，确保全州学生食堂粮油质量安全。6月和9月，州粮食局协调州食品药品监督管理局和州教育局，分别深入全州10县（市）的56个乡（镇）155所学校学生食堂抽取大米样品154份、面粉样品16份，合计170份，进行质量指标检测；抽取17户学生粮供粮企业大米样品30份，进行卫生指标检测。结果显示：2015年楚雄州学生粮供粮企业供应的大米卫生指标未发现超标；学生食堂面粉质量较好，全部合格。但学生食堂所抽取的154份大米样品整体符合标识等级质量标准及无等级标识符合四级以上质量标准的样品只有110份，合格率仅为71.4%。分等级情况看，达到州人民政府规定的三级以上合格大米只有91份，合格率59.1%；分县（市）看，实行集中供应比例较高的武定县、姚安县、禄丰县、牟定县学生食堂整体质量较好，三级以上大米比例较高，双柏县、南华县学生食堂大米整体质量偏低；从采购粮源质量情况看，州内国有粮食企业、其他非国有粮食经营者供应的大米达到三级以上标准的合格率分别为90.9%和54.3%，学校自行市场采购大米及学生自带大米达到三级以上标准的合格率分别为47.1%和 41.7%。针对专项监督检查工作中发现的问题及检测结果，3部门及时向各县（市）进行通报反馈，并提出整改意见。

【食品检验机构资质认定】 2015年，云南楚雄国家粮食质监站按程序向省质量技术监督局提出对即将到期的食品检验机构资质进行复查换证及扩项认证申请，并经省质量技术监督局委派的专家实验室资质认定评审组进行现场资质认定评审后，于5月4日取得省质量技术监督局颁发的《食品检验机构资质认定证书》，授权检验项目从103项扩大到166项，不仅可以开展粮食及粮油产品质量检验，还可进行粮油农药残留量、有害重金属及真菌毒素检测。年内，检测粮油样品649份，比上年增加344份。

【“楚粳”优质大米推介】 2015年，楚雄州农业局、州粮食局、州农业科学研究所联合在大姚县金碧镇、新街镇连片示范种植“楚粳28号”稻谷，统一籽种供应，统一育秧、移栽、病虫害防治等措施，统一收购。秋收时，云南楚雄国家粮食储备库和大姚县国有粮食储备有限公司改变坐库等粮的收购方式，深入各村设立收购点，收购“楚粳28号”稻谷60余万千克，并在中秋节前加工为“楚粳28号”品牌大米投放省粮食局粮油放心门店及市场销售。

【粮食应急能力建设】 2015年，楚雄州10县（市）人民政府按照《楚雄州人民政府关于加快全州现代粮食流通产业改革发展的实施意见》，分别建立动态成品粮大米储备制度，由各县（市）国有粮食购销企业负责承储，定期轮换，进一步增强粮食应急能力建设。

［陈 岚］

石油销购

【中国石油销售有限公司云南楚雄销售分公司】 2015年，中国石油销售有限公司云南楚雄销售分公司以保障成品油稳定供应、促进全州社会发展为己任，紧紧围绕年度目标，统筹推进各项重点工作，市场开拓能力不断加强、非油创效能力显著提升、基础管理水平有效升级、党建群团工作和谐共进，财务管理、非油销售、培训和信息管理工作步入省内先进行列。严格落实资金管理各项规章制度，杜绝风险苗头，实现资金安全零事故；采取资金计划“双审核”办法，资金计划准确率在全省排名靠前；开展加油站关键业务流程、资金、存货、IC卡管理等专项稽查，稽核整改率100%。以持续深化HSE（健康、安全、环境）管理体系和质量管理体系运行为主线，以风险分级防控、HSE标准化创建及加油站经理资质认证为抓手，抓好基础管理及关键岗位人员安全素养提升，特殊时段紧抓关键，严密防范，实现零事故、零伤害、零污染的HSE管理目标，销售油品质量合格率及油品监督抽检合格率均为100%，未发生质量计量责任事故。26座油站开展非油产品送货上门服务，部分油站增设代收快递、违章代办、话费充值等便民服务，综合服务水平逐渐提升。完成太阳女彝族特色站建设，促进油品销量比上年增长21%、非油产品销售比上年增长17%。

［曹玉宏］

【中国石化销售有限公司云南楚雄石油分公司】 2015年，中国石化销售有限公司云南楚雄石油分公司层层落实HSE管理体系责任制，制定QHSE（质量、健康、安全和环境）管理体系岗位职责绩效考核办法，通过考核落实岗位责任制；强化领导干部挂点联系基层制度，开展定点联系活动，帮助查找和解决经营管理、安全、生活等方面存在的问题；确保安全管理信息系统顺利上线运行；开展节前、季度、月度、专项检查及视频监控系统抽查，累计检查油库、加油站240余站次；开展“安全生产月”活动，共发放各类资料2600余份，制作宣传展板2块，接待咨询400余人次；成立应急管理领导小组、义务消防小组和治安联防小组，完善《突发事件总体应急预案》《加油站防盗抢专项预案》等应急预案编制，开展应急预案演练700余场次；加强应急管理，增加应急装备器材，加大应急物资补充，强化设备管理。推进职业卫生管理，开展职业卫生基础建设工作，保障员工身体健康。严格油品质量管理，按规范开展加油站数量、质量管理，推进质量管理体系建设，推进油品计量地罐验收交接工作。强化员工技能培训，加油站现场服务水平及服务质量有较大提升。年内，成品油销售完成计划指标的98%，非油商品销售完成计划指标的105%。加强楚雄油库样板库建设，提高信息化水平。完成企业资源计划系统（ERP）、IC卡系统、二次物流信息系统3大信息系统的整合，二次物流信息系统、ERP、加油站液位仪成功上线运行，安装油库自动付油系统、油库自动计量系统、电子提单系统等现代化设备，新建加油站1座，已完成前期工作。加油站视频监控系统覆盖率80%。在营加油卡联网加油站达到99%，在营售卡网点达到92.86%。开设网上充值体验厅，引导客户进行操作体验，方便客户便捷办理加油IC卡业务。

［邱 凌］

2015年楚雄州成品油零售企业情况表

县（市）	数量（个）				从业人员（人）		成品油零售量（吨）			成品油销售收入（万元）		
	零售企业总数	加油站	其中		国有	民营	汽油	柴油	合计	汽油	柴油	合计
			国有	民营								
楚雄市	55	55	39	16	161	40	60474.7	74299.5	134774.2	40530	49788.2	90325.7
双柏县	11	11	3	8	14	21	6049.6	8036.6	14086.2	4054.45	5386.1	9440.6
牟定县	8	8	6	2	22	5	7475.3	11294.5	18769.8	5009.9	7569.6	12579.5
南华县	26	26	13	13	50	32	15565.7	29429.4	44995	10432	19723.6	30155.6
姚安县	6	6	4	2	19	5	8585.4	12850.8	21436.2	5753.9	8612.6	14366.5
大姚县	19	19	6	13	24	32	8547.1	14319.6	22866.7	5728.3	9596.9	15324.9
永仁县	10	10	7	3	30	8	9215.9	24141.4	33357.3	6176.5	16179.6	22356
元谋县	16	16	8	8	33	26	12354.9	19728.7	32083.6	8280.3	13222.2	21502.3
武定县	19	19	6	13	24	32	11572.8	16504.7	28077.5	7756.1	11061.4	18817.5
禄丰县	33	33	20	13	79	33	27114.2	59465.4	86579.6	18171.9	39853.7	58025.7
全 州	203	203	112	91	456	234	166955.5	270070.6	437026.1	111893	181001	292894

（州商务局/提供）

2016 CHUXIONG ALMANAC

交通运输

COMMUNICATIONS AND TRANSPORTATION

责任编辑：安孟勤

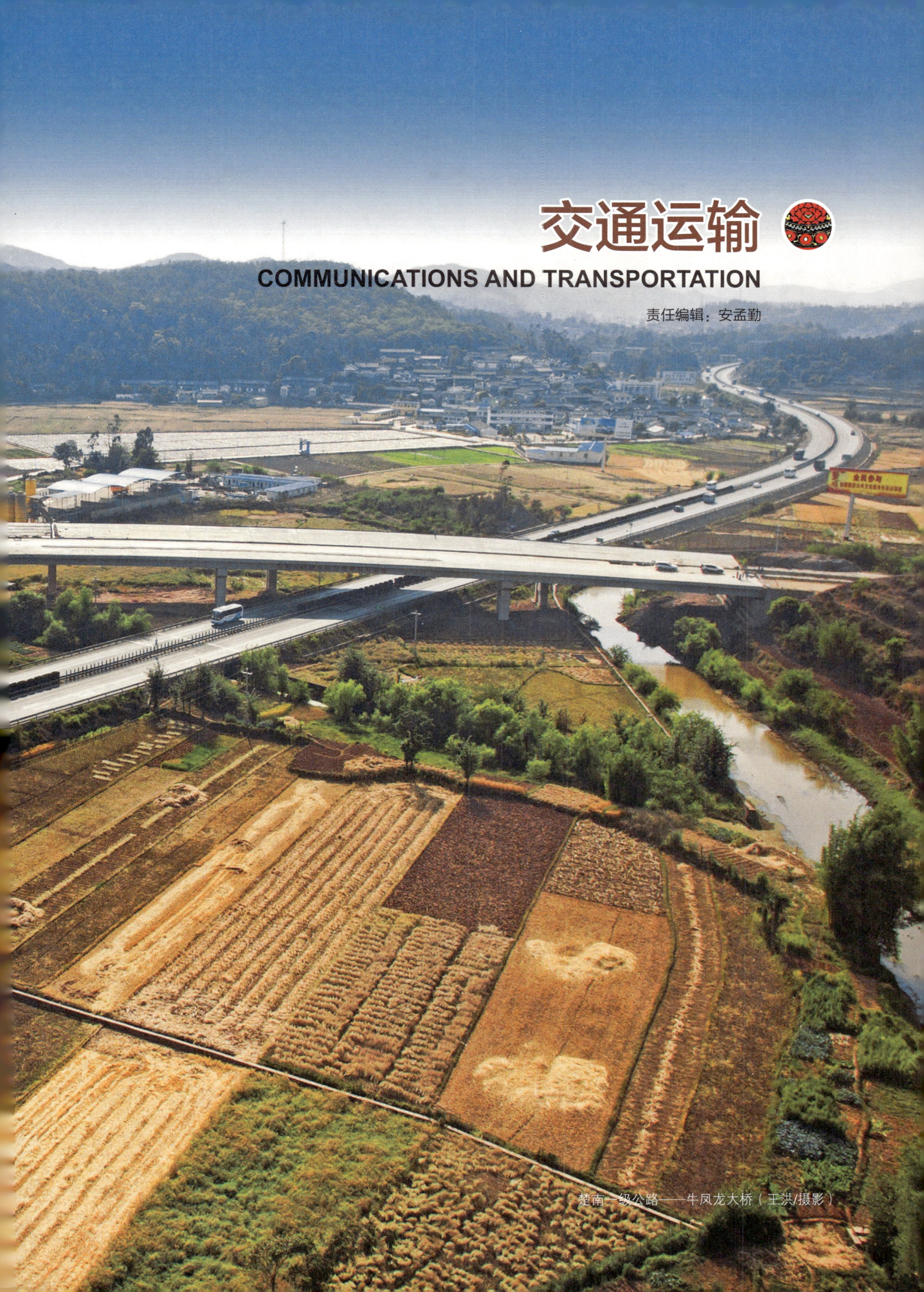

楚南一级公路——牛凤龙大桥（王洪/摄影）

公路建设

【公路交通发展概况】 2015年末，楚雄州公路通车里程1.89万千米，其中，农村公路通车里程1.64万千米，占全州公路通车里程的86.7%；高速公路通车里程339.4千米，一级公路46.1千米，二级公路317.3千米，高等级公路率3.7%；三、四级公路1.13万千米，公路等级率63.2%；等外公路6953.7千米。全州103个乡（镇）公路等级率100%，全部通油（水泥）路，通畅率100%；全部开通班车，乡（镇）通班车率100%，有95个乡（镇）建有农村客运站，乡（镇）农村客运站建站率92.2%。全州1099个村（居）民委员会公路全部达到国家通达标准，通达率100%；有790个村（居）民委员会通沥青（水泥）混凝土硬化路面，通畅率72.3%；有892个村（居）民委员会开通客运班车，开通班线457条，村（居）民委员会通班车率81.36%。初步形成以州府鹿城为中心，国道、省道为骨架，干支相连、纵横交错，四通八达的公路交通网络。

【交通建设项目】 2015年，楚雄州交通运输局抓住国家和省各项重大政策机遇，争取上级公路交通补助项目187项1858.6千米，总投资88.43亿元，其中上级补助资金22.2亿元。国、省道改造项目2项206千米，计划投资4.14亿元，其中上级补助资金2.41亿元；行政村通沥青（水泥）路路面硬化建设项目155项1485千米，计划投资9.56亿元，其中上级补助资金5.86亿元；国有林场通沥青（水泥）路路面硬化建设项目3项37.6千米，计划投资3008万元，其中上级补助资金2256万元；县乡道改造工程建设项目7项56.1千米，计划投资9523万元，其中上级补助资金5665万元；路网结构改造、农村公路养护、桥梁工程、省预算内公路建设等项目18项19.9千米，计划投资1.37亿元，其中上级补助资金8466万元；客运站建设项目1项，计划投资50万元，上级补助资金50万元；武定至易门高速公路楚雄州境内段建设补助项目1项54千米，补助资金3.77亿元，争取国家开发银行项目建设基金8.5亿元。峨山至楚雄高速公路、昆明眠山至广通高速公路、楚雄至大理高速公路扩容改造、武定至易门高速公路、楚雄至牟定至姚安至大姚高速公路、武定至倘甸至寻甸高速公路项目被列入云南省“五网”建设“五年大会战”重点交通建设项目计划。

【交通固定资产投资】 2015年，楚雄州完成以公路建设为主的交通固定资产投资27.99亿元。其中，楚雄至南华一级公路建设项目完成投资9.08亿元，占32.4%；国道108线提升改造永仁、元谋、武定3个县城过境线项目建设完成投资1.44亿元，占5.1%；禄丰县彩云镇至双柏县碍嘉镇三级公路建设项目完成投资3.05亿元，占10.9%；云南红色旅游公路楚雄州元谋县G5京昆高速至龙街段建设项目完成投资170万元，占0.1%；农村公路建设完成投资14.4亿元，占51.5%。

【楚雄至南华一级公路建设】 2015年末，楚雄至南华一级公路建设累计完成投资21.45亿元，占项目概算批复总投资40.78亿元的52.6%。其中，完成建安投资14.83亿元，占概算批复建安投资29.92亿元的49.56%，占土建路基工程合同投资18.88亿元的78.54%；完成征地拆迁投资5.72亿元，完成其他投资9009.15万元。主体工程累计完成路基挖方576.6万立方米，占总量的76.36%；路基填方330.07万立方米，占总量的71.16%；软基处治163.03万

2015年楚雄州公路建设重点工程基本情况表

项目名称	里程（千米）	项目总投资（亿元）	交通部补助（亿元）	项目进度	备注
楚雄连汪坝至南华一级公路	53.82	40.78	4.32	2013年12月1日开工，至2015年底，累计完成投资21.5亿元，占总投资的52.7%。	
彩云至碍嘉三级公路	186	9.57	7.42	2014年12月17日正式启动建设，至2015年底，累计完成投资3.1亿元，占总投资的32.4%。	
双柏至新平二级公路	90.8	15.25	3.27	2015年9月20日启动建设，11月24日组织试验路段破土动工。	省公路局组织实施
国道108线提升改造项目	178	122.82	9.1	2013年9月24日正式开工建设，至2015年底累计完成投资8.4亿元，占总投资的68.4%，主线工程于2015年5月底完工通车。	武定、元谋、永仁3县过境段未完工
国道320线安丰营至天申堂项目	238.81	34.35	11.62	项目于2015年10月21日启动建设。	省公路局组织实施
武定至易门高速公路楚雄境内段	54	72.1	0	楚雄州与省公投公司按3：7比例分摊投资合作建设，禄丰县、武定县负责征地拆迁工作。于2015年8月31日正式开工建设，先期启动勤丰6千米试验路段建设。	省公路开发投资公司组织实施
2015年农村公路（通村油路硬化工程）	1485	9.56	4.82	2015年全州共组织实施农村公路通村路面硬化工程1485千米，完成投资7.0亿元，占总投资的73.2%。	各县（市）交通运输局负责组织实施
合　计	2286.43	304.43	40.54		

（州交通局/提供）

立方米，占总量的67.09%；边坡防护5.41平方米，占总量的9.98%；涵洞、通道5581.46米128道，占总量的77.55%；防护工程13.16万立方米，占总量的98.7%；排水工程5.83万立方米，占总量的25.16%；桥梁桩基1.85万米784棵，占总量的93.09%；墩柱7652.91米568棵，占总量的93.97%；梁板预制完成1382片，占总量的91.22%；梁板安装完成1225片，占总量的80.86%；钢箱梁完成430米，占总量的70.49%；现浇箱梁完成320米，占总量的50%；隧道明洞开挖159米（单幅），占总量的100%；隧道主洞掘进1466米（单幅），占总量的100%；完成隧道二次衬砌1625米（单幅），占总量的100%。

【彩云至碍嘉三级公路建设】 2015年，禄丰县彩云镇至双柏县碍嘉镇三级公路建设项目累计完成投资3.04亿元，占项目概算批复总投资的22.4%。其中，完成建安投资2.21亿元（含石羊江大桥投资1000万元和大庄沙甸河桥投资340万元），占概算批复建安投资的19.1%，占合同金额的26.1%；完成征地拆迁投资4620.16万元（禄丰县728.05万元、双柏县3892.11万元），完成其他投资3700万元。主体工程累计完成路基挖方721.76万立方米、填方51.48万立方米，路基土石方工程完成设计总量的79.5%；完成涵洞314.5米26道，挡墙62219.9立方米，隧道掘进完成初期支护410米、衬砌300米。

【武定至易门高速公路开工建设】 2015年6月29日，楚雄州人民政府与云南省公路开发投资公司签订合作建设武定至易门高速公路楚雄州境内段框架协议，按照协议，双方按3：7比例分摊投资合作建设，禄丰县、武定县负责征地拆迁及相关工作。8月31日，项目与云南省“五网”建设首批启动项目同步启动，全面开工建设。武（定）易（门）高速公路起于武定县，与武定至昆明高速公路相接，途经禄丰县仁兴镇、碧城镇、勤丰镇，上跨安宁至楚雄高速公路，过安宁市禄脿镇、六街镇、龙泉镇，止于易门县城南，接规划建设中的峨山至楚雄高速公路，全长104.01千米，其中楚雄州境内里程54千米，按双向6车道高速公路标准建设，路基宽33.5米，设计时速100千米/小时，汽车荷载等级Ⅰ级，估算总投资139.21亿元，其中楚雄州境内段投资72亿元，平均每千米造价1.34亿元，桥隧比占总里程的45%。至年末，项目累计完成投资11.17亿元，占概算总投资的8%，占年度投资计划的93.1%，其中完成建筑安装工程投资7.05亿元、其他投资4.12亿元。主体工程累计完成路基挖方18%、路基填方4%、防护工程10%、边坡防护1%、桥梁桩基4%，其中武定、勤丰、安丰营、易门立交及界碑小村、石龙水库、东海特大桥7个控制性工程年末均处于施工准备阶段。项目隧道洞口工程基本完成，特大桥处于施工准备阶段。

【国道108线提升改造工程建设】 2015年，楚雄州国道108线提升改造工程主要实施元谋、武定县城及武定高桥镇过境线路基工程建设，其中武定县城过境线全长5.84千米、高桥过境线全长3.62千米、元谋县城过境线全长3.93千米，总投资2.9亿元，2015年计划完成投资1.5亿元。3月12日，武定县境内段正式开工建设。至年末，高桥镇段累计完成现场清理7.5万平方米，路基开挖土石方6500立方米，软基换填11.13万立方米，碎石垫层6.3万立方米，片石垫层6.16万立方米，水泥砼排水沟2462立方米，挡土墙支砌8045立方米，浇筑桩基24根、墩柱8根、盖梁4个、直径1.5米圆管涵344米；武定县城段累计完成现场清理5000平方米，路基开挖土石方1.05万立方米，软基换填7051立方米，碎石垫层4894立方米，片石垫层6497立方米，挡土墙支砌1686立方米，桥梁桩基浇筑20根756米、直径1.5米圆管涵48米、盖板涵2道。

【国道320线安丰营至天申堂段提升改造】 2015年10月21日，国道320线安丰营至天申堂段公路提升改造工程启动仪式在楚雄市李家坝路段举行。项目起于安宁市禄脿镇安丰营村安宁至楚雄高速公路安丰营立交出口，与国道320线安宁至安丰营段改建工程相接，路线由东向西展布，楚雄州境内经过禄丰县、楚雄市、南华县，止于楚雄州与大理州交界处天申堂，改造建设一级、二级公路247千米，总投资31.5亿元，分安丰营至一平浪段、一平浪至牛凤龙段、牛凤龙至天申堂段3个项目段实施，由楚雄公路管理总段作为云南省公路局代建项目业主负责组织实施，列入交通运输部2015年投资计划。至年末，项目前期工作按计划推进，工程可行性研究报省交通运输厅完成初步审查，并通过省发展和改革委员会组织评审；工程可行性研究前置支撑相关报件编制和报批工作由公路沿线的禄丰县、楚雄市、南华县负责，除社会影响综合评价、土地预审、环评、矿压外，其余支撑性报件已取得批复。

【双柏县城至新平水塘公路开工建设】 2015年9月28日，双柏县城至玉溪市新平县水塘镇公路建设项目正式启动，项目为国道227线张掖至孟连、双柏县城至新平县水塘的连接路段，全长90.5千米，其中双柏县境内里程81.1千米，新平县境内里程9.4千米。路线按二级公路标准建设，路基宽8.5米，项目概算总投资17.51亿元。项目全线分双柏县城至戛洒江水电站淹没区、戛洒江水电站淹没区至新平县交界2段组织实施。双柏县城至戛洒江水电站淹没区46.7千米，按照省、州合作建设模式，由云南省公路局授权楚雄公路管理总段成立项目建设指挥部负责项目组织实施；戛洒江水电站淹没区至新平县交界42.9千米，由于电站建设淹没该路段，由中国水电顾问集团新平开发有限公司自筹资金建设归还，按照原标准、原规模、恢复原功能“三原”原则还建，并签署还建协议。至年末，项目前期工作完成，省交通运输厅建设计划已下达，按省道提升改造标准补助资金3.27亿元，项目建设缺口资金14.25亿元。楚雄公路管理总段作为省公路局的项目代建业主，负责项目组织实施，成立工程建设指挥部并开展工作，施工图设计于8月20日完成专家

①

④

⑤

①云端天路——川滇大道（丁建国/摄影）②武（定）易（门）高速公路建设项目勤丰段施工现场（高建波/摄影）③楚（雄）南（华）一级公路建设现场 ④彩（云）碍（嘉）公路建设现场（州交通局/提供）⑤9月28日，国道227线双（柏）新（平）公路改建工程项目启动（王云刚/摄影）⑥哀牢山公路施工现场（州交通局/提供）

评审，设计单位根据专家意见对施工图进行了修改完善。完成施工、监理招投标工作，并签订施工、监理合同，施工单位已进场开展施工复测及驻地建设等工作。试验路段于11月24日破土动工，至年末已完成90%的土石方开挖工程。

【农村公路建设】 2015年，楚雄州实施农村公路建设计划169项1571千米，总投资11亿元，其中上级补助资金6.8亿元、州级配套7830万元，其他不足部分由县（市）自筹。州、县（市）两级筹资建设哀牢山公路路面硬化项目1项122千米，总投资1.1亿元。实施通行政村公路路面硬化建设项目131项1417.4千米，总投资9.11亿元，其中上级补助资金5.56亿元。至年末，完成通行政村路面硬化建设项目129项1389.4千米，完成投资9.03亿元，实现153个行政村通村公路畅通。

［李旺林］

大姚湾碧渡口（州交通局/提供）

运输管理

【公路运输管理】 2015年，楚雄州完成公路客运量3483.93万人，比上年下降0.17%；完成客运周转量16.92亿人千米，增长1.6%；完成公路货运量3003万吨，增长4.43%；完成货运周转量49.21亿吨千米，增长7.24%。有从事道路运输经营业户2.63万户，从业人员4.95万人。103个乡（镇）人民政府所在地通班车率100%，有910个行政村开通客运班线，行政村通班车率83%。有一级汽车客运站5个、二级汽车客运站8个、三级汽车客运站2个，行政村2千米范围内建成农村客运站点的行政村283个；建成农村客运站92个，其中四级农村客运站57个、五级客运站35个，客运招呼站点219个。有道路客运线路554条，客、货营运车辆3.12万辆，货运总吨位11.87万吨、客车总客位4.02万座。有危货运输企业6户，危货运输车辆716辆。开展运政执法检查，出动运政稽查人员2.72万人次，检查营运车辆12.98万辆次，查处违法违规案件6555件次，其中查处非法运营车辆411辆；开展道路运输安全生产大检查4次，州级实施明察暗访检查2次，接受省级明察暗访检查4次，参与州人民政府安全检查2次；运政部门出动安全检查人员478人次，出动检查车辆127辆次，检查客运企业108户次、客运站134个次、危货企业44户次、检测站25个次、机动车驾驶培训机构97户次、二级以上汽车修理厂37.25万户次。通过检查，发现安全隐患和问题56个，提出整改或处理意见56项，落实整改56项，整改率100%。

【水路运输管理】 2015年，楚雄州境内有江河4条，有船水库191座，渡口23道。有通航航道3条211.9千米，其中金沙江通航里程179.4千米、大海波水库通航里程14.5千米、青山嘴水库通航里程18千米。有航运码头10个，其中汽车轮渡码头2个，金沙江航运经过楚雄州段，向上可通达攀枝花，向下可通达禄劝县汤郎计，航运里程160千米。有船舶899艘（只），其中运输船舶45艘1234总吨4088.93千瓦871个客位，水上餐厅2艘457总吨，自用快艇27艘27总吨756.6千瓦，水库工作用机动船、机动捕鱼船、机动自用船57艘，非机动船12只，农渔船662只，公园游船94只。有私营水路运输业户3户、个体水路运输业户29户，有二类、三类机动船员103人。水路运输完成客运量45.77万人次，比上年增长0.03%，客运周转量998.15万人千米，增长0.02%；完成货运量28.12万吨，增长40.7%，货运周转量444.84万吨千米，下降58%。召开水运交通运输从业者安全工作会8次，依靠县乡两级政府，全面落实乡（镇）船舶管理四级责任制，签订“四级安全责任承包书”1067份，签订率100%。对资料不全、不具备安全适航条件的船舶不予检验发证；对老旧运输船舶实行特别定期检验，缩短老旧船舶检验周期，扩大检验范围。检验船舶58艘1701总吨4400.1千瓦871客位，营运船舶检验率100%。完成水路交通运输经营业户年审31户，审验、办证率100%，新增水路交通运输经营业户1户。开展安全生产大检查7次，检查船舶1326艘次，接受宣传教育群众1.25万人次。审验船员103名，审验合格率100%。以海事部门组织考试的方式组织完成船员适任培训考试1期。在金沙江179.4千米通航航道上，建成码头10个，满足金沙江两岸群众日常出行需要，金沙江下游具备100吨级机动船通航能力。金沙江中游观音岩水电站库区形成，楚雄州大姚县、永仁县境内的金沙江航道达到四级航道能力。

【机动车及驾驶人管理】 2015年，楚雄州有机动车驾驶培训机构35户、教练员1948人、教练车1318辆，年培训能力9.49万余人，35户机动车驾驶培训机构培训机动车驾驶员4.04万名。6月，源星机动车驾驶员培训公司正式开展残疾人机动车驾驶培训，至年末，培训合格并取得残疾人（C5）驾驶证20人。

［李旺林］

公路路政管理

【路政管理概况】 2015年，楚雄公路路政管理支队抓住路政管理中心工作，提升路政管理能力和服务水平，加强路政执法队伍自身建设。坚持按照《公路路政巡查规范》要求开展日常路政巡查，及时发现和处理路政违法事案，维护路产路权，保证干线公路安全畅通。年内，支队管辖公路里程1021.13千米，人均每月上路巡查22.91天，整治公路两侧新建违章建筑物23处、非交通标志436块、平交道口49个、穿村路段23段、摆摊设点108处、加水点47处、打场晒粮点47处、堆积物365处，查处侵占、损坏路产案件157起，收取赔（补）偿费103.42万元，罚没收入10.23万元，路政案件查处率和索赔率均为100%。开展“爱路护路宣传月”活动，悬挂宣传标语110条，出动宣传车200余辆次，沿街播放路政管理相关法律法规知识，发放路政宣传资料4000余份。

【路域环境专项整治】 2015年，楚雄公路路政管理支队落实“路地、路警、路运、路检、路安”等共建机制，推动路政管理与公路养护协作，开展路域环境专项整治。支队分别于4月和5月联合楚雄公路管理总段围绕108国道改扩建后公路路域环境管理重点、难点等突出问题，集中路政、公路管理的人财物优势，开展专项联合治理，顺利通过交通运输部的检查验收。8月和10月围绕交通运输部“八个无”要求，开展迎国检路域环境整治。加强路政巡查，及时发现违法行为；加强路政法律法规宣传，进一步增强民众爱路护路意识；开展联合执法，加强与相关部门的沟通协调；加强对重点路段蹲点守候，及时查处违法行为；加强对公路沿线加水点、私搭乱建、打场晒粮、摆摊设点、盗损公路设施等顽固性违法行为的整治投入，提供工作保障；结合地方实际，协调当地政府及相关部门，帮助建立规范的经营场所，解决公路沿线群众的实际困难。通过2次专项治理活动和常态化日常工作，发送路政宣传资料2690份，解答法律咨询800余人次，下达“责令改正通知书”169份；查处未经许可、不符合设置条件设置的非交通标志311块、乱搭乱建20起、摆摊设点占道经营185起，清理乱堆乱放49处；查处未按规范搭接平交道口77处，查处泼洒运输车辆29辆次、加水站点10起、打场晒粮18起、污染路面8处，其他违法占（利）用公路路产及建筑控制区违法行为4起，收回路产750平方米。

【路政执法】 2015年，楚雄公路路政管理支队改进执法方式，严格执法作风和纪律，提高执法实效，强化执法监督管理，开展执法评议考核和案件评查，不断提高全支队依法行政工作水平。开展执法业务培训2次，普法考试2次，案件评查2次。路政许可案件坚持集体讨论制度和一次性告知制度，许可事项管理规范合理。共审批行政许可案件19件，待审批办理3件。

［李海先］

【农村公路路政管理】 2015年，楚雄州农村公路领域发生路政案件418件，立案255件，查处255件，造成路产损失21.16万元，索赔路产损失费18.95万元。其中，损坏路产案件10件，立案8件，查处8件，路产损失1.75万元，索赔损失费1.69万元；占用公路路产案件199件，查处38件，路产损失8.83万元，索赔损失费7.79万元；路域管控综合成效发案209件，立案209件，造成经济损失10.58

南华沙桥镇楚（雄）大（理）高速公路、广（通）大（理）铁路交会处（南华县志办/提供）

万元，索赔损失费9.48万元。县道管控覆盖率100%，乡道管控覆盖率81.1%，村道管控覆盖率62.3%。大部分县（市）将路政管理工作经费列入年初财政预算，并将路政管理工作纳入县（市）人民政府对乡（镇）的年终绩效考核；按照省州路政管理工作责任书的模式，由县（市）到乡（镇）再到村（居）委会，层层签订责任书，逐级明确路政管理工作目标责任，农村公路路产路权得到有效保护。针对农村公路路政管理工作人员不足、经费紧缺、设备有限、点多、线长、面广、难以巡查，路政案件难以及时发现、难以处理的特点，大部分县（市）路政管理机构与省管的路政管理大队、土地、公安、运政、学校等部门联动，开展“路政外联”和“路政共建”工作，路政案件查处率、索赔率、结案率明显提高。按照《云南省路政管理总队关于开展2015年公路路域环境整治工作的通知》和州交通运输局的相关要求，10县（市）均成立路域环境整治工作领导机构，部分县成立由分管交通工作的副县长为组长，土地、林业、公安、交警、交通等部门为成员单位的领导小组，开展路域环境整治，路域环境基本达到国家交通运输部提出的交通标志前后500米范围无广告、无违法建筑物、无地面构筑物、无违法搭接道口和占用挖掘公路、无违法跨越和穿越公路的设施、无违法非公路标志和路基路肩边坡无非法种植物、无摆摊设点和打场晒粮、公路用地范围内无堆积物“八个无”要求。

［李旺林］

公路养护

【公路养护概况】 2015年，楚雄公路管理总段有在职职工926人，离退休职工1537人，设楚雄、禄丰、武定、永仁、大姚、南华、姚安、双柏、元谋、牟定10个正科级公路管理段和1个市级机械化养护和应急中心，有管理所（站）28个，有经省人民政府批准设立的固定公路治超检测站9个，管养楚雄州境内国省干线公路10条1029.91千米，其中国道714.82千米、省道290.8千米、县道24.3千米；管养桥梁335座2.43万延米、隧道12座392.9延米。年内，总段以开展“道德讲堂”、学雷锋志愿服务、文明餐桌等活动为契机，不断巩固精神文明创建成果，丰富行业文化内涵，完成第四批全国文明单位复审，保持全国文明单位荣誉称号。基层单位申报成为省级文明单位3个、州级文明单位3个，总段连续第四次荣获“全国交通运输文化建设卓越单位”称号。

【公路管养】 2015年，楚雄公路管理总段强化公路日常养护，突出预防性养护、规范化养护、全面养护和生态养护。完成项目支出计划资金2751万元，小修保养耗用沥青2824吨；完成“十二五”迎国检（迎接交通运输部“十二五”国省干线公路综合检查）项目投资7609.08万元，国省干线公路平均优良路率（PQI）95.04%，比上年提升34.61个百分点；完成安保工程648万元、危桥加固维修工程666万元、灾毁恢复重建工程1430万元，国省干线公路危桥处治率100%。

【公路养护基础设施建设】 2015年，楚雄州公路养护基础设施明显增强。投入资金1322万元，改造站所7个；启动第一批世行贷款云南公路资产管理建设项目18个，完成投资500万元；投入资金1296.16万元，增加各类机械设备44台（件），年末有各类机械设备496台（件）原值1.13亿元；超限运输治理综合信息系统研发成功，在固定治超站点投入使用；投入资金300万元，建成总段信息化应急管理中心，实现养护作业现场、施工现场、重要路段以及重要桥梁隧道的实时监控；加大“四新”技术和科技成果以及沥青热再生、热拌冷补料等新工艺及沥青再生拌和设备、小型挖机、路面铣刨设备等新设备的推广应用；把桥梁等管理软件应用到养护管理中，提高生产效率，降低养护成本，促进节能减排。科技兴路战略得到推进。

【公路治超】 2015年，楚雄公路管理总段不断完善超限超载检测站软硬件基础设施建设。投入资金781万元，改造南华县、牟定县等治超站点7个；强化日常管理，提高执法队伍整体素质，加强文明执法，保持全州治超形势稳定。检测车辆241.59万辆，查处超限超载运输车辆59.88万辆，查处车货总重55吨以上车辆346辆，检测率和超限超载查处率100%。开展风电项目大件运输专项整治，通过协调，使大件运输企业配合办理相关运输手续，主动履行依法治超，保护公路的职责，有效遏制超限车辆对公路的损害，保护公路桥梁，确保人民群众出行安全。

【重点项目建设】 2015年初，楚雄公路管理总段完成国道108线楚雄段改造示范工程主线建设任务，改造里程182千米，完成投资12.57亿元（含地方配套）。5月，国道108线楚雄段改造项目以952分通过交通运输部验收。改造后路面使用性能指数（PQI）平均达到96.5%，平均优良路率97.65%。国道227线双柏至新平（水塘）段改造工程项目全长90.8千米，中央投资3.26亿元，一期项目（上段47千米非淹没段）由楚雄公路管理总段组织实施，9月28日正式启动开工，二期项目（下段非淹没段）由中国水电顾问集团公司负责组织实施。国道320线路网提升改造工程由安丰营至一平浪、一平浪至牛凤龙、牛凤龙至天申堂3个项目组成，中央计划投资11.62亿元，全长245千米，于10月21日正式启动开工。按照政府旧城棚户区改造政策，实施双柏、禄丰、南华3个管理段职工老旧住宅改造，改造面积6.82万平方米，改造和建设住房569套，项目估算投资1.13亿元。10月，禄丰段棚户区改造项目进场开工建设；11月，南华段棚户区改造项目完成招投标并开工建设。年末，双柏段棚户区改造项目完成封顶并进入附属配套工程实施阶段。

［刘源洁］

【农村公路管养】 2015年末，楚雄州农村公路管理与养护里程1.62万千米，其中地方管理的省道699.22千米、县道2965.65千米、乡道7535.66

千米、村道5012.13千米。州、县（市）地方公路管理部门共有干部职工129人，103个乡（镇）均设有农村公路管理所，有人员268人。

农村公路养护　构建县（市）乡（镇）村“三位一体”的农村公路养护管理体系，落实县（市）人民政府农村公路养护管理主体责任，充分发挥乡（镇）人民政府和村委会的作用；建立养护配套资金纳入地方财政预算的长效机制，州县（市）两级配套农村公路养护资金2975.56万元，占省级要求配套资金2190.89万元的135.8%；各级人民政府将农村公路养护管理纳入年终综合绩效考核；建立农村公路养护管理工作按季检查考核通报及“一事一议”或群众投工投劳养护村道机制。10县（市）农村公路养护管理考核平均分965.05分。围绕云南省公路局提出的农村公路养护管理目标任务，层层签订年度养护管理目标责任书，量化工作指标，传导工作压力，建立激励机制，将州级配套资金的50%共175万元用于以奖代补，推进农村公路养护管理工作提质增效。县道经常性养护率100%、优良路率62.82%、绿化率90.86%，乡道经常性养护率81.78%、优良路率35.8%、绿化率61.67%，村道经常性养护率71.83%、优良路率21.7%、绿化率51.86%。建立健全农村公路养护工程计划管理制度和养护工程施工图设计审批制度，项目管理法人、招投标、合同管理、监理制度，养护工程质量监督制度，养护工程竣（交）工验收质量鉴定由有资质的第三方检测制度，以及养护工程竣（交）工验收制度。

①楚雄公路管理总段在国道108线开展公路抢险应急演练（王云刚/摄影）②楚雄公路管理总段运用稀浆封层技术养护 S216永景线公路（徐刚/摄影）③楚雄公路管理总段运用碎石封层技术养护S317楚姚线公路（甘妍/摄影）④沥青混凝土路面铺筑（王云刚/摄影）

桥梁养护管理　落实交通运输部桥梁养护管理工作制度，开展雨中巡查、桥梁经常性检查、定期检查、特殊检查，并做好资料归档工作。加强桥梁养护维修，加大危桥加固改造力度，确保桥梁运行安全。年末，农村公路共有桥梁524座2.01万延米。其中，地方管道78座、县道239座、乡道168座、村道39座，大桥22座、中桥125座、小桥377座，一类桥51座、二类桥234座、三类桥165座，四类桥67座采取限载限速措施，五类桥7座采取禁止车辆通行的封闭措施。农村公路桥梁安全运行状况平稳。

安全生产　落实各项安全生产管理措施，规定养护人员上路作业必须穿戴标志服，作业区段必须设置警示标志，养护工程施工路段前后必须设置施工标志牌提醒过往车辆减速慢行，主要施工路段必须用彩带或锥桶围隔，施工材料不得影响行车安全，所有上路作业的施工车辆、机械设备必须挂牌标识，路基缺口、沉降路段及时栽插警示桩，雨雪冰冻路段设置提示标志，恶劣天气状况下应及时铲除冰雪，推进公路安全生命防护工程。

养护资金监管　建立健全养护资金管理制度，严格按批准的计划开支使用养护资金，按路况养护质量兑付日常养护经费，按照合同计量支付养护工程和小修保养费用，执行养护资金年度审计制度。

应急保障　建立布局合理、覆盖管养路域的养护应急保障中心（站点），探索路面小修保养专业化、日常养护社会化新“路子”，提升沥青路面、水泥混凝土路面维修养护技术手段与能力，确保公路养护技术逐步提高。强化公路灾害抢修队伍建设，及时科学抢修保通，提高农村公路通畅水平。全年出动巡查车辆692辆次、巡查人员2846人次，动用挖掘机676台班、装载机1489台班、自卸汽车1354台班，清理坍方103万立方米，确保雨季农村公路畅通及主要经济作物及时运输。

数据网络建设　开展公路养护管理数据库外公路现状调查，完善农村公路基础数据，路网结构调整电子地图更新，为“十三五”交通运输发展规划提供数据支撑。开展农村公路生命安全防护工程调查，为生命安全防护工程立项和组织实施提供科学数据。

［李旺林］

公路运输

【楚雄交通运输集团有限公司概况】 2015年，云南省楚雄交通运输集团有限公司着力抓好产业结构调整、混合所有制经济发展、新项目建设、安全生产、精细化管理、企业文化建设、党建等工作，推进绩效考核管理，全面完成各项工作任务。营业收入3.26亿元，实现利税1278万元。年内，公司被中国交通企业管理协会授予“2015年全国交通运输企业诚信建设先进单位”称号。加强客运站基础设施建设和管理，推行客运车辆经营结构调整，围绕车辆、班线、站场等生产要素，统筹客运资源，发挥整体优势，不断提升道路客运服务质量和水平。年末，有营运客车1886辆，客位2.66万座，其中高级客车221辆客位7824座，中级客车334辆客位6731座，普通客车1331辆客位1.2万座，其中出租车668辆客位3344座，城乡公交客车197辆。有客运经营班线293条，其中省际班线5条、市际班线59条、县际班线64条、县内班线165条。公司客运年均日发班1296班次，完成客运量1621万人次，实现客运收入2.21亿元。提升高速公路综合服务水平，施救服务中心年均日检车857辆次，实现客车例检营业收入306万元。深化保修产业结构调整，推进楚雄城西汽车维修项目建设，加强汽车和配件销售、汽车特约维修站建设和售后服务、信誉质量管理，引进先进技术，加强技术业务培训，汽车维修、销售产业持续发展。销售汽车99辆，实现营业收入1937万元；汽车工贸部大修厂（含服务站）和东部汽车维修中心完成汽车修理1.44万辆次，实现营业收入1618万元；检测站完成汽车综合性能检测1.46万辆次，实现营业收入174万元；汽车配件厂完成水窑模、节能炉、移动式垃圾车、多功能工具箱等产品设备生产615台，实现营业收入194万元。转变经营模式，发展混合所有制经济，抓好机动车驾驶员培训和职业技能培训鉴定、货运、出租车经营、物流中转、汽车油胎料销售、宾馆餐饮服务等多种经营业务。培训初学驾驶员3539人；开办驾驶人继续教育52期，培训5618人；开办道路运输从业人员从业资格培训26期，培训1459人；开办公司内部准驾证培训12期，培训323人。多种经营产业实现营业收入6306万元。

【楚雄交通运输集团公司基础设施和新项目建设】 2015年8月，云南省楚雄交通运输集团有限公司投资2600万元，占地6000平方米，按照一类汽车维修企业标准建设的新汽车大修厂（玉柴机器全国首家旗舰店）建成并投入使用；12月，总投资2000万元，占地30亩，按照新一级汽车客运站标准建设的永仁新汽车客运站建成并投入使用。年末，公司有一级客运站6个，二级客运站2个，乡（镇）客运站37个；新增和更新高级客车24辆，

2015年楚雄州公路运输主要指标完成情况

县（市）	客运量（万人）		客运周转量（万人千米）		货运量（万吨）		货运周转量（万吨千米）	
	全年累计	比上年增减（%）	全年累计	比上年增减（%）	全年累计	比上年增减（%）	全年累计	比上年增减（%）
楚雄市	1161.6	0.79	56286.66	2.37	1082.88	4.58	177561.59	7.44
双柏县	124.4	−2.09	6055.78	−0.09	154.95	4.43	24990.51	5.53
南华县	131.0	−2.00	6334.89	−0.67	381.68	3.86	62500.89	6.56
姚安县	149.7	0.70	7334.60	3.40	101.80	5.09	16609.49	7.43
大姚县	370.3	−2.47	18098.00	−0.10	92.79	6.50	14995.29	7.83
永仁县	163.1	2.23	7865.75	3.36	51.80	5.35	8538.51	8.80
牟定县	219.3	0.56	10639.91	2.24	120.72	4.43	19931.39	8.03
元谋县	224.0	−2.30	10893.65	−0.42	212.31	3.99	34966.05	7.31
禄丰县	509.5	−0.14	24574.98	0.95	662.16	4.24	108515.33	7.04
武定县	431.0	−0.09	21071.76	2.38	141.89	4.32	23523.96	8.37
全　州	3484.0	−0.17	169156.00	1.59	3003.00	4.43	492133	7.23

（州交通局/提供）

12月10日，永仁一级汽车客运站建成投入使用（楚雄交通运输集团/提供）

客位862座；新增和更新中级客车48辆，客位919座；新增和更新城市出租车45辆，客位225座。

【楚雄交通运输集团公司经营结构调整】 2015年，云南省楚雄交通运输集团有限公司探索和发展多种经济成分并存的混合所有制经济模式，推进客运车辆经营结构调整和跨行业、跨领域发展。9月，公司与自然人共同投资的参股公司“佳通传媒公司”揭牌成立并投入运营；10月，成立楚雄佳通再生资源利用有限责任公司，并投资460万元在楚雄市富民工业园区实施基础设施建设；11月，投入350万元，成立楚雄佳通汽车销售服务有限公司（东风雪铁龙4S店），并进行厂房及设施设备升级改造；12月，出资控股楚雄牵手旅行社有限公司。年末，楚交集团纯公司化经营客运车辆270辆、营运线路70条。

【楚雄交通运输集团公司运输安全生产管理】 2015年，云南省楚雄交通运输集团有限公司开展“道路客运安全年”活动和安全生产标准化工作。通过安全生产责任落实、安全基础管理、安全管理制度及措施落实、安全培训，深化隐患排查治理，做好企业安全管理，杜绝重特大安全事故，减少一般事故，实现企业安全生产稳定。年初，公司与26个生产经营单位签订“安全生产责任书”，各生产经营单位将责任书签订到班组和工作岗位，安全生产责任书签订率100%；加大安全生产督促检查力度，采取集中检查、交叉检查、专项检查等形式，对各生产单位的安全生产情况进行定期和不定期检查28次，深入各生产单位督促指导20次。各基层生产单位严格执行每月至少1次的自检自查和应急安全演练制度，做到发现隐患及时整改并不断提升处理突发安全事故的能力。加强安全监督管理队伍建设，优化队伍结构，强化队伍能力素质提升，有安全监管人员189人。加强安全宣传教育和培训，举办“驾驶人集中教育”“安全事故警示教育”等教育培训46场次，受教育从业人员2049人次，有单位负责人、安全员34人参加安全资格培训并取得“安全资格证书”。发挥驾驶员家属贤内助作用，购置和使用客车驾驶员酒精检测仪，为安全生产提供有力支撑。健全安全生产管理制度，制定出台《公司安全生产党政同责暂行规定》等一系列安全管理制度文件并经职代会审议通过贯彻实施。按照《企业安全生产应急管理九条规定》要求，建立完善公司应急救援体系。加大安全科技建设投入，在集团和各客运行车单位建立二、三级监控平台，在全公司19座以上客车和危险货物运输车上全部安装GPS监控系统，公司668辆出租车全部安装行车记录仪和GPS监控系统，实现GPS实时监控。为基层行车单位配发安全监督专用车16辆，投入安全资金100余万元。开展安全生产标准化工作，顺利通过安全生产二级等级企业复核，形成科学化、规范化、制度化的安全管理体系。提高安全统筹服务水平，规范安全统筹管理并做好安全宣传、设施建设、事故理赔及善后处理等工作，参统车辆2205辆，实现统筹收入1840万元。

［石含明］

城市公交

【城市公共交通概况】 2015年，楚雄州注重推进城市公共交通优先发展，提高基本公共服务保障水平，加强城市公共客运管理。把城乡公共交通纳入州委、州人民政府对10县（市）的综合绩效考核，促进各县（市）重视城乡公共交通发展、完善城乡公共交通运营监管体系，提高运营服务水平。年末，全州有城市公交车经营企业13户，企业管理和工作人员118名，城市公交线路73条，公交车467辆，驾驶员636名；有城市出租车经营企业17户，企业管理和工作人员122名，出租车1467辆，驾驶员2203名。

［李旺林］

【城市公交出租汽车运营】 2015年末，楚雄市城区有公交车370辆，由楚雄市公交公司经营，开通城市公交线路15条、城乡公交专线9条，营运里程750千米。楚雄市城区有出租汽车公司3家，有出租汽车580辆，其中楚雄市开发投资公司190辆、楚雄宏运出租汽车公司90辆、楚雄佳通出租汽车有限公司300辆。自2010年7月1日起，正式启动60周岁及以上老年人免费乘坐公交车惠民工程；2014年1月开始启动残疾人免费乘坐公交车惠民工程。至2015年末，楚雄市有4.27万名年满60周岁及以上的城乡老年人（含暂住老年人）办理老年人公交优待卡，年免费乘坐城区公交车刷卡消费1105.26万次；办理残疾人阳光卡2191张，残疾人免费刷卡乘坐城区公交车74.02万人次。

［周从相］

楚雄市公交公司公交车运行线路表

公交线路	公交站点
1路：开关厂—职教中心	开关厂、源泰·汇鑫广场、招呼站、铜材厂、云星园、火车站、市国税局生活区、都市名媛、锦星酒店、北客运站、龙江公园、州计生委、北城小学、楚雄一中、兆顺第一城、州博物馆、自来水公司、师院附中、州农行干校、楚光电力实业公司、油漆厂、栗子园、招呼站、鹿鸣清城、青龙社区、职教中心
2路：三家塘—州医院新区	三家塘客运站、三家塘、彝人古镇、招呼站、龙树屯、招呼站、井家小区、方源小区、游泳馆、华丽包装公司、公路总段、州中医院、州水利局、州交通局、新华书店、市便民中心、明珠百货、广电中心北、东兴中学、万湖东城、格林天城、招呼站、楚风苑北门、楚风苑南门、招呼站、楚雄烟厂、彝海公园、招呼站、州医院新区
3路：上章村客运站—灵秀湖	上章村客运站、盛世和园小区、市医院新区、天人中学、州消防支队、永盛花园（太阳历公园）、黎家屯、州政务中心东、数码城、盘龙云海、玛瑙园、民族中学、州交通局、新华书店、北城小学、百货大楼、楚雄一中、兆顺第一城、华力机械公司、灵秀小区、第二水文队、灵秀湖
4路：飞来寺（彝药国际）—峨碌公园	飞来寺、滇中明珠、医药园区、医药园区、庄甸、程家坝、金水山居、州技工学校、小康村、东客运站、州广电中心南、市司法局、东兴影剧院、全球通俱乐部、师院附小、兆顺第一城、凤鸣花园、光明电力公司、峨碌公园
5路：三家塘客运站—烟厂新区	三家塘客运站、三家塘、彝人古镇、滇能小区、州政务中心北、实验小学、电信宾馆、招呼站、永兴家居广场、北客运站、玉波酒店、金甸园、体育馆东、桃源湖、文庙、楚雄一中、兆顺第一城、州博物馆、招呼站、师院东校区、市公务员小区、复明眼科医院、州人才市场、招呼站、州文化活动中心、招呼站、招呼站、彝海公园、招呼站、烟厂新区
6路：赵家湾工业园区—漂白凹	赵家湾工业园区、招呼站、康居小区、龙和小区、源泰集团、永安小学岔路口、天河人家、天河农贸市场、刘家小区、火车站、北客运站、龙江公园、北路小学、北浦农贸市场、北浦小区、烟厂生活区、市便民中心、桃源湖、文庙、楚雄一中、兆顺第一城、西小山路口、漂白凹
7路：职教中心—白龙新村	职教中心、青龙社区、鹿鸣清城、招呼站、中坤国际、富民路口、招呼站、市委党校、宏芳花园、丽景花园、金康花园、大修厂、东兴小学、小姑英、州广电中心南、市司法局、桃源湖、北城小学、百货大楼、楚雄一中、兆顺第一城、凤鸣花园、古山街、西园小区、市城建处、州电力公司、西山水居、省路桥四公司、白龙新村
8路：州农行干校—富民社区	州农行干校、师院附中、自来水公司、州博物馆、兆顺第一城、楚雄一中、文庙、市司法局、市民政局、汇东胜景北门、汇东胜景南门、花园路农贸市场、复明眼科医院、州人才市场、市委党校、中坤国际、中所、州医院新区、董家队、荷花小学、许阳、新大街、黑泥坝、富民中学、富民社区
9路：上章村客运站—福塔公园	上章村客运站、源泰·天籁花语、枫华盛景小区、阳光水城、阳光水城售楼中心、一颗印（农家菜馆）、彝人古镇、滇能小区、招呼站、州信息产业部、黎家屯、州政务中心东、数码城、盘龙云海、招呼站、永丰建材市场、锦星酒店、北客运站、龙江公园、州计生委、市便民中心、明珠百货、广电中心北、东兴中学、万湖东城、招呼站、招呼站、福龙苑、福塔溪镇、福塔公园
10路：纸箱厂—上章村	纸箱厂、州粮油机械厂、州电力公司、市城建处、西园小区、古山街、凤鸣花园、兆顺第一城、楚雄一中、文庙、桃源湖、体育馆东、金甸园、天河园、东宝酒店、州法院、实验小学、黎家屯、永盛花园（太阳历公园）、州消防支队、天人中学、市医院新区、盛世和园小区、上章村客运站
11路：纸箱厂—庄甸医药园区	纸箱厂、公路总段、州中医院、州水利局、州交通局、新华书店、州计生委、北路小学、北浦农贸市场、北浦小区、州中心血站、州市国税局、天河园、岭东纸业、零七家园、程家坝、庄甸、庄甸医药园区
12路：州中医院—楚雄医专	州中医院、州水利局、民族中学、玛瑙园、盘龙云海、数码城、游泳馆、招呼站、招呼站、彝人古镇、一颗印（农家菜馆）、阳光水城售楼部、观音寺、化肥厂仓库、柠檬酸厂、源泰·浩庭花园、招呼站、公交小区、龙江中学、楚雄医专
13路：州医院新区—火车站	州医院新区、招呼站、栗子园小区、栗子园社区、铜鼓花园、东华苑、复兴苑、灵秀社区、鹿城苑南、鹿城苑北、和源农贸市场、自来水公司、州博物馆、兆顺第一城、楚雄一中、北城小学、州计生委、龙江公园、北客运站、火车站
14路：上章村客运站—州医院新区	上章村客运站、盛世和园小区、市人民医院新区、天人中学、州消防支队、源泰·汇鑫广场、招呼站、铜材厂、源泰集团、永安小学岔路口、天河人家、天河农贸市场、天河园、金甸园、体育馆东、桃源湖、东兴影剧院、全球通俱乐部、州委党校、招呼站、招呼站、招呼站、市公务员小区、复明眼科医院、州人才市场、宏芳花园、市委党校、招呼站、富民岔口、中坤国际、招呼站、州医院新区
1路加：火车站—富民工业园区	火车站、北客运站、龙江公园、州计生委、北城小学、楚雄一中、兆顺第一城、州博物馆、市自来水公司、市公务员小区、复明眼科医院、州人才市场、招呼站、州文化活动中心、招呼站、彝海社区、市经信局、富民工业园区
2路加：太阳女检测站—桃源湖	太阳女检测站、波罗哨、车管所、仁和医院、招呼站、招呼站、三家塘、彝人古镇、滇能小区、招呼站、州政务中心西、方源小区、游泳馆、华丽包装公司、公路总段、州中医院、州水利局、州交通局、新华书店、北城小学、文庙、桃源湖

（楚雄市公交公司/提供）

铁路运输

【昆明铁路局广通工电段】 2015年，昆明铁路局广通工电段承担国家铁路成（都）昆（明）线南段K750+897至K1051+080计正线300.18千米，广（通）昆（明）线自K945 +715至K1067+580（扣除2个断链）计正线167.16千米（包括旬尾至广通北联络线、广通北至广大线联络线），合资铁路广（通）大（理）线自K0+743至K206+320计正线205.58千米，大（理）丽（江）线自K0+000至K161+006计正线186.28千米（包括大理至大理北、仁和至丽江东联络线），成昆线10个车站非路产专用线计34.76千米的工务、电务、供电及电力设备的维修养护工作。线路里程合计893.96千米，跨越四川省攀枝花市和云南省昆明市、楚雄州、大理州、丽江市。工电段设党委办公室1个、团委1个、工会1个和行政职能科室11个，有从业人员2607人。全年举办培训班86个2.03万人次，举办技能练兵133次。9月，工电段职工陈永祥荣获云南省"云岭首席技师"称号，并由陈永祥领衔组建"陈永祥技能大师工作室"，成为昆明铁路局首个线路工大师工作室。

工务专业 完成正线维修140.92千米，道岔维修79组，大机捣固122.77千米；更换失效桥枕645根，支座清洗32座645个，更换失效步行板2450块，隧道排水沟清淤9800米；完成线路探伤11355.82千米，道岔探伤8628组，焊缝全断面探伤65310个。

电务专业 更换电动转辙机158台、直流电机66台，周期更换继电器1115台、防雷补偿器366台。完成信号设备集中检修57站，机械室加装防鼠栏整治57站，轨道电路集中整治道岔195组，分解更换轨道绝缘439组，更换电缆12站5.5千米。

供电专业 完成接触网维修保养790.45千米，变（配）电所维修保养24座，高低压电力线路维修保养1153.80千米；完成接触网杆号牌更换2122处，牵引变电所轨回流改造8座，更换信号备用27.5千伏跌落保险46台，变电所直流系统大修2个，牵引变电所110千伏断路器改造4台。成昆、广大、大丽、广昆4条线轨检车成绩比上年稳步提升。成昆线检测24次，平均不良扣分6.72分；广大线检测24次，平均不良扣分19.98分；大丽线检测19次，平均不良扣分5.97分；广昆上行线检测24次，平均不良扣分8.02分；广昆下行线检测12次，平均不良扣分7.61分。平均不良扣分比上年下降30%～54%，电务设备和供电设备持续优良。至年末，工电段实现无责任铁路交通一般C类及以上事故1885天，无责任铁路交通一般D类事故80天，无责任轻伤事故1543天。

汛前防洪 开展汛前防洪隐患排查，对危急隐患及时进行整改销号，加强防洪设备整治，建立联防联控机制，加大防洪奖励力度，成昆、广大、大丽和广昆4条线路管理路段累计降雨达出巡警戒值806次，发生水害135件，封锁区间103个，冒雨巡查设备3948人次，添乘轨道车（单机）出巡检查113个区间240人次。与上年相比，水害件数增加74件，断道时间增加14时59分。

［杨宇诤］

【昆明铁路局广通车务段】 2015年，昆明铁路局广通车务段有干部职工1494人，管辖61个车站和1个列尾作业组，管理铁路里程779.35千米。其中，成（都）昆（明）线319千米27个车站，广（通）大（理）线206千米18个车站，大（理）丽（江）线160.89千米12个车站，仁和至丽江东联络线19.54千米，大理至大理北联络线8.29千米，昆（明）广（通）复线61.83千米3个车站，旬尾至广通北联络线3.8千米。有货运营业站18个、客运营业站10个，所辖区域跨及滇、川两省的昆明、楚雄、大理、丽江、攀枝花5州（市）。货运主要办理整车发到，危险货物、超重超限货物、鲜活货物运输，以及国际联运等业务；客运开展互联网购票、团体票上门售票、电话订票、自动售（取）票、银行卡及支付宝网上支付等业务。

安全生产 狠抓安全管理、过程控制、责任落实三大体系建设及相关制度落实；把握阶段性安全防控重点，加大季节性、结合部及冷门风险研判；强化作业过程风险防控，大力实施管理规范化、作业标准化、检查整治常态化，狠抓季度平推检查、风险源项点评估及安全问题闭环整改，开展专项整治19次、现场检查4.57万站次，发现问题3.3万个，整改问题3.2万个。实现安全生产1148天。

货物运输 创新营销政策，做好集装箱管内循环运输、瓷砖及磷矿石上量等重点项目，持续开展全员营销、攻关营销、深度营销；针对球团铁矿、重晶石等21个重点项目，落实经营项目负责制，实现铁矿石省内列车运输从无到有、重来重去的高效模式。年内，车务段329个重点项目发运415万吨，占全段货运发运量的53.2%。完成装车13.15万车，比上年增加1.01万车，增长8.3%；货物发送780.4万吨，比上年增加23.8万吨，增长3.1%；卸车24.2万车，比上年增加2.9万车，增长13.4%；货物发送周转量26.76亿吨千米，比上年增加1.3亿吨千米，增长5.1%。

装卸能力建设 完善《运输生产管理考核办法》《成组、同方向装车实施办法》，开展运输效率专题攻关，平均钩分10.0，比上年压缩0.2；全段中时5.6，比上年压缩1.8；停时18.1，比上年压缩1.7。狠抓站间配合及中间站作业挖潜，对广大段车流做到"按需拉运"，实现广大线450车的常态化卸车能力，比上年增卸2.86万车，增长13.4%；推进运能扩充及基础环境改造，建立装卸作业互动应急机制，提升装卸能力；协调专用线采取分流卸车、变更到站等方式，激活闲置货位，为装车上量提供保障。

客运营销 以楚大高速公路封闭施工、昆楚城际列车开行、滇中经济圈一体化交通网络建设为契机，成功开行昆楚城际列车；畅通售票渠道，代售点比上年新增客票发售984张，创收11.4万元；建立客运营销激励机制，实现创收34.3万元；深化服务内涵，开展购票"一键式服务""出行设计+上门送票"等套餐服务，全段累计发送605.7万人，比上年增加131.5万人，增长27.6%，超计划58.8万人；完成客运收入5.4亿元，比上年增加0.8亿元，增长17.4%。

［张伯莉］

2016 CHUXIONG ALMANAC

旅游

TOURIST INDUSTRY

责任编辑：李 梅

武定己衣大裂谷（王明/摄影）

旅游综述

【旅游工作概况】 2015年6月，根据楚雄州人民政府机构改革方案，原楚雄州旅游局更名为楚雄州旅游发展委员会，由单一的行业主管部门向产业促进协调转变，职能进一步扩充和加强。年内，全州累计接待海外游客3.86万人次，比上年增长6.86%；接待国内游客2029.82万人次，增长9.64%；实现旅游总收入105.68亿元，增长26.54%。年内纳入省、州人民政府考核和督查的47个在建类旅游重大（点）项目完成投资19.43亿元。其中，纳入省人民政府考核的10个项目完成投资11亿元，纳入州人民政府单独考核的37个项目完成投资8.43亿元。元谋古人类历史文化旅游项目有序推进；禄丰世界恐龙谷启动国家5A级景区创建工作，并实现在新三板挂牌上市；楚雄彝人古镇、武定狮子山、楚雄紫溪山等一批老景区改造提升取得实效，综合效益稳步提升；黑井古镇、石羊古镇、光禄古镇等旅游小镇公共服务设施配套建设进一步加强；旅游厕所建设和乡村旅游提升、旅游扶贫工作稳步推进。在国家旅游局开展的乡村旅游“百千万品牌”推介行动中，楚雄州获首批“中国乡村旅游模范村”2个、首批“中国乡村旅游模范户”3户、首批“中国乡村旅游金牌农家乐”30户、首批“中国乡村旅游致富带头人”30名；在以“云南力量”为主题的中国旅游总评榜云南分榜评选中，楚雄州旅游局荣获云南2014年度“最具推广力旅游局”称号；在由云南省旅游行业协会和东方航空传媒股份有限公司联合主办的“发现最美云南”大型评选活动中，元谋土林风景区荣获“《东方风情》‘发现最美云南’最令人难忘景区”称号。

2015年全州旅游产业发展大会（高建波/摄影）

2015年楚雄州10县（市）旅游经济指标完成情况统计表

县（市）	海外游客（人次）	国内游客（万人次）	旅游业总收入（万元）
楚雄市	15347	661.45	299186.65
双柏县	251	65.28	43871.62
牟定县	80	37.17	26196.97
南华县	89	152.31	78887.3
姚安县	428	34.11	23232.64
大姚县	67	57.19	35599.62
永仁县	94	105.45	50504.24
元谋县	19746	290.56	181067.32
武定县	1436	195.67	104872.62
禄丰县	1058	430.63	212914.23
全　州	38596	2029.82	1056809.31

（州旅发委/提供）

【旅游接待】 2015年，楚雄州假日旅游接待平稳增长，春节、“十一”两个黄金周和“五一”等小长假游客接待量平稳，旅游秩序良好。

元旦小长假　元旦小长假期间，全州接待游客16.98万人次，其中过夜游游客8.39万人次、一日游游客8.59万人次，实现旅游总收入4979.44万元。

春节黄金周　2月18～24日，春节黄金周期间，全州接待游客50.68万人次，比上年增长20.84%，其中过夜游游客34.64万人次、一日游游客16.04万人次，实现旅游收入1.47亿元，增长7.85%。6个主要旅游景区（点）累计接待游客28.35万人次，门票收入892.43万元。其中，禄丰世界恐龙谷景区接待游客8.55万人次，门票收入598.64万元；元谋土林景区接待游客3.41万人次，门票收入139.7万元；楚雄彝人古镇接待游客3.28万人次，门票收入5.88万元；武定狮子山景区接待游客7.66万人次，门票收入108.73万元；楚雄紫溪山景区接待游客3.62万人次，门票收入29.61万元；黑井古镇接待游客1.83万人次，门票收入9.87万元。全州机动车通行总量67.25万辆次，自驾车通行总量41.69万辆次，其中入境自驾车20.55万辆次，出境自驾车21.15万辆次。

清明节小长假　清明节小长假期间，全州接待游客17.5万人次，比上年增长6.43%，实现旅游收入5542.37万元，增长10.11%。其中，过夜游客6.6万人次，增长8.19%，过夜游收入2796.14万元，增长18.23%；一日游游客10.9万人次，增长5.79%，一日游收入2746.23万元，增长2.92%。全州纳入统计的5个4A级重点旅游景区共接待游客3.94万人次，实现门票收入109.14万元。

州庆小长假　4月15～19日州庆小长假期间，全州接待游客30.39万人次，实现旅游收入1.02亿元。其中，禄丰世界恐龙谷景区接待游客1.63万人次，门票收入99.51万元；楚雄彝人古镇（彝人部落）接待游客1.83万

楚雄州旅行社信息表

旅行社名称	经营场所	电话/传真（0878）
云南金鹿国际旅行社有限公司	楚雄市鹿城南路66号	3121511
楚雄紫溪旅行社有限公司	楚雄市府后街新天地广场A2-305	3137668
云南雄宝旅行社	楚雄市鹿城东路193号雄宝酒店	6161555
楚雄市太阳女旅行社有限公司	楚雄市团结路91号金山花园A幢201室	3124336
楚雄彝州旅行社有限公司	楚雄市鹿城西路三家巷1号	3135788
彝人古镇旅行社有限公司	楚雄市彝人古镇景区内	3388955
南华新五洲旅行社有限公司	南华县龙川镇龙泉西路61号	7214852
武定狮子山旅行社有限公司	武定县狮山镇中山路21号宏源酒店二楼	8714777
禄丰龙城旅行社有限公司	禄丰县金山镇金山南路95号	4122898
楚雄州丽楚假日旅行社有限公司	楚雄市鹿城北路70号鑫茂商城B幢8层5～6号	3020111
楚雄彝海假日旅行社有限公司	楚雄市鹿城北路滨河巷42号	8966028
楚雄牵手旅行社有限公司	楚雄市桃源湖体育馆004号（州文体局大门旁）	3374888
楚雄日月湾旅行社有限公司	楚雄开发区鹿港1号2期3幢45～47号商铺	3152155
楚雄彤祥旅游有限责任公司	楚雄开发区永安路245号	3118355
云南金桥国际旅行社有限公司楚雄分公司	楚雄市鹿城东路80号	8961262
云南新华润旅国际旅游有限公司楚雄分公司	楚雄市鹿城西路25号	3120190
昆明风情国际旅游（集团）有限公司楚雄分社	楚雄市团结路91号金山花园A幢301室	3124336

（州旅发委/提供）

人次，门票收入10.14万元；武定狮子山景区接待游客1680人次，门票收入14.55万元；元谋土林景区接待游客4167人次，门票收入22.55万元；楚雄紫溪山景区接待游客8870人次，门票收入12.29万元。

“五一”小长假　5月1～3日，全州累计接待游客21.36万人次，比上年增长4.35%。其中，一日游游客12.54万人次，增长2.65%；过夜游客8.82万人次，增长6.87%。实现旅游收入5779.32万元，比上年增长7.93%。其中，过夜游收入3259.01万元，增长5.45%；一日游收入2520.31万元，增长11.32%。自驾车进出车辆9.7万辆次。无有效旅游投诉和旅游安全事故发生。

端午节小长假　6月20～22日端午节期间，全州累计接待游客18.22万人次，其中一日游游客8.02万人次、过夜游游客10.20万人次；实现旅游收入6209.61万元，其中过夜游收入4216.76万元、一日游收入1992.85万元；自驾车进出车辆9.64万辆次。纳入全州抽样统计的5个主要旅游景区（点）接待游客3.35万人次，门票收入100.04万元。

火把节　8月8～12日火把节期间，受阴雨天气影响，游客明显减少。全州累计接待游客40.21万人次，比上年下降16%；实现旅游收入10142.47万元，比上年增长15%。主要景区共接待游客13.83万人次，门票收入353.4万元。其中，楚雄紫溪山景区接待游客1.39万人次、门票收入7.8万元，彝人古镇彝人部落景区接待游客6.63万人次、门票收入9.84万元，元谋土林景区接待游客7098人次、门票收入32.3万元，武定狮子山景区接待游客9051人次、门票收入10.26万元，禄丰世界恐龙谷景区接待游客4.19万人次、门票收入293.2万元。

中秋节　9月26～27日中秋节期间，全州累计接待游客10.72万人次，比上年增长8.29%，其中过夜游游客6.23万人次、一日游游客4.49万人次；实现旅游收入3562万元，比上年增长16.7%。

“十一”黄金周　“国庆”黄金周期间，全州接待游客42.63万人次，其中过夜游游客20.31万人次、一日游游客22.32万人次；实现旅游收入1.41亿元。主要景区共接待游客22.33万人次，门票收入734.27万元。其中，禄丰世界恐龙谷景区接待游客7.68万人次，门票收入538万元；元谋土林景区接待游客2.96万人次，门票收入126万元；彝人古镇彝人部落景区接待游客2.51万人次，门票收入9万元；武定狮子山景区接待游客6.11万人次，门票收入40万元；楚雄紫溪山景区接待游客8773人次，门票收入7.92万元；黑井古镇景区接待游客2.19万人次，门票收入13.35万元。

【旅游市场秩序整治】　2015年，楚雄州旅游发展委员会贯彻落实国家旅游局、公安部、工商行政管理总局《关于治理规范旅游市场秩序的通知》、云南省人民政府《关于进一步加强旅游市场秩序整治全面提升旅游服务质量的意见》、省旅游产业发展领导小组办公室《关于印发云南省整治旅游市场化突出问题向不合理低价宣战专项行动的通知》以及云南省10部门联发的《关于贯彻实施〈旅游法〉整治旅游市场突出问题的通知》等各项通知要求，研究全州旅游市场现状，分析存在的突出问题，制定《楚雄州旅游市场整治工作实施方案》。针对州内旅游市场存在的突出问题，结合省旅游发展委员会关于整治“不合理低价”的部署要求，于5月29日印发《楚雄州整治旅游市场突出问题，向不合理低价宣战专项行动方案》，并按照要求开展整治以不合理低价和低于成本价组织旅游活动专项行动，共开展检查200余次，出动人员500余人次，检查各类旅游企业300余家，发出整改通知10余份。

楚雄州旅游星级饭店名录

饭店名称	星级	地　址	联系电话（0878）	星评时间
雄宝酒店	四星	楚雄市鹿城东路193号	6161888	2005.01
彝人古镇大酒店	四星	楚雄市彝人古镇内	6119999	2009.08
东宝酒店	四星	楚雄开发区永安路	6111112	2014.01
建华国际大酒店	四星	楚雄市彝人古镇内	6166666	2015.07
永兴大酒店	三星	楚雄开发区鹿城北路131号	3396716	2000.12
锦星酒店	三星	楚雄开发区丰胜路	3392888	2000.12
楚雄州宾馆	三星	楚雄市龙泉路102号	6129999	2006.03
彝映象酒店	三星	楚雄开发区育才路126号	3377999	2009.08
广怡大酒店	三星	楚雄市北浦路241号	6115388	1998.10
伟光物流大酒店	三星	楚雄市程家坝滇中楚雄汽车城内	3390666	2013.01
格瑞酒店	三星	楚雄开发区振兴路366号	3399142	2013.01
圆宝酒店	三星	南华县龙川镇龙坪北路	6140777	2013.01
南华华鑫大酒店	三星	南华县龙川镇龙坪北路	7211599	2013.01
大姚香河酒店	三星	大姚县石羊镇	6370999	2013.01
盈泰大酒店	三星	元谋县凤翔街	8317988	2003.11
元谋树树园酒店	三星	元谋县元马镇翠芸街林业局旁	8214308	2013.01
帝景大酒店	三星	武定县狮山镇牡丹路	6034215	2015.12
翡翠大酒店	三星	禄丰县金山镇世纪大街北延长线	4801777	2013.01
禄丰宾馆	三星	禄丰县金山镇文瑞街29号	4122289	2013.01
电信宾馆	二星	楚雄开发区龙江路	3394888	2005.10
楚电宾馆	二星	楚雄市团结路270号	3204166	2006.09
彝都大酒店	二星	楚雄市雄宝路258号	3107888	2013.01
紫云酒店	二星	楚雄市雄宝路725号	3211212	2013.01
锦伦假日北部湾酒店	二星	楚雄市鹿城北路126号	3373668	2013.01
嘉鑫宾馆	二星	南华县龙川镇龙泉路34号	7213788	2007.06
华泰龙宾馆	二星	南华县龙川镇龙泉东路	7211960	2007.06
源尚酒店	二星	南华县龙川镇龙山路	6141555	2013.04
雄盛酒店	二星	南华县龙川镇龙山路47号	7222289	2013.04
融达酒店	二星	南华县龙川镇海子山	6142099	2015.12
虎鹏酒店	二星	大姚县金碧镇金碧路79号	6226888	2006.09
鑫圣大酒店	二星	牟定县城新南路	5216966	2002.09
牟定金信酒店	二星	牟定县城新南路	5217800	2010.12
新泰酒店	二星	双柏县妥甸镇东兴路19号	7721688	2007.06
牡丹饭店	二星	武定狮子山	8711222	2002.09
剑达酒店	二星	武定县狮山镇中山路	8712998	2003.11
永仁宾馆	二星	永仁县永定镇环城南路13号	6712088	2002.09
华丽商务酒店	二星	永仁县永定镇小汗坝新大街	6717088	2013.01
欧磊酒店	二星	永仁县永定镇环城东路37号	6722555	2013.01
国林宾馆	二星	永仁县永定镇苴却路10号	6715288	2013.01
元谋土林窑洞宾馆	二星	元谋县物茂土林景区	8352020	2014.07
欣庄酒店	二星	元谋县元马镇大沟（空军司令部院内）	6104777 6104888	2015.12

（州旅发委/提供）

【旅游投诉受理】 2015年，楚雄州旅游发展委员会设立统一的旅游投诉受理机构，建立统一受理、横向联动、纵向协作、一站式服务的工作机制，对旅游投诉实行统一受理，并按照职能职责进行转办、分办和督办。旅游投诉专线电话“96927”做到24小时开通，搭建起以州级旅游投诉专线电话为骨架，各县（市）旅游投诉机构为支撑，相关职能部门为依托的旅游投诉平台。对涉及旅行社组织的团队旅游投诉，由旅游部门牵头处理；按照职能分工，属其他部门职责范围的，由旅游部门转交有关部门处理。1～11月，接到各类投诉40起，比上年增长167%，主要以电话投诉为主，投诉重点是游客对景区门票价格有异议、个别高速公路服务区兜售玛咖欺诈游客等。所有投诉均在规定时限内得到处理。

【旅游行业“互联网+旅游”专题培训】 2015年7月1～2日，楚雄州旅游发展委员会举办全州旅游行业“互联网+旅游”专题培训班。10县（市）文体广电旅游局局长、分管旅游的副局长、从事旅游行政管理的有关人员、重点旅游企业、楚雄市城区重点旅游企业负责人，共150人参加培训。培训班邀请南京师范大学现代广告研究所、互联网品牌研究中心主任，清华大学、浙江大学、上海交通大学培训中心特约培训师洪海江就“什么是互联网+”“国家为什么要提出互联网+”“互联网+在旅游业中有什么作用”等方面的知识进行授课；邀请楚雄立天集团董事长、云南省“青年创业省长奖”得主张莅民和楚雄网总编张武，分别从实际操作的角度就“散客化趋势下的旅游电子商务”和“智慧旅游背景下的新媒体运用”等内容进行授课。

【楚雄州旅游教育培训师资库】 2015年，楚雄州组建成立州旅游教育培训师资库，教师由州内各大中专院校（职业院校）从事旅游专业教学的骨干教师或学科带头人、旅游企业专业培训师或具有授课能力的优秀员工组成，涉及的专业有导游服务、酒店前台服务、客房服务、餐饮服务以及旅游服务礼仪、服务技巧等。进入师资库的教师作为楚雄州旅游行业培训的教师队伍，参与全州旅游行业在岗员工或新员工的岗前培训。年内，有39名专业教师进入旅游教育培训师资库。

楚雄州特色民居客栈名录

客栈名称	所属县（市）	地　址	认定等级	联系电话（0878）
金太阳大酒店	楚雄市	楚雄开发区彝人古镇四期D-187栋	五星	3376788
高府林苑	姚安县	姚安县光禄镇西关	五星	6042222
翠缘酒店	楚雄市	楚雄开发区彝人古镇四期D-8栋	四星	3364399
彝仙居	楚雄市	楚雄开发区彝人古镇三期C-38栋	四星	3153333
瑞源酒店	楚雄市	楚雄开发区彝人古镇德运西区D-59栋	四星	3135766
金鹿酒店	楚雄市	楚雄开发区彝人古镇楚园西区D-51栋	四星	3364888
聚贤客栈	楚雄市	楚雄开发区彝人古镇古风驿站C-41栋	四星	3121999
金桥酒店	楚雄市	楚雄开发区彝人古镇古风驿站D-5栋	四星	3153688
金兰明珠大酒店	楚雄市	楚雄开发区彝人古镇德运东区D-97栋	四星	3361388
琪丰大酒店	楚雄市	楚雄开发区彝人古镇阳光闲庭G-3栋	四星	3363058
彝源客栈	楚雄市	楚雄开发区彝人古镇胜华坊1号	三星	3150101
阿佬俵客栈	楚雄市	楚雄开发区彝人古镇一期会馆七号	三星	3150168
龙悦客栈	楚雄市	楚雄开发区彝人古镇古风驿站C40幢	三星	6165588
银宏客栈	楚雄市	楚雄开发区彝人古镇三期D3幢	三星	3153599
龙腾酒店	楚雄市	楚雄开发区彝人古镇四期楚园东区D10幢	三星	3128868
红玛樱客栈（慧源客栈）	楚雄市	楚雄开发区彝人古镇四期D28幢	三星	3364916
乾泰客栈	楚雄市	楚雄开发区彝人古镇四期D44幢	三星	3364777
玛雅公寓酒店	楚雄市	楚雄开发区彝人古镇四期楚园西区D54幢	三星	3364788
金茶花客栈	楚雄市	楚雄开发区彝人古镇德运西区D58幢	三星	3364366
德江楼客栈	楚雄市	楚雄开发区彝人古镇四期D119幢	三星	13330566988
东欣酒店	楚雄市	楚雄开发区彝人古镇德运东区D124	三星	3364899
银帆酒店	楚雄市	楚雄开发区彝人古镇小庙东区D153幢	三星	3124666
宏晨酒店	楚雄市	楚雄开发区彝人古镇四期D186幢	三星	3366598
光华酒店	楚雄市	楚雄开发区彝人古镇阳光闲庭5号院G8幢	三星	3244777
宏瑞客栈	楚雄市	楚雄开发区彝人古镇古风驿站C44幢	三星	3367588
金泰客栈	楚雄市	楚雄开发区彝人古镇阳光闲庭5号院	三星	3244788
彝人太阳女大酒店	楚雄市	楚雄开发区彝人古镇三期C-45栋	三星	6120566
滇泰酒店	楚雄市	楚雄开发区彝人古镇小庙西区D-162栋	三星	3361226
华源客栈	禄丰县	禄丰县黑井镇二街43号	二星	4890217
盐兴园	禄丰县	禄丰县黑井镇二街86号	二星	4890380
水上人间	禄丰县	禄丰县中村乡中村水库	二星	4816997
华兴园	武定县	武定县狮山镇狮子山大村	三星	8835478
莲缘酒店	武定县	武定县狮山镇罗婺彝寨1号地C区23幢	二星	6034288
365商务酒店	武定县	武定县狮山镇罗婺彝寨1号地A区33幢	二星	8878999
天健快捷酒店	武定县	武定县狮山镇罗婺彝寨1号地	二星	8878777
和缘居	牟定县	牟定县共和镇彝和园古戏台旁	二星	6037006

（州旅发委/提供）

城建·环保

CONSTRUCTION & ENVIRONMENTAL PROTECTION

责任编辑：安孟勤

美丽的龙江公园（李光昌/摄影）

城乡规划

【城镇规划编制】 2015年，楚雄州完成《楚雄州城镇体系规划》和《楚南经济带城镇建设总体规划》方案编制，启动《禄丰次区域中心城市——云南禄丰石化产业城总体规划》编制工作。推进县（市）城市总体规划修改，禄丰县城总体规划修改获得相关部门批准通过，双柏、永仁、大姚、元谋4个县城总体规划修改成果通过州规划委员会审议，待修改完善后报州人民政府审批；姚安县城总体规划修改纲要和人口用地规模顺利通过省住建厅等部门联席审查；牟定和武定的县城总体规划修改纲要和人口用地规模上报省住建厅待审；楚雄市城市总体规划初稿通过省、州专家评审。启动8个省级风景名胜区总体规划编制，其中永仁方山、元谋土林、双柏白竹山和碍嘉的总体规划获省人民政府批准实施。完成5个历史文化名镇名村保护规划，黑井、琅井启动保护详细规划编制。武定县、禄丰县国民经济与社会发展规划、土地利用总体规划、城市总体规划、环保规划（生态规划）“四规合一”试点工作有序开展。

【镇村规划编制】 2015年，楚雄州有楚雄市东华镇、紫溪镇、中山镇，双柏县大麦地镇、大庄镇，牟定县蟠猫镇、新桥镇，南华县雨露乡、红土坡镇，姚安县弥兴镇，永仁县中和镇、永兴乡，元谋县羊街镇，武定县高桥镇、环州乡、田心乡、东坡乡、万德乡18个乡（镇）开展总体规划编制工作。30个州级重点示范乡（镇）中，13个省级特色小镇完成总体规划、集镇建设规划、控制性详细规划的编制工作。编制完成楚雄市大过口乡磨刀箐村委会洼子村安置点规划和禄丰县妥安乡横路村委会背阴凹美丽乡村修建性详细规划。

【专业规划和控制性详细规划编制】 2015年，楚雄州完成禄丰县城给水、永仁县城镇燃气、元谋县城镇燃气等10项专业规划和南华县城南片区3.83平方千米控制性详细规划编制，审查启用禄丰、元谋共26.68平方千米数字化地形图。印发《楚雄州实施“阳光规划”的意见》《楚雄州关于实施建设工程规划许可公告制度的通知》和《楚雄州城市总体规划修改和审查技术要点》《楚雄州建设项目修建性详细规划审查技术导则》，对重点项目选址现场踏勘，确保符合城乡规划。

【城市综合体建设】 2015年，楚雄州围绕规划建设15个城市综合体的总体目标，推进列入省级重点支持的8个城市综合体建设，8个省级城市综合体项目规划用地4603.5亩，建筑面积320.4万平方米，拟投资规模（不含土地成本）96.86亿元，已完成投资34.88亿元。上报储备项目7个，规划建筑面积54.23万平方米，拟投资规模（不含土地成本）19.69亿元。

【建设项目规划选址审批】 2015年，楚雄州严格执行“一书两证”制度。核发限额以上项目选址意见书13项，拟用地956亩，拟投资3.31亿元；审核滇中引水工程等国家级、省级重大项目选址意见书5个，拟用地3万亩，拟投资996.95亿元。完成州外规划设计单位入楚备案38家、州外测绘单位入楚备案5家。

【城乡规划项目审查】 2015年，楚雄州审查修建性详细规划项目26个，其中新建项目20个。20个新建项目总用地面积59.1万平方米，总建筑面积95.88万平方米，估算投资约28.76亿元。其中，房地产项目9个（10万平方米以上项目1个、10万平方米以下项目8个），总建筑面积58.89万平方米，估算投资约17.67亿元；其他建设项目11个，总建筑面积36.99万平方米。完成规划展示馆选址和建设方案制定。

【城乡规划管理机构建设】 2015年，楚雄州10县（市）相继成立城乡规划决策议事机构——城乡规划委员会（城乡规划建设领导小组）。10县（市）核定城乡规划管理编制333名，实有272人。其中，县（市）级核定编制96名，配备95人；乡（镇）核定编制237名，配备177人。

【城乡规划稽查】 2015年，楚雄州核发“一书三证”4552份，其中“建设项目选址意见书”108份、“建设项

2015年楚雄州10县（市）城镇化情况统计表

项目 县（市）	总人口 （常住人口、万人）	常住城镇人口 （万人）	常住人口城镇化率 （%）	城镇建成区面积（平方千米）	
				县城	乡（镇）
楚雄市	59.75	36.42	60.96	42.43	4.48
双柏县	16.05	5.07	31.58	3.90	2.10
牟定县	21.18	6.80	32.10	4.82	5.87
南华县	24.11	7.69	31.90	7.74	4.53
姚安县	20.32	7.07	34.80	4.00	5.36
大姚县	27.89	9.01	32.31	7.52	7.93
永仁县	11.10	3.53	31.82	4.25	2.10
元谋县	21.96	7.05	32.11	6.57	2.72
武定县	27.88	8.73	31.32	4.30	8.50
禄丰县	43.06	19.14	44.45	9.16	28.05
合　计	273.30	110.51	40.44	94.69	71.64

（州住建局/提供）

大姚县新街镇龙山美景（陈维寿/摄影）

财 政

【财政收支概况】 2015年，楚雄州完成地方公共财政预算收入68.2亿元，比上年增收4.5亿元，增长7%。其中，州级完成13.9亿元，增收0.9亿元，增长7.1%；县（市）级完成54.3亿元，增收3.6亿元，增长7%。完成政府性基金预算收入12.6亿元，为预算的48.7%，减少8.1亿元，下降39%，主要是国有土地使用权出让收入减少8.4亿元，下降43.2%。完成地方公共财政预算支出216.2亿元，增支11.1亿元，增长5.4%。其中，州级完成26.4亿元，增支1.2亿元，增长4.6%；县（市）级完成189.8亿元，增支9.9亿元，增长5.5%。完成政府性基金预算支出18.8亿元，为预算的56.5%，减少10.4亿元，下降35.7%，主要是国有土地使用权出让收入安排的支出减少8.6亿元，下降41.9%。

【财政收入组织及资金争取】 2015年，楚雄州财政系统始终把组织收入作为财政工作的首要任务，完成纳入地方公共财政预算收入管理的税收收入45.9亿元，为全年预算的93.5%，增长1%。加强非税收入征管，完成纳入地方公共财政预算收入管理的非税收入22.3亿元，为全年预算的116.8%，增长21.9%。完善《楚雄州争取项目资金工作经费考核安排暂行办法》，突出部门主体责任。完善和落实《楚雄州财政局机关向上争取资金和工作汇报制度》《楚雄州财政局加强部门工作沟通和向上争取资金定期协调制度》，加强协调，积极向上级汇报争取资金支持。争取到上级转移支付资金132.3亿元，增长4.6%，其中一般性转移支付70.9亿元，增长27.7%。

【财政服务经济发展】 2015年，楚雄州加强宏观引导，用好用活财税金融扶持政策，贯彻落实州人民政府稳增长“28条”措施，应对经济下行压力。坚持收支并重，把支出水平作为衡量财政管理工作质量的重要指标，科学合理制定支出预算，规定州级项目支出预算下达进度，限期下达上级专项资金，按月召开支出进度分析会，建立单位领导约谈制度和每月督查通报制度。前三季度，全州财政支出进度75.9%，比上年提高6.5个百分点；12月当月支出仅占全年支出的8.5%，比上年下降6.9个百分点。提高预算执行的均衡性，保障重点支出需求。支持水利交通基础设施建设，完成水利和交通运输支出28.7亿元。筹集州级项目前期工作经费9550万元，支持全州重点项目资金争取工作，拉动固定资产投资增长。支持产业结构优化升级，投入资金8482万元支持工业园区基础设施建设。直接用于扶持和奖励民营经济发展财政资金1.23亿元。落实“两个10万元”微型企业培育工程，筹措资金7500万元，培育扶持小微企业2500户。初步完成全州融资担保体系建设框架，筹集州内企业信贷引导资金2亿元，开通“惠企贷”业务，缓解州内中小企业“融资难”“融资贵”问题。建立政府与社会资本合作工作协调机制，向省财政厅筛选上报PPP项目23个，其中亚行贷款城市基础设施建设项目被列为财政部示范项目，总投资24.8亿元。全州新增各类融资112.4亿元，其中新增银行信贷85.3亿元。

【财政支持农业农村工作】 2015年，楚雄州加大财政对“三农”的支持力度。大力支持农田水利建设，发展高原特色农业，完成农林水事务支出39.6亿元，增长16%。投入资金2.2亿元实施农业综合开发项目35个，建成

2015年楚雄州地方公共财政预算收支情况表

单位：万元

县（市）	一般预算收入				一般预算支出			
	2014年决算数	2015年决算数	比上年同期		2014年决算数	2015年决算数	比上年同期	
			绝对数	增减（%）			绝对数	增减（%）
楚雄市	184260	200026	15766	8.6	353028	362197	9169	2.6
双柏县	22765	25109	2344	10.3	165400	160288	-5112	-3.1
牟定县	26669	28819	2150	8.1	132735	138956	6221	4.7
南华县	38624	40961	2337	6.1	175478	171041	-4437	-2.5
姚安县	22262	24057	1795	8.1	128781	145942	17161	13.3
大姚县	39390	42200	2810	7.1	183900	191862	7962	4.3
永仁县	24177	26164	1987	8.2	107465	120488	13023	12.1
元谋县	22686	25186	2500	11.0	149212	160306	11094	7.4
武定县	49979	49979			184961	205165	20204	10.9
禄丰县	76617	80460	3843	5.0	217460	241718	24258	11.2
县（市）级小计	507429	542961	35532	7.0	1798420	1897963	99543	5.5
州　级	129777	138927	9150	7.1	252768	264382	11614	4.6
合　计	637206	681888	44682	7.0	2051188	2162345	111157	5.4

（州财政局/提供）

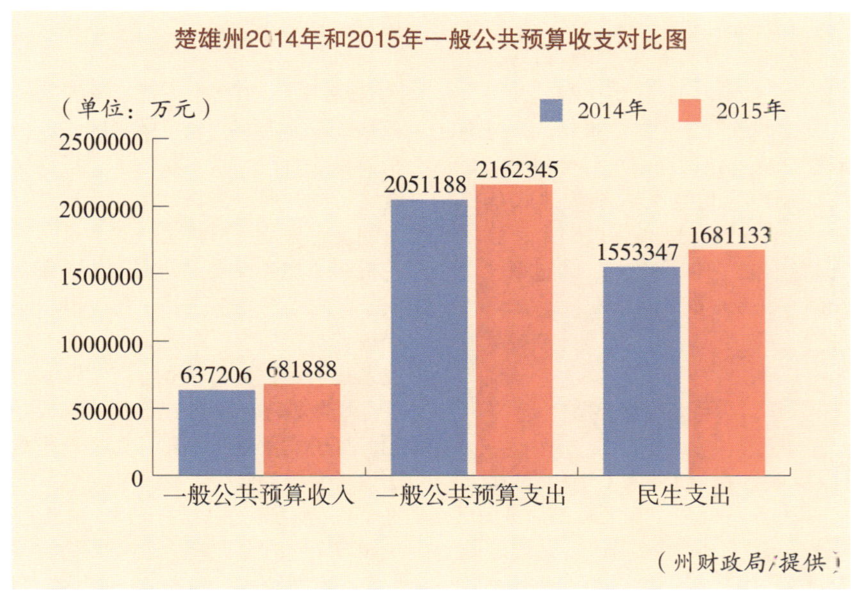

高标准农田8.5万亩；实施村级公益事业“一事一议”财政奖补项目834个。兑付各项惠农补贴资金2.4亿元。其中，水稻良种补贴1841.7万元，补贴面积124.33万亩；玉米良种补贴1130.9万元，补贴面积108.82万亩；小麦良种补贴724.1万元，补贴面积66.95万亩；油菜良种补贴476.5万元，补贴面积44.39万亩；农资综合补贴2亿余元。投入资金4.4亿元，主要用于扶贫开发整乡推进、行政村整村推进、扶贫到户贷款贴息、中央财政预算内以工代赈和少数民族发展等项目。投入水利专项资金1.5亿元，争取“五小水利”重点县1个。安排资金1100万元用于农业科研科技推广及晚秋作物、冬早农作物开发。争取实施6个中央财政支持现代农业生产发展蔬菜项目和3个山地鸡养殖项目，投入资金2500万元，其中蔬菜项目资金1850万元、山地鸡养殖项目资金650万元。筹资安排木本油料产业发展资金1275万元。

【民生保障】 2015年，楚雄州加大民生投入，投入民生资金168.1亿元，增长8.2%，占一般公共预算支出的77.7%，比上年提高2个百分点。其中教育支出36.3亿元，增长20.5%，主要用于完善农村义务教育经费保障机制，落实教育民生政策，推动教育均衡协调发展。按照特殊教育学校和农村中、小学4000元、800元和600元的补助标准保障义务教育公用经费，累计下达农村义务教育公用经费2.11亿元；筹措资金166万元，资助全州5547名学前家庭经济困难儿童；筹集资金2343万元，对全州1.43万名普通高中家庭经济困难学生给予帮扶；筹措资金6499万元，对1.81万名中等职业教育学生免除学费、对1.12万名中等职业教育学生补助国家助学金，促进职业教育发展；按照每人5000元的标准对考入中央部委直属高校的415名楚雄籍优秀贫困学生给予奖励。社会保障和就业支出30.3亿元，增长15.8%。农村危房改造和抗震安居工程支出4.26亿元。筹措资金6.49亿元，把全州29.46万名城乡最低生活保障对象的补助资金在上年基础上提高15%，分别达到每人每月317元和143元；安排资金1474.15万元，为全州38名百岁以上老年人每月发放长寿补助300元，为4.6万名80～99周岁老年人每月发放保健补助50元。安排资金1.23亿元，为全州25818名伤残人员、“三红”人员、“三属”人员、带病回乡退伍和在乡复员军人等发放抚恤金、生活补助和实施医疗救助。完成机关事业单位津贴补贴规范调整和彝州津贴发放，启动机关事业单位工作人员养老保险制度改革，支持建立就业联动机制，促进就业再就业。医疗卫生与计划生育支出23.8亿元，增长20.9%，主要用于支持完善医疗卫生服务体系建设，推进县级公立医院综合改革。安排资金3380万元，专项用于公立医院取消药品加成减少的合理收入补助；安排资金4790.39万元，实施基本药物制度和综合改革，保障基层医疗卫生机构综合改革的顺利推进；安排资金1.03亿元，支持做好向城乡居民免费提供13项国家和省级基本公共卫生服务项目工作。文化体育与传媒支出2.9亿元，增长19.9%，主要用于支持推进国家公共文化示范区创建工作和文化惠民工程建设。

【财政监督管理】 2015年，楚雄州坚持有保有压，落实中央八项规定和省、州实施办法，修订完善会议费、差旅费、培训费管理办法，严格控制“三公经费”，全州“三公经费”比上年下降15.2%，实现“只减不增”目标。加强财政专项资金检查，开展对10县（市）涉农资金专项整治行动，对10县（市）2014年度扶贫资金项目进行专项督查，开展严禁领导干部违规使用扶贫资金专项整治，认真清理催收支农周转金和乡镇企业发展资金，严格核查农业贷款贴息项目资金。开展盘活财政存量资金专项检查，并对检查出的问题进行处理，收缴省级中央国库转移支付结转结余资金204万元，收缴州级国库转移支付结转结余资金48万元，收缴县级国库转移支付结转结余资金7770.27万元，县级财政调整使用2974.34万元，缴交非税收入535.11万元。对州级53家预算单位开展财政督导，对22家医药行业开展会计监督检查，查处违纪违规资金1476.5万元。成立违反财经纪律处理处罚审理领导小组，规范监督检查行为。全面实施《行政单位会计准则》《事业单位会计制度》和《行政事业单位内部控制规范》，对村级会计委托代理服务工作进行督查。全州103个乡（镇）全部成立村级会计委托代理服务机构，1099个村（居）委会全部纳入村级会计委托代理核算，14927个村（居）民小组中有14087个纳入村级会计委托代理核算，代管集体资金23.8亿元。严格实行项目指南、资金投向“双公开”和项目申报前、审批后“双公示”制度。加强预算绩效管理，选取州级财政安排的10个项目和12户地方金融企业开展绩效评价，选取州级4家单位开展部门项目支出预算评审试点。进一步规范政府采购行为，健全“阳光采购”运行机制，全州共执行采购预算8.6亿元，实际完成采购金额7.4亿元，节约资金0.72亿元，资金节约率8.43%。

【财税改革】 2015年，楚雄州严格按照新《预算法》、国务院《关于深化预算管理制度改革的决定》和省人民政府“1+4”改革文件要求，强化预算编制与执行。扩大预决算公开，公开预决算报告、背景材料和收支附表，在部门预算全部提交州人大常委会审查的基础上，选取州级12家部门预算执行情况报州人民代表大会审议。除部分涉密部门外，全州894个部门1470家预算单位公开部门预算，872个部门1442家预算单位公开“三公经费”预算。建立按季定期清理制度和统筹使用机制，盘活财政存量资金60亿元，其中财政收回统筹使用6.7亿元。推进政府债务管理改革，成立全州债务管理领导小组，开展政府性债务清理甄别，争取到省级转贷政府债券资金53.1亿元，其中置换债券47.6亿元、新增债券5.5亿元，缓解政府偿债压力和重点工程建设资金压力。州本级和10县（市）都试编了权责发生制政府综合财务报告。推进财政票据电子化管理改革，全州纳入财政票据电子信息化管理的执收单位920个、安装开票端点1155个，新增104个单位、102个端点，通过系统缴交国库、专户资金24.04亿元。

［朱晓华］

国家税务

【国税收入概况】 2015年，楚雄州国家税务系统共组织税收收入94.02亿元，比上年增收2.65亿元，增长2.91%，完成省国税局年末调整确定89.80亿元的104.69%。完成全州一般公共预算收入9亿元，完成州人民政府下达9.23亿元的97.53%；实现州级公共预算收入5.07亿元的109.84%，增收7444万元，增长17.2%。其中，增值税26.06亿元，增收1.93亿元，增长8%；消费税55.20亿元，增收8692万元，增长1.6%；企业所得税10.31亿元，增收689万元，增长0.67%；利息个人所得税2.6万元；车辆购置税2.45亿元，减收2120万元，下降7.83%。

【依法治税】 2015年，楚雄州国家税务系统深化落实行政审批制度改革，精简税收行政审批事项91%，规范权责运行，开展执法督察，推行权力清单制度，规范进户执法，健全权责制约机制，加强税收法制宣传，圆满完成了“六五”普法工作，楚雄市国税局被省国税局表彰命名为“云南省国税系统第一批法治税务示范基地”。规范税收秩序，稽查查补收入8122万元；打击发票违法犯罪活动，查获非法取得发票8352份，移送公安机关案件6件，抓获犯罪嫌疑人15人；推进税制改革，“营改增”后，纳税人与原缴纳营业税相比减税505.9万元。

【信息管税】 2015年，楚雄州国家税务系统顺利完成“金税三期”工程优化版推广应用上线工作，税务标准化试点工作有序推进。强化税种管理，为19户出口企业审核审批办理出口退（免）税2673万元。统筹加强税收风险管理取得成效，开展纳税评估补缴税款6164.08万元，完成大企业税收风险现场审计。加强欠税管理，累计追

2015年楚雄州国税收入完成情况统计表

单位：万元

县（市）	全年收入合计	比上年同期增减（%）	增值税		消费税		企业所得税		储蓄存款利息个人所得税		车辆购置税	
			累计收入	比上年同期增减（%）	累计收入	比上年同期增减（%）	累计收入	比上年同期增减（%）	累计收入	比上年同期增减（%）	累计收入	比上年同期增减（%）
楚雄市	47763	−6.09	27430	16.60	99	−5.71	5337	−34.05	1.4	−26.32	14896	−22.15
开发区	812528	6.61	169195	18.33	551638	1.61	89062	17.15			2633	961.69
双柏县	4824	−21.07	3706	−11.17	2		686	−53.65	0.1		430	−6.32
牟定县	6256	5.35	4752	11.92	12	−40.00	908	−22.46	0.1	−50.00	584	16.33
南华县	9155	−21.95	7590	−7.37	83	−64.07	520	−77.32	0.3	−25.00	962	−4.75
姚安县	4818	−7.47	3200	11.38	14	−17.65	1070	−39.14	0.1	−66.67	534	−4.30
大姚县	10795	−10.03	8890	−2.59	4		912	−52.77	0	−100.00	989	3.13
永仁县	5191	−4.91	3961	−2.94	3		671	−22.87	0	−100.00	556	10.54
元谋县	6367	1.43	4353	13.83	5	−16.67	954	−31.02	0.1		1055	−0.94
武定县	8876	−46.21	6937	−42.85	4	100.00	1352	−62.99	0.1	−75.00	583	−18.00
禄丰县	23642	−24.68	20611	−21.22	165	230.00	1618	−57.13	0.4	−60.00	1248	−10.86
全　州	940216	2.91	260625	8.00	552029	1.60	103090	0.66	2.6	−60.00	24470	−7.83

（州国税局/提供）

2015年楚雄州国税重点税源企业一览表（500万元以上）

单位：万元

企业名称	行业类别	增值税	消费税	企业所得税	合　计
云南红塔集团楚雄卷烟厂	卷烟制造	109075	531565	14434	655074
云南省烟草公司楚雄州公司	烟草批发	60981	20069	61750	142800
楚雄烟叶复烤有限责任公司	烟叶复烤	3634		4680	8314
云南电网公司楚雄供电局	电力供应	4382		67	4449
楚雄市农村信用合作联社	金融			3214	3214
楚雄滇中有色金属有限责任公司	铜冶炼	3100			3100
楚雄州吕合煤业有限责任公司	煤炭开采	2755			2755
一平浪煤矿	煤炭开采	2293			2293
云南楚雄永盛建设（集团）有限公司	房地产开发			2192	2192
楚雄德胜煤化工有限公司	炼焦	2026			2026
云南电网公司楚雄鹿城供电局	电力供应	1985			1985
云南云开电气股份有限公司	配电开关制造	1956			1956
禄丰供电有限公司	电力供应	1827			1827
云南楚雄矿冶股份有限公司六苴铜矿	铜矿采选	1767			1767
云南岭东印刷包装有限公司	包装装潢印刷	1189		290	1479
云南燃二化工有限公司	化学产品制造	1390			1390
云南白药集团楚雄健康产品有限公司	化妆品制造	902		393	1295
红塔证券有限责任公司楚雄鹿城北路证券营业部	证券服务			1200	1200
云南盘龙云海药业有限公司	中成药制造	1110			1110
云南德胜物流有限公司	道路货物运输	1108			1108
云南电网公司楚雄武定供电局	电力供应	1070			1070
中国石化销售有限公司云南楚雄石油分公司	石油制品批发	1059			1059
大姚供电有限公司	电力供应	1059			1059
云南楚雄矿冶股份有限公司	铜矿采选	1043			1043
云南摩尔农庄生物科技开发有限公司	饮料制造	700		320	1020
武定县农村信用合作联社	金融			1012	1012
中国石油天然气股份有限公司云南楚雄销售分公司	石油制品批发	967			967
元谋供电有限公司	电力供应	963			963
云南白药集团种源繁育有限责任公司	中药材种植	938			938
大姚县农村信用合作联社	金融	3		763	766
十四冶建设集团云南第四建筑安装工程有限公司大姚分公司	铜矿采选	748		6	754
元谋县农村信用合作联社	金融	3		741	744
楚雄市鹿城彩印有限责任公司	包装装潢印刷	692			692
昆明铁路局广通车务段	铁路货物运输	690			690
中国移动通信集团云南有限公司楚雄市分公司	移动电信服务	674			674
楚雄瑞特纸业有限公司	加工纸制造	372		286	658
云南禄丰勤攀磷化工有限公司	磷肥制造	623			623
云南德胜钢铁有限公司	炼钢	620			620
楚雄吉兴彩印有限责任公司	包装装潢印刷	616			616
楚雄交投商贸有限公司	建材批发	89		521	610
南华供电有限公司	电力供应	599			599
楚雄滇中锦绣房地产开发有限公司	房地产开发			594	594
云南燃二化工有限公司禄丰玻璃厂	玻璃制品制造	586			586
牟定县农村信用合作联社	金融			581	581
牟定供电有限公司	电力供应	554			554
云南岭乐矿业有限公司	铁矿采选	548			548
三峡新能源云南姚安发电有限公司	风力发电	24		508	532
永仁供电有限公司	电力供应	516			516
楚雄老拨云堂药业有限公司	中成药制造	516			516
楚雄昆钢奕标新型建材有限公司	水泥制品	514			514
合　计		218266	551634	93552	863452

（州国税局/提供）

缴欠税4730万元。《全国税收征管规范（1.0版）》和《国、地税合作工作规范（1.0版）》全面落实，国、地税合作5大类32项业务。4515户一般纳税人和起征点以上小规模纳税人推行增值税发票升级版。

【税收优惠及纳税服务】 2015年，楚雄州国家税务系统认真落实各项税收优惠政策，共减免税收12.76亿元。其中，减免增值税9.96亿元，减免企业所得税2.25亿元，减免车辆购置税2492万元，办理出口退税2673万元，其他资源类退税403万元。《纳税服务规范2.0版》深化落实，“便民办税春风行动”常态化开展。搭建“税银助力通”合作平台，与银行共同开展“税易贷”业务，助推小微企业发展。推进落实商事制度改革，与工商、质检部门联合开展“三证合一、一照一码”业务。全州11个县（市、区）国税局实现联合办证，9个县（市、区）国税局设立10个地税服务窗口征收“两税两费”。全州范围内推行部分涉税事项“同城通办”，公开办税、领导值班、咨询导税、首问责任、一次性告知等服务制度强化落实。完成对2014年度2127户查账征收企业纳税信用评价工作。

［李　军］

地方税务

【地税收入概况】 2015年，楚雄州地方税务系统组织入库税费收入74.44亿元，比上年增收2.32亿元，增长3.21%。其中，地方税收收入50.05亿元，比上年增收1426万元，增长0.29%；规费收入22.45亿元，其中生育保险费1960万元、失业保险费9064万元、工伤保险费5480万元、基本医疗保险费9.87亿元、基本养老保险费9.67亿元，工会经费和建会筹备金1.04亿元；其他收入1.9亿元。

【地方税收征管与改革】 2015年，楚雄州地方税务系统强化税源调查监控，开展典型调查2724户次，查补入库税款7680.98万元。强化纳税申报管理，比对信息4.36万条，清理漏征漏管户1230户，补征税款1073.4万元，清缴入库欠税4728.3万元。强化零星税源征管，清理代征单位61个，新委托代征单位47个，代征入库税款3.29亿元。强化税收风险管理和纳税评估，对7户企业集团开展全流程风险排查和现场审计工作，查补税款470.6万元；积极开展省国税局推送风险点排查应对工作，确认补税户数570户，查补入库税款4093.53万元；开展纳税评估166户，评估入库税款962万元。强化发票管理，开展发票检查6346户次，处理违章140户，给予行政处罚141件次。严格落实国家结构性减税政策和扶持小微企业发展、稳增长、促进重点群体创业就业等税收优惠政策，全年减免地方税2.3亿元。开展煤炭资源税从价计征改革，楚雄州煤炭资源税从价计征税率5.5%。全面落实小微企业优惠政策，减免营业税4.1万户（次）5840.69万元，减免企业所得税932户328万元。加强水电、光伏太阳能发电、铁路、公路等重点项目、重点工程耕地占用税政策调查研究，入库耕地占用税8.08亿元，比上年增收1.87亿元，增长30%。

【地方税收稽查】 2015年，楚雄州地方税务系统加大税务稽查力度，共检查和辅导企业自查327户，组织稽查入库收入1.02亿元。其中，稽查机构稽查案件118件，查补入库税款1030.5万元、滞纳金61.36万元、罚款116.54万元，入库稽查查补税款合计1208.4万元；辅导企业自查209户，辅导自查补缴入库税款及滞纳金8954.59万元。选案准确率100%，入库率98.17%，稽查收入查补率2.03%。自8月24日起，全州地税系统抽调业务骨干160人，成立12个巡查组，组织开展为期一月的巡查，共巡查企业315户，查补税款2.55亿元、滞纳金196.9万元，查补税款滞纳金合计2.57亿元，入库1.79亿元，入库率69.9%。

【纳税服务】 2015年，楚雄州地方税务系统着力优化业务流程，积极推进涉税事项前移，办税服务厅受理涉税事项24.56万户次。国税、地税合作由最初的联合办证延伸到税款征收、税务稽查等10余项，联合征收税款3065万元。落实纳税服务规范797个，“同城通办”服务、“一窗通办”服务有序推进，办理“免单”服务3.26万户次、“免填单”服务7.92万户次，减少资料报送9562份次。全省首家实现“零余额账户”单位网上申报缴费，有效提升规费征缴服务水平。深入开展“便民办税春风行动”和“蹲企服务”大活动，在全省纳税人满意度调查测评中综合满意率得分97.8分。

【地方税务管理信息化建设】 2015年9月8日，楚雄州地方税务“金税三期”系统成功上线运行。年内，通过“金税三期”管理系统共办理税务登记证件2322件；纳税人网上申报共29.91万笔，申报税款5.66亿元；开具网络发票29.96万笔，合计开具金额78亿元。

［王家奇］

9月7日，“金税三期”系统在楚雄州成功上线运行（州地税局/提供）

2015年楚雄州地方税费分税种收入情况统计表

单位：万元

项目	全年收入	上年同期	同比增减	增减（%）	其中											
					楚雄市	双柏县	牟定县	南华县	姚安县	大姚县	永仁县	元谋县	武定县	禄丰县	开发区	直征局
一、地方税收收入合计	500460	499034	1426	0.29	107854	19381	20391	29842	21178	26850	23101	22517	33307	50055	38702	107282
1. 营业税	132261	145391	−13130	−9.03	36241	4792	6231	7113	5152	6358	5877	6461	9400	12894	11471	20271
2. 资源税	4560	3046	1514	49.70	194	12	150	1857	7	750	164	53	164	1209	0	0
3. 土地使用税	10767	12004	−1237	−10.30	2443	391	378	721	297	474	253	416	283	1772	1362	1977
4. 企业所得税	29248	40488	−11240	−27.76	7296	1324	2134	2844	1782	1397	1299	2016	1259	2672	4221	1004
5. 个人所得税	36503	35475	1028	2.90	10573	1132	1387	1941	1169	2217	1359	1538	1787	3959	3620	5821
6. 城市维护建设税	63066	58134	4932	8.48	4170	379	468	859	338	657	360	493	803	1293	1972	51274
7. 印花税	4556	5288	−732	−13.84	1064	107	214	259	206	243	155	178	248	649	848	385
8. 房产税	12575	11129	1446	12.99	4043	347	446	578	265	424	274	562	520	1385	1880	1851
9. 车船税	5894	4769	1125	23.59	2051	186	188	425	95	364	134	329	364	726	1031	1
10. 土地增值税	8362	14801	−6439	−43.50	2755	297	271	560	475	576	334	193	474	922	1376	129
11. 烟叶税	59288	56465	2823	5.00	9658	4990	4416	7140	6190	5295	3290	1717	7490	8868	234	0
12. 教育费附加	29036	27139	1897	6.99	1833	264	325	552	238	458	297	317	533	977	844	22398
13. 耕地占用税	80844	62157	18687	30.06	18745	4244	2770	4046	4421	6745	8153	7215	9107	9687	5654	57
14. 契税	23466	22717	749	3.30	6771	914	1012	947	542	891	1152	1026	870	3040	4187	2114
15. 其他收入（罚没收入）	34	31	3	9.68	17	2	1	0	1	1	0	3	5	2	2	0
二、社会保险基金收入	211876	191738	20138	10.50	66132	9163	8941	13144	8278	14551	7013	10386	11834	27981	15580	18873
三、其他收入合计	32025	30432	1593	5.23	5140	670	756	1018	591	1075	646	867	1138	1912	1550	16662
合计	744361	721204	23157	3.21	179126	29214	30088	44004	30047	42476	30760	33770	46279	79948	55832	142817

（州地税局/提供）

2016 CHUXIONG ALMANAC

金融·保险

BANKING & INSURANCE

责任编辑：李 梅

美丽乡村——楚雄市西舍路镇着诺村红土地（马兴华/摄影）

金　融

【中国银行业监督管理委员会楚雄监管分局】 2015年，中国银行业监督管理委员会楚雄监管分局围绕抓监管促发展总体思路，增强工作的前瞻性、主动性和有效性，着力防范银行重点风险，着力支持服务实体经济，着力推动银行业发展转型，切实履行监管职责，确保彝州银行业稳健运行。

银行业支持发展　引导银行业持续加大对楚雄州“3个30”和省“4个100”等重点建设项目、经济转型升级及重点民生领域的信贷支持，督促各机构采取清收、展期、再融资、重组、批量转让等方式对745笔19.65亿元风险贷款进行处置，化解风险贷款657笔10.08亿元，核销处置不良贷款1.45亿元。年末，全州“3个30”和省“4个100”重点建设项目贷款金额分别为25.2亿元和51.33亿元，年内分别新增17.16亿元和31.83亿元，分别增长213.27%和163.22%；涉农贷款余额380.96亿元，比年初增加60.98亿元，增长19.06%；保障性安居工程贷款余额10.55亿元，比年初增加3.74亿元，增长54.83%。加大信贷扶贫，金融支持集中连片扶贫开发力度不断加大，楚雄州滇西及乌蒙山连片特困地区金融机构各项贷款增长高于全州各项贷款平均增长9.8个百分点、新增贷款占全州新增贷款比重高于上年同期12.7个百分点。至年末，全州银行业对7个重点贫困县发放扶贫贷款19.52亿元，占7个县各项贷款的8.99%，比上年增加14.7亿元，增长306%。农业发展银行楚雄州分行对异地扶贫搬迁、农田水利设施建设、整体城镇化、人居环境改善等项目提供信贷支持37.2亿元。

金融机构改革　健全银行业金融机构体系，进一步增强农村金融机构实力，引导督促农村金融机构增强资本实力和风险抵抗能力，10家信用社全部完成3～5年资本补充规划。年内，全州农信社股本金比年初增加8010万元，增长7%。加大民间资本引进力度，推动江苏常熟农村商业银行在楚雄新设3家村镇银行，吸收5005万元民间资本参与，占总股本的55.61%。建立《楚雄州农合机构社团贷款监测台账》，加强“脱农”监测；开展农信社未经许可撤并网点情况清查，对8个网点责令限期恢复营业。围绕州情引导银行业积极创新金融产品，建设银行楚雄分行推出专门服务小微企业的“速贷通”“信用贷”“税易贷”和“POS贷”等信贷业务；引入政府建立风险补偿机制及企业间互保互助的“助保贷”业务；浦发银行楚雄分行创新推出为涉农小微企业量身定做的“产业基金”融资新产品。积极探索“两权”抵押贷款，年末全州林权抵押贷款余额6.8亿元，比年初增加1.89亿元，增长38.5%。银行规模进一步扩大，制定印发《楚雄银行业支持经济稳增长调结构的贯彻意见》，引导银行业做大资产规模，提高存贷比，加大信贷投入，发挥对实体经济的支持作用，并在发展中化解缓释风险。年末，全州银行业资产总额994.43亿元，比年初增加120.96亿元；存贷比64.86%，上升1.63个百分点。

银行业监督管理　开展“两加强两遏制”专项检查和“回头看”，针对发现问题切实整改，推进银行业法治建设。细化流程，明确责任，严肃高管考试纪律，严把市场准入关口，严格按法定程序开展现场检查、行政许可、行政处罚、消费者投诉处理、信息公开等事项。完成行政许可事项112件，处理信访投诉9件，信息公开59项。提高依法行政、依法监管水平。对14家机构开展5个项目现场检查，发现问题485个，提出整改意见296条，督促处理责任人员166人次，实施行政处罚3项，罚款80万元，立案审理6项。

银行业风险防控　健全风险防控机制，建立金融联席会议制度，搭建全州金融业互联互通和沟通交流平台，制定信用风险管控方案，出台失信企业黑名单制度和银行业违法违规人员灰名单制度，以及银行业机构授信总额联动管理办法，实行风险联动管理。推动州人民政府开展为期9个月的金融债权涉诉案件执行专项清理行动，加速金融债权涉诉案件执行，执行完毕和终结执行案件122件，执行到位金额7430万元。参与地方政府打击非法集资、打击治理电信网络新型犯罪行动，加大宣传，在银行系统内开展重点排查，提示风险。分类施策管控信用风险。对关注类贷款，督促各银行机构一一对应措施，落实责任包干到人，用足缓释风险政策，对持续生产经营暂时有困难的客户，在调表前提前采取措施，综合运用重组、续贷、展期等手段，帮助企业渡过难关。对存量风险，督促各机构制定不良贷款清收压降目标和方案，落实“一户一策”和“一把手”责任制，完善考核激励机制，实行项目包干，加大清收力度，结合成因，采取转让、担保代偿、核

2015年楚雄州10县（市）金融机构人民币存贷款情况表

指标类别 / 县（市）	各项存款（万元）		各项贷款（万元）		存贷比（%）	同比增减（%）
	年末余额	同比增减（%）	年末余额	同比增减（%）		
楚雄市	3775168	13.11	2704773	9.48	71.65	−2.37
双柏县	396499	12.72	189831	21.13	47.88	3.32
牟定县	487234	15.50	262429	11.76	53.86	−1.80
南华县	581163	14.20	378265	38.69	65.09	11.49
姚安县	481386	14.82	202780	17.84	42.12	1.08
大姚县	729061	23.26	504756	48.62	69.23	11.81
永仁县	367608	16.25	174089	20.52	47.36	1.68
元谋县	579459	16.26	249034	30.25	42.98	4.62
武定县	640777	11.35	406956	16.50	63.51	2.81
禄丰县	1104837	11.08	775523	16.70	70.19	3.38
全　州	9143192	14.07	5848435	17.06	63.96	1.64

（人行楚雄州支行/提供）

9月28日，楚雄州第四届小微企业金融服务宣传月启动仪式（马兴华/摄影）

销、证券化、债转股等手段，逐户突破，盘活不良资产。至年末，信用风险暴露突出的5家大型银行通过批量转让方式快速处置不良资产12户1.26亿元，核销处置9499万元；辖内各银行机构通过担保代偿1.11亿元。严控新增信用风险。加强贷款精细化管理，完善不良贷款问责机制和贷后管理责任制，严格贷款“三查”，严防过度授信，从源头上控制新增不良贷款。强化监测分析，做实五级分类，防止资产风险被隐藏。严密盯防各类风险，开展流动性风险、房地产信贷风险、不动产价值波动风险、案件和操作风险等重点风险排查和内控管理及柜面业务操作风险检查、业务库、自助设备专项安全检查，组织州内22家机构44人开展银行业信息科技管理人员安全管理能力测评，开展信息科技快速巡查，探索建立监管、银行、邮政三方联席会议制度和监管承诺制，全年实现零发案。

普惠金融　更新年度机构概览，监测银行网点覆盖情况，防止形成新的金融服务空白区域。支持股份制银行至县域设立机构和大型银行将低效网点搬迁至县域，引导银行机构进村布设惠农POS机，在乡（镇）增设ATM机具，提高电子化率。全州新增布放各类金融机具1124台，累计建成惠农支付点1783个，累计发生交易金额4.9亿元，比上年增长32.08%，实现村民足不出村即可办理金融业务。

清费减负和小微企业扶持　开展银行业清费减负和中小微企业扶持政策落实两项清查，对未提供实质性服务收费、未落实减费要求的2家机构实施行政处罚和人员问责。合计减少收费项目677个，清退各类费用25.55万元。推出符合续贷条件的信贷产品，农业银行的“连贷通”、工商银行的“网贷通”“小微逸贷”、建设银行的“助保贷”4款信贷产品年内成功发放98笔4.8亿元。“续贷”政策在各机构全面实施。开展小微企业金融服务宣传月活动，组织企业进银行活动36场次，向400余户小微企业进行面对面宣传；组织银行送金融知识进企业、银行进企业一对一帮扶10余场次。年末，全州小微企业贷款余额204.74亿元，比上年增长22.38%，高于各项贷款平均增长5.31个百分点，贷款户数比上年增加3111户，申贷获得率比上年增加1.42个百分点，全面完成小微企业“三个不低于”监管指标。

［钱志华］

【中国人民银行楚雄州中心支行】 2015年，中国人民银行楚雄州中心支行围绕全州经济社会发展预期目标，落实稳健货币政策，推进金融改革与创新，维护区域金融稳定，提升金融服务与管理水平，为全州经济社会平稳健康发展提供有力支持。年末，全州银行业金融机构人民币存款余额914.32亿元，比年初增加112.75亿元，增长14.07%；全州新增各类融资112亿元，其中银行业金融机构人民币贷款余额584.84亿元，比年初增加85.25亿元，增长17.06%。完善金融消费投诉电话“12363”专线受理机制，受理金融消费者投诉21件，办结18件，撤诉2件。

货币政策传导　以“稳增长、调结构、强服务、防风险”为主线，加强窗口指导，引导金融机构通过盘活存量、争取增量，提高信贷资金使用效率，加大对实体经济的信贷投入，着力改善涉农、小微企业和民生金融服务。灵活运用支农再贷款，支持农户和小微企业合理资金需求，向楚雄兴彝村镇银行发放支农再贷款6000万元用于扩大涉农信贷投放。年末，全州银行业金融机构制造业、批发和零售业、交通运输业、仓储和邮政业等6个基础行业贷款余额合计486.3亿元，比年初增加92.8亿元，增长23.58%；涉农贷款余额380.96亿元，比上年增长19.06%，高于各项贷款增长2个百分点；小微企业贷款余额151亿元，比上年增长22.9%，高于各项贷款平均增长5.8个百分点；小额扶贫贴息贷款余额8.1亿元，比年初增加4.1亿元，增长102.5%；创业促就业小额担保贷款余额5.79亿元，国家助学贷款余额245.78万元；林权抵押贷款6.82亿元；民贸民品特需商品生产贴息贷款余额4.04亿元，全年贴息1147万元。从信贷投向结构看，全州银行业金融机构对重大建设项目、涉农领域、小微企业和民生领域的信贷支持力度明显加大，信贷政策执行效果良好。

维护地方金融稳定　建立金融联席会议制度，构建防范和化解金融风险协调机制。联合州金融办和工商行政管理局等部门对云南拓扑互联网金融交易服务有限公司在楚雄以虚高收益诱导民众投资的行为进行制止；对辖区12家金融机构“储户存款被非法转走案件”进行风险排查，成功追缴2万余元；及时向州委、州人民政府及相关商业银行通报和提示“楚雄中央公园楼盘”全体购房业主集结反映诉求风险，建议提前研究并制定切实可行应对措施，避免群体事件发生；对不良贷款反弹较快的工商银行楚雄州分行等金融机构进行风险提示，督促采取有效措施清收不良贷款；加大对地方法人金融机构前10大贷款户的动态监测分析，做好风险预警；采取“非现场管理与现场检查相结合、年度评价与日常管理相结合、全面评价与分项评价相结合”的方式，对辖区11家银行业金融机构48个分支行2014年执行人民银行政策情况进行全面评价，对农发行楚雄分行等4家机构进行综合执法检查，对金融工作中存在的不合规行为，采取约见谈话、通报批评、限制服务等方式予以惩戒，促进辖内银行业金融机构依法合规经营。

人民币发行及现金管理　加强人民币流通管理，科学安排现金投放回笼工作，确保现金供应充足、券别搭配合理、流通中人民币票面整洁。做好第5套人民币2015版100元纸币发行投放工作，重点推进金融机构对外支付现金全额清分和冠字号码查询工作，以商业银行对外支付假币“零容忍”为终极目标，完善城市社区、农村乡（镇）反假币宣传网络建设，净化人民币流通环境。

国库监督管理　发行凭证式国债4期、电子式储蓄国债4期，合计销售3938.45万元。全州各级国库办理预算收入506.61亿元，比上年增长20.15%；办理地方预算支出424亿元，增长31.21%。

外汇管理　加强外汇管理与服务，做好跨境资金流动监测。发挥预警功能，提高风险防范能力，做好外汇管理政策传导，推进资本项下简政放权，优化外贸投融资环境。至年末，全州外贸进出口完成4.34亿美元，比上年增长29.32%；全州涉外收付总额724.17万美元，下降15.03%；银行结售汇总额7479万美元，下降20.38%；跨境人民币结算总额1.28亿元人民币，下降19.43%。

7月1日，人民银行楚雄州中心支行举办道德讲堂“家风行风伴我行”演讲比赛（涂年玖/摄影）

支付结算　推进现代支付结算建设，ACS、TCBS以及大、小额支付系统安全稳定运行，支付服务水平不断提升。开展银行卡“一卡多用”“一卡通用”探索，建设刷卡无障碍示范街，改善银行卡受理市场环境，组织各金融机构对全州范围内的ATM机和自助银行机具进行全面排查，加大对银行卡犯罪的打击力度，创建安全、高效的银行卡支付环境。组织涉农金融机构新增惠农支付服务点17个，退出零业务惠农支付服务点51个。年末，全州有惠农支付服务点1776个，共办理小额取现、刷卡消费、汇款转账、缴费等资金交易业务186.97万笔9.84亿元，累计办理查询业务93.96万笔，比上年分别增长85.05%、102.47%和88.22%。

金融统计　严格执行金融统计制度，强化金融统计基础数据管理，提升统计工作质量。加强与金融办的协作，强化对小额贷款公司金融统计工作管理。继续推进金融统计快报、社会融资规模、涉农及中小微企业贷款规模统计等区域统计制度的落实和完善工作，加强对地方政府性债务、房地产、信托贷款、委托贷款等业务的监测分析，坚持按季深入企业、金融机构现场调研，分析金融数据异动情况，加强对楚雄经济金融运行情况的分析研判，为地方经济发展建言献策。

征信管理及金融生态建设　做好企业和个人信用信息数据库的更新、维护和管理，借助微信、微博等新型传播媒介普及征信知识。探索借款企业信用评级模式，开展农户信用评价试点，推进城乡信用体系建设。针对楚雄州金融债权涉诉案件执结率偏低的情况，联合州法院、州银监局等部门开展银行业金融机构金融债权涉诉案件执行专项清理行动，提升金融债权涉诉案件执结率，建立多部门联合惩戒工作长效机制，构建良好的投融资环境。

［刘云辉］

【中国工商银行股份有限公司楚雄分行】 2015年，中国工商银行股份有限公司楚雄分行管辖3个一级支行、15个营业网点，有在岗员工347人。年末资产总额68.55亿元；各项存款余额66.19亿元，比年初增加3.01亿元，增长4.76%，其中对公存款新增1.44亿元、储蓄存款新增1.57亿元；各项贷款余额52.65亿元（含信用卡透支），比年初增加4.39亿元，增长9.1%。全年代发工资单位客户355户，代发金额12.39亿元。实现中间业务收入4199万元，比上年增加752万元，增长21.82%。实现拨备前利润1.34亿元、拨备后利润6827万元，实现净利润4924万元。清收处置不良贷款1.31亿元，其中现金清收6674万元。通过展期、再融资和重组贷款等方式转化法人客户潜在风险贷款20户3.99亿元。

综合金融服务　与楚雄州职业教育园区举行中小企业公共服务窗口平台入驻机构签字仪式，与大姚、牟定、永仁、元谋、双柏、姚安6县人民政府签订《金融战略合作协议》，拓展全州县域信贷市场。与云南汇通古镇文化旅游开发集团有限公司、云南摩尔农庄生物科技开发有限公司等重点客户会谈沟通，强化银企战略合作，调动各方资源，全力提供综合化金融服务。全年累计发放各项贷款21.55亿元。

电子银行业务　工行楚雄分行企业网上银行证书客户净增351户，手机银行客户净增1.85万户，工银e支付净增3.39万户，手机银行客户端用户1.96万户。网上银行交易额1016亿元，电子银行交易额1168亿元，电子银行业务收入（影子价格）完成1068万元，B2C非金融类电商交易额2295万元，B2C金融类电商交易额2.11亿元，电商平台商城注册客户净增8975户。

票据业务　引导票据融资业务作为信贷规模的调节器，全年实现业务交易183笔1.46亿元，比上年增加7145万元，增长49.04%；实现贴现利息收入293万元，比上年增加129万元，增长44.21%。继续保持票据融资不良率零记录。

风险防控　全面加强业务营运风险管理，不断提升服务支持保障能力。加大督导帮扶力度，加强网银对账推广工作。累计完成面对面对账898户，对账率99%；完成余额对账7021户，对账率95%；完成网银对账3080户，点击率98%。以“防案件、防事故、防灾害，保平安、保发展、保形象”为总要求，全面落实各项安全防范制度，不断增强风险控制能力，有效预防各类案件和事故的发生。组织开展各类预案演练196次，参演人数1352人次。各网点堵住假冒证件开户3起、ATM自助转账4起、柜面转账汇款1起、假冒公安法院电话欺诈2起，及时处置ATM封堵出钞口、粘贴“提示”13起。

［李维荣］

【中国农业银行股份有限公司楚雄分行】 2015年末，中国农业银行股份有限公司楚雄分行人民币日均核心存款余额188.24亿元，比年初增加14.87亿元，增长8.57%；时点余额203.95亿元，比年初增加22.67亿元，增长12.51%；各项贷款余额114.96亿元，比年初增加10.98亿元，增长10.56%；实现中间业务收入1.23亿元，增长22.78%。

综合金融服务　主动对接楚雄州经济发展战略和产业转型升级要求，支持州内路网、水网、航空网、能源网和互联网“五大基础网络”建设，围绕列入省级“4个100”的40个项目和州级“4个30”重点项目，满足项目客户信贷需求；遵照地方党委、政府、人民银行、银监部门关于信贷支持地方经济发展的要求，组织对州工信委推荐的小微企业进行客户调查，筛选出符合农行信贷政策的小微企业作为重点支持客户，为客户量身定做个性化的融资方案，破解小微企业“融资难”问题；满足居民消费融资需求，重点发放市场需求旺盛的住房按揭、消费贷款以及信用卡专项分期等业务。

“三农”业务　新增“惠农通”有效服务点450个，年末共有“惠农通”有效服务点985个，覆盖全州84.87%的行政村；新增涉农代理服务项目19个，发放惠农卡5400张、惠农社保卡11.12万张，“惠农通”服务点交易量32.64万笔4.16亿元，分别比上年增长75.8%和77.7%；支持现代农业发展，年末高原特色农业贷款余额11.45亿元，比年初增加3.53亿元；对省、州级农业产业化龙头企业服务覆盖率分别为71.1%和53%，农业产业化龙头企业贷款余额4.3亿元，比年初增加6161万元；支持专业大户（家庭农场）288户，比年初增加223户，增长343.08%，贷款余额2.67亿元，比年初净增2.09亿元；实施“万社促进计划”，新增农民专业合作社社员贷款4.01亿元；持续深化“千百工程”实施，加强总行及分行核心客户在县域落地的大项目、大企业和优势产业集群，以及县域优质综合医院、重点商场、4A级以上旅游景区服务，年末有“千百工程”客户29户，大企业客户贷款余额37.55亿元，占法人贷款总额的55.88%；推动农户贷款和商业金融扶贫业务稳健发展，新发放农户贷款3974笔5.99亿元，新发放扶贫到户农户小额贷款9183万元，支持2495户贫困户发展生产。

［鲁家善］

【中国农业发展银行楚雄州分行】 2015年，中国农业发展银行楚雄州分行有机构网点5个、员工100人。年末，人民币各项贷款余额55.28亿元，比年初增加17.1亿元，增长44.79%；各项存款余额20.43亿元，比年初增加10.01亿元，增长96.24%；人日均存款1381.87万元，比上年增长69.16%；全年综合贷款利息收回率99.12%，贷款利息收入2.32亿元，比上年增加1264万元，增长5.75%；全年贷款日均余额42.8亿元，比上年增长22.58%，影响贷款利息收入增加744万元。年内，以楚雄市为信贷支持区域重点，以整体城镇化建设、水利、农村公路建设、新农村建设和异地扶贫搬迁贷款为项目支持重点，支持地方经济发展。做好粮油收购贷款管理，保证夏、秋粮油收购资金供应及地方储备粮油增储、轮换资金需求。年末，粮油类贷款余额15.02亿元，占全部贷款的27.17%，比上年增长13.37%。全年受理、调查整体城镇化建设、异地扶贫搬迁、水利建设等贷款项目95个金额108.27亿元，审批通过贷款项目83个金额77.12亿元，获批中长期贷款项目14个金额67.39亿元。年末已批待放项目12个金额51亿元。

［何正芬］

【云南省农村信用社联合社楚雄办事处】 2015年，云南省农村信用社联合社楚雄办事处改造、升级、新建营业网点78个（标准化网点49个），完成223个网点的门头改造工作。新布放现金类自助设备142台、非现金类自助设备62台，新建自助银行44个，新增普通特约商户503户，新布放POS机574台（总量1031台）；个人网银新开户1.43万户，企业网银新开户777户，手机银行新开户5.16万户。年末，全州有分支机构及网点163个，有在岗员工1464人；人民币各项存款余额363.6亿元，净增48.8亿元，增长15.5%；贷款余额209.3亿元，净增30.9亿元，增长17.3%；实现营业收入21.7亿元，比上年增加2.28亿元；实现净利润4.68亿元，上缴税金1.61亿元；股金余额11.53亿元，年内增扩股金0.96亿元；拨备覆盖率252.4%，比年初提高18.7个百分点；贷款损失准备充足率266.6%，上升22.5个百分点；资本充足率12.84%，上升0.52个百分点。

综合金融服务　年末，涉农贷款余额173亿元，净增26.7亿元，增长18.26%；中小微企业贷款余额101.11亿元，净增14.5亿元；向2697人发放“贷免扶补”创业小额贷款1.94亿元，余额3.49亿元；向8515户农户发放小额扶贫贴息贷款3.95亿元，余额3.94亿元；向1162户农户发放“精准扶贫”贷款0.55亿元；向564户发放“两个10万元微型企业培育贷款”0.54亿元，发放户数占推荐户数的100%；向2415户发放“基层党员带领群众创业致富贷款”1.99亿元，余额3.05亿元；向6321户发放“危房改造贷款”2.62亿元，支持农民脱贫致富。通过惠农“一折通”兑付财政直补资金162.2万笔5.06亿元，代理发放城乡居民养老保险资金126.5万笔3.36亿元。支持重大项目建设，及时对重点融资项目进行分析、分解和跟踪监测，支持具备融资条件和能力的重点项目15个、金额15.9亿元。

金融创新　建立办事处与县联社定期（按月、按季）信息交流汇报机制，有针对性地逐一会商各县联社发展问题和解决对策；指导4家联社结合实际开办“信保贷”业务；代理第三方存管、代理实物贵金属、代理理财业务有新突破；辖内10家联社票据业务全部开办，票据风险防控意识得到增强；全部申请获得贷记卡发卡资格，发卡6120张；举行全州“工会卡”首发仪式，首批发卡1.4万张；5家联社推广无线核心路由器、移动营销平台试点工作；为楚雄师范学院定制IC卡手机银行缴费接入。

［孟开元］

【中国建设银行股份有限公司楚雄州分行】 2015年，中国建设银行股份有限公司楚雄州分行南华分理处和武定分理处分别于11月29日、12月4日升格更名为县支行，楚雄城区广厦、楚龙两个分理处分别于12月9日、12月12日升格为支行；在5县1市新增设自助银行7个，新增自助设备14台。年末，有29个自助银行、109台自助设备；一般性存款时点余额86.06亿元，比年初增加10.17亿元，增长13.4%；累计投放各类贷款29.5亿元，各项贷款余额56.94亿元，比年初增加15.67亿元，增长37.96%；实现综合融资2亿元，比上年增加8000万元；实现账面利润1.87亿元，比上年增加1986万元，增长11.88%。年末单位结算账户新增822户，增长24.16%，比年初提升2.44个百分点；新增个人有效客户9586户，增长18.62%。全行小微企业贷款（按监管四部委口径）年末余额13.11亿元，比年初新增6.38亿元，

① 6月15日，农信社楚雄办事处举办2015年信贷业务培训（杨成森/摄影） ② 6月12日，楚雄市政府——州建行“银税助力通”合作启动仪式 （州建行/提供）

增长94.63%，小微企业贷款增长高于全部贷款增长56.67个百分点；涉农贷款余额18.28亿元，比上年新增2.68亿元，增长17.18%。在前期推广助保贷平台取得经验的基础上，坚持小企业批量化、平台化营销。分别与州人民政府，楚雄市、大姚县、南华县、武定县、禄丰县人民政府，州国税局、州地税局签订“银税助力通”合作协议，搭建银税平台，并与税务部门建立定期互通信息制度。年内，通过银税平台推动办理“税易贷”5笔255万元、“POS贷”4笔163万元，处置不良贷款4户本金3835.88万元。为楚雄市人民政府办理全省金融机构、全国建行系统首笔8000万元政府一类债期限错配置换业务；为云能投新能源开发有限公司开立省内首个外商人民币投资国内项目的外汇监管账户，为商家在云南投资项目打通外资监管通道。

［陈建波］

【中国银行股份有限公司楚雄州分行】 2015年末，中国银行股份有限公司楚雄州分行人民币各项存款日均余额33.68亿元，比上年增加8672万元，增长2.64%。其中，公司存款日均余额21.97亿元，增加1.26亿元，增长6.07%；个人存款日均余额11.71亿元，减少3901万元，下降3.22%。人民币各项贷款时点余额20.59亿元，比上年末减少3401万元，下降1.63%。其中，公司贷款时点余额11.92亿元，减少1.15亿元，下降8.79%；个人贷款时点余额8.67亿元，增加8095万元，增长10.3%。年末外币各项存款日均余额531万美元，比上年末增加164万美元，增长44.69%。其中，外币公司存款日均余额77万美元，增加36万美元，增长87.8%；外币个人存款日均余额454万美元，增加128万美元，增长39.26%。年内，面向有跨境金融服务需求的出国留学人群推出“中国银行出国金融服务”业务，成立“出国金融服务中心”，依托中国银行整体竞争优势，利用优质客户资源，整合多元化产品和服务，全力打造和提升品牌形象。

［李应国］

【交通银行股份有限公司楚雄分行】 2015年，交通银行股份有限公司楚雄分行有营业网点5个、自助银行20个、在岗员工120人。年末，人民币各项存款余额42.58亿元，比年初增加7.35亿元，增长20.88%，市场占比4.73%，增长0.22个百分点。其中，对公存款时点余额27.84亿元，增加5.68亿元，增长25.61%，市场占比6.87%，增长0.24个百分点；储蓄存款时点余额14.74亿元，增加1.68亿元，增长12.85%，市场占比2.98%，增长0.05个百分点。年末，人民币各项存款日平均余额38.04亿元，比年初增加3.77亿元。其中，日均对公存款24.11亿元，增加2.34亿元；日均储蓄存款余额13.93亿元，增加1.43亿元。外币存款余额39万美元，比年初增加22万美元，增长129.41%。各项贷款余额20.99亿元，比年初减少5309万元，下降2.47%。日平均贷款余额20.07亿元，比年初增加1642万元，增长0.82%。其中，对公贷款余额15.9亿元，比年初减少1.25亿元，下降7.29%；个人贷款余额5.08亿元，比年初增加7193万元，增长16.49%。全年共发放对公贷款20.97亿元，收回22.22亿元；发放个人贷款600笔1.8亿元，收回1.08亿元。实现本外币报表账面税前利润1.04亿元，比上年增加2385万元，增长29.88%；人均利润87.13万元，增加28.95万元，增长49.8%。楚雄分行营业部在“2015年中国银行业文明规范服务星级营业网点”年度评定中获得“五星级网点”称号；在云南省分行2015年“走进交行，感受温馨”消保服务专项评选活动中，楚雄分行营业部、东新支行获得“云南省十佳网点”称号，高柜柜员王晓花、客户经理徐洁、大堂经理郭子玮分别入围“十佳”“七强”“三强”；在总行“2015消保服务专项评选劳动竞赛”活动中，楚雄分行营业部荣获“优胜单位”、大堂经理郭子玮荣获“魅力之星大堂经理”称号。

［诂建宏］

【中国邮政储蓄银行股份有限公司楚雄州分行】 2015年，中国邮政储蓄银行股份有限公司楚雄州分行含邮政代理共有网点57个、员工154人。年末，人民币各项存款余额39.6亿元，比年初增加4.47亿元，增长12.73%。其中，公司存款余额2.56亿元，增加1.02亿元，增长65.8%；个人存款余额37.04亿元，增加3.44亿元，增长10.24%。全年累计发放各类贷款10.12亿元，贷款余额12.71亿元，比上年末净增3.88亿元，增长44.01%；发放信用卡2952张，新增手机银行客户4723户；销售人民币理财产品9.68亿元，代销基金7823.1万元，代理保险2.13亿元，销售国债1631.42万元。年内，与楚雄州非公有制企业贷款担保资金理事会签订《中小企业金融服务深化合作协议》，开办“助保贷”项目贷款，达成“助保贷”项目2笔贷款资金780万元，处理受理阶段项目4笔资金需求1200万元。

［李　云］

【富滇银行楚雄分行】 2015年，富滇银行楚雄分行与州、市人民政府，楚雄经济开发区管委会，姚安县、元谋县人民政府签订《银政企战略合作协议》，与州住房公积金管理中心签订合作协议，并与州人力资源和社会保障局、州财政局签订《社保基金增值合作协议》，累计支持资金12.3亿元。大力支持中小企业发展，向20户中小企业发放贷款2.69亿元。全年累计投放贷款11.98亿元。年末，有对外营业网点3个、自助银行11个，存款余额18.79亿元，贷款余额15.45亿元，不良贷款率、正常贷款迁徙率和新增不良贷款率为零，未发生信用风险。被中国银行业协会命名为全国四星级营业网点。

［杨　樊］

【上海浦东发展银行股份有限公司楚雄分行】 2015年末，上海浦东发展银行股份有限公司楚雄分行人民币各项存款余额5.39亿元，比年初增加2.85亿元，增长111%。其中，单位存款4.8亿元，占各项存款的88%，比年初增加2.95亿元，增长160%；个人存款5962.44万元，占各项存款的12%，比年初减少1088.1万元，下降15%。全年发放各项贷款423笔，年末各项贷款余额8.28亿元，比上年末减少8673.9万元，下降9%。其中，公司类贷款7.52亿元，占贷款总额的90%，比上年末减少1.04亿元，下降12%，主要是2013年、2014年发放的4.5亿元土地储备贷款到期部分收回1.1亿元；个人贷款7623.94万元，占贷款总额的10%，比年初增加1751.1万元，增长29%。实现利润总额5344.51万元，比上年增加774.81万元，人均利润152.7万元。不良贷款率为零。按照浦发银行总行的相关信贷政策，结合楚雄州人民政府平滑政府性债务融资需求，适时推出《楚雄州地方政府债务过渡性融资方案》，并就政府债务平滑基金业务开展一系列工作。10月29日，该项业务实现放款10亿元；年末，该项业务成功落地11亿元。

［罗红兰］

【曲靖市商业银行股份有限公司楚雄分行】 2015年，曲靖市商业银行股份有限公司楚雄分行分别对楚雄州南华县、姚安县等6县的12家涉农企业发放流动资金贷款12笔8500万元。发放融惠通贷款315笔，贷款余额1.2亿元。新增发放“珠江源”卡3112张，拓展特约商户108户，新增短信签约商户2179户，新增网银用户333户。年末，资产总额8.5亿元，各项存款余额7.04亿元，各项贷款余额5.12亿元。其中，中小微企业贷款383户余额4.7亿元，占贷款总额的91.67%。

［张　艺］

保　险

【楚雄州保险行业协会】 2015年，楚雄州保险业务实现保费收入19.82亿元，比上年增长13.83%。其中，寿险保费收入10.69亿元，增长13.31%；财产险保费收入9.13亿元，增长14.45%。累计赔款7.74亿元，比上年增长5.94%。其中，寿险赔款3.62亿元，增长3.49%；财产险赔款4.12亿元，增长6.44%。保险机构累计上缴地方营业税及其他税收6200万元。全州12家财产保险公司为税务部门代收代缴车船税5658万元，占全州车船税已征税款的96%。

消费者权益维护　每季度对全州各财险公司的车险理赔服务保险消费者满意度进行问卷调查；保险纠纷调解中心共调解保险纠纷7起，成功调解5起，调解金额5.37万元；参与社会纠纷大调解机制28件，成功调处27件，调解金额180.93万元；协会秘书处共接到群众来信来访及投诉16起。

协调服务　组织召开专题会议，推荐两家保险理赔司法鉴定机构，对“2015年云南省道路交通事故人身损害赔偿有关费用计算标准”执行起止时限和伙食费补助标准作明确，统一理赔标准；帮助协调处理“5·03”道路交通事故中受损车辆的赔偿问题；继续开展楚雄州辖区内道路交通事故社会救助基金管理服务工作，垫付道路交通事故社会救助基金救助申请5起，垫付金额6.96万元；组织保险营销人员资格考试134场，参考人数2337人次，合格率45.91%。

［张国琼］

【中国人民财产保险股份有限公司楚雄州分公司】 2015年，中国人民财产保险股份有限公司楚雄州分公司完成保费收入3.95亿元，比上年增长14.95%。公司市场份额43.31%，比上年上升0.17个百分点，市场增长比值为1.03，增量保费5140万元，增量市场份额44.59%。其中，企业财产险632万元，下降2.48%；家庭财产险651万元，增长22.61%；工程险61万元，下降32.67%；责任险1036万元，增长46.05%；信用保证险157万元，增长680.67%；车险2.77亿元，增长7.94%，其中商业车险1.89亿元、增长9.08%，交强险8823万元、增长4.01%；货物运输险538万元，下降30.14%；农业险6037万元，增长80.05%；意外伤害险900万元，增长17.41%；健康险1809万元，下降1.11%。公司全年承保总金额、责任限额1255.37亿元，列支赔付成本2.03亿元，综合赔付率57.96%，比上年下降4.33个百分点。全险种已结件数5.35万件，平均每天处理146件。车险万元以下理赔周期9.39天，非车险万元以下理赔周期10.49天。公司综合成本率 90.09%，比上年下降5.01个百分点。实现利润3728万元，完成计划的124.27%。应收保费率1.3%，经营活动现金流量净额3.6亿元，百元保费现金净流量91.12元。上缴税收2194万元，代收代缴车船税1977万元，合计4171万元。

［麻文东］

【中国人寿保险股份有限公司楚雄分公司】 2015年，中国人寿保险股份有限公司楚雄分公司拥有乡（镇）营销服务网点62个。全年实现总保费收入3.73亿元，市场份额35.25%；首年期交6966.9万元，预算达成率107.2%；首年标保3652.4万元，预算达成率106.2%；10年期保费4413.9万元，达成率107.7%；短期险保费5219.2万

4月12日，云南保监局“两加强、两遏制”专项检查督导组到楚雄检查（州保险行业协会/提供）

2015年楚雄州保险业务统计表

保险分类	险种	保费收入（万元）			赔款金额（万元）			
		实际完成	上年同期	同比增减（%）	实际完成	上年同期	同比增减（%）	赔付率（%）
人寿保险	意外伤害险	6788.72	5523.06	22.92	1087.89	1030.1	5.56	16.02
	健康险（短期）	13694.97	13504	1.41	11762.42	14150.05	−16.87	85.89
	寿险	86424.8	75324.16	14.74	23357.12	19805.22	17.93	27.03
	小计	106908.49	94351.22	13.31	36207.43	34985.37	3.49	33.87
财产保险	企财险	953.19	979.08	−2.64	177.93	127.38	39.68	18.67
	家财险	880.49	668.09	31.79	256.9	315.02	−18.45	29.18
	车险（商业险）	48042.75	39945.86	20.27	21894.79	19636.33	11.50	45.57
	车险（交强险）	23787.98	21364.74	11.34	10154.42	9041.41	12.31	42.69
	工程险	327.3	177.13	84.78	118.37	5.12	2211.91	36.17
	责任险	2515.02	1881.53	33.67	1154.71	942.7	22.49	45.91
	货运险	795.65	968.68	−17.86	255.81	264.61	−3.32	32.15
	农业险	8260.77	8873.58	−6.91	5766.96	6808.95	−15.27	69.81
	林业险	698.76	920.76	−24.11	16.61			2.38
	保证保险	16.32	16.56	−1.45				
	人身意外伤害保险	4669.02	3812.94	22.45	488.3	1522	−67.92	10.46
	健康险	202.66	150.88	34.32	813.25	62.6	1199.12	401.29
	其他险	137.5			123.41	1.54	7913.64	89.75
	小计	91287.41	79759.83	14.45	41221.46	38727.66	6.44	45.16
合计		198195.9	174111.05	13.83	77428.89	73087.45	5.94	39.07

（州保险行业协会/提供）

元，达成率106.9%。核心指标中，个险首年标保、10年期保费及团险短期险保费比“十一五”末翻一番，增长比例分别为150%、110%和120%。新单创费2494.5万元，达成率110%。处理赔（给）付案件1.99万件，赔付支出1.09亿元。上缴地方税收664.57万元，比上年增长36.97%。推进计划生育保险承保新模式，保费收入612万元，比上年增长103%；拓宽小额贷款人人身保险销售渠道，保费收入1043万元，比上年增长5.5%；开拓全州公安民警补充意外伤害保险；大力拓展农村小额人身意外伤害保险，保费收入410万元，覆盖13.3万人；推进老龄保险。年末，楚雄分公司工会工作委员会获中国人寿集团公司“模范职工之家”称号。

［柴　俊］

【中国太平洋人寿保险股份有限公司楚雄中心支公司】 2015年，中国太平洋人寿保险股份有限公司楚雄中心支公司实现保费收入1.03亿元，市场占比18.79%；理赔案件285件，理赔金额948.88万元；给付1860件，给付金额1549万元。

［王　媛］

【中国太平洋财产保险股份有限公司楚雄中心支公司】 2015年，中国太平洋财产保险股份有限公司楚雄中心支公司实现保费收入7432.75万元，剔除上年农险因素，实际保费增加569.09万元，增长8.29%。其中，车险保费收入6494.51万元，比上年增加231.17万元，增长3.69%；非车险保费收入938.23万元，剔除农险因素，非车险实际保费增加337.92万元，增长56.29%。实现综合成本率93.2%，综合承保业务7.56万件，赔款金额3687.82万元，上缴地方税收423.35万元。

［王晓婷］

【中国平安财产保险股份有限公司楚雄中心支公司】 2015年，中国平安财产保险股份有限公司楚雄中心支公司累计承保保额456.7亿元，其中车险保额27.49亿元、财产险保额141.3亿元、意健险保额287.91亿元。合计支付赔款7928万元，其中车险赔款6939.3万元、财产险赔款887万元、意健险赔款101.7万元。全年上缴税收1909万元，其中代收车船税1040万元、营业税及附加869万元。

［张　辉］

【中国大地财产保险股份有限公司楚雄中心支公司】 2015年，中国大地财产保险股份有限公司楚雄中心支公司实现保费收入1.19亿元，比上年增长24.49%。产险市场份额13.02%，比上年增长0.97个百分点。满期赔付率47.32%。实现利润1099万元，缴纳地方税收1476万元，其中代缴车船税816万元、营业税及附加660万元。全年结案1.69万件，支付赔款4881万元。

［罗玉萍］

2○16 CHUXIONGNIANJIAN

科学技术

SCIENCES AND TECHNOLOGY

责任编辑：周能汉

美丽乡村——一平浪干海资（李竹虹/摄影）

科技综述

【科技工作概况】 2015年，楚雄州深入实施创新驱动发展战略、优化创新环境、引进和培养创新人才、壮大创新产业，推动科技与经济紧密结合。组织申报国家和省级科技计划项目95项，获得立项56项，争取科技经费4521万元，带动新增投资8.5亿元，其中列为科技创新强省计划5项、技术创新暨产业发展专项8项、科技金融结合专项6项、科技型中小企业创新资金12项，省院、省校合作计划7项，创新平台建设计划4项；获批建立院士工作站2个、专家工作站2个，累计获得批准建立院士工作站7个、专家工作站22个；取得各类科技成果108项，获云南省科技进步奖1项、楚雄州科学技术奖39项；申请专利586件，获得专利授权352件，发明专利有效量171件，万人发明专利拥有量0.63件；新增国家高新技术企业10户，总户数30户；高新技术企业实现工业总产值36.7亿元，营业总收入29.3亿元，出口总额0.7亿美元，实现净利润9800万元；新获省级产业技术创新战略联盟认定1个，新增省级创新型试点企业4户，总数15户；聪滋牌摩尔农庄饮料、氯化法钛白粉、全自动太阳能烘干系统、轻型载重汽车驱动桥等4个产品被认定为云南省重点新产品；双柏县被批准为云南省可持续发展实验区，姚安县、元谋县被认定为云南省农业科技园区；新获省级农业科技示范园认定19家、省级优质种业基地认定10家、省级农产品深加工科技型企业认定8家；种植中药材17万亩，生产中药材原料5.3万吨，产值8.5亿元，种植企业和农户增加收入5亿元；修订《楚雄州科学技术奖励办法》，提高奖励标准，州科学技术杰出贡献奖奖金由10万元增加到60万元，自然科学类、技术发明类和科学技术进步类奖金数额一等奖由5万元增加到9万元、二等奖由3万元增加到6万元、三等奖由1万元增加到2.5万元；“恐龙之乡话恐龙”“人类起源的新曙光”“风之子——飞翔者”3个项目参加全省首届科普讲解大赛；“云南省摩尔农庄核桃庄园”被认定为省级科普教育基地，累计有省级科普教育基地8个；科技进步对国民经济的贡献率53.2%，比上年提升1.1个百分点。

【科技认定】 2015年，楚雄州科技局按照科技认定实施办法，组织多个领域高新技术认定申报。双柏县被认定为云南省第一批可持续发展实验区。姚安县、元谋县被认定为云南省农业科技园区。楚雄立天科技有限公司等13户企业申报国家高新技术企业认定（复审），通过认定10户。有国家高新技术企业30户，实现工业总产值36.7亿元、营业总收入29.3亿元、出口总额0.7亿美元，实现净利润9800万元，上缴税金1.05亿元，享受减免税额2700万元。云南爱尔发生物科技有限公司被省科技厅列为上市培育高新技术企业。云南岭东印刷包装有限公司等5户企业申报创新型试点企业认定，通过认定4户，有省级创新型试点企业15户。云南省核桃产业技术创新战略联盟被认定为云南省第五批产业技术创新战略试点联盟。申报省级农业科技示范园认定22家，通过认定19家；申报省级优质种业基地认定12家，通过认定10家；申报省级农产品深加工科技型企业认定8家，通过认定8家；申报省级科技型农村经济合作组织认定30个，通过认定12个。89户企业被认定为云南省科技型中小企业。

2015年楚雄州获省级科技进步奖重大科研项目成果

项目名称	奖项
“云岭牛”新品种选育及产业化示范	一等级
抗灰斑病玉米新品种“云瑞88号”的选育及推广应用	一等奖
抗根肿病雄性不育育种技术及大白菜新品种“抗大3号”选育与应用	二等奖
泡核桃品种资源创新及提质增效技术研究与示范	二等奖
烟草多重抗逆包衣种子研发及规模化应用	二等奖
45个中药民族药材质量标准的研究制定	二等奖

（州科技局/提供）

【科技创新人才服务】 2015年，楚雄州创新科技人才培养和引进机制，壮大创新人才队伍。申报院士工作站3个、专家工作站2个，经省科技厅评审，宋湛谦院士工作站、方智远院士工作站、施利毅专家工作站和刘箐专家工作站获得批准建设，获得项目资金1500万元。组织申报云南省中青年学术技术带头人后备人才和云南省技术创新人才4人。申报省级创新人才团队2个，云南新立有色金属有限公司以刘建良为带头人的“氯化钛白技术省创新团队”被批准为云南省创新团队，获得资金支持100万元。申报支持“贫困地区、民族地区、革命老区”建设的“三区”人才85人，获得资金支持170万元，有“三区”人才121人。认定云南省科技特派员41人，认定农村科技辅导员47人。

［杨朝俊　张文林］

知识产权工作

【知识产权工作概况】 2015年，楚雄州申请专利586件，新增专利授权352件，发明专利有效量171件，分别比上年增长19%、10%、30%，万人发明专利拥有量0.63件。云南欣绿茶花股份有限公司等3户企业被列为省级知识产权优势企业。云南金七制药有限公司等5户企业申报云南省专利转化实施计划项目，有4个项目获得支持经费70万元。兑现省、州专利申请费用资助6批379项，资助金额19.7万元。举办全省专利行政执法实务培训，开展知识产权“护航”专项执法检查行动，州知识产权系统组织联合执法检查17次，出动执法及检查人员100余人次，检查商场、超市及各类商品经营户及企业105家，检查各类商品1200种，办理专利案件18件。

【知识产权保护宣传】 2015年，楚雄州知识产权局举办全省专利行政执法实务培训，组织州、县（市）知识产权管理干部54人参加国家、省级知识产权管理应用能力提升、知识产权强县西部工程、专利行政执法、电子商务领域专利执法等培训。州知识产权系统举办知识产权宣传咨询活动11次，发放专利、商标、著作权、植物新品种权、药品管理、质量标准等宣传材料4万余份，展出各类宣传展板100余块，接受咨询1.5万人次，联合执法检查17次，出动执法及检查人员100余人次，检查商场、超市及各类商品经营户及企业105家，检查各类商品1200种，办理专利案件18件。

【专利转化项目】 2015年，楚雄州实施省、州专利技术转化项目9项。其中云南金七制药有限公司、云南楚雄矿冶有限公司、楚雄市意鑫有机复合肥商贸有限公司、姚安旭光实业有限责任公司的4项发明专利被列为省级专利转化实施计划项目，获经费支持50万元。9项专利转化项目重点研究解决三七提取工艺研究、质量标准制定和生产线完善，冶金矿产业提高选矿综合回收率、增加精矿含铜量和减少外排，高原特色农业产业的食用菌生产基质替代和核桃专用复合肥制备产业化关键技术转化应用等问题，总投资7122万元。

［张文林　杨丽梅　蔡志辉］

科研与运用

【中药材科技示范】 2015年，楚雄州创新药材发展模式，用中药现代化思路和“大中药”理念指导中药材发展。规范化种植中药材17万亩，比上年增长43%，生产中药材原料5.3万吨，实现产值8.5亿元，种植企业和农户增加收入5亿元。武定县、双柏县和大姚县3个“云药之乡”种植中药材10.9万亩，占种植总面积的67%。发展中药材种植企业和专业合作社71家，创建示范样板78个，建成省级中药材种植科技示范园7个、省级中药材良种繁育基地6个、省级中药材深加工科技型企业1个。

【院士专家工作站建设】 2015年，云南美森源林产科技有限公司与中国林业科学研究院南京林产化工研究所合作共建“宋湛谦院士工作站”，以云南松和思茅松为原料，开发浅色高软化点松香增粘树脂生产工艺，建成年产1万吨的浅色高软化点松香增粘树脂示范生产线；优化以云南松、思茅松为原料，生产浅色高软化点松香增粘树脂的工艺参数及工艺路线，开展松香精制预处理产业化技术开发、松香加成反应产业化技术开发、马来松香酯化反应产业化技术开发和酯化产物精制产业化技术开发。云南思农蔬菜种业发展有限责任公司和中国农业大学共建“方智远院士工作站”，实施“喜凉作物种质资源利用及品种创制体系建设”项目，以专家团队为技术支撑，结合云南多样化的生态条件，建立育种扩繁推广试验研究平台，筛选、繁殖适合云南生态条件的高产、多抗、适应性强的喜凉作物种质资源，采用常规育种和分子生物技术辅助育种手段，开展定向育种、配制杂交组合等方式，研究相应喜凉作物高效繁制种技术、高产栽培技术和相应配套技术，育成喜凉作物新品种并进行产业化开发。云南新立有色金属有限公司与上海大学合作共建‘施利毅专家工作站”，实施“涂料、塑料专用高品质氯化钛白粉产品研发”项目，针对氯化法钛白粉应用性能提升及高品质氯化法钛白粉市场需求，进行产品系列化研发，丰富产品种类，拓宽产品应用领域；主要研究解决氯化法钛白粉产品应用评价体系，进行竞争分析及产品优化升级，开发应用于涂料、塑料的两种新配方产品。云南牟定海源油脂有限公司与上海理工大学合作共建“刘箐专家工作站”，合作开发研究莱菔子油加工生产技术、产品检测、分析鉴定、产品合作研发，主要是莱菔子油检验检测新技术研究、莱菔子剥壳压榨新技术研发和油脂精炼设备生产工艺新技术研发优化，研发功能性莱菔子油新产品1款，分离提纯技术研究及研发莱菔子精油新产品1款。

【“众创空间”建设】 2015年，楚雄州大力推进“众创空间”建设，推动“大众创业、万众创新”。按照“资源整合、民办公助、市场运作、示范引领”原则，在楚雄市启动建设、培育众创空间3个，即“科创空间”“众创空间”和“互联网+”。楚雄立天科技有限公司建设的“云科蜂巢众创空间”被认定为省级“众创空间”，获得补助资金50万元。开展首届云南省创新创业大赛楚雄地区选拔赛，报名参赛企业39户，3个团队、11户企业成功晋级全省决赛，获得杰出创业奖2个、优秀创业奖9个、创新创业奖团队3个。有1户企业代表云南省参加国家创新创业大赛。

【摇臂铣床数控化升级换代系列产品研发及产业化】 2015年，云南锦润数控机械制造有限责任公司申报的“摇臂铣床数控化系列产品研发及产业化”项目被省科技厅列为科技创新强省计划，项目总投资1985万元，获省级科技经费支持250万元。该项目通过对现有摇臂铣床和立式加工中心机床的关键技术及共性技术进行研究，研发出满足市场需求的新产品；在进行样机试制、改进完善产品设计后，进入机床产业化生产的工艺技术研究及产品市场推广应用阶段，并实施产品产业化。年内，实现产品的生产销售1000台，销售收入7000万元，实现利润700万元，上缴税金343万元。申请专利2项，制定产品技术企业标准1项。

【冶金化工用铜合金精密铸造产品开发及产业化】 2015年，楚雄云星铜材有限公司实施“冶金化工用铜合金精密铸造产品开发及产业化”项目获省科技厅立项支持。该项目通过对冶金化工用铜合金精密铸造产品制模及浇铸系统研究，开发冶金化工领域用铜合金精密铸造产品，实现产品规模化生产，形成产业化发展能力，使生产工艺和技术水平达到国内先进水平。

【云南乡土木本花卉引种驯化研究及规模化种植技术集成与示范】 2015年，云南嘉缘花木绿色产业有限公司实施“云南乡土木本花卉引种驯化研究及规模化种植技术集成与示范”项目获省科技厅立项支持。该项目利用云南丰富的乡土木本花卉种质资源，建立四照花、香油果树种种质资源圃15亩，制定种苗生产质量标准，制定种质资源综合评价标准和种苗生产质量标准，驯化培育适合云南种植的园林绿化树种，形成标准化配套栽培技术，并进行产业化应用示范和推广，丰富绿化树种，提高云南园林绿化树种的种植管理水平。

【魔芋良种高效栽培技术示范】 2015年，楚雄新天地农业开发有限公司实施“魔芋良种高效栽培技术示范”项目获省科技厅立项支持。通过开展“楚魔花1号”魔芋良种繁育和魔芋高产栽培技术研究，构建魔芋良种繁育和优质高产栽培技术体系；开展魔芋优质高产技术培训，培训农民1000人次；建立魔芋良种繁育基地100亩，规范化示范种植优质魔芋1000亩，实现产量3000吨、销售收入900万元、利润320万元。

【武定鸡良种选育扩繁研究应用及熟制产品精深加工产业化】 2015年，云南武定永银农产品开发有限公司实施“武定鸡良种选育扩繁研究应用及熟制产品精深加工产业化”项目获省科技厅立项支持。通过项目实施，实现武定鸡良种选育扩繁技术研发应用，新增带动纯种武定鸡养殖农户500户；建成武定鸡良种扩繁养殖基地150亩，实现年产纯种武定鸡生鸡100吨；建成产能200吨的酱卤熟制武定鸡产品生产线1条。

【续断、黄草乌规范化种植及加工提取关键技术研究与示范】 2015年，云南和创药业有限公司实施“续断、黄草乌规范化种植及加工提取关键技术研究与示范”项目获省科技厅立项支持。通过建立黄草乌、续断优质种苗繁育基地和规范化种植基地，构建2种中药材标准化种植技术体系，建立科学采收和产地加工技术规范，制定标准操作规程（SOP）和药材质量标准；按照新版GMP要求，建立现代化中药材饮片加工和提取物生产线，制定饮片加工和提取物标准操作规程和质量内控标准，提高黄草乌、续断中药材产品质量；通过“企业+基地+合作社+农户”的经营模式，产学研相结合，开展技术培训，不断提高中药材规范化种植和加工水平，增强药农基本素质，实现企业增效、农民和财政增收，促进生物医药产业快速发展。

［张文林　王天明　郭绍云　赵定勇］

科普宣传

【科普宣传活动】 2015年，楚雄州科技局以“科技支撑发展，科技惠及民生”为主题，开展科技惠民宣传服务。1月28日，在永仁县宜就镇举办2015年“三下乡”集中示范活动。5月16～24日，按照国家科技部、省科技厅部署，围绕“创新创业，科技惠民”主题，在楚雄市桃源湖广场举办科技活动周集中示范活动，35个部门、企事业单位130余名科普人员参加活动，展出展板、挂图80余块，发放各种科普宣传资料2万余份（册），接待咨询、义诊群众500余人次。10县（市）开展科技成果集中展示和科普宣传，科技人员进村入户开展乡村讲堂、农业实用技术培训和农业专家现场咨询活动，科普教育基地、科研机构和大专院校向社会开放，部分县（市）组织科技大篷车和流动博物馆深入村民委员会（社区）送优质科普资源到基层。参加科普宣传单位260余个、科技（科普）人员1300余人，发放资料3.1万份（册），展出展板700余块，举办科技（科普）报告会30余场次，参与群众5.5万人次，科普活动覆盖10县（市）80余个乡（镇）约38万人。12月11日，在楚雄师范学院举办“云南科学大讲坛”第十九讲，邀请著名生物学家、森林培育学家、北京林业大学原校长、中国工程院院士尹伟伦教授作“生态文明建设与可持续发展”专题讲座。

【科普项目】 2015年，楚雄州围绕科普教育基地能力提升、精品科普教育基地打造和科普培训，大力实施科普项目。大姚、双柏、南华、永仁等县以少数民族和民族地区科普工作为重点申报省级科普项目4项，项目总投资120万元。姚安县少数民族、民族地区科普工作和元谋县科普工艺制作培训展示项目获省科技厅立项，支持科普经费12万元。“云南省摩尔农庄核桃庄园”被列为云南省第十批省级科普教育基地。州级科普惠民计划围绕重大科普活动、科普宣传、科普网络改造和大学生科技活动等，获州级科技（普）补助资金50万元。

【省级科普教育基地建设】 2015年，位于楚雄紫溪山风景区的云南摩尔农庄核桃庄园被省人民政府确定为云南省科普教育基地，被国家体育总局认定为国家级青少年户外营地。庄园总面积170亩，拥有世界核桃种质资源圃、世界核桃种质博物馆等设施，与世界三大种子资源库之一的中国西南野生生物种子资源库合作开展核桃资源采集项目。接待社会各界人士参观1万余人次，向观众普及核桃历史、文化、开发、利用及保护生物多样性的相关知识；采用野外露营、户外拓展、参观《摩尔之恋》音乐电视拍摄地与科普宣传相结合的形式，与楚雄紫溪旅行社合作，利用周末和假期组织青少年参加“楚雄州人文户外夏令营”活动，活动内容包括攀岩、射箭、徒步、定向、3人篮球赛、露营、野外生存训练等，楚雄市及周边青少年5000余人次参加活动；举办首届云南省阳光体育大会，省内10余个地区的22个代表队500余人参加户外比赛活动；承办全国青少年攀岩“希望之星”楚雄站选拔赛，200余人参加比赛。

［张文林　杨丽梅　蔡志辉］

科技成果

【科技成果管理】 2015年，楚雄州科学技术奖评审委员会办公室受理2014年度科技成果评价申请108项，其中大农业类34项、工业类28项、医疗卫生类34项、应用基础研究及软科学研究成果11项、突出贡献奖申请者1人。经专家评价，筛选出40项成果提交评审委员会评审，其中自然科学奖1项、技术发明奖1项、科技进步奖38项。申报专利124件，其中发明专利46件、实用新型专利70件、外观设计专利8件，取得专利授权74件；获得云南省品种审定证书2个，制定地方标准1项。在354名成果完成人中，拥有正高级专业技术职称37人、副高级专业技术职称72人、中级专业技术职称145人，拥有中级以上专业技术职称的占71.8%；35岁以下的89人，占25.1%；36～45岁的148人，占41.8%；46～55岁的106人，占29.9%；56岁以上的11人，占3.1%。请奖的40项科技成果中，工业领域15项，增长25%；达到国内领先水平4项、国内先进水平7项，两类合计占全部请奖成果的27.5%。楚雄滇中有色金属有限责任公司完成的“艾萨炉铜冶炼余热回收发电国产化设备集成研究应用”项目，通过国内外余热发电技术方案对比、集成和改进，形成艾萨炉铜冶炼余热发电装置方案，首次在云南省铜冶炼行业采用国产机内除湿再热的多级冲动式汽轮机，节约设备投资1670万元，每年可发电2200万千瓦时，回收冷凝水14万吨，相当于年节约1万吨标准煤，每年为企业新增直接经济效益950万元；云南云开电气股份有限公司开发的“GW4K-126双柱水平旋转式户外高压隔离开关”通过国家新产品鉴定，达到国际先进水平，产品获国家专利授权5件，近3年累计实现销售收入1亿元、利润800万元，上缴税金1000万元；云南新世纪中药饮片有限公司完成的“楚雄优质中药材种植与饮片加工的关键技术研究及产业化示范”项目形成从优质中药材原料生产到中药饮片全程质量控制生产线和产品流通环节信息化管理产业链，制定300种企业内控药材生产工艺规程、参数和200种中药饮片生产过程中间品及成品质量检测管理标准体系，建成桔梗、红花、丹参规范化中药材种植示范基地330亩，带动农户种植中药材6783亩，近3年实现销售收入3.05亿元，上缴税金260.82万元。

【州级科技成果奖励项目】 2015年，楚雄州按照《楚雄州科学技术奖励办法》规定，共评出2014年度楚雄州科学技术奖奖励成果39项奖金131.5万元，其中一等奖2项18万元、二等奖6项36万元、三等奖31项77.5万元；按科技成果奖励类别分，突出贡献奖空缺，自然科学奖1项、技术发明奖1项、科技进步奖37项。

自然科学奖1项　三等奖：胎牛血清诱导大鼠海马源性神经干细胞向GFAP阳性细胞分化的研究（楚雄医药高等专科学校，陈珊珊、彭敏、周国忠、杨树华、孙梅艳）。

技术发明奖1项　三等奖：“一种保持蛋白原味品质的植物蛋白饮料加工方法”专利在植物蛋白饮料生产中的应用（云南摩尔农庄生物科技开发有限公司，张跃进、杨文、汪兰、黄翔、钱浩、孙文荣、段学荣、尹文剑）。

科技进步奖37项　一等奖：（1）续断新品种“云续1号”选育及示范推广（云南新源和药业有限公司、云南省农业科学院药用植物研究所、云南道地药业集团有限公司，李晓明、杨斌、马维思、关友、李绍平、王馨、李林玉、吴宪明、杨丽英、高明、董志渊、冯波）；（2）GW4K-126双柱水平旋转式户外高压隔离开关（云南云开电气股份有限公司，资永新、刘大宏、赵菊芬、李思源）。

二等奖：（1）楚雄优质中药材种植与饮片加工的关键技术研究及产业化示范（云南新世纪中药饮片有限公司、云南省农业科学院药用植物研究所，刘振义、肖丹、金航、任佩、高文贤、杨国俊、张慧娟）；（2）大型密闭直流炉冶炼酸溶钛渣生产工艺开发与应用（武定新立钛业有限公司，吕延昆、刘建良、邹捷、文建华、周林、杨浩、黄栓保、容兴、段庆月）；（3）EB炉熔铸钛及钛合金生产研发及应用（云南钛业股份有限公司，苏鹤洲、史亚鸣、徐勇智、卞辉、梁文浩、谭兴元、杨兴灿、曹占元、黄海广）；（4）抗环瓜氨酸肽抗体和类风湿因子分型联合检测在类风湿性关节炎诊断中的应用研究（楚雄州人民医院，高冬花、龚丽坤、王光彦、慕晓琼、胡玉、张翰月）；（5）重要彝族药资源收集研究（楚雄州彝族医药研究所，杨本雷、余惠祥、许嘉鹏、刘本玺、余秋虹、杨舒雅、董广平、杨国卉）；（6）楚雄州1115例初中生防御方式与社会支持人格特征及父母教养方式的相关性（楚雄州第二人民医院、云南省精神病医院，吴国平、普建文、李中才、董青、凤华、李斌、苏龙、吴学锋、段斌、周宝珍）。

三等奖：（1）早熟葡萄标准化栽培技术研究与示范（云南省农业科学院热区生态农业研究所，杨顺林、陆晓英、张永辉、郭淑萍、沙毓沧、孔维喜、李贵华、阿建兵、陈艳林、张武、白明第）；（2）云瑞系列玉米新品种引进筛选及推广应用（楚雄州农业科学研究推广所，张运锋、樊应虎、陆秀春、韩学坤、李昌元、欧阳军、王兴荣、薛国峰、王会军）；（3）史密斯桉栽培技术规程（楚雄州林业科学研究所，康文玲、段福文、施庭有、王斌、高文学、钱迎新、闫尔葵、谢辉、朱晓梅、杨正平、周庆宏、陈晓祥）；（4）楚雄南苜蓿品种开发及推广应用研究（楚雄州动物疫病预防控制中心、云南省草地动物科学研究院，杨培昌、邢志先、钟秀琼、匡崇义、薛世明、徐驰、段正山、孔志平、王建平、偰梅花、李春风、彭贵云）；（5）楚雄市大棚番茄立体栽培的示范推广（楚雄市农业局园艺技术推广站，郭盛平、朱宏斌、张正晓、龙延光、王明安、王开存、杨丽、杨维才、李作伟）；（6）野生菌产品深加工技术开发应用（南华县咪依噜天然食品开发有限责任公司，余跃先、杨学菊、杨斌娥、石正富、周虹杉、蒋文琼）；（7）家蚕特色专养雄蚕品种的引进试验试繁（姚安天硕蚕种有限公司，阎跟东、管瑞英、何三平、胡顺武、王兆学、崔绍顺、刘维国、刘燕）；（8）大姚小把粉丝新产品开发及规模化生产工艺研究应用（大姚县利英特色食品有限公司、开封市丽星机械设备有限公司，杨丽英、李丽华、武荔芬、施以成、杨洪继）；（9）利用太阳能集热干燥番茄果脯技术研究及产业化（楚雄源谋仁食品有限公司，李学海、赵灿松、李志明）；（10）制丝备料段烟包加湿系统的开发及应用（红塔烟草集团有限责任公司楚雄卷烟厂，毛勇、张会生、孙强、戴永生、杨森祥、郭雄伟、马文海、李国文、顾光华、李伯恒、李兆平、李坤）；（11）艾萨炉铜冶炼余热回收发电国产化设备集成研究应用（楚雄滇中有色金属有限责任公司，惠兴欢、张福长、梁建峰、赵治军、丁忠贵、吴长品、黄丽、李银江、李云峰、杨益芬、李秋景、任军祥）；（12）高碳质银矿综合回收工艺研究及应用（云南楚雄矿冶有限公司，刘嘉荔、邹尤森、董兴国、罗文成、彭远伦、白勇、刘丽仙、欧杨娇、张正永、单云山）；（13）地下铁矿山安全生产保障信息化集成系统应用（昆明钢铁集团有限责任公司罗次分公司，彭光强、牛红杰、张彤、周昱彤、石光位、湛自丽、张金平）；（14）可视化移动联网社会治安监控与警务指挥调度智能系统研发及应用（楚雄州公安局、楚雄市公安局，董兵、张爱东、裴宏、赵云、周晖、马坤、周维贵、杨宗恩、陈曙国、罗东祥）；（15）分布式网络化人口计生行政审批服务管理系统研发应用（楚雄州卫生和计划生育委员会、西安网是科技发展有限公司，李静媛、杨胜灵、刘建宏、周智敏、朱珠、文学平、赵晓媛）；（16）高校科研管理信息系统研发与应用（楚雄师范学院、北京易普拉格科技有限责任公司，王志刚、马建荣、钟卫、欧敏、李伦、李春梅、陈颖）；（17）铜合金精密铸造冶金化工用产品工艺研究及应用（楚雄云星铜材有限公司，段建功、钱向辉、宝开福、熊玉林、呼家林、杨朝红、马东萍、覃忠仙、李仕荣）；（18）活塞销毛坯“高精度冷拔生产技术”（楚雄活塞销有限公司，何绍春、马旭、黄沿、张谦、罗慧、施兆苍、凤利平、罗绍亮）；（19）七叶神安滴丸新药开发研究（云南金七制药有限公司，张云生、史云龙、张凯、和肇有）；（20）彝族药紫丹活血片产业化开发（云南楚雄天利药业有限公司，厉君、高正伟、方绍斌、赵禄荣、杨新燕、李琳）；（21）从堆浸渣中回收铜、银有价金属的技术应用（永仁县团山铜矿、云南楚雄矿冶有限公司，邹尤森、刘嘉荔、和春木、朱智敏、龚秀丽、杨光玉、李仕仁、文学新、赵东）；（22）腹膜透析治疗急性重症胰腺炎的临床应用（楚雄州人民医院，赵文喜、刘晓明、代建荣、陈红玉、李莉、杨洪飞、陈峰、欧亚林、陈西北）；（23）后腹腔镜肾上腺肿瘤切除术的临床应用（楚雄州人民医院，郭波、周林昌、钟雪松、倪安、杨晓丽、胡晓伟、郭昕、毛翠兰、陈龙）；（24）创伤外科无痛病房管理模式的临床应用研究（楚雄州中医医院，罗燕、杨正才、苏联春、王欣萍、李晓倩、普光民、李建梅、何应芹、曾洪波、蔡金）；（25）气海俞脊柱正中线旁开2寸的定位安全性研究（楚雄州中医医院，耿文中、杨本雷、许嘉鹏、李育红、罗应保、严成龙、康有周、杨国卉、王建辉）；（26）男青年性取向与男男性行为者艾滋病性病防控策略研究（楚雄州疾病预防控制中心，王林、朱强、刘应先、张晓冰、龚晓洁、宋先毅、杨晓煜、周文能、杨丽萍）；（27）双柏县中药资源普查及保护发展对策研究（双柏县卫生和计划生育局、云南省农科院药用植物研究所、楚雄农业学校，张金渝、郭乔仪、周世华、杨跃仙、施丽泉、罗伟、杨光盛、罗培庚、杨维泽）；（28）南华县艾滋病防控措施应用研究（南华县防治艾滋病工作委员会办公室、南华县疾病预防控制中心，周路昌、阿敏、马德海、方勇、段晓琴、杨琼珍、褚勇）；（29）混合痔术后不使用抗生素治疗的临床观察（元谋县中医医院，孙会林、杞文才、李强文、张志勇、杨霞）。

【省级科学技术奖励申报】 2015年，楚雄州按照《云南省科技厅关于2015年度云南省科学技术奖励推荐工作的通知》要求，对照云南省科学技术奖励办法，组织符合奖励条件的成果申报云南省科学技术奖。推荐云南白药集团中药材优质种源繁育有限责任公司完成的“滇重楼种子种苗规范化生产技术研究及示范推广”、南华茂森再生科技有限公司完成的“从锌铅冶炼废渣中综合回收锗、铟、铅、锌、镉的生产技术开发”等4项成果申请云南省2015年度科学技术奖。经审定，“滇重楼种子种苗规范化生产技术研究及示范推广”获2015年度云南省科技进步三等奖。

［张文林　赵定勇］

科技协会

【科协组织建设】 2015年末，楚雄州有县（市）科学技术协会10个、乡（镇）科协103个；有社区科普协会70个，其中年内成立8个；有企业科技协会42个，其中年内成立11个。组织10县（市）科协主席参加中国科协和省科协组织的培训学习；组织9名社区科普工作人员参加云南省城镇科普示范社区科普志愿者培训班，11名县（市）科协人员参加云南省城镇科普示范社区业务培训班培训学习。

【州科协六届四次全委（扩大）会议】 2015年1月27日，楚雄州科学技术协会六届四次全委（扩大）会议在楚雄召开。州委常委、副州长任锦云，副州长夭建国到会指导，各县（市）科协主席、党组书记，州科协六届委员会委员，州属各学（协）会秘书长90余人出席会议。会议审议并同意州科协主席刘祥代表州科协六届常委会所作《认真学习贯彻党的十八届四中全会精神，不断开创科协工作新局面》的工作报告；审议通过州科协六届四次全委（扩大）会决议；表彰在2014年度科协工作目标管理考核中荣获一、二等奖的9个县（市）科协和22个州级科技学（协）会。

【科学普及】 2015年，楚雄州科学技术协会组织开展《楚雄州“十二五”科学素质纲要》实施情况督查，开展“专家进百县”系列活动，邀请省级专家到楚雄、双柏、元谋等县（市）作科普专题讲座。申报实施中国科协、财政部“基层科普行动计划”项目13个175万元，申报实施省级科普项目14个260万元、省级科普惠农兴村计划项目7个70万元、省级科普示范社区项目3个15万元。实施州级科普项目67个，下达项目经费148万元。楚雄、双柏、元谋3县（市）被省科协列为2016～2020年度云南省科普示范县（市），州博物馆被中国科协列为2015～2019年全国科普教育基地，州科协被省科协、省人社厅表彰为首届“云南省科学技术普及奖”先进集体。

【科协学会活动】 2015年，楚雄州科学技术协会开展2015年优秀论文评选，对评出的优秀论文给予表彰，并由云南科技出版社出版《楚雄州2015年自然科学优秀论文集》。推荐上报企业19家，获得省科协批准建立院士工作站1家、科技专家服务站7家。19家企业安装使用中国科协提供的海外专利技术库，扩展企业发展空间。组建成立由32名专家组成的“楚雄州科协科技创新专家服务团”。

【农民合作组织建设】 2015年，楚雄州新建农民专业合作组织477个，新增成员9460人（户）。其中，农民专业协会116个，会员7703户；农民专业合作社361个，社员1757人。年末，全州有农民专业合作组织4765个，成员31.61万人（户）。其中，农民专业协会2110个，会员29.57万户；农民专业合作社2655个，社员2.34万人。开展农民专业合作组织示范单位创建活动，创建州级示范单位30个。2月7日，中国科协副主席、书记处书记陈章良，中国科协科普部副部长刘亚东，中国科协农技中心主任公坤后等到楚雄州考察调研农民专业合作组织和农业龙头企业发展情况。

【科协科普宣传】 2015年，楚雄州利用“三下乡”“科技活动周”“防灾减灾日”“世界环境日”“食品安全宣传周”“全国科普日”等重要节点，开展主题科普宣传活动。开展楚雄州2015年全国科普日活动，州全民科学素质工作领导小组各成员单位和有关单位、各县（市）科学技术协会、州科学技术协会所属学（协）会1646名科普工作人员和科普志愿者参与活动。展出科普展板800块次，发放科普宣传资料24.29万份、科普书刊3.89万册；开展科技咨询服务1.57万人次，受益群众16.55万人次；播放科普电影36场，观众1.63万人次。在永仁县和牟定县开展中国流动科技馆巡展。

【农函大办学】 2015年，楚雄州农函大招生1.63万人，其中党员4563人、基层干部2756人、妇女3802人。开展基层培训教师信息备案，建立基层培训教师信息库238名。整合州、县（市）科普项目经费40万元，省、州、县（市）3级投入农函大办学经费200万元。

【农村专业技术职称评定】 2015年，楚雄州申报评定农村专业技术职称2186人，其中评定高级技师6人、技师112人、助理技师593人、技术员1639人。至年末，全州累计评定农民技术职称4.57万人，其中高级技师55人、中级技师1193人、助理技师4193人、技术员3.75万人、助理技术员2750人。

【组织参加青少年科技创新大赛】 2015年，楚雄州组织青少年参加云南省第30届青少年科技创新大赛，申报作品114件，获奖90项，其中一等奖13项、二等奖19项、三等奖58项，被表彰为优秀组织工作者1人。组织开展楚雄州第31届青少年科技创新大赛，各中小学校上报作品1053件，评出州级获奖作品742件，并推荐137件优秀作品参加全省比赛。

［李翠萍］

防震减灾

【防震减灾概况】 2015年，中共楚雄州委、州人民政府把防震减灾工作纳入综合绩效考核，与经济社会发展稳定工作同研究、同部署、同考评。州人民政府召开常务会议专题研究部署防震减灾工作，召开全州防震减灾工作联席暨防震减灾工作会议，全面部署、落实防震减灾工作。州人大常委会将防震减灾工作列入监督事项，听取和审议州人民政府关于防震减灾工作情况报告，提出审议意见，推动防震减灾工作落实。全州防震减灾各项任务有效落实，地震监测预报、地震灾害预防、地震应急救援三大体系建设深入推进。在云南省地震监测质量评比中，南华县地震局模拟地温获全省评比第一名，楚雄州地震局信息网络获全省评比第二名，气汞观测获全省评比第三名；州地震局数字水位获全省评比第三名；姚安县地震局信息网络获全省评比第三名；大姚县地震局测震获全省评比第三名。7月8日，楚雄州地震局承办云南中部地区（楚雄及邻区）震情研讨会，来自省地震局和云南中部州（市）的50余位专家对云南中部未来地震趋势进行分析、会商、研判，提出科学预报意见，为做好震灾预防工作提供保障。州财政安排防震减灾事业经费283万元，比上年增长244.8%。

【地震监测预报】 2015年，楚雄州地震局组织全州地震监测系统完善地震监测台网建设和运行管理。“楚参1井”地震深井综合观测项目前期工作加快推进。全州53套地震观测手段和8个强震台运行正常，大姚县“滇11井”模拟水位观测手段完成数字化改造并投入运行，21项前兆观测手段的数据整理入库，地震前兆数据库持续完善。确保省州县地震系统信息节点正常运行和各种观测数据按时上报。各县（市）地震局建立完善《观测管理制度》和《观测质量奖惩制度》，强化观测人员的日常教育培训，严格按照制度规范和技术规程进行观测，地震监测更加制度化、规范化和科学化，监测质量稳步提高。制订《楚雄州2015年度震情跟踪工作方案》和《云南中部地区2015年度震情跟踪工作方案》，召开全州2015年震情跟踪工作会议进行部署；制订实施《楚雄州地震局震情跟踪工作责任制考核办法（试行）》，强化督促检查和考核奖惩。落实宏、微观异常零报告制度。对禄丰、元谋等5县出现多起水库库水发浑、翻花冒泡、民用井水位突升突降等宏观异常现象及时调查核实，密切监视跟踪。开展前兆观测手段异常指标清理工作，对州内23个主要前兆观测台项地震对应情况进行分析研究，重点清理楚雄水位、大姚地温等13项异常指标，为震情监测和短临预报动态跟踪提供判定依据。修订完善《楚雄州震情会商制度》，加密震情监测、定期会商、紧急会商和短临预报动态跟踪，州地震局开展会商50余次，各县（市）地震局上报会商报告320余期、短临预报卡2份。

【地震监测信息系统建设】 2015年，楚雄州地震局地震速报短信发布系统建成运行，地震速报效率和地震信息化服务水平明显提高。投资30万元，完成台网中心和信息中心机房提升改造，修订《地震数据共享服务管理办法》《短波通信网运行管理办法》《机房管理制度》等，规范数据共享、通信和安全管理。做好行业信息网络运行维护，保障信息节点正常运行和各种观测数据按时上报。完成电台定时通联任务，加强对各县（市）电台通联工作的管理，保证通联率。完善地震前兆数据共享数据库，适时更新前兆观测数据并及时整理入库。

【地震灾害防御】 2015年，楚雄州地震局将建设工程抗震设防要求核准的行政审批事项下放到县级，各县（市）地震局协同县发改、住建部门按照各自职能共同抓好建设工程抗震设防要求管理。形成《楚雄州人民政府关于依法加强建设工程抗震设防要求管理工作的通知》，强化州级行政审批事项下放后的监管职能。完成农村危房改造13万户，校舍危房改造120万平方米，争取补助资金8.6亿元，州县两级补助1亿元，受益人口44万人。武定县狮山镇南街社区被中国地震局授予第一批“国家地震安全示范社区”，禄丰县金山镇董户村社区被云南省地震局命名为“省级地震安全示范社区”。坚持完善中强以上地震后的应急基础数据库，收集更新县（市）地图、经济与社会发展统计、地震基础数据、灾害影响、应急联络、地震预案等各类基础数据。与省地震局工程勘察院合作，向州财政部门争取经费30万元开展“1680年楚雄六叉四分之三级地震发震构造研究”项目，为滇中地区地震孕育、发生发展规律分析，以及地震监测预报，重点城市的抗震设防、重大建筑工程选址、活动断裂避让提供依据。

【地震应急救援能力建设】 2015年，楚雄州健全由州长为总指挥的抗震救灾指挥部，编印《地震应急指挥流程图》《楚雄州历史地震震中分布和活动断裂图》，修订完善《楚雄州地震应急预案》，各县（市）也参照修订完善应急预案，应急预案全面覆盖州级抗震救灾指挥部成员单位、各县（市）乡（镇）及各类学校。2月5日，州人民政府主要领导、分管领导在州应急指挥中心组织开展地震应急响应和处置工作模拟演练。州地震局督促指导各县（市）人民政府开展地震应急指挥桌面推演9场次，全州地震部门督促指导各级、各行业、各部门及学校开展专项应急演练2200场次，开展培训10次、应急救援检查5次。10月23日上午，州地震局组织全体干部职工开展内部应急演练，各县（市）地震局局长和业务人员观摩并提出意见建议。调动各灾情收集报送网络，以政务值班系统为主渠道，民政部门救灾救济系统、地震部门地震灾情速报网络同时启动，按照地震灾害等级划分标准及相应灾情统计要求，第一时间做好灾情速报工作，地震灾害情况统一收集上报各级人民政府抗震救灾指挥部，为抗震救灾指挥决策提供第一手灾情信息。修订完善震情值班制度，对值班情况进行抽查检查。推进应急救援力量整合，成立抢险救援中心，下设消防、卫生、交通、住建、电力等部门，组建搜救、民兵应急、卫生防疫、交通运输、电力抢险等专业救援队244支3116人，配备各类装备1000余件（套），其中重型搜救队1支45人、各县（市）地震救援分队10支110人、各乡（镇）建立应急分队103支618人。注册志愿者5000名，其中应急救援志愿者3000余名。投资279万元（省地震局下达100万元、州财政配套100万元、州地震局自筹79万元）的楚雄州地震应急指挥信息技术平台建成运行；武定县投资30万元（省地震局下达15万元、县财政配套15万元）建成县级地震应急指挥信息系统，并通过光纤网络接入州应急指挥平台，与省地震局及其他州（市）地震局互联互通。更新完善抗震救灾指挥部地震应急第一响应人数据库，保障地震信息畅通。年内，州人民政府办公室印发《2015年楚雄州地震应急准备工作方案》，细化分解抗震救灾成员单位和各县（市）工作任务。3月31日至4月5日，州地震局牵头民政、住建等5个部门，对重点危险区牟定、元谋、楚雄、禄丰、双柏5县（市）地震应急准备工作开展重点督促检查，对其他5县开展常规督查，并编印督查情况通报，针对存在问题提出工作整改要求。州人民政府领导带队到部分重点

6月17日，州委书记侯新华（中）到州地震应急指挥中心调研（州地震局/提供）

① 2月15日，州应急指挥平台点验测试（彭炜/摄影） ② 5月19日，州减灾委成员单位在楚雄市茶花谷开展自然灾害救助应急演练（马兴华/摄影）

县（市）、州级有关部门开展地震应急准备工作检查指导和督促落实，做到“主动防灾”“充分备灾”。组建以地震局主要领导为指挥长的地震现场工作队，制定地震现场工作方案和应急工作流程，将应急工作职责任务落实到每一名工作人员。制作包含服装、食品、宿营、救护、防护、通信等野外现场工作队员装备参考配置表。落实应急准备工作职责，设立通信保障应急领导小组。完善应急通信装备配置和救灾抢险用通信器材物料储备。推进应急避难场所建设。10县（市）按城市总规，在配套设施相对较好的体育场馆、公园、学校、广场等场所建成县城中心标准化应急避难场所30余个，可容纳35万人。在人员密集公共场所，建设人员疏散应急通道，在明显位置设置指示标识。建立健全县（市）救灾物资紧急调运机制，民政、水务等部门建成规模适度、标准统一的救灾物资仓库12个，储备有救灾帐篷、大衣、棉被、毛毯、彩条布、折叠床等救灾物资10万余件套。严格救灾物资的管理和使用，做到专项储存、合理布局，快速高效、保证急需，集中管理、保证安全，专物专用、严格审批。完善救灾物资紧急调拨、运输制度和救灾物资出入库手续，为抗震救灾提供保障。

【防震减灾知识宣传】 2015年，楚雄州投入防震减灾科普知识宣传经费19万元，开展“5·12”全国防灾减灾日地震科普主题宣传活动，制作和展出展板10块，发放《防震避震常识》《地震应急自救互救手册》《防震减灾知识折页》近5万份，在州电视台“彝州观察”栏目播出主要负责人电视专访1期；在《楚雄日报》刊发防震减灾宣传专版6版、分版80期；与州气象局合作，利用全州2800块电子显示屏滚动播放地震科普宣传内容，10县（市）客运站投放防震减灾宣传画栏60块，手机短信推送宣传30万户，行业网站刊发宣传信息140条。推进防震减灾州级科普示范学校创建，申报州级科普示范学校14所，获得命名9所。在全州中小学中，每学期开设2小时防震减灾知识课。抓好地震宏观测报网、地震知识宣传网、地震灾情速报网及防震减灾联络员队伍建设，建立“三网一员”群测群防体系，由乡（镇）分管防震减灾工作的领导、综合办主任、民政所助理员、科技助理员、小（一）型以上水库管理所负责人，以及抗震救灾指挥部成员单位办公室主任和各村委会主任组成。全州建立骨干观测点137个，有地震宏观联络员1288人，实现县（市）、乡（镇）、村全覆盖。

［陈　猛］

气象监测与预报

【气候概况】 2015年，楚雄州年平均降雨量864毫米，比上年偏多100毫米，比历年同期偏多2毫米，是自2009年以来的7年中，年降雨量首次超过800毫米，恢复到多年平均值以上。但降雨空间分布极不均匀，东南部楚雄市和禄丰县降雨量超过1000毫米，比历年同期偏多100毫米以上，北部永仁县和元谋县也超过历年同期降雨量，其余县（市）降雨量均比历年同期偏少，特别是西北部大姚县比历年同期偏少100毫米以上。降雨时间分布不均匀，1月、3月、4月、8月、10月和12月降雨比历年同期偏多，其余月份偏少。全年全州平均气温17.2℃，比上年偏低0.3℃，比历年偏高0.8℃。各县均为偏高，双柏、南华、姚安、永仁4县偏高1℃以上，其余6县（市）偏高1℃以下。各月平均气温与历年相比，4月、7月、8月和10月偏低，其余8个月偏高，偏

2015年楚雄州10县（市）全年降雨量

单位：毫米

	楚雄市	双柏县	牟定县	南华县	姚安县	大姚县	永仁县	元谋县	武定县	禄丰县	全州平均
2015年	1079	928	846	812	751	704	900	691	892	1040	864
与上年比	291	158	24	102	68	−5	98	163	−123	222	100
与历年比	189	−34	−37	−31	−30	−116	16	34	−75	103	2

2015年楚雄州10县（市）全年平均气温

单位：℃

	楚雄市	双柏县	牟定县	南华县	姚安县	大姚县	永仁县	元谋县	武定县	禄丰县	全州平均
2015年	17.2	16.2	16.6	16.1	16.6	16.5	18.4	21.9	15.9	16.5	17.2
与上年比	−0.4	−0.3	−0.2	0.0	0.1	−0.2	−0.1	−0.4	−0.1	−1.1	−0.3
与历年比	0.8	1.0	0.4	1.3	1.1	0.7	1.0	0.5	0.7	0.3	0.8

2015年楚雄州10县（市）全年日照时数

单位：小时

	楚雄市	双柏县	牟定县	南华县	姚安县	大姚县	永仁县	元谋县	武定县	禄丰县	全州平均
2015年	2443	2253	2547	2328	2188	2580	2637	2595	2269	2302	2414
与上年比	−3	−143	36	−167	−211	−106	−89	−160	42	−36	−84
与历年比	412	−36	319	−74	−99	153	76	33	83	133	100

（州气象局/提供）

高较多的是3月、5月和6月，分别偏高2.4℃、2.5℃和2.7℃。全年全州平均日照时数2414小时，比上年偏少84小时，比历年偏多100小时，偏多4%。永仁县日照时数最多，为2637小时；姚安县最少，为2188小时；其余8县（市）在2200～2600小时之间。与历年相比，双柏、南华、姚安3县偏少，分别偏少2%、3%和4%，其余7县（市）偏多，其中楚雄市偏多20%。各月平均日照时数与历年相比，8月最少，为80小时，3月最多为290小时；与历年相比，1月、4月、8月、12月比历年偏少，偏少幅度最大的是8月的70小时、偏少47%，其余8个月比历年偏多，偏多幅度最大的是6月的76小时，偏多47%。全州雨季于7月9日开始，比常年偏晚40余天，属于特晚年份，于10月12日结束，属于正常年份。

【主要气候事件】 2015年，楚雄州冬季强降水、低温雨雪天气突出。1月8～11日，出现罕见冬季强降水天气过程，伴有雷电、暴风、降雪、霜冻、大雾等多种灾害性天气，平均降水量61毫米，降水强度打破全州有气象资料以来的冬季历史记录。12月16～18日，境内气温突降，平均气温2.4℃，平均最低气温0.7℃，大部地区出现雨夹雪天气，降雨（雪）量6.1毫米，部分地区遭受低温冷冻灾害，农经作物不同程度受灾。5月至7月上旬，出现严重初夏干旱及夏旱。5～6月平均累计降雨量85毫米，比常年同期偏少136毫米，比上年同期偏少113毫米。分析1960年以来历史同期降雨情况，5～6月累计降雨只有85毫米，比最少的1967年多3毫米，属于特少。雨季开始特晚，持续阴雨、低温、寡照。雨季于7月9日开始，之后多阴雨，7～8月低温明显，8月寡照突出，9月降雨稍少，10月降雨偏多。总体上看，时间分布和空间分布均不均匀，7～8月低温寡照致光热不足，对农作物生长造成一定影响。秋季暴雨突出。10月8～10日，出现秋季暴雨、大暴雨，10月7日14时至10月10日8时，136个自动气象站平均降雨103.5毫米，其中25～50毫米4站、50～100毫米56站、100毫米以上76站，最大降雨量双柏县碍嘉镇178.3毫米；日最高气温下降12～15℃，天气过程降雨强度大、范围广、时间长，雨量打破暴雨天气秋季历史记录，暴雨站次打破秋季历史记录。

【主要气象灾害及影响】 2015年，楚雄州各种自然灾害造成10县（市）103个乡（镇）157.74万人不同程度受灾，因灾死亡2人、失踪2人，紧急转移安置587人，死亡大牲畜1768头、羊371只；因旱饮水困难人口16.87万人、大牲畜10.1万头；民房倒塌98户291间，严重损坏678户1630间，一般损坏763户1059间；农作物受灾146.15万亩，成灾83.56万亩，绝收15.01万亩；毁坏耕地3243.3亩，交通、水利、通信、电力、市政等基础设施不同程度受损。造成直接经济损失8.31亿元，其中农业损失7.14亿元、基础设施损失0.81亿元、工矿企业损失0.14亿元、家庭财产损失0.22亿元。

低温、雨雪、霜冻　1月8～10日，出现历史上罕见冬季强降温、降水天气过程，造成农经作物不同程度受损，部分房屋倒塌，树木折断，牲畜冻死，造成直接经济损失1.04亿元，26.72万人受灾，房屋损害659间、倒塌38间。农业受灾面积12.18万亩，成灾6.73万亩，绝收1.28万亩，农业经济损失4483.5万元。12月15～18日，境内气温突降，16日全州大部地区出现雨夹雪天气，部分地区遭受低温冷冻灾害，致使农经作物不同程度受灾，电力交通基础设施不同程度受损。

初夏干旱及夏旱　5～7月的严重初夏干旱及夏旱，造成至7月18日，全州库塘蓄水比上年同期少0.5亿立方米，比历年同期少0.43亿立方米，主要河道来水量比历年偏少40%～90%，有6条中小河流发生断流、66座水库干涸，受灾人口8.81万人，饮水困难人口1.2万人。初夏干旱对大春作物的栽种造成影响。至7月20日，农作物受灾面积108.85万亩，成灾66.91万亩。其中，水稻受灾30.82万亩，成灾14.52万亩；玉米受灾57.25万亩，成灾39.19万亩；杂粮受灾6.84万亩，成灾5.12万亩；蔬菜受灾6.52万亩，成灾3.31万亩；其他作物受灾7.42万亩，成灾4.78万亩。

单点暴雨，局部地区洪涝灾害　6月21日，大姚县桂花镇、三台乡局部地区降单点暴雨，降雨历时短、区域小，造成1户居民住房被洪水冲走、2人失踪。8月25～26日，楚雄市、双柏县、大姚县、牟定县、永仁县出现大雨到暴雨天气，市内多条街道出现城市内涝。10月8～10日出现的秋季暴雨、大暴雨，造成全州4.15万人受灾，倒塌房屋105间，农作物受灾1.19万亩、绝收7668亩，直接经济损失2.27亿元。

雷电、大风、冰雹灾害　年内先后出现大风冰雹天气5次，葡萄和烤烟等经济作物受灾害影响较重。8月12日，禄丰县和平镇出现冰雹大风天气，致农作物受灾2000余亩、烤烟受灾964.5亩，有2座烤烟房被洪水冲倒；姚安县栋川镇出现大风、短时强降水和冰雹等强对流天气，造成粮烟受灾2100亩，其中绝收300亩，部分供电、通信线路受损，部分树木折断，造成1人死亡。10月1日，双柏县法脿镇附近发生强对流天气过程，伴有雷电、大风、短时强降雨，导致双坝村委会独家村1名村民被雷电击中死亡。

① 1月10日，楚雄州普降大雪（马兴华/摄影）② 气象人员调查降雪对农业生产的影响（廖志刚/摄影）

【气候影响评价】 2015年，楚雄州气候影响变化大，表现特点突出。

气候与水资源　年末库塘蓄水9.02亿立方米，比上年同期多1.01亿立方米，比历年同期的7.84亿立方米多1.18亿立方米，蓄水最多的禄丰县1.35亿立方米、最少的双柏县4489万立方米。库塘蓄水从7月8日最低的3.04亿立方米增加到年底的9.02亿立方米，增加5.98亿立方米，蓄水增加的重要时段也就是降水量增加的主时段。青山嘴大型水库实现蓄水6624万立方米，完成计划任务的101%。中型水库中，蓄水最多的是禄丰县东河水库，实现蓄水1511万立方米，占计划的114%；最少的是姚安县红梅水库，蓄水428万立方米，占计划的31%。

气候与农业　5月到7月初，出现罕见初夏旱和夏旱，给抗旱保苗造成极大困难，但上年蓄水形势好，冬春降雨偏多，有利于小春增产和大春作物种植。2014年10月至2015年4月，平均降水211毫米，小春生长期间月月有降水，气温在正常范围附近波动，对小春作物生长十分有利。1月19日出现两次降雪，不仅减少病虫害，而且改善墒情，有利于麦类、冬马铃薯、油菜等夏粮作物丰产丰收，但雨雪霜冻天气对热区作物及部分早熟作物造成局部冻害。春播育秧期内无倒春寒天气，气温正常到偏高，光照充足，秧苗长势良好。冬春降水使蓄水形势得以改善，为扩大夏粮播种面积打下坚实基础；大春栽种期间多晴天，有利于水稻移栽。到小满节令前，完成粮食计划栽种面积的101.33%，比上年提高9.53个百分点，增加9.6万亩。7月9日入汛以后，干旱逐渐解除，雨日较多，雨量分配均匀，没有再出现干旱和其他严重气象灾害，有利于田间作物生长。5、6月降水特少，雨季开始特晚，初夏干旱和夏旱叠加，大春农作物受旱面积79.7万亩，成灾43.72万亩，成灾面积占受旱面积的54.8%。雨季开始后，7月下旬和8月多雨、寡照，有阶段性低温出现，对水稻和玉米孕穗产生一定影响，空瘪率增加。

气候与生态　总雨量从正常到偏多，尤其旱季不旱，对植被保护极为有利。全年共发生森林火灾6起，其中一般火灾4起、较大火灾2起，过火面积1005亩，森林受害率0.002%，当日扑火率100%。处置卫星林火热点4个。与上年相比，火灾次数下降84.6%，过火面积下降95.7%，森林受害面积下降98.4%，卫星林火热点下降83.3%。

气候与烤烟　受初夏干旱及夏旱影响，烤烟受旱灾影响面积30.52万亩，其中重旱面积9.47万亩。重旱造成早花，下部烟叶发黄和干枯，新叶灼伤，严重影响烟叶产量和品质。早花面积亩产平均下降30千克，其余面积亩产平均下降15千克。旱情导致烟叶结构紧密，叶面积减小，厚度增加，难烘烤，品质下降。7月后，遭遇持续3个月的阴雨寡照极端天气，导致烟叶返青、徒长贪青晚熟，烟叶含水量过大，烘烤难度增加，烘烤损失大。

气候与其他方面　雪灾给电力、交通、通讯等设施造成巨大损失。1月9～11日、18～19日两次降雪，造成楚雄、双柏、南华、牟定、姚安、大姚、武定等县（市）地大面积停电，停电客户36万户，停电线路263条，线路设备故障5442处。

【气象预警预报】 2015年，楚雄州气象台预报水平稳步提高，针对中央气象台订正技巧4项均为正订正，县级气象台站预报综合质量比上年同期提升5个百分点。短临预警业务系统投入运行，CMISS系统列入省气象局首批试点单位。保障州庆、火把节等传统节日和州委、州人民政府重大活动气象服务。有效应对冬季罕见强降温降水、夏季高温干旱，汛期暴雨、泥石流等气象灾害和衍生灾害。向州委、州人民政府和州级有关部门发布各类专题预报和重要天气预报132期，发布灾害性天气预警信号548次，发布手机短信7.5万条。

【气象防灾减灾】 2015年，楚雄州气象局5次召开会议部署汛期气象服务工作，启动重大气象灾害应急响应4次，组织开展重大气象灾害应急演练2次。9县（市）人民政府出台《县级气象灾害防御规划》。安全组织人工增雨防雹工作，配合省人工降雨防雹办公室开展飞机增雨作业3次、地面防雹作业229次，烤烟受灾率控制在1.3%以内。

【气象管理与服务】 2015年，楚雄州取消“雷电灾害风险评估”行政审批中介服务，全州防雷技术服务机构入驻州投资审批中介超市，整合气象部门防雷工程技术服务工作由州防雷中心统一经营管理。双柏县人民政府成立气象灾害防御管理中心，大姚县完成气象台、人工降雨防雹办公室法人登记，禄丰县成立石化园区气象观测站。完善州、县（市）天气预报会商常态化制度和短临监测预警工作制度。州气象部门为地方特色产业辣木、早熟芒果、雨生红球藻等生产开展“直通式”专项气象服务，完成元谋县省级辣木气象示范观测站建设；编制《楚雄州高原特色农业气象服务业务体系建设方案》，并通过省级专家评审，项目计划投资1000万元，省级配套资金大部分列入预算，州级财

① 3月23日，州市气象局开展气象日宣传活动（邓玉萍/摄影） ② 元谋县江边乡辣木自动气象观测站（廖志刚/摄影）

政配套资金到位100万元，启动建设首批农业气象自动观测站5个。

【气象现代化建设】 2015年，楚雄州稳步推进气象现代化建设。南华县气象局完成业务用房、观测场搬迁，禄丰县气象局完成观测场搬迁，双柏县气象局启动业务用房建设，永仁县气象局启动观测场搬迁，楚雄机场气象观测站项目开始数据采集和分析；完成省级石化园区气象观测站网项目设备采购；完成61个人工防雹作业点标准化改造和建设；完成气象探测环境保护适用标准的强制备案工作；完成MESIS决策服务系统、山洪项目、高清视频会商系统、气象宽带网备份链项目，CMISS系统工作成为省气象局首批试点单位；协助中国气象科学研究院完成"省级石化园区气候可行性论证"并通过专家评审。

【气象综合管理】 2015年，楚雄州气象局向管理对象下发行政许可或行政审批告知书86份，立案2件，受理气象行政审批585件，办结376件。与国土、民政、消防等10余个部门签署协议或联合发文，依法建立合作机制；废止或修订各类文件22个，聘请3名律师担任州气象部门常年法律顾问；开展专项财务审计5项，对10县（市）财务收支情况进行专项巡查，发出财务整改指令20份。

［邓玉萍］

水文水资源勘测研究

【水情报汛】 2015年，云南省水文水资源局楚雄分局编发水情、雨情报文1万份，报汛时效性99%、准确率100%，各项指标均达到省水文水资源局和楚雄分局制定的目标管理要求；发布《水情快报》63期、《水情旬报》44期、《水情月报》6期、《水情综述》4期，推送手机短信107组1.93万条；完成《2016年楚雄州水情趋势预测》《楚雄州2014年度水资源公报》编制工作。年末，省水文水资源局楚雄分局辖遥测站161个，其中水文站9个、雨量站148个、土壤墒情站4个。实现水情信息自动采集、自动生成报文、自动传输，满足25分钟内向省防汛办、30分钟内向国家防汛总指挥部报汛的要求。配合州水务局开展山洪灾害防治系统建设，实时共享自动雨量、水位站的水情、雨情信息。

【水文测验】 2015年，云南省水文水资源局楚雄分局按照《水文资料测验整编规范》和《云南省水文资料整编补充规定》，完成18个水文站157个雨量站的水文资料整编复审验收。完成27件大中型水库资料整编审查验收工作，完成八角、东坡、牟定、永仁4个新建水文（水位）站的85基准高程引测和五福水位站水尺零点高程测量。完成11个国家级和25个省级地下水监测站站点规划，其中上章村和谢家河两个国家级地下水监测站投入运行。

【水质监测】 2015年，云南省水文水资源局楚雄分局根据《水环境监测规范》（SL219-2013）和云南省水环境监测中心的监测任务书，设常态监测站点69个，监测类型包括常规水质监测、州（市）界河流水质监测、集中式供水水源地水质监测、水功能区水质监测、入河排污口监测和水源地应急演练等专项水质监测，其中常态监测站点13个（含水生物监测站点及省界断面各1个）、省级重点水功能区监测站点34个、州（市）界河站2个、入河排污口监测站点20个、水功能区监测站6个、排污口监测站11个、楚雄州县级以上集中式供水水源地全覆盖监测站28个（含团山水库）。各类站点监测项目最少15项、最多42项，累计监测水样394个，平均每月至少监测33个。对南华东小河、楚雄市污水处理厂等20个入河排污口（县级以上城镇生活入河排污口、大型企业入河排污口等）开展污水排放监测2次，完成17项参数、两批680余个数据的排污口监测、入河量计算及评价成果上报任务，为纳污能力核定提供科学依据。

【水土保持监测】 2015年，云南省水文水资源局楚雄分局完成8县1市9个水保监测点及5个水文控制站站内业务资料整理、整编及监测成果报告编制，按时向各县（市）水土保持办公室及珠江水利委员会、珠江流域水土保持监测中心站、长江水利委员会、长江流域水土保持监测中心站报送监测点月度水土保持监测数据及成果。

【水资源状况】 2015年，楚雄州平均降水量926.1毫米，折合水量263.45亿立方米；比上年偏多10.9%，比常年偏多3.6%，为正常略偏多年份。地表水资源量51.16亿立方米，地下水资源量12.76亿立方米，扣除地表水与地下水重复计算量后水资源总量50.93亿立方米，比常年偏少19.1%。蓄水工程年末蓄水量9.02亿立方米，比上年增蓄10.3%。供、用水总量23.19亿立方米，其中河道外供用水9.28亿立方米，河道内供用水13.91亿立方米。河道外供水中，地表水源供水量8.48亿立方米，占总供水量的95.2%；地下水源供水量0.33亿立方米，占3.6%；其他水源供水量0.11亿立方米，占1.2%。河道外用水中，生产用水量8.38亿立方米，占总用水量的90.3%；生活用水量0.85亿立方米，占9.2%；生态环境用水量0.05亿立方米，占0.5%。主要江河水质状况按《地表水环境质量标准》（GB3838-2002）采用单项水质参数进行评价，水质状况（粪大肠菌群未参评）分为如下两类。金沙江水系综合评价河道1325.3千米，其中Ⅱ～Ⅲ类河道占评价河道的89.72%，Ⅳ类河道占评价河道的5.96%，Ⅴ类、劣Ⅴ类河道占评价河道的4.32%，主要污染物有总氮、总磷、5日生化需氧量等。西南诸河综合评价河道391.7千米，其中Ⅱ类河道占评价河道的78.81%、Ⅴ类和劣Ⅴ类河道占评价河道的21.19%，主要污染物有氨氮、总氮、总磷等。

［曾艳芬］

2016 CHUXIONG ALMAN

社会科学

SOCIAL SCIENCES

责任编辑：周能汉

十月太阳历文化园（王旭/摄影）

社会科学综述

【社科工作概况】 2015年，楚雄州社会科学界联合会围绕州委、州人民政府中心工作，充分发挥社科联在理论宣传、社科研究、社科普及、传承文明、咨政育人、服务社会方面的职能作用，推动彝州社会科学事业繁荣发展。组织10县（市）社科联和所属学会、协会、研究会开展“云岭大讲堂·楚雄讲坛”大型公益科普讲座14讲；编辑印发《楚雄社科论坛》月刊12期，刊载稿件240篇约130万字；编辑印发《社科理论视点》12期，摘编稿件98篇约8.5万字。组织开展“滇中文化论·楚雄盐文化探源”“楚雄州社科界2015年课题选编”“2016楚雄州经济社会发展蓝皮书”“中国梦·楚雄故事地理名胜篇”等课题研究；组织社科专家参与中共武定县委宣传部、中共牟定县委宣传部合作开展的“滇中文化论·武定彝族土司文化研究”“滇中文化论·牟定化佛山文化旅游资源保护与开发研究”等课题研究工作。

【楚雄州社科联五届四次全委（扩大）会议】 2015年3月31日，楚雄州社会科学界联合会五届四次全委（扩大）会议在楚雄召开，会议总结2014年的社科工作，对2015年的社科工作进行安排部署。会上，楚雄市社科联、楚雄州警察学会等县（市）社科联和学会、协会、研究会代表作交流发言，总结经验、统一思想、明确任务。

【县（市）社科联重点工作】 2015年，楚雄市社会科学界联合会在市委党校开展“威楚大讲堂”活动20余次，培训党员干部2000余人次；编印《威楚社科》4期；深入基层调研，形成《马龙河大地基段热谷旅游产业发展研究》成果。牟定县社科联对社科社团开展摸底调查，指导社团加强自身建设；开展“牟定腐乳产业发展研究”；编辑《社科视点》20期5200份，发至（市）县、乡（镇）机关和89个村（社区）；配合县委宣传部制定《牟定县科学理论进农村（社区）宣讲工作规划（2014～2016年）》；组织宣讲员深入机关、农村、社区、企业、学校开展科学理论、“中国梦”和党的十八届五中全会精神宣讲500余场次，受众7万余人次；配合县委宣传部完成《指尖上的牟定——牟定彝族刺绣集锦》《牟定我的家——牟定县情教育读本》《无住化佛》《孙悟空大闹白马山》《牟定红色往事》等9本反映牟定历史文化和风土人情的连环画及《化佛山传说》（3册50个故事）连环画创作。南华县社科联扎实开展十八届五中全会精神宣讲，举办大型公益性科普讲座“云岭大讲堂·南华县学习型机关讲堂”；开展“南华县高原特色农业发展与思考”研究。姚安县社科联依托“梅葛宣讲团”，把理论通俗化、大众化，推动社会科学知识的宣传普及；配合州委党的十八届五中全会精神宣讲团，开展党的十八届五中全会精神宣讲活动3次。大姚县社科联充分发挥省级社科普及示范基地的作用，利用每年举办孔子文化节契机，邀请省、州、县专家学者参观社科基地，为大姚社科发展建言献策。永仁县社科联成功申报方山诸葛营村为省级社科普及示范基地，组织编写、出版《直却古砚文化科普读物》《永仁作家丛书》《永仁人文随笔丛书》《永仁社科丛书》等。禄丰县社科联积极抓好学会、协会、研究会管理，发展学会、协会、研究会11个。元谋县社科联编辑《元谋社科》4期，配合州社科联做好《元谋人科普读本》编撰工作。武定县社科联重调研、抓课题，组织社科工作者对武定县农业产业化、扶贫攻坚、“十三五”规划进行调研，形成理论调研文章30余篇，编印成册，为县委、县人民政府科学决策服务。

【楚雄州第九届社会科学优秀成果评奖】 2015年，楚雄州社会科学界联合会根据《楚雄彝族自治州社会科学优秀成果评奖办法（试行）》的规定，开展第九届（2012～2013年度）社会科学优秀成果评奖活动。收到申报参评成果201项，其中著作35部、论文166项。经评委会评审，评出优秀成果42项，其中著作类优秀成果8项（特等奖1项、一等奖1项、二等奖2项、三等奖4项），论文类优秀成果34项（一等奖3项、二等奖7项、三等奖24项）。

【社科社团管理】 2015年，楚雄州社会科学界联合会依据《章程》规定，坚持科学办会、民主办会、依法办会，提高社团建设管理水平，注重发挥社团作用，激发社团工作活力，支持学会、协会、研究会结合各自实际，开展学习交流、调查研究、社科知识普及等活动。建立社团组织举办论坛、讲座、研讨会、报告会审批备案制度，确保社科社团正确的办会方向和舆论导向，社团工作健康发展。

［艾　梅］

彝族文化研究

【楚雄彝族文化遗产传承与协同创新】 2015年5月13日，云南艺术学院院长吴卫民、副院长郭浩，以及民族艺术非物质文化遗产传承协同创新中心教授一行5人，到楚雄彝族文化研究院商谈民族艺术非物质文化遗产传承协同创新中心创建工作，双方就民族艺术传承保护与研究运用等合作事项进行深入交流。云南艺术学院邀请楚雄彝族文化研究院加入由云南艺术学院牵头建设的文化传承协同创新中心，并作为核心协同理事单位。双方商定，以楚雄为核心地区列入国家非物质文化遗产名录的彝族项目，选择最具代表性的名录，分宗教艺术、民俗艺术两类，进行基于艺术人类学、影视人类学、民族学意义的调查和研究，编辑出版专题丛书。

【马立三到楚雄彝族文化研究院作专题学术报告】 2015年3月30日，楚雄州人民政府顾问、云南省彝学学会会长、滇川黔桂彝文古籍协作组副组长马立三到楚雄彝族文化研究院，为全院干部职工作《关于新时期彝学研究的若干问题》专题学术报告，介绍当前彝学界在彝族历史、文化、文学艺术、宗教、天文历法、医药等方面的研究现状、研究成果及特点，提出彝学研究的美好愿景；从学术规划、重

楚雄州第九届（2012～2013年度）社会科学优秀成果获奖名单

分类	获奖成果	获奖等级	申报人	工作单位
著作类	《彝族毕摩经典译注》	特等奖	《彝族毕摩经典译注》编纂委员会（楚雄州民宗委）	州民宗委
	《大美彝州——楚雄州情读本》	一等奖	州志办	州志办
	《滇中文化论——两姚历史文化源流》	二等奖	州社科联	州社科联
	《彝族土主文化研究》	二等奖	杨甫旺　普有华（主编）	楚雄师院
	《楚雄州生态足迹研究》	三等奖	彭海燕　周兵（著）	楚雄师院
	《楚雄州推进桥头堡建设产业发展研究》	三等奖	周兴国　黄正山（主编）	州政府政策研究和法制办
	《彝族族源主源》	三等奖	唐楚臣（著）	彝族文化研究院
	《楚雄统战理论研究及调研文集（2003～2012）》	三等奖	州委统战部（编）	州委统战部
综合类	《少数民族地区传统道德对反腐倡廉的影响及分析研究——以楚雄彝族自治州为例》	一等奖	何　燕　李　静　郑丽琼　张丽华	州委党校
	《社会矛盾纠纷大调解工作机制建设研究——以云南省楚雄市大调解机制为例》	二等奖	陈　勇	楚雄师院
	《发展劳动价值论必须突破传统的劳动范畴》	二等奖	黄正山	州政府政策研究和法制办
	《论反腐倡廉制度创新》	三等奖	李志昌	州委党校
	《马克思主义大众化的路径选择》	三等奖	何绍芬　钱　波	楚雄师院
	《新形势下民主党派参政议政能力建设研究》	三等奖	周永良	州委党校
	《竞争性选拔干部质量比较研究》	三等奖	黄　忠	州政府政策研究和法制办
	《楚雄州基层党组织建设问题探究》	三等奖	林　杰　张绍能	州委党校
	《完善公众参与公共决策机制的途径》	三等奖	袁　莹	州委办
	《楚雄州生态文明建设问题探析》	三等奖	张绍能	州委党校
	《“九个围绕”全面推进基层党建》	三等奖	李云升	南华县委
经济类	《“龙橄新”模式与元谋农村土地流转》	一等奖	元谋县委政研室	元谋县委政研室
	《在城镇化进程中妥善解决好失地农民问题》	二等奖	周家纬	州政府办
	《夯实发展基础抢抓发展机遇——禄丰县融入滇中产业聚集区（新区）的对策建议》	二等奖	晏永明	禄丰县委党校
	《楚雄州加快商贸流通产业发展正逢其时——对楚雄州发展流通产业的调查》	二等奖	赵志刚　李　玲　罗陈武	州政府政策研究和法制办
	《楚雄州推进农业转移人口市民化对策研究》	三等奖	马晓燕	州政府政策研究和法制办
	《加快云南旅游强省建设的几点建议》	三等奖	戴国斌	姚安县文体广电旅游局
	《楚雄州依靠科技进步推动绿色食品产业发展的对策研究——对发展新型农村集体经济的调查与思考》	三等奖	罗卫昌	州农产品检测中心
	《发展壮大新型农村集体经济》	三等奖	彭正洪	牟定县委政研室
	《关于大姚县落实强农惠农政策情况的调查与思考》	三等奖	拜胜平	大姚县委政研室
	《姚安县专业合作社“包粮屯模式”的实践与启示》	三等奖	普正文	姚安县政府
	《加大农资市场监管力度确保绿色产业健康发展》	三等奖	王　颖　永学林	元谋县委政研室
	《积极落实“城镇上山、工业上山”方略》	三等奖	刘亚玲	州委党校
	《元谋县扩大农业发展空间研究》	三等奖	许琼华　李绍文	元谋县委党校
文史类	《楚雄州文化资源开发利用的前景展望》	一等奖	陈九彬	州社科联
	《滇西南地区的“山魈”与“独脚五郎”蠡测》	二等奖	李金莲　朱和双	楚雄师院
	《文化传播视野中的彝族宗教信仰》	二等奖	杨甫旺	楚雄师院
	《景东陶氏土司对金沙江河谷傣族的影响》	三等奖	刘祖鑫	楚雄师院
	《民族地区非物质文化遗产传承人电视纪录片的创作与传播》	三等奖	施为民	楚雄电视台
	《彝医千年绝技——舌下放血疗法造福人类》	三等奖	王　敏　朱琚元　陈钰明　谭定毅　余佳骏	州中医医院等
	《凝聚实现中国梦的正能量——做强边疆民族地区基层宣传思想文化工作》	三等奖	鲁泽强	永仁县委宣传部
	《彝族学生英语学习困惑与对策研究》	三等奖	姚安县前场中学	姚安县前场中学
	《姚安县文化建设的实践与探索》	三等奖	席会丽　金永高	姚安县委宣传部
	《洗尽铅华呈素颜——有关文化、彝族文化和双柏彝族文化的话题》	三等奖	李长平	双柏县政府

（州社科联/提供）

点课题申报等方面深入系统研究彝学，为弘扬和发展彝族文化提出意见和建议。

【《开奔勒笃·六祖古歌》获首届中国影视人类学学会奖二等奖】 2015年9月19～20日，首届中国影视人类学学会奖评审暨研讨会在河南大学举办，有中国社会科学院、文化部、中央民族大学、中国人民大学、浙江大学、中国传媒大学、云南电视台、湖北电视台等全国学术研究机构、知名高校和省级电视台的近100位专家学者参加会议。会议通过评审，评选出首届中国影视人类学学会奖一等奖1名、二等奖3名、三等奖6名。由楚雄彝族文化研究院选送的《开奔勒笃·六祖古歌》影视人类学纪录片荣获二等奖。

【楚雄彝族文化研究院成为西南民大教学科研实习就业基地】 2015年9月17日，西南民族大学彝学学院院长罗庆春、党委副书记巴久伍牛莫到楚雄彝族文化研究院考察，并举行西南民族大学彝学学院教学科研实习实践就业基地签约及挂牌仪式，楚雄彝族文化研究院成为西南民族大学彝学学院教学科研实习实践就业基地，双方互派人员交流学习，科研团队共享学术资源，共建实习实践基地。

【彝族创世史诗《查姆》获《中国史诗百部工程》子课题立项】 2015年11月7日，《中国史诗百部工程》项目交流会在北京会议中心召开，就《中国史诗百部工程》体例规范及拍摄注意事项进行专题研讨和交流，由楚雄彝族文化研究院申报的彝族创世史诗《查姆》在会上获《中国史诗百部工程》子课题立项（编号SS2015010）。11月8日，彝族史诗专项会议在北京召开，北京、四川、贵州、云南等地的知名彝族学者及相关人员参加会议。会议专门就彝族史诗立项清单、优先问题等进行集中讨论，并对2015年彝族史诗申报项目进行评审，确定《中国史诗百部工程》中的彝族史诗收录框架，楚雄彝族创世史诗《查姆》项目通过立项评审。

［普澄宇　李　杰］

党史征集研究

【《中国共产党楚雄地方史》（第二卷）征集和撰写】 2015年，中共楚雄州委党史研究室按照州委审定的《中国共产党楚雄地方史》（二卷）编撰提纲，广泛开展相关资料征集，撰写稿件，完成17个章节30余万字的撰写任务。

【《中共楚雄州委执政纪要》（2014）出版发行】 2015年，中共楚雄州委党史研究室做好《中共楚雄州委执政纪要》编纂出版工作。《中共楚雄州委执政纪要》（2014）围绕州委中心工作和党的建设工作大局，突出执政主题，以全面反映州委重大决策、重点工作和重要活动为主线，记述总结州委在促进经济建设、政治建设、文化建设、社会建设、生态文明建设与党的建设方面采取的重大战略举措、取得的突出成就及经验。全书98万字，由德宏民族出版社2015年9月出版发行。

【《楚雄党史党建》编印】 2015年，中共楚雄州委党史研究室不断提高内部刊物《楚雄党史党建》的办刊质量和水平。开设“学习贯彻十八届五中全会精神”“三严三实”和“忠诚干净担当”专题教育、“纪念红军长征过楚雄80周年”“纪念中国人民抗日战争暨世界反法西斯战争胜利70周年”等栏目，及时反映全州相关工作所取得的成效；开辟“红色散文”或是“红色故事”栏目，增加“党史园地”栏目，扩大楚雄地方党史宣传。6期共刊登文稿228篇。

【“凝聚正能量·共筑中国梦”党史人物红色回忆史实征集】 2015年，中共楚雄州委党史研究室联合州委宣传部、州委老干部局在全州离退休干部中广泛开展“凝聚正能量·共筑中国梦”党史人物红色回忆史实征集宣传工作。通过视频拍摄、口述历史、撰写回忆录等方式，完成首批18名征集对象的采访工作，楚雄电视台、楚雄日报、楚雄州广播电台等媒体对18名征集对象的革命事迹作了集中宣传报道。

【《中共楚雄州历史常识读本》编辑出版】 2015年，中共楚雄州委党史研究室与州教育局共同组织编写《中共楚雄州历史常识读本》，将中国共产党成立至新中国建立初期，中共党史及中共楚雄地方史最主要部分汇集成册，并于2015年春季学期在全州选择10所中学5000名初中一年级学生进行试点教育。让地方党史走进课堂，发挥党史资政育人的功能。

【红军长征过楚雄80周年纪念活动】 2015年，中共楚雄州委党史研究室根据《中共楚雄州委、楚雄州人民政府、楚雄军分区关于开展中国人民抗日战争胜利70周年暨红军长征过楚雄80周年系列纪念活动方案》要求，与州委宣传部、楚雄军分区政治部联合编辑《红军长征过楚雄教育读本》，简明概述中国工农红军长征过程，全面记录红军长征过楚雄的历史；与州文体局联合下发《关于做好红军长征过楚雄遗址发掘保护工作的通知》，开展红军长征过楚雄遗址摸底调查，掌握全州境内红军遗址资源的分布情况、保护现状、开发价值等基本情况，联合州文体局、州民政局、州扶贫办等部门，研究提出红军长征过楚雄遗址修缮保护方案27处。

【中共楚雄党史网站维护及微信平台建设】 2015年，中共楚雄州委党史研究室严格落实安全保密规定和网站管理办法，做好网站日常维护和内容更新，确保安全运行，并及时将全州党史工作动态及相关图文在网站上进行更新，更新发布文章200余篇、图片50幅、党史视频资料25个。开通中共楚雄党史微信平台。利用微信平台信息量大、传播速度快、沟通便捷，有利于信息资源共享的特点，把先进的技术载体运用到党史宣传教育工作中，探索新形势下加强党史宣传教育工作的新途径。

［何瑞生］

地方志编纂

【地方志工作概况】 2015年，楚雄州地方志办公室围绕州委、州人民政府中心工作和地方志工作机构职能职责，以全力推进州志续修和《楚雄州年鉴》《楚州今古》等编纂出版工作为目标任务，切实转变纪律作风，狠抓任务落实，各项工作取得重大突破。顺利完成办公室搬迁及图书资料室、书库、档案室建设，编辑出版《楚雄州年鉴》（2015）1部、《楚州今古》4期。全州共出版县（市）级地方综合年鉴10部，行业志、部门志、专业志2部，村志1部；出版地情书1部。

【地方志续修】 2015年，《楚雄彝族自治州志》续修工作取得重大进展。资料修订补充和速度加快，发出文件的91家部门（单位）全部按要求报送了稿件，完成率100%，其中稿件质量达到审查验收标准和已经进入编纂工作的有89家，占上报稿件单位总数的97.8%；分纂工作进展迅速，除经济卷外，初步完成地理卷、政治卷、社会卷、文化卷和人物卷总计200余万字的分纂工作，全志6卷加卷首和卷末的分纂工作基本完成，并为年内完成续志资料补充完善工作的部门（单位）兑付了资料费。县（市）志续修和部门（专业）志编修工作取得新进展，在尚未出版二轮志书的4个县(市)中，永仁县完成总纂、送审工作，楚雄市和双柏、姚安两县《县志》续修相关工作也在抓紧推进。

【地方志指导验收】 2015年，楚雄州地方志办公室切实做好县（市）志和部门（专业）志指导验收工作。两次审查《永仁县志》（1988～2005），认真把关，提出问题，形成终审意见书。12月4日，永仁县人民政府召开《永仁县志》（1988～2005）终审会议，州志办州志编纂室代表楚雄州县（市）志审稿验收组在会上反馈审稿意见。协助做好《昆明市志》（1978～2005）和《华坪县志》审稿工作。应邀为州畜牧局、州总工会、州审计局等单位和部门的部门（专业）志编纂培训班讲授地方志编纂专业知识，并予以指导帮助。促进州交通局等部门将编修部门志列入议事日程。

【年鉴编纂出版】 2015年，楚雄州年鉴编纂工作提速增效。与上年相比，《楚雄州年鉴》框架结构更趋合理，条目编写愈加精细，专版宣传更富特色，质量水平有所提升，时效进度大大提前。组稿工作进展顺利，交稿时间比上年提前两个半月；栏目设置不断优化，按类目、分目、条目三级编排，共设部类28个，类目223个，有条目约1500个；在保持28个部类不变的前提下，突出特色亮点，将“信息产业”更名为“信息通信”，在“文化”部类中将“群众文化”分目更名为“公共文化”，增加“文化遗产保护”“文化产业”分目，以体现文化建设区域特点和地方特色；开设“深化改革·富民强州”主题宣传专版，以图文并茂的形式，重点介绍“10个抓”重点工作，展示全州“十二五”收官之际经济发展、文化繁荣、民族团结、社会和谐的新面貌、新景象，真实生动地记录彝州科学、和谐、跨越发展的历史进程；关注自治州依法治州、民族区域立法工作，在“附录”部类中，反映年度内立法工作基本情况；坚持“采编结合”，深入一线组稿采稿，深化州情认识和年度发展特点的准确把握；加大撰稿人培训力度，开展分口分部门撰稿人业务培训2次；精编细校，确保质量，严格坚持责任编辑制度和“三审”“三校”制度，层层把关，确保质量。2015年版《楚雄州年鉴》编校质量进一步提升，出版时间与往年相比提前3个月。10县（市）综合年鉴均赓续编纂，基本做到当年编纂当年出版。

【《楚州今古》编印】 2015年，《楚州今古》继续秉持“指导修志，服务社会”的办刊思想，着力在培植和拓展作者群、读者群上下功夫，进一步加大工作创新，不断增强纪实性、史料性、学术性、知识性。制定《楚州今古》刊物每期编辑工作流程，明确各季度组稿、编辑、校对、审稿、发行各个环节的时间进度，明确组稿工作基本要求及编辑校对重要细则，巩固、培养作者，拓展稿源，优化刊物发行工作。加强刊物工作流程自查，发现问题及时纠正，避免重复出错。及时总结、及早谋划，确保季度内出刊。顺利完成《楚州今古》4期的编辑出版发行工作，共59万字，刊出文章135篇、信息42条、照片49幅。

【地方志工作会议】 2015年，楚雄州地方志办公室顺利筹备召开全州地方志工作会议、《楚雄州年鉴》撰稿培训座谈会、全州志办主任会。在全州地方志工作会议上，州人民政府副州长邓斯云作重要讲话，总结回顾近年尤其是2014年以来全州地方志工作，安排部署下一步地方志工作任务。会上，赠阅发行《楚雄州年鉴》（2015），并对2015年度《楚雄州年鉴》先进组稿单位和优秀撰稿人进行表彰奖励。

【图书资料及档案管理】 2015年，楚雄州地方志办公室从“一公司两市场”办公区搬迁至州公务中心办公。搬迁后，结合办公用房落实情况，将杂乱堆放多年、管理不善的库存图书，以及老政府书库图书搬运归并，认真清理，分门别类整理、上架，做到库存清晰、查找使用方便；连接图书资料管理服务系统，对所有积存图书资料进行登记录入，聘请州图书馆相关人员进行指导，完成近7000册图书的数据采编、上架工作，确保图书资料联网可查、分类规范、管理科学；规范档案管理，由综合科牵头组织协调，聘请档案管理专业人员对州志办2005～2014年的全部档案资料进行分类清理、规范建档。为党委、政府和社会的读志用志和查询服务提供基本保障。

［彭利侯］

2016

教育

EDUCATION

责任编辑：周能汉

人勤春来早（杨洪波/摄影）

教育综述

【教育工作概况】 2015年，楚雄州教育系统以办人民满意的教育为目标，以“学前教育扩规模、义务教育促均衡、普通高中提质量、职业教育上水平”为重点，全面贯彻党的教育方针，提高教育质量，推进教育综合改革，促进教育公平，推进教育事业科学发展，年初和“十二五”规划确定的各类教育年度发展目标顺利实现。年末，有全日制各类学校1291所，在校学生41.42万人，教职工2.94万人。其中，幼儿园311所2090个班，比上年增加15所，有在园幼儿5.68万人；普通小学816所，其中教学点146个，在校学生16.63万人；普通中学134所，其中高级完全中学21所、初级中学113所，在校学生14.49万人，其中初中10.08万人、高中4.41万人；特殊教育学校2所，在校学生1032人；中等职业学校25所，其中中等职业技术学校5所、成人中等专业学校（教师进修学校）10所、职业高级中学10所，在校学生1.84万人；技工学校1所，在校学生1.1万人；普通高校2所，在校学生1.57万人。全州学前儿童毛入园（班）率81.26%，学前三年儿童毛入园率61.87%，小学学龄儿童入学率99.96%，初中学龄人口入学率99.91%；高中阶段教育毛入学率80.36%。州教育局、楚雄一中、州特殊教育学校、州幼儿园、楚雄开发区实验小学获第十四批“云南省文明单位”称号。

［郭家柄］

【地方政府履行教育职责评价】 2015年，楚雄州按照《楚雄州人民政府关于印发探索地方政府履行教育工作职责督导评价实施方案的通知》精神，组成复核组对牟定县、姚安县人民政府履行教育职责情况进行复核。对大姚县、楚雄市教育发展战略、教育投入保障、教育改革发展“三大类32条”指标进行综合分析，形成对大姚县、楚雄市人民政府履行教育工作职责的督导复核意见。

【义务教育均衡发展评估与专项督导检查】 2015年5月、8月、12月，楚雄州教育局根据省、州人民政府关于促进义务教育均衡发展实施意见和义务教育均衡发展督导评估方案，分别对楚雄市、大姚县、永仁县和禄丰县申报义务教育均衡发展情况进行州级复核，并按程序将复核情况报送省人民政府教育督导委员会办公室。11月30日至12月4日，楚雄市、大姚县、永仁县顺利通过省级督导评估，启动迎接国家教育督导委员会评估认定的准备工作。加强专项督导检查。3月，组织完成“2015年春季开学”工作专项督导；4月，完成“职业教育”工作专项督导；6月，完成“农村义务教育学生营养改善计划”专项督导检查工作。

【教育目标管理及依法行政】 2015年，楚雄州教育局把教育目标管理责任书的具体指标任务分解到各县（市）教育局和机关各科室，进一步落实各县（市）教育局和机关各科室目标责任。对2014年全州教育工作目标任务的完成情况进行检查考评，并对获得一、二等奖的县（市）进行表彰。1月7～8日，云南省教育厅检查考核组对楚雄州2014年度教育工作目标责任书落实情况进行检查考评，州教育局被考核为一等奖。开展2014年度案件评查和2015年行政复议工作规范化检查。组织23人参加省教育厅依法行政专题培训。参与《楚雄州道路交通安全目标管理考核惩奖办法》《楚雄州松花粉采集加工管理办法》《楚雄州安全生产举报奖励办法》等10余份政府规范性文件的文稿修订工作。

［普俊骞］

【校舍建设】 2015年，楚雄州教育系统向上级争取财政补助资金10.5亿元，实施系列教育重点工程建设。争取到两批全面改善义务教育薄弱学校基本办学条件（以下简称“全面改薄”）专项资金2.12亿元，涉及校舍建设类项目189个，总建筑面积15.69万平方米，购置设备5.1万台件套。第一批“全面改薄”项目涉及校舍建设136个11万平方米、设备购置1292台件套，年内开工134个，完工62个，完成投资9924.15万元，完成工程占总工程量的70.57%；第二批项目涉及校舍建设54个4.69万平方米、设备购置4.97万台件套，项目经省教育厅审核通过，资金下达至各县（市），开始组织实施。抓好全州重点督查“3个30”涉及项目的分解落实。“在建项目”涉及87个建设单体，全部开工建设，完工65个，完成面积10.31万平方米，完成投资1.22亿元，完成工程占总工程的96.85%；“新开工项目”中2015年职教基础能力建设项目完成投资2127万元，完成工程占总工程的85.08%。2015年“全面改薄”涉及项目176个，其中设备购置项目40个、土建项目136个，年内开工135个，完工62个，完成面积8.15万平方米，完

楚雄市北浦中学读书长廊（王桃兴/摄影）

楚雄州2015～2016学年初各级各类学校办学条件基本情况统计表

学校类别	学校占地（平方米）		校舍建筑面积（平方米）		图书（册）		计算机（台）			固定资产总值（万元）
	面积	生均	合计	生均	总计	生均	总计	教学用（台）	生机比（：1）	
1. 楚雄师范学院	415454	39.66	257135	24.55	862600	82.34	4574	3864		53974.31
2. 楚雄医药高等专科学校	294103	56.15	73766	14.08	272700	52.06	640	572		15733.00
3. 中等职业教育学校	990574.6	53.97	224054.18	12.21	481487	26.23	3735	2910	6.31	27506.59
普通中等专业学校	292224	31.99	72320	7.92	269553	29.5	1296	970	9.42	5284.40
成人中等专业学校	28228		19216		50040		541	293		2134.76
职业高中	670122.6	72.7	132518.18	14.38	161894	17.56	1898	1656	5.57	20087.43
4. 普通中学	5293413.1	36.52	1758098.86	12.13	3626443	25.02	19864	16345	8.87	206440.14
其中：初中	3260803.41	32.34	1069063.72	10.6	2568840	25.48	12975	10533	9.57	129143.31
高（完）中	2032609.69	46.07	689035.14	15.62	1057603	23.97	6889	5812	7.59	77296.84
5. 小学	5060883.02	30.42	1560170.99	9.38	3828045	23.01	18442	15301	10.87	179077.91
6. 特殊教育学校	36803	35.66	30814	29.86	13290	12.88				
7. 幼儿园（含学前班）	516543.65	9.09	308298.79	5.43	323843	5.7				
8. 技工学校					53653		1542	1242		7232.47
合计（1～8）	12607774.37	30.44	4212337.82	10.17	9462061	22.84	48797	40234	10.3	489964.4209

楚雄州2015～2016学年初各级各类学校情况统计表

单位：人

学校类别	学校数（所）	教学点（个）	班数（个）	毕业生数	招生数	在校学生数			毕业学生数	教职工数	
						总计	其中：女学生	其中：民族生		总计	其中：专任教师
1. 楚雄师范学院	1			2537	2856	10476	6786	3889	2286	772	567
2. 楚雄医药高等专科学校	1			1416	2021	5238	4149	1814	1644	250	207
3. 中等职业教育学校	25			5629	6035	18354	8448	6750	5956	1279	998
普通中等专业学校	5			1514	2893	9136	5123	4084	2896	534	383
成人中等专业学校	10									149	128
职业高中	10			3117	3142	9218	3325	2666	3060	595	487
其中：成人非全日制学生				998							
4. 普通中学	134		2913	46110	47956	144947	74391	56346	48096	11279	9956
其中：初中	113		2055	32337	32429	100824	49641	41184	34067	7073	6880
高（完）中	21		858	13773	15527	44123	24750	15162	14029	4206	3076
5. 小学	816	146	6152	32631	25774	166346	81256	78537	30866	12178	11888
6. 特殊教育学校（含随班）	2		26	198	204	1032	375	346	278	81	66
7. 幼儿园（含学前班）	311		2090	29992	32588	56823	27526	22324		3312	2012
8. 技工学校	1			3074	3760	11024	3132	2484	3008	215	193
合计（1～8）	1291	146	11181	121587	121194	414240	206063	172490	92134	29366	25887

（州教育局/提供）

成投资9836万元。学前教育综合奖补项目中，19所幼儿园开工建设，完工2所，完成投资1751.53万元。组织实施中央专项资金投资教育项目建设工作，农村学前教育推进工程、边远艰苦地区农村学校教师周转宿舍、中西部农村初中校舍改造工程、薄弱县普通高中建设工程、连片特困地区普通高中建设工程、职业教育基础能力建设工程进展顺利。争取到2015年进城务工随迁子女义务教育中央奖励资金2264万元，用于1.51万平方米的县镇学校校舍建设、维修。

［邵永春］

【学校安全管理】 2015年，楚雄州建立“校园安全宣传”机制。把每学期开学第一周定为“校园安全宣传周”，宣传内容涵盖禁毒、法制、交通安全、消防安全、食品卫生等9个方面，逐步形成学校安全工作“政府部门联动、学校社会联动”的良好局面。深入开展“平安校园”创建活动，着力推进学校及周边治安综合治理工作。州级命名表彰“平安校园”学校149所，省级命名表彰“平安校园”45所，3所学校获得教育部“和谐校园先进学校”荣誉称号，“平安校园”创建活动开展面100%。

［崇钧庭］

【家庭困难寄宿制学生生活费补助】 2015年，楚雄州下达义务教育阶段家庭困难寄宿制学生生活费补助资金1.63亿元，资助学生16.46万人，其中小学8.38万人、初中8.04万人、特殊教育学校381人，按照小学每生每年1000元、初中每生每年1250元、特殊教育学校每生每年1250元的标准给予补助。春季学期，义务教育阶段农村（含县镇）所有寄宿制学生以及城市学校低保家庭和农村户口寄宿制学生均受到补助。投入各级营养改善计划资金2.03亿元，给予符合享受农村义务教育学生营养改善计划的23.43万名学生每生每天4元的标准营养膳食补助。

［张存芬］

【贫困学生资助】 2015年，楚雄州争取到位各级各类学生资助项目资金4.4亿元，资助家庭经济贫困学生76.63万人次。其中，下达学前教育家庭经济困难学生补助105.07万元，补助幼儿5547人；下达免教科书资金3048.47万元，27.58万名义务教育阶段学生享受补助；实施义务教育阶段县镇和农村寄宿制学生生活补助全覆盖计划，下达寄宿制学生补助经费1.63亿元，16.46万名学生享受补助；下达城市免杂费资金446.11万元，3.26万名学生享受补助；下达农村义务教育学生营养改善补助资金1.76亿元，农村义务教育阶段24.24万名学生享受补助；下达普通高中家庭经济困难学生国家助学金补助2623.79万元，资助学生1.43万人；下达省定民族高中寄宿生补助资金72.93万元，补助学生2431人；下达中等职业学校免学费资金3680万元，补助学生1.48万人；下达中等职业学校国家助学金1033.1万元，补助学生6802人；落实大学毕业生创业小额担保贷款指标10人；下达优秀贫困学子奖学金207.5万元，补助415人；两次下达生源地信用助学贷款指标6682人，实际审核通过6599人，贷款4325.29万元；下达并发放大学新生入学资助资金15.9万元，资助新生244人；接收普洛麦格公司捐赠双柏县碍嘉镇茶叶小学、东风小学电脑室配置资金7.5万元，配置电脑室2个，安装电脑20台；发放残疾人事业彩票公益金5万元，对36名残疾学生及家庭给予资助；协调楚雄人民商场为全州125名高考600分以上的考生捐赠总价值3.67万元的拉杆箱；落实申报孤儿救助项目、工行少数民族大学生培养计划；协同完成第九届岭东英才奖助学金、第三届爱尔发奖助学金申请、审核、发放工作，奖助贫困大学生40人，人均获得奖助金1万元。

［江玉波］

【第二届楚雄州校园文化艺术节】 2015年，楚雄州在各级各类学校开展以“举办1场文艺展演、开展1次读书征文比赛活动、举办1场学生书画作品展、举办1场经典诵读比赛”为主要内容的校园文化艺术节活动，收到县（市）和州属学校推荐上报的征文作品684篇、学生书画作品269件、经典诵读作品30个、文艺节目作品35个，有800余所中小学、约15万名学生参与全州各级及学校组织的活动。11月21日，在楚雄市桃源湖月亮广场组织开展全州第二届校园文化艺术节暨乡村学校少年宫成果集中展示活动，选择部分县（市）乡村学校少年宫和州属学校优秀文艺作品展示演出和颁奖，对3位非物质文化遗产传承人颁发聘书，将学生优秀书画作品及乡村学校少年宫学生的手工作品进行现场拍卖、义卖。

［李同国］

【教育“一活动一工程”】 2015年，楚雄州教育系统深入开展“云岭职工跨越发展先锋活动”和“云岭职工人才工程”，开展教师培训994期次，培训教师5.18万人次；组织教职工开展各类教学技能竞赛和岗位练兵活动548期次，参加人数1.38万人次。开展高中语文、数学教师学科技能大赛，26名高中教师代表全州10县（市）和4所州属高中学校参加全州决赛，6名教师获全州高中语文、数学学科技能大赛一等奖，并代表全州参加全省高中教师语文、数学学科技能大赛总决赛，楚雄一中教师蔡慧晶获得全省总决赛第六名。

［朱跃民］

① 11月21日，第二届楚雄州校园文化艺术节暨乡村学校少年宫成果展示在楚雄桃源湖广场举行 ② 手工作品展示（马兴华/摄影） ③ 节目演出（高建波/摄影）

【教师专业技术职务评审及资格认定】 2015年6月4日，楚雄州教育局召开教师专业技术职务评审中评委会议。评审教师专业技术职务1507人。其中，申报晋升中专讲师职称8人，评审通过8人，通过率100%；申报晋升中学一级教师职称431人（文科241人、理科190人），评审通过420人、未通过11人，通过率97%；申报晋升小学高级教师职称347人，评审通过339人、未通过8人，通过率98%；申报晋升中专高级讲师职称12人，经评审向省中专高级讲师职务评审委员会推荐12人，评审通过11人、未通过1人，通过率91.7%；申振晋升中学高级教师职务710人（文科399人、理科311人），经评审向省中专高级讲师职务评审委员会推荐668人。9月，省教育厅和省人社厅联合发文下放中学高级教师职称评审权，由州市推荐组建中学高级教师职务评审委员会，推荐后上报省人社厅批准，组建成立楚雄州中学高级教师职务评审委员会。10月26日，由省教育厅和省人社厅共同抽签决定参会评委，对中评委推荐晋升中学高级教师职务的668名教师进行评审，评审通过622人、未通过46人，通过率93.1%。

6月，楚雄州按照教育部和省教育厅的统一安排，开展全州教师资格认定工作，认定符合条件的教师资格人员2072人。其中，州教育局认定高中、中等职业学校教师和实习指导教师资格1567人，县（市）教育认定中学、小学、幼儿园教师资格505人。

［赵宗丽］

【师德师风建设】 2015年，楚雄州各级教育工会加强师德师风教育，坚持用社会主义核心价值观引导和武装广大教职工，涌现出一批先进集体和先进个人，其中荣获“师德建设先进集体”称号14家、“师德标兵”称号（师德模范、师德先进个人）266名，表彰“教育工作先进集体”130家、“优秀校长”108名、“优秀教师”1662名、“先进教育工作者”566名，姜云秋等10名教师被州委、州人民政府表彰为全州先进工作者。

【教职工疗休养及帮扶济困】 2015年，楚雄州教育工会组织10县（市）和州直属14所学校（学院），以及州教育局机关一线优秀教师、先进工会干部和年近退休的老教师300人，参加全省教育卫生科技系统疗休养活动。开展帮扶济困送温暖活动，组织走访慰问生病住院教职工和生活困难教职工7496人次，直接帮扶资金206.7万元；开展家庭贫困学生“寒窗助学”“金秋助学”4357人次，帮扶金额193万元，捐赠衣物3927件；组织4646名干部职工向地震灾区捐款33.85万元；组织教职工3.66万人参加职工医疗互助，收取互助金295.94万元，享受互助补助3226人（次）205.29万元，个人一次性报账最高金额6.69万元。

【民办学校和私立幼儿园工会组织建设】 2015年，楚雄州鼓励和引导民办学校和私立幼儿园建立工会组织，有231所民办学校和私立幼儿园通过独立建立工会、按片区组建工会、挂靠中心小学工会等形式，建立工会组织，2166名教职工加入工会，入会率96.6%。州属民办学校云南现代职业技术学院、楚雄机械电子职业技术学校建立基层工会组织。131所民办学校（幼儿园）开展工资集体协商，分别占全州县（市）民办学校（幼儿园）的56.7%。

［朱跃民］

【农村中小学勤工俭学】 2015年，楚雄州组织学生开展以“养猪、种菜、办食堂”为主要形式的农村中小学勤工俭学活动，6所学校被省教育厅表彰为勤工俭学先进集体，8人被表彰为先进个人，8所学校的勤工俭学基地被省教育厅命名为省级勤工俭学实践示范基地。全州开展勤工俭学的中初等学校728所，有勤工俭学实践基地894个、农林牧渔基地2971亩，接纳学生劳动实践46.7万人次，勤工俭学实现纯收入1228.8万元，生均收入36.2元，寄宿制学校食堂的蔬菜、肉、油自给率68%。

［张学富］

【招生考试】 2015年，楚雄州有报名参加全国普通高考的考生1.46万人，比上年增加936人。其中，报考文史类5141人、理工类8570人；应届生1.37万人，往届生917人，三校生报考高等职业院校871人。全州设高考考点12个，全部为国家标准化考点。3月和9月，分别开展了普通高考英语听力和口语考试相关工作。3月，听力报考1.46万人、口语报考1641人；9月，听力报考1.42万人、口语报考6143人。开展昆明冶金专科学校、云南交通职业技术学院等10余所高职院校单独招生宣传、报名等工作。完成初中学业水平考试报名、体育科目考试、体育（艺术）专业考试、阅卷、成绩通知、高中（中职）学校招生录取等工作。全州报名参加八年级初中学业水平考试3.43万人，比上年增加1644人；参加九年级初中学业水平考试3.17万人，增加625人。录取普通高中1.49万人，其中州属高中3297人、县（市）属高中1.16万人；五年制大专1186人；普通中专1847人，其中州属中专893人；职业高中3031人。完成全国各类成人高等学校招生考试网上报名、资格审查、考试组织实施和成绩通知等工作，报考各类成人高等学校2563人，比上年减少392人，其中报考专科起点升本科1436人，高中起点升本、专科1115人，免试生12人。完成两次全国高等教育自学考试报名、考试实施、成绩通知单及单科合格证发放工作。其中，上半年报考241人513科次，办理毕业证13人；下半年报考198人467科次。完成2次全省教师资格认定课程考试报名、考试实施、成绩通知单及合格证发放工作，上半年报考678人1208科次，下半年报考1024人1953科次。1月和7月，完成全省普通高中学业水平考试两次报考、考试实施和成绩通知工作，其中1月文化课报考7.49万科次、信息技术报考1996科次，7月文化课报考8.34万科次、信息技术报考1.32万科次。3月和9月，完成两次全国计算机等级考试试卷保密保管、运送、分发和考点巡视及监督检查工作。完成普通高等学校应届专科毕业生升本科考试报名、组织考试和成绩通知等工作，报考297人。完成中央特设岗位教师招聘报名和考试工作，报考506人。

［周德平］

基础教育

【基础教育概况】 2015年，楚雄州争取到中央和省扩大学前教育资源项目资金9649万元，州级投入384万元，规划新建项目40个、扩建项目19个。楚雄市新苗幼儿园被评定为云南省一级二等示范幼儿园；元谋县元马镇中心幼儿园等5所幼儿园被评定为云南省二级一等示范幼儿园。州幼儿园、大姚县幼儿园、武定县幼儿园被评为云南省对口帮扶先进集体，各得奖励5万元。州幼儿园作为全省《3～6岁儿童学习与发展指南》实验幼儿园，荣获全省《3～6岁儿童学习与发展指南》实验幼儿园三等奖。年末，全州有幼儿园311所，比上年增加15所，其中云南省二级一等以上幼儿园29所，比上年增加6所。学前3年在园幼儿5.69万人，学前3年毛入园（班）率81.26%，比上年提高6.01个百分点。推进义务教育均衡发展和义务教育学校办学体制改革，楚雄师院附小与楚雄市灵秀小学联合办学；楚雄开发区古镇小学作为开发区实验小学古镇校区，于9月开学上课；楚雄市、大姚县、永仁县通过州级义务教育均衡发展复查并通过省教育督导委员会评估。实行优质普通高中招生计划定向择优办法，楚雄一中被评为全省2015年普通高中特色化发展先进实验学校。全州普通高中招生1.54万人，比上年增加202人，增长1.3%。普通高中在校学生4.52万人，比上年增加1651人，增长3.9%。制定《楚雄州特殊教育提升计划实施方案（2015～2017）》，争取到中央和省级特殊教育专项资金400万元，分别实施州特殊教育学校医教结合区域试验项目，开展州特殊教育学校资源中心、牟定县天台中学资源教室、武定县香水中学资源教室、武定县民族中学资源教室和禄丰县特殊教育学校多感官教室、律动教室建设。推荐楚雄市东华中心小学等30所学校为省级民族团结教育示范学校；推荐上报楚雄开发区实验小学、楚雄市北浦中学等9所中小学、幼儿园作为云南省民族基础教育质量提升基地候选学校。牟定县青少年校外活动中心结合当地民族舞蹈和民族音乐，编排“左脚舞”广播体操，并在部分小学推广；姚安县青少年活动中心自编《硬笔书法教材》在各中小学推广使用，“书法传承在迤西”获得云南省校外教育优秀成果评选一等奖。

［李清才］

【楚雄一中】 2015年，楚雄一中坚持德育为先、质量为重、全面发展。开展军训、冬运会、足球和篮球单项比赛，第二十一届“金色年华艺术节”、第十届和第十一届“主题班会课竞赛”、教师节表彰、18岁“成人仪式”、毕业典礼、第十九期“青年业余党校”培训班、“青少年团校”培训班、心理健康教育、法制教育、地震应急逃生、消防灭火演练等系列教育活动；14名同学赴日本参加文化交流活动，开展“西部愿望——楚雄一中优秀学生代表赴北京大学交流”活动。学校荣获第十四批云南省文明单位、全国青少年五好小公民“美丽中国，我的中国梦”主题教育活动示范学校、中华全国总工会“职工书屋”、全国青少年校园足球特色学校等荣誉称号。学校和昆明市外国语学校联合成立剑桥国际中心；与英国爱丁堡劳莱特学校（LorettoSchool）、下关一中等中外友好学校在师生交流、教师培训、科研成果交流等领域开展合作。中考、高考成绩优异，中考各项指标均名列全州前茅；高考本科上线率、总上线率分别达到96.6%和100%，获得云南省2015年一级高（完）中教学质量综合考核二等奖、2015年楚雄州普通高中教学质量综合考核先进学校和优生培育先进学校一

①

②

① 11月1日，英国爱丁堡劳莱特学校（Loretto School）到楚雄一中访问交流 ② 7月8日，昆明市外国语学校、楚雄一中剑桥国际中心成立（楚雄一中/提供）

等奖。学校完成羽毛球馆、后勤综合楼和多功能报告厅建设工程，实现教育信息化“三通”（宽带网络“校校通”、优质资源“班班通”、网络学习空间“人人通”）和“三全”（教学点数字教育资源全覆盖、中小学教师教育技术能力全培训、中小学学校信息技术课程全开设）。教师在国家级、省级和州级论文、课堂教学、教学设计、课件比赛中获奖202人次。教师王红力荣获全国优秀少先队辅导员称号、张贵云入选楚雄州第七批中青年学术技术带头人。

［金 凌］

【楚雄州民族中学】 2015年，楚雄州民族中学注重培养学生自主学习和终身学习能力，建立学科教学、学科自习与综合自习相结合的课堂教学模式。强化教研组、备课组教研活动，落实《楚雄州民族中学备课组活动方案》。高考一本上线完成率居全州第三；罗菊秀同学以语文132分居理科语文全州第二名；李晓山同学以理综249分居理综全州第六名。43名教师的课堂实录、课堂教学、说课、论文、课件在省、州和“第十届全国民族中学民教杯”教学作品竞赛中获奖，2名教师的课堂实录荣获一等奖并受邀到上海参赛、展示，1名教师获“民教之星”称号；2名教师的课堂实录在“一师一优课，一课一名师”推优活动中，获州级奖励并向省教育厅推荐；2名教师在“云南省民族教育振兴杯”说课竞赛中分别获得二等奖和三等奖；3名教师获州级课赛一等奖。编纂出版《楚雄州民族中学论文集（第三辑）》。

［赵学刚］

【楚雄师范学院附属中学】 2015年，楚雄师范学院附属中学争取并投入资金1000余万元，用于图书馆综合楼建设、教育信息化建设、教学设备更新。开展禁烟和环保宣传教育，实现校园绿化、美化和净化，被评为云南省绿色学校。发挥楚雄州道德讲堂示范点作用，开展廉政文化进校园活动。坚持“三操二课”，举行冬运会，坚持学生才艺展示，组织“艺术周”，举办书画展，代表楚雄州参加第十三届中学生运动会。通过继续教育培训、名师工作室辐射、以强带弱、严格考核等措施，促进教师业务水平提高。有27名教师成为楚雄州各学科名师工作室成员，有40余篇论文在国家、省州级论文评选中获奖；有13名教师在楚雄州教学竞赛中获一、二等奖；有13位骨干教师在州教育学会兼任各学科专业委员会的理事长、副理事长和常务理事，有5位教师被聘为楚雄州高考指导专家。校长杨永华被评为“云南省第九批绿色学校优秀教师”，教师徐菲在“一师一优课、一课一名师”网上晒课，获推国家级优课；自虹、席丽菊两位教师分别到泰国、美国交流支教。学校被评为楚雄州科普育才学校。

［李 明］

【楚雄天人中学】 2015年，楚雄天人中学（楚雄开发区实验中学）有初、高中教学班102个，在校学生5816人，其中缅甸留学生259人；有教职工351人，专任教师294人，其中硕士研究生学历19人；有高级教师38人，一级教师76人，国家级优秀教师42人，省级、州级以上优秀教师60人，省、州级以上骨干教师35人。州教育局在校内设有楚雄州高中物理、体育名师工作室各1个，有高考备考专家组成员6人。2015年高考600分以上4人，一本以上107人（应届上线率8.65%），二本以上980人（应届上线率73.92%），三本以上1183人（应届本科上线率88.08%），综合上线率99.72%。荣获楚雄州普通高中教学质量综合考核先进学校一等奖、优生培育先进学校二等奖。3月19日，学校

① 3月19日，楚雄天人中学举行首届成人礼 ② 楚雄天人中学首届缅北跨境民族留学生开班典礼（州教育局/提供）

举行“步入青春门，走好成长路”首届成人礼仪式，全校师生及200名家长代表共6000人参加仪式。

［郭书宏］

【楚雄实验中学】 楚雄实验中学创建于2014年6月。2015年9月，学校有在校学生1006人，教职工73人。首届高考综合上线率100%，600分以上上线率、一本以上上线率、二本以上上线率、三本以上上线率分别为8.33%、45.83%、80.2%、94.79%。1人被清华大学录取，高考成绩702分（全省第19名）。

［董再宝］

【楚雄师范学院附属小学】 2015年4月，楚雄师范学院附属小学经省人民政府教育督导委员会办公室评议、审核、公示，被认定为第二批“云南省现代教育示范学校”。10月，学校三（2）中队被共青团中央、教育部、全国少工委授予“全国优秀少先队集体”称号。学校连续6次荣获云南省文明单位称号，被授予“全国文明单位”荣誉称号。

［林邦伟］

① 9月1日，楚雄开发区实验小学古镇校区成立揭牌 ② 楚雄开发区实验小学送教下乡（州教育局/提供） ③ 楚雄开发区永安小学小农庄（徐俊华/摄影）

【楚雄开发区实验小学】 2015年3月，楚雄开发区实验小学被全国实施“交通文明行动计划”领导小组评为“全国交通安全示范校”。9月1日，楚雄开发区实验小学古镇校区正式开学。古镇校区位于开发区西北片区，占地63.92亩，总用地63.92亩，建设总投资4825.05万元，总建筑面积15392.4平方米，按照“一次规划，分步实施”的原则分期进行投资建设，最终建成48个教学班，在校学生2400人的办学规模。校本部和古镇校区按照统一办学思想，统一办学理念，统一办学目标，统一校风、教风和学风，统一办学特色的“五个统一”和统筹领导班子、统筹管理模式、统筹师资配备、统筹学生分流的“四个统筹”管理模式，实现“一校两点”“一体化办学”新模式。由校本部选派1名副校长，全面管理古镇校区，从学校的中层班子中选派优秀管理人员到古镇校区参加管理，选派优秀教师到古镇校区任教。年末，校本部有教学班48个，在校学生3120人；古镇校区有教学班15个，在校学生729人。楚雄开发区实验小学连续4届被省委、省人民政府评为云南省文明单位。

［卓思翔］

【楚雄开发区永安小学】 2015年，楚雄开发区永安小学加强基础设施建设，新建多媒体一体机教室38间、计算机教室3间、改建校园监控设备和广播系统。结合学生年龄特点和活动特色，开展“中华魂”“少年向上真善美伴我行”“足球文化节暨球类运动会”“读书节”“智多星科技节”“七彩阳光艺术节”“庆祝六一暨家长开放日活动”“少代会”等主题活动和“文明礼仪星”“清洁文明星”“书香少年”和“书香班级”“科技智多星”和“科普班级”“我是小画家”和“美德少年”等评比活动，编印《春华秋实》《楚雄开发区管理手册（一）》《教师论文集》《优秀教学设计》《德育文集》和《学生优秀习作集》等。负责国家级课题7个、州级课题3个。6名教师参加国家、省、州级课堂教学竞赛均获一、二、三等奖；教师的100余篇教育教学论文荣获国家、省州级一、二、三等奖，50余篇文章发表于各级刊物；1700余名学生在各项比赛和评优活动中获得奖励。学校先后荣获云南省第九届学艺大赛团体一等奖、云南省“我的校园生活”摄影及绘画比赛集体二等奖、2015教育工会目标考核一等奖、第二届楚雄城区中小学棋类比赛围棋小学组团体第三名、楚雄州第二届校园文化艺术节文艺展演二等奖，被授予“安全工作先进集体”“云南省留守儿童示范学校”“云岭人才工程示范单位”“云南省文明交通示范学校”“平安创建先进集体”“楚雄州优秀少先队组织”“楚雄州公共文化服务体系建设示范单位”“开发区德育工作先进集体”“楚雄州第七次民族团结进步模范集体”“楚雄州现代教育示范学校”等荣誉称号。年末，有教学班38个在校学生1910名，有教职工80名。76名专任教师中，有省级特级教师1名，省级骨干教师1名、学科带头人1名，州中青年学术技术带头人培养人员2名，州级骨干教师3名。

［苏明强］

【楚雄州幼儿园】 2015年，楚雄州幼儿园逐步淡化以集中教育为主的教学模式，因地制宜，建立“大区域小区角”活动模式。各年龄组分层次组织，小班组建立区域的基本规则，中班组每周三下午开展“流动区域活动”，大班组开展“圆桌会议区域活动”，加强孩子们计划性和目的性的培养。申报省级心理健康课题“幼小衔接幼儿心理适应能力的培养”。实现全园资源共享，为一线教师解决创设区域活动时场地、材料受限等困难。加强安全管理，消除安全隐患，在幼儿园大门口新安装门禁智能管理系统，幼儿家长与教职工均使用IC卡刷卡进入。4月2日，州幼儿园与东瓜镇幼儿园、开发区实验幼儿园签订结对帮扶协议。11月27日，州幼儿园名师工作室组织全州公办和民办幼儿园、名师工作室成员和学员共150名幼儿教师，开展“优化幼儿园一日活动”专题研修。12月7日，组织4名教师赴禄丰县第二幼儿园开展送教下乡活动。12月底，组织全体成员和学员开展教学论文和教育故事评选活动，有128篇论文和故事分别获一、二、三等奖。年末，有教职工59人，招收新入园幼儿182人，设全日制教学班15个，有幼儿533名，教师中有省级学科带头人1人、省级骨干教师2人、州级中青年学科带头人2人。被省委、省人民政府连续5次授予云南省文明单位称号。

［王 利］

【楚雄州特殊教育学校】 2015年5月，楚雄州特殊教育学校与四川省攀枝花市特殊教育学校、云南省曲靖市特殊教育学校、玉溪市特殊教育学校共同协商，在楚雄州特殊教育学校联合举办“聚焦课堂关注学生共同成长”教学研讨活动。云南师范大学特殊教育学院与楚雄州特殊教育学校合作共建，把楚雄州特殊教育学校作为云师大特殊教育学院的教学科研实践基地。8月，学校在云南省第七届特殊教育学校学生文艺汇演活动中，荣获团体铜奖。10月，学校再次被省委、省人民政府命名为云南省文明单位。11月，在楚雄州第二届校园文化艺术节活动中，学校选送的音乐剧《迷恋上手机的女孩》获文艺展演一等奖。

［谢 红］

职业教育

【职业教育概况】 2015年4月8～10日，由云南省教育厅和楚雄州人民政府主办，楚雄州职教园区承办的2015年云南省中等职业学校技能大赛在楚雄州职教园区举办。全省16个州（市）的150所中职学校、4000余人参加比赛，比赛分为汽车维修、旅游、烹饪、民族技艺、电工电子、职业素养、信息化、会计、护理、农业10个赛项68个竞赛项目。省教育厅厅长何金平、副厅长罗嘉福，楚雄州人民政府州长李红民、副州长邓斯云等出席闭幕式上的颁奖仪式，并为获奖选手颁奖。楚雄高级技工学校获得电工电子、旅游、职业素养3项团体一等奖及烹饪团体二等奖，楚雄农校获得农业技能团体一等奖，楚雄民族中专获得民族技艺团体一等奖及信息技术团体二等奖，楚雄市职业中学获得汽车维修、旅游团体三等奖。州人民政府与上海电子信息职教集团签订《上海电子信息职教集团、楚雄州人民政府2015年职业教育合作实施方案》《上海电子信息职教集团、楚雄州人民政府2016年职业教育合作实施方案》。年内，州教育局派出2批40名骨干教师到上海电子信息职教集团培训，上海电子信息职教集团组织17名职教专家到楚雄培训骨干教师，分别在楚雄技师学院、大姚职中、楚雄职中、禄丰职中开展“珠宝玉石、工艺美术、汽车应用维修、物流管理、机电一体化、实训基地建设与管理、一体化教学模式的实施、应用”专题培训，培训教学技术骨干202人。8月，州委、州人民政府在楚雄技师学院召开会议，宣布楚雄技师学院领导班子任命及相关改革工作。10月8日，云南开放大学校长徐彬等到楚雄技师学院调研楚雄开放学院办学情况。10月25～31日，州教育局组织县（市）教育局分管职业教育领导、职业学校分管教学副校长42人赴上海电子信息职教集团学习培训。11月9日至12月5日，州教育局组织全州第一期职业学校“双师型”骨干教师32人参加州级培训，全州10县（市）职中校长参加培训并取得中级职业教育资格证书。12月，省教育厅下达楚雄民族中专、楚雄州工业学校、楚雄市职中、禄丰职中、大姚职中职业教育质量提升工程专项资金1170万元。

［李云光］

【楚雄技师学院】 2015年，楚雄州职教园区内的5所中等职业学校按照州委、州人民政府的部署，整合成为楚雄技师学院，学院内设党委办公室、学院办公室等13个党政管理机构、2个群团机构、18个教学业务机构。4月，学院承办云南省2015年中等职业学校技能大赛，获得3个团体一等奖，1个团体二等奖。6月11日，举办楚雄州第一届技师教育发展论坛，上级主管部门、中学校长、优秀毕业生及家长、企业代表等多方参与，共同谋划楚雄技师教育发展。8月，学院参加“创意云南2015年文化产业博览会”，组织“铁血忠魂”“查姆魂”等100余件陶艺作品参展，荣获“文博杯”金奖2个、银奖4个；彝山白玉“释迦牟尼”等6件玉雕作品荣获金奖1个、银奖1个。

［周海云］

【楚雄州公安局警察培训学校】 2015年，楚雄州公安局人民警察培训学校完成各类培训任务34期3525人次。其中，全省公安民警警衔晋升训练班5期625人次，全省新民警入警训练班5期800人次，全省森林公安机关警

楚雄职教园区图书馆（州职教园区/提供）

衔晋升训练班3期277人次，全省森林公安机关新民警入警训练班1期90人次。完成省公安厅、州公安局相关业务部门和其他部门培训班20期1733人次。警衔晋升训练班结业考核通过率100%。省公安厅政治部教育训练处组织全体参训学员对学校“教学训练、学员管理、后勤服务”3项指标进行网上测评，满意率85%以上。承担州级科研项目“云南省缉毒民警的情感倦怠及心理危机反应状况调查”，获州人民政府“科学技术进步三等奖”。

［李华荣］

高等教育

【楚雄师范学院】 2015年，楚雄师范学院成为云南省第二批转型发展试点高校。根据《楚雄师范学院转型发展实施意见》和《楚雄师范学院应用型本科人才培养方案修订指导意见》，全面修订各专业人才培养方案。在全国新建本科院校联席会议暨第15次工作研讨会上，学校受邀作《新建地方本科高校“转型”发展的基本策略与主要路径》交流发言；在全国教师教育学会地方院校协作会第九届校长论坛上，学校受邀作《乡村教师培养模式新探索》的交流发言。

学科建设与科研　学院民族学省级优势特色重点建设学科获得中央财政支持地方高校发展专项建设资金350万元，启动“彝族文化遗产数字化保护传承与应用开发资源集成平台”建设，与元谋县联合举办“第二届中国彝族支格阿鲁文化研讨会”，设立“民族文化学术沙龙”。物理学省级重点建设学科获得中央财政支持地方高校发展专项建设资金100万元，启动应用光学实验室建设；生物学和物理学加强校地、校企合作研发基地建设，开展成果转化与技术应用，新增科技专家服务站1个；中国语言文学省级重点建设（培育）学科与双柏县联合举办“第二届滇中非物质文化暨彝族史诗文化研讨会”，设立“滇中人文讲坛”。“彝族社会文化变迁”省哲学社会科学创新团队顺利通过验收，学校“云岭学者”培养工程启动实施，“教师教育模式研究”省哲学社会科学创新团队举行建设工作研讨会。遴选出第三期（2015～2018年）校级重点建设学科16个，覆盖所有二级学院（部）；新增国家科学基金项目6项、省部级科研项目14项，新增各类科研经费合计1435万元，其中纵向和横向争取获得科研立项经费1132万元。加强校地、校企合作，设立并启动校地校企合作校级科研专项项目，组织实施一批横向合作项目。3项成果获省人民政府奖励，教师在核心期刊发表论文约80篇，其中40余篇被SCI、EI收录，多篇论文发表于《Scientific Reports》等刊物，出版著作、教材约30部，申请国家专利2项。德国科学基金会主席施佩德，国家自然科学基金委员会副主任、中国科学院院士刘丛强，中国工程院院士尹伟伦等先后到校访问讲学；举办全国性学术研讨会2次、云南省高等教育学会学术沙龙1次、“云岭大讲堂·楚雄师院雁山讲坛”10次、“雁峰论坛”50余次。

教学工作 制定2016～2020年专业建设定位规划，完成运动康复、书法学、国学、金融学4个专业论证申报工作，完成第四届教学委员会、第三届实验室工作委员会、第三届教材建设指导委员会换届工作，完成第11批校级主干课程建设项目立项、2014～2015学年课堂教学优质奖评选、第九批校级重点建设专业立项建设工作。获得国家级大学生创新创业训练计划项目3项。获得“本科教学工程”国家级、省级9个类别20个项目立项，其中国家级项目3项，年末学校拥有国家级、省级项目88项。有92名学生考取研究生，学生获得国家专利1项，在全国大学生数学建模、物理教学技能、市场调查与分析、金融期货、网络商务等全国性学科专业竞赛中获得一等奖1项、二等奖9项、三等奖10项。

师资队伍建设 新增硕士研究生导师10名，共有研究生导师23名；新增各类高级别项目评审专家20名；12名科技人员参与服务“三区”工作，9名省中青年学术技术带头人（含后备人才）顺利通过考核。招考硕士13人，引进博士3人，学校教师中有硕士345人、博士41人（含在读16人），硕士以上教师占教师总数的61%。新晋升教授5人、副教授10人，专任教师中有教授56人、副教授168人，教授、副教授占教师总数的40%。选派53名教师外出攻读学位和进修。

基本建设 学院新校区完成州、市两级规划评审。基本建设支出2951.58万元，新建面积为1.12万平方米的雁塔校区4号、5号学生公寓，总面积1.7万平方米的花果山校区教师进修综合楼开工建设，实施39项建设和修缮项目。建成教育科研网云南省第一个地级节点，完成总投资400余万元的“数字化校园”一期工程建设任务，启动总投资250余万元的“数字化校园”二期工程建设。完成1319万元的教学仪器设备采购任务，深化图书文献信息资源管理转型和服务转型，“在线图书馆”使用量1000余万人次，建成“彝族文化优秀作品”特色数据库1个，新增纸质图书3.4万册、电子图书5万册、数据库2个，年末有纸质藏书87.97万册、电子图书77.22万册、数据库18个、共享试用数据库46个、纸质期刊1911种。

招生就业 有44个本科专业面向全国24个省（市、区）招生，招收本科学生2930人，实际报到学生2863人，在校学生规模10649人。修订完善就业创业网络课程，编制《楚雄师范学院大学生就业创业教育课程实践性教学环节教学大纲》，6个学生创业项目入驻楚雄州创业园区，对400名有创业意向的同学开展创业培训。举办大型招聘会4次、专场招聘活动100余次。毕业普通本科学生2573名，初次就业率88.42%，比上年增长0.4%，毕业生“五项”指标就业率42.8%，30人实现创业。

学生管理与助学帮困 开展社会主义核心价值观专题实践教育活动8次，举办社会主义核心价值观主题团日活动36次，学院被评为“云南省社会主义核心价值观教育示范学校”。9名辅导员参加省级、国家级辅导员培训，33名专兼职辅导员参加国家教育行政学院第二期辅导员网络培训。基本完成“学生综合信息管理学工系统”建设任务，完善团学工作QQ群、手机短信平台及微博、微信，学生工作信息化水平持续提高。开展校园文化活动500余次，在省高校文化节中获得多项奖励。发放国家、省各类奖助学金1333万元，资助家庭经济困难学生4483人；发放社会奖助学金4项，资助金额7万元，资助学生70人；发放定期困难补助135.34万元、临时困难补助0.53万元，资助家庭经济困难学生2955人次；发放御寒物品补助6万元，资助家庭经济困难学生600人。设立勤工助学岗位479个，发放勤工助学报酬38.34万元。免费为1280名家庭经济困难学生开展素质与能力培训，全部学生取得职业资格等级证书。

继续教育 学院开办成人函授本、专科专业70个，校外办学点22个，学员人数3500余人，网络远程教育600余人；全日制专科专业11个，在校学生137人。与中国医科大学、中国石油大学、南开大学、东北财经大学等6所高校联合开展网络远程教育。完成“国培计划”350人、“省培计划”150人，其他非师培训3400余人次。与西南林业大学合作开办“农村与区域发展”专业研究生班（21人），完成4次面授考试；与中央民族大学合作开办研究生班。

对外交流与合作 继续推进与上海体育学院的合作，与云南师范大学签订全面对口支援学校办学合作协议，与双柏县签署校县合作协议。各学院根据转型发展需要，与区域内一些企业开展合作，联合培养，联合共建，举办校内外文化艺术作品展19次，参观人数2500余人次；举办学术文化沙龙10次。聘请外专外教6人，接待国外高校来访团队19个143人次。招收美国、法国、泰国、柬埔寨、老挝等国家的长短期留学生104人。公派出国（境）学习18人次。组织实施学生出国出访项目7个105人次。与泰国清迈大学签署校级合作协议1份，与泰国清莱府16所学校签署实践教学基地合作协议16份，挂牌首批国外实践教学基地。国际合作与交流工作拓展到9个学院（部门），教育国际化进程不断深化。

［徐 波］

【楚雄医药高等专科学校】 2015年6月23日，《楚雄医药高等专科学校章程》通过省教育厅核准，7月1日正式实施。年内，楚雄医药高等专科学校制定《楚雄医专“十三五”发展规划方案》《楚雄医专专业发展规划》《楚雄医专基础能力建设规划》《楚雄医专人才队伍建设规划》《楚雄医专教育科研发展规划》《楚雄医专师资队伍建设规划》等规划方案21个。全面推进校园文化建设，初步形成以社会主义核心价值观为引领，中华民族优秀文化与医学文化相交融的校园文化氛围。护理专业从医学系分设为护理学院，有教学系部7个。建筑面积9400平方米，总投资2000万元的餐饮中心建设项目于3月正式竣工投入使用。实验中心、图书馆、学生会堂等学校提升改造项目被列入州“十三五”重点项目，计划总投资4.47亿元，建筑面积13.5万平方米。

欢迎德国科学基金会施佩德主席率团访问楚雄师范学院
Herzlich Willkommen die Delegation aus DFG
欢迎国家自然科学基金委领导莅校指导
Herzlich Willkommen die Anleitung von den Leiter aus NSFC

①

พิธีลงนามความร่วมมือทางวิชาการ
合作办学协议签字仪式
มหาวิทยาลัยราชภัฏเชียงราย ประเทศไทย
Chuxiong Normal University
中国 楚雄师范学院
国外实践教学基地

②

④

③

① 10月15日，德国科学基金会（DFG）主席施佩德等一行8人，在国家自然科学基金委员会副主任刘丛强等陪同下访问楚雄师范学院 ② 11月3日，楚雄师院与泰国16所学校签署实践教学基地合作协议（楚雄师院/提供） ③ 楚雄师院大学生女子管乐队 ④ 楚雄师院花果山校区 ⑤ 8月12日，楚雄师院与双柏县人民政府签署校县合作协议 ⑥ 5月13日，许建春书画展在楚雄师院图书馆举办（邵建葵/摄影）

其中，利用德国促进贷款项目完成可行性研究并提交德国促进贷款项目部审核，该项目计划投资23456万元人民币，其中国外贷款2000万欧元（折合人民币13600万元）、国内配套9800万元，项目分实验中心楼建设和设备采购两个子项目，实验中心楼建筑面积34560平方米、设备购置883台套。

特色办学　按照国务院《关于加快现代职业教育发展的决定》和《关于加强医教协同培养医学生的实施意见》，推进人才培养模式改革，临床医学专业和护理专业各1个班，分别与云南昆钢医院、楚雄州人民医院深度合作，开展医教协同试点教学模式改革。全面落实教考分离和学分制制度。完成《省级特色骨干院校建设方案和任务书》修订，顺利通过省级专家组的论证与评审，按期启动7个子项目建设。启动“十二五”期间省级质量工程和校级项目的验收工作。完成红河州第三人民医院、大姚县人民医院、禄劝县人民医院3家非直属附属医院和石林县人民医院教学医院的申报工作；邀请行业专家开展专业论证，确定学校专业发展规划，完成中医学、预防学、助产和针灸推拿4个新专业申报和省级专家组的评审。承办2015年云南省职业技能大赛护理赛项和药学综合技能赛项，组队参与医药类职业技能竞赛，药学综合技能、康复技能两个赛项均获一等奖，护理技能大赛获二等奖，中药传统技能大赛获三等奖，康复技能队员代表云南省参加国家技能大赛。全面开展质量工程建设，6个项目获省教育厅认可，学校在示范实验实训基地、提升专业服务产业能力项目、特色专业、精品课程、精品教材、规划教材、教学团队、教学名师等领域获省级质量工程项目42个。康复治疗技术专业被推荐遴选“全国职业院校养老服务类示范专业点”，药品经营与管理专业被推荐遴选“全国职业院校健康服务类示范专业点”。“十二五”以来，先后获“省级文明学校”“云南省平安校园”“云南省廉政文化示范点”“云南省规范收费示范高校”“全国示范职工书屋”“全国模范职工之家”“国家节能减排示范单位”等称号，2015年，第四次被评为“云南省文明单位”。

师资建设　继续实施编制计划和编制外需求岗位相结合的用人机制，采取引进、招考方式招聘17名，有在职教职工278名，其中博士2人、硕士55人，教授9人、副教授58人、“双师型”教师83人、校内专任教师212人、校外聘任兼职教师110人。选派125名教师参加各类培训和顶岗锻炼，其中2名教师到加拿大参加学习、27名教师参加国培项目、25名教师参加省培项目、71人参加其他各类培训和顶岗锻炼。

招生就业　录取新生2391人，其中普通专科1370人，初中起点五年制专科267人，五年制转段661人，农村医学中专93人。启动100名“免费医学生”（专科）培养计划；继续与州卫生计生委合作，定向招生培养农村医学生（中专）93名，为地方经济和卫生事业发展提供人才支持。创新成人学历教育招生方式，举办在校学生成人本科学历培训班，成人学历教育在校生1523人。有76名毕业生通过专升本考试被省内外医学本科院校录取。组织校园就业现场招聘会2次，提供就业岗位2800余个。

社会服务　完成卫生专业技术职称考试1359人、护士资格考试1953人、英语应用能力考试3296人、计算机等级考试2015人、普通话水平测试1493人，执业医师资格技能操作考试1401人、笔试1237人。完成楚雄市乡村医生岗位培训50名。全校师生主动参加造血干细胞样本采集、无偿献血等公益活动，完成造血干细胞样本采集813份，无偿献血6.43万毫升。2名在校学生成功捐献造血干细胞，连续3年获得云南省红十字会表彰的“优秀志愿服务集体”荣誉称号，连续第3年被中国造血干细胞捐献者资料库云南省分库授予“先进志愿服务集体”称号。

对外交流　履行全国医药卫生教育联盟秘书长单位职能，做好联盟活动的统筹计划，组织举办三峡医专、安庆医专、大庆医专联盟专题会议，开展学术研讨和经验交流活动，增进联盟院校间的合作交流。成功承办中国食品药品职业教育联盟2015年学术年会。分别与台湾大仁科技大学、台湾环球科技大学签署交流合作协议。

学生工作　组织领导、专家进校开展形势政策报告活动，共邀请校外专家到校举办讲座4次。组织学生社团活动，开展学生下乡志愿服务活动3次，参与人数350余人。学校被认定为云南省大中专学生志愿者暑期文化科技卫生“三下乡”优秀组织单位。全面落实贫困学生资助政策，发放助学金335.35万元，资助学生1215人；发放奖学金67.6万元，奖励学生237人。争取助学贷款538万元，惠及学生1022人。

［段玉林］

教研与师训

【教育科研概况】　2015年，楚雄州改革、完善和创新教育科研体制，不断提高教育科研水平，深化教育改革，努力提高教育教学质量。制定《楚雄州州属学校联盟协议》，创建州属学校联盟，利用州属学校优质教育资源，提高州属学校办学效率和水平，实现州属学校教育教学均衡发展。选派教研员参加人民教育出版社小学和初中教材培训及经验交流会，开展全州中小学项目学校英语全员教师信息化能力培训、小学教师《书法》教材培训、人教版新教材小学数学网络培训工作。开展中小学“一师一优课、一课一名师”评选活动，评选出优质课131节，推荐80节优课上报省教育厅；完成义务教育阶段三至六年级《书法》教材公开选用评审；配合人民教育出版社完成高中物理教材使用情况调研；组织参加云南省初中（信息技术、化学）学业水平考试说明修订研讨活动；选拔教研员参加教育部“一师一优课，一课一名师”初中语文54节课的网络评课。完善高考专家指导组管理和考核评价制度，组织修订《楚雄州高考专题指导组年度目标管理考核办法（试行）》，并对州高考专家指导组进行年度考核；对28个名师工作室进行督查调研；强化落实教研员听课制度、挂点联系学校制度、岗位工作制度。修订出台《楚雄

① 12月12日，楚雄医专承办“中国食品药品职业教育联盟、云南省食品药品职业教育教学指导委员会2015年年会” ② 4月25日，楚雄医专承办“2015年云南省高等学校学生药学综合技能大赛” ③ 国外专家对楚雄医专利用德国促进贷款项目进行现场评估 ④ 2015楚雄医专冬运会开幕式 ⑤ 7月1日，楚雄医专师生参与“重走长征路”活动（楚雄医专/提供）

楚雄市龙岗完小开放式教学（栾杰/摄影）

州教育局关于进一步加大中小学聚焦课堂“五项制度”实施力度的通知》，完善省、州中小学名师工作室相关制度。开展全州20所高级完全中学2015年高考备考专项督查；督促和指导各高级完全中学加强和完善集体备课制度，推进课堂教学改革。

【普通高中教学指导和质量监测】 2015年，楚雄州教育科学研究所组织2015届高三学生参加全州复习检测；录制高考复习备考视频专题讲座70个，命制高考复习小专题训练题组144个；开展楚雄州高中教师远程培训及全州21所高完中2015年高考复习备考指导；两次组织全州2015届高三学生参加全省高三复习统一检测，完成成绩统计和分析工作；组织全州748名“三校生”进行技能提高培训；组织完成2015年高考成绩录入、数据统计、质量分析和2016年目标基础数据预测、高完中高考考核数据的收集、整理和分析；组织全州2015年高一、高二年级学年末教学质量检测；组织召开普通高中教学质量分析会；组织开展2016年9个学科高考备考研讨活动和2016届高三年级科任教师844人的复习备考培训；在大姚一中组织开展各高完中校长培训交流暨2016届高三年级9个学科（语文、数学、英语、政治、历史、地理、物理、化学、生物）1500余名任课教师全员培训；修订《楚雄州高考专题指导组年度目标管理考核办法（试行）》《楚雄州普通高中教学质量评价办法（试行）》及《楚雄州教育局关于进一步规范普通高考成绩宣传工作的通知》。

【学科技能竞赛及研讨活动】 2015年，楚雄州教育科学研究所组织小学数学骨干教师参加“全国小学数学（人教版）示范课观摩交流会”；组织中小学教师参加2015年云南省民族教育“振兴杯”信息技术与课堂教学整合说课竞赛；组织4名中等职业学校教师参加省“创新杯”文化基础课教学设计及说课竞赛，获一等奖2名、二等奖2名；组织教师参加云南省第二届“好身体”“好手艺”体育、美术教师业务培训及竞赛；组织中学（物理、化学、生物）实验教学说课评选活动；组织18名小学语文教师参加云南省小学语文教师汉字听写比赛，获一等奖6人、二等奖3人、三等奖9人，州教科所获优秀团体奖和组织奖；开展小学优质课评选活动，选送7节小学语文优质课参加云南省小学语文课堂教学示范课评比，4名教师获一等奖，3名教师获二等奖，州教科所获优秀组织奖；组织小学语文教师58人参加云南省小学语文课堂教学示范课展示观摩；开展高中语文、数学教师教学技能评选活动；开展初中思想品德和高中思想政治中青年教师课堂教学竞赛活动；组织教师参加“第四届全国初中信息技术优质课展评”活动。

【教育科研课题研究及管理工作】 2015年，楚雄州教育科学研究所完成部分州级教育科研课题研究的开题、中期检查与指导工作，完成禄丰县路溪小学、和平小学两个州级课题结题鉴定。审核通过县（市）教研室上报州级课题结题鉴定材料19项，其中元谋县5项、楚雄市4项、姚安县2项、双柏县2项、永仁县2项、禄丰县2项、武定县1项、州属1项；建立州教育科研专家库，各县（市）、学校推荐上报130人，经州规划办评选，推荐出50人上报进入云南省教育科研专家库；3项省级立项课题结题。

【语言文字工作】 2015年，楚雄州语言文字工作委员会组织全州各类人员13865人次参加普通话水平培训测试；组织各类教师129人次参加国家级、省级测试员、经典诵读、双语教学等培训研讨活动；开展全国第十八届推广普通话宣传周活动。完成对禄丰、大姚、姚安、元谋、牟定5县三类城市语言文字规范化达标评估，完成2所省级语言文字规范化示范学校、2所规范汉字书写教育特色学校的申报工作。

［叶海明］

【教师及管理干部培训】 2015年，楚雄州教育科学研究所组织开展中小学教师履职晋级培训。组织1.64万名义务教育学校、幼儿园教师参加全省中小学教师履职晋级培训及考试；组织2672名普通高中教师参与远程继续教育全员培训；楚雄市、牟定县2个项目县全面实施“国培计划”，其他8县6018名教师参加2015“国培计划”——信息技术应用能力提升工程培训。结合新课程改革要求，以年级组、学科组为单位，大力推进以集体备课、校本教研、上示范课、听课、评课为主要形式的经常性校本培训活动。年末，全州共有国家级示范性教师进修学校1所、省示范性教师进修学校4所（姚安、双柏、武定、禄丰）、省一级教师进修学校2所（南华、牟定），初步形成以师范院校为主体、教育科研机构参与、以县级教师培训机构为重点，以校本培训基地为支撑的覆盖城乡的州、县（市）、学校三级教师培训网络体系。举办全州新任校长任职资格培训班，分2期培训近两年新任职的小学校长、副校长100名，实现全州小学校长持证上岗。

举办为期1周的中小学管理干部培训班，集中培训中小学校长100名、县（市）教育局分管领导10名。分9批推荐301名校长参加“国培”“省培”项目培训。全州中小学校长、教育管理干部参加州级以上培训516人次，其中国家级301人次、省级5人次、州级210人次。

在姚安县教师进修学校、武定县教师进修学校实施村完小教师综合素质培训4期，参训教师200人。举办为期1月的初中语文骨干教师州级培训班和小学数学骨干教师州级培训班各1次，培训骨干教师100人；开展“大姚教学范示标杆教学”培训，培训10县（市）的10所初级中学教学副校长、教务主任和学科骨干教师40人；协同州司法局组织开展10县（市）教育局相关领导和全州100所中小学校普法骨干教师参加的全州普法骨干培训，参训人员111人；组织7批628名骨干教师参加“国培”“省培”项目。组织州级以上骨干教师培训1079人次，其中州级骨干教师培训451人次。

［谢海荣］

电化教育

【教育信息化建设】 2015年，楚雄州全面推进教育信息化建设。州人民政府与各县（市）人民政府签订《教育信息化建设责任书》，明确州、县（市）人民政府双方的权利和职责，推进教育信息化建设。州电教馆从融资、技术、实施等方面对各县（市）教育局进行指导，帮助解决技术和施工上的难题。与中国电子科技软件信息技术有限公司签订教育信息化建设融资协议，融资2.2亿元。2～3月，州电教馆配合州教科所开展高考复习专家指导组成员复习课程录像拍摄，录制62名专家的80余节课程，并于4月初通过楚雄远程教育网向全州广大高中学生和家长提供远程点播。年末，州教育局和各县（市）完成教育信息化项目招标采购工作，完工投入使用项目占95%，完成投资2亿余元，具备“三通两平台”建设的软件、硬件基础，建成教育“云平台”。楚雄州被教育部确定为“全国第一批教育信息化建设区域试点单位”“教育部创新应用及视频互动教学及网络研修系统”试用单位。

【教育信息化课题研究与评奖】 2015年，楚雄州开展电化教育课题研究5个。2～4月，组织参加第五届“中国移动校讯通杯”论文大赛，获省级奖18人、国家级奖8人，州电教馆获优秀组织奖。3～7月，北浦小学师生代表云南省参加全国中小学电脑制作活动“竞赛类项目”机器人工程挑战赛，获全国小学组三等奖。7～9月，组织论文400篇，参加第六届“中国移动‘和教育’杯”教师论文大赛云南赛区竞赛。

【楚雄教育信息网更新维护】 2015年，楚雄州做好教育信息网络更新维护工作。完成楚雄教育信息网、楚雄州学前教育三年行动计划网络巡展多个栏目信息、图片的更新。围绕州教育局各部门工作的新动态、新情况，上传信息210条，及时更新通知公告、教育综合信息、教育党建、教育科研、信息技术等10余个栏目的内容。楚雄教育网全年访问量52.75万次，访客23.16万人，日平均访问量371次。

［查 锐］

【教育技术装备与培训】 2015年，楚雄州加强实验教学装备配置，投入教学设备购置资金2334.9万元，争取到省级普通高中教育专项实验室建设资金185万元，用于牟定一中、南华一中、禄丰一中实验室建设。25所新建（扩建）幼儿园玩、教具采购投资186万元。年末，全州共有中小学实验室用房2.28万间，教学仪器总资产1.25亿元，教学仪器达标率高（完）中88%、初级中学92%、完小81%。实验开出率高（完）中演示实验99%、分组实验97%，初级中学演示实验97%、分组实验95%，小学演示实验97%、分组实验96%。3月，组织教师参加中国移动第十期中小学教师教育技术能力培训项目骨干教师培训；4月，组织教师参加教育部在兰州举行的教育信息技术应用培训；10月，组织300余位中小学教师参加全省3D打印集成系统教育培训。

［张学富 查 锐］

计算机应用教学（胡德云摄影）

2016
ALMANAC

文化

CULTURE

责任编辑：李　梅

春满彝乡（王明/摄影）

文化综述

【文化工作概况】 2015年，楚雄州围绕建设民族文化强州目标，以“转变职能抓改革，强化基础抓项目，公共服务抓惠民，产业培育抓市场，勤政廉政抓作风”的总体布局，广泛开展群众性文化活动，艺术创作成果丰硕，文化遗产保护和传承得到加强，文化市场管理规范有序，文化产业培强壮大。申报文化体育项目601个，申报资金1.71亿元；争取上级下达资金1.16亿元，完成非税收入420万元，完成招商引资任务1000万元。年末，全州有博物馆4个、图书馆11个、文化馆11个、乡（镇）文化站103个、村文化室2198个、省级文化惠民示范村26个、农家书屋1119个，实现行政村文化室和文化活动广场全覆盖。建成文化信息资源共享工程州级支中心1个、县级支中心10个、乡（镇）基层服务点103个、村级服务点1098个。配备流动舞台车9辆、流动图书借阅车10辆，包括固定设施、流动设施、数字阵地在内的四级公共文化网络体系初步形成。有公共文化机构176个，在职人员1258人。其中，年龄45岁以下的占81%，大专以上文化的占69.6%，专业技术人员820人。专业技术人员中，高级职称46人，占5.6%；中级职称283人，占34.5%；初级职称456人，占55.6%。

【基础设施建设】 2015年，楚雄州实施文化体育项目512个。其中，村级文化活动室72个，村级篮球场256个，乡（镇）灯光篮球场134个，文体活动广场47个，全民健身中心项目3个。重点项目稳步推进，其中，南华县图书馆、武定县图书馆、楚雄市鹿城镇文化站、楚雄市紫溪镇文化站完成主体工程，进入内部装修阶段；楚雄市图书馆、楚雄市文化馆、双柏县图书馆和双柏县妥甸镇文化站正在实施阶段；元谋县图书馆、元谋县文化馆开工建设；禄丰县中村乡文化站准备开工建设；大姚县核桃博物馆竣工并投入使用；楚雄市广电中心进入主楼、铺面和地下车库的内外装修阶段；永仁县非物质文化遗产传承展示中心项目完工并通过初验，公共体育场建设项目主体建筑和塑胶跑道已完工，进入草坪种植阶段。

【文化人才培养】 2015年，楚雄州继续推进“三区”文化人才支持计划，州、县两级选派70人到基层开展工作。公开招聘紧缺人才4名，推荐8名业绩突出的体育、艺术专业人才破格评审专业技术职务。组织社会体育指导员培训4批次，468人获得国家二级社会体育指导员称号；组织公共文化“空中大课堂”培训6期，595人参加培训；组织传承人及业余文艺骨干培训班4期，培训传承人及业余文艺骨干320人；组织3人参加国家文化产业示范基地及文化产业重点项目实施单位高层管理人员培训班；文化志愿者服务活动常态化，各县（市）、单位都加强文化志愿者队伍建设，做到有队伍、有制度、有服务项目、有活动成效，近2000余支群众业余文艺队伍常年活跃在基层。为每个行政村（社区）落实1名财政补贴的文化辅导员，基层专兼职人员队伍不断充实。

【对外文化交流】 2015年，楚雄州博物馆通过推出和引进展览的方式开展对外文化交流活动，引进省外展览2个，推出省外展览6个。其中，引进安徽徽州文化博物馆《文玩薮聚馆藏文房四宝展》和西安半坡博物馆的《远古回声——半坡遗址与半坡文化展》；分别在上海、深圳和宁夏博物馆、陕西渭南博物馆、西安半坡博物馆、安徽徽州文化博物馆推出《霓彩彝裳——中国彝族传统服饰精品展》。州民族艺术剧院在省内部分高校开展“《山草随想》那少承云南民族管弦乐作品音乐会”系列演出活动，将民乐带进校园。国家文化出口重点项目“2015海峡两岸文化交流音乐会”赴台湾演出4场次。州民族艺术剧院参加省文化厅组织的“2015中孟建交40周年暨中孟友好年”访问演出活动。双柏县演艺公司赴南京大学演出彝族原生态歌舞《查姆》。

［周　芸］

公共文化

【群众文化活动】 2015年，楚雄州、县（市）图书馆开展下基层服务50次，文化馆组织流动培训50场以上、流动展览10次以上，博物馆组织流动展览10次以上。全州形成民族特色节庆文化活动、“大家乐”群众广场舞蹈、乡（镇）文化站“八个一”管理、农村业余文艺演出队扶持“3+1”模式、“七小文化工程”等10个公共文化服务品牌。全州各县（市）举办的节庆活动彰显地方特色，突出参与性和群众性，并整合文

10月12日，楚雄州参加第四届中国少数民族戏剧会演（州民族艺术剧院/提供）

化、体育、旅游等资源，以传统的彝族民间习俗、歌舞狂欢、特色美食、刺绣艺术等展示为主，打造彝族文化品牌，将彝族文化元素通过节日平台集中进行展示，最有代表性的是楚雄“火把节”、牟定“左脚舞文化节”、双柏“老虎笙文化节”、大姚“插花节”、永仁“赛装节”、姚安“龙华会”、禄丰“花会”、武定“花山节”等。

【“大地情深”——国家艺术院团志愿服务】 2015年5月24日，“大地情深”——国家艺术院团志愿服务走基层综艺晚会在楚雄市东兴影剧院举行，楚雄市600余名市民观看演出。活动由文化部主办，中国煤矿文工团、楚雄州文化体育局承办，国家公共文化服务体系示范区和示范项目（创建）城市及14个国家艺术院团参与其中，旨在推进楚雄州国家公共文化服务体系示范区创建，将优质文化资源引入公共文化服务领域，将高雅艺术送到基层，让广大群众共享文化发展成果。

【“春雨工程”渭南文化志愿者边疆行】 2015年，楚雄州与陕西省渭南市作为第二批国家公共文化服务体系示范区创建城市，开展示范区创建区域联动。5月26日至6月10日期间，楚雄州在渭南市展出彝族传统服饰精品。6月25～26日，陕西省渭南市到楚雄州开展“春雨工程”全国文化志愿者边疆行活动。期间，在楚雄东兴影剧院开展了非物质文化遗产项目展演及“大河风·黄土情渭南非遗精品进楚雄”演出活动。

【2015年楚雄州创建国家公共文化服务体系示范区农民工文化艺术节】 2015年7～11月，楚雄州在全州范围内组织开展2015年创建国家公共文化服务体系示范区农民工文化艺术节活动。活动以“送文化”为主题，在全州范围内开展慰问演出、农民工才艺比赛、关爱活动、“流动文化”服务等活动。活动期间，组织文艺演出11场次、书画展览7场次，发放宣传单1200余份，举办培训班3次。3万余人受益。

［周　芸］

文学艺术创作

【文学艺术创作概况】 2015年，楚雄州文学艺术界联合会组织开展文学艺术“六个一”创作活动，即创作一批楚雄题材长篇文学作品、拍摄一部长篇电视连续剧、创作一批文学作品上国家级大刊大报、培养一批文艺家加入国家级会员、创作一批楚雄特色歌曲、打造一台舞台艺术精品。年内，完成楚雄题材重点长篇文学作品《天歌》《建文帝与武定罗婺土司》（暂名）、《大地子民》《阿莫沙蒂》等的创作；由全国著名影视剧作家、影视剧策划专家邓一光牵头，武汉著名作家韩永明、武汉影视剧策划专家胡珂组成专家小组开展的长篇电视连续剧创作初步形成故事梗概；编辑出版了《楚雄州2015年优秀文学作品选》《楚雄故事》《美丽楚雄》大型摄影作品集、《彝族文学经典普及丛书》6部；编辑出版《金沙江文艺》6期，全年发行3万余册，并荣获2015年云南省“滇西文学奖·优秀刊物奖”；编辑出版和发行《彝族文学报》12期2000余份；扶持出版《楚鹰》《特种兵王1——利剑出鞘》《特种兵王2——光辉岁月》《特种兵王3——尖刀部队》《狙击之王》《大地子民》等个人作品6部。年末，全州有中国作家协会会员9名、省作协会员112名、州作协会员409名、各县（市）作协会员907人、其他各艺术门类国家级会员30名，共有国家级会员40名。有33位作者的88篇文章被省级以上刊物采用，被《人民文学》《诗刊》《中国作家》《民族文学》等国家级刊物采用的文学作品数量是之前近10年的总和。

【文艺创作服务】 2015年，楚雄州文学艺术界联合会协助云南省作家协会举办“南博会东南亚作家楚雄采风活动”“百名作家写云南·楚雄采风活动”“2015年云南省中青年作家培训班”，邀请中国作家协会主办的《人民文学》《小说选刊》《民族文学》等刊物主编、副主编、编辑为文学创作培训班授课，先后举办楚雄故事创作研讨班3次，研究楚雄历史，挖掘楚雄文化；组织编排楚雄州重点作者资料、重点作品的选题报告，做好中国作协重点题材创作作品申报推荐；组织州内作者参与云南省作协“深入生活、扎根人民”征文活动及“纪念中国人民抗日战争暨世界反法西斯战争胜利70周年”征文活动，评出获奖者32名，优秀文章在《金沙江文艺》刊登；在《彝族文学报》刊发10县（市）各行业、各民族作者小说、散文、诗歌、评论和新闻各类作品79件；做好第二届“美丽元谋”文学摄影美术大赛的复评工作。

5月20日，举办《山草随想》那少承作品音乐会云南大学专场（州文体局/提供）

①村民文化活动（高建波/摄影）②乡村少年宫（罗国崟/摄影）③苗族舞蹈街头展演（丁建国/摄影）④农村群众文化（元谋县志办/提供）⑤乡（镇）文体活动广场⑥广通镇文化站图书阅览室（高建波/摄影）⑦3月14日，国家公共文化服务体系示范区创建专家组在武定县农民画家王建才家中调研（向琳/摄影）

②

③

④ ⑤

⑥ ⑦

【“楚雄州第四届马樱花文艺创作奖”评奖】 2015年，楚雄州文学艺术界联合会按照“马樱花文艺创作奖”评奖办法的要求，成立文学（含文艺评论）、音乐舞蹈（含洞经音乐）、戏剧、美术、书法、摄影、民间文艺（含民族民间文化）、电视艺术，8个评审小组，对12个文艺门类申报“楚雄州第四届马樱花文艺创作奖”的作品做好申报和初评工作。2月1日至4月30日，共收到286人申报的评奖作品372件，其中文学类129件、美术类35件、书法类32件、摄影类42件、音乐舞蹈类36件、戏剧类19件、民间文艺类63件、电视艺术类16件，初评共评出作品100件，其中三等奖34件、二等奖38件。最终评选出文学类作品39件，其中一等奖7件、二等奖11件、三等奖21件；评出音乐舞蹈类作品12件，其中一等奖3件、二等奖4件、三等奖5件；评出戏剧类作品6件，其中一等奖1件、二等奖2件、三等奖3件；评出摄影类作品9件，其中一等奖2件、二等奖2件、三等奖5件；评出美术类作品10件，其中一等奖2件、二等奖3件、三等奖5件；评出书法类作品10件，其中一等奖2件、二等奖3件、三等奖5件；评出民间文艺类作品11件，其中一等奖2件、二等奖4件、三等奖5件；评出电视艺术类作品3件，其中一等奖1件、二等奖1件、三等奖1件。

［刘存荣］

文艺表演

【文化惠民演出】 2015年，楚雄州组织下乡惠民演出1009场，受益观众97万人次。云南省文化厅实施的“文化大篷车·千乡万里行”惠民演出活动到楚雄州5个县（市）开展巡回演出55场，50余万人观看演出。省文化厅“中国梦·云南情”云南抗震救灾优秀剧目《鲁甸72小时》和国家艺术基金资助项目《铁弓缘》赴楚雄开展公益巡演活动，3000余人观看演出。

【戏剧演出比赛】 2015年，楚雄州民族艺术剧院创作的彝剧《杨善洲》和彝剧小戏《喝三秒》参加第四届中国少数民族戏剧会演获优秀剧目奖。双柏县彝族老虎笙表演队表演的《老虎笙》获第十二届中国民间文艺“山花奖——民间艺术表演奖”。楚雄州组队参加四川省凉山州第七届国际火把节选美赛装才艺大赛，禄丰县的文珊珊获最佳才艺奖，楚雄州代表队获优秀组织奖。

［周　芸］

1月27日，举行州作协七届三次理事（扩大）会（州文联/提供）

文化产业

【文化产业发展概况】 2015年，楚雄彝人古镇被国家文化部命名为第六批国家文化产业示范基地，并正式授牌；楚雄市云南高原体育训练基地建设项目进行总体规划和修建性详细规划优化调整，并与云南海埂足球训练基地配合开展招商引资工作；组织开展楚雄州大旅游产业储备项目申报工作，共申报项目9个；组织彝族歌舞杂技晚会《太阳儿女》和“彝族文化大观园”建设项目申报藏羌彝文化产业走廊重点项目，申报资金2250万元；申报“海峡两岸文化交流专题音乐会”为2015～2016年度国家文化出口重点项目，申报资金30万元；组织楚雄州云南新华印刷二厂申报“中国彝族文化展示中心”，申报资金2000万元；组织申报2015年省级体育产业发展专项资金项目19个，争取到补助经费50万元。

【第七批云南省文化惠民示范村创建】 2015年，云南省开展第七批文化惠民示范村创建工作，楚雄州有5个创建点入选，分别是双柏县法脿镇雨龙村委会李芳村、禄丰县广通镇田心村委会、永仁县猛虎乡迤帕拉村委会、楚雄市鹿城镇大东社区、禄丰县金山镇官洼社区。年内，5个入选的创建点每个点下拨创建经费15万元，共计75万元。

［周　芸］

文化市场

【文化市场概况】 2015年末，楚雄州有文化市场经营单位2364户。其中，演出性经营单位11户，歌舞厅208户、电子游戏室119户、网吧295个，音像销售189户，其他637户；新闻出版业经营单位905户，其中印刷复制业571户、出版物发行零售经营户334户。完善网吧准入政策，取消网吧总量和布局规划要求，办理网吧手续变更21家、新审批65家；楚雄市、禄丰县被列为全省网吧行业转型升级试点单位；开展全国文化市场技术监管与服务平台建设，平台激活率97%以上；组织开展春节和“两会”期间文化市场经营场所安全整治和“打非治违”行动；推进网上执法办案系统运用，实现执法办案的网上采集、网上流转、网上督办、网上考核。全年全州文化市场综合执法部门出动执法人员7426人次，检查经营单位6600家次，责令整改213家次，受理举报

楚雄州第四届马樱花文艺创作奖获奖名单

分类	获奖等次	作品名称	作 者
文学类	一等奖	《我看见天堂》（组诗）	朱绍章
		《腾阳旧事》（散文集）	马旷源
		《大官渡》（长卷散文）	黄晓萍
		“砚池”文学作品系列（文集8册）	曹晓宏
		《私奔的兔子》（中篇小说）	段海珍
		《幸福的庄稼》（单篇散文）	余继聪
		《重阳之夜》（组诗）	胡正刚
	二等奖	《家的窗持满亲人的牵挂》（单篇诗歌）	李天永
		《雪色》（长篇小说）	秦迩殊
		《在迷茫中挣扎》（单篇评论）	李长平
		《母亲的手》（组诗）	苏轼冰
		《批评的体温》（评论集）	杨荣昌
		《官字诀》（中篇小说）	饶云华
		《狗绳》（短篇小说）	李少伦
		《多依山的猎户》（短篇小说）	杨淑美
		《红颜煞》（中短篇小说集）	樊 桦
		《幸福的蚕豆》（单篇散文）	普显宏
		《金沙江之子·学者萧亮中和虎跳峡》（单篇报告文学）	杨红君
	三等奖	《流金的核桃谷》（长篇小说）	刘天良
		《自己的声音》（散文集）	张学康
		《哪块云彩不下雨》（小说集）	何 刚
		《守望乌蒙》（散文集）	杨继渊
		《追寻咪依噜》（单篇诗歌）	起云金
		《元谋纪事》（散文集）	王 颖
		《红滇北》（小说集）	刘存荣
		《我从故乡来》（单篇散文）	郭秀玲
		《黑井之恋》（长篇小说）	李学智
		《金沙人家》（散文集）	马淑吉
		《端午谣》（短篇小说）	李绍全
		《采风手记》（散文集）	孙庆明
		《寂寞堇花开》（散文集）	毛素梅
		《故园晚秋》（散文集）	董存丽
		《生命花》（散文集）	李婕琼
		《纸上还乡》（单篇散文）	李习清
		《第三只眼睛看直苴》（单篇散文）	冯自科
		《母亲》（单篇散文）	左学美
		《山茶花开》（散文集）	牟定县文联
		《在人神共舞的地方打歌》（单篇散文）	周汉德
		《盛老汉之死》（短篇小说）	陈秀英
书法类	一等奖	《孙过庭书谱节录》（单件）	廖广伟
		《董华书法作品集》（单件）	董 华
	二等奖	《立道古人》（专集）	张必有
		《书法报》（单件）	张承德
		《行草书册叶杂抄》（单件）	李金飞

分类	获奖等次	作品名称	作 者
书法类	三等奖	《梵天净土》（单件）	杨 杰
		《华昌印稿》（单件篆刻）	戴华昌
		《茶马文化古道酣歌》（单件）	陈 涛
		《德佑二年岁旦》（单件）	孙家成
		《经典名言选抄》（单件）	赵国锐
美术类	一等奖	《盛莉芸版画作品集》（作品集）	盛莉芸
		《彝山神韵》（作品集）	州美术家协会
	二等奖	《哀牢山高云悠悠》（单件）	梁春达
		《清秋》（单件）	邓云生
		《国色开寒日·天香破晓风》（单件）	周 媛
	三等奖	《新妆》（单件）	瞿 燕
		《追梦与造梦》（作品集）	戴 瑞
		《彝家少女》（单件）	刘 峰
		《茶花花鸟画挂历》（单件挂历）	李显贵
		《金秋时节》（单件）	吴文光
摄影类	一等奖	《彝族毕摩祭火》（单幅）	马兴华
		《大山的响声》（专集）	陈维寿
	二等奖	《城市新人》（单幅）	郑建民
		《乡村火把节》（单幅）	李登山
	三等奖	《盛世欢歌》（单幅）	闫开明
		《祭火》（单幅）	姚翠云
		《彝绣》（单幅）	倪承伟
		《秋色》（单幅）	陈云峰
		《生活在即将拆除的老工厂区的人》（组照）	张志强
音乐舞蹈类	一等奖	《云中火把》（专题音乐会）	州艺术剧院
		《跳虎》（彝族舞蹈）	马云祥
		《踩月亮》（音乐专著）	丁文龙
	二等奖	《跳乐》（彝族舞蹈）	王 静 王 娟
		《彝人三色》（音乐）	李家林
		《来到楚雄》（合唱）	安会文
		《暖春》（音乐）	杨海量
	三等奖	《胡总书记到彝州》（歌曲）	杨惠忠
		《南湖的灯》（歌曲）	刘德波
		《妈妈别牵挂》（歌曲）	陶正西
		《石》（群舞）	宋海娅
		《狂》（群舞）	刘洪宇
民间文艺类	一等奖	《彝族土主文化研究》（专著）	楚雄师范学院
		《黄灿升艺术专集》（专著）	黄灿升
	二等奖	《龙头八方四弦》（单件木雕）	王光全
		《空谷幽兰·一组》（单件刺绣）	宋晓霞
		《十月太阳历十兽》（单件刺绣）	李济雁
		《试论民间信仰与洪水神话续存之间的关系——以彝族史诗“梅葛”中的洪水神话为例》（民间文艺理论论文）	李 娜

续上表

分类	获奖等次	作品名称	作　者
民间文艺类	三等奖	《彝山号角》（单件根雕）	刘龙兴
		《稚童》（单件剪纸）	邓秋燕
		《永仁县莲池乡谢腊村彝族春节调查》（民俗调查论文）	杨　杨
		《彝族服饰》（单件刺绣）	罗树芳
		《花卉刺绣》（单件刺绣）	金　婕
戏剧类	一等奖	《桃花红·梨花白》（彝剧小戏）	李　垠
	二等奖	《乡村环卫工》（花灯小戏）	赵章才
		《醋坛子》（花灯小戏）	夏德金

分类	获奖等次	作品名称	作　者
戏剧类	三等奖	《过河》（花灯小戏）	杨雷超
		《一棵核桃树》（彝剧小戏）	白　平
		《杨文化》（彝剧小戏）	余里程
电视艺术类	一等奖	《探秘郑和故里》（电视记录专题片）	施为民 李天永 普显宏 等
	二等奖	《彝剧》（微电影）	大姚县文化馆
	三等奖	《开奔勒笃·六祖古歌》（电视长记录专题片）	肖惠华 李　杰 普澄宇

（州文体局/提供）

120件次，案件查处96件、办结92件，警告130家次，罚款15.2万元。

【楚雄州和福建龙岩开展文化执法交流协作活动】 2015年，楚雄州文化市场综合执法支队与福建省龙岩市文化市场综合执法支队继续开展文化执法交流协作活动，开办《文化综合执法工作简报》4期，促进两地的文化执法交流。6月初，楚雄州选送楚雄市执法大队两名执法人员到龙岩支队进行为期20天的跟班学习。9月8～10日，楚雄和龙岩两地的执法人员在楚雄市举办文化市场综合执法人员联合培训班。11月3～6日，由云南省文化市场综合行政执法总队主办、楚雄州文化市场综合执法支队承办的云南省文化市场综合执法业务培训会暨滇闽文化执法交流协作座谈会在楚雄举办，来自福建和云南的省、州（市）、县（市、区）3级文化市场执法人员共180余人参加会议。

【禄丰县文化执法案件受文化部表彰】 2015年11月，楚雄州禄丰县文化市场执法队主办的“禄丰县金山镇吉信电游体验馆违规设置机型机种案”被省、州文化主管部门推荐为全省优秀文化执法案件上报国家文化部参加评查，被评为全国30件规范案件之一，并受到国家文化部和省、州有关部门的表彰奖励。

［周　芸］

新闻出版

【新闻出版广电机构改革】 2015年，楚雄州将州广播电视局的职责和州文化体育局的新闻出版、版权职责整合，组建州新闻出版广电局，为州人民政府工作部门，加挂州版权局的牌子。7月，州文化体育局新闻出版、版权职能职责正式划归州新闻出版广电局。

［周　芸］

【世界知识产权日活动】 2015年4月，楚雄州新闻出版广电局在“世界知识产权日”期间，联合知识产权局、公安、工商、药监等部门，到楚雄城区部分商场、书店开展知识产权行政执法保护专项行动，提升经营户的知识产权意识。举行“知识产权宣传周”、打击制假售假等一系列活动。举行绿书签活动，开展《著作权法》《著作权法实施条例》等相关法律法规、政策的宣传和普及，并开展2015年度侵权盗版及非法出版物集中销毁活动，销毁执法机关查处收缴的非法出版物4800件。

［张志强］

【扫黄打非】 2015年，楚雄州在全州范围内组织开展“清源”“护苗”“净网”“秋风”“剑网”5个专项行动。出动执法检查人员1028人次，检查出版物市场（书店、音像店、印刷企业、报刊亭、书摊等）518家次，收缴非法出版物2466册，查获侵权盗版图书、影视音像制品842件，关闭非法出版物销售经营活动场所3个，取缔无证经营摊点15个，警告30户，责令整改20户；组织开展网络专项检查267次，完成253家单位800余个信息系统的定级备案，巡查处置互联网违法有害信息867条，上报涉及淫秽色情信息146条，教育训诫上传淫秽色情图片网民2名；收缴非法宣传品6680份、光碟2414张、电脑12台、存储卡121张、播放器108个；开展网吧专项整治行动，检查网吧1650家次，责令整改90次，受理举报30家次，立案调查86件，警告130家次，罚款1.38万元；打击假记者招摇撞骗和设立假媒体、假记者站等违法犯罪行为，检查记者站2个，检查当地互联网信息网站3个，查获违法医疗广告、期刊482份，清缴未经批准私自印刷的医疗广告、杂志、期刊；联合有关图书销售企业在中小学校开展“绿书签·护苗2015”系列主题活动。

【软件正版化】 2015年，楚雄州在全面完成州、县（市）两级政府机关软件正版化检查整改工作任务的基础上，加强和巩固工作成果，建立健全软件正版化工作长效机制，选取州开发投资公司、州交通投资开发有限责任公司、云南路桥四公司3家国有企

① 纪念红军长征过元谋80周年文艺晚会剧照 ② ③ 彝族舞蹈诗《彝·歌》剧照 ④ 大型彝剧《好大一对羊》剧照（州文体局/提供）

2015年楚雄州连续性内部资料出版物基本情况一览表

期刊名称	主办单位	刊　期	期刊名称	主办单位	刊　期
彝州经济研究	州政府经研中心	双月刊	楚雄移动	楚雄移动分公司	月报
楚雄政报	州政府经研中心	双月刊	楚雄师院学报	楚雄师院	双月刊
楚雄人大	州人大办公室	季刊	金沙江文艺	州文联	双月刊
楚雄政协	州政协办公室	季刊	楚雄监狱	楚雄监狱	月报
报友	楚雄日报社	季刊	楚雄一中	楚雄一中	月报
楚雄检察	州检察院	季刊	元谋文艺	元谋文联	月刊
楚雄公安	州公安局	双月刊	龙乡文艺	禄丰文联	月刊
楚雄党史党建	州党史研究室	双月刊	白草岭	大姚文联	
楚雄社科论坛	州社科联	月刊	龙川江	南华文联	
楚州今古	州志办	季刊	山茶花	牟定文联	
楚雄统计	州统计局	季刊	方山	永仁文联	
楚雄科技	州科技局	季刊	狮子山文艺	武定文联	
彝州论坛	州委党校	双月刊	楚雄社科	市社科联	
楚雄教育	州教育局	双月刊	龙城社科	禄丰社科联	
彝族文化	彝文研究院	季刊	玛樱花	州文化馆	
警察教育	州警校	半年刊	楚雄审计	州审计局	月刊
楚雄民专	州民族中专	季刊	永兴	永兴建工集团	月报
楚雄农校	州农校	半年刊	彝州医苑	州医院	报
永仁党建	永仁组织部	双月刊	杏林之声	州中医院	刊
学习	大姚县委宣传部		苍岭论坛	苍岭镇党委	刊
彝州艺苑	州民族艺术剧院	半年刊	禄丰政协	禄丰政协办	刊
红塔时讯	楚雄卷烟厂	月报	云华集团	云华集团	报
楚雄公路	楚雄公路管理总段	月报	技工教育	楚雄技工学校	报
楚雄矿冶	大姚铜矿党委	月报	七彩雄宝	雄宝酒店	刊
楚雄电业	滇中电业局	月报	实小教育	楚雄开发区实验小学	刊
楚老翰墨	州老年书协	月报	楚雄医专	楚雄医药高等专科学校	
哀牢山文艺	双柏县文联	季刊	生态经济	州生态经济协会	
楚雄文艺	楚雄市文联	季刊	彝州审判	州法院	
荷城文艺	姚安县文联	季刊	楚雄政研	州委政研室	
楚雄组工	州委组织部	双月刊	金鹿中学	金鹿中学	
星焰之光	滇中有色金属公司	月报	禄丰教育	禄丰县教育局	
楚雄市供电	市供电局	月报	融和之声	融和集团	
般若花	姚安佛教协会	双月刊	彝州艺苑	州民族艺术剧院	半年刊
鹿城春	市经济发展中心	季刊	彝人古镇文学	州新闻工作者协会	

（州新闻出版广电局/提供）

业作为企业软件正版化实施单位，抓好软件正版化运用工作。

［余海晏］

文物博物

【文博工作概况】 2015年，楚雄州积极争取各级文物保护专项资金1389万元，加强国家、省、州级文物保护单位保护修缮及消防设施配备工作。年内，黑井庆安堤维修工程、楚雄达诺王彩旧居一期维修工程、永仁夏氏故居维修工程竣工验收，楚雄市龙泉书院、姚安县光禄文昌宫、牟定华峰山塔林等文物维修工程启动。楚雄州第一次全国可移动文物普查工作二阶段数据上报工作圆满完成，全州26个收藏单位上报文物10939件（套），实际件数43636件。科学编制和组织实施各县（市）文物保护规划，建立和完善第六和第七批全国重点文物保护单位、省级文物保护单位的文物保护档案，开展第三批州级文物保护单位保护标志碑的规范制作和安装。配合云南省考古研究所开展姚州都督府城址调勘、西双版纳景洪景哈遗址发掘；配合全州基本建设，开展楚雄市苍岭镇云甸工业园区立交桥建设工程、永仁县金沙江永兴码头建设工程、楚雄至大姚高速公路建设工程沿线文物考古调勘；开展楚雄州重启古人类项目野外调查、元谋姜驿恐龙化石资源调查等，取得丰硕成果。加强与国内外顶尖科研机构合作，开展古生物、古人类化石及三列齿兽类的研究。州博物馆新增文物藏品399套（件），其中征集各类文物398套（件）、接收捐赠1件，包括清代至20世纪60年代马帮相关文物375套（件）、清代至民国彝族银饰13套（件）、其余文物10件；开展文物鉴定，新增馆藏珍贵文物58件；对古生物厅和历史文物厅进行展览提升改造，增加陈列内容，丰富陈展方式，新增“古道遗珍——云南茶马古道马帮文化展”“罗江艺术馆”为常设展览；建成网上博物馆、数字博物馆（精品文物虚拟展示、360全景展示等系统）、电子阅览室项目，发挥博物馆的宣传教育功能，为观众提供查阅科普资料的场所；全年举办各类展览13个，其中引进省外展览2个、推出省外展览5个、馆内临时展览6个；全年免费对公众开放累计接待观众70余万人次，其中未成年观众近20万人次，义务讲解和公务讲解100余场。

【云南省贯彻实施《博物馆条例》暨全省博物馆馆长培训班在楚雄举办】 2015年9月8～11日，由省文物局主办、州文化体育局、州博物馆承办的云南省贯彻实施《博物馆条例》暨全省博物馆馆长培训班在楚雄举办。全省16个州（市）的文体局主要负责人和博物馆馆长共150余人参加培训。

【中国博物馆协会民族博物馆专业委员会第三届会员代表大会暨学术研讨会在楚雄召开】 2015年9月22～23日，由中国博物馆协会民族博物馆专业委员会、民族文化宫、中共楚雄州委宣传部、州文化体育局主办，民族文化宫博物馆、州博物馆承办的“中国博物馆协会民族博物馆专业委员会第三届会员代表大会暨学术研讨会”在楚雄召开。全国民族与民族地区55家博物馆和相关机构的108名人员出席大会。

【文物保护及修缮】 2015年，楚雄州争取到各级文物保护经费1389万元。其中，全国重点文物保护单位专项经费785万元，含禄丰县腊玛古猿化石产地大遗址保护专项资金190万元、元谋人遗址保护专项资金595万元；省级重点文物保护经费360万元，含楚雄龙泉书院文物本体修缮经费100万元，永仁县中和传统民居建筑群文物本体修缮经费100万元，姚安大石淜文物本体修缮经费50万元、文昌宫文物本体修缮经费30万元，武定正续禅寺文物本体修缮经费50万元，牟定县北宸阁文物本体修缮经费30万元；省级重点文物保护消防经费144万元，含大姚县妙峰山德云寺、永仁县中和传统民居建筑群和武定狮子山正续禅寺各15万元，楚雄市龙泉书院、双柏县大庄苏氏祠堂、姚安高氏土司衙署、地索李家大院、姚安文昌宫、大姚石羊文庙、元谋红军长征革命遗迹群、禄丰开宁寺、黑井武家大院各10万元，南华灵官桥、永仁回龙桥、禄丰大花桥各3万元；州级文物保护专项资金100万元，含县级文物保护单位大姚金小文庙文物本体保护维修经费30万元，牟定华峰山塔林保护维修经费30万元，元谋姜驿为疆界滇蜀各有攸分等事碑文物本体搬迁及碑亭修缮经费15万元，省级文物保护单位开宁寺文物维修补助经费25万元。

【文物维修工程验收】 2015年，黑井庆安堤修缮工程、楚雄达诺三彩旧居一期维修工程、永仁夏氏故居修缮工程分别于5月6日、6月11日、11月18日通过楚雄州文化体育局、州文物管理所验收。黑井庆安堤位于禄丰县黑井镇西北的龙沟河河尾与龙川江交汇处，是中国历史上最早的专门防治泥石流的水利工程之一。2005年公布为楚雄州文物保护单位。庆安堤维修工程于2014年12月20日开工，2015年3月2日竣工，投入经费62.6万元，主要进行堤头维修及对中段毁垮部分以优质红砂石铺筑、石灰浆填缝，严格按老照片进行复原；碑刻防风化保护处理；庆安堤石阙拆安归位整修，基础矫正；对堤上部分违章建筑进行拆除，清理铲除有害植被。达诺王彩旧居位于楚雄市西舍路镇达诺村委会，始建于清末民初，总占地面积547.8平方米，为四合五天井院落式土木结构建筑，2013年11月1日公布为州级文物保护单位。王彩旧居一期维修工程于2014年11月1日开工，2015年4月20日竣工，投入经费52.6万余元，主要对整个四合院进行揭顶修缮，局部落架、修补，更换部分梁架构件、木基层及瓦件，对大门原貌进行恢复，对院内及房屋外围排水问题进行治理。永仁夏氏故居位于永仁县中和镇老街中段，1893年由夏告所建，坐东向西，面积1199平方米。2012年作为中和传统民居建筑群的重要组成部分，公布为省级文物保护单位。夏氏故居维修工程于2014年9月开工，投入经费100余万元，主要对正房、面房、南厢房、

9月22日，中国博物馆协会第三届代表大会暨学术研讨会在楚雄召开（州博物馆/提供）

2015年楚雄州博物馆举办展览情况表

展览性质	展览名称	展出时间	主办单位	展览地点
引进展览	文玩薮聚——馆藏文房四宝展	2015.01.10 ～ 02.09	楚雄州博物馆	安徽徽州文化博物馆
	远古回声——半坡遗址与半坡文化展	2015.04.09 ～ 07.09	楚雄州博物馆	陕西省西安半坡博物馆
推出展览	魅力楚雄　霓彩彝裳深圳行	2015.05.23 ～ 05.26	楚雄州博物馆	深圳市“合一创意”原创设计师集成平台
	霓彩彝裳——中国彝族传统服饰精品展	2015.05.26	楚雄州博物馆	陕西省渭南市嘉和美术馆
	霓彩彝裳——中国彝族传统服饰精品展	2015.06.12	楚雄州博物馆	陕西省西安半坡博物馆
	霓彩彝裳——中国彝族传统服饰精品展	2015.08	楚雄州博物馆	宁夏回族自治区博物馆
	霓彩彝裳——中国彝族传统服饰精品展	2015.10	楚雄州博物馆	安徽徽州文化博物馆
馆内展览（常设）	罗江艺术馆	2015.08	楚雄州博物馆	楚雄州博物馆
	古道遗珍——云南茶马古道马帮文化展	2015.09	楚雄州博物馆	楚雄州博物馆
馆内展览（临时）	云南印社首届篆刻艺术作品楚雄巡展	2015.03.13 ～ 03.24	云南印社	楚雄州博物馆
	楚雄州第二届书法临创作品暨首届刻字艺术作品展	2015.08.15 ～ 08.31	楚雄州文联、州书法家协会、州博物馆	楚雄州博物馆
	“同书价值观·共筑中国梦”书画作品展	2015.09.25 ～ 10.15	楚雄州委宣传部	楚雄州博物馆
	首届百草岭书画作品展	2015.11.28 ～ 12.12	百草岭书画展筹备组	楚雄州博物馆
	威楚风——楚雄第二届青年书画作品联展	2015.12.26 ～ 2016.01.10	楚雄州博物馆 楚雄市文化馆	楚雄州博物馆
	楚雄州美术家协会首届中国画作品展	2015.12.28 ～ 2016.01.10	楚雄州美术家协会	楚雄州博物馆

（州博物馆/提供）

①提升改造后的州博物馆古生物厅局部 ②游客观展 ③云南省文物鉴定专家到州博物馆进行文物鉴定（州博物馆/提供） ④恐龙化石发掘（李建华/摄影） ⑤南华沙桥古驿道（南华县志办/提供）

南北廊、正房南耳房屋面进行揭顶维修，更换糟朽椽、梁，重做瓦屋面；对门、窗、围栏等进行修复、油饰（桐油）；对楼面、地面、墙面、排水及石脚、台明踏步进行修缮处理和清理勾缝。

【不可移动文物名录核实】 2015年6月，楚雄州按照国家、省、州文物局、文化体育局下发的《关于进一步加强不可移动文物基础工作的通知》精神，对第三次全国文物普查所登录的819处文物名录进行核实。经核实，楚雄州有不可移动文物805处。其中，新发现498处，复查307处；古遗址139处、古墓葬95处、古建筑250处、石窟寺及石刻83处、近现代文物170处、其他68处。与国务院第三次全国文物普查办公室确认的普查结果相比，原名录中的文物点消失15处，新增1处。消失的15处文物点包括古遗址2处、古建筑5处，石刻、碑刻4处，近现代重要史迹及代表性建筑4处。消失原因有真实消失，不复存在，也有文物本体还在，因项目合并而消失。增加的1处为乍定县华峰山塔林。

【重启古人类项目2015年野外调查】 2015年10～11月，楚雄州博物馆考古研究部按期开展全州重启古人类项目第二年的野外调查工作，清理发掘点选择在老城乡苴那村委会东甸村刘老奶洞梁子。抢救性清理工作历时30余天，出土200万年左右的哺乳动物化石100余件，包括云南马、牛、鹿等10余种种类，其中貘、獾、鼬、熊是元谋组地层中的首次发现，使元谋组哺乳动物化石的种类突破原来的38个种，增加到42个种。

【姚安县龙华寺文物保护规划文本评审】 2015年10月12日，姚安县文体广电旅游局召开龙华寺规划文本评审会，楚雄州文物部门、姚安县规划、设计、民宗、国土、住建、水务、林业等部门的相关专家参会。龙华寺始建于唐代，是姚安境内建筑规模最大，保存较为完整的古建筑，于2006年公布为全国重点文物保护单位。《姚安龙华寺文物保护规划》由北京清华城市设计研究院文化遗产保护研究所编制，文本分近期（2015～2020年）、中期（2021～2025年）、远期（2026～2035年）3期，对龙华寺文物保护修缮、基础设施建设、周边环境整治、展示、研究等作了20年规划，文本内容涉及总则、文物概况、专项评估、规划原则策略、保护区划与管理规定、保护措施、环境整治规划、基础设施与三防规划、展示利用规划、管理规划、研究规划、规划分期与投资估算等。

【新增馆藏珍贵文物鉴定】 2015年12月28～29日，云南省文物局副局长兼博物馆处处长马文斗率省文物鉴定专家组对楚雄州博物馆近年新增文物藏品进行鉴定定级，认定三级以上国家珍贵文物62件，其中新增58件、提升4件。其中，历史文物库房认定46件（二级2件、三级44件）；历史厅、云南茶马古道文化厅认定16件（二级提升一级1件、三级提升二级3件、三级12件）。年末，全馆有国家珍贵文物160件，其中一级4件、二级21件、三级135件。

【大型工程建设沿线文物考古调勘】 2015年，楚雄州博物馆组成以文物管理部和考古研究部专业技术骨干为主的州县（市）联合调勘队，开展楚雄市苍岭镇云甸工业园区立交桥建设工程、永仁县金沙江永兴码头建设工程、楚雄至大姚高速公路建设工程沿线文物考古调勘工作，实地踏查6个县（市）8个乡（镇）20个村民委员会，实施重点勘探5处，清理探沟12条、探方3个，查明和描述文物遗迹34处，弄清各项建设工程建设区域、沿线及邻区的文物分布概况、古生物化石埋藏情况及其与各建设工程的关系，形成相应的文物考古调勘报告，提出合理可行的文物保护意见，并取得云南省建设工程文物保护意见书。

【古生物化石调查】 2015年10月中旬至11月下旬，楚雄州博物馆、州文物管理所、州古生物化石研究中心对元谋县姜驿乡恐龙化石资源进行系统调查，进一步弄清姜驿恐龙化石的地层出露范围，初步认定姜驿恐龙化石区域划分及其层位界定、种属概况，调研元谋县恐龙化石资源保护现状，并对裸露于地表的恐龙化石开展抢救保护性清理，清理出较完整蜥脚类新属新种恐龙化石1具。

【彝族服饰外展】 2015年5月、6月、8月、10月，楚雄州博物馆精心打造的“霓彩彝裳——中国彝族传统服饰精品展”分别在陕西省渭南市嘉和美术馆、陕西省西安半坡博物馆、宁夏回族自治区博物馆、安徽徽州文化博物馆展出，展出楚雄州精品彝族服饰100余套（件）。展览按语言分布划分为大小凉山、滇西、楚雄、红河、滇东南、滇东北6大板块。服饰均以模型、衣架形式立体展示，另有肚兜、鞋、帽、围腰、钱包、背披等刺绣品及彝族漆器、银器、麂皮包等以展柜形式平面展示。

【流动博物馆展览】 2015年，楚雄州共举办流动博物馆展览20场，服务观众5.8万余人次，发放各类宣传资料和折页2400余份，展览地点遍及楚雄市和永仁、南华、元谋、禄丰等县，涵盖6个乡（镇）1个村民委员会。配合州博物馆扶贫攻坚项目，把流动展览办到扶贫点——禄丰县黑井镇大树村委会，丰富当地村民的文化生活；配合全州文化卫生科技“三下乡”活动，到永仁县宜就乡开展文化惠民服务展览；配合各大宣传日举办展览，在“5·18世界博物馆日”“世界遗产日”“世界环境日”等特殊时段，到桃源湖广场举办展览3场次；举办流动博物馆进校园活动，在黑井镇中心完小、三合小学及妥安乡中小学校分别举办展览4场，到元谋县物茂乡中心学校所辖5所中小学举办展览5场，到永仁县中小学举办展览2场、南华县龙川镇中学举办展览1场；配合楚雄州创建国家公共文化服务体系示范区活动，把“世界恐龙之乡”和“东方人类故乡”实物展览送到南华复烤厂，为农民工提供优质的文化服务。

［杨丽美］

楚雄日报

【楚雄日报社工作概况】 2015年，楚雄日报社抓住学习宣传和贯彻落实党的十八届三中、四中、五中全会及习近平总书记系列重要讲话和考察云南重要讲话主线，发挥《楚雄日报》、云南楚雄网、云南楚雄网微信公众号、“云南通·楚雄”党政客户端和《彝州手机报》的联动效应，坚持正确舆论导向，坚持围绕中心、服务大局，策划为先，深度着力，组织深度报道25个，做强正面宣传，引导动员全州干部群众凝心聚力、推动发展。年内，15名编辑记者的27件新闻作品分别获云南报业好新闻、全国少数民族地区报纸好新闻一、二、三等奖。2015年度《楚雄日报》征订发行3.09万份，完成计划的104.8%。

【州委八届五次全会精神宣传】 2015年，中共楚雄州委八届五次全会召开后，《楚雄日报》及时刊发以“迈开全面推进依法治州新步伐”为主题的社论和1组4篇评论员文章，引导干部群众深入学习和领会全会精神；云南楚雄网同步开设专栏，多角度、多形式、大容量进行报道，深入宣传州委八届五次全会精神。

【州“两会”宣传】 2015年，《楚雄日报》和云南楚雄网结合媒体特点，创办“两会特刊”，开设“人大工作回眸”“议案（提案）点击”“‘两会’聚焦”“‘两会’声音”“‘两会’花絮”“图说‘两会’”等栏目，突出依法治州、深化改革、民生改善、公共文化服务体系建设、作风建设、社会和谐等重点，对“两会”进行全方位、多角度报道，反映群众心声，凝聚共识，加快发展。

【“三严三实”和“忠诚干净担当”专题教育宣传】 2015年，楚雄日报社成立以社党委书记、社长为组长的宣传工作领导组，加强领导，整合资源，分步研究制定宣传报道方案，以动态报道、重点报道、评论引导、理论宣传、图片报道、舆论监督等形式，深入宣传开展“三严三实”和“忠诚干净担当”专题教育的重要意义和重大部署，及时反映全州专题教育的进展情况和实际效果，大力宣传彝州各地各部门深化“四风”突出问题专项整治、落实党风廉政建设主体责任和监督责任、突出抓好整改落实的做法成效，为专题教育深入持续开展提供舆论支持。

【学习贯彻习近平总书记考察云南重要讲话精神宣传】 2015年，楚雄日报社抓好学习贯彻习近平总书记考察云南时重要讲话精神宣传。《楚雄日报》及时转发《云南日报》系列评论，并组织采写了一系列重点报道，全面反映全州上下学习贯彻习近平总书记重要讲话精神的具体措施和成果；云南楚雄网邀请全州10县（市）领导做客视频新闻会客厅，谈发展思路、谈改革措施，团结一心推进彝州经济社会发展。

【高原特色农业宣传】 2015年，楚雄日报社精心策划，加大力度宣传全州高原特色农业建设的做法、成果和经验。《楚雄日报》开设“发展高原特色农业，推动农业转型升级”专栏，以专题报道的形式，连续刊发《彝山田园风景异》等深度报道1组10篇，云南楚雄网和“云南通·楚雄”党政客户端同步图文推送，展示彝州高原特色农业的发展情况和成功经验。

【扶贫工作宣传】 2015年，楚雄日报社在《楚雄日报》开设“彝州扶贫进行时”专栏，整合采编力量，集中时段对全州“十二五”以来扶贫工作的思路、做法及成效进行宣传。州委、州人民政府启动“十三五”期间扶贫攻坚工作后，《楚雄日报》、云南楚雄网及时策划推出“打好彝州脱贫攻坚战”专栏，广泛宣传全州开展五年脱贫攻坚行动的重大意义、主要措施及各地开展攻坚行动的特色和亮点，营造全社会共同关注、共同参与、共同监督的良好氛围。

【纪念中国人民抗日战争胜利暨世界反法西斯战争胜利70周年活动宣传】 2015年，楚雄日报社发挥党报作为舆论引导主阵地的作用，整合《楚雄日报》等媒体资源，对抗日战争胜利70周年纪念活动的宣传报道进行整体策划，分阶段、分重点、分层次，有序推进活动报道。先后开设栏目5个，以时政报道、专题报道、纪念征文、理论评论、影视剧展播、主题公益广告等形式，适时刊发（刊播）全州开展纪念活动的情况，及时转载中央媒体重要稿件，弘扬爱国精神，彰显主流价值，扩大社会影响。

【品牌栏目打造】 2015年，楚雄日报社继续发挥《楚雄日报》“马樱花”栏目地域性和本土性优势，在刊发全国、全省知名作家撰写的优秀文艺作品的同时，大量刊发全州各行业文学爱好者反映楚雄本土社会生活、风土人情的优秀作品，进一步打牢“马樱花”栏目的品牌基础。继续打造“走基层，一线采访”栏目，刊登《蔬菜也可以“私人订制”》等一系列文章，生动直观地反映基层群众的致富经历和生活变化，紧贴民生民情，受到广大读者的好评。加强对县（市）宣传业务的培训和指导，利用“县（市）新闻”板块性栏目宣传各县（市）的重点工作及工作中的特色和亮点栏目服务基层、服务群众的功能日益凸显。

【媒体融合发展】 2015年，楚雄日报社融合多种媒体，不断优化栏目设置，推进云南楚雄网传播能力建设。网站5个主要频道43个栏目第一时间向州内外发布主流信息，日均点击量1.8万次。云南楚雄网上线运行以来，与昆明、玉溪、曲靖、红河4州（市）党报媒体共同开办“滇中”栏目，形成资源共享，共同发展的格局。相继开通云南楚雄网微信公众号和“云南通·楚雄”党政客户端，《楚雄日报》实现从传统单一的纸质媒体，向融合报纸、网站、微信、客户端、手机报等多种传播形态的现代全媒体业态转变。

【楚雄日报传媒有限公司】 2015年，面对经济下行、政策调整的大环境和企业传统经营业务下滑的严峻形势，楚雄日报社党委加强对楚雄日报传媒有限公司的领导。年初，及时召开董事会分析研究，提出巩固传统经营市场，拓展新市场，培育经济增长点的思路。同时，进一步加强内部管理，向管理要质量，向服务要效益，开源节流，实现经济指标的平稳增长，职工收入稳步提高，全年目标任务如期完成。

［高仕龙］

图 书

【图书展出及公益讲座】 2015年，楚雄州图书馆定期为读者举办公益讲座，时间为每周一至周五下午2：30～5：30，内容包括健康知识讲座、法律知识讲座、“公共文化空中大课堂”等，期间插播世界经典电影。全年播放讲座209场、电影209场，服务读者2601人。同时，利用科普宣传日、全国第十个非物质文化遗产日、世界读书日、图书服务宣传周等时机举行图书展出活动，展出科普图书、期刊380种380册，展出地方文献和中文图书、期刊425种425册，义务发放中国文物报100余份，发放楚雄州公共文化服务示范区建设宣传单100余张。

【有声数字图书馆建设】 2015年，楚雄州图书馆开通有声数字图书馆服务。读者只要通过手机扫描二维码、点击网络链接或通过平板电脑等设备，登陆楚雄州图书馆网站，点击“楚雄州有声数字图书馆”输入账号密码，即可实现“24小时无障碍无边界”阅读。有声数字图书馆设人文社科、少年儿童、盲人读物、英语学习、音乐等5个分馆，收录有声读物11.6万册，内容涵盖古典文学、现代文学、英语原声读物等20余个门类，以海量优质“可听”的文化为核心，改变传统阅读模式，方便特殊群体，可听可读。同时，州图书馆采购盲文图书153种222册，摆放在一楼彝族文献查阅室供视障读者查阅。

【新型电子书借阅服务】 2015年，楚雄州图书馆新增电子借阅机6台，方便读者快捷的数字化阅读需求。电子借阅机放置在州图书馆、州政务中心、州政务服务大厅和州医院新区，全部实行免费借阅，每台存放有3000本独家授权的电子图书，内容涵盖健康生活、文学名著、少儿教育、小说传记、社会法律、经管励志、文化艺术、科学技术、文学艺术、历史地理、哲学宗教、亲子育儿12个大类，每月更新热门畅销书150种。电子书借阅机通过多点触控进行操作，支持滑动、拖动等手势，全屏无死角触摸翻页，读者只需安装客户端在手机、平板电脑等移动设备上，轻轻扫描一下借阅机中的图书二维码，即可将图书下载至手机，方便快捷，读者不需要办卡、不需要还书，没有借阅数量的限制，随时随地免费体验高清电子阅读的乐趣。电子借阅机可存放1万余本电子书，15种国内畅销期刊、多份主流报纸，数据实时更新，每月可自动更新200种电子书，读者可在线浏览最新的时事要闻、民生资讯，也可以查看过期报纸等。还有专为少年儿童开通的卡通型少儿期刊触摸屏阅读机，主要面向少儿教育为主的快乐

2015年楚雄州公共图书馆各项指标统计表

单位名称	读者借阅情况			2014年区域常住人口总数（万人）	读者人均到馆率（人次）	累计有效借书证（个）	县（市）图书馆			馆藏借阅率（册次）	县（市）图书馆数字资源量（个/TB）
	到馆人次（人）	阅览人次（人）	外借人次（人）				总藏书量册（件）	书刊外借合计 人	书刊外借合计 册		
州图书馆	272738	213285	96907	23.8	1.14	7048	424801	112367	269573	0.8	8个/21.25TB
楚雄市	306504	208276	98228	59.5	0.5	10090	135000	45000	92000	0.6	4个/2.7TB
双柏县	76543	51156	25623	15	0.5	350	57809	28910	36685	0.6	5个/3.1TB
牟定县	103409	56773	46636	20.28	0.5	2507	76401	36772	72591	0.95	4个/3.08TB
南华县	91642	63842	27800	23.8	0.3	2500	58396	20000	40000	0.6	4个/2.4TB
姚安县	105054	41088	63966	21.5	0.5	3784	55689	38410	40285	0.7	4个/2.19TB
大姚县	225097	159537	66126	28.3	0.79	1291	91331	59912	61063	0.6	6个/3.96TB
永仁县	60090	49328	10762	10.9	0.5	362	55156	7460	27680	0.5	4个/2.22TB
元谋县	96715	34501	61834	21.8	0.4	3207	48590	31820	32700	0.6	3个/2.03TB
武定县	124500	72250	52250	27	0.4	1696	165000	81000	108000	0.6	6个/4.07TB
禄丰县	226713	132990	93723	42	0.5	1690	169601	15732	72321	0.6	5个/5TB
合　计	1689005	1083026	643855	272.8	0.6	34525	1277774	477383	852898	0.66	

（州文体局/提供）

型、自主型、互动型的学习平台，资源涵盖学前教育、课内课外、教学研究、校园读物、艺术生活、家长必读、旅游民俗、文学文摘、文化科普、体育运动等10个类别、1000册少儿期刊、15种国内畅销少儿杂志，支持触摸屏翻页阅读和扫描借阅，时时更新，为不同年龄阶段的读者提供不同的资源内容，同时读者可以通过触摸屏访问馆内其他少儿数字资源，进一步丰富少儿读者对数字资源的需求。

【送书下乡】 2015年，楚雄州图书馆向姚安、大姚、双柏、禄丰、永仁等县的县图书馆、乡文化站、村文化活动室、中心校区赠送图书34包、2399种、2399册，价值7.34万元，内容涉及农科知识、计算机信息、医药、卫生、教育、文学等，深受广大基层群众的喜爱。

【馆外流通点建设】 2015年，楚雄州图书馆建立馆外流通点22个，流通服务网点遍及乡（镇）文化站、政府机关、部队、公安系统、酒店、学校、监狱、街道社区、企业等多个领域。通过与各协作单位联合办点的服务模式，形成集图书管理、图书交换、借阅登记、读者信息采集、服务点业务指导为一体的延伸服务模式，在公共图书馆的物理空间和行业体系之外构建起一张覆盖面较广、辐射力较强的延伸服务网络，盘活图书馆馆藏资源，拓展阅读空间，提高文献借阅率，满足偏远地区和广大读者的阅读需求。

［赵梓燚］

【楚雄新华书店有限公司】 2015年，楚雄新华书店有限公司实现销售收入1.26亿元，比上年增长9.57%；实现利润660.95万元，增长0.52%。主要发行《从政者真话实说》《习近平谈治国理政》《习近平总书记系列重要讲话读本》《法治热点面对面——2015理论热点面对面》《全国干部学习培训教材》等书籍共7.18万册，销售收入243.67万元。下乡销售图书34.44万册，价值460.88万元；赠送群众图书、年画、春联1.35万册，价值16.25万元；捐赠物品7500元，价值3.2万元。

［刘劲松　周　芸］

【昆明新知图书楚雄书城】 2015年，昆明新知图书楚雄书城实现销售收入1455万元，上缴税金8.7万元，缴纳员工社会保障金30万元，解决就业人员33人。年内，向永仁县宜就乡捐赠图书374册价值8300元；向州特殊教育学校捐赠图书500册价值1万元；2015年开始每年向楚雄师范学院贫困学生捐款1万元；向楚雄医药高等专科学校捐赠体育器材4000元；向楚雄工业学校捐赠活动服装价值1000元。年内，新知图书楚雄书城获中宣部“服务农民、服务基层文化建设先进集体”称号。

［张　伟　周　芸］

广播电视

【广播电视工作概况】 2015年，楚雄州新闻出版广播影视系统围绕州委、州人民政府的决策部署和中心工作，坚持正确导向，唱响主旋律，打好主动仗，抓住重点，突破难点，创新亮点，事业进一步繁荣，管理进一步规范，公共服务能力进一步增强。楚雄电视台推出“爱楚雄”手机客户端和《民情直通车》《文化大观》《我爱生活》等一批栏目微信公众号，利用手机客户端和微信平台推送楚雄电视台视频、图文信息，年末手机客户端和微信平台累计服务用户10万人；州广播电台开通“楚雄广播网”，实现彝州广播节目的网络直播及自办节目网上点播，有效拓展广播宣传渠道。年内，州新闻出版广电局被省委、省人民政府命名为第十四批省级文明单位。州级广播电视媒体有5件作品获得国家级奖励。其中，州广播电台录音报道的《保卫乡愁·无奈的小屯村》荣获中国新闻奖三等奖；楚雄电视台专题节目《彝乡赛事》获全国第七届新农村电视艺术节年度“优秀对农电视作品”一等奖，专题节目《又是一年梨花开》获全国第七届新农村电视艺术节年度“优秀对农电视作品”三等奖，《探秘郑和故里》获全国第四届历史题材广播电视节目评析活动创新创优电视系列类二等奖，《李亚威》获电视专题类三等奖。州级广播电视媒体有39件作品获得省级奖励，其中电视作品19件、广播作品20件，《卫我中华一脉同》之《共赴国殇》获省级一等奖。

【党的十八大精神系列宣传】 2015年，楚雄州新闻出版广播影视系统发

4月15日，国家新闻出版广电总局党组成员、中国国际广播电台台长王庚年（右二）率采访团到武定县狮山镇采访（李建华/摄影）

挥广播电视媒体特点，开设专栏，以广大群众喜闻乐见的形式，全面报道全州学习贯彻落实党的十八大精神的情况，集中报道全州把党的建设与扶贫开发相结合的新经验、新做法，全面深入宣传全州重点产业发展、项目建设、招商引资、农村土地流转、民生工程等领域的工作推进情况及取得的新成效。围绕扶贫攻坚工作中心，大力宣传全州各地、各级各部门推进扶贫工作的安排部署。

【习近平总书记考察云南重要讲话精神宣传】 2015年，楚雄州新闻出版广电局根据《楚雄州深入学习贯彻落实习近平总书记考察云南重要讲话精神主题宣传方案》，加强选题策划，安排骨干记者进行采访，通过专题、专栏及走基层等不同形式，全面反映全州上下深入学习贯彻落实习近平总书记考察云南重要讲话精神，以及各族干部群众在贯彻落实讲话精神的过程中，克难奋进，奋发有为的精神面貌。

2015年楚雄州电视类节目获奖名单（2014年度）

类别	获奖作品	奖次	奖项
电视主持	《小郎说事》	一等奖	广播电视政府奖
电视短消息	《楚雄州发现腔骨龙类恐龙新属种》	二等奖	
电视长消息	《广大铁路隧道坍塌　四名被困人员获救》		
电视系列报道	《乡村夜话》（三集系列）		
电视新闻专题	《终生难忘　终生受益》		
公益广告	《时代需要正能量》		
电视播音	《楚雄新闻联播》		
电视民语节目	《彝语文跟我学》	三等奖	
电视外宣片	《又是一年梨花开》（上、下集）		
专题片	《毕昌杰》		
商业广告	《立天e世界》		
电视晚会	《2014年楚雄彝族火把节特别节目》		
民语主持	《彝语文跟我学》		
电视短消息	《楚雄州发现腔骨龙类恐龙新属种》	二等奖	云南新闻获
电视系列报道	《乡村夜话》（三集系列）		
电视长消息	《广大铁路隧道坍塌　四名被困人员获救》	三等奖	
电视专题	《彝乡赛事》	二等奖	中国广播电视协会奖
电视专题	《郑和探秘》		
电视专题	《李亚威的楚雄十年》	三等奖	
电视专题	《又是一年梨花开》		

（州新闻出版广电局/提供）

【党风廉政建设宣传】 2015年，楚雄州新闻出版广播影视系统做好“三严三实”和“忠诚干净担当”专题教育活动报道。围绕全州专题教育各个阶段活动重点，及时组织记者采访报道，深入宣传全州“三严三实”和“忠诚干净担当”专题教育的重要活动及动态消息，对有关文件进行深度解读，选编播出重要评论。楚雄电视台、州广播电台开办《政风热线》栏目，对全州各级党委、政府为群众办实事，解民忧的先进典型和先进事迹进行宣传报道，对纪检监察部门通报的违纪违法情况进行批评性报道。全面报道全州各级各地学习贯彻《中国共产党廉洁自律准则》和《中国共产党纪律处分条例》的情况，以及全州狠抓纪律、作风整顿的主要做法。制作播出“三严三实”和“忠诚干净担当”等廉政公益广告，为全州党风廉政建设的推进营造良好氛围。

【“稳增长、调结构、惠民生、促发展”宣传】 2015年，楚雄州新闻出版广播影视系统适应经济发展新常态，着力抓好“稳增长、调结构、惠民生、促发展”宣传报道。开设专栏，对全州积极采取各项措施，全力推动经济平稳健康发展的经验和成效进行深入采访报道；对全州推进政治、经济、社会、文化、生态建设和“四个全面”等重要工作、采取的创新做法、取得的明显成效、探索的成功经验、涌现出的先进人物等，进行全面、深入、持续的宣传。

【培育和践行社会主义核心价值观宣传】 2015年，楚雄州新闻出版广播影视系统围绕培育和践行社会主义核心价值体系建设，加强策划组织，开设“美丽楚雄身边好人”“美丽楚雄道德模范”等栏目，对全州精神文明建设取得的新成果，以及涌现出来的先进典型、优秀人物进行宣传报道。集中对全州十大道德模范人物先进事迹进行专访，并对道德模范宣讲活动进行全面报道。对“文明楚雄行动”进行重点宣传报道，对“文明服务行动”“文明餐桌行动”“文明交通行动”开展情况进行跟踪报道。广播电视媒体进一步加大公益广告宣传力度，楚雄电视台全年引进、加工、自制播出公益广告60余条，各类公益广告每天播出56次时长30余分钟；州广播电台每天在两个频道重要时段安排播出培育和践行社会主义核心价值观的公益广告。

【纪念中国人民抗日战争胜利暨世界反法西斯战争胜利70周年主题宣传】 2015年，楚雄州新闻出版广播影视系统对全州各地开展纪念中国人民抗日战争胜利暨世界反法西斯战争胜利70周年主题宣传活动进行集中报道。深入采访报道彝州各族人民在抗日战争中的感人事迹。楚雄电视台策划摄制纪念红军长征过楚雄的电视纪录片《共赴国殇》。州广播电台与云南人民广播电台交通频率做好“穿越滇缅路，激扬爱国情”全媒体主题采访活动在楚雄州境内禄丰县一平浪等地的直播报道；策划播出“话说滇缅路，激发爱国情”大型直播活动，再现70年前在楚雄州境内的抗日战争历史；安排播出相关纪念抗日战争和反法西斯战争胜利的文艺影视片和广播节目，进一步激发彝州广大听众的爱国热情和珍爱和平的共同愿望。

【广播电视对外宣传】 2015年，楚雄州新闻出版广播影视系统着力加大对外宣传力度。在云南电视台主要新闻节目中播出楚雄州学习贯彻落实习近平总书记考察云南重要讲话精神相关工作稿件62条；以学习贯彻《中国共产党廉洁自律准则》和《中国共产党纪律处分条例》为主题的报道《学习贯彻两项法规，推进全面从严治党》被云南广播电视台《党风廉政》栏目组选用；摄制《高德荣的情和梦》主题宣传片进入省委组织部教育库；制作播出“高原特色农业”“脱贫攻坚”“美丽乡村”等系列电视外宣片，宣传彝州形象；州广播电台配合中国国际广播电台完成“行进中国·精彩故事之多彩云南”采访报道活动到楚雄的两次专访，播出楚雄州抓住“一带一路”战略机遇、保护生态环境、发展高原特色产业等方面的专题新闻20余条。年内，州广播电台在中央人民广播电台、中国国际广播电台播出作品26件（组），在云南广播电视台各频段播出广播新闻1280件（组）；楚雄电视台在中央各类媒体播出新闻32条，在云南广播电视台电视频道播出新闻398条。

【电影放映及县级数字影院建设】 2015年，楚雄州新闻出版广电局重视并做好电影放映工作。春节前启动“2015年度全州农村电影下乡”放映活动，送电影下乡，丰富农村群众的精神文化生活；加大《森林防火》《禁毒防艾》两个公益宣教短片的放映工作，提高森林防火和禁毒防艾工作相关知识在农村的普及；做好交通安全知识、法治教育内容、建军节问候语等放映和纪念抗日战争及世界反法西斯战争胜利70周年优秀国产重点影片展映工作；组织开展校园电影放映活动，丰富广大师生的精神文化生活。足额争取国家和省级资金251.04万元，州级配套资金62.76万元，实施农村公益电影放映工程，全州1046个村民委员会放映农村公益电影12762场。争取国家补助580万元，以市场化运作方式，鼓励社会力量参与县级数字影院建设，在没有影院的南华、元谋、牟定、大姚、永仁、双柏、姚安7县实施3D数字影院建设，并于年底前开业，实现全州县级3D数字影院全覆盖。

【安全播出保障】 2015年，楚雄州完成全州广播电视安全播出监测监管平台一期工程建设，建成州级监测中心机房和楚雄、南华、姚安、大姚、元谋等5县（市）广播电视节目监测平台，实现州对县（市）在播广播电视节目的适时监管，增强全州广播电视播出系统应对突发事件的快速反应能力，保障全州广播电视信号安全优质播出。加强日常监管，加大监测力度，着力开展非法电台查处，维护播出安全和秩序。强化与相关部门的协调配合，确保重要播出保障期广播电视节目传输的绝对安全。全年全州广播电视系统各类停播事故比上年减少3起、停播时间减少57分钟，未发生重大安全播出责任事故。组织开展非法卫星地面接收设施专项治理工作，与公安、质监、工商、文化、综治等部门协调，开展联合执法，出动执法人员260余人次，检查经营户364户次，依法收缴非法地面卫星接收设施120余套。

［余海晏］

档案工作

【档案工作概况】 2015年，楚雄州着力推进数字化档案馆建设，构建公共档案馆，档案服务能力快速提升，档案管理规范化建设进一步加强。争取中央、省馆库建设补助资金1259万元，其中中央补助资金1239万元，重点档案抢救、数字档案馆设备购置省级补助经费20万元。牟定、元谋、永仁、姚安4县的综合档案馆建设项目通过项目验收并投入使用，南华、禄丰、武定3县的综合档案馆土建工程完工，10县（市）档案馆全部建成。1月，楚雄市档案馆顺利晋升国家一级综合档案馆和省级示范档案馆。10月，牟定、元谋、永仁、大姚、姚安5县综合档案馆规范化管理通过省档案局认定。全州42个行政机关、企事业单位、社区档案室档案工作规范化管理通过认定。完成元谋大型灌区工程档案管理的验收工作。11月26日，在全省档案系统农村土地承包经营权确权登记颁证档案管理工作培训会议上，姚安县档案局就姚安县适中乡的确权登记档案管理试点工作经验作交流发言。12月28日，在全国档案工作会上，楚雄州档案局被人力资源和社会保障部、国家档案局表彰为“全国档案系统先进集体”。

【档案资源体系建设】 2015年，楚雄州各级档案部门进一步拓展档案资源，优化馆藏结构，综合档案馆接收进馆档案49269卷421258件，并征集接收部分楚雄州本土作家的出版物、家谱、族谱等入馆收藏，档案接收数量大幅增长，馆藏档案资料进一步丰富。全年全州新接收、征集档案126336卷421258件；州、县（市）综合档案馆档案资源总量530021卷485375件，其中特色档案55897卷13867件；抢救、保护重点档案9543卷。

【档案利用体系建设】 2015年，楚雄州档案馆依托馆藏，建成“档案文化产品、方志、地情资料查阅中心”，展示和提供州、县（市）档案局开发的档案文化产品及州内社会各界人士捐赠州档案馆保存的个人出版物、诗集、家谱、村志、方志、地情资料等。同时，不断完善档案查阅大厅功能，简化查阅手续，解决群众查档案难的问题。全州档案部门接待查阅利用档案7321人次，调阅档案19766卷（件），接待参观学习11920人次。

【档案数字化建设】 2015年，楚雄州档案馆完成馆藏档案数字化扫描500万页，开放鉴定650万页；做好专题数据库建设，建立干部任免、干部奖惩、机构成立、机构改革三定方案、公证档案、法律援助、州级以上领导照片等专题数据库；做好安全保密工作，加大对州档案局全体职工和加工公司工作人员的保密培训，并把加工好的数据进行异地备份，确保安全；推进电子档案在线接收工作，对州级160余家单位的档案员和办公协同系统管理人员进行档案在线移交培训，州档案馆实现各立档单位档案的电子政务系统接收、移交。开展州财政局、州社科联等单位的数字档案室建设试点工作。

【档案安全建设及档案文化产品开发】 2015年，楚雄州档案局对档案馆进行防渗漏及电力线路、监控设备检修，排查各种安全隐患，完善档案馆库房安全措施；采购资料架111组，将老库房的档案资料安全搬迁至新馆库房，改善馆藏档案资料安全保管条件。完成160余块古石碑刻图片编辑及20余万字的文字录入校对工作。利用非线性编辑系统，收录、编辑完成2011年和2012年的《楚雄新闻》音视频档案资料120份。

［毛丽华］

书法·美术·摄影

【文玩薮聚—安徽中国徽州文化博物馆馆藏文房四宝展】 2015年1月9日至2月19日，由楚雄州博物馆和中国徽州文化博物馆联合举办的“文玩薮聚—安徽中国徽州文化博物馆馆藏文房四宝展”在楚雄州博物馆举办，共展出徽墨、歙砚等“文房四宝”，以及臂搁、笔筒、笔洗、墨床、镇纸、印盒等文房器具166件（套）。

【云南印社首届篆刻艺术作品楚雄巡展】 2015年3月13～24日，由云南印社主办、楚雄州书法家协会、楚雄州博物馆承办的“云南印社首届篆刻艺术作品楚雄巡展”活动在楚雄州博物馆开展，共展出篆刻艺术作品134件，涵盖古玺、汉印、明清各流派作品及当代流派作品等。其中，全国部分名家作品13件，云南印社内部成员作品30件，向社会各界征集海选的作品45件，篆刻原石40枚。

【“同书价值观·共筑中国梦”书画作品展】 2015年9月29日至10月15日，由中共楚雄州委宣传部主办，州文学艺术界联合会承办，楚雄州书法家协会、楚雄州美术家协会协办的“同书价值观·共筑中国梦”书画作品展在楚雄州博物馆举办。展览共展出书画作品100余幅，内容以中华传统美德和社会主义核心价值观等题材为主。

11月30日，“凝聚正能量 共筑中国梦”2015年楚雄州老年摄影协会会员作品展在桃源湖广场展出（马兴华/摄影）

【楚雄州首届百草岭书画作品展开展】 2015年11月28日，楚雄州首届百草岭书画作品展在州博物馆开展，共展出条幅、斗方、小品、中堂、扇面、瓦当、对联、镜面等作品共129件，其中书法作品83件、国画作品35件、油画作品8件、篆刻作品3件，作者有中国美术家协会会员、中国书法家协会会员和省、州级美术家协会和书法家协会会员。

【威楚风楚雄第二届青年书画作品联展】 2015年12月16日，“威楚风楚雄第二届青年书画作品联展”在楚雄州博物馆开展。展览共收录楚雄籍22位青年书画爱好者的作品86幅，以及楚雄本地的老一辈书画爱好者的作品10件。展出作品包括国画、书法、篆刻等，有条屏、斗方、扇面、手卷等多种形式。书法作品包括楷书、行书、草书、隶书等；画作均为国画，包含山水、花鸟、静物等。

【楚雄州美术家协会首届中国画作品展】 2015年12月28日，由楚雄州美术家协会主办，楚雄州文学艺术界联合会、楚雄师范学院、楚雄州博物馆承办的“楚雄州美术家协会首届中国画作品展”在州博物馆开展。展览共征集到作品200余幅，筛选展出80余幅。

［周 芸］

【楚雄州图书馆摄影展览】 2015年，楚雄州图书馆共举办摄影作品展3期，即“楚雄美丽乡村”“中国舞城·化佛灵山牟定印象”“我与中华古籍”摄影大赛优秀摄影作品巡展，展出作品320幅（张），累计参观人数1.3万人次。“楚雄美丽乡村”摄影展从全州1800余幅投稿作品中选出100幅作品用于展览，以新农村建设的生产美、生活美、环境美、人文美为主要内容，借助摄影镜头独特的表现手法和传播方式，真实、直观地展现楚雄美丽乡村的景象，促进城乡文化的交流与沟通。“中国舞城·化佛灵山牟定印象”摄影展，经州摄影家协会组织采风，创作出一批情系牟定、贴近牟定、讴歌牟定的摄影作品，并从中评选出60件作品布展，展现牟定绚丽的自然风光和深厚的历史文化。“我与中华古籍”展出摄影作品28幅，借助镜头描绘当代人认识古籍、阅读古籍、了解和爱上古籍的过程，向观众讲述古籍背后的故事，再现古籍保护工作场景。

［赵梓燚］

2016 CHUXIONG ALMANAC

卫生

HYGIENE

责任编辑：周能汉

美丽乡村——双柏法脿（杨洪波/摄影）

卫生综述

【卫生工作概况】 2015年，楚雄州以提高医疗卫生服务水平、向全州居民提供均等的基本公共卫生服务为目标，以深化医药卫生体制改革为重点，统筹推进卫生各项工作。州卫生局与州人口和计划生育委员会正式合并重组为楚雄州卫生和计划生育委员会。“单独二孩”政策顺利实施，县级公立医院全部取消药品加成。10县（市）均获得省级卫生城市（县城）称号，艾滋病疫情继续控制在中度流行态势；社会对卫生系统综合满意率96.95%；经省人民政府年度责任目标考核，楚雄州计划生育工作名列全省第一名，艾滋病防治工作获全省第二名，卫生工作获全省第三名；经省卫生厅对全省16个州（市）卫生暨深化医药卫生体制改革工作责任目标考核，楚雄州获全省第一名；州卫生计生委机关获得省委、省人民政府命名的新一轮“省级文明单位”称号。

【卫生计生机构合并重组】 2015年7月15日，楚雄州卫生局与州人口和计划生育委员会正式合并重组为楚雄州卫生和计划生育委员会，10县（市）卫生局与人口和计划生育委员会相继合并重组为卫生和计划生育局，县（市）妇幼保健院与计划生育服务站、乡（镇）卫生院与计划生育服务所进行合并，卫生、计划生育行政管理和卫生、计划生育服务全面统一。

【卫生机构人员与床位】 2015年末，楚雄州有各级各类卫生机构1720个。其中医院76个，基层医疗卫生机构1605个（社区卫生服务机构18个、卫生院114个、村卫生室1101个、门诊部15个、诊所卫生所医务室357个），专业公共卫生机构36个（疾病预防控制中心11个、妇幼保健院11所、卫生监督所11个、采供血机构1个、急救中心站2个、健康教育所1个），其他卫生机构2个。有各级各类卫生机构在岗职工18234人，其中卫生技术人员13763人（执业/助理医师4664人、注册护士5338人、药师/士729人、技师/士774人、其他卫生技术人员2258人），乡村医生1940人，管理人员573人，其他类别技术人员571人，工勤人员1387人。平均每千人（按常住人口计算）拥有卫生技术人员5.02人。全州医疗卫生机构实际开放床位1.49万张，其中医院1.2万张、基层卫生机构2566张、专业公共卫生机构323张，平均每千人拥有病床5.44张。

【医药卫生体制改革】 2015年，楚雄州卫生计生系统加大医药卫生体制改革。

“按疾病诊断组”付费制改革 大姚县人民医院、姚安县人民医院和楚雄市人民医院启动实施“按疾病诊断组（DRGs）”付费改革，把临床特征相似、发生频率较高、消耗资源相近的疾病进行合并分组，测算出每组疾病的治疗费用标准，医院按实际发生的费用与病人结算，县新农合办按测算出的每组疾病的治疗费用标准与医疗机构进行结算。禄丰县人民医院、县中医医院、县第二人民医院于2012年实施“按疾病诊断组（DRGs）”付费制度，病组从2012

2015年楚雄州医疗卫生机构、床位、人员情况统计表

县（市）	机构个数（个）					床位数（张）				各类人员合计	卫生技术人员（人）					其他卫生人员（人）						
	小计	医院	基层医疗卫生机构	专业公共卫生机构	其他	小计	医院	基层医疗卫生机构	专业公共卫生机构		小计	执业（助理）医师	执业医师	注册护士	药师（士）	技师（士）	检验师（士）	其他	乡村医生及卫生员	其他技术人员	工勤人员	管理人员
楚雄市	398	28	359	10	1	5820	5299	405	116	7159	5841	1893	1691	2527	280	294	237	847	263	230	589	236
双柏县	105	2	100	3		566	234	158	22	656	429	169	126	143	33	34	24	50	125	36	50	16
牟定县	128	5	120	3		924	695	214	15	1149	814	280	219	294	41	52	27	147	187	21	103	24
南华县	160	4	153	3		830	618	190	22	1179	749	258	198	269	48	45	31	129	230	68	101	31
姚安县	101	4	94	3		911	680	191	40	1114	817	250	188	285	42	35	29	205	165	27	63	42
大姚县	197	5	189	3		1260	914	326	20	1422	1062	364	258	391	40	57	44	210	174	66	90	30
永仁县	97	2	92	3		443	300	123	20	686	442	147	117	158	23	22	16	92	134	10	74	26
元谋县	132	6	123	3		908	541	352	15	1227	900	315	239	357	54	66	48	108	176	26	113	12
武定县	159	5	151	3		1444	1188	220	36	1514	1075	348	254	344	57	64	39	262		19	96	71
禄丰县	243	15	224	3	1	1754	1350	387	17	2128	1634	640	459	570	111	105	67	208		68	108	85
合　计	1720	76	1605	37	2	14860	11971	2566	323	18234	13763	4664	3749	5338	729	774	562	2258	1940	571	1387	573

（州卫计委/提供）

年的261个增加至2014年的432个，2015年调整归并为300个，覆盖97%以上的疾病。尚未启动“按疾病诊断组（DRGs）”付费改革的6个县进一步完善“门诊总额预付、单病种付费、住院床日分段付费”制改革。

医师多点执业制度改革　出台《楚雄州医师多点执业管理实施办法（试行）》，明确规定：在全州各级各类医疗机构执业的、具有中级以上职称的医师，经原单位同意，可以申请到第二、第三个单位开展执业活动。其中，中级职称医师如果只选择在县（市）级医疗机构开展第二、第三执业地点执业的，则第二、第三执业地点只能在该县（市）辖区范围内，不得申请到另外的县（市）开展执业活动；如果选择到乡（镇）卫生院或社区卫生服务机构开展第二、第三执业地点执业的，可在全州范围内的乡（镇）卫生院或社区卫生服务机构中选择；副高级职称以上的医师可在全州范围内的医疗机构申请第二、第三执业地点开展多点执业。年内，共有56名医师申请到县级医院、民营医院、社区卫生服务机构开展执业活动。

分级诊疗制度试点　10月28日，州人民政府在全省率先出台《楚雄州分级诊疗工作实施方案（试行）》，按照“分级就诊、合理收治、合理分流”理念，以牟定县、大姚县、永仁县、禄丰县为试点实施分级诊疗制度。以医疗服务收费价格、医保报销比例调控为手段，严格转诊转院管理。明确规定，凡未办理转诊转院手续，擅自到上一级医院住院的，医药费用报销比例每年降低10%；无严重并发症、合并症、非手术治疗的8类96种疾病，乡（镇）卫生院能治疗的，不得转到二级以上医院住院。引导患者到基层就医，减少小病大养、过度医疗，形成“首诊在社区（乡镇）、小病进社区（乡镇）、大病到医院、康复回社区（乡镇）”的就医格局。4个试点县于7月1日正式启动实施分级诊疗制度，至年末，有68例县级医院住院患者下转到乡（镇）卫生院和社区卫生服务中心进行康复治疗。

县乡医疗服务一体化管理改革　州人民政府办公室印发《楚雄州县乡村医疗服务一体化管理实施方案（试行）》，在全州10县（市）的54个乡（镇）开展县乡医疗服务一体化管理工作，54个乡（镇）卫生院由所在的县级人民医院或中医医院对其行政管理、医疗服务、人员调配、绩效考核等全面托管，托管的县级医院对被托管的乡（镇）卫生院具有管理权、经营权、人事权和分配权，被托管的乡（镇）卫生院作为托管的县级医院分院，加挂“××医院分院”牌子，县乡医院医务人员、医疗设备为一个整体团队，形成“以县带乡、以乡促县、县乡互动、共同发展”的城乡医疗共同体，建立科学、合理、有序的县域医疗服务体系。

5月20日，州委书记侯新华（左三）到州人民医院新区调研（杨家香/摄影）

医患纠纷调处及特殊人群救治救助　州委、州人民政府制订下发《预防和处理医患纠纷暨创建“平安医院”的意见（试行）》和《预防和处理医患纠纷相关工作规范（试行）》，建立各级党委政府领导、有关部门协调配合、各级各类医疗机构参与的“平安医院”建设工作机制，医疗机构与当地公安机关建立治安联防机制，全面推进医疗卫生机构治安防控体系建设，及时处置医闹等事件。年内，没有发生因处置不当引起的群体性医闹事件。建立医患纠纷第三方人民调解长效机制，人民调解通过“第三方”介入的方式参与医疗纠纷处理，为医患双方提供公平、公正、透明的解决平台，发挥人民调解“不对抗、防激化、成本低、效率高”的优势，有效解决传统医患纠纷处理模式存在的困难和问题。年内发生医患争议纠纷261起，调解成功212起，成功率81.2%。落实特殊人群救治救助制度，免费为白内障患者实施复明手术922例、为尿毒症患者进行血液透析治疗450例。

医疗责任商业保险制度实施　1月1日，楚雄州以州为单位统筹的医疗责任保险制度正式启动实施。由“医务人员缴一点、医院筹一点”形成保费，向商业保险公司投保，一旦发生医疗事故，经协商调解、鉴定调解后，在购买保险限额内由保险公司赔偿。全州375家医院全部参加医疗责任保险，其中公立医院166家、民营医院40家、个体诊所169家。

医用高值耗材和检验试剂竞价采购试点启动实施　4月，楚雄州出台《楚雄州人民医院医用高值耗材和检验试剂竞价采购试点实施方案》，在州人民医院先行试点，实行医用高值耗材和检验试剂采用竞争性谈判方式进行采购。年内，实施竞价采购3轮次，价格下降10%～50%。

【农村医疗保障制度建设】　2015年，楚雄州持续加大农村医疗保障制度建设。

新型农村合作医疗　全年全州参加新型农村合作医疗212.13万人，参

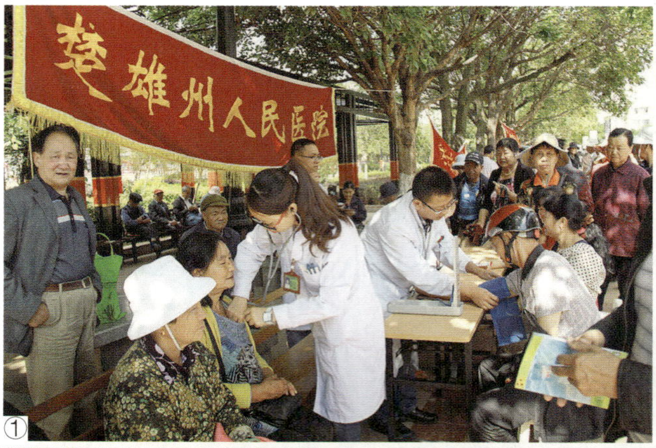

①

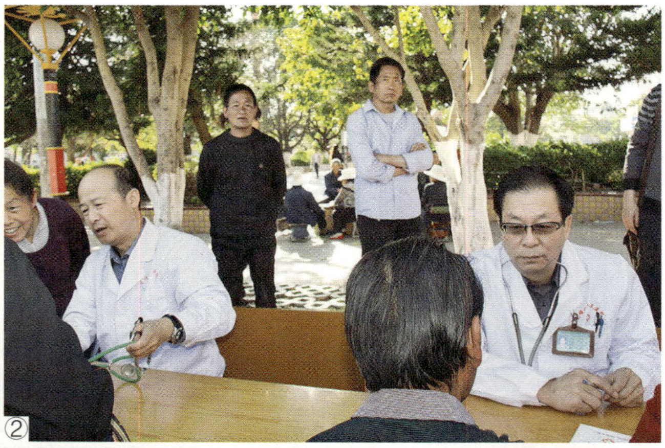
②

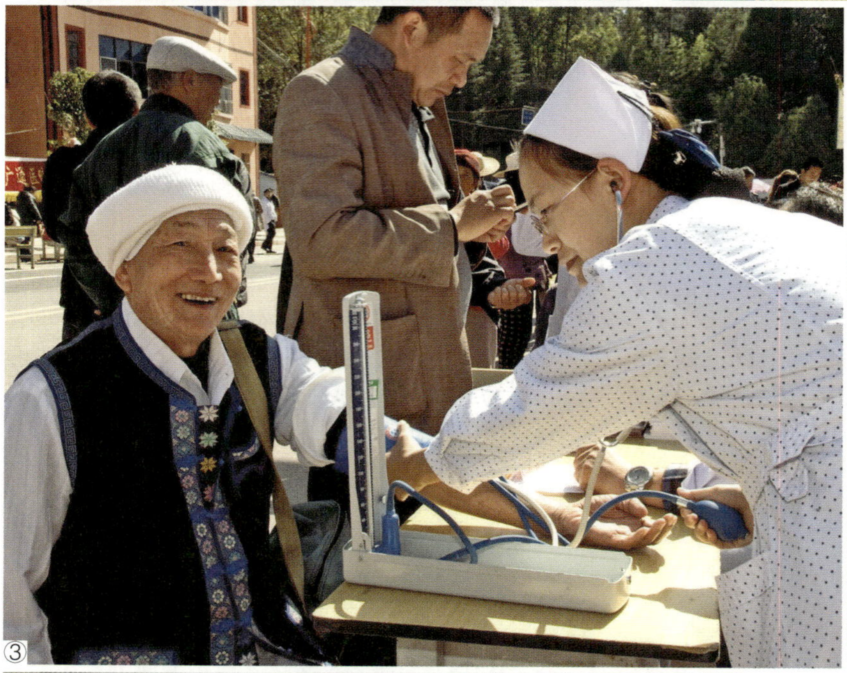
③

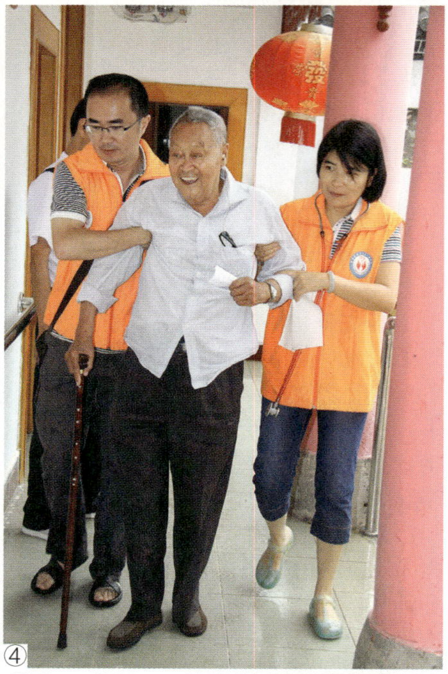
④

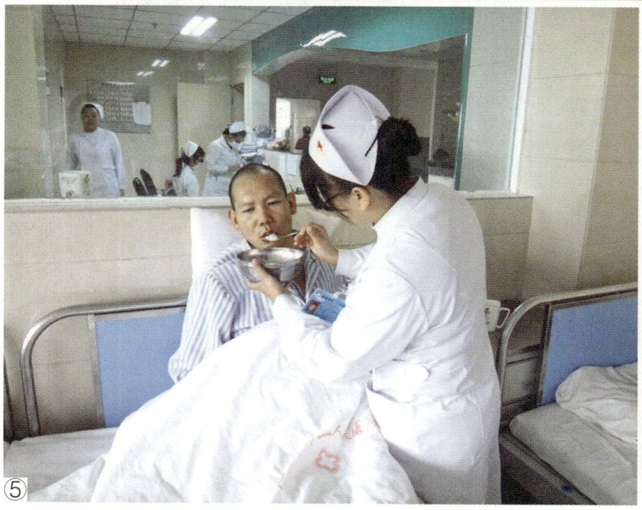
⑤

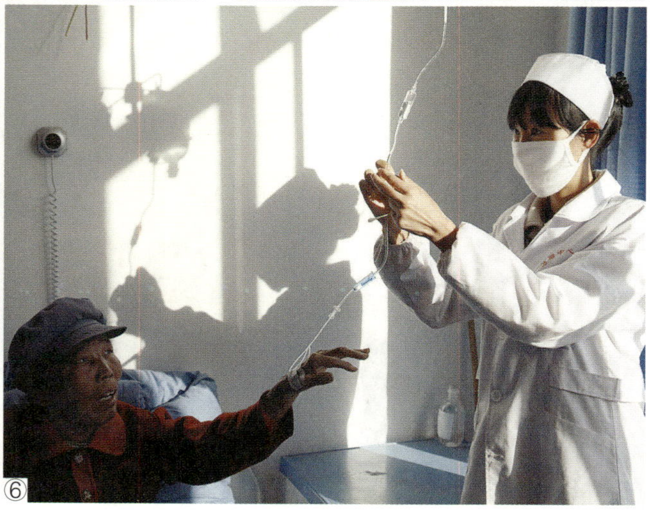
⑥

① 州人民医院义诊活动现场（州卫生局/提供） ② 州人民医院专家义诊（杨家香/摄影） ③ 为群众体检（高建波/摄影） ④ 送医上门 ⑤ 州精神病医院医护人员悉心照料患者（州卫生局/提供） ⑥ 乡村医疗（李建华/摄影）

合率99.12%，人均筹资470元，其中个人缴费90元。参合农民在乡（镇）卫生院住院，报销90%；在县级医院住院，报销80%；在州级医院住院，报销60%；在省级医院住院，报销50%；最高支付限额12万元。年内，群众享受新农合报销减免687.98万人次，报销金额8.53亿元。

新型农村合作医疗大病补充保险　继续用新农合基金按照人均30元标准为参加新型农村合作医疗的群众购买新农合大病补充保险。参加大病保险的农村群众，在享受新农合基本医疗报销减免后，进入大病保险分段报销。住院产生的自付部分，新农合报销减免后1年内累计7000～10000元的部分，大病保险再报销50%；1～3万元的部分，报销60%；3～5万元的部分，报销70%；5万元以上的部分，报销80%，不设封顶线。年内，有1.53万人次享受到大病保险赔付，赔付金额4473.47万元。

农村医疗保障制度监管　通过购买服务方式，委托第三方审计机构（商业审计机构）对全州10家新农合定点医疗机构（部分公立医院和民营医院）进行全面审计；抽调新农合政策法规专业人员、医疗临床专家、护理专家、卫生监督执法专业人员，对部分州、县（市）、乡（镇）、村（社区）新农合定点医疗机构开展专项稽查。通过审计、稽查，查处借证看病、挂床住院、分解处方、违规治疗、违规检查等套取、骗取新农合资金的违规违法行为，对5家医疗机构给予责令整改、暂停服务、扣减违规资金等处理，并对新农合监管机构负责人、医疗机构负责人进行约谈；继续执行新农合监测户监测制度，设立监测户100户，监测户直接与州新农合办公室沟通联系，反馈所在辖区的新农合经办机构、医疗服务机构执行新农合政策情况和参合群众的诉求，州新农合办公室及时开展反馈信息调查处理，完善监管措施，堵塞漏洞，调整政策，有效促进新农合制度的完善和健康发展。

【卫生人才队伍建设】 2015年，楚雄州州级医疗卫生单位招聘紧缺人才120名。除州卫生监督所、州中心血站外的6家州属医疗卫生单位到医学大专院校招聘编制内专业技术人员29人（研究生学历18人）、合同制专业人员100余人。州人民医院引进博士学历外科专家1名。继续委托楚雄医药高等专科学校采取定向培养形式招生100名，定向招生开办农村医学中专班，培养乡村医生后续补充人才，稳定和优化乡村医生队伍；加强基层卫生人员培训，完成乡（镇）卫生院管理人员培训114人、乡（镇）卫生院骨干人员内儿科知识培训114人、村卫生室人员培训1073人、社区全科医生服务团队培训72人、全科医生特设岗位招聘人员全科医学知识培训31人。

【卫生建设项目】 2015年，楚雄州实施卫生基础设施建设项目155个，建设规模8.9万平方米，总投资2.78万元，其中中央资金1.52万元、地方配套资金1.26万元。156个项目中，有州人民医院建设项目1个，州疾病预防控制中心食品安全风险检测设备购置项目1个，县中医院建设项目3个，县妇幼保健院建设项目3个，县疾控中心建设项目1个，乡（镇）卫生院建设项目15个，村卫生室建设项目122个，乡（镇）卫生院周转房建设项目10个。年末，156个项目开工151个。

【卫生应急管理】 2015年，楚雄州州、市疾病预防控制中心联合开展为期两天的地震灾害应急处置及野外生存模拟演练，对应急队人员进行调整，补充应急装备，增强卫生应急能力。4月2日，州疾控中心流感网络实验室在常规流感监测中发现楚雄市1例人感染高致病性H_5N_1禽流感病例。州委、州人民政府和卫生行政部门及时启动应急预案，州、市两级卫生部

① 楚雄市人民医院门诊大楼（李光昌/摄影） ② 姚安县人民医院医技楼（李建华/摄影）

门迅速联动，采取流行病学调查、密切接触者排查及健康状况监测，追本溯源；采取应急监测检测，环境消毒等防控措施，疫情得到及时有效控制，未发生二代病例。3月27日，禄丰县中村乡棠海村委会广南屯村发生1起沙门氏菌污染引起的食物中毒事件，报告病例103例。禄丰县人民政府及时启动突发公共卫生事件Ⅲ级预警，州卫生和计划生育委员会派出州疾控中心、州人民医院专家组2个，指导、参与现场调查处置和中毒病例救治工作。通过现场流行病学调查及实验室采样检测，从剩余食物及病例标本中检出沙门氏菌，查明中毒原因为沙门氏菌污染食物所致。通过救治患者，对所有就餐人员进行健康排查、管理，开展爱国卫生运动，落实“三管一灭”相关措施及健康宣传教育，事件得到有效处置，未发生二代病例。禄丰县被省卫生和计划生育委员会授予“云南省卫生应急综合示范县”称号。

【卫生计生科技与重点学科建设】 2015年，楚雄州人民医院肾内科和泌尿外科、禄丰县人民医院心内科和妇产科、大姚县人民医院普外科获省级临床重点专科建设项目，永仁县中医医院针灸推拿科、元谋县中医院针灸推拿科和姚安县中医医院老年病科获省级中医重点专科建设项目，每个专科获得省级支持资金100万元；州级确定重点专科建设项目12个，由州财政分别给予每个专科支持资金2.5万元，对武定县中医医院、双柏县中医医院等3个中医临床重点专科建设给予资金支持7.5万元。年内，全州卫生系统有10项科技成果获州级以上科技进步奖，其中二等奖1项、三等奖9项；州卫生计生委上报的“实施‘青苹果’行动，促进青少年健康成长”案例被国家卫生计生委宣传教育司、中国健康教育中心列为“全国优秀案例”并到北京接受专家组现场答辩，获得好评。

【卫生学会】 2015年，楚雄州医学会新吸收大姚平安医院等10个团体会员单位，成立泌尿外科学分会、神经内科学分会、眼科学分会、精神病学分会和医院感染管理分会。年末，州卫生系统有学会5个，即医学会、中医学会、护理学会、康复医学会、预防医学会；有会员单位76个、个人会员836名。医学会和各专科学会举办培训班、学术研讨20次，参加培训人员670余人次。组织会员单位、个人参加卫生下乡、送医送药、科普宣传等活动，发放宣传画册1.22万份，接受咨询3000余人次，免费义诊500人次，免费发放药品价值2000余元。州医学会受理医疗事故技术鉴定申请28起，经鉴定，属医疗事故16起，不属医疗事故8起，无法做出客观判定2起，中止鉴定2起。16起医疗事故中，医方承担主要责任6起、承担次要责任5起、承担轻微责任5起。民营医院发生医疗事故5起，公立医院发生10起。

［自卫平］

卫生监督与执法

【医疗卫生监督执法】 2015年，楚雄州加强医疗卫生监督执法检查，检查覆盖率100%，村卫生室由卫生监督协管员开展巡查，检查内容涵盖机构、人员、场所的依法准入，医院感染管理、医疗废物处置、临床技术应用、抗菌药物临床应用、麻醉药品和精神药品管理、生物实验室安全、植入性医疗器械、内镜管理使用、病历处方质量等。各级卫生监督机构以乡（镇）集市、农贸市场为重点区域，以生活美容机构、乡（镇）零售药店为重点对象，以未取得“医疗机构执业许可证”擅自开展诊疗活动、生活美容机构擅自从事医疗美容活动、未取得“医疗机构执业许可证”开展坐堂行医的零售药店为重点内容，开展监督检查，检查各级各类医疗卫生机构5217户次，下达监督意见书629份，取缔游医摊点41个、黑诊所3个。监督检查州属直管及10县（市）放射诊疗机构66家、放射诊疗设备143台，下达卫生监督意见书53份，要求限期整改。对4家医疗机构未取得介入放射学诊疗许可，擅自从事放射学诊疗工作和1家无医学影像医师的从事放射诊疗工作单位进行立案查处。全州有在岗放射工作人员538人，持有放射工作人员证或培训合格证513人。放射工作人员个人剂量应监测人数538人，实际监测528人，监测率94.44%；在用放射诊疗设备状态检测（设备性能检测）应检142台，实际检测131台，检测率92.25%；在岗放射工作人员职业健康检查应检人数394人，实际检查390人，检查率98.47%；采集样品184份进行医院灭菌效果监督监测，合格179份，合格率96.74%，对抽检不合格的7家单位进行立案查处。

【公共卫生监督执法】 2015年，楚雄州公共卫生监督部门对10县（市）的8家三星级以上标准建设的宾馆酒店进行监督检查，下达卫生监督意见书7份。对州属15家学校（含托幼机构）的饮用水卫生、传染病防控工作、教学环境和生活设施情况进行卫生监督检查，下达卫生监督意见书5份，要求限期整改。对州级直管的3家市政集中式供水单位进行2轮次监督检查，对10县（市）的10家市政集中式供水单位进行监督检查，下达卫生监督意见书2份。对全州11家职业健康检查机构、1家职业病诊断机构、1家放射卫生技术服务机构进行监督检查，下达卫生监督意见书4份，要求限期整改。

【卫生行政许可及处罚】 2015年，楚雄州卫生行政许可实行“一个窗口”对外制度、“一次性告知”制度、“首问首办”制度，全部在政务服务中心办理。办结各类许可证件2848份，无卫生许可投诉案件，无许可审批事项被上级撤销的情况发生。完成20家医院12个手术室、7个消毒供应室、10个重症医学科、2个产房和新生儿重症监护室的设计图纸专家评审，并进行竣工验收许可。完成14个职业病危害建设项目放射防护预评价和40个项目的职业病危害建设项目放射防护竣工验收工作许可。立案查处各类卫生违法案件305件，行政罚款32.12万元，其中州级查办案件28件，行政罚款5.65万元。

【卫生法律法规培训及卫生监督技能竞赛】 2015年，楚雄州加强卫生法律法规培训，举办医疗机构管理人员法律法规培训班1期，培训全州72家县级以上医院（含民营医院）的院长、医务科长、护士长、感控科（办）负责人等216人；举办“楚雄州2015年医疗机构管理人员法律法规培训班”，培训 34家公立医疗机构、52家民营医院及其他5家医疗机构的负责人、州卫生监督所卫生监督员共226人；开展“饮用水卫生宣传周”“《职业病防治法》宣传周”等卫生普法宣传活动，发放宣传资料4万余份；组织参加全省行政执法案卷评查，州卫生监督所选报的7件案卷被评为优秀案卷；举办首届卫生计生监督技能竞赛，11支代表队参赛；参加云南省卫生计生监督技能竞赛获团体第二名，1人获得 “全省卫生计生监督技术能手”称号、3人获得二等奖、1人获得三等奖。

［自卫平］

血液管理

【血液白细胞除滤项目开展】 2015年4月28日，楚雄州中心血站向州卫生局提交《楚雄州中心血站关于开展白细胞过滤技术项目有关问题的请示》，正式申请开展白细胞除滤技术项目。4月30日，州卫生局批复同意州中心血站可开展白细胞除滤输血技术项目。7月8日，州卫生局、州发展和改革委员会报经州人民政府同意后下发《关于楚雄州中心血站增加血液白细胞除滤收费项目的通知》，同意州中心血站可自2015年9月1日起开展血液白细胞除滤项目并收费。9月，州中心血站开始使用去白细胞滤器血袋采集血液。10月1日，州中心血站正式向全州医疗机构提供去白细胞悬浮红细胞，成为云南省第五家开展白细胞过滤技术的血站，填补了楚雄州该项技术的空白，结束了楚雄州临床无去白细胞悬浮红细胞的历史。

【血液采集】 2015年，楚雄州有1.9万人次参加无偿献血，献血量506.5万毫升，采集血小板314人次392个治疗量；检测血液标本1.93万人次；向临床提供红细胞2.37万单位、血浆198.22万毫升、冷沉淀1335.75单位、单采血小板378单位，供血质量合格率100%，未发生输血安全事件。

【储血库管理】 2015年，楚雄州完成县级医疗机构输血相关业务培训9期。7月，举办2015年楚雄州临床输血安全管理培训班，来自全州各储血库和医疗机构的140名医务人员参加培训；11月16～23日，完成县（市）无偿献血工作和储血库工作考核，针对薄弱环节提出整改意见并督促整改，建立完善培训、指导、检查考核记录，推动临床科学、合理用血。

【无偿献血宣传】 2015年3月起，楚雄州中心血站加大无偿献血宣传。制作时长15秒的无偿献血公益广告在楚雄电视台《新闻频道》5个黄金时段播出，并在楚雄市城区户外电子显示大屏统一播放；在楚雄市260辆公交车车载广告上每半小时播放1次1分钟的无偿献血公益广告；《楚雄日报》定期刊登无偿献血专题板块，在“6·14”第12个世界献血者日及《献血法》颁布实施17周年纪念日，刊出整版无偿献血宣传专版，每月刊出1～2篇文章，宣传无偿献血知识及无偿献血工作先进事迹；与楚雄音乐广播建立合作关系，在重要节假日和主题无偿献血活动期间进行宣传报道。6月12日，举办以“无私奉献、和谐友善”为主题的2015年第3期楚雄州道德讲堂活动，108名社会各界人员到现场参加访谈、互动活动；制作并发放各种形式的宣传折页、宣传画6.6万余册（份）。利用中心血站短信平台，向

①

②

① 无偿献血知识宣传（州卫生局/提供） ② 义务献血（楚雄医专/提供）

全州无偿献血者发送慰问、招募和献血结果回告短信27.6万条。

［自卫平］

精神卫生

【精神疾病诊治及对外援助】 2015年，楚雄州精神病医院门诊就诊2.72万人次，其中精神科2.7万人次、内科185人次、外科2人次；收住院治疗2148人次，出院2064人次；出院患者平均住院日90天，病床年周转率3.69次/床。年内，州精神病医院派出5人专家组赴丽江市华坪县、宁蒗县协助开展严重精神障碍患者筛查、诊断、评估工作，历时30天，随访评估患者1369人，筛查确诊新增患者77人，培训人员110人次。

【严重精神疾病患者管理服务】 2015年，楚雄州卫生部门加强与各县（市）民政局、公安局等部门沟通协调，做好严重精神障碍患者面对面随访管理治疗服务。全州确诊严重精神疾病患者1.18万人，建档并录入国家信息系统，建档率100%。其中在管患者1.15万人、失访患者（外出、走失、服刑）279人，服药治疗9899人，病情稳定9593人。对符合用药的患者，按照严重精神疾病患者新农合每人每年减免2000元的政策，现场制定治疗方案并发放药物治疗。开具处方药物治疗4118人次，合计费用205.89万元，其中新农合减免费用204.67万元。落实严重精神障碍患者健康管理服务项目惠民利民政策，6类严重精神疾病急性期患者住院治疗2984人次，报销住院费用2224.4万元，报销比例90%以上；稳定期在专科医院、社区、居家康复管理治疗1.41万人次，门诊医药费报销592.78万元，享受医疗救助1.08万人。收治肇事肇祸精神疾病患者76人。开展司法鉴定28件，其中法医精神病鉴定24件、法医临床鉴定4件。

【精神卫生医疗新技术】 2015年，楚雄州精神病医院新开展精神压力分析系统临床应用技术、全自动化学发光免疫分析仪临床应用技术、呼吸睡眠监测3项适宜新技术。投资150余万元建成呼吸睡眠监测中心，并于8月开诊，对出现睡眠呼吸障碍的患者进行科学有效的监测和诊断，为睡眠障碍和精神疾病患者临床诊疗提供准确依据。

［自卫平］

医疗事业

【医疗机构诊疗概况】 2015年末，楚雄州有各级各类医院（不含疾病预防控制中心、卫生监督所、中心血站）1620家，其中政府开办的公立医院33家、乡（镇）卫生院114所、村卫生室1101个、民营医院及诊所372家；实际开放病床1.49万张，病床平均使用率68.91%；总诊疗1381.4万人次，其中住院治疗38.1万人次；出院患者平均住院日9.5天。

【楚雄州人民医院】 2015年，楚雄州人民医院设有科室103个，其中临床科室39个、医技科室11个、门诊科室16个、行政后勤科室33个。有在职职工2108人，其中正高级专业技术人员28人、副高级专业技术人员114人。诊治门（急）诊患者85.3万人次，出院患者5.61万人次，开放床位1779张，病床使用率90.63%，病床周转次数31.51次。开展手术1.71万例，其中住院外科手术1.49万例、介入手术2129例。120急救中心出诊8447次，救护病人8734人，其中危重病人2943人。开展新技术项目17项，获楚雄州科学技术奖3项，其中二等奖1项、三

楚雄州人民医院新区（马骏/摄影）

等奖2项，获云南省卫生科技成果三等奖1项。胸心外科被列为省级重点专科建设项目，有省级临床重点专科5个。干部职工在国内公开刊物发表论文109篇，其中统计源期刊6篇、国内核心期刊3篇，开展学术活动专题讲座10次，承办国家级项目1项，举办省级继续医学教育项目5项、州级继续医学教育项目11项。利用远程诊疗系统开展远程医学会诊545人次，远程教育专题讲座转播5次。荣获国家机关事务管理局、国家发改委、财政部联合颁发的第一批"节约型公共机构示范单位"称号；被中共云南省委、省人民政府评为第十四批省级文明单位；被国家卫生和计划生育委员会医政医管局授予"改善服务创新医院"称号。

【楚雄州中医医院】 2015年，楚雄州中医医院设有临床一线科室（病区）23个、医技科室8个。有在职职工797人，其中专业技术人员728人（正高14人、副高64人、中级118人、初级532人）；有病床1000张，门诊诊疗38.14万人次，出院2.65万人次，手术7042台次，创伤急救接送伤病员1176人次；病床使用率108.5%。门诊中药饮片处方占门诊处方总数的37.1%。举办省级继续医学教育项目2项、州级继续医学教育项目5项。实施国家重点专科建设项目1项（肛肠科）、省级重点中医专科项目1项（针灸科）、州级重点专科项目3项（彝医皮肤科、彝医老年病科和肺病科）。

【楚雄州广通医院】 2015年，楚雄州广通医院门诊4.88万人次，入院病人1388人次，出院病人1418人次，手术242台次。设病床80张，病床使用率46.64%。常规开展心电图、腰椎穿刺术、腹腔穿刺术、胸膜腔穿刺术、痔切除术、四肢骨折切开复位固定术、阑尾切除术、疝修补术、胆囊切除术、人工全髋关节置换、腹腔镜胆囊摘除等诊疗手术。实施省级继续医学教育项目1项（儿科急救技能及适宜技术提高培训班）。

［自卫平］

疾病预防与控制

【传染病疫情】 2015年，楚雄州无甲类传染病报告，报告乙类传染病16种，发病4658例，死亡46例，发病率168.14/10万，死亡率1.66/10万，病死率0.99%。抽取楚雄市、南华县、双柏县开展传染病漏报调查，乙类传染病漏报率1.72%。通过网络报告突发公共卫生事件29起，累计发病687例，死亡10例。

艾滋病防治 开展免费艾滋病病毒检测51.6万人次，高危人群艾滋病综合干预率90%以上，艾滋病防治知识知晓率99.8%。累计抗病毒治疗2490人，其中新增抗病毒治疗412人，治疗覆盖率89.4%。为1419名艾滋病感染者及其家属办理低保，发放低保金254.9万元；为286名感染者及其家属提供临时困难救助，发放救助金22.9万元；提供艾滋病致孤儿童救助62人次，发放救助金25万元；为11名感染者安排公益性岗位。12月9日，楚雄州艾滋病防治工作委员会与四川省凉山州艾滋病防治工作委员会签订两地跨地区联合防治艾滋病协议，建立两地艾滋病患者转介治疗管理、宣传教育和信息互通机制。确定4个社会组织作为州级社会组织参与防治艾滋病工作试点，采取购买服务的方式将艾滋病防治工作打包到参与工作的社会组织，7个社会组织参与的防艾项目顺利结题。新申报成功国家级社会组织参与艾滋病防治项目5个，5个省级社会组织参与防艾项目。推广使用安全套防治艾滋病工作有序推进，免费发放和销售安全套223.83万只，为6.29万名流动人口免费发放安全套172.36万只。

性病防治 报告性病5种1141例，完成HIV检测51.6万份，新检出HIV阳性299例，检出率0.06%，艾滋病感染者（病人）综合管理指标全部达标，完成暗娼、男男性行为人群、吸毒人群、性病就诊者和外来务工人员等高危人群行为干预任务。累计报告存活艾滋病感染者（病人）2837例。

结核病防治 发现活动性肺结核1284例。涂阳病人2月末痰菌阴转率89.3%，3月末痰菌阴转率94.4%；新涂阳病人治愈率94.1%，新涂阴患者治疗完成疗程率95.9%；综合医疗机构转诊到位率66.5%，肺结核病人追踪到位率83.1%，总体到位率94.9%。抽检镜检符合率100%。

麻风病防治 开展国际麻风节宣传慰问活动，开展麻风病可疑人员筛查528例、麻风病人密切接触者检查1932例，新发现麻风病患者11例。有服药病人42例，联合化疗率100%，规则服药率100%。开展细菌检验40份、病理组织检验15份。

狂犬病防治 报告狂犬病人间病例1例。10县（市）报告"一犬伤多人"事件37起，累计犬伤人员99人。37起动物疫情中，对能追踪到的18起动物疫情均采集肇事犬脑组织标本，对15份进行狂犬病病毒检测，检出阳性13起，阳性率86.07%。

【传染病疫情监测】 2015年，楚雄州疾病预防和控制部门开展人感染H_7N_9禽流感疫情监测和中东呼吸综合征防控知识全员培训和监测，未发生疫情。报告腹泻病例1905例，粪便检测1760份，检测率92.39%，均未检出霍乱弧菌；监测重点人群86人，均未检出霍乱弧菌；检测水体158份，结果均为阴性。采集流感样病例标本1104份，实验室检测阳性率6.52%。报告手足口病3703例，采集检测病例标本605份，实验室检测阳性率72.70%。布放鼠笼11.87万笼次，捕获家栖鼠2798只，平均鼠密度2.36%，检查活鼠2688只，总蚤指数0.82。完成细菌学动物培养2798份，细菌学昆虫培养1189组，血清学血凝实验1227份，结果均为阴性。完成国家饮用水水质监测项目任务925件，所检指标均合格的水样395份，合格率42.7%；州疾控中心受委托监测水样162件，出厂水合格率80%，末梢水合格率85.5%，二次供水合格率42.9%，分散式供水合格率84.2%；检测餐（饮）具16件，合格率100%；检测疑似麻疹血清标本545例，检出阳性2例，麻疹发病率0.08/10万；麻疹排除病例543例，排除病例报告发病率20.27/10万。

【地方病寄生虫病防治】 2015年，楚

雄州疾病预防和控制部门开展克山病重点监测4873人，检出克山病32人，其中慢型克山病3例，近10余年无急型、亚急型克山病发病。疟疾监测完成血检1.05万人份，县级血片复检732片，州级血片复检343片；主动病例侦查31次，休止期根治1人次，发生疟疾病例5例，其中恶性疟2例、间日疟3例，均为境外感染境外输入病例，顺利完成消除疟疾省级考核评估验收工作。开展血吸虫病血清学检查1590人，未发现新感染病人，查螺面积1222.83万平方米，查出有螺面积5.9万平方米，反复灭螺面积127.03万平方米，保持血吸虫病防治传播阻断。

【慢性非传染性疾病防治】 2015年，楚雄州65岁以上老年人新建档管理1.43万人，累计建档管理18.79万人，建档率31.79%。高血压病人登记管理16.2万人，体检率86.21%，规范管理率72.57%，血压控制率45.76%；糖尿病患者新建档3158人，累计建档管理4.04万人、建档率65.26%，体检3.57万人、体检率88.21%，规范管理率70.53%，血糖控制率44.49%。转介慢性病人1598例，其中高血压患者1156例、糖尿病患者257例、高血压合并糖尿病患者113例。大姚县获得省卫生计生委命名的“云南省慢性非传染性疾病综合防控示范区”称号。

【计划免疫及爱国卫生工作】 2015年，楚雄州基础免疫接种率平均在95%以上。开展两轮脊灰疫苗强化免疫活动，继续保持无脊灰状态；报告AFP病例14例，发病率3.79/10万。继续巩固省级卫生县城（乡镇）、卫生村创建成果，深入推进楚雄市和大姚县国家卫生城市（县城）创建工作，新创建并获得命名省级卫生乡（镇）2个、卫生村8个；姚安县实施1200座农村改厕项目顺利通过省级验收。

【卫生监测】 2015年，楚雄州有40余家企业开展职业健康检查，完成职业健康检查1867人，申请职业病诊断的84名劳动者进行职业病诊断，诊断尘肺75人，其中Ⅰ期尘肺54人、Ⅱ期尘肺20人、Ⅲ期尘肺1人。开展公共场所从业人员健康体检4280人次。5家医疗机构X光机房开展放射防护评价及监测工作，及时出具评价报告。开展农村义务教育学生营养改善计划营养健康状况监测222所中小学校4.63万人，并完成监测报告。上报食源性疾病暴发事件123起，暴露2254人，发病744人，死亡7人（均为野生菌中毒）；食源性疾病主动监测网络报告病例1575例。12月24～26日，实验室通过省质监局组织的检测机构资质认定现场评审，认证检验检测项目为17类465项，其中实验室资质认定249项、食品检验资质认定216项。开展检验检测新技术和新项目12项，参加国家、省级能力验证6次，结果均为合格。完成食品安全风险监测项目工作任务，其中省级监测任务3个品种40件样品470个检测项次，国家级监测任务31个品种323件样品2254个检验项次。

［自卫平］

妇幼保健

【婚育妇女保健】 2015年，楚雄州结婚登记人群免费婚检3.01万人，婚检率97.04%；婚前保健人群HIV抗体检测3万人，梅毒检测2.99万人；HIV抗体阳性产妇分娩24人，母、婴服药率分别为95.83%、100%；梅毒感染产妇分娩56人，药物治疗率96.43%，规范药物治疗率91.07%；乙肝感染产妇分娩活产数514人，注射乙肝免疫球蛋白514人；农村妇女乳腺癌检查4044人，宫颈癌检查1.62万人；农村计划怀孕夫妇提供免费增补叶酸和孕前优生健康检查服务2.85万人；计划生育优选节育率82.37%。

【孕产妇保健】 2015年，楚雄州孕产妇系统管理率97.28%，住院分娩率99.89%，其中农村孕产妇住院分娩率99.88%。孕产妇HIV抗体检测2.57万人、梅毒检测2.57万人、乙肝检测2.57万人。孕产妇死亡4人，死亡率

①

②

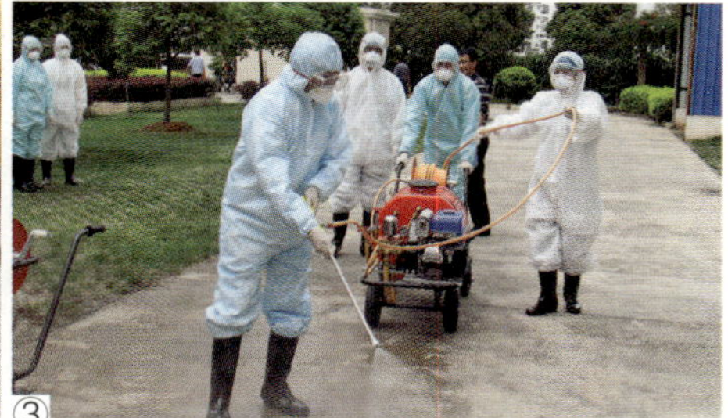
③

① 流感病毒监测（州卫生局/提供） ② 水质监测 ③ 消杀演练（州疾控中心/提供）

18.55/10万，剖宫产率24.35%。

【儿童保健】 2015年，楚雄州活产婴儿2.16万名；婴儿死亡144名，死亡率6.68‰；新生儿死亡88名，死亡率4.08‰；0～6岁儿童健康管理率96.51%；新生儿代谢性疾病筛查率102.36%，新生儿听力筛查率103.54%。

［自卫平］

中医药及彝医药

【中医药工作】 2015年，楚雄州人民政府出台《楚雄州加快中医药发展行动计划》和《楚雄州生物医药产业发展行动计划（2016～2020年）》，对中医药（彝医药）产业发展提出明确目标，将中医药（彝医药）产业纳入产业发展规划，作为彝州品牌产业发展。规划提出，到2020年，中草药种植面积达到50万亩，中草药销售产值50亿元，研发自主知识产权新药25个；把州中医医院和10县（市）中医医院作为基层中医药适宜技术培训推广基地，为县、乡、村免费提供中医临床带教、进修、实习、培训；把符合条件的中药（含中药饮片、中成药、中药制剂）和针灸、推拿等中医非药物诊疗技术纳入城镇职工、城镇居民和农村居民基本医疗保险报销范围，实施国家基本药物制度的卫生机构中药饮片暂不执行零差率销售，医疗机构选择中医药和中医适宜技术治疗的报销比例提高10个百分点，从政策上保障、支持中医药事业发展。年内，南华县要求县、乡、村卫生机构的绿化根据气候、土壤、水源等特点，以种植中药材为主，主要为红花、黄草乌、龙胆草、当归、重楼等，各级卫生机构庭院种植中药材1.2万亩。年末，全州有中医类执业医师851人、执业助理医师176人，占全州执业医师总数的23.46%。中医医疗机构床位3110张，占总床位数的21.22%。卫生机构病床使用率68.91%，其中中医医疗机构病床使用率平均89.41%。100%的社区卫生服务中心、96.49%的乡（镇）卫生院、73.4%的村卫生室、78.57%的社区卫生服务站能开展中医药服务。楚雄州中医医院申报的“创伤外科无痛病房管理模式的临床应用研究”和“气海俞脊柱正中线旁开2寸的定位安全性研究”获得州人民政府科学技术奖。

① 云南省彝医医院（李光昌/摄影） ② 医务人员中药普查（州卫生局/提供）

【彝医药工作】 2015年，楚雄州卫生和计划生育委员会制定印发《楚雄州争取将彝医医师资格考试纳入国家开考范围工作方案》，到国家、省卫生计生委等相关部门汇报，争取将彝医医师资格考试纳入国家执业医师资格考试范围，争取在大专院校开设彝族医药专业，将彝族医药纳入国家全日制教育，继承、发扬、发展彝族医药。12月23～24日，国家和省卫生计生委专家到楚雄州开展彝族医药工作评估。年内，10县（市）中医医院加挂“彝医医院”牌子，在乡（镇）卫生院建设“中彝医馆”；“彝族医（彝医水膏药疗法）”和“彝族药（彝族药认知方法）”分别列入第三批国家级非物质文化遗产名录和云南省第二批省级非物质文化遗产名录；投入资金35万元开展彝医药知识宣传、民间彝医药人员普查、彝医药教材编写等工作，完成民间、传统彝族医药人员普查。有108名HIV/AIDS感染患者在省彝医医院接受彝医药治疗；省彝医医院彝药院内制剂“芦蒡胶囊”完成临床观察108例；完成彝药“解毒灵胶囊”“化毒灵胶囊”院内制剂申报工作；省彝医医院申报的“重要彝族药资源收集研究”项目获得州人民政府科学技术奖。

［自卫平］

2016 CHUXIONG ALMANAC

体 育

SPORTS

责任编辑：白　睿

美丽乡村——禄丰中村叽拉彝寨（王明/摄影）

体育综述

【体育工作概况】 2015年，楚雄州贯彻落实《全民健身条例》和《楚雄州体操足球发展规划（2015～2025年）》，群众性体育活动广泛开展，竞技体育水平稳步提升。全州组织开展群众性体育活动60余场次，有全民健身活动点560余个。组织开展元旦穿城赛跑、第十九届庆“三八”女子健身运动会、2015年楚雄州业余羽毛球邀请赛、楚雄城区庆“五一”广场舞蹈大赛、楚雄地区庆“州庆”威克多杯业余羽毛球邀请赛、楚雄城区第二届中小学生棋类比赛、云南红塔集团楚雄卷烟厂2015年“合和杯”羽毛球比赛、庆“六一”青少年游泳比赛、“我爱足球”中国足球民间争霸赛暨楚雄州周末足球比赛、“七彩云南”格兰芬多国际自行车节比赛、青山湖环湖自行车邀请赛等活动；双柏县的老虎笙文化节陀螺比赛、南华县的村级文艺汇演体育竞赛、大姚县“五一”攀登彝州高峰——百草岭比赛、禄丰县“龙城杯”足球赛等活动突出地域特色，形成群众性体育活动品牌；强化体育训练和全民健身，制定出台《2015年州级体育场馆面向社会免费低收费开放调整收费标准的办法》《楚雄州体育场馆管理中心大型体育场馆免费低收费经费管理使用办法（暂行）》等文件，调整收费标准，确保场馆安全有序运行。州级体育场馆投资480余万元对设施设备和场地进行维修改造，全面执行免费低收费开放，全年接待群众30余万人次；州人民政府印发《楚雄州体操足球项目发展规划（2015～2025年）》，为足球项目发展提供政策支持。承办云南省第十三届中学生运动会、云南省阳光体育大会和楚雄州第十三届运动会，取得圆满成功；批授二级运动员23人，批授二级裁判员77人、三级裁判员39人；组织州体育运动学校运动队和楚雄一中足球、篮球队参加2015年云南省年度锦标赛，有29人获第一名，38人获第二名，73人获第三名；楚雄市区、南华城区共35所中小学校参与青少年校园足球活动，组建男女球队92支，参与青少年校园足球活动学生人数2万余人；楚雄一中、楚雄市北浦中学、楚雄市鹿城小学3所学校被省体育局、省教育厅命名为“云南省体育传统项目学校”，楚雄市紫溪中学、楚雄开发区永安小学、禄丰县彩云初级中学3所学校被云南省体育局、省教育厅命名为“云南省青少年体育项目进校园活动示范学校”。

【首个国家级青少年户外体育活动营地建成】 2015年4月29日，楚雄州首个国家级青少年户外体育活动营地——紫溪户外·摩尔农庄全国青少年户外体育活动营地正式落户楚雄紫溪山国家森林公园。紫溪山全国青少年户外体育活动营地采取政府搭台，企业承建的方式，由楚雄紫溪旅行社和云南摩尔农庄生物科技开发有限公司联合创建，户外活动区设人工仿真岩壁、拓展区、CS野战区等，属云南省国家级青少年户外体育活动营地之一。

科技体育进校园（向琳/摄影）

【老年体育场地建设现场推进会】 2015年11月18日，楚雄州老年体育场地建设现场推进会在双柏县召开，各县（市）和州级各有关部门60余人参加会议。会议对全州过去几年的老年体育场地建设工作进行总结，对“十三五”期间做好全州老年体育场地建设工作提出要求。

［周　芸］

群众体育

【楚雄城区迎新年元旦穿城赛跑】 2015年1月1日，由楚雄州文化体育局、州教育局和楚雄市文体广电旅游局、市教育局组织的2015年楚雄城区迎新年元旦穿城赛跑活动在楚雄市举行。活动分小学组、中学组、大学组、中专组、成年组、老年组6个组别进行，全程3千米。楚雄城区2.3万人参加赛跑活动。

【楚雄州第十九届庆“三八”女子健身运动会】 2015年3月7日，由楚雄州妇女联合会和州文化体育局举办的楚雄州第十九届庆“三八”女子健身运动会在州体育馆举行。运动会设呼啦圈、家庭背运球、家庭夹豆子、4人滚轮胎、8人搭火车、4人5足赛跑、6人1分钟跳大绳和11人拔河等8个比赛项目，楚雄城区各单位的2700余名女职工参加比赛。

【楚雄州七彩云南“迎新春”三人篮球赛】 2015年2月11～14日，由楚雄州文化体育局主办的2015年楚雄州七彩云南“迎新春”三人篮球赛在州体育馆举行。比赛分为成年男女组、青少年男子甲组、青少年男女乙组5个组别进行。楚雄市和牟定、禄丰、武定等县的42支代表队230余名运动员参加比赛。

12月13日，楚雄青山湖环湖自行车邀请赛（胡先亮/摄影）

【七彩云南“威克多杯”业余羽毛球邀请赛】 2015年4月24～26日，2015年楚雄地区七彩云南庆州庆“威克多杯”业余羽毛球邀请赛在州体育馆举行。活动由州文化体育局主办，州体育场馆管理中心承办，州羽毛球协会、楚雄阿曼体育设施有限公司协办，江苏威克多体育用品有限公司赞助。楚雄城区和南华、禄丰等县的36支代表队近300名运动员参加比赛，其中大场次比赛86场、小场次比赛250余次。

【七彩云南庆“六一”青少年游泳比赛】 2015年5月30～31日，七彩云南2015年楚雄州庆“六一”青少年游泳比赛在州游泳馆举行。比赛属公益性体育活动，设小学1～4年级组、5～6年级组25米和50米自由泳、蛙泳，初中组、高中组50米和100米自由泳、蛙泳等项目，300余名青少年参加比赛。

【2015“我爱足球”中国足球民间争霸赛楚雄赛区比赛】 2015年7月9日至11月15日，2015“我爱足球”中国足球民间争霸赛楚雄赛区比赛在楚雄举办。活动由中国足球协会、云南省体育局、楚雄州文化体育局主办，云南省足球协会、楚雄州足球协会等部门承办。楚雄宏信融资足球队获得楚雄赛区和云南赛区社会组11人制足球比赛冠军，并代表云南省参加全国西区总决赛。

［王建钢］

【楚雄州公安系统乒乓球比赛】 2015年7月27～29日，楚雄州公安系统乒乓球比赛在州体育馆举行。比赛设男子团体、女子团体、男子单打、女子单打等项目，10县（市）公安局、州公安局、州交警支队、州警察培训学校、州森林公安局等单位或部门的运动员参加比赛。

【2015年楚雄州羽毛球公开赛】 2015年7月25日至8月16日，2015年楚雄州羽毛球公开赛在州体育馆举办。活动由州文化体育局主办，州羽毛球协会、州体育场馆管理中心承办，楚雄万湖房地产开发有限公司、楚雄科健体育俱乐部有限公司协办。比赛设8个项目，楚雄城区和部分县（市）的114个体育俱乐部（协会）360余名运动员参加比赛。

【楚雄州第七个“全民健身日”系列展演活动】 2015年7月31日，由州文化体育局和州老年人体育协会主办的楚雄州庆祝第七个“全民健身日”系列展演活动在州体育馆举行。展演设健身操、柔力球、功夫扇等10余个节目，楚雄市各体育活动站点的11支代表队参与展演，800余名观众观看演出。

【七彩云南楚雄州跆拳道公开赛】 2015年8月1～2日，七彩云南“骄子时代家居杯”2015年楚雄州跆拳道公开赛在州体育馆举行。活动由州文化体育局主办，州体育场馆管理中心、州跆拳道协会承办，楚雄市跆拳道协会、市跆拳道搏击训练中心协办，是楚雄州首次举办的跆拳道比赛。有楚雄、牟定、安宁、盈江、姚安、洱源、大理等地的8家跆拳道协会和俱乐部（馆）的229名运动员参赛，共举行品势、竞技两个项目的比赛300余场次。

【2015七彩云南“格兰芬多”国际自行车节楚雄站比赛】 2015年11月11日，2015七彩云南“格兰芬多”国际自行车节楚雄站比赛在彝人古镇毕摩广场开赛。活动由云南省体育局、省旅游发展委员会、楚雄州人民政府主办，楚雄州文化体育局、州总工会、州旅游发展委员会和楚雄市文体广

电旅游局、北京诺迪维公司承办。比赛个人计时赛赛道为彝人古镇土司府至国家4A级旅游景区紫溪山包头王广场，途经元双公路、朵基水库、紫溪山南门直至终点，全长23.5千米，均为长距离连续上坡，海拔在1800～2400米之间。有来自24个国家和地区的600余名选手和100余名自行车爱好者参加比赛。

【楚雄青山湖环湖自行车邀请赛】 2015年12月13日，楚雄青山湖环湖自行车邀请赛在青山湖水库举行。活动由州文化体育局主办，州爱车运动协会、州户外运动协会承办。比赛路线围绕青山湖逆时针环湖一周，全长40千米。比赛分男子公开组、本地青年组、本地中年组、女子组4个组别进行。有200余名自行车爱好者参加比赛，参赛选手中年龄最小的16岁、最大的59岁。

【组队参加云南省第八届老年人体育健身大会】 2015年5月11日至10月17日，云南省第八届老年人体育健身大会举行。楚雄州组织123名队员参加13个项目的比赛，其中男队员53人、女队员70人，获得体育道德风尚奖13个、优胜奖10个、优秀奖6个。

【楚雄州第十七届老年人气排球联赛】 2015年10月29～31日，由州老年人体育协会、州气排球分会主办，双柏县老年人体育协会和县图书馆承办的楚雄州第十七届老年人气排球联赛在双柏县体育馆举行。全州各县（市）、部分省级驻楚单位的39支老年人气排球队350余人参加比赛。

［周　芸］

竞技体育

【参加云南省冠军赛】 2015年1～2月，楚雄州田径中长跑竞走、游泳、射击、射箭、拳击、摔跤、柔道、跆拳道等8个项目运动队参加省体育局举办的云南省冠军赛，获得金牌18枚、银牌19枚、铜牌18枚。

【参加云南省青少年锦标赛】 2015年7～8月，楚雄州篮球甲乙组、足球甲乙组、乒乓球、网球、田径、游泳、射击、射箭、摔跤、柔道、体操、皮划艇、拳击等19支代表队参加省体育局举办的云南省青少年锦标赛，有29人获得金牌、38人获得银牌、73人获得铜牌。

【参加云南省青少年足球锦标赛】 2015年2月，楚雄州校园足球办公室组织11支足球队参加云南省青少年足球锦标赛，U9队获得第一名，U10两个队分别获得甲乙组第一名和第二名，U12队男子组获得第二名，U12队女子组获得第一名，U13队获得第一名。8月，又组织13支队参加云南省青少年足球锦标赛，U9一队、二队乙、丙组均获得第二名，U10一队、二队分别获得第一名和第二名，U12队获得第二名，U14队获得第五名。

楚雄州第十三届运动会青少年体操比赛（向琳/摄影）

【承办云南省第十三届中学生运动会】 2015年2月1～10日，云南省第十三届中学生运动会在楚雄举办。运动会由省教育厅、省体育局和共青团云南省委主办，楚雄州人民政府承办。设田径、篮球、排球、足球、游泳、乒乓球等14个比赛项目，其中新增网球、羽毛球、航模、棋类4个项目。共有16个州（市）22支代表队的千余名中学生运动员参加比赛。昆明市代表队以2100分夺得团体总分冠军，大理州代表队和玉溪市代表队分别获得团体总分第二名和第三名，楚雄州代表队获得团体总分第四名。

【承办2015年云南省青少年排球冠军赛】 2015年2月9～16日，2015年云南省青少年排球冠军赛在楚雄州禄丰县举办，活动由省体育局和省教育厅主办，禄丰县文体广电旅游局承办。有昆明、曲靖、玉溪、保山、大理5个地区和云南师范大学附属中学的15支代表队参加比赛。

【承办2015年云南省“阳光体育”大会暨青少年体育俱乐部户外体育活动】 2015年7月7～10日，由省体育局、省教育厅、共青团云南省委主办的云南省首届“阳光体育”大会暨青少年体育俱乐部户外体育活动在楚雄市紫溪山摩尔农庄国家级青少年户外体育活动营地举行，全省14个州（市）的20支代表队300余名中学生参加活动。

【楚雄州第十三届运动会】 2015年8月21～25日，楚雄州第十三届运动会在楚雄举行。运动会分青少年组和成年组两个组别进行，重点为青少年组。青少年组设篮球、足球、田径、游泳、体操、摔跤等6个比赛项目，决出金、银、铜牌各124枚，有1496名运动员参加比赛。

【2015年中国女子排球联赛禄丰赛区比赛】 2015年11月3日至12月15日，

2015年楚雄州体育运动学校1～2月参加云南省冠军赛获奖情况统计表

比赛项目	比赛地点	比赛时间	前八名获奖情况（人）							
			一	二	三	四	五	六	七	八
摔跤	红河泸西	1月29日至2月3日	1	3	2	1	0	1	0	0
中长竞走	文山	1月25～31日	1	0	0	2	1	2	2	2
拳击	昆明	1月31日至2月6日	2	5	3	0	0	0	0	0
射箭	昆明	2月1～7日	6	4	1	5	0	0	0	3
射击	昆明	2月8～14日	3	3	3	1	2	0	1	0
柔道	红河泸西	2月11～16日	2	1	0	1	1	2	0	0
游泳	昆明	2月9～11日	2	1	4	1	0	0	0	0
跆拳道	曲靖	7月22～24日	2		2		2			
合 计			19	17	15	11	6	5	3	5

2015年楚雄州体育运动学校各运动队参加7～8月云南省年度锦标赛获奖情况统计表

运动队	前八名获奖情况								获奖人次	教练员
	金	银	铜	四	五	六	七	八		
田径	3	15	2	1	1	0	1	3	26	张玉军 陈正文
游泳	1	1	0	0	2	1	4	1	10	朱 敏
射箭	4	2	12	8	8	1	1	0	36	李 大
射击手枪	9	1	1	0	0	1	2	1	15	李晓章
射击步枪	0	3	3	1	0	0	2	1	10	陈家宏
柔道	2	0	10	3	7	0	0	0	22	张 铁
摔跤	0	3	1	0	3	1	0	4	12	陈家良
拳击1队	2	1	8	0	0	0	0	0	11	徐从良
拳击2队	3	6	8	0	4	0	0	0	21	吴志宇
男子篮球	0	0	0	8	0	0	0	0	8	彭正亚
女子篮球	0	0	0	0	0	14	0	0	14	李海鹏
乒乓球	2	6	2	1	3	3	5	0	22	李立志
网球	0	0	2	0	2	0	0	0	4	刘 萍
皮划艇	2	0	1	0	0	0	0	0	3	李 媛 韩 奇
足球乙组	0	0	0	0	1	0	0	0	9	宋 斌
体操（全国体操冠军赛）	1	0	0	0	0	0	0	0	1	石 泓
足球甲组			1						23	杨成东
合 计	29	38	51	22	31	21	15	10	247	

（州文体局/提供）

2015年中国女子排球联赛禄丰赛区比赛在禄丰县体育馆举行。联赛由中国排球协会、国家体育总局排球运动管理中心主办，云南省体育局承办，云南大学滇池学院及禄丰县文体广电旅游局协办。比赛有云南代表队、八一代表队、河南代表队、辽宁代表队、浙江代表队、北京代表队6支代表队参加，分为A、B两组。禄丰赛区的比赛是全国女子排球联赛第一和第二阶段的比赛，第二阶段的比赛成绩计入全国女子排球联赛总成绩。

［周 芸］

体育设施建设

【体育基础设施建设】 2015年，楚雄州财政筹措资金5603.34万元用于全民健身活动的开展和基础设施建设。其中，争取中央集中彩票公益金支持地方体育事业专项资金1027万元、“七彩云南全民健身基础设施工程”建设项目资金1008.5万元，州级财政安排全民健身专项经费150万元、州运会和老年运动会补助经费190万元、体育彩票公益金3227.84万元。建设村级篮球场256个，资金1280万元；建设乡（镇）灯光篮球场132个，资金1320万元；建设综合性文化体育活动广场47个，资金564万元；建设全民健身中心项目3个，资金600万元。

【体育场馆开放】 2015年，楚雄州体育馆、州游泳馆、州体育场、禄丰县体育馆4个场馆被列为国家大型体育场馆免费低收费开放场馆，财政投入资金739.21万元用于开展免费低收费开放工作。4个场馆共举办公益性体育活动40余场次，接待开展乒乓球、羽毛球、篮球、足球、游泳、健身走等运动项目的群众40余万人次。

［周 芸］

CHUXIONG ALMANAC

民族

MINORITIES

责任编辑：安孟勤

碧水金沙（何勇/摄影）

民族事务

【民族工作概况】 2015年，楚雄州围绕实现富民强州目标，加快推动民族团结进步示范区建设工作，示范区建设取得阶段性成效；增加投入，加快民族地区经济社会新发展；突出重点，民族团结和谐呈现新局面；统筹兼顾，推动民族教育文化发展；抓好保障，加强“三支队伍”建设；依法管理，维护宗教领域团结和谐稳定，不断巩固和发展平等、团结、互助、和谐的社会主义民族、宗教关系，发挥民族宗教界人士在经济社会发展中的作用，不断开创民族团结进步事业新局面。1月，云南省委民族工作会议暨第七次民族团结进步表彰大会在昆明召开，楚雄市紫溪镇箐上村委会紫溪彝村等4个集体和禄丰县黑井镇青龙村委会书记、主任马金萍等7名个人荣获省人民政府民族团结进步模范称号。7月，撤销楚雄州民族事务委员会和楚雄州宗教事务局，新组建成立楚雄州民族宗教事务委员会。7月28日，州民族宗教事务委员会举行授印揭牌仪式，州人民政府副州长夭建国为楚雄州民族宗教事务委员会颁授印章并揭牌。

【贯彻实施《云南省城市民族工作条例》情况执法检查】 2015年10月，楚雄州人大常委会审议通过关于对贯彻实施《云南省城市民族工作条例》情况进行执法检查的报告。楚雄州城市少数民族主要集中在10县（市）城区的11个街道办事处、57个社区，有常住人口376696人，其中少数民族人口53849人，占常住人口的14.3%。楚雄州自贯彻实施《云南省城市民族工作条例》以后，城市民族工作保障机制不断健全，城市少数民族事业持续发展，少数民族群众合法权益得到维护，少数民族群众服务体系不断完善，城市民族关系和谐发展。

【“民族团结的实践·网络媒体云南行”采访团走进楚雄】 2015年11月10～11日，由中央统战部组织、“人民网”“澎湃网”“新浪网”等10余家媒体组成的“民族团结的实践·网络媒体云南行”采访团走进楚雄，就楚雄州打造民族团结进步示范区情况进行采访。采访团深入楚雄市紫溪彝村、板凳山民族小学、彝人古镇、南华咪依噜风情谷等地，就移民搬迁与少数民族经济发展、民族基础教育与民族文化传播等工作进行采访报道。10日，楚雄州召开座谈会，向网络媒体介绍民族团结进步示范区建设情况，州委副书记孙赟，州委常委、州委统战部部长杨静出席座谈会。在听取相关情况介绍后，网络媒体记者还就楚雄州民族团结进步示范区建设的特点、亮点，民族地区教育、产业发展等相关情况进行交流，并就加快推进民族团结进步示范区建设提出意见建议。

6月5日，州委书记侯新华率队向省民宗委汇报工作（州民宗委/提供）

2015年楚雄州世居少数民族基本情况统计表

民　族	人口（人）	主要分布
彝　族	755954	10县（市）
傈僳族	57557	大姚、元谋、武定、禄丰等县
苗　族	47057	楚雄、元谋、武定、禄丰等县（市）
傣　族	23307	大姚、永仁、武定等县
回　族	21469	10县（市）
白　族	17630	南华县
哈尼族	6971	双柏县

（州民宗委/提供）

【楚雄州委民族工作会议暨第七次民族团结进步表彰大会】 2015年12月19日，楚雄州委民族工作会议暨第七次民族团结进步表彰大会在楚雄召开，州委书记侯新华出席会议并讲话。州委副书记、代理州长杨斌主持会议并作总结讲话，省民族宗教事务委员会副主任徐畅江到会祝贺。州委副书记孙赟宣读《关于对全州民族团结进步模范集体和模范个人进行表彰的决定》，对25个民族团结进步模范集体和50名模范个人进行表彰奖励。

【民族矛盾纠纷排查化解】 2015年，楚雄州民族宗教事务委员会制定《处置涉及民族宗教因素突发事件应急预案》，签订民族团结目标责任书1601份。以民族关系协调任务较重地区和中心城镇为重点，加强对民族团结和社会稳定形势的分析研判，加大对影响民族团结的矛盾纠纷隐患的调研排查和调处化解，做到一周一分析，一月一排查，一事一化解。加强信息情报工作，健全稳定的信息源和信息员网络，对苗头性、敏感性的信息及时上报，密切关注重点地区团结稳定动态。坚持“团结、教育、疏导、化解”的方针，把工作做在平时，把问题解决在基层，把矛盾化解在萌芽状态。年内，调处矛盾纠纷11件，涉及

1675人，全州范围内没有发生因民族问题引发的重大群体性事件。

【变更公民民族成分】 2015年，楚雄州根据国家民族事务委员会、公安部《关于中国公民确定民族成分的规定》和国家民委办公厅、教育部办公厅《关于严格执行变更民族成分有关规定的通知》要求，经全州10县（市）民族宗教事务局初审同意后，报经州民族事务主管部门核实同意，办理符合条件的公民民族成分变更450件，其中州属单位4件、县（市）446件，全部转由户口所在地公安派出所受理。

［陈世聪］

民族团结进步示范区建设

【民族团结进步示范区建设概况】 2015年，楚雄州民族宗教事务委员会贯彻落实州委、州人民政府《关于建设全国民族团结进步示范区的实施意见》，在实施“112”工程的基础上，实施“1111”工程，各项工作稳步推进。继续推进4个民族团结进步示范县（省级示范县武定县，州级示范县永仁县、双柏县、元谋县）和28个示范乡（镇）建设，建成示范村、特色村160个，示范学校137所，示范企业4个，示范社区1个。4月，州委督查室和州人民政府督查室组成4个调研督查组，对全州民族团结进步示范区建设及贯彻落实中央、省委民族工作会议精神情况进行调研督查。

【民族团结示范带头人培训】 2015年7月7日，楚雄州民族团结示范带头人培训班暨第十一期科级少数民族中青年干部培训班在州委党校举行开班典礼。培训班为期15天，邀请省、州有关领导和专家学者讲授“社会主义核心价值观”“‘四个全面’战略布局”“‘一带一路’发展战略”“党的民族工作、民族理论政策和民族团结进步示范区建设工作”“中央民族工作会议精神、当前民族工作的形势与任务”“领导方法和领导艺术”“新时期的好干部标准”等21个专题，50名学员参加培训。

【“十县百乡千村万户”示范创建工程】 2015年，楚雄州民族宗教事务委员会根据省民族宗教事务委员会关于做好“十县百乡千村万户”示范创建工程三年行动计划（2016～2018年）示范点申报工作的通知精神，深入10县（市）60个乡（镇）82个村（居）民小组，对各县（市）申报的项目点进行实地考察论证，并报经州人民政府审核，申报示范县1个、示范乡（镇）7个、示范村和少数民族特色村寨64个、示范社区2个，共74个示范点纳入全省新一轮三年行动计划。12月，省民宗委提前下达楚雄州“十县百乡千村万户”示范创建工程发展资金1400万元，专项用于彝州民族团结进步示范区示范点建设。

【《民族团结进步示范区建设实施意见》出台】 2015年12月18日，中共楚雄州委、州人民政府出台《新形势下大力推进民族团结进步示范区建设的实施意见》。《实施意见》分为3个部分共27条。在加强对示范区建设的领导、编制实施示范区建设的各项规划、加大财政金融支持力度、加大资源整合力度、加强督促检查、形成共建共享的良好格局等方面提出保障措施；把50项具体工作责任分解到10县（市）和州直有关部门；提出到2020年，全面建成小康社会，全面建成民族团结进步示范区的目标。

【民族团结模范集体模范个人受表彰】 2015年1月16日，云南省委民族工作会议暨第七次民族团结进步表彰大会在昆明举行。楚雄州有州委统战部、永仁县委办公室、双柏县大麦地镇党委政府、楚雄市紫溪镇箐上村委会紫溪彝村4个集体，大姚县县委书记陆积峰、武定县民宗局局长杨正学、姚安县前场镇党委书记李永明、南华县雨露乡乡长张正臣、牟定县共和镇民族宗教专干刘祖华、元谋县羊街镇统战委员杨占友，以及禄丰县黑井镇青龙村委会书记、主任马金萍7名个人分别荣获省人民政府“全省民族团结进步模范集体”和“全省民族团结进步模范个人”称号，受到省委、省人民政府表彰。

［陈世聪］

民族经济

【民族机动金管理】 2015年，楚雄州州级财政依法单列民族机动金1900万元，其中州级民族机动金900万元（含民族乡机动金80万元，每个民族乡20万元），民族事务费130万元，世居少数民族传统文化抢救保护经费130万元，宗教工作专项经费100万元，宗教场所修缮经费100万元，州伊斯兰教协会活动场所购房资金100万元，州级民族团结进步示范区建设资金440万元。民族机动金坚持由民

12月19日，州委民族工作会议暨第七次民族团结进步表彰大会（夏天彧/摄影）

① 和谐乡里（陈维寿/摄影） ② 安龙堡花鼓舞（王明/摄影） ③ 笛子演奏（李建华/摄影） ④ 《梅葛》传唱（马志坚/摄影）

族事务部门安排，向州人民代表大会报告，财政、审计部门监督，管理上坚持统筹兼顾、分类指导、突出效益和体现民族工作部门职能的原则，确保民族专项资金在推进民族团结进步示范区建设、改善民族地区基础设施、培育特色经济、增加农民收入、促进民族教育、弘扬民族文化、确保民族团结稳定方面发挥良好经济效益和社会效益。

【省级民族发展项目资金扶持】 2015年，楚雄州民族宗教事务委员会围绕加快少数民族和民族地区发展，坚持分类指导，因地制宜，开展项目前期调研，组织项目资金申报，争取省级民族专项资金项目84个3957万元。其中，示范区建设经费2632万元，特殊困难补助资金340万元，民族文化建设资金191万元，民族工作保障资金115万元，民族地区企业贷款财政贴息及民族贸易网点建设和技改资金622万元，电脑农业推广经费27万元，较少民族学生助学金30万元。项目涵盖具有资源优势和地方特色的项目、基础设施建设及民族团结进步示范点建设等方面。

【民族聚居地区基础设施建设】 2015年，楚雄州民族宗教事务委员会帮助边远山区少数民族地区解决通水、通电、通路等困难和问题，修通村组公路83.87千米，硬化村间道路3.73万米，架设引水管道1.18万米，安装太阳能路灯114盏，建蓄水池1249立方米，修建文化室2836平方米，4327户1.71万名群众受益。项目实施的村组，基本实现村庄道路硬化，有安全的人畜饮水、有安居房、有文化室、有稳定解决温饱的基本农田，基本解决现有贫困人口的温饱问题，经济社会发展基本达到当地中等水平的目标。

【民贸民品企业扶持】 2015年，楚雄州民族宗教事务委员会与州人民银行深入开展民贸企业发展情况调研，经过严格筛选审核，将符合条件的98家企业上报省民族宗教事务委员会审批。这些企业自上年第四季度起，享受国家“十二五”期间民贸民品企业贷款优惠利率政策，享受民贸民品企业贴息资金1109.31万元。

［陈世聪］

欢度火把节 （马兴华　马晓媛/摄影）

民族文化

【彝文古籍入选第三批国家珍贵古籍名录】 2015年2月，楚雄彝族文化研究院申报的8部彝文古籍经全国古籍评审工作委员会及专家评审通过，入选第三批国家珍贵古籍名录。入选的8部彝文古籍分别是：清乾隆年间《贿赂经》抄本、清嘉庆七年《指路经》抄本、清道光十年《指路经》抄本、清道光十八年《签书》抄本、清同治二年《彝族六祖源流》抄本、清光绪十六年《献水经》抄本、清光绪二十八年《献牲·合灵·本命方经》抄本和清光绪二十九年《献酒献茶经》抄本。其中，《彝族六祖源流》为彝族历史经，讲述六祖迁移的历史和万物诞生过程，反映彝族宇宙观和唯物史观；《献牲·合灵·本命方经》古籍有献牲、合灵、本命方3方面的内容，体现当地文化传承的延续性，书的封面是用土布做成，对研究清代物质文化具有史料价值；《签书》古籍为道光十八年撰写，本色绵纸，线装，有朱底色句读，一页两卦，每卦一幅彩图，具有重要历史背景及图画资料价值。

【楚雄水稻专家系统彝文版通过审定】 2015年5月20日，云南省民族宗教事务委员会电脑农业专家系统办公室、省彝文专家在楚雄召开楚雄水稻专家系统彝文版论证会。楚雄水稻专家系统彝文版针对楚雄市基本农情进行开发，共有8个功能模块，主要突出优良品种介绍，精确定量栽培方法，病虫害防治等内容，满足彝汉双语应用，由楚雄州权威翻译专家进行汉语彝文翻译。专家组听取开发陈述，并进行质询，形成评审意见，一致通过评审。

【少数民族语言文字工作】 2015年，楚雄州高度重视并强化少数民族语言文字规范化工作。3月23日，州人民政府第38次常务会议审议通过《楚雄彝族自治州实施〈云南省少数民族语言文字工作条例〉办法》。《办法》共20条，明确少数民族语言文字的规划、职责、指导、监督、管理和双语文字使用、教学、研究、翻译、奖励等规定，自2015年8月1日起公布实施。

【楚雄州彝族文化产品开发协会成立】 2015年4月12日，楚雄州彝族文化产品开发协会在彝人古镇揭牌成立并召开第一次会员大会暨第一届理事会，理事会设常务理事18名，其中会长1名、副会长8名、秘书长1名、副秘书长8名，均由理事会全体会议选举产生。州彝族文化产品开发协会致力于整合全州优质彝族文化产品资源，建立以彝族文化产品开发、设计、交流、展示、销售为一体的平台，深入挖掘彝族文化产品，加强对彝族文化产品研究和开发，使产品既富含民族文化特色又适应市场需求，促进彝族文化产品的销售；建立“彝族文化体验吧”，把彝族的生活场景、饮食、服饰、民歌民调等融入其中，促进彝族文化的传承和推广；建立彝族文化产品生产研发基地，树立自己的品牌，获取更大的经济社会收益，带动彝州经济社会发展。

【参加云南省第九届民族民间歌舞乐展演获奖】 2015年11月，云南省第九届民族民间歌舞乐展演在红河州蒙自市举办，楚雄州积极组队参加。其中，《山寨课间》获得舞蹈类银奖及传承奖，《彝山·琴》获得器乐类银奖，《欢迎你到姚安来》获得声乐类银奖，《呢嘆哒咘》获得声乐类优秀奖。

【参加全国第十届民运会获奖】 2015年8月，全国第十届少数民族传统体育运动会在内蒙古鄂尔多斯市举行，楚雄州木天光、杨红英、游丽红、毕永丽、杨维超5位运动员被选拔代表云南省参加陀螺和秋千项目比赛。木天光获陀螺男子比赛个人冠军；由楚雄州承担训练参赛任务的秋千项目获得银牌4枚、铜牌1枚。

【7名非遗传承人被命名为“云南省百名民族民间传统文化突出人才”】 2015年12月9日，云南省民族宗教事务委员会组织召开“云南省百名民族民间传统文化突出人才”评审会。经专家评选和评委会审定，楚雄州上报的32名民族民间传统文化突出人才中，方贵生（查姆）、伍元东（雕刻）、郭有珍（梅葛）、普文学（彝剧）、普玉珍（彝族服饰制作）、普顺发（彝族火把节）、余惠祥（彝医水膏药疗法）7名非物质文化遗产传承人被命名为“云南省百名民族民间传统文化突出人才”。

【民族文化系列丛书编辑出版】 2015年，楚雄州民族宗教事务委员会系统发掘州内的民族文化资源，保护和传承地方民族文化和历史文化，编辑《楚雄彝族历法文化》《楚雄彝族节庆文化》《楚雄彝族乐舞文化》《楚雄彝族医药文化》《楚雄彝族饮食文化》《楚雄彝族礼俗文化》《楚雄彝族服饰》《楚雄彝族语言与文字》等彝族文化系列丛书10本，通过初审8本。年末，《楚雄歌谣》《威楚雄奇》《高山之子》《金沙水韵》《哈尼乐土》《时光的背影》《文明的步履》等12部世居民族丛书还在编辑当中。

【民族题材影视作品拍摄】 2015年，楚雄州民族宗教事务委员会组织拍摄记录在楚雄金沙江边生活的傣族的服装火草筒裙制作全过程的电影《火草筒裙》，生动反映傣族的勤劳和美丽；拍摄再现大姚县铁锁乡七棵树村村民搬迁前后的生活巨变，展现各民族和睦相处、共建美好家园幸福生活的电视纪录片《七棵树村的变迁》；创作摄制反映紫溪彝村各族群众建设“美丽乡村”、实现“中国梦”的民族团结进步示范主旋律彝剧《追梦》；编纂出版记录文物古迹、民间雕刻、彝族傩祭文化的摄影纪实作品《古遗》。

［陈世聪］

民族教育

【少数民族特困大学新生资助】 2015年，楚雄州民族宗教事务委员会从民族机动金中列出特困少数民族优秀学生考入高校专项补助资金6万元，用于补助因家庭经济特别困难、考入二本及以上大学的农村少数民族特困学生，一本每人一次性补助2000元、二本1000元，补助品学兼优少数民族大学新生40人。2010～2015年，州民宗委补助民族地区少数民族特困大学新生218名，发放助学金30万元。

【省补民族高中学校寄宿生生活费】 2015年6月，为贯彻落实《中共云南省委、云南省人民政府关于进一步加强民族工作，促进民族团结，加快少数民族和民族地区科学发展的决定》精神，进一步加快少数民族人才培养步伐，省财政厅按每生每年300元的标准，划拨经费72.93万元，专项用于补助楚雄州民族中学和武定县民族中学寄宿学生生活费，补助惠及普通高中寄宿生2431人。楚雄州把补助资金纳入特设专户管理，加大资金使用情况的监督检查，确保专款专用。

【学校民族团结教育】 2015年，楚雄州重视和加强学校民族团结教育，被省教育厅、省民族宗教事务委员会确定为第二批民族团结教育示范学校32所，其中中学13所、小学17所、幼儿园2所。年末全州有民族团结教育示范学校137所。

［陈世聪］

民族节庆

【中国·楚雄2015彝族火把节】 2015年8月7～9日，以“弘扬彝族文化、展现彝州魅力，建设幸福美丽新楚雄”为主题的中国·楚雄2015彝族火把节在楚雄举办。火把节由州委、州人民政府主办，市委、市人民政府承办，其他9县的县委、县人民政府协办。主会场设在楚雄市，其他9县设分会场。火把节庆典活动共有祭火大典、火把巡游、特色美食展示等17项主要内容。火把节期间，彝人古镇、紫溪彝村、彝海公园等地开展祭火仪式、万人左脚舞、火把狂欢、高空礼花燃放和彝族歌舞展演、群众性文艺表演等活动。楚雄市接待游客16.05万人次，实现旅游总收入5170.69万元；签约招商引资项目11个，项目协议投资总额183.76亿元。省政协主席罗正富，省委常委、省委宣传部部长赵金，省人大常委会常务副主任杨应楠等出席8月7日晚的《盛世威楚》迎宾文艺晚会。

［周永琼］

【楚雄城区欢度彝族年】 2015年12月22～24日是楚雄彝族的传统节日“彝族年”，其中22日为正节。楚雄城区“彝族年”活动主要集中在彝人古镇和紫溪彝村举行。在彝人古镇，举行毕摩诵经祈福巡演、秧歌表演、腰鼓表演等活动，在彝人部落水上舞台举行“千人彝乡长街宴”；在紫溪彝村，举行民族传统体育竞技、时尚皮划艇、户外旅游、篝火晚会等丰富多彩的活动。

【牟定腊湾民族团结日活动】 2015年4月3日（农历二月十五日），第二十四届牟定姚安两县“民族团结日”活动在牟定县腊湾村委会“玛咕彝寨”举行。楚雄州民族事务委员会和牟定、姚安两县县、乡、村的党政领导欢聚座谈，同叙友情，共谋发展。两地的村民们也欢聚在一起举行形式多样的娱乐活动，观看牟定彝族左脚舞文化演艺公司在“玛咕彝寨”活动广场举行的“三下乡”民族文艺演出，并举办商品物资交易活动。

【永仁直苴彝族赛装节】 2015年3月5日（农历正月十五），以“神秘姑娘房，千年赛装，等你一起来赛装”为主题的“2015中国直苴彝族赛装节”在永仁县中和镇直苴村举行。赛装节活动把农耕祭祀与比美赛装紧密结合在一起，以祭祀（祭祖、祭土主、祭山神等）和赛装为主题，组织各种民间农耕文化为主的传统体育竞赛（踩高跷、捆垛子、拔藤、捡五谷），彝族刺绣、服饰表演比赛及彝绣展销、彝歌（酒歌）比赛、民间乐器比赛、赶山街、游古镇、跳脚等民族文化活动。用原生态的歌、舞、乐、服饰等比赛的形式，展示中和的彝族文化、赛装文化、民族器乐、彝族刺绣等。

［陈世聪］

楚雄州少数民族传统节日基本情况表

节日名称	时 间	民 族	备 注
火把节	农历六月二十四、二十五日	彝族、傈僳族、白族、哈尼族等	
虎 节	农历正月初八至十五日	彝族	
二月八	农历二月初八日	彝族	姚安、大姚、永仁一带又称插花节
三月十三	农历三月十三日	彝族	一些地区简称“三月三”
三月会	农历三月二十八日	彝族	主要在牟定县
赛装节	永仁在每年农历正月十五日，大姚在农历三月二十八日	彝族	
彝族年	农历冬至日共三天	彝族	
花山节	农历五月初五	苗族	
阔时节	12月20日	傈僳族	

（州民宗委/提供）

12月22日，楚雄城区群众欢度彝族年（马兴华/摄影）

2016 CHUXIONG ALMANAC
中国银行
BANK OF CHINA
交通银行
BANK OF COMMUNICATIONS
中国移动通信
CHINA MOBILE
中国建设银行

社 会

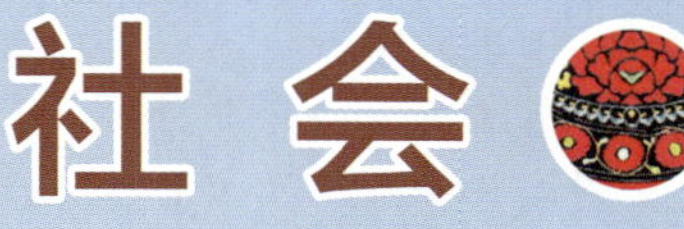

SOCIETY

责任编辑：安孟勤

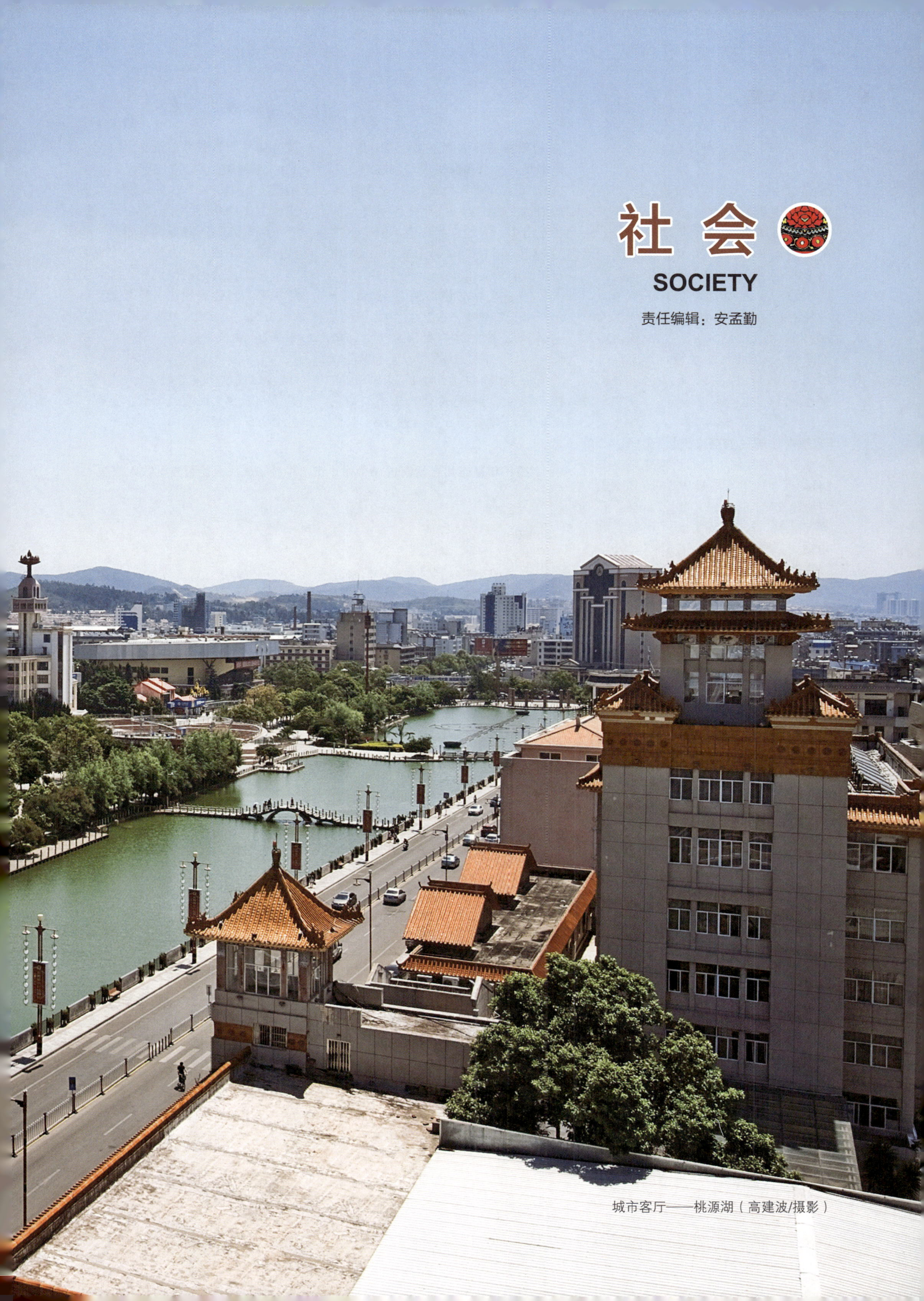

城市客厅——桃源湖（高建波/摄影）

人民生活

【城镇常住居民人均可支配收入】 2015年，楚雄州城镇常住居民人均可支配收入26763元，比上年增长9.1%，比全国增长8.2%高0.9个百分点，比全省增长8.5%高0.6个百分点。从构成看，工资性收入16173元，增长8.9%，占60.4%；经营净收入2078元，增长15.4%，占7.8%；转移净收入4701元，增长10.7%，占17.6%；财产净收入3811元，增长5%，占14.2%。

【城镇常住居民消费支出】 2015年，楚雄州城镇常住居民人均家庭总支出24143元，比上年增长19.5%，其中人均消费支出1.85万元，增长21.4%。消费支出中，人均食品烟酒类消费支出4953元，增长2.7%，占26.8%；人均衣着类消费支出1041元，增长6.6%；人均居住类消费支出4224元，增长20.9%，占22.8%；人均生活用品及服务类消费支出1234元，增长15.3%；人均交通通信类消费支出2904元，增长48.4%；人均教育文化娱乐类消费支出2714元，增长60.3%，增长原因是九年义务教育前儿童和九年义务教育后成人的教育培训需要及成本增加，其中大专及以上教育增长91.4%、成人教育增长55.6%；文化娱乐服务消费支出从上年的人均525元增加到984元，增长87.4%；人均医疗保健类消费支出1141元，增长9.7%；其他服务用品和服务类消费支出288元，增长55.5%。

【农村常住居民人均可支配收入】 2015年，楚雄州农村常住居民人均可支配收入8327元，比上年增长10%，比全国增长8.9%高1.1个百分点，比全省增长10.5%低0.5个百分点。其中，人均工资性收入2579元，增长26.1%，占30.9%；人均经营净收入4918元，增长3.1%，占59.1%；人均财产净收入88元，增长57.4%，占1%；人均转移净收入742元，增长6.3%，占8.9%。在农村常住居民人均可支配收入构成中，家庭经营净收入占59.1%，成为可支配收入主体。

【农村常住居民消费支出】 2015年，楚雄州农村常住居民人均家庭总支出11620元，比上年增长18.4%，其中人均消费支出6584元，增长19.9%。消费支出中，人均食品烟酒类消费支出2389元，增长6.4%，占36.3%；人均衣着类消费支出307元，增长29.7%，占4.7%；人均居住类消费支出1316元，增长25.8%，占20%；人均生活用品及服务类消费支出507元，增长37.4%，占7.7%；人均交通通信类消费支出984元，增长54.9%，占14.9%；人均教育文化娱乐类消费支出569元，增长25.6%，占8.6%；其他服务用品和服务类消费支出71元，增长63.4%。在农村常住居民人均生活消费支出中，人均医疗保健类消费支出由上年的462元下降到443元，比上年下降4.1%，下降原因是农村大病医疗保险和新型农村合作医疗实现无死角全覆盖，且报销比例和住院减免逐年提高。具体表现在医疗服务支出下降13.2%，其中人均住院总费用支出下降26.3%。

【城乡居民收入增长因素】 2015年，楚雄州城乡居民收入增长主要有以下几个方面的因素。

2015年楚雄州在云南省16个州（市）中城镇居民人均可支配收入位次

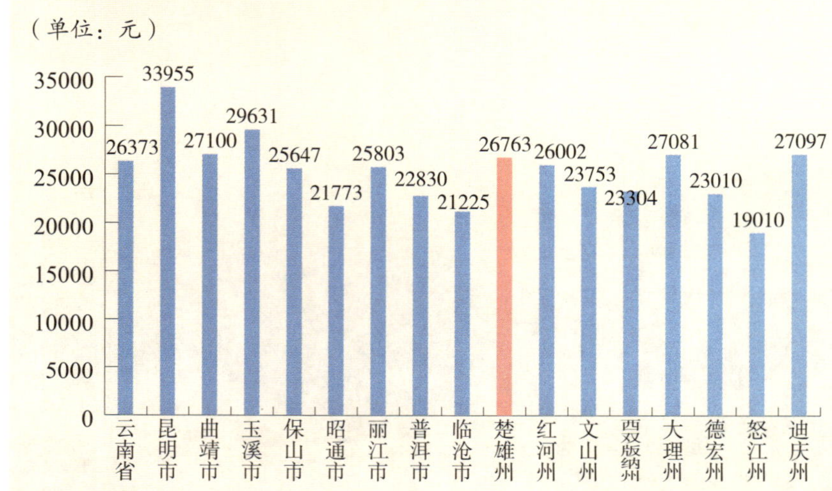

2015年楚雄州在云南省16个州（市）中农村居民人均可支配收入位次

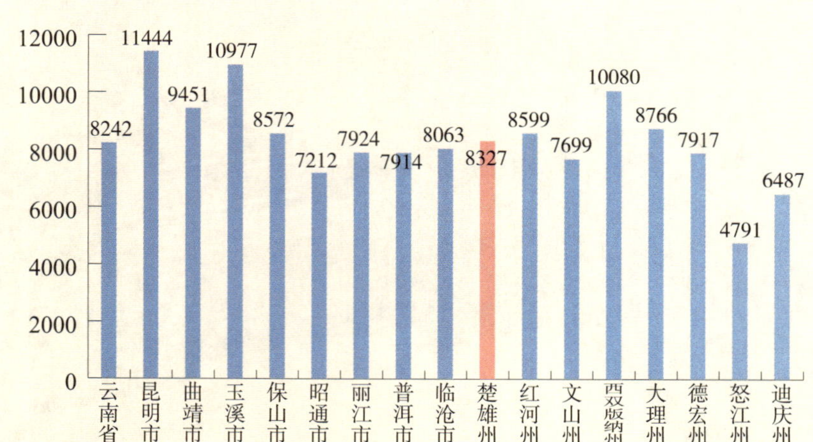

（国家统计局楚雄调查队/提供）

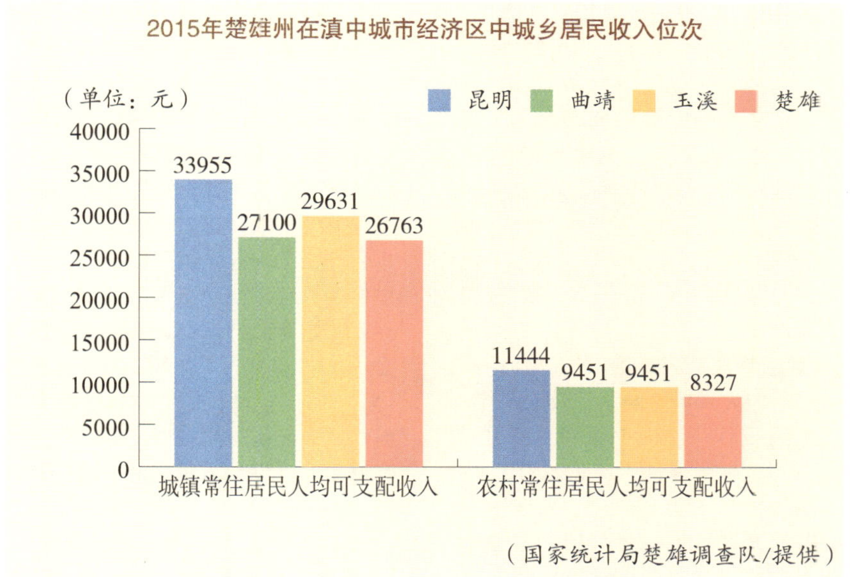

政策性增资推动工资性收入增长 全州从2014年10月1日起，调整公务员基本工资标准，职务工资起点办事员从340元增加到510元，厅局级增加到1990元；级别工资起点办事员从290元提高到810元，其他各级别工资档次标准相应提高。该笔增资根据2014年年度考核结果晋级晋档和发放年终一次性资金时，兑现调资后一并于2015年调整补发。

机关事业单位工作人员基本工资标准提高 专业技术人员基本工资由原来的550～2800元分别提高到1150～3810元，管理人员基本工资由原来的550～2700元分别提高到1150～3770元，工人基本工资由原来的540～830元分别提高到1130～1640元；薪级工资标准提高，专业技术人员、管理人员由原来的80～2600元分别提高到170～5790元，工人由原来的70～915元分别提高到150～1855元。2014年综合绩效考核奖励标准有所提高，一等、二等、三等奖奖金分别提高到人均5000元、人均4500元和人均4000元，增加了工资收入。

落实自治州津贴推动机关事业单位工作人员工资性收入增长 楚雄州从2015年9月1日起实施彝族自治州津贴，发放范围为全州财政供养的行政机关公务员（含参公管理事业单位工作人员）、事业单位在职在编人员和行政事业单位离退休人员，执行标准为每人每月1000元。

产业转型升级促进经营净收入增长 城镇居民经营净收入比上年增长15.4%，农村居民经营净收入增长3.1%。从城镇看，主要原因是政府出台政策积极鼓励自主创业以及居民创业意识增强所引发的创业热潮，尤以第三产业较为突出，增长24%，在经营净收入中占84.3%。从农村看，第一产业依然是支柱，尤其是畜牧业得到长足发展，农村居民牧业收入从上年的1073元增加到2033元，增长89.4%。

居民储蓄增长和城镇化进程加快推动财产净收入增长 城镇居民人均财产净收入比上年增长5%，主要原因是城镇居民利息收入和投资红利收入增加。农村居民财产净收入比上年增长57.4%，主要是财产性收入在收入构成中占比小；城镇化速度加快，征地拆迁补偿标准提高，农民获得分红较多。土地流转的效益日渐凸显，让农民财产性收入提高。

转移净收入稳步增长 城乡居民转移净收入分别增长10.7%和8.9%。机关事业单位离退休人员从2014年10月1日起增加离退休费，离休人员按级别和专业技术职称每月增加400～1400元；退休人员按级别和专业技术职称每月增加260～1100元；新中国成立前参加工作的老工人，按照每人每月390元的标准增加退休费；按照国家规定办理退职的人员，按每人每月260元增加退职生活费；在按照以上标准增加离退休费的基础上，1934年9月30日前出生的离退休人员每人每月再增加100元，1934年10月1日至1939年9月30日期间出生的离退休人员每人每月再增加60元。外出从业人员寄回收入持续稳定增加。

【城乡居民人均住房面积】 2015年，根据城乡住户抽样调查资料显示，楚雄州城镇常住居民人均住房面积50.71平方米，比上年增加0.12平方米，增长0.2%；农村常住居民人均住房面积43.28平方米，比上年增加8.97平方米，增长26.1%。

［李德波］

安居房建设（夏天彧/摄影）

人口和计划生育

【人口计生工作概况】 2015年，楚雄州卫生计生系统主动适应人口发展新常态，围绕年初州人民代表大会确定的工作目标，推进各项重点工作落实。根据州卫生计生部门统计，年末全州总人口268.57万人（户籍人口），其中年内新出生人口20601人，人口出生率7.68‰，人口自然增长率1.28‰。在出生人口中，符合现行生育政策出生18085人，计划生育率87.79%。有已婚育龄妇女52.86万人，已落实节育措施44.21万人，综合节育率83.64%。

【人口计生依法行政】 2015年，楚雄州坚持实行人口计生证件全程代办制度，严格各类办证审批，依法维护生育秩序。办理“独生子女父母光荣证”3632本、“生育服务证”20914本，查处计划生育违法案件3451件。开展集中整治非医学需要鉴定胎儿性别和非医学需要选择性别终止妊娠专项行动，出生婴儿性别比为107（以女性为100计算）。启用楚雄州人口计生行政审批管理平台，总投资150万元的人口计生行政审批管理平台于3月投入运行，通过审批平台办理人口计生行政审批事项1.26万项。推进生育服务证制度改革，制定下发《楚雄州改革生育服务证制度实施方案》，自10月1日起全面实行一孩生育登记和网上办证。

【人口计生服务】 2015年，楚雄州全面实施人口计生服务机构标准化建设。至年末，有7个县级、38个乡级人口计生服务中心达到“标准化建设达标单位”。推进国家免费孕前优生健康检查项目，完成孕前检查27649人。开展生殖健康服务进家庭活动，生殖健康系列化服务3780次，直接服务育龄群众29.6万人次。开展计划生育医学鉴定2次87例。

【人口计生奖励优惠】 2015年，楚雄州全面落实国家农村部分计划生育家庭奖励扶助政策和特别扶助政策。审批发放计划生育奖励扶助资金9729人991.72万元、计划生育特别扶助资金2229人741.02万元、农业人口独生子女一次性奖励金1122人105万元、农业人口独生子女计划生育教育奖学金17641人665.2万元，免除计划生育群众新型农村合作医疗参合费23.23万人2788万元，发放失独家庭一次性抚慰金60户26万元。

［起　荣］

【计划生育改革政策落实】 2015年，楚雄州加大“单独两孩”政策宣传，规范审批程序，及时受理“单独”夫妻“生育服务证”申请，有214对“单独”夫妻办理二孩“生育服务证”，办证后出生婴儿101人；楚雄州人口计生行政审批管理系统自3月1日起正式上线运行，在云南省率先实现人口计生证件信息化管理；农村计划生育家庭奖励扶助和特别扶助政策全面落实，兑现奖励扶助1.2万人1732.2万元；稳步推进农业人口独生子女“奖优免补”政策执行，1172户农业人口家庭自愿办理“独生子女父母光荣证”，发放一次性奖励金104.9万元；为23.24万名计划生育特殊人群代缴新型农村合作医疗参合费2091.1万元；发放失独家庭一次性抚慰金60户25.75万元；兑现独生子女保健费60.77万元；投入资金37.64万元为户籍在楚雄州且年满49周岁以上的农村独生子女死亡或伤残家庭父母购买意外伤害保险，投入资金280万元为户籍在楚雄州的农村独生子女户和双女绝育户购买计划生育家庭意外伤害保险；全面推进计划生育优质服务先进单位创建活动，创建国家级计划生育优质服务先进单位7个、省级计划生育优质服务先进单位3个。

［自卫平］

【流动人口计划生育管理】 2015年，楚雄州落实“统筹管理、服务均等、信息共享、区域协作、双向考核”工作措施，加强流动人口管理。发放流出人口“婚育证明”22379份，办理流入人员一孩生育服务登记53份，流入人口出生177人；坚持流动人口联席会议制度，州与县、县与县之间互通信息；均等化试点工作向纵深发展，省级试点楚雄市、州级试点禄丰县开展“宣传教育服务和人员培训、计划生育和生殖健康、免费避孕药具供应和随访、信息咨询和优生指导、生育政策服务、便民维权服务、生育关怀服务”7项基本公共服务均等化工作取得实效；建立流动人口计生基本公共服务均等化试点12个，流动人口在流入地接受免费服务比例96%，流动已婚育龄妇女在现居住地免费接受孕检率97%，流动人口免费药具获得率96%，流动已婚妇女开展免费孕前优生咨询指导率96%。年末，全州有流动人口27.57万人，其中流出人口17.54万人、流入人口10.03万人。

【人口计生药具管理】 2015年，楚雄州调拨和发放价值86.02万元的计划生育药具，药具库存周转量48.7%。推进免费药具发放网点建设，在人口密集、人员流动量大的医院、汽车站、超市、社区、便民服务中心等区域新增设计划生育药具免费发放网点26个。年末，全州有免费计生药具发放网点1352个、药具自助发放机33台。

【人口计生宣传教育】 2015年，楚雄州继续实施“15311”宣传教育工程，发挥11个人口理论教育基地、26个人口文化大院的作用，切实加强人口理论教育培训。投入资金50万元，新创建人口文化大院10个，开展集中性人口计生宣传活动70余场次，受教育群众180余万人次。4月，修订下发《楚雄州人口计生新闻宣传奖励办法》，各级采写的人口计生新闻稿件被州级及以上新闻媒体刊载、采用347篇（条）。

【计划生育协会工作】 2015年，楚雄州继续加强计划生育协会组织建设。全州有计划生育协会组织1263个，会员小组1.43万个、会员38.28万人；有宣传服务阵地1234个，会员之家1234个，会员联系户23.81万户。开展人口计生基层群众自治项目试点，开展各项宣传倡导服务活动75场次，走访慰问计划生育困难家庭245户（人），发放慰问金6万余元。实施生育关怀行动，开展妇科病普查8次、生殖健康讲座24期。利用省级计划生育协会专项经费，在南华县民族中学实施“生育关怀——青春健康”进校园项目，开展知识讲座4次、参加学生2400余人次；在禄丰县5个乡（镇）开展人口计生基层群众自治项目试点；继续编辑出版《人口和计划生育专题文艺节目》（第十三辑）。

［起 荣］

人力资源和社会保障

【人力资源和社会保障工作概况】 2015年，楚雄州人力资源和社会保障部门坚持“民生为本、人才优先”的工作主线，深化人力资源和社会保障重点领域改革，加大就业创业工作力度，完善社会保障体系建设，加强人才队伍建设，构建和谐劳动关系，各项工作取得实效。

【社会保障】 2015年，楚雄州人力资源和社会保障系统健全完善社会保障制度，按照上级各有关部门的统一安排和部署，稳步提高社会保障待遇水平，各项社会保险待遇按时足额支付。促进养老、医疗、失业、工伤、生育保险扩面征收，参保人数和基金收入规模同步增长，社会保险实现应保尽保。强化社会保险基金管理，基金保障能力不断增强。

社会保险参保扩面　全州各项社会保险累计参保237.29万人。其中，城镇职工基本养老保险参保14.15万人，城乡居民基本养老保险参保142.5万人，城镇基本医疗保险参保43.41万人，失业保险参保11.17万人，工伤保险参保18.65万人，生育保险参保7.41万人。

社会保险费率下调　自1月1日起，生育保险费率由0.8%下调为0.6%；3月1日起，失业保险缴费费率统一从3%下调为2%。失业、工伤、生育等保险费率下调后，每年可减轻企业缴费负担4800万元。

社会保险费缓缴和补贴政策　全州对符合产业导向，在生产经营中暂时遇到困难的企业，按规定缓缴应由企业缴纳的社会保险费；对企业吸纳城镇就业困难人员，与之签订劳动合同并按标准缴纳社会保险费的，给予3年的社会保险补贴；对小微企业新招用毕业年度的高校、技工院校毕业生，与之签订1年以上劳动合同并缴纳社会保险费的，给予1年的社会保险补贴政策。

社会保险征缴和清欠　全年全州企业职工养老保险应缴保费8.87亿元，实际征缴8.23亿元，征缴率92.8%，收回历年欠费1817.48万元；工伤保险应缴保费5390万元，实际征缴4692万元，征缴率87.1%，收回历年欠费99.9万元；生育保险应缴保费1887万元，实际征缴1729万元，征缴率91.6%，收回历年欠费21.39万元；失业保险应缴保费6798万元，实际征缴6566万元，征缴率96.6%，收回历年欠费227.14万元；城镇职工基本医疗保险应缴保费7.03亿元，实际征缴6.82亿元，征缴率97%。

11月8日，楚雄州举办全州首个青年创业孵化园开园仪式（向陶云/摄影）

社会保险全民参保登记计划　按照“全民参保登记试点”要求，整合社会保险各险种参保缴费信息数据，建成1个覆盖辖区城乡户籍人口，1个身份证号对应1条参保信息的社会保险全民参保登记数据库，全面完成社会保险全民参保登记计划，总结形成“五抓渐进工作法”试点工作经验，并在全省推广实施。至年末，全州累计登记人口284万人。

社会保障待遇　提高企业退休人员基本养老金，企业退休人员的月养老金平均1950元，比上年提高202元，增长11.57%。从1月1日起调整、提高失业保险金标准，调整后按照三档缴费基数，州本级及楚雄市失业金标准分别为820元、926元、1019元，比上年分别提高107元、121元、133元；其余各县失业金标准分别为709元、801元、894元，比上年分别提高93元、105元、117元，均高于城市居民最低生活保障标准。从9月1日起，提高最低工资标准。楚雄市月最低工资标准调整为1400元，比上年提高130元，增长10%；其余各县月最低工资标准调整为1180元，比上年提高110元，增长10%。提高城乡居民基础养老金，城乡居民基础养老金标准统一由60元提高到75元。提高工伤待遇标准。企业职工工伤保险待遇调整后，人均伤残津贴为每月2080元，比上年增加186元，增长10%；人均护理费为每月1181元，比上年增加110元，增长10%；人均供养亲属抚恤金为每月898元，比上年增加90元，增长11%。

被征地农民养老保障　全年出具被征地农民社会保障审查意见33件，涉及征地5649.25亩（含国有土地），涉及征地人数2.93万人，收取被征地农民基本养老保障金1.1亿元。全州有5个县开展被征地农民基本养老保障工作，累计参加被征地农民基本养老保障5681人，领取养老待遇3736人。

老农保与城居保制度衔接　基本完成各县（市）老农保信息清理核对，全州涉及参保人数28.94万人，信息核对准确26.38万人，其中符合退保条件2.51万人，符合并入条件23.87万人。

城镇基本医疗保险制度　建立城镇基本医疗保险基金管理责任分担机制，强化县（市）基金管理责任。坚持“州级统筹、分级管理”原则，以基金收入支出预算为基础，规范基金年度收支计划的下达和执行。统筹基金收入缺口和支出超支部分，实行州、县（市）财政分担。城镇居民大病保险由州级从基本医疗保险基金中按每人每年30元单独划拨筹集，个人不再缴费。城镇居民基本医疗保险人均筹资标准达到500元，其中财政补助380元，个人缴费120元。

机关事业单位养老保险制度改革　根据全省统一部署，成立以州人民政府分管领导为组长的全州机关事业单位养老保险制度改革工作领导小组，制定实施方案，充实各级经办机构力量，开展养老保险和职业年金费用预扣和信息采集工作。全年全州应纳入机关事业单位养老保险参保范围和建立职业年金人数6.49万人，应纳入养老金社会化管理发放的退休人员2.53万人。年内采集机关事业单位信息1823户，人员信息7.29万人。

社保基金保值增值　优化基金结余存储结构，进一步降低活期存款比重，增加中长期定期存款比重。年末全州企业职工养老保险、城乡居民养老保险、职工医保、居民医保、失业保险、工伤保险、生育保险和失地农民社会保障金结余定期存款占83%，比上年末提高7.4个百分点；基金收益率2.3%，比上年提高0.69个百分点。

社保基金监管　完善社会保险基金安全评估指标，对经办机构内部控制情况的评估从5项指标细化到86项。结合州委、州人民政府开展“六个严禁”专项整治要求，在全州重点开展社会保险基金和就业专项资金管理使用情况、农民工工资保证金管理使用情况、企业退休人员领取养老金情况等专项检查，确保社会保险基金和专项资金安全完整、合规使用，检查覆盖面100%。

【劳动关系管理】 2015年，楚雄州人力资源和社会保障系统着力加强劳动关系管理，促进和谐劳动关系构建。

劳动合同签订　以工资集体协商为重点，稳妥推进集体合同制度，提高非公有制企业劳动合同签订率和企业集体合同覆盖率。全年全州登记劳动用工单位6256户，用工总数15.29万人（农民工7.2万人），签订劳动合同14.95万人（农民工6.98万人），劳动合同签订率97.89%。企业签订当期有效集体合同2607份，涵盖企业3217户，涉及职工8万余人，占全州3435户已建工会企业的89%。

工伤认定　全年全州受理工伤认定954件，其中不予认定13件、符合条件认定941件、视同工伤9件。在受理的工伤案件中，死亡43人，其中认定工伤22人、视同工伤14人、不予认定7人。

农民工工资支付保障　建立农民工工资支付保障协调机制、排查治理机制、奖励保护与惩处打击机制。全年全州缴存农民工工资保证金2.99亿元（已动用6974万元）、预存农民工工资准备金4568万元、建立政府应急周转金900万元；受理农民工工资案件388件，结案388件，结案率100%，累计为8268名农民工追回工资1.11亿元，上报农民工工资支付不良信用单位12户。联合公安机关侦破全州首例涉嫌拒不支付劳动报酬犯罪案件——云南宏辉来建筑工程有限公司拒不支付劳动报酬案，利用刑法打击惩治拒不支付劳动报酬违法犯罪行为。

劳动能力鉴定　严格执行劳动能力鉴定标准，举行劳动能力鉴定会3场，完成劳动能力鉴定545人。其中，鉴定企业参保人员因病劳动能力丧失程度152人，鉴定机关、事业单位人员因病劳动能力丧失程度79人，鉴定属于因工伤残等级评定314人。

劳动保障监察执法　年内，全州劳动保障监察机构通过开展专项检查、日常巡视检查、劳动保障执法年审和举报投诉专查、突发事件处置等劳动保障监察执法活动，主动监察用人单位2407户，涉及劳动者3.12万人，专职监察员人均巡查73户；接受举报投诉430件，立案388件，结案388件，查处率100%，结案率100%；责令补签劳动合同2255人；为9098名劳动者追回工资等待遇1.13亿元；督促78家用人单位缴纳社会保险费100.79万元，涉及劳动者411人。

劳动争议调解仲裁　推进劳动争议调解组织建设，健全完善劳动人事争议调解体系，全州建立162个基层劳动争议预防调解委员会，拥有基层调解员523人，建立劳动争议预防调解示范企业50个。受理劳动争议案件391件，仲裁结案391件，其中裁决196件、调解176件、其他方式处理19件，结案率100%。

【企业退休人员管理服务】 2015年，楚雄州累计接收494户企业的2.61万人进入各级退管中心（工作站）管理，企业退休人员移交社区（乡镇）管理5.8万人（含省属企业1.43万人），企业退休人员社会化管理率100%。召开座谈会91场次，5485名退休人员代表参加。春节走访慰问企业退休人员4665人，发放慰问金31.86万元。

【信息宣传】 2015年，楚雄州人力资源和社会保障网访问点击量84万人次，发布信息1817篇（条）；刊发《楚雄人力资源和社会保障信息》40期，发布信息344篇（条）；编印《彝州人事与社保》4期，刊登调研文章190篇；在云南省阳光政府四项制度平台发布重要事项公示58条、重点工作通报66条；在《楚雄日报》、楚雄州广播电台、楚雄州电视台播发各类信息480余条。

［杨　杰］

民　政

【防灾减灾救灾】 2015年，楚雄州雪灾、低温冷冻、洪涝、干旱等灾害叠加，损失较大。灾害造成10县（市）103个乡（镇）157.74万人不同程度受灾，因灾死亡2人、失踪2人，紧急转移安置587人，因干旱饮水困难人口16.87万人，民房倒塌98户291间，严重损坏678户1630间；农作物受灾146.15万亩，成灾83.55万亩，绝收15.01万亩；耕地毁坏3243.3亩；交通、水利、通信、电力、市镇等基础设施受损；直接经济损失8.31亿元。

2015年楚雄州自然灾害核报统计表

	单 位	楚雄市	双柏县	牟定县	南华县	姚安县	大姚县	永仁县	元谋县	武定县	禄丰县	全 州
受灾乡（镇）数量	个	15	8	7	10	9	12	7	10	11	14	103
受灾人口	人	437770	134409	181565	237114	105007	196512	63311	49516	89361	89882	1584447
因灾死亡人口	人	0	1	0	0	0	1	0	0	0	0	2
因灾失踪人口	人	0	0	0	0	0	1	1	0	0	0	2
紧急转移安置人口	人	0	0	0	0	0	59	528	0	0	0	587
需紧急生活救助人口	人	393	0	0	0	1320	0	0	0	0	0	1713
因旱需生活救助人口	人	46364	37163	46210	47987	31260	67213	2500	1835	24150	26970	335978
其中：因旱饮水困难需救助人口	人	14593	22217	27110	38678	25000	18110	0	750	2775	19510	168743
农作物受灾面积	公顷	13072	103925	17499	13372	11288.6	14989.3	5349.8	2340.8	4875.6	4606.9	97786
其中：农作物成灾面积	公顷	8714.1	7820	9417.3	7666.2	6549.3	7329.7	1628.92	1089.09	1827.8	4115	56157
农作物绝收面积	公顷	1676.9	480	366.97	3094.1	783.2	1703.7	269	734.78	340.6	702.2	10151
因灾死亡大牲畜	只	1761	1	0	0	0	6	0	0	0	0	1768
因灾死亡羊只	只	5	9	8	0	23	263	4	41	18	0	371
倒塌房屋间数	间	101	22	0	0	0	80	12	13	62	1	291
其中：倒塌农房间数	间	101	22	0	0	0	52	12	13	62	1	263
倒塌房屋户数	户	38	16	0	0	0	19	4	8	12	1	98
其中：倒塌农房户数	户	38	16	0	0	0	7	4	8	12	1	86
严重损坏房屋间数	间	1047	144	4	97	1	205	75	18	39	0	1630
其中：严重损坏农房间数	间	1047	144	4	97	1	170	46	18	39	0	1566
严重损坏房屋户数	户	416	75	2	64	1	74	30	3	13	0	678
其中：严重损坏农房户数	户	416	75	2	64	1	69	30	3	13	0	673
一般损坏房屋间数	间	0	219	24	379	26	30	0	5	366	10	1059
其中：一般损坏农房间数	间	0	219	24	379	26	30	0	5	366	10	1059
一般损坏房屋户数	户	0	102	12	298	8	13	0	5	121	4	563
其中：一般损坏农房户数	户	0	102	12	298	8	13	0	5	121	4	563
直接经济损失	万元	6459.5	18266.74	9599.1	8523.44	5217	11851.4	2231.84	10336.66	2869.3	3462.7	78818
其中：农业损失	万元	5439.6	13157.8	9198.8	6910.44	5185	9719.02	2008	10023.24	2419.9	3441.2	67503
工矿企业损失	万元	0	0	0	1367	0	0	0	37	36.5	0	1441
基础设施损失	万元	550.77	4723	200	0	0	1967.5	163	238	313	0	8155
公益设施损失	万元	0	0	0	0	0	0	0	0	6	0	6
家庭财产损失	万元	469.1	386	200.3	246	32	164.9	60.84	38.42	93.9	21.5	1713

（州民政局/提供）

州民政系统主要采取监测灾情、防救并举、主动汇报、争取支持、突出重点、分类救助、加大投入、确保饮水安全的措施加强防灾备灾，切实提高抗灾救灾能力，及时统计上报并派出工作组分赴10县（市）核查灾情，指导抗灾救灾。争取下达自然灾害生活救助资金3171万元，专项用于解决受灾地区群众口粮、衣被、取暖等基本生活困难问题，救助25.45万人。其中，衣被救助3.98万人，发放粮食3780.6吨救助21.12万人，现金救助0.35万人。启动Ⅲ级应急响应1次，派出工作组5次90余人，紧急调运帐篷114顶、棉被4188床、衣服3260套、大衣3030件、彩条布114件、大米126.6吨，发放遇难人员抚慰金2万元，救助新灾灾民2.5万人次。投入抗旱资金537.9万元，临时解决7.2万人和4.2万头大牲畜饮水困难问题。集中开展"5·12"防灾减灾日宣传活动，组织演习、演练500余场次，5000余名志愿者参加活动，接受科普知识咨询10余万人次。组织10县（市）开展灾情信息员业务培训，深入开展"严禁领导干部违规使用救灾资金"专项整治。年末，全州民政部门救灾物资储备有救灾帐篷6900顶、大衣13361件、棉被41471床、衣服28463套、毛毯3900床、彩条布2127件、折叠床2218张、床垫656个、发电机53台、抽水机4台、对讲机23台、应急灯621个、救灾装备559套、行军锅20个、太阳能充电器1060个、电筒236支。

【社会救助】 2015年，楚雄州着力健全机制，争取配套资金，搭建"一门受理，协作办理"的服务窗口和平台，完善五保供养，规范管理，确保社会救助资金发放。制定下发《楚雄州社会救助实施细则》《楚雄州城乡居民家庭经济状况核对办法》《关于进一步做好城乡低保工作的通知》，根据城乡最低生活保障标准补助水平分别提高15%的要求，按照3个档次确定州、县（市）城乡低保资金配套比例。州级配套资金总额的10%用作以奖代补资金，其中10%用于工作经费，90%用于低保对象生活救助。州级财政配套城乡低保资金6124.8万元，筹集城乡低保资金6.54亿元，纳入城市低保99172人，发放城市低保资金3.97亿元；纳入农村低保18.93万人，发放农村低保资金3.3亿元。筹集城乡医疗救助资金4615.42万元，救助城乡困难群众34.29万人，支出城乡医疗救助资金4887.31万元。为12060名五保对象落实五保待遇支出供养资金2513.52万元。开展城乡低保对象、城乡低保边缘群众、临时性、突发生活困难群众临时救助12348人，支出临时救助资金717.54万元。为符合条件的1377名20世纪60年代精减下放人员，每人每月发放153元的定期定量生活补助资金252.81万元。

【双拥优抚安置】 2015年，楚雄州民政部门切实做好双拥优抚安置工作。加大政策宣传，组织职业技能培训、"双考"岗位安置和货币补助安置。接收退役士兵846人，其中义务兵504人、复员士官281人、转业士官61人。自主就业安置728人，占接收总人数的86.05%；符合城镇安置条件118人，其中选择自谋职业35人、选择"双考"安置83人，占接收总数的13.95%。组织退役士兵到省级定点培训学校参加1年以上技能培训172人，参加地方3个月短期技能培训87人。筹集安置资金1892.3万元。做好优抚对象的定期补助、节日补助、提标补助等补助资金发放工作，兑现983名义务兵家庭优待金431.9万元，下达各类抚恤补助资金1.31亿元。州委、州人民政府主要领导带领有关部门负责人在春节期间，对驻楚部队上级指挥机关及驻楚部队官兵、军队离退休干部进行走访慰问，安排慰问金30万元。春节前，各地慰问重点优抚对象8686户，发放慰问金262.1万元。在抗日战争胜利70周年之际，为31名抗战老兵每人发放5000元的一次性生活补助金，发放资金15.5万元，发放抗日纪念章31枚。做好过往部队军供食宿、军休服务、"两个待遇"落实及涉军群体的信访、人访、群访工作。通过政策渠道帮助信访对象解决实际困难，有1452名重点优抚对象纳入城乡低保；临时救助590名重点优抚对象，支付救助资金108万元；有18名重点优抚对象享受公租房、廉租房，有47名重点优抚对象纳入农村危房改造对象；为58名重点优抚对象争取安排公益性岗位。

【基层政权建设】 2015年，楚雄州着力抓好基层政权建设。全州有村（社区居）民委员会1099个，其中村委会998个、社区居委会101个，设村（居）委会主任1100名、村"三职干部"2982名、社区"五职干部"530名；建立村（居）务监督委员会1033个，设立村（居）务监督委员会主任1033名；建成农村社区27个、农村便民服务站27个。向省民政厅争取规划上报农村社区建设项目9个，投资409.8万元。推动行政管理与社区自我调节、居民自治、专业服务相结合的治理模式，着力打造社区便民服务站窗口，培育社区技能培训基地和社区科普示范基地。实行公开内容具体化、公开形式标准化、公开程序规范化、公开时间统一化、公开形式多样化、公开管理制度化"六化"制度，抓好事前监督、事中监督、过程监督、事后监督、会上监督"五项"监督。完成村（社区）干部待遇"倍增计划"。村（居）委会书记、主任每人每月基础补贴1320元，副主任或副书记每人每月基础补贴1300元，楚雄市补贴1420元，南华县补贴1380元。综合补贴每人每月平均不低于1500元，社区干部待遇不低于2000元。由县（市）财政落实每年每人补助1000元办理村（居）"三职"干部新型农村合作医疗、工伤保险和养老保险。下拨州级2015年部分原村公所（办事处）干部生活补助资金和农村原大队一级部分离职半脱产干部定期生活费补助经费155万元；下拨社区工作人员教育培训补助经费26.5万元；下达省级社区党组织和居委会专职工作人员生活补贴补助经费445.2万元，州级配套资金从财政直接按标准转移支付到各县（市）；下达9个城乡服务体系建设项目资金168万元。

【民政基础设施建设】 2015年，楚雄

州全面推动福利中心、敬老院、居家养老服务中心等民政项目建设。州级老年护理院一期项目完工，完成投资8000万元；实施县级社会福利中心项目2个，即元谋县社会福利中心和牟定县社会福利中心，总投资1788万元，到位资金1075万元，均于年内动工建设；实施农村敬老院建设项目6个，即永仁县永定中心敬老院、楚雄市东华敬老院、双柏县鄂嘉敬老院、大姚县龙街敬老院、武定县发窝敬老院和东坡敬老院，总投资2000万元，到位资金929万元；实施居家养老服务设施建设项目22个，总投资1660万元，到位资金330万元；实施农村公益性公墓设施建设项目2个，即武定县插甸公益性公墓和猫街公益性公墓，总投资120万元，到位资金40万元；实施救灾物资储备设施建设项目2个，即永仁县救灾物资仓库、武定县救灾物资仓库，总投资240万元，到位资金190万元，其中武定县救灾物资仓库建设项目于年内完工；实施殡仪馆基础设施建设改造项目4个，即楚雄市殡仪馆、牟定县殡仪馆、姚安县殡仪馆、禄丰县殡仪馆，总投资300万元，到位资金100万元。

【专项社会事务管理】 2015年，楚雄州民政部门持续推进专项社会事务管理。

殡葬管理　加强殡葬基础设施建设，强化惠民殡葬政策配套，加大公职人员执行殡葬政策的执行力度，完成贯彻中央两办关于党员干部带头推动殡葬改革实施意见的初稿草拟、征求意见等。10县（市）8个殡仪馆正常运营，南华、永仁2县殡仪馆动工建设；楚雄市投资118万元提升改造楚雄陵园办公用房，投资228万元修缮进出殡仪馆道路，投资101万元改造殡仪馆绿化项目；牟定县殡仪馆向县财政争取50万元资金购买安装火化炉1台；姚安县殡仪馆向省民政厅争取添置火化炉1台。全州共火化遗体3847具，平均火化率28.2%。

区划地名管理　禄丰县撤县设市工作完成县本级及州级申报程序，并于5月28日通过省级专家会议论证，争取省人民政府批复后上报国务院审批；永仁县莲池乡、猛虎乡、维的乡，姚安县官屯乡、适中乡、大河口乡撤乡设镇事项上报省人民政府，元谋县老城乡、物茂乡、江边乡、平田乡、新华乡、姜驿乡撤乡设镇事项按程序上报州人民政府常务会议讨论；启动实施第二次全国地名普查工作，成立第二次地名普查工作领导小组及办公室，落实预算经费100万元，各县（市）联合外业公司完成业务培训、地名登记表填写和地名调查目录编制；开展第三轮行政区域界线年度联检，完成昆（明）楚（雄）线、楚（雄）思（茅）线联检，州市间界线和州内10条县界按期上报。

社会组织登记管理　改革登记体制，实行直接登记制度。抓好对政府购买服务的社会组织的培育、审核、公示和监管，强化登记。除涉及政治、宗教事项和法律法规有明文规定外，以民政部门直接登记为主，对分支机构的成立、变更逐步取消备案。强化清理。清理政社不分的社会组织，严格规范公务员在社会组织中兼职或任职。年末，全州有社会组织1364个（州级238个），其中社会团体1116个（州级207个）、民办非企业单位246个（州级31个）、基金会2个，新登记社会组织94个（社会团体73个、民办非企业单位21个）；应参加年检1291个，实际参加年检1181个，参检率91%，其中合格率97%、基本合格率2%、不合格率1%。

婚姻登记　各级婚姻登记机关从完善设施、优化环境等入手，提高婚姻登记服务水平；加强婚姻登记信息化建设，实现省级婚姻登记信息系统与全国系统对接，各县（市）逐步开展婚姻登记历史信息补录；加强账号管理，确保信息安全，办理国内居民结婚登记43002人、补领结婚证10390本，办理离婚登记10050人、补领离婚证126本。

儿童福利事业　全州有录入全国儿童福利信息系统的孤儿保障对象689人，其中孤儿540人、事实无人抚养儿童127人、艾滋病病毒感染儿童22人。实行孤儿基本生活保障数据动态管理，按政策将散居孤儿补助标准提高到每人每月1049元、集中供养儿童补助标准提高到每人每月1749元；下拨孤儿等特困儿童基本生活保障资金535.38万元，其中中央和省级补助资金443.65万元、州级配套资金91.73万元。

社会救助　完善流浪乞讨人员救助管理机制，保障流浪乞讨人员基本权益；开展“寒冬送温暖”“夏季送清凉”“流浪孩子回校园”等专项行动，立足实际制定《实施方案》和《实施细则》，有序推进未成年人社会保护试点，建立“政府主导、民政牵头、部门配合、社会参与”的横向领导和协调机制，形成密切配合、齐抓共管的工作格局，救助流浪乞讨人员4432人次。其中，未成年人76人次、老年人316人次，云南籍1706人次、外省籍2602人次，

2015年楚雄州社会组织新登记情况统计表

县（市）	上年末（户）	年内登记（户）		年内注销（户）	年末实有（户）	
		合计	（其中：直接登记）		合计	（其中：直接登记）
州　级	225	11	11	3	233	203
楚雄市	233	29	25	0	262	35
双柏县	89	7	7	1	95	11
牟定县	53	7	7	0	60	9
南华县	95	12	12	0	107	18
姚安县	83	4	4	1	86	20
大姚县	230	16	16	96	150	132
永仁县	37	2	2	1	38	3
元谋县	156	4	4	1	159	4
武定县	87	33	25	1	119	25
禄丰县	84	10	5	1	93	5
合　计	1372	135	118	105	1402	465

（州民政局/提供）

危重、传染病对象28人次，精神病对象1152人次。

【社会福利和慈善事业】 2015年，楚雄州制定和完善养老服务产业、儿童福利事业、慈善公益事业在州级的贯彻实施意见，搭建政府政策支持平台，推进项目申报实施。以州级老年护理院为重点，筛选敬老院、社会福利中心、儿童福利院、救灾仓储设施、殡葬服务设施、烈士陵园项目的申报和实施。加快涉老服务多元化发展步伐，支持社会力量、民间资本参与养老服务体系建设，兴办养老服务机构。在大姚县专题召开养老服务体系建设工作推进会。完成中国福利彩票销售1.67亿元。上报2015年度省级福利彩票公益金资助项目125个，申报资金1.29亿元；完成2014年度州本级福利彩票公益金分配，下达资金1364.25万元，资助项目54个；省级下达2015年第一批社会福利事业彩票公益金1099万元，资助项目37个。

【老龄工作】 2015年末，楚雄州有60周岁以上老年人口39.87万人，占户籍人口总数的15.12%。老年人口呈现基数大、增速快、高龄化的特点，老龄化程度低于全国高于全省。年内，将80～99周岁老年人保健补助提高到每人每月50元，100周岁以上老年人长寿补贴提高到每人每月300元；省级补助资金413.09万元，州级配套1061.06万元，为年满100周岁以上的38名寿星老人发放长寿补助，为年满80周岁以上不满100周岁的46075名高龄老年人发放保健补助；出台《楚雄州发展养老服务业的贯彻实施意见》《楚雄州人民政府办公室关于鼓励社会力量兴办养老服务机构的实施意见（试行）》《楚雄州开展幸福和谐晚年老年人意外伤害保险工作实施方案》，筹备召开州人民政府加快发展养老服务业大姚推进会；推动召开全州老年人意外伤害保险工作启动暨推进会，州财政配套资金41.51万元，为特殊老年人群体购买意外伤害保险76687人；完成省人民政府检查组对楚雄州老龄工作“十二五”规划终期评估，受到肯定和好评；10月9～10日，接受省人大常委会执法检查组对楚雄州贯彻实施《中华人民共和国老年人权益保障法》情况的执法检查；组织开展调研慰问、老年人书画展、老年人艾滋病防治知识讲座、“法治阳光温暖老龄”广场服务暨老年人义诊等敬老月系列活动；评选表彰老有所为先进个人30名、孝亲敬老家庭20户。楚雄州老龄工作荣获全省二等奖。

［朱宗林］

红十字会工作

【红十字会组织建设概况】 2015年，楚雄州红十字会系统有专兼职工作人员103人，其中专职79人、兼职24人。有红十字基层组织132个，州级红十字团体会员单位14个、县级红十字团体会员单位285个，红十字成人会员10952人、青少年会员6563人，造血干细胞捐献志愿者1.5万人。4月30日，州红十字会第三次会员代表大会召开，选举产生新一届理事会、常务理事会及新一届领导班子。州人民政府副州长邓斯云当选第三届理事会会长，选举产生常务理事13名、理事63名，聘请州委书记侯新华、州长李红民为名誉会长。

老年人健身（李建华/摄影）

【赈灾募捐及安全体验教育】 2015年，楚雄州红十字系统在尼泊尔“4·25”地震中，募集捐款50.36万元，其中州红十字会募集捐款23.06万元。50.36万元捐款全部由州红十字会转交云南省红十字会，及时汇往尼泊尔用于灾区紧急救灾、救助和恢复重建。完成由滇虹药业集团股份有限公司出资30万元援建的牟定县天台中心小学柳丰完小师生宿舍楼及配套设施建设项目。启动并实施楚雄市“生命健康安全教育”项目和禄丰县“安全体验教室建设”项目，每个项目投资30万元。楚雄市“生命健康安全教育”项目在学校、乡（镇）、社区开展应急培训，培训救护员1200人；组织楚雄市鹿城小学2000余名学生开展地震应急演练，现场参与并体验应急中的逃生、急救知识；为楚雄市北城小学、环城小学800余名学生及家长开展生命健康安全亲子讲座。禄丰县“安全体验教室建设”项目为项目所在学校——金山小学及周边部分中小学师生提供安全教育体验平台。

【公益项目及社会救助】 2015年，楚雄州红十字会在全州范围内新援建博爱图书角9个。其中，中学2个，每个存有图书价值8000余元；小学7个，每个存有图书价值5000余元。同时，募集价值1万余元图书，对原有的7个图书角进行补充。在武定县实施“滇苗助学——任仲然帮扶助学金助学”项目，帮扶困难学生60人次，救助资金5.25万元；申报“滇苗助学——华夏格兰计划”项目；“红十字博爱送万家”活动发放救助物资价值27.41

11月25日，楚雄市北城小学开展火灾消防应急演练（州红十字会/提供）

万元，近5000人受益；申报“天使阳光基金”5人，收到资助“告知书”5人；申报“小天使基金”5人，收到资助“告知书”2人。

【造血干细胞及人体器官捐献】 2015年，楚雄州红十字会在南华、元谋、大姚3县招募造血干细胞捐献志愿者100余名，采集造血干细胞捐献血样4014份，完成捐献1例。累计采集血样1.5万份，实现造血干细胞捐献12例。成功搭建人体器官捐献网络，有国家级协调员1名、县级工作信息员10名，实现捐献6例，捐献大器官19个、眼角膜10枚。至年末，全州登记捐献志愿者20名，累计实现捐献16例，捐献大器官40个、眼角膜20枚。

【应急救护培训】 2015年，楚雄州完成应急救护员培训4.22万人，其中州红十字会完成培训1.16万人、复训793人，10县（市）完成培训3.06万人。自2011年启动应急救护培训工作，至2015年末共培训救护员20.34万人，其中道路运输从业人员培训1.3万人，完成复训2726人。

［陈光荣］

扶贫开发

【扶贫开发工作概况】 2015年，楚雄州扶贫开发办公室牵头编制《楚雄州农村扶贫开发“十三五”规划》《产业扶贫“十三五”专项规划》《滇西边境山区区域发展与扶贫攻坚“十三五”实施规划》《乌蒙山区区域发展与扶贫攻坚“十三五”实施规划》等专项规划13个，规划涵盖经济社会发展各个方面，以片区规划项目为基础，争取上级支持，将更多资金、项目、力量和金融、文化、教育、科技资源倾斜配置到贫困地区，增强区域的自我发展能力、公共服务能力、社会保障能力，为贫困群众脱贫致富奔小康创造条件，提供政策支撑。年内，全州争取专项扶贫资金2013万元，实施农村特困户安居工程2013户8057人，完成投资7289.21万元；争取革命老区建设资金550万元，实施革命老区建设项目19个，完成投资1213万元，有442户2003人受益；对全州25个贫困乡、220个贫困行政村、25.82万建档立卡贫困人口进行基层数据修改和完善，对已录入建档立卡信息平台管理的贫困户、贫困人口开展全面核查，对脱贫人口信息进行及时更新，细化完善建档立卡资料和精准扶贫信息动态管理。全年全州累计投入各类扶贫资金21.6亿元，完成扶贫总投资28.7亿元。

【精准脱贫】 2015年，楚雄州调整州扶贫开发领导小组，实行“双组长”制，构建州、县（市）、乡（镇）、村“一把手”抓扶贫的工作格局。强化定点帮扶，实行州级领导包1个贫困片区、联系1个县、挂点1个贫困乡（镇）、结对帮扶1个贫困村，每个贫困村派驻1支扶贫工作队、派出1名党组织第一书记、有1个部门定点帮扶，每户贫困户有1名干部结对帮扶；厅级领导帮扶5户、处级领导帮扶3户、科级领导帮扶2户、一般工作人员帮扶1户建档立卡贫困户。有1789家中央、省、州、县（市）、乡（镇）单位挂包25个贫困乡（镇）220个贫困行政村，3.7万名党员干部职工挂包贫困户74937户25.8万人。出台“1+5”配套文件，围绕7个贫困县、25个贫困乡（镇）、220个贫困行政村、25.8万贫困人口摘帽、出列、脱贫目标，提出举全州之力，抓好片区扶贫、基础设施、产业培育、民生改善、社会事业、培训就业、生态保障“7大攻坚行动”，建立精准扶贫、部门联动、脱贫考核、脱贫激励、资金投入、社会参与、干部驻村帮扶、扶贫攻坚与基层党组织建设“双推进”“8大攻坚机制”，落实对象精准、目标精准、任务精准、措施精准、责任精准、投入精准、帮扶精准、考核精准“8个精准”，抓好产业扶持发展、道路建设、危房改造、培训就业、教育扶贫、保障政策兜底等“16个到村到户”的“5788‘16’”攻坚行动计划。围绕“三年集中攻坚和两年巩固提升”任务，州、县（市）、乡（镇）3级统一步骤，明确脱贫攻坚计划，依据经济社会发展基础及农民收入情况，科学排出脱贫摘帽时间表，限时脱贫销号。编制《楚雄州脱贫攻坚工作手册》，制定《楚雄州精准扶贫实施方案》和《楚雄州五年脱贫攻坚行动计划》，将任务列项分解落实到各行业部门，并由16个部门牵头，分别制定16个到村到户行动计划，把到户扶贫工程、到户扶贫项目落实到贫困乡（镇）、贫困行政村和贫困户，形成扶贫攻坚合力。针对建档立卡中存在对象不准、底数不清问题，通过深入挂包村，进村入户开展“挂包帮”“走转访”，了解贫困状况，分析致贫原因和实际需求，按照“五个一批”和16个到村到户原则，分类梳理贫困户帮扶项目，结合实际制定到村到户帮扶方案，落实帮扶措施，研究解决群众实际困难，协同当地党委、政府和有关部门制定州、县（市）、乡（镇）、村贫困户四级脱贫规划。

【扶贫开发整乡整村推进】 2015年，楚雄州争取2014年整乡推进补差资金5000万元，继续抓好2014年启动的姚安县太平镇、大姚县六苴镇、南华县一街乡、武定县白路镇、楚雄市大过口乡5个整乡推进项目，年内完成投资8.11亿元，开工累计完成投资8.95亿元；争取2015年整乡推进项目6个、财政扶贫资金1.2亿元，年内完成投资2.51亿元，有881个自然村34228户131042人受益；争取财政扶贫资金6280万元，实施整村推进项目140个，其中行政村整村推进22个、省级自然村整村推进18个、州级自然村整村推进100个，年内完成投资22.67亿元。

【产业信贷及互助资金扶贫】 2015年，楚雄州下达产业扶贫资金2116.8万元，实施产业扶贫项目33个，年内完成投资5295.07万元，有1079个自然村9975户40554人受益；发放扶贫到户贷款9.53亿元，扶持农户2.64万户105670人；按照“公司+基地+农户”模式，扶持扶贫龙头企业（专业合作社）67户；完成扶贫贴息贷款6.56亿元，扶持扶贫龙头企业93户；新增互助资金150万元，继续滚动推进8个县（市）41个乡（镇）58个村委会141个村民小组开展互助资金项目试点工作，成立互助社113个，积累互助资金2418.5万元，涉及农户5351户18730人。

【易地扶贫搬迁及劳动力转移培训】 2015年，楚雄州争取财政专项扶贫资金1180.2万元，实施易地扶贫搬迁566户2197人。制定《楚雄州易地扶贫搬迁三年行动计划实施方案》，明确易地扶贫搬迁目标。争取劳动力转移培训项目资金940.5万元，完成劳动力转移培训1.05万人，其中引导性培训0.15万人、技能性培训0.9万人，带动输出劳动力2.35万人，建设劳务输出示范村55个。

【社会扶贫】 2015年，楚雄州有8家中央级（包含6所高校）、20家省级、155家州级、861家县级机关企事业单位挂钩帮扶103个乡（镇）870个村委会，结对帮扶困难户8.6万户25.8万人，争取协调投入各类帮扶资金2亿元，帮助引进项目、资助、捐赠等645个，引进技术232项，举办培训班942期培训人数5.74万人次。争取投入外资扶贫资金600万元，在4个县（市）6个乡（镇）6个村委会41个村民小组实施帮扶项目6个。

［刁小兵］

移民开发

【水库移民工作概况】 2015年，楚雄州移民开发局围绕移民工作任务，强化措施推进大中型水利水电工程移民开发工作。深入推进“平安库区”建设，维护移民合法权益，提升移民群众依法维权意识，保障库区和移民安置区社会稳定。根据省移民开发局和州人民政府的要求，组织编制《楚雄州“十三五”大中型水库移民后期扶持发展规划》和《楚雄州移民开发“十三五”规划》，规划一批涉及区域经济发展和移民脱贫致富的水利水电工程移民搬迁安置项目和后期扶持项目。办理人大代表和政协委员建议、提案。通过实地调研和与人大代表、政协委员面商，答复人大代表和政协委员的建议7件、提案2件，面商率、办结率、满意率均为100%。在州人民政府网站上公开移民工作信息199条，其中工作动态信息190条、政策信息9条；在《云南日报》《云南法制报》《云南移民》《楚雄日报》和楚雄网、楚雄州广播电台等

楚雄市栗子园移民小区（马兴华/摄影）

媒体上，登载移民工作简讯31条；与州电视台合作，摄制完成观音岩水电站移民安置工作回眸专题纪录片《金沙江畔谱新篇》；完成《观音岩水电站移民安置纪实画册》的图片收集整理、文字统筹和版面编排工作；协助出版《情援金沙》和《欢腾金沙江——大姚移民巡礼》《移民风采》《大爱无声》等报告文学和移民工作纪实画册。

【观音岩水电站移民安置】 2015年，楚雄州移民开发局做好观音岩水电站移民安置点基础设施配套、专业项目改（复）建、水土保持和环境保护工程建设收尾及设计变更报批、竣工项目审计验收等工作，完成移民投资1.56亿元。库区公路、电力、通讯、水土保持和环境保护工程竣工并投入使用；湾碧乡集镇功能完善，学校、机关站所正常运行，移民入住新居，生活安定、生产发展、社会和谐，湾碧乡“民族特色旅游小镇”初具建设规模；编制《金沙江观音岩水电站库区和移民安置区产业发展规划》，大力扶持发展食用菌、芒果、金丝小枣、杨梅等特色农产品种植和黑山羊养殖；组织移民外出务二，帮助移民增收致富。

【乌东德水电站移民安置】 2015年，楚雄州各级各有关部门切实做好乌东德水电站移民安置工作。在广泛征求意见、充分协商论证、相互理解支持的基础上，确定移民安置方式、移民去向、移民安置点，把涉及移民生存发展和区域发展的交通、水利、产业发展等重大基础设施项目纳入移民安置规划报告。7月，《乌东德水电站移民安置规划报告》通过省移民发展局和省水利水电规划设计总院审查、核定；12月16日，工程项目获国家核准；项目建设及移民安置进入全面实施阶段。年内，项目业主支付元谋县、武定县耕地占用税8000万元。

【水利工程移民安置管理】 2015年，楚雄州探索和实践水利工程移民安置管理经验，做好大中型水利工程移民安置管理工作。完成滇中引水工程移民实物指标调查，确定移民安置方案，配合完成水土保持和环境保护、社会稳定风险评估报告审查，为项目审批和凤屯试验性隧道工程开工创造条件。做好元谋县坛罐窑水库、大姚县红豆树水库、禄丰县西河水库、武定县仁和水库、永仁县直苴水库移民搬迁安置工作，完成移民投资1.7亿元，搬迁安置移民1197人。

【移民后期扶持】 2015年，楚雄州落实大中型水库移民后期扶持政策，切实做好水库移民后期扶持工作。加强移民后期扶持人口动态管理，严格核实移民人口登记，大中型水库移民后期扶持人口增加2372人，达到41007人，兑付移民直补资金2462.93万元。下达大中型水库库区项目资金4476.86万元，实施项目79个。大中型水库移民避险解困项目投资1.46亿元，解决移民突出问题投资5028.48万元。其中，楚雄市、永仁县完成移民避险解困项目投资7900.43万元；元谋县完成移民新村建设投资3400万元，解决突出问题3个。做好青山嘴水库移民发展和稳定工作，兑付移民生活补助经费3063万元，完成库周资源补偿资金兑付5.46亿元，收回住房欠款1.87亿元，办理移民房产证1100本。投入移民技能培训经费100万元，完成移民中期职业技能培训136人、短期实用技术培训1252人，实现移民劳动力转移817人。

【移民信访维稳】 2015年，楚雄州针对移民工作形势和特点，加强移民信访维稳工作。争取并下达移民信访维稳经费630万元，深入开展“平安库区”创建活动，营造库区良好的社会环境。做好移民法律服务援助，下达法律援助经费30万元，宣传移民政策、法规，提高移民依法维权意识，引导移民运用法律手段解决矛盾纠纷，开办法律工作者培训班，提升为移民服务的政策水平和业务水平。深入金沙江观音岩、乌东德水电站建设库区和移民安置区调研，了解掌握移民搬迁安置工作中存在的困难和移民群众反映的问题，做好新项目的移民安置区社会稳定风险评估。倾听移民意见，掌握移民动态，及时解决移民群众反映的热点、难点问题。收到移民来信13件，接待移民来访384件936人，收到网上信访5件。移民诉求问题得到妥善解决，没有发生越级上访和重大群体性事件，库区和移民安置区总体稳定。

【移民资金管理】 2015年，楚雄州加强移民资金的核算管理，拨付观音岩水电站移民资金1.56亿元、乌东德水电站移民资金220.46万元，移民资金做到专户储存、专账核算、专款专用。加强审计监督。委托云南云审建设工程造价咨询公司对观音岩水电站移民工程项目和移民资金进行审计，配合省移民开发局完成大姚县、永仁县观音岩水电站移民安置资金专项检查，对审计和专项检查中发现的问题进行督促整改；组织对双柏、大姚、姚安3县移民后期扶持项目资金进行稽查和内部审计，对存在问题提出整改意见，确保工程安全、资金安全、干部安全。

［罗荣晶］

残疾人事业

【贫困残疾人走访慰问】 2015年春节，楚雄州开展走访慰问贫困残疾人送温暖活动，州委、州人民政府领导深入楚雄、禄丰等县（市），到贫困残疾人家中进行走访慰问。州残疾人联合会组成4个慰问组，分别到双柏、姚安、大姚、牟定、禄丰5县和中央、省、州驻楚单位及残疾人托养机构、扶贫联系点，走访慰问贫困残疾人238人，发放慰问金11.82万元。10县（市）走访乡（镇）99个，慰问贫困残疾人2724人，发放慰问金61.18万元。全州共走访慰问贫困残疾人2962人，发放慰问金73万元。

【“全国助残日”活动】 2015年5月17日，楚雄州在第二十五次“全国助残日”活动期间，围绕助残日“关注孤独症儿童，走向美好未来”活动主题，开展一系列助残活动。举办有44名残疾人参加的彝绣培训班，有23名残疾人被企业招聘就业；开展有65名

“全国助残日”助残捐赠仪式在桃源湖广场举行（马兴华/摄影）

学校教师和学生家长参加的孤独症儿童行为康复专题讲座；州残疾人联合会到昆明市安宁鑫湖医院、州儿童保护中心，慰问孤残儿童和盲人44名，发放慰问金1.19万元；州残疾人工作委员会成员单位在楚雄市桃源湖边开展“全国助残日”宣传活动，21名医务工作者为残疾人及市民免费开展服务600余人次，12名盲人按摩师为群众义务按摩服务300余人次；开展政策法律、残疾预防、康复知识、生活保障等咨询服务，发放《中华人民共和国残疾人保障法》《促进残疾人就业税收优惠政策宣传提纲》等宣传资料5万余份；楚雄格拉丹东有限公司向州特殊教育学校捐赠价值2万余元的牛奶350箱；昆明新知集团（楚雄）图书城向州特殊教育学校捐赠价值1万元的图书；楚雄丰盛商业管理有限公司向州特殊教育学校捐赠本土画家罗江价值4万余元的字画。助残日期间，现场解答群众咨询30余万人次，悬挂标语600余条，走访慰问残疾人2000余户（人），发放慰问金56万元，免费为残疾人适配辅具200余件，助耕1000余亩，发放衣物、被子等生活用品3000余件。

【残疾人康复】 2015年，楚雄州残疾人联合会切实做好残疾人康复工作。开展“集善华爱助我行”活动，香港方树福堂、方润华基金会为全州残疾人捐赠轮椅150辆价值12万元，捐赠衣服2207套价值66.7万元；救助州第二人民医院和神康医院的困难精神病患者，发放救助金8万元；开展“灯塔计划”关爱工程，救助楚雄市城区癫痫病患者40名；发放重度残疾人辅助器具50件、基本辅助器具250件；开展楚雄市、牟定县、双柏县、姚安县“白内障无障碍县”检查验收，并荣获“全国白内障无障碍县（市）”称号；为武定、姚安两县的400名低视力患者验配助视镜，对50名学生家长进行眼睛保健培训；回访“斯达克·世界从此欢声笑语——中国（云南）”助听器国际援助项目受助对象170名，满意率95%；开展智障儿童康复治疗和听力障碍儿童康复培训，在昆明市安宁鑫湖医院康复治疗0～6岁智残儿童80名；为0～6岁聋儿进行助听器验配及培训10名，培训聋儿家长40名；在州特殊教育学校开展0～14岁听力障碍儿童康复培训20名，开展康复人才培训140名；完成假肢和矫形器装配135例；完成楚雄州残疾人基本服务状况监测，其中元谋县为全省首家完成。年内，州残联和10县（市）残联被省人民政府残疾人工作委员会表彰为先进集体。

【残疾人维权】 2015年，楚雄州残疾人联合会积极办理残疾人来信来访，处理来信4件，接访270人次，救助221人次，发出救助金3.65万元。及时做好“96128”网上信访办理，办理网上信访1件，满意率100%。配合州司法部门开展残疾人法律援助4名。办理残疾人机动车燃油补助466户，补助资金12.18万元。落实106个社区专职委员和994个村民委员会联络员补助资金104.1万元。核发残疾人证6471本。

【残疾人扶贫】 2015年，楚雄州建立残疾人扶贫就业基地11个，依托基地培训农村残疾人800人次，辐射带动2365名残疾人脱贫致富，省、州财政投入资金84万元；举办残疾人培训班95期，培训残疾人6209人。落实残疾人学生救助政策，兑现在州内就读的1310名初、高中残疾学生及年内考取大专、本科院校的48名贫困残疾学生救助资金100余万元。98名符合条件的高中以上残疾学生及残疾人家庭子女获得省级彩票公益金补助，“通向明天”交通银行残疾青少年助学计划项目爱心资助12.44万元。围绕《国务院关于加快推进残疾人小康进程的意见》，在州电视台《同在一片蓝天下》栏目播出残联新闻稿件85篇，在云南电视台播出楚雄州残联新闻稿件12篇，在楚雄电视台《一周要闻》播出手语新闻24周次。

【残疾人体育】 2015年9月，楚雄州5名残疾人运动员参加在成都举办的全国第九届残疾人运动会暨第六届特殊奥林匹克运动会游泳、田径、盲人足球3个大项的比赛，获得金牌1枚、银牌4枚、铜牌5枚、第四名4个、第五名1个、第六名1个，其中1个破世界纪录。楚雄州残疾人联合会被中国残疾人联合会、国家体育总局授予“2011～2014年全国残疾人体育先进单位”称号。

【残疾人社会保障】 2015年，楚雄州各级残疾人联合会继续推进残疾人社会保障体系和服务体系建设。以改善残疾人生活状况为根本，落实残疾人优惠政策。实施“阳光家园计划”项目，完成残疾人居家托养715人、机构托养30人，补助资金61.7万元，切实减轻残疾人家庭负担。征收残疾人就业保障金2180万元，其中州级636万元、10县（市）1520万元。举办全州残疾人彝绣手工刺绣培训班、药物制剂工初级培训班、中级盲人保健按摩暨盲人电脑培训班，培训残疾人96名。举办残疾人就业供需见面会2期，推荐残疾人实现就业48人，推荐安排残疾人集中就业63人，分散安排残疾人就业196人。4月，楚雄州代表云南省接受国家残联残疾人就业服务机构规范化建设检查，获得好评。

[董杨春]

宗教事务

【全州宗教工作会议】 2015年3月20日，楚雄州召开全州宗教工作会议，10县（市）民族宗教事务局局长、分管宗教工作的副局长、宗教股长、办公室主任及州民族宗教事务委员会全体干部职工共60余人参加会议。会议通报上年宗教工作目标管理责任考核结果，并兑现考核奖励；传达全国、全省宗教工作会议精神及全省宗教团结稳定形势研判会议精神；总结上年宗教工作，安排布置2015年度宗教工作任务，并与10县（市）签订2015年宗教工作目标责任书。

【宗教政策法规学习培训】 2015年6月，楚雄州根据国家宗教局和云南省民族宗教事务委员会统一部署和安排，以“国法与教规的关系”为主题，在宗教界开展宗教政策法规学习月活动。利用挂图、黑板报、宣传标语、电视、广播、短信、微信等媒体开展宣传教育，利用民族节庆、宗教节日等时机向群众发放宣传资料，增强宗教界人士和信教群众的宪法意识、法律意识、公民意识，鼓励宗教界人士和信教群众自觉在法律范围内开展宗教活动，学会运用法律手段维护自身合法权益，依法表达合理诉求，自觉抵制利用宗教进行的非法违法活动。指导宗教团体和宗教活动场所建立健全各项规章制度，规范内部管理，推进宗教事务管理法治化，为全州宗教工作营造良好的法治环境。7月20～24日，举办统战、民族宗教干部和佛教界代表人士宗教学识提高培训班，组织全州10县（市）委统战部、民宗局的分管领导，以及佛教界代表人士150余人，系统学习新时期党的宗教工作方针政策、佛学知识、佛教传统礼仪与基本规范、寺院管理等方面的知识，引导广大信教群众爱国爱教、明辨是非、遵章守法，自觉抵制一切利用宗教进行的违法犯罪活动，维护宗教领域的正常秩序。

【“和谐寺观教堂”创建命名】 2015年，楚雄州以“教风”为主题，开展“和谐寺观教堂”创建活动，表彰复核“和谐寺观教堂”2批。12月，楚雄市紫顶寺、牟定县化佛山华圣寺、武定县环州乡滔谷教堂、禄丰县和平镇大德基督教堂、楚雄市吕合镇钱粮桥清真寺、元谋县元马镇张二村清真寺被云南省民族宗教事务委员会表彰命名为“和谐寺观教堂”。年末，全州有国家级“和谐寺观教堂”3所、省级“和谐寺观教堂”4所、州级“和谐寺观教堂”93所，“和谐寺观教堂”占宗教活动场所总数的23%。

【宗教慈善周活动】 2015年9月，楚雄州宗教团体和宗教活动场所以赈灾救灾、扶贫济困、救助孤寡、捐资助学、医疗卫生、修桥补路等形式，开展“扶贫济困、慈爱人间”主题公益慈善周活动。有270余个宗教活动场所参与公益慈善周活动，开展活动130余次，发动信教群众参加宗教慈善周活动7万余人，募集款物246.21万元。

【全省朝觐带队人员培训班在楚雄举办】 2015年7月23～25日，云南省2015年度朝觐带队人员培训班在楚雄举办。全省各州（市）朝觐带队负责人、宗教干部、伊玛目等120余人参加培训，省政协副主席、省伊斯兰教协会会长马开贤出席培训会议并对做好2015年朝觐组织服务工作做出要求。培训的主要内容包括朝觐政策、朝觐宗教礼仪、涉外知识、朝觐组织工作、朝觐卫生防疫知识和突发事件应急处置预案等。

【朝觐服务】 2015年，楚雄州按照有序、平安、文明朝觐的工作要求，严格按照《云南穆斯林出国朝觐网上报名排队办法》，对网络报名人员进行确认和审核，为参加朝觐人员办理护照，举办朝觐人员培训班，为朝觐人员讲解出国知识、涉外知识，以及朝觐过程中应该注意的有关事项及朝觐礼仪等知识，主动为朝觐人员做好服务。8月24日，楚雄州26名朝觐人员从楚雄出发，参加国家统一组织的赴沙特阿拉伯朝觐活动，圆满完成朝觐功课后，于10月2日平安顺利返回楚雄并参加州归国朝觐哈吉座谈会，获得朝觐荣归纪念牌。

[周 德]

回族传统经堂教育（马志坚/摄影）

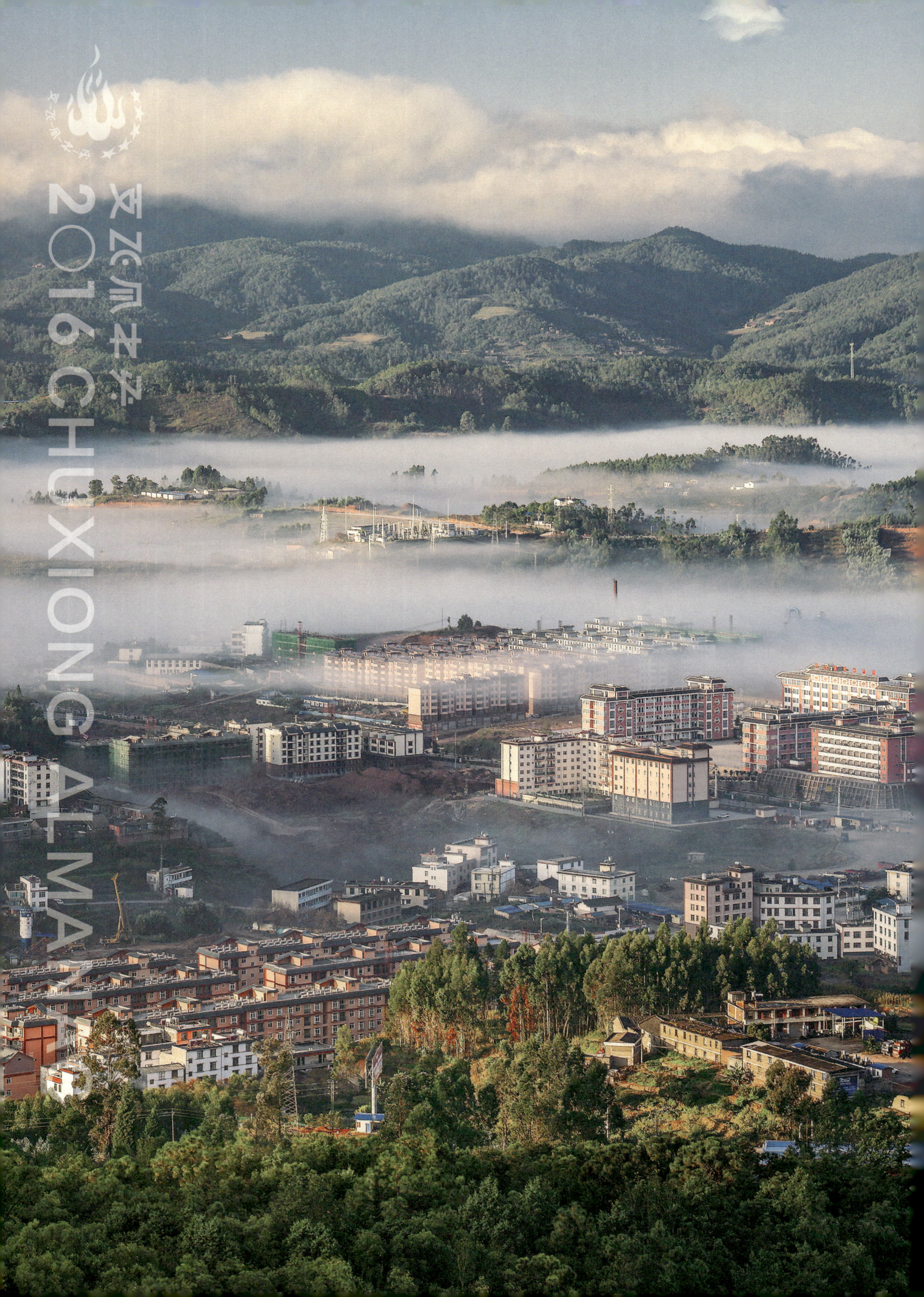
2016 CHUXIONG ALMANAC

县（市）概况

COUNTIES SUMMARIES

责任编辑：周能汉

生态城镇——双柏县城（杨洪波/摄影）

楚雄市

【地理位置】 楚雄市位于楚雄彝族自治州中西部，市区距离昆明市城区152千米，距离大理市城区179千米。与昆明市、曲靖市、玉溪市构成滇中城市群，是省会昆明通往滇西8州（市）和进入东南亚、南亚国际大通道的重要承接点和物流集散地，素有“省垣门户，迤西咽喉”之称。

【行政区划】 2015年末，楚雄市辖鹿城、东瓜、吕合、紫溪、东华、子午、苍岭、三街、八角、中山、新村、西舍路12个镇和大过口、大地基、树苴3个乡，153个村（居）民委员会，2834个村（居）民小组。行政区域面积4433平方千米。年末，有耕地面积35.8万亩，其中水田17.63万亩、旱地18.17万亩。

【人口民族】 2015年末，楚雄市户籍总人口521352人，比上年增长0.1%。其中，女性人口256136人，占户籍人口的49.1%；城镇人口250113人，占户籍人口的48%；少数民族人口128833人，占户籍人口的24.7%。少数民族人口中，彝族人口109486人，占户籍人口的21%。人口自然增长率4.5‰。

【自然概貌】 楚雄市地势西北高，东南低，从西北向东南倾斜，呈倾斜葫芦形，山脉皆属哀牢山系东麓支平余脉，多呈西北、东南走向。西部山岭绵亘，沟壑纵横，呈“一山分四季，隔里不同天”的立体气候；东部地势呈波状起伏，多丘陵盆地，含有鹿城、子午、东华、苍岭、吕合5个坝子。境内最高点是西舍路镇哀牢山脉的小越坟山，海拔2916米；最低点为礼社江与彝家拉河、石羊江交汇处，海拔691米。市人民政府驻地鹿城镇海拔1773米。市境河流分属元江、金沙江两大水系。元江上游的礼社江从南华县入境，穿越市境西南部，支流有马龙河、三街河、白衣河、五街河、邑舍河、碧鸡河、自雄河；金沙江水系有支流龙川江从吕合入境，自西向东流经东瓜、鹿城、苍岭，再由西向北出境，主要支流有紫甸河、西静河、河前河、寨子小河、青龙河、苍岭小河。市境属北亚热带季风气候区，冬干夏湿，雨季集中，日照充足，霜期较短，冬季降水量偏少。西部山区山高谷深，地形复杂多样，有立体气候特点。土壤多为水稻土和红壤土，适宜水稻、烤烟、苞谷等农作物种植。森林覆盖率76.92%，空气质量保持国家一级标准，城市集中式饮用水源水质保持国家标准。2015年平均气温17.2℃、降雨量1080.5毫米。

【资源特产】 楚雄市有丰富的茶花资源，是云南山茶花重要原生地之一，也是山茶科植物物种基因库。山茶属植物有云南山茶、粗柄连蕊茶、猴子木、毛果山茶、怒江山茶、厚皮香6种；百年以上云南传统名贵茶花园艺品种古树主要有童子面、松子壳、狮子头、大叶银红、大理茶5种；楚雄茶花精品种植园培育的“紫禾”“楚焰”2个新品种通过中国科学院昆明植物研究所茶花专家鉴定正式命名。楚雄本地鉴定、命名的特有品种36个，主要分布在紫溪山、黑牛山和三尖山地区。紫溪山云南山茶物种园、黑牛山野生山茶保护区、楚雄茶花精品园、彝海国际茶花文化园等均为观赏和考察楚雄山茶花的理想之地。常见的木本植物有40余种，草本植物20余种，食用菌30余种。分布有野生中草药640余种，名贵药材有三七、天麻、茯苓等56种。有野生动物519种，其中两栖类29种、爬行类56种、鸟类329种、兽类105种；属国家保护的野生动物有蜂猴、白鹇等64种。位于市境西南部的哀牢山国家级自然保护区，森林茂密，有名贵植物1480余种，鸟兽460种，两栖爬行动物46种，国家重点保护珍稀动物26种，被列为联合国“人与生物圈”森林生态系统定位观测站。水能资源丰富，红河水系礼社江水能资源理论蕴藏量33.26万千瓦，可开发小水电资源30万千瓦，已开发13.5%。2015年末，拥有110千伏变电站6座，容量51.45万千伏安，输电线路365千米；有35千伏变电站17座，容量11.76万千伏安，输电线路452千米；有10千伏配电线路2834千米，通电覆盖率100%。煤炭资源储量居全州第二，初步探明的煤炭资源储量2.26亿吨，还有金、银、铜、锌、大理石、石灰石、石油、天然气等多种资源。有做工精细的民族珍贵装饰品银器、手工刺绣的彝族服饰、益友骨角保健梳及工艺品。楚雄薄荷含油量高，可制薄荷油和薄荷脑，在中药材中有“楚薄”之称。楚雄云泉豆瓣酱鲜香可口，辣味适中，被评为“中国大西南名牌产品”。深加工的野生食用菌畅销法国、瑞士、意大利、德国、东南亚等10余个国家和地区。楚雄市产的核桃具有个大、壳薄、仁厚、味香等特点，其中“东宝一捏脆”核桃系列产品采用现代生物科学技术加工，保留核桃原有营养成分，被国家农业部认证为“国家A级绿色食品”。楚雄市被授予“全国核桃之乡”荣誉称号。中山镇洼子村委会草芥村民小组有市境内最大的一颗核桃树，树龄500余年，树径2.1米，年挂果约3万个，产量325千克，年收入1.1万元。

【经济状况】 2015年，楚雄市实现地区生产总值299.09亿元，按可比价计算，比上年增长10.2%。其中，第一产业实现增加值23.57亿元，增长6.1%；第二产业增加值160.41亿元，增长10.4%；第三产业增加值115.12亿元，增长10.6%。人均生产总值50406元，增长9.7%。一、二、三产业结构比为7.9：53.6：38.5，对国民经济增长的贡献率分别为4.4%、59.3%和36.3%。烟草及配套、能源冶金化工、生物药业、绿色食品、高原特色农业、建筑建材、装备制造、商贸物流、文化旅游9大重点产业实现增加值240.79亿元，增长9.3%，占生产总值的80.5%。

完成地方财政总收入27.54亿元，增长8.9%；一般公共财政预算收入20亿元，增长8.6%。实现社会消费品零售总额111.27亿元，增长10.2%。金融机构各项存款余额378.06亿元，增长13.1%，其中城乡居民储蓄存款154亿元，增长13.7%；人均储蓄存款27875元，比上年增加2031元。各项贷款余额270.48亿元，增长9.5%。

① 10月26日，省扶贫办党组书记、主任李新平（右一）到楚雄市调研扶贫开发工作（马兴华/摄影） ② 9月24日，州委常委、楚雄市委书记左荣贵（左二）到西舍路镇清水河村调研（栾杰/摄影）

年内，楚雄经济开发区结合泛亚铁路西线昆明至大理段复线建设，启动10平方千米高铁新城建设。引进彝人湿地文化园、爱晚功城国际茶花养老基地、雨润集团云南之窗等一批项目。完成工业总产值120.69亿元，比2010年增长1.41倍；实现工业增加值26.65亿元，比2010年增长1.72倍；年产值超亿元企业16户，比2010年增加10户；社会消费品零售总额43.1亿元，比2010年增长4.38倍；完成地方财政总收入8.79亿元，比2010年增长67.41%；一般公共预算收入6.01亿元，增长12.1%。完成招商引资州外到位资金62.64亿元，增长3.01倍。开发区非公企业1200户，占全区企业数的90%以上；非公经济实现增加值40亿元，占全区GDP比重的70%，从业人员3.2万人。开发区城镇化率62%，建成区面积15.8平方千米。

抓好惠农政策落实，发展高原特色农业，加快农业产业化进程，着力推进美丽乡村建设，兑付惠农直补资金15371万元，比上年增长61.6%。与云南中烟红塔集团楚雄卷烟厂共建东华、子午“玉溪”品牌特色优质烟基地；与上海烟草集团共建苍岭“中华”品牌特色优质烟基地，建成子午以口和苍岭高标准自动化育苗工场，实现原料供应基地化、烟叶品质特色化、生产方式现代化。实现农业增加值27.67亿元，比2010年增长40.9%，年均增长7.1%。有省、州级重点农业龙头企业46家，其中省级10家、州级36家，比2010年增加21家；登记注册各类农民专业合作社365个，比2010年增加216个；申报认证无公害农产品产地53万亩，标准化种植32万亩；有绿色食品企业17家，认证产品24个；有机食品企业1家，认证产品4个；2家企业生产的产品获得云南名牌农产品证书。完成农林牧渔业总产值41.58亿元（现价），比上年增长6%。其中，农业产值17.98亿元，增长3.2%；林业产值4.32亿元，增长19.5%；畜牧业产值13.61亿元，增长7.3%；渔业产值7977万元，增长9.4%。市级财政投入农林水事务资金6.31亿元，增长42.4%。农业机械总动力60.81万千瓦，增长2%。农作物总播种面积90.18万亩，其中粮食播种58.23万亩，下降1.6%。生产粮食20.7万吨，比上年增长1.5%。烤烟收购量1.54万吨，下降2.5%。肉类总产量7.15万吨，增长8%。有林业用地508.5万亩，森林活立木总蓄积量2407.2万立方米，森林覆盖率76.92%。实现林业产值5.12亿元。水利化程度65.6%。建设美丽乡村24个，总投资1125.01万元。“十二五”期间，投资1.37亿元，建成美丽乡村示范村243个、特色村庄示范村28个，群众直接受益7649户31479人。紫溪、东华、子午、苍岭、八角、大过口、中山、西舍路等乡（镇）建成州级生态村56个。年末，小集镇建成区面积5.69平方千米。

楚雄工业园区聚集企业126户，其中规模以上工业企业64户，实现增加值123.84亿元。完成工业总产值297.43亿元，增长9.2%；实现工业增加值125.7亿元，增长8.6%。工业增加值占全市生产总值的42%，比上年下降2.3个百分点。其中，烟草制品业增加值86.14亿元，增长4%；有色金属冶炼加工业增加值9.19亿元，增长20.3%；电力生产和供应业增加值3.72亿元，增长6.1%；医药制造业增加值7.69亿元，增长38.3%。规模以上工业中，非烟产业实现增加值39.55亿元，增长19.4%。具有资质等级的建筑企业63户，完成建筑企业总产值25.25亿元，下降43.2%；房屋施工117.4万平方米，下降35.4%。完成规模以上固定资产投资260.22亿元，增长25.3%。其中，国有经济投资85.63亿元，增长8.5%；非公经济投资145.78亿元，增长31.6%，非公经济投资占全部投资额的56%，比上年提升2.6个百分点；工业投资完成52.63亿元，增长11.5%。

总投资1.17亿元的通村路面硬化工程全面开工建设，总里程194.69千米。年末，公路总里程9656千米，县道硬化里程691千米，硬化率81.9%；乡道硬化里程749千米，硬化率52.1%。乡（镇）通班车率100%，行政村通班车率84.9%。农村客运班线32条，城乡公交专线47条，城市公交专线15条。完成客运量1732万人，旅客周转量107866万人千米，分别增长3.3%和7.6%；完成货运量1302万吨，货运周转量122976万吨千米，分别增长8.6%和12.8%。昆（明）楚（雄）城际列车开通，每天开行3对，最高时速140千米/小时，全程只需88分钟，票价52.5元。

实现邮电业务总收入50389万元，下降5.8%。年末拥有固定电话3.17万部，增长42%，固定电话普及率6.09部/百人；拥有移动电话59.39万部，下降6.4%，移动电话普及率113.98部/百人；互联网注册用户16.04万户，增长13.2%。

实施州外国内招商引资项目311项，项目协议总投资459.16亿元，实际到位资金137.9亿元，比上年增长28.5%；311个项目完成固定资产投资126.61亿元，增长28.8%。实现社会消费品零售总额111.27亿元，增长10.2%。对外贸易进出口总额33947万美元，增长22.2%。其中，出口额33944万美元，增长22.2%；进口额3万美元，下降62.5%。

接待国内外游客659.92万人次，增长9.8%；实现旅游总收入29.92亿元，增长17.8%。

【教科文卫】 2015年，楚雄市认真落实国家“全面改革贫困地区义务教育薄弱学校基本办学条件计划”工作任务，涉及8个乡（镇）17所学校36个单体项目，争取到位中央、省州配套资金3082.09万元。农村学生营养改善计划、寄宿制学生生活费补助等保障政策实现全覆盖。市级财政教育事业经费支出6.11亿元，比上年增长14.1%。年末，有高等院校2所，专任教师774人，在校学生1.57万人，分别增长2.8%、4.2%；毕业学生3953人，下降0.9%。有各类中等职业学校10所，专任教师948人，下降0.9%，在校学生2.28万人，增长14.5%；毕业学生5500人，增长5.7%。有普通中学27所，专任教师2600人，在校学生3.98万人，毕业学生1.26万人，分别增长4%、0.2%和6.9%。有小学128所，专任教师2275人，增长1.7%，在校学生3.73万人，下降3.2%，毕业学生7102人，下降10.6%。有幼儿园88所，入园幼儿7275人。小学学龄儿童入学率99.99%，初中适龄人口入学率99.98%，初中阶段毕业学生升学率86.5%。2253名学生参加高考，综合上线率96.4%。其中，600分以上14人，文科最高分631分，获楚雄州文科第一名；一本上线305人，上线率13.04%；本科上线1557人，上线率

楚雄新貌（马兴华/摄影）

69.1%；专科以上上线2173人，上线率96.4%。

实施国家和省、州科技项目31项，争取项目扶持资金1314万元；立项实施科技项目15项，1项科技成果获云南省科技进步三等奖，21项科技成果获楚雄州科学技术奖。向国家知识产权局申报专利163件，授权专利107件，拥有授权专利750件。

推进国家公共文化服务体系示范区创建，“两馆一站”全面免费开放。成功打造云龙根雕、苍岭竹编、三街刺绣3个特色文化产业品牌。云南汇通古镇文化旅游开发集团有限公司被国家文化部授予全国“第六批国家文化产业示范基地”称号，桃源湖广场文化活动被省文化厅评为“云南省优秀群众文化活动项目奖”。年末，有图书馆2个、文化馆2个（含群艺馆1个）、博物馆1个；有电视台2个、广播电台2个，电视覆盖率99.2%、广播覆盖率99.2%。举办2015年中国楚雄彝族火把节万人左脚舞狂欢、彝族刺绣展、板凳山原生态火把节、中国CBO男子篮球锦标赛、楚雄城区鹿城杯篮球赛等大型文化体育活动；参加楚雄州第十三届运动会，楚雄市代表团获金牌、奖牌、总分3个第一名，获得金牌121枚，奖牌总数169枚，团体总分1217分。

国家发改委下达楚雄市2015年中央预算内资金1965万元，用于基层医疗卫生服务体系和市中医医院建设，包括市中医医院搬迁新建项目1项，建设资金1700万元，建筑面积1.3万平方米；卫生院建设项目2项，村卫生室项目13项，总建设规模1040平方米。年末，有医疗卫生机构413个，其中医院47所；有床位5820张；有卫生技术人员5820人，其中执业医师1893人，每千人拥有医生3.6名。有32.29万人参加新型农村合作医疗保险，参合率99.3%。

子午镇特色产业——大棚花卉种植（楚雄市志办/提供）

【社会生活】 2015年，楚雄市城镇居民人均可支配收入28285元，增长8.5%；农村常住居民人均可支配收入8956元，增长9.9%。城镇居民享受最低生活保障1.46万人，下降2.6%，发放最低生活保障资金4960万元，增长10.4%；农村居民享受低保2.64万人，下降0.1%，发放最低生活保障金4450万元，增长28%。年末，参加城镇职工基本养老保险5.78万人，比上年增长3.2%，征缴养老保险基金4.87万元，增长7.3%；参加城镇居民社会养老保险23.15万人，其中发放养老金4.81万人，分别增长0.01%和5.5%；参加城镇职工基本医疗保险10.24万人，增长1.5%，征缴保险基金3.51万元，增长10.7%；城镇居民基本医疗保险参保7.61万人，下降6.4%，筹集保费3853万元，增长26.3%。有从业人员36.78万人，下降6.5%。其中，乡村从业人员19.09万人，下降0.1%；国有、城镇集体及其他单位在岗职工3.36万人，下降8.2%；城乡个体工商户从业人员4.85万人，增长11.4%；私营从业人员9.48万人，增长14%。市级城镇登记失业人员2130人，城镇登记失业率控制在3.5%以内。

投入各类扶贫资金20596.3万元。争取到户扶贫贷款1.3亿元，扶持15个乡（镇）5201户农户发展优势特色种养殖产业，建设“一村一品”产业示范村40个、特色产业基地5个。投入财政专项扶贫资金5910万元，整合行业资金1.17亿元，加大西舍路、大过口、三街和马龙河片区扶贫开发，组织实施扶贫整村推进89个、整乡推进1个、易地扶贫搬迁200人、扶贫安居工程184户、革命老区开发项目3个、产业扶贫项目54个、市级扶贫项目50件和劳动力转移培训1190人；投入社会外资921.3万元，省、州财政配套85万元，实施帮扶项目85件、外资项目3件。

【农村“五小”水利建设】 2015年，楚雄市通过争取资金和整合项目等形式，投入建设资金1.02亿元，实施农村“五小水利”工程建设。争取资金7500万元，新建“爱心水窖”6000口，建成饮水安全工程119件，完成西舍路达诺村委会老烧箐村和东华镇路上村委会新村等小型抗旱应急工程4件、东华镇红墙村委会高山母矛草坪小坝新建和八角村委会葫芦山小坝等小坝塘清淤加固50件。整合烟草、财政、扶贫等部门的涉水项目资金2700万元，投入农村“五小水利”工程建设，建设小水窖4134口，干渠和支渠防渗27千米，管道架设19.11千米，新建三面光沟渠5.62千米。通过“五小”水利工程实施，新增灌溉面积1.93万亩，有效解决8个乡（镇）36个村委会119个村民小组1.37万人的饮水安全问题。

【红色文化博物馆及文化建设】 2015年，楚雄市投入200余万元对子午镇云龙烈士陵园进行改扩建，在保留原有建筑格局基础上，新建纪念陈列馆、活动广场等设施，建成首个村级革命老区红色文化博物馆。博物馆占地2.81亩，以纪念在1950年征粮、剿匪战斗中牺牲的27位烈士，展示楚雄红色历史、文化革命历史，彰显云龙革命老区红色文化的脉络和特色。在美国洛杉矶2015年世界民族电影节上，由楚雄市委、市人大常委会、市人民政府、北京丝宾丝文化传媒有限公司、云南皓月文化传播有限公司联合摄制的彝族电影《茶花彝女》荣获民族文化传承奖和原创音乐奖2项国际电影奖。

【富硒大米获国家绿色食品质量认证】 2015年，国家统计局云南调查总队到楚雄市开展粮食产量情况抽样调查监测，认定楚雄市自2015年起列入国家产粮大县，每年由中央财政给予奖励700万元。楚雄龙润丰农业科技有限公司生产的富硒大米通过中国绿色食品发展中心审核，符合绿色食品A级标准，被认定为“绿色食品A级产品”，许可使用绿色食品标志，成为云南省唯一一个获得国家绿色食品质量认证的富硒大米产品。

［周永琼］

2015年楚雄市乡（镇）情况一览表

乡（镇）	面积（平方千米）	村（居）委会（个）	年末总人口（人）	年末耕地面积（亩）	农业总产值（万元）	粮食总产量（吨）	烤烟总产量（吨）	年末大牲畜存栏（头）
鹿城镇	370.00	21	169456	21482	37204	16224	345	7706
东瓜镇	231.53	13	71196	17477	23897	12006	384	5011
吕合镇	189.97	9	24828	21482	30764	15472	423	6497
紫溪镇	247.26	8	15208	15942	19425	10367	384	7290
东华镇	434.57	11	29844	37472	42425	21317	2869	4623
子午镇	363.77	13	34340	45643	40636	26848	2868	12570
苍岭镇	329.96	8	32039	43069	44261	26177	844	10341
三街镇	214.60	11	23975	21100	23075	11600	860	9507
八角镇	161.87	7	16650	16221	22594	9694	1302	7347
中山镇	301.13	11	24407	26888	28353	13015	1171	6484
新村镇	357.81	8	14755	18982	23073	10347	867	10264
树苴乡	118.16	7	18085	17943	20582	10578	1220	6398
大过口乡	342.29	9	16073	18206	18833	6858	384	7376
大地基乡	390.55	6	10945	15691	20199	6845	1001	5402
西舍路镇	380.57	11	19551	20418	20459	9678	548	10907

（州统计局/提供）

双柏县

【地理位置】 双柏县位于楚雄彝族自治州南部，东邻玉溪市易门县、峨山县，西与普洱市镇沅县、景东县接壤，以哀牢山分水岭为界，南连玉溪市新平县，北同楚雄市、禄丰县毗邻。东西最大横距95千米，南北最大纵距76千米。县人民政府驻地妥甸镇，居县境偏北，海拔1964米，东距省会昆明市区184千米，北距州府楚雄市城区56千米。

【行政区划】 2015年末，双柏县辖妥甸镇、大庄镇、碍嘉镇、法脿镇、大麦地镇和安龙堡乡、爱尼山乡、独田乡5镇3乡，11个社区居民委员会、73个村民委员会，1540个村（居）民小组。国土面积4045平方千米。

【人口民族】 2015年末，双柏县户籍人口152458人。其中，女性人口72571人，占总人口的46.6%；少数民族人口77312人，占总人口的50.24%，主要少数民族有彝族和哈尼族。出生人口1600人，人口出生率10.4‰；死亡人口1190人，人口死亡率7.73‰；人口自然增长率2.69‰。

【自然概貌】 双柏县地处滇中，具有地表崎岖，群山连绵，山川峡谷纵横，高差悬殊，垂直明显的特点。地势西北高、东南低，地形由西北部向东南部倾斜，白竹山以北地区高原特征较明显，南部呈中山深切割地貌，谷深坡陡，地表破碎，多数山地脉络难寻。绿汁江多沿着县境边界环流。最高点为西部与景东县交界的大梁山，海拔2946米；最低点是县境南端与新平县交界处的三江口，海拔556米，海拔高差2390米，平均海拔1751米。全境皆山，无一平川，坡度大于8度的面积占98.5%。地貌大致分为强烈切割的高、中山峡谷区，强烈切割的高、中山区，切割较强烈的中山丘陵地区3个单元区。

【资源特产】 2015年末，双柏县有常年耕地面积23.63万亩。年平均降雨量748.7毫米，河川径流总量12.75亿立方米，可供开发的水电资源近60万千瓦，已形成15.1万千瓦的生产能力。有林业生产用地487.82万亩，活立木蓄积量1697万立方米；有各类植物5000余种，其中国家一级保护植物8种、国家二级保护植物70种；有野生动物种群1750种，其中国家一级保护动物9种、国家二级保护动物21种。主要特产有妥甸酱油、白竹山茶、邦三红糖、鲜食葡萄等。

【经济状况】 2015年，双柏县实现地区生产总值29.3亿元，按可比价计算，比上年增长11.5%，“十二五”期间年均增长13.2%。其中，第一产业增加值9.7亿元，增长6%；第二产业增加值6.9亿元，增长17.2%；第三产业增加值12.8亿元，增长11.8%。实现人均地区生产总值1.92万元。三次产业结构由“十一五”末的42.2∶23.4∶34.4调整为“十二五”末的32.9∶23.4∶43.7。

实现农林牧渔业总产值17.8亿元，增长5.9%。其中，农业产品产值8.1亿元，增长4.5%；林业产品产值1.9亿元，增长0.9%；牧业产品产值6.7亿元，增长9.1%；渔业产品产值1.2亿元，增长2.3%；农林牧渔服务业产值8644万元，增长6.2%。粮食总产量8.3万吨，增长1.6%；完成烟叶收购7705吨，实现产值2.27亿元，增长5.6%；产茶296.5吨，产值1630万元，增长3.5%；产鲜茧130.1吨，产值450万元，增长5.4%。建成千头生猪养殖场17个、千只肉羊养殖场2个、千头肉牛养殖场1个、百头肉牛养殖场3个，实现肉类产量3.7万吨，出栏肥猪34万头、肉牛3.4万头、肉羊10.7万只、家禽93.1万羽。落实森林管护面积485.2万亩，实施封山育林面积2.2万亩，种植核桃15万亩（新种植8万亩、补植补造2万亩、提质改造5万亩）、青花椒1.5万亩，低效林改造2万亩。农业基础设施建设完成中低产田地改造2.19万亩，建设基本口粮田1500亩；小沙河水库建设工程和2015年农村饮水安全重点水源工程完工，施家河小（一）型水库及病险水库除险加固工程稳步推进，改善、新增和恢复灌溉面积3.04万亩，治理水土流失面积30平方千米、坡耕地面积3472.07亩，库塘安全蓄水4522万立方米。

实现工业总产值（现价）27.52亿元，增长13.8%，其中规模以上工业产值21.3亿元，增长15.5%，规模以上工业企业23家。主要产品产量呈现“5增3降”态势。其中，发电量35515万千瓦时，增长6.3%；松香2.56万吨，增长21.5%；铜金属4564吨，增长12.3%；酱油4401吨，增长59.5%；精制茶625吨，增长51.8%；人造板23.61万立方米，下降7.8%；售电量8299.9万千瓦时，下降8.1%；铅金属1.8万吨，下降3.1%。

工业园区新增入园企业2户，新建标准厂房1.01万平方米，完成园区基础设施投资9600万元、工业投资2.72亿元、林地土地收储1229亩；戛洒江一级电站建设，美森源、森美达二期工程，妥甸酱油有限公司技改扩建等重点工业项目建设稳步推进；实施企业“助保贷”工程、“两个10万元”微型企业培育工程，制定《双柏县2015年规模以上工业企业增收奖励办法》，进一步激发企业活力；促进中小企业发展壮大，有3户企业纳入规模以上工业企业；可持续发展能力增强，单位生产总值能耗达到州下达的控制目标及“十二五”规划目标。

实现地方财政总收入3.16亿元，增长6.5%，其中一般公共预算收入2.51亿元，增长10.3%。金融机构各项存款余额39.65亿元，比年初增长12.72%，其中储蓄存款余额23.17亿元，增长12.03%；各项贷款余额18.98亿元，比年初增长21.13%。完成规模以上固定资产投资39.1亿元，增长25.5%；实现社会消费品零售总额8.46亿元，增长12.7%；实现招商引资州外到位资金47.53亿元，增长38%；城乡常住居民人均可支配收入分别达2.62万元和7500元，分别增长

双柏县城查姆湖风光（杨洪波/摄影）

10%和11%；居民消费价格指数上涨2.5%。财政总收入年均增长18.8%，一般公共预算收入年均增长20.8%；投资、消费总额年均分别增长45.9%和17.3%；城乡居民收入与经济增长保持同步，年均分别增长13.7%和19.4%；城镇化率30%。

元（谋）双（柏）二级公路建成通车，公路总里程6034千米，通乡公路硬化率100%，建制村公路通达率100%、硬化率80.95%。建成小（一）型水库3件，除险加固小型水库81件，增加供水量809.8万立方米，新增和改善灌溉面积11.5万亩，解决了9.72万城乡居民饮水安全问题。城镇建成区面积7.21平方千米，其中县城建成区面积4.21平方千米。

【教科文卫】 2015年末，双柏县有幼儿园25所，学龄前三年儿童毛入园（班）率75.2%，比上年提高13.2%；学龄前一年儿童毛入园率93.07%，比上年提高6.27%。小学适龄儿童入学率99.92%、巩固率100%，小学毕业学生升学率99.6%。初中阶段毛入学率118.6%，年辍学率1.86%。7～15周岁三类残疾儿童少年入学率91.4%。高中阶段毛入学率82.5%，高考总上线率98.2%，其中二本以上上线率66.76%、本科上线率75%。全面完成义务教育学校第一轮现代教育学校督导评估，独田九年一贯制学校、妥甸小学、大庄中学3所学校通过州人民政府教育督导室复评，认定为州级示范学校。新建校舍2159平方米、运动场15590平方米，总投资876万元，其中中央资金661万元、县级资金215万元。文化惠民工程深入实施，“老虎笙”荣获中国民间艺术“山花奖”，大型彝族歌舞剧《查姆》在南京大学成功演出，省第八届老年人健身网球、地掷球项目选拔赛、全省中青年作家培训班、第二届滇中非物质文化与彝族文化学术研讨会在双柏县成功举办，组团参加州第十三届运动会获得好成绩。建设村卫生室42个、乡（镇）卫生院6个。

【社会生活】 2015年，双柏县投入扶贫资金1.49亿元，减少贫困人口4494人，大麦地镇、独田乡实现脱贫出列。安排城镇就业岗位7173个，转移输出富余劳动力4.91万人（次）。发放城乡居民养老保险金6510.9万元，为160.42万人（次）城乡居民报销和减免医疗费用3.36亿元。投入资金3.17亿元，建成保障性住房1781套，实施城市棚户区改造700户，完成农村危房改造和抗震安居工程7250户。上级下达公用经费补助资金1195.69万元，9572名小学生、5692名初中学生享受公用经费补助；贫困家庭寄宿制学生补助资金1176.01万元，6921名小学生、4974名初中学生享受贫困家庭寄宿制学生生活补助；营养改善计划中央资金1071.04万元，9474名小学生、5694名初中学生免费享受营养早餐；普通高中国家助学金26.2万元，资助学生419人；中等职业教育国家助学金18.165万元，资助学生245人；中等职业教育学校免学费补助资金50.2万元，享受免学费学生251人；学前教育家庭经济困难儿童资助金6.27万元，资助在园幼儿209人；普通高校家庭经济困难新生入学资助金3500元，资助学生6人。民生支出占财政总支出的83%。招考录用公务员、事业人员、大学生村官和大学生志愿者122名，城镇新增就业人员1955人，城镇登记失业率3.26%。投入抗旱及洪涝救灾资金420万元，发放各类保障金6253.6万元。为563名农民工追讨工资1594.95万元。取消各类行政审批事项101项，承接省州下放行政审批事项113项。县乡村三级政务服务体

① 新农村建设（谭琦/摄影） ② 新建成的双柏汽车客运站（双柏县志办/提供）

系建成运行，累计办理各类行政审批和服务事项40.68万件。

【重点项目建设】 2015年，双柏县以推进列入州“4个100”和县“4个10”的重点项目为抓手，实施规模以上项目151个，投入前期经费216万元。双（柏）新（平）公路开工建设，彩（云）碍（嘉）公路、绿汁江沿江公路建设加快推进，白竹山至里海油路和普龙大桥、底土河桥、下喜鲁桥建成通车，完成通村路面硬化155.6千米。施家河水库开工建设，小沙河水库主体工程、20件病险水库除险加固、马龙河坡耕地综合治理等项目完工。州机动车驾驶人实际道路驾驶技能（科目三）考试场地道路建成投入使用，完成县委党校搬迁主体工程、县法院审判法庭和县森林公安局、县急救中心业务用房建设。报批建设用地2201亩、林地1.77万亩，新增各类融资3.71亿元。

【乡（镇）集镇建设】 2015年，双柏县加大县域城镇体系建设和乡（镇）集镇总体规划编修。县城长青路、兴贸路延长线和东兴路北段人行道改造工程完工投入使用，虎乡大道南延长线、文康路、富康路等城市路网加快建设；查姆湖沿岸建筑特色风貌改造全面完成；鑫和大城、阳光水岸、学府世家等房地产项目有序推进。以创建国家级卫生县城、省级文明县城、园林县城、“双拥”模范县、森林县城和森林城镇为抓手，推进城乡人居环境提升3年行动计划，开展县乡环境综合整治，实施新农村省级重点村和“美丽乡村示范村”建设56个，加快建设大庄、碍嘉、大麦地、法脿4个重点集镇和14个集中统建点。城乡建设用地增减挂钩初见成效，整理置换建设用地574亩。县城垃圾填埋渗滤液处理工程投入运行，污水处理厂管网完善工程开工建设。

［张存浥］

2015年双柏县乡（镇）情况一览表

乡（镇）	面　积（平方千米）	村（居）委会（个）	年末总人口（人）	年末耕地面积（亩）	农业总产值（万元）	粮食总产量（吨）	烤烟总产量（吨）	年末大牲畜存栏（头）
妥甸镇	702.79	18	40948	47695	35217	13824	2100	21835
大庄镇	534.93	13	25772	35190	25260	13606	1290	15796
法脿镇	361.22	13	23517	31946	28303	12455	1605	15616
碍嘉镇	601.63	14	27263	37640	28214	13951	425	16381
大麦地镇	496.97	9	9489	19515	12095	6303	292	14102
安龙堡乡	287.59	8	8857	27740	16620	9236	980	8167
爱尼山乡	655.88	7	12544	31394	24323	10017	850	16620
独田乡	247.14	2	4068	8662	7795	3613	309	6033

（州统计局/提供）

牟定县

【地理位置】 牟定县位于楚雄彝族自治州中部，东连禄丰县，南接楚雄市，西依南华县、姚安县，北靠大姚县、元谋县。县境南北最大纵距57.6千米，东西最大横距53.6千米，总面积1464平方千米，其中平坝区面积占9%、山区和半山区面积占91%。元（谋）双（柏）二级公路纵贯县境南北，姚（安）广（通）三级公路横穿县境东西。县城驻地共和镇，海拔1758米，距州府楚雄市城区32千米，距省会昆明市城区197千米。

【行政区划】 2015年末，牟定县辖共和、新桥、江坡、凤屯4镇，蟠猫、戌街、安乐3乡，共89个村（居）民委员会、771个自然村、1208个村（居）民小组。

【人口民族】 2015年末，牟定县常住人口21.18万人。据公安部门统计，年末户籍人口20.17万人，比上年减少1201人，下降0.59%。其中，男性10.33万人，占总人口的51.2%；女性9.83万人，占总人口的48.8%；城镇人口5.69万人，占总人口的28.2%；少数民族人口4.66万人，占总人口的23.1%。主要少数民族（千人以上）有彝族4.47万人，占总人口的22.2%，占少数民族人口的95.97%。人口出生率11.52‰、死亡率7‰、自然增长率4.52‰。城镇化率32.1%。

【自然概貌】 牟定县地处滇中高原中部，西北高、东南低，地势自西北向东南倾斜，西北山高坡缓，高原面保持较完整；东北谷深坡陡，地表破碎，群山连绵，山脉延缓处呈一小平坝。县境主要河流少，较大河流均沿县境边界环流。河流属金沙江水系，主要有龙川河，源于县境西北部，属龙川江一级支流，贯穿县境中部，流经共和、江坡2镇，境内全长55.5千米，流域面积404.55平方千米；勐岗河，位于县境北部，境内全长31千米，流域面积430.66平方千米，是牟定、姚安、大姚、元谋4县的县界性河流；紫甸河，位于县境西部，属龙川江一级支流，境内全长24千米，流域面积172.09平方千米；冷水河（又名盐柴河），位于县境东北新桥镇境内，属龙川江一级支流，境内流域面积133.25平方千米；观音塘河，位于县境东北，安乐乡与戌街乡交界性河流，属龙川江一级支流，境内全长37千米，流域面积76.08平方千米；六渡河，位于县境东北安乐乡境内，属龙川江一级支流，全长25千米，流域面积81平方千米；大力歪河，位于县境东南江坡镇境内，冬枯夏涝，属季节性河流，境内全长27千米，流域面积

24.7平方千米；小力歪河，位于县境东南江坡镇境内，冬枯夏涝，属季节性河流，全长19千米，流域面积28.73平方千米。其他小河流10余条。

县境内光热资源充足，55%属紫色土，多呈弱酸性，常年平均气温16.2℃，是粮、烟种植适宜区。牟定坝子位于龙川河两岸，南北长17千米，东西宽3～5千米，呈宽带状，总面积80平方千米，海拔在1730～1860米之间，县城位于坝子中部。另有猫街、老纳、田丰及龙丰、戌街、古岩、桃苴、米村、普村、碑厅、马厂、小蒙恩、凤屯、龙泉、双龙、朵苴14个小型坝子，合计面积41.86平方千米。境内大部分地区海拔在1570～1985米之间，最高点为西部三尖山，海拔2897米；最低点为东北部勐岗河底及海子哨村的大箐口，海拔1140米。县境属北亚热带季风气候区。2015年末，有耕地面积20.73万亩，其中水田12.24万亩、旱地8.49万亩，人均有耕地1.02亩；有中、小型水库86座，总库容6423万立方米；有自然保护区3个，面积300.7平方千米（45.1万亩），占全县国土面积的20.58%；有林地面积135.9万亩，人均有林地面积6.7亩。年平均气温16.6℃，比历年平均偏高0.7℃，比上年偏低0.2℃；年降水量999.4毫米，比上年和历年同期偏多159.9毫米和116.6毫米；年日照时数2160.6小时，比历年平均偏少66.8小时，比上年偏少350.1小时。

【资源特产】 牟定县地处川滇台背斜（康滇地轴）三级成矿带，成矿条件优越，矿产门类较多，有部分矿种储量丰富，发现矿产40余种，已探明储量的有金、银、铂钯、铜、铁、钛、钒、铌、铅、镍、硅石、钾长石、蛇纹石、蛭石、方解石、花岗岩、石墨、石膏、蓝石棉、稀土、高岭土、煤炭等20余种，其中稀土矿、铂钯矿、高岭土矿、硅矿的基本资料完备。有种子植物149科、464属、874种，其中裸子植物8科、13属、22种；有被子植物141科、451属、852种。被子植物中有双子叶植物124科、371属、743种，单子叶植物17科、80属、109种。有兽类36种、鸟类98种、两栖类5种、爬行类7种；兽类中的皮毛革兽12种，医药、实验用兽13种，狩猎兽3种，鼠类7种，其他兽类1种；鸟类中有留鸟85种、冬候鸟6种、夏候鸟7种。特产有力石酒、喜鹊窝酒、化佛茶、油腐乳、铜炊锅、腌菜罐、砂土锅等。腐乳是县内主要轻工业产品。2015年末，有腐乳企业16户，产量5000吨，产值1.2亿元。

【经济状况】 2015年，牟定县实现地区生产总值38.1亿元，按可比价格计算，比上年增长11.1%。其中，第一产业实现增加值10.92亿元，增长6.2%，对经济增长的贡献率14.1%，拉动经济增长1.6个百分点；第二产业实现增加值12.64亿元，增长16.2%，对经济增长的贡献率52.7%，

牟定化湖夜景（高建波/摄影）

城旅游区、石羊古镇旅游区和百草岭帽台山旅游区。有旅游景观7个种类129处，其中自然景观44处，包括地理人文景观17处、水域风光11处、生物景观16处；人文景观85处，包括古迹建筑39处、城市景观3处、民俗风情38处、名特产品生产15处。地方产品独具特色，久负盛名的有大姚核桃、小把粉丝、野坝子蜂蜜、彝药产品等，是著名的“中国核桃之乡”“全国百个经济林产业示范县”，其中“大姚核桃”荣获“国家地理标志保护产品”称号，被国家工商总局商标局认定为“驰名商标”。

【经济状况】 2015年，大姚县实现地区生产总值57.59亿元，比上年增长11.7%，三次产业结构比为30∶33.2∶36.8。完成固定资产投资（不含农户）66.41亿元，增长25.4%；实现地方财政总收入5.44亿元，下降0.6%；一般公共预算收入4.22亿元，增长7.1%；实现社会消费品零售总额21.28亿元，增长12.5%；城乡居民人均可支配收入分别为26813元和7960元，分别增长9.5%和11.2%；居民消费价格总水平控制在2.5%以内，常住人口城镇化率30.45%。

实现农业总产值32.74亿元，比上年增长5.9%。粮食作物播种面积46.8万亩，粮食总产量14.5万吨，增长1.7%。种植烤烟5.8万亩，收购烟叶8190吨，实现产值2.41亿元。实施核桃集约化经营4.7万亩，核桃产量2.5万吨产值7.5亿元，农民人均核桃收入3626元。实施花椒集约化经营2万亩，新种植花椒3.9万亩，总面积34.1万亩，产量1850吨、产值1.03亿元。新栽桑5113亩，累计桑园7.63万亩，养蚕4.66万张，产茧1813.6吨，实现产值6401.1万元。培植特色产业，种植辣椒1.54万亩、魔芋2.15万亩、百合1500亩、高山反季蔬菜4900亩；人工栽培食用菌83.3万平方米、鲜食葡萄2750亩；种植中药材3.7万亩，产值2.5亿元。畜牧产业规模养殖1420户，实现肉类总产量4.1万吨，畜牧业产值10.6亿元，增长3%。培育发展省级重点农业龙头企业1家、州级重点农业龙头企业3家，有农业产业化经营省级重点龙头企业6家、州级重点龙头企业15家。大姚县泗溪特色蔬菜种植专业合作社、大姚县彝丽核桃专业合作社、大姚三台核桃种苗专业合作社3家农民专业合作社被评定为“国家农民合作社示范社”。

实现工业总产值64.93亿元，比上年增长15.6%。工业园区基础设施完成投资1.3亿元，南山坝工业片区二期场地平整、机械铸件加工区道路建设、第二自来水厂、金碧工业片区13号道路建设项目顺利完成；建设标准厂房4.23万平方米，新入园企业4户，累计入园企业55户。推进楚雄矿冶持续接替工程、桂花铜选冶有限公司技改扩建、金碧制药有限公司技改搬迁、机械厂退城入园等项目，启动实施七彩丝绸有限公司真丝系列产品项目、绿色能源示范县建设项目、花椒精深加工等项目，茅稗田、凉风坳风电场建成竣工达产，大中山、老尖山风电场投产发电，大古衙光伏发电项目顺利推进，被命名为“中国新能源产业百强县”。有非公企业9157户。新增助保金贷款2600万元，扶持微型企业230户。云南森阳林木种植有限责任公司、大姚东兴食品有限公司、大姚顺达农林科技有限公司3家企业名被认定为省级龙头企业，有省级林业产业化龙头企业11家。

实现第三产业增加值21.2亿元，

大姚蜻蛉湖片区新貌（陈维寿/摄影）

比上年增长12.3%。推进石羊古镇、西河文化、湾碧傣族风情旅游小镇等旅游重点项目建设，成功举办孔子文化节和核桃文化节暨首届彝绣文化节，石羊古镇荣获“全国特色景观旅游名镇”称号，大姚县咪依噜民族服饰制品有限公司荣获“云南特色文化产业知名品牌”称号。接待国内外游客57.31万人次，增长9%；实现旅游业总收入3.17亿元，增长15%。有电子商务企业10户，实现销售收入867万元。

实现全社会消费品零售总额21.2亿元，增长12%。新签约招商项目81个，到位州外资金54.12亿元，增长34.6%。完成一般公共预算支出19.19亿元，比上年增加7962万元，增长4.3%。完成政府性基金预算收入3742万元，比上年减少2054万元，下降35.4%。完成基金支出8345万元，比上年减少1.08亿元，下降56.4%。完成社会保险基金收入2.51亿元，支出2.2亿元。金融机构人民币年末存款余额72.96亿元，增长23.3%；贷款余额50.48亿元，增长48.6%。

争取到项目资金288项8.45亿元，完成政府性融资11亿元。完成《大姚县城总体规划（修改）（2015～2030）》《大姚县昙华山省级风景名胜区总体规划（2013～2033）》上报评审。县城建成区面积8.4平方千米，建成“省级文明县城”。完成统筹城乡转户51170人，县城常住人口7.6万人，常住人口城镇化率32.31%。

推进美丽宜居乡村建设，实施“一事一议”财政奖补项目117个、美丽乡村项目1个、以工代赈项目3个、移民后期扶持项目18个、易地扶贫搬迁项目1个、省民族团结示范村1个、特色村寨建设项目1个、州少数民族机动金项目9个。顺利完成金沙江观音岩水电站建设移民搬迁安置任务。实施通村路面硬化345千米，完成交通投资2.55亿元。新建农村水窖7500口，实施农村饮水安全项目35件，解决8389人饮水困难，完成水利投资3亿元。

【教科文卫】 2015年末，大姚县有完全中学2所，普通高中教学班104个，有在校学生5332人，其中寄宿生5105人，年内招收学生1868人、毕业学生1652人。有普通初级中学12所，其中九年一贯制学校3所；教学班203个，比上年减少2个班；有在校学生9258人，其中寄宿生9013人；年内招收学生3080人、毕业学生2965人。有普通小学108所，其中完全小学41所，有教学班616个；在校学生15722人，其中寄宿生11300人；年内招收学生2552人、毕业学生3031人。有幼儿园25所，其中社会力量办学幼儿园13所，有在园幼儿5142人，年内入园幼儿2982人。有职业技术教育学校1所，在校学生718人，年内招收学生194人、毕业学生799人。有普通中学公办教职工1182人，其中专任教师1078人；有普通小学公办教职工1275人，其中专任教师1202人；职业教育中心公办教职工93人，其中专任教师66人；幼儿园教职工203人（公办教职工115人），专任教师142人（公办专任教师99人）。2015年，全县继续深入打造教育名县品牌，学前教育3年、1年入园（班）率分别达76.62%、96.02%，小学适龄儿童入学率99.96%，初中阶段毛入学率106.32%，高中阶段毛入学率81.6%，高考总上线率99.46%。

强化科技成果管理，做好州级科技进步奖推荐工作，向州人民政府推荐2014年度重大科技成果5项。争取省州专利申请费用资助，发放资助金13570元。组织申报专利37件。结合特色产业发展优势，组织申报国家、省、州科技计划项目26项，争取扶持资金294万元。组织企业申报省级高新技术企业等相关认定34项（人）。

有艺术表演团体1个，群众文化馆、文物管理所、档案馆、公共图书馆各1个，乡（镇）文化广播服务中心12个。建成地面卫星接收站15个，全县电视综合人口覆盖率98.5%，广播综合人口覆盖率97.7%。完成公共图书馆虚拟网络集群及馆藏书目数据库建设工作，馆藏图书书目数据库录入书目数据59384条。群众性文体活动蓬勃开展，竞技体育水平不断提高，组队参加州第十三届运动会，金牌总数名列全州第三。

有各级各类医疗卫生机构197个，其中国家医疗卫生机构19个（县级医疗卫生机构5个、乡镇卫生院14个），村卫生所（室）146个，专业公共卫生机构3个，个体诊所28个。全县实有病床1260张，平均每千人拥有床位4.52张。医疗卫生机构从业人员1424人，其中乡村医生522人、个体诊所医务人员74人，有卫生技术人员1062人，平均每千人拥有卫生技术人员3.8人。医疗卫生覆盖率100%，县、乡、村三级医疗预防保健网络健全。石羊、三台、赵家店、昙华4个乡（镇）卫生院建设顺利推进，县妇幼保健院、老年护理院等民生项目加快推进，完成县疾控中心业务用房建设。全面开展居民健康建档、慢性病管理、免费婚检等公共卫生服务。新型农村合作医疗参合率

2015首届大姚彝绣文化节（起云志/摄影）

10932人、生育保险3444人，参加城镇居民基本医疗保险15406人，参加城乡居民社会养老保险122846人。有18.32万人参加新型农村合作医疗保险，参合率99.29%；参合患者就诊59.43万人次，发生医疗费用1.09亿元，实现医疗费减免6502.24万元。有18.32万人参加新型农村合作医疗大病补充保险，参保率100%；新农合大病保险赔付案件638件，赔付金额208.53万元。

发生各类安全生产事故18起，比上年减少3起，下降14.29%；死亡8人，比上年减少1人，下降11.11%；受伤9人，比上年增加5人，增长125%；直接经济损失18.34万元，比上年减少110.92万元，下降85.81%。亿元GDP安全生产事故死亡0.17人。

【教育信息化建设】 2015年，元谋县加大教育信息化建设投入。投资821.7万元采购电脑1660台，建设学生用计算机教室73间；投资775.91万元建设交互式LED液晶一体机教室458间；投资427.58万元建设高配型互动录播教室3间、标准型互动录播教室17间；投资224.3万元建设68所中小学校园网；投资98.27万元建设11所中学数字校园广播系统；投资343.1万元采购教师备课电脑811台。10月19日，县教育信息化建设项目在州内首家通过州教育信息化工作领导小组竣工验收，实际完成总投资2690.83万元，项目覆盖高中1所、初中10所、小学57所，教学班719个，学生25028人，教师1756人。县内中小学班级与多媒体配比达1：1，计算机生机比小学20：1、初中10：1、高中7：1；68所中小学建有校园网，班班接通宽带网络；70%的中小学教师配备备课电脑；4～9年级开设信息技术课。

【绿色蔬菜水肥一体化集成技术推广】 2015年，元谋县结合产业实际，从农业节水灌溉、提高肥料利用率等方面，探索适合元谋绿色蔬菜生产发展的高效节水滴灌水肥一体化集成技术。开展蔬菜种植高效节水滴灌水肥一体化集成技术试验示范，综合配套运用良种品种、秸秆还田、工厂育苗、地膜覆盖、膜下滴灌、增施有机肥、配方施肥、“人”字形搭架、病虫害绿色防控、保水剂应用等配套技术，提升绿色蔬菜生产品质。共推广绿色蔬菜节水滴灌水肥一体化集成技术12万亩，平均每亩单产2578千克，比非示范区增产430千克，增长20%。12万亩绿色蔬菜实现总产量30.94万吨，总产值8.38亿元，年新增产值2亿元，扣除各种新增生产费用2408.8万元，实际纯收益1.76亿元，科技推广收益率13.7%。12月，元谋县绿色蔬菜水肥一体化集成技术项目被省农业厅评为科技成果推广一等奖。

【云南元谋2015果蔬展洽会】 2015年12月30～31日，元谋县人民政府在元谋体育馆举办以“绿色元谋、共享元谋、开放元谋”为主题的“云南元谋2015果蔬展洽会”。州政协主席杨静，州委常委、副州长任锦云，三峡集团公司移民局局长姚元军等领导及专家、金融家、客商230余人出席活动。展洽会共有开幕式、果蔬产品展示、广场舞大赛、果蔬产业发展论坛、招商推介会暨项目签约仪式、果蔬展洽会、美食烹饪大赛、果蔬选美大赛、风光摄影作品及书画展、闭幕式等活动10个，邀请龙头企业27户、客商57位参加展出果蔬品种46个；果蔬选美大赛有企业、协会及种植大户75户参赛，选出“果蔬之王”11户；果蔬产业发展论坛有各级领导及全县各部门、10个乡（镇）110人参加，总结元谋县果蔬产业发展经验，研究探讨产业发展的现状和问题，收到论文23篇；广场舞大赛有78支代表队500余人参赛；印发《美丽元谋》《元谋投资指南与重点招商项目》《元谋旅游指南》《元谋果蔬》等宣传推介资料150余套，太平洋华佗建设集团、云南凤凰文化旅游实业公司等84户企业参加招商推介暨项目签约仪式，签约项目16个，协议总投资137.2亿元。新华网、人民网、云南网、云南信息港等15家国家、省、州、县级新闻媒体对活动作深入报道。活动期间，在网站、电视、电台、微博、微信、QQ群等平台发布展洽会相关信息76条，其中在《人民日报》刊发1条，利用“美丽元谋”微信公众号和“云南通·元谋”党政客服端等新媒体实时播报活动情况。

［张　错］

2015年元谋县乡（镇）情况一览表

乡（镇）	面　积（平方千米）	村（居）委会（个）	年末总人口（人）	年末耕地面积（亩）	农业总产值（万元）	粮食总产量（吨）	烤烟总产量（吨）	年末大牲畜存栏（头）
元马镇	132.37	13	59180	42157	65437	24148		10487
黄瓜园镇	174.94	11	37496	36733	48201	14899		9924
羊街镇	258.79	10	18078	16320	14795	7178	1050	9804
老城乡	250.70	10	27558	27198	32772	12306	327	13821
物茂乡	248.45	5	16455	17048	22737	6402	20	7531
平田乡	167.19	5	14661	18360	20171	6241		8945
江边乡	254.96	8	16494	15984	20043	7980	350	10251
新华乡	201.79	4	8003	8926	6155	3708	300	5861
姜驿乡	254.67	8	13687	23663	10890	6071	513	11790
凉山乡	81.70	4	4084	4561	4548	2090	150	3749

（州统计局/提供）

武定县

【地理位置】 武定县位于楚雄彝族自治州东北部，东邻昆明市禄劝县，南接禄丰县和昆明市富民县，西与元谋县接壤，北隔金沙江与四川省会理县相望。县境南北最大纵距94千米，东西最大横距56千米。县人民政府驻地狮山镇，海拔1740米，距州府楚雄市城区160千米。

【行政区划】 2015年末，武定县辖狮山、高桥、猫街、插甸、白路、万德、己衣7镇，田心、发窝、环州、东坡（傣族乡）4乡，133个村（居）委会，1572个村（居）民小组。行政区域面积3322平方千米。

【人口民族】 2015年末，武定县有户籍人口275829人，比上年减少861人。其中，女性人口135219人，占总人口的49.02%；非农业人口59474人，占总人口的21.56%。有少数民族人口153416人，占总人口的55.62%，主要少数民族（千人以上）有彝族87762人、傈僳族31875人、苗族23373人、傣族7752人、回族1083人。人口出生率11.67‰、死亡率7.03‰，人口自然增长率4.64‰。

【自然概貌】 武定县地处三台（习称乌蒙）山区，境内多山，山势走向北高南低，河流走向与山势相反，南高北低。山地面积占总面积的96%。地势东西两侧及西南部高，北部低，东南部较开阔，中北部受勐果河深切割，地形破碎，形成峡谷。县境属低纬高原季风气候区，气候垂直变化明显，类型多样。境内长于10千米的河流有22条，除猫街镇河底河向南流入星宿江外，其余均为金沙江水系，分别由东、西、北3个方向出境。最大河流勐果河在县境全长97千米。最低点为己衣乡新民村大沙地，海拔862米；最高点为己衣乡白龙会峰，海拔2956米。年平均气温15.9℃，年日照时数2268.9小时，年降雨量892.8毫米，极端最高气温33.8℃，极端最低气温-3.2℃。

【资源特产】 武定县境内矿产资源丰富，有钛、铜、铁、铅锌、木纹石等10余种矿体。其中，探明储量的有铁矿2.46亿吨、钛矿1800万吨、铜矿6.68万吨。东坡、田心、己衣、万德4个乡（镇）大部分地区处于干热河谷地带，天然温室孕育着香蕉、甘蔗、小粒咖啡、印楝等经济作物；插甸、发窝、猫街、白路、环州5个乡（镇）大部分地区处于高寒冷凉地带，适宜种植中草药、高山反季无公害蔬菜；处于中海拔地区的狮山镇和高桥镇适宜种植优质米、烤烟等粮经作物。有自然保护区1个，保护区面积21255亩。森林覆盖率55.3%。中草药资源有800余种，鸡纵、干巴菌、松茸等野生食用菌和板栗、核桃、野坝子蜂蜜等特产备受国内外市场青睐。武定壮鸡以体大、肉嫩、骨酥、味美而著名。旅游资源得天独厚。位于县城西南的狮子山，集雄、古、奇、秀为一体，是国家4A级风景名胜区和旅游、避暑、科考基地。有插甸水城河、九厂响水箐、己衣大裂谷、猫街新村湖等旅游资源。

【经济状况】 2015年，武定县实现地区生产总值（GDP）55.57亿元，按可比价计算，比上年增长11.3%。其中，第一产业实现增加值15.52亿元，增长6%，对经济增长的贡献率为15.42%，拉动经济增长1.74个百分点；第二产业实现增加值15.98亿元，增长13.8%，对经济增长的贡献率为36.75%，拉动经济增长4.15个百分点；第三产业实现增加值24.07亿元，增长13.2%，对经济增长的贡献率为47.83%，拉动经济增长5.41个百分点。第一、二、三产业增加值占生产总值的比重由上年的32.7∶35.5∶31.8调整为27.9∶28.8∶43.3。全员劳动生产率（按从业人员计算的人均GDP）28831元／人，按公安户籍人口计算的人均GDP为20115元。非公有制经济增加值24.44亿元，比上年增长12.5%，占地区生产总值的44%，与上年持平。

实现农业总产值28.3亿元，按可比价计算，比上年增长5.9%。其中，种植业产值11.36亿元，增长4%；林业产值7331万元，下降6%；畜牧业产值14.47亿元，增长7%；渔业产值1484万元，增长13.7%；农林牧渔服务业产值1.58亿元，增长16.8%。粮食作物种植面积41.4万亩，比上年增加1887亩，增长0.5%；经济作物种植面积26.43万亩，比上年增加3.07万亩，增长13.2%。粮食总产量12.6万吨，

武定县城全景（州住建局/提供）

增长1.5%；肉类总产量5.65万吨，下降3.7%；禽蛋产量1368吨，增长8.7%；蜂蜜产量125吨，增长6.8%；水产品产量1138吨，增长12.7%。大牲畜出栏6.15万头，下降10.9%，年末存栏11.78万头，增长1.2%；生猪出栏43.85万头，下降1.5%，年末存栏30.1万头，增长4.9%；羊出栏16.12万只，下降7.2%，年末存栏21.68万只，增长3.8%；家禽出栏489.9万羽，下降8.1%，年末存栏201.81万羽，增长4.3%。

规模以上工业实现产值27.05亿元，比上年增长3.35%，增加值8.66亿元，按可比价计算，增长19%。规模以上工业企业实现利税总额9948万元，下降29.29%；实现利润5914万元，下降19.44%；主营业务收入22.97亿元，增长15.23%。9个资质建筑企业完成总产值7.98亿元，比上年增长53.19%；实现利润2094万元，增长34.39%；实现税金2747.4万元，增长17.48%。完成规模以上固定资产投资67.28亿元，增长29.37%。新增固定资产46.1亿元，增长42.19%。新开工项目107个，增长33.7%。实施招商引资项目105个，累计到位资金50.01亿元，比上年增长26.71%，其中省外到位资金30.48亿元，增长18.07%。

农业机械总动力29.8万千瓦，增长6.05%；农用拖拉机6432台，增长2.78%。农用化肥施用量（折纯）15125吨，增长5%；农药施用量250吨，增长0.8%；农村用电量4015万千瓦时，增长5%。

年末，县内公路通车里程1487.5千米（不含高速、国道及省道）。境内高速公路51千米，国道94.5千米，省道48.7千米。完成货运周转量2.17亿吨千米，增长9.36%；客运量399.3万人次，下降0.18%，旅客周转量1.97亿人千米，增长2.96%。有133个村（居）委会通电。完成邮电业务总量1.59亿元，比上年增长13.7%，其中邮政业务总量672万元，增长9.5%。年末拥有固定电话用户6297户，移动电话用户15.65万户。接待游客206.4万人次，比上年增长15.2%，实现旅游业总收入9.87亿元，增长17.4%。

完成财政总收入6.12亿元，比上年减少7687万元，下降11.15%，其中公共财政预算收入5亿元，与上年持平。公共财政预算支出20.52亿元，增长10.92%。实现社会消费品零售总额19.96亿元，增长12.5%。其中，城镇实现14.11亿元，增长13.22%；乡村实现5.85亿元，增长10.75%。居民消费价格总水平比上年上涨2.8%，商品零售价格总水平上涨1.1%，农业生产资料价格总水平增长4.1%。

年末金融机构人民币存款余额64.08亿元，比上年增长11.35%，其中储蓄存款38.88亿元，增长12.87%；贷款余额40.7亿元，增长16.5%。保险企业实现保费收入1.11亿元，增长21.9%，已决赔款2621万元。

武定罗婺彝寨特色街（武定县志办/提供）

【教科文卫】 2015年末，武定县有各级各类学校163所，其中高级中学1所、完全中学1所、教师进修学校1所、职业高级中学1所、初级中学11所、九年一贯制学校2所、小学122所，幼儿园24所（其中私立15所）。有在校学生38778人，专任教师2393人。其中，普通高中在校学生3903人，专任教师278人，高考总上线率94.9%；职业中学在校学生331人，专任教师39人，高中阶段毛入学率79%；初中在校学生9893人，初中学龄人口入学率99.95%，专任教师722人；小学在校学生18955人，专任教师1209人，学龄儿童入学率99.96%；三类残疾儿童入学率92.06%；幼儿园在园幼儿5696人，专任教师145人，学前三年入园率78.01%、学前一年入园率94.05%。有在职在编教职工2545人，其中专业技术人员2454人，行政人员14人，工管人员77人；教师学历合格率分别为高中96.46%，初中100%，小学（含幼儿园）96.18%。

申报各类省、州级以上科技计划项目18项，批准立项9项，其中省级立项3项、州级立项6项。受理专利申请42件，批准专利28件。申报省级科技示范园2个、优质种植基地2个，“武定鸡良种选育扩繁研究应用及熟制产品精深加工产业化”“续断、黄草乌规模化种植及加工提取关键技术研究与示范”和“武定县魔芋规范化种植示范”项目获省科技厅批准立项，获项目经费370万元。参与科技“三下乡”“科技活动周”等科普日宣传活动7场次，受益群众65865人次，展出科普展板1042块，发放科普资料挂图6.21万份，开展科技咨询服务4485人次。申报中国科协项目2个、省级科普惠农兴村计划项目1个、省级科普项目1个、州级科普惠农项目6个。征集2016～2018年省级科普项目、科普惠农兴村计划储备库建设项目6个，争取到项目资金83万元。举办知识产权专题宣传2次，现场办公2次，咨询群众389人，发放宣传资料589份。成立企业科协3个，申报科技专家服务站1个，发展农民专业合作组织17个，新增会员700人，累计发展农民专业合作组织348个、会员人数

12430人。成立乡（镇）农民合作组织联合会分会3个，举办骨干培训3次200余人。申报省科学技术奖1项；申请州级科技成果评定2项，完成评定1项；受理县科学技术奖14项。

有专业艺术表演团体1个、图书馆1个藏书14万册，建成乡（镇）综合文化站11个、村级文化室162个、农民文化素质网络培训学校11所、农家书屋134个、文化信息资源共享工程基层服务点117个。县图书馆接待读者1.23万人次，各乡（镇）综合文化站开放图书阅览室、电子阅览室、文化阅览室，服务群众3.94万人次。举办春节百村群众文体活动，11个乡（镇）133个村委会（社区）参加，参加人数9.87万人次。举办迎春书法、绘画、摄影作品展，展出作品140件。举办武定风光摄影大赛，评选出优秀作品79件。举办首届退休老干部书画摄影展，展出作品71件。举办非物质文化遗产项目代表性传承人培训班1期，参加培训560人次。举办狮山大道迎新春广场舞大赛，参赛队员500名。牡丹文化旅游节期间，10余支业余文艺队到狮子山景区为游客演出24场，观众2.21万人次。以宣传武定人文风情为主要内容的《武定之歌》创作录制完成，电影电视《带着耳朵走武定》开机拍摄。组织《白路彝族特色酒歌》参加楚雄州“全国第十个文化遗产日”酒歌展演，受到专家和观众的好评。县图书馆、电影事业管理站、演艺公司送演出下乡36场次，送图书下乡1200册，放映农村公益电影627场次。各乡（镇）利用民族传统节日举办农民篮球运动会26场次，参加人数3.62万人次。广播、电视覆盖率分别为97.9%、99%。有非物质文化遗产名录8项，其中国家级1项、省级2项、州级5项；有非遗项目代表性传承人51人，其中省级4人、州级11人、县级36人。实施总投资600万元、建筑面积3000平方米的县图书馆建设项目。投资80万元在县城体育广场建设300平方米大舞台1个。投资30万元，实施猫街镇综合文化站小广场项目1个。180余支广场舞蹈队和160余支业余文艺队开展文艺演出活动和广场舞活动，参加人数13.25万人次。参加第十三届州运会，获得金牌21枚。体育健儿参加州级及以上体育竞技比赛获得奖牌46枚，其中金牌22枚、银牌15枚、铜牌9枚。

武定县香水中学（胡德云/摄影）

有医疗机构31个，其中县级医疗机构6个、乡（镇）卫生院11个、疾病预防控制中心1个、卫生监督所1个、计划生育服务中心12个。医院和卫生院有床位1444张，其中县级医疗机构床位1224张。有卫生技术人员1004人，其中执业医师及执业助理医师306人。新型农村合作医疗参合23.22万人，参合率99.18%，报销减免77.46万人次，支付合作医疗基金8915.98万元，新农合政策范围内住院费用支付比例80%、门诊统筹支付比例55.45%。按疾病诊断分组（DRGs）付费制报销2319例，报销金额486.44万元。实施基层中医药服务能力提升工程，11个乡（镇）卫生院均能有效提供中医药服务；115个村卫生室中有87个能有效提供中医药服务，占全县村卫生室的75.6%。制定出台《武定县县级公立医院综合改革实施方案》和《武定县县乡村医疗服务一体化管理实施方案》，在县人民医院、狮山镇卫生院、插甸镇卫生院、高桥中心卫生院、猫街镇卫生院实施县乡村医疗服务一体化管理。县人民医院成功创建二级甲等综合医院，武定中医院成功创建二级乙等中医院。11个乡（镇）卫生院通过评审，其中“优秀乡（镇）卫生院”1家、一级甲等乡（镇）卫生院6家、一级乙等乡（镇）卫生院4家。

【社会生活】 2015年，武定县城镇常住居民人均可支配收入26841元，增长9.7%，城镇居民家庭恩格尔系数30%。农村常住居民人均可支配收入7592元，比上年增长12%，农村居民家庭恩格尔系数47.9%。农民人均纯收入9950元，增长12.54%。农民人均生活消费支出4848元，增长18.22%。年末，有从业人员193246人。其中，从事农业产业127156人，占65.8%，比上年下降0.9个百分点；从事非农产业66090人，占34.2%，增长0.9个百分点。城镇居民人均住房面积56.99平方米，农村人均住房面积35.6平方米。电话普及率59部/百人，互联网用户12287户。

有14502户41690人领取最低生活保障金。其中，纳入城镇低保7245户16812人，发放低保金5765.1万元，月人均补差286元；纳入农村低保7257户24878人，发放低保金4269.8万元，月人均补差143元。有养老院11个，纳入五保供养人员1133人（集中供养772人、分散供养361人），发放供养金215.6万元。开展农村医疗救助3105人次，发放救助金486.8万元；开展城市医疗救助253人次，发放救助金40.5万元。发放农村60周岁以上退伍军人生活补助90.94万元、义务兵优待金87.08万元。发放企业失业下岗重点优抚对象生活困难补助20.15万元，救助优抚对象住院治疗455人次，支付补助金76.57万元。为全县131名孤儿和30名事实无人抚养儿童发放基本生活保障金202.7万元，为1752人次城镇和农村困难群众发放临时救助资金117万元。有在岗职工1.24万人，工资总额5.82亿元，职工年平均工资4.79万元，比上年增长14.41%。城镇登记失业率3.2%，城镇化率31.32%，城市生活污水集中处理率100%，城市垃圾无害化处理率100%。

职工参加养老保险6770人，参加失业保险4239人，参加医疗保险12837人。参加新型农村合作医疗23.22万人，参合率99.18%。参加社会养老保险16.22万人。征缴各项社会保险金1.36亿元，支出1.74亿元，其中城镇养老保险支出5185万元。城镇新增就业2011人，下岗失业人员实现再就业1306人，就业困难人员实现就业405人。开展创业就业培训240人，完成农业富余劳动力技能培训884人，开发公益性岗位300个，累计支出再就业专项资金367万元。发放“贷免扶补”创业贷款50户250万元、失业人员小额担保贷款80户400万元，带动718人创业就业。用人单位共签订劳动合同7246份，签订率100%。企业退休人员社会化管理率100%。慰问企业退休人员176人，发放慰问金5.78万元，为1321名农民工追讨工资1297.6万元。投入扶贫资金23.53亿元，实施整村推进33个项目，年末绝对贫困人口79505人。

发生生产安全事故25起，死亡5人，受伤27人，直接经济损失463.93万元，亿元生产总值生产安全事故死亡人数0.09人。发生交通事故860起，死亡19人，受伤293人，直接经济损失107万元。

【“武定壮鸡”获国家地理标志产品保护】 2015年，武定县大力推动武定壮鸡产业化发展。县人民政府投入资金350万元，扶持保种孵化户、规模养殖户、产业营销大户及武定壮鸡餐饮店发展。至年末，有年出栏1000只以上武定壮鸡养殖户1213户、年出栏1000只以上的养殖户75户。年内，“武定壮鸡”国家地理标志保护申请获国家质检总局批复。

【武定县美焕黑山羊被国家农业部认证为无公害农产品】 2015年10月，武定县美焕黑山羊养殖专业合作社申报的肉羊通过国家农业部无公害农产品认证评审，成为农业部认证的无公害畜产品。成立于2013年3月的武定县美焕黑山羊养殖专业合作社，是一家从事黑山羊养殖、销售的农民专业合作社，其养殖基地位于狮山镇陈官村委会上厂村，生产规模500只。

［王　飞］

高山反季蔬菜种植（武定县志办/提供）

2015年武定县乡（镇）情况一览表

乡（镇）	面积（平方千米）	村（居）委会（个）	年末总人口（人）	年末耕地面积（亩）	农业总产值（万元）	粮食总产量（吨）	烤烟总产量（吨）	年末大牲畜存栏（头）
狮山镇	384.06	28	83649	62816	53269	33409	850	16694
高桥镇	396.81	17	36234	39188	42795	18279	1460	13113
猫街镇	438.19	15	27205	32216	29108	14871	1300	13208
插甸镇	306.28	12	23910	26326	23722	11343	420	9830
田心乡	134.07	7	18772	19487	19903	8377	670	10807
发窝乡	267.76	11	14114	16224	17427	6810	380	7643
白路镇	223.58	10	14540	18363	25277	3933	2330	10172
万德镇	204.35	8	15799	22721	19765	7579	1070	8810
己衣镇	216.61	9	15663	22682	19449	9348	1230	11142
环州乡	205.81	8	11344	13882	15535	4705	1240	8146
东坡乡	168.56	8	14599	16330	16720	7358	140	8244

（州统计局/提供）

禄丰县

【地理位置】 禄丰县位于楚雄彝族自治州东部。东与昆明市富民县、安宁市和西山区接壤，南连双柏县和玉溪市易门县，西倚楚雄市和牟定县，北邻元谋县和武定县。东西最大横距76千米，南北最大纵距68千米，国土面积3536平方千米。县人民政府驻地金山镇，海拔1565米，东距省会昆明市城区97千米，西距州府楚雄市城区83千米。

【行政区划】 2015年末，禄丰县辖金山、广通、碧城、仁兴、勤丰、一平浪、彩云、土官、黑井、和平、恐龙山11个镇，中村、妥安、高峰3个乡，设社区居委会8个、村民委员会157个，有村民小组2122个（不含社区居委会村民小组）。

【人口民族】 2015年末，禄丰县有常住人口43.06万人。按公安部门户籍人口统计，年末全县总人口423883人，比上年减少675人，其中农业人口310588人、非农业人口113295人。在总人口中，汉族人口312795人，占73.8%；少数民族人口111088人，占26.2%。有彝族人口80427人，占总人口的19%，占少数民族人口的72.4%，千人以上的少数民族有彝族80427人、苗族18710人、回族6003人、傈僳族2881人、白族1053人。人口出生率11.51‰、死亡率7.03‰，人口自然增长率4.48‰。

【自然概貌】 禄丰县处于滇中高原东南部，属金沙江、元江两大水系上游分水岭地带，主要河流有星宿江、龙川江，地表崎岖，山岭纵横，山地、丘陵、山间盆地交错。山区（包括山地、丘陵）面积占全县总面积的91.9%，坝区面积占8.1%。境内地势东高西低，山脉多为南北走向，最高点在碧城老青山，海拔2754米；最低点在川街小江口，海拔1309米；县城所在地海拔1560米。面积在2平方千米以上4平方千米以下的坝子9个、4平方千米以上的坝子16个，其中面积较大的是罗次坝子、金山坝子和罗川坝子，坝区面积289平方千米。2015年末，县城建成区面积9.16平方千米，其中绿地面积4038.9亩，绿地率30.39%，绿化覆盖率33.18%。建成街道66条，总长59.65千米，总面积114.27万平方米。年降雨量1044.6毫米，年平均气温16.5℃，年日照时数2159小时。城市生活污水集中处理率90%，城市垃圾无害化处理率100%，城区大气降尘量每平方千米94.65吨，优良以上空气质量达标率99.7%。

【资源特产】 禄丰县境内矿产资源丰富，已查明的金属、非金属矿产有铜、铁、盐、钛、煤、芒硝、石英砂等29种，初步形成采矿、冶金、铸造、化工、机械、建材等多种产业发展格局。食盐、禄丰香醋等产品在省内外具有较高知名度。昆明、滇中两大电网覆盖全境。主干河流龙川江、星宿江分别途经辖区51千米和44千米。人文、自然景观众多，是著名的恐龙之乡、化石之仓。恐龙化石、腊玛古猿化石和川街老长箐（恐）龙（蛇颈）龟共存化石奇景名播天下；黑井古镇、炼象关、琅井魁阁楼等古屋名瓯及星宿桥、五马桥、向天坟、文笔塔等文物瑰宝极具观赏和研究价值；五台山景区、石门水库景区、东河水库景区等自然风景区峰峦叠翠，景致清新，湖光山色令人流连忘返。

【经济状况】 2015年，禄丰县实现地区生产总值（GDP）115.73亿元，按可比价格计算，比上年增长7%。其中，第一产业增加值27.22亿元，增长6.1%，拉动经济增长1.4个百分点；第二产业增加值36.29亿元，增长5%，拉动经济增长1.8个百分点；第三产业增加值52.22亿元，增长9.1%，拉动经济增长3.8个百分点。第一、二、三产业对生产总值增长的贡献率分别为19.3%、26.1%和54.6%，第一、二、三产业增加值占生产总值的比重为23.5%、31.4%、45.1%。人均生产总值（GDP）26890元，比上年增长5.5%。非公有制经济增加值56.99亿元，占全县地区生产总值的49.2%。居民消费价格总水平比上年增长2.7%。居民消费价格中，食品价格增长4.7%，其中粮食价格增长0.2%、烟酒及用品价格下降1%，衣着价格增长9.1%，家庭设备用品及维修服务价格增长4.4%，医疗保健和个人用品价格增长1.5%，交通和通讯价格下降0.1%，娱乐教育文化用品及服务价格增长1.4%，居住价格下降0.1%，服务项目价格增长1%。商品零售价格总水平增长3%，农业生产资料价格总水平增长0.9%。

冶金制造、能源化工、现代烟草、建筑建材、绿色食品、文化旅游6大重点产业实现总产值168.82亿元，比上年下降7.6%；实现增加值64.09亿元，比上年增长1.7%，占地区生产总值的55.4%。工业园区入园企业72户，其中年内新增10户，实现工业总产值96.79亿元，比上年下降18.9%；实现增加值14.48亿元，下降20.8%。

2月25日，州委书记侯新华（前排右一）到禄丰县调研（禄丰县志办/提供）

2015年提升改造后的西河烟柳（禄丰县志办/提供）

实现农林牧渔业总产值45.92亿万元，按可比价格计算，比上年增长6%。粮食作物种植面积63.43万亩，比上年增加8167亩，增长1.3%；经济作物播种面积54.23万亩，比上年增加2.51万亩，增长4.8%；粮食产量20.9万吨，增长1.4%，其中秋粮15.23万吨、增长0.8%，夏粮5.67万吨、增长3%。粮食作物与经济作物种植比为53.9∶46.1，经济作物种植比重比上年增长0.9个百分点。完成造林面积3.53万亩，森林综合覆盖率65.6%。实现肉类总产量7.58万吨，下降2.3%；禽蛋产量2844吨，增长6%；蜂蜜产量159吨，增长1.9%；水产品产量4850吨，增长9.4%。年末大牲畜存栏18.55万头（匹），增长5.4%；生猪存栏58.66万头，增长6.1%；羊存栏20.5万只，增长5.6%。

完成工业总产值164.61亿元，按现行价格计算，比上年下降8.3%，实现增加值24.79亿元，比上年增长2%（可比价）。其中，规模以上工业实现产值95.51亿元，比上年下降16.2%；规模以下工业实现产值69.09亿元，比上年增长5.5%。实现规模以上工业增加值18.5亿元，比上年下降1%（可比价）。规模以上工业产值占全部工业产值的58%，比上年下降4.4个百分点。实现利税总额-2.69亿元，其中实现利润-4.48亿元，企业亏损总额6.4亿元。县内注册建筑企业16户，完成总产值9.65亿元，比上年增长5.4%；房屋建筑施工面积43.54万平方米，下降28.1%。500万元以上项目固定资产投资和房地产开发投资104.58亿元，比上年增长29%。其中，城镇和农村非农户投资101.16亿元，增长31.6%；房地产投资3.42亿元，下降18.3%。

实现社会消费品零售总额44.54亿元，比上年增长12.3%。按城乡划分，城镇实现26.28亿元，增长11.7%；乡村实现18.26亿元，增长13.2%。按行业划分，批发业实现2.5亿元，增长10%；零售业实现35.88亿元，增长12.2%；住宿业实现7063万元，增长32.6%；餐饮业实现5.44亿元，增长11.7%。

年末公路通车里程4999.94千米，其中国道57千米、省道143千米、省管县道86.32千米、县管县道293.02千米、乡道905.37千米、专用道44千米、村道3490.29千米。货运量662.16万吨，比上年增长4.2%；货物周转量10.88亿吨千米，增长7.3%；客运量509.52万人次，比上年下降0.14%；客运周转量2.46亿人千米，比上年增长1.5%。

完成地方财政总收入10.35亿元，比上年减少4100万元，下降3.8%。其中，上划中央收入1.82亿元，下降31.9%；上划省级收入4886万元，增长12.9%；一般公共预算收入8.05亿元，增长5%。完成地方政府性基金预算收入1.39亿元，比上年增收191万元，增长1.4%。完成一般公共预算支出24.17亿元，比上年增支2.43亿元，增长11.2%；完成政府性基金预算支出2.23亿元，比上年增支1734万元，增长8.4%。

金融机构年末人民币存款余额110.48亿元，比上年增长6.9%，其中城乡居民储蓄存款余额71.46亿元，增长11.1%；贷款余额77.55亿元，增长16.7%，年末存贷差32.93亿元。保险机构保费收入1.36亿元，比上年增长7.7%；赔款支出5271万元，下降

5.9%；收支差8319万元，增长18.7%。

【教科文卫】 2015年末，禄丰县有各级各类学校230所。其中，高中3所，在校学生5843人，专任教师477人；初中17所，在校学生17368人，专任教师1031人；小学159所，在校学生29040人，专任教师2082人；幼儿园53所，在园幼儿9794人；特殊教育学校1所，在校学生60人，专任教师12人。学龄儿童入学率99.9%、巩固率99.8%；小学毕业学生升学率97.7%；初中阶段学生入学率99.9%，初中毕业学生升学率57.93%；高中毕业学生1646人，高考上线率98.92%。小学、初中、高中专任教师学历达标率分别为99.8%、99.8%和98.8%。

申报科技项目21项，其中省级13项、州级8项，获省科技厅立项10项、州科技局立项8项；争取到科技项目扶持经费974万元，比上年增长115%；组织预报县级科学技术奖励成果18项，获州级科学技术三等奖2项。

有专业艺术表演团体1个，演出32场次，观众2.6万余人次；有公共图书馆1个，藏书10.07万册；有县文化馆1个，乡（镇）文化站14个；有博物馆1个，接待国内外观众8.1万人次。电视覆盖率98%，数字电视用户4万户，入户率38%；广播覆盖率100%。

有各类卫生机构258个。其中，医院15个，基层医疗卫生机构224个（社区卫生服务站1个，卫生院14所，村卫生室166个，诊所、卫生所、医务室43个），专业公共卫生机构18个（疾病预防控制中心1个、妇幼保健院1个、卫生监督所1个、计划生育技术服务机构15个），其他卫生机构1个。有专业卫生技术人员1634人，其中执业医师459人、执业助理医师181人、注册护士570人。有医疗卫生机构床位1754张，医院和卫生院床位1737张，其中医院床位1350张。

【社会生活】 2015年，禄丰县农村常住居民人均可支配收入9158元，比上年增加855元，增长10.3%；城镇常住居民人均可支配收入27914元，比上年增加2340元，增长9.1%。165个村（居）委会全部开通程控电话，通公路，通电，通自来水。参加基本养老保险2.67万人，比上年增加425人，其中在职职工1.71万人、企业退休人员9600人；参加失业保险13827人，比上年减少280人；参加城镇基本医疗保险7.7万人；参加工伤保险2.79万人，比上年增加1538人；参加生育保险1.27万人；城乡居民参加社会养老保险21.6万人，比上年增加401人；参加新型农村合作医疗353190人，比上年减少7450人。

纳入城镇居民最低生活保障8547户1.5万人，纳入农村最低生活保障12762户25377人。民政部门优抚的伤残人员168人、在乡复员军人913人。有敬老院13所，供养五保老人1499人，其中在敬老院集中供养382人、分散供养1117人。有福利院1个，收养鳏寡老人11名。

各类自然灾害造成直接经济损失2654.93万元。农作物受灾面积63796.5亩，其中绝收8341.5亩，受灾人口82863人次。发生生产安全事故92起，死亡10人，直接经济损失369.3万元，亿元生产总值生产安全事故死亡人数0.09人，下降35.7%。其中，工矿商贸、建筑施工企业从业人员生产安全事故3起，死亡3人，直接财产损失321.6万元；道路交通安全事故59起，死亡7人，直接财产损失7.7万元；发生火灾32起（森林火灾除外），死亡2人，直接财产损失40万元。无煤矿生产安全事故发生。

【西河水库建设】 2015年末，禄丰西河水库管理所办公区、新修水库永久公路和长20千米灌溉渠道按设计要求完成建设，经上级相关单位验收并投入使用；长631米的导流泄洪隧洞和473.5米输水隧洞按设计要求完成洞身

禄丰星宿公园（李建华/摄影）

开挖浇筑、竖井启闭房及检修闸门安装调试、洞身回填灌浆及导流洞封堵等，水库死水位蓄水24.2米，蓄水量315.6万立方米，输水洞正常供水；大坝及溢洪道按设计要求完成坝体填筑、帷幕灌浆、排水沟、踏步、下游草皮护坡，溢洪道浇筑等，水土保持及环境保护库区植物措施全面完成。西河水库移民安置点按设计要求完成饮水、电力、道路、安置房建盖装修等，库区83户334名移民全部入住中村乡大栗园安置点新居，并对原址进行拆除清理和消毒。西河水库完成投资2.03亿元，到位资金2.39亿元，资金到位率115.3%。其中，烟草援建资金到位1.46亿元，到位率100%；政府应配套资金6147.79万元，到位9311.92万元，到位率151.5%；拨付资金合计1.87亿元，其中烟草资金1.05亿元、政府配套资金8212.17万元。西河水库于2012年11月开工建设，项目工程概算总投资2.07亿元，施工总工期42个月，属新建中型水库。工程由大坝、溢洪道、导流泄洪隧洞、输水隧洞及灌溉渠道组成，设计坝高65.5米，坝顶长177米、宽8米，溢洪道总长248.08米，总库容2707.3万立方米。建成后年供水总量3392.04万立方米，可解决禄丰县城及周边11.47万人的生产生活用水及为金山镇、中村乡、彩云镇、恐龙山镇等4个乡（镇）2.53万亩的农业灌溉用水提供保障。

2015年建成的禄丰火车南站（禄丰县志办/提供）

【梅域村水库工程建设】 2015年5月30日，禄丰县梅域村水库完成大坝封顶，进入坝顶坝面和管理房建设，累计完成工程投资2700万元（因建设资金缺口土地补偿尚未付清），完成计划总投资的85%。梅域村水库位于土官镇土官村委会梅域村河上，属金沙江水系，水库坝址以上控制径流面积6.06平方千米，建设规模为小（一）型。水库原为小（二）型水库，坝高11.5米，总库容20万立方米。扩建后坝高26米，正常库容97.3万立方米、死库容24.6万立方米、兴利库容72.7万立方米，总库容139.3万立方米。建成后年供水量121万立方米，比原来增加73.82万立方米；灌溉面积1804亩，增灌1488亩；满足人饮用水4.93万立方米，可解决1000人及2300头大小牲畜饮水问题。审定工程概算总投资3170.11万元。工程于2013年10月开工建设，2014年4月20日完成输水隧洞工程。

【“禄丰香醋”获国家地理标志产品保护】 2015年5月29日，国家质检总局在北京召开“禄丰香醋”国家地理标志产品保护技术审查会，“禄丰香醋”通过国家地理标志产品保护技术审查，获得国家地理标志产品保护。

［曹永萍］

2015年禄丰县乡（镇）情况一览表

乡（镇）	面积（平方千米）	村（居）委会（个）	年末总人口（人）	年末耕地面积（亩）	农业总产值（万元）	粮食总产量（吨）	烤烟总产量（吨）	年末大牲畜存栏（头）
金山镇	440.80	23	80718	55205	53206	34109	942	20170
仁兴镇	225.45	12	35477	38416	53762	16837	3292	17342
碧城镇	195.58	15	49026	45775	56532	22082	1472	8587
勤丰镇	249.99	11	28209	28608	40309	15952	804	7368
一平浪镇	496.84	14	40671	44511	41799	21303	1217	22010
广通镇	329.96	16	41590	45806	41050	20179	1900	13878
黑井镇	147.64	9	18313	32653	15825	10126	66	16213
土官镇	97.65	5	13071	14636	14256	7116		2740
彩云镇	267.94	9	20533	27269	22083	11096		16085
和平镇	247.29	13	24096	33407	32785	12616	1950	16900
恐龙山镇	223.05	9	18329	20371	22610	8076	364	9186
中村乡	333.44	9	17472	22584	26402	8908	1070	13523
高峰乡	150.52	8	10678	15250	11267	6505	651	6507
妥安乡	141.99	12	25700	29808	27329	14117	620	14957

（州统计局/提供）

2016 CHUXIONG ALMANAC

人物

FIGURES

责任编辑：李　梅

百草岭之春（王明/摄影）

新闻人物

【走上春晚的彝家妹周丽珍】 女，1986年10月生，楚雄州姚安县适中乡适中大村人。姚安县文化旅游公益形象大使。

从小喜欢唱歌的周丽珍自2010年报名参加中央电视台《星光大道》节目后，从周赛到年度总决赛，先后受邀请担任过“星光大道”周赛、月赛、年赛的评委，成为彝家飞出的百灵鸟，深受观众喜爱。2012年，参加中央电视台《回声嘹亮》节目、迎接党的十八大大型文艺晚会、“星光大道八周年”晚会等节目演出，担任星光大道周赛、月赛评委。2013年1月，担任央视三套《过年七天乐》节目和央视七套《牛人大拜年》节目的节目嘉宾。2014年，在“星光大道10周年颁奖盛典”上，荣获“星光大道无冕之王”提名。2015年春节，参加中央电视台春节联欢晚会《高手在民间》节目演出，演唱《彝族小调》并配以左脚舞，被网友誉为“春晚最高音”；4月，参加《回声嘹亮》节目录制；9月，周丽珍到北欧4国拍摄旅游宣传片，把家乡的彝族文化带出国门，向国外展示了彝族的酒歌、风土人情和彝族服饰。2015年，周丽珍入选文化部文化产业创业创意人才库音乐人，获得民族音乐作品表演奖；9月，被表彰为“楚雄州第四届道德模范”。

［赵文安］

【“中国好人”段连斌】 男，汉族，1977年9月生，中共党员，楚雄州元谋县人。1996年参加工作，2007年11月在元谋县元马镇人民政府担任驾驶员工作，2010年12月在元谋县财政局担任驾驶员工作至今。

作为一名专职驾驶员，在担任驾驶工作的10多年里，段连斌处处以共产党员的标准严格要求自己，立足本职，爱岗敬业。同时，他积极投身青年志愿者行动。

2009年4月，段连斌和几个朋友一起创建了1个区域性的QQ群（后更名为元谋在线义工组织），用于宣传、组织、带动一些社会爱心团体和个人参与社会公益事业。2011年3月，共青团元谋县委以元谋在线义工组织为基础，成立元谋县网络团支部。4年多来，元谋在线义工组织以1个论坛为基础，3个QQ群为辅助，致力于元谋县境内的扶贫、助学、救灾等公益项目。至2014年，已组织实施大小公益活动30余次，出动义工500余人次，募集爱心物资价值数10万元，爱心资金6万余元，直接帮扶对象数万人，拥有正式注册义工57人。2014年5月，元谋县网络团支部被评为“楚雄州五四红旗团支部”。2010年3月，段连斌被评为“元谋县优秀青年志愿者”；2013年9月，荣获第三届楚雄州道德模范提名奖；2014年5月，被授予“楚雄青年五四奖章”荣誉称号；2014年12月，被共青团中央、中国青年志愿者协会授予“第十届中国青年志愿者优秀个人奖”；2015年11月，被“中国文明网”评选为“中国好人”。

［团州委供稿］

【“云岭首席技师”陈山青】 男，1961年5月生。1980年贵州铜仁师范高等专科学校数学系毕业后执教于贵州万山特区黄道中学。1985年经人才引进调入云南楚雄技师学院（原楚雄技工学校），主要从事电工电子类理论与实训教学、机电控制工程设计和机电设备维修工作，学校机电工程系电工电子专业的双师型骨干教师、学校电工电子类高级实习指导教师，电子技术校级学科带头人、技能大师，装表接电工国家职业技能鉴定高级考评员， 维修电工高级技师。

从教35年，陈山青积极投身学校教育教学改革实践，撰写过多篇论文、参与编写过多部教材。在搞好课堂教学的同时，投身与专业建设有关的企业生产实践活动和电工电子类新技术新工种培训业务拓展工作。1996年，曾参与太阳能研发生产，其产品用于州教育小区教师宿舍配套工程；1998年，参与学校开发家电维修专业教学，并组建学校家电维修实训室，组织学生义务为教职工维修家用电器；2012年，参与学校智能楼宇和制冷空调专业开发，先后到浙江亚龙教育装备股份有限公司、广东三向教学仪器制造有限公司、贵州贵航集团华阳电器公司等企业进行调研，为拓展专业献计献策；2014年被评聘为校级技能大师后，带领工作室成员组建电子产品研发室，购买元件为学校组装LED电子屏，参与学院与廉康电子校企合作建设的电子产品生产车间建设和技术指导工作。多次承担机关事业单位和企业技术工人的职业技能培训工作，多次指导学生参加全省和全国技能大赛获奖。2015年8月，陈山青被评为云南省第二批“云岭首席技师”。

［楚雄技师学院供稿］

【“云岭首席技师”陈永祥】 男，昆明铁路局广通工电段大（理）丽（江）铁路基础设备维修车间上关线路维修工区工长。

上关线路维修工区担负着近100千米及5个站场设备的养护维修任务，工作任务十分繁重。大（理）丽（江）线新线开通初期，工区管内线路不良问题频发，陈永祥认真分析工区线路检查资料、轨检车动态检测数据、车载仪监测分析数据，对比轨检车“波形图”，对“T Q I 值”较高地段进行画图分析，准确查找出设备存在问题，制定详细的整改措施和计划来处理问题，提高工作效率和工作质量。2010年，带领职工对大理北站1号、3号道岔的可动心轨钢枕进行改造，增加钢枕弹性，解决了惯性晃车和设备难于养护问题，延长设备维修周期，提高设备使用年限，每年节约维修成本7万余元。2014年，配合电务部门对大理北站1号、3号道岔设备进行升级改造，对道岔滑床板及轨下垫板进行改造，既解决大理北站道岔侧向过车晃车的问题，又解决了困扰电务专业多时的道岔曲线监测数据过高问题，保证该道岔安全使用，为电务设备每年节约养护成本2万余元。他注重人才培养，先后培养出工班长8人、线路高级工7人、技师5人。本人也先后被评为昆明铁路局先进个人、昆明铁路局十大金牌职工，获得云南省职工技术技能大赛冠军、云南省技术状元、云南省劳动模范等荣誉，并获得云南省“五一劳动奖章”。2013年，他参与的《普通木枕道岔支距整治》QC成果在评比中获一等奖；2014年，他发表的论文《浅谈道岔设备病害整治》获昆明铁路局科学技术奖；2015年8月，陈永祥被评为云南省第二批“云岭首席技师”。

［李　梅］

【“百姓最喜爱的人民警察”王春】 男，汉族，大专文化，中共党员，二级警督。1964年11月生，1985年7月参加工作。先后在武定县公安局九厂派出所、刑侦大队、经侦大队工作，现为武定县公安局经侦大队大队长。

在刑侦大队工作的9年中，王春直接或间接破案500余件，抓获犯罪嫌疑人226人，打击各类犯罪团伙49个127人，为群众挽回经济损失1200万元；他所在大队连续5年获得“彝州卫士杯”，先后被团县委、团州委授予“青年文明号”，连续三年被团省委、省公安厅和团中央、公安部授予“青年文明号”。在经侦大队工作的10年中，王春直接或间接破案141件，抓获犯罪嫌疑人98人，追缴税款1360万元，为群众挽回经济损失3700万元；组织开展反假币宣传42场次，发放反假币宣传资料8万余份，受宣传教育群众10万余人；组织开展警民共建活动19次，扶贫济困20次，捐款2万余元，集体、个人拒礼拒贿20余万元。经侦大队先后有31个集体25名个人受到表彰，4次荣立集体三等功，3名民警荣立个人三等功；在县公安局综合考核评比中3次获一等奖、3次获二等奖、4次获三等奖，6次获县公安局嘉奖，4次被州公安局评为“经侦工作先进集体”；在2009年反假币专项行动中，被省公安厅评为先进集体，分管局领导和3名民警被省厅评为先进个人，收到群众赠送的牌匾31块、锦旗16面。王春本人先后5次受到武定县公安局党委嘉奖、3次被评为“优秀室队所长”、5次被评为“优秀人民警察”，6次受到县委、政府表彰；在2009～2011年全县公务员年度考评中连续3年优秀，被县委、县人民政府记个人三等功1次；先后被州委、州人民政府评为“政法工作先进工作者”“两个文明先进工作者”“优秀公安民警”“严打斗争先进个人”“彝州优秀侦察员”“彝州先进生产工作者”；2010年，被公安部表彰为“09反假币专项行动先进个人”；2012年7月，被武定县纪委选树为“全县勤政廉政先进典型”；2015年12月，荣获云南省第四届“百姓最喜爱的人民警察”称号。

［州公安局供稿］

【“云岭产业技术领军人才”张跃进】 男，白族，1970年9月生，楚雄州南华县人，现任云南摩尔农庄生物科技开发有限公司董事长兼总经理。

自2006年成立云南摩尔农庄生物科技开发有限公司（原云南广泰生物科技开发有限公司），张跃进通过不断的创新和努力，用短短几年时间，将公司打造成云南省农业及林业龙头企业、省级创新型试点企业、中国核桃产业十佳企业、国家农业部认定的“全国农产品加工业示范企业”，被国家发改委认定为国家生物产业高新技术示范工程项目。2010～2014年，连续五年在中国食品安全年会上荣获“食品安全示范单位”。创业过程中，张跃进勤学钻研，积极探索研究科技。2004年12月，完成“滇黄芩、滇龙胆、青阳参野生变家种的关键技术研究”，获楚雄州科学技术进步类三等奖；2006年11月，完成“楚雄州民族药野生变家种规范化种植示范”，获州科学技术进步类三等奖；2008年12月，完成“有机核桃乳植物蛋白饮料新产品技术产业化”开发，获州科学进步类三等奖；2009年12月，完成“利用超临界液体萃取技术提取沙棘红花软胶囊工艺技术”的开发，获州科学技术进步类三等奖；2011年4月，完成“乐尼白牌乐尼白核桃饮料（保健食品）”开发，获州科学技术进步类三等奖。2015年10月，张跃进入选首批“云岭产业技术领军人才。”

［李　梅］

模范人物

【全国先进工作者李春萍】 女，1972年4月生，汉族，中专文化，现任禄丰县殡仪馆馆长，遗体整容高级工。

在殡葬工作岗位上20余年，李春萍二十年如一日，把青春和全部精力都奉献给了殡葬事业。她工作态度和蔼诚恳，服务周到热情。为了提高自身综合素质，她努力钻研业务知识和工作技能，从书本上学，向老同志学，到工作实践中不断总结提高。她用周到的服务和娴熟的业务技术，以女性特有的热心、细心、耐心、爱心和恒心，让逝者安详地走完人生的最后一站；用赤诚的心温暖、告慰逝者的亲友。1992年和1997年，她两次被禄丰县妇联表彰为禄丰县“巾帼建功”活动先进个人；2006年，被州委、州人民政府评为楚雄州第七届“劳动模范”；2007年，被省人民政府表彰为云南省“民政工作先进个人”；2010年，被国家民政部表彰为“全国殡葬工作先进个人”；2011年，被楚雄州妇女联合会授予“巾帼建功”活动先进个人，被云南省人民政府授予“云南省劳动模范”称号；2013年9月，荣获“楚雄州道德模范”称号；2015年4月，被国务院授予“全国先进工作者”称号。

【全国劳动模范杨明英】 女，汉族，1968年4月生，初中文化，2003年3月参加工作，现属云南纳玉环保科技有限公司钛白粉厂员工。

杨明英初进云南纳玉环保科技有限公司钛白粉厂，就被安排做最苦、最脏、最累的污水处理工作，但她不但很愉快地接受了公司的安排，而且认真学习污水处理工艺、操作规程和钛白粉生产技术专业知识，很快成为公司污水处理岗位独当一面的技术骨干和操作能手。她不怕脏、不怕苦、不怕累，在工作中注意观察、思考和发现问题，大胆建言献策。她向公司提出用废弃的旧小贮斗来盛装沉降及冷冻工序的洗锅水、洗亚铁废液的建议，经过公司反复论证，改用酸渣代替钛精矿进行单一生产，废水全部实现回收，每吨钛白的废水排放量在原基础上减少三分之一、废水处理成本下降72元，每日可节约生产用水60立方米、每月可降低生产成本5000元。2010年8月，她再次向公司领导提出增加1条临时污水处理工艺管线的建议。该建议投资少，见效快，公司予以采纳，投入使用后，钛白粉月度产量连续创下历史新高。

2009年9月，杨明英被楚雄州人民政府评为“优秀农民工”；2010年12月，被云南省总工会评为“优秀农民工”；2013年4月，被云南省总工会授予“五一劳动奖章”；2014年4月，被云南省人民政府授予“云南省劳动模范”称号；2015年4月，被国务院授予“全国劳动模范”称号。

［州总工会供稿］

【全国优秀少先队辅导员王红力】 男，汉族，1980年6月生，中共党员。现为楚雄一中教师、少先队大队辅导员。

自2003年大学毕业参加工作起，王红力从事少先队工作10余年，先后在楚雄师范学院附属中学、楚雄一中等学校担任少先队大队辅导员兼团委副书记、团委书记等职务。在师院附中负责学校少先队及共青团工作期间，学校连续5年被团州委表彰为重点工作考核“优秀单位”，被团中央表彰为“全国五四红旗团委”，王红力个人也被共青团云南省委表彰为“优秀共青团干部”。

2013年调入楚雄一中初中部任教，主抓少先队工作以后，王红力利用课余时间拟定《楚雄一中少先队课程实施方案》，大力推进少先队活动课的开展和实施。围绕重大节庆日开展少先队建队日活动、“红领巾相约中国梦”活动、六一儿童节活动，以及“我与祖国共奋进”国庆诗文朗诵、演讲等活动；围绕各传统节日组织开展“龙泉论坛”活动，前后共举办“龙泉论坛”10余期；围绕中国梦，责任、理想等主题，每年组织两次青年业余团校培训，推选培训合格的优秀少先队员加入共青团组织；动员青年教师组建青年网络文明志愿者服务队，主动参与团中央、团省委推出的“阳光跟帖”行动，在互联网上弘扬正能量；举行知识竞赛，“天天有歌声”活动、合唱比赛、演讲比赛、辩论赛等活动，开展心理健康、交通、法律、消防等知识讲座，与边远山区同学开展手拉手活动。通过各种活动的开展，努力培育和践行社会主义核心价值观，鼓励学生争当“美德少年”“书香少年”，提高他们的人文素质，塑造孩子们的健康人格，培养了一批又一批的优秀少先队员。

2015年，楚雄一中少先队大队被表彰为“2014年度全州少先队工作先进单位”，王红力也被团州委表彰为“优秀少先队辅导员”。2015年6月1日，王红力代表云南省参加中国少先先锋队第七次代表大会，受到习近平总书记的亲切接见。2015年10月，王红力被共青团中央、教育部、全国少儿工委授予“全国优秀少先队辅导员”称号。

［州教育局供稿］

【全国模范司法所所长范文才】 男，1978年6月生，2000年毕业于楚雄州粮食学校财会专业，2006年开始从事司法行政工作，现任楚雄市司法局大过口司法所所长。

在大过口司法所工作的6年里，范文才始终保持求真务实的精神，急群众之所急，想群众之所想，不断创新工作方法，积极履行基层司法行政工作的各项职能和任务，所负责的人民调解、法制宣传教育、社区矫正、刑释解教人员安置帮教、法律援助等各项工作均在全市15个司法所中名列前茅。他把辖区群众当作亲人和朋友，做群众最忠实的“倾听者”、矛盾纠纷的“调解者”、生活的“帮助者”，主持调解各类矛盾纠纷267起，其中重大疑难纠纷14起。6年来，累计受理办结各类法律援助案件60余件，为困难群众挽回经济损失50余万元。为做好农村普法工作，他把人民调解员培养成普法骨干，让他们在本村培训学法中心户，学法中心户再培训法律明白人，形成一个金字塔形的普法体系。他用热心、耐心、细心接待每一名社区服刑人员，到家庭变故的社区矫正人员家中走访慰问；为家庭生活困难的社区服刑人员申请民政救助、办理低保，及时为他们解决燃眉之急，用真情温暖每一位服刑人员的心灵，让他们树立重新做人的信心。6年来，全乡辖区内没有出现一起社区服刑人员重新违法犯罪的情况，维护了一方稳定，促进了一方和谐。大过口司法所先后被评为“标兵站所”“州级规范化司法所”等。2015年12月，范文才被司法部表彰为“全国模范司法所所长”。

[州司法局供稿]

【全国五一巾帼标兵李春燕】 女，现为红塔集团楚雄卷烟厂烟叶生产质检科职工。在从事烟叶质检工作的7年中，她爱岗敬业，刻苦钻研业务技术，通过自身的勤奋努力，取得了突出的成绩。2012年3月，李春燕被云南中烟工业有限责任公司授予“云南中烟工业有限责任公司技术能手”称号；2012年5月，被国家烟草专卖局授予“全国烟草技术能手”称号。2013年2月，被红塔烟草集团有限责任公司工会授予2012年度“职业道德模范”称号；4月，被云南省总工会授予“云南省五一巾帼标兵”；12月，被红塔烟草集团有限责任公司工会委员会授予“红塔烟草集团有限责任公司2013年度巾帼十杰”。2014年12月，李春燕在滇、赣、辽烟叶分级职业技能竞赛中，荣获第六名，被国家烟草专卖局授予“国家烟草技术能手”称号。2015年2月，被中华全国总工会授予 “全国五一巾帼标兵”称号。

[红塔集团楚雄卷烟厂供稿]

【全国三八红旗手樊志勇】 女，1984年生，楚雄州大姚县石羊镇人，毕业于昆明理工大学，现任大姚纳苏民族手工艺品发展有限公司执行董事，楚雄州彝绣协会常务副会长，大姚县彝族刺绣协会会长。

大学毕业后，樊志勇回到家乡，立志开发家乡的刺绣产业。她借鉴国内外优秀设计经验，大胆创新彝绣产品，把彝族刺绣设计广泛运用于生活所需品中，对彝族刺绣进行统一研究、开发、营销和推广，带动广大彝族妇女参与生产加工，帮助农村妇女增加收入，共带动全州各县(市)126名刺绣妇女直接参与生产，辐射刺绣妇女300余名间接参与生产，带领农村刺绣妇女人均增加年收入6000～31000元。她组建成立大姚纳苏民族手工艺品发展有限公司，注册了民族品牌“纳苏”，对彝族刺绣文化进行生产性保护传承。2009年，公司员工增加到196名，辐射带动农村妇女400余名，公司实现销售额95万元，经销商发展到北京、上海、天津、贵阳、昆明、台湾等大中城市和地区，部分产品出口到美国、西班牙、澳大利亚和日本。

2008年10月，大姚纳苏民族手工艺品发展有限公司被省、州妇联授予“巾帼创新创业示范基地”称号，樊志勇设计创作的刺绣作品《凤凰朝牡丹》在楚雄州首届职工才艺展中获刺绣类三等奖。樊志勇成为“大学生返乡创业”典型，获得“云南省巾帼建功标兵”和楚雄州“三八红旗手”称号。2010年，樊志勇获楚雄州妇联、州委组织部、州委宣传部、州广播电视局、楚雄日报社联合授予的“楚雄州十大杰出女性”称号，被全国妇联授予“全国城乡妇女岗位建功先进个人”称号；2011年，被中国银行业协会授予“微型创业——城市贸易三等奖”，参加第四届云南民族服装服饰文化节暨中国彝族赛装节“彝族现代服装服饰设计楚雄邀请赛”获一等奖；2013年，参加楚雄州旅游局第二届旅游商品评选暨创新设计大赛，获“旅游商品创意设计”银奖；2014年2月17日，CCTV-7《致富经》栏目对樊志勇创业历程进行了30分钟专题报道。2015年2月，樊志勇被全国妇联授予“全国三八红旗手”称号。

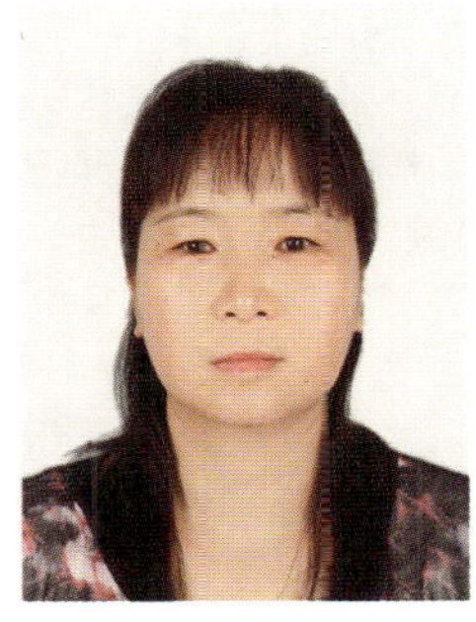

【全国巾帼建功标兵张红艳】 女，1974年生，汉族，中共党员，云南省烟草公司楚雄州公司烟叶经营部质检员，农艺师、烟叶分级技师。

作为一名质量检验人员，自参加工作以来，张红艳一步一个脚印地从农业技术员、助理农艺师，成长为农艺师、烟叶分级技师。不论从事何种工作，她都严格操作程序，加强协调沟通，把每一件事做实、做细、做好。日常工作中，她十分注重对自己行业内的新科技、新技术的学习掌握和推广运用，为支援县（市）分公司烤烟生产和企业现代烟草农业建设积极努力，为楚雄烟草系统广大妇女职工树立了楷模，具有良好的职业道德和务实的工作作风。2001年11月，张红艳参加云南省烟草系统第一届烤烟收购验级竞赛获个人三等奖、集体二等奖；2005年5月，参加云南省烟草专卖局（公司）第二届烟叶分级职业技能竞赛二等奖，并获“云南省烟草专卖局（公司）技术能手”称号；2008年11月，参加云南省烟草专卖局（公司）第四届烟叶分级职业技能竞赛二等奖，并获“云南省烟草专卖局（公司）技术能手”称号；2009年5月，参加全国烟草行业烟叶分级职业技能竞赛获优胜奖，并被国家烟草专卖局授予“全国烟草技术能手”称号；2010年3月，被云南省妇女联合会授予“云南省三八红旗手”称号；2015年2月，被中华全国总工会授予“全国巾帼建功标兵”称号。

[州妇联供稿]

【全国百名“向上向善好青年”段德荣】 男，1970年12月生，1991年8月参加工作，现为楚雄州人民检察院职务犯罪预防处主任科员，中共党员，一级检察官。

工作中，段德荣爱岗敬业、默默耕耘、乐于奉献，积极主动做好各项预防工作，坚持抽出时间对易发、多发行业和重点部门进行调研，深入县、机关、企业、事业、非公经济组织等行业系统宣讲预防职务犯罪警示教育和法制课20余场次，受教育人员近3000人。生活中，段德荣至情至孝。从1997年至2000年7月，段德荣不厌其烦，陪伴身患心脏病的父亲辗转于楚雄、昆明等地的多家医院进行治疗。1999年初，母亲患上精神病，段德荣顾不得债台高筑，一边悉心照顾患病的双亲，一边向亲朋好友借钱为父母治病。由于妻子在乡下工作，家里老人小孩都是他一人承担，但他从不因此而影响工作，连年立功受奖。他热心公益，自2008年起，先后6次无偿献血。他不但对自己的父母孝顺，还经常利用休息日参加敬老助老慈善公益活动，看望、慰问孤寡、残疾、贫困老年人。在各类慈善事业中，累计捐款2万余元。2014年9月，段德荣被评为首届“楚雄州十大孝星”。2015年4月，被共青团中央评为全国百名“践行核心价值观向上向善好青年”。

【全国农村青年致富带头人苏德兴】 男，汉族，1979年6月生，中专学历，楚雄市东瓜镇车坪社区居民。

1998年，苏德兴从楚雄州农业学校毕业回家后，先后开过门市店搞过食品销售，在企业打过工、学过钳工和当过业务销售员。2004年，苏德兴利用自己搞食品经营和打工的收入，在自家院坝里建了200平方米的猪舍，购买生猪20头进行饲养，开始发展养猪事业。2007年，苏德兴组建成立楚雄市强兴生猪养殖场，利用政府补偿款另租场地10亩继续发展养猪事业。2011年，强兴生猪养殖场已达到饲养量500头、年出栏1000头的规模。2012年，他筹集资金200余万元，在车坪社区小沟村小组租地50亩建成生猪标准化饲养圈舍3000余平方米，可饲养生猪200头、年出栏500头。随着养殖规模的不断扩大和养殖技术不断积累，苏德兴终于闯出了一条致富路。在自己致富的同时，苏德兴不忘帮助他人，经常利用空闲时间，为农户们讲解、传授生猪养殖技术和经验，只要得知有村民家在生猪养殖方面出现问题，总是积极主动上门帮助解决，以此来提高周边养殖户的养殖水平。在他的帮扶和带动下，周边村组饲养生猪的农户多起来了，收入增加了，生活水平提高了，部分农户还住上了新房子。2011年，他经营的养殖场获华中农业大学2010年度“三星级养殖公司”荣誉称号；2015年1月，苏德兴被共青团中央、农业部授予“第九届全国农村青年致富带头人”荣誉称号。

［团州委供稿］

【全国基层理论宣讲先进个人赵章才】 男，1966年生，大学文化，姚安县人大常委会主任科员，姚安农民戏剧协会会长助理，《姚安花灯》专辑常务副主编。

自2013年被姚安梅葛宣讲团聘请为理论宣讲员以来，赵章才始终把对姚安花灯的热爱作为执着追求，把创新理论宣讲方式作为开展工作的第一目标，把群众一听就懂，一看就明，爱听、爱看的戏剧作为排练的重点，努力做到讲清百姓所需、所想、所盼，不断把党的理论创新成果和各项惠民政策送到广大人民群众的心坎上，把习总书记讲话精神传播到千家万户。他编印了《学习宣传党的十八大精神》、《党的群众路线教育实践活动宣传》、《楚雄州创建国家公共文化服务体系示范区宣传》等“姚安花灯”演唱专辑；组织28名业余创作人员围绕党的十八大、十八届三中全会、习近平总书记系列重要讲话精神和党的群众路线教育实践活动等，创作并编印了一大批以“为民、务实、清廉”为主题的优秀剧目；组织业余创作人员与自己一起先后编创姚安坝子腔《总书记系列讲话要学好》、花灯歌舞《深化改革合民意》、花灯表演唱《焦裕禄精神大弘扬》、姚安莲花落《反对“四风”抓整改》、小邑拉花《惩防并举保清廉》、锣鼓词《人民公仆为人民》、快板书《群众路线暖人心》、数来宝《群众利益重千斤》、相声《问路》、小品《连心桥》、花灯小戏《局长驻村》、彝族歌舞《八项规定就是好》、小彝剧《老有所养》、独唱《群众利益》、大合唱《人民公仆》等节目142个，他自己带头创作歌舞小戏等剧目31个，编辑出版《姚安花灯》专辑4期，把理论转化为群众喜爱的文化产品，让干部群众喜欢听、听得懂、记得住、用得上。2015年10月，赵章才被中央宣传部办公厅评为“2015年度基层理论宣讲先进个人”。

［姚安县委宣传部供稿］

【“中国好人”、云南省道德模范梁达松】 男，汉族，1935年12月生，中共党员，楚雄州永仁县第一中学退休教师。

原籍广东的梁达松1957年华中师范学院毕业后，响应党的号召，主动申请到云南边疆少数民族地区工作，被分配到永仁县中学（现为永仁县第一中学）任教。之后的数十年时间里，他不畏艰难，克服艰苦的工作和生活条件，先后6次放弃了离开永仁的机会，矢志不移坚守在少数民族地区教育第一线，把全部精力献给了永仁的教育事业，献给了大山的孩子。他在永仁县第一中学先后教过39个班的课，从1977年至1987年，他所教的19个班的政治高考成绩都名列全州前茅；1987年高考，他所教的两个班的政治平均分高于全省平均分30.63%。1993年退休后，他继续用自己的退休金资助特困学生。2012年，他牵头创设“凤凰奖学金”，每年捐款12000元用于奖励和资助贫困学生。并积极为“凤凰奖学金”募捐，共募集资金70余万元用于永仁县教育事业。

50余年来，梁达松先后获得各种表彰奖励60余项，先后被评为云南省先进教育工作者、楚雄州有突出贡献的优秀专业技术人才等。2013年，被永仁县委、县人民政府表彰命名为“助人为乐道德模范”。2015年5月，被“中国文明网”评选为“中国好人”；11月，荣获“云南省道德模范”荣誉称号。

【“中国好人”、云南省见义勇为先进个人李正明】 男，1961年8月生，傈僳族，小学文化，楚雄州武定县发窝乡分多村委会下永厂村村民。

2011年12月23日上午，李正明等9人乘坐一辆微型面包车行驶至发窝乡境内时，由于道路结冰路滑，面包车一连几个侧翻后，连车带人落入路边不远处的山箐坝塘中。身受轻伤的李正明凭借着一丝清醒意识，挣扎着从破碎的车窗爬出逃到岸上，看到只有两名乘客逃出来，其他乘客还在车中，随时可能沉入水底，于是顾不上寒冷和受伤，奋不顾身地反复潜入冰冷刺骨的水中，解救出了被困在水里的其他5名乘客。最后，他还协助救援人员一起潜入水中救起了卡在车中的驾驶员。2014年2月，李正明被省人民政府授予“云南省见义勇为先进个人”称号；2015年9月，被表彰为楚雄州“道德模范”，被“中国文明网”评选为“中国好人”。

［卡　罗］

【云南省巾帼建功标兵杨娅】 女，楚雄州牟定县迎世艺术幼儿园园长，县政协委员。

1999年7月，杨娅从云南广播电视大学幼儿教育专业毕业，看到牟定县幼儿教育发展缓慢，适龄儿童上幼儿园比较困难，她毅然放弃了到公办学校教书的安逸生活，下定决心创办一所民办幼儿园，让当地的孩子们多一处学习娱乐的好去处。2001年2月，在家人和朋友的支持下，她租用原牟定县化工厂的房屋，办起了全县第一所民办幼儿园——牟定县迎世艺术幼儿园。她始终坚持“从严治教，质量第一”的办学方针，将“一切为了孩子，为了孩子的一切”作为办园宗旨，不断调整幼儿园发展思路，推进幼儿园正规化建设，建立健全了一整套涵盖日常管理、教育教学、后勤服务、奖惩激励等方面的工作制度，把幼儿园从小到大、从弱到强，不断地发展壮大。2009年2月，新落成的迎世艺术幼儿园总投资规模226万元，占地5677平方米，建筑面积1410平方米，可容纳400余名适龄儿童入园。在她的带领下，幼儿园被列为教育部“科学教育——开发儿童少年潜能研究”子课题“相似性原理在幼儿潜能开发中的应用”的实验幼儿园。2005年8月，牟定县迎世艺术幼儿园被省民办教育促进会授予“云南省民办百强诚信幼儿园”称号；2012年6月，被评定为云南省一级示范幼儿园，填补了楚雄州民办幼儿园无省级示范性幼儿园的空白，并多次受到省、州、县妇联、民政部门、教育部门的表彰奖励，她也多次受到表彰。2015年9月，杨娅被表彰为“云南省巾帼建功标兵”。

［州妇联供稿］

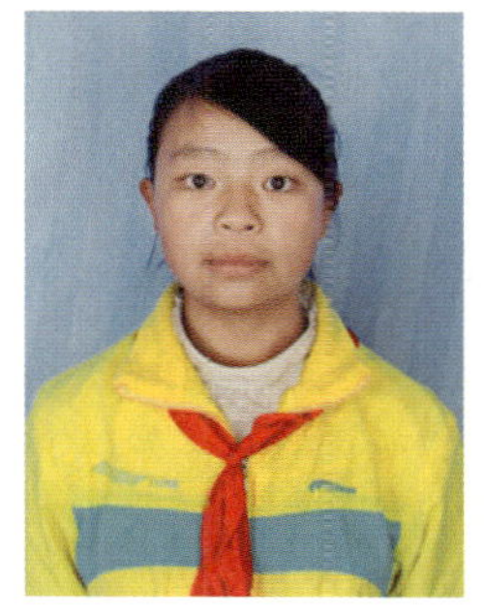

【“楚雄州道德模范”“云南美德少年”李贵花】 女，彝族，2002年生，楚雄州禄丰县妥安乡罗武哨村人。就读于禄丰县高峰乡中心小学六年级三班，担任班长、学校少先队大队长等职务。

从她五岁起，年迈多病的爷爷长期卧病在床，为了给爷爷看病，不仅花光了家里的全部积蓄，还欠下了许多外债。为了还债和供他们兄妹上学，李贵花父母只好“抛下”14岁的哥哥和年仅5岁的李贵花，以及李贵花年迈多病的爷爷，外出打工。由于哥哥上学的地方离家较远，一星期只能回家一次，所以年仅5岁的李贵花就边上学边照顾爷爷，承担了家里的全部家务。懂事的李贵花每个星期要给爷爷擦洗1次身子；每隔1个月，要来回走七、八个小时的山路，陪爷爷到离家二十几千米的妥安乡卫生院看病、拿药……在她的悉心照顾下，爷爷的病情有了好转，逐渐可以下床活动并能做一些简单的家务。可在她上三年级那年，由于舅妈和舅舅离婚，抛下了年仅10个月的小表弟和年迈的外公，舅舅为了生活也到外地打工去了。看到外公一个人又要带孩子又要做家务，整天忙得不可开交，考虑到爷爷的病情好转自己能照顾好自己，她又转学到了外公家所在的河差底小学，边上学边帮外公做家务、照顾小表弟……2015年9月，被表彰为楚雄州“道德模范”；10月，荣获第三届“云南美德少年”荣誉称号。

［李　梅］

【“楚雄州道德模范”“云岭十大孝星”鲁泽美】 女，彝族，1984年4月生，楚雄州双柏县妥甸镇小村社区瓦玻璃村村民。

2008年7月，鲁泽美大学毕业，回到双柏县参加特岗教师考试，获得了第一名的好成绩，可就在此时，多年操劳的母亲突然被检查出患有乳腺癌。面对家中70多岁体弱多病的爷爷、肢体残疾伴有失明的奶奶、患有乳腺癌又患上精神分裂症的妈妈，而父亲早已失踪15年仍然杳无音讯，拥有英语专业八级证书、高级中学教师资格证书的鲁泽美，含泪放弃了当特岗教师的机会，用稚嫩的肩膀挑起了家庭的重担，洗衣、做饭、喂猪、干农活，照顾病残的爷爷、奶奶和母亲成为她每天的生活内容。2014年，鲁泽美被评为楚雄州十大孝星。2015年9月，被表彰为楚雄州“道德模范”；10月，被授予第七届“云岭十大孝星”荣誉称号。

［卡　罗］

【“云岭十大孝星”戚恩兰】 女，1975年3月生，中共党员，楚雄州大姚县桂花乡乌龙口村委会署立里村小组村民。结婚二十多年，她以孝为先，悉心照料着一双聋哑的公婆，为他们端茶递水，洗衣做饭，从不叫苦、不叫累。2006年，她娘家的妹夫和妹妹相继过世以后，她又收养了妹妹和妹夫留下的两个未成年孤儿。那时，妹妹和妹夫的两个孩子大的10岁、小的才6岁，加上自己的2个孩子，她一个人就要照顾2个残疾老人和4个孩子的饮食起居和日常生活，还要供4个孩子上学。可她一直坚强乐观地对待生活，努力发展生产。生活条件稍好一点以后，她又把丈夫体弱多病且无子无女的孤残叔叔接到家中来抚养。她多年如一日，不嫌脏、不怕累，用她善良的心温暖着3位残疾老人和4个孩子。2013年9月，戚恩兰荣获“楚雄州道德模范”称号；2015年10月，被授予第七届“云岭十大孝星”荣誉称号。

［李　梅］

云南省第七届民族团结进步模范

【陆积峰】 男，彝族，1965年6月生，中共大姚县委书记。

作为一位土生土长的彝族干部，陆积峰无论在哪里都将民族团结进步作为“一把手”工程，始终致力各民族共同团结奋斗、共同繁荣发展。在南华县工作期间，积极开展民族团结进步示范区建设，围绕民族地区发展和民族群众增收，兴修民族聚居地区“五小”水利工程，新建20立方米以上水窖5.5万个，有效改善干旱缺水贫困地区的生产生活条件；全面落实少数民族和民族地区农村贫困居民最低生活保障制度，南华县有9960名60岁以上少数民族老年人享受养老保险。在大姚县工作期间，加快建设国家公共文化服务体系示范区，完成了大姚彝剧、彝族插花节等保护规划编制，少数民族人口占30%以上的村委会均建有文化室和农家超市；着力推进少数民族聚居区产业建设，使大姚县核桃种植面积达到154万亩，农民人均核桃收入达到3300元；实施观音岩水电站移民安置项目建设，使湾碧傣族傈僳族乡集镇实现整体搬迁，901户少数民族地区群众迁入新居。2015年1月，被省人民政府授予“全省民族团结进步模范个人”荣誉称号。

【张正臣】 男，白族，1978年10月生，原南华县雨露白族乡党委副书记、乡长，现任南华县红土坡镇党委书记。

2013年，雨露白族乡被确定为州级民族团结示范乡，时任乡长的他围绕“建设楚南后花园、打造美丽新雨露”目标和“重点突破、以点带面、形成经验、示范全州”的民族团结示范乡（镇）建设要求，按照“一次规划、分年实施，整合资金、重点突破”的原则和政治、经济、文化、社会及生态文明建设“五位一体”的总要求，坚持加快发展主题，加快转变经济发展方式主线，突出农民增收和财政增长两大任务。打牢交通、水利、农田三大基础，培强粮食、烤烟、畜牧三大传统产业，发展特色农业、乡村旅游业、生态林业三大后续产业，全力开展雨露白族乡民族团结示范乡系列创建工作，着力推进民族团结示范区、城乡统筹实验区、生态扶贫示范区三区建设，使雨露乡农村经济总收入、农民人均纯收入、财政收入、固定资产投资均实现较大增长，实现基础设施明显改善、特色优势产业凸显、经济社会事业全面发展、生态和人文环境良好、群众生活水平显著提高、民族关系更加和谐的总体目标。

2015年1月，被省人民政府授予“全省民族团结进步模范个人”荣誉称号。

【杨正学】 男，彝族，1967年3月生，楚雄州武定县民族宗教事务局局长。

参加工作25年来，他始终没有忘记自己是一名少数民族干部，以满腔热血投入到民族团结进步事业中，用青春和汗水浇筑和呵护着武定的民族团结之花。他始终坚持深入调查研究的工作作风，一手抓党的民族宗教政策和法律法规的宣传教育，维护少数民族和民族地区团结稳定大局，一手抓资金争取和项目实施工作，促进当地经济社会持续快速发展，各族群众的生产生活条件有了很大改善。在担任武定县民宗局局长的9个年头里，他带头深入学习民族宗教理论、政策和法律法规的同时，带头深入到民族聚居村（组）、贫困山村和宗教“热点”、难点村（组）调查研究，对做好新时期民族宗教工作方面形成自己的独到见解。先后争取资金3800余万元，在少数民族和民族地区以及信教地区实施了一大批民生保障工程，有效促进了该地区的发展进步。在具体的民族、宗教工作实践中，他大胆探索，创新思路，为县委、县人民政府当好参谋，为各族群众搞好服务。武定民族团结目标管理考核工作在全州10县（市）中连续八年获一等奖；治理基督教私设聚会点和非法组织活动试点、宗教活动场所爱国主义法制宣传教育、民族宗教热点难点地区综合发展试点和民族团结示范县创建等多项工作为全国、全省、全州做好相关工作积累了成功经验，并多次在会上交流。武定县多年来保持了经济发展、文化繁荣、民族团结、宗教和顺、社会稳定的良好态势。

2015年1月，被省人民政府授予“全省民族团结进步模范个人”荣誉称号。

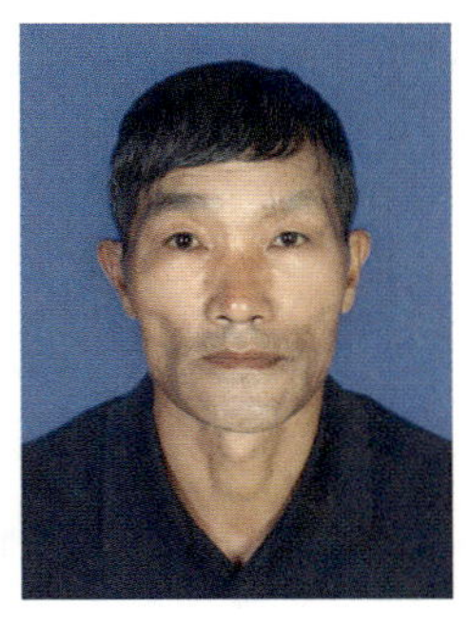

【杨占有】 男，汉族，1958年3月生，楚雄州元谋县羊街镇统战委员。

他热爱民族工作，在工作中注重民族政策法规和业务知识的学习，抓住一切有利机会，加强民族工作宣传，紧紧抓住每一次党委、政府召开各种会议或举办培训班的时机，宣传党的民族政策法规和民族工作的重要意义。他主动向镇领导争取，把民族政策理论列为镇党委中心理论学习的主要内容，并利用全镇干部职工会议机会，组织干部职工学习民族政策法规知识，营造基层民族工作宣传的良好氛围。他主动争取镇党委多次将民族工作的研究、协调、督查摆上党委重要议事日程，作为基层党建工作重要内容抓紧抓好；建立民族工作例会制度，每年至少召开2次以上的党委会专题研究民族工作，对民族工作的阶段性任务做出明确的分析、研究和部署；实行民族工作目标考核责任制，将全镇民族工作目标任务分解到村，责任到人；建立目标考核落实督促机制，坚持年中有检查，年末有考核，有效促进民族工作有序开展。他注意把握民族工作最新动态，建立辖区内少数民族代表人士和宗教代表人士基本情况档案，关注他们的生产、生活情况。多年来，他走遍了全镇10个村委会、104个村民小组。不论双休或节假日，只要在少数民族村寨和宗教地区发生各类矛盾纠纷，他就第一时间到场协调化解，力争把各种矛盾纠纷化解在基层，解决在萌芽状态。2013年，羊街镇被楚雄州委、州人民政府列为民族团结进步示范镇，州、县两级政府共投入资金7187.6万元。羊街镇民族工作连续5年在元谋县年度考核中名列前茅。

2015年1月，被省人民政府授予“全省民族团结进步模范个人”荣誉称号。

【刘祖华】 男，汉族，1966年9月生，楚雄州牟定县共和镇民族宗教专干。

参加工作33年，刘祖华先后从事过畜牧兽医、统一战线、综治维稳、民族宗教等工作。在从事民族宗教工作的多年时间里，他始终把促进民族团结进步和维护宗教领域和谐稳定作为全镇综治维稳工作的重点进行谋划。他深入调研，积极向镇党委、政府领导汇报，确保1600余万元资金全部投到民族团结进步示范村建设和城市社区民族工作当中。他高度重视民族地区的矛盾纠纷调解工作，协调解决发生在民族地区的水源等纠纷56件，维护了民族地区和谐稳定。

2007年2月，刘祖华被楚雄州委、州人民政府评为2005～2006年度平安建设先进工作者；2008年、2009年，被县委、县人民政府评为综治维稳平安建设先进工作者；2010年11月，被县委、县人民政府授予牟定县第二次民族团结进步模范个人称号；2006～2014年，连续9年履职考核被考评为优秀管理干部；2015年1月，被省人民政府授予“全省民族团结进步模范个人”荣誉称号。

【马金萍】 女，回族，1972年9月生，楚雄州禄丰县黑井镇青龙村委会书记、主任。

作为一名女性基层党支部书记，马金萍始终能够不断创新工作思路和方式方法，保持良好的精神状态，将自己的责任、热情、智慧和心血全部奉献于工作中，为青龙村委会的民族团结、社会稳定、经济发展工作做出了贡献。她始终把团结和稳定作为头等大事来抓，既抓各民族之间的团结，又保证宗教信仰自由。她经常到各村召开户长会，大力宣传党和国家的民族宗教政策，使全村的精神文明建设与经济建设相互促进，协调发展。同时，大胆进行产业结构调整，不断拓宽群众增收渠道。结合青龙村委会实际，引进经济作物种植，尝试土地流转、鼓励村民大力发展规模种养殖业；组织成立畜禽养殖营销专业合作社1个，2012年第一笔村集体经济创收1万元、2013年创收3万元，形成以畜禽养殖、自主创业为主导的新产业格局，增加村级集体经济收入，有效促进群众增收。

2015年1月，被省人民政府授予“全省民族团结进步模范个人”荣誉称号。

［州民宗委供稿］

云南省五一劳动奖章获得者

【刘晓明】 男，汉族，1964年11月生，云南祥云人，大学本科文化，医学学士学位，1987年7月参加工作，中共党员。现任楚雄州人民医院院长、心内科主任医师，大理大学硕士研究生导师，中国医师协会心血管内科医师分会第一届委员会委员，中华医学会云南省分会心脏病学会及心电生理和起搏学会委员，楚雄州专家咨询委员会委员和州中青年学术技术带头人。从事临床、教学、科研工作20余年，刘晓明对高血压病、冠心病、心脏内膜病、扩张型心脏病、心肌炎、先心病及各类型心律失常的诊断及治疗有较高的造诣和独到的见解，在州内率先开展“心脏起搏器安置手术”“心脏心腔内电生理检测手术”“心脏射频消融手术治疗快速性心律失常”“冠状动脉造影术”“经皮冠状动脉腔内成形和冠状动脉内支架置入手术治疗冠心病”“先天性心脏经导管封堵术”等高新诊疗技术，填补州内多项心血管内科诊疗技术及领域的空白，达到省内先进、州内领先水平。近年来，在国家级、省级刊物发表论文15篇；由他主持完成的临床科研项目，获州科技进步二等奖2项、州科技进步三等奖2项。2006年，刘晓明被省人民政府授予“云南省有突出贡献优秀专业技术人才”称号；2012年2月，被省卫生厅评为实施“2009～2011年云南省15岁以下人群乙肝疫苗补种项目”工作先进个人；2012年7月，被楚雄州委、州人民政府授予“十一五”期间新型农村合作医疗工作先进个人；2015年4月，被省总工会授予“云南省五一劳动奖章”。

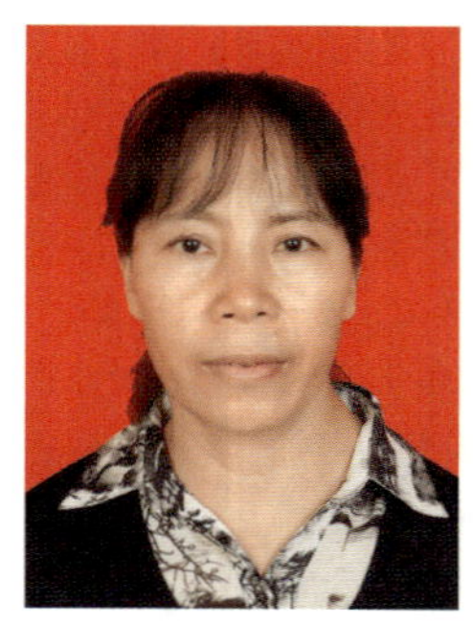

【杨菊芬】 女，汉族，1964年9月生，1985年7月参加工作，大学本科文化，楚雄州元谋县第一中学高中数学教师、班主任、女工委主任。杨菊芬自1985年参加工作，先后在禄丰县勤丰中学、元谋县老城中学、元谋县清和中学、元谋一中任教。在多年教育生涯中，她数十年如一日，把全部爱心倾注在学生身上，对学生始终保持着耐心和爱心。资助贫困学生，为学生提供心理支持，赢得了学生们的信赖。她所教班级的学生数学成绩十几年一直稳居全县第一或第二名，本人也多次被授予“优秀教师”“优秀园丁”“优秀班主任”“优秀辅导员”等称号。她将理论与实践经验相结合，撰写了《寻找师生心理交融的结合点》《提高课堂效率的一些做法》《倾注爱心，与学生一起奔跑》等多篇论文，先后获得省级、国家级奖励。她积极参与学校管理，组织开展各种文体活动，引领女教职工团结协作，共创教育新局面。元谋一中女工委2009年获得元谋县“优秀妇女之家”称号，2013年5月被元谋县妇联评为“巾帼建功”先进集体。2015年4月，被省总工会授予“云南省五一劳动奖章”。

【杨聪仁】 男，汉族，1969年12月生，中共党员，1987年9月参加工作，初中文化，云南嘉宏纺织集团有限公司机修组长。杨聪仁是工作中的“技术标兵”。他所负责的前纺工段机修组，承担着整个嘉宏纺织集团53台清花、梳棉、併条、精梳、粗纱机械设备的修理、维护工作，是嘉宏纺织集团生产的第一道工序。他注重学习新的机械基础、机械制造工艺学等专业知识，积极参加各种技术比武、比赛活动，不断提高自己的理论知识和实际操作能力，成为公司前纺机修工的“百事通”。他对待工作扎扎实实、兢兢业业，不怕苦，不怕累，还经常带动、鼓励大家在工作中互相帮助、互相支持，生活上互相关心、互相爱护。他带头将自己多年摸索、积累下来的经验和技术毫无保留地传授给徒弟，为嘉宏纺织集团有限公司培养了大批后起之秀和业务骨干。2015年4月，被省总工会授予“云南省五一劳动奖章”。

［李春荣］

第二届楚雄州美德少年名录

毛　莉　楚雄一中高一年级学生
吴颖超　牟定县茅阳中学155班学生
何瑞涵　楚雄开发区永安小学六年级学生
张凤丽　大姚县昙华中学初三学生
张丽梅　武定县万德镇马德坪小学四年级学生
姚翔语　双柏县妥甸小学五年级学生
谢金伟　谢金朝　谢显龙　楚雄市龙河完小五年级学生
潘学伟　禄丰县金山镇小铺子小学六年级学生

［马霁梅］

第四届楚雄州道德模范名录

倪崇鑫　楚雄公路管理总段机械化养护和应急中心职工
储宗良　牟定散花建安有限责任公司第十工程处负责人
李正明　楚雄州武定县发窝乡分多村委会下永厂村村民
刘建勇　姚安县栋川镇青莲新村村民
许家秀　楚雄市金保种养殖专业合作社业主
梁达松　永仁县第一中学退休教师
杨凤江　楚雄州民族宗教委员会研究员
周丽珍　姚安县适中乡适中大村人
李美兰　南华县红土坡镇罗纳里村委会大村村民
鲁泽美　双柏县妥甸镇小村社区瓦玻璃村村民

［卡　罗］

组织机构及领导名录

中共楚雄州委

常务委员　张太原（～2015.02）
侯新华（傈僳族，2015.02～）
李红民（女，彝族，～2015.09）
杨　斌（彝族，2015.09～）
邱　江（仡佬族，～2015.05）
岑化虎（～2015.07）
李　明（2015.09～）
任锦云
左荣贵（彝族）
杨　静（女，彝族，～2015.11）
杨照辉（～2015.05）
徐　昕
曹　军（～2015.02）
夏新建（～2015.07）
李庆元（2015.09～）
姜　扬（～2015.05）
赵克义（白族）
孙　赟（挂职，~2015.05）
关惜分（2015.02～）
赵晓明（彝族，2015.09～）
徐晓梅（女，2015.11～）

书　记　张太原（～2015.02）
侯新华（傈僳族，2015.02～）

副书记　李红民（女，彝族，～2015.09）
杨　斌（彝族，2015.09～）
邱　江（仡佬族，～2015.05）
孙　赟（2015.05～）

秘书长　赵克义（白族，～2015.09）
赵晓明（彝族，2015.09～）

副秘书长　苏贤发
张士金
何晓荣
田忠洪
陶尚周（彝族）
杨秀成（兼）

中共楚雄州委机构

办公室

主　任　苏贤发

副主任　王春兴
仲显海

关工委办公室主任（副处）　黄　河（彝族）

信息综合室主任（副处）　杨丽平（女）

督查室

主　任　王春兴

副主任　何明智
宾国学（彝族）

组织部

部　长　徐　昕

常务副部长　梁文林

副部长　吴亚峰
李春全（傈僳族）
李　昆（兼，～2015.06）
黄云雁（兼，2015.08～）

州委非公有制经济组织和社会组织工作委员会

书　记　梁文林（兼）

副书记　杨林本
杨发荣（傈僳族，兼）
祁云鹏（兼）
罗永高（兼）
罗绍辉（兼）

宣传部

部　长　姜　扬（～2015.06）
徐晓梅（女，2015.12～）

常务副部长　段福君

副部长　刘　凯
黄　玲（女）

精神文明办

主　任　刘　凯

副主任　尹　睿

文化产业办

副主任　周　兵

州委对外宣传办公室和州政府新闻办公室

主　任　段福君

副主任　孟　孚（女）

统战部（州台办）

部　长　杨　静（女，彝族）

常务副部长　刘予敏（女，兼州台办主任、州社会主义学院副院长）

副部长　李志岗
杨发荣（傈僳族，兼）
周国兴（彝族，兼）

政法委员会

书　记　岑化虎（～2015.08）
李　明（2015.09～）

常务副书记　秦国雄

副书记　倪志文
李鹏程
周红华（彝族，兼）
毛兴福（兼）
李智贤
马　闻（回族，兼，2015.08～）

综治办主任　周红华（彝族，正处）

办公室主任　徐　勇

政治部主任　李辛学（彝族）

维稳办副主任　陈有昌（白族）
执法监督室主任　董仲明
610办公室
党组书记、主任　毛兴福
副主任　王景兵
政策研究室（州农办）
政策研究室主任　张士金
政策研究室常务副主任、州农办主任　白　云（女，白族）
副主任　田映昌（彝族）
　　　　李继云
州直机关工委
书　记　起云忠（彝族）
副书记　善承卫
　　　　秦玉兰（女）
机构编制办公室
主　任　肖应明（彝族）
副主任　杨明玉（女）
督查室主任　文　皓（女，彝族）
老干部局
局　长　施剑波
副局长　张晓玲（女）
　　　　习　刚
机要局、密码管理局
局　长　李丕俊（彝族）
副局长　张瑞萍（女，兼总工程师）
　　　　李冬伟
保密局（州国家保密局，副处）
局　长　杨永昌（～2015.11）
　　　　周清福（彝族，2015.11～）
州委群众工作局（州政府信访局）
局　长　杨秀成
副局长　董继辉
　　　　李志荣
　　　　纪菊丽（女）
　　　　李　璇（女，兼）
　　　　王海宏（兼）
信访督查专员　王景飚
　　　　　　　黄清华
党史研究室
主　任　侯志荣
副主任　李世伟（彝族）
　　　　何志猛
干休所（副处级事业机构）
所　长　周正芬（女，彝族）

中共楚雄州纪委

书　记　夏新建（～2015.07）
　　　　李庆元（2015.09～）
副书记　王志梅（女）
　　　　王　建（彝族）
　　　　赵宗喜
秘书长、办公室主任　李永志
组织部部长　普德功（彝族）
宣传部部长　自朝顺
信访室主任　高正友
案审室主任　陈民军
党风政风监督室主任　陈燕青
纪检监察干部监督室　李晓华
政策法规研究室主任　吕高顺
第一纪检监察室主任　张俊华
第二纪检监察室主任　李宗林（彝族）
第三纪检监察室主任　郭兴旺
案件监督管理室主任　杨焕生（白族）
预防腐败室主任　吕　雄
州纪委第一纪工委、监察分局
书　记　骆安昆
副书记、监察分局局长　周云生（回族）
副书记　经云珍（女）
州纪委第二纪工委、监察分局
书　记　孙长友（～2015.04）
　　　　刘　华（彝族，2015.06～）
副书记　韩明哲（保留正处待遇）
副书记、监察分局局长　李文云（傣族）
州纪委第三纪工委、监察分局
书　记　杨爱学（彝族）
副书记、监察分局局长　李必旺
副书记　周　健（彝族）
州纪委第四纪工委、监察分局
书　记　刘爱明（彝族）
副书记、监察分局局长　贺　祥（～2015.07）
　　　　　　　　　　　刘　伟（2015.08～）
副书记　王云峰
州纪委第五纪工委、监察分局
书　记　何正兴
副书记、监察分局局长　毕作东
副书记　杨　燕（女）
州纪委第六纪工委、监察分局
书　记　鲁　伟
副书记、监察分局局长　毕承太（彝族）
副书记　尚　群（女）

楚雄州人大常委会

党组书记、主任　卢显林
党组副书记、副主任　李　佳
党组成员、副主任　卜德诚
　　　　　　　　　商雁鸿
　　　　　　　　　熊卫民（彝族）
　　　　　　　　　李志勇

副主任　杨　虹（女，2015.02～）
享受副厅级待遇　吴丽华（女，～2015.05）
秘书长　张林敏
副秘书长　白忠华（～2015.06）
　　　　　张志军（苗族，2015.07～）

州人大常委会内设机构

办公室
主　任　白忠华（～2015.06）
　　　　张志军（苗族，2015.07～）
副主任　祖　俊
　　　　汪家有（～2015.11）
　　　　蒋华荣
　　　　周晓宇（彝族）
　　　　吴燕来（2015.11～）
法工委
主　任　杨文昌（～2015.06）
　　　　陆绍林（2015.06～）
副主任　孙丹润
教科文卫工委
主　任　付永新
副主任　张开阳（～2015.07）
　　　　李万翔（2015.07～）
民工委
主　任　李祝宁（彝族）
副主任　张志军（苗族，～2015.07）
　　　　龙光明（2015.07～）
财经工委
主　任　周　雷
副主任　陈徐宗
选联工委
主　任　郭孝益
副主任　吴燕来（～2015.11）
　　　　汪家有（2015.11～）
农业与环境资源工委
主　任　李学安
副主任　华明友

楚雄州人民政府

党组书记、州长　李红民（女，彝族，～2015.09）
党组书记、代理州长　杨　斌（彝族，2015.09～）
党组副书记、常务副州长　杨照辉（～2015.06）
　　　　　　　　　　　　赵克义（白族，2015.08～）
党组成员、副州长　任锦云
　　　　　　　　　孙　赟（挂职，～2015.06）
　　　　　　　　　赵祖莹（～2015.08）
　　　　　　　　　马　闻（回族，2015.08～）
　　　　　　　　　邓斯云
　　　　　　　　　周兴国
　　　　　　　　　洪维智（挂职，～2015.06）
　　　　　　　　　张晓鸣（彝族，2015.08～）
副州长　夭建国（彝族）
党组成员　杨应旭
秘书长　李德胜（彝族）
副秘书长　杨秀成（兼）
　　　　　张竣珲
　　　　　钟建辉
　　　　　阮建文
　　　　　张　健
　　　　　金德能
　　　　　吴涟芬（女）
　　　　　段志红（女，白族，挂职，～2015.07）
　　　　　张建华（挂职，～2015.04）
　　　　　刘永峰（挂职，2015.12～）
　　　　　李　晔（女，回族，挂职，2015.04～）

州人民政府机构

办公室
党组书记　李德胜（彝族）
主　任
副主任　代淳志
　　　　罗如贵
督查室主任　朱光荣
信息中心主任　冯忠顺
楚雄州能源及新材料产业督导协调组（正厅）
组　长　杨应旭
副组长　何学明
楚雄州能源及新材料产业督导协调组办公室
主　任　生国弨
副主任　李　银
发展和改革委员会（能源局）
党组书记、主任　徐　东
党组副书记、副主任　洪　志（正处，兼州能源局局长）
副主任　尹　毅
　　　　罗志清（彝族）
　　　　王文书
　　　　金正东
　　　　李红梅（女，彝族，州粮食局局长，保留正处待遇，2015.11～）
重点项目稽查特派员　杨发宏
　　　　　　　　　　郭逢春
重点项目稽查特派员办公室主任　李鹏宁
州铁路建设协调领导小组办公室主任
　　邱国生（兼州民航工作协调领导小组办公室主任）
州深化医药卫生体制改革领导小组办公室主任
　　朱明生（～2015.11）
　　马　麟（女，回族，2015.11～）
工业和信息化委员会
党委书记　马国雄（回族，～2015.08）
　　　　　苏铸红（白族，2015.09～）

主　任　苏铸红（白族，兼州中小企业局局长、州煤炭工业管理局局长、州无线电管理办公室主任）
副主任　康　喜
　　李联平
　　何正祥
　　罗怀云
　　解正伟
　　吕建云
党委副书记、纪委书记　罗绍辉

教育局（州政府教育督导室）

州教育党委书记、局长　李　能
州政府教育督导室主任　琚华良
州教育党委副书记、纪委书记
　　周志海（回族，～2015.07）
　　王艳萍（女，2015.11～）
副局长　周志海（回族，～2015.07）
　　罗向阳（彝族）
　　王俊伟
教育督导室副主任　李树鉴
教育工会主席　施自荣
教科所所长　自洪明（彝族）

科学技术局（知识产权局）

党组书记、局长　普学芬（女，彝族）
副局长　张洪云
　　吴启荣

民族宗教事务委员会（2015年由民族事务委员会和宗教事务局组建成立）

党组书记、主任　周国兴（彝族）
副主任　马光辉（回族，保留正处待遇，2015.07～）
　　龙光明（苗族，2015.07~）
　　杨洪雨（彝族，2015.07~）
　　凤云松（彝族，2015.07~）
　　段光洪（苗族，2015.08~）

民族事务委员会（2015年5月撤销）

党组书记、主任　周国兴（彝族，～2015.05）
副主任　马光辉（回族，保留正处待遇，～2015.07）
　　杨洪雨（彝族，～2015.07）

宗教事务局（2015年5月撤销）

党组书记、局长
副局长　马炳尧（回族，～2015.07）
　　凤云松（彝族，～2015.07）

公安局

党委书记、局长　马　闻（回族，2015.08～）
副书记、常务副局长　赵树礼
副局长　施怀祥
　　李发富（彝族）
　　周建忠（～2015.09）
　　戚玉刚
政治部主任　尹丽华（女，彝族）
政治部副主任　谢云芳（女）
纪委书记　柳思平（正处）
警令部主任　董　兵
警务保障处处长　李　军（彝族）
机要通信处处长　赵　云
信访处处长　冯　杰
法制支队支队长　陈　英（女，兼直属分局局长）
法制支队政委　杨庆民（彝族）
警务督察支队支队长　杨智慧（女）
警卫支队支队长　邱晓东
刑侦支队支队长　王　玮
刑侦支队政委　施　云
禁毒支队支队长　李　彦
禁毒支队政委　王乔云
治安管理支队支队长　李忠华（彝族）
治安管理支队政委　张育生（彝族）
国家安全保卫支队支队长　张会云
国家安全保卫支队政委　李存美（女）
经济犯罪侦察支队支队长　陆荣贵
经济犯罪侦察支队政委　陈云海
技术侦察支队支队长　梁　文
技术侦察支队政委　张惊雷（回族）
公共信息网络安全监察支队支队长　王小军
公共信息网络安全监察支队政委　李亚杰（女，彝族）
监所工作管理支队支队长　李　珉
看守所所长　杨宏春
看守所政委　王　猛（回族，～2015.09）
出入境管理支队支队长　何云平
反恐支队支队长　夏会良

州公安局交警支队

支队长　靳　昌
政　委　任　源
纪委书记　王世敏（保留正处待遇）
政治处主任　杜春云（女，彝族）
副支队长　闫　文
　　陆　跃（纳西族）

州公安局警察培训学校

校　长　邱文华（彝族）
政　委　王　丽（女）
副校长　尹世勇
政治处主任　吕　浩
纪委书记　龙志斌

监察局

局　长　王志梅（女，兼州预防腐败局局长）
副局长　吴金辉（兼州预防腐败局常务副局长）
　　速　勇（回族）
　　李　敏（女）

民政局（老龄办）

党组书记、局长、老龄办主任　王光荣（～2015.11）
　　周志远（2015.11～）

副局长　祁云鹏（保留正处待遇）
　　　　邓永莲（女）
　　　　杨　发

司法局

党委书记、局长　李　平
副局长　段兴邦（保留正处待遇）
　　　　蔡琼华（女）
　　　　杨　芳（女）
纪委书记　李　鲲（彝族）
政治部主任　高明新

财政局（金融办）

党组书记、局长　赵晓明（彝族，兼州政府金融办主任，~2015.09）
　　　　　　　　卢显亮（兼州政府金融办主任，2015.11~）
副局长　崔学政
　　　　李永祥
　　　　起国华（彝族）
　　　　杨柏繁（白族）
　　　　甘　勇
金融办常务副主任　杨新林（~2015.11）
金融办副主任　保永刚
非税收入管理局局长（副处）　尹亚全
农业综合化开发办主任（副处）　白　明（纳西族）

国资委（2015年5月划入州财政局）

党委书记　王耀秋（~2015.07）
　　　　　杨雪斌（女，2015.07~）
党委副书记、主任　高　翔（~2015.07）
　　　　　　　　　卢显亮（兼，2015.11~）
党委副书记、纪委书记　刘　谦
副主任　杨胜利（保留正处待遇，~2015.07）
　　　　丁似莲（女，~2015.07）

人力资源和社会保障局

党组书记、局长　李　昆（~2015.06）
　　　　　　　　黄云雁（2015.08~）
副局长　李琼会（女）
　　　　杞王友（彝族）
　　　　余开顺
　　　　高锡鹏
　　　　金利东
医保中心主任　文金华
退管中心主任　李宗霖
劳动人事争议仲裁院院长　夏　禹

国土资源局

党组书记、局长　胡有刚
副局长　杜　鹏
　　　　雷　鸣
　　　　赵　江
　　　　李春林（2015.07~）
土地收购储备中心主任　尤洪平（彝族）

环境保护局

党组书记、局长　苏光祖
副局长　张绍文（彝族，~2015.07）
　　　　黄丕刚

住房和城乡建设局

党组书记　罗乔仙（女）
局　长　杨　杰（白族，规划局局长，兼州人防办主任，~2015.06）
副局长　李彩林（彝族，保留正处待遇，2015.07~）
　　　　章　琦（~2015.11）
　　　　张跃生
　　　　李维光
　　　　李永军（2015.12~）
　　　　余志宏

交通运输局

党组书记、局长　李富才
副局长　陈　斌
　　　　卢晓林
　　　　周良才
　　　　王　祥
　　　　杨在伟（兼）
运政管理处处长（副处）　毛焕聪

农业局（畜牧兽医局、乡镇企业局）

党组书记、局长　杨树荣（~2015.11，2015.07兼州畜牧兽医局局长、乡镇企业局局长）
　　　　　　　　王光荣（2015.11~，兼州畜牧兽医局局长、乡镇企业局局长）
副局长　杨永生（彝族）
　　　　王志达
　　　　李美琼（女）
　　　　史　翎
　　　　李维峰（彝族，2015.07~）
畜牧兽医局党组书记、局长　杨　龙（~2015.07）
畜牧兽医局副局长　李维峰（彝族，~2015.07）
　　　　　　　　　陈文芳（~2015.07）
农产品检测中心主任（副处）　杨文忠（彝族）

林业局

党委书记、局长　卢显亮（~2015.11）
　　　　　　　　杨树荣（2015.11~）
副书记、纪委书记　毛兴明
副局长　黄大斌（保留正处待遇）
　　　　罗世文（自然保护区管理局局长）
　　　　柏雨风（彝族）
　　　　丁似水
森林公安局局长、督察长　李映山
森林公安局政委　唐清云（保留正处待遇）
森林防火指挥部专职副指挥长（副处）　高培忠

水务局

党组书记、局长　汤　健（~2015.08）
　　　　　　　　马国雄（回族，2015.08~）

副局长　田裕民
刘仕举
刘文忠
段红林
州防汛抗旱指挥部专职副指挥长（副处）　吴志宏

商务局

党组书记、局长　杨俐昆
副局长　孔玉华
李枝权（2015.07~）

文化体育局（新闻出版局、版权局）

党组书记　董智昆（~2015.06）
施克沛（2015.06~）
局　长　施克沛（州新闻出版局、版权局局长~2015.06）
副局长　李飞云
杨宝生
张殿洪（彝族）
徐丽琴（女）
文化市场综合执法支队支队长（副处）　张　宇

广播电视局

党组书记　朱丽华（女，~2015.06）
局　长　夏　良（~2015.07）
副局长　柳　明（~2015.07）
州广播电台台长　李建华（彝族）
楚雄电视台台长　张翔华

新闻出版广电局（州版权局，2015年5月组建）

党组书记、局长　董智昆（2015.07~，兼州版权局局长）
副局长　柳　明（2015.07~）
邓永平（女，2015.07~）

卫生局（2015年5月撤销）

党委书记、局长　钟继红（女，傈僳族，~2015.06）
党委副书记、纪委书记　白玉平（彝族，~2015.06）
副局长　董应宽（~2015.07）
普联珊（彝族，~2015.07）
王如发（彝族，~2015.07）

人口和计划生育委员会（2015年5月撤销）

党组书记、主任
副主任　李静媛（女，彝族，~2015.07）

卫生和计划生育委员会（2015年7月由州卫生局和州人口和计划生育委员会组建而成）

党委书记　高　翔（2015.06~）
党委副书记、主任　钟继红（女，傈僳族，兼预防艾滋病局局长，2015.07~）
党委副书记、纪委书记　白玉平（彝族，2015.07~）
副主任　董应宽（2015.07~）
普联珊（彝族，2015.07~）
李静媛（女，彝族，2015.07~）
王如发（彝族，2015.07~）

审计局

党组书记　阿明仙（女，彝族）
局　长　刘　平
副局长　徐永金
陶光明
胡晓雯（女）
李秋洪
顾姝倩（女）
陈绍能

外事侨务办公室

党组书记　邹志琼（女）
主　任　夏　军（~2015.11）
邹志琼（女，2015.11~）
副主任　李兴文（彝族）

统计局

党组书记　杨金智
局　长　戴凤玲（女，白族）
副局长　张明海
严涛聪
谢正芳（女，彝族）
施卫华（纳西族，挂职，~2015.06）

旅游局（2015年5月撤销）

党组书记、局长　王若舟（傣族，~2015.06）
副局长　王兴林（~2015.06）
李永军（~2015.06）

旅游发展委员会（2015年5月组建）

党组书记、主任　王若舟（傣族，2015.06~）
副主任　王兴林（2015.06~）
李永军（2015.06~12）

安全生产监督管理局

党组书记、局长　程宗文
副局长　罗觉敏（保留正处待遇，~2015.07）
符洪彩（保留正处待遇）
杨胜利（保留正处待遇，2015.07~）
宋兴洪

粮食局（2015年5月并入州发改委）

党组书记　刘　华（彝族，~2015.06）
局　长　李红梅（女）
副局长　肖荣祥（~2015.07）
叶忠海（~2015.07）

扶贫开发办

党组书记、主任　罗文慧（彝族）
副主任　张战友（保留正处待遇）
李学才
起绍祥（彝族）

食品药品监督管理局

党组书记　柳思强
局　长　杨　柳（傈僳族）
副局长　沈彩兰（女，~2015.07）
谭学超（~2015.07）
叶忠海（2015.07~）
施　慧（女，2015.07~）
王之福（2015.07~）

政府政策研究和法制办公室（2015年6月由州政府研究室、发展研究中心和州政府法制办合并组建）
主　任　黄正山（2015.07~）
副主任　黄　忠（2015.07~）
州工商行政管理局
党组书记、局长　唐思虎
副局长　罗永高
　　　　余琼芬（女）
　　　　施　慧（女，~2015.07）
纪检组长　吴开云
州质量技术监督局
党组书记、局长　张　勇
副局长　宋景全
　　　　杨立欧
纪检组长　张咏梅（女）

州人民政府直属部门及管理机构

招商合作局（经济技术合作办公室）
党组书记　李玉林（~2015.07）
　　　　　夏　军（2015.07~）
局　长　李玉林（~2015.07，州政府经合办主任）
　　　　张鹤雁（2015.11~，州政府经合办主任）
副局长　张鹤雁（~2015.11）
　　　　李素萍（女，州政府经合办副主任）
　　　　彭金富（彝族）
　　　　杨　珺（白族，~2015.08）
移民开发局
党组书记、局长　李　文
副局长　余加略（彝族，保留正处待遇，~2015.06）
　　　　刘　彪（彝族）
　　　　马炳尧（回族，2015.07~）
　　　　李　立（挂职，~2015.11）
　　　　余　维（挂职，~2015.11）
　　　　宋　巍（挂职，2015.11~）
　　　　彭星阁（挂职，2015.11~）
人民防空办（2015年5月划入州住建局）
党组书记、主任　李彩林（彝族，~2015.07）
副主任　刘建华（布依族，保留正处待遇，~2015.07）
供销合作联合社
党组书记　起向聪（彝族）
主　任　陈长来
副主任　张　勇
　　　　朱国良（彝族）
　　　　李枝权（彝族，~2015.07）
地方志办公室
党组书记、主任　郭孟贤
副主任　杜晋宏（彝族，正处）
　　　　白云鹏（彝族）

地震局
党组书记　侯家学（~2015.07）
　　　　　宋志峰（2015.07~）
副局长　宋志峰（~2015.07）
　　　　毛德培（2015.08~）
政府政务服务管理局（州公共资源交易管理局）
党组书记　周有奇（彝族，2015.06~）
局　长　周有奇（彝族，州公共资源交易中心主任~2015.06，2015.07兼州公共资源交易管理局局长）
副局长　杨建斌（彝族）
　　　　杨玉江（白族）
机关事务管理局
党组书记　冉江明（土家族，2015.06~）
局　长　冉江明（土家族）
副局长　杨家明（保留正处待遇，~2015.07）
　　　　高　耀
　　　　沈彩兰（女，2015.07~）
　　　　李丽君（女）
接待处
处　长　张竣珲
副处长　张春平（调研员）
　　　　杨　晋（白族）
州政府研究室、发展研究中心
主　任　黄正山（~2015.07）
副主任　李如宗（彝族，~2015.07）
　　　　黄　忠（~2015.07）
州政府法制办
主　任　陆绍林（~2015.07）
副主任　徐　鹏（~2015.07）
州政府驻昆明办事处
主　任　王爱萍（女）
副主任　王海宏
州政府驻北京联络处
主　任　李　璇（女）
副主任　张运恩（彝族）
档案局（档案馆）
局　长　高建祥（州档案馆馆长）
职业教育园区管理委员会（正处事业机构，~2015.07）
党委书记　李　能（兼，~2015.07）
主　任
党委副书记、纪委书记　杨建明（回族，~2015.07）
副主任　席家永（~2015.07）
　　　　张　翔（~2015.07）
　　　　周　刚（~2015.07）
蜻蛉河灌区管理局（副处）
局　长　刘昌富（彝族）
青山嘴水库工程建设管理局
党组书记　许华荣
局　长　冯伟玲（女）

副局长　李洪亮（彝族，保留正处待遇）
　　　　范云峰（彝族）
　　　　宋开洋

葡萄产业开发办公室

党组书记、主任
副主任　王苑文
　　　　管　玲（女）

住房公积金管理中心（副处）

党组书记　罗金林（彝族，2015.06~）
主　　任　罗金林（彝族）

事业单位

州委党校

校　长　邱　江（仡佬族，兼，~2015.05）
　　　　孙　赟（兼，2015.05~）
行政学校校长　杨照辉（兼，~2015.05）
　　　　　　　赵克义（兼，2015.05~）
党委书记、常务副校长
　　马爱芳（女，回族，州行政学校副校长，州社会主义学院常务副院长，~2015，06）
　　夏　良（州行政学校副校长，州社会主义学院常务副院长，2015.06~）
副校长　张学龙（州社会主义学院副院长）
　　　　李志昌
纪委书记　张发润（白族）

楚雄日报社

党委书记、社长　何　勇
总编辑、副社长　陈　涛
副总编辑　杨　凡
　　　　　符文华
纪委书记　曾新华

彝族文化研究院

党支部书记　董云辉（彝族）
院　长　肖惠华（彝族）
副院长　李松禄（彝族）
　　　　王之福（彝族，~2015.07）

农科所

党总支书记、所长　张永华（彝族）
党总支副书记　赵廷龙（彝族）
副所长　张发祥

博物馆

馆　长　钟仕民（彝族，兼州古生物化石研究中心主任）
副馆长　王增清
　　　　李胜海（傣族）

民族艺术剧院

总支书记　马开仁（回族，副处）
院　长　邱卫东（州委宣传部调研员，~2015.10）

开发投资有限公司

董事长　杨照辉（兼，~2015.05）
　　　　赵克义（兼，2015.05~）
总经理　周建琼（女，彝族）
副总经理　马　麟（女，回族，~2015.11）
　　　　　由　珂
　　　　　朱明生（2015.11~）

政协楚雄州委

党组书记　李兴顺（~2015.12）
　　　　　杨　静（女，彝族，2015.12~）
主　　席　李兴顺
党组副书记、副主席　张启俊
党组成员、副主席　李　怡（女）
　　　　　　　　　王玉玺
副主席　何根源（白族）
　　　　蒲　涌
　　　　杨玉泉（女，纳西族）
享受副厅待遇　马旷源（回族）
保留副厅待遇　张万礼
秘 书 长　李光彪
副秘书长　周家荣（~2015.09）
　　　　　苏文生（2015.12~）

州政协内设机构

办公室

主　任　周家荣（~2015.09）
　　　　苏文生（2015.12~）
副主任　苏文生（~2015.12）
　　　　严万雄
　　　　罗德顺（彝族）
　　　　吴晓剑（2015.12~）

经济委员会

主　任　张金华
副主任　吴荣华（女，回族）

民族宗教联络委员会

主　任　冯梅青（女，彝族）
副主任　张永智

教科文卫文史资料委员会

主　任　蔡永林
副主任　王　旭（保留正处待遇）

提案委员会

主　任　刘洪群
副主任　张　梅（女，~2015.11）
　　　　罗乔仙（女，保留正处待遇，2015.12~）

社会法制委员会

主　任　李秀华
副主任　杨　云（~2015.11）
　　　　白　桦（女）

研究室

主　任　陈明贵
副主任　沈新荣

楚雄州中级人民法院

党组书记、院长　刘宗根（2015.02～）
副院长　杨　鹏（白族）
　　　　高明云（女）
　　　　起绍洪（彝族，~2015.09）
　　　　杨　虹（女，~2015.04）
　　　　朱崇芳（2015.11~）
　　　　李红云（2015.11~）
纪检组长　起有生（彝族，~2015.09）
　　　　　常　云（2015.11~）
政治部主任　朱崇芳（~2015.11）
政治部副主任　杨　颖（女）
执行局局长　邵光庆（正处）
执行局副局长　何立明（副处）
行政装备管理处处长　陈建华（女，副处）
审判监督庭庭长　李文先（副处）
立案庭庭长　张志强（副处）
研究室主任　李静平（彝族，副处）
民事审判一庭庭长　杨鸿旭（副处，~2015.11）
　　　　　　　　　孙　明（副处，2015.11~）
民事审判二庭庭长　刘亚玲（女，副处）
民事审判三庭庭长　何加荣（副处）
行政审判庭庭长　刘　芳（女，副处）
监察室主任　姬云桥（副处）
司法警察支队支队长　白华敏（副处）
刑事审判一庭庭长　董　波（副处）
刑事审判二庭庭长　黄怒雄（副处）
办公室主任　李雪江（彝族，副处）
新闻信息中心主任　刘　琼（女，副处）
审判管理办公室主任　孙　明（副处，~2015.11）
　　　　　　　　　　杨鸿旭（副处，2015.11~）
专职审判委员会委员　张建民（副处）
　　　　　　　　　　刘文亮（副处）

楚雄州人民检察院

党组书记、检察长　戴富才（~2015.09）
党组书记、副检察长、代理检察长　普赵辉（2015.12~）
副书记、副检察长　姚燕平（女）
副检察长　蔡永明
　　　　　李光俊（彝族）
　　　　　马晓斗
　　　　　刘存云
纪检组长　李继光（彝族，正处）
政治部主任　罗云波（正处）
政治部副主任
反贪局局长　邓永平
反贪局副局长　刁愿军（傣族）
反渎职侵权局局长　崔荣昆（正处）
反渎职侵权局副局长　赵云生（副处）
办公室主任　张洪顺（副处）
检察技术处处长　罗大兴（彝族，副处）
人民监督员办公室主任　杜　程（副处）
专职检察委员会委员　周　康（彝族，副处）
　　　　　　　　　　李　云（副处）
控告申诉处处长　杨永文（彝族，副处）
职务犯罪预防处处长　马云华（副处）
监所检察处处长　刘继红（副处）
法警支队支队长　何　敏（副处）
法律政策研究室主任　杨正波（回族，副处）
侦查监督处处长　刘　萍（女，副处）
计划财务装备局局长　鲁汉学（彝族，副处）
公诉处处长　杜　勇（副处）
监察处处长　陈为忠（副处）
派驻楚雄监狱检察室主任　敖庆忠（彝族，副处）
民事行政监察处处长　陈　丽（女，副处）
案件管理办公室主任　胡　云（女）

群团机构

总工会
主　席　商雁鸿（兼）
党组书记、常务副主席　王耀秋（2015.06～）
副主席　李兴国（傣族，～2015.07）
　　　　夜成芳（女，彝族）
　　　　刘建华（布依族，2015.07～）

团州委
党组书记、书记　杨梦婷（女，回族）
副书记　杨　军
　　　　朱成玉（彝族）

妇女联合会
党组书记、主席　孟树仙（女）
副主席　李　梅（女）
　　　　李和枝（女）

工商联（总商会）
主　席　吴丽华（女，兼，~2015.05）
　　　　杨　虹（女，2015.07~）
党组书记、常务副主席　杨发荣（傈僳族）
副主席　周云峰（~2015.07）
　　　　肖　燕（女，2015.07~）
　　　　陈　涛
　　　　马志洪（回族）

州科学技术协会
党组书记　金　桦（女，彝族）
主　席　刘　祥（彝族）
副主席　陈春富
　　　　倪　勇

社会科学界联合会
党组书记、主席　何锡英（女）
副主席　朱明云
　　　　晏自军

文学艺术界联合会
党组书记、主席　李茂尊
副主席　吴玉华（瑶族）
残疾人联合会
党组书记、理事长　吴双华（女）
副理事长　白惠能（彝族）
　　　　　周永洪
　　　　　刘　波
红十字会（正处）
会　长　邓斯云（兼）
党组书记　滕　洪
常务副会长　代丽菊（女）
副会长　杨彩珍（女，彝族）
归国华侨联合会
党组书记、主席　何兆发
副主席　高海霞（女）

民主党派州级地方组织

农工党楚雄州委
主　委　夭建国（彝族，兼）
副主委　聂天荣
　　　　周永惠（女，兼）
　　　　陈志坚（兼）
民进楚雄州委
主　委　蒲　涌（兼）
副主委　李云华（女，彝族）
　　　　高建平（兼）
民建楚雄州委
主　委　杨玉泉（女，纳西族，兼）
副主委　商　珊（女）
　　　　李　援（彝族，兼）
九三学社楚雄州委
主　委　韦　薇（女，壮族，兼）
副主委　苏　梅（女）
　　　　聂宗林（兼）
民革楚雄州委
主　委　张鹤雁（兼）
副主委　由　涛
　　　　李　瑛（女，兼）

教育系统

楚雄师范学院
党委书记　谭　丛（女）
副书记　罗明东
　　　　李云峰
　　　　李德勇
纪委书记　李正武
院　长　罗明东
副院长　谢志林
　　　　陆　华
　　　　李　勇
　　　　陈　颖（女）
楚雄医药高等专科学校（副厅级）
党委书记　杨宏仁
副书记、校长　王晓明
副书记（正处）　姚天春（兼纪委书记）
副校长　叶茂绿（兼工会主席）
　　　　昝雪峰
党委办（纪委办）主任　陆润奎（彝族）
行政办主任　段玉林
组织人事处处长　杨光团
团委书记　邓永平（女，~2015.07）
工会专职副主席　杨自祥（彝族，~2015.11）
女工委主任　杨和平（女）
学生工作处处长　方　雷
后勤管理处处长　王炳林
教务处处长　熊金成
招生就业处处长　贺　彪
药学系主任　杨先振
检验系主任　林逢春
医学系主任　易敏春
基础医学系主任　钱兴勇
公共部主任　李维斌（彝族）
计划财务处处长　陆鸿奎
科技处处长　李光富
继续教育处处长　沈必成
楚雄技师学院（副厅级）
党委书记　李自云
院　长
党委副书记、纪委书记　周志海（回族，2015.07~）
副院长　张孟培（2015.08~）
　　　　李绍宝（彝族，2015.08~）
　　　　席家永（2015.08~）
　　　　周　刚（2015.08~）
　　　　杨建明（回族，2015.08~）
党委办公室主任　张绍喜（白族，2015.07~）
组织人事处处长　游再恒（2015.07~）
教务处处长　闵　珏（女，2015.07~）
职业培训处处长　徐俊梅（女，2015.07~）
楚雄一中
党委书记、校长　刘志杰
党委副书记　尹宏贤
副校长　师崇良（~2015.01）
楚雄州民族中学
党委书记、校长　张廷昆（彝族，~2015.06）
副校长　郭志刚（白族）
楚雄师院附中
党总支书记、校长　杨永华

卫生系统

楚雄州人民医院
党委书记、副院长　丁伟峰
党委副书记、院长　刘晓明
副院长　王育昌
　　　　高　勇（白族）
　　　　余成敏
工会主席　范建英（女）
纪委书记　柯永丽（女）

楚雄州中医院（云南省彝医医院）
党委书记、院长　杨本雷（~2015.09）
副书记　倪志坚
副院长　张其武
　　　　许嘉鹏（彝族）

楚雄州精神病医院（第二人民医院）
党总支书记、院长　普建文（彝族）

楚雄州妇幼保健院（副处）
党总支书记　秦永明
院　长　庞　玲（女）

楚雄州卫生监督所（副处）
所　长　缪洪芳（女）

楚雄州疾病预防控制中心
党委书记　汪楚平
主　任　刘应先

楚雄州中心血站（副处）
党支部书记　段国华
站　长　熊建云

县（市）委书记、副书记

楚雄市
书　记　左荣贵（彝族）
副书记　杨中华（彝族）
　　　　周　霏
　　　　季佳元（挂职，~2015.08）
　　　　李长林（挂职，2015.08~）

双柏县
书　记　张晓鸣（彝族，~2015.07）
　　　　李长平（2015.12~）
副书记　李长平（~2015.12）
　　　　鲁文兴（彝族）
　　　　赵开锋（彝族，挂职，~2015.08）
　　　　谢　浒（挂职，2015.08~）

牟定县
书　记　李绍文（彝族）
副书记　赖有常（彝族）
　　　　张俊国（彝族）
　　　　秦少军（挂职，~2015.03）
　　　　张洪波（挂职，2015.03~）

南华县
书　记　李云升
副书记　刘文跃
　　　　何文明
　　　　黄志胜（挂职，~2015.08）
　　　　马进工（回族，挂职，2015.08~）

姚安县
书　记　冯　毅
副书记　刘建云
　　　　雷　波
　　　　彭俊融（挂职）

大姚县
书　记　砖积峰（彝族）
副书记　唐聆燕（女）
　　　　李郁光（~2015.07）
　　　　陈如军（2015.11~）
　　　　徐琪勇（挂职，~2015.08）
　　　　许　杯（挂职，2015.08~）

永仁县
书　记　杨仕坦（彝族）
副书记　李明峰
　　　　金　鸿
　　　　师　逸（挂职，~2015.03）
　　　　李长林（2015.03~08）
　　　　李露丹（女，彝族，挂职，2015.08~）

元谋县
书　记　袁丽娟（女，~2015.06）
　　　　刁　雁（2015.07~）
副书记　李林波
　　　　彭寿方
　　　　杨春禄（拉祜族，挂职，~2015.03）
　　　　李从贤（挂职，2015.03~）

武定县
书　记　黄云雁（~2015.07）
　　　　李玉林（2015.07~）
副书记　周志远（~2015.11）
　　　　李　坚（女，苗族）
　　　　李　勇（2015.11~）
　　　　赵安升（挂职，~2015.03）
　　　　雷　洋（彝族，挂职，2015.03~）

禄丰县
书　记　柴万宏
副书记　杨继周（彝族）
　　　　龙俊波（苗族）
　　　　张士金（挂职）
　　　　刘宇晖（女，挂职，~2015.08）
　　　　黄治胜（挂职，2015.08~）

县（市）委常委、纪委书记

楚雄市　杨雪斌（女，~2015.07）
　　　　善应贤（彝族，2015.11~）
双柏县　孟继祖（彝族）

牟定县　善应贤（彝族，～2015.11）
南华县　李文武
姚安县　王开国
大姚县　刘建伟（白族）
永仁县　周有方（傣族）
元谋县　周　海
武定县　袁　雄
禄丰县　王之忠（彝族）

县（市）委政法委书记

楚雄市　刘汉勇（彝族）
双柏县　毕剑华（彝族）
牟定县　刘文禹
南华县　张志洪
姚安县　昝丕政
大姚县　沈克敏
永仁县　马庭文（傣族）
元谋县　段光显
武定县　李　坚（女，苗族）
禄丰县　毛世宾（彝族）

县（市）委常委、办公室主任

楚雄市　李有贵
双柏县　李家荣（彝族）
牟定县　郭现杰
南华县　罗富生（彝族）
姚安县　杨　勇
大姚县　张利伟（回族，～2015.11）
　　　　罗世全（2015.11～）
永仁县　起自敏（女，彝族）
元谋县　祖　凌
武定县　张剑波（彝族）
禄丰县　石　刚（～2015.11）
　　　　石文武（2015.11～）

县（市）委常委、组织部长

楚雄市　赵　良（彝族）
双柏县　唐建平
牟定县　杨芳亮（傈僳族）
南华县　杨庆文（彝族）
姚安县　李志娟（女，彝族）
大姚县　陈如军
永仁县　张新明
元谋县　沙治成
武定县　马庆辉（回族）
禄丰县　郭永冰（彝族）

县（市）委常委、宣传部长

楚雄市　邹顺伟（彝族）
双柏县　岑云英（女）
牟定县　窦小军
南华县　殷卫华（彝族）
姚安县　席会丽（女）
大姚县　肖　燕（女，～2015.06）
　　　　何兴平（彝族，2015.07～）
永仁县　鲁泽强（彝族）
元谋县　宋文浩
武定县　龙德武
禄丰县　周晓红（女）

县（市）人大常委会主任、副主任

楚雄市
主　任　段　云
副主任　刘发明
　　　　杨廷凯
　　　　胡乃林
　　　　冷文莲（女，彝族）

双柏县
主　任　郎天云
副主任　王　斌
　　　　汤永平（哈尼族）
　　　　苏秀华（女）
　　　　杨　铭

牟定县
主　任　普学煌（彝族）
副主任　郑　荣
　　　　夏桂琳（女）
　　　　李自德
　　　　黑茂贵（彝族）

南华县
主　任　叶忠华
副主任　黄淑珍（女）
　　　　叶　敏（女）
　　　　罗智强（彝族）
　　　　翁云龙

姚安县
主　任　胡　雄
副主任　李景元（彝族）
　　　　刘嵩涛
　　　　李　勇（彝族）
　　　　陈冬梅（女）

大姚县
主　任　李郁光
副主任　张忠德（彝族）
　　　　张　玲（女）
　　　　沙朝安
　　　　李　虎

永仁县
主　任　吴玉斌

副主任 郑周伟
李本元
郑丽萍（女）
刘国永

元谋县

主 任 鲁维生（彝族）
副主任 张自忠
吕 忠
高发银（彝族）
马江芝（女，回族）

武定县

主 任 李茂学（彝族）
副主任 鲁志廉（彝族）
杨春城（苗族）
李正芝（女）
刘永康（傈僳族，～2015.04）

禄丰县

主 任 李红芸（女，彝族）
副主任 刘素芬（女）
李春平
普 平（彝族）
李忠民

县（市）人民政府县（市）长、副县（市）长

楚雄市

市 长 杨中华（彝族）
常务副市长 包继文（女）
市委常委、副市长 马子才（回族）
副市长 张爱东
李 援（彝族）
罗华银（彝族）
李明海（彝族）
段 飞（女，挂职，2015.08～）

双柏县

县 长 李长平
常务副县长 王丽平（彝族）
县委常委、副县长 王景书
副县长 方永红（彝族）
吴应辉
沈海燕（女）
王 权（彝族）
李泓频（女，挂职）
高风华（挂职，～2015.04）
陈 卫（挂职，2015.05～）

牟定县

县 长 赖有常（彝族，2015.01～）
常务副县长 余海潮
县委常委、副县长 刘 云
副县长 毛德勇（彝族）
李翠萍（女）
尹守用
高学龙（彝族，～2015.04）
李厚禹（彝族，2015.07～）
陈荣卓（挂职，～2015.04）
周自波（挂职，2015.04～）

南华县

县 长 刘文跃
常务副县长 彭长达
县委常委、副县长 祝春燕（女，回族）
副县长 马爱军（回族）
钟世富（傈僳族）
毛发金
李 俊（白族）
陈万春（挂职）
王 斌（满族，挂职，～2015.04）
宋健刚（挂职，2015.04～）

姚安县

县 长 刘建云
常务副县长 李 勇（1972.04生，～2015.11）
县委常委、副县长 李 勇（1976.08生）
副县长 钟吉聪
潘建勋（彝族）
普永进
陆赵李
刘晓兵（挂职，～2015.04）
李卫海（挂职，2015.05～）
杨春媛（女，藏族，挂职，～2015.07）
刘晨雨（挂职，2015.09～）

大姚县

县 长 唐聆燕（女）
常务副县长 王文清（彝族，～2015.04）
汪光献（2015.11～）
县委常委、副县长 汪光献（～2015.11）
张利伟（回族，2015.11～）
副县长 李 滨
林帮荣
黎明俊
曹 波
王 磊（挂职）
李维峰（挂职，～2015.04）
刘振权（挂职，2015.05～）

永仁县

县 长 李明峰
常务副县长 晁建伟
县委常委、副县长 李 伟
副县长 周 宏
杨开寿（彝族）
罗翠明（彝族）
尹云莲（女）
郭丽娟（女，挂职，～2015.04）

胡锐军（挂职，2015.05～）
王学峰（挂职，～2015.10）
雷　鸣（挂职，2015.11～）

元谋县

县　长　李林波
常务副县长　文萧翰
县委常委、副县长　何　平
副县长　谢绍光
杨春茹（女）
郑　武
吴春华（彝族）
杨长楷（白族，挂职）
李　立（挂职，～2015.11）
宋　巍（挂职，2015.11～）

武定县

县　长　周志远（～2015.11）
常务副县长　阳庆富
县委常委、副县长　周廷质（彝族）
副县长　普正祥（彝族）
李建云
徐志华（彝族）
黄玉梅（女，彝族）
宋　予（挂职，～2015.07）
黄　波（女，挂职，2015.08～）
刘宗辉（挂职，～2015.10）
贺彦俊（挂职，2015.10～）
余　维（挂职，～2015.11）
彭星阁（挂职，2015.11～）

禄丰县

县　长　杨继周（彝族）
常务副县长　张　东（～2015.06）
田　霞（女，2015.11～）
县委常委、副县长　田　霞（女，～2015.11）
李开传（彝族，2015.11～）
王爱平（挂职）
副县长　胡晓东（回族）
李开传（彝族，～2015.11）
李　斌（彝族）
朱　江（白族）
陈晓辉（挂职，～2015.07）
罗文学（2015.12～）

楚雄经济开发区管委会

主　任　刘显昌
党委书记　习　雁（～2015.11）
王浩忠（2015.11～）
副书记、纪委书记　荆庆华（白族）
副主任　孙春荣
周保全
向　勇（傣族）
吴　炬（挂职）

禄丰工业园区管委会

工委书记　杨建伟（正处，彝族）
主　任　陈玉洁
工委副书记、纪工委书记　陈　铁（女）
副主任　丁贵友
黄　毅

县（市）政协主席、副主席

楚雄市

主　席　吴永祥
副主席　马文辉（回族）
杞　昀（女，彝族）
赵天武（壮族）
王联中

双柏县

主　席　李雪峰（彝族）
副主席　赖海荣（哈尼族）
李晓昌
苏荣兰（女）
王清宏

牟定县

主　席　徐惠兴
副主席　董成松
李源先
王晓丽（女，彝族）
有兆仁（～2015.09）

南华县

主　席　肖　志
副主席　鲁明贵（彝族）
陈金禹
张　燕（女）
王体智

姚安县

主　席　华　成
副主席　李廷贵（彝族）
周黎红（彝族）
张春艳（女）
杨海虹（女）

大姚县

主　席　马跃云
副主席　吴家凯
金国安
杨必军
李雪梅（女）

永仁县

主　席　殷加林（彝族）
副主席　刘洪全
熊新平（回族）
龙秀英（女）
刘琼英（女）

元谋县
主　席　兰　松
副主席　杨茂喜
　　　　罗　春（彝族）
　　　　刘从有
　　　　泰焕华（女）
武定县
主　席　李思恒
副主席　杨　德
　　　　杨红蔚（白族）
　　　　郑立华（女）
　　　　廖　猛（～2015.04）
禄丰县
主　席　邬家华
副主席　李静云（女，彝族）
　　　　山学兵
　　　　李天有
　　　　荀之灵（女，彝族）

县（市）人民法院、检察院、公安局

楚雄市
法院院长　常　云（～2015.11）
　　　　　李家清（2015.11～）
检察院检察长　陈　剑
公安局长　张爱东（兼督察长）
公安局政委　裴　宏
双柏县
法院院长　李新琼（女）
检察院检察长　赵春菊（女，傈僳族，2015.01～）
公安局长　吴应辉（兼督察长）
公安局政委　周增先（白族）
牟定县
法院院长　张　强
检察院检察长　刘建武
公安局长　毛德勇（彝族，兼督察长）
公安局政委　谭锡顺
南华县
法院院长　李红云（～2015.11）
检察院检察长　王德云（苗族）
公安局长　马爱军（回族，兼督察长）
公安局政委　张文安
姚安县
法院院长　肖光亮（彝族）
检察院检察长　张翔会
公安局长　普永进（兼督察长）
公安局政委　杜继勇
大姚县
法院院长　李家清（～2015.11）
检察院检察长　徐　艳（女）
公安局长　李　滨（兼督察长）
公安局政委　盛显江
永仁县
法院院长　戴先军
检察院检察长　庞世红
公安局长　周　宏（兼督察长）
公安局政委　马利锋（彝族）
元谋县
法院院长　景　华
检察院检察长　段正明
公安局长　谢绍光（兼督察长）
公安局政委　陆春华
武定县
法院院长　余文乾
检察院检察长　丁　伟
公安局长　徐志华（彝族，兼督察长）
公安局政委　闫开华
禄丰县
法院院长　甘兆林
检察院检察长　李全华（彝族）
公安局长　胡晓东（回族，兼督察长）
公安局政委　杨汉宵

县（市）产业督导协调组

楚雄市
组　长　王浩忌（正处，～2015.11）
副组长　李忠員（彝族，副处，～2015.11）
禄丰县
组　长　张百舸
副组长　夏　清（女）
　　　　毕志强（彝族）

县（市）中心镇党委书记

楚雄市鹿城镇　李佑祖
楚雄市东瓜镇　李成相
双柏县妥甸镇　王为周
牟定县共和镇　王玉东（彝族）
南华县龙川镇　李德荣（彝族）
姚安县栋川镇　周晓东（彝族）
大姚县金碧镇　余忠诚（彝族）
永仁县永定镇　李培龙（彝族）
元谋县元马镇　赵光贤
武定县狮山镇　余卫东
禄丰县金山镇　尹守用（～2015.01）
　　　　　　　金厚荣（2015.11～）

［州委组织部供稿］

楚雄州2015年度享受云南省人民政府特殊津贴人员名录

施为民　楚雄电视台

杨超本　双柏县营林工作站

储庆龙　牟定县农技中心

楚雄州2015年度高级专业技术职务任职资格人员名录

高级讲师（认定时间：2015.6.30）

马文俊　楚雄民族中专学校
梁丽娟　楚雄民族中专学校
周桂仙　楚雄民族中专学校
张鸿浩　楚雄民族中专学校
卢春梅　楚雄民族中专学校
丁晓霞　楚雄民族中专学校
李　静　楚雄农业学校
普　荣　楚雄农业学校
李朝文　楚雄州工业学校
余　震　楚雄州工业学校
马　瑛　楚雄州工业学校

高级会计师（认定时间：2015.8.8）

杨晓龙　楚雄州人民医院
黄顺有　楚雄州财政局
王永琼　楚雄大地会计师事务所
王清琼　楚雄州交通工程技术服务站
方俊兰　楚雄市东华镇财政所
李宏芝　姚安县水务局灌区管理委员会
王忠寿　云南嘉缘花木绿色产业有限公司
李润萍　禄丰县农村合作医疗管理办公室

高级经济师（认定时间：2015.8.20）

魏惠芝　楚雄市房地产交易管理中心
普兴海　双柏县安龙堡乡农业综合服务中心
严应辉　姚安县栋川镇经营管理站
罗会芳　姚安县栋川镇经营管理站
王艺琼　姚安县栋川镇经营管理站
赵学林　大姚县金碧镇农业综合服务中心
余菊香　大姚县经营管理站
杨占荣　武定县经营管理站
杨锦春　禄丰县房地产管理所
李本金　禄丰县农村经济经营管理站

高级统计师（认定时间：2015.8.20）

宋云秋　楚雄州统计局
普乔仙　牟定县统计局
毕　惠　牟定县统计局
张跃红　大姚县人民医院
赵晓凤　禄丰县一平浪镇农业综合服务中心

二级演员（认定时间：2015.8.26）

茶寒波　楚雄州民族艺术剧院
张海洪　楚雄州民族艺术剧院
张　平　楚雄州民族艺术剧院
陈　丽　楚雄州民族艺术剧院
杨　潇　楚雄州民族艺术剧院
李月娥　武定彝族民族文化传媒演艺公司

二级演奏员（认定时间：2015.8.26）

普宜延　楚雄州民族艺术剧院
唐红梅　楚雄州民族艺术剧院
张　莹　楚雄市民族文化演艺公司

主任舞台技师（认定时间：2015.8.26）

温　林　楚雄州民族艺术剧院
谢绍春　楚雄市政府礼堂

主任技师（认定时间：2015.8.31）

陈绍芬　楚雄州中心血站
杜昌海　元谋县疾病预防控制中心

高级实验师（认定时间：2015.10.30）

李燕琼　楚雄医药高等专科学校

高级讲师（认定时间：2015.10.28）

刘建新　楚雄州委党校
罗　石　楚雄州委党校
田　仲　双柏县委党校
罗海珍　南华县委党校
盛显林　元谋县委党校
昌　伟　武定县委党校
潘荣华　武定县委党校

二级文学创作（认定时间：2015.10.27）

余继聪　楚雄州文联

高级讲师（认定时间：2015.11.25）

周海云　楚雄技师学院
郭长伟　楚雄技师学院
吴春华　楚雄技师学院
崔丽花　楚雄技师学院

高级实习指导教师（认定时间：2015.11.25）

陈新红　楚雄技师学院
李丹峰　楚雄技师学院
廖太刚　楚雄技师学院
高绍锋　楚雄技师学院
江荣富　楚雄技师学院

主任医师（认定时间：2015.8.31）

陈　勇　楚雄州妇幼保健院
庞　玲　楚雄州妇幼保健院
闫跃龙　楚雄州妇幼保健院
吴卫华　楚雄州人民医院
张自艳　楚雄州人民医院
刘　晖　楚雄州人民医院
姚群梅　楚雄州人民医院
胡　祥　姚安县中医医院
刘映昌　大姚县人民医院
文艺桦　元谋县人民医院
李正国　武定县人民医院
吴道群　禄丰县中医医院

主任医师（认定时间：2015.10.30）

陈志坚　楚雄市人民医院

副主任医师（认定时间：2015.8.31）

王　坚　楚雄州人民医院
李轶川　楚雄州人民医院
詹　烜　楚雄州人民医院
倪　安　楚雄州人民医院
耿嘉琛　楚雄州人民医院
非明珠　楚雄州人民医院
张凤才　楚雄州人民医院
晏国锋　楚雄州人民医院
甘连兴　楚雄州人民医院
侯绍元　楚雄州人民医院
李国伟　楚雄州人民医院
李明枝　楚雄州人民医院
赵丽琴　楚雄州人民医院
赵　一　楚雄州人民医院
李存芬　楚雄州人民医院
李朝宏　楚雄州人民医院
胡培谦　楚雄州人民医院
吴国平　楚雄州精神病医院
苏　龙　楚雄州精神病医院
刘　刚　楚雄州广通医院
徐建洪　楚雄州广通医院
毛洪斌　楚雄州广通医院
尹以昌　楚雄州中医医院
普光民　楚雄州中医医院
周国灿　楚雄州中医医院
张明祥　楚雄州中医医院
吕　玲　楚雄州疾病预防控制中心
李中平　楚雄州疾病预防控制中心
江素宏　楚雄州疾病预防控制中心
赵明才　双柏县人民医院
罗有华　双柏县人民医院
毕振全　双柏县人民医院
郭兴祥　双柏县疾病预防控制中心
杨洪珍　双柏县人民医院
叶华方　双柏县人民医院
李东红　双柏县人民医院
赵应荣　牟定县中医医院
周海燕　牟定县中医医院
张成贞　牟定县中医医院
张有芳　牟定县中医医院
温洪明　牟定县妇幼保健院
刘　佳　牟定县妇幼保健院
罗先俊　牟定县人民医院
易联珍　牟定县人民医院
陈顺昌　牟定县计划生育服务站
王翠珍　牟定县计划生育服务站
邓应猛　牟定县共和镇田心卫生院
马德海　南华县疾病预防控制中心
李琼珍　南华县妇幼保健院
李　林　姚安县中医医院
沈必云　姚安县人民医院
赵黎荣　姚安县龙岗卫生院
苏　润　姚安县光禄卫生院
字海静　大姚县人民医院
祖家香　大姚县疾控中心
刘树芳　永仁县人民医院
陈春琼　永仁县人民医院
韩世伟　永仁县中医医院
杨　军　永仁县妇幼保健院
高丽会　永仁县计生服务站
邱　强　元谋县人民医院
费永春　元谋县人民医院
白　华　元谋县中医医院
杨爱玉　元谋县元马镇卫生院
刘建国　武定县人民医院
冯桂芝　武定县人民医院
虎　洁　武定县高桥镇中心卫生院
许祖春　武定县妇幼保健院
李光荣　武定县人民医院
乔海珍　武定县高桥镇中心卫生院
王廷琨　武定县人民医院
赵国雄　武定县人民医院
杨　莉　武定县人民医院
杨凤杰　武定县中医医院
胡从恒　禄丰县人民医院
胡建宁　禄丰县人民医院
段文光　禄丰县人民医院
王存有　禄丰县人民医院
李育祥　禄丰县中医医院
李国荣　禄丰县妇幼保健院
段伟华　禄丰县恐龙山卫生院

副主任药师（认定时间：2015.8.31）

周鸿堂　南华县人民医院
罗华柏　永仁县中医医院

副主任技师（认定时间：2015.8.31）

冷兆建　牟定县疾病预防控制中心
杨冬梅　姚安县人民医院
张志勇　姚安县疾病预防控制中心
李发顺　大姚县人民医院

副主任医师（认定时间：2015.10.30）

高树凯　楚雄市人民医院
韩卫琼　楚雄市人民医院
邝泳屏　楚雄市人民医院
余洪顺　楚雄市人民医院
段永华　楚雄市人民医院
李会彩　楚雄市疾病预防控制中心
杨丽莎　楚雄市疾病预防控制中心

副主任护师（认定时间：2015.8.31）

刁　丽　楚雄州人民医院
李林梅　楚雄州人民医院
赵琼仙　楚雄州精神病医院
杨学英　楚雄州中心血站
李晓倩　楚雄州中医医院
罗　燕　楚雄州中医医院
罗世芳　双柏县人民医院
舒秀华　双柏县人民医院
郭翠萍　双柏县人民医院
贾丽梅　牟定县中医医院
杨春焕　牟定县人民医院
朱丽萍　牟定县人民医院
胡　琼　牟定县人民医院
吴丽萍　牟定县人民医院
费建琼　南华县疾病预防控制中心
段华芬　南华县人民医院
李祖芳　南华县人民医院
吴丽英　南华县人民医院
李庆秀　南华县中医医院
石庭仙　姚安县人民医院
石　娟　姚安县疾病预防控制中心
杜剑兰　大姚县人民医院
李朝丽　永仁县人民医院
樊有香　永仁县人民医院
陈艳萍　永仁县中医医院
陈　燕　永仁县中医医院
鲁绍兰　永仁县疾病预防控制中心
谢成燕　永仁县永定镇卫生院
张凤琼　元谋县人民医院
马飞丽　武定县人民医院
王光英　武定县人民医院
周正英　禄丰县人民医院

查家静　禄丰县人民医院
宋琼芬　禄丰县人民医院
刘清秀　禄丰县疾病预防控制中心

副主任护师（认定时间：2015.10.30）

徐华英　楚雄市计划生育服务站

高级审计师（认定时间：2015.9.29）

杨　宇　双柏县审计局
苏秀虹　双柏县审计局
杨华芬　大姚县审计局

高级工程师（认定时间：2015.7.2）

余晓红　大姚县地震局

高级工程师（认定时间：2015.8.28）

姜　禹　楚雄州勘测规划设计院
李学军　楚雄联盛工程监理咨询有限公司
罗寿松　楚雄智群工程建设监理咨询有限公司
任　珉　楚雄市城市建筑规划设计有限公司
张晏平　楚雄市城市建筑规划设计有限公司
杨继明　楚雄市供排水有限公司
李　娜　楚雄市住建局市政设施管理中心
高寒松　楚雄市住建局市政设施管理中心
武　勇　楚雄市住建局建设工程质量检测中心
黄贵祥　楚雄市峨碌公司
王绍生　楚雄竭诚招标代理有限责任公司
和　干　恒业古镇文化旅游开发集团有限公司
崔建峰　云南新思成建筑规划设计有限公司
张国华　云南广厦规划建筑设计院有限公司
李秋明　云南广厦规划建筑设计院有限公司
杨崇华　双柏县建设工程质量监督站
李　涛　双柏县建设工程质量检测中心
李文兵　牟定县住房和城乡建设局
董廷波　牟定县自来水有限责任公司
刘学彦　楚雄州吕合煤业有限责任公司
何兴元　姚安县建筑工程质量监督站
刘家军　大姚县建筑工程质量监督站
夏虎才　永仁县标准定额管理站
李继娥　永仁县建筑工程质量监督管理站
朱　江　武定县建设工程安全监督站
杨永康　云南德胜钢铁有限公司
刘福平　云南德胜钢铁有限公司
刘学云　禄丰县园林管理所
郑　艳　禄丰县城乡规划勘测设计室

高级工程师（认定时间：2015.8.30）

孙丹明　楚雄市鹿城镇林业站
麦以荣　楚雄市东瓜镇林业站
江文海　楚雄市紫溪镇林业站
苏青青　楚雄市林业局造林绿化工作站
邓光华　双柏县白竹山州级自然保护区管理所
王　斌　牟定县林业局科教与产业股
杨应章　牟定县林业局林权流转服务中心
温晓林　牟定县江坡镇农业综合服务中心
马云军　姚安县林业局农村能源工作站
隆　玉　姚安县林业局太平木材检查站
何　勇　姚安县林业局营林工作站
刘新存　姚安县栋川镇林业站
鲁家聪　姚安县左门乡林业站
刘　刚　姚安县太平镇林业站
李宗凯　姚安县太平镇林业站
李光辉　姚安县官屯乡林业站
永培翠　大姚县农业综合开发领导小组办公室
李敢珍　大姚县金碧镇林业站
梅自彬　大姚县林业局营林工作站
向天毕　大姚县林业局湾碧林场
苏培芝　永仁县林业局农村能源工作站
张继忠　永仁县林业局天然林资源保护工程办公室
起兴旺　永仁县林业局退耕还林办公室
起晓燕　永仁县林业局产业办公室
刘维平　永仁县永定镇林业站
文淑芳　永仁县永定镇林业站
文学正　永仁县莲池乡林业站
李丽艳　永仁县宜就镇林政资源管理站
倪世琼　永仁县国营永定林场
陈琼会　永仁县林业局国营白马河林场
陶志萍　永仁县林业局国营白马河林场
滕春荣　元谋县黄瓜园镇林业站
赵建良　元谋县羊街镇林业站
罗朝富　武定县高桥镇林业站
李红杰　武定县插甸乡林业站
李永彬　武定县狮山镇林业站
陆荣艳　禄丰县森林防火办公室
何桂琼　禄丰县林业局营林工作站
刘必林　禄丰县彩云镇林业站
李世武　禄丰县勤丰镇林业站
山何福　禄丰县土官镇林业站
黄先伟　禄丰县土官镇林业站
马荣辉　禄丰县黑井镇林业站
王富云　禄丰县高峰乡林业站
宋友春　禄丰县广通镇林业站
廖海萍　禄丰县仁兴镇林业站

高级工程师（认定时间：2015.9.23）

王加旺　双柏县广播电视台
田兴梅　大姚县广播电视台
倪剑勇　元谋县广播电视台

高级工程师（认定时间：2015.9.24）

起　春　永仁县猛虎乡农业技术推广服务中心
刘春华　元谋县农机学校
段嘉潮　武定县农机学校
许　斌　禄丰县恐龙山镇农业技术推广中心

高级工程师（认定时间：2015.9.25）

谭毅源　楚雄欣源水利电力勘察设计有限责任公司
张玉龙　楚雄欣源水利电力勘察设计有限责任公司
吕　宏　楚雄欣源水利电力勘察设计有限责任公司
丘　锋　楚雄州大海波水库管理处
何光武　楚雄市水务局西静河水库工程管理处

宋卫东　楚雄市九龙甸水库工程灌区管理处
梁国江　牟定县水务局
张晓平　牟定县水务局
张开德　南华县水务局
吴正祥　南华县水务局
蔡忠平　姚安县栋川镇水利水土保持站
於发军　姚安县栋川镇水利水土保持站
郭顺安　姚安县栋川镇水利水土保持站
张彩珍　大姚县金碧镇水利水土保持站
沈　萍　永仁县农业技术推广服务中心
文国英　永仁县水务局
李金成　元谋县物茂乡农业综合服务中心
李金龙　禄丰县水务局水利管理站
廖徐华　禄丰县勤丰镇水利水土保持站
杨应华　禄丰县勤丰镇水利水土保持站
谭承丽　禄丰县勤丰镇水利水土保持站

高级工程师（认定时间：2015.9.26）

戴华存　双柏县水务局

高级工程师（认定时间：2015.9.27）

董国虎　牟定县新桥镇农业综合服务中心

高级农艺师（认定时间：2015.9.25）

李昌元　楚雄州农科所
陆秀春　楚雄州农科所
陈春泉　楚雄州农科所
徐加平　楚雄州农科所
杨于平　楚雄州农科所
张志光　楚雄州茶桑站
刘江洪　楚雄州茶桑站
高自文　楚雄市农业局种子管理站
马春旺　楚雄市吕合镇农技推广中心
陈永芳　楚雄市吕合镇农技推广中心
谭　锟　楚雄市吕合镇农技推广中心
陶应崇　楚雄市紫溪镇农技推广中心
李爱珍　楚雄市鹿城镇农技推广中心
李红仙　楚雄市东瓜镇农技推广中心
王廷周　楚雄市东瓜镇农技推广中心
邬向洪　楚雄市大地基乡农技推广中心
金燕萍　楚雄市东华镇农技推广中心
段兴贵　楚雄市八角镇农技推广中心
李如彬　双柏县白竹山茶叶有限责任公司
储宗海　牟定县新桥镇农业综合服务中心
姚兴龙　牟定县新桥镇农业综合服务中心
周启伟　牟定县凤屯镇农业综合服务中心
李爱荣　牟定县共和镇农业综合服务中心
沈美琼　牟定县共和镇农业综合服务中心
生从云　牟定县共和镇农业综合服务中心
杨春琼　牟定县共和镇农业综合服务中心
王应才　南华县经济作物工作站
王师禹　南华县龙川镇农业综合服务中心
吕文虎　南华县罗武庄乡农业综合服务中心
宋华山　南华县雨露乡农业综合服务中心
张谓荣　南华县兔街镇农业综合服务中心
庞世坚　姚安县栋川镇农技推广中心
席树勋　姚安县栋川镇农技推广中心
周秉纪　姚安县栋川镇农技推广中心
罗俊飞　姚安县栋川镇农技推广中心
罗云斌　姚安县光禄镇农技推广中心
王金祥　姚安县光禄镇农技推广中心
李永琼　姚安县光禄镇农技推广中心
关志琴　姚安县太平镇农技推广中心
曹晓华　姚安县太平镇农技推广中心
伍家龙　姚安县适中乡农技推广中心
沙育平　大姚县农技推广中心
彭如珍　大姚县金碧镇农业综合服务中心
王家云　大姚县金碧镇农业综合服务中心
马　壮　大姚县金碧镇农业综合服务中心
王银忠　大姚县石羊镇农业综合服务中心
陶成宗　永仁县中和镇农技推广中心
鲁绍立　永仁县农技推广中心
李维恒　永仁县农技推广中心
尹　明　永仁县植保植检站
蒋红平　永仁县蚕桑站
陈昌姝　永仁县农业环境保护监测站
尹定富　永仁县永定镇农业综合服务中心
杞天禹　元谋县农业局经济作物工作站
孙正华　元谋县植保植检站
永长青　元谋县羊街镇农业综合服务中心
文加斌　元谋县黄瓜园镇农业综合服务中心
李绍祥　元谋县江边乡农业综合服务中心
永增位　元谋县元马镇农业综合服务中心
刘　婷　武定县狮山镇农技推广中心
杨崇芬　武定县猫街镇农技推广中心
唐光芬　武定县插甸镇农技推广中心
闫从云　武定县农技推广中心
王建成　武定县农技推广中心
李　富　武定县农田建设与农村能源工作站
吴学林　禄丰县金山镇农技推广中心
武荣琼　禄丰县金山镇农技推广中心
王　芬　禄丰县一平浪镇农技推广中心
张美芬　禄丰县广通镇农技推广中心
刘丽萍　禄丰县广通镇农技推广中心
赵光宏　禄丰县广通镇农技推广中心
李乔兴　禄丰县和平镇农技推广中心
黄加英　禄丰县和平镇农技推广中心
李培鸿　禄丰县恐龙山镇农技推广中心
苏丽琼　禄丰县勤丰镇农技推广中心
赵　华　禄丰县仁兴镇农技推广中心
张学荣　禄丰县仁兴镇农技推广中心
金丽菊　禄丰县黑井镇农技推广中心
段会仙　禄丰县妥安乡农技推广中心

高级工程师（认定时间：2015.9.30）

杨晓兵　楚雄州公路工程质量监督站
代德彪　楚雄州公路工程质量监督站
胡　刚　楚雄州公路工程质量监督站
张耀森　楚雄州公路工程质量监督站
思春明　元谋县地方公路管理段

高级工程师（认定时间：2015.10.30）

李文俊　云南德胜钢铁有限公司

高级畜牧师（认定时间：2015.10.15）

杨泽成　楚雄市动物卫生监督所
黎廷莉　楚雄市动物疫病预防控制中心
王必兴　楚雄市畜牧兽医局东瓜畜牧兽医站
李国存　楚雄市畜牧兽医局西舍路畜牧兽医站
段加宝　楚雄市畜牧兽医局树苴畜牧兽医站
姚军本　双柏县动物疫病预防控制中心
罗海兴　南华县红土坡镇农业综合服务中心
万　琼　南华县动物疫病预防控制中心
刘学军　姚安县栋川镇畜牧兽医站
苏云顺　姚安县官屯畜牧兽医站
李进荣　永仁县莲池乡畜牧兽医站
起正国　永仁县动物疫病预防控制中心
刘琼芬　武定县动物疫病预防控制中心
王存芬　武定县动物卫生监督所
普自良　武定县高桥畜牧兽医站
杨　东　武定县田心畜牧兽医站
尹　春　禄丰县碧城畜牧兽医站

高级兽医师（认定时间：2015.10.15）

李玉林　楚雄市鹿城镇农业综合服务中心
谢光海　楚雄市畜牧兽医局东瓜畜牧兽医站
徐　健　楚雄市吕合镇农业综合服务中心
叶晓燕　楚雄市八角镇畜牧兽医站
黄汝荣　双柏县法脿镇农业综合服务中心
张培恩　牟定县动物卫生监督所
李菊兰　牟定县共和镇农业综合服务中心
吕淑栋　南华县龙川镇农业综合服务中心
周保福　南华县沙桥镇农业综合服务中心
杨晓燕　永仁县动物卫生监督所
起赛庭　永仁县动物疫病预防控制中心
李祝林　永仁县动物卫生监督所
周云山　永仁县动物卫生监督所
王伟林　永仁县永定镇畜牧兽医站
丁仕友　元谋县黄瓜园镇农业综合服务中心
尹正江　元谋县元马镇农业综合服务中心
李天柱　元谋县物茂乡农业综合服务中心
张开荣　元谋县羊街镇农业综合服务中心
张胜忠　武定县动物疫病预防控制中心
成俊友　武定县动物疫病预防控制中心
张　鹏　武定县猫街畜牧兽医站
申蔡花　武定县插甸畜牧兽医站
刘健梅　禄丰县动物疫病预防控制中心
白宗兴　禄丰县金山镇畜牧兽医站
刘美华　禄丰县金山镇畜牧兽医站
谢道培　禄丰县彩云畜牧兽医站
杨春甫　禄丰县中村畜牧兽医站
马春喜　禄丰县仁兴镇畜牧兽医站

高级工程师（认定时间：2015.11.26）

赵子亮　楚雄市吕合镇石鼓煤业开发有限责任公司

副研究馆员（认定时间：2015.12.04）

普家清　楚雄州图书馆
刘云九　楚雄市图书馆
金朝荣　姚安县文化馆
胡兰芬　姚安县栋川镇文化站
李明华　禄丰县黑井镇文化中心

高级工程师（认定时间：2015.8.30）

段福文　楚雄州林业科学研究所

正高级工程师（认定时间：2015.11.24）

杨彝华　楚雄州林业科学研究所

主任编辑　（认定时间：2015.12.17）

茶　军　楚雄日报社
陈　洁　楚雄市广播电视台
王　成　大姚县文体广电旅游局

主任记者　（认定时间：2015.12.17）

起永俊　楚雄日报社
商建萍　楚雄市广播电视台
江朝琳　禄丰县广播电视台

副研究员　（认定时间：2015.9.29）

王志刚　楚雄彝族文化研究院

高级教练（认定时间：2015.11.30）

李　波　双柏县业余少体校

中学高级教师（认定时间：2015.10.30）

马永江　楚雄天人中学
梁开聪　楚雄天人中学
郭丽琼　楚雄天人中学
赵德勤　楚雄天人中学
王　飚　楚雄天人中学
武加琨　楚雄第一中学
王红云　楚雄第一中学
杨成东　楚雄第一中学
杨湘莹　楚雄第一中学
罗启荣　楚雄第一中学
郭连刚　楚雄民族中学
谢宝昌　楚雄师院附中
王之才　楚雄师院附中
钱思清　楚雄市树苴乡初级中学
许世泽　楚雄市新村中学
陈　燕　楚雄市新村中学
王学明　楚雄市新村中学
顾元华　楚雄市新村中学
者万有　楚雄市三街中学
李作平　楚雄市龙江中学
罗朝旺　楚雄市前进初级中学
刘红桢　楚雄市前进初级中学
董学海　楚雄市前进初级中学
马德芝　楚雄市子午镇云龙初级中学
罗正琴　楚雄市吕合镇初级中学
何兴成　楚雄市大过口乡民族中学
邓树兴　楚雄市东兴中学
唐学富　楚雄市西舍路镇初级中学
彭怀志　楚雄市紫溪中学
李建洪　楚雄市北浦中学
陆廷芬　楚雄市北浦中学
刘　伟　楚雄市东华镇新街初级中学
李存旺　楚雄市东华镇新街初级中学

王正永　楚雄市东华镇新街初级中学
胡　萍　楚雄市教师培训中心
许泽军　楚雄市新村中学
张德亮　楚雄市三街中学
曹有雄　楚雄市龙江中学
李建荣　楚雄市前进初级中学
黄朝平　楚雄市苍岭镇初级中学
饶正祥　楚雄市苍岭镇初级中学
杨宗林　楚雄市子午镇云龙初级中学
王赵春　楚雄市吕合镇初级中学
李绍云　楚雄市子午中学
杨　龙　楚雄市中山镇初级中学
张永权　楚雄市中山镇初级中学
冯显林　楚雄市东兴中学
江　鹏　楚雄市东兴中学
鞠万平　楚雄市东兴中学
周朝文　楚雄市紫溪中学
李金海　楚雄市北浦中学
杨成红　楚雄市北浦中学
和丽芸　楚雄市北浦中学
李正权　楚雄市东华镇新街初级中学
沈立明　楚雄市东华镇新街初级中学
王冬山　楚雄市东华镇新街初级中学
徐联寿　楚雄市东华镇新街初级中学
杨有兴　楚雄市东华镇新街初级中学
杨家礼　楚雄市前进初级中学
徐永聪　楚雄市前进初级中学
王廷辉　楚雄市苍岭镇初级中学
廖明宏　楚雄市吕合镇初级中学
鲁荣平　楚雄市吕合镇初级中学
王　海　楚雄市吕合镇初级中学
杨助章　楚雄市子午中学
段正平　楚雄市中山镇初级中学
周兰香　楚雄市鹿城镇初级中学
何绍德　楚雄市鹿城镇初级中学
杨俊蕊　楚雄市鹿城镇初级中学
张树勇　楚雄市东兴中学
李应琼　楚雄市金鹿中学
陈廷灿　楚雄市金鹿中学
曹俊华　楚雄市职业高级中学
张陆明　楚雄市北浦中学
黄正华　楚雄市东华镇新街初级中学
李忠汉　楚雄市树苴乡初级中学
马忠坤　楚雄市树苴乡初级中学
林　寅　楚雄市教师培训中心

初艳萍　楚雄市前进初级中学
刘天虎　楚雄市前进初级中学
王开彪　楚雄市苍岭镇初级中学
李　荣　楚雄市子午镇云龙初级中学
李艳红　楚雄市吕合镇初级中学
董先虎　楚雄市吕合镇初级中学
张太周　楚雄市大地基乡初级中学
李光宏　楚雄市大地基乡初级中学
丁志相　楚雄市中山镇初级中学
王　荣　楚雄市中山镇初级中学
丁忠民　楚雄市中山镇初级中学
唐明忠　楚雄市中山镇初级中学
李如聪　楚雄市鹿城镇初级中学
牛泽民　楚雄市鹿城镇初级中学
唐锡平　楚雄市鹿城镇初级中学
杨啟彪　楚雄市鹿城镇初级中学
李万凯　楚雄市鹿城镇初级中学
季金梅　楚雄市鹿城镇初级中学
王联焕　楚雄市职业高级中学
周有志　楚雄市八角镇民族中学
刘正文　楚雄市青少年校外活动中心
吴静薇　楚雄市紫溪中学
伍　星　楚雄市紫溪中学
沈黎勇　楚雄市紫溪中学
李文高　楚雄市东华镇新街初级中学
杨柏芳　楚雄市树苴乡初级中学
何永凤　楚雄市三街中学
樊继双　楚雄市龙江中学
陈之有　楚雄市中山镇初级中学
王家儒　楚雄市鹿城镇初级中学
唐琼华　楚雄市鹿城镇初级中学
丁国勇　楚雄市东兴中学
李金宏　楚雄市东兴中学
李元聪　楚雄市紫溪中学
程　瑜　楚雄市北浦中学
徐　毅　楚雄市北浦中学
罗永宏　双柏县碍嘉中学
费文武　双柏县碍嘉中学
李嘉斌　双柏县安龙堡中学
黎思泽　双柏县安龙堡中学
李金红　双柏县法脿中学
杨秀莲　双柏县法脿中学
段建芳　双柏县大庄中学
者正春　双柏县大麦地中学
李联凤　双柏县爱尼山中学

李瑞德　双柏县妥甸中学
赖发明　双柏县大庄中学
李琼兰　双柏县法脿中学
王春荣　双柏县雨龙中学
罗云华　双柏县雨龙中学
杨仕如　双柏县独田中学
杨家琼　双柏县大庄中学
袁思美　双柏县大庄中学
杨亚周　双柏县大庄中学
姚建民　双柏县大庄中学
董莲珍　双柏县职业高级中学
柏文安　双柏县安龙堡中学
尹世富　双柏县法脿中学
王如华　双柏县法脿中学
任家权　双柏县法脿中学
郄如平　双柏县法脿中学
苏　艳　双柏县碍嘉中学
李晓章　双柏县碍嘉中学
李天荣　双柏县安龙堡中学
矣文选　双柏县安龙堡中学
徐有兴　双柏县法脿中学
王　华　双柏县雨龙中学
汤亚宏　双柏县妥甸中学
苏友贤　双柏县妥甸中学
罗开荣　双柏县雨龙中学
苏应文　双柏县大庄中学
尹　籼　双柏县爱尼山中学
许家宏　双柏县妥甸中学
李朝贵　双柏县妥甸中学
宋世昌　双柏县碍嘉中学
郭家斌　双柏县法脿中学
周世进　双柏县大庄中学
朱　文　双柏县大庄中学
王　英　双柏县第一中学
施光顺　牟定县凤屯初级中学
施正武　牟定县青龙初级中学
普文华　牟定县安乐初级中学
普学华　牟定县马厂初级中学
李光耀　牟定县戌街初级中学
刘龙春　牟定县戌街初级中学
张仕新　牟定县天台初级中学
韩光云　牟定县天台初级中学
田应芬　牟定县高平初级中学
罗正武　牟定县高平初级中学
李红山　牟定县高平初级中学

牛定和　牟定县安乐中学
吴显洪　牟定县马厂中学
唐敞龙　牟定县蟠猫中学
刘水清　牟定县蟠猫中学
高永康　牟定县天台中学
张秀芝　牟定县天台中学
王绍宏　牟定县高平中学
杨　凯　牟定县第一高级中学
田中彦　牟定县青龙初级中学
刁根聪　牟定县青龙初级中学
邓　勇　牟定县马厂初级中学
杨明春　牟定县天台初级中学
杨全武　牟定县天台初级中学
杨　诚　牟定县高平初级中学
罗　敏　牟定县高平初级中学
李洪建　牟定县第一高级中学
王炳跃　牟定县马厂初级中学
李明贞　牟定县天台初级中学
普学宗　牟定县天台初级中学
肖德武　牟定县天台初级中学
孟家明　牟定县高平初级中学
金　禄　牟定县茅阳初级中学
山如相　牟定县安乐初级中学
李学彪　牟定县天台初级中学
鲁会萍　牟定县蟠猫初级中学
李天荣　牟定县高平初级中学
伍德文　牟定县青龙中学
宿晓华　牟定县天台中学
姚恩敏　牟定县安乐中学
吕永胜　牟定县高平中学
周泽洋　牟定县青龙中学
李宏厚　牟定县青龙中学
刘　燕　牟定县青龙中学
翁如荣　牟定县安乐中学
刘　俊　牟定县马厂中学
郑和江　牟定县戌街中学
李正香　牟定县戌街中学
普正英　牟定县蟠猫中学
王德云　牟定县蟠猫中学
吴成海　牟定县安乐中学
董明春　牟定县马厂中学
贾正波　牟定县天台中学
陈彦宏　牟定县职业高级中学
张永前　南华民族中学
袁兴红　南华民族中学
查开富　南华民族中学
叶松焕　南华民族中学
李琼芳　南华海子山初级中学
钱汝萍　南华海子山初级中学
高国伟　南华海子山初级中学
代学琼　南华县徐营初级中学
周建琼　南华县雨露初级中学
周　林　南华县雨露初级中学
杨华明　南华县沙桥初级中学
陆建英　南华县沙桥初级中学
罗文荣　南华县兔街初级中学
黄　和　南华县第一中学
刘之雄　南华民族中学
向国顺　南华民族中学
马菊兰　南华民族中学
郑绍泽　南华民族中学
王　菲　南华民族中学
蔡德新　南华县海子山中学
秦德湘　南华县海子山中学
刘国炳　南华县沙桥中学
叶松武　南华县沙桥中学
罗绍华　南华县五街中学
蔡加雄　南华县一街中学
余学荣　南华县五顶山中学
罗新荣　南华民族中学
彭宗喜　南华县海子山初级中学
杨开荣　南华县徐营初级中学
许桂仙　南华县沙桥初级中学
李国旺　南华县五街初级中学
者汉武　南华县五顶山初级中学
刘尧美　南华民族中学
周银芬　南华民族中学
者桂芹　南华县海子山初级中学
李桂新　南华县雨露初级中学
欧阳文仪　南华县沙桥初级中学
罗荣星　南华县五街初级中学
张丽莉　南华县第二中学
普金兰　南华县五顶山初级中学
余　琛　南华县第一中学
张文学　南华民族中学
尹朝富　南华县徐营初级中学
高金国　南华民族中学
何开美　南华民族中学
吴培聪　南华县沙桥初级中学
刘　英　南华县兔街初级中学
向荣生　南华县海子山初级中学
高育平　南华县沙桥中学
刘汉兴　南华县兔街中学
马成保　南华民族中学
夏光景　南华县徐营中学
纪　松　南华县第一中学
段晓霞　南华县海子山初级中学
罗万忠　南华县徐营中学
许向阳　南华县沙桥中学
普兴良　南华县五顶山初级中学
周　峰　南华县第一中学
赵以新　南华县海子山初级中学
孔云灿　南华县五街中学
陈荣海　姚安县龙岗中学
聂永萍　姚安县大成中学
周永俊　姚安县大成中学
丁志祥　姚安县大成中学
姚文斌　姚安县大龙口中学
周庆华　姚安县大龙口中学
陈　生　姚安县弥兴中学
王国新　姚安县仁和中学
宋云彬　姚安县仁和中学
余家米　姚安县仁和中学
刘显珍　姚安县第一中学
张　莹　姚安县第一中学
何东民　姚安县第一中学
张正兵　姚安县光禄中学
王中学　姚安县光禄中学
靳国富　姚安县光禄中学
李维忠　姚安县龙岗中学
许世隆　姚安县龙岗中学
杨学武　姚安县大龙口中学
梅家卫　姚安县大龙口中学
罗云军　姚安县仁和中学
罗显廷　姚安县第一中学
金　琼　姚安县第一中学
李成林　姚安县左门中学
杨利强　姚安县职业高级中学
张发聪　姚安县光禄中学
杨　文　姚安县光禄中学
陈文林　姚安县大龙口中学
何龙龄　姚安县龙岗中学
席志强　姚安县龙岗中学
任兆学　姚安县大成中学
歹银芬　姚安县大龙口中学

沈彩虹　姚安县仁和中学
王丽娟　姚安县仁和中学
邱家勇　姚安县仁和中学
朱雁林　姚安县光禄中学
王宜兵　姚安县大龙口中学
陈立军　姚安县大成中学
王秀安　姚安县前场中学
刘家义　姚安县前场中学
杨正斌　姚安县第一中学
何新祥　姚安县龙岗中学
高必龙　姚安县大龙口中学
顾昌华　姚安县第一中学
任晓军　姚安县仁和中学
向光耀　姚安县龙岗中学
马继尧　姚安县大成中学
李　永　姚安县弥兴中学
陈仕兵　姚安县第一中学
李晓林　姚安县第一中学
胡乃存　姚安县光禄中学
曹向荣　姚安县光禄中学
何　剑　姚安县弥兴中学
张从兴　姚安县前场中学
郑建玲　姚安县第一中学
陈继华　姚安县第一中学
汪正云　姚安县光禄中学
朱　银　姚安县光禄中学
蔡正昌　姚安县龙岗中学
金　勇　姚安县大龙口中学
歹思琴　姚安县光禄中学
罗国梅　大姚县第一中学
王运江　大姚县职教中心
周宏平　大姚县新街中学
李长元　大姚县湾碧初级中学
布学金　大姚县三台初级中学
罗家伟　大姚县三台初级中学
赵云春　大姚县三台初级中学
鹿守江　大姚县龙街初级中学
顾陈宏　大姚县六苴中学
张宏玉　大姚县石羊中学
徐彦文　大姚县石羊中学
杨继明　大姚县石羊中学
王学军　大姚县湾碧中学
晏丕勇　大姚县三台中学
王家安　大姚县三台中学
赵建科　大姚县铁锁初级中学
王洪梅　大姚县六苴初级中学
邢丕云　大姚县龙街初级中学
唐雪芹　大姚县石羊初级中学
王　凤　大姚县石羊初级中学
李昌秀　大姚县新街中学
代志勇　大姚县第二中学
叶春平　大姚县新街中学
孟王武　大姚县第一中学
张　艳　大姚县第二中学
吴美艳　大姚县实验中学
张如美　大姚县实验中学
赵建国　大姚县实验中学
罗　燕　大姚县三岔河中学
李菊芬　大姚县三台中学
马春勤　大姚县六苴中学
杨兴海　大姚县新街中学
李雪峰　大姚县第一中学
杨本昭　永仁县第一中学
张德富　永仁县第一中学
陶庭艳　永仁县第一中学
吴学聪　元谋县清和中学
石东银　元谋县清和中学
张坤荣　元谋县清和中学
刘忠海　元谋县黄瓜园中学
文春燕　元谋县元马中学
杨晓声　元谋县元马中学
李世德　元谋县元马中学
付应华　元谋县元马中学
起会文　元谋县元马中学
刘慧权　元谋县培英中学
周玉华　元谋县老城中学
王美华　元谋县老城中学
永学春　元谋县第一中学
李华祥　元谋县物茂中学
周国云　元谋县物茂中学
普广奇　元谋县黄瓜园中学
文晓彬　元谋县黄瓜园中学
李加全　元谋县元马中学
闫金林　元谋县元马中学
阳俊凤　元谋县羊街中学
白光志　元谋县新华中学
龚　勇　元谋县培英中学
文增娅　元谋县物茂中学
徐　平　元谋县物茂中学
杨舒茗　元谋县黄瓜园中学
杨锦霞　元谋县清和中学
郑　霞　元谋县清和中学
文忠翠　元谋县元马中学
昌　艳　元谋县元马中学
张尚能　元谋县元马中学
文定艳　元谋县清和中学
李天海　元谋县清和中学
杨绍勇　元谋县黄瓜园中学
杨滏声　元谋县黄瓜园中学
文增勇　元谋县元马中学
申达翠　元谋县黄瓜园中学
贺阳坤　元谋县清和中学
杨态聪　元谋县元马中学
李学友　元谋县元马中学
代荣云　元谋县清和中学
王春华　元谋县元马中学
康自恒　元谋县元马中学
吴宗华　元谋县元马中学
文显聪　元谋县黄瓜园中学
普开蕾　元谋县元马中学
安洪仁　元谋县清和中学
曹吉明　元谋县清和中学
文建林　元谋县黄瓜园中学
杨丽琼　元谋县元马中学
张兆洲　元谋县元马中学
陈金碧　元谋县元马中学
吴正才　元谋县培英中学
仁建芬　元谋县培英中学
文志兴　元谋县元马中学
白正坤　元谋县黄瓜园中学
邢培聪　元谋县元马中学
陶金龙　元谋县元马中学
代永琼　元谋县老城中学
姚冯兵　元谋县第一中学
王洪李　元谋县第一中学
罗艳春　元谋县老城中学
李同燕　元谋县黄瓜园中学
杨茂林　元谋县教育局教研室
陶兴东　元谋县清和中学
米贵林　元谋县老城中学
李　坤　元谋县老城中学
李茂泽　元谋县元马中学
杨国华　元谋县元马中学
吴乃忠　元谋县黄瓜园中学
杨智芬　武定县香水中学

张德乾 武定县第一中学
徐 松 武定县职业高级中学
李慧荣 武定民族中学
熊自良 武定县猫街中学
王 瑞 武定县九厂中学
张 海 武定县东坡中学
张云松 武定县插甸中学
杨广平 武定县高桥中学
孙富华 武定县香水中学
盛高宝 武定县香水中学
马光辉 武定民族中学
李秀洪 武定民族中学
黎 斌 武定县第一中学
王 勤 武定县田心中学
崔富海 武定县田心中学
邱加洪 武定民族中学
周情义 武定民族中学
张文富 武定县环州中学
李文荣 武定县九厂中学
李正武 武定民族中学
何正明 武定县教师进修学校
白文祥 武定县猫街中学
王培忠 武定县环州中学
余海萍 武定县第一中学
李文莉 武定民族中学
朱来才 武定民族中学
冯 乾 武定县田心中学
余邱林 武定县插甸中学
钟振富 武定县田心中学
尹茂学 武定县发窝中学
杨永忠 武定县教育局教研室
何家勤 禄丰县土官中学
张运发 禄丰县文星中学
张 艳 禄丰县文星中学
高琼兰 禄丰县文星中学
邓宏聪 禄丰县文星中学
黄春钫 禄丰县恐龙山中学
杨云繁 禄丰县恐龙山中学
何志文 禄丰县彩云中学
何春祥 禄丰县彩云中学
邓文金 禄丰县和平中学
赵明钦 禄丰县仁兴中学
杨玉兰 禄丰县仁兴中学
段自恒 禄丰县仁兴中学
郭正宏 禄丰县仁兴中学

郭 昆 禄丰县仁兴中学
李忠彩 禄丰县第四中学
唐学琼 禄丰县松园中学
杨 波 禄丰县松园中学
杨 莉 禄丰县松园中学
杨本露 禄丰县妥安中学
杨 全 禄丰县妥安中学
武红芳 禄丰县妥安中学
台兴明 禄丰县妥安中学
杨学松 禄丰县腰站中学
周晓春 禄丰县腰站中学
杨秋琼 禄丰县第三中学
陈志华 禄丰县第三中学
江 涛 禄丰县教师进修学校
赖春梅 禄丰县中村中学
赵国鲜 禄丰县高峰中学
李迎钢 禄丰县广通中学
杨学春 禄丰县广通中学
余 洋 禄丰县广通中学
刘汝梅 禄丰县一平浪中学
练兴桂 禄丰县勤丰中学
徐金祥 禄丰县猫街中学
额加能 禄丰县恐龙山中学
马红梅 禄丰县彩云中学
张永明 禄丰县干海资学校
杨金柱 禄丰县广通中学
张 群 禄丰县和平中学
李永春 禄丰县和平中学
李发富 禄丰县和平中学
陈春江 禄丰县仁兴中学
李福荣 禄丰县第四中学
海 英 禄丰县松园中学
罗 铭 禄丰县松园中学
周文金 禄丰县土官中学
戴建春 禄丰县土官中学
张春林 禄丰县妥安中学
张宏武 禄丰县妥安中学
普华祥 禄丰县文星中学
韦福华 禄丰县文星中学
刘敏荣 禄丰县文星中学
陈天云 禄丰县腰站中学
吴永忠 禄丰县腰站中学
汪正德 禄丰县腰站中学
张其艳 禄丰县第三中学
李成荣 禄丰县中村中学

阳 辉 禄丰县中村中学
李正海 禄丰县恐龙山中学
杨桂萍 禄丰县一平浪中学
普莲芝 禄丰县一平浪中学
王 青 禄丰县勤丰中学
杨永才 禄丰县勤丰中学
李玉顺 禄丰县勤丰中学
张柱华 禄丰县猫街中学
王加福 禄丰县猫街中学
陈慧莲 禄丰县猫街中学
张万文 禄丰县猫街中学
李志明 禄丰县彩云中学
赵枝萍 禄丰县彩云中学
胡秀芸 禄丰县彩云中学
赵建芬 禄丰县仁兴中学
山忠富 禄丰县妥安中学
刘世芝 禄丰县妥安中学
李佳伟 禄丰县妥安中学
李华银 禄丰县妥安中学
周秋兰 禄丰县腰站中学
李忠诚 禄丰县腰站中学
赵金文 禄丰县第三中学
廉科林 禄丰县第三中学
吴学贵 禄丰县中村中学
何於能 禄丰县广通中学
徐文美 禄丰县广通中学
熊丽波 禄丰县广通中学
张莲凤 禄丰县第一中学
李健伟 禄丰县第一中学
周会全 禄丰县勤丰中学
卞福英 禄丰县勤丰中学
刘天福 禄丰县恐龙山中学
吴兆光 禄丰县土官中学
冯位奎 禄丰县文星中学
王春兰 禄丰县文星中学
陈自焕 禄丰县第三中学
李建明 禄丰县恐龙山中学
王洪祥 禄丰县恐龙山中学
袁明祥 禄丰县恐龙山中学
杨绍华 禄丰县彩云中学
杨守云 禄丰县干海资学校
梁 舒 禄丰县干海资学校
王华平 禄丰县和平中学
杨 海 禄丰县龙城中学
向迎春 禄丰县仁兴中学

段绍航　禄丰县第四中学
张云曦　禄丰县松园中学
孙晓斌　禄丰县松园中学
刘树林　禄丰县腰站中学
杨有方　禄丰县第三中学
王新明　禄丰县第三中学
杨朝华　禄丰县中村中学
赵红芬　禄丰县广通中学
赵　虹　禄丰县一平浪中学
张　燕　禄丰县一平浪中学
李　云　禄丰县第一中学
杨晓刚　禄丰县第一中学
周伟华　禄丰县勤丰中学
龚金安　禄丰县勤丰中学
赵秀萍　禄丰县勤丰中学
李祖光　禄丰县猫街中学
揭有智　禄丰县猫街中学
罗光赋　禄丰县彩云中学
马永林　禄丰县彩云中学
陈仕云　禄丰县彩云中学
刘明传　禄丰县干海资学校
沈福有　禄丰县和平中学
李学华　禄丰县和平中学
何振华　禄丰县和平中学
孙朝文　禄丰县仁兴中学
王美平　禄丰县仁兴中学
王　美　禄丰县仁兴中学
张国顺　禄丰县第四中学
杨　芳　禄丰县松园中学
钟志雄　禄丰县松园中学
梁加武　禄丰县松园中学
武金林　禄丰县松园中学
普　芳　禄丰县松园中学
李卫东　禄丰县松园中学
刘友学　禄丰县土官中学
梅占能　禄丰县文星中学
尹继锋　禄丰县第三中学
刘绍云　禄丰县第三中学
杨　勇　禄丰县龙城中学
普良武　禄丰县高峰中学
王明龙　禄丰县一平浪中学
杨定虎　禄丰县一平浪中学
马福荣　禄丰县一平浪中学
梁成波　禄丰县第一中学
花忠俊　禄丰县第一中学
李加碧　禄丰县猫街中学
张其龙　禄丰县猫街中学
李德祥　禄丰县猫街中学
李　春　禄丰县猫街中学

［州人社局供稿］

逝世人物

【金狱衡】　中共禄丰县委离休干部，原县委书记。生于1921年7月，1937年10月（抗日战争前期）参加工作。1937年10月至1940年12月，在晋察冀军区当工人；1939年6月加入中国共产党；1940年12月至1945年5月，晋察冀地区银行第二办事处行员、业务会计；1945年5月至1946年7月，在晋区党校部工作，任区党委建华商店会计股长；1946年7月至1950年4月，任晋察冀地区银行分行科长、盯县营业所主任、正定市支行行长；1950年5月至1953年3月，南下到云南，历任保山、武定专区人民银行副行长、行长职务；1953年3月至离休，历任楚雄县委副书记、县长，牟定县、禄丰县县委书记等职务。1980年7月离休，批准享受副厅级政治生活待遇。2015年12月病逝。

【张旭文】　楚雄州政协机关离休干部，原州政协文史委主任。生于1929年1月，1949年9月（解放战争时期）参加工作。1949年9月，加入“民青”组织；1949年9～12月，在大姚县金碧区龙洞小学教书；1950年1月加入中国共产党；1950年2月至1952年12月，先后在大姚县东三区、龙街区、新街区政府工作；1953年1月至1954年6月，任大姚县人民政府秘书、民政科科长；1954年7月至1958年6月，任大姚县委副书记兼县长；1958年7月至1961年4月，任州工交局局长，州工业局局长；1961年4月至1969年8月，任大姚县委副书记兼县长；1965年9月至1973年12月，任州外贸局局长；1967年未任职；1974年至1975年4月，任州百货公司经理；1975年8月至1983年11月，先后任州计划委员会办公室主任、州轻工业局局长、州标准计量局局长；1983年12月至1989年1月，任州政协文史委主任。1989年1月离休。2015年4月病逝。

【李仕】　原楚雄州工商行政管理局离休干部，调研员。生于1930年5月，1948年8月参加工作。1948年6月，加入民青组织，后又加入“滇西农民反抗斗争会”到农村做农运工作；1948年12月至1949年7月，在祥云普淜游击队任政工队员。1949年6～9月，在“边纵”八支队东山区政府工作，同年8月加入中国共产党。1950年10月至1952年11月，在中共楚雄地委任机要秘书；1952年12月至1953年7月，任中共南华县委代理书记；1953年8月至1958年10月，任中共南华县委副书记；1958年11月至1962年，任中共楚雄县委书记处书记；1962年4月至1967年，任中共南华县委书记；1963年10月至1967年，任南华县县长；1968年至1973年3月，被打成“走资派”在南华“五七”干校接受管制；1973年4月至1977年6月，任武定县委常委、县财办主任；1977年8月至1979年5月，任双柏县委常委；1979年5月至1982年10月，任楚雄州水泥厂党委书记；1982年11月至1991月5月，任楚雄州工商行政管理局副局长，县级调研员。1991年5月离休，6月批准享受副厅级单项待遇。2015年10月病逝。

［州委老干部局供稿］

2016 CHUXIONG ALMANAC

附录

APPENDIX

责任编辑：李　梅

永仁方山望江岭风光（石永祥/摄影）

关于楚雄彝族自治州2015年国民经济和社会发展计划执行情况与2016年国民经济和社会发展计划草案的报告

——在楚雄彝族自治州第十一届人民代表大会第六次会议上

楚雄彝族自治州发展和改革委员会

（2016年1月12日）

各位代表：

受州人民政府委托，现将楚雄彝族自治州2015年国民经济和社会发展计划执行情况与2016年国民经济和社会发展计划草案提请会议审查，并请州政协委员提出意见。

一、2015年国民经济和社会发展计划执行情况

2015年，面对经济下行压力持续扩大的严峻形势，在州委的正确领导下，全州上下紧紧围绕年初人代会确定的经济社会发展目标，深入贯彻落实党的十八大、十八届三中、四中、五中全会，省委九届十次、十一次、十二次全会和州委八届五次、六次、七次全会精神，坚持稳中求进工作总基调，突出稳增长、抓改革、调结构、惠民生、促和谐等工作重点，全州经济在新常态下保持了平稳发展势头，社会事业全面进步。

初步统计，全州生产总值实现762.97亿元，增长10.1%；规模以上固定资产投资完成770.56亿元，增长28.1%；一般公共预算收入完成68.19亿元，增长7%；实现社会消费品零售总额265.68亿元，增长11.5%；外贸进出口总额43222万美元，增长29.4%；城镇和农村常住居民人均可支配收入分别达26763元、8327元，分别增长9.1%和10%；居民消费价格总水平上涨1.9%；城镇登记失业率3.3%；人口自然增长率4.53‰；城镇化率达40%；单位生产总值能耗下降完成省下达目标。州十一届人大五次会议确定的主要指标全面完成。

（一）农业经济保持平稳发展

农业现代化建设加快推进，农业农村经济实现了稳步发展。全年完成农林牧渔业增加值162.49亿元，增长6.1%。高度重视粮食安全，全年粮食播种面积达385.89万亩，总产量达124.91万吨，增长1.6%，“十二五”实现5连增。种植烤烟64.71万亩，收购烟叶181.9万担，实现烟农总收入26.9亿元。高原特色农业快速发展，以蔬菜、优质水果、食用菌、魔芋、辣木等为重点的特色优势产业不断发展壮大。加大畜禽养殖基地建设，积极培育云岭黑山羊、撒坝猪等优良畜种，肉类总产量达41.2万吨，畜牧业产值达105亿元。农业产业化步伐加快，累计有156户企业的298个农产品通过了国家质量认证。新型农业经营主体不断发展壮大，云南楚雄国家农业科技园区建设步伐加快推进，培育州级以上农业产业化重点龙头企业达262户，其中省级重点龙头企业51户。农村土地、林地流转工作加快推进。全州农村土地总流转面积24.22万亩，占家庭承包经营总面积的11.86%；林权流转115.35万亩，流转金额达4.72亿元。新农村建设和扶贫开发成效显著。建设新农村省级重点村71个，完成投资2428万元；累计投入各类扶贫资金21.6亿元，实施扶贫整乡推进6个、行政村整村推进22个、自然村整村推进118个，发放扶贫到户贷款9.53亿元，减少贫困人口5万人；省下达的3万户农村危房改造工程全面开工，竣工1.7万户。

（二）工业经济实现稳步回升

全面落实省、州扶持工业发展的各项政策措施，工业保持稳步回升增长。全年实现工业增加值214.09亿元，增长8.9%，其中规模以上工业增加值205.13亿元，增长10%。工业园区建设迈出新步伐，完成园区基础设施投资27.1亿元，增长20%，工业园区实现工业产值604.9亿元，增长12%；入园企业达534户，新增40户。工业企业培育取得新成效，全州规模以上企业达281户，新增42户。包括工业在内的“两个10万元”微型企业培育工程有序开展，共扶持创办2500户微型企业，安排下达补助资金7500万元。切实推动银企合作，筛选了重点工业企业、成长型中小企业向各金融机构进行推介。认真落实国家扶持民营经济发展税收优惠政策，着力减轻民营企业负担，民营经济对工业经济发展的支撑力度进一步增强，全州民营经济完成增加值347.53亿元，占全州GDP比重达45.6%。

（三）第三产业支撑能力增强

认真落实国家和省稳增长的各项政策措施，推动消费扩大和升级，第三产业保持了平稳增长，实现增加值318.29亿元，增长10.9%，占GDP比重达41.7%。流通基础设施建设进一步加强，楚雄国际物流基地、集装箱物流中心、永攀商贸物流园、西南（楚雄）义乌商品交易博览城等商贸物流项目建设全面推进。电子商务快速发展，投入资金299万元改造提升了州职教园区电子商务孵化培训中心，扶持40户电商入园创业。积极发挥淘宝特色中国“楚雄馆”平台作用，大力支持“南华野生菌信息港”、“金

鹿旅行网”等一批本土电商平台上线运营，网上商品销售额突破1亿元。大力发展城乡商业网点，农村流通体系建设加快推进，养老、健康、家政等新兴服务业加快发展。外贸进出口规模不断扩大，有进出口经营权的企业增至187户，外贸进出口总额突破4亿美元大关。文化旅游业加快发展，禄丰恐龙谷二期和元谋古人类历史文化旅游项目建设有序推进，禄丰世界恐龙谷实现在新三板挂牌上市，乡村旅游快速发展。全年接待各类游客2029.82万人次，实现旅游总收入105.68亿元。促进房地产市场健康发展的各项政策全面落实，商品房销售面积达120万平方米，实现销售收入40亿元。金融业保持较快增长，新增银行贷款85亿元，增长17%。

（四）发展基础进一步夯实

坚持抓牢重大基础设施和重点产业项目投资不动摇，固定资产投资保持了快速增长。项目前期工作扎实推进，共投入项目前期工作经费1亿元，为重点项目前期工作有序推进提供了有力保障。重点项目建设取得突破。进一步强化了项目审批服务和土地、林地、融资配套等要素协调保障，列入省级“四个一百”的40个和州级“4个30”等重点项目建设加快推进，支撑了投资的快速增长。以交通、水利、市镇为重点的重大基础设施建设步伐加快。楚南公路、G108国道改造、彩碍公路等项目稳步推进，省下达楚雄州的2014年、2015年3401千米农村公路建设项目全面完工，全年完成交通投资27亿元；重点水源工程建设加快推进，牟定丰乐、双柏螃蟹冲等7座小（一）型水库已全面完工，元谋坛罐窑、大姚红豆树、禄丰西河3件中型水库建设已完成，永仁直苴中型水库及8件小型水库开工建设，金沙江观音岩水电站移民搬迁安置任务全面完成，全年完成水利投资突破38亿元。以城市路网、供排水、供气、“两污”等为重点的城市基础设施建设加快推进，完成投资15.5亿元，房地产开发完成投资80亿元。向上争取资金和融资工作取得实效，共争取上级转移支付补助资金132.3亿元，全州新增各类融资突破100亿元。

（五）改革开放迈出新步伐

重点领域和关键环节改革扎实推进。继续推进了行政审批制度改革，取消和下放审批事项86项，制定出台了进一步规范投资项目集中审批制度，网上审批服务大厅正式投入使用，实现了省、州、县三级联网审批。如期完成了州和县（市）新一轮政府机构改革工作，机关事业单位分类和工资收入分配制度改革稳步推进，县以下公务员职务与职级并行制度全面执行。进一步规范政府集中招标采购制度，实现了全口径预算编制管理，稳步推进预算信息公开，积极开展财政存量资金清理和地方政府存量债务清理甄别工作，全州共盘活财政存量资金60亿元，争取到置换债券47.6亿元、新增债券5.5亿元。营改增试点继续推进，4826户企业纳入改革试点。商事制度改革稳步推进，完成“三证合一、一照一码”改革。投融资体制改革不断深化，设立了工业信贷引导资金支持实体经济发展，PPP项目融资工作有序推进。如期推进公务用车制度改革。继续推进国资国企改革。以县级公立医院综合改革为重点的医药卫生体制改革加快推进，县及县以下公立医院卫生机构全部取消药品加成。认真贯彻执行国家及省下放和放开部分行业价格的政策。积极推进农村综合改革，建立林权流转综合服务中心，加快推进了农村集体土地使用权和土地承包经营权确权登记颁证工作。对外开放和区域合作取得新成效。积极参加了川滇黔十二州市峰会，与攀枝花、昆明等周边区域的合作更加紧密。招商和利用外资取得重大突破，全州共实施州外国内招商引资项目1026项，引进州外到位资金615.47亿元，增长30.2%。实际利用外资3444万美元，增长68.4%。

（六）社会事业建设和民生保障全面加强

各类教育协调健康发展。学前教育规模不断扩大，学前三年毛入园率达61.87%；义务教育普及水平稳步提升，小学适龄儿童入学率达99.96%；高中教育质量稳步提升，高考本科上线率为65.77%，高于全省7.81个百分点，高考综合上线率96.22%，居全省第3位；职业教育、高等教育、特殊教育和民办教育发展步伐加快。科技创新对经济社会发展的支撑作用明显增强。共获得国家和省级科技计划56项，获批建立2个院士工作站和2个专家工作站，新增国家高新技术企业10家、省级创新型试点企业4家、省级“众创空间”1个，获专利授权527件，发明专利167件。文化体育事业繁荣发展。国家公共文化服务体系示范区建设稳步推进，全州公共文化资源共享、数字图书馆、移动阅读平台等工程全面实施，群众性文体活动广泛开展。全州乡（镇）以上文化场馆全面免费开放；竞技体育水平不断提高，获得各类金牌18枚；文化艺术精品不断涌现，完成文化惠民演出1000余场，一批重点文物得到维修。基本公共卫生和计生服务质量持续提升。新农合参合人数达212.13万人，参合率99.12%；重大疾病和传染病得到有效控制，突发公共事件应急救治水平进一步提高，艾滋病疫情处于中度流行区以下；孕产妇死亡率18.66/10万，婴幼儿死亡率6.25‰，传染病发病率102.63/10万，均呈现下降趋势；中医药（彝医药）特色优势显现，“单独两孩”政策平稳实施。就业创业工作不断推进。认真落实积极的就业政策，加强创业平台建设，实施了“贷免扶补”创业贷款和云岭大学生创业引领计划，新增发放扶持创业贷款2.63亿元，共组织开展职业技能和创业培训4.48万人次，城镇新增就业2.9万人。社会保障体系进一步完善。社会保险受益面不断扩大，全州社会保险累计参保人数达236万人，增加1.5万人。社会保险待遇不断提高。全州企业退休人员月人均基本养老金达到1950元，增幅达11.57%；城乡居民基础养老金最低标准统一由55元提高到70元。落实失业、工伤、生育等保险费率下调和援企稳岗补贴政策，减轻企业负担8200万元。广播电视新闻出版事业稳步发展，直播卫星户户通用户覆盖人口占全州农村人口总数的28.9%。安全生产形势稳定。全州共发生各类安全生产事故245起，比上年减少72起；死亡84人，减少6人。加强物价监测预警和重要商品供应，市场物价运行平稳，居民消费价格总水平上涨2%。新建城镇保障性住房项目已开工7117套（户），完成投资2.71亿元。畅通群众诉求渠道，着力解决人民群众反映强烈突出问题，全年共办理群众来信来访38048件人次。

应对突发事件和自然灾害的预警监测体制不断完善，反恐应急处置能力显著提升。生态环境保护取得新成效，环评审批管理和环境污染防治得到加强，圆满完成省下达节能减排目标任务。

创新规划发展理念，“十三五”和重点领域规划全面推进。积极参与省滇中城市经济圈6个一体化发展专项、云南省五大基础网络建设等规划的编制工作，完成了《楚雄州新型城市化规划（2014～2020年）》、《滇中城市经济圈楚（雄）南（华）经济带发展总体规划（2014～2030年）》的编制并发布。全州“十三五”规划编制工作有序推进，完成了《楚雄彝族自治州国民经济和社会发展第十三个五年规划纲要（草案）》编制工作，“十三五”项目集群规划和重点专项规划基本编制完成。加强与国家和省的规划衔接，一批事关楚雄州未来发展的重大工程、项目和政策纳入了上位规划，为实现跨越发展和与全国全省同步全面建成小康社会奠定了更加坚实的基础。

在取得成绩的同时，我们也清醒地认识到，在经济发展进入新常态的大背景下，保持全州经济社会平稳健康协调发展还存在着不少的困难和问题，主要是：经济总量小，产业层次低，发展方式粗放，创新能力不强，综合实力弱，发展的质量和效益不高，供给侧结构不合理，消费需求乏力，部分企业效益下滑，经济转型升级任重道远，加快发展的任务艰巨；基础设施与跨越发展的要求还不相适应，破解瓶颈制约刻不容缓；城镇化水平低，区域发展不平衡，贫困面大、贫困程度深，脱贫攻坚任务异常艰巨，城乡统筹发展难度较大；一些地区生态环境恶化，资源环境约束趋紧；制约跨越发展的体制机制障碍依然较多，安保维稳压力大，发展环境还需进一步优化；少数干部乱作为、不作为，不敢担当、不愿负责的现象仍不同程度存在，政府行政能力和行政效率还需进一步提升。

二、2016年国民经济和社会发展预期目标及主要任务

围绕与全国全省同步全面建成小康社会的总体目标，综合考虑发展的需要和可能，2016年经济社会发展的主要预期目标建议为：

——生产总值增长10%左右；

——规模以上固定资产投资增长25%；

——一般公共预算收入增长7%；

——社会消费品零售总额增长11%；

——外贸进出口总额增长12%；

——城镇常住居民人均可支配收入增长10%；

——农村常住居民人均可支配收入增长11%；

——居民消费价格总水平涨幅控制在3.5%以内；

——城镇登记失业率控制在4.5%以内；

——人口自然增长率控制在6.5‰以内；

——单位生产总值能耗下降完成省下达任务。

为确保完成以上目标任务，建议主要抓好5个方面的工作：

（一）坚持创新发展，全面提高发展质量和效益

以创新型、开放型和绿色化、信息化、高端化为核心，以技术创新为引领，加快推进产业结构调整，推进供给侧结构性改革，打好产业转型升级攻坚战，提高经济发展的质量和效益。一是深入实施创新驱动发展战略。加强知识产权保护，壮大科技创新主体，搭建科技创新平台，力争全年新增专利授权250件、新增2个院士专家工作站、1个省级工程技术研究中心或省级企业技术中心、8户国家高新技术企业、2户科技型小巨人企业和20户科技型中小企业。力争全年新增注册商标100件、中国驰名商标1件、省著名商标10件、州知名商标15件和地理标志证明商标1件。二是大力推进农业现代化进程。坚持产出高效、产品安全、资源节约、环境友好的现代农业发展道路，多渠道增加农民收入，力争全年农业增加值、农村常住居民人均可支配收入增长与全州经济增长同步。全面落实10项科技增粮措施，切实保障粮食安全。加快推进楚雄国家农业科技园区和中以（中国与以色列）高原特色农业示范园，以及蔬菜、农作物种业、油菜、蚕桑、优质水果、魔芋、人工食用菌、辣木等特色优势产业基地建设，着力打造农产品品牌，争取进入全省100个名特优农产品生产基地扶持范围。强化农业新型经营主体培育，大力发展农业庄园经济。加强基层农技推广服务队伍建设，加大良种良法示范推广力度，提升农机装备水平，抓好农村能源建设。三是加快推进新型工业化进程。深入实施州委、州政府关于加快工业转型升级的意见和州“十三五”工业和信息化发展规划，着力推进50个重点工业转型升级项目的实施，继续推进企业技术创新平台建设。抓好工业企业的达规培育，着力推进产值2亿元以上企业加快发展，培育一批产值5亿元、10亿元以上骨干企业，做好50户成长型骨干企业、5亿元以上企业的监测服务。支持企业引进先进技术、新工艺进行技术改造，实现提质增效。高起点发展新材料、新能源和先进制造等产业，力争将楚雄建设成为云南省重要的新能源新材料生产基地。着力深化与大企业集团的合作，全力以赴抓好云南石化产业园、云铜搬迁等一批重大工业项目建设，推动工业转型升级，提升工业经济的支撑能力。四是促进服务业提速增效。改造提升传统服务业，加快发展现代物流、健康养老、社区服务等现代服务业，促进房地产业健康发展，加快培育电子商务、科技、文化、体育等新增长点。加快完善“三馆一园区一基地”6个电子商务公共服务平台的服务功能，推进跨境电子商务发展，实施电子商务进农村工程。继续推进楚雄国际、元谋特色农产品、勤丰工业、永攀商贸等物流项目建设，推动粮食产业园、快递物流园等项目落地实施。大力发展文化旅游业，以打造国际化、高端化旅游品牌为目标，坚持项目带动发展，着力提升改造一批老景区，着力推进一批在建大项目，着力规划招商建设一批新项目，着力加快旅游厕所建设、乡村旅游提升和旅游扶贫工作，着力进行宣传推介和市场营销，促进旅游产业转型升级。五是充分发挥投资对经济增长的拉动作用。加大向上争取资金力度，密切跟踪国家和省的投资信息，加强与国家和省的汇报对

接，加快建立和完善专项建设基金3年滚动项目库，做好PPP项目融资工作，充分发挥投贷结合、债贷组合效应，化解项目资本金不足的难题。积极推进在建项目建设，以列入省、州重点在建项目为抓手，加强统筹协调形成工作合力，积极协调解决在建项目建设遇到的困难和问题，强化项目要素保障，采取目标和责任倒逼措施，加快项目建设进度。突出打好以综合交通、水利、新能源为重点的“五大基础网”建设攻坚战，力争完成“五网”建设投资240亿元以上。整合力量，按月按季对重点项目推进情况进行督察，全力保障重点项目的快速推进和资金、质量安全。六是全面推进重点领域和关键环节的改革。继续深入推进行政审批制度、商事制度、投融资体制、财税体制、国资国企、价格、医药卫生体制、农村综合、民生保障等改革，最大限度地释放发展新动力。完成公务用车制度改革。

（二）坚持协调发展，加快推进城乡一体化进程

牢固树立协调发展的理念，促进城乡和区域的协调发展。一是实施区域协调发展战略。以主动服务和融入国家及省的系列发展战略为取向，按照州“十三五”规划“2442”的生产力空间布局，突出“五网”和重点产业建设，加快培育独具特色的县域产业体系，推动县际之间、州（市）之间重大基础设施的互联互通和产业的互补发展、错位发展，加快形成区域协调发展的新格局。二是推进城乡协调发展。进一步优化城镇空间布局，积极融入滇中城市经济圈一体化发展，抓好重点市政基础设施项目建设，不断提升城市居住环境，积极推进园林城市创建工作。加快推进美丽乡村建设，促进城镇化和新农村建设协调推进，增强农村发展活力，形成以工促农、以城带乡、工农互惠、城乡一体的新型城乡关系，构建城乡一体化发展新格局。三是健全城乡一体化发展体制机制。统筹推进城乡规划、基础设施、产业发展、要素市场、公共服务一体化发展，促进基本公共资源的合理配置，有序推进农业转移人口市民化。建立农村基础设施投入长效机制，推动城镇公共服务向农村延伸。四是推进民族团结进步示范区建设。加快推进1个省级民族团结示范县、4个示范乡（镇）、12个示范村、10个少数民族特色村寨和1个社区建设，积极推进民族地区经济社会发展。

（三）坚持绿色发展，加强资源节约和环境保护

全面实施“十三五”生态环境保护规划，切实加强生态文明建设，着力改善生态环境。一是加快推进生态文明先行示范区建设。积极争取绿色经济试验示范区和国家循环经济示范城市（县）建设，加强农村环境综合整治，加大生态县（市）、生态乡（镇）、生态村建设工作力度。二是继续推进生态建设重点工程。深化重点流域污染防治，实施龙川江、星宿江污染综合治理，推进流域污染防治工作。落实最严格的水资源管理制度，继续实施好新一轮退耕还林还草和天然林保护、公益林生态效益补偿等林业重点生态建设工程，加强水土流失和灾害综合防治体系建设。三是高度重视节能减排和环境执法工作。全面推进重点企业强制性清洁生产审核，严控高耗能、高排放行业准入，控制能源消费总量，优化能源消费结构，强化目标责任落实，确保省下达的节能减排目标任务全面完成。四是加强生态文明制度建设。严格执行国家和省主体功能区划，积极探索建立和完善生态补偿、资源有偿使用、生态环境监测等体制机制，更加注重生态文明制度建设，突出发展循环经济。

（四）坚持开放发展，加快构建开放型新经济体

按照“东融、西接、北借、南跨、中聚”的总体开放发展战略，坚持“引进来”与“走出去”和内外贸发展并举，着力扩大对外开放水平。一是推进区域开放与合作。牢固树立“发展自己、服务全局”的理念，加强与周边区域特别是相连区域间的互联互通，拓展更大的区域合作发展空间，努力实现错位发展、互补发展、共赢发展。二是积极扩大对外贸易规模。认真落实促进外贸发展各项优惠政策，加快转变外贸发展方式，培育一批内外贸一体化经营企业，深化产业转移合作，鼓励发展生产性服务贸易促进服务外包，扩大产品出口规模。三是狠抓招商引资工作。坚持以产业为纽带、园区为平台、项目为支撑、服务为保障，突出产业、园区和区域招商，坚持引资、引才和引智并重。放宽投资准入，强化基础建设，创新招商方式，完善招商机制，优化投资环境，切实提高签约项目的履约率、开工率、资金到位率和投产达产率，引进一批具有竞争力的企业和项目落地楚雄。力争招商引资州外到位资金突破735亿元，实际利用外资4000万美元，外贸进出口总额达4.5亿美元。

（五）坚持共享发展，全面保障和改善重点民生

把共享发展作为经济发展的出发点和落脚点，把改善民生与增强社会活力和经济动力结合起来，增加公共产品有效供给，不断增进人民群众福祉。一是全面推进社会事业发展。坚持立德树人，以促进教育公平和提高教育质量为根本任务，推进教育均衡发展，大力发展学前教育，努力提高普通高中教育质量，加快民族教育与职业教育改革创新，力争九年义务教育巩固率达93%以上。加快彝州现代公共文化服务体系建设，开展公共文化服务标准化试点工作，推进乡（镇）文化站、村（社区）文化室的规范化建设，抓好第二批国家公共文化服务体系示范区创建工作并确保通过国家验收。做好第一次全国可移动文物普查工作，加强非物质文化遗产的传承和保护。认真实施艺术创作及服务基层计划，完成文化惠民演出任务，坚持群众体育、竞技体育、体育产业三位一体全面发展。积极支持州级体育运动学校、县（市）少体校的训练工作，着力培养优秀体育后备人才。继续打造一批群众性文化体育活动品牌，丰富群众性文化体育活动。继续推进户户通工程建设，提高广播电视服务水平。巩固完善新农合制度，确保新农合、大病保险参合（参保）率达96%以上。加强基本公共卫生服务工作，降低传染病发病率。加快中医药彝族医药发展。促进人口均衡发展。认真实施全面两孩政策，人口自然增长率控制在6.5‰以内，出生人口性别比保持在正

常值范围。二是着力加强就业创业与社会保障工作。全力推进“大众创业、万众创新”，进一步完善和实施大学生就业促进计划及云岭大学生创业引领计划，帮助更多高校毕业生实现就业创业，城镇新增就业2.9万人。加快发展人力资源服务产业，强化劳动技能培训，完善就业服务体系。加强社会保障制度建设，不断扩大社会保险覆盖面，确保各项社保待遇按时足额支付，落实机关事业单位养老保险制度改革政策，完善城乡医疗保险制度，切实做好社保基金保值增值工作，推动医疗保险城乡统筹，完善城镇医疗保险制度。建立健全养老服务体系，鼓励社会力量兴办营利性养老机构，健全覆盖城乡的社会救助体系。三是打好精准脱贫攻坚战。按照精准脱贫要求，实施整乡推进6个、行政村整村推进53个、自然村整村推进600个，完成贫困地区劳动力转移培训3万人，实施好一批易地扶贫和产业扶贫开发项目，确保减少贫困人口7万人。四是着力创建和谐社会。按照“党政同责、一岗双责、失职追责”的要求，认真落实安全生产责任制，坚决遏制重特大安全事故的发生。突出抓好食品药品安全监管，强化食品安全综合监管，加强火灾隐患的排查，确保人民群众生命财产安全。加强市场物价的监管，严厉打击价格违法行为，维护市场价格稳定，确保全年居民消费价格总水平涨幅控制在3.5%以内。健全完善反恐怖工作协调机制，提升防范和应对处置恐怖事件的能力，严厉打击境内外敌对势力的捣乱破坏和邪教组织违法犯罪活动。加强社会治安综合治理，认真做好信访工作，有效化解各种矛盾纠纷，营造和谐稳定的社会环境。

各位代表，实现2016年全州经济社会发展预期目标，任务艰巨、责任重大。我们将在州委的正确领导下，在州人大及其常委会的法律监督、工作监督和州政协的民主监督下，坚持发展是第一要务，以提高经济发展质量和效益为中心，进一步解放思想、坚定信心、开拓进取、奋发有为，努力完成2016年经济社会发展各项任务，为确保实现“十三五”良好开局，推动经济社会跨越式发展和与全国全省同步全面建成小康社会作出新的贡献！

关于楚雄彝族自治州2015年地方财政预算执行情况和2016年地方财政预算草案的报告

——在楚雄彝族自治州第十一届人民代表大会第六次会议上

楚雄彝族自治州财政局

（2016年1月12日）

各位代表：

受州人民政府委托，现将楚雄彝族自治州2015年地方财政预算执行情况和2016年地方财政预算草案提请州第十一届人民代表大会第六次会议审查，并请州政协委员提出意见。

一、2015年地方财政预算执行情况

2015年，面对经济环境复杂多变、经济下行压力持续加大、改革发展稳定任务艰巨繁重等挑战，在州委的正确领导和州人大及其常委会的监督指导下，州人民政府团结带领全州干部群众，深入贯彻党的十八大、十八届三中四中五中全会、习近平总书记系列重要讲话和到云南考察时的重要讲话精神，认真落实省委、省人民政府和州委决策部署，继续实施积极财政政策，严格执行新《预算法》，扎实推进财税改革发展，圆满完成了州第十一届人民代表大会第五次会议确定的全年预算目标任务。据快报统计，完成一般公共预算收入681888万元，为年初预算数的100%，比上年增长7%；完成一般公共预算支出2162345万元，为年初预算数的100.4%，比上年增长5.4%，为全州积极应对各种困难和挑战，实现经济社会平稳健康发展提供了有力保障和支持。

（一）全州地方财政预算执行情况

1.全州一般公共预算收入完成681888万元，比年初预算数增加78万元，比上年决算数增加44682万元，增长7%。其中：税收收入完成459362万元，比上年决算数增长1%；非税收入完成222526万元，比上年决算数增长21.9%。一般公共预算支出完成2162345万元，比年初预算数增加8598万元，比上年决算数增加111157万元，增长5.4%。

全州一般公共预算平衡情况是：一般公共预算收入681888万元，转移性收入1438483万元，上年结余收入53196万元，调入资金31847万元，债务（转贷）收入425000万元，收入总计2630414万元。一般公共预算支出2162345万元，转移性支出21891万元，增设预算稳定调节基金2727万元，债务还本支出376000万元。收支相抵，年终滚存结余

67451万元。结余资金的形成，主要是部分项目跨年度实施，当年不能形成支出，需结转下年按规定用途使用。

2.全州政府性基金预算收入完成125794万元，比年初预算数减少132392万元，比上年决算数减少80561万元，下降39%。政府性基金预算支出完成187943万元，比年初预算数减少144564万元，比上年决算数减少104437万元，下降35.7%。

全州政府性基金预算平衡情况是：政府性基金预算收入125794万元，转移性收入55002万元，上年结余收入40398万元，债务（转贷）收入106000万元，收入总计327194万元。政府性基金预算支出187943万元，债务还本支出100000万元，调出资金9416万元。收支相抵，年终滚存结余29835万元。结余资金的形成，主要是列收列支的专项基金支出和土地出让金收入提取的跨年度使用的专项基金。

3.全州社会保险基金预算平衡情况是：社会保险基金收入390112万元（其中：社会保险基金保险费收入221804万元，利息收入6385万元，财政补贴收入130283万元，其他收入29234万元，转移收入2406万元），上级补助收入19940万元；全州社会保险基金支出334066万元（其中：社会保险待遇支出326569万元，其他支出7326万元，转移支出171万元），上解上级支出1856万元。收支相抵，当年收支结余74130万元，加上年结余收入299427万元，年终滚存结余373557万元。结余资金包括按政策属个人账户的资金余额以及按规定够下年度一定月份的支付数额基金。

4.全州国有资本经营预算收入完成453万元，比年初预算数增加65万元。调出资金453万元。收支持平。

（二）州本级地方财政预算执行情况

1.州本级一般公共预算收入完成138927万元，比上年决算数增加9150万元，增长7.1%。州本级一般公共预算支出完成264382万元，比上年决算数增加11614万元，增长4.6%。

州本级一般公共预算平衡情况是：一般公共预算收入138927万元，转移性收入1486490万元，上年结余收入32442万元，调入资金21634万元，债务（转贷）收入136300万元，收入总计1815793万元。一般公共预算支出264382万元，转移性支出1420358万元，增设预算稳定调节基金2727万元，债务还本支出87300万元。收支相抵，年终滚存结余41026万元。结余资金的形成，主要是部分项目跨年度实施，当年不能形成支出，需结转下年按规定用途使用。

2.州本级政府性基金预算收入完成19101万元，比年初预算数减少4459万元，比上年决算数减少1304万元，下降6.4%。政府性基金预算支出完成17476万元，比年初预算数增加7364万元，比上年决算数增加9517万元，增长119.6%。

州本级政府性基金预算平衡情况是：政府性基金预算收入19101万元，转移性收入55002万元，上年结余收入21087万元，债务（转贷）收入14000万元，收入总计109190万元。政府性基金预算支出17476万元，转移性支出58537万元，债务还本支出8000万元，调出资金9416万元。收支相抵，年终滚存结余15761万元。结余资金的形成，主要是列收列支的专项基金支出和土地出让金收入提取的跨年度使用的专项基金。

3.州本级社会保险基金预算平衡情况是：社会保险基金收入108095万元（其中：社会保险基金保险费收入67870万元，利息收入3614万元，财政补贴收入7531万元，其他收入29038万元，转移收入42万元），上级补助收入19940万元，下级上解收入54496万元。社会保险基金支出78139万元（其中：社会保险待遇支出77331万元，其他支出743万元，转移支出65万元），补助下级支出72296万元，上解上级支出1856万元。收支相抵，本年收支结余30240万元，加上年结余173,532万元，年终滚存结余203772万元。结余资金包括按政策属个人账户的资金余额以及按规定够下年度一定月份的支付数额基金。

4.州本级国有资本经营预算收入完成200万元，与年初预算数持平。调出资金200万元。收支持平。

以上数据均为州内快报数，待省财政厅批复楚雄州年度财政决算后，部分数据会有变化，届时再向州人大常委会报告。

二、“十二五”财政工作回顾

（一）2015年主要财政工作

2015年是“十二五”规划收官之年，全州财税系统紧紧围绕州委、州人民政府中心工作，紧盯“十二五”规划和年度任务目标，主要开展了以下工作：

一是紧盯目标，狠抓财税增收。突出谋早抓实，及时分解下达收入计划。加强重点税源监控和重点企业税收组织，突出党委、政府高位协调，及时协调入库重点工程营业税、耕占税和烟草公司增值税、企业所得税，坚持财税运行按月分析制度，完成纳入一般公共预算管理的税收收入45.9亿元，为全年预算的93.5%，增长1%。强化非税收入征缴，加大部门征收督促力度，对10县（市）开展排污费等专项稽查，依法变现盘活存量资产，完成纳入一般公共预算管理的非税收入22.3亿元，为全年预算的116.8%，增长21.9%。积极争取上级支持，按月、按旬通报部门向上争取资金到位情况，全年争取到上级转移支付132.3亿元，增长4.6%，其中争取到一般性转移支付70.9亿元，增长27.7%，有力地增强了楚雄州财政保障能力。

二是强化督查，加快支出进度。把加快支出进度作为提高财政资金使用效率的重要抓手，紧盯重要节点，强化督查通报。从2月份起，每月发函督促州级预算单位加快支出进度；从4月份起，每月通报项目支出进度慢的州级预算单位，突出部门支出主体责任；在3月、6月、9月等重要节点，向县（市）下达支出目标任务，实行县（市）支出进度按月通报。前三季度，全州财政支出进度达75.9%，比上年加快6.5个百分点，12月当月支出仅占全年支出的8.5%，比上年下降6.9个百分点，比省财政厅“必须控制在20%以下”的要求，低11.5个百分点，财政资金使用效率明显提高。

三是加强引导，促进经济增长。全面落实州人民政府28条稳增长措施，积极应对经济下行压力挑战。积极安排项目前期费，支持做好项目前期工作；完成水利和交通运输支出28.7亿元，有力地支持了骨干水源、中小河流治理、楚广高速公路、楚南一级公路等重点项目建设。全面落实取消、停征、免征行政事业性收费和企业减税让利政策，积极安排扶持资金，支持实体经济发展。完成农林水事务支出39.6亿元，大力支持农田水利建设，发展高原特色农业。完成农业综合开发投资2.2亿元，实施项目35个，建成高标准农田8.5万亩；实施村级公益事业“一事一议”财政奖补项目834个，进一步改善了农村公共基础设施建设。完成科学技术和节能环保支出6.8亿元，推动发展方式转变。建立了政府与社会资本合作工作协调机制，向省财政厅筛选上报PPP项目23个。其中，亚行贷款城市基础设施建设项目被列为财政部示范项目，总投资24.8亿元。强化财金联动，全年新增各类融资100亿元以上，有效缓解了财政支持经济建设的压力。

四是突出重点，保障和改善民生。修订完善了会议费、差旅费、培训费管理办法，严格控制“三公经费”，压缩一般性开支，进一步加大民生投入。全州“三公经费”较上年下降15.2%，实现了“只减不增”目标；民生支出达到168.1亿元，占一般公共预算支出的77.7%，比上年上升2个百分点。完成教育支出36.3亿元，推动教育均衡协调发展，进一步完善了农村义务教育经费保障机制，不断提升各类教育教学质量。完成社会保障和就业支出30.3亿元，提高了企业退休职工养老金、城乡养老、惠农补贴和农村危房改造等民生政策补助标准，完成了机关事业单位津贴补贴规范调整和彝州津贴发放，启动了机关事业单位工作人员养老保险制度改革，支持建立就业联动机制，促进就业再就业。完成医疗卫生与计划生育支出23.8亿元，支持完善医疗卫生服务体系建设，推进县级公立医院综合改革。完成文化体育与传媒支出2.9亿元，深入实施广播电视户户通、文化进村入户等文化惠民工程，继续支持公益性文化场馆免费开放、非物质文化遗产和重点文物保护。

五是深化改革，健全体制机制。严格按照新《预算法》、国务院《关于深化预算管理制度改革的决定》和省政府“1+4”改革文件要求，强化预算编制与执行。扩大预决算公开，公开了预决算报告、背景材料和收支附表，在部门预算全部提交州人大审查的基础上，选取州级12家部门预算执行情况报州人代会审议。除部分涉密部门外，全州894个部门、1470家预算单位公开了部门预算，872个部门、1442家预算单位公开了“三公经费”预算。建立按季定期清理制度和统筹使用机制，盘活财政存量资金60亿元，其中财政收回统筹使用6.7亿元。推进政府债务管理改革，成立全州债务管理领导小组，开展政府性债务清理甄别，争取到省级转贷政府债券53.1亿元，其中置换债券47.6亿元、新增债券5.5亿元，有效缓解了政府偿债压力和重点工程建设资金压力。州本级和10县（市）都试编了权责发生制政府综合财务报告。

六是从严监管，提高理财水平。加强财政专项资金检查，对10县（市）涉农资金专项整治行动进行重点督查，对10县（市）2014年度扶贫资金项目进行专项督查，开展严禁领导干部违规使用扶贫资金专项整治，认真清理催收支农周转金和乡镇企业发展资金，严格核查农业贷款贴息项目资金。对州级53家预算单位开展财政督导，成立违反财经纪律处理处罚审理领导小组，规范监督检查行为。全面实施《行政单位会计准则》、《事业单位会计制度》和《行政事业单位内部控制规范》，加强村级会计委托代理服务工作督查，代管集体资金23.8亿元。严格实行项目指南、资金投向“双公开”和项目申报前、审批后“双公示”制度。加强预算绩效管理，选取州级财政安排的10个项目和12户地方金融企业开展绩效评价，选取州级4家单位开展部门项目支出预算评审试点。进一步规范了政府采购行为，健全了“阳光采购”运行机制。

（二）“十二五”财政工作取得的主要成绩

过去五年，是楚雄州财政发展极不平凡的五年。全州财税系统在州委、州人民政府的坚强领导下，攻坚克难，开拓奋进，成功克服经济环境复杂多变、经济下行压力不断加大、全州连续多年遭受干旱等困难，推动财政工作取得了极为不易的好成绩。

一是财政综合实力显著增强。2015年与2010年相比，一般公共预算收入由30.7亿元增加到68.2亿元，增长了1.22倍，年均增长17.3%；一般公共预算支出由108.6亿元增加到216.2亿元，增长了0.99倍，年均增长14.8%。

二是财政调控职能充分发挥。深入实施积极财政政策，全面落实国家和省关于稳增长、调结构、转方式的各项政策措施。“十二五”期间，累计完成水利和交通运输支出127.5亿元，大大夯实了全州经济发展基础；累计直接投入工业和商贸服务业财政资金7.38亿元，支持重点产业和优势特色产业发展；累计完成科学技术和节能环保支出28.2亿元，推动经济发展方式转变。

三是民生保障水平大幅提升。“十二五”期间，全州财政累计完成民生支出661.1亿元，占一般公共预算支出的75.2%。农村小学、初中学生生均公用经费补助标准，分别由400元和600元提高到600元和800元；企业退休人员养老金，由1168元提高到1950元；城镇、农村低保补助标准，分别由154元和60元提高到317元和143元；新农合、城镇居民基本医疗保险财政补助标准，分别由120元和150元统一提高到380元。

四是财税体制改革深入推进。财政转移支付制度不断完善，五年累计向上争取转移支付544.7亿元，其中一般性转移支付257.8亿元，有效提高了县级财政保障水平。预算管理改革持续推进，政府收支全部纳入预算管理，非涉密部门和单位的部门预决算和“三公经费”预决算全部对外公开，坚持编印《阳光财政公民读本》。国库管理改革不断深化，五年累计完成国库集中支付498.6亿元，占财政累计支出的56.7%。“营改增”税制改革领域不断扩大。非税收入管理改革深入推进，财政票据电子化管理系统实现乡（镇）全覆盖。

五是财政管理水平明显提高。收支预算安排更加科学合理，资金使用效益明显提升，“三公经费”和一般性支出得到有效控制。深入开展了财政专户清理整顿和“小金库”专项治理。政府采购监管得到加强，政府债务管理不断规范，财政绩效管理和财政评审工作持续推进。实现了财政信息系统平台一体化管理，乡财县管全面实施，村级会计委托代理成效明显。

（三）“十二五”财政工作积累的主要经验

“十二五”期间，全州财政工作在取得显著成绩的同时，也积累了十分宝贵的经验。

一是必须坚持以服务经济发展为中心。经济是财税的基础，是财税增收的决定性因素。反过来，财政对经济发展具有促进作用，是党委、政府调控经济发展的重要政策工具。过去五年，全州财税系统牢固树立服务经济发展大局意识，深入实施积极财政政策，多渠道筹集资金，支持重大项目建设、加大重点产业发展扶持力度，推动经济实现平稳健康发展，为财税持续增收奠定了坚实基础。

二是必须坚持以保障和改善民生为根本。取之于民、用之于民是公共财政的本质属性。过去五年，全州财政系统始终坚持“为国理财，为民服务”宗旨，不断调整优化财政支出结构，切实加大对教育、就业、社保、医疗卫生和公共文化等民生领域的投入，着力解决群众最关心、最直接、最现实的利益问题，有力地促进了社会和谐稳定。

三是必须坚持以改革创新为动力。改革创新是推动工作的强大动力，是化解矛盾和问题的重要法宝。过去五年，全州财政系统坚持把改革创新精神贯穿到财政工作各个环节，坚持用改革的办法破解财政发展难题、化解财政收支矛盾，用创新的思路健全完善财政管理制度和措施，引领广大财政干部深刻认识新常态、适应新常态，不断开创了财政工作新局面。

四是必须坚持以依法依规为原则。没有规矩不成方圆，目无法纪必将犯错。过去五年，全州财税系统全面贯彻执行预算法、税收征收管理法、会计法、政府采购法等法律法规和财经纪律，大大提高了依法理财治税水平，为财税系统充分发挥部门职能作用提供了坚强保证。

总结回顾“十二五”，全州财政工作在困难和挑战较多的情况下，取得了极为不易的好成绩，积累了十分宝贵的经验，都是得益于州委、州人民政府的正确领导，得益于州人大、州政协的监督指导，也离不开社会各界的关心支持。但是，在充分肯定成绩的同时，我们也清醒的认识到，全州财政工作仍然面临一些不容忽视的困难和问题：一是财源结构单一，“两烟”主导全州财政收入的格局仍未改变，“非烟”财源培植缓慢，财政增收后劲乏力；二是收入结构不合理，非税收入占比过高；三是预算约束力不够强，依法理财的环境有待进一步改善；四是财政支持经济社会发展的政策措施还需优化，财政资金的杠杆和引导作用仍有进一步提升空间。这些问题需要引起高度重视，通过强化依法理财意识、转变财政职能、深化财政改革、创新工作机制、严格预算管理等措施认真加以解决。

三、2016年地方财政预算草案

2016年是“十三五”规划开局之年，也是全面深化改革和全面建成小康社会的关键一年。楚雄州财政预算编制的指导思想是：深入贯彻党的十八大、十八届三中四中五中全会、中央经济工作会和习近平总书记系列重要讲话精神，全面贯彻省委九届十二次全会和州委八届七次全会精神，紧紧围绕州委、州人民政府中心工作，坚持稳中求进、改革创新，继续实施积极的财政政策并加力增效，加快推进财税体制改革，进一步落实减税降费等政策措施，确保实现稳增长、促改革、调结构、惠民生、防风险目标；充分发挥财税政策促进产业结构调整、加快经济转型升级和培育发展新动能的重要作用，大力支持大众创业、万众创新；加大财政资金统筹使用力度，盘活存量、用好增量，重点保障基本民生支出，从严控制一般性支出；创新财政投入方式，利用财政资金引导、带动金融和社会资本投入，增加基本公共服务供给；加强政府债务管理，防范财政风险，促进经济持续健康发展。

在预算编制中主要遵循以下原则：一是收入预算编制坚持实事求是、积极稳妥，注重做到与经济社会发展水平相适应，与财税政策相衔接。二是支出预算编制坚持量入为出、有保有压、勤俭节约、突出重点，统筹考虑本级支出和转移支付，在保证基本公共服务合理需要的前提下，优先安排州委、州人民政府确定的重点支出。三是年度预算与中期财政规划相衔接，强化中期财政规划对年度预算的约束。四是将政府债务分门别类纳入全口径预算管理，防范和化解债务风险。五是完善政府预算体系，加大财政资金统筹使用力度。按照上述指导思想和原则，建议2016年全州和州本级财政预算安排如下：

（一）全州地方财政预算草案

1.全州一般公共预算收入安排729620万元，比上年快报数增加47732万元，增长7%。一般公共预算支出安排2270462万元，比上年快报数增加108117万元，增长5%。

全州一般公共预算平衡情况是：一般公共预算收入729620万元，转移性收入1445784万元，上年结余收入67451万元，调入资金935万元，债务（转贷）收入425000万元，收入总计2668790万元。一般公共预算支出2270462万元，转移性支出22328万元，债务还本支出376000万元。收支持平。

2.全州政府性基金预算收入安排191164万元，比上年快报数增加65370万元，增长52%。政府性基金预算支出安排282001万元，比上年快报数增加94058万元，增长50%。

全州政府性基金预算平衡情况是：政府性基金预算收入191164万元，转移性收入55002万元，债务（转贷）收入106000万元，上年结余收入29835万元，收入总计382001万元。政府性基金预算支出282001万元，债务还本支出100000万元。收支持平。

3.全州社会保险基金预算收入安排542463万元（其中：社会保险基金保险费收入334256万元，利息收入6900万元，财政补贴收入184291万元，其他收入15066万元，转移收入1950万元），上级补助收入3208万元。社会保险基金预算支出安排484562万元（其中：社会保险待遇支出484027万元，其他支出400万元，转移支出135万元），上解上级支出1265万元。收支相抵，本年收支结余59844万元，加上年结余收入373557万元，年终滚存结余433401万元。结余资金包括按政策属个人账户的资金余额以及按规定够下年度一定月份的支付数额基金。

4.全州国有资本经营预算收入安排560万元，比上年快报数增加107万元，增长23.6%；调出资金560万元。收支持平。

（二）州本级地方财政预算草案

1.州本级一般公共预算收入安排147917万元，比上年快报数增加8990万元，增长6.5%。一般公共预算支出安排268220万元，比上年快报数增加3838万元，增长1.5%。

州本级一般公共预算平衡情况是：一般公共预算收入147917万元，转移性收入1493791万元，上年结余收入41026万元，调入资金935万元，债务（转贷）收入136300万元，收入总计1819969万元。一般公共预算支出268220万元，转移性支出1464449万元，债务还本支出87300万元。收支持平。

2.州本级政府性基金预算收入安排23156万元，比上年快报数增加4055万元，增长21.2%。政府性基金预算支出安排17540万元，比上年快报数增加64万元，增长0.4%。

州本级政府性基金预算平衡情况是：政府性基金预算收入23156万元，转移性收入55002万元，债务（转贷）收入14000万元，上年结余收入15761万元，收入总计107919万元。政府性基金预算支出17540万元，转移性支出82379万元，债务还本支出8000万元。收支持平。

3.州本级社会保险基金预算收入安排171158万元（其中：社会保险基金保险费收入141216万元，利息收入3560万元，财政补贴收入11328万元，其他收入15000万元，转移收入54万元），上级补助收入3208万元。社会保险基金预算支出安排149708万元（其中：社会保险待遇支出149264万元，其他支出400万元，转移支出44万元），上解上级支出1265万元。收支相抵，本年收支结余23393万元，加上年结余收入203772万元，年终滚存结余227165万元。结余资金包括按政策属个人账户的资金余额以及按规定够下年度一定月份的支付数额基金。

4.州本级国有资本经营预算收入安排560万元，比上年快报数增加360万元，增长180%；调出资金560万元。收支持平。

四、“十三五”财政发展思路及2016年财政工作措施

“十三五”时期是全面建成小康社会的决胜阶段，也是楚雄州经济社会实现跨越式发展的重要战略机遇期。围绕全州改革发展大局，“十三五”全州财政发展的思路是：高举中国特色社会主义伟大旗帜，全面贯彻落实党的十八大、十八届三中四中五中全会和习近平总书记系列重要讲话精神，牢固树立创新发展、协调发展、绿色发展、开放发展和共享发展的理念，发扬“三严三实”的工作作风，紧紧围绕州委、州人民政府的工作思路和重点，加大财源培植，强化收入征管，改善收入结构，实现财政收入持续增长；优化支出结构，从严控制一般性支出，进一步加大对民生领域的投入力度，切实保障和改善民生；创新财政投入方式，撬动金融和社会资金加大投入，进一步夯实发展基础，培强壮大重点产业，培育发展新兴产业，促进城乡区域协调发展；加快建立现代财政制度，健全完善有利于科学发展的财政体制机制，提高财政资金使用效益和管理水平，奋力推动全州经济社会实现跨越式发展。根据“十三五”全州经济社会发展规划，力争“十三五”期间一般公共预算收入年均增长8%以上，一般公共预算支出年均增长7%以上，到2020年分别达到100亿元和300亿元。

围绕“十三五”财政发展思路和2016年预算目标，2016年要着力做好以下工作：

（一）坚持多措并举，全面加强收入组织。一是严格依法治税。强化纳税评估和税务稽查，严禁违反法律法规规定和超越权限多征、预征或者减征、免征、缓征应征税款，严厉打击各种漏税、逃税和骗税行为，坚持做到依法征收、应收尽收，充分发挥税收作为财政收入的主体作用，增加财政收入税收比重，提高财政收入质量。二是加强非税收入征管。挖掘非税收入潜力，加大对各类资源资产类非税收入的征缴、监管力度；切实将除教育收费外的非税收入纳入预算管理，一律缴入国库；严格执行现有行政事业性收费、政府性基金管理制度，不随意减免；建立和完善涉企收费监管机制，坚决制止各种乱收费。三是继续大力争取上级支持。加强上级财政政策信息的捕捉、研究，充分掌握政策，紧盯上级财政政策导向和资金投向，加大对上级财政政策、转移支付和项目资金的争取力度。四是着力抓好财源建设。支持做好“烟”与“非烟”两篇大文章，继续发挥好“两烟”对楚雄州财政收入的主导作用，切实加快“非烟”财源培植，提高“非烟”收入比重，增强全州财政发展的可持续性。

（二）坚持强化引导，推动经济平稳健康发展。一是全面落实减税降费政策。进一步全面落实国家和省制定出台的各项结构性减税、普遍性降费政策，切实减轻企业税费负担，支持实体经济渡过难关。二是全力支持“五网”建设。抢抓全省“五网”会战机遇，通过预算安排、盘活存量、整合专项、引入金融和社会资本等措施，大力支持“五网”重点项目建设，夯实发展基础，发挥好投资拉动经济增长的关键作用。三是促进产业转型升级。紧紧围绕州委、州人民政府“巩固提升‘两烟’、冶金等传统支柱产业，大力发展石化、高原特色现代农业、绿色食品加工、生物医药、新能源新材料和文化旅游等优势产业，加快培育商贸物流、健康养老、‘互联网+’等新业态”的决策部署，通过落实税费优惠政策和加大资金扶持“双向”给力，推动支柱产业做大、优势产业做强、新兴产业加快发展，充分发挥产业对经济发展的支撑作用。四是支持扩大消费。努力扩大就业，多渠道促进城乡居民增收，加快发展商贸物流、电子商务等现代服务业，认真落实国家和省关于鼓励消费的财税政策，刺激城乡居民消费，增强消费对经济发展的拉动力。五是加快发展方式转变。支持实施创新楚雄行动计划，进一步提升科技进步对经济发展的贡献率；支持生态环境建设，扩大新一轮退耕还林还草规模，继续实施好天然林保护，完善生态保护成效与转移支付资金分配挂钩机制，加快全州“绿色发展”步伐。

（三）坚持突出“三农”，促进城乡统筹发展。一是支持打好“扶贫攻坚战”。多渠道筹集资金，切实加大对7个贫困县、25个贫困乡（镇）、220个贫困行政村、3309个贫困自然村的扶持力度，大力实施精准扶贫、精准脱贫，确保完成扶贫攻坚年度任务目标。二是继续促进农

业农村全面发展。健全农村基础设施投入长效机制，支持高标准农田水利建设和高效节水灌溉建设，提升农业综合生产能力。调整完善支农政策，将农资综合补贴、农作物良种补贴和种粮农民直接补贴整合为农业支持保护补贴，用于耕地地力保护。继续大力实施整村推进、易地搬迁、农业综合开发、“一事一议”财政奖补等项目，进一步改善农村生产生活条件。三是深化农村综合改革。积极推进农村土地承包经营权确权登记颁证工作，引导农村土地承包经营权依法有序流转，维护进城落户农民土地承包权、宅基地使用权、集体收益分配权，促进农村经营体制机制创新，释放农村发展活力。四是支持加快推进新型城镇化。通过特许经营、投资补贴、贷款贴息等方式，支持城镇基础设施建设和棚户区改造，支持特色城镇建设。推动城镇基础设施和公共服务向周边农村延伸，逐步建立财政转移支付与农业转移人口市民化挂钩机制，保障农业转移人口享有城镇基本公共服务。

（四）坚持有保有压，推进民生持续改善。一是继续从严控制一般性支出。坚持勤俭节约，继续严格控制行政成本和部门“三公”经费；认真落实省委、省人民政府要求，州级压缩一般公用经费5%，用于增加扶贫专项资金；如期完成机关公务用车改革，并相应核减公务用车经费。二是完善教育投入机制。均衡配置城乡义务教育资源，调整城乡义务教育经费保障机制，统一城乡义务教育阶段中小学校生均公用经费基准定额，将进城务工农民工随迁子女接受义务教育的因素在预算安排中予以统筹考虑。完善现代职业教育体系建设，积极支持民办教育加快发展。三是实施更加积极的就业政策。坚持把促进就业作为最大的民生工程，支持稳定大学生就业率，保持零就业家庭动态清零；全面落实各项创业扶持政策，加大对灵活就业、新就业形态的支持，实现以创业带动就业。四是建立更加公平可持续的社会保障制度。推进机关事业单位工作人员养老保险制度改革，健全优抚对象等人员抚恤和生活补助标准体系，继续做好困难群众生活保障，提高城乡低保补助水平。继续支持保障性安居工程建设，通过政府购买服务方式推进棚户区改造。五是提高医疗卫生保障水平。完善城乡居民基本医疗保险筹资机制，提高财政补助和个人缴费标准。从城乡居民基本医疗保险基金中，划拨一定比例或额度的资金用于实施城乡居民大病保险，减轻群众大病医疗费用负担。提高基本公共卫生服务经费人均财政补助标准，进一步推进公立医院改革。六是加强基本公共文化服务保障。继续实施广播电视户户通、公益性文化设施免费开放、农村文化建设等文化民生工程，完善基层公共文化服务体系。

（五）坚持深化改革，加快建设现代财政制度。一是继续深化财政体制改革。根据事权和支出责任，进一步理顺州和县（市）收入划分。完善转移支付制度，继续扩大一般性转移支付规模，逐步建立专项转移支付定期评估和退出机制。二是推进税收制度改革。继续推进“营改增”试点，将建筑业、房地产业、金融业和生活服务业纳入“营改增”范围；进一步实施消费税改革，调整消费税征收范围、环节和税率；积极推进资源税费改革，全面实施资源税从价计征，清理规范相关收费基金。三是加大财政资金统筹力度。按照《国务院关于印发推进财政资金统筹使用方案的通知》，从2016年1月1日起，将水土保持补偿费、政府住房基金、无线电频率占用费、铁路资产变现收入、电力改革预留资产变现收入等五项政府性基金转列一般公共预算。推进国有资本经营预算与一般公共预算的统筹协调，加大国有资本经营预算调入一般公共预算的力度。四是创新财政投入方式。积极推广政府和社会资本合作（PPP）模式，引导社会资本进入公共服务领域。充分发挥各类财政建设资金作用，逐步改变行政性分配方式，采取贴息、运营补贴、风险补偿和基金管理等市场化运作模式，发挥财政资金撬动金融和社会资本的杠杆作用。五是改革完善政府采购制度。加强政府购买服务项目支出预算管理，推动购买主体建立健全政府购买服务绩效评价机制，并将绩效评价结果作为以后年度编制预算和选择承接主体的重要参考。

（六）坚持依法依规，提升财政管理规范化水平。一是加强预算执行管理。严格执行新《预算法》，严格执行经州人大批准的预算，预算未安排事项原则上不得支出，确需追加的重大事项，必须严格按照法定程序办理。完善预算执行工作机制，按月通报执行情况，建立健全预算执行与绩效管理、转移支付资金分配相挂钩的工作机制。二是进一步盘活财政存量资金。继续做好财政存量资金收回使用工作，对结余资金和连续两年未用完的结转资金，一律收回统筹使用；对不足两年的结转资金，督促加快预算执行，也可按规定用于其他急需领域。三是加强财政专户管理。继续清理整顿财政专户，除财政部另有规定外，一律不再新设财政专户。确需新设财政专户的，必须报经财政部审批后，才可开设。四是加强政府债务管理。严格执行预算法和国务院关于地方政府债务管理的规定，建立规范的政府举债融资机制，将政府债务分类纳入预算管理，在预算调整方案中如实反映债务余额变化情况，并向州人大常委会报告。切实履行偿债责任，妥善处理存量债务，继续积极做好采用政府债券置换存量债务工作。五是加强财政监督管理。健全财政内部控制制度，加大对重大财政政策实施、重要民生项目支出、预算执行情况和财务会计信息质量等方面的监督检查力度，完善财政绩效管理，加强绩效评价结果应用，确保财政资金规范、安全、高效运行。

各位代表，全面完成2016年财政收支预算，深入推进财税改革发展，任务艰巨、责任重大、使命光荣。我们将在州委的坚强领导下，自觉接受州人大、州政协和社会各界的监督，凝心聚力，改革创新，奋力拼搏，扎实工作，努力完成全年各项财政工作任务，确保“十三五”开好局、起好步，为推动全州经济社会实现跨越式发展和与全国全省同步全面建成小康社会做出新的贡献！

楚雄州自然保护区一览表

	保护区名称	所在行政区域	主要保护对象	面积（公顷）
国家级	云南哀牢山双柏片区	碍嘉镇	中山湿性常绿阔叶林，黑长臂猿，绿孔雀，云豹，候鸟迁徙通道	10204
	云南哀牢山楚雄片区	西舍路乡		4500
	云南哀牢山南华片区	马街镇、五顶山乡、兔街乡		17233
	合　计			31937
省　级	禄丰雕翎山	广通镇	原始森林、珍稀动物	613
	楚雄紫溪山	紫溪镇	森林、珍稀动植物、寺庙古迹	16000
	合　计			16613
州　级	禄丰樟木箐	旧庄镇	原始森林、珍稀动物	3631
	武定狮子山	狮山镇	森林、自然风景、寺庙古迹	1417
	大姚昙华山	昙华乡	半湿润常绿阔叶林	1231.4
	永仁方山	永定镇	森林、自然风景	733
	牟定化佛山	共和镇	森林及林麝、穿山甲、松茸等野生动植物	667
	楚雄西山	鹿城镇	森林、自然风景、寺庙古迹	221.6
	楚雄三峰山	太平镇、栋川镇、前场镇，共和镇、凤屯镇，龙川镇	森林及野生动植物	46605.6（姚安22091.5、牟定12969.6、南华11544.5）
	元谋土林	物茂乡	土林地质景观	1992
	姚安花椒园	左门乡、大河口乡、官屯乡、光禄镇、栋川镇	森林及野生动植物	37014
	牟定白马山	共和镇、蟠猫乡、安乐乡	森林、珍稀动物	15821.13
	姚安大尖山	弥兴镇、大河口乡、官屯乡	森林及野生动植物	10057.5
	双柏白竹山	妥甸镇、安龙堡乡、大麦地镇、法脿镇	暖温性针叶林、半湿润常绿阔叶林、中山湿性常绿阔叶林森林生态系统	8012
	双柏恐龙河	碍嘉镇	绿孔雀、黑颈长尾雉等珍稀动物，苏铁等珍稀植物及季雨林等生态系统	9521.4
	合　计			136924.63
县　级	禄丰五台山	中村乡	森林生态系统，水源涵养林	3526.7
合　计				189001.33

（州林业局/提供）

楚雄州全国重点文物保护单位名录

名　称	时　代	批　次	公布时间	类　别	县（市）
元谋人遗址（公布名称元谋猿人遗址，“三普”更改为元谋人遗址）	旧石器时代	第二批	1982.02.23	古遗址	元谋县
腊玛古猿化石产地	旧石器时代	第三批	1988.01.13	古遗址	禄丰县
大姚白塔	唐	第六批	2006.05.25	古建筑	大姚县
龙华寺（现存建筑为明、清遗存）	唐	第六批	2006.05.25	古建筑	姚安县
元谋古猿化石地点（包含物茂乡四鲊村委会竹棚村豹子洞箐、小河村蝴蝶梁子和房背梁子（原界牌梁子）、虎溪村委会雷老村大树箐梁子）	旧石器时代	第七批	2013.05.03	古遗址	元谋县
大墩子遗址	新石器时代	第七批	2013.05.03	古遗址	元谋县
万家坝古墓群	周	第七批	2013.05.03	古墓葬	楚雄市
楚雄文庙	明至清	第七批	2013.05.03	古建筑	楚雄市
德丰寺	明	第七批	2013.05.03	古建筑	姚安县
星宿桥和丰裕桥	清	第七批	2013.05.03	古建筑	禄丰县

楚雄州省级文物保护单位名录

名 称	时 代	批 次	公布时间	类 别	县（市）
护法明公德运碑	宋	第二批	1983.01.13	石 刻	楚雄市
龙泉书院	明	第七批	2012.01.07	古建筑	楚雄市
雁塔	清	第七批	2012.01.07	古建筑	楚雄市
牟定文庙	明	第四批	1993.12	古建筑	牟定县
灵官桥	明	第七批	2012.01.07	古建筑	南华县
李贽桥	明	第六批	2003.12.18	古建筑	姚安县
大石淜水利工程	元	第七批	2012.01.07	古建筑	姚安县
姚安文昌宫	明	第七批	2012.01.07	古建筑	姚安县
文峰塔	明	第七批	2012.01.07	古建筑	姚安县
高氏土司衙署（含姚安路军民总管府旧址、高雪君祠）	明、清	第七批	2012.01.07	古建筑	姚安县
地索李家宅院	清、民国	第七批	2012.01.07	古建筑	姚安县
石羊文庙及孔子铜像	明	第四批	1993.12	古建筑	大姚县
妙峰德云寺	明	第五批	1998.11.17	古建筑	大姚县
赵祚传烈士墓	现代	第五批	1998.11.17	古建筑	大姚县
庆丰盐井遗址	汉至今	第七批	2012.01.07	古建筑	大姚县
菜园子遗址	新石器时代	第六批	2003.12.18	古遗址	永仁县
诸葛营遗址（含阿者尼龙潭营古战场遗址、三合营遗址）	汉	第七批	2012.01.07	古遗址	永仁县
回龙桥	清	第七批	2012.01.07	古建筑	永仁县
中和传统民居建筑群（含夏氏故居、夏家大院）	清	第七批	2012.01.07	古建筑	永仁县
元谋红军长征革命遗迹（含江边、龙街、大乌头禾、老城乡那化村、平田乡帕地村红军标语，姜驿红军标语树，棋盘山）	民国	第七批	2012.01.07	近现代史迹及其代表性建筑	元谋县
狮子山正续寺	元至清	第三批	1987.12	古建筑	武定县
大洼恐龙山	侏罗纪（距今1.8亿年）	第五批	1998.11.17	古生物遗址	禄丰县
阿纳恐龙化石地点	侏罗纪	第六批	2003.12.18	古生物遗址	禄丰县
禄丰盐井遗址	元至民国	第七批	2012.01.07	古遗址	禄丰县
开宁寺	清	第七批	2012.01.07	古建筑	禄丰县
黑井武家大院	清	第七批	2012.01.07	古建筑	禄丰县
大花桥	民国	第七批	2012.01.07	近现代史迹及其代表性建筑	禄丰县
滇中古驿道禄丰段（含沿途古建筑、桥梁、道路等与古驿道有关遗存）	汉至民国	第七批	2012.01.07	近现代史迹及其代表性建筑	禄丰县
大庄苏氏祠堂	清	第七批	2012.01.07	古建筑	双柏县

楚雄州州级文物保护单位名录

名 称	时 代	公布时间	类 别	县（市）
以口火葬墓群	元、明	2005.08.23	古墓葬	楚雄市
元吉屯恐龙足迹化石产地	晚白垩纪	2005.08.23	其 他	楚雄市
团山土主庙	清	2005.08.23	古建筑	楚雄市
白土玉皇阁	清	2005.08.23	古建筑	楚雄市
宜茨文昌宫	清	2005.08.23	古建筑	楚雄市
紫顶寺塔林	清	2013.11.01	古墓葬	楚雄市
达诺王彩旧居	清至民国	2013.11.01	近现代史迹及其代表性建筑	楚雄市
梨树园滇缅铁路石拱桥	民国	2013.11.01	近现代史迹及其代表性建筑	楚雄市
三清阁	明、清	2005.08.23	古建筑	牟定县
牟定白塔	明	2013.11.01	古建筑	牟定县
毕昌杰烈士墓	民国	2013.11.01	近现代史迹及其代表性建筑	牟定县
华峰山塔林	清	2013.11.01	古墓葬	牟定县

续上表

名　　称	时　代	公布时间	类　别	县（市）
石门山石刻	近代	2005.08.23	石　刻	南华县
镇川桥	清	2005.08.23	古建筑	南华县
英武哨古驿道	秦汉	2013.11.01	古遗址	南华县
杞彩顺营地遗址	清	2013.11.01	古遗址	南华县
周·小卜将军墓	战国	1981.09.23	古墓葬	姚安县
光禄文昌宫	清	2005.08.23	古建筑	姚安县
姚州都督府遗址	唐	2013.11.01	古遗址	姚安县
马游义学馆	清	2013.11.01	古建筑	姚安县
地索吊索桥	元至现代	2013.11.01	古建筑	姚安县
河里渡杨氏宗祠	清	2013.11.01	古建筑	姚安县
文笔塔	清	2005.08.23	古建筑	大姚县
石羊南塔	清	2005.08.23	古建筑	大姚县
龙山祖师墓	清	2013.11.01	古墓葬	大姚县
锁水塔	清	2013.11.01	古建筑	大姚县
昙华石刻	清	2013.11.01	石窟寺及石刻	大姚县
龙山石刻	清	2013.11.01	石窟寺及石刻	大姚县
杨家山石棺墓群	新石器时代	2013.11.01	古墓葬	永仁县
下棋柳新石器遗址	新石器时代	1981.09.23	古遗址	元谋县
安龙寺及重建安龙寺常住碑记	明	2005.08.23	古建筑	元谋县
凉山活佛寺	明	2013.11.01	古建筑	元谋县
卡莫摩崖石刻	清	2013.11.01	石窟寺及石刻	元谋县
为疆界滇、蜀各有攸分等事碑（含民事判决碑）	清	2013.11.01	石窟寺及石刻	元谋县
那德洪墓	明	1981.09.23	古墓葬	武定县
白路红军标语	近代	1981.09.23	近现代史迹	武定县
万德观音寺	清	2005.08.23	古建筑	武定县
环州土司江防遗迹群［含固天营城堡遗址、凌霄台摩崖石刻群、升仙台摩崖石刻群、小炮台摩崖石刻群、万松山土司墓群（李小黑土司墓）、万松山土司祭祀石刻］	清	2013.11.01	古遗址	武定县
旧城通远桥	明	2013.11.01	古建筑	武定县
文笔山白塔	明	2013.11.01	古建筑	武定县
己梯彝文碑	清	2013.11.01	石窟寺及石刻	武定县
迤纳厂土高炉	中华人民共和国	2013.11.01	近现代史迹及其代表性建筑	武定县
白庄科古瓷窑址	元、清	1981.09	古遗址	禄丰县
白龙井古瓷窑	元	2005.08.23	古遗址	禄丰县
石龙火葬墓群	元、明	2005.08.23	古墓葬	禄丰县
万春山真觉禅寺记碑（残）	明	2005.08.23	碑　刻	禄丰县
黑井文庙	清	2005.08.23	古建筑	禄丰县
节孝总坊（含五马桥）	清	2005.08.23	古建筑	禄丰县
琅井魁阁楼	清	2005.08.23	古建筑	禄丰县
庆安堤	清末	2005.08.23	古建筑	禄丰县
黑井大龙祠	明、清	2005.08.23	古建筑	禄丰县
起凤塔	清	2005.08.23	古建筑	禄丰县
广通文庙	清	2005.08.23	古建筑	禄丰县
潘氏宗祠	清	2005.08.23	古建筑	禄丰县
黑城遗址	南诏	2005.08.23	古遗址	禄丰县
中村山后矿冶遗址	明	2013.11.01	古遗址	禄丰县
王锡衮墓（衣冠冢）	清	2013.11.01	古墓葬	禄丰县
罗次温泉	明至民国	2013.11.01	古建筑	禄丰县
赛宝坝	明至清	2013.11.01	古建筑	禄丰县
永定铁索桥	清至民国	2013.11.01	古建筑	禄丰县
石头庵石刻	清至民国	2013.11.01	石窟寺及石刻	禄丰县
一平浪移卤就煤工程遗址	民国	2013.11.01	近现代史迹及其代表性建筑	禄丰县

续上表

名 称	时 代	公布时间	类 别	县（市）
滇缅铁路禄丰炼象关桥隧群	民国	2013.11.01	近现代史迹及其代表性建筑	禄丰县
石羊银矿遗址（包含老石羊银矿遗址、新石羊银矿遗址）	明	2013.11.01	古遗址	双柏县
老尖山古战壕遗址	清	2013.11.01	古遗址	双柏县

楚雄州国家级非物质文化遗产项目名录

项目名称	项目类别	项目保护单位	命名批次	命名时间
彝族火把节	民 俗	楚雄州文化馆	第一批	2006.06
彝族梅葛	民间文学	楚雄州文化馆	第二批	2008.06
彝剧	传统戏剧	大姚县文化馆	第二批	2008.06
查姆	民间文学	双柏县文化馆	第二批	2008.06
彝族老虎笙	传统舞蹈	双柏县文化馆	第二批	2008.06
彝族左脚舞	传统舞蹈	牟定县文化馆	第二批	2008.06
姚安坝子腔	传统音乐	姚安县文化馆	第二批	2008.06
花灯戏（姚安花灯）	传统戏剧	姚安县文化馆	第二批	2008.06
花灯戏（元谋花灯）	传统戏剧	元谋县文化馆	第二批	2008.06
彝族民歌（彝族酒歌）	传统音乐	武定县文化馆	第二批	2008.06
彝医药（彝医水膏药疗法）	传统医药	楚雄州中医院、州文化馆	第三批	2011.05
彝医药（拨云锭制作技艺）	传统医药	老拨云堂药业有限公司	第四批	2014.12
楚雄彝族服饰	民 俗	楚雄州文化馆	第四批	2014.12

楚雄州省级非物质文化遗产项目名录

项目名称	项目类别	项目保护单位	命名批次	命名时间
镇南月琴制作技艺	传统技艺	南华县文化馆	第一批	2005.11
彝族大刀舞	传统舞蹈	禄丰县文化馆	第二批	2009.09
彝族十二兽舞	传统舞蹈	楚雄市非遗中心	第二批	2009.09
打陀螺	传统体育	双柏县文化馆	第二批	2009.09
彝族赛装节	民 俗	永仁县文化馆	第二批	2009.09
彝族插花节	民 俗	大姚县文化馆	第二批	2009.09
苴却砚制作技艺	传统技艺	永仁县文化馆	第二批	2009.09
姚安莲花落	传统音乐	姚安县文化馆	第二批	2009.09
《阿鲁举热》	民间文学	元谋县文化馆	第二批	2009.09
彝族摔跤	传统体育	元谋县文化馆	第二批	2009.09
彝族刺绣	传统技艺	永仁县文化馆	第二批	2009.09
开奔勒笃（六祖古歌）	民 俗	南华县文化馆	第三批	2013.12
阿苏嘸跳唱	传统音乐	南华县文化馆	第三批	2013.12
禄丰醋制作技艺	传统技艺	禄丰县文化馆	第三批	2013.12
武定老滔赶鸟习俗	民 俗	武定县文化馆	第三批	2013.12
彝族器乐（永仁宜就器乐演奏）	传统音乐	永仁县文化馆	第三批	2013.12
南华火草纺织技艺	传统技艺	南华县文化馆	第三批	2013.12
牟定铜器制作技艺	传统技艺	牟定县文化馆	第三批	2013.12
楚雄市以口夸村民族传统文化生态保护区	传统保护区	楚雄市非遗中心	第二批	2009.09
姚安县马游坪彝族传统文化生态保护区	传统保护区	姚安县文化馆	第二批	2009.09
南华县岔河彝族传统文化生态保护区	传统保护区	南华县文化馆	第二批	2009.09
双柏县大麦地彝族传统文化生态保护区	传统保护区	双柏县文化馆	第二批	2009.09
武定县环州乡彝族传统文化生态保护区	传统保护区	武定县文化馆	第二批	2009.09
禄丰县叽啦村彝族传统文化生态保护区	传统保护区	禄丰县文化馆	第二批	2009.09
元谋县凉山乡彝族传统文化生态保护区	传统保护区	元谋县文化馆	第二批	2009.09
姚安县左门乡彝族传统文化保护区	传统保护区	姚安县文化馆	第二批	2009.09

续上表

项目名称	项目类别	项目保护单位	命名批次	命名时间
楚雄市大过口彝族传统文化生态保护区	传统保护区	楚雄市非遗中心	第三批	2013.12
大姚县昙华彝族传统文化生态保护区	传统保护区	大姚县文化馆	第三批	2013.12
双柏彝族老虎笙艺术之乡	艺术之乡	双柏县文化馆	第二批	2009.09
牟定彝族左脚舞艺术之乡	艺术之乡	牟定县文化馆	第二批	2009.09

楚雄州州级非物质文化遗产项目名录

项目名称	项目类别	项目保护单位	命名批次	命名时间
楚雄市紫溪山彝族传统文化保护区	传统保护区	楚雄市非遗中心	第一批	2005.09
武定县近城镇麻栗棵苗族传统文化保护区	传统保护区	武定县文化馆	第一批	2005.09
牟定县新甸九条沟苗族传统文化保护区	传统保护区	牟定县文化馆	第一批	2005.09
永仁中和直苴彝族传统文化保护区	传统保护区	永仁县文化馆	第一批	2005.09
双柏县李方村彝族传统文化保护区	传统保护区	双柏县文化馆	第二批	2009.06
禄丰县仁兴大箐苗族传统文化保护区	传统保护区	禄丰县文化馆	第二批	2009.06
南华五街咪黑们彝族传统文化保护区	传统保护区	南华县文化馆	第二批	2009.06
大姚三台彝族传统文化保护区	传统保护区	大姚县文化馆	第二批	2009.06
楚雄市西舍路达诺彝族传统文化生态保护区	传统保护区	楚雄市非遗中心	第三批	2013.06
武定县猫街镇罗婺彝族传统文化生态保护区	传统保护区	武定县文化馆	第三批	2013.06
禄丰县高峰乡大小花箐彝族传统文化生态保护区	传统保护区	禄丰县文化馆	第三批	2013.06
南华县马街镇秀水塘彝族传统文化生态保护区	传统保护区	南华县文化馆	第三批	2013.06
南华县五顶山乡牛丛回族传统文化生态保护区	传统保护区	南华县文化馆	第三批	2013.06
南华县雨露白族传统文化生态保护区	传统保护区	南华县文化馆	第三批	2013.06
姚安县太平各苴彝族传统文化生态保护区	传统保护区	姚安县文化馆	第三批	2013.06
牟定县蟠猫彝族传统文化生态保护区	传统保护区	牟定县文化馆	第三批	2013.06
大姚县百草岭彝族传统文化生态保护区	传统保护区	大姚县文化馆	第三批	2013.06
楚雄大过口乡彝族歌舞之乡	艺术之乡	楚雄市非遗中心	第一批	2005.09
楚雄三街镇刺绣之乡	艺术之乡	楚雄市非遗中心	第一批	2005.09
楚雄云龙镇传统工艺之乡	艺术之乡	楚雄市非遗中心	第一批	2005.09
双柏碍嘉民族歌舞之乡	艺术之乡	双柏县文化馆	第一批	2005.09
禄丰仁兴镇大箐苗族歌舞之乡	艺术之乡	禄丰县文化馆	第一批	2005.09
武定万德石雕之乡	艺术之乡	武定县文化馆	第一批	2005.09
南华天申堂乡三弦舞艺术之乡	艺术之乡	南华县文化馆	第一批	2005.09
南华兔街乡歌舞艺术之乡	艺术之乡	南华县文化馆	第一批	2005.09
牟定凤屯腊湾玛咕民间歌舞之乡	艺术之乡	牟定县文化馆	第一批	2005.09
牟定蟠猫乡彝族歌舞之乡	艺术之乡	牟定县文化馆	第一批	2005.09
姚安花灯之乡	艺术之乡	姚安县文化馆	第一批	2005.09
元谋花灯之乡	艺术之乡	元谋县文化馆	第一批	2005.09
大姚彝剧之乡	艺术之乡	大姚县文化馆	第一批	2005.09
大姚龙街乡塔底彝族刺绣之乡	艺术之乡	大姚县文化馆	第一批	2005.09
楚雄彝族毕摩典籍	民间文学	楚雄州文化馆	第一批	2005.09
楚雄彝族十月太阳历	民　　俗	楚雄州文化馆	第一批	2005.09
楚雄市彝族马樱花节	民　　俗	楚雄市非遗中心	第一批	2005.09
楚雄市彝族土主祭祀习俗	民　　俗	楚雄市非遗中心	第一批	2005.09
楚雄市阿苏嗻说唱	传统音乐	楚雄市非遗中心	第一批	2005.09
楚雄市三女找太阳	民间文学	楚雄市非遗中心	第一批	2005.09
楚雄市三街五兵哥	民间文学	楚雄市非遗中心	第一批	2005.09
双柏阿左分家	传统戏剧	双柏县文化馆	第一批	2005.09
双柏妥甸酱油制作技艺	传统技艺	双柏县文化馆	第一批	2005.09

续上表

项目名称	项目类别	项目保护单位	命名批次	命名时间
禄丰恐龙文化节	民　俗	禄丰县文化馆	第一批	2005.09
禄丰大箐苗剧	传统戏剧	禄丰县文化馆	第一批	2005.09
禄丰中村彝族迁徙舞	传统舞蹈	禄丰县文化馆	第一批	2005.09
禄丰川街九渡造纸技艺	传统技艺	禄丰县文化馆	第一批	2005.09
禄丰皮影戏	传统戏剧	禄丰县文化馆	第一批	2005.09
禄丰花灯	传统戏剧	禄丰县文化馆	第一批	2005.09
禄丰剪刀制作技艺	传统技艺	禄丰县文化馆	第一批	2005.09
武定鸡街子苗族服饰刺绣技艺	传统技艺	武定县文化馆	第一批	2005.09
武定银器制作技艺	传统技艺	武定县文化馆	第一批	2005.09
姚安适中乡菖河蜂蜜制作技艺	传统技艺	姚安县文化馆	第一批	2005.09
南华沙街调	传统音乐	南华县文化馆	第一批	2005.09
牟定军屯扭柴河太平乐会	传统音乐	牟定县文化馆	第一批	2005.09
牟定油腐乳制作技艺	传统技艺	牟定县文化馆	第一批	2005.09
牟定喜鹊窝酒制作技艺	传统技艺	牟定县文化馆	第一批	2005.09
元谋花同大刀舞	传统舞蹈	元谋县文化馆	第一批	2005.09
元谋花同彝族服饰制作技艺	传统技艺	元谋县文化馆	第一批	2005.09
元谋姜驿石板房制作技艺	传统技艺	元谋县文化馆	第一批	2005.09
大姚彝族十八月历	民　俗	大姚县文化馆	第一批	2005.09
大姚县小把粉丝制作技艺	传统技艺	大姚县文化馆	第一批	2005.09
大姚县野坝子蜂蜜制作技艺	传统技艺	大姚县文化馆	第一批	2005.09
永仁彝剧	传统戏剧	永仁县文化馆	第一批	2005.09
大姚三台彝族服装节	民　俗	大姚县文化馆	第二批	2009.06
禄丰金山羊老鼓舞	传统舞蹈	禄丰县文化馆	第二批	2009.06
双柏礑嘉阿乖佬	传统音乐	双柏县文化馆	第二批	2009.06
楚雄彝文古籍收藏与研究	民间文学	楚雄州彝族文化研究院	第三批	2013.06
楚雄彝族毕摩文化	民间文学	楚雄州彝族文化研究院	第三批	2013.06
双柏彝族阿嗄调	传统音乐	双柏县文化馆	第三批	2013.06
楚雄市彝族葫芦笙舞	传统舞蹈	楚雄市非遗中心	第三批	2013.06
楚雄市彝族大三弦舞	传统舞蹈	楚雄市非遗中心	第三批	2013.06
楚雄市彝族羊皮鼓舞	传统舞蹈	楚雄市非遗中心	第三批	2013.06
禄丰县和平镇苗族传统芦笙制作技艺	传统技艺	禄丰县文化馆	第三批	2013.06
禄丰县一平浪英歌哨苗族传统纺织技艺	传统技艺	禄丰县文化馆	第三批	2013.06
姚安县弥兴镇上屯村土陶传统制作技艺	传统技艺	姚安县文化馆	第三批	2013.06
大姚县彝族服饰制作技艺	传统技艺	大姚县文化馆	第三批	2013.06
永仁穿花衣	传统体育	永仁县文化馆	第三批	2013.06
永仁双拐	传统体育	永仁县文化馆	第三批	2013.06

楚雄州非物质文化遗产国家级传承人名录

类　别	姓　名	性别	民族	出生时间	家庭住址	健康状况	特　长
梅　葛	郭有珍	女	彝族	1941年	姚安县官屯乡马游村	好	梅葛演唱
彝　剧	李茂荣	男	彝族	1944年	大姚县昙华乡赤石岩村委会	已故	彝　剧
彝族火把节	普顺发	男	彝族	1936年	禄丰县高峰乡海联村委会大花箐村	好	大刀舞
查　姆	方贵生	男	彝族	1950年	双柏县大麦地镇大麦地村委会下莫且法村	好	查　姆
彝族医药	余惠祥	男	汉族	1952年	禄丰县一平浪镇	好	彝族医药

注：共5人，已故1人

楚雄州非物质文化遗产省级传承人名录

类别	姓　名	性别	民族	出生时间	家庭住址	健康状况	特　长
民俗	李林全	男	彝族	1950年	永仁县莲池乡甸新村民小组	好	葫芦笙、哔噜、笛子
	普玉珍	女	彝族	1957年	武定县猫街镇猫街村委会咪三咋40号	好	彝族刺绣
	奎寿兴	男	彝族	1968年	大姚县金碧镇白鹤村委会上马鞍村民小组	好	葫芦笙、唢呐
	何应贵	男	彝族	1970年	楚雄市紫溪镇岔河村委会砖房村民小组	好	羊皮鼓祭祀舞艺人
	鲁翠英	女	彝族	1963年	南华县红土坡镇明么村委会阿底沟村	好	民间祭祀礼仪
民间文学	何学友	男	彝族	1940年	元谋县凉山乡冷水箐村	已故	民族史诗演唱
	何光清	男	彝族	1949年	元谋县凉山乡把世者村民委员会麦地坪村	好	彝族史诗《阿鲁举热》
	李兆芬	女	彝族	1954年	永仁县中和镇直苴村委会应林买村民小组	好	梅葛演唱
	海文才	男	彝族	1953年	元谋县凉山乡那迪村委会太阳坡村	好	彝族史诗《阿鲁举热》
传统音乐	李从先	男	彝族	1920年	楚雄市大过口乡大邑鸡村委会大邑鸡下村	已故	葫芦笙演奏
	姚丕昌	男	汉族	1935年	姚安县龙岗镇长寿村委会下村六组	好	姚安坝子腔
	杞文亮	男	彝族	1930年	楚雄市大过口乡依齐么村委会大麦地村	已故	小闷笛演奏
	普国英	男	彝族	1934年	大姚县三台乡米地拉么村	好	唢呐、双管哔噜（民间乐器）演奏
	熊登有	男	苗族	1937年	南华县雨露白族乡雨露村委会瓦窖村	已故	芦笙、三弦、月琴演奏
	王德兴	男	彝族	1938年	楚雄州南华县兔街镇长梁子村民委员会大凤丫口村	已故	小三弦演奏
	熊国才	男	苗族	1951年	牟定县江坡镇高平村委会苗族九条沟村	好	土芦笙、小三弦、木笛
	杨世明	男	苗族	1953年	禄丰县金山镇南冲竹箐口民族村	好	大号、长号演奏
	刘发金	男	彝族	1954年	永仁县永定镇大坝村委会新房子村	好	唢呐演奏
	余学光	男	彝族	1956年	武定县发窝乡山品村委会大永西村	好	彝族民歌（彝族酒歌）
	周正清	男	汉族	1953年	南华县兔街镇发乌村委会发乌村民小组	好	二胡演奏
	杞学亮	男	彝族	1958年	大姚县昙华乡	好	唢呐演奏
	郭自林	男	彝族	1963年	姚安县官屯乡马游村委会大村郭家组	好	葫芦笙演奏制作
	刘彩菊	女	汉族	1970年	姚安县栋川镇大龙口村五组	好	姚安坝子腔演唱
	李贵琼	女	傈僳族	1963年	元谋县凉山乡把世者村委会活佛寺村	好	彝族民歌
	刘应才	男	彝族	1960年	武定县猫街镇猫街村委会垫漠村	好	彝族酒歌
	祝　勇	男	彝族	1952年	永仁县阿朵所	好	二胡、笛子、三弦
传统舞蹈	罗廷富	男	彝族	1928年	楚雄市紫溪镇岔河村委会大牛从村	好	羊皮鼓舞
	苗自有	男	彝族	1929年	双柏县法脿乡麦地村委会小麦地冲	已故	老虎笙舞
	起万富	男	彝族	1931年	牟定县凤屯乡腊湾村委会起家村	已故	三胡演奏
	李从万	男	彝族	1940年	楚雄市大过口乡依齐么村委会木克山村	已故	主持彝族祭祀活动
	李富强	男	彝族	1933年	双柏县安龙堡乡青香树村委会迷此姆村	好	四弦弹跳
	吴新民	男	彝族	1941年	永仁县永兴乡马颈子村委会大麦地村民小组	已故	彝族毕摩祭祀
	张成兴	男	彝族	1951年	双柏县雨龙乡李芳村	好	大锣笙舞
	普　能	男	汉族	1954年	禄丰县金山镇南冲村委会竹箐口中村	好	羊皮老鼓
	毕金荣	男	彝族	1954年	禄丰县高峰乡仓底村委会中七村	好	大刀舞
	杨家典	男	彝族	1962年	双柏县法脿镇麦地村委会小麦地冲	好	老虎笙舞
	徐正权	男	彝族	1971年	楚雄市树苴乡九街村委会腊武地村民小组	好	彝族十二兽舞
	李卫兵	男	汉族	1971年	牟定县军屯乡天台街村委会天台街第三村民小组	好	左脚舞
	邵永才	男	彝族	1976年	牟定县凤屯镇腊湾村委会	好	左脚舞
	杨家旭	男	彝族	1971年	双柏县法裱镇麦地村委会小麦地冲	好	老虎笙舞
	鲁成雄	男	彝族	1971年	楚雄市树苴乡九街村委会依七么村民小组	好	十二兽舞
	普清荣	男	彝族	1960年	牟定县蟠猫乡大古岩村委会大古岩村	好	龙头四弦琴
传统戏剧	陈加寿	男	汉族	1926年	元谋县元马镇小能禹村	好	元谋花灯演唱
	黎正贵	男	彝族	1944年	元谋黄瓜园镇苴林村委会小雷宰村	好	元谋花灯演唱
	昝方才	男	汉族	1949年	姚安县栋川镇启明村委会启明九组	好	姚安花灯（剧本创作）
	陈申华	男	汉族	1954年	元谋县黄瓜园镇领庄村委会大学庄村	好	元谋花灯演唱
	普文学	男	彝族	1970年	大姚县三台乡三台村委会米地拉么小组	好	彝剧演唱
	李守达	男	汉族	1936年	姚安县光禄镇小邑村委会小邑村	好	小邑拉花
	杨天学	男	汉族	1954年	楚雄市子午镇以口夸村	好	花灯

续上表

类别	姓　名	性别	民族	出生时间	家庭住址	健康状况	特　长
传统曲艺	周绍昌	男	彝族	1940年	姚安县适中乡适中村	已故	哔噜（民间乐器）演奏
	李学品	男	彝族	1943年	大姚县昙华乡	好	梅葛演唱（彝族创世史诗）
	额家寿	男	汉族	1951年	禄丰县川街乡文武村	好	皮影演出制作
	罗　英	女	彝族	1968年	姚安县官屯乡马游村委会庄家组	好	彝族梅葛
	李福寿	男	彝族	1958年	牟定县凤屯镇腊湾村委会嘴子村	好	梅葛演唱
	方会香	女	彝族	1970年	双柏县大麦地镇大麦地村委会下莫且法村	好	阿噻调演唱
传统体育	木天光	男	彝族	1970年	双柏县大麦地镇河口村委会初都村	好	打陀螺
	普金亮	男	彝族	1974年	元谋县凉山乡那迪村民委员会大麦冲村	好	彝族式摔跤
传统礼仪与节庆	鲁世藩	男	彝族	1934年	楚雄市树苴乡九街村委会依齐么村	已故	毕摩祭祀舞
传统美术	杜芝芳	男	汉族	1921年	楚雄市鹿城镇富民村委会中村一组	已故	吞口绘画
	王良成	男	汉族	1943年	元谋县马镇环城西路36号	好	编扎道具制作
传统手工技艺	冯玉林	男	汉族	1914年	禄丰县黑井镇	已故	泥塑
	张福兴	男	汉族	1918年	湖北省天门县大板桥港腰桥村	已故	面塑
	车学林	男	汉族	1917年	楚雄市鹿城镇	好	纸扎、吞口
	普家富	男	彝族	1931年	玉溪市东和镇青水河村	已故	雕刻制作四弦琴
	谢富国	男	汉族	1933年	大姚县龙街乡永胜村永胜社	已故	土陶
	肖国庆	男	汉族	1937年	禄丰县黑井镇赵园村委会赵家园村	已故	石雕、石狮、墓碑
	李秀芳	女	彝族	1946年	武定县万德乡万德村	好	刺绣
	郭庆云	男	汉族	1949年	南华县龙川镇西街	好	月琴制作
	佘昌才	男	彝族	1949年	双柏县雨龙乡法甸村委会上者窝村	已故	锣笙面具
	周绍明	男	彝族	1949年	姚安县适中村公所大村	好	面塑、纸扎
	雷本祥	男	汉族	1950年	永仁县维的乡桃苴村	好	雕刻、铸造
	罗玉芳	女	彝族	1951年	姚安县官屯乡马游村	好	剪纸、刺绣、纹样设计
	赵仕友	男	彝族	1942年	大姚县龙街乡设甸村公所一社	已故	泥塑、土陶、木器
	李开富	男	彝族	1954年	双柏县法脿乡秧田阱村	好	木雕面具
	马世明	男	回族	1961年	永仁县永定镇（古称苴却街）	好	苴却砚制作技艺
	李树明	男	彝族	1963年	南华县龙川镇岔河村委会大岔河小组	好	镇南月琴
	王光金	男	彝族	1956年	牟定县蟠猫乡梅子村	好	民族乐器弦子制作
	张春梅	男	彝族	1978年	大姚县龙街乡塔底村公所黄果树社	好	刺绣、挑花、服饰
	殷绍庄	女	彝族	1946年	永仁县永定镇龙头山居委会	好	彝族刺绣
	王子兴	男	汉族	1956年	牟定县军屯乡代冲村委会白塔村	好	铜器制作
	罗应琴	女	彝族	1970年	南华县五街镇咪黑们村委会咪黑们小组	好	火草麻布混纺技艺
传统医药	杨本雷	男	汉族	1955年	昆明市禄劝县	好	彝族医药

注：共82人，已故19人

楚雄州非物质文化遗产州级传承人名录

类别	姓　名	性别	民族	出生时间	家庭住址	健康状况	特　长
民俗	王文珍	女	彝族	1952年	楚雄市紫溪镇平掌村委会汉家村17号	好	“阿苏嘛”说唱
	李从发	男	彝族	1959年	楚雄市紫溪镇平掌村委会峨么岭村民小组	好	葫芦笙演奏
	杞正才	男	彝族	1959年	楚雄市大地基乡红卫桥村委会闪片房村民小组	好	小三弦演奏
	罗金华	男	彝族	1979年	楚雄市紫溪镇平掌村委会老哨河村民小组	好	彝族毕摩文化传承
	周永贵	男	彝族	1958年	楚雄市三街镇天生坝村委会天生坝上村	好	毕摩祭祀
	李凤才	男	彝族	1963年	楚雄市东华镇红墙村委会高山母村2号	好	土主祭祀
	李光荣	男	彝族	1955年	武定县白路乡白路村	好	毕摩祭祀
	张连付	男	彝族	1974年	武定县猫街镇三家村	好	毕摩祭祀、民歌演唱
	李发英	女	彝族	1979年	大姚县昙华乡莱西拉村委会他的么小组	好	彝族歌舞
	李林安	男	彝族	1965年	永仁县中和镇直苴村委会族召嘎联组144号	好	葫芦笙吹奏

续上表

类别	姓　名	性别	民族	出生时间	家庭住址	健康状况	特　　长
民间文学	张志辉	男	苗族	1918年	禄丰县	好	文献资料保存者
	王万荣	男	汉族	1936年	楚雄市东华镇新柳村新街三组	已故	资料保存者
	杨正荣	男	白族	1943年	南华县雨露白族乡雨露村委会雨露村	好	资料保存者
	袁美森	男	汉族	1946年	禄丰县黑井镇二街	好	民间实物用品保存者
	罗桂珍	女	彝族	1953年	双柏县大麦地镇大麦地村委会上莫且法村	好	阿噻调演唱
	周永贵	男	彝族	1954年	姚安县太平镇各苴村委会马嘶河二组	好	民族民间祭祀
	呼庆桃	男	彝族	1955年	大姚县龙街乡石关村委会大平地	好	资料保存者
	肖玉华	男	彝族	1960年	元谋县凉山乡把世者村委会磨石河村	好	彝族史诗《阿鲁举热》
	李华文	男	彝族	1962年	双柏县大庄镇木章郎村委会麦地阱上社村	好	彝族毕摩祭祀
	余邵芳	男	彝族	1962年	元谋县金沙江南岸小凉山黑彝族（诺苏）聚居区凉山乡那迪村委会一丘田村	好	彝族史诗《阿鲁举热》
	肖建洪	男	彝族	1968年	元谋县凉山乡那迪村委会樟木树村	好	彝族史诗《阿鲁举热》
	李章翠	女	彝族	1973年	大姚县桂花乡立新村委会立新村	好	梅葛演唱
	鲁玉科	男	彝族	1962年	姚安县左门乡茏拉村委会清水河组	好	梅葛演唱
	安保发	男	彝族	1963年	元谋县凉山乡那迪村民委员会坪子村	好	彝族史诗《阿鲁举热》
传统音乐	罗贵忠	男	彝族	1938年	永仁县宜就镇阿朵所村委会小石板箐村民小组	好	葫芦笙、月琴
	李兴春	男	彝族	1945年	大姚县桂花乡	已故	唢呐
	李发富	男	彝族	1952年	楚雄市大过口乡磨刀箐村委会罗家村	好	葫芦笙
	李学明	男	彝族	1951年	大姚县昙华乡	好	唢呐
	阿文忠	男	彝族	1952年	南华县兔街镇半坡村民委员会望天坡村民小组	好	唢呐
	尹宗元	男	彝族	1952年	永仁县维的乡维的村委会维的村	好	唢呐
	鲁宸华	男	彝族	1976年	武定县高桥镇石腊它村	好	彝族民歌
	麦从贵	男	汉族	1956年	武定县近城镇西门社区	好	民间音乐
	陈大周	男	彝族	1959年	姚安县庄科村委会三道箐一组	好	京胡、月琴、竹笛
	李建国	男	彝族	1966年	大姚县桂花乡小河村委会	好	彝语民歌
	李洪才	男	彝族	1980年	永仁县宜就镇阿朵所村委会大河村民小组51号	好	民族器乐演奏
	唐春祥	男	彝族	1971年	武定县白路乡毕家村委会上苴旧村	好	彝族酒歌
	肖再旺	男	彝族	1972年	永仁县阿朵所	好	芦笙、笛子、二胡、响篾、四弦胡
	赵　昆	男	彝族	1973年	大姚县龙街乡大龙箐村委会小社	好	笛子、二胡、唢呐、葫芦笙、月琴
	丁会兴	男	彝族	1977年	牟定县共和镇清河村委会清水河村	好	龙头四弦琴
	毕建梅	女	彝族	1983年	牟定县蟠猫乡古岩村委会嘎力菠村	好	彝族左脚调、彝族酒歌
传统舞蹈	李国森	男	彝族	1960年	牟定县凤屯镇腊湾村委会白沙河村	好	传统舞蹈“玛咕”舞
	胡金富	男	彝族	1959年	禄丰县高峰乡海联村委会小花箐村	好	彝族大刀舞
	胡彦华	男	彝族	1965年	大姚县龙街乡龙街村委会白夷村	好	龙头四弦琴
	邓芸芳	女	彝族	1965年	牟定县蟠猫乡古岩村委会大古岩村	好	彝族左脚调
	杨　成	男	彝族	1967年	双柏县法脿镇麦地村委会小麦地冲村	好	老虎笙舞
	非明荣	男	彝族	1978年	牟定县蟠猫乡碑厅村委会水东瓜村	好	左脚调弹唱
	张映才	男	彝族	1974年	元谋县羊街镇平安村委会甘德村	好	彝族大刀舞
	张映龙	男	汉族	1973年	元谋县羊街镇平安村委会干德村	好	彝族大刀舞
	张映亮	男	彝族	1977年	元谋县羊街镇平安村委会甘德村	好	彝族大刀舞
	王启兰	女	彝族	1977年	牟定县共和镇清河村委会王大村	好	彝族左脚调
	者万美	女	彝族	1978年	牟定县新桥镇杜家庄村委会长箐村	好	彝族左脚舞
	普忠光	男	彝族	1982年	元谋县羊街镇平安村委会甘德村	好	彝族大刀舞
	张映明	男	彝族	1984年	元谋县羊街镇平安村委会甘德村	好	彝族大刀舞
	徐正存	男	彝族	1967年	双柏县法脿镇小麦地冲	好	老虎笙舞
	佘国锋	男	彝族	1967年	双柏县法脿镇李方村	好	大锣笙舞
传统戏剧	罗永昌	男	汉族	1926年	姚安县栋川镇包粮屯村委会包粮屯四组	好	姚安花灯
	詹锡润	男	汉族	1930年	牟定县青龙乡牟尼村委会詹官屯村	已故	花灯
	车加增	男	汉族	1936年	元谋县元马镇乐甫村委会大红岗村	好	元谋花灯

续上表

类别	姓 名	性别	民族	出生时间	家庭住址	健康状况	特 长
传统戏剧	文 芬	男	汉族	1940年	元谋县元马镇摩诃村委会小能禹村	好	元谋花灯
	王朝富	男	彝族	1940年	永仁县宜就镇阿朵所村委会大河村民小组	好	彝剧
	普续金	男	汉族	1944年	元谋县黄瓜园镇领庄村委会大学庄村	好	元谋花灯
	普续德	男	汉族	1945年	元谋县黄瓜园镇领庄村委会大学庄村	已故	元谋花灯
	张纯良	男	汉族	1944年	元谋县元马镇乐甫村委会大红岗村	好	元谋花灯
	陈耀宗	男	汉族	1946年	大姚县金碧镇北街向家巷42号	好	彝剧
	郭永学	男	汉族	1950年	姚安县弥兴镇大苴村委会中庄房村阳家村民组	已故	姚安花灯
	施增娜	女	汉族	1951年	元谋县元马镇摩诃村委会小能禹村	好	元谋花灯
	吴文武	男	汉族	1952年	大姚县金碧镇龙林村委会波勒村吴家村民小组	好	花灯
	陈武忠	男	汉族	1952年	元谋县元马镇小能禹村	好	元谋花灯
	解菊芝	女	彝族	1954年	大姚县金碧镇三槐村委会白解村民小组	好	彝剧
	马光治	男	回族	1955年	元谋县元马镇七街村	好	元谋花灯
	吴红友	男	汉族	1965年	大姚县金碧镇李湾村委会付角屯二组	好	彝剧
	邬桂华	男	彝族	1956年	大姚县金碧镇里长堡村委会里长堡五组	好	彝剧表演
传统曲艺	李文翰	男	汉族	1922年	大姚县石羊镇羊泉街	已故	民间戏剧
	罗光秀	女	汉族	1925年	姚安县栋川镇东街社区居委会三联村组	好	莲花落演唱
	赖朝祯	男	汉族	1929年	禄丰县中村乡棠海普果村	好	皮影戏制作
	郑彩英	女	汉族	1931年	姚安县栋川镇东街社区（居委会）三联村	已故	莲花落演唱
	肖维理	男	汉族	1934年	南华县龙川镇火星村委会肖家小组	已故	洞经音乐
	李世代	男	彝族	1945年	永仁县中和镇直苴村委会大村组	好	梅葛演唱
	夏 瑛	男	汉族	1946年	南华县一街乡团山村委会林家村	好	阿苏嘜说唱
	张利福	男	汉族	1953年	永仁县中和镇直苴村委会大村且田	好	梅葛演唱
	高菊英	女	汉族	1961年	南华县沙桥镇西街	好	沙街调演唱
	李凤萍	女	彝族	1965年	姚安县前场镇庄科村委会庄科二组	好	梅葛演唱
	王庆刚	男	彝族	1970年	双柏县碍嘉镇麻旺山村委会	好	阿乖佬演唱
	罗文辉	男	彝族	1971年	姚安县官屯乡马游村委会麻姑地组	好	梅葛演唱
	周永彩	女	彝族	1975年	姚安县左门乡茎拉村委会清水河组	好	梅葛演唱
	杨丽萍	女	彝族	1974年	双柏县法脿镇古木村委会山背后村	好	阿乖佬演唱
	周美英	女	彝族	1980年	姚安县	好	姚安坝子腔
传统体育	刘文忠	男	彝族	1970年	元谋县凉山乡那迪村委会太阳破村	好	彝族式摔跤
	方丽秀	女	彝族	1978年	双柏县大麦地镇和口村委会下雨本村	好	打陀螺
	何建忠	男	彝族	1986年	元谋县凉山乡那迪村委会大麦冲村	好	彝族式摔跤
传统礼仪与节庆	樊家漠	男	汉族	1927年	大姚县石羊镇石羊街区	已故	节庆毕摩祭祀
	起进芬	女	彝族	1936年	永仁县中和镇直苴村委会族召嘎列村民小组	好	赛装节彝绣
	李从金	男	彝族	1940年	楚雄市大过口乡依齐么村	已故	节庆毕摩祭祀
	李清元	男	彝族	1942年	永仁县中和镇直苴村委会切且组	好	节庆毕摩祭祀
	李万发	男	彝族	1943年	楚雄市东华镇红墙村委会江西箐村民小组	好	节庆毕摩祭祀
	朱明贵	男	彝族	1948年	楚雄市树苴乡鼻架梁村民小组上村	好	节庆毕摩祭祀
	全凤德	男	彝族	1954年	永仁县中和镇直苴村委会	好	节庆毕摩祭祀
	刘建英	女	彝族	1961年	大姚县龙街乡龙街村委会设甸村	好	彝族左脚调、彝族酒歌
	李志忠	男	彝族	1963年	大姚县昙华乡昙华村委会锣锅塘村民小组	好	唢呐
	李应忠	男	彝族	1963年	双柏县法脿镇者科哨村委会以茶花箐	已故	节庆文化礼仪祭祀
	段云聪	男	彝族	1963年	永仁县中和镇直苴村委会子刀博村小组	好	芦笙、笛子
	张德荣	男	彝族	1966年	大姚县昙华乡昙华村委会松子园村民小组	好	唢呐
传统美术	李显贵	男	汉族	1944年	牟定县青龙乡李家村	好	美术绘画
	张志忠	男	彝族	1956年	大姚县三岔河乡新田村委会维西么	好	美术绘画
	夏刚荣	男	汉族	1971年	大姚县仓街乡仓屯村委会大坝湾夏家村	好	美术绘画
	艾 青	女	汉族	1975年	牟定县共和镇龙马池村	好	美术绘画

续上表

类别	姓　名	性别	民族	出生时间	家庭住址	健康状况	特　长
传统手工技艺	何自菲	男	汉族	1935年	姚安县栋川镇长寿村委会下新屯六组	好	工艺竹编
	李映德	男	汉族	1936年	姚安县光禄镇小邑村委会小邑一社	好	擀羊毛毡
	罗洪富	男	彝族	1942年	楚雄市大地基乡者力村委会大箐村民小组	好	小三弦制作
	金彩英	女	彝族	1944年	姚安县适中乡适中大村三组	好	剪纸刺绣
	起建莲	女	彝族	1951年	永仁县宜就镇阿朵所小石板箐村民小组	好	彝族刺绣
	李　芬	女	彝族	1956年	永仁县莲池乡查利么村委会凹泥奔新村	好	彝族刺绣
	李跃华	男	汉族	1958年	四川省乐至县	好	苴却砚制作
	李建平	男	彝族	1958年	牟定县共和镇兴和社区妙觉庵村	好	龙头四弦制作
	王宗福	男	汉族	1961年	牟定县安乐乡海资村	好	石雕
	李如秀	女	彝族	1962年	永仁县中和镇直苴大村阿六若村	好	彝族刺绣
	童　林	男	汉族	1963年	武定县狮山镇南街社区居民	好	银器制作
	盛高庆	男	汉族	1964年	武定县万德乡万德村委会古亨辅村	好	石雕
	殷远倪	男	汉族	1960年	永仁县永定镇大坝村委会新房子组18号	好	苴却砚制作
	殷恒秀	女	彝族	1965年	永仁县猛虎乡猛虎村委会新村二组	好	彝族刺绣
	李曙仙	女	彝族	1966年	牟定县凤屯镇腊湾村委会白少河村	好	彝族刺绣
	起光芬	女	彝族	1966年	牟定县凤屯镇腊湾村委会起家村人	好	彝族刺绣
	邓光佑	男	彝族	1967年	牟定县蟠猫乡龙泉村委会小古岩村二社	好	龙头四弦制作
	高　鹏	男	汉族	1967年	姚安县弥兴镇官庄村庄房小组	好	石雕
	阳俊会	女	彝族	1968年	元谋县羊街镇花同村委会团山村	好	彝族刺绣
	杨丽英	女	汉族	1968年	大姚县金碧镇	好	小把粉丝制作
	李美英	女	彝族	1970年	元谋县羊街镇平安村委会甘得村	好	彝族刺绣
	李荣智	男	傈僳族	1970年	元谋县姜驿乡画匠村委会石格拉村	好	石板房建筑工艺
	丁远东	男	汉族	1973年	楚雄市云龙镇云龙村云龙街二组	好	根雕
	王玉萍	女	彝族	1979年	牟定县蟠猫乡龙泉小古岩村	好	彝族刺绣
	李丽凤	女	彝族	1978年	永仁县永定镇苴却社区居委会李家山	好	彝族刺绣
	李兆明	男	傈僳族	1975年	元谋县姜驿乡画匠村委会石格拉村	好	石板房建筑工艺
	伍远东	男	回族	1976年	楚雄州元谋县	好	苴却砚制作
	刘建英	女	彝族	1979年	元谋县羊街镇花同村委会王家村	好	彝族刺绣
	李济雁	女	彝族	1981年	永仁县莲池乡查利么村委会凹泥奔新村	好	彝族刺绣
	杨松平	男	傈僳族	1982年	元谋县姜驿乡画匠村委会石格拉村	好	石板房建筑工艺
传统保护区	李成发	男	彝族	1934年	永仁县中和镇直苴大村族召嘎列村民小组	好	响篾、葫芦笙、笛子
	王建才	男	苗族	1938年	武定县狮山镇麻栗棵村	好	绘画美术
	安国才	男	彝族	1943年	元谋县凉山乡冷水箐村委会古黑坪子村	好	彝族史诗《阿鲁举热》
	何文相	男	彝族	1943年	楚雄市紫溪镇岔河村委三岔河村民小组	好	阿苏嚓
	李家福	男	彝族	1943年	姚安县左门乡地索村委会小村组27号	好	美术雕刻
	何正安	男	汉族	1949年	楚雄市子午镇以口夸	好	花灯
	阿宗明	男	彝族	1952年	南华县兔街镇半坡村委会迤头村	好	葫芦笙舞
	李会菊	女	彝族	1954年	武定县环州乡环州村委会87号	好	彝族刺绣
	鲁德全	男	彝族	1954年	姚安县左门乡左门村委会迤村组	好	毕摩祭祀
	杨从生	男	彝族	1954年	楚雄市大过口乡西康郎村委会西康郎村民小组	好	小闷笛
	李珍英	女	彝族	1957年	楚雄市大过口乡大邑鸡村委会大邑鸡上村	好	响篾弹奏
	周富德	男	彝族	1962年	姚安县左门乡地索村委会坡脚小组15号	好	葫芦笙制作
	李宗禄	男	彝族	1963年	南华县龙川镇岔河村委会小岔河村20号	好	彝族歌舞
	杨永祥	男	傈僳族	1967年	武定县环州乡大雪坡村委会新官地25号	好	民歌演唱
	李美兰	女	傈僳族	1968年	元谋县凉山乡那迪村委会那迪村	好	彝族民歌
	殷碧芳	女	彝族	1968年	永仁县莲池乡莲池村委会元宝山组	好	彝族刺绣
	余金翠	女	彝族	1977年	元谋县凉山乡把世者村委会把世者村	好	彝族民歌
	李从元	男	彝族	1949年	楚雄市紫溪镇岔河村委会龙箐村1号	好	祭祀、羊皮鼓舞
	李万亮	男	彝族	1972年	楚雄市大过口乡磨刀箐村委会罗家小组	好	大三弦舞
	马天德	男	苗族	1968年	禄丰县仁兴镇大箐村委会	好	苗剧创作表演
	张玉东	男	彝族	1976年	禄丰县中村乡叽拉赵家庄	好	舞龙
	彭真顺	男	彝族	1977年	大姚县三台乡必期拉村委会必期拉村	好	双管唢呐吹奏
	赵　燕	女	彝族	1970年	大姚县龙街乡塔底村委会黄果树村	好	彝族刺绣

续上表

类别	姓 名	性别	民族	出生时间	家庭住址	健康状况	特 长
传统保护区	普顺清	男	彝族	1960年	大姚县三台乡三台村委会米地拉么村	好	哔噜吹奏
	陈 毅	男	彝族	1950年	牟定县蟠猫乡铜产箐村	好	木雕（龙头四弦）
	非艳萍	女	彝族	1977年	牟定县蟠猫乡碑厅村委会水冬瓜村	好	彝族民歌
	李自花	女	彝族	1947年	武定县猫街镇小汤郎村	好	彝族民歌（白彝调演唱）
	李琼秀	女	彝族	1966年	姚安县太平镇老街村委会文化村上组	好	刺绣
	罗仕荣	男	彝族	1971年	南华县五街镇古路苴村民小组	好	毕摩祭祀
	周开存	女	彝族	1962年	南华县龙川镇岔河村委会小岔河村民小组	好	彝族刺绣
	阿发昌	男	彝族	1972年	南华县兔街镇半坡村委会望天坡村民小组	好	阿卡舞
	殷兆文	男	彝族	1960年	永仁县中和镇波者地村民委员会背谷么村民小组	好	葫芦笙制作吹奏
传统医药	沈永钢	男	汉族	1938年	楚雄老拨云堂药业有限公司	好	拨云锭眼药制作
	杨舒雅	女	汉族	1984年	楚雄州中医医院	好	彝医药药膳开发应用
	余秋红	女	汉族	1983年	楚雄州中医医院	好	彝医药标本制作

注：共171人，已故11人

楚雄州非物质文化遗产项目一览表

级 别	项目名称
国家级（11项）	火把节、查姆、姚安花灯戏、姚安坝子腔、彝医药、彝族老虎笙、梅葛、彝剧、元谋花灯戏、彝族民歌（彝族酒歌）、彝族左脚舞
省 级（32项）	十二兽舞、镇南月琴制作工艺、插花节、彝族刺绣、《阿鲁举热》、赛装节、大刀舞、彝族服饰、打陀螺、莲花落、苴却砚制作技艺、彝族摔跤、彝族器乐、阿苏嗻跳歌调、开奔勒笃（六祖古歌）、禄丰醋制作工艺、拨云锭传统配方及制作工艺、高桥镇老滔村“赶鸟”习俗、火草麻布混纺技艺、铜器制作技艺（20项）
	以口夸传统文化保护区、马游彝族传统文化保护区、环州彝族傈僳族传统文化保护区、叽拉彝族传统文化保护区、大麦地彝族传统文化保护区、岔河彝族传统文化保护区、左门彝族传统文化保护区、凉山彝族文化保护区、大过口彝族传统文化生态保护区、昙华乡彝族传统文化生态保护区，双柏县彝族老虎笙舞之乡、牟定县彝族左脚舞之乡（12项）
州 级（79项）	彝族毕摩典籍、三女找太阳、五兵歌、楚雄阿苏嗻说唱、土主祭祀习俗、彝族十月太阳历、阿乖佬、阿佐分家、沙桥镇沙街调、南华阿苏嗻说唱、彝族十八月历、永仁彝剧、中村乡彝族迁徙舞、宜就民间器乐演奏、禄丰花灯、元谋大刀舞、金山羊老鼓舞、大箐苗剧、扭柴河太平乐会、禄丰皮影戏、恐龙文化节、马樱花节、彝族服装节、九渡造纸工艺、禄丰剪刀制作工艺、妥甸酱油传统制作工艺、菖河蜂蜜制作技艺、花筒彝族服饰制作技艺、鸡街子苗族服饰刺绣工艺、詹官屯铁器制作技艺、喜鹊窝酒制作技艺、姜驿石板房建筑技艺、野坝子蜂蜜制作工艺、牟定油腐乳制作技艺、小把粉丝制作工艺、武定银器制作工艺、楚雄彝文古籍收藏与研究、楚雄彝族毕摩文化、彝族阿噻调、彝族葫芦笙舞、彝族大三弦舞、彝族羊皮鼓舞、苗族传统芦笙制作技艺、英歌哨苗族传统纺织技艺、上屯村土陶传统制作技艺、大姚县彝族服饰制作技艺、穿花衣、双拐（48项）
	紫溪山彝族传统文化保护区、李方村彝族传统文化保护区、咪黑们彝族传统文化保护区、三台彝族传统文化保护区、直苴彝族传统文化保护区、麻栗棵苗族传统文化保护区、九条沟苗族传统文化保护区、大箐苗族传统文化保护区、西舍路达诺彝族传统文化生态保护区、百草岭彝族传统文化生态保护区、猫街镇罗婺彝族传统文化生态保护区、高峰乡大小花箐彝族传统文化生态保护区、马街镇秀水塘彝族传统文化生态保护区、五顶山乡牛丛回族传统文化生态保护区、雨露白族传统文化生态保护区、太平各苴彝族传统文化生态保护区、蟠猫彝族传统文化生态保护区（17项）
	大过口乡彝族歌舞之乡、三街镇刺绣之乡、云龙镇传统工艺之乡、碍嘉民族歌舞之乡、姚安花灯之乡、天申堂乡三弦舞艺术之乡、兔街乡歌舞艺术之乡、塔底彝族刺绣之乡、大姚彝剧之乡、元谋花灯之乡、万德石雕之乡、凤屯腊湾玛咕民间歌舞之乡、蟠猫乡彝族歌舞之乡、大箐苗族歌舞之乡（14项）

注：时间截至2014年1月

（州文体局/提供）

2016
XIONG ALMANAC

统计资料

STATISTICAL DATA

责任编辑：安孟勤

金沙江风光（陈维寿/摄影）

楚雄州2011～2015年国民经济和社会发展主要指标完成情况统计表

指　标	单位	2011年		2012年		2013年		2014年		2015年		“十二五”年均增长速度（%）
		绝对数	增速（%）	绝对数	增速（%）	绝对数	增速（%）	绝对数	增速（%）	绝对数	增速（%）	
一、年末总人口	万人	262.5	0.4	261.68	−0.3	262.8	0.4	263.63	0.3	262.55	−0.4	0.1
#乡村人口	万人	223.3	0.3	204.98	−8.2	189.52	−7.5	180.58	−4.7	188.55	4.4	−3.3
#少数民族人口	万人	91.2	0.9	91.61	0.4	92.6	1.1	93.49	1	93.67	0.2	0.7
#彝族	万人	73.8	0.8	74.04	0.3	74.79	1	75.45	0.9	75.6	0.2	0.7
人口出生率	‰	11.4	−	11.31	−	11.32	−	11.3	−	11.53	−	−
人口死亡率	‰	6.8	−	6.9	−	6.95	−	6.95	−	7	−	−
人口自然增长率	‰	4.5	−	4.43	−	4.37	−	4.35	−	4.53	−	−
城市化率	%	33.8	−	36.23	−	37.46	−	38.74	−	40.44	−	提高1.65个百分点
二、年末从业人员	万人	169.5	0.4	172.65	1.9	167.67	−2.9	170.35	1.5	165.59	−2.8	−0.4
第一产业	万人	107.5	−1.7	106.7	−0.7	101.15	−5.2	99.6	−1.5	97.93	−1.7	−2.2
三、地区生产总值	亿元	482.5	12.4	570	12.8	632.5	10.6	701.78	11	762.97	10.1	11.4
第一产业	亿元	108.3	8.1	134	7.3	145.28	7.1	156.28	6.5	152.82	6.1	7
第二产业	亿元	208.4	15.6	239.5	16.5	264.35	12.3	297.33	14.1	291.85	11.1	13.9
其中：工　业	亿元	171.4	16.5	194	15.6	209.77	10.9	231.56	12.9	214.09	8.9	12.9
建筑业	亿元	37.1	11.6	45.6	20.8	54.57	18.4	65.76	19.1	78.06	19.1	17.8
第三产业	亿元	165.8	11.2	196.5	11.4	222.87	10.4	248.17	9.4	318.29	10.9	10.7
人均GDP	元	17899	15.8	21022	12.1	23241	10.2	25744	10.8	27942	9.9	12.6
非公经济增加值	亿元	208	15.1	257.9	17	290.35	15.6	335.44	16	347.53	10.7	14.9
非公经济增加值占GDP比重	%	43.1	−	45.2	−	45.9	−	47.8	−	45.6	−	−
六大产业增加值	亿元	223.2	9.1	266	15.5	301.04	8.7	330.85	9.1	356.75	5.6	9.6
1. 烟草产业	亿元	78.5	15.7	93.2	16	94.9	2.7	99.89	4.7	110.38	3.2	8.3
2. 生物医药	亿元	4	4.9	5.4	20.4	5.46	35.7	10.18	38.4	20.85	35	26.2
3. 冶金化工业	亿元	37.2	13.2	51.4	15.1	51.67	12.6	52.61	8.4	48.1	10.3	11.9
4. 绿色食品业	亿元	73.2	10.6	80.6	8.2	108.12	13	120.79	12	134.08	11.3	11
5. 文化旅游业	亿元	30.4	9	34.1	12.1	38.63	12.8	44.52	13.1	36.61	11	11.6
6. 新能源新材料	亿元			1.4	31.6	2.26	100	2.86	36.7	6.72	29.3	−
六大产业增加值占GDP比重	%	46.3	−	46.7	−	47.6	−	47.14	−	46.76	−	−
四、农业												
1. 农业总产值	亿元	181.3	8.5	221	7.3	247.15	7.4	262.97	6.4	273.17	6	7.1
2. 农业增加值	亿元	108.3	8.1	134	7.3	145.28	7.1	156.28	6.5	162.49	6.1	7
3. 主要农产品产量												
粮食	万吨	115.3	11.5	117	1.5	120.31	2.8	122.91	2.2	124.91	1.6	3.9
（1）谷物	万吨	95.5	7.2	96.7	1.2	101.56	5	103.75	2.2	105.74	1.9	4.8
（2）豆类	万吨	12	73.1	13.04	8.3	12	−8	12.39	3.3	12.74	2.8	13.7
油料	万吨	4.9	130	5.34	8.6	5.39	0.8	5.84	8.5	6.09	4.3	23.7
烤烟	万吨	9.8	−3	12.14	23.6	10.51	−13.4	9.69	−7.8	9.28	−4.2	−1.7
蔬菜	万吨	132.3	5.5	147.9	11.8	164.52	11.2	179.91	9.4	194.66	8.2	9.2
水果	万吨	20.7	12.7	25.7	23.9	26.88	4.6	30.2	12.4	33.23	10	12.5
茶叶	吨	1095	9.7	1199	9.5	1285	7.2	1301	1.3	1360	4.5	6.4
中药材	吨	2256	6.3	3392	50.4	4259	25.6	5121	20.2	6241	21.9	24.1
肉类总产量	万吨	35.9	7.9	39.81	10.9	40.5	2.9	42.3	4.4	41.44	−2	4.5

续上表

指标	单位	2011年 绝对数	2011年 增速(%)	2012年 绝对数	2012年 增速(%)	2013年 绝对数	2013年 增速(%)	2014年 绝对数	2014年 增速(%)	2015年 绝对数	2015年 增速(%)	"十二五"年均增长速度(%)
#猪牛羊肉	万吨	32.4	7.6	35.98	11.1	36.93	2.6	38.32	3.8	37.58	−1.9	4.5
水产品产量	吨	17026	−0.1	19556	14.9	22490	16.7	24404	8.5	26056	6.8	8.9
五、工业												
1. 规模以上工业产值	亿元	353.3	22.5	419.98	17.7	485.83	12.5	541.28	12.5	577.78	6.3	14.2
2. 规模以上工业增加值	亿元	126	16.2	156.93	16	160.83	10.3	178.53	13.1	205.13	10	13.1
3. 主要工业品产量												
卷烟	万箱	60.6	4.8	63.6	5	62.51	−1.7	64	2.4	64.7	1.1	2.3
粗钢	万吨	140	−5	142.14	1.5	148.33	4.4	137.79	−7.1	120.18	−12.8	−4
钢材	万吨	137.8	−3.8	141.75	2.9	148.51	4.8	142.65	−3.6	126.17	−11.9	−2.5
铜	万吨	5.6	7.2	5.79	12.9	0.63	−7.2	1.74	174.9	2.66	53.7	−12.9
铝	吨	7534	−10.7	–	–	–	–	–	–	–	–	–
原煤	万吨	169.8	9.3	170.6	0.5	–	–	–	–	–	–	–
发电量	亿千瓦时	10.9	3.9	14.32	31.7	18.42	52.5	20.95	13.8	27.92	18.2	16.7
水泥	万吨	106.2	−0.9	138.62	39	148.94	7.5	171.75	15.3	124.2	−27.6	3.6
中成药	吨	3157	40.7	4367	38.3	6316	44.6	8852	39.7	12689	43.5	41.5
化肥（折纯量）	万吨	6.3	12.7	9.09	44.1	11.12	22.3	14.21	27.8	16.72	18.5	21.6
六、交通运输邮电												
1. 公路通车里程	千米	17251.2	1.8	17416.94	1	17832.53	2.4	18293.46	2.6	18916.3	3.4	2.2
2. 客运周转量	万人千米	184926	12.1	214425	16.1	238562	11.3	167514	1.4	169952	1.5	0.6
3. 货运周转量	万吨千米	171054	17.1	200954	17.6	234173	16.5	459384	14.5	492336	7.2	27.5
4. 邮电业务总量	亿元	11.5	17.9	13.75	19.3	15.43	12.2	19.17	24.2	19.76	3.1	15.1
5. 固定电话	万部	25.4	−13	22.11	−13	20.54	−7.1	15.23	−25.9	14.28	−6.2	−13.3
6. 移动电话	万部	125.2	17.8	138.97	11	157.28	13.2	163.63	4	168.39	2.9	9.6
7. 固定电话普及率	部/百人	9.7	–	8.4	–	7.82	–	5.79	–	5.44	–	–
8. 移动电话普及率	部/百人	47.8	–	53.1	–	59.85	–	62.17	–	64.13	–	57.3
七、固定资产投资												
固定资产投资	亿元	354.5	26.3	347.62	32.2	451.79	30	601.41	33.1	770.56	28.1	29.9
1. 按经济类型分												
国有经济投资	亿元	144	−3.5	148.9	不可比	196.56	32.5	289.07	35.8	407.79	41.1	–
集体经济投资	亿元	14	–	4.8	不可比	15.14	–	26.5	–	36.7	–	–
私人投资	亿元	196.5	–	–	–	–	–	–	–	–	–	–
2. 按城乡分												
城镇	亿元	264.8	18.4	289.75	21.2	354.61	22.4	–	–	–	–	–
农村	亿元	89.7	57.5	57.87	143.6	97.18	67.9	–	–	–	–	–
3. 按产业分												
第一产业	亿元	17.4	11.8	12.1	111.7	21.57	78.3	40.71	88.7	83.42	56	55.2
第二产业	亿元	125.4	27.6	149.72	30.8	156.41	4.5	184.24	17.8	254.58	35.4	18.9
第三产业	亿元	211.7	27	185.8	30.3	273.81	47.4	376.46	37.5	432.56	20.2	31.2
八、国内贸易												
社会消费品零售总额	亿元	158.3	20	184.7	17.1	210.65	14.1	238.37	13.2	265.68	11.5	15.1
1. 按经济类型分												
公有制经济	亿元	36	22.4	45.5	13.9	48.64	11.5	48.64	–	–	–	–
#国有经济	亿元	30.8	23	39.41	10.8	43.01	13.9	39.43	−1.4	–	–	–

续上表

指　标	单位	2011年		2012年		2013年		2014年		2015年		“十二五”年均增长速度（%）
		绝对数	增速（%）	绝对数	增速（%）	绝对数	增速（%）	绝对数	增速（%）	绝对数	增速（%）	
非公经济	亿元	122.3	19.3	139.2	18.2	162.01	14.9	189.73	13.8	–	–	–
#个私经济	亿元	116.7	22.6	127.56	17.6	149.77	15.1	177.62	11.8	–	–	–
2. 按销售地区分												
城镇	亿元	124.31	21	156.38	18.4	179.3	14.9	203.14	13.4	235.84	11.1	19.8
#城区	亿元	71.45	19.5	89.74	13.6	99.61	12.1	114.9	14.6	127.56	8.7	19.7
乡村	亿元	34.01	16.3	28.32	10.2	31.35	9.9	35.23	11.8	29.84	14.3	−3.8
3. 按消费形态分												
餐饮收入	亿元	–	–	–	–	–	–	–	–	31.38	10.9	–
商品零售	亿元	–	–	–	–	–	–	–	–	234.3	11.6	–
九、对外贸易												
进出口总额	万美元	15089	39.2	20076	33.1	28044	39.7	35181	25.4	43222	29.4	31.9
其中：进口额	万美元	1334	171.1	2042	53.1	2425	18.7	1790	−26.2	10	−41.2	−54.1
出口额	万美元	13755	32.9	18034	31.1	25619	42.1	33391	30.3	43212	29.4	33.1
十、旅游												
1. 接待国内游客人数	万人次	1165.1	20.8	1343.33	15.3	1659.49	23.5	1851.28	11.6	2029.82	9.6	16
2. 旅游总收入	亿元	40.3	29.8	49.68	23.2	66.12	33.1	83.52	26.3	105.68	26.5	27.7
十一、财政												
财政总收入	亿元	103.2	19.3	124.37	20.6	140.46	12.9	153.29	9.1	159.82	4.3	13.1
#地方财政收入	亿元	37.6	22.4	46.32	23.2	56.37	21.7	63.72	13	68.19	7	17.3
地方财政支出	亿元	126.8	16.7	158.02	24.7	172.65	9.3	205.12	18.8	216.23	5.4	14.8
十二、金融												
金融机构年末存款余额	亿元	504.8	15.3	587.18	16.3	704.56	20	801.55	13.8	914.32	14.1	15.9
#城乡居民储蓄存款余额	亿元	275.7	20.6	325.66	18.1	391.14	20.1	448.08	14.6	494.15	10	16.7
金融机构年末贷款余额	亿元	301.5	14.8	351.05	16.4	429.03	22	499.6	16.5	584.84	17.1	17.1
十三、物价指数（上年=100）												
商品零售价格总指数	%	104.2	–	102.4	–	101.6	–	101.3	–	101.3	–	–
居民消费价格总指数	%	104.3	–	103.1	–	103	–	102.5	–	101.9	–	–
#食品价格指数	%	110.3	–	105.8	–	106.5	–	103.1	–	102.7	–	–
农业生产资料价格总指数	%	111.6	–	105.7	–	100.1	–	98.8	–	100.9	–	–
十四、职工工资												
在岗职工人数	人	146302	−1.2	154804	5.8	160783	3.9	165868	3.2	162696	−1.5	1.9
在岗职工工资总额	万元	489523	15.7	588368	20.2	679589	15.5	756781	11.4	860667	17.6	15.3
在岗职工人均工资	元	33543	15.2	38644	15.2	42987	11.2	46854	8.9	55224	19.4	13.7
十五、城乡居民生活												
农民人均纯收入	元/年	4627	18.8	5418	17.1	6357	17.3	–	–	–	–	–
#农村常住居民人均可支配收入	元/年	4275	15.1	5012	17.2	–	–	7570	13.2	8327	10	16.4
城镇常住居民人均可支配收入	元/年	17777	13.8	20292	14.1	22934	13	24531	9.7	26763	9.1	11.4
农村居民人均住房使用面积	平方米	36	2	37.1	3.1	34	−8.4	34.1	0.3	43.3	26.1	4.2
城镇居民人均住房总建筑面积	平方米	35.6	1.1	36.4	2.2	36.7	0.9	49.3	34.3	50.7	0.2	7.6
人均粮食占有量	千克	391	9.8	431	10.2	442	2.6	451	2	457	1.3	3
人均肉食占有量	千克	133	8.1	147	10.5	149	1.4	163	9.4	152	−6.7	3.7
十六、教科文及体育												
高等院校在校生人数	人	13669	11.2	13950	2.1	14691	5.3	15085	2.7	15714	4.2	5

续上表

指　标	单位	2011年		2012年		2013年		2014年		2015年		“十二五”年均增长速度（%）
		绝对数	增速（%）	绝对数	增速（%）	绝对数	增速（%）	绝对数	增速（%）	绝对数	增速（%）	
中等学校在校生人数	人	30079	−5	31424	4.5	29895	−4.9	29949	0.2	29378	−1.9	−1.5
高中生在校生人数	人	38499	2.8	40715	5.8	42805	5.1	43765	2.2	44123	0.8	3.3
初中生在校生人数	万人	10.27	−1.8	10.12	−1.5	10.13	0.1	10.21	0.8	10.08	−1.3	−0.7
小学生在校生人数	万人	20	−2.9	19.25	−3.5	18.31	−4.9	17.33	−5.4	16.63	−4	−4.2
在园幼儿数	人	50924	9.4	51091	0.3	52738	3.2	55474	5.2	56823	2.4	4.1
学龄儿童入学率	%	99.85	–	99.82	–	99.95	–	99.95	–	99.96	–	99.9
艺术表演团体	个	10	–	10	–	10	–	10	–	10	–	–
文化馆	个	11	–	11	–	11	–	11	–	11	–	–
文化站（乡镇）	个	103	–	103	–	103	–	103	–	103	–	–
公共图书馆	个	11	–	11	–	11	–	11	–	11	–	–
广播覆盖率	%	97.2	–	97.3	–	97.4	–	97.43	–	97.51	–	–
电视覆盖率	%	97.5	–	97.7	–	97.8	–	97.86	–	97.94	–	–
获州以上科技进步奖	项	45	20.3	41	−8.9	41	持平	41	–	41	–	–
科技对国民经济增长贡献率	%	48.7	–	49.9	–	51	–	52.1	–	53.2	–	–
运动员获州以上奖牌数	枚	91	8.3	91	持平	96	5.5	192	100	55	−33.7	−8.1
#金牌	枚	34	25.9	35	2.9	26	−25.7	46	76.9	18	−21.7	−7.8
十七、卫生												
卫生机构数	个	609	7	611	0.3	603	−1.3	612	1.5	619	1.1	1.7
#医院	个	61	17.3	64	4.9	66	3.1	74	12.1	76	2.7	7.9
卫生技术人员	人	9987	−7.6	10583	6	12128	14.6	12738	5	13703	7.6	4.9
#医生	人	3977	3.8	4202	5.7	4398	4.7	4379	−0.4	4664	6.5	4
床位数	张	11437	16.6	12442	8.8	13577	9.1	14656	7.9	14860	1.4	8.7
十八、民政和社会保障												
敬老院	个	102	–	102	持平	102	持平	102	持平	102	持平	–
救济困难人数	万人		–									
城镇居民领取最低生活保障金人数	万人	8.2	7.9	8.9	8.5	9.72	9.2	10.15	4.4	9.89	−2.6	5.4
参加基本养老保险的人数	人	126710	8.5	130735	3.2	135082	3.3	138452	2.5	141511	2.2	3.9
参加失业保险的人数	人	128500	持平	110376	−14.1	110368	基本持平	111652	1.2	111711	0.1	−2.8
参加基本医疗保险的人数	人	419286	5	419234	基本持平	422804	0.9	434797	2.8	434147	−0.1	1.7
参加新型农村合作医疗人数	万人	210.9	−0.1	210.95	持平	214.58	1.7	216.75	1	212.13	−2.1	0.1
参加城乡居民社会养老保险的人数	万人	98.3	84.4	139.76	42.2	142.24	1.8	142.62	0.3	142.5	−0.1	21.7
城镇登记失业率	%	3.3	–	3.3	–	3.3	–	3.3	–	3.3	–	–
十九、环境保护												
工业废水排放达标率	%	–	–	–	–	–	–	–	–	–	–	–
森林覆盖率	%	62.5	–	62.5	–	62.5	–	62.48	–	62.48	–	–

说明：1. 表中数据均为统计公报数。
2. 地区生产总值、各产业增加值绝对数按现价计算，增长速度按不变价计算。
3. 部分数据因四舍五入的原因，存在着与分项合计不等的情况。
4. 2015年以来户籍人口划分为城镇人口和乡村人口。
5. 2012年以来为规模以上固定资产投资，2012年以前为全社会固定资产投资。
6. 2012年为六大产业统计，2011年以前的天然药业从2012年起改为生物医药。
7. 财政收支，2012年以来为地方财政总收入，地方公共财政预算收入、支出，2012年以前为财政总收入，地方财政收入、支出。
8. 参加城乡居民社会养老保险人数，2014年以前为参加农村社会养老保险的人数。

全省16州（市）及全州10县（市）2014～2015年国民经济主要统计指标

州（市）	总人口（万人）				人均GDP（元）				生产总值（亿元）				第一产业（亿元）			
	2014年		2015年		2014年		2015年		2014年		2015年		2014年		2015年	
	绝对数	位次	绝对数	位次	绝对数	位次	绝对数	位次	绝对数	位次	绝对数	位次	绝对数	位次	绝对数	位次
昆明市	662.6	1	667.7	1	56236	1	59681	1	3712.99	1	3970.00	1	187.57	3	188.10	4
曲靖市	600.9	2	604.7	2	25844	6	27045	6	1649.40	2	1630.26	2	310.19	1	317.15	1
玉溪市	235.1	11	236.2	11	50500	2	52853	2	1184.73	3	1245.75	3	122.83	11	126.60	11
保山市	256.7	9	258.1	9	19648	11	21444	11	500.98	9	551.96	9	138.38	9	141.97	9
昭通市	538.7	3	543	3	12480	16	13111	16	670.34	7	709.18	7	138.13	10	140.65	10
丽江市	127.5	12	128	12	21202	10	22710	10	261.84	13	290.01	14	44.21	14	44.57	14
普洱市	259.4	8	260.5	8	18422	14	19785	14	464.69	11	514.41	10	140.46	8	143.13	8
临沧市	249.3	10	250.9	10	18710	12	20077	12	465.12	10	502.12	11	142.71	7	145.34	7
红河州	462	4	465	4	24473	7	26371	7	1127.09	4	1222.28	4	196.79	2	201.99	2
文山州	359.3	5	360.7	5	17208	15	18634	15	615.69	8	670.84	8	143.07	6	146.45	6
西双版纳州	115.7	14	116.4	14	26507	4	28933	4	306.02	12	335.91	12	85.89	12	85.54	12
大理州	352.7	6	354.4	6	23656	8	25483	8	832.18	5	901.07	5	181.87	4	193.39	3
德宏州	126.4	13	127.9	13	21857	9	22981	9	248.34	14	292.32	13	72.30	13	73.42	13
怒江州	54.1	15	54.2	15	18540	13	20931	13	100.12	16	113.45	16	17.01	15	18.79	15
迪庆州	40.7	16	40.8	16	36187	3	39495	3	147.21	15	161.14	15	11.53	16	10.73	16
楚雄州	272.8	7	273.3	7	25886	5	27942	5	701.78	6	762.97	6	156.28	5	152.82	5
楚雄市	59.64	1	59.75	1	46668	1	50100	1	269.05	1	299.09	1	25.61	2	23.57	2
双柏县	16.03	9	16.05	9	16691	8	18291	8	26.18	9	29.34	9	9.82	9	9.66	9
牟定县	21.16	7	21.18	7	16411	9	17996	9	40	6	38.1	7	11.04	8	10.92	8
南华县	24.07	5	24.11	5	18260	6	20002	6	40.75	5	48.18	5	13.69	6	13.06	7
姚安县	20.25	8	20.32	8	16288	10	17861	10	37.97	8	36.24	8	13.46	7	13.3	6
大姚县	27.83	3	27.89	3	18818	5	20671	5	52.54	3	57.59	3	16.99	3	17.26	3
永仁县	11.09	10	11.1	10	23698	3	25872	3	22.86	10	28.7	10	8.21	10	7.98	10
元谋县	21.9	6	21.96	6	19602	4	21318	4	39.33	7	46.75	6	14.21	5	14.34	5
武定县	27.81	4	27.88	4	18140	7	19957	7	46.06	4	55.57	4	15.05	4	15.52	4
禄丰县	43.02	2	43	2	25492	2	26890	2	140.07	2	115.73	2	28.2	1	27.22	1

续上表

州（市）	第二产业（亿元）				第三产业（亿元）				固定资产投资（亿元）				社会消费品零售总额（亿元）			
	2014年		2015年		2014年		2015年		2014年		2015年		2014年		2015年	
	绝对数	位次	绝对数	位次	绝对数	位次	绝对数	位次	绝对数	位次	绝对数	位次	绝对数	位次	绝对数	位次
昆明市	1642.03	1	1588.38	1	1883.40	1	2193.52	1	3138.17	1	3497.88	1	1905.89	1	2061.66	1
曲靖市	839.44	2	642.23	3	499.77	2	670.88	2	1164.54	3	1378.79	3	427.73	2	502.40	2
玉溪市	706.44	3	693.02	2	355.46	3	426.13	4	511.92	8	667.59	6	255.62	6	291.37	5
保山市	175.31	11	192.05	9	187.28	9	217.93	9	383.87	11	501.83	10	154.17	9	178.47	9
昭通市	326.08	6	308.93	6	206.13	8	259.60	8	550.48	7	612.98	8	189.35	8	212.07	8
丽江市	112.74	12	115.60	12	104.89	13	129.84	14	283.14	12	321.90	13	84.32	14	93.60	14
普洱市	176.11	10	179.28	10	148.12	10	192.01	10	417.58	10	449.75	11	131.29	11	145.64	11
临沧市	198.76	9	169.80	11	123.65	12	186.98	11	564.79	6	729.19	5	132.19	10	154.56	10
红河州	581.36	4	553.79	4	348.94	4	466.50	3	1228.03	2	1678.43	2	279.74	3	326.26	3
文山州	249.41	8	241.43	8	223.20	7	282.95	7	449.66	9	541.01	9	263.63	5	290.46	6
西双版纳州	94.18	13	94.63	13	125.95	11	155.75	12	278.64	13	360.81	12	91.49	13	103.98	13
大理州	343.97	5	357.14	5	306.34	5	350.54	5	585.48	5	649.37	7	265.19	4	297.18	4
德宏州	78.87	14	71.77	14	97.17	14	147.13	13	257.01	14	251.02	15	100.76	12	112.11	12
怒江州	32.88	16	34.67	16	50.23	16	59.99	16	100.29	16	97.69	16	26.60	16	29.27	16
迪庆州	61.92	15	56.32	15	73.75	15	94.09	15	247.06	15	285.15	14	38.45	15	41.54	15
楚雄州	297.33	7	291.85	7	248.17	6	318.29	6	601.41	4	770.56	4	238.37	7	265.68	7
楚雄市	149.82	1	160.41	1	93.62	1	115.12	1	207.6	1	260.22	1	101.01	1	111.27	1
双柏县	7.7	9	6.87	9	8.67	9	12.81	10	31.14	8	39.09	9	7.51	9	8.46	9
牟定县	14.93	5	12.64	6	14.03	5	14.55	8	44.51	5	54.33	6	10.81	7	12.09	7
南华县	13.61	6	15.07	5	13.45	7	20.06	6	42.73	6	55.46	5	14.40	5	16.12	5
姚安县	12.24	7	6.58	10	12.27	8	16.36	7	33.04	7	44.00	7	10.45	8	11.73	8
大姚县	19.2	3	19.13	3	16.35	3	21.2	4	52.97	3	66.41	4	18.92	3	21.28	3
永仁县	6.23	10	7.79	8	8.41	10	12.94	9	26.24	10	34.28	10	4.63	10	5.21	10
元谋县	11.42	8	11.54	7	13.7	6	20.87	5	30.1	9	41.09	8	13.24	6	15.02	6
武定县	16.34	4	15.98	4	14.67	4	24.07	3	52	4	67.28	3	17.75	4	19.96	4
禄丰县	50.95	2	36.29	2	60.92	2	52.22	2	81.08	2	104.58	2	39.67	2	44.54	2

续上表

州（市）	财政一般公共预算收入（亿元）				财政一般公共预算支出（亿元）				城镇常住居民人均可支配收入（元）				农村常住居民人均可支配收入（元）			
	2014年		2015年		2014年		2015年		2014年		2015年		2014年		2015年	
	绝对数	位次	绝对数	位次	绝对数	位次	绝对数	位次	绝对数	位次	绝对数	位次	绝对数	位次	绝对数	位次
昆明市	477.97	1	502.22	1	594.05	1	615.51	1	31295	1	33955	1	10366	1	11444	1
曲靖市	115.67	2	118.09	4	334.17	3	363.05	4	25023	3	27100	3	8514	4	9451	4
玉溪市	113.59	3	124.82	2	207.31	8	223.30	7	27223	2	29631	2	9969	2	10977	2
保山市	47.18	9	52.24	8	164.24	11	192.13	11	23638	9	25647	9	7626	7	8572	7
昭通市	51.02	7	55.27	7	330.89	4	405.29	2	20030	14	21773	14	6497	14	7212	14
丽江市	46.07	10	47.77	10	128.03	12	144.04	12	23752	8	25803	8	7183	10	7924	10
普洱市	44.99	11	47.49	11	224.33	6	219.11	8	21058	13	22830	13	7096	12	7914	12
临沧市	37.26	12	38.06	12	194.45	10	202.50	10	19526	15	21225	15	7199	9	8063	9
红河州	111.02	4	123.24	3	344.79	2	369.15	3	23877	7	26002	7	7726	6	8599	6
文山州	50.70	8	52.04	9	217.23	7	242.76	6	21872	10	23753	10	6998	13	7699	13
西双版纳州	28.79	14	30.80	14	90.07	15	105.67	15	21478	11	23304	11	9155	3	10080	3
大理州	75.28	5	78.10	5	243.57	5	277.47	5	24868	5	27081	5	7933	5	8766	5
德宏州	31.00	13	31.96	13	121.72	13	124.53	13	21303	12	23010	12	7152	11	7917	11
怒江州	9.33	16	9.00	16	63.36	16	71.81	16	17266	16	19010	16	4297	16	4791	16
迪庆州	14.49	15	15.53	15	101.14	14	110.46	14	25020	4	27097	4	5865	15	6487	15
楚雄州	63.72	6	68.19	6	205.12	9	216.23	9	24531	6	26763	6	7570	8	8327	8
楚雄市	18.43	1	20.00	1	35.3	1	36.22	1	26068	1	28285	1	8149	3	8956	3
双柏县	2.28	8	2.51	9	16.54	6	16.03	7	23894	9	26423	7	6798	8	7580	9
牟定县	2.67	6	2.88	6	13.27	8	13.90	9	24135	7	26302	9	6931	7	7680	7
南华县	3.86	5	4.10	5	17.55	5	17.10	5	24355	6	26657	6	7172	5	7961	5
姚安县	2.23	10	2.41	10	12.88	9	14.59	8	23759	10	26228	10	7385	4	8175	4
大姚县	3.94	4	4.22	4	18.39	4	19.19	4	24477	4	26813	5	7158	6	7960	6
永仁县	2.42	7	2.62	7	10.75	10	12.05	10	23951	8	26373	8	6788	9	7575	10
元谋县	2.27	9	2.52	8	14.92	7	16.03	6	25498	3	27667	3	8774	1	9625	1
武定县	5.00	3	5.00	3	18.50	3	20.52	3	24461	5	26841	4	6779	10	7592	8
禄丰县	7.66	2	8.05	2	21.75	2	24.17	2	25574	2	27914	2	8303	2	9158	2

全国30个少数民族自治州2015年国民经济主要统计指标

省份	自治州	地区生产总值（亿元）			第一产业（亿元）			第二产业（亿元）			第三产业（亿元）		
		绝对数	位次	增速（%）	绝对数	位次	增速（%）	绝对数	位次	增速（%）	绝对数	位次	增速（%）
吉林	延边	886.06	8	7.0	75.25	15	4.5	442.23	6	8.4	368.58	6	5.7
甘肃	甘南	126.54	24	7.5	27.00	22	5.4	20.70	29	2.2	78.84	23	10.4
	临夏	211.41	21	9.0	36.14	20	5.9	44.83	23	11.1	130.44	18	8.9
青海	玉树	60.55	29	10.4	25.72	24	5.2	23.31	28	16.7	11.53	30	9.5
	海南	140.20	23	9.3	31.21	21	6.1	70.14	21	10.8	38.85	26	9.2
	黄南	72.75	28	7.0	19.62	25	4.6	25.41	27	4.5	27.72	28	11.0
	果洛	35.66	30	6.0	5.88	30	5.2	13.69	30	4.1	16.10	29	8.5
	海北	94.86	27	7.5	16.91	27	5.7	43.11	24	6.6	34.85	27	9.7
	海西	439.85	15	3.2	26.78	23	7.6	297.03	9	2.0	116.04	19	7.1
新疆	巴音郭楞	1052.00	5	4.0	197.00	5	7.0	600.00	2	0.8	255.00	14	11.0
	博尔塔拉	287.23	18	12.0	63.70	17	5.0	85.13	18	22.0	138.40	17	10.0
	克孜勒苏	101.50	26	12.3	14.30	28	4.9	30.99	26	11.6	56.22	25	14.5
	昌吉	1140.03	4	12.0	251.95	3	4.9	549.71	4	15.3	338.38	9	11.2
	伊犁	1639.80	1	8.7	456.10	1	6.0	497.00	5	8.1	686.70	1	11.0
湖南	湘西	497.19	14	8.3	75.66	14	3.8	158.65	15	4.5	262.88	13	12.2
湖北	恩施	670.81	13	9.1	143.86	12	5.3	244.42	12	9.7	282.53	12	10.8
贵州	黔东南	811.55	9	13.1	163.48	8	6.4	232.38	14	10.5	415.69	4	17.0
	黔西南	801.65	10	13.6	168.30	7	6.5	273.29	11	13.3	360.06	7	15.6
	黔南	902.91	6	13.3	158.31	9	6.5	327.87	8	12.5	416.73	3	16.4
云南	西双版纳	335.91	16	10.0	85.54	13	5.4	94.63	17	13.8	155.75	15	9.3
	德宏	292.32	17	7.8	73.42	16	6.2	71.77	20	4.6	147.13	16	10.3
	怒江	113.45	25	9.6	18.79	26	5.9	34.67	25	9.9	59.99	24	10.0
	大理	901.07	7	9.2	193.39	6	6.0	357.14	7	9.1	350.54	8	11.0
	迪庆	161.14	22	9.6	10.73	29	5.9	56.32	22	11.1	94.09	21	9.1
	红河	1222.28	3	10.2	201.99	4	6.4	553.79	3	12.0	466.50	2	9.2
	文山	670.84	12	10.9	146.45	11	5.7	241.43	13	12.8	282.95	11	11.1
	楚雄	762.97	11	10.1	152.82	10	6.1	291.85	10	11.1	318.29	10	10.9
四川	甘孜	213.04	20	5.1	54.40	18	3.9	75.79	19	4.7	82.85	22	6.0
	阿坝	265.04	19	7.9	40.84	19	4.2	130.02	16	7.9	94.18	20	9.4
	凉山	1314.84	2	2.8	263.58	2	4.3	648.65	1	0.1	402.61	5	7.6

续上表

省份	自治州	固定资产投资（亿元）			社会消费品零售总额（亿元）			地方公共财政预算收入（亿元）			地方公共财政预算支出（亿元）		
		绝对数	位次	增速（%）	绝对数	位次	增速（%）	绝对数	位次	增速（%）	绝对数	位次	增速（%）
吉林	延边	840.43	7	15.0	481.30	2	9.7	93.31	9	6.1	303.86	8	21.5
甘肃	甘南	186.24	24	4.5	41.58	21	8.3	9.17	25	−11.3	143.78	18	23.1
	临夏	298.71	19	13.3	76.07	18	9.2	16.59	21	16.8	175.59	17	13.0
青海	玉树	49.61	30	23.6	10.17	27	11.5	5.24	28	66.9	79.61	26	13.8
	海南	232.06	23	25.1	27.43	25	11.5	9.79	24	38.3	99.68	24	16.1
	黄南	76.32	28	17.9	8.46	28	11.5	3.48	30	37.4	70.55	29	18.6
	果洛	67.81	29	16.1	5.28	30	11.5	6.61	27	7.5	65.43	30	11.1
	海北	127.11	26	16.9	18.89	26	11.4	4.04	29	75.4	72.34	27	11.4
	海西	505.86	14	−6.1	81.46	17	9.5	50.72	14	2.7	132.99	19	0.7
新疆	巴音郭楞	718.35	11	−12.7	157.20	14	13.0	94.49	8	−6.5	209.14	16	5.5
	博尔塔拉	249.01	22	27.4	38.98	23	13.1	21.64	20	7.1	82.92	25	24.0
	克孜勒苏	134.28	25	21.5	6.29	29	14.4	12.14	23	1.0	102.40	23	16.9
	昌吉	1402.46	2	11.3	236.43	10	11.0	110.44	3	10.4	256.67	11	2.9
	伊犁	1046.80	4	−11.3	330.30	4	11.5	138.10	1	−8.3	552.00	1	0.3
湖南	湘西	370.94	17	19.4	227.11	11	10.0	46.12	15	22.2	244.94	12	19.0
湖北	恩施	726.10	10	18.3	445.97	3	12.0	67.23	12	16.3	322.54	5	49.1
贵州	黔东南	814.84	8	19.8	255.76	9	11.6	103.96	6	12.2	353.68	4	14.6
	黔西南	995.46	5	26.6	192.13	13	11.8	108.23	4	14.5	272.50	10	15.0
	黔南	863.25	6	24.1	218.90	12	11.7	100.45	7	18.9	308.93	7	17.9
云南	西双版纳	360.81	18	29.5	103.98	16	9.3	30.80	19	7.0	105.67	22	17.3
	德宏	251.02	21	−2.3	112.11	15	11.3	31.96	16	3.1	124.53	20	2.3
	怒江	97.69	27	−2.6	29.27	24	10.0	9.00	26	−3.5	71.81	28	13.3
	大理	649.37	12	10.9	297.18	6	11.1	78.10	10	3.7	277.47	9	13.9
	迪庆	285.15	20	15.4	41.54	22	8.1	15.53	22	7.1	110.46	21	9.2
	红河	1678.43	1	36.7	326.26	5	12.0	123.24	2	11.0	369.15	3	7.1
	文山	541.01	13	20.3	290.46	7	10.2	52.04	13	2.6	242.76	13	11.8
	楚雄	770.56	9	28.1	265.68	8	11.5	68.19	11	7.0	216.23	14	5.4
四川	甘孜	421.83	15	−9.4	74.20	20	6.9	31.44	18	14.1	316.43	6	9.5
	阿坝	400.04	16	4.4	76.01	19	11.7	31.67	17	10.8	213.81	15	11.2
	凉山	1073.18	3	2.6	497.25	1	11.0	107.07	5	−4.7	417.32	2	14.1

续上表

省份	自治州	城镇常住居民人均可支配收入（元）			农村常住居民人均可支配收入（元）		
		绝对数	位次	增速（%）	绝对数	位次	增速（%）
吉林	延边	21734	26	9.6	8965	11	5.9
甘肃	甘南	19656	27	9.2	5928	25	12.0
	临夏	16508	30	10.0	5245	29	13.0
青海	玉树	25655	10	9.6	5565	26	8.3
	海南	24025	19	10.2	8737	13	8.9
	黄南	24407	15	10.2	6819	22	8.5
	果洛	25762	9	10.3	5465	27	8.2
	海北	24606	14	9.8	9836	7	8.7
	海西	25419	11	9.6	10582	5	7.1
新疆	巴音郭楞	26523	4	12.2	15678	1	7.0
	博尔塔拉	24775	13	13.5	13127	3	6.5
	克孜勒苏	22465	25	15.3	5435	28	12.0
	昌吉	25855	8	11.0	15630	2	5.5
	伊犁	24207	17	12.0	10591	4	7.8
湖南	湘西	19267	28	7.7	6648	23	12.9
湖北	恩施	24225	16	9.4	8274	17	11.0
贵州	黔东南	23173	23	10.4	6863	21	11.8
	黔西南	23342	21	9.6	7059	20	11.3
	黔南	25940	6	10.3	9234	10	9.8
云南	西双版纳	23304	22	8.5	10080	6	10.1
	德宏	23010	24	8.0	7917	18	10.7
	怒江	19010	29	10.1	4791	30	11.5
	大理	27081	2	8.9	8766	12	10.5
	迪庆	27097	1	8.3	6487	24	10.6
	红河	26002	5	8.9	8599	14	11.3
	文山	23753	20	8.6	7699	19	10.0
	楚雄	26763	3	9.1	8327	16	10.0
四川	甘孜	24978	12	8.7	8408	15	14.5
	阿坝	25939	7	8.0	9711	8	13.1
	凉山	24084	18	7.7	9422	9	11.3

（州统计局/提供）

索引

INDEX

说　明

1. 本索引采用主题分析方法，按汉语拼音音序排列。
2. 类目和分目标题用黑体字标示。
3. 特载、年鉴论坛、附录、统计资料内容及图片、表格不作索引。
4. 索引词后的数字表示内容所在页码，数字后的字母a、b、c分别表示左、中、右栏。
5. “附见”条放在索引词下面，索引词后自第二个页码起为“参见”条目页码。

D

E

F

J

K

L

M

T

W

X